50°   60°   70°
60°

Ob

Petschora

Nördl. Dwina

R u s s l a n d

Wolga   Kama

● Moskau

50°

K a s a c h s t a n

Ural

Don   Wolga

Kaspisches Meer

warzes Meer

Georgien
Tiflis ●
Aserbaidschan
Baku ●
40°
Jerewan ●
Armenien

Ankara ●

T ü r k e i

I r a n

Euphrat   Tigris

Bagdad ●

Syrien

Nikosia ●

I r a k

Zypern
Libanon   Damaskus ●
Beirut ●

Israel   Westjordan-
land
Jordanien
Jerusalem ●   Amman ●
40°   30°
40°

Europa – politische Übersicht

Handbuch für Industriekaufleute

Margit Bentin
Jürgen Böker
Hartwig Brunn
Wilfried Flammann
Marlies Hemmer-Hiltenkamp
Thomas Kreye
Thomas Meyer
Klaus Richter
Siegfried Rothe
Dr. Dirk Scharf
Markus Schultheis
Katrin Thies
Horst Volke
Dieter Zimmer-Bentin

35261

Bildquellenverzeichnis

4., aktualisierte Auflage, 2008
© Bildungshaus Schulbuchverlage
Westermann Schroedel Diesterweg
Schöningh Winklers GmbH
Postfach 33 20, 38023 Braunschweig
Telefon: 01805 996696 Fax: 0531 708-664
service@winklers.de
www.winklers.de
Druck: westermann druck GmbH, Braunschweig
ISBN: 978-3-8045-3526-8

35262

Vorwort

Das Handbuch für Industriekaufleute ermöglicht selbstständiges Arbeiten im **Unterricht** und im **Betrieb.** Es setzt den neuen Rahmenlehrplan konsequent um, indem zu allen **zwölf Lernfeldern** die notwendigen Basisinformationen für schülerzentriertes Arbeiten bereitgestellt werden. Das Denken in **Geschäftsprozessen** wurde integriert, grundlegende Informationen zum **Projektmanagement** bieten einen Einblick in moderne betriebliche Arbeitsformen im Industriebetrieb.

Das Handbuch bietet aber nicht nur Basisinformationen zur **Fachkompetenz** der Industriekaufleute, es legt darüber hinaus großen Wert auf die Vermittlung von **Methodenkompetenz** in einer Zeit, in der fachliche Inhalte einem raschen Wandel unterworfen sind. So zeigt das Handbuch zum Beispiel auf, wie ein Protokoll zu erstellen, ein Referat zu gliedern oder eine Betriebserkundung, ein Projekt oder eine Zukunftswerkstatt durchzuführen ist. Kommunikationsregeln, Informationen zur Teamarbeit, zu Verhandlungstechniken und zu Lernstrategien erweitern gezielt das Methodenrepertoire der Industriekaufleute.

Da im Rahmenlehrplan die Vermittlung von **Fremdsprachenkompetenz** bewusst erwartet wird, wurde ein eigenes Kapitel „Fachliches Englisch" aufgenommen. Außerdem wurden alle Hauptüberschriften der einzelnen Buchseiten ins Englische übersetzt.

Das Handbuch bietet zusätzlich Grundlagenwissen zur **Datenverarbeitung,** das für eine moderne kaufmännische Ausbildung unverzichtbar ist.

Darüber hinaus enthält das Handbuch eine breite Auswahl an **Gesetzestexten,** zum Beispiel aus dem Berufsbildungsgesetz, dem BGB oder dem HGB. Der natürliche Umgang mit Originalgesetzestexten wird so erleichtert und unterstützt.

Das Handbuch für Industriekaufleute stellt die ideale Ergänzung zu **handlungsorientierten Lehr-/ Lernmaterialien** dar, von denen eine Auswahl auf der hinteren Innenumschlagseite abgedruckt ist. Handlungsorientierte Arbeitsmaterialien und ein zentrales Nachschlagewerk zur Fach- und Methodenkompetenz sind somit eine unverzichtbare Einheit für eine moderne Berufsausbildung. Damit bietet das Handbuch für Industriekaufleute die Möglichkeit, sowohl lernfeldorientiert als auch fächerübergreifend zu lernen.

Darüber hinaus kann das Handbuch für Industriekaufleute zur **Prüfungsvorbereitung** und **Weiterbildung** genutzt werden.

Die 3. Auflage wurde auf vielfachen Wunsch im Umfang erweitert; so wurden beispielsweise Informationen zur internationalen Rechnungslegung (IAS/IFRS), zu den AGB und zum Factoring aufgenommen. In die vorliegende 4. Auflage wurden Änderungen aufgrund der Unternehmenssteuerreform 2008 eingearbeitet. Außerdem wurden Schaubilder, Statistiken und die Beitragssätze zur Sozialversicherung aktualisiert.

Für Hinweise und Verbesserungsvorschläge sind Autoren und Verlag jederzeit aufgeschlossen und dankbar. Falls der Benutzer/die Benutzerin des Handbuches entscheidende Informationen vermisst, bittet das Autorenteam um eine entsprechende Nachricht per E-Mail: service@winklers.de

Notwendige Ergänzungen und Aktualisierungen (z. B. aufgrund von Gesetzesänderungen) findet der Benutzer/die Benutzerin des Handbuches unter der Internetadresse www.winklers.de direkt über die Bestellnummernsuche beim Handbuch (Bestellnummerneingabe: 3526).

Autoren und Verlag
Braunschweig 2008

35264

④ Wertschöpfungsprozesse analysieren und beurteilen

⑤ Leistungserstellungs- prozesse planen, steuern und kontrollieren

⑥ Beschaffungsprozesse planen, steuern und kontrollieren

7 Personalwirtschaftliche Aufgaben wahrnehmen

8 Jahresabschluss analysieren und bewerten

9 Das Unternehmen im gesamt- und weltwirtschaftlichen Zusammenhang einordnen

10 Absatzprozesse planen, steuern und kontrollieren

11 Investitions- und Finanzierungsprozesse planen

12 Unternehmensstrategien, -projekte umsetzen

35268

13 Datenverarbeitung

14 Fachliches Englisch

15 Arbeitsmethoden

16 Gesetzestexte

17 Rahmenlehrplan Industrie-kaufmann/Industriekauffrau

1
In Ausbildung und Beruf orientieren

Vorstellung des Ausbildungsbetriebes – *Overview of the training company*

Zu Beginn der Berufsausbildung gilt es, den eigenen Ausbildungsbetrieb zu erkunden und seine Stellung in der Gesamtwirtschaft zu bestimmen. Jedes Unternehmen lässt sich durch ausgewählte Merkmale beschreiben und damit von anderen Unternehmen abgrenzen. Im Folgenden ist ein Steckbrief abgebildet, der es ermöglicht, den eigenen Ausbildungsbetrieb anhand verschiedener Merkmale zu charakterisieren. Es ist ohne weiteres möglich, diesen Steckbrief durch weitere Merkmale zu ergänzen.

Steckbrief zum Vergleich von Ausbildungsbetrieben

Beispiel: Modellunternehmen OfficeCom AG

OfficeCom AG

Merkmale		
	Gründungsjahr des Unternehmens	1968
	Rechtsform	Aktiengesellschaft (AG)
	Internetadresse	www.officecomag.de
	Unternehmensstandort(e)	Braunschweig
	Anzahl der Beschäftigten	302
	Anteil von weiblichen Beschäftigten	32 %
	Umsatz in €	12.666.060
	Umsatzveränderung gegenüber Vorjahr	+ 3,7 %
	Anteil des Auslandsumsatzes	32 %
	Auslandsmärkte	Niederlande, Belgien, Frankreich, Dänemark
	Gewinn in €	2.948.546
	Gewinnveränderung gegenüber Vorjahr	+ 1,7 %
	Produktionsprogramm	Schreibtische, Aktenschränke, Schreibtischsessel
	Kundenzielgruppen	Facheinzel- und Großhandel, Versandhäuser
	Tätigkeitsfelder von Industriekaufleuten im Unternehmen	Kaufmännische Tätigkeiten in der Materialwirtschaft, im Marketingbereich, im Personalbereich, im Controlling, in der Produktionssteuerung
	Aufstiegsmöglichkeiten von Industriekaufleuten im Unternehmen	Projektleiter/-in, Abteilungsleiter/-in; Hauptabteilungsleiter/-in

Siehe dazu auch: Daten des Modellunternehmens S. 93, statistische Kennzahlen S. 181 ff.

Möchte man den eigenen Ausbildungsbetrieb mit Unternehmen der Region, mit wirtschaftlichen Daten des Bundeslandes oder des Gesamtstaates vergleichen, hilft eine Internetrecherche weiter (siehe dazu auch S. 541). Regionale Adressen können beispielsweise die Industrie- und Handelskammern (www.diht.de) sein. Weitere nützliche Quellen sind die Veröffentlichungen der entsprechenden Arbeitgeber- und Arbeitnehmerorganisationen.

Methodische Hinweise

Um Steckbriefe von unterschiedlichen Unternehmen zu präsentieren, müssen methodische Gestaltungsregeln beachtet werden. Vgl. Kapitel 15.

Duales Ausbildungssystem in Deutschland
Dual system of education in Germany

Die berufliche **Erstausbildung** der staatlich anerkannten Ausbildungsberufe im Sinne des **Berufsbildungsgesetzes (BBiG)** von 1969 bzw. 2005 findet in Form des **dualen Ausbildungssystems** statt. Die Ausbildung erfolgt dabei an **zwei Lernorten:**

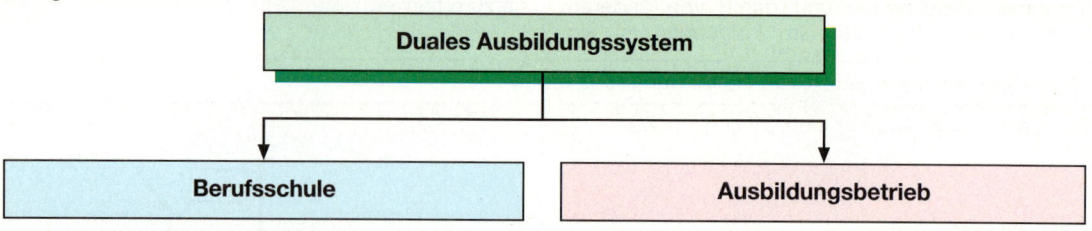

Das **BBiG** (s. S. 551 f.) benennt Rechte und Pflichten der an der Ausbildung beteiligten Personen und Institutionen und beschreibt die Ordnung/Organisation der Berufsbildung.

§ 5 des BBiG definiert als Grundlage einer ordnungsgemäßen Berufsausbildung die so genannte **Ausbildungsordnung:**

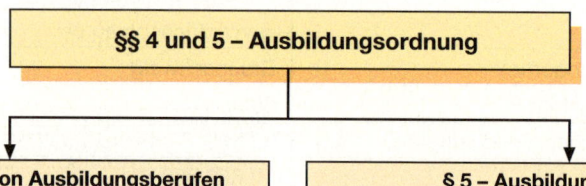

§ 4 – Anerkennung von Ausbildungsberufen	§ 5 – Ausbildungsordnung
(1) Als Grundlage für eine geordnete und einheitliche Berufsausbildung kann das Bundesministerium für Wirtschaft und Arbeit oder das sonst zuständige Fachministerium im Einvernehmen mit dem Bundesministerium für Bildung und Forschung durch Rechtsverordnung, die nicht der Zustimmung des Bundesrates bedarf, Ausbildungsberufe staatlich anerkennen, die Anerkennung aufheben und hierfür Ausbildungsordnungen nach § 5 erlassen. (2) Für einen anerkannten Ausbildungsberuf darf nur nach der Ausbildungsordnung ausgebildet werden.	(1) Die Ausbildungsordnung hat festzulegen 1. die Bezeichnung des Ausbildungsberufes, der anerkannt wird, 2. die Ausbildungsdauer; sie soll nicht mehr als drei und nicht weniger als zwei Jahre betragen, 3. die beruflichen Fertigkeiten, Kenntnisse und Fähigkeiten, die mindestens Gegenstand der Berufsausbildung sind (Ausbildungsberufsbild), 4. eine Anleitung zur sachlichen und zeitlichen Gliederung der Vermittlung der beruflichen Fertigkeiten, Kenntnisse und Fähigkeiten (Ausbildungsrahmenplan), 5. die Prüfungsanforderungen.

Die „Verordnung über die Berufsausbildung zum Industriekaufmann/zur Industriekauffrau vom 26. Juli 2002 (Bundesgesetzblatt Teil I, Nr. 51, S. 2764) regelt die Ausbildung dieses kaufmännischen Ausbildungsberufes.

Während der **Ausbildungsrahmenplan** verbindlich festlegt, was im Ausbildungsbetrieb zu vermitteln ist, wird im von der Kultusministerkonferenz (KMK) beschlossenen **Rahmenlehrplan** (siehe S. 573) für den berufsbezogenen Unterricht der Berufsschule definiert, was der Lernort Berufsschule im berufsbezogenen Bereich zu vermitteln hat. Rahmenlehrplan und Ausbildungsordnung des Bundes sind aufeinander abgestimmt (Rechtsgrundlage: „Gemeinsames Ergebnisprotokoll vom 30. Mai 1972"). Aufgrund von landesspezifischen Schulgesetzen erlassen die zuständigen Kultusministerien zusätzlich **Lehrpläne** für die so genannten allgemein bildenden Fächer (z. B. Deutsch).

Ausbildungsvertrag – *Articles of apprenticeship*

Der Ausbildungsvertrag wird zwischen dem **Auszubildenden** und dem Ausbildenden geschlossen. Bei minderjährigen Auszubildenden muss ein Erziehungsberechtigter den Vertrag mit unterzeichnen. Der Ausbildende, der Inhaber des Ausbildungsbetriebes, kann **Ausbilder** im Betrieb beauftragen die Berufsausbildung des Auszubildenden im Einzelnen zu gewährleisten. Der unterschriebene Ausbildungsvertrag wird der zuständigen **Industrie- und Handelskammer (IHK)** zur Prüfung vorgelegt und von ihr in das Verzeichnis der Berufsausbildungsverhältnisse eingetragen. Das **Berufsbildungsgesetz (BBiG)** regelt die Rechte und Pflichten von Auszubildenden und Ausbildenden.

vgl. Hübscher, Heinrich u. a.: IT-Handbuch (Tabellenbuch) IT-Systemkaufmann/-frau, Informatikkaufmann/-frau, 5. Aufl., Bildungshaus Schulbuchverlage Westermann Schroedel Diesterweg Schöningh Winklers GmbH, Braunschweig 2007, S. 6

Rechte und Pflichten laut Berufsbildungsgesetz (BBiG)
Rights and duties of vocational training act

Pflichten des Auszubildenden
(= Rechte des Ausbildenden)

Der Auszubildende hat …

- sich zu bemühen die berufliche Handlungsfähigkeit zu erwerben, die erforderlich ist, um das Ausbildungsziel zu erreichen;

- die ihm im Rahmen seiner Berufsausbildung aufgetragenen Aufgaben sorgfältig auszuführen;

- am Berufsschulunterricht und an Prüfungen teilzunehmen;

- den Weisungen zu folgen, die ihm im Rahmen der Berufsausbildung von weisungsberechtigten Personen erteilt werden;

- die für die Ausbildungsstätte geltende Ordnung zu beachten;

- Werkzeug, Maschinen und sonstige Einrichtungen pfleglich zu behandeln;

- über Betriebs- und Geschäftsgeheimnisse Stillschweigen zu wahren;

- ein Berichtsheft zu führen.

Pflichten bei Ausübung einer Nebentätigkeit:
Grundsätzlich ist die Ausübung einer Nebentätigkeit zwar erlaubt, sie darf den Auszubildenden aber nicht so stark belasten, dass er seine vertraglichen Pflichten, insbesondere das Erreichen des Ausbildungszieles, nicht mehr erfüllen kann. Aus diesem Grund ist die Ausübung der Nebentätigkeit mit dem Ausbildenden abzustimmen.

Zusätzliche Rechte und Pflichten, wie z. B. Urlaubsansprüche, besondere Schutzrechte Jugendlicher, werden in weiteren Gesetzen geregelt.

Pflichten des Ausbildenden
(= Rechte des Auszubildenden)

Der Ausbildende hat …

- mit dem Auszubildenden einen Berufsausbildungsvertrag zu schließen und ihn schriftlich niederzulegen;

- mit dem Auszubildenden eine Probezeit zu vereinbaren (mindestens einen Monat, höchstens vier Monate);

- dafür zu sorgen, dass dem Auszubildenden die berufliche Handlungsfähigkeit vermittelt wird, die zum Erreichen des Ausbildungszieles notwendig ist;

- die Ausbildung planmäßig durchzuführen;

- dem Auszubildenden kostenlos die notwendigen Ausbildungsmittel zur Verfügung zu stellen;

- den Auszubildenden zum Besuch der Berufsschule sowie zum Führen von Berichtsheften anzuhalten;

- dafür zu sorgen, dass der Auszubildende charakterlich gefördert sowie sittlich und körperlich nicht gefährdet wird;

- sicherzustellen, dass dem Auszubildenden nur Verrichtungen übertragen werden, die dem Ausbildungszweck dienen und seinen körperlichen Kräften angemessen sind;

- den Auszubildenden für die Teilnahme am Berufsschulunterricht und an Prüfungen freizustellen;

- dem Auszubildenden eine angemessene Vergütung zu gewähren;

- dem Auszubildenden bei Beendigung des Ausbildungsverhältnisses ein Zeugnis auszustellen.

aus: Hübscher, Heinrich u. a.: IT-Handbuch (Tabellenbuch) IT-Systemkaufmann/-frau, Informatikkaufmann/-frau, 5. Aufl., Bildungshaus Schulbuchverlage Westermann Schroedel Diesterweg Schöningh Winklers GmbH, Braunschweig 2007, S. 7

Kündigungsrecht laut BBiG
Right of dismissal according to the vocational training act

- Voraussetzungen, unter denen der Berufsausbildungsvertrag gekündigt werden kann, sind in die Vertragsniederschrift aufzunehmen **(§ 11)**;

- Während der Probezeit kann das Berufsausbildungsverhältnis jederzeit ohne Einhalten einer Kündigungsfrist gekündigt werden **(§ 22 Abs. 1)**;

- Nach der Probezeit kann nur gekündigt werden
  1. aus einem wichtigen Grund ohne Einhalten einer Kündigungsfrist,
  2. vom Auszubildenden mit einer Kündigungsfrist von vier Wochen, wenn er die Berufsausbildung aufgeben oder sich für eine andere Berufstätigkeit ausbilden lassen will **(§ 22 Abs. 2)**;

- Die Kündigung muss schriftlich erfolgen **(§ 22 Abs. 3)**;

- Wird das Berufsausbildungsverhältnis nach der Probezeit vorzeitig gelöst, kann der Auszubildende oder der Ausbildende unter Umständen schadensersatzpflichtig werden. Dies gilt nicht im Falle des **§ 22 Abs. 2 Nr. 2**.

Wichtige Gesetze zum Arbeits- und Tarifrecht
Important labour and industrial relations laws

Gesetz	Abkürzung
Gesetz zum Schutze der arbeitenden Jugend (Jugendarbeitsschutzgesetz) – siehe S. 553 ff.	JArbSchG
Mindesturlaubsgesetz für Arbeitnehmer (Bundesurlaubsgesetz)	BundUrlG
Kündigungsschutzgesetz	KSchG
Gesetz zum Schutze der erwerbstätigen Mutter (Mutterschutzgesetz)	MuSchG
Bundeserziehungsgeldgesetz	BErzGG
Tarifvertragsgesetz	TVG
Arbeitszeitordnung	AZO
Gesetz über die Mitbestimmung der Arbeitnehmer in den Aufsichtsräten und Vorständen der Unternehmen des Bergbaus und der Eisen und Stahl erzeugenden Industrie (Montanmitbestimmungsgesetz)	Montan-MG
Betriebsverfassungsgesetz	BetrVerfG
Gesetz zur Ordnung des Handwerks (Handwerksordnung)	HandwO
Gesetz über die Mitbestimmung der Arbeitnehmer (Mitbestimmungsgesetz)	MitbestG
Gesetz zum Schutz vor Missbrauch personenbezogener Daten (Bundesdatenschutzgesetz)	BDSG
Bürgerliches Gesetzbuch – siehe S. 556 ff.	BGB

aus: Hübscher, Heinrich u. a.: IT-Handbuch (Tabellenbuch) IT-Systemkaufmann/-frau, Informatikkaufmann/-frau, 5. Aufl., Bildungshaus Schulbuchverlage Westermann Schroedel Diesterweg Schöningh Winklers GmbH, Braunschweig 2007, S. 8

Jugendarbeitsschutzgesetz (JArbSchG)

Geltungsbereich des Gesetzes

- Das Gesetz schützt **Kinder** (Personen unter 15 Jahren) und **Jugendliche** (Personen ab 15 Jahren, aber noch unter 18 Jahren), die sich in der Berufsausbildung befinden oder in einem Beschäftigungsverhältnis als Arbeitnehmer oder Heimarbeiter tätig sind (§ 1).
- Auf Jugendliche, die der Vollzeitschulpflicht unterliegen, finden die für Kinder geltenden Vorschriften Anwendung (§ 2).

Arbeitszeit/Pausen/Schichtzeit

- Jugendliche dürfen nicht mehr als 8 Stunden täglich und nicht mehr als 40 Stunden wöchentlich beschäftigt werden.
- Wird die Arbeitszeit an einzelnen Werktagen verkürzt, kann die Arbeitszeit an anderen Tagen auf maximal 8,5 Stunden verlängert werden (§ 8).
- Die Pausenzeiten gelten nicht als Arbeitszeit (Ausnahme: Schichtzeit). Als Arbeitspause gilt nur eine Arbeitsunterbrechung von mindestens 15 Minuten (§ 11).
- Jugendliche dürfen nach Beendigung der täglichen Arbeitszeit nicht vor Ablauf einer ununterbrochenen Freizeit von mindestens 12 Stunden beschäftigt werden (§ 13).
- Bei Jugendlichen darf die Schichtzeit prinzipiell 10 Stunden nicht überschreiten.
- Ausnahmen: im Bergbau unter Tage: max. 8 Stunden, im Gaststättengewerbe, in der Landwirtschaft, in der Tierhaltung, auf Bau- u. Montagestellen: max. 11 Stunden (§ 12).
- Schichtzeit ist die tägliche Arbeitszeit unter Hinzurechnung der Ruhepausen (§ 4).

Nachtruhe

- Jugendliche dürfen prinzipiell nur zwischen 6 und 20 Uhr beschäftigt werden (§ 14).
- Ausnahmen bei Jugendlichen über 16 Jahren:
  - im Gaststätten- und Schaustellergewerbe bis 22 Uhr
  - in der Landwirtschaft ab 5 Uhr oder bis 21 Uhr
  - in mehrschichtigen Betrieben bis 23 Uhr
  - in Bäckereien und Konditoreien ab 5 Uhr

Fünftagewoche/Wochenendarbeit/Feiertagsruhe

- Jugendliche dürfen nur an 5 Tagen in der Woche beschäftigt werden. Die beiden wöchentlichen Ruhetage sollen nach Möglichkeit aufeinander folgen (§ 15).
- An Samstagen und Sonntagen dürfen Jugendliche prinzipiell nicht beschäftigt werden (§§ 16, 17).
- Zulässige Ausnahmen sind zum Beispiel:
  - in offenen Verkaufsstellen (Sa.)
  - in Bäckereien und Konditoreien (Sa.)
  - in Krankenanstalten (Sa., So.)
  - in der Landwirtschaft (Sa., So.)
- Am 24. und 31. Dezember nach 14 Uhr und an gesetzlichen Feiertagen dürfen Jugendliche prinzipiell nicht beschäftigt werden (§ 18); Ausnahmen sind in § 18 Abs. 2 geregelt.

Urlaub

- Der bezahlte Erholungsurlaub beträgt laut § 19 jährlich ...
  1. mindestens 30 Werktage, wenn der Jugendliche zu Beginn des Kalenderjahres noch nicht 16 Jahre alt ist,
  2. mindestens 27 Werktage, wenn der Jugendliche zu Beginn des Kalenderjahres noch nicht 17 Jahre alt ist,
  3. mindestens 25 Werktage, wenn der Jugendliche zu Beginn des Kalenderjahres noch nicht 18 Jahre alt ist.
- Der Urlaub soll Berufsschülern in der Zeit der Schulferien gegeben werden. Soweit er nicht in den Schulferien gegeben wird, ist für jeden Berufsschultag, an dem die Berufsschule während des Urlaubs besucht wird, ein weiterer Urlaubstag zu gewähren.

Berufsschulunterricht

- Der Arbeitgeber muss den Jugendlichen für die Teilnahme am Berufsschulunterricht, an Prüfungen und außerbetrieblichen Ausbildungsmaßnahmen freistellen. Am Arbeitstag vor der schriftlichen Abschlussprüfung ist der Jugendliche außerdem freizustellen (§§ 9 – 10).

Gefährliche Arbeiten

- Jugendliche dürfen keine Arbeiten ausführen, die ihre physische oder psychische Leistungsfähigkeit übersteigen, die ihre Gesundheit gefährden oder bei denen sie sittlich gefährdet werden (§ 22).

Jugend- und Auszubildendenvertretung (JAV)

Rechtsgrundlage	Wahlen
Betriebsverfassungsgesetz §§ 60 – 71	Alle **zwei** Jahre in der Zeit vom 1. Okt. bis 30. Nov. (§ 64)

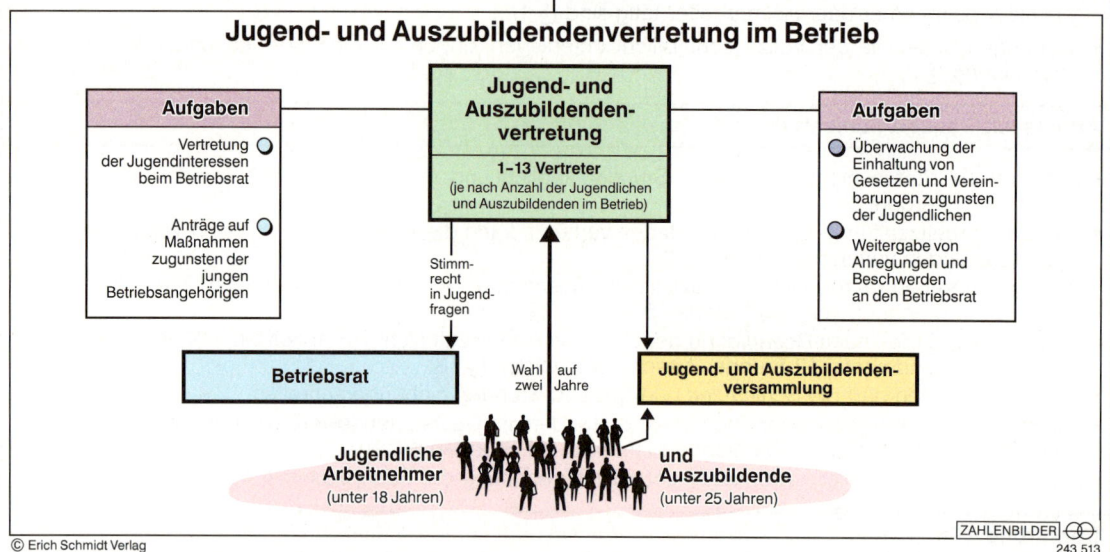

© Erich Schmidt Verlag

ZAHLENBILDER
243 513

Betriebsrat – *Works council*

Rechtsgrundlage

§ 1 ff. Betriebsverfassungsgesetz (BetrVerfG)

Wahlen

Amtszeit	Wahlberechtigte	Wählbarkeit
Alle **vier** Jahre in der Zeit vom 1. März bis 31. Mai (§ 13)	Alle Arbeitnehmer, die das 18. Lebensjahr vollendet haben (§ 7)	Alle Wahlberechtigten, die 6 Monate dem Betrieb angehören (§ 8)

Errichtung von Betriebsräten

In Betrieben mit i. d. R. mindestens 5 ständigen wahlberechtigten Arbeitnehmern, von denen 3 wählbar sind, werden Betriebsräte gewählt (§ 1).

Allgemeine Aufgaben des Betriebsrates

- Überwachung der Einhaltung von Gesetzen, Unfallverhütungsvorschriften, Tarifverträgen und Betriebsvereinbarungen
- Beantragung von Maßnahmen, die dem Betrieb und der Belegschaft dienen, beim Arbeitgeber
- Förderung der Durchsetzung der tatsächlichen Gleichstellung von Frauen und Männern
- Förderung der Vereinbarung von Familie und Erwerbstätigkeit
- Weiterleitung und Unterstützung der Anregungen von Arbeitnehmern und Jugendvertretern
- Förderung der Eingliederung Schwerbehinderter
- Vorbereitung und Durchführung der Wahl einer Jugend- und Auszubildendenvertretung
- Förderung der Beschäftigung älterer Arbeitnehmer
- Förderung der Integration ausländischer Arbeitnehmer im Betrieb (§ 80)
- Förderung und Sicherung der Beschäftigung im Betrieb
- Förderung von Maßnahmen des Arbeitsschutzes und des betriebl. Umweltschutzes (§ 80)

Stellung des Betriebsrates

Der Betriebsrat arbeitet unter Beachtung der geltenden Tarifverträge vertrauensvoll zum Wohl der Arbeitnehmer und des Betriebes mit dem Arbeitgeber zusammen (§ 2).

Betriebsrat – *Works council*

Rechte des Betriebsrates

... in wirtschaftlichen Angelegenheiten	... in personellen Angelegenheiten	... in sozialen Angelegenheiten
Beispiele: • Unterrichtung über wirtschaftliche und finanzielle Lage des Unternehmens (§ 106) • Kenntnis von Rationalisierungsvorhaben und Investitionsprogrammen (§ 106)	**Beispiele:** • Erstellung von Personalfragebogen (§ 94) • Unterrichtung bei Einstellungen, Umgruppierungen und Versetzungen (§ 99)	**Beispiele:** • Mitentscheidung über Arbeitszeit, Pausenregelung und Urlaubsplanung (§ 87) • Mitbestimmung bei Kündigungen (§ 102)

In **wirtschaftlichen** und **personellen** Angelegenheiten hat der Betriebsrat in der Regel ein **Mitwirkungsrecht,** in **sozialen** Angelegenheiten ein **Mitbestimmungsrecht** (Betriebsrat wird nicht nur informiert oder angehört, er hat auch mitzuentscheiden).

Laufende Tätigkeit des Betriebsrates

Betriebsratssitzungen und **Sprechstunden** des Betriebsrates finden in der Regel während der Arbeitszeit statt (§§ 30, 39).

Der Betriebsrat kann mit dem Arbeitgeber **Betriebsvereinbarungen** beschließen (z. B. über Errichtung von Sozialeinrichtungen) (§ 88).

Betriebsversammlungen sind vom Betriebsrat in jedem Kalendervierteljahr einzuberufen. Der Betriebsrat hat in der Betriebsversammlung einen Tätigkeitsbericht zu erstatten (§ 43). Der Betriebsrat hat bezüglich Betriebs- und Geschäftsgeheimnissen **Geheimhaltungspflicht** (§ 79).

Zahl der Betriebsratsmitglieder

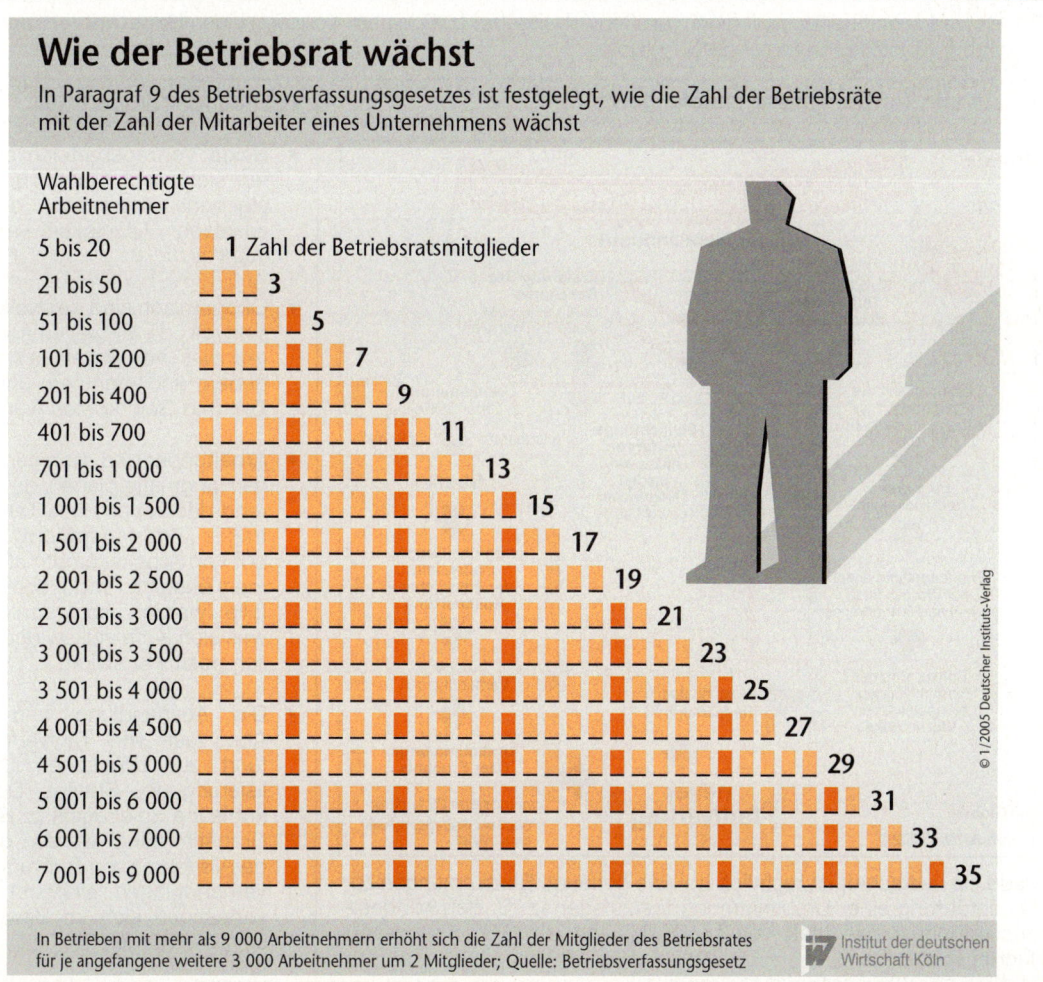

Wie der Betriebsrat wächst

In Paragraf 9 des Betriebsverfassungsgesetzes ist festgelegt, wie die Zahl der Betriebsräte mit der Zahl der Mitarbeiter eines Unternehmens wächst

Wahlberechtigte Arbeitnehmer

5 bis 20	1 Zahl der Betriebsratsmitglieder
21 bis 50	3
51 bis 100	5
101 bis 200	7
201 bis 400	9
401 bis 700	11
701 bis 1 000	13
1 001 bis 1 500	15
1 501 bis 2 000	17
2 001 bis 2 500	19
2 501 bis 3 000	21
3 001 bis 3 500	23
3 501 bis 4 000	25
4 001 bis 4 500	27
4 501 bis 5 000	29
5 001 bis 6 000	31
6 001 bis 7 000	33
7 001 bis 9 000	35

© 1/2005 Deutscher Instituts-Verlag

In Betrieben mit mehr als 9 000 Arbeitnehmern erhöht sich die Zahl der Mitglieder des Betriebsrates für je angefangene weitere 3 000 Arbeitnehmer um 2 Mitglieder; Quelle: Betriebsverfassungsgesetz

Institut der deutschen Wirtschaft Köln

Tarifvertragsrecht – *Law governing collective bargaining*

Tarifautonomie

Das Recht der Tarifvertragsparteien, Tarifverträge ohne Einflussnahme des Staates frei aushandeln zu dürfen **(Tarifautonomie),** ist im Artikel 9 Absatz 3 **Grundgesetz** abgesichert: „Das Recht, zur Wahrung und Förderung der Arbeits- und Wirtschaftsbedingungen Vereinigungen zu bilden, ist für jedermann und für alle Berufe gewährleistet. Abreden, die dieses Recht einschränken oder zu behindern suchen, sind nichtig, hierauf gerichtete Maßnahmen sind rechtswidrig." Näheres regelt das **Tarifvertragsgesetz.**

Tarifvertragsparteien

1. Möglichkeit:

Die Interessenvertretungen von Arbeitgebern und Arbeitnehmern handeln **Branchentarifverträge** (z. B. für die Metall verarbeitende Industrie) für einen bestimmten Tarifbezirk (z. B. ein Bundesland) in Form von **Flächentarifverträgen** aus.

2. Möglichkeit:

Die Gewerkschaft handelt mit einem großen Arbeitgeber (z. B. einem Konzern) einen **Haustarifvertrag** aus. Er gilt nur für dieses Unternehmen.

Ablauf von Tarifvertragsverhandlungen

Jede Gewerkschaft ist rechtlich frei, die genauen Bestimmungen zur Durchführung einer Urabstimmung festzulegen (z. B. den Mindestzustimmungsprozentsatz von zz. 75 %) oder ein Schlichtungsverfahren vorzusehen.

Gründe für Tarifverträge

- Beide Vertragsparteien erhoffen sich mehr Macht, um die eigenen Interessen durchzusetzen („Einigkeit macht stark").

- Ökonomisch sind Tarifverträge sinnvoll, da Einzelverhandlungen zwischen einzelnen Arbeitgebern und -nehmern unnötig Zeit und Geld kosten würden.

- Arbeitgeber und -nehmer können langfristig planen, da während der Dauer eines Tarifvertrages **„Friedenspflicht"** (Verbot von Arbeitskampfmaßnahmen) besteht. Produktionsausfälle werden so vermieden, was sich auch volkswirtschaftlich positiv auswirkt.

- Die Aushandlung und der Abschluss von Tarifverträgen führt zur politischen Stabilisierung des Staates. Demokratische Spielregeln (z. B. die Urabstimmung) werden durch das Verfahren von Tarifvertragsverhandlungen eingeübt und verfestigen sich im Bewusstsein der Bürger.

352618

Tarifvertragsrecht – *Law governing collective bargaining*

Schlichtungsverfahren

Wird zwischen Gewerkschaft und Arbeitgeberverband ein so genanntes **Schlichtungsverfahren** vereinbart, um harte Tarifauseinandersetzungen zu verhindern, schlägt ein neutraler Schlichter, der von beiden Tarifvertragsparteien akzeptiert wird (z. B. ein ehemaliger Bundesminister), eine Tariflösung vor. Gewerkschaft wie auch Arbeitgeberverband sind allerdings nicht an diesen **Schlichterspruch** gebunden, sie können trotzdem ihre „Kampfmittel" einsetzen. Der politische Druck der Öffentlichkeit (z. B. über Massenmedien) und der Regierung führen aber in der Regel zu einer Übernahme des Schlichterspruchs.

Streik und Aussperrung

Die Gewerkschaft ruft einen Streik aus, um ihre Tarifforderungen durchzusetzen. Die Gewerkschaftsmitglieder erhalten für diese Zeit des Verdienstausfalls ein so genanntes Streikgeld von ihrer Gewerkschaft, das sie vorher durch ihre Beitragszahlungen angespart haben. Umfangreiche Streiks reduzieren die angesammelten Beiträge, die Streikkasse droht leer zu werden. Bei den Arbeitgebern führen die Streiks unter Umständen zum Produktionsstillstand und damit zu Umsatz- und Gewinnausfällen. Dieser enorme wirtschaftliche Druck auf beide Tarifvertragsparteien ist aber gewollt – nur dadurch kommt eine Tarifeinigung zustande. Damit die Antwort des Arbeitgeberverbandes auf den Streik – die **Aussperrung** – nicht zu einem sofortigen Zusammenbruch der Streikkasse der Gewerkschaft führt, sind Aussperrungen im Umfang rechtlich begrenzt – es geht darum, dass keine der beiden Seiten ein Übergewicht erhält. Man spricht vom **Grundsatz der Verhältnismäßigkeit** (Übermaßverbot).

Streikarten

- **Warnstreik:** Diese Streikart dient in der Regel in der ersten Verhandlungsphase zur Untermauerung der Gewerkschaftsforderungen; er umfasst nur relativ wenige Arbeitnehmer und wird nur für kurze Zeit durchgeführt.

- **Flächenstreik:** Unternehmen werden „in der Fläche" bestreikt, z. B. im gesamten Tarifbezirk.

- **Schwerpunktstreik:** Nur ausgewählte Unternehmen (z. B. Zulieferbetriebe) oder sogar nur bestimmte Abteilungen werden bestreikt. Diese Streikart ist für die Gewerkschaft kostengünstig, verspricht aber hohen Erfolg.

- **Politischer Streik:** Diese Streikart verfolgt rein politische Zwecke und ist durch Art. 9 Abs. 3 des Grundgesetzes nicht geschützt. Er kann allenfalls als letztes Mittel dienen, um die verfassungsmäßige Ordnung zu erhalten im Sinne des Widerstandsrechts laut Art. 20 Abs. 4 des Grundgesetzes: „Gegen jeden, der es unternimmt, diese Ordnung zu beseitigen, haben alle Deutschen das Recht zum Widerstand, wenn andere Abhilfe nicht möglich ist."

Arten von Tarifverträgen

- **Lohn- bzw. Gehaltstarifvertrag:** Regelt die Höhe des Arbeitsentgelts in der Regel für ein oder zwei Jahre.

- **Mantel- bzw. Rahmentarifvertrag:** „Ummantelt" den Lohn- bzw. Gehaltstarifvertrag durch die Festlegung bestimmter Rahmenbedingungen, wie z. B. Arbeitszeit, Urlaubsregelung, Lohngruppeneinteilung. Er hat in der Regel eine mehrjährige Laufzeit.

Geltung von Tarifverträgen

Tarifverträge gelten prinzipiell nur für die Arbeitnehmer, die Mitglied der Gewerkschaft sind, und für Arbeitgeber, die Mitglied des Arbeitgeberverbandes sind. Ist zwar der Arbeitnehmer Mitglied der Gewerkschaft, der Arbeitgeber aber nicht Mitglied des Arbeitgeberverbandes, muss der Arbeitgeber nicht das Tarifgelt zahlen. Arbeitnehmer, die kein Gewerkschaftsmitglied sind, erhalten von ihrem im Arbeitgeberverband organisierten Arbeitgeber trotzdem das zwischen den Tarifvertragsparteien vereinbarte Tarifentgelt. Im anderen Falle würden die nicht organisierten Arbeitnehmer in die Gewerkschaft eintreten und deren Verhandlungsposition verbessern, was nicht im Interesse des Arbeitgebers sein kann.

Unter besonderen Umständen (z. B. bei Wettbewerbsverzerrungen) kann der Bundesminister für Wirtschaft und Technologie einen Tarifvertrag für **allgemein verbindlich** erklären, das heißt, er gilt für alle Arbeitnehmer und Arbeitgeber eines Tarifbezirks – unabhängig von ihrer Zugehörigkeit zu einem Interessenverband.

Mitbestimmung – *Co-determination*

Individual- und Kollektivrechte

Neben **individuellen** Rechten des Arbeitnehmers, die sich aus seinem Arbeitsvertrag und seinen individuellen Rechten laut §§ 81– 84 des Betriebsverfassungsgesetzes (z. B. Recht auf Einsicht in die Personalakte) ergeben, kann der Arbeitnehmer **Kollektivrechte** durch besondere Organe (z. B. Betriebsrat handelt Betriebsvereinbarung aus) ausüben.

Betriebliche Mitbestimmung (Überblick)

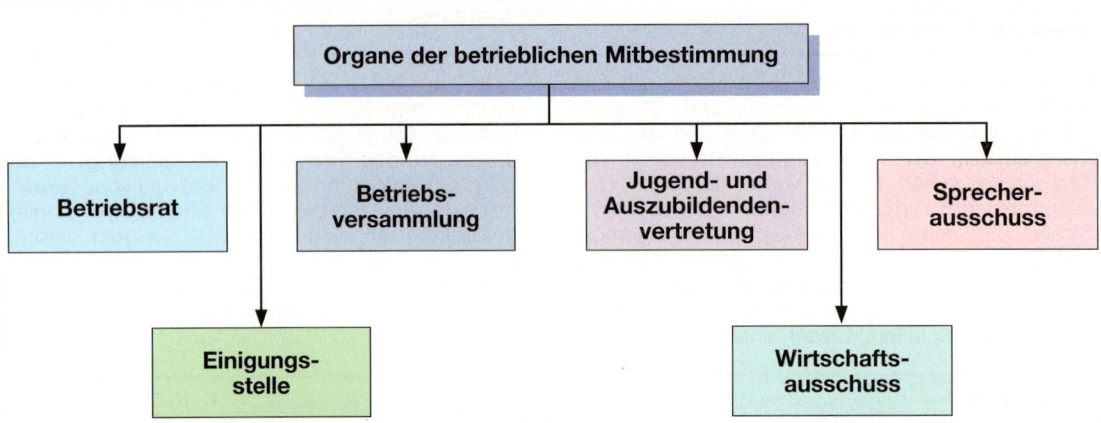

Betriebsrat und **Jugend- und Auszubildendenvertretung** siehe S. 16 f.

Betriebsversammlung (§ 42 ff. BetrVerfG)

Betriebsversammlungen sind vom Betriebsrat in jedem Kalendervierteljahr einzuberufen. Vor den versammelten Arbeitnehmern erstattet der Betriebsrat seinen Tätigkeitsbericht. Der Arbeitgeber ist einzuladen, da er vierteljährlich über die wirtschaftliche Lage und über das Personal- und Sozialwesen zu berichten hat.

Betriebsausschuss (§ 27 BetrVerfG)

Besteht ein Betriebsrat aus mindestens neun Mitgliedern, wird ein Betriebsausschuss gebildet, der die laufenden Geschäfte des Betriebsrates führt.

Einigungsstelle (§ 76 BetrVerfG)

Sie dient zur Beilegung von Meinungsverschiedenheiten zwischen Arbeitgeber und Betriebsrat. Die Einigungsstelle besteht aus einer gleichen Anzahl von Beisitzern, die vom Arbeitgeber und dem Betriebsrat bestellt werden, sowie einem unparteiischen Vorsitzenden, der von beiden Seiten bestimmt wird. Beschlüsse werden mit einfacher Mehrheit gefasst.

Wirtschaftsausschuss (§ 106 ff. BetrVerfG)

In Unternehmen mit mehr als 100 ständig beschäftigten Arbeitnehmern ist ein Wirtschaftsausschuss zu bilden. Er hat die Aufgabe, wirtschaftliche Angelegenheiten mit dem Arbeitgeber zu beraten und den Betriebsrat zu informieren. Der Wirtschaftsausschuss besteht aus mindestens drei und höchstens sieben Mitgliedern, die vom Betriebsrat bestimmt werden. Dieses Organ soll monatlich einmal zusammentreten.

Sprecherausschuss (§ 1 ff. SprAuG)

In Unternehmen mit in der Regel mindestens zehn leitenden Angestellten werden Sprecherausschüsse der leitenden Angestellten gewählt. Der Sprecherausschuss soll mit dem Arbeitgeber vertrauensvoll zusammenarbeiten und vertritt die besonderen Interessen der leitenden Angestellten.
Zur Mitbestimmung auf Unternehmensebene siehe S. 33.

Grundlagen des Wirtschaftens – *Basics of economic behaviour*

Gesellschaftliche Einbindung des Betriebes

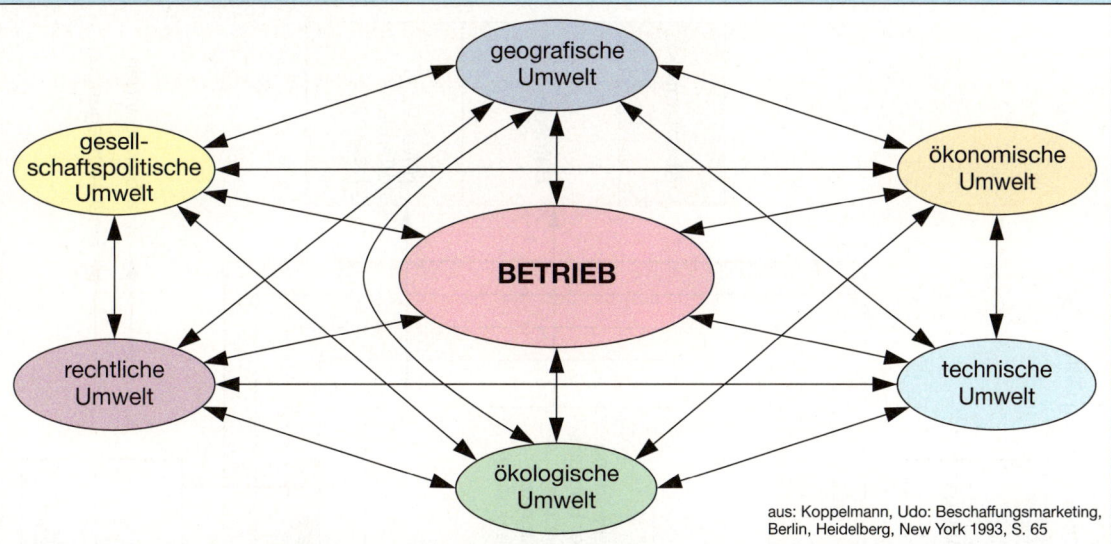

aus: Koppelmann, Udo: Beschaffungsmarketing,
Berlin, Heidelberg, New York 1993, S. 65

Unternehmen als Adressaten unterschiedlicher Ansprüche

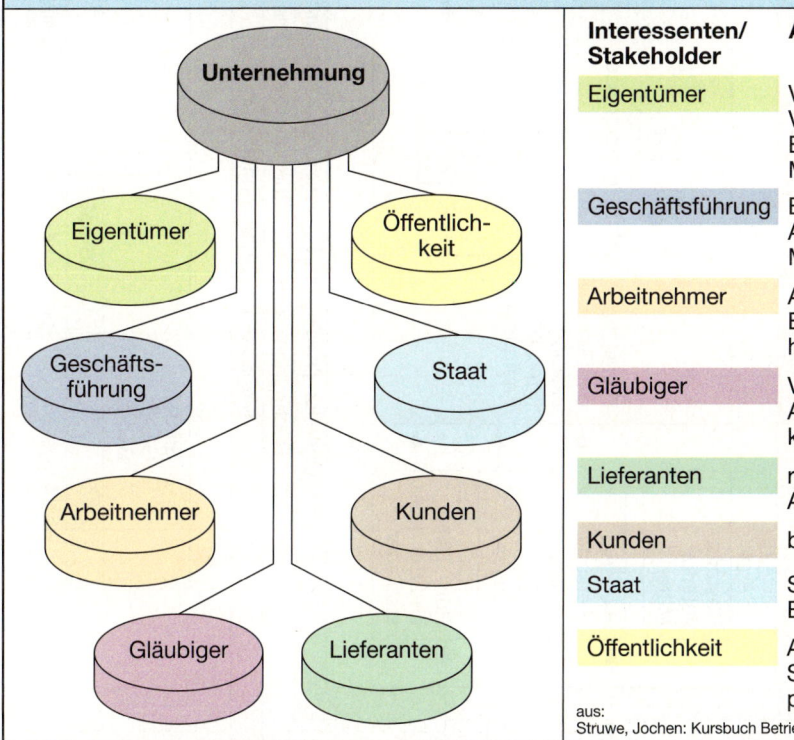

Interessenten/ Stakeholder	Anspruch
Eigentümer	Vermögenssicherung Vermögensmehrung Einkommensmaximierung Macht und Prestige
Geschäftsführung	Einkommenserzielung Arbeitsplatzsicherung Macht und Prestige
Arbeitnehmer	Arbeitsplatzsicherheit Einkommenserzielung humane Arbeitsbedingungen
Gläubiger	Verzinsung des Fremdkapitals Absicherung der Kapitaltilgung künftige Geschäftssicherung
Lieferanten	rentable Absatzmöglichkeiten Ausweitung des Geschäfts
Kunden	bedarfsgerechte Angebote
Staat	Sicherung der Abgaben Beachtung staatlicher Ziele
Öffentlichkeit	Anpassung an das Umfeld Schonung der Umwelt positiver Wertschöpfungsbeitrag

aus:
Struwe, Jochen: Kursbuch Betriebswirtschaftslehre, Frankfurt a. M. 1994, S. 30

Betrieb und Unternehmung

Betrieb:
Der Betrieb kann als planvoll organisierte Wirtschaftseinheit bezeichnet werden, in der Sachgüter und Dienstleistungen durch Kombination der Produktionsfaktoren unter Beachtung des Wirtschaftlichkeitsprinzips erstellt und abgesetzt werden, **unabhängig** vom Wirtschaftssystem.

Anm.: In der Fachliteratur werden die Begriffe „Betrieb" und „Unternehmung" z.T. unterschiedlich definiert.

Unternehmung:
= Betrieb des marktwirtschaftlichen Wirtschaftssystems, der gekennzeichnet ist durch
– selbstständige, autonome Bestimmung seines Wirtschaftsplanes,
– Verfolgung des erwerbswirtschaftlichen Prinzips (Gewinnmaximierung).

Der Begriff Betrieb ist hier weiter gefasst als der Begriff Unternehmung.

aus: Hübscher, Heinrich u. a.: IT-Kompendium, 1. Aufl., Braunschweig 2001, S. 11

Geld- und Güterströme eines Betriebes
The flow of goods and money in a business enterprise

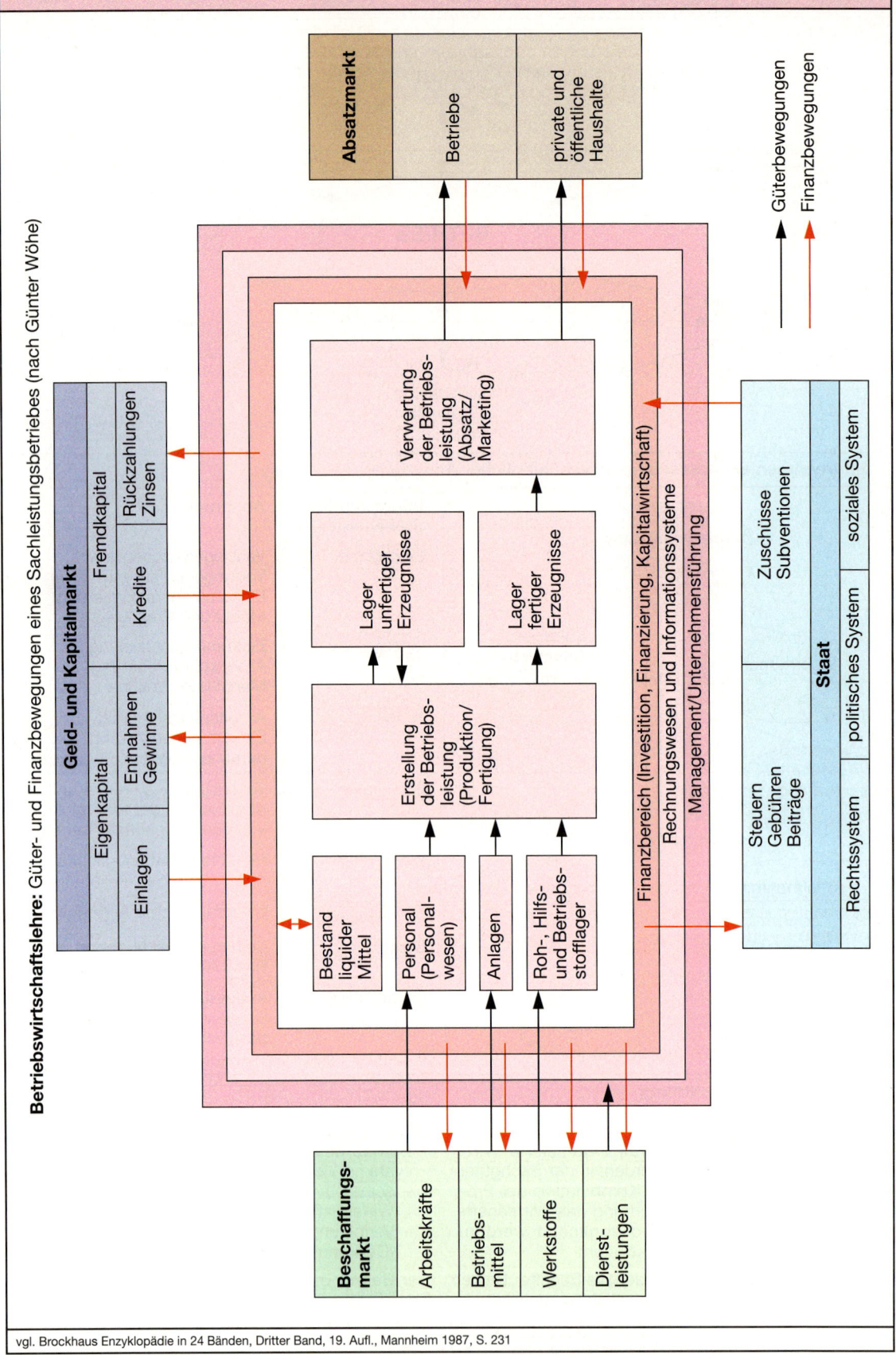

vgl. Brockhaus Enzyklopädie in 24 Bänden, Dritter Band, 19. Aufl., Mannheim 1987, S. 231

352622

Aufgaben und Ziele von Betrieben – *Roles and objectives of business enterprises*

Aufgaben

Die volkswirtschaftliche Aufgabe von Betrieben sollte sein, durch den Einsatz von Produktionsfaktoren solche Sachgüter und Dienstleistungen zu erzeugen, die der Befriedigung menschlicher Bedürfnisse dienen. Diese Güter und Dienstleistungen werden den anderen Wirtschaftseinheiten (Betriebe und Haushalte) über den Absatzmarkt zur Verfügung gestellt.

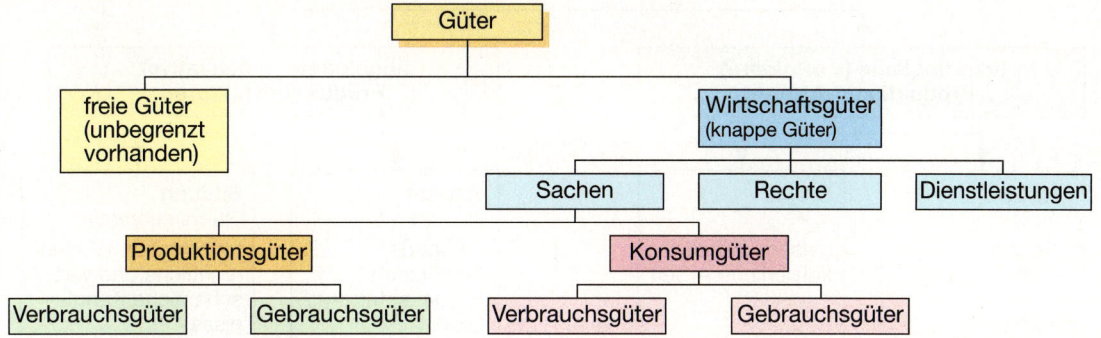

Da die Güter i. d. R. knapp sind, muss mit ihnen gewirtschaftet werden. Für wirtschaftliches Handeln (Handeln nach dem **ökonomischen Prinzip**) gelten die folgenden Grundsätze:

Minimalprinzip: Eine vorbestimmte Leistung mit möglichst geringen Mitteln erzielen.
Maximalprinzip: Mit gegebenen Mitteln die größtmögliche Leistung erzielen

Ziele

- **Verfolgung wirtschaftlicher Ziele**
  - **Wachstumsziele:** Steigerung von Absatz, Marktanteil, Umsatz, Produktqualität; Erschließung neuer Märkte
  - **Erfolgsziele:** Gewinn, Rentabilität des Eigenkapitals – des Gesamtkapitals – des Umsatzes
  - **Finanzziele:** Sicherung der Liquidität – der Kreditwürdigkeit – der Kapitalstruktur

- **Verfolgung sozialer Ziele**
  Sicherung des Arbeitsplatzes – der Arbeitszufriedenheit, Ausbau der sozialen Leistungen
- **Verfolgung ökologischer Ziele**
  Umweltverträgliche Produkte – Produktionsverfahren – Entsorgung (Recycling)
- **Verfolgung gesellschaftlicher Ziele**
  Image, Corporate Identity, Macht

Arten von Betrieben – *Types of business enterprises*

- **nach Art der Leistung**
  - Sachleistungsbetriebe, z. B. Computerhersteller
  - Dienstleistungsbetriebe, z. B. Betriebe, die Netzwerke installieren
- **nach Wirtschaftszweigen**
  - Industriebetriebe
  - Handwerksbetriebe
  - Handelsbetriebe
  - Kreditinstitute
  - Versicherungsbetriebe
  - Verkehrsbetriebe

- **nach dem vorherrschenden Einsatz eines Produktionsfaktors**
  - arbeitsintensive Betriebe (hoher Lohnkostenanteil), z. B. Handwerksbetriebe
  - anlage- oder kapitalintensive Betriebe (hoher Maschinenkostenanteil), z. B. Betriebe der chemischen Industrie
  - materialintensive Betriebe (hoher Materialkostenanteil), z. B. Stahlwerke
  - energieintensive Betriebe (hoher Energiekostenanteil), z. B. Betriebe der Aluminiumherstellung

- **nach der rechtlichen Stellung in Verbindung mit den verfolgten Zielen**

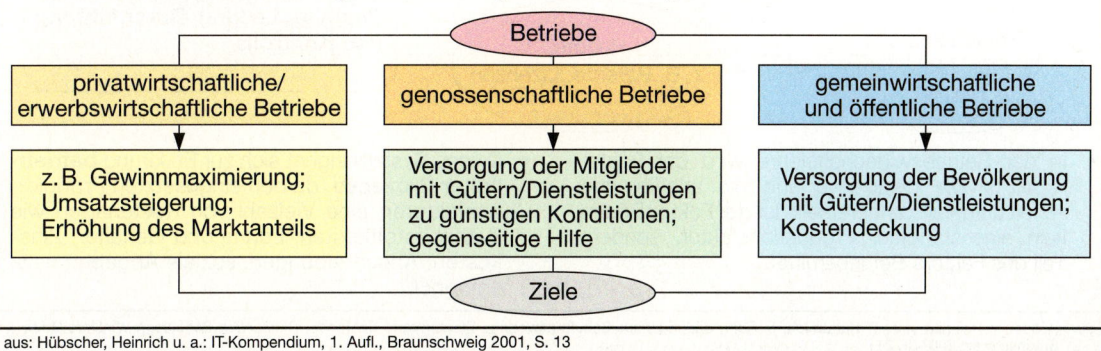

aus: Hübscher, Heinrich u. a.: IT-Kompendium, 1. Aufl., Braunschweig 2001, S. 13

Produktionsfaktoren und Faktorkombination
Factors of production and factor combination

Volkswirtschaftliche Produktionsfaktoren

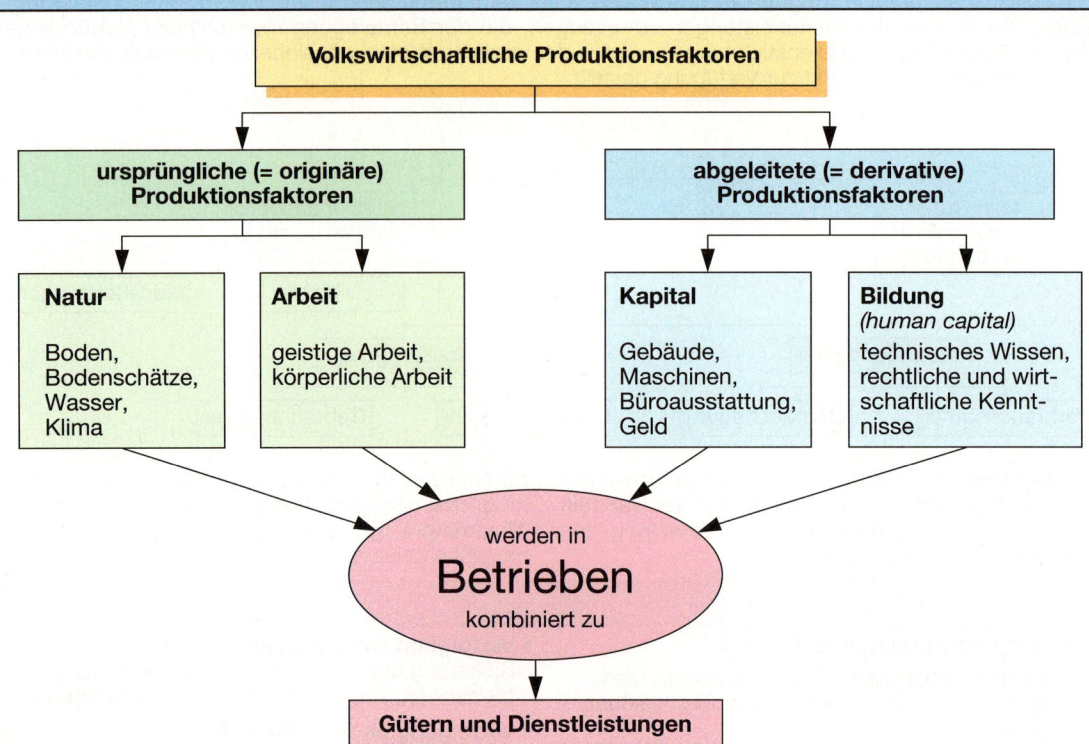

- Die Volkswirtschaftslehre erklärt, wie sich der Ertrag der Faktorkombination auf die Produktionsfaktoren in Form von Arbeitslohn (Arbeit), Bodenrente, Pachten (Boden) und Zins (Kapital) verteilt. Der restliche Ertrag ist der Unternehmergewinn.

- Dieses System der Produktionsfaktoren eignet sich also zur **Theorie der Einkommensbildung und -verteilung** in einer Volkswirtschaft.

Betriebswirtschaftliche Produktionsfaktoren

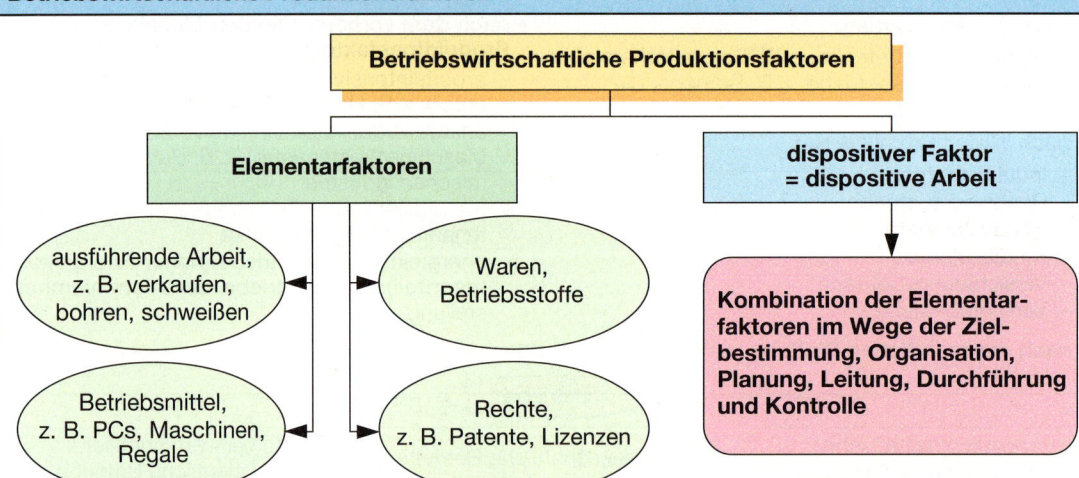

- In der Betriebswirtschaftslehre wird der Faktor Arbeit in die dispositive und die ausführende Arbeit aufgeteilt; andererseits ist der Faktor Boden kein eigenständiger Produktionsfaktor, sondern Teil des Faktors Betriebsmittel.

- Dieses System eignet sich zur Erklärung **betrieblicher Prozesse,** da den eingesetzten Produktionsfaktoren eine Vielzahl von Kostenarten wie Betriebsstoffkosten, Löhne und Gehälter, Zinskosten, Abschreibungen, soziale Abgaben usw. entspricht.

aus: Hübscher, Heinrich u. a.: IT-Handbuch, 5. Aufl., Bildungshaus Schulbuchverlage Westermann Schroedel Diesterweg Schöningh Winklers GmbH, Braunschweig 2007, S. 21

Arbeitsteilung in der Wirtschaft – *Division of labour in the economy*

Formen der Arbeitsteilung

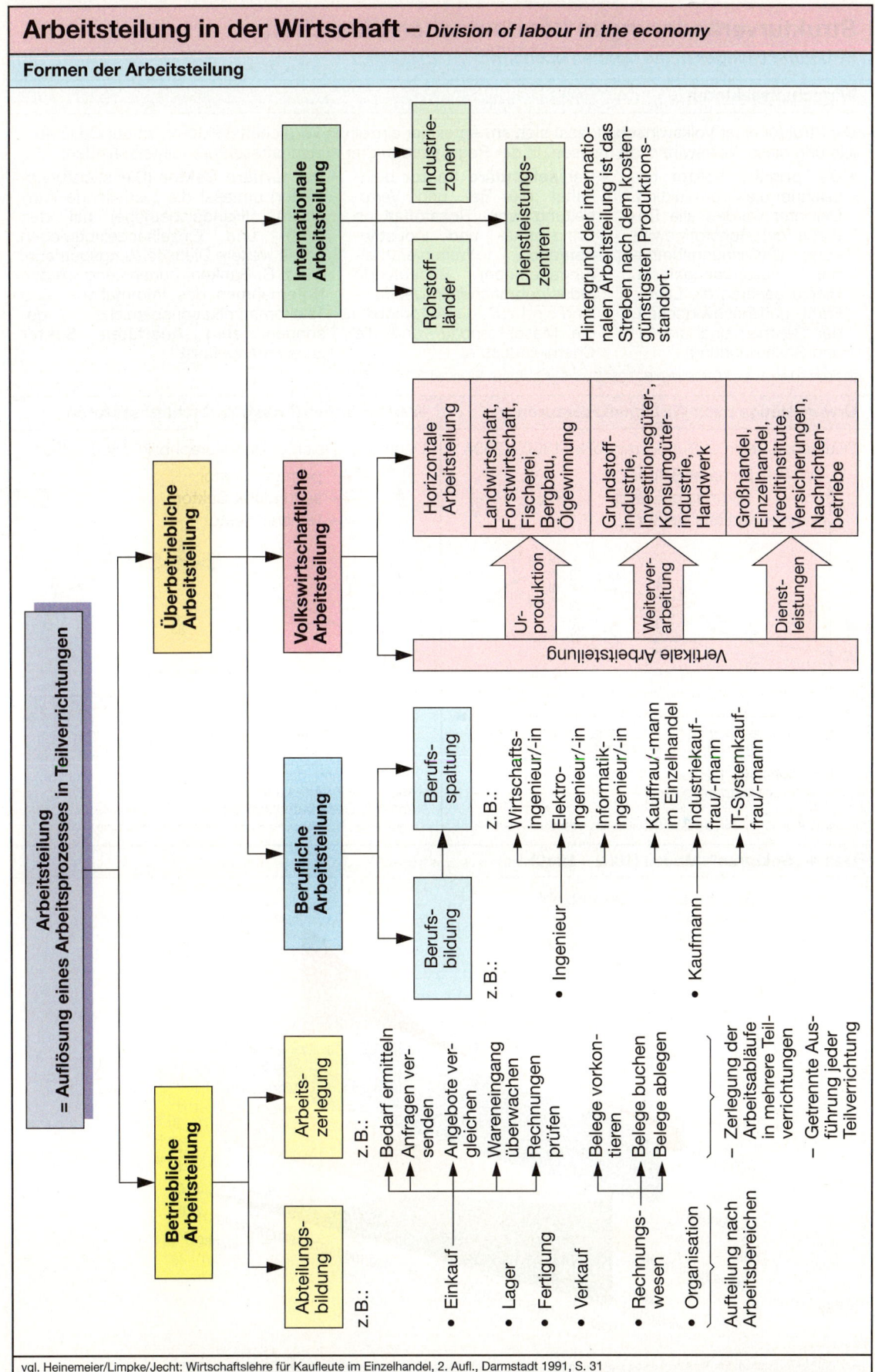

vgl. Heinemeier/Limpke/Jecht: Wirtschaftslehre für Kaufleute im Einzelhandel, 2. Aufl., Darmstadt 1991, S. 31

Strukturveränderungen der deutschen Wirtschaft
Structural changes in the German economy

Wirtschaftssektoren

Die Struktur einer Volkswirtschaft lässt sich am Anteil der einzelnen Wirtschaftssektoren an der Gesamtleistung dieser Volkswirtschaft messen. In der Regel werden drei Wirtschaftssektoren unterschieden:

- Der **primäre Sektor** bezeichnet die Urproduktion. Darunter werden alle Betriebe der Rohstoffgewinnung (Gewinnungsbetriebe) zusammengefasst. Hierzu gehören die Land-, Forst- und Fischwirtschaft, der Bergbau und die Öl- und Gasgewinnung.

- Der **sekundäre Sektor** beinhaltet die Be- und Verarbeitung von Rohstoffen in Handwerks- und Industriebetrieben (Weiterverarbeitungsbetriebe). Bedeutende Industriebranchen in Deutschland sind z. B. die Automobil-, die Maschinenbau- und die Chemieindustrie.

- Der **tertiäre Sektor** (Dienstleistungssektor) umfasst die „verteilende Wirtschaft" (Handelsbetriebe) mit den Groß- und Einzelhandelsbetrieben sowie weitere Dienstleistungsbetriebe, wie z. B. Banken. Zunehmend werden Unternehmen des Informations- und Telekommunikationsbereichs gesondert zum **quartären Sektor** zusammengefasst.

vgl. Böker, Jürgen u. a.: Wirtschaftspolitik/Wirtschaftsordnung, 3. Aufl., Darmstadt 2005, S. 15

Erwerbstätige nach Wirtschaftssektoren

Deutsches Reich u. Bundesrepublik[1] 1800 – 2004 in %
- primärer Sektor
- sekundärer Sektor
- tertiärer Sektor

[1] 1950 – 1989: Alte Länder
ab 1989: Gesamtdeutschland

vgl. Geißler, R.: Die Sozialstruktur Deutschlands, Wiesbaden 2006

Wertschöpfung[1] nach Wirtschaftssektoren

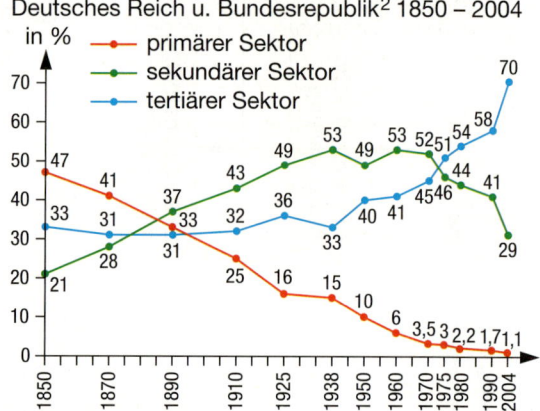

Deutsches Reich u. Bundesrepublik[2] 1850 – 2004 in %
- primärer Sektor
- sekundärer Sektor
- tertiärer Sektor

[1] Gesamtsumme der wirtsch. Leistungen (Güter, Dienste)
[2] 1950 – 1990: Alte Länder
ab1989: Gesamtdeutschland

vgl. Geißler, R.: Die Sozialstruktur Deutschlands, Wiesbaden 2006

Das 4-„Sektoren"-Modell (1882 – 2010)

Anteil der „Sektoren" an der Gesamtzahl der Erwerbstätigen (in Prozent)

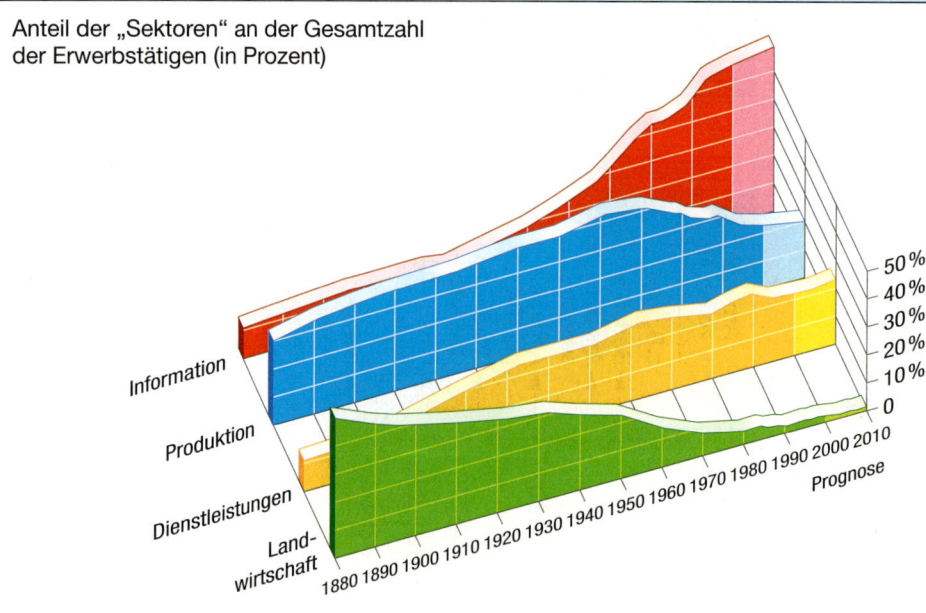

aus: Bundesministerium für Wirtschaft (Hrsg.): BMWi Report. Die Informationsgesellschaft. Fakten, Analysen, Trends, Bonn 1995

352626

Auswirkungen der Arbeitsteilung – *The effects of division of labour*

Positive und negative Auswirkungen

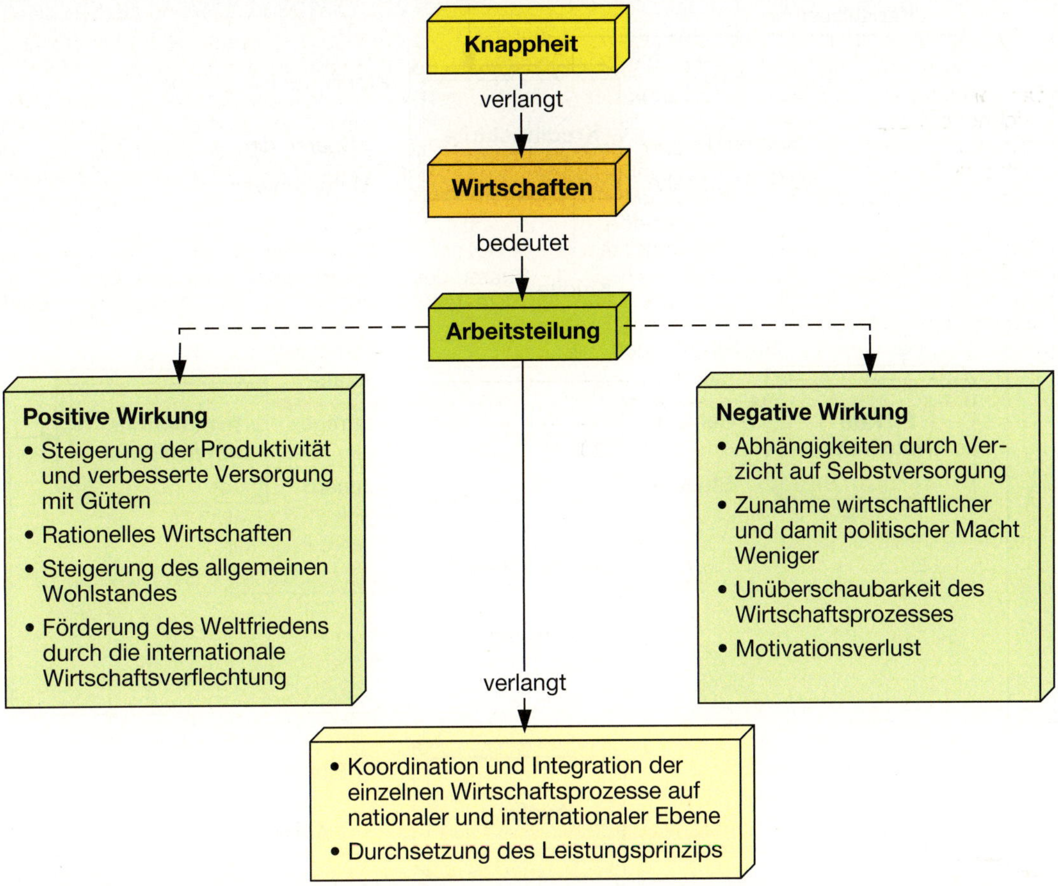

Knappheit

verlangt

Wirtschaften

bedeutet

Arbeitsteilung

Positive Wirkung
- Steigerung der Produktivität und verbesserte Versorgung mit Gütern
- Rationelles Wirtschaften
- Steigerung des allgemeinen Wohlstandes
- Förderung des Weltfriedens durch die internationale Wirtschaftsverflechtung

Negative Wirkung
- Abhängigkeiten durch Verzicht auf Selbstversorgung
- Zunahme wirtschaftlicher und damit politischer Macht Weniger
- Unüberschaubarkeit des Wirtschaftsprozesses
- Motivationsverlust

verlangt

- Koordination und Integration der einzelnen Wirtschaftsprozesse auf nationaler und internationaler Ebene
- Durchsetzung des Leistungsprinzips

aus: Bundesverband Deutscher Banken (Hrsg.): Schul/Bank. Wirtschaft. Materialien für den Unterricht, Köln 1994

Datenmaterial

Die größten deutschen Unternehmen Jahresumsätze 2006 in Mrd. €

Beispiel: Siemens-Standorte

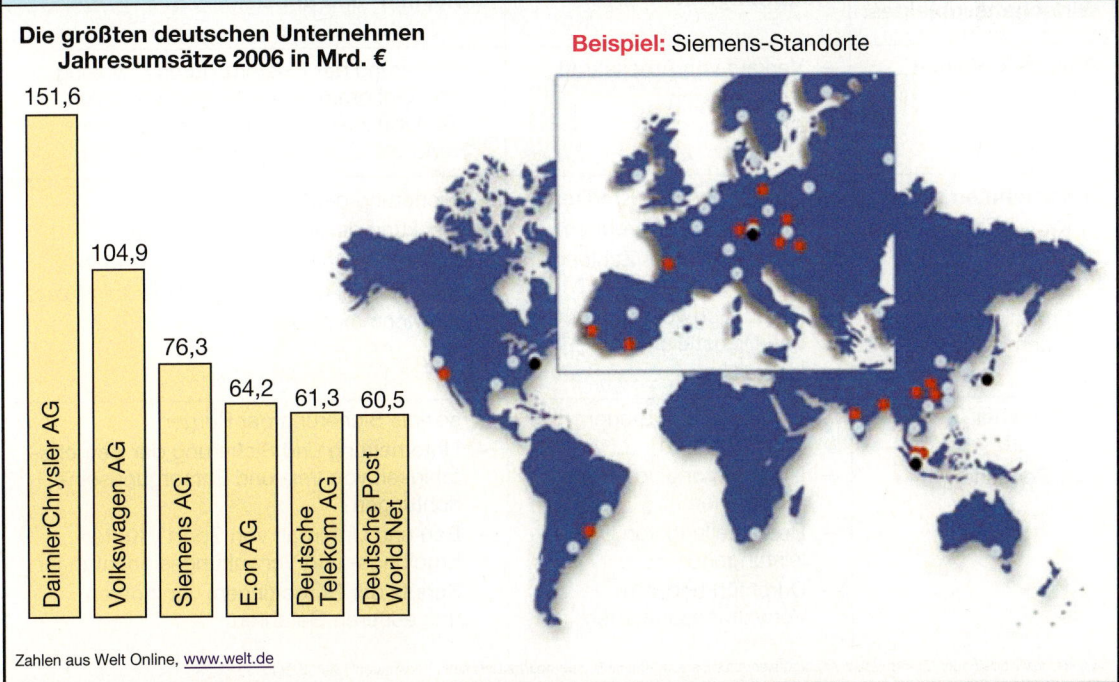

- DaimlerChrysler AG: 151,6
- Volkswagen AG: 104,9
- Siemens AG: 76,3
- E.on AG: 64,2
- Deutsche Telekom AG: 61,3
- Deutsche Post World Net: 60,5

Zahlen aus Welt Online, www.welt.de

Wirtschaftskreislauf – *Flow of business*

Kapitaleinfuhr

Kapitalausfuhr

Kredite, Zinsen   **Kreditinstitute**   Kredite für Investitionen

Sparen der   Sparen der

privaten Haushalte   Unternehmen

Kredite   Sparen des Staates

Sozialleistungen,   Subventionen,

Löhne,   Staats-

Private Haushalte   Gehälter   **Staat**   aufträge   **Produktions-unternehmen**

Steuern   Steuern

Löhne, Gehälter, …

Privater Verbrauch

Kapitalausfuhr   **Ausland**   Einfuhrzahlungen

Kapitaleinfuhr   Ausfuhrerlöse

aus: Bundesverband deutscher Banken (Hrsg.): Schul/Bank. Wirtschaft. Materialien für den Unterricht, Köln 1994, 2.1/4

Art des Wirtschaftssubjektes	Haupttätigkeiten, z. B.	Zwischen- und Endziele, z. B.
Privater Haushalt	– Verkauf von Arbeitskraft – Konsumieren – Sparen	– Sicherung der Existenz durch Erzielung von Einkommen zur Befriedigung von Bedürfnissen, Schaffung und Vermehrung von Eigentum und Ansehen
Unternehmen a) Kreditinstitut b) Produktions-unternehmen	– Gewährung von Krediten – Aufnahme von Krediten – Abwicklung des Zahlungs-verkehrs – Produktion von Sachgütern und Dienstleistungen – Investitionen	– Sicherung der Existenz – Deckung der Kosten (langfristig) – Erzielung von positivem Nettogewinn – Erweiterung der Einflussnahme auf Märkte – Gewinnmaximierung
Öffentlicher Haushalt, z. B. Gemeinde	– Einnahme von Steuern und Gebühren – Durchführung von Haus-haltsplänen – Bereitstellung von Dienst-leistungen – Durchführung von Verwaltungsaufgaben	– soziale Sicherung der Bürger – Unterhaltung und Sicherung der Betriebs-fähigkeit von Ver- und Entsorgungsein-richtungen – Bau und Unterhalt von Sport-, Kultur-, Erholungs- und Verwaltungseinrichtungen – Schutz der Bürger(innen) vor inneren und äußeren Gefahren

aus: Herber, Hans/Engel, Bernd: Volkswirtschaftslehre für Bankkaufleute, 6. neu bearbeitete Aufl., Wiesbaden 1994, S. 3 f.

Unternehmensgründung – *Founding a company*

Firma

Die **Firma** eines Kaufmanns ist laut § 17 HGB der Name, unter dem er seine Geschäfte betreibt und die Unterschrift abgibt. Er kann unter seiner Firma klagen und verklagt werden.

Firmengrundsätze

Damit Firmen im Markt eindeutig unterscheidbar sind, wurden so genannte **Firmengrundsätze** aufgestellt:

Firmenwahrheit, Firmenklarheit

Der gewählte Name soll wahr sein. Er soll keine Angaben enthalten, die geeignet sind, über geschäftliche Verhältnisse des Unternehmens, die für die Öffentlichkeit maßgeblich sind, irrezuführen (§ 18 HGB). Ein Kleinbetrieb darf also nicht unter einem Namen firmieren, der den Eindruck erweckt, es handele sich um ein Großunternehmen.

Firmenbeständigkeit

Ändert sich der bürgerliche Name eines Kaufmanns oder wird das Unternehmen an ein anderes verkauft, so kann der alte Name des Unternehmens weitergeführt werden. Das bisherige positive Image des Unternehmens bleibt so erhalten.

Rechtsformzusatz

Aus einem Zusatz beim Geschäftsnamen muss eindeutig hervorgehen, um welche Rechtsform es sich handelt, zum Beispiel: OHG, KG, GmbH, AG, e. K., e. Kfm., e. Kffr.

Firmenausschließlichkeit

Jede neue Firma muss sich von allen an demselben Ort oder in derselben Gemeinde bereits bestehenden und in das Handelsregister eingetragenen Firmen deutlich unterscheiden (§ 30 HGB).

Firmenöffentlichkeit

Jeder Kaufmann ist laut § 29 HGB verpflichtet, seine Firma in das Handelsregister eintragen zu lassen.

Handelsregister

Jeder Kaufmann ist laut § 29 HGB verpflichtet, seine Firma im Handelsregister (öffentliches Verzeichnis aller Kaufleute) anzumelden. Gegenstand der **Eintragung** sind u. a.:

- Firma
- Sitz des Unternehmens
- Gegenstand des Unternehmens
- Inhaber
- Haftungsverhältnisse
- Rechtsform
- besondere Rechtsverhältnisse (z. B. Prokura)

Das zuständige Gericht (Amtsgericht) hat laut § 10 HGB die Eintragungen in das Handelsregister durch die Veröffentlichung im elektronischen Unternehmensregister (www.unternehmensregister.de) bekannt zu machen. Eintragungen genießen **öffentlichen Glauben,** d. h., jeder muss sie gegen sich gelten lassen (z. B. beim Rechtsstreit). Das Handelsregister weist **zwei Abteilungen** auf:

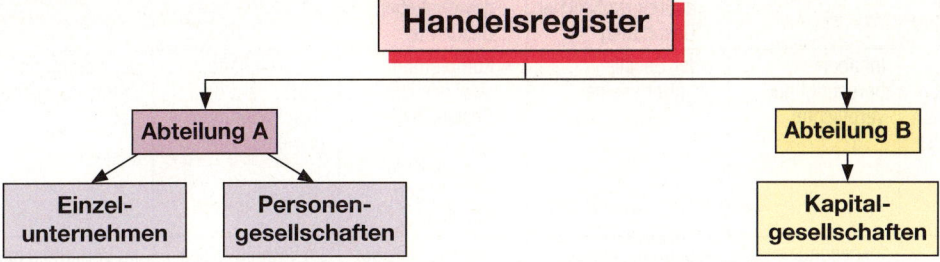

Eintragungen in das Handelsregister können sowohl **rechtserzeugend (konstitutiv)** als auch **rechtsbezeugend (deklaratorisch)** sein. Bei rechtserzeugenden Eintragungen tritt die Rechtswirkung erst durch die Eintragung ein (z. B. bei der Rechtsform von Kapitalgesellschaften). Bei rechtsbezeugenden Eintragungen ist die rechtliche Wirkung bereits vorher eingetreten, dies wird durch die HR-Eintragung nur bestätigt (z. B. bei der Rechtsform von Personengesellschaften und der Rechtsstellung von Prokuristen).

Bestimmungsgründe für die Wahl einer Rechtsform

Bevor eine oder mehrere Personen ein Unternehmen rechtlich gründen, müssen verschiedene Überlegungen zur **Wahl der geeigneten Rechtsform** angestellt werden:

- **Kapitalaufbringung** (Anzahl der Personen, Höhe der Kapitalsumme)
- **Haftungsumfang** (Voll- oder Teilhafter)
- **Steuerrechtliche Behandlung** (z. B. des Gewinns)
- **Entscheidungsbefugnisse** (z. B. Geschäftsführung, Vertretung)
- **Gewinn- und Verlustverteilung**
- **Rechtliche Vorschriften zur Mitbestimmung**

Rechtsformen der Unternehmungen – *Legal forms of enterprises*

Rechtsformen

- Einzelunternehmungen
- Gesellschaftsunternehmungen
  - Personengesellschaften — z.B. OHG, KG — *Teil A im HR*
  - Kapitalgesellschaften — z.B. GmbH, AG — *Teil B im HR*
- Sonderformen — z.B. BGB-Gesellschaft, Genossenschaft

Merkmale ausgewählter Rechtsformen

Merkmale / Rechtsform	Einzelunternehmung	Offene Handelsgesellschaft	Kommanditgesellschaft	Gesellschaft mit beschränkter Haftung[1]	Aktiengesellschaft
Allgemeines Merkmal	Kaufmann	Betrieb eines Handelsgewerbes	Betrieb eines Handelsgewerbes	für jeden beliebigen Zweck	für jeden beliebigen Zweck
Firmenzusatz	eingetragene(r) Kauffrau/-mann	OHG	KG	GmbH	AG
Anzahl der Gründer	1 Person	mindestens 2 Personen	mindestens 2 Personen	mindestens 1 Person	mindestens 1 Person
Mindestkapital	keine Vorschriften	keine Vorschriften	keine Vorschriften	Stammkapital (gezeichnetes Kapital): 25.000,00 €[1]	Grundkapital (gezeichnetes Kapital): 50.000,00 €
Haftung	• Betriebs- und Privatvermögen • unbeschränkt	• Gesellschafter mit Einlage und Privatvermögen • unbeschränkt, unmittelbar, solidarisch	• Komplementäre: wie OHG-Gesellschafter • Kommanditisten: beschränkt auf die Einlage	Gesellschaft beschränkt auf das Stammkapital	Gesellschaft beschränkt auf das Grundkapital
Gesetzliche Regelung der Geschäftsführungsbefugnis (Innenverhältnis)	Inhaber berechtigt und verpflichtet	• jeder Gesellschafter alleine • Widerspruchsrecht des einzelnen Gesellschafters • Zustimmung aller Gesellschafter bei außergewöhnlichen Geschäften	• Komplementäre: wie OHG-Gesellschafter • Kommanditisten: Kontrollrecht der Bilanz; Widerspruchsrecht bei außergewöhnlichen Geschäften	der Geschäftsführer bzw. die Geschäftsführer gemeinsam	alle Vorstandsmitglieder gemeinsam
Gesetzliche Regelung der Vertretungsbefugnis (Außenverhältnis)	Inhaber berechtigt und verpflichtet	jeder Gesellschafter alleine	• Komplementäre: wie OHG-Gesellschafter • Prokuraerteilung an Kommanditisten möglich	der Geschäftsführer bzw. die Geschäftsführer gemeinsam	alle Vorstandsmitglieder gemeinsam
Gesetzliche Regelung der Erfolgsverteilung	insgesamt	• Gewinn: 4 % auf die Kapitaleinlage, Rest nach Köpfen • Verlust nach Köpfen	• Gewinn: 4 % auf die Kapitaleinlage, Rest im angemessenen Verhältnis • Verlust im angemessenen Verhältnis	im Verhältnis der Geschäftsanteile	im Verhältnis der Aktiennennbeträge
Organe	–	–	–	• Geschäftsführer • Aufsichtsrat (ab 500 Arbeitnehmern zwingend) • Gesellschafterversammlung	• Vorstand • Aufsichtsrat • Hauptversammlung

1 Der Regierungsentwurf des Gesetzes zur Modernisierung des GmbH-Rechtes und zur Bekämpfung von Missbräuchen (**MoMiG**) sieht vor, dass das Mindestkapital einer GmbH künftig auf **10.000,00 €** gesenkt wird. Das Gesetz soll im Laufe des Jahres 2008 in Kraft treten. Aktueller Stand siehe www.bmj.de.

vgl. Hübscher, Heinrich u. a., IT-Kompendium, 1. Aufl., Bildungshaus Schulbuchverlage Westermann Schroedel Diesterweg Schöningh Winklers GmbH, Braunschweig 2001, S. 14

352630

Kommanditgesellschaft (KG) als Beispiel einer Personengesellschaft

Begriff

Laut § 161 HGB ist eine KG eine Gesellschaft, deren Zweck auf den Betrieb eines Handelsgewerbes unter gemeinschaftlicher Firma gerichtet ist.

Bedingung ist weiterhin, dass es sowohl mindestens einen Kommanditisten (Teilhafter) als auch mindestens einen Komplementär (Vollhafter) gibt.

Haftung und Geschäftsführung

Beim **Kommanditisten** ist die Haftung gegenüber den Gesellschaftsgläubigern auf den Betrag einer bestimmten Vermögenseinlage beschränkt, während beim **Komplementär** keine Haftungsbe-

schränkung existiert. Man nennt Letzteren deswegen auch persönlich haftenden Gesellschafter.

Jeder **Komplementär** haftet:

- **unbeschränkt** (mit Betriebs- und Privatvermögen)

- **gesamtschuldnerisch** (ein Gläubiger kann einzelnen Komplementär mit der Gesamtschuldsumme belasten und entsprechend verklagen)

- **unmittelbar** (ein Komplementär kann Gläubiger bei Forderungen nicht auf andere Komplementäre verweisen)

Aus dieser grundsätzlichen Unterscheidung zwischen Voll- und Teilhafter ergibt sich, dass die Komplementäre die Geschäfte führen und die Kommanditisten prinzipiell von der Geschäftsführung ausgeschlossen sind. Allerdings hat der Kommanditist die Möglichkeit, bei außergewöhnlichen Entscheidungen zu widersprechen. Die Geschäftsführung der Komplementäre ist prinzipiell eine **Einzelgeschäftsführung**, d. h., jeder kann allein Entscheidungen fällen. Nur bei **außergewöhnlichen Hand-**

lungen (z. B. Bestellung eines Prokuristen oder Auflösung des Unternehmens) ist die Zustimmung aller Komplementäre notwendig. Die KG wird **nach außen** durch die Komplementäre vertreten. Sie haben **Einzelvertretungsmacht,** d. h., jeder einzelne Vollhafter vertritt die KG sowohl bei gerichtlichen als auch bei außergerichtlichen Handlungen. Die Teilhafter, die Kommanditisten, haben keine Vertretungsmacht.

Gewinn- und Verlustverteilung

In der Regel wird bei Gründung einer Kommanditgesellschaft ein Gesellschaftsvertrag schriftlich geschlossen. In diesem Vertrag befinden sich auch Angaben über die geplante Gewinn- und Verlustverteilung. Das unterschiedliche Engagement oder bestimmte Fachkenntnisse der einzelnen Gesellschafter können so von vornherein für die Ergebnisverteilung zu unterschiedlichen Anteilen führen. Wird ein Gesellschaftsvertrag nicht vereinbart, so

gilt die **gesetzliche Regelung** laut HGB. Danach erhalten sämtliche Gesellschafter zunächst 4% auf ihr eingebrachtes Kapital. Übersteigt der zu verteilende Gewinn diese Höhe, ist der Rest im angemessenen Verhältnis zu verteilen.

Ein **Verlust** ist im angemessenen Verhältnis zu verteilen, allerdings kann der Kommanditist maximal bis zur Höhe seines Kapitalanteils belastet werden.

Kündigung

Ein Kommanditist hat eine Kündigungsfrist von sechs Monaten zum Ende des Geschäftsjahres.

Auflösung der KG

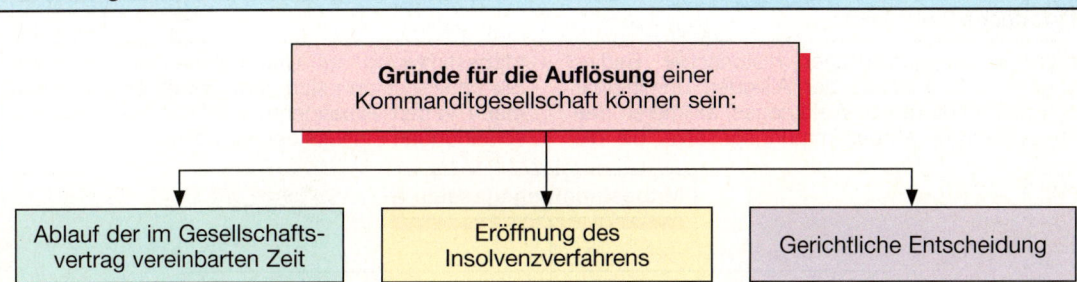

Beim **Tod eines Kommanditisten** übernimmt der Erbe die Pflichten und Rechte, es sei denn, etwas anderes ist im Gesellschaftsvertrag vereinbart.

Aktiengesellschaft (AG) als Beispiel einer Kapitalgesellschaft

Begriff

Die AG ist laut § 1 AktG eine Gesellschaft mit eigener Rechtspersönlichkeit, bei der nur mit dem Gesellschaftsvermögen gehaftet wird. Diese Rechtsform hat ein in **Aktien** (Anteile) zerlegtes Grundkapital, das mindestens 50.000,00 € auf- weisen muss. Bei den Aktien wird zwischen dem aufgedruckten **Nennbetrag** (Nennwert) und dem sich aufgrund von Angebot und Nachfrage an der Börse ergebenden **Kurswert** unterschieden.

Bedeutung

Aktiengesellschaften bieten die Möglichkeit, große Geldsummen über die Ausgabe von Aktien auf- zubringen. Damit können **Großinvestitionen** (z. B. Luft- und Raumfahrttechnik) vorgenommen wer- den, die bei anderen Rechtsformen häufig am Kapitalmangel scheitern. Ein zusätzlicher Vorteil ist bei börsennotierten Aktiengesellschaften die **leichte Übertragbarkeit** der Aktien.

Organe

Vorstand

Leitendes/ausführendes Organ (vertritt die AG nach außen, stellt Jahresabschluss und Lage- bericht vor, beruft die Haupt- versammlung ein)
Er wird auf 5 Jahre bestellt.

↑ bestellt den Vorstand

Aufsichtsrat

Überwachendes Organ (Kontrollorgan) (überwacht die Geschäftsführung und hat Recht auf Einsicht und Prüfung der Bücher)
Er wird auf 4 Jahre gewählt.

↑ wählt Aktionärsvertreter des Aufsichtsrates

Hauptversammlung

Beschlussfassendes Organ
(die Aktionäre haben Stimmrecht nach Nennbeträgen; sie entscheiden u. a. über die Verwendung des Bilanzgewinns)

Mitbestimmung auf Unternehmensebene – *Management participation*

Historische Einordnung

Aufgrund unterschiedlicher historischer Bedin- gungen (z. B. Einfluss der Alliierten unmittelbar nach dem Ende des 2. Weltkrieges) existieren drei unterschiedliche Mitbestimmungsgesetze, die die Mitbestimmung auf Unternehmensebene regeln. Sie unterscheiden sich zum Teil erheblich in dem Maße, in dem Arbeitnehmer auf Unternehmensent- scheidungen Einfluss nehmen können.

Mitbestimmungsgesetze

| Montanmitbestimmungs-gesetz von 1951 | Drittelbeteiligungsgesetz von 2004 | Mitbestimmungsgesetz von 1976 |

Mitbestimmung auf Unternehmensebene – *Management participation*

Mitbestimmung nach dem Drittelbeteiligungsgesetz

Das im Jahr 2004 beschlossene „Drittelbeteiligungsgesetz" fußt auf den ehemaligen Bestimmungen des Betriebsverfassungsgesetzes von 1952. Auch in dem neuen Gesetz werden die Mitbestimmungsrechte von Arbeitnehmern im Aufsichtsrat von **Kapitalgesellschaften mit mehr als 500 Arbeitnehmern** geregelt. Weisen diese Unternehmen mehr als 2 000 Arbeitnehmer auf, greift das Mitbestimmungsgesetz von 1976.

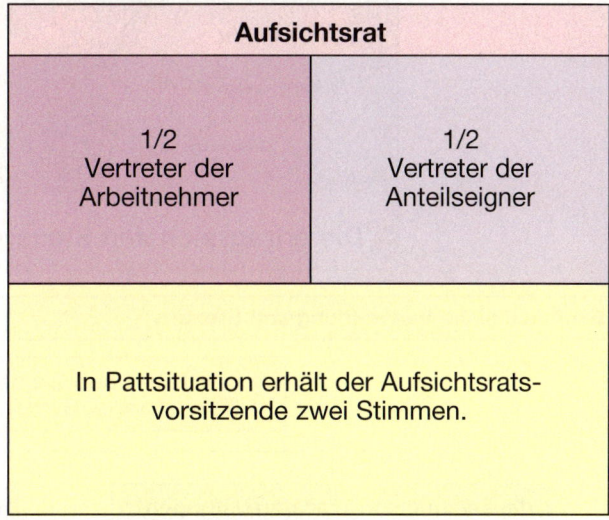

Aufsichtsrat	
1/3 Vertreter der Arbeitnehmer	2/3 Vertreter der Anteilseigner

Mitbestimmung nach dem Mitbestimmungsgesetz von 1976

Dieses Gesetz entstand im Zeichen großer gesellschaftlicher Veränderungen in der Bundesrepublik Deutschland, es wurde von der sozial-liberalen Bundesregierung (SPD-Bundeskanzler Schmidt) 1976 verabschiedet. Es regelt die Mitbestimmung in **Kapitalgesellschaften mit mehr als 2 000 Arbeitnehmern.**

Eine besondere Rolle spielt bei diesem Gesetz der Vorsitzende des Aufsichtsrates, der bei Stimmengleichheit **(Pattsituation)** von Arbeitnehmer- und Anteilseignervertretern zwei Stimmen hat. Diese Person wird im 1. Wahlgang von zwei Dritteln aller Aufsichtsratsmitglieder gewählt. Ist ein 2. Wahlgang notwendig, wählen allein die Anteilseigner den Vorsitzenden. Daraus ergibt sich, dass bei diesem Mitbestimmungsmodell von einer echten paritätischen Mitbestimmung nicht gesprochen werden kann, obwohl es häufig so bezeichnet wird.

Aufsichtsrat	
1/2 Vertreter der Arbeitnehmer	1/2 Vertreter der Anteilseigner
In Pattsituation erhält der Aufsichtsratsvorsitzende zwei Stimmen.	

Mitbestimmung nach dem Montanmitbestimmungsgesetz

Im Zeichen der Neuordnung Europas nach dem Ende des 2. Weltkrieges (z. B. Gründung zweier deutscher Staaten) entstand 1951 das **Montanmitbestimmungsgesetz,** das u. a. den politischen Einfluss der Alliierten auf die deutsche Politik widerspiegelt. Die Mitbestimmung wurde nach diesem Gesetz in den damals wirtschaftlich zentralen Branchen Bergbau sowie Eisen und Stahl erzeugende Industrie **(Montanindustrie)** eingeführt. Voraussetzungen sind außerdem das Vorliegen der Rechtsform einer Kapitalgesellschaft oder einer bergrechtlichen Gewerkschaft und die Beschäftigung von mehr als 1 000 Arbeitnehmern.

Bei diesem Modell der **paritätischen Mitbestimmung** kann aufgrund des **neutralen Mitgliedes** eine Pattsituation nicht auftreten, da die Gesamtzahl der Aufsichtsratsmitglieder eine ungerade Zahl (z. B. 11) sein muss. Das neutrale Mitglied muss sowohl von der Kapital- als auch von der Arbeitnehmerseite gewählt werden. Außerdem sieht das Gesetz die Wahl eines **Arbeitsdirektors** im **Vorstand** vor, der i. d. R. für das Personal- und Sozialwesen zuständig ist und nicht gegen die Mehrheit der Arbeitnehmervertreter im Aufsichtsrat bestellt werden kann.

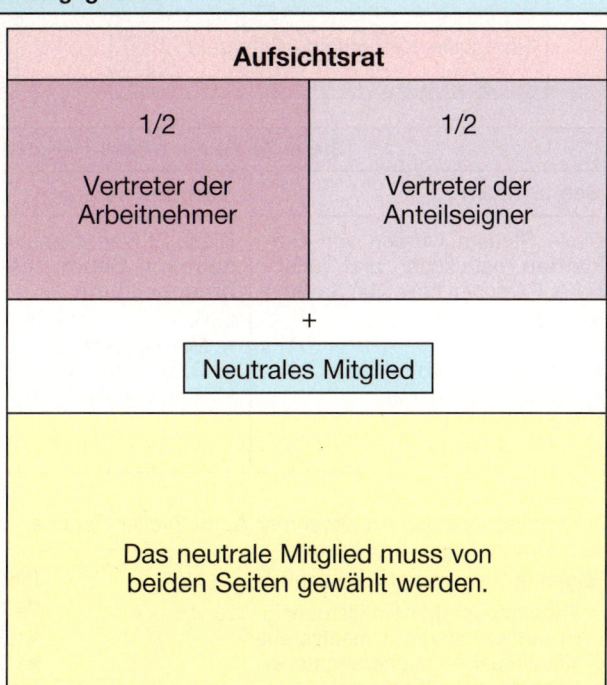

Aufsichtsrat	
1/2 Vertreter der Arbeitnehmer	1/2 Vertreter der Anteilseigner
+	
Neutrales Mitglied	
Das neutrale Mitglied muss von beiden Seiten gewählt werden.	

Steuern – *Taxes*

Begriff

Zwangsabgaben an den Staat ohne Anspruch auf direkte Gegenleistungen

Die ergiebigsten Steuern

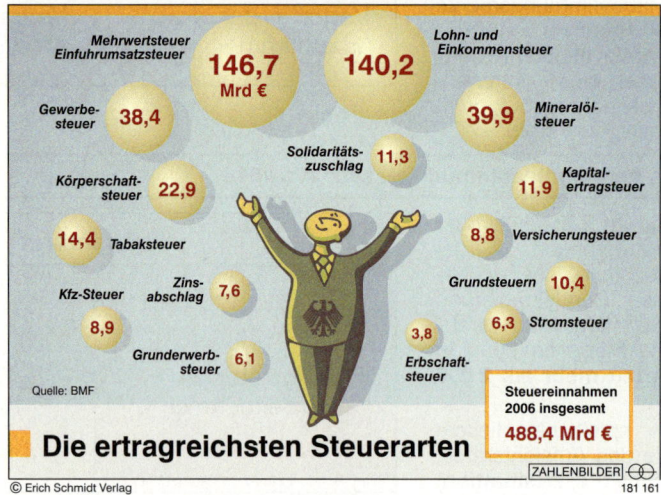

Mehrwertsteuer Einfuhrumsatzsteuer **146,7 Mrd €**

Lohn- und Einkommensteuer **140,2**

Gewerbesteuer **38,4**

Mineralölsteuer **39,9**

Solidaritätszuschlag **11,3**

Körperschaftsteuer **22,9**

Kapitalertragsteuer **11,9**

14,4 Tabaksteuer

Versicherungsteuer **8,8**

Kfz-Steuer   Zinsabschlag **7,6**

Grundsteuern **10,4**

8,9

Stromsteuer **6,3**

Grunderwerbsteuer **6,1**

Erbschaftsteuer **3,8**

Quelle: BMF

Steuereinnahmen 2006 insgesamt **488,4 Mrd €**

Die ertragreichsten Steuerarten

© Erich Schmidt Verlag

ZAHLENBILDER

181 161

Grundsätzliche Verwendung von Steuern

Steuern benötigt der **Staat** (Bund, Länder, Gemeinden) für …

die Zahlung von Transferleistungen (Leistungen des Staates an die Haushalte ohne direkte Gegenleistung)	**die Erstellung von kollektiven Gütern/Dienstleistungen**
Beispiele: Sozialhilfe, Kindergeld, Wohngeld, …	**Beispiele:** Dienste der öffentlichen Verwaltung, der Rechtspflege, des Schulwesens, …

Steuerarten nach dem Gegenstand der Besteuerung

Besitzsteuern	Verbrauchsteuern	Verkehrsteuern
Diese Steuern werden von **Einkünften** natürlicher und juristischer Personen bzw. von **Sachen** erhoben, z. B. • Einkommen-/Lohnsteuer • Körperschaftsteuer • Gewerbesteuer • Grundsteuer	Diese Steuern belasten den **Konsum** von **Gebrauchs- und Verbrauchsgütern,** z. B. • Mineralölsteuer • Tabaksteuer • Kaffeesteuer	Diese Steuern belasten **Rechtsgeschäfte** wie Kaufverträge, Versicherungsverträge, z. B. • Umsatzsteuer • Grunderwerbsteuer • Versicherungsteuer

Beispiel:

Der konfessionslose Arbeitnehmer A, maßvoller Raucher, begeisterter Whiskytrinker, fährt täglich mit seinem Pkw zu seiner Arbeitsstelle.

Folgende Steuern hat A zu zahlen:

• Tabaksteuer, Mineralölsteuer
• Branntweinsteuer, Umsatzsteuer,
• Kfz-Steuer, Versicherungsteuer,
• Lohnsteuer, „Ökosteuer"

Einordnung der von A zu zahlenden Steuern nach dem Gegenstand der Besteuerung:

• Besitzsteuer: Lohnsteuer
• Verbrauchsteuer: Tabak-, Branntwein-, Mineralölsteuer, „Ökosteuer"
• Verkehrsteuer: Kfz-Steuer, Umsatzsteuer, Versicherungsteuer

Steuern – *Taxes*

Steuerarten nach der Art der Erhebung

Direkte Steuern	Indirekte Steuern
Beispiele: • Lohnsteuer • Grundsteuer • Gewerbesteuer Eine direkte Steuer liegt vor, wenn Steuerschuldner und Steuerträger identisch sind. **Steuerschuldner** ist derjenige, der gesetzlich verpflichtet ist, die Steuer zu **entrichten.** **Steuerträger** ist der, der nach dem Willen des Gesetzgebers die Steuer zu **tragen** hat. **Beispiel:** Bei der Grundsteuer ist der Grundeigentümer nicht nur verpflichtet, die Steuer an das Finanzamt zu entrichten, sondern auch die Grundsteuer aufzubringen.	**Beispiele:** • Tabaksteuer • Umsatzsteuer • Mineralölsteuer Bei der indirekten Steuer sind Steuerschuldner und Steuerträger unterschiedliche Personen. Der Steuerschuldner gibt die Zahlungspflicht an den Endverbraucher weiter. **Beispiel:** Bei der Tabaksteuer ist der Zigarettenproduzent Steuerschuldner, denn er muss die Tabaksteuer an das Finanzamt abführen. Beim Kauf von Zigaretten wird der Verbraucher mit der im Verkaufspreis enthaltenen Tabaksteuer belastet.

Steuerarten nach Steuerempfänger

Bundessteuern	Ländersteuern	Gemeindesteuern	Gemeinschaftsteuern
Beispiele: • Versicherungsteuer • Mineralölsteuer • Tabaksteuer	**Beispiele:** • Erbschaftsteuer • Kfz-Steuer • Biersteuer	**Beispiele:** • Gewerbesteuer • Grundsteuer • Hundesteuer	**Beispiele:** • Körperschaftsteuer • Lohn-/Einkommensteuer • Umsatzsteuer

Einkommen-/Lohnsteuer – *Income-tax assessment*

Einkunftsarten

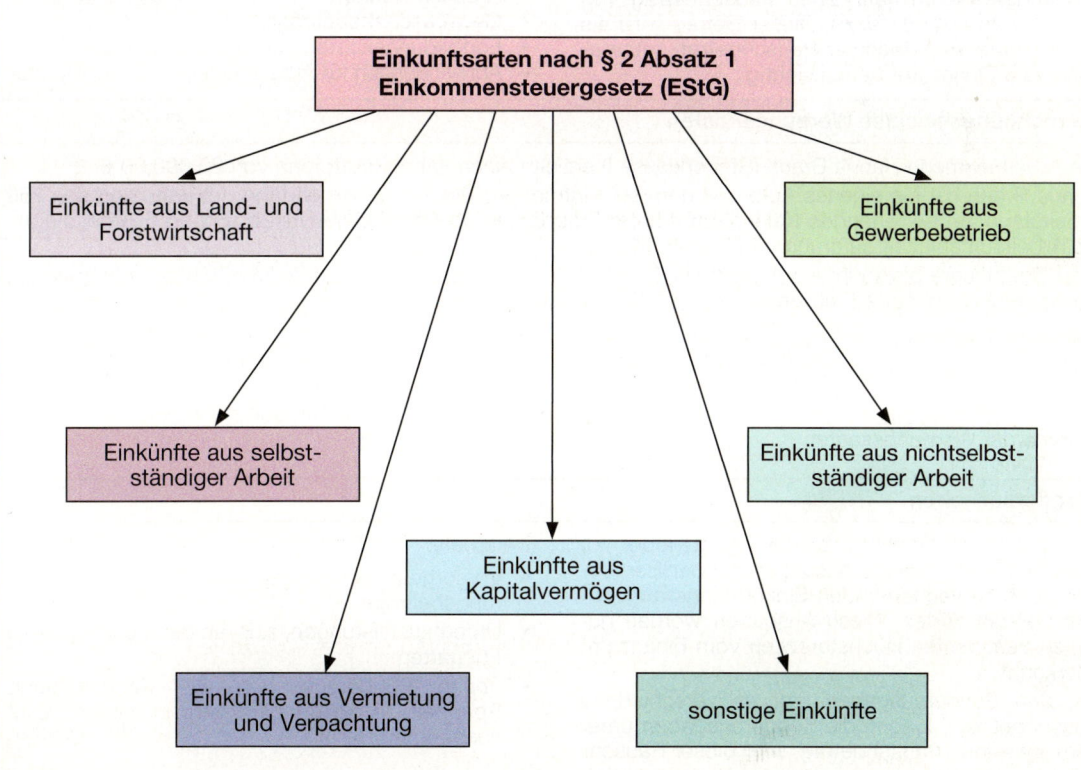

Alle diese Einkunftsarten unterliegen nach dem EStG der Einkommensteuerpflicht.

Einkommen-/Lohnsteuer – *Income-tax assessment*

Ermittlung der Steuerschuld

Die Einkommensteuerschuld eines Arbeitnehmers ist abhängig vom …

zu versteuernden Einkommen

Steuertarif

Berechnung des zu versteuernden Einkommens eines Arbeitnehmers

Das zu versteuernde Einkommen berechnet sich wie folgt:

Jährliches Bruttoarbeitsentgelt

– Werbungskosten
– Sonderausgaben
– außergewöhnliche Belastungen
= zu versteuerndes Einkommen

Werbungskosten

Kosten, die als Folge der Berufsausübung entstehen

Entstehen nur geringe Werbungskosten, müssen diese dem Finanzamt nicht nachgewiesen werden. Es nimmt von sich aus für jeden Arbeitnehmer/jede Arbeitnehmerin im Jahr einen Pauschbetrag von 920,00 € an (Stand: 2006). Dieser Betrag wird als so genannter Arbeitnehmer-Pauschbetrag automatisch vom Finanzamt berücksichtigt.

Beispiele:
- Aufwendungen für Fahrten zwischen Wohnung und Arbeitsstätte ab dem 21. Kilometer mit 0,30 € je Entfernungskilometer (Entfernungskilometer: nur eine Fahrstrecke)
- Arbeitskleidung
- Gewerkschaftsbeiträge
- Fortbildungskosten in einem ausgeübten Beruf
- Aufwendungen für Arbeitsmittel, u. a. Fachliteratur

Berechnungsbeispiel: Werbungskosten

Die Arbeitnehmerin Hanna Braun (Steuerklasse I) erzielte einen Jahresbruttolohn von 20.000,00 €.
Hanna Braun hat ein eigenes Auto, mit dem sie fünfmal pro Woche zur Arbeit fährt. Im Jahr sind das 250 Arbeitstage. Im betreffenden Kalenderjahr hatte Frau Braun 30 Arbeitstage Urlaub und an 5 Arbeitstagen lag Arbeitsunfähigkeit aufgrund von Krankheit vor.
Frau Braun legte bis zu ihrer Arbeitsstelle 40 Entfernungskilometer zurück. Für Arbeitsmittel (Fachbücher, Fachzeitschriften) hatte Frau Braun im Jahr 325,00 € ausgegeben.

An Werbungskosten sind entstanden:

- die Fahrtkosten zur Arbeit 215 · (20 · 0,30 €) = 1.290,00 €
- Arbeitsmittel = 325,00 €

Summe der Werbungskosten 1.615,00 €

Sonderausgaben

Aus sozialen Gründen lässt der Gesetzgeber zu, dass bestimmte private Ausgaben bei der Berechnung des zu versteuernden Einkommens abgezogen werden dürfen. Diese Ausgaben werden nur bis zu bestimmten Höchstgrenzen vom Finanzamt anerkannt.
Bei den Sonderausgaben gibt es verschiedene Pauschbeträge. Liegen die Sonderausgaben unter dem jeweiligen Pauschbetrag, wird dieser Pauschbetrag automatisch vom Finanzamt berücksichtigt.

Beispiele:
- Vorsorgeaufwendungen wie (Sozial-)Versicherungsbeiträge
- Unterhaltsleistungen, z. B. an den geschiedenen Ehegatten
- übrige Sonderausgaben wie Kirchensteuer, Spenden, Ausbildungskosten in einem nicht ausgeübten Beruf

352636

Einkommen-/Lohnsteuer – *Income-tax assessment*

Außergewöhnlichen Belastungen

Eine außergewöhnliche Belastung eines Steuerpflichtigen liegt dann vor, wenn er zwangsläufig größere Aufwendungen hat als die überwiegende Mehrzahl der Steuerpflichtigen gleicher Einkommensverhältnisse; auch hier sind Höchstgrenzen zu beachten.

Beispiele:
- Aufwendungen wegen Betreuung von behinderten Kindern
- Aufwendungen für die auswärtige Unterbringung von Kindern

Berechnungsbeispiel: zu versteuerndes Einkommen

Jährliches Bruttoarbeitsentgelt	20.000,00 €	
– Werbungskosten	1.615,00 €	(Fahrtkosten, Arbeitsmittel)
– Sonderausgaben	700,00 €	(Sozialversicherungsbeiträge)
– außergewöhnliche Belastung	800,00 €	(auswärtige Unterbringung einer Tochter)
= zu versteuerndes Einkommen	16.885,00 €	

Steuertarif

Wie hoch das zu versteuernde Einkommen **besteuert wird,** ergibt sich aus **dem Steuersatz,** dem so genannten **Einkommensteuertarif.** Dabei muss der Gesetzgeber die Leistungsfähigkeit eines jeden Steuerpflichtigen berücksichtigen.

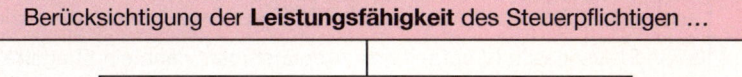

Berücksichtigung der **Leistungsfähigkeit** des Steuerpflichtigen …

durch den Grundfreibetrag

Der **Grundfreibetrag** als steuerliches „Existenzminimum" wird nicht besteuert. Nur der Teil des Einkommens, der den Grundfreibetrag übersteigt, unterliegt der Steuerpflicht.

durch die progressive Besteuerung

Unter **progressiver Besteuerung** wird die Tatsache verstanden, dass mit zunehmender Höhe des zu versteuernden Einkommens auch die prozentuale Steuerbelastung steigt.

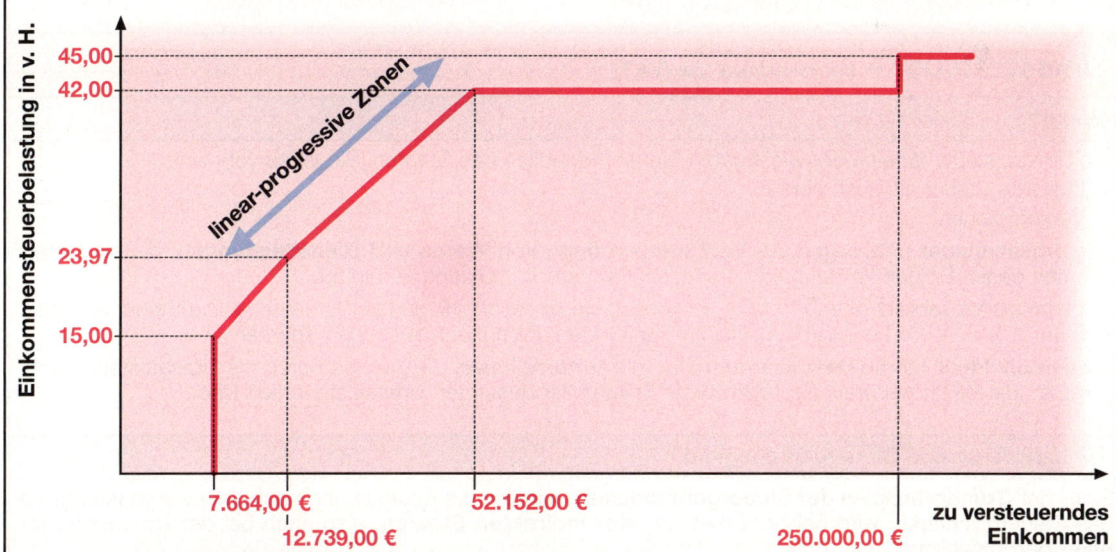

Einkommensteuertarif[1] 2007 für ledige Arbeitnehmer – Steuerklasse I

Für Verheiratete verdoppeln sich die relevanten Werte:
- der Grundfreibetrag von 7.664,00 € auf 15.329,00 €,
- das maximal zu versteuernde Einkommen der ersten linear-progressiven Zone von 12.739,00 € auf 25.479,00 € und
- das maximal zu versteuernde Einkommen der zweiten linear-progressiven Zone von 52.151,00 € auf 104.303,00 €

Einkommen-/Lohnsteuer – *Income-tax assessment*

Lohnsteuerklassen

Die Steuerschuld hängt nur von der Höhe des zu versteuernden Einkommens und dem Steuertarif ab. Am Ende eines Kalenderjahres stellt das Finanzamt im Rahmen der Einkommensteuerveranlagung das zu versteuernde Einkommen und anhand des Steuertarifs die Steuerschuld fest. Der Arbeitgeber ist verpflichtet, für den Arbeitnehmer monatlich die Lohnsteuer ans Finanzamt zu überweisen.

Hatte der steuerpflichtige Arbeitnehmer im Laufe des Kalenderjahres zu viel an Lohnsteuer bezahlt, bekommt er diesen Teil auf Antrag erstattet. Mit dem Instrument der **Steuerklassen** hat der Gesetzgeber dem steuerpflichtigen Arbeitnehmer die Möglichkeit gegeben, durch bestimmte steuermindernde Tatbestände wie **Familienstand/Anzahl von Kindern** die Höhe der monatlichen Lohnsteuerabzüge zu verringern. Dadurch soll erreicht werden, dass diese Tatbestände schon beim monatlichen Steuerabzug berücksichtigt werden.

Steuerklassen	Zuordnung der Arbeitnehmer
I	nicht verheiratete Arbeitnehmer, verwitwete Arbeitnehmer, geschiedene Arbeitnehmer, verheiratete Arbeitnehmer, die ständig getrennt leben
II	Arbeitnehmer der Steuerklasse I mit mindestens einem Kind, wenn ihnen der Entlastungsbeitrag für Alleinerziehende von 1.308,00 € zusteht.
III	verheiratete Arbeitnehmer, deren Ehegatte keinen Arbeitslohn bezieht bzw. verheiratete Arbeitnehmer, deren Ehegatte Arbeitsentgelt bezieht und nach Steuerklasse V besteuert wird
IV	verheiratete Arbeitnehmer, wenn beide Ehepartner Arbeitslohn beziehen
V	für in Steuerklasse IV aufgeführte Arbeitnehmer, wenn ein Ehegatte in Klasse III eingereiht ist
VI	für ein zusätzliches Arbeitsverhältnis

Anmerkung:
Sind beide Ehepartner berufstätig, können sie die folgenden Steuerklassenkombinationen wählen:

– Beide wählen die Steuerklasse IV. Das werden sie dann tun, wenn beide etwa gleich viel verdienen.

– Wählt ein Ehepartner die Steuerklasse III, muss der andere nach Steuerklasse V besteuert werden. Diese Kombination wird i. d. R. gewählt, wenn die Arbeitsverdienste unterschiedlich hoch sind. Um die monatliche Steuerbelastung so gering wie möglich zu halten, wird der Ehepartner mit dem höheren Einkommen die Steuerklasse III wählen.

Umsatzsteuer – *Value-added tax (VAT)*

Begriff

Die Umsatzsteuer ist eine der wichtigsten Einnahmequellen des Staates. Sie ist sowohl eine
– indirekte Steuer als auch eine
– Verkehrsteuer.

Der **Umsatzsteuer** unterliegen alle **Verkaufsvorgänge von Waren und Dienstleistungen,** die ein Unternehmen gegen Entgelt im Rahmen der Geschäftstätigkeit im Inland vornimmt.

Der **Umsatzsteuersatz** beträgt nach § 12 Umsatzsteuergesetz **19 %** des Warenwerts. Die Steuer ermäßigt sich auf **7 %** u. a. für Lebensmittel, Bücher, Zeitungen, Personennahverkehr, Theater.

Steuerschuldner für die **Umsatzsteuer** sind die **Unternehmer.** Sie werden durch die Umsatzsteuer nicht belastet, da die Endverbraucher letztlich die **Träger** der gesamten Umsatzsteuerlast sind.

Umsatzsteuer und Steuergerechtigkeit

Eines der **Grundprinzipien der Steuergerechtigkeit,** nämlich die Besteuerung nach der Leistungsfähigkeit des Steuerpflichtigen, wird bei der Erhebung aller **indirekten Steuern,** also auch bei der **Umsatzsteuer nicht berücksichtigt.**

Leistungsschwache werden durch die Umsatzsteuer im Verhältnis zu ihrem Einkommen stärker belastet als Bezieher hoher Einkommen.

Beispiel:

Ein Bezieher von Arbeitslosengeld II mit der monatlichen Regelleistung von 345,00 € zahlt für ein Brot genauso viel Umsatzsteuer (7 % vom Brotpreis) wie ein Arbeitnehmer, der 5.000,00 € verdient.

352638

Ökosteuer

Die so genannte **Ökosteuer,** die zum 1. April 1999 mit dem Gesetz zum Einstieg in die ökologische Steuerreform in Deutschland eingeführt wurde, erweiterte die Energiebesteuerung, indem die Mineralölsteuersätze erhöht und eine Stromsteuer eingeführt wurden.

Der Sinn dieser Ökosteuer liegt darin,

1. einen **sparsameren Verbrauch** von Energien (Öl, Strom, Erdgas) zu erreichen und der Belastung der Umwelt entgegenzuwirken und
2. die **Einnahmen** aus dieser Steuer der **gesetzlichen Rentenversicherung** zuzuführen; 2003 erbrachte die Ökosteuer 18,8 Mrd. € für die gesetzliche Rentenversicherung.

Durch diese Zuschüsse soll ein weiteres Steigen der Beitragssätze der gesetzlichen Rentenversicherung verlangsamt bzw. verhindert werden.

vgl.: Statistisches Bundesamt Umweltökonomische Gesamtrechnungen 2003

Hinter dieser Absicht steht der Wunsch, die **Lohnnebenkosten der Unternehmen** stabil zu halten bzw. **zu senken,** um dadurch Investitionen zu fördern, die für eine **Belebung des Arbeitsmarktes** notwendig sind.

Im Rahmen der Diskussion über die Ökosteuer werden aber auch aus Unternehmenskreisen, die besonders energieintensiv produzieren, wie z. B. Transport-, Metall erzeugende Unternehmen, kritische Stimmen laut. Sie stellen fest, dass sie die Kosten der Ökosteuer unverhältnismäßig hart treffen und sie dadurch im internationalen Konkurrenzkampf Nachteile erleiden.

Die Erwartung der angesprochenen Unternehmen, dass durch die Freigabe des Strommarktes wenigstens die Strompreise sinken werden und somit die Belastungen durch die Ökosteuer ausgeglichen werden können, hat sich nicht erfüllt.

Das „Gesetz zum Einstieg in die ökologische Steuerreform" trat im März 1999 in Kraft. In einer ersten Stufe wurden seit dem 1. April 1999 die Steuern für Mineralöl, Heizöl, Erdgas und Strom erhöht. Im Herbst 1999 wurden für die Jahre 2000 bis 2003 für Mineralöl und Strom vier weitere Stufen der Steuererhöhung festgelegt, die jeweils zum 1. Januar in Kraft traten. Die Mineralölsteuer erfuhr durch dieses Gesetz die größte Erhöhung.

Die Stufen der Ökosteuer am Beispiel der Mineralölsteuer auf Kraftstoffe

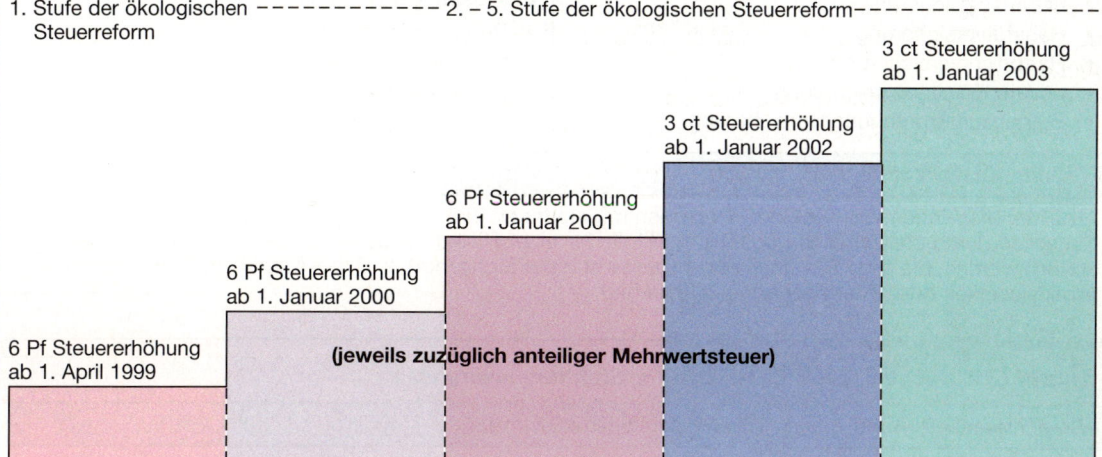

1. Stufe der ökologischen – – – – – – – – – – 2. – 5. Stufe der ökologischen Steuerreform– – – – – – – – – – Steuerreform

3 ct Steuererhöhung ab 1. Januar 2003

3 ct Steuererhöhung ab 1. Januar 2002

6 Pf Steuererhöhung ab 1. Januar 2001

6 Pf Steuererhöhung ab 1. Januar 2000

6 Pf Steuererhöhung ab 1. April 1999

(jeweils zuzüglich anteiliger Mehrwertsteuer)

nach: Angaben des Statistischen Bundesamtes, Wiesbaden 2000

aus: Böker, Jürgen u. a.: Wirtschaftspolitik/Wirtschaftsordnung, 3. Aufl., Darmstadt 2005, S. 42

Steuerquote – *Per capital tax load*

$$\text{Steuerquote:} \quad \frac{\text{Gesamte Steuerzahlung des Kalenderjahres}}{\text{Bruttoinlandsprodukt des Kalenderjahres}} \cdot 100$$

Steuerzahlungen 2005:495 Mrd. €

Bruttoinlandsprodukt 2005: 2.250 Mrd. €

$$\text{Steuerquote (2005):} \quad \frac{495 \text{ Mrd. €}}{2.250 \text{ Mrd. €}} \cdot 100 = 22 \text{ \%}$$

Das heißt, dass etwa ein Fünftel des Bruttoinlandsproduktes als Steuern abgeführt werden muss.

Eine hohe Steuerquote bedeutet für den Staat, dass er hohe Steuereinnahmen erzielt. Dadurch ist er in der Lage, seine Ausgaben für die Transferleistungen und die kollektiven Güter/Dienstleistungen zu finanzieren.

Eine hohe Steuerquote bedeutet für die Steuerzahler, dass ihnen wenig verfügbares Einkommen zur Befriedigung ihrer Individualbedürfnisse bleibt. Der Steuerzahler empfindet hohe Steuerquoten als ungerecht. Er kann darauf mit Leistungsverweigerung, mit sinkender Steuermoral und mit Steuerflucht reagieren.

Versicherungen – *Insurances*

Merkmale jeder Versicherung

➤ **Risiko**	Die Gefahr, dass ein negatives Ereignis eintritt, von dem niemand weiß, ob/wann es geschieht.
➤ **Risiko-/Gefahrengemeinschaft**	Der Zusammenschluss einer größeren Zahl von Menschen, die von dem/der gleichen Risiko/Gefahr bedroht sind. Das Risiko wird auf viele Schultern verteilt.
➤ **Versicherungsfall**	Ein genau definiertes Ereignis, das die Leistungspflicht hervorruft.
➤ **Prämie/Beitrag**	Der Preis dafür, dass im Versicherungsfall der Bedarf/Schaden gedeckt wird.
➤ **Rechtsanspruch auf Leistungen im Versicherungsfall**	Im Versicherungsfall hat jedes Mitglied der Risiko-/Gefahrengemeinschaft einen einklagbaren Anspruch auf Ersatz des Schadens.

Einordnung der Versicherungsarten

Versicherungen aufgrund eines Vertrages (Individualversicherung)	Versicherung kraft Gesetz (Gesetzliche Sozialversicherung)
Der Versicherte und das Versicherungsunternehmen einigen sich im Rahmen der Vertragsfreiheit auf Versicherungsverträge. **Beispiele:** • Lebensversicherung • Hausratversicherung • Haftpflichtversicherung • private Krankenversicherung • Betriebsunterbrechungsversicherung	Diese **Versicherungspflicht** ist unabhängig vom Willen der Beteiligten. Sie kann weder schriftlich noch mündlich ausgeschlossen werden. Es gibt folgende gesetzliche Sozialversicherungen: • Krankenversicherung • Rentenversicherung • Unfallversicherung • Arbeitslosenversicherung • Pflegeversicherung

Gründe für die Versicherungspflicht

Arbeitnehmer/-innen – in der Regel Personen mit niedrigen Einkommen – sind besonders schutzbedürftig. Sie sollen durch die Versicherungspflicht Mitglieder einer Risiko-/Gefahrengemeinschaft **(Solidargemeinschaft)** werden, die dem Einzelnen eine gewisse **soziale Sicherheit,** z. B. bei Krankheit, Alter, Arbeitsunfall, Arbeitslosigkeit oder Pflegebedürftigkeit gewährt.

Gesetzliche Versicherungen – *Statutory insurances*

Gemeinsamkeiten der gesetzlichen Sozialversicherungen

- **Versicherter Personenkreis:**
  Grundsätzlich sind alle Arbeitnehmer/-innen (Arbeiter, Angestellte, Auszubildende) in der gesetzlichen Sozialversicherung pflichtversichert.

- **Besonderheiten des versicherten Personenkreises in der Unfallversicherung:**
  In der gesetzlichen Unfallversicherung sind neben den Arbeitnehmern noch verschiedene andere Personenkreise pflichtversichert, wie Schüler, Kindergartenkinder, Blutspender, Nothelfer bei Unfällen.

- **Beitragsberechnung:**
  Die **Beiträge zur Kranken-, Renten-, Unfall-, Arbeitslosenversicherung sind abhängig** von der wirtschaftlichen Leistungsfähigkeit **(Bruttoarbeitsentgelt des Versicherten)** und von dem **jeweiligen Beitragssatz.**
  Wer ein geringes Bruttoarbeitsentgelt bezieht, zahlt weniger als der Versicherte, der ein höheres Bruttoarbeitsentgelt erzielt. Der Versicherte mit höherem Arbeitsentgelt finanziert dadurch die Beiträge des Versicherten mit geringerem Arbeitsentgelt mit **(Solidaritätsprinzip).**

- **Besonderheit der Beitragsberechnung bei der Unfallversicherung:**
  Die Beiträge der Unfallversicherung sind abhängig u. a. von der
  - **Lohnhöhe** des Arbeitnehmers/der Arbeitnehmerin
  - **Gefahrenklasse des Unternehmens,** d. h. von der Gefährlichkeit des Berufes. So haben z. B. bezahlte Sportler der Fußballbundesliga die Gefahrenklasse 47,75 – die Angestellten von Kreditinstituten die Gefahrenklasse 0,37.

352640

Gesetzliche Versicherungen – *Statutory insurances*

Gemeinsamkeiten der gesetzlichen Sozialversicherungen

- **Beitragsaufbringung:**
  Die Beiträge werden in der Regel **je zur Hälfte** durch den **Versicherten** und seinen **Arbeitgeber** aufgebracht. Seit dem 1. Juli 2005 müssen in der gesetzlichen Krankenversicherung die Arbeitnehmer einen zusätzlichen Beitragssatz von 0,9 % tragen. Bei einem Beitragssatz von z. B. 14 % zur gesetzlichen Krankenkasse AOK X trägt der Arbeitgeber 7 %, der Arbeitnehmer dagegen 7,9 %.

- **Besonderheit der Beitragsaufbringung in der Unfallversicherung:**
  Bei der Unfallversicherung bezahlt der **Arbeitgeber** die Beiträge **allein.**

- **Beitragsbemessungsgrenzen:**
  Die Beiträge werden grundsätzlich vom Bruttoarbeitsentgelt berechnet. Obergrenze des bei der Beitragsbemessung zu berücksichtigenden Entgelts ist die **Beitragsbemessungsgrenze.** Dies ist der **Höchstbetrag,** von dem Beiträge errechnet werden. Beitragsbemessungsgrenzen gibt es in der Kranken-, Pflege-, Renten- und in der Arbeitslosenversicherung. Die Beitragsbemessungsgrenzen verändern sich jährlich.

  Das Festlegen von Beitragsbemessungsgrenzen bedeutet eine Einschränkung des Solidaritätsprinzipes. Da aber die Naturalleistungen (Sach- und Dienstleistungen) bei allen Versicherten einen gewissen Durchschnittsbetrag nicht übersteigen, erscheint es dem Gesetzgeber gerechtfertigt, den Solidaranteil der Höherverdienenden, der die Finanzierung dieses Durchschnittsbetrages übersteigt, durch Beitragsbemessungsgrenzen zu begrenzen.

- **Besonderheit in der Unfallversicherung hinsichtlich der Beitragsbemessungsgrenzen:**
  Die Unfallversicherung kennt den Begriff „Beitragsbemessungsgrenze" nicht. Aber es gibt **Höchstarbeitsverdienstgrenzen,** bis zu denen der Arbeitgeber Beiträge aufzubringen hat.

- **Umlageverfahren:**
  Die Sozialversicherungen verwenden die laufenden Einnahmen für die laufenden Ausgaben. Sie leben sozusagen **„von der Hand in den Mund".**
  Da bei rückläufigem Beitragseingang oder unerwartetem Ansteigen der Ausgaben (z. B. Auftreten einer Epidemie) die Leistungsfähigkeit der gesetzlichen Versicherung sofort gefährdet wäre, hat jeder gesetzliche Versicherungsträger zum Ausgleich von Einnahme- und Ausgabenschwankungen eine **Schwankungsreserve** und **Rücklagen** bereitzuhalten.

Gesetzliche Krankenversicherung – *Statutory health insurance*

- **Träger:**
  zum Beispiel:
  Ortskrankenkassen, Betriebskrankenkassen, Innungskrankenkassen, Ersatzkassen

- **Leistungsfälle:**
  zum Beispiel:
  – Krankheit,
  – Schwangerschaft

- **Leistungen:**
  zum Beispiel:
  – ärztliche und zahnärztliche Behandlungen
  – Krankengeld
  – Rehabilitationskuren
  – Arznei- und Verbandsmittel
  – stationäre Entbindung
  – Krankenhausbehandlung
  – Mutterschaftsgeld

Alle Leistungen der gesetzlichen Krankenversicherung (nicht jedoch das Krankengeld) können grundsätzlich im Rahmen der **Familienversicherung** von den Ehegatten und den Kindern des Stammversicherten beansprucht werden.

Beispiel zur Berechnung von Krankengeld:

Der versicherungspflichtige Arbeitnehmer Walz (Monatsentgelt 2.100,00 € brutto/1.200,00 € netto; keine Einmalzahlungen wie Weihnachtsgeld, Urlaubsgeld) ist seit dem 2. März an Lungenentzündung erkrankt. Sechs Wochen lang erhielt Walz nach dem Entgeltfortzahlungsgesetz seinen vollen Lohn vom Arbeitgeber. Erst danach wird Krankengeld gezahlt.

Das Krankengeld wird für Kalendertage bezahlt. Es beträgt 70 % vom täglichen Bruttoarbeitsentgelt, darf aber 90 % des täglichen Nettolohnes nicht übersteigen, das heißt:

$$X_B = \frac{2.100 \cdot 70}{30 \cdot 100} = 49 \qquad X_N = \frac{1.200 \cdot 90}{30 \cdot 100} = 36$$

Das Krankengeld beträgt also kalendertäglich 36,00 €.

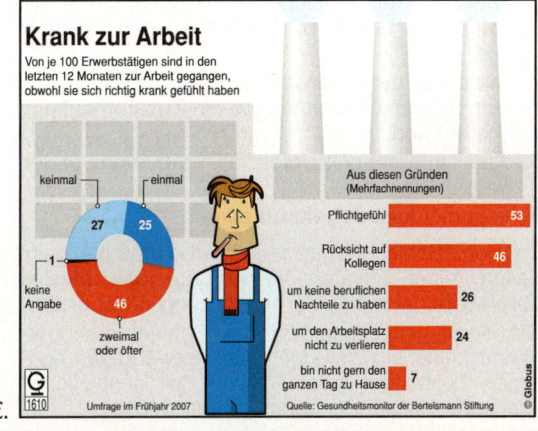

Krank zur Arbeit

Von je 100 Erwerbstätigen sind in den letzten 12 Monaten zur Arbeit gegangen, obwohl sie sich richtig krank gefühlt haben

keinmal 27
einmal 25
1 – keine Angabe
zweimal oder öfter 46

Aus diesen Gründen (Mehrfachnennungen)
Pflichtgefühl 53
Rücksicht auf Kollegen 46
um keine beruflichen Nachteile zu haben 26
um den Arbeitsplatz nicht zu verlieren 24
bin nicht gern den ganzen Tag zu Hause 7

G 1610
Umfrage im Frühjahr 2007
Quelle: Gesundheitsmonitor der Bertelsmann Stiftung
© Globus

Gesetzliche Pflegeversicherung – *Statutory private nursing insurance*

- **Träger:**
  Die bei den jeweiligen Krankenkassen errichteten Pflegekassen
- **Leistungsfall:** Pflegebedürftigkeit
  Pflegebedürftig ist der Mensch, der wegen einer Krankheit oder Behinderung für die gewöhnlichen und regelmäßig wiederkehrenden **Verrichtungen des täglichen Lebens** auf **Dauer** Hilfe nötig hat, und zwar in den Bereichen der **Körperpflege,** der **Ernährung,** der **Mobilität** und der **hauswirtschaftlichen Versorgung.**
- **Kosten:**
  - Der Pflegeversicherungsbeitrag liegt ab Juli 2008 bei 1,95 % des monatlichen Bruttoverdienstes bis zur monatlichen Beitragsbemessungsgrenze von 3.600,00 € (2008).
  - Die eine Hälfte (0,975 %) zahlt der Arbeitnehmer, maximal 35,10 € monatlich, die andere Hälfte zahlt der Arbeitgeber.
  - Kinderlose Arbeitnehmer, die das 23. Lebensjahr vollendet haben, müssen einen Beitragssatz von 1,225 % tragen.
  - Rentner der gesetzlichen Rentenversicherung tragen die gesamten Beiträge für die Pflegeversicherung allein.

- **Leistungen:**

Häusliche Pflege

	Übernahme der Kosten für ambulante Pflegedienste (Sachleistungen) monatlich	Zuschuss für pflegende Angehörige, Nachbarn oder Freunde (Geldleistung) monatlich
Pflegestufe I (erheblich Pflegebedürftige; mind. 1,5 Std./Tag)	384,00 €	215,00 € (2008) 225,00 € (2009) 235,00 € (2010)
Pflegestufe II (schwer Pflegebedürftige; mind. 3 Std./Tag)	921,00 €	420,00 € (2008) 430,00 € (2009) 440,00 € (2010)
Pflegestufe III (Schwerstpflegebedürftige; mind. 5 Std./Tag)	1.432,00 €	675,00 € (2008) 685,00 € (2009) 700,00 € (2010)

Sach- und Geldleistungen können auch kombiniert in Anspruch genommen werden. Daneben gibt es ergänzende Leistungen bei Ausfall der Pflegepersonen, bei Tages- und Nachtpflege sowie Kurzzeitpflege.

Stationäre Pflege in Heimen — monatlich

	monatlich
Pflegestufe I (erheblich Pflegebedürftige; mind. 1,5 Std./Tag)	1.023,00 €
Pflegestufe II (schwer Pflegebedürftige; mind. 3 Std./Tag)	1.279,00 €
Pflegestufe III (Schwerstpflegebedürftige; mind. 5 Std./Tag)	1.432,00 €

Gesetzliche Unfallversicherung – *Statutory accident insurance*

- **Träger:**
  zum Beispiel:
  Berufsgenossenschaften, Gemeindeunfallversicherungsverbände

- **Leistungsfälle:**
  zum Beispiel:
  - Arbeitsunfall infolge der versicherungspflichtigen Beschäftigung
  - Wegeunfall
  - Berufserkrankungen

Beispiel: Liegt ein Arbeitsunfall vor?
Der angestellte Schlachter C. Richter schneidet während einer gesetzlich vorgegebenen Arbeitspause seine Vesperwurst mit einem Messer. Dabei rutscht das scharfe Messer aus. C. Richter verletzt sich schwer am Oberschenkel.
Ein Arbeitsunfall im Sinne der gesetzlichen Unfallversicherung liegt nur dann vor, wenn
1. zwischen der versicherten Beschäftigung als Schlachter und dem Abrutschen des Messers und
2. zwischen dem Abrutschen des Messers und dem Körperschaden jeweils ein Zusammenhang besteht und
3. das Unfallereignis plötzlich und von außen geschieht.
Es liegt hier **kein Arbeitsunfall** vor.

Da dem Schlachter in seiner Arbeitspause beim Essen (einer privaten Verrichtung) das Messer abrutschte, **ist die 1. Voraussetzung nicht erfüllt.**
Die Berufsgenossenschaft des Schlachters übernimmt keinerlei Leistungen. Die notwendigen ärztlichen Leistungen müssen von der gesetzlichen Krankenversicherung übernommen werden.

- **Leistungen:**
  zum Beispiel:
  - Maßnahmen zur Verhütung von Arbeitsunfällen
  - Heilbehandlung, Berufsförderung zur Erhaltung, Besserung und Wiederherstellung der Erwerbsfähigkeit
  - Renten wegen Minderung der Erwerbsfähigkeit
  - Renten an Witwen und Waisen

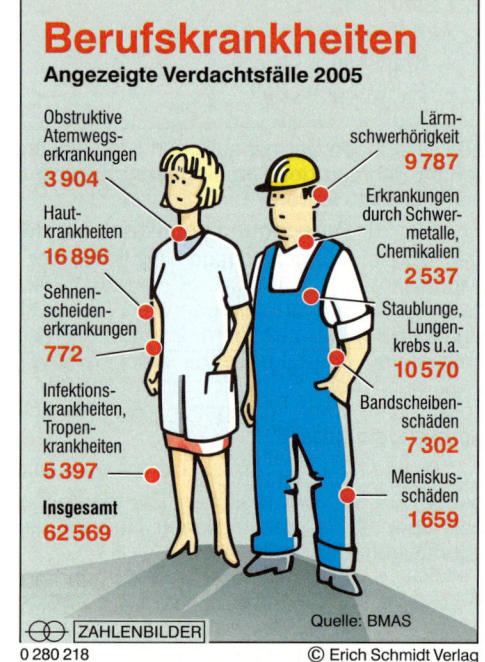

Berufskrankheiten
Angezeigte Verdachtsfälle 2005

Obstruktive Atemwegserkrankungen **3 904**
Hautkrankheiten **16 896**
Sehnenscheidenerkrankungen **772**
Infektionskrankheiten, Tropenkrankheiten **5 397**
Insgesamt **62 569**
Lärmschwerhörigkeit **9 787**
Erkrankungen durch Schwermetalle, Chemikalien **2 537**
Staublunge, Lungenkrebs u.a. **10 570**
Bandscheibenschäden **7 302**
Meniskusschäden **1 659**

ZAHLENBILDER
0 280 218
Quelle: BMAS
© Erich Schmidt Verlag

1

352642

Gesetzliche Arbeitslosenversicherung gemäß des Gesetzes zur Arbeitsförderung – *Statutory unemployment insurance according to German Labour Promotion Act*

- **Träger:**
  zum Beispiel:
  Arbeitsagenturen

- **Leistungen:**
  zum Beispiel:
  - Berufsberatung
  - Arbeitsvermittlung
  - Maßnahmen zur Erhaltung und Schaffung von Arbeitsplätzen

- **Leistungsfälle:**
  zum Beispiel:
  - Berufslosigkeit
  - Arbeitslosigkeit

  - Insolvenzausfallgeld
  - Kurzarbeitergeld
  - Arbeitslosengeld I
  - Arbeitslosengeld II

- **Voraussetzungen für den Erhalt von Arbeitslosengeld I:** Der Versicherte muss …
  1. arbeitslos sein,
  2. sich arbeitslos gemeldet haben,
  3. objektiv und subjektiv dem Arbeitsmarkt zur Verfügung stehen, d. h., er muss arbeiten wollen und arbeiten dürfen,
  4. einen Antrag gestellt haben,
  5. die Anwartschaftzeit erfüllt haben, d. h., er muss mindestens ein Jahr lang Beiträge in die Arbeitslosenversicherung gezahlt haben,
  6. jünger als 65 Jahre alt sein.

- **Dauer des Bezuges des Arbeitslosengeldes I:** Die Dauer des Arbeitslosengeldbezuges ist abhängig
  1. von der Dauer der Beitragszahlung in die Arbeitslosenversicherung und
  2. vom Lebensalter des Arbeitslosen.
  Arbeitslosengeld wird grundsätzlich auf die Dauer von 12 Monaten begrenzt. Arbeitslose ab 50 Jahre können maximal 15 Monate Arbeitslosengeld I (ALG I) erhalten, 55- bis 57-Jährige bekommen maximal 18 Monate lang das ALG I, über 58-Jährige maximal 24 Monate.

- **Höhe des Bezuges des Arbeitslosengeldes I:**
  Die Höhe des Arbeitslosengeldes beträgt, wenn der Arbeitslose für mindestens **ein Kind** unterhaltspflichtig ist, **67 %** vom monatlichen Nettolohn. Muss der Betroffene **kein Kind** unterhalten, beträgt sein Arbeitslosengeld **60 %** vom monatlichen Nettolohn.

- **Arbeitslosengeld II:**
  Ab 2005 gehen gemäß SGB II für erwerbsfähige Personen die Leistungen der Sozialhilfe und der Arbeitslosenhilfe in das Arbeitslosengeld II über. Danach erhält ein erwerbsfähiger Beihilfebedürftiger eine monatliche Regelleistung von 347,00 €, beitragsfreie Versicherung in der gesetzlichen Kranken-, Pflege- und Rentenversicherung sowie angemessene Erstattung der Kosten für Unterkunft und Heizung.

Gesetzliche Rentenversicherung – *Statutory old-age pension insurance*

- **Träger:**
  zum Beispiel:
  - Deutsche Rentenversicherung Bund
  - Deutsche Rentenversicherung Braunschweig-Hannover

- **Leistungsfälle:**
  zum Beispiel:
  - Alter
  - Tod
  - Erwerbsunfähigkeit

- **Leistungen:**
  zum Beispiel:
  - Rehabilitation, Heilbehandlungen in Spezialkliniken, Umschulungsmaßnahmen. (Das Ziel der Rehabilitation ist es, Beeinträchtigungen der Erwerbsfähigkeit der Versicherten oder ihr vorzeitiges Ausscheiden aus dem Erwerbsleben zu verhindern oder diese Versicherten möglichst dauerhaft in das Erwerbsleben wieder einzugliedern. **Es gilt das Prinzip „Rehabilitation vor Rente“.**)
  - Witwen- bzw. Witwerrenten
  - Waisenrenten
  - Altersrenten

- **Voraussetzungen für den Erhalt der (Regel-)Altersrente:**
  Der Versicherte muss …
  1. das 65. Lebensjahr vollendet haben,
  2. die Wartezeit erfüllt haben, d. h., es müssen 5 Jahre (60 Monate) Beiträge zur Rentenversicherung eingezahlt worden sein.

Beispiel:

Arbeitnehmer Brunn beendet sein Arbeitsverhältnis beim Arbeitgeber Hartmann AG wegen der Erreichung des 65. Lebensjahres zum 31. Dezember.

Da Brunn die Voraussetzungen für den Bezug der Regelaltersrente erfüllt hat, besteht ein Anspruch auf diese Rente. Die Höhe seiner Rente ist abhängig von der Höhe seiner Beiträge und von der Dauer seiner Beitragszahlung.

Generationenvertrag

Grundbegriffe

„Vertragspartner": Die Generationen der beitragszahlenden Erwerbstätigen und die Generationen der Rentenempfänger.

„Vertragsinhalt": Die Arbeitnehmer bezahlen mit einem Teil ihres Arbeitsentgeltes die Renten. Gleichzeitig verlassen sich die Arbeitnehmer darauf, dass auch die folgende Generation ihnen ihren Ruhestand sichert.

Probleme des Generationenvertrages

Generationen im Wandel (Demografische Betrachtung)

Im Jahr 2000 wurden 32,3 Millionen Erwerbspersonen und 13,7 Millionen Rentner gezählt. Im Jahre 2030 werden nur noch 29,0 Millionen Erwerbspersonen 17,6 Millionen Rentnern gegenüberstehen. Die Bevölkerungsentwicklung in Deutschland befindet sich also in einem Teufelskreis, da die Zahl der Geburten laufend abnimmt. So sinkt die Bevölkerungszahl immer weiter, während das Durchschnittsalter gleichzeitig steigt. Diese Entwicklung belastet die sozialen Sicherheitssysteme erheblich: immer weniger Erwerbspersonen zahlen Beiträge zur Rentenversicherung, aber immer mehr Menschen haben Rentenansprüche.

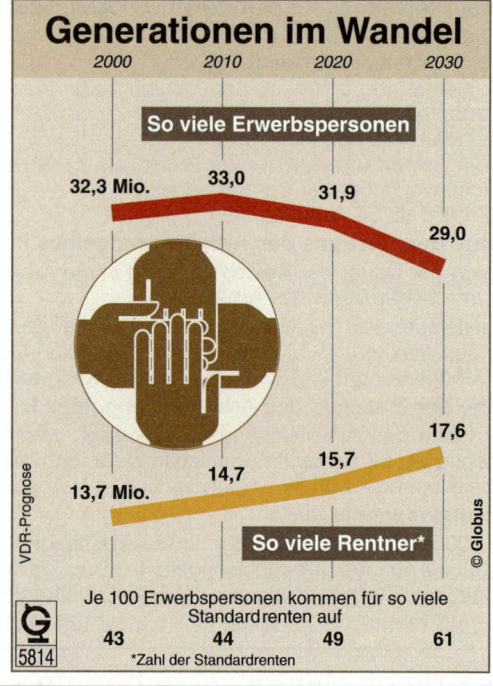

Generationen im Wandel

2000 2010 2020 2030

So viele Erwerbspersonen

32,3 Mio. 33,0 31,9 29,0

So viele Rentner*

13,7 Mio. 14,7 15,7 17,6

VDR-Prognose

© Globus

Je 100 Erwerbspersonen kommen für so viele Standardrenten auf
43 44 49 61
*Zahl der Standardrenten

5814

Früherer Ruhestand/höhere Lebenserwartung

Im Durchschnitt beanspruchen Beitragszahler schon vor dem Erreichen des 60. Lebensjahres eine Rente, d. h., Renten werden immer früher gezahlt.

Die Lebenserwartung der Rentner steigt laufend, d. h., Renten müssen immer länger bezahlt werden.

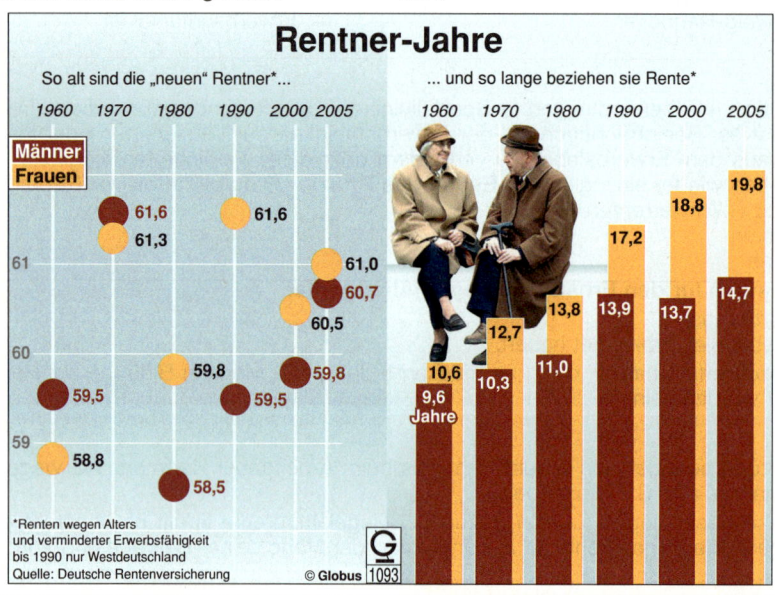

Rentner-Jahre

So alt sind die „neuen" Rentner*...

1960 1970 1980 1990 2000 2005

Männer
Frauen

61,6
61,3
61,6
61,0
60,7
60,5
59,8
59,5
59,8
59,5
58,8
58,5

61
60
59

... und so lange beziehen sie Rente*

1960 1970 1980 1990 2000 2005

19,8
18,8
17,2
13,8 13,9 13,7 14,7
12,7
10,6 11,0
9,6 10,3
Jahre

*Renten wegen Alters und verminderter Erwerbsfähigkeit bis 1990 nur Westdeutschland
Quelle: Deutsche Rentenversicherung

© Globus 1093

352644

Generationenvertrag

Hohe Arbeitslosigkeit

Durch die hohe Arbeitslosigkeit in Deutschland entstehen Einnahmeausfälle für die Rentenversicherung.

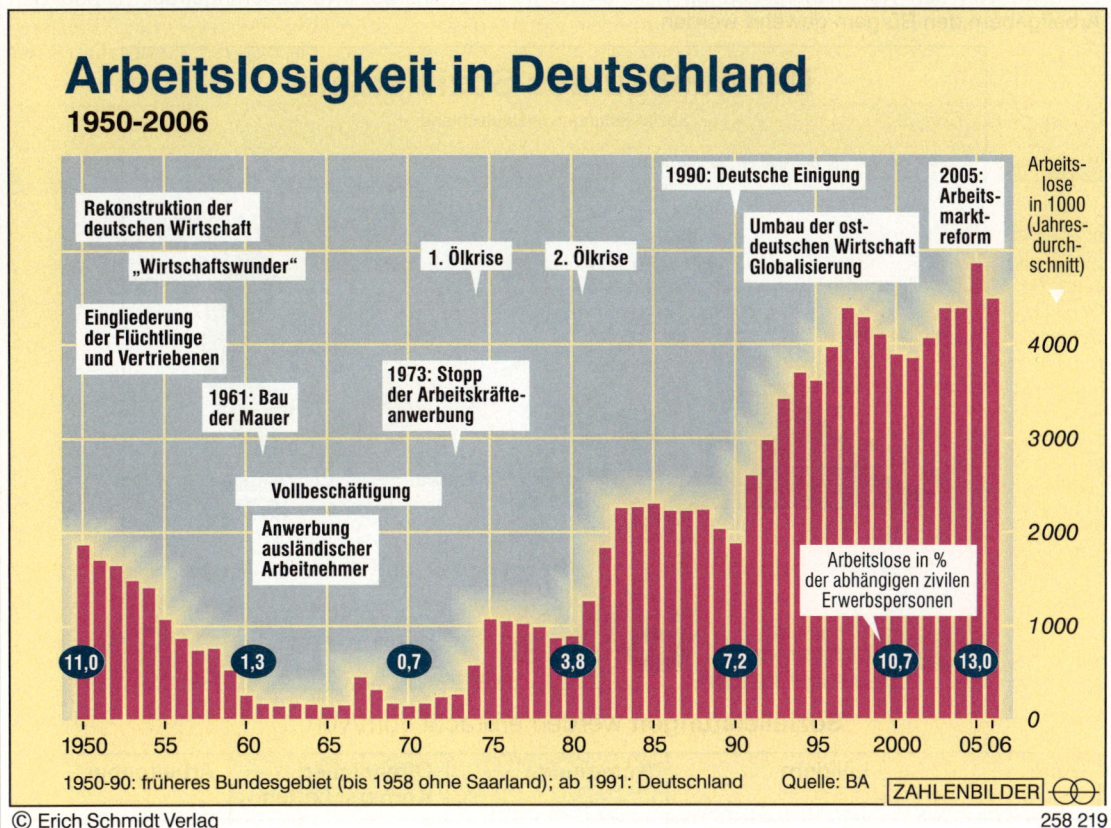

Arbeitslosigkeit in Deutschland
1950-2006

- Rekonstruktion der deutschen Wirtschaft
- „Wirtschaftswunder"
- Eingliederung der Flüchtlinge und Vertriebenen
- 1961: Bau der Mauer
- Vollbeschäftigung
- Anwerbung ausländischer Arbeitnehmer
- 1. Ölkrise
- 2. Ölkrise
- 1973: Stopp der Arbeitskräfteanwerbung
- 1990: Deutsche Einigung
- Umbau der ostdeutschen Wirtschaft Globalisierung
- 2005: Arbeitsmarktreform

Arbeitslose in 1000 (Jahresdurchschnitt)

4000
3000
2000
1000
0

11,0   1,3   0,7   3,8   7,2   10,7   13,0

Arbeitslose in % der abhängigen zivilen Erwerbspersonen

1950   55   60   65   70   75   80   85   90   95   2000   05 06

1950-90: früheres Bundesgebiet (bis 1958 ohne Saarland); ab 1991: Deutschland   Quelle: BA

ZAHLENBILDER

© Erich Schmidt Verlag

258 219

Konsequenzen

- **Erhöhung des Beitragssatzes**
  Die negativen Folgen der Beitragssatzerhöhung bestehen darin, dass der Konsum der Haushalte und die Investitionen der Unternehmen beeinträchtigt werden.

- **Absenkung des Rentenniveaus**
  Das Rentenniveau wird in den nächsten Jahren von **70 % auf 67 %** des durchschnittlichen Nettoarbeitsentgeltes sinken.

- **Anhebung der Regelaltersgrenze**
  Ab 2012 wird die Regelaltersgrenze vom 65. Lebensjahr auf das 67. Lebensjahr angehoben.

- **Neue Formen der privaten Altersvorsorge**
  Neben der privaten Altersvorsorge, wie z. B. durch Lebensversicherung oder Schaffung von Wohneigentum, und der gesetzlichen Rentenversicherung ist eine neue freiwillige private Altersrente geschaffen worden.

  Danach sollen Arbeitnehmer einen Teil ihres Bruttoarbeitsentgelts für die Altersvorsorge verwenden (ab 2002 ein Prozent, ab 2004 zwei Prozent, ab 2006 drei Prozent und ab 2008 vier Prozent). Diese Zahlungen werden staatlich durch direkte Zuschüsse oder Steuerentlastungen gefördert. Man hofft, dass dadurch 70 % der Berechtigten motiviert werden, eine derartige Versicherung abzuschließen. Mit dieser Versicherung soll die Absenkung des Rentenniveaus ausgeglichen werden. Diese Altersabsicherung unterscheidet sich wesentlich von den Renten der gesetzlichen Rentenversicherung:

  – Das Prinzip der Umlagefinanzierung wird durch das **Kapitaldeckungsprinzip** ersetzt, d. h., Beiträge werden eingezahlt und zinsgünstig angelegt. Von diesen Geldern wird dann im Versicherungsfall (frühestens mit Vollendung des 60. Lebensjahres) die Leistung (eine Monatsrente als Leibrente auf Lebenszeit) bezahlt.

  – Die Beiträge werden nicht durch Arbeitgeber und Arbeitnehmer gemeinsam, sondern allein von den Arbeitnehmern getragen.

Sozialbudget – *Social budget*

Unter Sozialbudget versteht man alle direkten Sozialleistungen, die in einem Jahr vom Bund, von den Ländern, von den Kommunen, den öffentlichen Körperschaften (Sozialversicherungsträgern) und den Arbeitgebern den Bürgern gewährt werden.

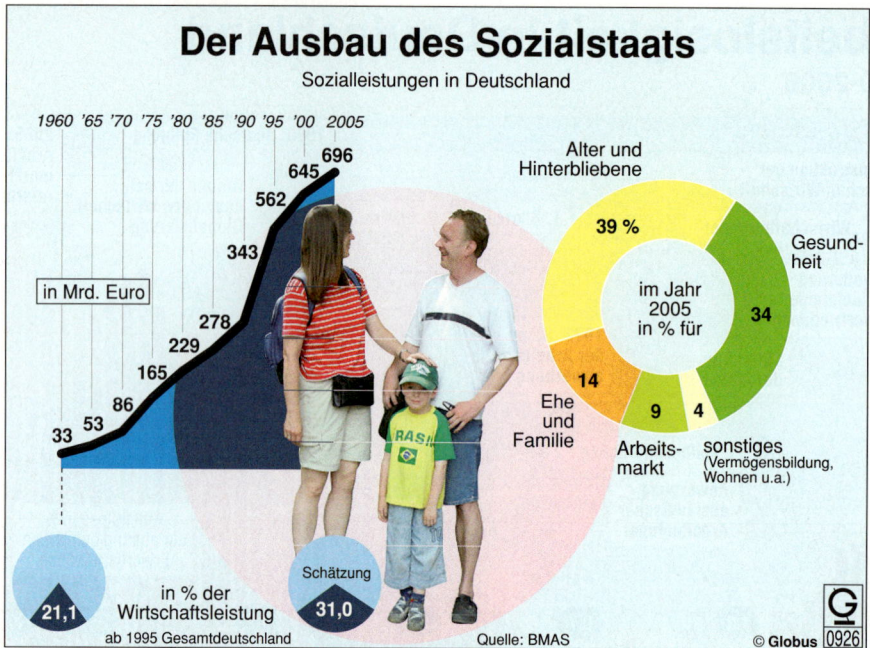

Der Ausbau des Sozialstaats
Sozialleistungen in Deutschland

1960 '65 '70 '75 '80 '85 '90 '95 '00 2005

33 53 86 165 229 278 343 562 645 696

in Mrd. Euro

im Jahr 2005 in % für

Alter und Hinterbliebene 39 %
Gesundheit 34
sonstiges (Vermögensbildung, Wohnen u.a.) 4
Arbeitsmarkt 9
Ehe und Familie 14

21,1 31,0
in % der Wirtschaftsleistung
ab 1995 Gesamtdeutschland
Schätzung
Quelle: BMAS
© Globus 0926

Sozialleistungen werden erbracht vom/von …

Bund	Ländern	Kommunen	Öffentlichen Körperschaften	Arbeitgeber
Beispiele: • Kindergeld • Wohngeld • Erziehungsgeld	**Beispiele:** • Pensionen für Landesbeamte • öffentliches Gesundheitswesen	**Beispiele:** • Sozialhilfe • Pensionen für kommunale Beamte	**Beispiele:** • Altersrenten • Krankengeld • Arbeitslosengeld • Unfallrenten	**Beispiele:** • Entgeltfortzahlung • betriebliche Altersversorgung

Das Sozialbudget wird durch

• **Steuerzahlungen** der Steuerpflichtigen an den Bund, an die Länder, an die Kommunen,

• **Beitragszahlungen** der versicherten Arbeitnehmer und deren Arbeitgeber an die Sozialversicherungsträger und

• **Geldleistungen** der Arbeitgeber **finanziert.**

Das Sozialbudget wird von Jahr zu Jahr größer. Die Gründe liegen u. a. darin, dass Transferleistungen wie Altersrenten, Sozialhilfeleistungen, Krankengeld, Wohngeld, Ausbildungsförderungen in regelmäßigen Abständen dynamisiert und den steigenden Löhnen und Gehältern angepasst werden. Ein weiterer Grund für das Ansteigen der Sozialleistungen liegt in der Schaffung von neuen Transferleistungen, wie z. B. Zuschüsse des Staates zu der neuen kapitalgedeckten Altersversorgung.

Die Sozialleistungsquote gibt das Verhältnis des Sozialbudgets zum Bruttoinlandsprodukt an. Diese Sozialleistungsquote steigt ständig. Im Jahr **1997** betrug die Sozialleistungsquote **31,6 %,** für das Jahr **2005 33,0 %.**

Fast jeder dritte Euro wird somit in Deutschland für soziale Leistungen ausgegeben. Zwar ergibt sich daraus eine Steigerung der Transferleistungen für betroffene Bürger, aber auch eine steigende Belastung der Steuer-/Beitragszahler und Arbeitgeber.

Innerbetriebliche Kommunikation – *Inhouse communication*

Begriff	Notwendigkeit
Als innerbetriebliche Kommunikation bezeichnet man die Kommunikation innerhalb eines Unternehmens, z. B. zwischen einzelnen Abteilungen, einzelnen Sachbearbeitern oder der Geschäftsführung und den Abteilungen.	Eine gut funktionierende innerbetriebliche Kommunikation stellt die Voraussetzung dar, damit in einem Unternehmen erfolgreich und effektiv gearbeitet werden kann. Kommunikationsstörungen haben zur Folge, dass der reibungslose Betriebsablauf gestört wird.

Einfaches Kommunikationsmodell

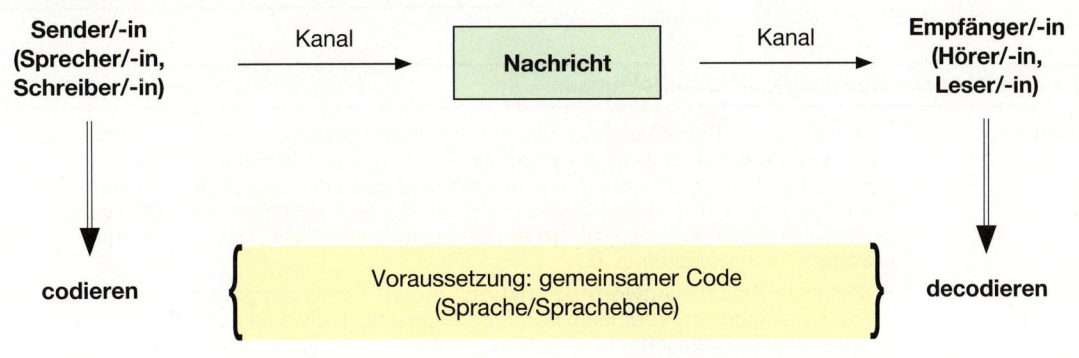

Die vier Seiten (Aspekte) einer Nachricht

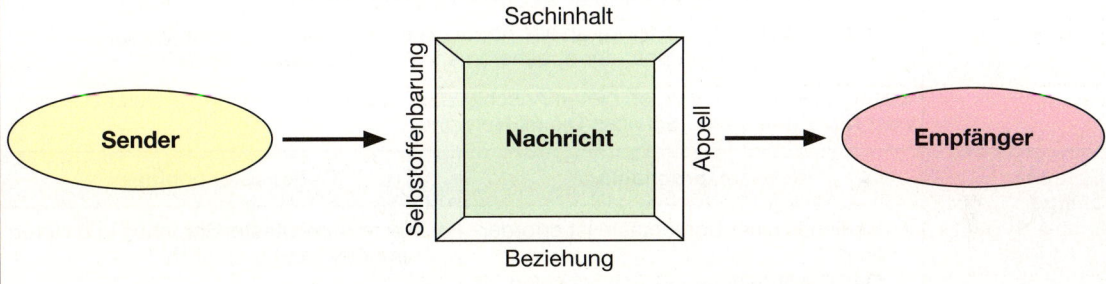

1. Sachinhalt	(oder: Worüber ich informiere)	Zunächst enthält die Nachricht eine Sachinformation.
2. Selbstoffenbarung	(oder: Was ich von mir selbst kundgebe)	In jeder Nachricht stecken nicht nur Informationen über die mitgeteilten Sachinhalte, sondern auch Informationen über die Person des Senders.
3. Beziehung	(oder: Was ich von dir halte und wie wir zueinander stehen)	Aus der Nachricht geht ferner hervor, wie der Sender zum Empfänger steht, was er von ihm hält. Oft zeigt sich dies in der gewählten Formulierung, im Tonfall und anderen nichtsprachlichen Begleitsignalen.
4. Appell	(oder: Wozu ich dich veranlassen möchte)	Kaum etwas wird „nur so" gesagt – fast alle Nachrichten haben die Funktion, auf den Empfänger *Einfluss zu nehmen*.

aus: Friedemann Schulz von Thun: Miteinander reden 1. Rowohlt, Reinbek bei Hamburg, 35. Aufl., Nov. 2001, S. 26 ff.

Innerbetriebliche Kommunikation – *Inhouse communication*

Direkte und indirekte Kommunikation

Die Kommunikation innerhalb eines Unternehmens kann direkt oder indirekt erfolgen:

		Gesprächspartner/-in „face-to-face"
Kommunikation	direkte →	
	indirekte →	mithilfe von Kommunikationseinrichtungen, z. B. Telefon, E-Mail

Innerbetriebliche Kommunikationseinrichtungen

Telefon	Innerhalb eines Betriebes wird häufig eine **Telefonanlage** eingesetzt (auch *Hausanlage* oder *Nebenstellenanlage* genannt). Telefongespräche innerhalb eines Betriebes verursachen keine Verbindungskosten und sind an jedem Anschluss jederzeit möglich. Gegenüber dem öffentlichen Telefonnetz ist die Vertraulichkeit der Gespräche höher (Abhörsicherheit) und es gibt gegenüber einem normalen Telefonanschluss oftmals erweiterte Möglichkeiten, z. B.:

- **Zentrale Anrufbeantworter-Funktion:** Jedem Teilnehmeranschluss wird durch die Telefonanlage ein Anrufbeantworter bereitgestellt. Individuelle Geräte am Arbeitsplatz sind nicht erforderlich.
- **Konferenzschaltung:** Zu einem normalen Telefongespräch kann ein dritter Gesprächsteilnehmer hinzugefügt werden (Dreierkonferenz).
- **Makeln:** Von jedem Apparat kann ein Telefongespräch innerhalb des Betriebes direkt weitervermittelt werden.
- **Rufumleitung:** Rufe auf einen zeitweise unbesetzten Apparat können automatisch an eine Vertreterin/einen Vertreter weitergegeben werden.
- **Rufgruppen:** Ein Anruf wird an alle Apparate einer Arbeitsgruppe gegeben. Der erste Apparat aus der Gruppe, der abgenommen wird, erhält das Gespräch.

Zeitgemäße Telefonanlagen bieten Anschluss an das integrierte Sprach-Daten-Telefonnetz *ISDN* (**I**ntegrated **S**ervices **D**igital **N**etwork).

Sprech-anlage	Wechselsprechanlage	Gegensprechanlage
	• Bedienen einer Sprechtaste ist erforderlich Das Gerät funktioniert abwechselnd als Mikrofon oder als Lautsprecher.	• Keine Sprechtaste; Sprechen und Hören sind gleichzeitig möglich

Rufanlage	• Lautsprecher in verschiedenen Betriebsbereichen • Durchsagen von einer Zentrale aus • Einsatz: z. B. in Warenhäusern • Rückruf per Telefon

Pieper/ Pager	• Mobiles Empfangsgerät (Funk), das bei Anruf ein akustisches Signal abgibt und die Trägerin/den Träger so zum Anruf eines Telefonanschlusses oder zum Aufsuchen eines vereinbarten Treffpunktes im Gebäude auffordert (sog. „Anpiepen"). • Übermittlung der Anrufernummer oder einer kurzen Textnachricht in einem Anzeigefeld am Gerät möglich

E-Mail	Versenden und Empfangen elektronischer Post

Voraussetzung:
- elektronische Postadresse und E-Mail-Server
- Zugangsgerät (z. B. Arbeitsplatzcomputer)

Merkmale:
- digitale Bearbeitung ist möglich
- schnelle Übermittlung
- Übermittlung zu jeder Tageszeit
- papierlose Kommunikation ist möglich

352648

Innerbetriebliche Kommunikation – *Inhouse communication*

Innerbetriebliche Kommunikationseinrichtungen

Intranet	Auf leistungsfähigen, mit viel Speicherplatz ausgestatteten Computern (sog. Servern) werden für den Geschäftsbetrieb notwendige Software-Programme vorgehalten, die vom Arbeitsplatz-Computer aus genutzt werden können. Die Server sind in der Regel im Rechenzentrum eines Unternehmens untergebracht. Die speziellen Software-Programme können üblicherweise mithilfe so genannter Internet-Browser genutzt werden.	Voraussetzung für den Betrieb eines Intranets ist das Vorhandensein eines lokalen Datennetzes (LAN = Local Area Network) und die Mitarbeiter/-innen müssen über einen an das LAN angeschlossenen Arbeitsplatzcomputer verfügen. Neben Zugang zu Daten und Dokumenten bieten Intranets üblicherweise auch gemeinsame Nutzung von Druckern, E-Mail und computergestütztes Fax.

Intranet – Beispiel

Das Beispielunternehmen betreibt ein eigenes Rechenzentrum. Alle Abteilungen des Unternehmens sind durch Intranet-Server und E-Mail im LAN direkt miteinander verbunden und teilen Funktionen wie Fax und Drucker. Da ein Internetzugang vorhanden ist, können alle Stationen das Internet gemeinsam nutzen.

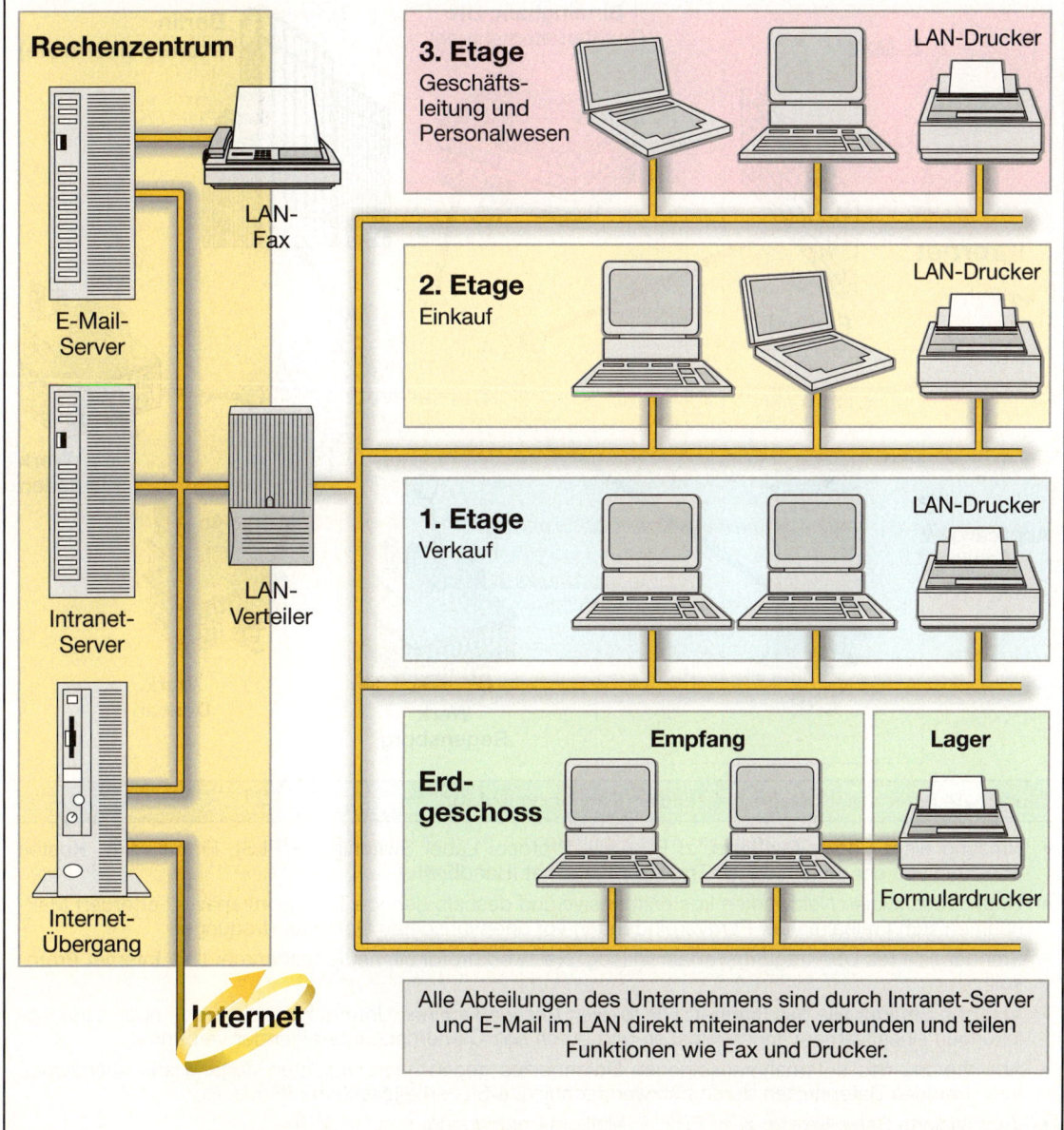

Alle Abteilungen des Unternehmens sind durch Intranet-Server und E-Mail im LAN direkt miteinander verbunden und teilen Funktionen wie Fax und Drucker.

Unternehmenseigenes Datennetz – *Corporate network/Intranet*

Vernetzung mehrerer Standorte

Größere Unternehmen verfügen oftmals über mehrere Verwaltungs- und Fertigungsstandorte oder Filialen. Die Entfernungen zwischen diesen Standorten sind üblicherweise zu groß, um mit der Technik lokaler Netze überbrückt zu werden. Es kommen dann datentechnische Fernverbindungen zum Einsatz, die in der Regel bei Netzwerk-Serviceanbietern (Carriern) eingekauft werden.

Standortübergreifende Vernetzung eines Unternehmens ermöglicht die Bündelung dezentral erhobener Daten in zentralen Informationssystemen und vereinfacht die unternehmensweite Finanz- und Produktionsplanung. Teure, aber notwendige Infrastruktur-Dienste, z. B. E-Mail oder Rechenzentrum, können an zentralen Punkten zusammengefasst und dadurch kostengünstiger bereitgestellt werden.

Corporate Network – Beispiel

Das Beispielunternehmen bezieht Zugang zu einem ERP-System (ERP = **E**nterprise **R**esource **P**lanning) von einem Rechenzentrumsbetreiber (ASP = **A**pplication **S**ervice **P**rovider) und Internetzugang sowie E-Mail von einem Internet-Serviceanbieter (ISP = **I**nternet **S**ervice **P**rovider). Über das Netzwerk sind die drei mit lokalen Netzwerken ausgestatteten deutschen Fertigungsstätten, das Intranet des britischen Tochterunternehmens und die Konzernzentrale untereinander und mit Internet und ERP-System vernetzt.

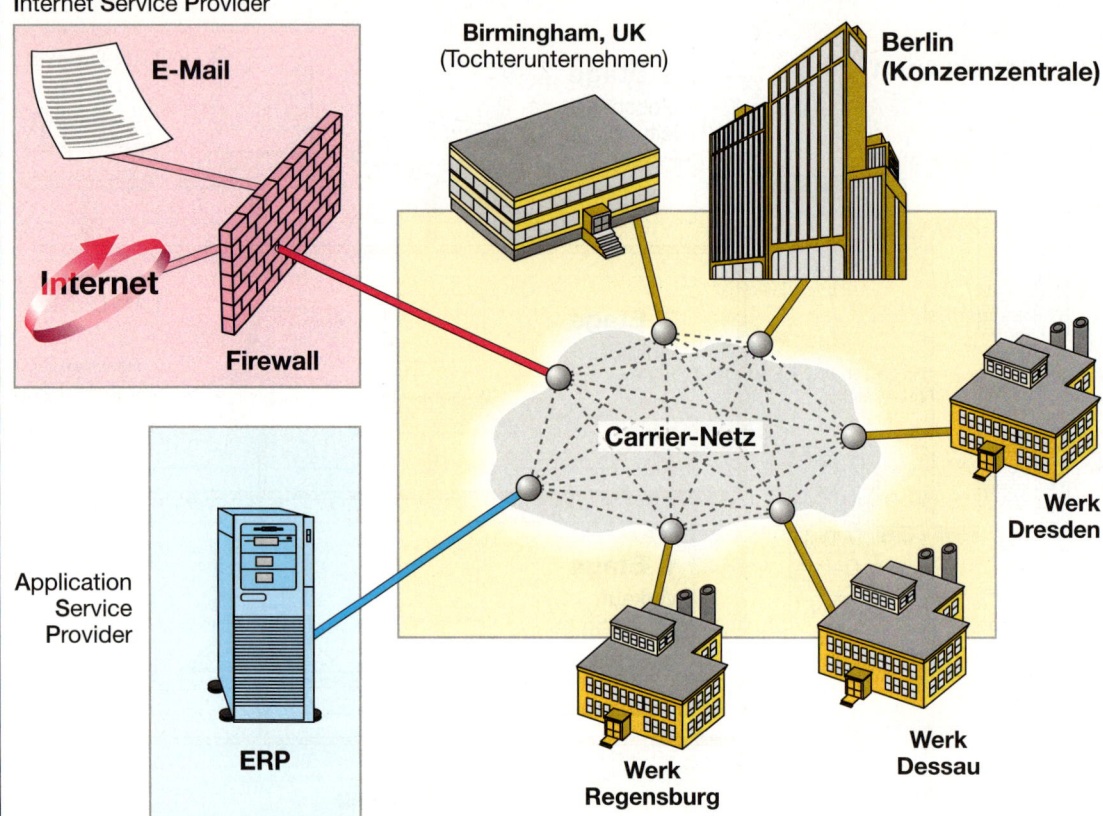

Internet Service Provider

E-Mail

Internet

Firewall

Birmingham, UK
(Tochterunternehmen)

Berlin
(Konzernzentrale)

Carrier-Netz

Werk
Dresden

Application
Service
Provider

ERP

Werk
Regensburg

Werk
Dessau

Merkmale einer standortübergreifenden Netzwerkstruktur

- Nutzung einer Carrier-Plattform, z. B.: Multi Protocol Label Switching (MPLS), Frame-relay. Kosten abhängig von der angemieteten Transportkapazität (Bandbreite)
- Gegenüber lokalen Netzwerken kostenintensive und deshalb geringe Transportkapazität erfordert Maßnahmen zum Freihalten der Fernverbindungen vor unerwünschten Datenübertragungen
- Standardisiertes Übertragungsverfahren (sog. Netzwerkprotokoll, heute fast immer IP = **I**nternet **P**rotokoll)
- Ähnliche Struktur wie das Internet: Alle lokalen Netzwerke eines Unternehmens werden über Zugangsleitungen eines Carriers angeschlossen und durch das Carriernetz untereinander verbunden.
- Absicherung des unternehmenseigenen Datennetzes gegen unerwünschten Zugang aus öffentlichen bzw. fremden Datennetzen durch netzwerktechnische Sicherheitssysteme (Firewalls)
- Zentralisierte Basisdienste, z. B. ERP, E-Mail, Internetzugang

Außerbetriebliche Kommunikation – *External communication*

Begriff

Fast alle Unternehmen haben vielfältige Kontakte zu anderen nationalen und internationalen Unternehmen und Körperschaften. Die Unternehmen pflegen externe Kommunikation zur Abwicklung von elementaren Funktionen wie Einkauf, Verkauf und Zahlungsverkehr.

Notwendigkeit

Aufgrund der zunehmenden Firmenverflechtungen (Globalisierung) ist die außerbetriebliche Kommunikation von besonderer Bedeutung, um die Geschäftsbeziehungen zu pflegen, zu vertiefen und zu erweitern. Moderne Produktionsmethoden, wie z. B. Just-in-time-Fertigung, setzen eine schnelle und reibungslose außerbetriebliche Kommunikation zwingend voraus.

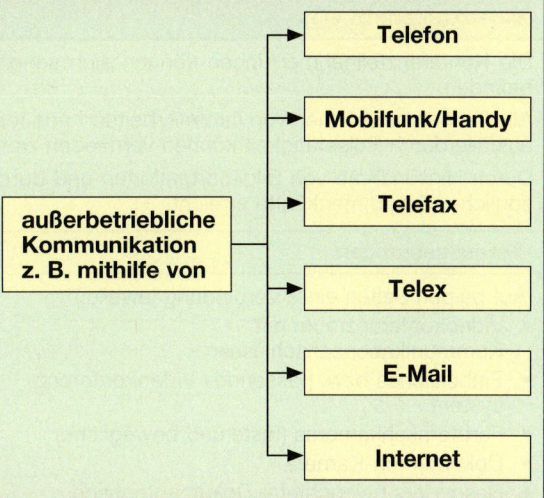

Kommunikationssysteme – *Communication systems*

ISDN (Integrated Services Digital Network/diensteintegrierendes digitales Kommunikationsnetz)

ISDN ist die auf dem Telefonnetz aufbauende Vielzweck-Übertragungstechnik für Sprache (Telefon), Texte, Datenübertragung und Bildinformationen (Telefax). Gegenüber der herkömmlichen Übertragungstechnik im Telefonnetz ergeben sich Vorteile bez. der Übertragungsqualität und bei Daten und Bildern bez. der Übertragungsgeschwindigkeit. Mit einem ISDN-Anschluss können mehrere Verbindungen gleichzeitig genutzt werden.

ISDN wurde 1989 in Deutschland erstmals flächendeckend angeboten und die Nutzung ist seit 1992 sprunghaft angestiegen. Seit 1994 wird in Europa ein einheitlicher ISDN-Standard verwendet (sog. Euro-ISDN), sodass überall in Europa einheitliche Anschlussbedingungen für ISDN-Endgeräte vorliegen.

ISDN-Versionen mit teils unterschiedlichen Anschlussbedingungen sind weltweit verfügbar und mit der europäischen ISDN-Version verträglich, sodass zurzeit ISDN-Kommunikation nahezu weltumspannend möglich ist.

Vorteile von ISDN gegenüber herkömmlichen Telefonanschlüssen sind z. B.:

- hohe Qualität der Sprachübertragung durch Digitalisierung (kein Rauschen, unverzerrte Stimmwiedergabe)
- sehr schneller Verbindungsaufbau zu anderen ISDN-Teilnehmern
- bei Verwendung für Datenübermittlung und Fax: hohe Übertragungsgeschwindigkeit = kurze Verbindungszeit

Durch schnellen Verbindungsaufbau, hohe Übertragungsqualität und hohe Übertragungsgeschwindigkeit können Zeit und Kosten eingespart werden.

Beim Mehrgeräteanschluss ist die Kommunikation der direkt angeschlossenen Geräte untereinander nur über die Vermittlungsstelle des Dienstanbieters möglich. Ein ISDN-Anschluss ist daher kein Ersatz für eine Telefonanlage oder ein lokales Netzwerk.

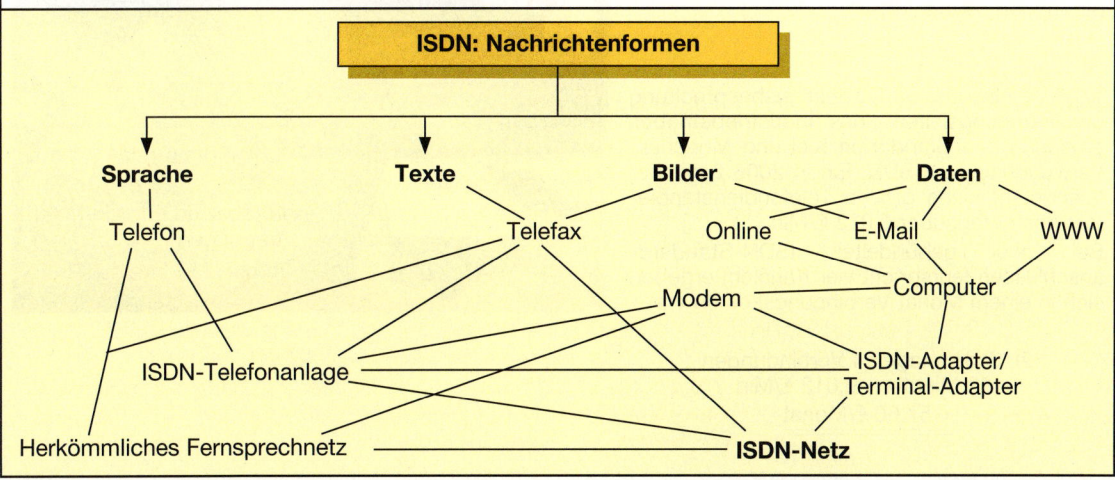

Kommunikationssysteme – *Communication systems*

Videokonferenz

Die Konferenzteilnehmer/-innen können sich sehen und hören, obwohl sie sich an verschiedenen Orten befinden.

Alle Teilnehmer können von ihrem Arbeitsort aus teilnehmen. Es entstehen keine Reisekosten und Arbeitsausfälle durch Reisetätigkeit können vermieden werden.

Durch Hinzunahme von Bildinformationen und durch das sichtbare Gegenüber wird fast die Qualität persönlicher Zusammenkünfte erreicht.

Voraussetzungen	Übertragung
(Auf beiden Seiten einer Verbindung jeweils:) • Videokonferenzraum mit Kommunikationsanschlüssen • Einheitliches bzw. passendes Videokonferenzsystem • Farbfernsehkameras (feste und bewegliche) • Dokumenten-Kamera • Besonders beleuchteter Dokumententisch • Eigenbild-Kontrollmonitore • Mikrofone • Konferenztisch mit Steuerpult • Empfangsbildschirme	• Über das Telefonnetz: Es werden mehrere ISDN-Anschlüsse gebündelt. Mit zwei bis vier auf diese Weise gleichzeitig genutzten Anschlüssen (= bis zu acht gleichzeitige Telefonverbindungen über ISDN) lassen sich qualitativ hochwertige Videokonferenz-Sitzungen betreiben. • Über das unternehmenseigene Datennetz: Nutzung vorhandener Datenleitungen innerhalb des Unternehmens (nur in sehr großen Unternehmen und/oder bei sehr häufiger Nutzung)

Kosten

Durch die Nutzung eines Videokonferenzsystems entstehen hohe Investitions- und Betriebskosten. Die Betriebskosten entstehen – neben der technischen Instandhaltung durch geschultes Personal – hauptsächlich als Verbindungskosten. Während der Dauer einer Videokonferenz muss eine leistungsfähige Verbindung zwischen beiden Verbindungspartnern ununterbrochen bestehen.

Im Fall der Verbindung über ISDN entstehen Kosten durch die mehrfachen lang andauernden parallel bestehenden Telefonverbindungen.

Im Fall der Nutzung bestehender Datenleitungen (auch: Onlineverbindung, Standleitung), muss die notwendige Verbindungskapazität zusätzlich zum ständigen Bedarf bereitgehalten werden, wodurch sich die fixen Leitungskosten erhöhen.

Bei unregelmäßiger oder regelmäßig kurzer Nutzung werden bedarfsgerechte ISDN-Verbindungen bevorzugt.

Beispiel:

Tägliche einstündige Produktionsbesprechung der Fertigungsleiter eines Industriebetriebes zwischen den Standorten Kiel und München. Verwendung von ISDN. Ein in 2006 typischer Inlandstarif eines großen Telefondienstanbieters kostet tagsüber 0,012 €/Min.

Bei zwei gebündelten ISDN-Standardanschlüssen (entspricht vier Kanälen) ergeben sich in einem Monat Verbindungskosten von

$$\text{20 Arbeitstage} \cdot \text{4 Verbindungen}$$
$$\cdot \text{60 Minuten} \cdot 0{,}012 \text{ €/Min.}$$
$$= 57{,}60 \text{ €/Monat}$$

Internet

Begriff

Das Internet ist ein globaler Zusammenschluss von privaten und staatlichen Datenkommunikationsnetzen zu einem öffentlich zugänglichen Netz mit gemeinsamem Datenübertragungsverfahren, dem Internet Protokoll (IP). Technisch besteht das Internet aus einer Vielzahl von Datenleitungen und Büro-Netzwerken (**L**ocal **A**rea **N**etworks = LANs), die über Vermittlungsrechner („Router") verknüpft sind.

Die zu übertragenden Daten werden von den angeschlossenen Computern in kleine Portionen („Packets") aufgeteilt, die unabhängig voneinander transportiert werden können. An das Internet sind Computer angeschlossen, die die Internetdienste zur Verfügung stellen („Server"). Der Zugang zum Internet über Fest- und Wählverbindungen und der Betrieb der Server und Services (z. B. E-Mail) sind i. d. R. kostenpflichtig.

Geschichte[1]

1957	Start des ersten künstlichen Erdsatelliten „Sputnik" durch die UdSSR. Gründung der Advanced Research Projects Agency (ARPA) durch das Verteidigungsministerium der USA, um die Vorrangstellung der USA in Bezug auf militärische Forschung und Technik wieder herzustellen.
1965	ARPA gibt eine Studie über die Errichtung eines ausfallsicheren Computernetzwerkes in Auftrag.
1969	Das ARPANET als Vorläufer des Internets besteht aus vier Computern amerikanischer Universitäten.
1974	TCP/IP (Transmission Control Protocol/Internet Protocol) wird zur Grundlage aller Datenkommunikation im ARPANET.
1983	Neben dem ARPANET entstandene Wissenschafts- und Firmennetze in den USA und Europa werden nach und nach über TCP/IP miteinander verbunden und wachsen zum dezentral organisierten Internet zusammen.
1987	Das Internet verbindet mehr als 10 000 Computer in Nordamerika, Europa und Asien.
1989	Das Internet umfasst mehr als 100 000 Computer. Australien wird nun auch Teil des Internets.
1991	Das WWW wird im europäischen Atomforschungszentrum CERN in Genf (Schweiz) erfunden. Die Regierung der USA startet ihre „Information Super Highway"-Kampagne und verkündet die herausragende Bedeutung des Internets für die weitere wirtschaftliche und technische Entwicklung.
1992	Das Internet verbindet 1 000 000 Computer. Der Begriff „Surfen im Internet" wird geprägt.
1995	Das WWW ist neben E-Mail der meistbenutzte Internetdienst.
1996	Die Zahl der an das Internet angeschlossenen Computer übersteigt 14 Millionen.
2001	Die Zahl der Computer mit Internetanschluss übersteigt 100 Millionen.
2003	Es gibt mehr als 35 Millionen WWW-Angebote. Angeschlossen sind mehr als 170 Millionen Computer in fast 180 Ländern der Erde.

1 vgl. Hobbes' Internet Timeline (www.zakon.org/robert/internet/timeline)

Suchmaschinen

Für die Nutzung des Internets benötigt man so genannte Suchmaschinen, z. B.:
- Lycos (www.lycos.de)
- Abacho (www.abacho.de)
- Yahoo! (de.yahoo.com)
- Google (www.google.de)
- Web.de (www.web.de)
- AltaVista (de.altavista.com)

Deutschsprachige Meta-Suchmaschinen suchen in verschiedenen Suchmaschinen gleichzeitig, z. B.:
- Metacrawler (www.metacrawler.de)
- Suchen.com (www.suchen.com)

Informationssuche mithilfe des Internets

Die Nutzung des Internets kann bei der Suche nach Informationen hilfreich sein (siehe auch Seite 541).

Allgemeine Online-Lexika, z. B.:
- Erklärung von juristischen Begriffen (www.digi-info.de/de/netlaw)
- Steuerlexikon (www.steuernetz.de/lexikon)
- Der Brockhaus in einem Band (www.brockhaus.de)
- Wörterbuch Deutsch-Englisch (dict.uni-leipzig.de)

Wichtige Internetadressen, z. B.:
- Branchenverzeichnis der Industrie (www.industrieadressen.de)
- Deutscher Industrie- und Handelskammertag (DIHT) (www.diht.de)
- DIN Deutsches Institut für Normung e. V. (www.din.de)
- Bundesverband der deutschen Industrie (BDI) (www.bdi-online.de)

2

Marktorientierte Geschäftsprozesse eines Industriebetriebes erfassen

Unternehmensphilosophie – *Corporate philosophy*

Langfristige Grundlage für das Agieren eines Unternehmens im Markt ist die **Unternehmensphilosophie.** Diese „Weltanschauung" des Unternehmens legt grundlegende Wertvorstellungen und Ziele fest, die detailliert in Form von Unternehmensgrundsätzen im **Unternehmensleitbild** schriftlich fixiert werden. Eine ganz spezifische Unternehmensethik kann zum Beispiel dazu führen, dass ein Unternehmen sich spezielle soziale oder ökologische Ziele setzt. Gerade aber bei der Verfolgung dieser gewählten sozialen oder ökologischen Ziele kann es zu **Zielkonflikten** mit wirtschaftlichen Zielen kommen. Wird zum Beispiel in wirtschaftlich schwierigen Zeiten auf die Verfolgung vorher festgelegter sozialer oder ökologischer Ziele verzichtet, kann es unter Umständen zu langfristigen Problemen mit den Kunden kommen – die **Unternehmensidentität** wird aus Kundensicht nachhaltig gestört. Die Folge könnte sein, dass die Kunden zu einem Mitbewerber wechseln.

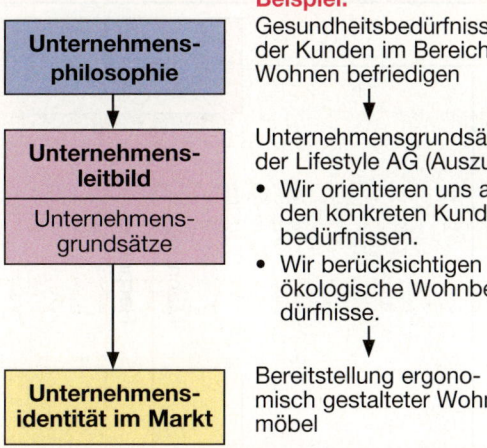

Beispiel:
Gesundheitsbedürfnisse der Kunden im Bereich Wohnen befriedigen

Unternehmensgrundsätze der Lifestyle AG (Auszug):
- Wir orientieren uns an den konkreten Kundenbedürfnissen.
- Wir berücksichtigen ökologische Wohnbedürfnisse.

Bereitstellung ergonomisch gestalteter Wohnmöbel

Unternehmensstrategie – *Corporate strategy*

Begriff

Mithilfe von **Unternehmensstrategien,** d. h. langfristigen Planungen, positioniert sich das Unternehmen im Markt. Dazu gehören:
- Festlegung der **Geschäftsfelder,** in denen das Unternehmen tätig sein soll
- Aufstellung von **obersten Unternehmenszielen**
- Bestimmung **unternehmenspolitischer Instrumente** (z. B. im Absatzbereich die Festlegung der Preispolitik) zur Beeinflussung der Marktgegebenheiten

Zielhierarchie

Um **oberste Unternehmensziele,** die sich direkt aus der Unternehmensphilosophie ableiten, verwirklichen zu können, müssen verschiedene **Einzelziele** in eine Rangfolge gebracht werden: Man spricht von einer **Zielhierarchie.**

Unternehmensphilosophie		Oberziel(e)
Unternehmensleitbild		Unterziele

Beispiele von Einzelzielen:
- **Wirtschaftliche Ziele**
  - **Wachstumsziele:** Steigerung von Absatz, Marktanteil, Umsatz, Produktqualität
  - **Erfolgsziele:** Gewinn, Rentabilität des Eigenkapitals, des Gesamtkapitals
  - **Finanzziele:** Sicherung der Liquidität, der Kreditwürdigkeit, der Kapitalstruktur
- **Soziale Ziele**
  Sicherung des Arbeitsplatzes, der Arbeitszufriedenheit, Ausbau der sozialen Leistung
- **Ökologische Ziele**
  Umweltverträgliche Produkte, Produktionsverfahren
- **Gesellschaftliche Ziele**
  Image, Corporate Identity, Macht

Zielarten (Auswahl)

Unterscheidungskriterium	Ausprägungen	Erklärung	Beispiele
Priorität	strategische Ziele	werden langfristig verfolgt	grundlegende Positionierung im Markt
	operative Ziele	werden kurzfristig verfolgt	Aufbau eines neuen Vertriebssystems
Formalisierungsgrad der Ziele	Formalziele	beschreiben langfristige, wünschenswerte Zielvorstellungen	Erhöhung des Marktanteils auf 60 %
	Sachziele	dienen der Verwirklichung der Formalziele durch Festlegung von konkreten Maßnahmen	schnellere Abwicklung der Auftragsabwicklung durch Software
Hierarchische Einordnung	Oberziele	werden im Topmanagement festgelegt	langfristige Gewinnmaximierung
	Unterziele	werden im Middlemanagement zur Verwirklichung der Oberziele festgelegt	Senkung der Personalkosten im Bereich des Vertriebs

Leistungs-, Geld- und Informationsflüsse
Performance, money and information flow

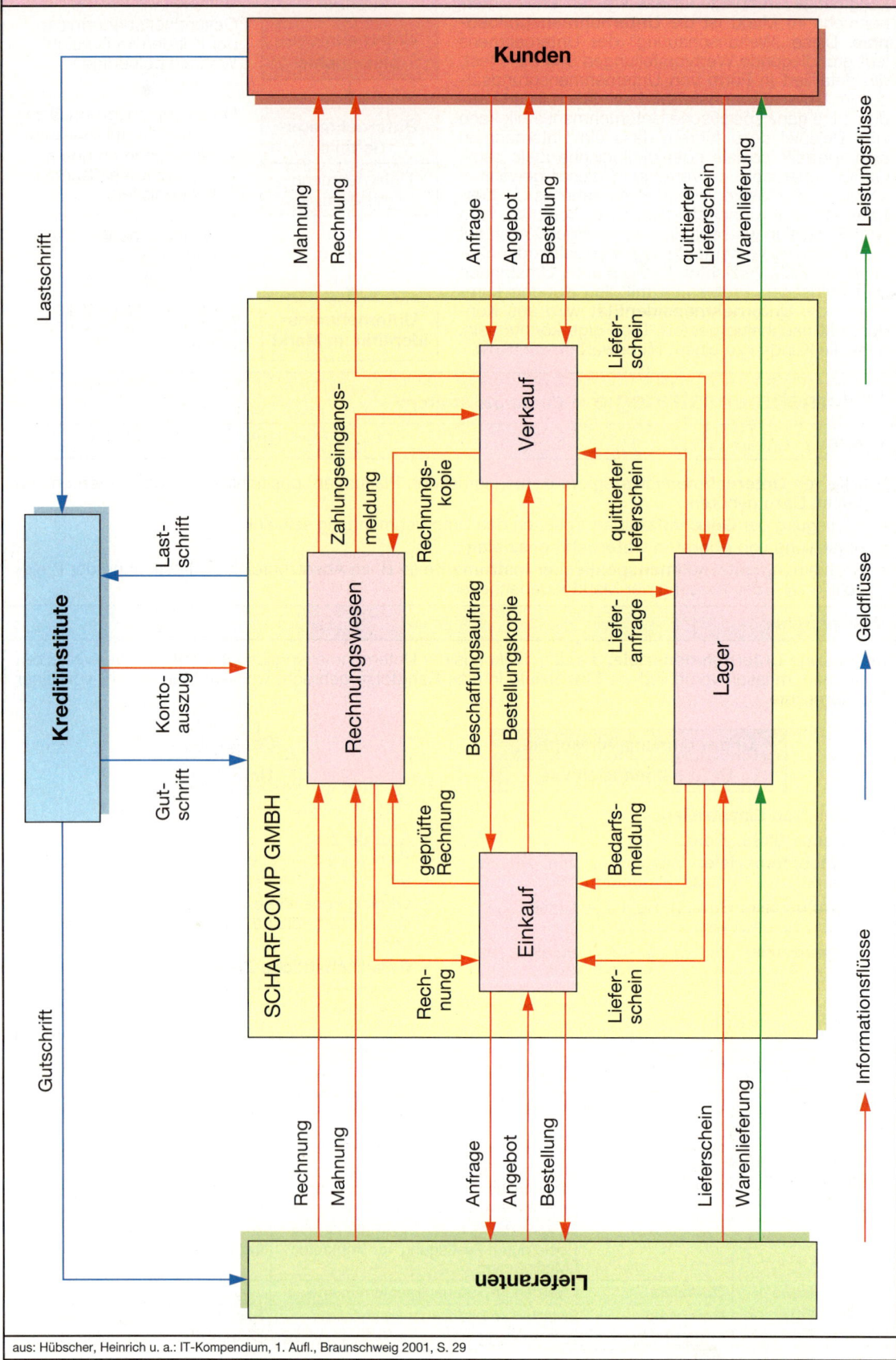

Kunden

Leistungsflüsse

Lastschrift

Mahnung
Rechnung

Anfrage
Angebot
Bestellung

quittierter Lieferschein
Warenlieferung

Verkauf

Lieferschein

Zahlungseingangsmeldung

Rechnungskopie

quittierter Lieferschein

Kreditinstitute

Lastschrift

Kontoauszug

Gutschrift

Rechnungswesen

Beschaffungsauftrag

Bestellungskopie

Lieferanfrage

Lager

Geldflüsse

geprüfte Rechnung

Bedarfsmeldung

Rechnung

Einkauf

Lieferschein

SCHARFCOMP GMBH

Gutschrift

Informationsflüsse

Rechnung
Mahnung

Anfrage
Angebot
Bestellung

Lieferschein
Warenlieferung

Lieferanten

aus: Hübscher, Heinrich u. a.: IT-Kompendium, 1. Aufl., Braunschweig 2001, S. 29

Klassische betriebliche Organisation – *Classic internal company organization*

Bedeutungen des Begriffes	Aufgabe
Organisation als • Tätigkeit: Die Unternehmung wird organisiert. • Zustand: Die Unternehmung hat eine Organisation. • Institution: Die Unternehmung ist eine Organisation.	Zieloptimale Kombination der betriebswirtschaftlichen Produktionsfaktoren.

Bereiche der betrieblichen Organisation

Aufbauorganisation

stellt den **Betrieb in Bereitschaft** dar.

Umfasst unter anderem:
• die Zerlegung der Gesamtaufgabe in Teilaufgaben,
• die Bildung von Stellen und Abteilungen,
• die Übertragung von Aufgaben, Kompetenzen und Verantwortung auf die einzelnen Mitarbeiter,
• die Darstellung des Unternehmensaufbaus mit Festlegung des Dienst- und Informationsweges und
• die Entwicklung von Führungformen und -techniken.

Ablauforganisation

stellt den **Betrieb in Aktion** dar.

Regelt unter anderem:
• den funktionalen Arbeitsablauf,
• den zeitlichen Arbeitsablauf und
• den räumlichen Arbeitsablauf.

Als **organisatorische Hilfsmittel** dienen:

• Aufgabengliederungsplan
• Organigramme
• Stellenbeschreibungen

• Kommunikationsdiagramm
• Arbeitsablaufkarte
• Flussdiagramm
• Datenflussplan
• Balkendiagramm
• Netzplan

aus: Wamper, Horst: Betriebliche Organisationslehre, Büroorganisation, Automatisierte Datenverarbeitung, 5. Aufl., Köln, München, o. J., S. 13

Aufbauorganisation – *Company organization structure*

Aufgabenanalyse/-synthese

• **Aufgabenanalyse:**
Zerlegung ganzheitlicher Arbeitsprozesse in Teilaufgaben bis hin zu kleinsten Arbeitseinheiten wie Arbeitsgriffe und Griffelemente (zurückzuführen auf Frederick Winslow Taylor [1856 – 1915]).

• **Aufgabensynthese:**
Anschließende Zusammenfassung sachlogisch zusammenhängender Teilaufgaben zu Aufgabenkomplexen und Zuordnung an Aufgabenträger.

• **Ergebnis:**
Bildung von Stellen und Abteilungen.

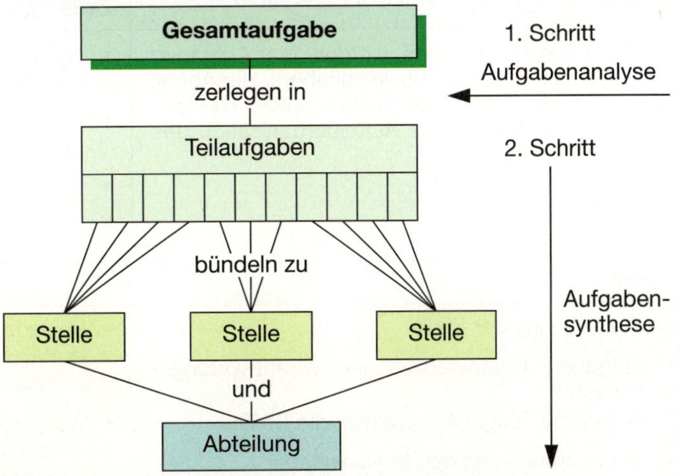

Gesamtaufgabe

zerlegen in

Teilaufgaben

bündeln zu

Stelle   Stelle   Stelle

und

Abteilung

1. Schritt
Aufgabenanalyse

2. Schritt

Aufgabensynthese

aus: Wamper, Horst: Betriebliche Organisationslehre, Büroorganisation, Automatisierte Datenverarbeitung, 5. Aufl., Köln, München, o. J., S. 27

aus: Hübscher, Heinrich u. a.: IT-Kompendium, 1. Aufl., Braunschweig 2001, S. 30

Aufbauorganisation – *Company organization structure*

Kriterien der Aufgabengliederung

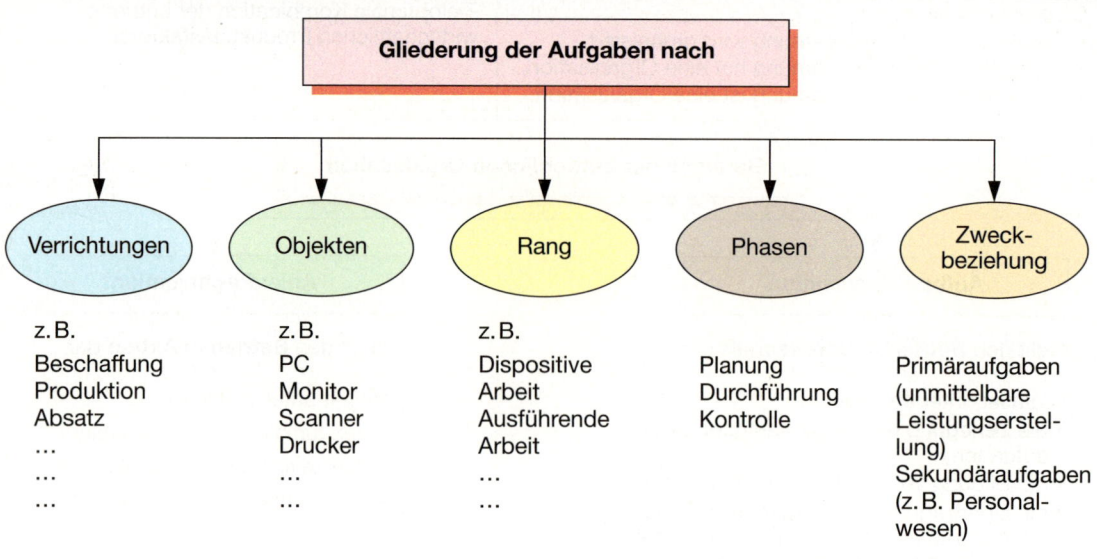

Gliederung der Aufgaben nach

Verrichtungen	Objekten	Rang	Phasen	Zweck-beziehung
z. B.	z. B.	z. B.		
Beschaffung	PC	Dispositive	Planung	Primäraufgaben
Produktion	Monitor	Arbeit	Durchführung	(unmittelbare
Absatz	Scanner	Ausführende	Kontrolle	Leistungserstel-
…	Drucker	Arbeit		lung)
…	…	…		Sekundäraufgaben
…	…	…		(z. B. Personal-
				wesen)

Stellenbildung

Begriff: Stelle	Stellenarten	
• Kleinste Organisationseinheit im Unternehmen • Zusammenfassung von Teilaufgaben zum Aufgabenbereich einer Person	**Linienstellen** (Instanzen) – Anordnungsbefugnis – Entscheidungsbefugnis **Beispiel:** Abteilungsleiter Einkauf **Ausführende Stellen** – Keine Leitungs- und Entscheidungsbefugnis **Beispiel:** Schreibkraft	**Stabsstellen** – Hilfsstelle von Linienstellen – Beratung – Entscheidungsvorbereitung – Keine Entscheidungs- und Anordnungsbefugnis **Beispiel:** Rechtsabteilung

aus: Hübscher, Heinrich u. a.: IT-Kompendium, 1. Aufl., Braunschweig 2001, S. 31

Stellenbeschreibung

Begriff	Ziele
In Stellenbeschreibungen werden die Aufgaben und Kompetenzen des Stelleninhabers, die Anforderungen an den Stelleninhaber sowie die Einordnung der Stelle in die Aufbauorganisation des Betriebes festgehalten.	• Sicherung klarer Zuständigkeiten und Kompetenzen • Regelung eindeutiger Über- und Unterordnungsverhältnisse • Erleichterung der Zusammenarbeit der Stellen • Gerechte Beurteilung der Stelleninhaber

Inhalt

• Bezeichnung der Stelle

• Aufgaben, Kompetenzen und Verantwortungsbereich
  → Welche Tätigkeiten umfasst die Stelle?

• Anforderungen an den Stelleninhaber
  → Welche Voraussetzungen, Qualifikationen hat der Stelleninhaber mitzubringen?

• Bewertungsmaßstab der Stelle
  → Welche Kriterien zur Beurteilung des Stelleninhabers kommen in Betracht?

• Weisungs- und Informationsbeziehungen
  → Von wem (welcher Stelle) erhält der Stelleninhaber Weisungen? Wem kann er Weisungen erteilen? Wem muss er berichten?

Aufbauorganisation – *Company organization structure*

Beispiel Stellenbeschreibung

Stellenbeschreibung für die Stelle eines Sachbearbeiters in der Einkaufsabteilung

1.	**Bezeichnung der Stelle**	
	Einkäufer	
2.	**Instanzielle Eingliederung**	
	Untergeordnet:	Dem Leiter der Abteilung Einkauf
	Übergeordnet:	–
3.	**Stellenvertretung**	
	Wird vertreten von:	Einkäufer für Rohstoffe
	Vertritt:	Leiter der Einkaufsabteilung
4.	**Ziele der Stelle**	
	Der Stelleninhaber hat vom Lager angeforderte Materialien rechtzeitig in der gewünschten Menge und Qualität sowie zu günstigsten Preisen zu beschaffen.	
5.	**Aufgaben, Verantwortlichkeiten und Kompetenzen**	
	– Einkauf von Büromaterialien und Büromaschinen	
	– Ermittlung geeigneter Lieferer	
	– Einholen von Angeboten	
	– Auswertung von Angeboten	
	– Führen der Einkaufsverhandlungen	
	– Abschluss von Kaufverträgen bis zum Betrag von 5.000,00 €, darüber hinaus ist die Entscheidung der übergeordneten Instanz einzuholen	
	– Überwachung der Liefertermine	
	– Bearbeitung von Reklamationen	
	– Besuch der Fachmessen	
6.	**Persönliche Anforderungen an den Stelleninhaber**	
	Vorbildung:	Hauptschulabschluss, Kaufmannsgehilfenprüfung
	Kenntnisse:	Branchenkenntnisse, Warenkenntnisse, technische Kenntnisse
	Eigenschaffen:	Verhandlungsgewandtheit, Kontaktfreudigkeit, Selbstständigkeit, Zuverlässigkeit

aus: Wamper, Horst W.: Betriebliche Organisationslehre, Büroorganisation, Automatisierte Datenverarbeitung, 5. Aufl., Köln, München, o. J., S. 43

Abteilungsbildung

Begriff Abteilung

- Zusammenfassung mehrerer Stellen unter einheitlicher Leitung.

Ziele

- Schaffung überschaubarer, leicht kontrollierbarer Bereiche.

- Strukturierung eines übersichtlichen Unternehmensaufbaus.

- Schaffung von Verantwortungsbereichen mit speziellen Aufgaben.

Betriebshierarchie

Betriebsgliederung (= Betriebshierarchie)

aus: Hübscher, Heinrich u. a.: IT-Kompendium, 1. Aufl., Braunschweig 2001, S. 31

Aufbauorganisation – *Company organization structure*

Kriterien der Abteilungsbildung

Funktionsorientierte Organisation	**Produktorientierte Organisation**	**Regionorientierte Organisation**	**Personenorientierte Organisation**
(functional type of organization)	(product type of organization *oder* divisional organization)	(geografical type of organization)	(personal type of organization)

Bildung von Abteilungen, wie	Bildung von Abteilungen, wie	Bildung von Abteilungen, wie	Bildung von Abteilungen, wie
„Einkauf",	„Produkt A",	„Deutschland",	„Friedrichs",
„Verkauf",	„Produkt B",	„Westeuropa",	„Müller",
„Finanzierung",	„Produkt C".	„Amerika".	„Kramer",
„Finanzbuchhaltung".			„Richter".

Organigramm

Begriff	**Stellensymbol**	**Funktionen**	
Hilfsmittel zur grafischen Abbildung der Organisationsstruktur eines Unternehmens.	In der Regel Rechtecke.	Veranschaulichung – der Aufgabengliederung, – des hierarchischen Aufbaus,	– der Über- und Unterordnungsverhältnisse, – der Kommunikationsbeziehungen.

Beispiel: funktionsorientierte Aufbauorganisation

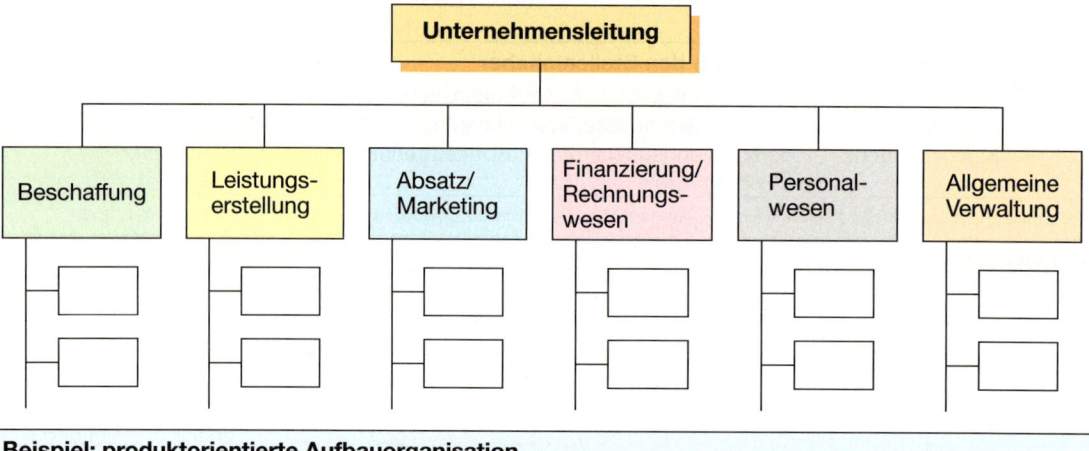

Beispiel: produktorientierte Aufbauorganisation

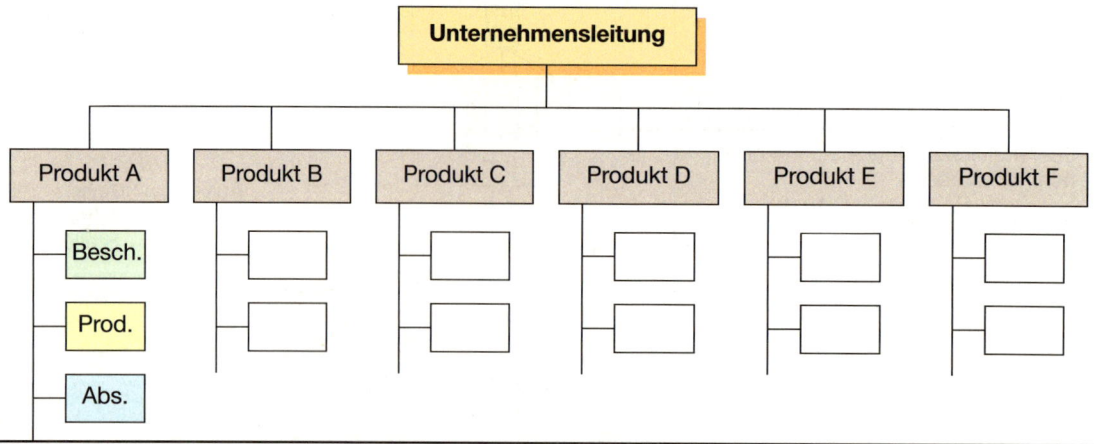

aus: Hübscher, Heinrich u. a.: IT-Kompendium, 1. Aufl., Braunschweig 2001, S. 32

Leitungssysteme – *Management systems*

Stellenpyramide/Managementebenen

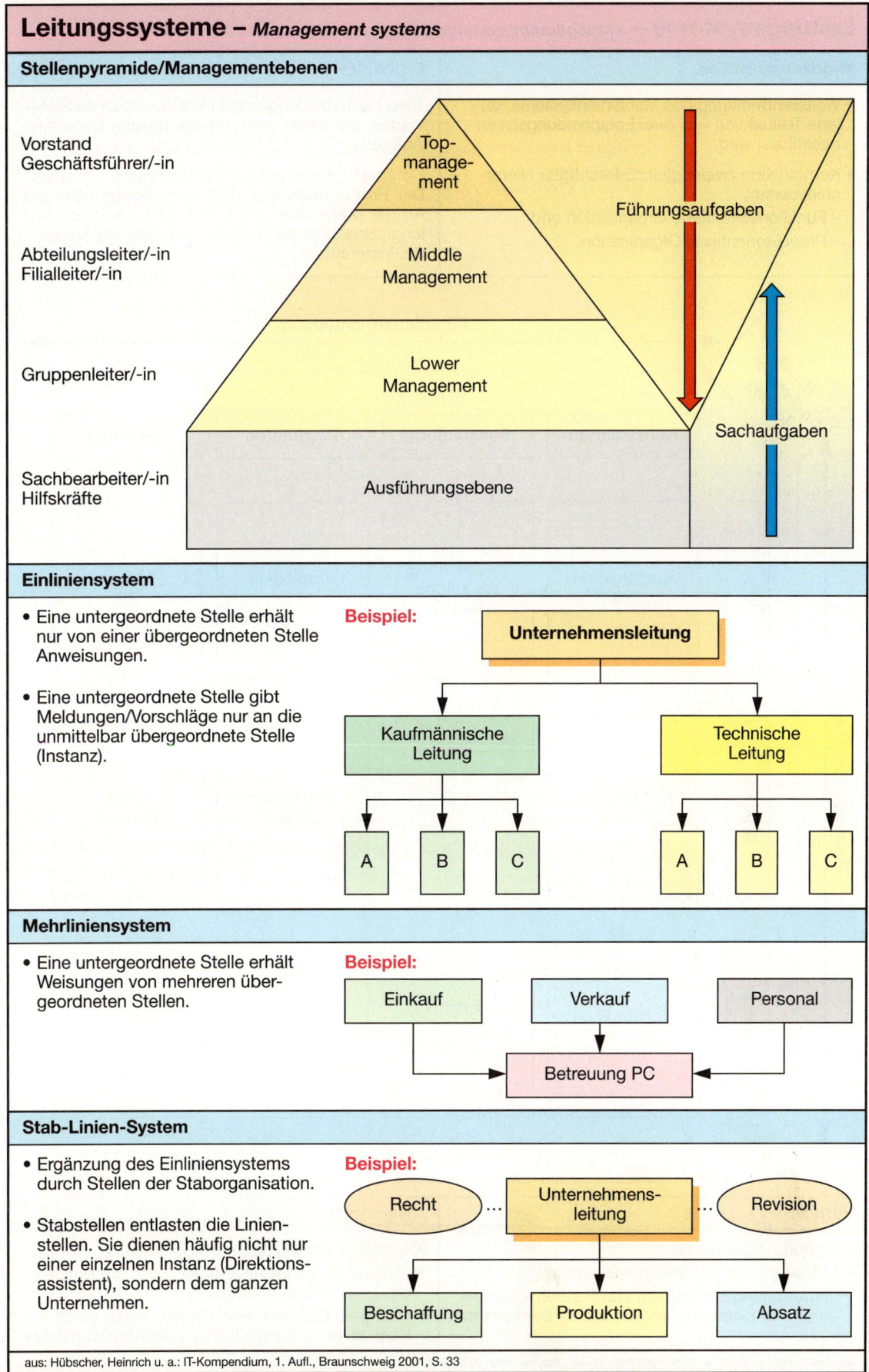

Vorstand Geschäftsführer/-in	Top-management	Führungsaufgaben
Abteilungsleiter/-in Filialleiter/-in	Middle Management	
Gruppenleiter/-in	Lower Management	
Sachbearbeiter/-in Hilfskräfte	Ausführungsebene	Sachaufgaben

Einliniensystem

- Eine untergeordnete Stelle erhält nur von einer übergeordneten Stelle Anweisungen.

- Eine untergeordnete Stelle gibt Meldungen/Vorschläge nur an die unmittelbar übergeordnete Stelle (Instanz).

Beispiel:

Unternehmensleitung

- Kaufmännische Leitung
  - A
  - B
  - C
- Technische Leitung
  - A
  - B
  - C

Mehrliniensystem

- Eine untergeordnete Stelle erhält Weisungen von mehreren übergeordneten Stellen.

Beispiel:

Einkauf — Verkauf — Personal → Betreuung PC

Stab-Linien-System

- Ergänzung des Einliniensystems durch Stellen der Staborganisation.

- Stabstellen entlasten die Linienstellen. Sie dienen häufig nicht nur einer einzelnen Instanz (Direktionsassistent), sondern dem ganzen Unternehmen.

Beispiel:

Recht … Unternehmensleitung … Revision

- Beschaffung
- Produktion
- Absatz

aus: Hübscher, Heinrich u. a.: IT-Kompendium, 1. Aufl., Braunschweig 2001, S. 33

Leitungssysteme – *Management systems*

Matrixorganisation	Grundidee

• Weiterentwicklung des Mehrliniensystems, da jede Teilfunktion von zwei Entscheidungslinien beeinflusst wird.
 	
• Kombination zweier gleichberechtigter Hierarchieebenen:
  – Funktionsorientierte Organisation und
  – Produktorientierte Organisation.
	Zwei Fachabteilungen mit unterschiedlichen Sichtweisen bemühen sich um die Lösung derselben Aufgabe.
	
	Beispiel: „Beschaffung zur Fertigung von PCs" Der Produktmanager „PC" entscheidet über die Art der Materialien, der Leiter der Funktionsabteilung „Beschaffung" entscheidet über die Auswahl der Lieferanten.

Beispiel:

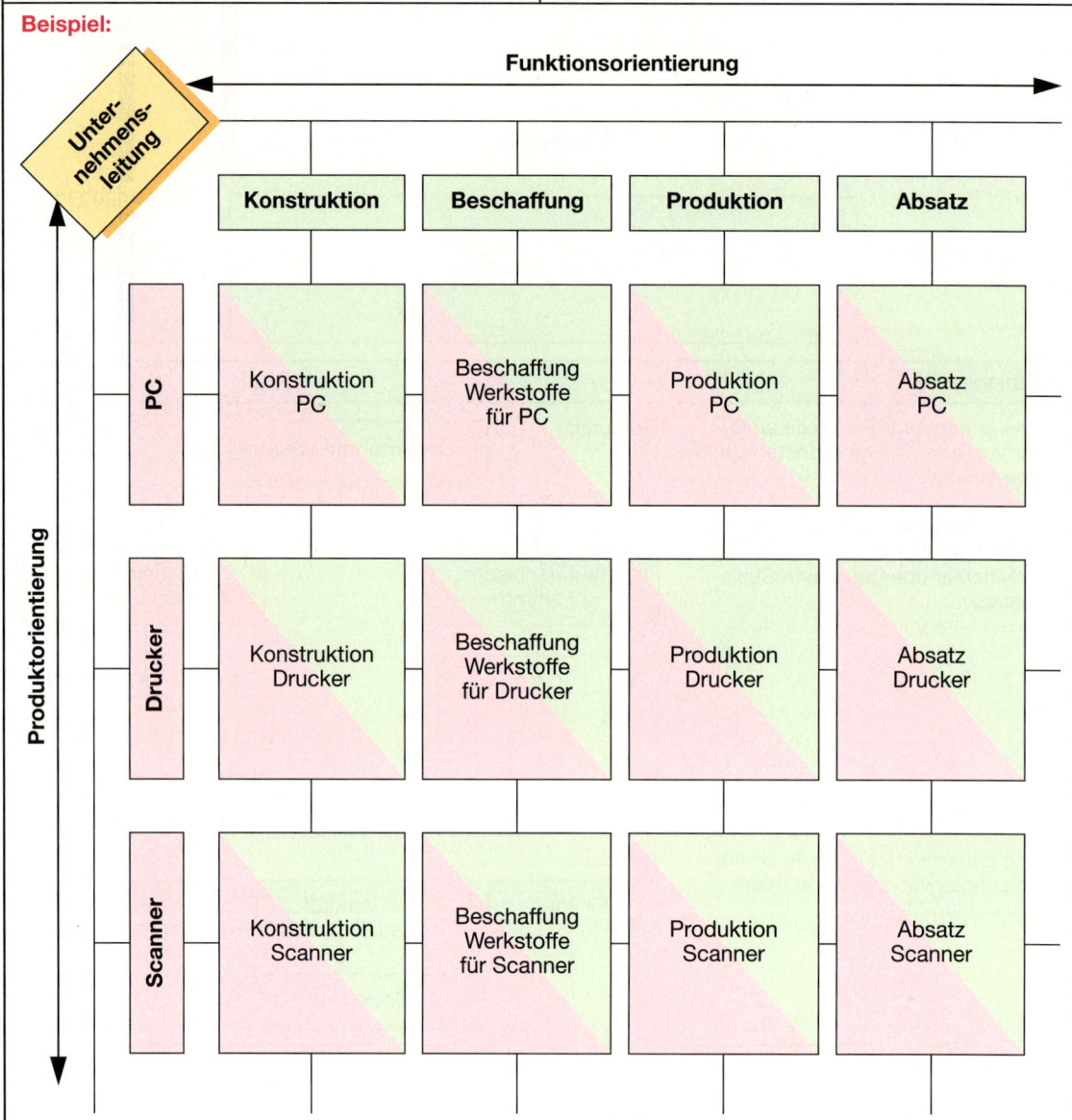

vgl.: Wamper, Horst: Betriebliche Organisationslehre, Büroorganisation, Automatisierte Datenverarbeitung, 5. Aufl., Köln, München, o. J., S. 50

Vorteile	Nachteile
• Förderung der Teamarbeit. • Entlastung der Unternehmensleitung. • Verbesserung der Qualität von Problemlösungen durch das Einbringen verschiedener Denkansätze.	• Auftreten von Kompetenzproblemen. • Längere Entscheidungsdauer durch die Notwendigkeit der Abstimmung. • Häufigere Kompromissentscheidungen durch Konfliktvermeidungsstrategie der Abteilungsleiter.

aus: Hübscher, Heinrich u. a.: IT-Kompendium, 1. Aufl., Braunschweig 2001, S. 34

Funktionen des Betriebes – *The company functions*

Funktionen
(Teilaufgaben zur Erreichung des Unternehmensziels)

Grundfunktionen

Aufgaben, die sich aus dem eigentlichen Leistungszusammenhang ergeben.

Querschnittsfunktionen

Aufgaben, die sich auf den ganzen Betrieb beziehen.

Grundfunktionen und ihre Teilaufgaben

- **Beschaffung**

  Zum Beispiel:
  - Klärung des Bedarfs nach Art, Menge und Zeitpunkt
  - Ermittlung der Bezugsquellen
  - Einholung und Prüfung von Angeboten
  - Bestellung
  - Bestellungs-, Terminüberwachung
  - Herbeiholen der Leistungen
  - Übernahme mit Kontrolle, Qualitätsprüfung, Reklamationen
  - Rechnungsprüfung

- **Leistungserstellung**

  Zum Beispiel:
  - Forschung und Entwicklung
  - Konstruktion
  - Planung des Fertigungsverfahrens
  - Arbeitsvorbereitung
  - Lagerung der Werkstoffe
  - Fertigungsdurchführung
  - Fertigungskontrolle
  - Lagerung der Fertigerzeugnisse
  - Verpackung
  - Hilfsfunktionen wie Wartung, Instandhaltung, Energieversorgung, innerbetrieblicher Transport

- **Absatz/Marketing**

  Zum Beispiel:
  - Marktforschung, -erkundung
  - Einsatz der Marketinginstrumente
  - Absatzanbahnung (Anfragen bearbeiten, Angebote erstellen)
  - Auftragsabwicklung
  - Rechnungserstellung
  - Kundenservice wie Beratung, Wartung, Reparaturen
  - Kundenpflege

Querschnittsfunktionen und ihre Teilaufgaben

- **Finanzierung/ Rechnungswesen**

  Zum Beispiel:
  - Kapitalbedarfsrechnung
  - Investitionsrechnung
  - Finanzplanerstellung
  - Eigen- oder Fremdfinanzierung
  - Kreditbeschaffung
  - Liquiditätsüberwachung
  - Finanzbuchhaltung
  - Jahresabschluss
  - Bilanzanalyse
  - Kosten- und Leistungsrechnung
  - Statistik und Vergleichsrechnung
  - Planungsrechnung

- **Personalwesen**

  Zum Beispiel:
  - Personalbedarfsermittlung
  - Stellenausschreibung
  - Personalauswahl
  - Personaleinstellung
  - Personaleinsatz
  - Personalentwicklung (Personalförderung)
  - Personalbetreuung (Sozialwesen)
  - Arbeitsbewertung und Entlohnung
  - Personalentlassung

- **Informationswesen**

  Zum Beispiel:
  - Informationsmanagement (Sammlung, Verarbeitung und Speicherung qualitätsrelevanter Daten und Informationen)

  - Nutzung von Informationsquellen (nichtelektronische und elektronische, interne u. externe Quellen)

aus: Hübscher, Heinrich u. a.: IT-Kompendium, 1. Aufl., Braunschweig 2001, S. 36

Ablauforganisation – *Workflow organization*

2

Begriff	Ziele
• Ablauforganisation ist die rationale Gestaltung von Arbeitsprozessen zur Erfüllung betrieblicher Teilaufgaben. Arbeitsvorgänge, die zeitlich und räumlich hinter- oder nebeneinander verlaufen, werden geordnet.	• Optimale Auslastung der Arbeitskräfte und Betriebsmittel • Minimierung der Durchlaufzeiten für die Arbeitsprojekte

Gegenstand

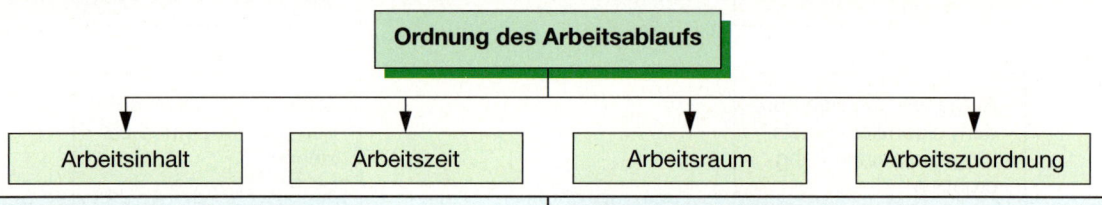

Ordnung des Arbeitsablaufs

- Arbeitsinhalt
- Arbeitszeit
- Arbeitsraum
- Arbeitszuordnung

Ordnung des Arbeitsinhalts	Ordnung der Arbeitszeit
• Bestimmung des Arbeitsobjektes • Festlegung der einzelnen Verrichtungen im Wege der Arbeitsanalyse	• Bestimmung der Reihenfolge der verschiedenen Teilaufgaben (Verrichtungen) • Ermittlung der Zeitdauer für die Teilaufgaben • Bestimmung der kalendermäßigen Anfangs- und Endzeitpunkte der Teilaufgaben

Ordnung des Arbeitsraums	Arbeitszuordnung
• Anordnung der einzelnen Stellen bzw. Arbeitsplätze zur Erledigung der Teilaufgaben im Hinblick auf größtmögliche Wirtschaftlichkeit	• Einzelzuordnung: Eine Teilaufgabe wird **einem Aufgabenträger** zwingend vorgeschrieben. • Gruppenzuordnung: Die Teilaufgabe wird **einer Gruppe** von Personen übertragen.

Formen der Darstellung

Ablaufdiagramm

Beispiel:

Inhalt:
Wörtliche Aufführung aller Arbeitsgänge in ihrer Reihenfolge

Form:
Arbeitsablaufkarte

Anwendungsbereich:
Einfache Tätigkeiten

Zeichenerklärung:

O: Operation

I: Inspektion

T: Transport

S: Stillstand

ARBEITSABLAUF		Inhalt: Auftragsbearbeitung Abteilung: Versand								
Lfd. Nr.	Ablaufstufen	Verrichtung	Poststelle	Abteilungsleiter	Gruppenleiter	Sachbearbeiter	Fakturist	Rechnungsprüfer	Lagerkartenführer	
1	Bestellschein (BS)	O I ⊠ S	1							
2	Ablegen, wenn Lieferschein (LS) fehlt	O I T ⊠				2				
3	2 LS-Kopien	O I ⊠ S	3							
4	Kopien trennen	⊠ I T S				4				
5	1 Kopie	O I ⊠ S							5	
6	Lieferung verbuchen	⊠ I T S							6	
7	Kopien ablegen	O I T ⊠							7	
8	Zusammenfügen BS und 2. Kopie LS	⊠ I T S				8				
9	Übereinstimmung prüfen	O ✗ T S				9				
10	Konditionen prüfen	O ✗ T S				10				
11	LS und BS	O I ⊠ S					11			
12	Rechnung schreiben	⊠ I T S					12			
13	Rechnung, LS, BS	O I ⊠ S						13		
14	Mengen, Preis, Konditionen, Adresse	O ✗ T S						14		
15	Kopien verteilen	O I ⊠ S						15		O
16		O I T S								

aus: EUROPA LEHRMITTEL, Betriebswirtschaftslehre der Unternehmung, 12. Aufl., Haan-Guiten 1992, S. 151

aus: Hübscher, Heinrich u. a.: IT-Kompendium, 1. Aufl., Braunschweig 2001, S. 37

Ablauforganisation – *Workflow organization*

Flussdiagramm

Inhalt:

Darstellung zeitlicher bzw. logischer Folgen und Abläufe

Verwendete Symbole:

(oval)	Start, Stopp
(rectangle)	Bearbeitung, Tätigkeit
(diamond, Nein/Ja)	Entscheidung mit Ja-Nein-Verzweigung
(arrows)	Ablauflinie. Die Flussrichtung erfolgt hauptsächlich in der Senkrechten.
(circle)	Anschlusspunkt, Sprungstelle
(triangle)	Sprung ohne Rückkehr

Beispiel:

Arbeitsablauf „Bearbeitung einer Bestellung von Kunden"

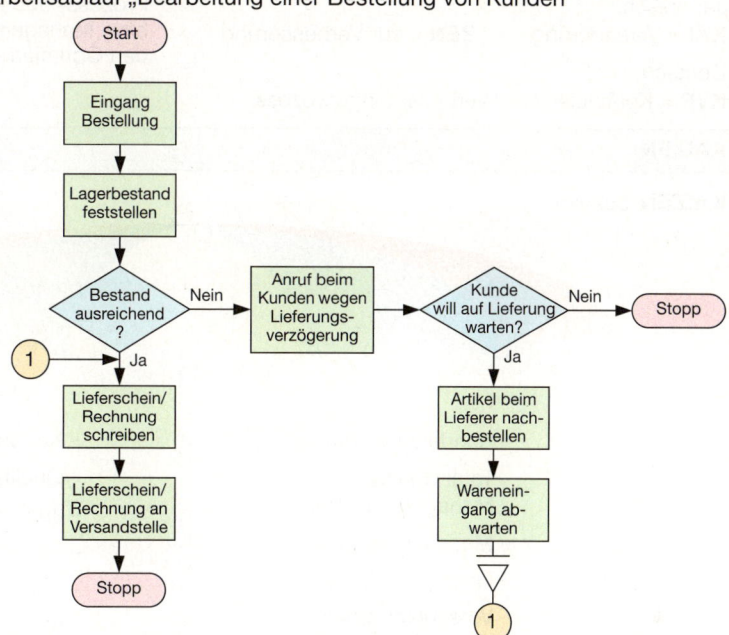

aus: Wamper, Horst: Betriebliche Organisationslehre, Büroorganisation, Automatisierte Datenverarbeitung, 5. Aufl., Köln, München, o. J., S. 76

Netzplantechnik

Inhalt:

Beschreibung der Teilarbeiten von Prozessen/Projekten in der **Strukturanalyse**

Erläuterungen:

FAZ = frühester Anfangszeitpunkt
FEZ = frühester Endzeitpunkt
SAZ = spätester Anfangszeitpunkt
SEZ = spätester Endzeitpunkt
GP = Gesamtpuffer
FP = Freier Puffer
GP = SAZ – FAZ
FP = FAZ (Nachf.) – FEZ

Beispiele: Puffer für Vorgang G
GP = 26 – 20 = 6 Arbeitstage
FP = 22 – 22 = 0 Arbeitstage

Knoten:

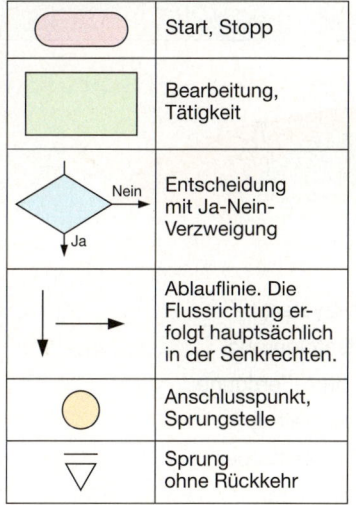

FAZ			FEZ
Vorgang	Beschreibung		
Dauer	GP	FP	
SAZ			SEZ

kritischer Weg →

Kritischer Weg:

Weg ohne Pufferzeiten

Beispiel:

Struktur- und Zeitanalyse „Bau einer Lagerhalle"

Vorgang	Strukturanalyse			Zeitanalyse					
	Beschreibung	Folgetätigkeit	Arbeitstage	FAZ	FEZ	SAZ	SEZ	GP	FP
A	Entwurf, Planung	B, F, G	20	0	20	0	20	0	0
B	Erdaushub Fundamente	C	3	20	23	20	23	0	0
C	Ausgießen Fundamente	D	2	23	25	23	25	0	0
D	Verschalung Betonsockel	E	5	25	30	25	30	0	0
E	Betonierung Betonsockel	I	3	30	33	30	33	0	0
F	Bestellung und Auslieferung Betonteile	I	10	20	30	23	33	3	3
G	Aushub Ver- und Entsorgungsleitungen	H	2	20	22	26	28	6	0
H	Leitungsverlegung	I	5	22	27	28	33	6	6
I	Montage Lagerhalle	J	7	33	40	33	40	0	0
J	Installationsarbeiten	–	4	40	44	40	44	0	0

Aus den Angaben der Struktur- und Zeitanalyse ergibt sich der Netzplan:

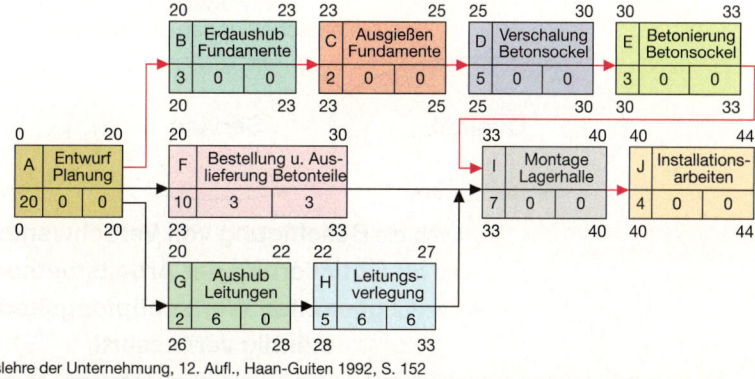

vgl.: EUROPA LEHRMITTEL, Betriebswirtschaftslehre der Unternehmung, 12. Aufl., Haan-Guiten 1992, S. 152

aus: Hübscher, Heinrich u. a.: IT-Kompendium, 1. Aufl., Braunschweig 2001, S. 38

Betriebliche Organisation: Neues Denken
Company internal organization: Modern thinking

KAIZEN/KVP

Japanisch:
KAI = Veränderung   **ZEN** = zur Verbesserung

Deutsch:
KVP = Kontinuierlicher Verbesserungsprozess

Prozess- und kundenorientierte Unternehmens- bzw. Managementphilosophie eines nie enden- den Optimierungsprozesses

KAIZEN

KAIZEN-Schirm

– Kundenorientierung

– Total Quality Management (TQM)

– Mechanisierung

– Quality Circle (QC)

– Vorschlagswesen

– Automatisierung

– Arbeitsdisziplin

– Total Productive Maintenance (TPM)

– Kanban-System*

– Qualitätssteigerung

– Just-in-time-Fertigung

– Fehlerlosigkeit

– (Klein)Gruppenarbeit

– Kooperation der Managementebenen

– Produktivitätssteigerung

– Entwicklung neuer Produkte

* Kanban: Anzeigekarten in Material- behältern, mit deren Hilfe Nachschub- lieferungen an die Fertigungslinien ausgelöst werden.

Die Botschaft von KAIZEN lautet: Kein Tag soll vergehen ohne irgendeine Verbesserung!

KVP

Zielsetzung

Beispiel: **Volkswagenwerk AG**   Die Lösung

KVP-Workshop
ist eine Methode,
die die entscheidenden Erfolgsfaktoren

Qualität   **Service**   **Preis**

durch die **Beseitigung von Verschwendung**
und die **Optimierung der Arbeitsmethoden**
in der **gesamten Wertschöpfungskette**
ständig verbessert!

aus: Hübscher, Heinrich u.a.: IT-Kompendium, 1. Aufl., Braunschweig 2001, S. 39

Betriebliche Organisation: Neues Denken
Company internal organization: Modern thinking

KVP-Prozess

Beispiel:
Volkswagenwerk AG

Die 11 Schritte des Workshops

10. Präsentation

11. Maßnahmen-verfolgung

9. Umsetzung/ Simulation der Maßnahmen

1. Vorbereitung des Workshops

8. Maßnahmen-katalog erstellen

2. Einführung in den Workshop

KVP Workshop

7. Lösungs-vorschläge entwickeln

3. Prozess-ablauf verstehen

6. Brainstorming „Ver-besserungen"

5. Brainstorming „Ver-schwendung"

4. IST-Analyse mit Messgrößen-definition

Die 7 Arten der Verschwendung

5.1 Über-produktion	→	mehr als der Kunde braucht: „Ladenhüter"
5.2 Warten	→	– langsame Prozesse – hohe Verlustzeiten – keine Termintreue
5.3 Transport	→	– Zwischenlager – zu viele Puffer
5.4 Unnötige Prozesse	→	– komplizierte Abläufe – schlecht genutzte Anlagen – niedriger Nutzungs-grad
5.5 Hohe Bestände	→	– veraltetes Material – Sicherheitslager – zu viel Personal
5.6 Bewegung	→	– Suchen nach Material/Vorgängen – falsches Werkzeug – falsche Unterlage – lange Wege
5.7 Arbeits-fehler	→	– Verlängerung von Prozesszeiten – Nacharbeit – Ausschuss

aus: Hübscher, Heinrich u. a.: IT-Kompendium, 1. Aufl., Braunschweig 2001, S. 40

Die Wand, die Wettbewerber abhält:
Bausteine der Barrieren gegenüber dem Wettbewerb

– Ergebnis: Hohe Kundenzufriedenheit und Kundenbindung –

Leistungs- und fähigkeitsorientierte Beförderung

Klare Zielvorgaben und Budgetierung

Ganzheitliche Arbeitsaufgaben

Standardisierte Prozesse mit mehreren Varianten

Ergebnisbezogene Leistungsvergütung

Umfassender Informationsaustausch der Planvorgaben und Berichtswesen

Weniger Fremdkontrolle durch den Vorgesetzten

Reduzierung der Durchlaufzeiten

Konzentration auf – ggf. über Indikatoren – messbare Leistungsergebnisse

Umsetzungsorientierte Weiterbildung in Teilschritten

Führungskräfte als Coach

Aufgabenerledigung, wo Sachverstand

Interne Kunden-Lieferanten-Beziehungen

Empowerment = mehr Selbstständigkeit und Eigenverantwortung

Kommunikationsfähige Führungspersönlichkeiten

Übergang von Fachabteilungen zu Prozessteams

Weniger Abstimmungsaufwand

Prozessorientierung statt Strukturorientierung

Transparenz durch Betriebsdatenerfassung

Ganzheitliche Vorgangsbearbeitung durch Rundum-Sachbearbeitung

Starke Dezentralisierung

Beseitigung von Schnittstellen

Konzentration auf erfolgskritische Aktivitäten

Entscheidungsbefugnis für Mitarbeiter

Flache Organisation

Bessere Reihenfolge einzelner Prozessschritte

Ausrichtung auf Kundenbedürfnisse und -erwartungen

aus: Hübscher, Heinrich u. a.: IT-Kompendium, 1. Aufl., Braunschweig 2001, S. 42

Funktions-/prozessorientierte Organisation
Function-/process-oriented organization

Nachteile der Funktionsorientierung

- arbeitsplatz- und aufgabenbezogene Betrachtungsweise innerhalb einer Abteilung; Gliederung nach dem Prinzip der Tätigkeit.
- Leistungsorientierung
- in der Regel Einzelarbeit und Routinearbeiten.
- Erkennen, welche Tätigkeiten den Abteilungsnutzen erhöhen bzw. besonders kostenintensiv sind.
- wenig ausgeprägtes Kosten-Nutzendenken
- Ausrichtung der Leistungsprozesse auf Kosten und Zeit
- Betriebliche Prozesse laufen häufig „quer" zu den Funktionen.
- Engpässe durch Schnittstellen zwischen den Abteilungen.
- fehlende Datenintegration
- Datenredundanz

Funktionale Arbeitsteilung

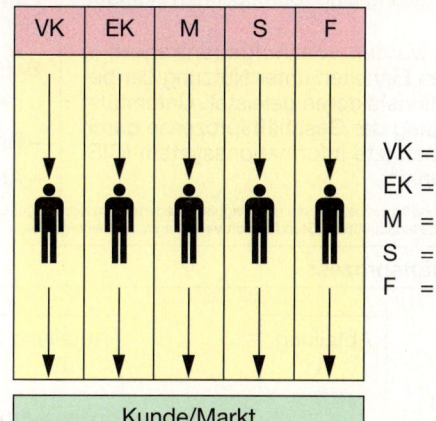

VK = Verkauf
EK = Einkauf
M = Montage
S = Service
F = Fakturierung

aus: IT-Ausbildung, Lernfelder und Kernkompetenzen, Der Betrieb und sein Umfeld, Geschäftsprozesse und betriebliche Organisation, Informationsquellen und Arbeitsmethoden, Band 1, 1. Auflage Bremen 1998, S. 63

Vorteile der Geschäftsprozessorientierung

- bereichsübergreifende Betrachtungsweise; Gliederung nach dem Prinzip des Durchlaufs
- Ziel- und Ergebnisorientierung
- in der Regel Teamarbeit und konzeptionelle Problemlösungsarbeit
- Erkennen, welche Tätigkeiten den Kundennutzen erhöhen bzw. besonders kostenintensiv sind.
- ausgeprägtes Kosten-Nutzen-Denken wegen größerer Mitverantwortung
- zielorientierte Ausrichtung der Leistungsprozesse am Kunden und am Markt

Prozessorientierte Arbeitsteilung

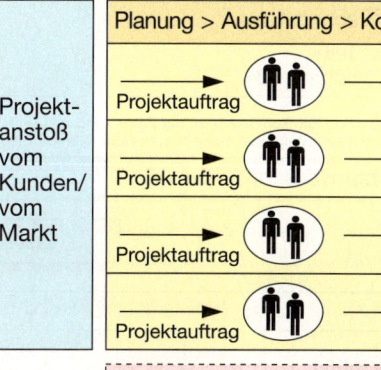

ebenda, S. 63

Kombination funktions- und prozessorientierter Organisation

Prozessorientierung über die Funktionsabteilungen hinweg:
Die Schnittstellenprobleme zwischen d. Funktionsbereichen werden überwunden und zum Kunden besteht nur noch eine Schnittstelle!
Nach dem Motto: „One face to the Customer".

Funktionsorientierte Organisation

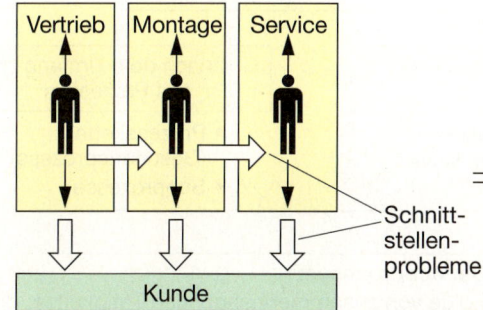

ebenda, S. 71

Den Funktionsbereichen überlagerte prozessorientierte Organiation

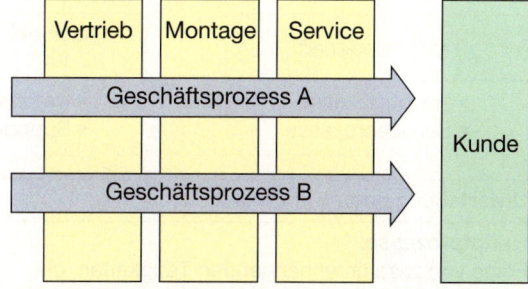

aus: Hübscher, Heinrich u. a.: IT-Kompendium, 1. Aufl., Braunschweig 2001, S. 43

Geschäftsprozesse – *Business processes*

Begriff

„Ein Geschäftsprozess besteht aus einer zusammenhängenden abgeschlossenen Folge von Tätigkeiten, die zur Erfüllung einer betrieblichen Aufgabe notwendig sind.

Die Tätigkeiten werden von Aufgabenträgern in organisatorischen Einheiten unter Nutzung der benötigten Produktionsfaktoren geleistet. Unterstützt wird die Abwicklung der Geschäftsprozesse durch das Computergestützte Informationssystem (CIS) des Unternehmens."

Kunden können sowohl externe Nachfrager (Kunden im eigentlichen Sinne) als auch interne Nachfrager (z. B. Abteilungen des eigenen Unternehmens) sein.

Beispiele von Geschäftsprozessen:

– Erstellung eines Angebotes

– Beschaffung von Fremdleistungen

– Abwicklung des Zahlungsverkehrs

aus: Staud, Josef: Geschäftsprozessanalyse mit ereignisgesteuerten Prozessketten. Grundlagen des Business Reengineering für SAP R/3 und andere Betriebswirtschaftliche Standardsoftware, Berlin, Heidelberg, New York 1999, S. 6

Beispiel: Geschäftsprozess

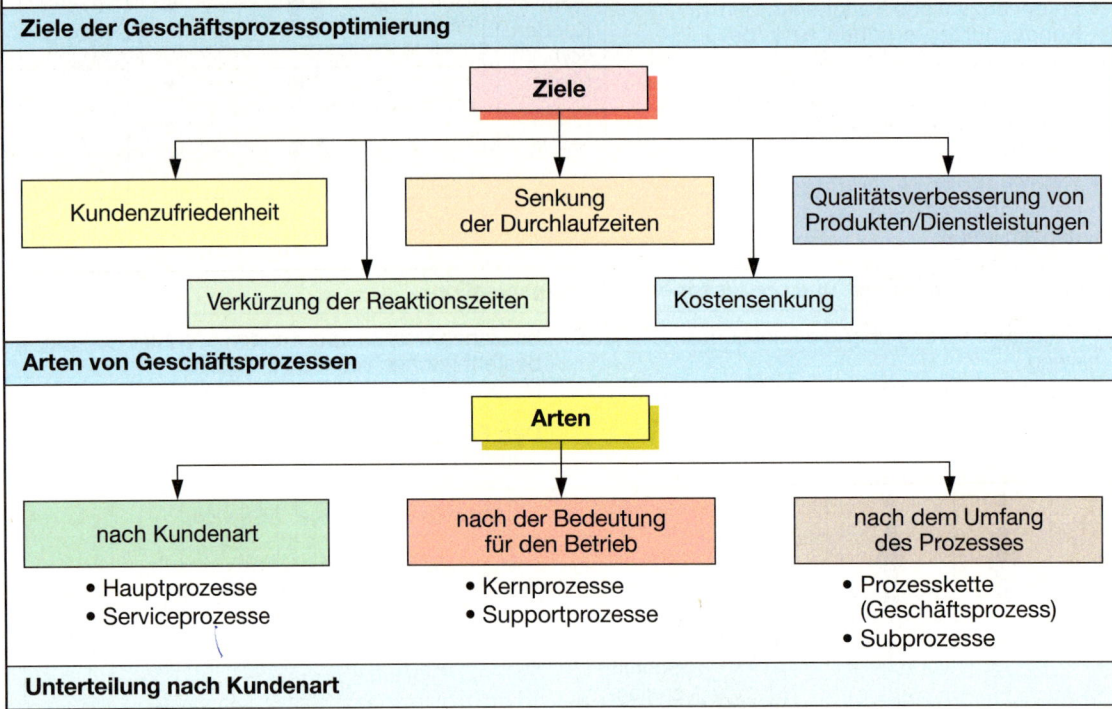

aus: IT-Ausbildung, Lernfelder und Kernkompetenzen, Der Betrieb und sein Umfeld, Geschäftsprozesse und betriebliche Organisation, Informationsquellen und Arbeitsmethoden, Band 1, 1. Auflage, Bremen 1998, S. 58

Ziele der Geschäftsprozessoptimierung

Ziele

- Kundenzufriedenheit
- Verkürzung der Reaktionszeiten
- Senkung der Durchlaufzeiten
- Kostensenkung
- Qualitätsverbesserung von Produkten/Dienstleistungen

Arten von Geschäftsprozessen

Arten

nach Kundenart	nach der Bedeutung für den Betrieb	nach dem Umfang des Prozesses
• Hauptprozesse • Serviceprozesse	• Kernprozesse • Supportprozesse	• Prozesskette (Geschäftsprozess) • Subprozesse

Unterteilung nach Kundenart

Hauptprozesse:
Folge von zusammenhängenden Tätigkeiten, die an **externe** Kunden geleistet werden.

Serviceprozesse:
Folge von zusammenhängenden Tätigkeiten, die an **interne** Kunden geleistet werden.

aus: Hübscher, Heinrich u. a.: IT-Kompendium, 1. Aufl., Braunschweig 2001, S. 44

2

Geschäftsprozesse – *Business processes*

Unterteilung nach der Bedeutung für den Betrieb

Kernprozesse:
Geschäftsprozesse, mit denen die Hauptleistung eines Unternehmens erbracht wird, d. h. mit deren Hilfe die eigentliche Wertschöpfung (⇒ Betriebsertrag – Vorleistungen) erbracht wird.

Kundennahe Kernprozesse	Wertschöpungsintensive Kerngeschäftsprozesse
Kundenbetreuung Kundenkontakte → Anfragebearbeitung → Projektierung → Angebotsausarbeitung → Vertragsverhandlungen → Auftragserteilung **Auftragsbearbeitung** Kundenauftragsannahme → Auftragsklärung → Auftragsbestätigung → Auftragseinplanung → Auftragsabwicklung **Außenmontage** Montageplanung → Erzeugnisversand → Kundenmontage → Auftragsabnahme **Ersatzteilversorgung** Auftragsannahme → Verfügbarkeitsprüfung → Bonitätsprüfung → Kommissionierung → Versand **Wartungsabwicklung** Wartungswerbung → Wartungsvertragsabschluss → Wartungsdurchführung → Ersatzteilabwicklung **Zahlungsabwicklung** Fakturierung → Zahlungseingangsbearbeitung → Zahlungseingangsüberwachung → Mahnwesen	**Erzeugnisentwicklung** Erzeugnisanalyse → Konstruktion → Berechnung → Zeichnungserstellung → Stücklistenerarbeitung → Erzeugnistest → Prototypenfertigung → Nullserie → Erzeugniseinführung **Fertigung** Fertigungsplanung → Fertigungssteuerung → Teilefertigung → Baugruppenmontage → Erzeugnismontage → Versand 

vgl. Staud, Josef: Geschäftsprozessanalyse mit ereignisgesteuerten Prozessketten. Grundlagen des Business Reengineering für SAP R/3 und andere Betriebswirtschaftliche Standardsoftware, Berlin, Heidelberg, New York 1999, S. 8

Supportprozesse: Geschäftsprozesse, die die Kernprozesse unterstützen, z. B. Beschaffung der Produktionsfaktoren, Sicherung der Liquidität

Unterteilung nach dem Umfang des Prozesses

Prozesskette (Geschäftsprozess):	Subprozesse:
Reihung von zusammenhängenden Prozessen	Teil- od. Unterprozesse eines Geschäftsprozesses

aus: Hübscher, Heinrich u. a.: IT-Kompendium, 1. Aufl., Braunschweig 2001, S. 45

Wertschöpfungsprozess

Beispiel:
Wertschöpfungsprozess der OfficeCom AG bei Herstellung und Absatz eines Schreibtisches

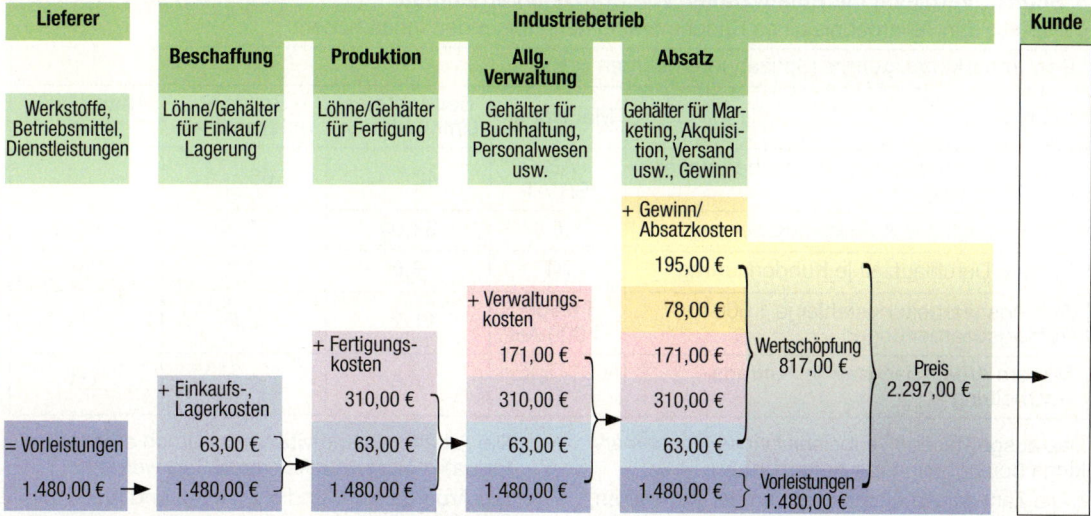

- Der **Wertschöpfungsprozess** ist **kostenorientiert,** da mit der Produkterstellung die Produktionsfaktoren Betriebsmittel, Werkstoffe und Arbeit verbraucht bzw. abgenutzt werden.
- Der **Wertschöpfungsprozess** ist kunden- bzw. **nutzenorientiert,** denn der Einsatz der Produktionsfaktoren macht nur dann einen Sinn, wenn der Kunde aus dem erstellten Produkt einen Nutzen ziehen kann.

Prozessanalyse – *Process analysis*

Notwendigkeit der Prozessanalyse	Durchführung der Prozessanalyse
Der Einsatz moderner **betriebswirtschaftlicher Standardsoftware** (z.B. SAP R/3) in den Kernprozessen des kaufmännischen Bereichs setzt in der Regel voraus, dass eine Prozessorganisation – zumindest neben einer funktionsorientierten Organisation – im Unternehmen besteht. Dazu ist die Analyse und Abgrenzung der einzelnen Geschäftsprozesse notwendig. Der weltweite Globalisierungsdruck und die hohe Innovationsgeschwindigkeit in Wirtschaft und Technik machen es für die einzelnen Unternehmen notwendig, ihre definierten Geschäftsprozesse ständig zu hinterfragen und sie laufenden Veränderungen anzupassen. Die Prozessanalyse ist damit ein Hilfsmittel der Prozessorganisation.	Sie wird in zwei Schritten durchgeführt: • **Istaufnahme** der bestehenden Organisation Dazu werden Organisations- und Arbeitsunterlagen ausgewertet und gegebenenfalls Mitarbeiterinterviews durchgeführt. • **Istanalyse** der Prozesse Als Methoden werden z.B. eingesetzt: – Benchmarking, – Schwachstellenanalyse, – Workflowanalyse, – Checklistentechnik, – Referenzanalyse, – Vorgangskettenanalyse.

Methoden der Prozessanalyse – *Methods of process analysis*

Benchmarking

Definition

Beim Benchmarking als Methode der Prozessanalyse werden z.B. Geschäftsprozesse im eigenen Unternehmen mit denen von Spitzenunternehmen derselben Branche verglichen. Dadurch sollen Verbesserungsmöglichkeiten für die Gestaltung von Geschäftsprozessen erkundet werden.

Vorgehensweise

1. Schritt: Festlegung der zu untersuchenden Merkmale   **Beispiel:**

Benchmarkingmerkmale	
Zeitbedarf	Prozessdauer – Bearbeitungszeiten – Liegezeiten
Mengen	Bearbeitungsmengen – Arbeitsgangzahlen – Informationsmengen
Personaleinsatz	Mitarbeiterumfang – Qualifikationsart – Arbeitszeiten
Fehleranfall	Garantieinanspruchnahme – Minderqualitäten – Rücklieferungen
Kostenumfang	Gesamtkosten – Deckungsbetrag – EDV-Kosten

aus: Steinbuch, Pitter A. (Hrsg.): Prozessorganisation – Business Reengineering – Beispiel R/3. Ludwigshafen (Rhein) 1997, S. 153

2. Schritt: Bildung von Relativzahlen
Beispiel: Bearbeitungszeit je Kundenauftrag, Gesamtkosten je Auftragsbearbeitung.

3. Schritt: Vergleich mit Relativzahlen von Spitzenunternehmen
Beispiel: Ein Teilergebnis eines Benchmarking kann folgenden Inhalt haben:

Benchmarkingergebnis (Spitzenunternehmen = 100 %)				
Relation	Maßeinheit	Betrachtetes Unternehmen	Spitzen- unternehmen	Abweichung in %
Auftragsbearbeitungen je Sachbearbeiter und Arbeitstag	AB/ SB*AT	42	65	– 35
Gesamtkosten je Auftragsbearbeitung	€	82,05	44,90	+ 83
Mittlere Durchlaufzeit je Kundenauftrag	AT	8,6	0,9	+ 856
Auftragsbearbeitungsfehler je 1 000 Auftragsbearbeitungen	Fehler/ 1 000 AB	11,2	12,5	– 10,4
Mittlere Arbeitsgangzahl je Auftragsbearbeitung	AG/AB	7,5	1,8	+ 317

Das ausgewiesene Teilbeispiel eines Benchmarkings bedingt folgende **Folgerungen:**

• Die Zahl der Arbeitsgänge, also der Aktivitäten, muss drastisch reduziert werden.

• Die Arbeitsproduktivität muss durch erhöhten Informatikeinsatz radikal vergrößert werden.

• Die Arbeitsgeschwindigkeit kann und muss folglich ebenfalls verbessert werden.

aus: Steinbuch, Pitter A. (Hrsg.): ebenda, S. 154

aus: Hübscher, Heinrich u. a.: IT-Kompendium, 1. Aufl., Braunschweig 2001, S. 46

Methoden der Prozessanalyse – *Methods of process analysis*

Workflowanalyse

Definition

Der Workflow (Prozessablauf) wird auf häufig auftretende Fehler untersucht, um Verbesserungsmöglichkeiten zu erkunden.

Untersuchungskriterien

Zur Workflowanalyse bedient man sich beispielsweise solcher **Kriterien** wie:
- Erfordernis jeder Funktion
- Folge der Funktionen
- Mehrfachdurchführung von Funktionen
- Stärke der Arbeitsteilung
- Einsatz solcher Ablaufkonstrukte wie Alternative, Schleife und Parallele
- Verfügbarkeit erforderlicher Informationen zum

Bearbeitungszeitpunkt
- Fehlen von Ereignissen und damit zufallsbedingte Erledigung
- Doppelspeicherung von Informationen
- Auftreten von Medienbrüchen
- Auftreten von Verarbeitungswechseln
- Unterscheidung von Haupt- u. Nebenprozessen für Sondervorgänge
- Kosten für den Prozess

Die beiden grundsätzlichen Fragen, die bei der Workflowanalyse gestellt werden müssen, sind nach *Hammer* und *Champy*:

aus: Steinbuch, Pitter A. (Hrsg.): ebenda, S. 161 f.

- Warum machen wir die Dinge, die wir tun?
- Weshalb machen wir sie auf diese Weise, wie wir sie tun?

Referenzanalyse

Definition

Möglichkeiten der Verbesserung eines Geschäftsprozesses werden dadurch erkundet, dass der bestehende Prozess mit einem auf Software basierenden Prozessmodell verglichen wird.

Tools

Bei der Durchführung einer Referenzanalyse wird in der Regel eine integrierte Standardsoftware genutzt, die auf einem Referenzmodell aufbaut. Marktbekannte Tools sind zum **Beispiel:**
- R/3-Analyser der SAP AG,
- ARIS-Toolset der IDS Prof. Scheer AG (vgl. S. 75 ff.).

Schwachstellenanalyse

Definition

Möglichkeiten der Verbesserung eines Geschäftsprozesses werden dadurch erkundet, dass von den vorliegenden Prozessmängeln auf die Schwachstellen des Geschäftsprozesses geschlossen wird.

Vorgehensweise

1. Schritt: Feststellung der Prozessmängel
Beispiel: Zu lange Bearbeitungszeit eines Kundenauftrages

2. Schritt: Quantifizierung der Mängel
Die Mängelquantifizierung kann zum **Beispiel** zu folgendem Ergebnis führen:

Mängelliste			
Mangelart	Häufigkeit	Bezugsgröße	Anteil in %
Überlange Bearbeitungszeit	572	1 306 Aufträge	42
Falsche Artikelbezeichnung	17	9 743 Positionen	0
Fehlerhafte Auftragsmengen	82	9 743 Positionen	1
Vergessen von Positionen	22	1 306 Aufträge	2
Nichtberücksichtigter Lieferzeitwunsch	5	9 743 Positionen	0
Falsche Kundenzuordnung	33	1 306 Aufträge	3
Weglassen von Sonderwünschen	2	1 306 Aufträge	0

aus: Steinbuch, Pitter A. (Hrsg.): ebenda, S. 155

3. Schritt: Ermittlung der Mängelursachen

Beispiel:

Art des Mangels	Ursache des Mangels
Zu lange Bearbeitungszeit eines Kundenauftrages	Fehlende Vertretungsmöglichkeiten von Sachbearbeitern in Krankheitsfällen

aus: Hübscher, Heinrich u.a.: IT-Kompendium, 1. Aufl., Braunschweig 2001, S. 47

Methoden der Prozessanalyse – *Methods of process analysis*

Checklistenanalyse

Definition: Möglichkeiten der Verbesserung eines Geschäftsprozesses werden dadurch erkundet, dass Fragen einer zuvor erstellten Checkliste beantwortet werden. Dadurch sollen häufig auftretende Schwachstellen sichtbar gemacht werden.

Beispiel: Eine Checkliste (in Anlehnung an Acker) demonstriert die Schwierigkeiten bei der Fragenbeantwortung

Checkliste – Zusammenwirken von Arbeitsgängen

1. Kann der Arbeitsgang mit einem anderen Arbeitsgang kombiniert werden?
2. Kann der Arbeitsgang zerlegt werden und zwar so, dass Arbeitsgangteile mit anderen Arbeitsgängen kombiniert werden können?
3. Kann ein Teil des Arbeitsganges abgetrennt werden, sodass er als eigenständiger Arbeitsgang ausgeführt werden kann?
4. Kommen einzelne Arbeitsgangteile so regelmäßig und häufig vor, dass sie als eigener Arbeitsgang einem spezialisiertem Aufgabenträger zugewiesen werden sollten?
5. Ist die Reihenfolge der Arbeitsgänge zweckmäßig?
6. Würde eine Änderung in der Reihenfolge der Arbeitsgänge günstige oder ungünstige Auswirkungen haben?
7. Weicht die Reihenfolge von dem ab, was in ähnlichen Fällen günstig ist?
8. Sollte der Arbeitsgang besser an einem anderen Arbeitsplatz oder in einem anderen Prozess ausgeführt werden?

aus: Steinbuch, Pitter A. (Hrsg.): ebenda, S. 157

Vorgangskettenanalyse

Definition: Möglichkeiten der Verbesserung eines Geschäftsprozesses werden dadurch erkundet, dass auf der Basis einer Istanalyse ein Vorgangskettendiagramm (vgl. S. 80) erstellt und auf Schwachstellen analysiert wird. Dabei werden alle Elemente des im VKD abgebildeten Prozesses in ihrer Anordnung und Verknüpfung hinterfragt.

Geschäftsprozessmodellierung und -management
Business processes modelling and -management

Geschäftsprozessarchitektur: Vier-Ebenen-Modell

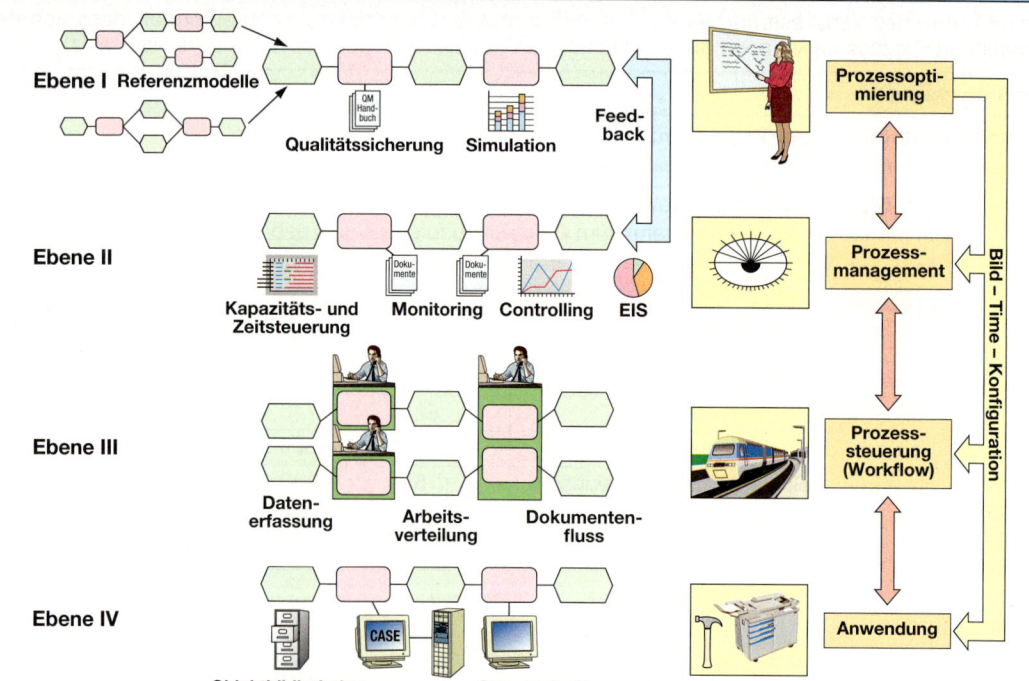

aus: Scheer, August-Wilhelm/Zimmermann, Volker: Geschäftsprozessmanagement und integrierte Informationssysteme: Prozessmodellierung, Referenzmodelle und Softwaretechnologie, in: Töpfer, Arnim (Hrsg.): Geschäftsprozesse: analysiert und optimiert, Neuwied, Kriftel, Berlin 1996, S. 274

aus: Hübscher, Heinrich u. a.: IT-Kompendium, 1. Aufl., Braunschweig 2001, S. 48

Geschäftsprozessmodellierung und -management
Modelling and managing business processes

Ebene I: Prozessoptimierung

- Analyse und Modellierung des Geschäftsprozesses und Optimierung der Prozessstruktur.
- Unterstützung der Prozessoptimierung mit EDV-gestützten Werkzeugen, z. B. ARIS-Toolset.

- Zur Einsparung von Kosten
  - eventuell Rückgriff auf Referenzmodelle (empirisch erhobene Best-Practice-Beispiele oder aus theoretischen Überlegungen),
  - Simulation verschiedener Modelle auf dem PC zur Optimierung des Prozesses.

Ebene II: Prozessmanagement

- Zuordnung von Funktionen (Aufgaben) auf Arbeitsplätze/Arbeitsplatzgruppen für einen bestimmten Zeitraum.
- Belegung der Abläufe mit Zeiten und Kapazitäten (Zeitabläufe geben Aufschluss über die Kapazitätsauslastung der Arbeitsplätze und über die Dauer eines Geschäftsprozesses.)

- Ermöglichung der Prozesskostenrechnung als wesentliches Steuerungsinstrument auch in der Verwaltung.
- Durchführung einer mitlaufenden Kostenkalkulation von Abläufen durch den Einsatz von Workflow-Systemen.

Ebene III: Prozesssteuerung

Verfeinerung der Geschäftsprozessmodelle durch Betrachtung einzelner Vorgänge innerhalb des Prozesses:
- Zuteilung einzelner Vorgänge zu den auszuführenden Organisationseinheiten.
- Auswahl der günstigsten Möglichkeit bei alternativen Bearbeitungsstrategien unter Berücksichti-

gung aktueller Kapazitäten.
- Sammlung von Informationen über realisierte Vorgänge und Ermittlung von Abweichungen von strategischen Vorgaben.
- Aufzeigen kritischer Veränderungen in der Prozessentwicklung.

Ebene IV: Anwendung

- Ebene der Prozessausführung durch Unterstützung der zur Funktionsausführung benötigten Bearbeitungsregeln.

nach: Scheer, August-Wilhelm/Zimmermann, Volker: a. a. O., S. 278 ff.

- „… ablauforganisatorische Integration der realen Aufgabenstellung (definiert in d. Prozessmodellen) mit DV–Systemen (Standardsoftware, Individualsoftware) sowie Anwendungsdiensten."

Analyse und Gestaltung von Geschäftsprozessen
Analyzing and organizing business processes

Sichten

Um unterschiedliche Geschäftsprozesse analysieren und darstellen zu können, werden so genannte Sichten benutzt. („Sicht: Betrachtung einer bestimmten Ausprägung eines Geschäftsprozesses.")
Vorteile der Nutzung von Sichten zur Prozessanalyse:
- Erhebliche Reduktion der Komplexität
- Einsatzmöglichkeit von speziellen, besonders geeigneten Verfahren für die verschiedenen Ausprä-

gungen der Geschäftsprozesse
- Möglichkeit der Fokussierung auf einzelne Ausprägungen von Geschäftsprozessen bei Ausblendung anderer Gesichtspunkte
- Isolierung der verschiedenen Ausprägungen, um Experten gezielt einsetzen zu können.
- Durch die Sichtendefinition liegt ein standardisierter Ordnungsrahmen für die Prozessanalyse … vor.

nach: Steinbuch, Pitter A. (Hrsg.): a. a. O., S. 98

ARIS-Konzept

Begriff

- **ARIS**: **Ar**chitektur **i**ntegrierter Informationssysteme

- Konzept zur computerunterstützten Modellierung und Dokumentation von Geschäftsprozessen

Inhalt

- Ausgangspunkt: Betriebswirtschaftliche Problemstellung (Geschäftsprozess).
- Beschreibung des Geschäftsprozesses aus vier **Sichtweisen:**
  - Organisationssicht,
  - Datensicht,
  - Steuerungssicht und

  - Funktionssicht.
- Zerlegung jeder Sichtweise in drei Beschreibungsebenen **(Schichten):**
  - Fachkonzeptebene
  - Datenverarbeitungskonzeptebene
  - Implementierungsebene

aus: Hübscher, Heinrich u. a.: IT-Kompendium, 1. Aufl., Braunschweig 2001, S. 49

2

Analyse und Gestaltung von Geschäftsprozessen
Analyzing and organizing business processes

Sichten und Beschreibungsebenen der ARIS-Architektur

Übersicht:

Beispiel:

L = Lesen
S = Schreiben
A = Anlegen
F = Funktion
D = Daten
O = Organisation
E = Ereignis

aus: Staud, Josef: a.a.O., S. 19 f.

aus: Hübscher, Heinrich u.a.: IT-Kompendium, 1. Aufl., Braunschweig 2001, S. 50

352676

Analyse und Gestaltung von Geschäftsprozessen
Analyzing and organizing business processes

ARIS-Fachkonzeptebene

Organisationssicht

Beispiel: Ausschnitt aus einem Organigramm

Alle Elemente der **Aufbauorganisation,** wie Abteilungen, Stellen, Personen und deren Beziehungen zueinander, werden in der Organisationssicht beschrieben. Üblicherweise wird die Aufbauorganisation in **Organigrammen** abgebildet.

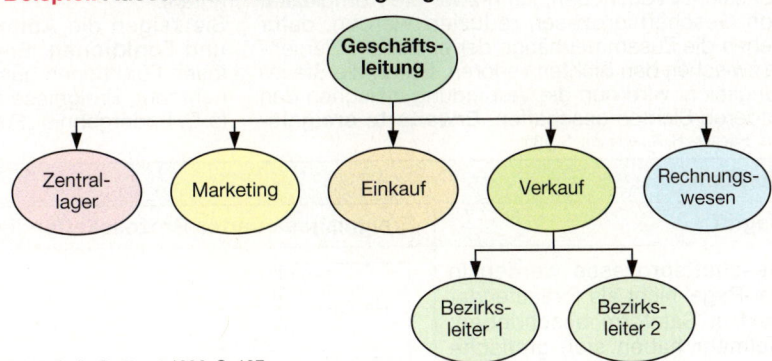

nach: Hansen, H. R.: Wirtschaftsinformatik I, 7. Aufl., Stuttgart 1996, S. 127

Funktionssicht

Beispiel: Ausschnitt aus einem Funktionshierarchiebaum

In der Funktionssicht werden Vorgänge (Funktionen) und deren Zusammenhänge beschrieben. Als Kernmethode zur Beschreibung von Funktionen werden so genannte **Funktionshierarchiebäume** verwendet.

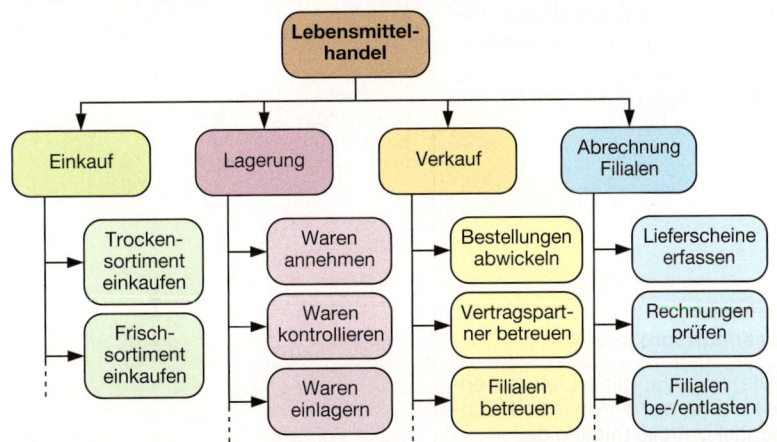

nach: Hansen, H. R.: ebenda, S. 128

Datensicht

Beispiel: Ausschnitt aus einem Entity-Relationship-Modell

Inhalt der Datensicht sind Zustände und Ereignisse des zu beschreibenden Realitätsausschnittes. Die wichtigste verwendete Methode ist die Beschreibung anhand von **Entity-Relationship-Modellen.**

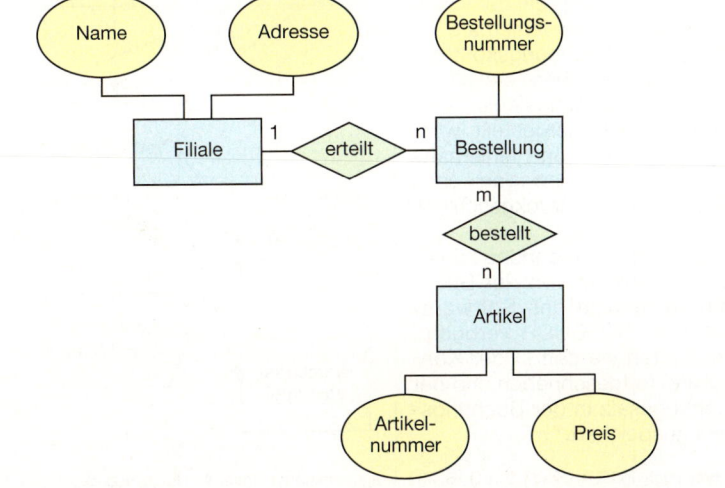

nach: Hansen, H. R.: ebenda, S. 129

aus: Hübscher, Heinrich u. a.: IT-Kompendium, 1. Aufl., Braunschweig 2001, S. 51

Analyse und Gestaltung von Geschäftsprozessen
Analyzing and organizing business processes

Steuerungssicht

Wird ein Geschäftsprozess lediglich durch die drei Sichten Organisationssicht, Datensicht und Funktionssicht beschrieben, kann zwar die Komplexität von Geschäftsprozesen reduziert werden, dafür gehen die Zusammenhänge der einzelnen Elemente zwischen den Sichten verloren. Durch die Steuerungssicht wird nun die Verbindung zwischen den anderen Sichten geschaffen. **Erweiterte ereignis-**
aus: Hansen, H. R.: ebenda, S. 130

gesteuerte Prozessketten (eEPK) werden zur Beschreibung der Steuerungssicht eingesetzt (s. Abb. unten).
Sie zeigen die **Ablaufstruktur aus Ereignissen und Funktionen**. Ereignisse (z. B. Kundenbedarf) lösen Funktionen aus (z. B. Anfrage an das Unternehmen); Ereignisse sind andererseits Ergebnisse (z. B. Endergebnis „Fertigprodukt") von Funktionen.

Notation

Begriff	Ereignisgesteuertes Prozesskettendiagramm
Geschäftsprozesse werden in der Regel nicht als fortlaufender Text in Satzform beschrieben; vielmehr haben sich grafische Notationen zur Beschreibung von Geschäftsprozessen durchgesetzt. Als Standard haben sich dabei die **Ereignisgesteuerten Prozessketten (EPK)** durchgesetzt. Daneben werden z. B. **Vorgangskettendiagramme (VKD)** und **Petrinetze** benutzt. **Beispiel:** **Geschäftsprozess** „Die eingegangene Lieferantenrechnung wird von der Rechnungskontrolle mithilfe der • Bestellkopie und dem • Wareneingangsschein geprüft. Erweist sich die Eingangsrechnung bei der Rechnungsprüfung als fehlerhaft, so wird von der Rechnungskontrolle ein Begleitschreiben erstellt, in dem der Rechnungsfehler ausgewiesen und dargestellt wird. Begleitschreiben und fehlerhafte Rechnung werden an den Lieferanten zurückgeschickt. Ist die Eingangsrechnung fehlerfrei, so wird sie von der Buchhaltung mithilfe des Softwaresystems PROFBUCH verbucht. Die Konten werden in der Kontendatei fortgeschrieben und der Buchungssatz in der Buchungsdatei gespeichert." aus: Steinbuch, Pitter A. (Hrsg.): a. a. O., S. 339	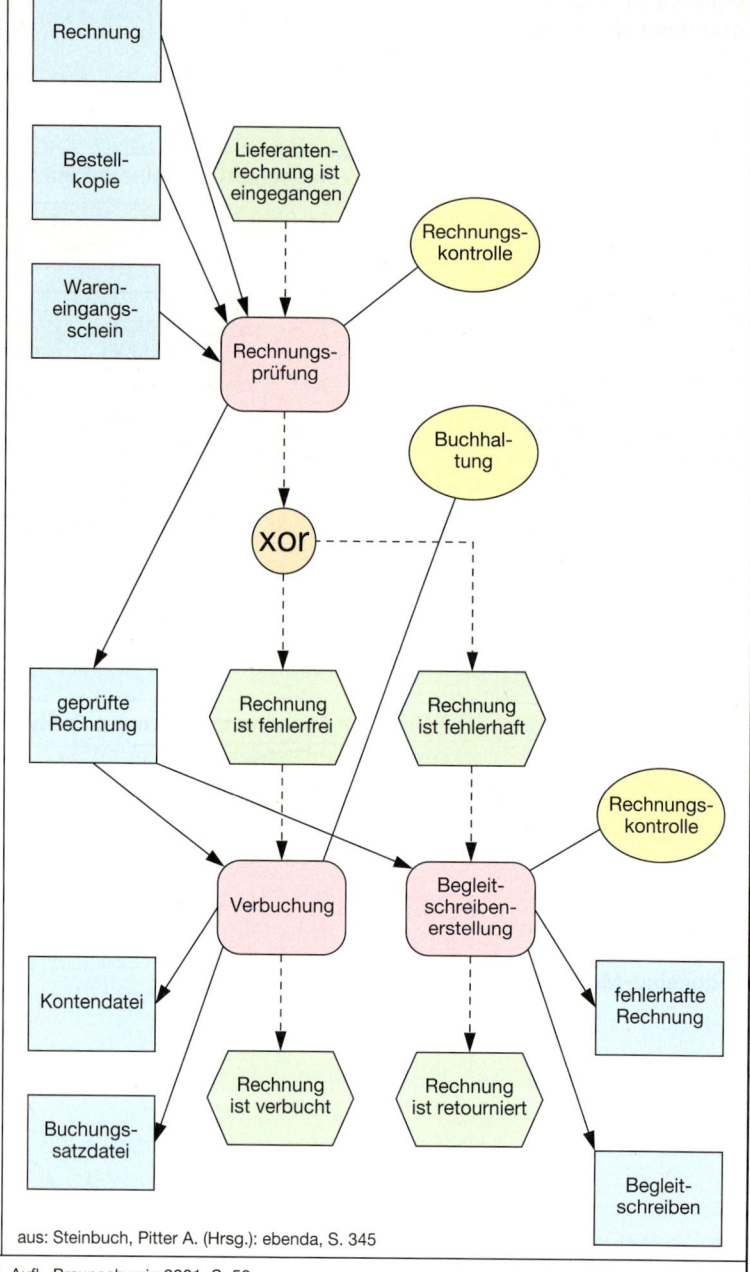 aus: Steinbuch, Pitter A. (Hrsg.): ebenda, S. 345

aus: Hübscher, Heinrich u. a.: IT-Kompendium, 1. Aufl., Braunschweig 2001, S. 52

Analyse und Gestaltung von Geschäftsprozessen
Analyzing and organizing business processes

Notation

Sinnbilder der EPK-Technik

Ereignis		Eingetretensein eines Zustandes, der eine Folge auslöst	UND-Operator		Verknüpfungsoperator UND
Funktion		Verarbeitungsaktivität, die eine Transformation vom Eingangszustand in den Zielzustand bewirkt	ODER-Operator		Verknüpfungsoperator ODER
Objekt		Informations- oder Material- oder Ressourcenobjekt, also die Abbildung eines Gegenstandes der realen Welt	EXKLUSIV-ODER-Operator	xor	Verknüpfungsoperator EXKLUSIV-ODER
			Kontrollfluss	----→	Ausweis der zeitlich-logischen Abhängigkeiten von Ereignissen und Funktionen
Organisations-einheit		Aufbauorganisatorische Stelle oder Gremium	Informations- und Materialfluss	——→	Fluss von Informationen oder Materialien
Prozess-weg-weiser		Navigationshilfe, zur Darstellung der Verbindung von einem bzw. zu einem anderen Prozess	Organisationseinheitenzuordnung	——	Zuordnung von Organisationseinheiten oder Ressourcen zu Funktionen

aus: Steinbuch, Pitter A. (Hrsg.): ebenda, S. 117

Verknüpfungsmöglichkeiten ereignisgesteuerter Prozessketten

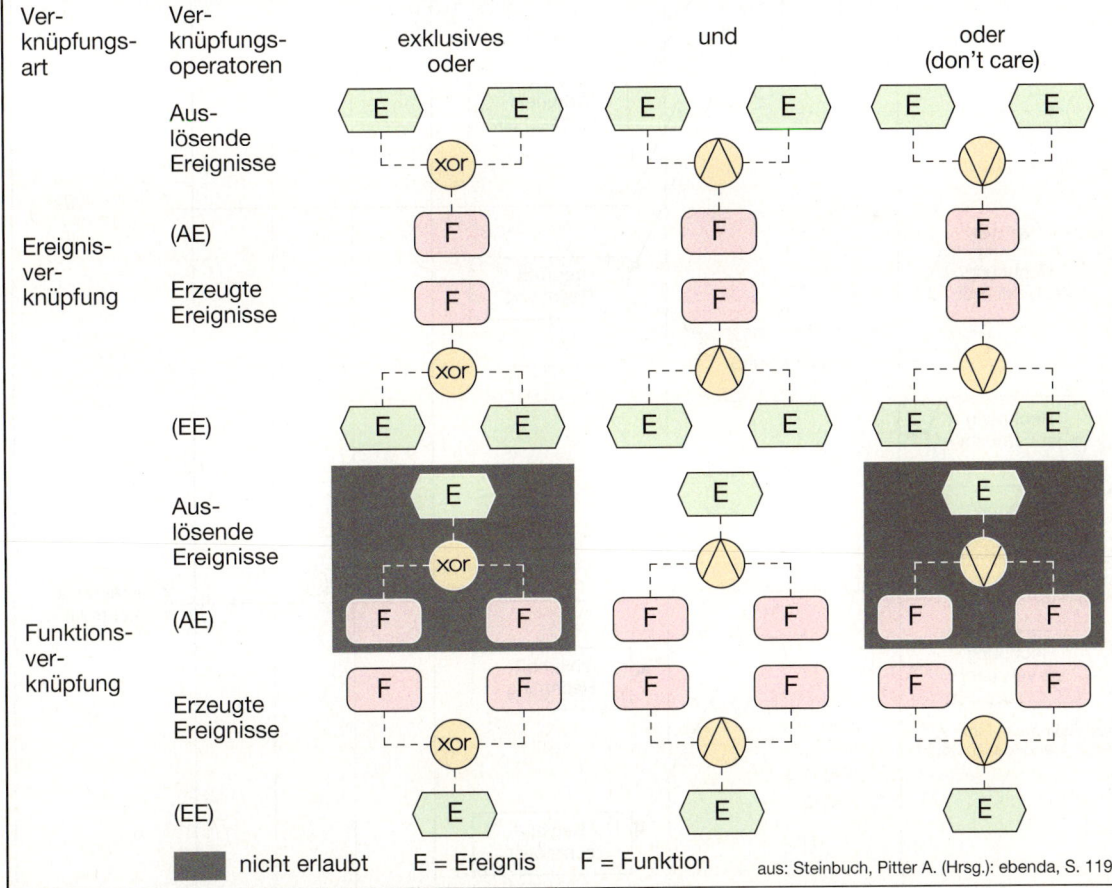

nicht erlaubt   E = Ereignis   F = Funktion   aus: Steinbuch, Pitter A. (Hrsg.): ebenda, S. 119

aus: Hübscher, Heinrich u. a.: IT-Kompendium, 1. Aufl., Braunschweig 2001, S. 53

Analyse und Gestaltung von Geschäftsprozessen
Analyzing and organizing business processes

2

Verknüpfungsregeln ereignisgesteuerter Prozessketten

- Der zeitlich/logische Prozess ist auszuweisen.
- Prozessketten werden immer von einem Ereignis ausgelöst. Deswegen muss am Anfang mit einem Ereignis begonnen werden.
- Ereignisse sind nur solche Situationen, die eine oder mehrere Funktionen auslösen können oder von Funktionen ausgelöst werden.
- Im Kontrollfluss lösen sich Ereignisse und Funktionen ab.

aus: Steinbuch, Pitter A. (Hrsg.): ebenda, S. 120

- Der Informationsfluss ist nicht darzustellen, sondern nur die Informationsobjekte, also der Input und der Output.
- Entscheidungen werden ausschließlich bei Funktionen gefällt.
- Die Verknüpfungsverbote sind einzuhalten.
- Größere Prozessketten über zwei oder mehrere Seiten haben als Konnektoren zwischen den Seiten immer Ereignisse.
- Prozessketten enden immer mit einem Ereignis.

Vorgangskettendiagramm (VKD)

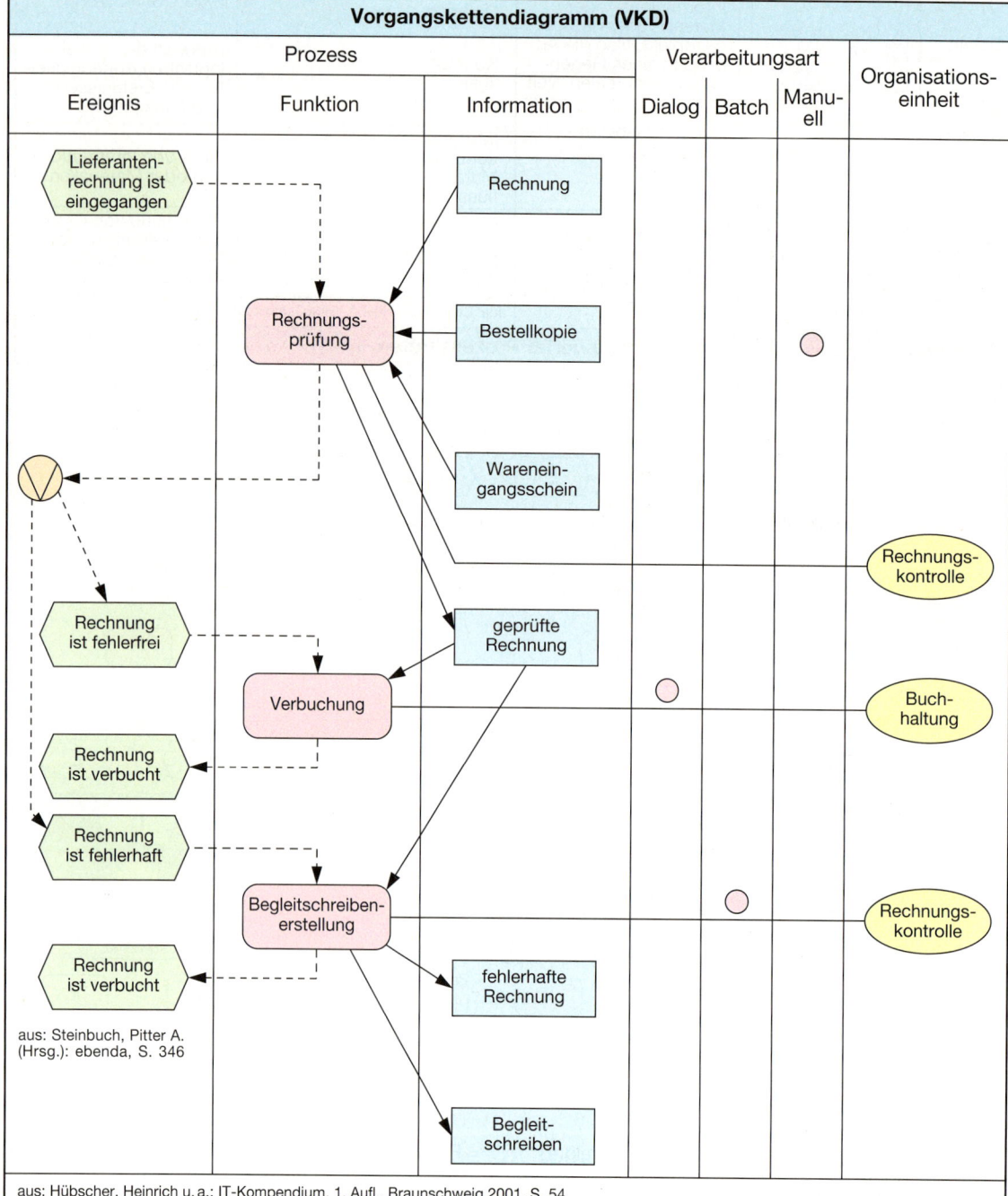

aus: Steinbuch, Pitter A. (Hrsg.): ebenda, S. 346

aus: Hübscher, Heinrich u. a.: IT-Kompendium, 1. Aufl., Braunschweig 2001, S. 54

Analyse und Gestaltung von Geschäftsprozessen
Analyzing and organizing business processes

Notation

Petrinetz	Sinnbilder und Schaltregeln von Petrinetzen		
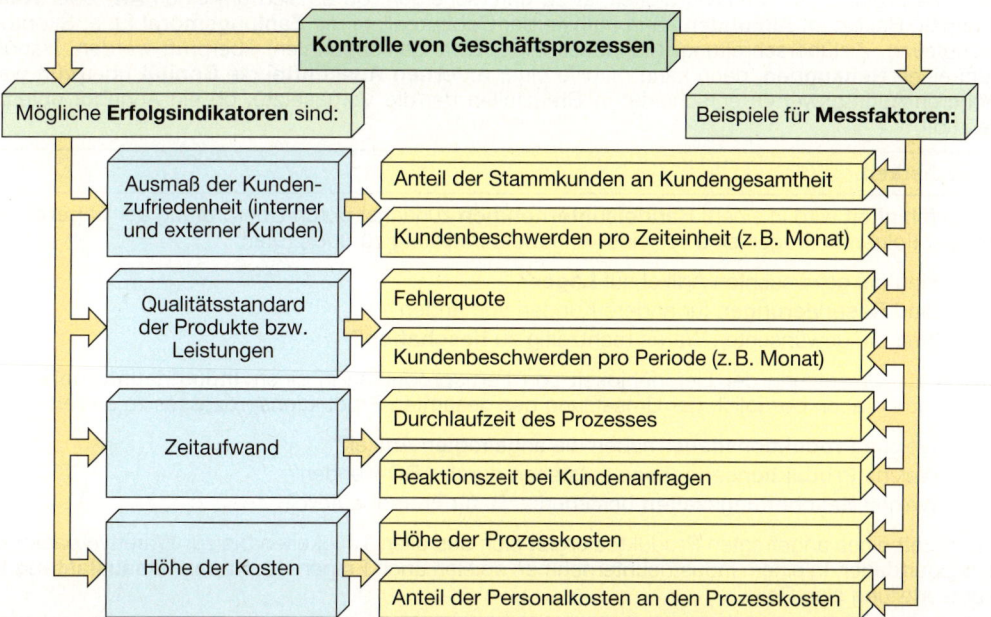 Rechnung eingetroffen — Eingabestellen — Rechnung fehlerfrei — Rechnung fehlerhaft — t — Ausgabestellen — Rechnung gebucht — Begleitschreiben erstellt	**Stelle** • dient Zwischenablage von Informationen • auch Platz oder Zustand genannt	⬭	**Schaltregeln** • Eine Transition t kann schalten (arbeiten), wenn jede Eingabestelle (dieser Transition) eine Marke enthält (Zutreffen einer Bedingung). • Schaltet eine Transition t, wird aus jeder Eingabestelle eine Marke entfernt und zu jeder Ausgabestelle (dieser Transition) eine Marke hinzugefügt.
	Transition • Verarbeitung von Informationen • Weitergabe von Objekten • auch Zustandsübergang genannt	▭	
	Marke • bezeichnet ein Objekt	○	Wenn eine Stelle mit einer Marke belegt ist, gilt der mit der Stelle beschriebene Zustand als eingetreten.
	Kante	↓	Stellen dürfen mittels einer Kante nur mit Transitionen verbunden werden.

vgl.: Balzert, Helmut: Lehrbuch der Softwaretechnik, 2. Auflage, Heidelberg, Berlin 2000, s. 346 ff.

Kontrolle von Geschäftsprozessen – *Controlling business processes*

Erfolgsindikatoren

Nach einer **Einführungskontrolle** des neuen Geschäftsprozesses, dem Vergleich von Soll- und Istorganisation, wird eine **Zielerreichungskontrolle** durchgeführt: Festgestellte **Istergebnisse** werden mit den **Zielvorgaben** verglichen.

Mithilfe von Erfolgsindikatoren kann geprüft werden, wie effektiv die Gestaltung eines Geschäftsprozesses erfolgte.

Kontrolle von Geschäftsprozessen

Mögliche **Erfolgsindikatoren** sind:	Beispiele für **Messfaktoren**:
Ausmaß der Kundenzufriedenheit (interner und externer Kunden)	Anteil der Stammkunden an Kundengesamtheit
	Kundenbeschwerden pro Zeiteinheit (z. B. Monat)
Qualitätsstandard der Produkte bzw. Leistungen	Fehlerquote
	Kundenbeschwerden pro Periode (z. B. Monat)
Zeitaufwand	Durchlaufzeit des Prozesses
	Reaktionszeit bei Kundenanfragen
Höhe der Kosten	Höhe der Prozesskosten
	Anteil der Personalkosten an den Prozesskosten

Da nicht alle Ergebnisse mengenmäßig bestimmbar sind, muss zwischen **quantitativen** und **qualitativen Messfaktoren** unterschieden werden. (Zu Erfolgskennziffern siehe S. 350)

aus: Steinbuch, Pitter A. (Hrsg.): ebenda, S. 324 f.

aus: Hübscher, Heinrich u. a.: IT-Kompendium, 1. Aufl., Braunschweig 2001, S. 55

Auftragsbearbeitung – *Handling orders*

Anfragebearbeitung

Beim Eingang einer **Anfrage** eines Kunden sind bei der Sachbearbeitung in der Verkaufsabteilung zwecks Angebotserstellung (siehe auch Lernfeld 6) verschiedene Prüftätigkeiten durchzuführen.

Prüftätigkeiten des Sachbearbeiters/der Sachbearbeiterin

ANFRAGEN

Kreditwürdigkeit
- Zahlungsmoral
- Bonität

Realisierbarkeit
- Lieferfähigkeit
- Lieferzeit

Preis-/Kostenverhältnis
- Beschaffungs-/Produktionskosten
- Verkaufspreiskalkulation (Break-even-Point)

ANGEBOTE

Kreditwürdigkeit

Bei der Überprüfung der Kreditwürdigkeit ist zu unterscheiden, ob es sich um einen **Alt-** oder **Neukunden** handelt. Bei einem **Altkunden** kann mithilfe der Debitorenliste die **Zahlungsmoral** (u. a. Skonto- und Zielausnutzung, Zielüberschreitung, Mahnbescheide, Zwangsmaßnahmen) überprüft werden. Handelt es sich um einen **Neukunden,** dann kann mithilfe einer **externen Auskunftei** die **Bonität** überprüft werden. Bei höheren Auftragswerten entscheidet in Grenzfällen der/die Vorgesetzte, ob ein Angebot unterbreitet werden soll.

Realisierbarkeit

Die **Lieferfähigkeit** wird in einem **Handelsunternehmen** zunächst durch Überprüfung der **Lagerbestände** kontrolliert. Folgende Fragen sind vor einer Angebotserstellung zu überprüfen:

1. Sind die gewünschten Artikel auf **Lager?**
2. Sind **Reservierungen** für andere Kunden vorhanden?
3. Sind die gewünschten Waren rechtzeitig zu **beschaffen?**

Zusätzlich zur Umsetzung der Lieferfähigkeit von Fertigprodukten in einem **Industrieunternehmen** sind noch folgende Fragen bezüglich der Umsetzung des gesamten Produktionsprozesses zu stellen:

4. Welche **Produktionsdauer** haben die angefragten Artikel?
5. Welche **Produktionsengpässe** entstehen durch ABC-Kunden?
6. Welche **Beschaffungszeiten** bestehen z. B. für Fremdbauteile?

Die **Lieferzeit** eines angefragten Produktes ergibt sich aus allen Tätigkeiten bis zur Warenverpackung und der Transportdauer. In einem Industrieunternehmen spielen auch Fragen der **Kapazitätsauslastung** für die Angebotserteilung eine Rolle.

Preis-/Kostenverhältnis

Der Verkaufspreis des Produktes, das dem Kunden angeboten wird, soll mindestens **kostendeckend** sein. Er sollte sowohl die Beschaffungs- bzw. Produktions- als auch die Verwaltungs- und Vertriebskosten decken sowie einen Gewinnzuschlag enthalten.

352682

Auftragsbearbeitung – *Handling orders*

Auftragsabwicklung

Begriff

Die Auftragsabwicklung stellt einen „Prozess zur Erfüllung von **Kundenaufträgen** ab Lager vom Zeitpunkt der Kundenbestellung bis zum Eingang der Rechnung beim Kunden"[1] dar.

Teilfunktionen der Auftragsabwicklung

Die Auftragsabwicklung setzt sich aus den Teilfunktionen Auftragsübermittlung, Auftragsbearbeitung, Auftragszusammenstellung und Versand zusammen.

Auftragsabwicklung

Auftragsübermittlung	Auftragsbearbeitung	Auftragszusammenstellung und Versand
Zum Beispiel durch: – formlose schriftliche oder mündliche Bestellung durch Kunden – Bestellannahme durch Außendienstmitarbeiter – automatisierte Bestellsysteme (Einzelhandelsketten) – Internet (E-Commerce)	Überprüfung der Kundenaufträge im Hinblick auf (zum Beispiel): – Preiskonditionen – Lieferungsmodalitäten – Bonität des Kunden – Einplanung in das Logistiksystem	– Zusammenstellung der Güter im Lager (Kommissionierung) – Anfertigung und Zusammenstellung der Versandpapiere – Güterversand durch firmeneigenen Fuhrpark oder externe Transportträger

Auftragsabwicklungsfunktionen bei Lagerfertigung nach Phasen der Auftragsabwicklung (Beispiel)[2]

		Auftragsübermittlungsphase	Auftragsprüfungsphase	Auftragsdispositions- und Leistungserbringungsphase	Fakturierungsphase
Koordinationsfunktionen der Auftragsabwicklung	Auftragsnetz definieren	Auftragsnetz erzeugen	Auftragsnetz aktualisieren	Auftragsnetz aktualisieren	Auftragsnetz aktualisieren
	Aufträge erteilen	Auftrag an Unternehmen erteilen	Auftragsprüfungsaufträge erteilen	Kommissionier- und Versandauftrag erteilen	Fakturierungsauftrag erteilen
			Auftragsbestätigung erteilen		
	Aufträge leiten		Auftrag priorisieren	Priorisierung überprüfen	
	Aufgabenausführung steuern			Kommissionieraufträge reihen	
				Auslieferungstour planen	
	Aufträge überwachen			Liefertermineinhaltung überprüfen	
	Prozessübergreifend koordinieren		Produkte reservieren		
Fachfunktionen der Auftragsabwicklung			Bonität prüfen		Vorfakturierung durchführen
			Auftragsmodalitäten prüfen		Nachfakturierung durchführen
			Liefermodalitäten prüfen		
Tätigkeiten der Leistungserbringer				kommissionieren	
				verpacken	
				versenden	

1 aus: Gabler Lexikon, 15. Aufl., Wiesbaden 2000, S. 232
2 aus: Rohweder, D.: Informationstechnologie und Auftragsabwicklung, Berlin 1996, Seite 162 f.

Auftragsbearbeitung – *Handling orders*

Modell zur kaufmännischen Auftragsbearbeitung

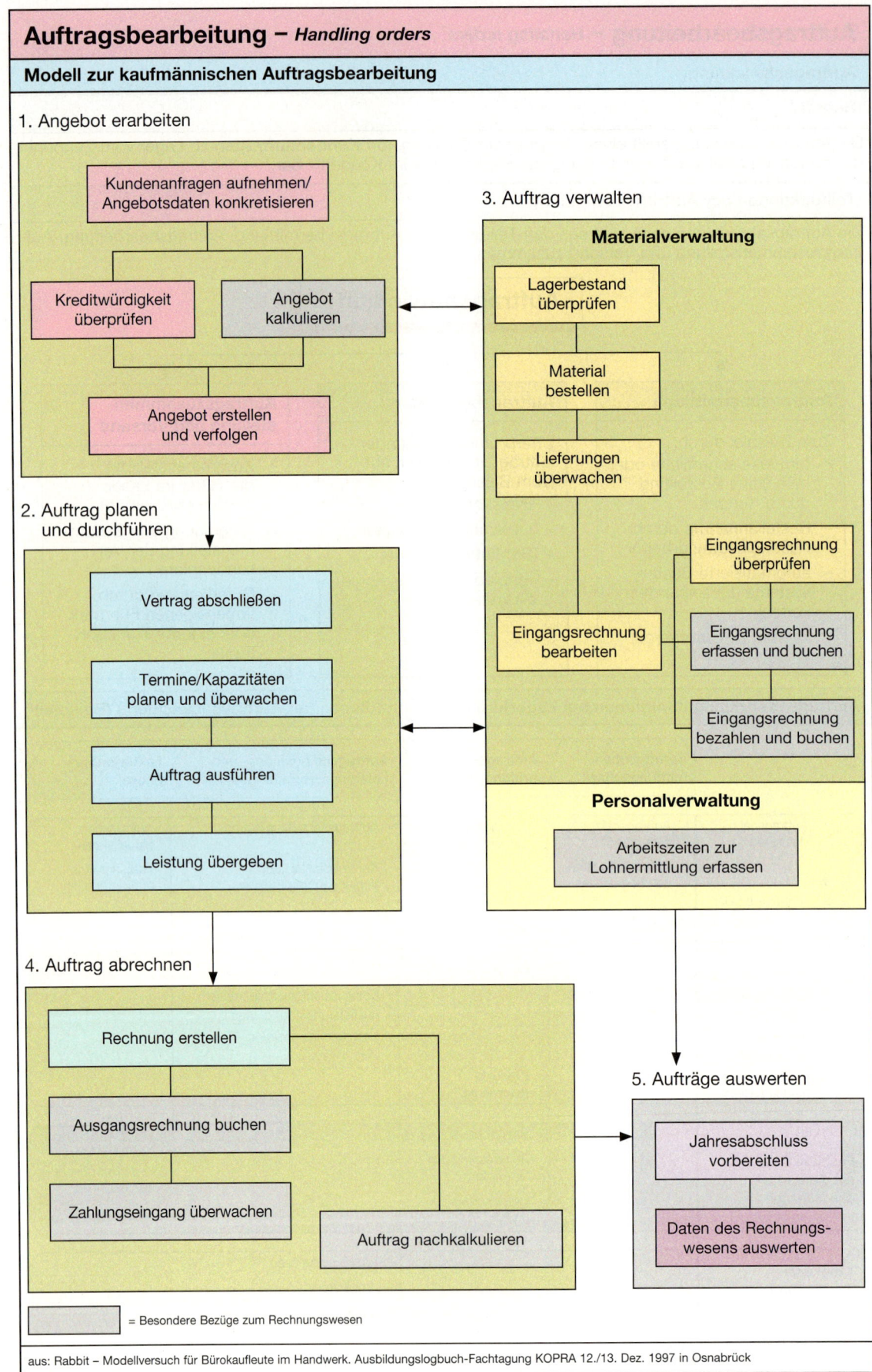

1. Angebot erarbeiten

Kundenanfragen aufnehmen/ Angebotsdaten konkretisieren

Kreditwürdigkeit überprüfen

Angebot kalkulieren

Angebot erstellen und verfolgen

2. Auftrag planen und durchführen

Vertrag abschließen

Termine/Kapazitäten planen und überwachen

Auftrag ausführen

Leistung übergeben

3. Auftrag verwalten

Materialverwaltung

Lagerbestand überprüfen

Material bestellen

Lieferungen überwachen

Eingangsrechnung bearbeiten

Eingangsrechnung überprüfen

Eingangsrechnung erfassen und buchen

Eingangsrechnung bezahlen und buchen

Personalverwaltung

Arbeitszeiten zur Lohnermittlung erfassen

4. Auftrag abrechnen

Rechnung erstellen

Ausgangsrechnung buchen

Zahlungseingang überwachen

Auftrag nachkalkulieren

5. Aufträge auswerten

Jahresabschluss vorbereiten

Daten des Rechnungs- wesens auswerten

☐ = Besondere Bezüge zum Rechnungswesen

aus: Rabbit – Modellversuch für Bürokaufleute im Handwerk. Ausbildungslogbuch-Fachtagung KOPRA 12./13. Dez. 1997 in Osnabrück

Enterprise Resource Planning (ERP)

Bedeutung

- Um die betrieblichen Ziele zu erreichen, sind moderne **Planungs- und Informationssysteme** zur Steuerung der im Unternehmen ablaufenden Geschäftsprozesse nötig. Das führt in der Informationsverarbeitung dazu, dass die einzelnen Anwendungssysteme in den jeweiligen Funktionsbereichen der Unternehmung (z. B. Materialwirtschaft, Produktion, Finanzbuchhaltung) immer **weniger isoliert** ihre Aufgaben erfüllen können. Die Daten- und Funktionsintegration der bereits vorhandenen, oft heterogenen Systeme erfolgt über die Zusammenführung definierter Schnittstellen, wird jedoch zunehmend durch **umfassende und integrierende** Informationssysteme erreicht.

- Mit **ERP-Software** oder ERP-System bezeichnet man allgemein **ganzheitliche** Softwarelösungen, die die Geschäftsprozesse einer Unternehmung über die gesamte Unternehmensbereiche abbilden, steuern und automatisieren. ERP ist eine **standardisierte Anwendungssoftware,** die sich auf die gesamte Wertschöpfungskette der Unternehmung bezieht, Informationen aus unterschiedlichen Quellen erfasst und auswertet und alle Unternehmensbereiche über eine einheitliche, gemeinsame Datenbasis koordiniert. Damit werden die Geschäftsabläufe und die Firmenwerte transparent dargestellt.

- Das ERP-System verwaltet dabei alle wichtigen **Ressourcen** zur Erstellung der betrieblichen Leistung (wie Arbeitskräfte, Anlagegegenstände, Werkstoffe, Fertigwaren, Finanzmittel). Idealerweise stellt sich ein ERP-System als ein Informationssystem mit einer durchgängig **einheitlichen Benutzeroberfläche** dar, wobei alle Arbeitsplätze im Unternehmen **vernetzt** sind. Die ERP-Software unterscheidet sich von anderen betriebswirtschaftlichen Programmen durch ihren integrierenden und übergreifenden gesamtkonzeptuellen Charakter.

- Für ERP-Systeme gibt es **keinen allgemein gültigen Mindestumfang.** Deshalb unterscheiden sich die ERP-Systeme verschiedener Anbieter in ihrem Funktionsumfang. ERP-Systeme enthalten Module, die die betrieblichen **Kernbereiche** (z. B. Materialwirtschaft, Produktionsplanung und -steuerung, Vertrieb) umfassen, die jedoch um **Zusatzmodule** wie Außendienstunterstützung (Sales Force Automation), Kundenmanagement (Customer Relationsship Management – s. S. 86) oder Lieferkettenmanagement (Supply Chain Management – s. S. 86) ergänzt werden, womit die Möglichkeit einer unternehmensübergreifenden Integration der Informationssysteme von Marktpartnern gegeben ist.

Beispiel

Ein bekanntes ERP-System ist die Software SAP R/3 der SAP AG (**S**ysteme, **A**nwendungen, **P**rodukte in der Datenverarbeitung):

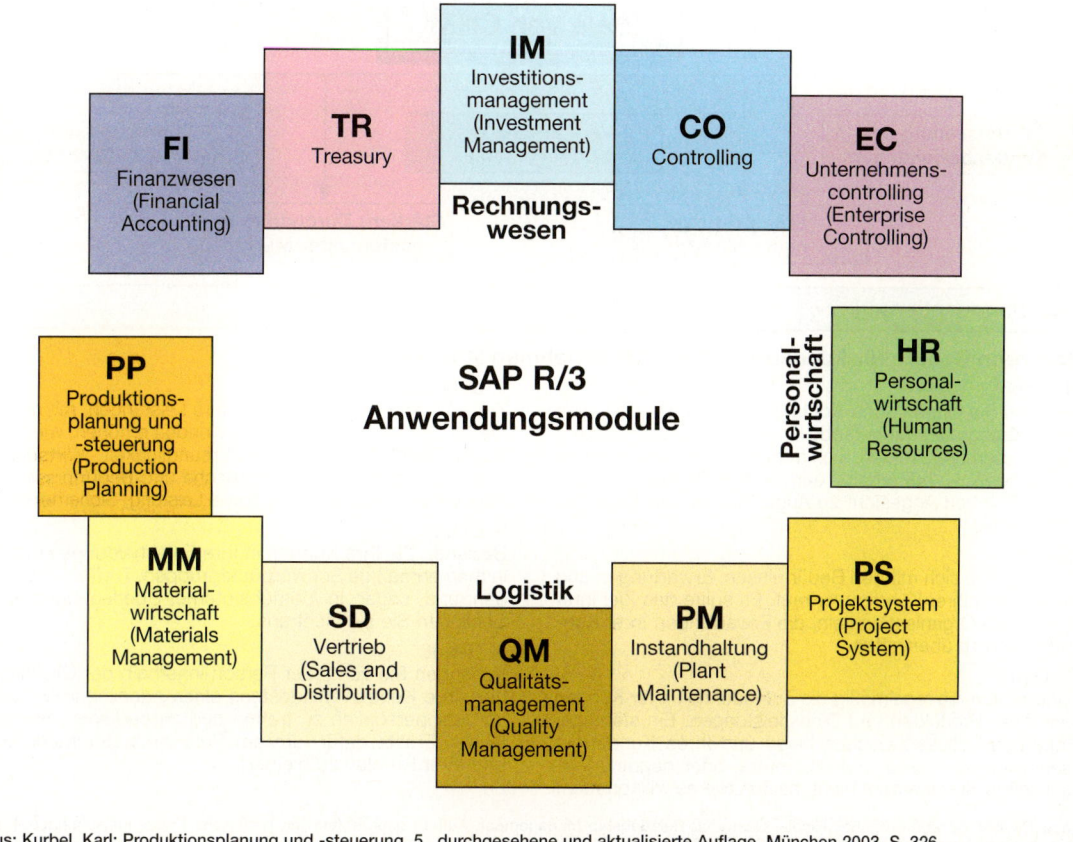

aus: Kurbel, Karl: Produktionsplanung und -steuerung, 5., durchgesehene und aktualisierte Auflage, München 2003, S. 326

Supply Chain Management (SCM)

Begriff

Bei **SCM** handelt es sich um ein **Managementkonzept,** das die Optimierung der gesamten Wertschöpfungskette zwischen den Lieferanten, Logistikdienstleistern und dem betreffenden Unternehmen durch Abstimmung des Geld-, Informations- und Materialflusses u. U. bis hin zum Kunden zum Inhalt hat.

Gerade in Zeiten, in denen ergänzende Wertschöpfungsprozesse zunehmend in andere Unternehmen ausgelagert werden (siehe auch „Outsourcing" S. 237), ist es umso wichtiger, eng mit den Zulieferern zusammenzuarbeiten.

Ziele

Mithilfe einer speziellen SCM-Software sollen folgende **Ziele** im Unternehmen erreicht werden:

- **Kostensenkung** im Beschaffungs-, Produktions- und Distributionsbereich durch schnelle Verfügbarkeit relevanter Entscheidungsdaten, Verringerung von Lagerbeständen und Beschleunigung von Durchlaufzeiten
- **Zeitersparnis** durch Optimierung von Entscheidungsprozessen. Zum Beispiel kann das Unternehmen flexibler auf sich verändernde Rahmenbedingungen reagieren.

- Verbesserung der **Kundenorientierung** durch genauere Prognose von Entwicklungen entlang der gesamten Wertschöpfungskette. Zum Beispiel können Kundenwünsche umgehend an Lieferanten und Logistikdienstleister weitergeleitet werden.
- **Optimierung** von unternehmensübergreifenden **Planungs-** und **Steuerungsprozessen** durch enge Kooperation mit Geschäftspartnern

Customer Relationship Management (CRM)

Begriff

CRM stellt eine **Managementphilosophie** dar, die eine vollständige Ausrichtung des Unternehmens auf vorhandene und potenzielle Kundenbeziehungen zum Inhalt hat. Das Unternehmen hat sich also eher am Kunden und seinen Wünschen als am Produkt auszurichten. CRM-Systeme koordinieren und opti-

mieren marketingpolitische Entscheidungen in einem Anwendungssystem, das neben der Kunden- und Artikelstammdatenverwaltung z. B. noch die Komponenten Versandwegverfolgung und Callcenterunterstützung beinhaltet.

Ziele

Ziele von CRM

- Verbesserung der Kundenbeziehungen
- Erschließung neuer Märkte
- Verstärkung der Kundenbindung
- Stärkere Durchdringung bestehender Märkte
- Erhöhung der Wirtschaftlichkeit

Kundenorientierung

Die zehn Gebote für kundenorientierte Unternehmen (Auszug)

1. Gebot
Pflegen Sie einen engen Kontakt mit Ihren Kunden, dies gilt insbesondere für leitende Angestellte (dazu gehören: sehen, berühren, fühlen, sich treffen und in regelmäßigen Abständen – außerhalb der Geschäftsräume – ein Gespräch von Angesicht zu Angesicht mit dem Kunden zu führen).

2. Gebot
Machen Sie sich mit den Bedürfnissen, Erwartungen und Wünschen Ihrer Kunden vertraut. Es sollte das Ziel Ihrer gesamten Organisation sein, die Erwartungen Ihrer Kunden noch zu übertreffen.

3. Gebot
Überprüfen Sie regelmäßig die Zufriedenheit Ihrer Kunden mit Ihren Produkten und Dienstleistungen. Ein ständiger Informationsfluss zwischen Ihnen und Ihren Kunden ist sehr wichtig – sei er positiv, neutral oder negativ. Verschließen Sie sich dem nicht, heißen Sie es willkommen!

4. Gebot
Konzentrieren Sie sich auf alle Ihre Leistungen, mit denen Sie die Wertschöpfung für den Kunden erhöhen, wie z. B. Qualität und Service, Umweltfreundlichkeit, Wirtschaftlichkeit, Eingehen auf die Wünsche und Bedürfnisse des Kunden, schnelle Lieferung sowie Leistung, Sicherheit u. a.

5. Gebot
Beziehen Sie Ihre Kunden in Ihre Entscheidungsfindung, in themenmäßige Schwerpunktgruppen, Treffen, Planungen und sogar in betriebsinterne Überlegungen ein. Schließen Sie sie nicht aus.

6. Gebot
Verlangen Sie von jeder Person innerhalb der Organisation, Ihre Kunden mindestens einen oder mehrere Tage im Jahr persönlich zu treffen und zu bedienen. Es gibt keinen Ersatz dafür, um am Puls Ihres Unternehmens und Ihrer Kunden zu bleiben.

...

aus: Raab, Gerhard/Lorbacher, Nicole: Customer Relationship Management. Aufbau dauerhafter und profitabler Kundenbeziehungen. I. H. Sauer-Verlag GmbH, Heidelberg 2002, S. 20

Rechnungswesen in verschiedenen Lebenssituationen –
Accountancy in everyday situations

Rechnungswesen in privaten Haushalten

Beispiel:

Haushaltsbuch	Monat Mai in €
A. Einnahmen	
1. Gehalt	2.100,00
2. Kindergeld	150,00
Gesamt	2.250,00
B. Ausgaben	
1. Lebensmittel	580,00
2. Bekleidung	210,00
3. Miete	490,00
4. Mietnebenkosten	100,00
5. Anschaffungen	300,00
6. Gesundheits- und Körperpflege	45,00
7. Verkehrsmittel und Information	163,00
8. Bildung, Unterhaltung, Freizeit	78,00
9. Urlaub	0,00
Gesamt	1.966,00
C. Sparen	284,00

Informationen über

- Art, Höhe und Struktur der monatlichen Einnahmen und Ausgaben
- Einnahmen- oder Ausgabenüberschuss

Rechnungswesen öffentlicher Haushalte

Beispiel:

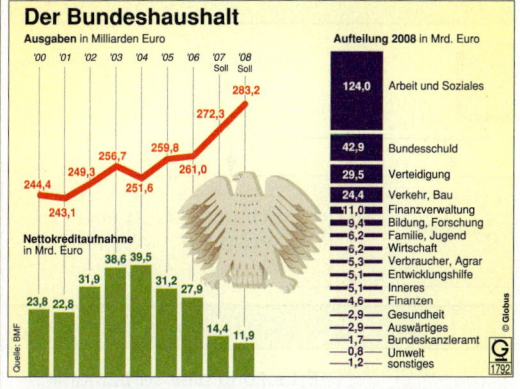

Informationen über

- Herkunft und Verwendung der Steuereinnahmen
- Vergleich mit dem Vorjahr
- prozentuale Veränderungen gegenüber dem Vorjahr

Rechnungswesen der Volkswirtschaft

Beispiel:

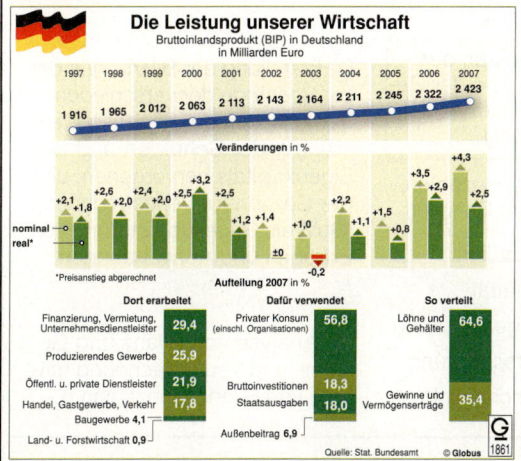

Informationen über

- Entwicklungen der Wirtschaft, gemessen am nominalen oder realen Bruttoinlandsprodukt (BIP)
- Entstehung, Verwendung und Verteilung des BIP

(Zum BIP siehe auch S. 362)

Bereiche und Aufgaben des betrieblichen Rechnungswesens
Roles and areas of corporate accountancy

Begriff

- Betriebliches Rechnungswesen als **Tätigkeit** ist das systematische zahlenmäßige Erfassen, Aufbereiten, Analysieren, Auswerten und Darstellen von Zahlen als Mengen- und Wertgrößen aller wirtschaftlichen Tatbestände eines Betriebes und seiner Beziehungen zu anderen Betrieben.

- Betriebliches Rechnungswesen als das **Ergebnis einer Tätigkeit** ist nach H. K. Weber ein System von Zahlen über den einzelnen Betrieb und seine Beziehungen zu anderen Wirtschaftssubjekten.

  aus: Weber, Helmut Kurt: Betriebswirtschaftliches Rechnungswesen, Band 1: Bilanz und Erfolgsrechnung, 3. Auflage, München 1988, S. 2

Allgemeine Aufgaben

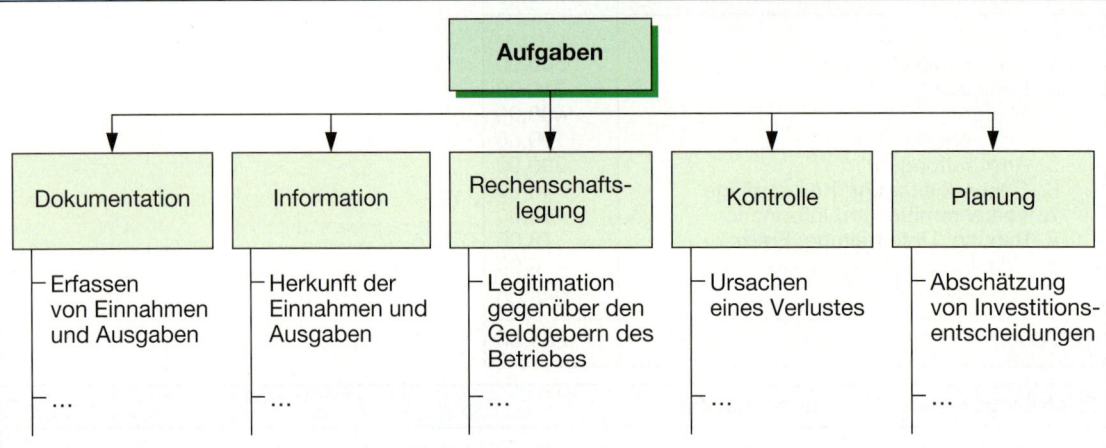

Aufgaben

Dokumentation	Information	Rechenschafts-legung	Kontrolle	Planung
Erfassen von Einnahmen und Ausgaben	Herkunft der Einnahmen und Ausgaben	Legitimation gegenüber den Geldgebern des Betriebes	Ursachen eines Verlustes	Abschätzung von Investitionsentscheidungen
...	...	...	...	...

Teilbereiche

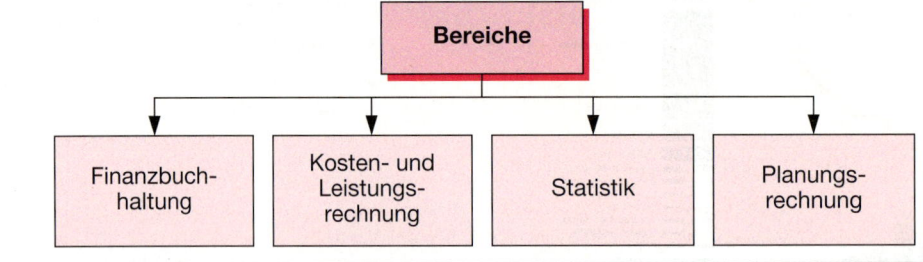

Bereiche

Finanzbuch-haltung	Kosten- und Leistungs-rechnung	Statistik	Planungs-rechnung

Finanzbuchhaltung

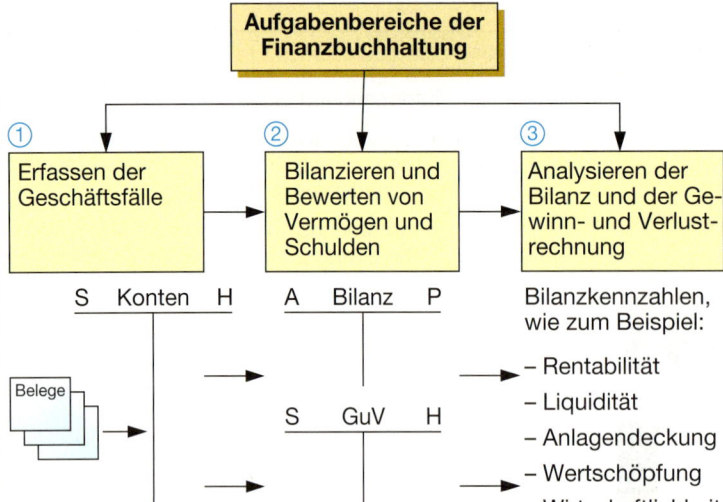

Aufgabenbereiche der Finanzbuchhaltung

① Erfassen der Geschäftsfälle

② Bilanzieren und Bewerten von Vermögen und Schulden

③ Analysieren der Bilanz und der Gewinn- und Verlustrechnung

S   Konten   H   A   Bilanz   P

Belege

S   GuV   H

Bilanzkennzahlen, wie zum Beispiel:

– Rentabilität
– Liquidität
– Anlagendeckung
– Wertschöpfung
– Wirtschaftlichkeit

① Erfassung aller wirtschaftlich relevanten Geschäftsfälle wie Einkäufe, Verkäufe, Gehaltszahlungen u. a. m. auf Konten.

② Erstellung der Bilanz, aus der die Bestände der verschiedenen betrieblichen Vermögensgegenstände, der Schulden und des Eigenkapitals hervorgehen, und der Gewinn- u. Verlustrechnung (GuV) als Gegenüberstellung von Erträgen und Aufwendungen.

③ Analyse von Bilanz und Gewinn- und Verlustrechnung mithilfe von Bilanzkennzahlen.

aus: Hübscher, Heinrich u. a.: IT-Kompendium, 1. Aufl., Braunschweig 2001, S. 381

Bereiche und Aufgaben des betrieblichen Rechnungswesens
Roles and areas of corporate accountancy

Kosten- und Leistungsrechnung

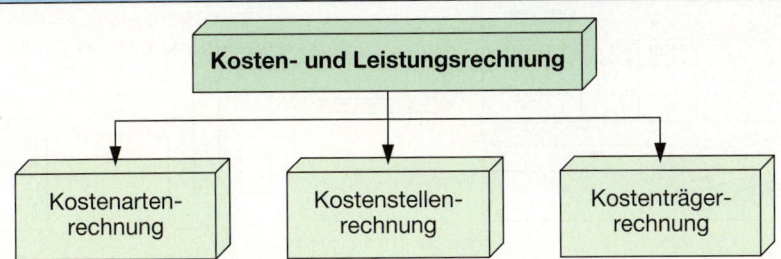

- Ermittlung des **Jahres-Betriebsergebnisses**
- Ermittlung des kurzfristigen betrieblichen Erfolges, zum Beispiel des monatlichen Betriebsergebnisses
- Kontrolle der Kosten und der **Wirtschaftlichkeit** (Verhältnis von Leistungen und Kosten)
- Ermittlung der **Selbstkosten** je Erzeugniseinheit als Basis für die Preiskalkulation

- Ermittlung der **Herstellungskosten** als Grundlage für die Bewertung der unfertigen und fertigen Erzeugnisse und der aktivierten Eigenleistungen für die Jahresbilanz
- Ermittlung der Kosten als Voraussetzung für **Planungen und Entscheidungen.** Sofern diese Entscheidungen marktorientiert sind (z. B. Annahme eines Zusatzauftrages, Bereinigung des Produktionsprogrammes), tritt an die Stelle der Vollkostenrechnung die Teilkostenrechnung.

Statistik

Begriffe	Ziele	Beispiele
• Zahlenmäßige Erfassung und Analyse von Massenerscheinungen im Sinne großer Mengen – als Tätigkeit oder als Ergebnis dieser Tätigkeit; • in neuerer Zeit auch Analyse von Stichproben kleinen Umfanges, sodass das Wort „Masse" nur als „Mehrheit" interpretiert werden darf.	• Betriebliche Information; • Kontrolle der Wirtschaftlichkeit durch innerbetriebliche und zwischenbetriebliche Vergleiche; • Gewinnung neuer Erkenntnisse und Informationen, die die anderen Zweige des Rechnungswesens nicht liefern können; Grundlage für Unternehmens- • planung und -entscheidungen.	• Vertriebsstatistiken; • Beschaffungs- und Lagerstatistiken; • Produktions- und Kostenstatistiken; • Personal-, Lohn- und Gehaltsstatistiken; • Bilanz- und Erfolgsstatistiken.

Planungsrechnung

Begriff	Beispiel
• Planung ist die gedankliche Vorwegnahme zukünftigen Handelns. • Planungsgrundlagen sind – Informationen (Zahlen) der Finanzbuchhaltung, der Kosten- und Leistungsrechnung und der Statistik, – zusätzliche Informationen über die zur Wahl stehenden technischen Verfahren, über Leistungsfähigkeit und Verhalten der Konkurrenz, Verbraucherverhalten, allgemeine Wirtschaftslage und anderes mehr. • Der betriebliche Gesamtplan setzt sich aus einer Vielzahl von Einzelplänen zusammen.	**Absatzplan** — Markteinführung eines neuen PC-Modells, Absatzprognose: 2 Jahre. **Kapazitätsplan** — Aufteilung des Absatzplanes auf einzelne Zeiträume, Produktionsstandorte, Maschinen, Personal usw. **Investitionsplan** — Erstellung von Gebäuden, Kauf von Produktionsanlagen. **Personalplan** — Personaleinstellungen, -schulungen, -umsetzungen. **Finanzplan** — Ermittlung des Finanzbedarfs, Beschaffung eigener oder fremder Mittel. vgl. Schneider, Peter J. u. a.: Entscheidungsfeld Betrieb, 1. Auflage, Darmstadt 1997, S. 27

aus: Hübscher, Heinrich u. a.: IT-Kompendium, 1. Aufl., Braunschweig 2001, S. 382

Verknüpfung der Teilbereiche des betrieblichen Rechnungswesens
How the various corporate accountancy sections are linked

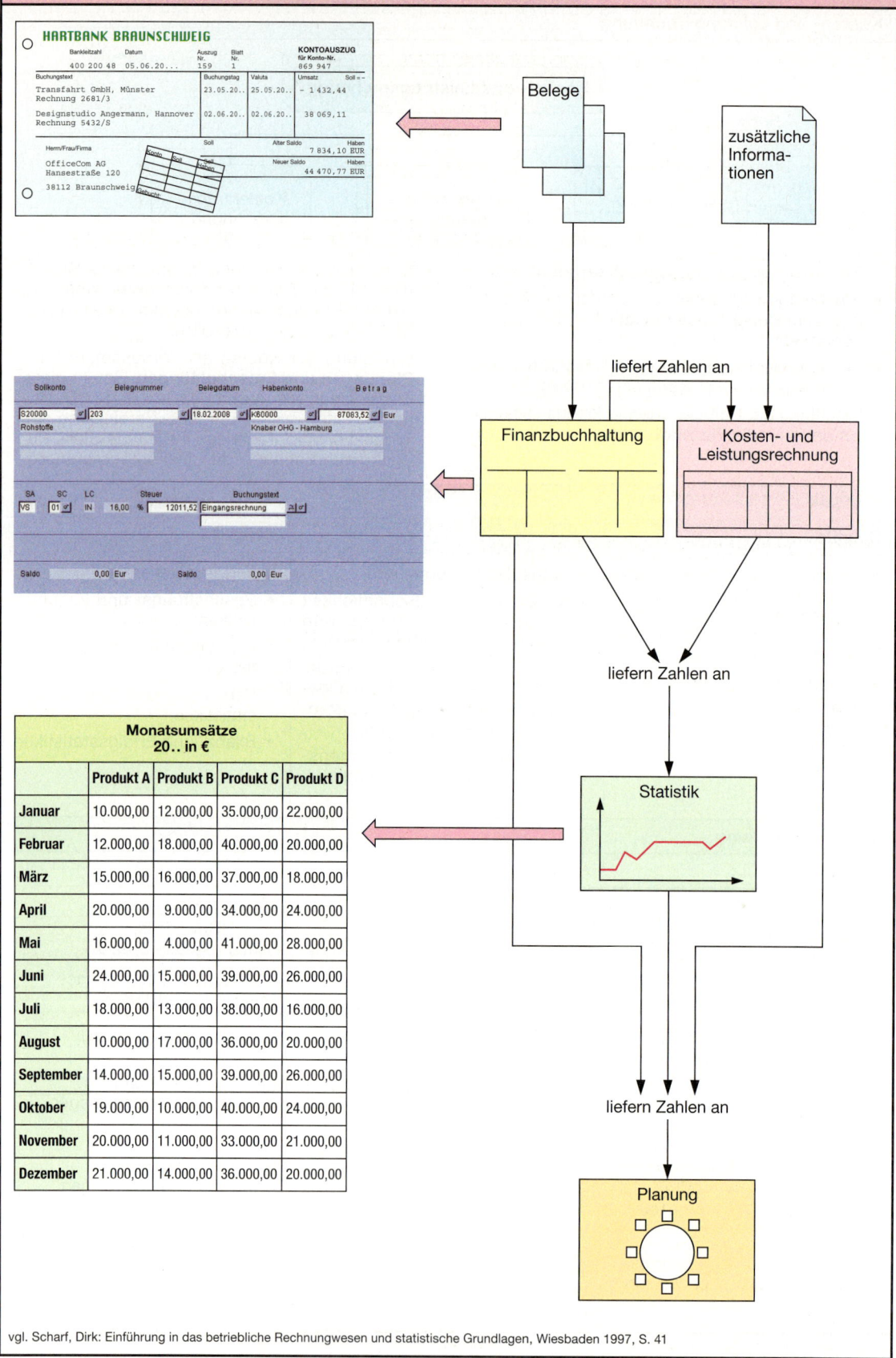

vgl. Scharf, Dirk: Einführung in das betriebliche Rechnungwesen und statistische Grundlagen, Wiesbaden 1997, S. 41

Aufgaben des Controllings – *Tasks of the Controlling section*

Begriff

- ursprünglich Kontrolle bzw. Überwachung des betrieblichen Leistungsprozesses
- heute Informations-, Entscheidungs- und Führungsinstrument durch ergebnisorientierte Planung, Steuerung und Überwachung des Unternehmens in allen seinen Bereichen und Ebenen
- **Operatives Controlling:**
  - Vollzugsüberwachung und Abweichungsanalyse
  - beruht weitgehend auf quantitativen Informationen
- **Strategisches Controlling:**
  - Erweiterung des operativen Controllings
  - Planung unterstützende und reflektierende Funktion
  - Einbeziehung langfristiger, qualitativer Informationen

Controlling als Regelkreissystem

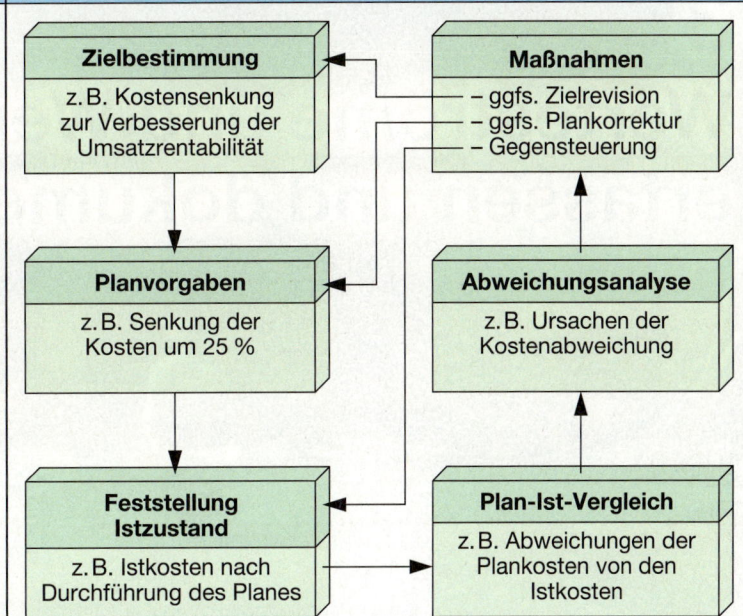

Zielbestimmung
z. B. Kostensenkung zur Verbesserung der Umsatzrentabilität

Maßnahmen
- ggfs. Zielrevision
- ggfs. Plankorrektur
- Gegensteuerung

Planvorgaben
z. B. Senkung der Kosten um 25 %

Abweichungsanalyse
z. B. Ursachen der Kostenabweichung

Feststellung Istzustand
z. B. Istkosten nach Durchführung des Planes

Plan-Ist-Vergleich
z. B. Abweichungen der Plankosten von den Istkosten

Controlling als Instrument der Willenssicherung

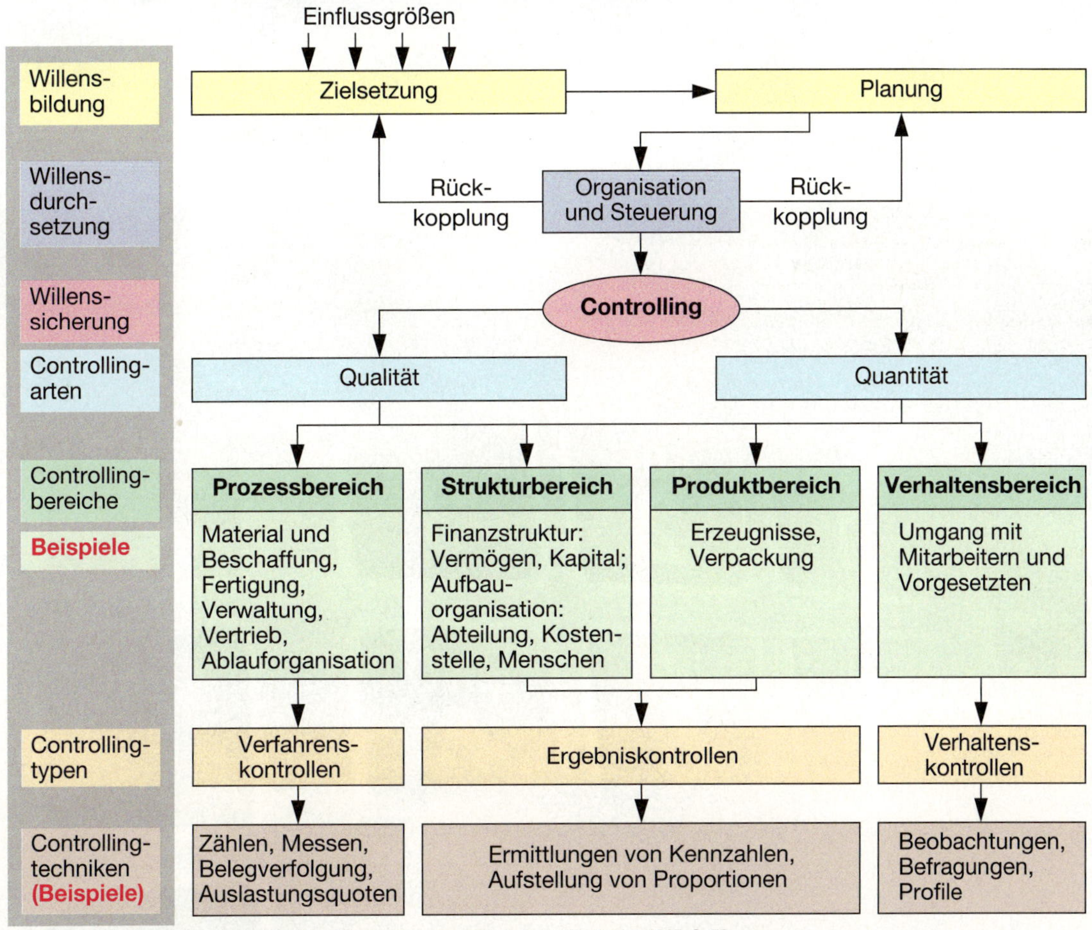

Willens-bildung	Einflussgrößen → Zielsetzung → Planung	
Willens-durch-setzung	Rück-kopplung — Organisation und Steuerung — Rück-kopplung	
Willens-sicherung	Controlling	
Controlling-arten	Qualität	Quantität

	Prozessbereich	Strukturbereich	Produktbereich	Verhaltensbereich
Controlling-bereiche **Beispiele**	Material und Beschaffung, Fertigung, Verwaltung, Vertrieb, Ablauforganisation	Finanzstruktur: Vermögen, Kapital; Aufbau-organisation: Abteilung, Kostenstelle, Menschen	Erzeugnisse, Verpackung	Umgang mit Mitarbeitern und Vorgesetzten
Controlling-typen	Verfahrens-kontrollen	Ergebniskontrollen		Verhaltens-kontrollen
Controlling-techniken (Beispiele)	Zählen, Messen, Belegverfolgung, Auslastungsquoten	Ermittlungen von Kennzahlen, Aufstellung von Proportionen		Beobachtungen, Befragungen, Profile

vgl. Scharf, Dirk: Grundzüge des betrieblichen Rechnungswesens, 3. Auflage, Wiesbaden 1997, S. 55

aus: Hübscher, Heinrich u. a.: IT-Kompendium, 1. Auflage, Braunschweig 2001, S. 425

3 Werteströme und Werte erfassen und dokumentieren

Das Modellunternehmen – *The model company*

Office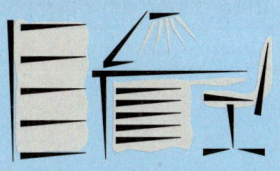Com AG

Name	OfficeCom AG
Sitz	Hansestraße 120, 38112 Braunschweig
Amtsgericht	Braunschweig
Handelsregister Nr.	HRB 126
Telefon	0531 3648941
Telefax	0531 4766083
Aufsichtsratsvorsitzender	Dr. Frank Richter
Vorstand	Herbert Hauser, Frauke Schönau, Dr. Carla Seltig
Gegenstand	Herstellung und Vertrieb von Büromöbeln und Zubehör
Geschäftsjahr	1. Januar bis 31. Dezember
Bankverbindung	Hartbank Braunschweig, Konto-Nr. 21 345 839 BLZ 270 500 08
USt-IDNr.	DE 328 495 331
Steuernummer	13/203/08753
Produkte (Fertigerzeugnisse)	Schreibtische Aktenschränke Schreibtischsessel

Werkstoffe
  Rohstoffe
  Hilfsstoffe
  Betriebsstoffe
  Fremdbauteile
	
	Holz, Edelstahlrohre
	Schrauben, Kleinteile, Lacke
	Strom, Gas, Wasser, Heizöl, Schmierstoffe
	Gasdruckfedern, Stuhlrollen, Hängeregister

Handelswaren	Schreibtischlampen, Schreibtischsets, Faxgeräte, Drucker, Telefonapparate
Mitarbeiter/-innen	195 Facharbeiter/-innen 47 Ungelernte und Angelernte 60 Angestellte
Maschinen	NC-gesteuerte Maschinen Roboter Montagebänder

3

Finanzbuchhaltung – *Financial bookkeeping*

Einordnung der Finanzbuchhaltung

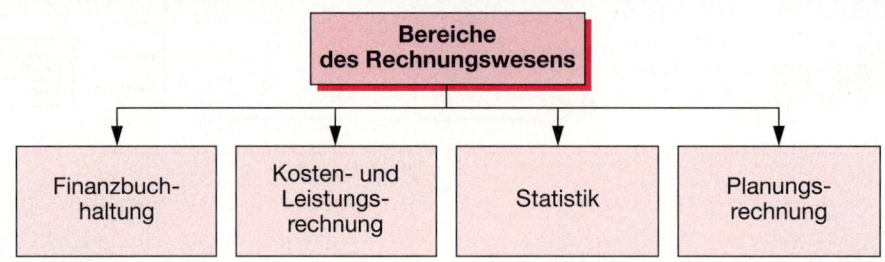

Bereiche des Rechnungswesens

| Finanzbuch-haltung | Kosten- und Leistungs-rechnung | Statistik | Planungs-rechnung |

Aufgaben der Finanzbuchhaltung

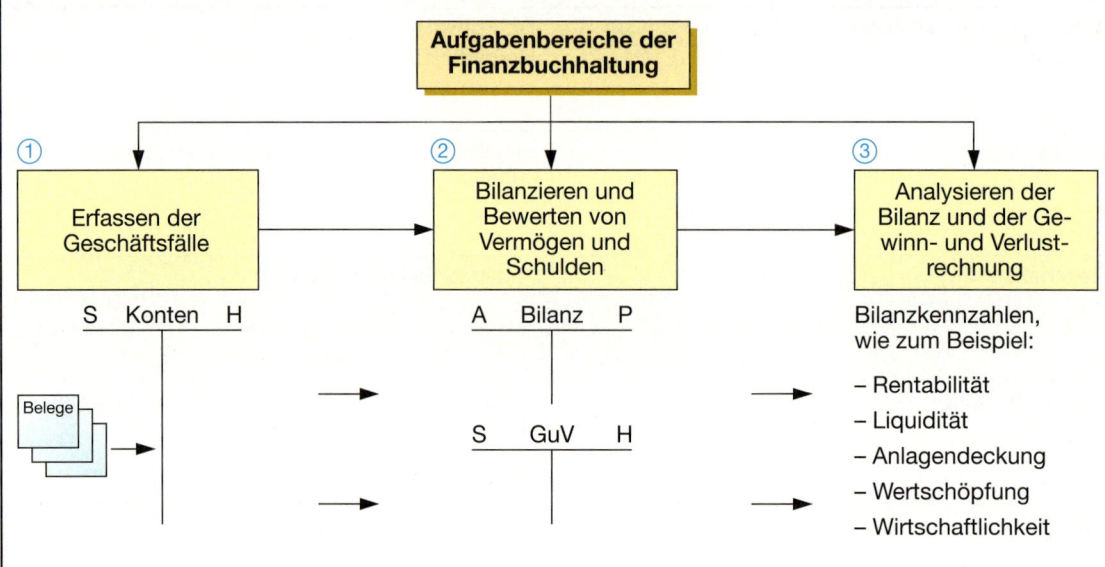

Aufgabenbereiche der Finanzbuchhaltung

① Erfassen der Geschäftsfälle

② Bilanzieren und Bewerten von Vermögen und Schulden

③ Analysieren der Bilanz und der Gewinn- und Verlustrechnung

S   Konten   H

Belege

A   Bilanz   P

S   GuV   H

Bilanzkennzahlen, wie zum Beispiel:

– Rentabilität
– Liquidität
– Anlagendeckung
– Wertschöpfung
– Wirtschaftlichkeit

① Erfassung aller wirtschaftlich relevanten Geschäftsfälle wie Einkäufe, Verkäufe, Gehaltszahlungen u. a. m. auf Konten

② Erstellung der Bilanz, aus der die Bestände der verschiedenen betrieblichen Vermögensgegenstände, der Schulden und des Eigenkapitals hervorgehen, und der Gewinn- u. Verlustrechnung (GuV) als Gegenüberstellung von Erträgen und Aufwendungen

③ Analyse von Bilanz und Gewinn- und Verlustrechnung mithilfe von Bilanzkennzahlen

Gründe der Finanzbuchhaltung

Wirtschaftliche Gründe

- Ermittlung von Vermögen und Schulden und deren Veränderungen
- Bereitstellung von Zahlen für die Kosten- und Preiskalkulation
- Bewertung der unfertigen und fertigen Erzeugnisse sowie der Eigenleistungen
- Kontrolle der Kosten und der Wirtschaftlichkeit
- Entscheidungsgrundlage für Externe wie Banken, Kunden, Lieferanten, Gesellschafter, Finanzbehörden

Rechtliche Gründe

- § 238 Abs. 1 HGB: *„Jeder Kaufmann ist verpflichtet Bücher zu führen und in diesen seine Handelsgeschäfte und die Lage seines Vermögens nach den Grundsätzen ordnungsmäßiger Buchführung ersichtlich zu machen."*
- § 5 Abs. 1 EStG: *„Bei Gewerbetreibenden, die aufgrund gesetzlicher Vorschriften verpflichtet sind Bücher zu führen und regelmäßig Abschlüsse zu machen, ..., ist für den Schluss des Wirtschaftsjahres das Betriebsvermögen anzusetzen ..., das nach den handelsrechtlichen Grundsätzen ordnungsmäßiger Buchführung auszuweisen ist."*
- § 140 f. AO i. V. m. § 141 AO

aus: Hübscher, Heinrich u. a.: IT-Kompendium, 1. Aufl., Bildungshaus Schulbuchverlage Westermann Schroedel Diesterweg Schöningh Winklers GmbH, Braunschweig 2001, S. 381 u. 383

352694

Inventur – *Physical inventory*

Begriff	Zeitpunkt
Jeder Kaufmann ist nach § 240 Abs. 1 und 2 HGB sowie nach § 140 f. AO verpflichtet, eine art-, mengen- und wertmäßige **Bestandsaufnahme** sämtlicher Vermögensteile und der Schulden durchzuführen.	Die Inventur ist durchzuführen • bei Gründung oder Übernahme eines Unternehmens, • zum Schluss eines jeden Geschäftsjahres und • bei Auflösung oder Verkauf des Unternehmens.

Inventurarten

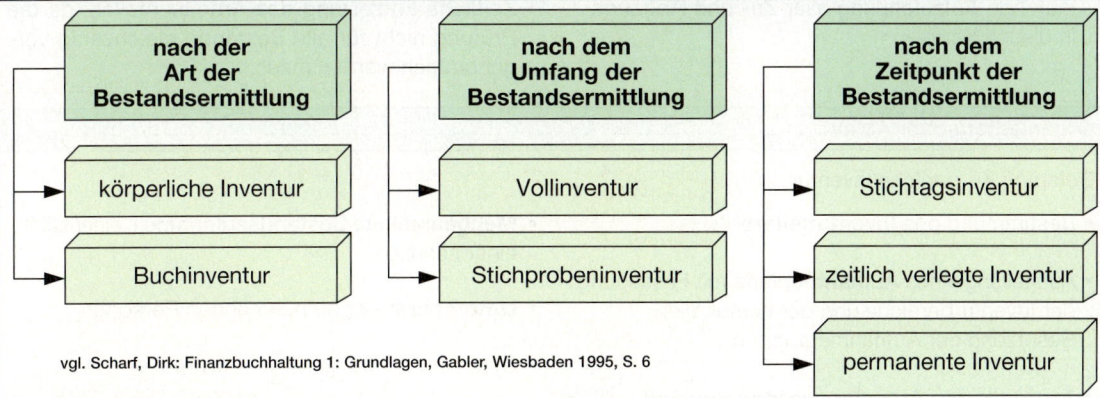

vgl. Scharf, Dirk: Finanzbuchhaltung 1: Grundlagen, Gabler, Wiesbaden 1995, S. 6

Körperliche Inventur	Buchinventur
• mengenmäßige Bestandsaufnahme aller körperlichen Vermögensgegenstände durch Zählen, Messen und Wiegen • anschließende Bewertung dieser Vermögensgegenstände	• Ermittlung der Bestände des nichtkörperlichen Vermögens und der Schulden aufgrund der Aufzeichnungen der Finanzbuchhaltung
Beispiele: Grundstücke, Gebäude, Maschinen, Fuhrpark, Betriebs- und Geschäftsausstattung, Vorräte an Roh-, Hilfs- und Betriebsstoffen, Kassenbestand	**Beispiele:** Forderungen, Bank- und Postbankguthaben, Darlehen, Hypothekenschulden, Eigenkapital

Vollinventur	Stichprobeninventur
• Aufnahme **aller** einzelnen Vermögensgegenstände und Schuldenteile • im Regelfall nach § 240 Abs. 1 und 2 HGB	• Inventur mittels **Stichproben** • aus Vereinfachungsgründen • Voraussetzung: Erfüllung der Bedingungen nach § 241 Abs. 1 HGB

Stichtagsinventur	Zeitlich verlegte Inventur

• Inventur zum Bilanzstichtag (= Ende des Geschäftsjahres)
 	
• Durchführung zeitnah, das heißt in der Regel innerhalb zehn Tagen vor oder nach dem Bilanzstichtag (Abschnitt 30 Abs. 1 EStR)
 	
• Berücksichtigung von Bestandsveränderungen zwischen dem Tag der Bestandsaufnahme und dem Bilanzstichtag durch Rückrechnung bzw. Fortschreibung
 	
• Organisatorische und arbeitstechnische Probleme durch großen Arbeitsanfall innerhalb weniger Tage
	• Durchführung der körperlichen Inventur nach § 241 Abs. 3 HGB bzw. nach Abschnitt 30 Abs. 3 EStR
	  – innerhalb der letzten **drei Monate vor dem Bilanzstichtag** oder
	  – innerhalb **zweier Monate nach dem Bilanzstichtag**
	• Inventur nach dem Bilanzstichtag:
	  Alle Zugänge seit dem Bilanzstichtag werden vom Wert des Aufnahmetages abgezogen, alle Abgänge zugezählt. → **Rückrechnung**
	• Inventur vor dem Bilanzstichtag:
	  Alle Zugänge zwischen Aufnahmetag und Bilanzstichtag werden dem Wert am Aufnahmetag zugerechnet. Alle Abgänge werden vom Wert des Aufnahmetages abgezogen. → **Fortschreibung**

aus: Hübscher, Heinrich u. a.: IT-Kompendium, 1. Aufl., Braunschweig 2001, S. 384 f.

Inventur – *Physical inventory*

Permanente Inventur

- Ermittlung des Vermögensbestandes nach Art, Menge und Wert lediglich anhand von Lager- und Anlagekarteien (§ 241 Abs. 2 HGB und Abschnitt 30 Abs. 2 EStR)

- Voraussetzung:
  laufende Aufzeichnung aller Zu- und Abgänge in diesen Karteien

- Überprüfung der Bestände gemäß Buchhaltung auf Übereinstimmung mit den Istbeständen durch körperliche Inventur einmal im Wirtschaftsjahr, wobei der Zeitpunkt dafür frei wählbar ist (Abschnitt 30 Abs. 2 Ziff. 2 EStR)

- Zeitliche Entzerrung des Arbeitsanfalles, da die Prüfung nicht für alle Bestände gleichzeitig vorgenommen werden muss.

Organisatorischer Ablauf

Beispiel: Körperliche Inventur

- Bestimmung des **Inventurleiters**

- Aufstellung eines **Aufnahmeplans** mit Festlegung der Inventurbereiche und der personellen Besetzung der Aufnahmegruppen

- Erstellung von **Aufnahmevordrucken** und -richtlinien

- Festlegung des **Inventurzeitpunktes** bzw. -zeitraumes

- **Stichproben** durch Aufsichtspersonen

- **Mengenmäßige Bestandsaufnahme** („einer zählt, einer schreibt")

- **Unterschrift** der aufnehmenden Personen

- Sammeln der ausgefüllten Vordrucke

- **Bewertung** der einzelnen mengenmäßig erfassten Positionen

- Feststellung von **Inventurdifferenzen** durch Vergleich der Inventurbestände mit den Buchbeständen

- (Buchung der Inventurdifferenzen – siehe Hauptabschlussübersicht S. 322 f.)

Inventar – *Drawing up an inventory*

Begriff

- Ergebnis der Inventur

- Ausführliches **Verzeichnis** aller Vermögensteile und Schulden eines Unternehmens am Bilanzstichtag

Materielle Anforderungen

- **Vollständigkeit:**
  Alle und nur tatsächlich vorhandenen Vermögenswerte und Schulden sind im Inventarverzeichnis enthalten.

- **Richtigkeit:**
  Die nachprüfbaren Angaben über Bezeichnung der Vermögens- bzw. Schuldenart, Menge, Zustandsbeschreibung, Einzelwert und Gesamtwert entsprechen den Tatsachen (ergibt sich aus § 238 Abs. 1 HGB).

Formelle Anforderungen

- **Dauer des Geschäftsjahres:**
  Zwölf Monate dürfen nicht überschritten werden.

- **Zulässigkeit des angewandten Inventurverfahrens**

- **Unterzeichnung:**
  Die Aufnahmeblätter und das Inventar sind von den jeweils Verantwortlichen zu unterzeichnen, nicht vom Kaufmann selbst.

- **Aufbewahrungsfrist:**
  Das Inventar einschließlich aller Unterlagen, insbesondere der Aufnahmelisten, ist zehn Jahre lang aufzubewahren (§ 257 Abs. 4 HGB).

vgl.: Hübscher, Heinrich u. a.: IT-Kompendium, 1. Aufl., Braunschweig 2001, S. 385

Inventar – *Drawing up an inventory*

Aufbau

Beispiel:

Inventar
der OfficeCom AG in Braunschweig für den 31. Dezember 20..

	€	€
A. Vermögen		
I. Anlagevermögen		
1. Gebäude		
– Fabrikgebäude	1.460.300,00	
– Verwaltungsgebäude	879.000,00	
– Lagergebäude	120.000,00	2.459.300,00
2. Maschinen lt. Anlagenverzeichnis 1		360.550,00
3. Werkzeuge lt. Anlagenverzeichnis 2		48.986,00
4. Betriebs- und Geschäftsausstattung lt. Anlagenverzeichnis 3		50.100,00
5. Fuhrpark		
– Lkw lt. Anlagenverzeichnis 4	210.000,00	
– Pkw lt. Anlagenverzeichnis 5	198.000,00	408.000,00
II. Umlaufvermögen		
1. Rohstoffe lt. Verzeichnis 6		370.800,00
2. Hilfsstoffe lt. Verzeichnis 7		103.490,00
3. Betriebsstoffe lt. Verzeichnis 8		21.000,00
4. Unfertige Erzeugnisse lt. Verzeichnis 9		80.100,00
5. Fertige Erzeugnisse lt. Verzeichnis 10		216.800,00
6. Forderungen an Kunden		
– F. Schmitz, Hannover	63.200,00	
– P. Gardener, Hamburg	124.000,00	
– K. Laube, München	4.300,00	191.500,00
7. Kassenbestand		3.560,00
8. Bankguthaben		
– Nord/LB Hannover	380.000,00	
– Deutsche Bank Frankfurt	210.000,00	590.000,00
Summe des Vermögens		4.904.186,00
B. Schulden		
I. Langfristige Schulden		
1. Hypothek der Volksbank Braunschweig		1.600.000,00
2. Darlehen der Nord/LB Hannover		720.000,00
II. Kurzfristige Schulden		
1. Verbindlichkeiten an Lieferer		
– H. Mannig, München	160.000,00	
– M. Kern, Karlsruhe	69.540,00	229.540,00
2. Sonstige Verbindlichkeiten		34.980,00
Summe der Schulden		2.584.520,00
C. Ermittlung des Reinvermögens		
Summe des Vermögens		4.904.186,00
– Summe der Schulden		2.584.520,00
= Reinvermögen (Eigenkapital)		2.319.666,00

vgl. Scharf, Dirk: Finanzbuchhaltung 1: Grundlagen, Wiesbaden 1995, S. 9

aus: Hübscher, Heinrich u. a.: IT-Kompendium, 1. Aufl., Braunschweig 2001, S. 386

Inventar – *Drawing up an inventory*

Begriffe

- **Anlagevermögen (AV):**
  Langfristige Nutzung
  Beispiele:
  Grundstücke, Gebäude, Maschinen, Fuhrpark, Betriebs- und Geschäftsausstattung, Beteiligungen, Wertpapiere des AV

- **Umlaufvermögen (UV):**
  Ständige Veränderung in Menge und Zusammensetzung
  Beispiele:
  Vorräte an Werkstoffen sowie unfertigen und fertigen Erzeugnissen, Forderungen aus Lieferungen und Leistungen, Bankguthaben, Kassenbestand

- **Langfristige Schulden**
  Beispiele:
  Hypothekenschulden, Darlehensschulden

- **Kurzfristige Schulden**
  Beispiele:
  Verbindlichkeiten aus Lieferungen und Leistungen, Steuerverbindlichkeiten

- **Reinvermögen oder Eigenkapital (EK)**
  Vermögen – Schulden

Form	Gliederungsprinzipien
• Staffelform • Dreispaltig	• **Vermögen:** Zunehmende Liquidität (Flüssigkeit) oder Geldnähe • **Schulden:** Abnehmende Fristigkeit (Fälligkeit)

Bilanz – *The balance sheet*

Rechtsgrundlage	Begriff	Form
• § 242 Absatz 1 HGB	• Kurz gefasste Übersicht des umfangreichen Inventars • bi – doppelt, lanx – Schale	• Gegenüberstellung von Aktiva und Passiva – in Staffelform oder – in Kontoform

Aufbau

Aktiva	Bilanz	Passiva
Anlagevermögen	Eigenkapital	
Umlaufvermögen	Fremdkapital (Schulden)	

Interpretation der Bilanz	Bilanzgleichungen
• **Aktivseite** – Vermögensformen (i. d. R. konkret) – Investitionen – Mittelverwendung • **Passivseite** – Kapitalarten (abstrakt) – Finanzierung – Mittelherkunft	Vermögen = Kapital Anlage- + Umlaufvermögen = Eigen- + Fremdkapital Vermögen – Fremdkapital = Eigenkapital Vermögen – Eigenkapital = Fremdkapital

aus: Hübscher, Heinrich u. a.: IT-Kompendium, 1. Aufl., Braunschweig 2001, S. 387

352698

Bilanz – *The balance sheet*

Beispiel:

Bilanz
OfficeCom AG in Braunschweig zum 31. Dezember 20.. in €

Aktiva		Passiva	
I. Anlagevermögen		**I. Eigenkapital**	2.319.666,00
1. Gebäude	2.459.300,00		
2. Maschinen	360.550,00	**II. Fremdkapital**	
3. Werkzeuge	48.986,00	1. Hypotheken	1.600.000,00
4. Betriebs- und Geschäfts-		2. Darlehen	720.000,00
ausstattung	50.100,00	3. Verbindlichkeiten aus Liefe-	
5. Fuhrpark	408.000,00	rungen und Leistungen	229.540,00
II. Umlaufvermögen		4. Sonstige Verbindlichkeiten	34.980,00
1. Rohstoffe	370.800,00		
2. Hilfsstoffe	103.490,00		
3. Betriebsstoffe	21.000,00		
4. Unfertige Erzeugnisse	80.100,00		
5. Fertige Erzeugnisse	216.800,00		
6. Forderungen aus Liefe-			
rungen und Leistungen	191.500,00		
7. Kassenbestand	3.560,00		
8. Bankguthaben	590.000,00	*Ort, Datum*	
vgl. Scharf, Dirk: Finanzbuchhaltung 1: Grundlagen, Wiesbaden 1995, S. 10	4.904.186,00	*Unterschrift*	4.904.186,00

Vergleich Inventar – Bilanz

Inventar	Bilanz
• Ausführliche, umfangreiche Darstellung der einzelnen Vermögens- und Schuldenwerte	• Kurz gefasste Darstellung des Vermögens und des Kapitals
• Angabe von Mengen, Einzelwerten und Gesamtwerten der einzelnen Vermögens- und Schuldenarten	• Nur Angabe der Gesamtwerte der Hauptpositionen der verschiedenen Bilanzposten
• Darstellung in Staffelform	• Darstellung in Kontoform

Gliederungsprinzipien

Formelle Anforderungen

- **Aktiva:**
  Nach zunehmender Liquidität oder Geldnähe

- **Passiva:**
  Nach abnehmender Fristigkeit

- **Unterzeichnung:**
  Einzelunternehmung ⇒ Inhaber persönlich
  OHG ⇒ alle Gesellschafter
  KG ⇒ alle persönlich haftenden Gesellschafter
  AG ⇒ alle Mitglieder des Vorstands
  GmbH ⇒ alle Geschäftsführer

- **Aufbewahrungsfrist:**
  Zehn Jahre (§ 257 Absatz 4 HGB).

Erfolgsermittlung durch Kapitalvergleich

Beispiel:

Eigenkapital am Ende des Berichtsjahres	2.319.666,00 €	
+ Privatentnahmen des Berichtsjahres	48.000,00 €	
– Privateinlagen des Berichtsjahres	200.000,00 €	
= Korrigiertes Eigenkapital des Berichtsjahres	2.167.666,00 €	
– Eigenkapital des Vorjahres	2.000.000,00 €	
= Gewinn/Verlust des Berichtsjahres	167.666,00 €	(Gewinn)

aus: Hübscher, Heinrich u. a.: IT-Kompendium, 1. Aufl., Braunschweig 2001, S. 388

Bilanz nach HGB – *Balance sheet according to HGB (German commercial code)*

Mindestgliederung für große und mittelgroße Kapitalgesellschaften nach § 266 Absatz 2 und 3 HGB

Aktivseite	Bilanz	Passivseite

A. Anlagevermögen

  I. Immaterielle Vermögensgegenstände:

    1. Konzessionen, gewerbliche Schutzrechte und ähnliche Rechte und Werte sowie Lizenzen an solchen Rechten u. Werten;

    2. Geschäfts- oder Firmenwert;

    3. geleistete Anzahlungen.

  II. Sachanlagen:

    1. Grundstücke, grundstücksgleiche Rechte und Bauten einschließlich der Bauten auf fremden Grundstücken;

    2. technische Anlagen und Maschinen;

    3. andere Anlagen, Betriebs- u. Geschäftsausstattung;

    4. geleistete Anzahlungen und Anlagen im Bau.

  III. Finanzanlagen:

    1. Anteile an verbundenen Unternehmen;

    2. Ausleihungen an verbundene Unternehmen;

    3. Beteiligungen;

    4. Ausleihungen an Unternehmen, mit denen ein Beteiligungsverhältnis besteht;

    5. Wertpapiere des Anlagevermögens;

    6. sonstige Ausleihungen.

B. Umlaufvermögen

  I. Vorräte:

    1. Roh-, Hilfs- und Betriebsstoffe;

    2. unfertige Erzeugnisse, unfertige Leistungen;

    3. fertige Erzeugnisse und Waren;

    4. geleistete Anzahlungen.

  II. Forderungen und sonstige Vermögensgegenstände:

    1. Forderungen aus Lieferungen und Leistungen;

    2. Forderungen gegen verbundene Unternehmen;

    3. Forderungen geg. Unternehmen, mit denen ein Beteiligungsverhältnis besteht;

    4. sonstige Vermögensgegenstände.

  III. Wertpapiere:

    1. Anteile an verbundenen Unternehmen;

    2. eigene Anteile;

    3. sonstige Wertpapiere.

  IV. Schecks, Kassenbestand, Bundesbank- und Postbankguthaben, Guthaben bei Kreditinstituten.

C. Rechnungsabgrenzungsposten

A. Eigenkapital

  I. Gezeichnetes Kapital

  II. Kapitalrücklage

  III. Gewinnrücklagen:

    1. Gesetzliche Rücklage;

    2. Rücklage für eigene Anteile;

    3. satzungsmäßige Rücklage;

    4. andere Gewinnrücklagen.

  IV. Gewinnvortrag/Verlustvortrag

  V. Jahresüberschuss/Jahresfehlbetrag

B. Rückstellungen

    1. Rückstellungen für Pensionen und ähnliche Verpflichtungen;

    2. Steuerrückstellungen;

    3. sonstige Rückstellungen.

C. Verbindlichkeiten

    1. Anleihen, davon konvertibel;

    2. Verbindlichkeiten gegenüber Kreditinstituten;

    3. erhaltene Anzahlungen auf Bestellungen;

    4. Verbindlichkeiten aus Lieferungen und Leistungen;

    5. Verbindlichkeiten aus der Annahme gezogener Wechsel und der Ausstellung eigener Wechsel;

    6. Verbindlichkeiten gegenüber verbundenen Unternehmen;

    7. Verbindlichkeiten gegenüber Unternehmen, mit denen ein Beteiligungsverhältnis besteht;

    8. sonstige Verbindlichkeiten, davon aus Steuern, davon im Rahmen der sozialen Sicherheit.

D. Rechnungsabgrenzungsposten

3526100

Bestandskonten – *Balance sheet accounts*

Wertänderungen in der Bilanz

Bilanzpositionen verändern sich in der laufenden Periode aufgrund von Geschäftsfällen.
Die **Bilanzwaage,** in der die aktiven und die passiven Bestandskonten nebeneinander aufgeführt werden, zeigt die veränderten Bestände der Bilanzpositionen nach jedem Geschäftsfall.

Arten von Wertänderungen	Wirkung auf die Bilanzsumme	Beispiele für Geschäftsfälle
• Aktivtausch	Bilanzsumme bleibt unverändert.	1. Kauf eines Pkw gegen Bankscheck (30.000,00 €)
• Passivtausch	Bilanzsumme bleibt unverändert.	2. Kurzfristige Verbindlichkeit wird in eine Darlehensschuld umgeschuldet (10.000,00 €).
• Aktiv-Passiv-Mehrung	Bilanzsumme wird größer.	3. Einkauf von Rohstoffen auf Ziel (25.000,00 €)
• Aktiv-Passiv-Minderung	Bilanzsumme wird kleiner.	4. Tilgung einer Darlehensschuld durch Banküberweisung (5.000,00 €)

Bilanzwaage

Die Änderungen der Vermögens- und Kapitalpositionen in der Bilanzwaage ergeben sich aus den oben genannten Beispielen 1. bis 4. für Geschäftsfälle.

Beispiel:

	Bilanz (in Tsd. €)								
Aktiva									Passiva
Geschäfts-fall	Maschinen	Fuhr-park	Roh-stoffe	Bankgut-haben	Bilanz-summe	Eigen-kapital	Dar-lehens-schulden	Verbind-lichkeiten	Bilanz-summe
Ausgangs-lage	420	60	230	40	750	200	400	150	750
1	420	90	230	10	750	200	400	150	750
2	420	90	230	10	750	200	410	140	750
3	420	90	255	10	775	200	410	165	775
4	420	90	255	5	770	200	405	165	770

vgl. Scharf, Dirk: Finanzbuchhaltung 1. Grundlagen, Gabler, Wiesbaden 1995, S. 14

Auflösung der Bilanz in Bestandskonten

Würde nach jedem Geschäftsfall eine neue Bilanz erstellt (siehe Bilanzwaage), so entspräche die Zahl der Bilanzen eines Geschäftsjahres der i. d. R. sehr großen Zahl an Geschäftsfällen.
Der Aufwand wäre beträchtlich.
Daher wird die Bilanz in T-Konten zerlegt. Die linke Seite jedes Kontos wird mit „Soll", die rechte mit „Haben" bezeichnet.
Bei den Benennungen der Kontenteile „Soll" und „Haben" handelt es sich lediglich um Vereinbarungen – z. B. ist „Haben" **nicht** im Sinne von „das habe ich" zu interpretieren.

Einrichtung der Bestandskonten

- Benennung der Konten entsprechend der Bilanzpositionen
- Eintragen der Anfangsbestände in die Konten, ablesbar aus der Eröffnungsbilanz des lfd. Jahres (= Schlussbilanz des vergangenen Jahres)

Formelle Anforderungen

- Anfangsbestände der Vermögensposten ⇒ Sollseite der aktiven Bestandskonten
- Anfangsbestände der Kapitalposten ⇒ Habenseite der passiven Bestandskonten

aus: Hübscher, Heinrich u. a.: IT-Kompendium, 1. Aufl., Bildungshaus Schulbuchverlage Westermann Schroedel Diesterweg Schöningh Winklers GmbH, Braunschweig 2001, S. 390

Bestandskonten – *Balance sheet accounts*

Beispiel für eröffnete Bestandskonten

Aktiva	Eröffnungsbilanz (in Tsd. €)	Passiva	
Maschinen	420	Eigenkapital	200
Fuhrpark	60	Darlehen	400
Rohstoffe	230	Verbindlichkeiten	150
Bankguthaben	40		
	750		750

Soll	Maschinen (in Tsd. €)	Haben		Soll	Eigenkapital (in Tsd. €)	Haben
AB	420				AB	200

Soll	Fuhrpark (in Tsd. €)	Haben		Soll	Darlehen (in Tsd. €)	Haben
AB	60				AB	400

Soll	Rohstoffe (in Tsd. €)	Haben		Soll	Verbindlichkeiten (in Tsd. €)	Haben
AB	230				AB	150

Soll	Bankguthaben (in Tsd. €)	Haben
AB	40	

vgl. Scharf, Dirk: Finanzbuchhaltung 1: Grundlagen, Gabler, Wiesbaden 1995, S. 16

Erfassung von Geschäftsfällen

Beispiel:

Autohaus Schnell

OfficeCom AG
Hansestraße 120
38112 Braunschweig

Rechnungs-Nr.: 4756 vom 20..-09-23

1 Pkw Mercedes E 200   30.000,00 €

Betrag durch Verrechnungsscheck erhalten

Unterschrift

Fragen

1. Welche Konten werden von dem Geschäftsfall berührt?

2. Um welche Art von Konto handelt es sich jeweils?

3. Welche Art von Veränderung findet auf den Konten jeweils statt?

4. Auf welcher Seite des jeweiligen Kontos ist die Veränderung zu erfassen?

Antworten

Konto Fuhrpark	Konto Bankguthaben
⇩	⇩
Aktives Bestandskonto	Aktives Bestandskonto
⇩	⇩
Zugang	Abgang
⇩	⇩
Sollseite	Habenseite

Aktive Bestandskonten:
Zugänge auf der Sollseite
Abgänge auf der Habenseite

Passive Bestandskonten:
Zugänge auf der Habenseite
Abgänge auf der Sollseite

vgl. Hübscher, Heinrich u. a.: IT-Kompendium, 1. Aufl., Braunschweig 2001, S. 391

3526102

Bestandskonten – *Balance sheet accounts*

Kontenabschluss

- Errechnung der Endbestände (Salden) in den Konten:

  Anfangsbestand
  + Zugänge
  – Abgänge
  = Endbestand (Saldo)

- Eintragung der Salden auf der jeweils „schwächeren" Seite der Konten zum wertmäßigen Ausgleich von Soll- und Habenseite

- Zusammenfassung der Endbestände in der Schlussbilanz

Abgeschlossene Konten/Schlussbilanz

Beispiel:

Soll	Maschinen (in Tsd. €)	Haben	
AB	420	EB	420

Soll	Fuhrpark (in Tsd. €)	Haben	
AB	60	EB	90
Zug.	30		
	90		90

Soll	Rohstoffe (in Tsd. €)	Haben	
AB	230	EB	255
Zug.	25		
	255		255

Soll	Bankguthaben (in Tsd. €)	Haben	
AB	40	Abg.	30
		Abg.	5
		EB	5
	40		40

Soll	Eigenkapital (in Tsd. €)	Haben	
EB	200	AB	200

Soll	Darlehen (in Tsd. €)	Haben	
Abg.	5	AB	400
EB	405	Zug.	10
	410		410

Soll	Verbindlichkeiten (in Tsd. €)	Haben	
Abg.	10	AB	150
EB	165	Zug.	25
	175		175

Die Anfangsbestände der Konten entsprechen den Zahlen der Ausgangslage der Bilanzwaage auf S. 101. Die Buchungen 1 bis 4 auf den Konten basieren auf den Geschäftsfällen 1 bis 4 und die Zahlen der Schlussbilanz entsprechen der letzten Zeile der Bilanzwaage auf S. 101.

vgl. Scharf, Dirk: Finanzbuchhaltung 1: Grundlagen, Gabler, Wiesbaden 1995, S. 18

Aktiva	Schlussbilanz (in Tsd. €)		Passiva
Maschinen	420	Eigenkapital	200
Fuhrpark	90	Darlehen	405
Rohstoffe	255	Verbindlichkeiten	165
Bankguthaben	5		
	770		770

Kontenbewegungen

Soll	Aktive Bestandskonten	Haben
Anfangsbestand		Abgänge
Zugänge		Endbestand (= Saldo)

Soll	Passive Bestandskonten	Haben
Abgänge		Anfangsbestand
Endbestand (= Saldo)		Zugänge

aus: Hübscher, Heinrich u. a.: IT-Kompendium, 1. Aufl., Braunschweig 2001, S. 392

Buchungssatz – *Set balance sheet entries*

Einfacher Buchungssatz	Zusammengesetzter Buchungssatz

Geschäftsfall (Beispiel):

Die OfficeCom AG kauft für die Lagerverwaltung einen neuen PC im Wert von 2.500,00 € auf Ziel.

Vorüberlegungen zur Buchung:

- Konto Betriebs- und Geschäftsausstattung – aktives Bestandskonto – Zugang – Sollseite

- Konto Verbindlichkeiten aus Lieferungen und Leistungen (LL) – passives Bestandskonto – Zugang – Habenseite

Buchungssatz:

Buchung	Soll	Haben
Betriebs- und Geschäftsausstattung an Verbindlichkeiten	2.500,00 €	2.500,00 €

Erläuterung:

- Der einfache Buchungssatz ist die Kurzfassung der Vorüberlegungen zur Buchung eines Geschäftsfalls, bei dem nur zwei Konten angesprochen werden.

- Zuerst wird das Konto mit der Sollbuchung, anschließend das Konto mit der Habenbuchung genannt, verbunden durch das Wort „an".

> Soll
> an Haben

Beispiele:

Die OfficeCom AG kauft Rohstoffe im Wert von 16.000,00 € gegen Bankscheck.

Buchung	Soll	Haben
Rohstoffe an Bankguthaben	16.000,00 €	16.000,00 €

Die OfficeCom AG bezahlt eine Liefererrechnung über 12.343,00 € durch Banküberweisung.

Buchung	Soll	Haben
Verbindlichkeiten an Bankguthaben	12.343,00 €	12.343,00 €

Die OfficeCom AG nimmt einen Kredit über 50.000,00 € bei ihrer Hausbank auf und lässt den Betrag dem Geschäftskonto gutschreiben.

Buchung	Soll	Haben
Bankguthaben an Darlehen	50.000,00 €	50.000,00 €

Geschäftsfall (Beispiel):

Die OfficeCom AG kauft eine Drehbank im Wert von 20.000,00 €; 5.000,00 € werden sofort mit Scheck bezahlt, der Rest ist in zwei Wochen fällig.

Vorüberlegungen zur Buchung:

- Konto Maschinen – aktives Bestandskonto – Zugang – Sollseite

- Konto Bankguthaben – aktives Bestandskonto – Abgang – Habenseite

- Konto Verbindlichkeiten – passives Bestandskonto – Zugang – Habenseite

Buchungssatz:

Buchung	Soll	Haben
Maschinen an Bankguthaben an Verbindlichkeiten	20.000,00 €	5.000,00 € 15.000,00 €

Erläuterung:

- Beim zusammengesetzten Buchungssatz werden mehr als zwei Konten angesprochen.

- Zuerst werden die Konten mit den Sollbuchungen, anschließend die Konten mit den Habenbuchungen genannt, verbunden durch das Wort „an".

- Der Wert der Sollbuchungen muss dem Wert der Habenbuchungen entsprechen.

  z. B.

> Soll
> an Haben
> an Haben

Beispiele:

Die OfficeCom AG verkauft einen gebrauchten Geschäfts-Pkw für 1.500,00 € an einen Mitarbeiter, der 500,00 € bar und den Rest mit einem Bankscheck bezahlt.

Buchung	Soll	Haben
Kasse Bankguthaben an Fuhrpark	500,00 € 1.000,00 €	1.500,00 €

Die OfficeCom AG begleicht die Rechnung eines Lieferers über 9.364,00 € zum Teil durch Banküberweisung (2.364,00 €). Für den Restbetrag bittet sie den Lieferer um Verlängerung des Zahlungszieles um zwei Jahre. Der Lieferer ist damit einverstanden; daher wandelt die OfficeCom AG die Restschuld in ein Darlehen um.

Buchung	Soll	Haben
Verbindlichkeiten an Bankguthaben an Darlehen	9.364,00 €	2.364,00 € 7.000,00 €

Kontoeröffnung und -abschluss – *Opening and balancing an account*

Eröffnungsbilanzkonto

- Zu Beginn des Geschäftsjahres werden die Konten des Hauptbuches eingerichtet. Das bedeutete bisher, dass die Bestände der Eröffnungsbilanz als Anfangsbestände in die Konten übertragen und mit AB gekennzeichnet wurden (siehe S. 102).
- Die Eintragung der Anfangsbestände ist bereits eine halbe Buchung. Wegen des Prinzips der **doppelten** Buchführung muss ein zusätzliches Konto eingerichtet werden, das die entsprechenden Gegenbuchungen aufnimmt.
- Dieses Konto, das lediglich ein „technisches Konto" darstellt, ist das **Eröffnungsbilanzkonto (EBK).**

- Die Anfangsbestände der passiven Bestandskonten werden auf der Sollseite, die Anfangsbestände der aktiven Bestandskonten auf der Habenseite gebucht.
- Dadurch wird das Eröffnungsbilanzkonto **spiegelbildlich** zur Eröffnungsbilanz geführt.
- Die **Eröffnungsbuchungen** für die Anfangsbestände der Bestandskonten lauten allgemein:

  Aktive Bestandskonten
  an Eröffnungsbilanzkonto

  Eröffnungsbilanzkonto
  an passive Bestandskonten

Beispiele:

Eröffnungsbuchung für das Konto „Maschinen" auf S. 102:

Maschinen	420.000,00 €	
an Eröffnungsbilanzkonto		420.000,00 €

Eröffnungsbuchung für das Konto „Verbindlichkeiten" auf S. 102:

Eröffnungsbilanzkonto	150.000,00 €	
an Verbindlichkeiten		150.000,00 €

Schlussbilanzkonto

- Analog zu den Anfangsbeständen bilden auch die Endbestände oder Salden in den Bestandskonten bereits halbe Buchungssätze (siehe S. 103), für die ebenfalls ein Gegenkonto, das **Schlussbilanzkonto (SBK),** eingeführt werden muss.
- Bevor die Konten abgeschlossen werden, müssen ihre Endbestände mit den Inventurwerten abgestimmt und möglicherweise Inventurdifferenzen gebucht werden. Nur dann stimmen Schlussbilanz und Schlussbilanzkonto überein.

- Die Endbestände der passiven Bestandskonten werden im Schlussbilanzkonto auf der Habenseite, die Endbestände der aktiven Bestandskonten auf der Sollseite gebucht.
- Dadurch wird das Schlussbilanzkonto **seitengleich** zur Schlussbilanz geführt.
- Die **Abschlussbuchungen** für die Endbestände der Bestandskonten lauten allgemein:

  Schlussbilanzkonto
  an aktive Bestandskonten

  Passive Bestandskonten
  an Schlussbilanzkonto

Beispiele:

Abschlussbuchung für das Konto „Bankguthaben" auf S. 103:

Schlussbilanzkonto	5.000,00 €	
an Bankguthaben		5.000,00 €

Abschlussbuchung für das Konto „Darlehen" auf S. 103:

Darlehen	405.000,00 €	
an Schlussbilanzkonto		405.000,00 €

Verknüpfung von Bilanzbuch und Hauptbuch

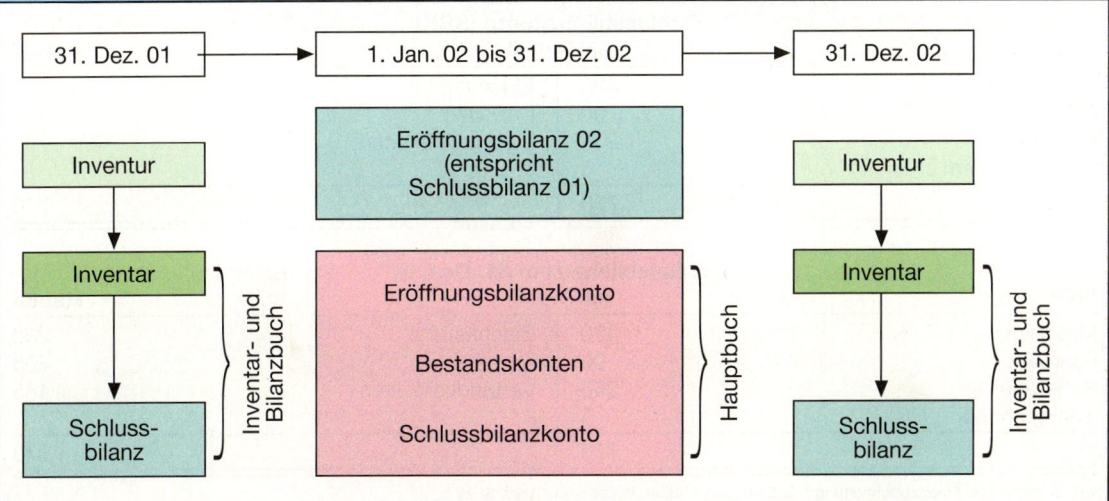

Konteneröffnung und -abschluss – *Opening and balancing an account*

Verknüpfung von Bilanzbuch und Hauptbuch

Der folgenden Darstellung liegt das **Beispiel** der Seiten 102 und 103 zugrunde:

Eröffnungsbilanz zum 1. Jan. 02

Aktiva	(in Tsd. €)		Passiva
Maschinen	420	Eigenkapital	200
Fuhrpark	60	Darlehen	400
Rohstoffe	230	Verbindlichkeiten	150
Bankguthaben	40		
	750		750

Eröffnungsbilanzkonto (EBK)

Soll	(in Tsd. €)		Haben
Eigenkapital	200	Maschinen	420
Darlehen	400	Fuhrpark	60
Verbindlichkeiten	150	Rohstoffe	230
		Bankguthaben	40
	750		750

Soll	Maschinen (in Tsd. €)		Haben
EBK	420	SBK	420

Soll	Eigenkapital (in Tsd. €)		Haben
SBK	200	EBK	200

Soll	Fuhrpark (in Tsd. €)		Haben
EBK	60	SBK	90
Bank	30		
	90		90

Soll	Darlehen (in Tsd. €)		Haben
Bank	5	EBK	400
SBK	405	Verbindlichkeiten	10
	410		410

Soll	Rohstoffe (in Tsd. €)		Haben
EBK	230	SBK	255
Verbindlichkeiten	25		
	255		255

Soll	Verbindlichkeiten (in Tsd. €)		Haben
Darlehen	10	EBK	150
SBK	165	Rohstoffe	25
	175		175

Soll	Bankguthaben (in Tsd. €)		Haben
EBK	40	Fuhrpark	30
		Darlehen	5
		SBK	5
	40		40

Schlussbilanzkonto (SBK)

Soll	(in Tsd. €)		Haben
Maschinen	420	Eigenkapital	200
Fuhrpark	90	Darlehen	405
Rohstoffe	255	Verbindlichkeiten	165
Bankguthaben	5		
	770		770

Schlussbilanz zum 31. Dez. 02

Soll	(in Tsd. €)		Haben
Maschinen	420	Eigenkapital	200
Fuhrpark	90	Darlehen	405
Rohstoffe	255	Verbindlichkeiten	165
Bankguthaben	5		
	770		770

vgl.: Scharf, Dirk: Finanzbuchhaltung I: Grundlagen. Gabler, Wiesbaden 1995, S. 22 f.

3526106

Erfolgskonten – *Operating accounts*

Aufwendungen

Begriff	Arten	Bilanzielle Auswirkung
Bewerteter Verzehr an Gütern und Leistungen eines Unternehmens in einer Abrechnungsperiode	z.B.: Personalaufwendungen Materialaufwendungen Abschreibungen sonstige Aufwendungen	Minderung des Eigenkapitals auf der Sollseite des Kontos „Eigenkapital"

Buchung

- Auf **Aufwandskonten** (Unterkonten des Kontos „Eigenkapital")
- Benannt nach der entsprechenden Aufwandsart
- Auf der Sollseite des jeweiligen Kontos

Beispiel:

Lohnzahlung über 10.000,00 € durch Banküberweisung:

Löhne	10.000,00 €	
an Bankguthaben		10.000,00 €

Erträge

Begriff	Arten	Bilanzielle Auswirkung
Erfolgswirksame Wertzuflüsse eines Unternehmens in einer Abrechnungsperiode	z.B.: Umsatzerlöse Zinserträge Mieterträge	Mehrung des Eigenkapitals auf der Habenseite des Kontos „Eigenkapital"

Buchung

- Auf **Ertragskonten** (Unterkonten des Kontos „Eigenkapital")
- Benannt nach der entsprechenden Ertragsart
- Auf der Habenseite des jeweiligen Kontos

Beispiel:

Verkauf von Fertigerzeugnissen über 40.000,00 € auf Ziel:

Forderungen	40.000,00 €	
an Umsatzerlöse		40.000,00 €

Gewinn- und Verlustkonto (GuV) – *Profit and loss accounts*

Begriff	Aufgabe
• Abschlusskonto der Erfolgskonten • Gegenüberstellung – der Aufwendungen (Sollseite) und – der Erträge (Habenseite)	Ermittlung des Unternehmenserfolgs: Erträge > Aufwendungen ⇒ Gewinn Aufwendungen > Erträge ⇒ Verlust

Buchungen

- Abschluss der Aufwandskonten: GuV an Aufwandskonten
- Abschluss der Ertragskonten: Ertragskonten an GuV

- Abschluss des Kontos GuV
  - für den Fall eines Gewinnes: GuV an Eigenkapital
  - für den Fall eines Verlustes: Eigenkapital an GuV

Gewinnfall

Soll	Gewinn- und Verlustkonto	Haben
Aufwendungen	Erträge	
Gewinn		

Soll	Eigenkapital	Haben
Schlusskapital	Anfangskapital	
	Gewinn	

Verlustfall

Soll	Gewinn- und Verlustkonto	Haben
Aufwendungen	Erträge	
	Verlust	

Soll	Eigenkapital	Haben
Verlust	Anfangskapital	
Schlusskapital		

vgl. Scharf, Dirk: Finanzbuchhaltung 1: Grundlagen, Wiesbaden 1995, S. 27

aus: Hübscher, Heinrich u. a.: IT-Kompendium, 1. Aufl., Braunschweig 2001, S. 398

Gewinn- und Verlustrechnung nach HGB – *Profit and loss accounts*

Gewinn- und Verlustrechnung nach dem Gesamtkostenverfahren

Mindestgliederung nach § 275 Absatz 2 HGB

1. Umsatzerlöse

2. Erhöhung oder Verminderung des Bestands an fertigen und unfertigen Erzeugnissen

3. Andere aktivierte Eigenleistungen

4. Sonstige betriebliche Erträge

5. Materialaufwand:
   a) Aufwendungen für Roh-, Hilfs- und Betriebsstoffe und für bezogene Waren
   b) Aufwendungen für bezogene Leistungen

6. Personalaufwand:
   a) Löhne und Gehälter
   b) Soziale Abgaben und Aufwendungen für Altersversorgung und für Unterstützung, davon für Altersversorgung

7. Abschreibungen:
   a) Auf immaterielle Vermögensgegenstände des Anlagevermögens und Sachanlagen sowie auf aktivierte Aufwendungen für die Ingangsetzung und Erweiterung des Geschäftsbetriebs
   b) Auf Vermögensgegenstände des Umlaufvermögens, soweit diese die in der Kapitalgesellschaft üblichen Abschreibungen überschreiten

8. Sonstige betriebliche Aufwendungen

9. Erträge aus Beteiligungen, davon aus verbundenen Unternehmen

10. Erträge aus anderen Wertpapieren und Ausleihungen des Finanzanlagevermögens, davon aus verbundenen Unternehmen

11. Sonstige Zinsen und ähnliche Erträge, davon aus verbundenen Unternehmen

12. Abschreibungen auf Finanzanlagen und auf Wertpapiere des Umlaufvermögens

13. Zinsen und ähnliche Aufwendungen, davon an verbundene Unternehmen

14. Ergebnis der gewöhnlichen Geschäftstätigkeit

15. Außerordentliche Erträge

16. Außerordentliche Aufwendungen

17. Außerordentliches Ergebnis

18. Steuern vom Einkommen und vom Ertrag

19. Sonstige Steuern

20. Jahresüberschuss/Jahresfehlbetrag

Gewinn- und Verlustrechnung nach dem Umsatzkostenverfahren

Mindestgliederung nach § 275 Absatz 3 HGB

1. Umsatzerlöse

2. Herstellungskosten der zur Erzielung der Umsatzerlöse erbrachten Leistungen

3. Bruttoergebnis vom Umsatz

4. Vertriebskosten

5. Allgemeine Verwaltungskosten

6. Sonstige betriebliche Erträge

7. Sonstige betriebliche Aufwendungen

8. Erträge aus Beteiligungen, davon aus verbundenen Unternehmen

9. Erträge aus anderen Wertpapieren und Ausleihungen des Finanzanlagevermögens, davon aus verbundenen Unternehmen

10. Sonstige Zinsen und ähnliche Erträge, davon aus verbundenen Unternehmen

11. Abschreibungen auf Finanzanlagen und auf Wertpapiere des Umlaufvermögens

12. Zinsen und ähnliche Aufwendungen, davon an verbundene Unternehmen

13. Ergebnis der gewöhnlichen Geschäftstätigkeit

14. Außerordentliche Erträge

15. Außerordentliche Aufwendungen

16. Außerordentliches Ergebnis

17. Steuern vom Einkommen und vom Ertrag

18. Sonstige Steuern

19. Jahresüberschuss/Jahresfehlbetrag

3526108

Kontensystematik – *Accounting system*

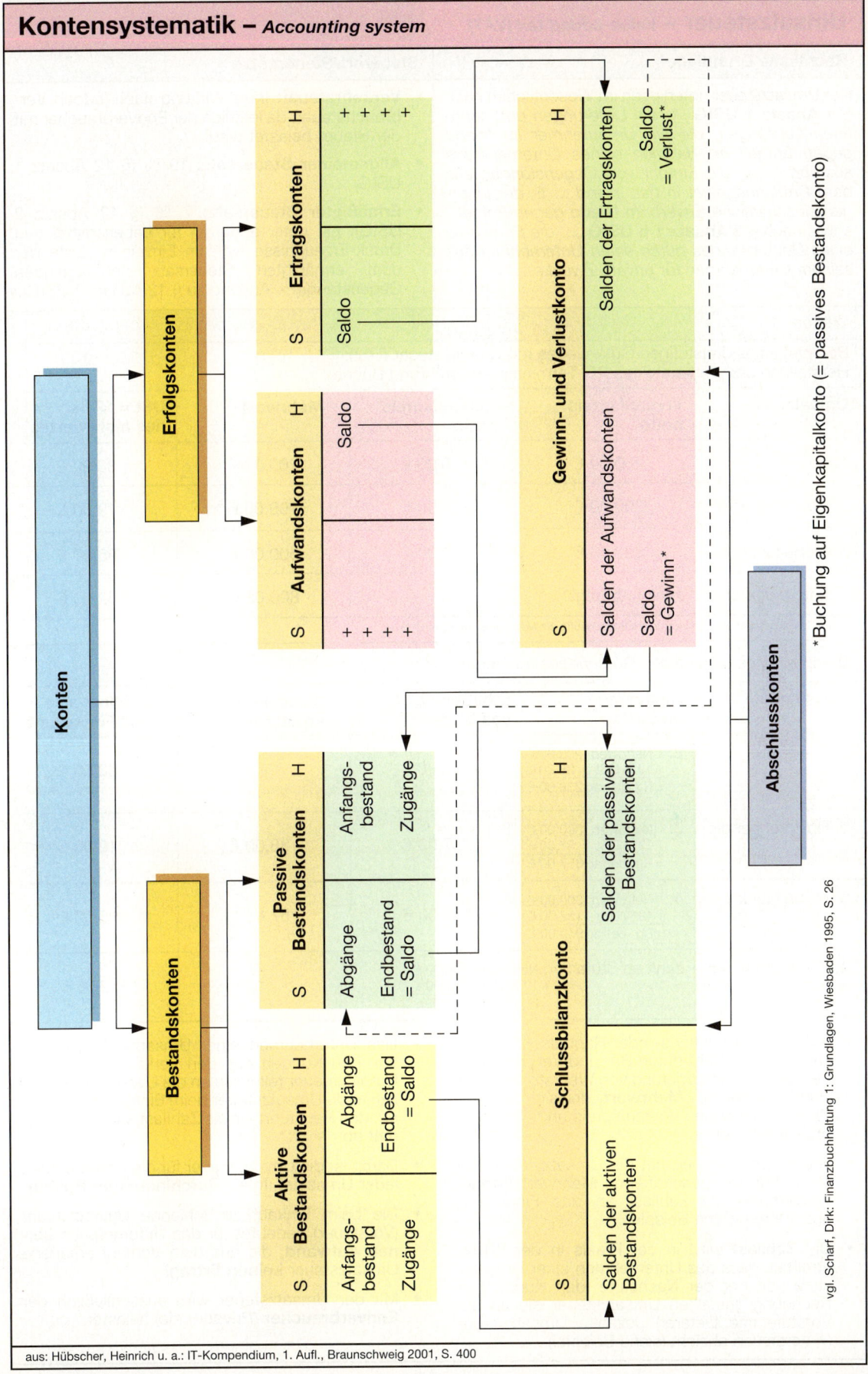

*Buchung auf Eigenkapitalkonto (= passives Bestandskonto)

vgl. Scharf, Dirk: Finanzbuchhaltung 1: Grundlagen, Wiesbaden 1995, S. 26

aus: Hübscher, Heinrich u. a.: IT-Kompendium, 1. Aufl., Braunschweig 2001, S. 400

Umsatzsteuer – *Value-added tax (VAT)*

Rechtliche Grundlage

Der Umsatzsteuer unterliegen im Wesentlichen nach **§ 1 Absatz 1 UStG** *„1. die Lieferungen und sonstigen Leistungen, die ein Unternehmer im Inland gegen Entgelt im Rahmen seines Unternehmens ausführt. ... 4. die Einfuhr von Gegenständen aus dem Drittlandsgebiet in das Inland ... 5. der innergemeinschaftliche Erwerb im Inland gegen Entgelt"* sowie nach **§ 3 Absatz 1 b UStG** *„... die Entnahme eines Gegenstandes durch einen Unternehmer aus seinem Unternehmen für private Zwecke ..."*

Steuerart/Steuersätze

- **Verkehrsteuer:** ihrer Wirkung nach jedoch Verbrauchsteuer, da letztlich der Endverbraucher mit der Steuer belastet wird.
- **Allgemeiner Steuersatz:** 19 % (§ 12 Absatz 1 UStG)
- **Ermäßigter Steuersatz:** 7 % (§ 12 Absatz 2 UStG); gilt unter anderem für Lebensmittel und Druck-Erzeugnisse (vgl. im Einzelnen „Liste der dem ermäßigten Steuersatz unterliegenden Gegenstände" – Anhang zu § 12 Absatz 2 UStG).

Wesen

Beispiel eines dreistufigen Güterweges mit Umsatzsteuer (USt):
Herstellung und Verkauf eines PC-Terminals – Ausführung Buche

Umsatzstufe	Verkaufspreis netto	– Einkaufspreis netto	= Mehrwert	USt = 19 % des Mehrwertes[1]
1. Sägewerk	200,00 €	0,00 €	200,00 €	38,00 €
2. Holzgroßhandlg.	300,00 €	200,00 €	100,00 €	19,00 €
3. Möbelfabrik	800,00 €	300,00 €	500,00 €	95,00 €
4. Endverbraucher	zahlt und trägt		800,00 €	152,00 €

1 Die Umsatzsteuer wird umgangssprachlich häufig als Mehrwertsteuer bezeichnet.

Beispiel eines dreistufigen Güterweges mit Vorsteuerabzug (USt – VSt):

Umsatzstufe	Rechnung an Stufe	Erhaltene USt von Stufe	– gezahlte VSt an Stufe	= Zahllast an das Finanzamt
1. Sägewerk	2: Nettowert 200,00 € + 19 % USt 38,00 € = Rg.-betrag 238,00 €	2: 38,00 €	–	38,00 €
2. Holzgroßhandlg.	3: Nettowert 300,00 € + 19 % USt 57,00 € = Rg.-betrag 357,00 €	3: 57,00 €	1: 38,00 €	19,00 €
3. Möbelfabrik	4: Nettowert 800,00 € + 19 % USt 152,00 € = Rg.-betrag 952,00 €	4: 152,00 €	2: 57,00 €	95,00 €
4. Endverbraucher	zahlt an Stufe 3: Nettowert 800,00 € + 19 % USt 152,00 € = Rg.-betrag 952,00 €			152,00 €

- Auf jeder Produktions- oder Handelsstufe (Umsatzstufe) entsteht durch Be- und Verarbeitung, Veredelung und Lagerung von Werkstoffen bzw. Handelswaren ein **Mehrwert,** der sich aus der Differenz zwischen Verkaufspreis und Einkaufspreis errechnet.

- Jedes Unternehmen hat die Umsatzsteuer von 19 % auf den geschaffenen Mehrwert **(Mehrwertsteuer)** als Zahllast an das Finanzamt abzuführen (siehe Beispiel).

- Die **Zahllast** wird in der Praxis in der Weise ermittelt, dass das Unternehmen einer Umsatzstufe von der der Nachstufe (den Kunden) in Rechnung gestellten Umsatzsteuer die an die Vorstufe (die Lieferer) gezahlte Umsatzsteuer (= Vorsteuer) abzieht (siehe Beispiel).

- Das Unternehmen einer Umsatzstufe gibt die von den Kunden aus den Verkäufen erhaltene Umsatzsteuer teilweise an die Lieferer weiter (zu zahlende Umsatzsteuer beim Einkauf = Vorsteuer); den Rest führt sie als Zahllast an das Finanzamt ab.

- Damit ist die Umsatzsteuer für die Unternehmen jeder Umsatzstufe ein **durchlaufender Posten.**

- Die beim Einkauf zu zahlende Umsatzsteuer (Vorsteuer) bedeutet für das Unternehmen **keinen Aufwand,** die aus dem Verkauf erhaltene Umsatzsteuer **keinen Ertrag!**

- Mit der Umsatzsteuer wird ausschließlich der **Endverbraucher** (Privatkunde) belastet.

Umsatzsteuer – *Value-added tax (VAT)*

Konten

- Die aus Verkäufen erhaltene **Umsatzsteuer** ist eine (zu hohe) **Verbindlichkeit** gegenüber dem Finanzamt.
- Sie wird auf dem **passiven Bestandskonto** „Umsatzsteuer" erfasst.

- Die bei Einkäufen zu zahlende Umsatzsteuer (= **Vorsteuer**) stellt eine **Forderung** an das Finanzamt dar.
- Sie wird auf dem **aktiven Bestandskonto** „Vorsteuer" gebucht.

Umsatzsteuer-Voranmeldung

- Die Verrechnung der Vorsteuer mit der Umsatzsteuer führt zu der von den Unternehmen an das Finanzamt abzuführenden Umsatzsteuer-Zahllast.
- Die Umsatzsteuer-Zahllast wird dem Finanzamt mithilfe der Software „Elster" (**e**lektronische **St**euer-**er**klärung) über das Internet gemeldet **(Umsatzsteuer-Voranmeldung).**

- Umsatzsteuer-Vorauszahlungen auf die Zahllast sind grundsätzlich **vierteljährlich,** bei einer Vorjahres-Umsatzsteuer von mehr als 6.136,00 € **monatlich** (bis zum 10. des folgenden Monats) zu leisten.
- Die Umsatzsteuer-Jahreserklärung ist bis zum 31. Mai des Folgejahres beim Finanzamt einzureichen.

Buchungen

Buchung beim Einkauf (Kreditorenbuchhaltung)

Beispiel:
Zieleinkauf von 10 ISDN-Karten für den Internetzugang, Nettowert pro Stück: 69,50 €
+ 19 % USt

Buchungssatz:

Fremdbauteile	695,00 €	
Vorsteuer	132,05 €	
an Verbindlichkeiten		827,05 €

Buchung beim Verkauf (Debitorenbuchhaltung)

Beispiel:
Barverkauf von zwei PCs einschließlich Monitor, Nettowert pro Stück: 1.460,00 €
+ 19 % USt

Buchungssatz:

Kasse	3.474,80 €	
an Umsatzerlöse		2.920,00 €
an Umsatzsteuer		554,80 €

Ermittlung und Überweisung der Zahllast

Beispiel:
Am Monatsende weisen die Konten „Vorsteuer" und „Umsatzsteuer" nach diversen Buchungen die folgenden Beträge auf:

S	VSt	H	S	USt	H
3.620,00 €					4.135,00 €

Buchung zur Ermittlung der Zahllast:

Umsatzsteuer	3.620,00 €	
an Vorsteuer		3.620,00 €

Buchung zur Überweisung der Zahllast an das Finanzamt:
(4.135,00 € – 3.620,00 € = 515,00 €)

Umsatzsteuer	515,00 €	
an Bankguthaben		515,00 €

Passivierung der Zahllast

Wenn im Dezember der Betrag der erhaltenen Umsatzsteuer höher ist als der der gezahlten Vorsteuer, dann ist die Zahllast per 31. Dezember zu passivieren. So lange die Zahllast nicht an das Finanzamt gezahlt wurde (sie muss erst am 10. Januar des folgenden Jahres überwiesen werden), stellt sie eine Verbindlichkeit gegenüber dem Finanzamt dar, die auf der Passivseite der Jahresbilanz auszuweisen ist.

Auf der Grundlage des vorangegangenen **Beispiels** sind folgende **Buchungen** vorzunehmen:

per 31. Dez. des alten Jahres

Umsatzsteuer	3.620,00 €	
an Vorsteuer		3.620,00 €
Umsatzsteuer	515,00 €	
an Schlussbilanzkonto		515,00 €

per 1. Jan. des neuen Jahres

Eröffnungsbilanzkonto	515,00 €	
an Umsatzsteuer		515,00 €

am 10. Jan. des neuen Jahres

Umsatzsteuer	515,00 €	
an Bankguthaben		515,00 €

Vorsteuerüberhang

- Ist in einem Monat der Vorsteuerbetrag höher als der Umsatzsteuerbetrag, so kann dieser so genannte **Vorsteuerüberhang** auf Antrag vom Finanzamt **erstattet** werden oder er wird mit der Zahllast des nächsten Monats **verrechnet.**
- Für Dezember ist der Vorsteuerüberhang zu **aktivieren,** da er eine Forderung an das Finanzamt darstellt.

Beispiel:
Umsatzsteuer: 5.160,00 €, Vorsteuer: 7.096,00 €

Buchungen per 31. Dez.

Umsatzsteuer	5.160,00 €	
an Vorsteuer		5.160,00 €
Schlussbilanzkonto	1.936,00 €	
an Vorsteuer		1.936,00 €

Privatkonto – *Private account*

Kontoart	Aufgaben	Wirkungen
• Konto des Einzelunternehmers bzw. der Vollhafter von Personengesellschaften • Passives Bestandskonto • Unterkonto des Kontos „Eigenkapital"	• Erfassung privater Entnahmen, zum Beispiel Geld für Lebens- und Krankenversicherung, für Urlaubsreisen usw. und Entnahmen von Waren • Erfassung privater Kapitaleinlagen in das Unternehmen aus dem Privatvermögen	• **Privatentnahmen** mindern das Eigenkapital. • **Privateinlagen** erhöhen das Eigenkapital.

Geschäftsfälle

Soll	Privatkonto	Haben
• Geldentnahmen für private Zwecke • Sachentnahmen für private Zwecke • private Inanspruchnahme betrieblicher Leistungen • private Nutzung betrieblicher Einrichtungen • Saldo (Privateinlagen > Privatentnahmen)		• Geldeinlagen aus Privatvermögen • Sacheinlagen aus Privatvermögen • Saldo (Privateinlagen < Privatentnahmen)

Buchungen

Geldeinlagen

Beispiel:
Der Inhaber eines Unternehmens steckt eine Erbschaft von 250.000,00 € in seinen Betrieb.

Buchungssatz:

Bank	250.000,00 €	
an Privatkonto		250.000,00 €

Sacheinlagen

Beispiel:
Bei Gründung einer OHG bringt ein Komplementär ein Grundstück im Wert von 500.000,00 € in das Unternehmen ein.

Buchungssatz:

Grundstücke	500.000,00 €	
an Privatkonto		500.000,00 €

Geldentnahmen

Beispiel:
Für eine Urlaubsreise entnimmt der Geschäftsinhaber der Kasse 3.000,00 €.

Buchungssatz:

Privatkonto	3.000,00 €	
an Kasse		3.000,00 €

Sachentnahmen

• Entnahmen von Erzeugnissen und Handelswaren durch den Unternehmer sind umsatzsteuerpflichtig (§ 3 Absatz 1 b Ziffer 1 UStG).
• Die Buchung erfolgt auf dem Ertragskonto „Entnahme von Gegenständen und sonstigen Leistungen". Abschluss über GuV-Konto.

Beispiel:
Der Inhaber einer Möbelfabrik entnimmt für sein Wohnzimmer einen Esstisch im Nettowert von 1.500,00 € zuzüglich 19 % USt.

Buchungssatz:

Privatkonto	1.785,00 €	
an Entnahme von Gegenständen u. sonstigen Leistungen		1.500,00 €
an Umsatzsteuer		285,00 €

Private Inanspruchnahme betrieblicher Leistungen

Die private Inanspruchnahme von Leistungen des Unternehmens durch den Unternehmer ist nach § 3 Absatz 9 a UStG umsatzsteuerpflichtig.

Beispiel:
Ein Bauunternehmer lässt von Dachdeckern seines Unternehmens das Dach seines Wohnhauses neu decken; Kosten: 13.200,00 €.

Buchungssatz:

Privatkonto	15.708,00 €	
an Entnahme von Gegenständen und sonstigen Leistungen		13.200,00 €
an Umsatzsteuer		2.508,00 €

3526112

Privatkonto – *Private account*

Private Nutzung betrieblicher Einrichtungen

Die private Nutzung betrieblicher Einrichtungen ist aus betrieblicher Sicht ebenfalls ein Ertrag, der auf dem Konto „Entnahme von Gegenständen und sonstigen Leistungen" zu erfassen ist. Für die buchhalterische Behandlung der privaten Nutzung eines **Geschäfts-Pkw** ist zu unterscheiden, ob dieser Pkw vor oder nach dem 1. April 1999 angeschafft wurde.

(1) Der Geschäfts-Pkw wurde **vor dem 1. April 1999 bzw. nach dem 31. Dez. 2003** angeschafft.
- Die mit Vorsteuer belasteten Kosten wie Abschreibungen, Instandhaltungsaufwendungen, Benzin führen zu umsatzsteuerpflichtigem Eigenverbrauch.
- Die nicht mit Vorsteuer belasteten Kosten wie Kfz-Steuer und -Versicherung sind dagegen umsatzsteuerfreier Eigenverbrauch.

Beispiel:
Der Unternehmer nutzt den Geschäfts-Pkw gemäß Fahrtenbuch zu 30 % für private Zwecke. Die mit Vorsteuer belasteten Gesamtkosten betragen 5.000,00 €, die nicht mit Vorsteuer belasteten Kosten 750,00 €.

Berechnung:
30 % von 5.000,00 €: 1.500,00 €
30 % von 750,00 €: 225,00 €
19 % Umsatzsteuer von 1.500,00 €: 285,00 €

Buchungssatz:

Privatkonto	2.010,00 €	
an Entnahme von Gegenständen und sonstigen Leistungen		1.725,00 €
an Umsatzsteuer		285,00 €

(2) Der Geschäfts-Pkw wurde **zwischen dem 1. April 1999 und dem 31. Dez. 2003** angeschafft.
- Hat ein Unternehmer ein Fahrzeug, das er auch für private Zwecke nutzt, insgesamt seinem Unternehmen zugeordnet, kann er 50 % der Vorsteuerbeträge, die auf die Anschaffungskosten und die Unterhaltskosten dieses Fahrzeugs entfallen, abziehen (§ 15 Absatz 1 b UStG).
- In diesem Fall entfällt nach § 3 Absatz 9 a Satz 2 UStG die Umsatzbesteuerung der privaten Nutzung **(Verwendungseigenverbrauch)** dieses Fahrzeugs.

Beispiel:
Der Unternehmer hat einen Geschäfts-Pkw angeschafft, Anschaffungskosten 35.000,00 €, zuzüglich 19 % USt, den er dem Unternehmen zuordnet. Der private Nutzungsanteil wird gemäß § 6 Absatz 1 Nr. 4 Satz 2 EStG (das ist der Regelfall) in der Weise ermittelt, dass *„... für jeden **Kalendermonat 1 v. H. des inländischen Listenpreises** im Zeitpunkt der Erstzulassung zuzüglich der Kosten für Sonderausstattungen einschließlich der Umsatzsteuer ..."* angesetzt werden.

Berechnung:
35.000,00 € + 19 % = 41.650,00 €
davon 1 % = 416,50 € pro Monat
416,50 €/Monat · 12 Monate = 4.998,00 €/Jahr

Buchungssatz:

Privatkonto	4.998,00 €	
an Entnahme von Gegenständen und sonstigen Leistungen		4.998,00 €

Private Nutzung des Geschäftstelefons

- Die private Nutzung des Geschäftstelefons ist gemäß BFH-Urteil vom 23. Sept. 1993 kein steuerpflichtiger Eigenverbrauch.
- Die auf dem Konto „Porto, Telefon, Telefax" gebuchten Kosten und die Vorsteuer sind nur zu korrigieren.

Beispiel:
Gebuchte Telefonkosten netto gesamt: 5.650,00 € zzgl. 19 % USt; Privatanteil gemäß Gebührenzähler: 15 %.

Buchungssatz:

Privatkonto	1.008,53 €	
an Porto, Telefon, Telefax		847,50 €
an Vorsteuer		161,03 €

Abschlussbuchungen

- Konto „Entnahme von Gegenständen und sonstigen Leistungen"
→ Entnahme von Gegenständen und sonstigen Leistungen an GuV-Konto

- Konto „Privatkonto"
Privateinlagen > Privatentnahmen → Privatkonto an Eigenkapital
Privateinlagen < Privatentnahmen → Eigenkapital an Privatkonto

Soll	**Privatkonto**	Haben
Privatentnahmen		Privateinlagen
Private Nutzung		Entnahmeüberschuss

Soll	**Eigenkapital**	Haben
Entnahmeüberschuss		Anfangsbestand
Endbestand		

Soll	**Privatkonto**	Haben
Privatentnahmen		Privateinlagen
Private Nutzung		
Einlagenüberschuss		

Soll	**Eigenkapital**	Haben
Endbestand		Anfangsbestand
		Einlagenüberschuss

Organisation der Buchführung – *Organizing the bookkeeping*

Schritte zur Erfassung von Geschäftsfällen

1. Schritt:	2. Schritt:	3. Schritt:
Kontierung der **Belege**	Buchungen im **Grundbuch**	Buchungen im **Hauptbuch**

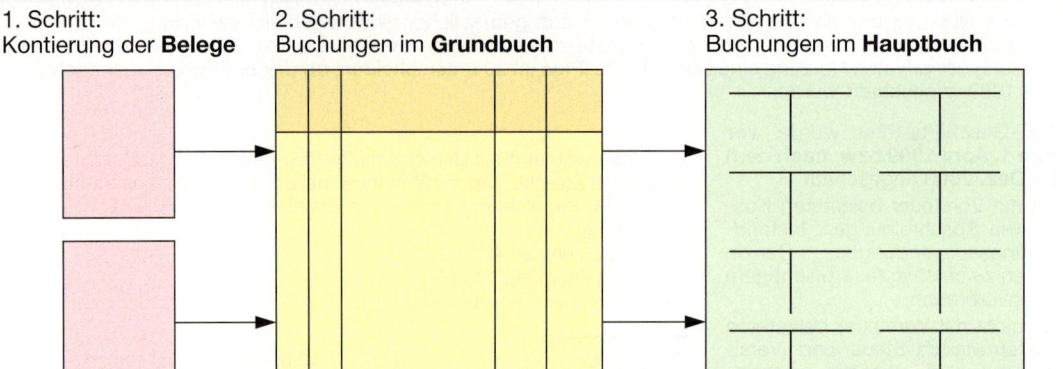

vgl. Grosser, Irmgard u. a.: Industriebuchführung und Bilanz Schritt für Schritt, Wuppertal 1983, S. 39

Belege

Arten

- **Interne Belege**
  (Eigenbelege)

  Im Unternehmen selbst erstellte Belege

  Beispiele:
  – Durchschriften von Ausgangs-rechnungen
  – Quittungsdurchschriften
  – Gutschriftsanzeigen an Kunden
  – Begleitbriefe zu selbst ausge-stellte Schecks
  – Lohn- und Gehaltslisten
  – Materialentnahmescheine

- **Externe Belege**
  (Fremdbelege)

  Von außen in das Unterneh-men gelangte Belege

  Beispiele:
  – Eingangsrechnungen
  – Quittungen
  – Kontoauszüge der Kreditinsti-tute
  – Gutschriftsanzeigen von Liefe-rern für Preisnachlässe u. Boni
  – Begleitbriefe zu erhaltenen Schecks

- **Ersatzbelege**
  (Notbelege)

  – **Ersatz** für abhanden gekom-mene Belege

  – **Nicht erhältliche** Fremdbelege
  Beispiel:
  Ersatzbeleg über ein von einer öffentlichen Telefonzelle aus ge-führtes Telefonat

Bearbeitung

- **Überprüfen** auf sachliche und rechnerische Rich-tigkeit
- **Sortieren** nach Belegarten, zum Beispiel nach Eingangsrechnungen, Ausgangsrechnungen usw.
- Fortlaufend **nummerieren**

- **Vorkontieren** mithilfe eines Kontierungsstem-pels auf der Grundlage des Kontenplans
- **Ablegen** nach der Buchung und zehn Jahre lang (§ 257 HGB) aufbewahren

Beispiel:

J IV/3: Die Buchung erfolgte im Journal (Grundbuch) für April auf Seite 3

ka: Kurzzeichen des Buchhalters

Celler Maschinenfabrik

ER 48

OfficeCom AG
Hansestraße 120
38112 Braunschweig

Rechnungs-Nr.: 25 678

20..-04-12

Konto	Soll	Haben
Maschinen	20.000,00	
Bankguthaben	3.800,00	
Bankguthaben		5.000,00
Verbindlichk.		18.800,00
Gebucht: 20..-04-16 J IV/3 ka		

1 St. Drehbank .... 20.000,00 €
19 % Umsatzsteuer .... 3.800,00 €
23.800,00 €

Zahlbar 5.000,00 € sofort per Scheck
Rest in zwei Wochen

---

vgl.: Hübscher, Heinrich u. a.: IT-Kompendium, 1. Aufl., Braunschweig 2001, S. 396

3526114

Organisation der Buchführung – *Organizing the bookkeeping*

Belegbearbeitung als Ereignisgesteuerte Prozesskette (EPK)

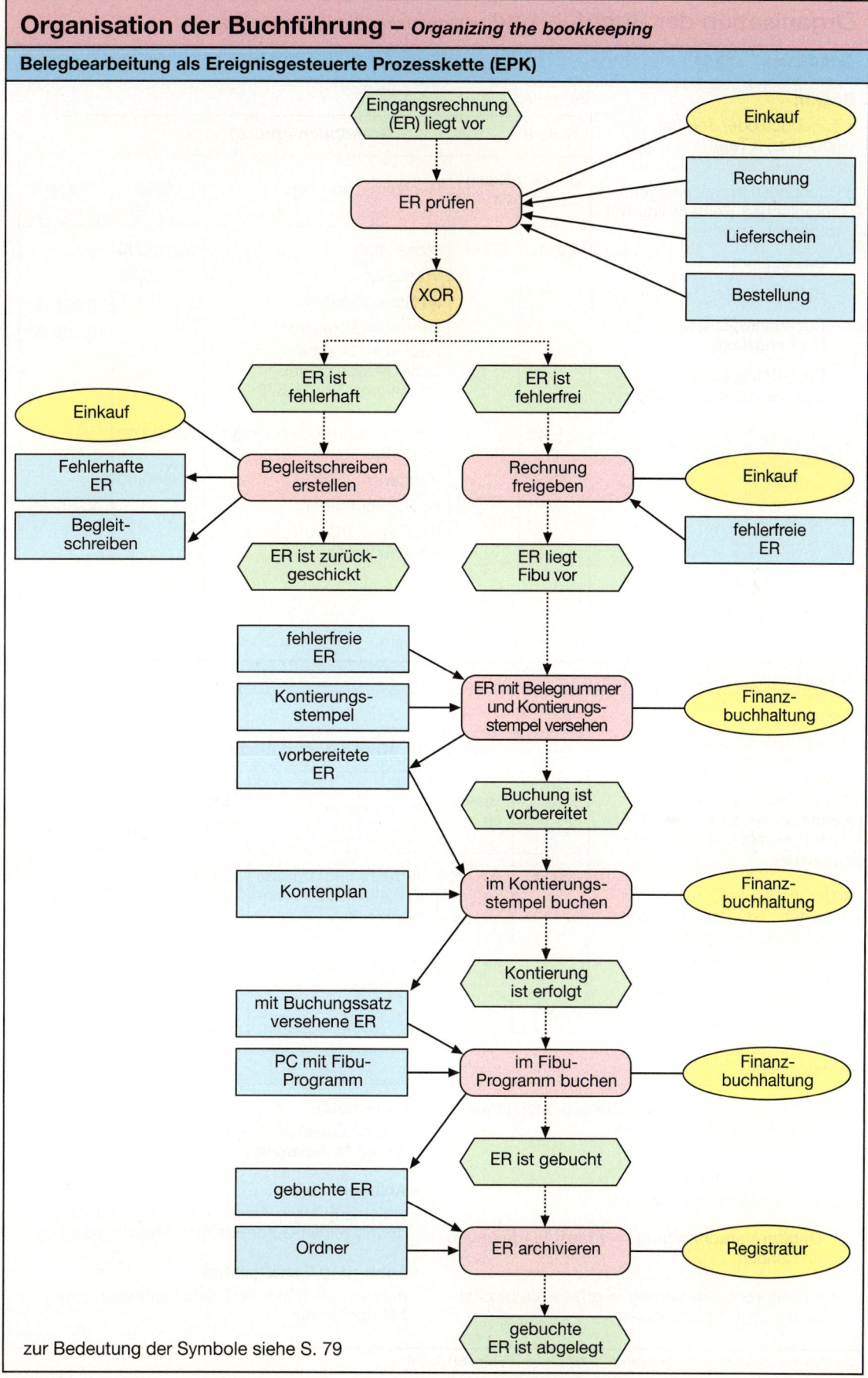

zur Bedeutung der Symbole siehe S. 79

Organisation der Buchführung – *Organizing the bookkeeping*

Grundbuch

Begriff:

- Tagebuch oder Journal (jour [frz.] = Tag)

- Buchungen in zeitlicher (chronologischer) Reihenfolge mit folgenden Angaben:

  - Belegdatum,
  - Belegnummer,
  - Buchungssatz und Buchungstext,
  - Euro-Beträge der Soll- und der Habenbuchung.

Beispiel:

Seite 9		Grundbuch April 20..		
Beleg-datum	Beleg-Nr.	Buchungssatz/-text	Soll	Haben
20. 4.	ER 48	Maschinen	20.000,00	
		Vorsteuer	3.800,00	
		an Bankguthaben		5.000,00
		an Verbindlichkeiten		18.800,00
		Kauf einer Drehbank von Celler Maschinenfabrik Rechnungs-Nr.: 25 678		
21. 4.	ER 49	Betriebs- und Geschäftsausstattung	2.000,00	
		Vorsteuer	380,00	
		an Bankguthaben		2.380,00
		Kauf eines PC von Compufix Rechnungs-Nr.: 123		
.	.			
.	.			
.	.			

Hauptbuch

Begriff:

- Gesamtheit aller Konten des betrieblichen Kontenplans

- Buchen der Geschäftsfälle nach sachlichen Gesichtspunkten

- Durch Saldierung in den Konten ist der jeweilige Stand der einzelnen Vermögensteile und Schuldenarten jederzeit schnell ermittelbar.

Beispiel:

Konto Bankguthaben				Betrag	
Datum	Beleg-Nr.	Buchungstext	Gegen-konto	Soll	Haben
20. 4.	ER 48	Verrechnungsscheck an Celler Maschinenfabrik	Masch./Vorst.	–	5.000,00
.	.	…			
.	.	…			
.	.	…			

Nebenbücher

Nebenbücher dienen der Erläuterung bestimmter Sachkonten des Hauptbuches:

- **Kontokorrentbuch** (Buch der Geschäftsfreunde)

  - **Debitorenbuchhaltung** ⇒ erfasst Forderungen an Kunden

  - **Kreditorenbuchhaltung** ⇒ erfasst Verbindlichkeiten gegenüber Lieferern

- **Lagerdatei** erfasst Zugänge, Abgänge und Bestände der einzelnen Materialarten

- **Anlagendatei** weist Zugänge, Abschreibungen und Abgänge der einzelnen Güter des Anlagevermögens aus

- **Lohn- und Gehaltslisten** nehmen die Lohn- und Gehaltsabrechnungen der Mitarbeiter auf

aus: Hübscher, Heinrich u. a.: IT-Kompendium, 1. Aufl., Braunschweig 2001, S. 397

3526116

Organisation der Buchführung – *Organizing the bookkeeping*

Industrie-Kontenrahmen (IKR) – 1987 herausgegeben vom Bundesverband der Deutschen Industrie

Kontenklassen

3

AKTIVA		PASSIVA	

0 Immaterielle Vermögensgegenstände u. Sachanlagen

- **00 Ausstehende Einlagen**
  - 000 Ausstehende Einlagen
- **01 Frei**

Immaterielle Vermögensgegenstände

- **02 Konzessionen, gewerbliche Schutzrechte u. ähnliche Rechte und Werte sowie Lizenzen an solchen Rechten und Werten**
  - 020 Konzessionen
- **03 Geschäfts- oder Firmenwert**
  - 030 Geschäfts- oder Firmenwert
- **04 Frei**

Sachanlagen

- **05 Grundstücke, grundstücksgleiche Rechte und Bauten einschließlich der Bauten auf fremden Grundstücken**
  - 050 Unbebaute Grundstücke
  - 051 Bebaute Grundstücke
  - 053 Betriebsgebäude
  - 054 Verwaltungsgebäude
  - 055 Andere Bauten
  - 056 Grundstückseinrichtungen
  - 057 Gebäudeeinrichtungen
  - 059 Wohngebäude
- **06 Frei**
- **07 Technische Anlagen und Maschinen**
  - 070 Anlagen und Maschinen der Energieversorgung
  - 071 Anlagen der Materiallagerung und -bereitstellung
  - 072 Anlagen und Maschinen der mechanischen Materialbearbeitung, -verarbeitung und -umwandlung
  - 073 Anlagen für Wärme-, Kälte- und chemische Prozesse sowie ähnliche Anlagen
  - 074 Anlagen für Arbeitssicherheit und Umweltschutz
  - 075 Transportanlagen und ähnliche Betriebsvorrichtungen
  - 076 Verpackungsanlagen und -maschinen
  - 077 Sonstige Anlagen und Maschinen
  - 078 Reservemaschinen und -anlagenteile
  - 079 Geringwertige Anlagen und Maschinen
- **08 Andere Anlagen, Betriebs- und Geschäftsausstattung**
  - 080 Andere Anlagen
  - 081 Werkstätteneinrichtung
  - 082 Werkzeuge, Werksgeräte und Modelle, Prüf- und Messmittel
  - 083 Lager- und Transporteinrichtungen
  - 084 Fuhrpark
  - 085 Sonstige Betriebsausstattung
  - 086 Büromaschinen, Organisationsmittel und Kommunikationsanlagen
  - 087 Büromöbel und sonstige Geschäftsausstattung
  - 088 Reserveteile für Betriebs- und Geschäftsausstattung
  - 089 Geringwertige Vermögensgegenstände der Betriebs- und Geschäftsausstattung
- **09 Geleistete Anzahlungen und Anlagen in Bau**
  - 090 Geleistete Anzahlungen auf Sachanlagen
  - 095 Anlagen im Bau

1 Finanzanlagen

- **10 bis 12 frei**
- **13 Beteiligungen**
- **14 Frei**
- **15 Wertpapiere des Anlageverm.**
  - 150 Wertpapiere des Anlagevermögens
- **16 Sonstige Finanzanlagen**
  - 160 Sonstige Finanzanlagen
- **17 bis 19 frei**

2 Umlaufvermögen und aktive Rechnungsabgrenzung

Vorräte

- **20 Roh-, Hilfs- und Betriebsstoffe**
  - 200 Rohstoffe/Fertigungsmaterial
    - 2001 Bezugskosten
    - 2002 Nachlässe
  - 201 Vorprodukte/Fremdbauteile
    - 2011 Bezugskosten
    - 2012 Nachlässe
  - 202 Hilfsstoffe
    - 2021 Bezugskosten
    - 2022 Nachlässe
  - 203 Betriebsstoffe
    - 2031 Bezugskosten
    - 2032 Nachlässe
  - 207 Sonstiges Material
    - 2071 Bezugskosten
    - 2072 Nachlässe
- **21 Unfertige Erzeugnisse, unfertige Leistungen**
  - 210 Unfertige Erzeugnisse
  - 219 Unfertige Leistungen
- **22 Fertige Erzeugnisse und Waren**
  - 220 Fertige Erzeugnisse
  - 228 Waren (Handelswaren)
    - 2281 Bezugskosten
    - 2282 Nachlässe
- **23 Geleistete Anzahlungen auf Vorräte**
  - 230 Geleistete Anzahlungen auf Vorräte

Forderungen und sonstige Vermögensgegenstände (24 – 26)

- **24 Forderungen aus Lieferungen und Leistungen**
  - 240 Forderungen aus Lieferungen und Leistungen
  - 245 Wechselforderungen aus Lieferungen und Leistungen (Besitzerwechsel)
  - 247 Zweifelhafte Forderungen
  - 248 Protestwechsel
- **25 Frei**
- **26 Sonstige Vermögensgegenstände**
  - 260 Vorsteuer
    - 2602 Vorsteuer (19 %) i. E.
    - 2604 Einfuhrumsatzsteuer
  - 263 Sonstige Forderungen an Finanzbehörden
  - 265 Forderungen an Mitarbeiter
  - 269 Übrige sonstige Forderungen
- **27 Wertpapiere des Umlaufvermögens**
  - 270 Wertpapiere des Umlaufvermögens
- **28 Flüssige Mittel**
  - 280 Guthaben bei Kreditinstituten
  - 284
  - 285 Postgiro
  - 286 Schecks
  - 287 Bundesbank
  - 289 Nebenkassen
- **29 Aktive Rechnungsabgrenzung und Bilanzfehlbetrag**
  - 290 Aktive Jahresabgrenzung
  - 292 Umsatzsteuer auf erhaltene Anzahlungen
  - 299 (nicht durch Eigenkapital gedeckter Fehlbetrag)

3 Eigenkapital und Rückstellungen

Eigenkapital

- **030 Eigenkapital/Gezeichnetes Kapital**
  - **Bei Einzelkaufleuten:**
    - 300 Eigenkapital
      - 3001 Privatkonto
  - **Bei Personengesellschaften:**
    - 300 Kapital Gesellschafter A
      - 3001 Privatkonto A
    - 301 Kapital Gesellschafter B
      - 3011 Privatkonto B
    - 307 Kommanditkapital Gesellschafter C
    - 308 Kommanditkapital Gesellschafter D
  - **Bei Kapitalgesellschaften:**
    - 300 Gezeichnetes Kapital (Grundkapital/Stammkapital)
- **31 Kapitalrücklage**
  - 310 Kapitalrücklage
- **32 Gewinnrücklagen**
  - 321 Gesetzliche Rücklagen
  - 323 Satzungsmäßige Rücklagen
  - 324 Andere Gewinnrücklagen
- **33 Ergebnisverwendung**
  - 331 Jahresergebnis des Vorjahres
  - 332 Ergebnisvortrag aus früheren Perioden
  - 334 Veränderungen der Gewinnrücklagen vor Bilanzergebnis
  - 335 Bilanzgewinn/Bilanzverlust
  - 336 Ergebnisausschüttung
  - 339 Ergebnisvortrag auf neue Rechnung
- **34 Jahresüberschuss/Jahresfehlbetrag**
  - 340 Jahresüberschüss/Jahresfehlbetrag
- **35 Sonderposten mit Rücklageanteil**
  - 350 Sonderposten mit Rücklageanteil
- **36 Wertberichtigungen**
  (Bei Kapitalgesellschaften als Passivposten der Bilanz nicht mehr zulässig)
  - 361 – zu Sachanlagen
  - 365 – zu Finanzanlagen
  - 367 Einzelwertberichtigung zu Forderungen
  - 368 Pauschalwertberichtigung zu Forderungen

Rückstellungen

- **37 Rückstellungen für Pensionen und ähnliche Verpflichtungen**
  - 370 Rückstellungen für Pensionen und ähnliche Verpflichtungen
- **38 Steuerrückstellungen**
  - 380 Steuerrückstellungen
- **39 Sonstige Rückstellungen**
  - 391 – für Gewährleistung
  - 393 – für andere ungewisse Verbindlichkeiten
  - 397 – für drohende Verluste aus schwebenden Geschäften
  - 399 – für Aufwendungen

4 Verbindlichkeiten u. passive Rechnungsabgrenzung

- **40 Frei**
- **41 Anleihen**
  - 410 Anleihen
- **42 Verbindlichkeiten gegenüber Kreditinstituten**
  - 421 Kurzfristige Bankverbindlichkeiten
  - 423 Mittelfristige Bankverbindlichkeiten
  - 425 Langfristige Bankverbindlichkeiten
- **43 Erhaltene Anzahlungen auf Bestellungen**
  - 430 Erhaltene Anzahlungen
- **44 Verbindlichkeiten aus Lieferungen und Leistungen**
  - 440 Verbindlichkeiten aus Lieferungen und Leistungen
- **45 Wechselverbindlichkeiten**
  - 450 Schuldwechsel
- **46 und 47 Frei**
- **48 Sonstige Verbindlichkeiten**
  - 480 Umsatzsteuer
  - 483 Sonstige Verbindlichkeiten gegenüber Finanzbehörden
  - 484 Verbindlichkeiten gegenüber Sozialversicherungsträgern
  - 485 Verbindlichkeiten gegenüber Mitarbeitern
  - 486 Verbindlichkeiten aus vermögenswirksamen Leistungen
  - 487 Verbindlichkeiten gegenüber Gesellschaftern (Dividende)
  - 489 Übrige sonstige Verbindlichkeiten
- **49 Passive Rechnungsabgrenzung**
  - 490 Passive Jahresabgrenzung

aus: Hübscher, Heinrich u.a.: IT-Kompendium, 1. Aufl., Bildungshaus Schulbuchverlage Westermann Schroedel Diesterweg Schöningh Winklers GmbH, Braunschweig 2001, S. 394

Organisation der Buchführung – *Organizing the bookkeeping*

Industrie-Kontenrahmen (IKR) – 1987 herausgegeben vom Bundesverband der Deutschen Industrie

Kontenklassen

Erträge	Aufwendungen	Ergebnisrechnungen

5 Erträge

50 Umsatzerlöse für eigene Erzeugnisse u. andere Leistungen
300 Umsatzerlöse für eigene Erzeugnisse
   5001 Erlöschberichtigungen
505 Umsatzerlöse für andere eigene Leistungen
   5051 Erlösberichtigungen
506 Erlöse aus innergemeinschaftlicher Lieferung (i. L.)
   5061 Erlösberichtigungen
507 Erlöse aus Güterausfuhr
   5071 Erlösberichtigungen
51 Umsatzerlöse für Waren und sonstige Umsatzerlöse
510 Umsatzerlöse für Waren
   5101 Erlösberichtigungen
519 Sonstige Umsatzerlöse
   5191 Erlösberichtigungen
52 Erhöhung oder Verminderung des Bestandes an unfertigen und fertigen Erzeugnissen
520 Bestandsveränderungen
   5201 Bestandsveränderungen an unfertigen Erzeugnissen und nicht abgerechneten Leistungen
   5202 Bestandsveränderungen an fertigen Erzeugnissen
53 Andere aktivierte Eigenleistungen
530 Aktivierte Eigenleistungen
54 Sonstige betriebliche Erträge
540 Mieterträge
541 Sonstige Erlöse (z. B. aus Provisionen oder Anlageabgängen)
542 Entnahme von Gegenständen und sonstigen Leistungen
543 Andere sonstige betriebliche Erträge
544 Erträge aus Werterhöhungen von Gegenständen des Anlagevermögens (Zuschreibungen)
545 Erträge aus der Auflösung oder Herabsetzung von Wertberichtigungen auf Forderungen
546 Erträge aus dem Abgang von Vermögensgegenständen
548 Erträge aus der Herabsetzung von Rückstellungen
549 Periodenfremde Erträge
55 Erträge aus Beteiligungen
550 Erträge aus Beteiligungen
56 Erträge aus anderen Wertpapieren und Ausleihungen des Finanzanlagevermögens
560 Erträge aus anderen Finanzanlagen
57 Sonstige Zinsen und ähnliche Erträge
571 Zinserträge
573 Diskonterträge
578 Erträge aus Wertpapieren des Umlaufvermögens
579 Sonstige zinsähnliche Erträge
58 Außerordentliche Erträge
580 Außerordentliche Erträge
59 Frei

vgl.: Hübscher, Heinrich u.a.: IT-Kompendium, 1. Aufl., Braunschweig 2001, S. 395

6 Betriebliche Aufwendungen

Materialaufwand
60 Aufwendungen für Roh-, Hilfs- und Betriebsstoffe und für bezogene Waren
600 Aufwendungen für Rohstoffe/Fertigungsmaterial
   6001 Bezugskosten
   6002 Nachlässe
601 Aufwendungen für Vorprodukte/Fremdbauteile
602 Aufwendung. für Hilfsstoffe
603 Aufwendungen für Betriebsstoffe/Verbrauchswerkzeuge
604 Aufw. für Verpackungsmaterial
605 Aufw. für Energie
606 Aufw. für Reparaturmaterial
607 Aufwendungen für sonstiges Material
608 Aufwendungen für Waren
61 Aufwendungen für bezogene Leistungen
610 Fremdleistungen für Erzeugnisse und andere Umsatzleistungen
614 Frachten und Nebenkosten
615 Vertriebsprovisionen
616 Fremdinstandhaltung
617 Sonstige Aufwendungen für bezogene Leistungen
Personalaufwand
62 Löhne
620 Löhne einschl. tariflicher, vertraglicher oder arbeitsbedingter Zulagen
621 Urlaubs- u. Weihnachtsgeld
622 Sonstige tarifliche oder vertragliche Zuwendungen für Lohnempfänger
623 Freiwillige Zuwendungen
625 Sachbezüge
626 Vergütungen an gewerbliche Auszubildende
63 Gehälter
630 Gehälter und Zulagen
631 Urlaubs- u. Weihnachtsgeld
632 Sonstige tarifliche oder vertragliche Zuwendungen
633 Freiwillige Zuwendungen
635 Sachbezüge
636 Vergütung. an Auszubildende
64 Sonstige Abgaben und Aufwendungen für Altersversorgung und für Unterstützung
640 Arbeitgeberanteil zur Sozialversicherung (Lohnbereich)
641 Arbeitgeberanteil zur Sozialversich. (Gehaltsbereich)
642 Beiträge zur Berufsgenossenschaft
644 Aufwend. für Altersversorg.
645 Aufwend. für Unterstützung
65 Abschreibungen
Abschreibungen auf Anlagevermögen
651 Abschreibungen auf immaterielle Vermögensgegenstände des Anlagevermögens
652 Abschreib. auf Sachanlagen
654 Abschreibungen auf geringwertige Wirtschaftsgüter
655 Außerplanmäßige Abschreibungen auf Sachanlagen
657 Unüblich hohe Abschreibungen auf Umlaufvermögen
66 Sonstig. Personalaufwendungen
660 Aufwendungen für Personaleinstellung
661 Aufwendungen für übernommene Fahrtkosten
662 Aufwendungen für Werksarzt und Arbeitssicherheit

663 Personenbezogene Versicherungen
664 Aufwendungen für Fort- u. Weiterbildung
665 Aufwendg. für Dienstjubiläen
666 Aufwendungen für Belegschaftsveranstaltungen
667 Aufwendungen für Werksküche u. Sozialeinrichtungen
668 Ausgleichsabgabe nach dem Schwerbehindertengesetz
669 Übrige sonstige Personalaufwendungen
67 Aufwendung. für d. Inanspruchnahme von Rechten u. Diensten
670 Mieten, Pachten
671 Leasingaufwendungen
672 Lizenzen und Konzessionen
673 Gebühren
675 Kosten des Geldverkehrs
676 Provisionsaufwendungen (außer Vertriebsprovisionen)
677 Rechts- u. Beratungskosten
68 Aufwendungen für Kommunikation (Dokumentation, Informationen, Reisen, Werbung)
680 Büromaterial
681 Zeitungen und Fachliteratur
682 Porto, Telefon, Telefax
685 Reisekosten
686 Bewirtung und Präsentation
687 Werbung
688 Spenden
69 Aufwendungen für Beiträge u. Sonstiges sowie Wertkorrekturen und periodenfremde Aufwendungen
690 Versicherungsbeiträge
692 Beiträge zu Wirtschaftsverbänden u. Berufsvertretung
693 Verluste aus Schadensfällen
694 Sonstige Aufwendungen
695 Abschreibung. auf Forderung.
696 Verluste aus d. Abgang von Vermögensgegenständen
698 Zuführung zu Rückstellungen für Gewährleistung
699 Periodenfremde Aufwendung.

7 Weitere Aufwendungen

70 Betriebliche Steuern
702 Grundsteuer
703 Kraftfahrzeugsteuer
707 Ausfuhrzölle
708 Verbrauchsteuern
709 Sonstig. betriebliche Steuern
71 bis 73 Frei
74 Abschreibungen auf Finanzanlagen und auf Wertpapiere des Umlaufvermögens und Verluste aus entsprechenden Abgängen
740 Abschreibg. auf Finanzanlag.
742 Abschreibung. auf Wertpapiere des Umlaufvermögens
745 Verluste aus dem Abgang von Finanzanlagen
746 Verluste aus d. Abgang von Wertpapieren d. Umlaufverm.
72 Zinsen u. ähnliche Aufwendung.
751 Zinsaufwendungen
753 Diskontaufwendungen
759 Sonst. zinsähnlich. Aufwendg.
76 Außerordentliche Aufwendung.
760 Außerordentliche Aufwendung.
Steuern. v. Einkommen u. Ertrag
770 Gewerbesteuer
771 Körperschaftsteuer
772 Kapitalertragsteuer
78 Diverse Aufwendungen
79 Frei

8 Ergebnisrechnungen

80 Eröffnung/Abschluss
800 Eröffnungsbilanzkonto
801 Schlussbilanzkonto
802 GuV-Konto Gesamtkostenverfahren
803 GuV-Konto Umsatzkostenverfahren
805 Saldenvorträge
Konten der Kostenbereiche für die GuV im Umsatzkostenverfahren
81 Herstellungskosten
82 Vertriebskosten
83 Allgemeine Verwaltungskosten
84 Sonstige betriebliche Aufwendungen

Konten der kurzfristigen Erfolgsrechnung (KER) für innerjährige Rechnungsperioden (Monat, Quartal oder Halbjahr)
85 Korrekturkonten zu d. Erträgen der Kontenklasse 5
86 Korrekturkonten zu den Aufwendungen der Kontenklasse 6
87 Korrekturkonten zu den Aufwendungen der Kontenklasse 7
88 Kurzfristige Erfolgsrechnung (KER)
880 Gesamtkostenverfahren
881 Umsatzkostenverfahren
89 Innerjährige Rechnungsabgrenzung
890 aktive Rechnungsabgrenzung
895 passive Rechnungsabgrenzung

Kosten- und Leistungsrechnung

9 Weitere Aufwendungen

90 Unternehmensbezogene Abgrenzung (neutrale Aufwendungen und Erträge)
91 Kostenrechnerische Korrekturen
92 Kostenarten u. Leistungsarten
93 Kostenstellen
94 Kostenträger
95 Fertige Erzeugnisse
96 Interne Lieferungen und Leistungen sowie deren Kosten
97 Umsatzkosten
98 Umsatzleistungen
99 Ergebnisausweise

(In der Praxis wird die KLR gewöhnlich tabellarisch durchgeführt.)

Organisation der Buchführung – *Organizing the bookkeeping*

Kontenrahmen

- **Systematische Gliederung** aller **Konten** der Betriebe einer Branche, zum Beispiel für Industriebetriebe der Industriekontenrahmen
- Gliederung nach dem **Abschlussgliederungsprinzip** (im Hinblick auf den Jahresabschluss)

- Aufbau nach dem **dekadischen System** in
  - 10 Kontenklassen; je Klasse in
  - 10 Kontengruppen; je Gruppe in
  - 10 Kontenarten; je Art in
  - 10 Kontenunterarten; jede Unterart …

Abschlussgliederungsprinzip

Soll		8010 Schlussbilanzkonto		Haben
Kontenklasse	Aktiva	Passiva		Kontenklasse
0	Immaterielle Vermögensgegenstände und Sachanlagen	Eigenkapital, Wertberichtigungen und Rückstellungen		3
1	Finanzanlagen	Verbindlichkeiten und passive Rechnungsabgrenzung		4
2	Umlaufvermögen und aktive Rechnungsabgrenzung			

Soll		8020 Gewinn- und Verlustkonto		Haben
Kontenklasse	Aufwendungen	Erträge		Kontenklasse
6	Betriebliche Aufwendungen	Erträge		5
7	Weitere Aufwendungen			

Kontenplan

- **Betriebsindividuelle Ausgestaltung** des Kontenrahmens
- Aufbau ebenfalls nach dem **dekadischen System**

- Nicht benötigte Konten werden weggelassen, zusätzliche Konten eingefügt.
- Im Buchungssatz tritt an die Stelle der Kontobezeichnung die **Kontonummer.**

Grundsätze ordnungsmäßiger Buchführung (GoB)
Principles of orderly bookkeeping

- Um die Handelsgeschäfte und die Lage des Vermögens ersichtlich zu machen, sind **Handelsbücher** zu führen (§ 238 Abs. 1 HGB).
- Hierzu ist ein **Buchführungssystem** zu verwenden, wobei sowohl die einfache als auch die doppelte Buchführung dem Anspruch der **Nachprüfbarkeit** Genüge tun würden.
- Im Falle der doppelten Buchführung sind die Geschäftsfälle in zeitlicher Reihenfolge im Journal oder **Grundbuch** und nach sachlichen Gesichtspunkten im **Hauptbuch** auf Sachkonten sowie in Nebenbüchern, wie z. B. Kassenbuch, Lagerbuch, Kontokorrentbuch aufzuzeichnen.
- Die Bücher sind in einer **lebenden Sprache** zu führen (§ 239 Abs. 1 HGB).
- Die Aufstellung des Jahresabschlusses erfolgt in **deutscher Sprache** und die Bewertung in **Euro** (§ 244 HGB).
- Die Eintragungen in die Handelsbücher sind **zeitgerecht** und **geordnet** vorzunehmen (§ 239 Abs. 2 HGB).

- Eintragungen dürfen nur so geändert werden, dass der **urspüngliche Inhalt** noch feststellbar ist (§ 239 Abs. 3 HGB).
- Allen Buchungen müssen **Belege** zugrunde liegen.
- Handelsbücher, Inventare, Bilanzen, Buchungsbelege und Lageberichte müssen **10 Jahre,** Handelsbriefe und sonstige Unterlagen **sechs Jahre** aufbewahrt werden (§ 257 HGB).
- Die Dauer des **Geschäftsjahres** darf **12 Monate** nicht überschreiten (§ 240 Abs. 2 HGB).
- Die Beachtung des **Stichtagsprinzips** (Bewertung der Vermögensgegenstände und der Schulden zum Abschlussstichtag) nach § 252 Abs. 1 Ziff. 3 HGB soll die Berücksichtigung zukünftiger Ereignisse ausschließen.
- Grundsätzlich gilt für die einzelnen Vermögensgegenstände und die Schulden das Prinzip der **Einzelbewertung.**

aus: Hübscher, Heinrich u. a.: IT-Kompendium, 1. Aufl., Bildungshaus Schulbuchverlage Westermann Schroedel Diesterweg Schöningh Winklers GmbH, Braunschweig 2001, S. 384 und 393

Beschaffung von Werkstoffen – *Purchasing materials*

Werkstoffarten

Werkstoffe

Rohstoffe	**Hilfsstoffe**	**Betriebsstoffe**	**Fremdbauteile**
gehen direkt in das Produkt ein und bilden den Hauptbestandteil	gehen direkt in das Produkt ein und bilden den Nebenbestandteil	gehen nicht in das Produkt ein, nur – wie Roh- und Hilfsstoffe auch – als Kosten	gehen als fertige Komponenten ohne weitere Bearbeitung in das Produkt ein

Bewertung zum Zeitpunkt der Beschaffung

Anschaffungspreis netto (ohne USt)	→ Listeneinkaufspreis
+ Anschaffungsnebenkosten netto (ohne USt)	→ z. B. Einfuhrzoll, Transport-, Verpackungskosten, Provisionen
– Anschaffungspreisminderungen	→ z. B. Rabatt, sonstiger Preisnachlass, Bonus, Skonto
= aktivierungspflichtige Anschaffungskosten	→ Wert, mit dem die Werkstoffe letztendlich auf den entsprechenden aktiven Bestandskonten ausgewiesen werden müssen

Beispiele für Einkaufsbelege

Eingangsrechnung für Rohstoffe:

Eingangsrechnung für Frachtkosten:

vgl.: Scharf, Dirk: Praxis der Buchführung. Beschaffung, Absatz und Finanzierung, Gabler, Wiesbaden 1997, S. 5

vgl.: Scharf, Dirk: Praxis der Buchführung. Beschaffung, Absatz und Finanzierung, Gabler, Wiesbaden 1997, S. 7

Die beiden Belege dienen als Grundlage für die Buchungen auf der folgenden Seite.

Konten

Für jede Werkstoffart wird ein **aktives Bestandskonto** geführt:	Für jedes Werkstoffkonto wird ein **Unterkonto** für die gesonderte Erfassung der Bezugskosten geführt:	Jedes Werkstoffkonto erhält ein **Unterkonto** zur Erfassung der nachträglichen Anschaffungspreisminderungen:
„Rohstoffe"	„Bezugskosten für Rohstoffe"	„Nachlässe für Rohstoffe"
„Hilfsstoffe"	„Bezugskosten für Hilfsstoffe"	„Nachlässe für Hilfsstoffe"
„Betriebsstoffe"	„Bezugskosten für Betriebsstoffe"	„Nachlässe für Betriebsstoffe"
„Fremdbauteile"	„Bezugskosten für Fremdbauteile"	„Nachlässe für Fremdbauteile"

3526120

Beschaffung von Werkstoffen – *Purchasing materials*

Buchungen

Anschaffungskosten/Sofortrabatte

Sofortrabatte des Lieferers mindern im Vorhinein den Listeneinkaufspreis und werden nicht gebucht.

Beispiel:

Eingangsrechnung für Rohstoffe (Beleg S. 120)

Rohstoffe	75.072,00 €	
Vorsteuer	14.263,68 €	
an Verbindlichkeiten a. LL		89.335,68 €

Anschaffungsnebenkosten

Beispiel:

Eingangsrechnung für Frachtkosten (Beleg S. 120)

Bezugskosten für		
Rohstoffe	2.120,33 €	
Vorsteuer	402,86 €	
an Verbindlichkeiten a. LL		2.523,19 €

Nachträgliche Anschaffungspreisminderungen

Beispiel:

Ausgleich der Eingangsrechnung für Rohstoffe abzüglich Skonto

Nettobuchung:

Verbindlichkeiten a. LL	89.335,68 €	
an Nachlässe für		
Rohstoffe		1.501,44 €
an Vorsteuer		285,27 €
an Bankguthaben		87.548,97 €

Bruttobuchung:

Verbindlichkeiten a. LL	89.335,68 €	
an Nachlässe für		
Rohstoffe		1.786,71 €
an Bankguthaben		87.548,97 €

Steuerkorrekturbuchung am Monatsende:

Nachlässe für		
Rohstoffe	285,27 €	
an Vorsteuer		285,27 €

Analog werden sonstige Preisnachlässe – z. B. aufgrund von Mängelrügen – und Boni gebucht.

Abschluss der Unterkonten

- Konto „Bezugskosten für Rohstoffe" über das Konto „Rohstoffe"

Beispiel:

Rohstoffe	2.120,33 €	
an Bezugskosten für		
Rohstoffe		2.120,33 €

- Konto „Nachlässe für Rohstoffe" über das Konto „Rohstoffe"

Beispiel:

Nachlässe für		
Rohstoffe	1.501,44 €	
an Rohstoffe		1.501,44 €

Aktivierungspflichtige Anschaffungskosten

Beispielrechnung

Aus den Belegen der S. 120 errechnen sich die aktivierungspflichtigen Anschaffungskosten wie folgt:

	Anschaffungspreis netto	81.600,00 €
+	Anschaffungsnebenkosten (Frachtkosten netto)	2.120,33 €
=	Zwischensumme	83.720,33 €
–	Anschaffungspreisminderungen	
	Rabatt (8 % von 81.600,00 €)	6.528,00 €
	Skonto (2 % von 75.072,00 €)	1.501,44 €
=	aktivierungspflichtige Anschaffungskosten	75.690,89 €

Kontenausweis

Auf dem Konto „Rohstoffe" ergeben sich nach Abschluss der Unterkonten „Bezugskosten für Rohstoffe" und „Nachlässe für Rohstoffe" per Saldo die aktivierungspflichtigen Anschaffungskosten:

Soll		Rohstoffe		Haben
Verbindlich-keiten a. LL	75.072,00	Nachlässe für Rohstoffe		1.501,44
Bezugsk. f. Rohstoffe	2.120,33			

Soll		Nachlässe für Rohstoffe		Haben
Rohstoffe	1.501,44	Verbindlich-keiten a. LL		1.501,44

Soll		Bezugskosten für Rohstoffe		Haben
Verbindlich-keiten a. LL	2.120,33	Rohstoffe		2.120,33

vgl. Scharf, Dirk: Praxis der Buchführung, Beschaffung, Absatz und Finanzierung, Gabler, Wiesbaden 1997, S. 9

Beschaffung von Werkstoffen – *Purchasing materials*

Rücksendungen

- Aufgrund einer Gutschriftsanzeige wird die Minderung direkt auf dem entsprechenden Bestandskonto auf der Habenseite netto gebucht, da sich der Bestand der jeweiligen Werkstoffart mengen- und wertmäßig verringert.
- Die Vorsteuer ist zu korrigieren.
- Die Verbindlichkeiten a. LL nehmen ab.

Beispiel:

Aufgrund der Gutschriftsanzeige wird gebucht:

Verbindlichkeiten a. LL	223,34 €	
an Rohstoffe		187,68 €
an Vorsteuer		35,66 €

KNABER OHG

Knaber OHG • Dreieichweg 8 • 21029 Hamburg

Dreieichweg 8
21029 Hamburg
Tel.: 040 7342856
Fax: 040 7342858
E-Mail: knaber.aber-wvd@t-online
Internet: www.knaber-aber-wvd.de

OfficeCom AG
Hansestraße 120
38112 Braunschweig

Datum
..-03-03

Gutschriftanzeige – Auftrags-Nr.: 123/13 vom 7. Februar ..

Sehr geehrte Damen und Herren,

aufgrund der von Ihnen an uns gemäß telefonischer Vereinbarung vom 2. März .. zurückgesandten mangelhaften 2 Edelstahlrohre aus Auftrag 123/13 vom 7. Februar .. (Einzelpreis 102,00 € abzüglich 8 % Rabatt) im Gesamtwert von 187,68 € zuzüglich 19 % Umsatzsteuer erhalten Sie eine Gutschrift in gleicher Höhe.

Wir bitten um gleich lautende Buchung.

Mit freundlichen Grüßen

Knaber OHG

i. A. Heffemann

Bankverbindung:
Hamburger
Sparkasse
Konto 15 264 869
BLZ 270 100 00

Knaber OHG
Sitz Hamburg
Amtsgericht Hamburg
Handelsregister
Nr. HRA 967

Steuernr. 20/310/74502
USt-IDNr. DE 450 432 629

vgl. Scharf, Dirk: Praxis der Buchführung, Beschaffung, Absatz und Finanzierung, Gabler, Wiesbaden 1997, S. 10

Verbrauch von Werkstoffen – *Using materials*

Werkstoffverbrauch mithilfe von Materialentnahmescheinen

- laufende Ermittlung des Materialverbrauchs anhand von Belegen
- laufende Buchung des Werkstoffverbrauchs auf den Aufwandskonten
  „Aufwendungen für Rohstoffe",
  „Aufwendungen für Hilfsstoffe",
  „Aufwendungen für Betriebsstoffe",
  „Aufwendungen für Fremdbauteile"

Beispiel:

Aufgrund des Materialentnahmescheins wird gebucht:

Rohstoffaufwendungen	3.784,40 €	
an Rohstoffe		3.784,40 €

OfficeCom **AG**   **Materialentnahmeschein**

Stückzahl	Fertig.-anfang	Bereitstellung	Liefertermin	Kolonne	Auftrags-Nr.	Kostenstelle
10	9	14	18	2	1800 703	24

Sachbearbeiter TB	Winkler	erstellt ..-02-15	Benennung		Zeichnung-Nr.	Z 96
Sachbearbeiter AV	Hiesch	erstellt ..-03-04	Schreibtisch Modell St 34		Montagehinweis	

Ersatz für			Ursprung		Ersetzt durch		Mat.		Seite

Gew.	Mat. KZ	Stück- zahl	Benennung/Abmessung	Pos. Pl. V	Teile-Zchng.-Nr. DIN	Mat.-Güte DIN	Kauf- teil	Disp. E	Disp. AV
		40	Edelstahlrohre	20	12-200-20/22	9627 K	K		
			710 mm lang, Ø 80 mm						

Ausgabedatum:		Nur für die Buchhaltung	
Ausgeber:		**Preis je Stück:**	94,61 €
Empfänger:		**Gesamtpreis:**	3.784,40 €

vgl. Scharf, Dirk: Praxis der Buchführung, Beschaffung, Absatz und Finanzierung, Gabler, Wiesbaden 1997, S. 12

Verbrauch von Werkstoffen – *Using materials*

Ermittlung des Werkstoffverbrauchs durch Inventur

- einmalige Ermittlung des Werkstoffverbrauchs am Ende einer Rechnungsperiode (Monat, Quartal, Jahr) auf der Grundlage der Inventur

- Berechnung:

  Anfangsbestand
  + Zugänge
  − Endbestand lt. Inventur

  = Verbrauch

Beispiel:

Für den Werkstoff Heizöl ergeben sich aufgrund der Inventur für das Quartal 1. April bis 30. Juni 20.. folgende Zahlen:

Anfangsbestand	2.000,00 €
+ Zugänge	25.000,00 €
− Endbestand lt. Inventur	17.500,00 €
= Verbrauch	9.500,00 €

Buchung:
Betriebsstoffaufwendungen 9.500,00 €
an Betriebsstoffe   9.500,00 €

Schematische Darstellung des Kontos „Rohstoffe"

Soll	Rohstoffe	Haben
• Anfangsbestand (aus der Eröffnungsbilanz)		• Verbrauch (Rohstoffaufwendungen)
• Einkäufe		• Preisnachlässe, Skonti (aus dem Unterkonto „Nachlässe für Rohstoffe")
• Bezugskosten (aus dem Unterkonto „Bezugskosten für Rohstoffe")		• Rücksendungen
		• Endbestand (gemäß Inventur)

Analoge Darstellungen ergeben sich für die Konten „Hilfsstoffe", „Betriebsstoffe" und „Fremdbauteile".

Beispiel

Aufgrund der Buchungen auf den vorangegangenen Seiten 121 bis 122 ergeben sich auf dem Konto „Rohstoffe" die folgenden Zahlen, wobei ein Anfangsbestand von 6.500,00 € angenommen wird:

Soll	Rohstoffe		Haben
EBK	6.500,00	Aufwendungen für Rohstoffe	3.784,40
Verbindlichkeiten a. LL	75.072,00	Nachlässe für Rohstoffe	1.501,44
Bezugskosten für Rohstoffe	2.120,33	Verbindlichkeiten a. LL	187,68

Soll	Bezugskosten für Rohstoffe		Haben
Verbindlichkeiten a. LL	2.120,33	Rohstoffe	2.120,33

Soll	Nachlässe für Rohstoffe		Haben
Rohstoffe	1.501,44	Verbindlichkeiten a. LL	1.501,44

Soll	Aufwendungen für Rohstoffe		Haben
Rohstoffe	3.784,40		

Analoge Buchungen sind auf den Konten „Hilfsstoffe", „Betriebsstoffe" und „Fremdbauteile" mit ihren entsprechenden Unterkonten zu finden.

Aufwandsorientiertes Buchungsverfahren

Die vorangegangenen Buchungen zur Beschaffung und zum Verbrauch von Werkstoffen am Beispiel der Rohstoffe wurden nach dem so genannten **bestandsorientierten Buchungsverfahren** vorgenommen.

Beschaffen die Betriebe ihre Werkstoffe fertigungssynchron (just in time), wird das so genannte **aufwandsorientierte Buchungsverfahren** angewandt (siehe hierzu ausführlich S. 265 f.).

Verkauf von Fertigerzeugnissen – *Selling finished goods*

Buchungen im Überblick

```
                        ┌─────────────────┐
                        │   Buchungen     │
                        └─────────────────┘
        ┌──────────────┬──────────┴──────────┬──────────────┐
```

| Verkauf von Fertigerzeugnissen | Ausgangsfrachten | Skonti, Boni, sonstige Preisnachlässe | Rücksendungen |

Konten

Für die Buchungen werden die folgenden zusätzlichen Konten benötigt:

- Umsatzerlöse für eigene Erzeugnisse → Ertragskonto
- Frachten und Nebenkosten → Aufwandskonto
- Erlösberichtigungen → Unterkonto des Kontos „Umsatzerlöse für eigene Erzeugnisse"

Beispiele für Verkaufsbelege

Ausgangsrechnung für Fertigerzeugnisse

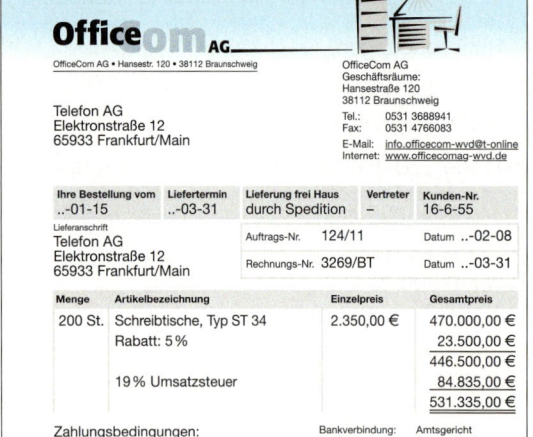

vgl. Scharf, Dirk: Praxis der Buchführung, Beschaffung, Absatz und Finanzierung, Gabler, Wiesbaden 1997, S. 14

Eingangsrechnung für Frachtkosten

vgl. Scharf, Dirk: Praxis der Buchführung, Beschaffung, Absatz und Finanzierung, Gabler, Wiesbaden 1997, S. 15

Buchungen

Verkauf der eigenen Erzeugnisse

Sofortrabatte (z. B. Mengen-, Sonder-, Wiederverkäuferrabatte) werden in der Buchhaltung nicht erfasst, da sie im Vorhinein die Verkaufserlöse mindern.

Beispiel:

Die OfficeCom AG bucht den Verkauf von Schreibtischen aufgrund des o. a. Belegs.

Buchungssatz:

Forderungen a. LL   531.335,00 €
an Umsatzerlöse f. e. E.   446.500,00 €
an Umsatzsteuer   84.835,00 €

Ausgangsfrachten

Vom Verkäufer zu tragende Transportkosten werden auf dem Aufwandskonto „Frachten und Nebenkosten" gebucht:

Beispiel:

Da die OfficeCom AG die Schreibtische frei Haus liefert, trägt sie die Transportkosten und bucht den o. a. Beleg.

Buchungssatz:

Frachten und
Nebenkosten   4.360,00 €
Vorsteuer   828,40 €
an Verbindlichkeiten a. LL   5.188,40 €

Verkauf von Fertigerzeugnissen – *Selling finished goods*

Skonti, Boni, sonstige Preisnachlässe

- Skonti, Boni und sonstige Preisnachlässe, die dem Kunden gewährt werden, schmälern die Umsatzerlöse.

- Die entsprechende Buchung erfolgt nicht direkt auf dem Konto „Umsatzerlöse für eigene Erzeugnisse", sondern auf dem Unterkonto „Erlösberichtigungen", das über das Konto „Umsatzerlöse für eigene Erzeugnisse" abgeschlossen wird.

- Als **Bruttobuchung** sind die Nachlässe zunächst mit ihrem Bruttowert (also einschließlich Umsatzsteuer) auf dem Konto „Erlösberichtigungen" zu buchen. **Später,** am Monatsende, ist die Umsatzsteuer zu korrigieren.

- Als **Nettobuchung** sind die Nachlässe mit ihrem Nettowert, also ohne Umsatzsteuer, auf dem Konto „Erlösberichtigungen" zu buchen. **Gleichzeitig** ist die Korrekturbuchung der Umsatzsteuer vorzunehmen.

Beispiel:

Die Telefon AG begleicht die Ausgangsrechnung (siehe Seite 124) unter Abzug von 2 % Skonto durch Banküberweisung.

Die OfficeCom AG bucht:

Bruttobuchung:

Bankguthaben	520.708,30 €	
Erlösberichtigungen	10.626,70 €	
an Forderungen a. LL		531.335,00 €

Berechnung des Umsatzsteueranteils:
119 % = 10.626,70 €
 19 % = x €

$$x = \frac{10.626{,}70\ € \cdot 19\ \%}{119\ \%} = \underline{1.696{,}70\ €}$$

Buchung zur Korrektur der Umsatzsteuer:

Umsatzsteuer	1.696.70 €	
an Erlösberichtigungen		1.696,70 €

Nettobuchung:

Bankguthaben	520.708,30 €	
Erlösberichtigungen	8.930,00 €	
Umsatzsteuer	1.696,70 €	
an Forderungen a. LL		531.335,00 €

Rücksendungen

- Durch die Rücksendung verkaufter Fertigerzeugnisse, z. B. wegen mangelhafter Lieferung, verringern sich die Umsatzerlöse.

- Die Buchung erfolgt auf der Sollseite des Kontos „Umsatzerlöse" als Nettobuchung.

- Die Umsatzsteuer ist anteilig zu korrigieren.

- Die Forderungen aus Lieferungen und Leistungen verringern sich um den Bruttowert der zurückgesandten Erzeugnisse.

Beispiel:

Die OfficeCom AG bucht:

Umsatzerlöse	2.232,50 €	
Umsatzsteuer	424,18 €	
an Forderungen a. LL		2.656,68 €

OfficeCom AG
OfficeCom AG · Hansestr. 120 · 38112 Braunschweig

Telefon AG
Elektronstraße 12
65933 Frankfurt/Main

OfficeCom AG
Geschäftsräume:
Hanserstraße 120
38112 Braunschweig
Tel.: 0531 3688941
Fax: 0531 4766083
E-Mail: info.officecom-wvd@t-online
Internet: www.officecomag-wvd.de

Datum ..-04-01

Gutschriftanzeige – Auftrags-Nr. 124/11 vom 8. Febr. ..

Sehr geehrte Damen und Herren,

aufgrund telefonischer Vereinbarung vom 1. April .. haben Sie uns einen beschädigten Schreibtisch, Typ ST 34, zurückgesandt. Hierfür erhalten Sie eine Gutschrift in Höhe von 2.232,50 € zuzüglich 19 % Umsatzsteuer. Wir bitten um gleich lautende Buchung.

Mit freundlichen Grüßen

OfficeCom AG

ppa. *Wegener*
Wegener

Amtsgericht Braunschweig, Handelsregister Nr. HRB 126
Steuernr. 13/203/08753, USt-IDNr. DE 328 495 331
Bankverbindung:
Hartbank Braunschweig, Konto 21 345 839, BLZ 250 500 08

Schematische Darstellung des Kontos „Umsatzerlöse für eigene Erzeugnisse"

Soll	Umsatzerlöse für eigene Erzeugnisse	Haben
• Rücksendungen (Nettowert) • Erlösberichtigungen (aus dem Unterkonto „Erlösberichtigungen")	• Verkäufe (Nettowert)	

Beispiel:

Aufgrund der Buchungen auf den Seiten 124 und 125 ergeben sich auf dem Konto „Umsatzerlöse für eigene Erzeugnisse" folgende Zahlen:

Soll	Umsatzerlöse für eigene Erzeugnisse	Haben
Forderungen a. LL 2.232,50 Erlösberichtigungen 8.930,00	Forderungen a. LL	446.500,00

Bestandsveränderungen – *Changes in stock*

Ausgangssituation: Produktionsmenge = Absatzmenge

Stimmen in einem Industriebetrieb Produktions- und Absatzmenge der fertigen Erzeugnisse in einer Abrechnungsperiode überein, ergibt sich der betriebliche Erfolg aus der Gegenüberstellung der Umsatzerlöse der abgesetzten (verkauften) Menge und den Herstellungsaufwendungen der gleich gro-ßen produzierten Menge der Abrechnungsperiode. Als klassische Beispiele können Produktion und Absatz von Strom bzw. Fernwärme genannt werden. Hier gibt es keine Lagerbestände unfertiger oder fertiger, aber noch nicht abgesetzter Produkte.

Beispiel

Für Produktion und Absatz von Computertischen liegen in der Abrechnungsperiode 01 der Office Com AG die folgenden Zahlen vor:

Produzierte Menge:	**500 Stück**
Herstellungsaufwendungen gesamt:	40.000,00 €
Herstellungsaufwendungen pro Stück:	80,00 €
Abgesetzte Menge:	**500 Stück**
Absatzpreis pro Stück	120,00 €
Umsatzerlöse:	60.000,00 €

Soll	Diverse Aufwendungen		Haben
	40.000,00	GuV-Konto	40.000,00
	40.000,00		40.000,00

Soll	Umsatzerlöse		Haben
GuV-Konto	60.000,00		60.000,00
		60.000,00	60.000,00

Soll	Gewinn- und Verlustkonto		Haben
Herstellungsaufwendungen (wie z. B. Material, Löhne, Abschreibungen)	40.000,00	Umsatzerlöse	60.000,00
Eigenkapital (Gewinn)	20.000,00		
	60.000,00		60.000,00

Folgesituation 1: Produktionsmenge > Absatzmenge: Bestandsmehrungen

- Ist die Produktionsmenge einer Abrechnungsperiode größer als die Absatzmenge, erhöht der nicht verkaufte Teil den Lagerbestand an fertigen Erzeugnissen.

- Dadurch stimmt die Produktionsmenge, die den in der laufenden Abrechnungsperiode gebuchten Herstellungsaufwendungen zugrunde liegt, nicht mit der abgesetzten Menge der Umsatzerlöse überein.

- Um den betrieblichen Erfolg zu ermitteln, müssen die Herstellungsaufwendungen und die Umsatzerlöse auf dieselbe Menge bezogen werden.

- Dafür werden entweder die Herstellungsaufwendungen – bei gleichen Umsatzerlösen – um den Herstellungswert des Mehrbestandes gekürzt **(Umsatzkostenverfahren)**

- oder die Umsatzerlöse werden – bei gleichen Herstellungsaufwendungen – um den Herstellungswert des Mehrbestandes erhöht **(Gesamtkostenverfahren).**

- Der Mehrbestand wird nicht direkt auf dem Gewinn- und Verlustkonto erfasst, sondern auf dem Zwischenkonto **„Bestandsveränderungen an fertigen Erzeugnissen",** das den Charakter eines Erfolgskontos hat: Mit seiner Hilfe wird der Erfolg korrigiert (richtig ermittelt).[1]

Beispiel

Für Produktion und Absatz der Computertische weist die OfficeCom AG in der Abrechnungsperiode 02 folgende Zahlen aus:

Produzierte Menge:	**500 Stück**
Herstellungsaufwendungen gesamt:	40.000,00 €
Herstellungsaufwendungen pro Stück:	80,00 €
Abgesetzte Menge:	**400 Stück**
Absatzpreis pro Stück:	120,00 €
Umsatzerlöse:	48.000,00 €

Erfolgsermittlung (Gesamtkostenverfahren)

Umsatzerlöse	400 St. · 120,00 € =	48.000,00 €
+ Wert des Mehrbestandes	100 St. · 80,00 € =	8.000,00 €
= Gesamtleistung	500 St.	= 56.000,00 €
– Herstellungsaufwendungen	500 St. · 80,00 € =	40.000,00 €
= Gewinn		16.000,00 €

---

1 Die Bestandsveränderungen unfertiger Erzeugnisse werden in gleicher Weise buchhalterisch behandelt; als Zwischenkonto fungiert das Konto „Bestandsveränderungen an unfertigen Erzeugnissen".

Bestandsveränderungen – *Changes in stock*

Buchungssätze

1. Abschluss der Aufwandskonten:

GuV-Konto 40.000,00 €
an Diverse Aufwendungen 40.000,00 €

2. Abschluss des Kontos „Umsatzerlöse":

Umsatzerlöse 48.000,00 €
an GuV-Konto 48.000,00 €

3. Buchung der Bestandsmehrung:

Fertige Erzeugnisse 8.000,00 €
an Bestandsveränderungen
   fertiger Erzeugnisse 8.000,00 €

4. Abschluss des Kontos „Fertige Erzeugnisse"

Schlussbilanzkonto 8.000,00 €
an Fertige Erzeugnisse 8.000,00 €

**5. Abschluss des Kontos „Bestands-
veränderungen fertiger Erzeugnisse":**

Bestandsveränderungen
fertiger Erzeugnisse 8.000,00 €
an GuV-Konto 8.000,00 €

Darstellung der Konten

Soll	Diverse Aufwendungen	Haben
	40.000,00	1. GuV-Konto 40.000,00

Soll	GuV-Konto		Haben
1. Diverse Aufwendungen 40.000,00		2. Umsatzerlöse 48.000,00	
EK (Gewinn) 16.000,00		5. Bestandsveränderungen 8.000,00	
56.000,00		56.000,00	

Soll	Umsatzerlöse	Haben
2. GuV-Konto 48.000,00		48.000,00

Soll	Fertige Erzeugnisse	Haben
3. Bestandsveränderungen 8.000,00		4. SBK 8.000,00

Soll	Bestandsveränderungen fertiger Erzeugnisse	Haben
5. GuV-Konto 8.000,00		3. Fertige Erzeugnisse 8.000,00

Soll	Schlussbilanzkonto	Haben
4. Fertige Erzeugnisse 8.000,00		

Schematische Darstellung des Gewinn- und Verlustkontos

Soll	Gewinn- und Verlustkonto	Haben
Aufwendungen für die hergestellten fertigen und unfertigen Erzeugnisse der Abrechnungsperiode	Umsatzerlöse der verkauften fertigen Erzeugnisse der Abrechnungsperiode: **Absatzleistung**	
	+ Bestandsmehrungen an unfertigen und fertigen Erzeugnissen (= Aufwendungen für die in dieser Abrechnungsperiode hergestellten, aber noch nicht verkauften unfertigen und fertigen Erzeugnisse): **Lagerleistung**	

Folgesituation 2: Produktionsmenge < Absatzmenge: Bestandsminderung

Übersteigt die Absatzmenge der Abrechnungsperiode die Produktionsmenge, muss auf die in der/den Vorperiode/n gebildeten Lagerbestände zurückgegriffen werden.

Der betriebliche Erfolg ergibt sich nach dem Gesamtkostenverfahren dadurch, dass von den Umsatzerlösen die Herstellungsaufwendungen der Abrechnungsperiode sowie der Herstellungswert der vom Lager genommenen Mengeneinheiten abgezogen werden.

Bestandsveränderungen – *Changes in stock*

Beispiel

Wird das Beispiel der OfficeCom AG der vorangegangenen Seite fortgeführt, ergeben sich für die Abrechnungsperiode 03 folgende Daten:

Produzierte Menge: **500 Stück**
Herstellungsaufwendungen gesamt: 40.000,00 €
Herstellungsaufwendungen pro Stück: 80,00 €
Abgesetzte Menge: **560 Stück**
Absatzpreis pro Stück: 120,00 €
Umsatzerlöse 67.200,00 €

Erfolgsermittlung (Gesamtkostenverfahren)

Umsatzerlöse	560 St. · 120,00 € =	67.200,00 €
– Herstellungsaufwendungen	500 St. · 80,00 € =	40.000,00 €
– Wert des Minderbestandes	60 St. · 80,00 € =	4.800,00 €
= Gewinn		22.400,00 €

Buchungssätze

1. Abschluss der Aufwandskonten:
GuV-Konto 40.000,00 €
an Diverse Aufwendungen 40.000,00 €

2. Abschluss des Kontos „Umsatzerlöse":
Umsatzerlöse 67.200,00 €
an GuV-Konto 67.200,00 €

3. Buchung der Bestandsminderung:
Bestandsveränderungen fertiger Erzeugnisse 4.800,00 €
an Fertige Erzeugnisse 4.800,00 €

4. Abschluss des Kontos „Fertige Erzeugnisse":
Schlussbilanzkonto 3.200,00 €
an Fertige Erzeugnisse 3.200,00 €

5. Abschluss des Kontos „Bestandsveränderungen fertiger Erzeugnisse":
GuV-Konto 4.800,00 €
an Bestandsveränderungen fertiger Erzeugnisse 4.800,00 €

Darstellung der Konten

Soll	Diverse Aufwendungen	Haben
	40.000,00	1. GuV-Konto 40.000,00

Soll	Umsatzerlöse	Haben
2. GuV-Konto 67.200,00		67.200,00

Soll	Bestandsveränderungen fertiger Erzeugnisse	Haben
3. Fertige Erzeugnisse 4.800,00		5. GuV-Konto 4.800,00

Soll	Fertige Erzeugnisse	Haben
EBK 8.000,00		3. Bestandsveränderungen 4.800,00
		4. SBK 3.200,00
8.000,00		8.000,00

Soll	GuV-Konto		Haben
1. Diverse Aufwendungen 40.000,00		2. Umsatzerlöse	67.200,00
5. Bestandsveränderungen 4.800,00			
EK (Gewinn) 22.400,00			
67.200,00			67.200,00

Soll	Schlussbilanzkonto	Haben
4. Fertige Erzeugnisse 3.200,00		

Schematische Darstellung des Gewinn- und Verlustkontos

Soll	Gewinn- und Verlustkonto	Haben
Aufwendungen für die hergestellten fertigen und unfertigen Erzeugnisse der Abrechnungsperiode		Umsatzerlöse der verkauften fertigen Erzeugnisse der Abrechnungsperiode: **Absatzleistung**
+ Bestandsminderungen an unfertigen und fertigen Erzeugnissen (= Aufwendungen für die in vergangenen Abrechnungsperioden hergestellten und in dieser Abrechnungsperiode fertig gestellten unfertigen und verkauften fertigen Erzeugnisse)		

3526128

Beschaffung und Verkauf von Handelswaren – *Purchasing and sales of goods*

Begriff Handelswaren

1. Produkte, die ein Unternehmen beschafft und ohne Be- oder Verarbeitung weiterverkauft
2. Abrundung des Verkaufssortiments

Beispiel:

Die OfficeCom AG führt neben den Produkten der eigenen Fertigung (Schreibtische, Aktenschränke usw.) u. a. noch die Handelswaren Telefonapparate und Faxgeräte in ihrem Absatzprogramm.

Konten

- Bestandskonto **„Handelswaren"**
  - → für die Beschaffung
  - → Abschluss über „SBK"

- Ertragskonto **„Umsatzerlöse für Handelswaren"**
  - → für den Verkauf
  - → Abschluss über GuV-Konto

- Aufwandskonto **„Aufwendungen für Handelswaren"**
  - → für den Wareneinsatz
  - → Abschluss über GuV-Konto

Beispiel

Am Anfang des Jahres 20.. betrug der Wert des Bestandes an Handelswaren der OfficeCom AG 85.000,00 €. Im Laufe des Jahres 20.. kaufte die OfficeCom AG Handelswaren für 800.000,00 € zuzüglich 19 % USt auf Ziel.

Andererseits betrugen die Verkäufe dieser Handelswaren in 20.. (ebenfalls auf Ziel) 1.300.000,00 € zuzüglich 19 % USt.

Der Endbestand der Handelswaren per 31. Dez. 20.. hatte gemäß Inventur einen Wert von 56.000,00 €.

(Die Buchungen der Einkäufe und Verkäufe sind in diesem Beispiel summarisch vorzunehmen; der Wareneinsatz ist aufgrund der Inventur zu buchen.)

Buchungen

1. Einkäufe auf Ziel

Handelswaren	800.000,00 €	
Vorsteuer	152.000,00 €	
an Verbindlichkeiten a. LL		952.000,00 €

2. Verkäufe auf Ziel

Forderungen a. LL	1.547.000,00 €	
an Umsatzerlöse für Handelswaren		1.300.000,00 €
an Umsatzsteuer		247.000,00 €

3. Wareneinsatz (Umsatz zu Einstandspreisen)

Anfangsbestand	85.000,00 €
+ Einkäufe	800.000,00 €
– Endbestand lt. Inventur	56.000,00 €
= Wareneinsatz	829.000,00 €

Aufwendungen für Handelswaren	829.000,00 €	
an Handelswaren		829.000,00 €

Begriff Warenrohgewinn

-     Umsatzerlöse aus Handelswaren
  - – Aufwendungen für Handelswaren
  - = Warenrohgewinn

- Der Warenrohgewinn ergibt sich aus der Gegenüberstellung von Umsatzerlösen aus Handelswaren und Aufwendungen für Handelswaren im Gewinn- und Verlustkonto.

Beispiel:

Die OfficeCom AG erzielte im Jahr 20.. folgenden Warenrohgewinn:

Umsatzerlöse aus Handelswaren	1.300.000,00 €
– Aufwendungen für Handelswaren	829.000,00 €
= Warenrohgewinn	471.000,00 €

Sonstige Buchungen

Analog zu den Buchungen beim Einkauf von Werkstoffen sind beim Einkauf von Handelswaren auf entsprechenden Konten zu buchen:
- Bezugskosten
- Rücksendungen
- Preisnachlässe, Boni, Skonti
  (Siehe S. 120 ff.)

Analog zu den Buchungen beim Verkauf von Fertigerzeugnissen sind beim Verkauf von Handelswaren auf entsprechenden Konten zu buchen:
- Transportkosten
- Rücksendungen
- Preisnachlässe, Boni, Skonti
  (Siehe S. 124 ff.)

(zur Kalkulation von Handelswaren siehe Lernfeld 4, S. 168 ff.)

Zahlungsverkehr/Finanzwirtschaft – *Payments/financial management*

Skonto

Begriff und Bedeutung

- Preisnachlass für vorzeitige Zahlung innerhalb einer bestimmten Frist
- Vom Lieferer gewährter Skonto mindert die Anschaffungskosten.*
- Dem Kunden gewährter Skonto schmälert die Erlöse.*

  * Zu den entsprechenden Buchungen siehe Seiten 121 und 125.

- Die Gewährung eines Zahlungsziels entspricht der Bewilligung eines Kredites. Daher ist der Skonto, der im Zuge der Kalkulation bereits in den Verkaufspreis eingerechnet wurde (siehe Lernfeld 4: Kalkulation von Handelswaren, S. 168 ff.), nichts anderes als Zinsen für den kostenpflichtigen Zeitraum des Zahlungsziels.

Effektivzinssatz

Der Lieferantenkredit ist ein in der Regel sehr teurer Kredit.

Beispiel:

Die Zahlungsbedingung der Knaber OHG (siehe Beleg S. 120) lautet:

Zahlbar innerhalb 14 Tagen nach Lieferung mit 2 % Skonto
Zahlbar innerhalb 6 Wochen nach Lieferung netto Kasse

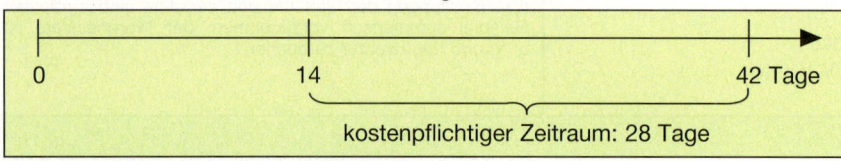

Der in den Verkaufspreis eingerechnete Zinssatz (Skonto) gilt für 28 Tage; das entspricht einem Jahreszinssatz **(Effektivzinssatz)** von 25,71 %.

28 Tage = 2 %
360 Tage = x %

$$x = \frac{2\ \% \cdot 360\ \text{Tage}}{28\ \text{Tage}} = \underline{\underline{25,71\ \%}}$$

Finanzierungserfolg

Möchte der Käufer einer Ware den ihm vom Lieferer gewährten Skonto abziehen, verfügt aber zu diesem Zeitpunkt nicht über die entsprechenden Geldmittel, stellt sich ihm die Frage, ob er für diesen Zweck bei seiner Hausbank einen Kredit aufnehmen soll, für den Zinsen zu zahlen sind.

Die **Kreditaufnahme lohnt,** wenn

> **Abzugsbetrag für Skonto (Ertrag) > zu zahlende Kreditzinsen (Aufwand)**

oder

> **Effektivzinssatz (des Skonto) > Kreditzinssatz der Bank**

Beispiel:
- Der Rechnungsbetrag der Knaber OHG (siehe Beleg S. 120) lautet auf 89.335,68 €.
- Zahlungsbedingungen: Zahlbar innerhalb 14 Tagen nach Lieferung mit 2 % Skonto
  Zahlbar innerhalb 6 Wochen nach Lieferung netto Kasse
- Zinssatz der Bank für einen Kontokorrentkredit: 15 % p. a.

Skontobetrag: 2 % von 89.335,68 € = $\underline{1.786,71\ €}$
Überweisungsbetrag = Kreditbetrag: 89.335,68 € – 1.786,71 € = $\underline{87.548,97\ €}$

Kreditzinsen für 28 Tage: $Z = \dfrac{87.548,97\ € \cdot 15 \cdot 28\ \text{Tage}}{100 \cdot 360\ \text{Tage}} = \underline{1.021,40\ €}$

Finanzierungserfolg (Gewinn) = 1.786,71 € – 1.021,41 € = $\underline{765,31\ €}$

3526130

Zahlungsverkehr/Finanzwirtschaft – *Payments/financial management*

Schecks

Eigene Schecks

- Sie dienen dem Unternehmen zum Ausgleich von z. B. Liefererrechnungen (Eingangsrechnungen).
- Sie werden erst gebucht, wenn die eigene Hausbank das Konto des Unternehmens belastet.
- Buchungsbeleg ist der Kontoauszug.

Beispiel:

Die OfficeCom AG begleicht die Rechnung eines Lieferers über 5.645,00 € mit einem Verrechnungsscheck.

Buchungssatz:

Verbindlichkeiten a. LL	5.645,00 €	
an Bankguthaben		5.645,00 €

Fremde Schecks

- Unternehmen erhalten z. B. von Kunden Schecks zum Ausgleich von Ausgangsrechnungen.
- Sie werden in größeren Unternehmen häufig zum Zeitpunkt des Eingangs zunächst auf dem **aktiven Bestandskonto „Schecks"** erfasst.
- Bei Gutschrift des Betrages auf dem Bankkonto erfolgt die Umbuchung vom Konto „Schecks" auf das Konto „Bankguthaben".

Beispiel:

Die OfficeCom AG erhält zum Ausgleich einer Rechnung am 19. April 20.. von einem Kunden einen Verrechnungsscheck über 17.834,00 €, der am 25. April 20.. gutgeschrieben wird.

Buchung bei Erhalt des Schecks (20..-04-19):

Schecks	17.834,00 €	
an Forderungen a. LL		17.834,00 €

Buchung nach Kontogutschrift (20..-04-25):

Bankguthaben	17.834,00 €	
an Schecks		17.834,00 €

Wechsel

Der Wechsel ist eine Urkunde, in der der Lieferer den Käufer auffordert, an einem bestimmten Ort (Zahlungsort) zu einem bestimmten Termin (Verfalltag) an eine bestimmte Person (z. B. Aussteller) einen bestimmten Geldbetrag (Wechselsumme) zu zahlen (siehe auch S. 281).

Beispiel:

Die OfficeCom AG verkauft am 16. April 20.. gegen Wechsel 50 Faxgeräte Modell FA 429 zum Preis von 258,60 € pro Stück zuzüglich 19 % USt an den Einzelhändler Fischer-Elektronik e. K. in Hannover. Der Rechnung ist der gezogene Wechsel (siehe Abbildungen) mit einer Laufzeit von 91 Tagen beigefügt, den Fischer-Elektronik e. K. unterschrieben an die OfficeCom AG zurücksendet.

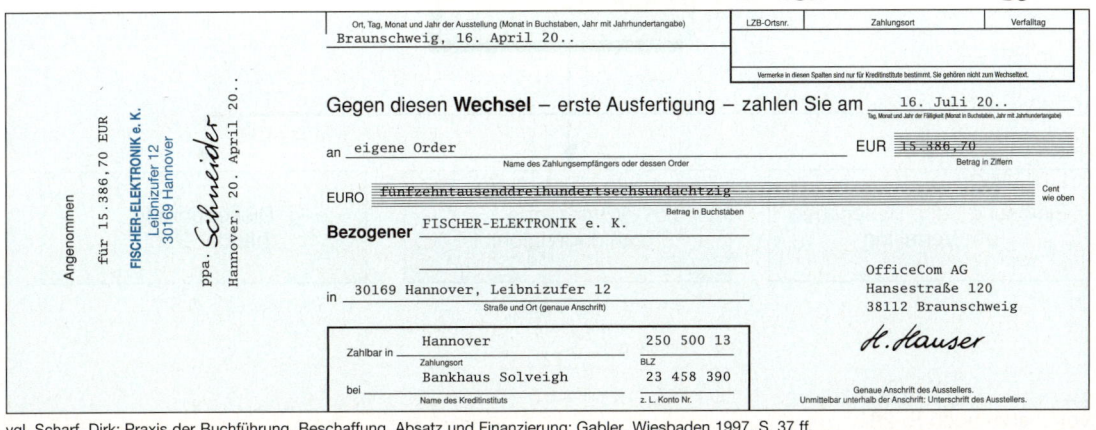

vgl. Scharf, Dirk: Praxis der Buchführung, Beschaffung, Absatz und Finanzierung; Gabler, Wiesbaden 1997, S. 37 ff.

Zahlungsverkehr/Finanzwirtschaft – *Payments/financial management*

Buchung des akzeptierten Wechsels

- Der Lieferer (OfficeCom AG) erlangt durch den Verkauf von Gütern gegen Wechsel (Akzept) eine **Wechselforderung,** die auf dem **aktiven Bestandskonto „Besitzwechsel"** zu buchen ist.

- Für den Käufer (Fischer-Elektronik e. K.) entsteht eine **Wechselschuld,** die auf dem **passiven Bestandskonto „Schuldwechsel"** gebucht wird.

Beispiel:

Auf der Grundlage der beiden Belege der OfficeCom AG (siehe Ausgangsrechnung und Akzept auf S. 131) buchen die OfficeCom AG und Fischer-Elektronik e. K.:

Buchungssatz des Lieferers (OfficeCom AG):

Besitzwechsel	15.386,70 €	
an Umsatzerlöse aus		
Handelswaren		12.930,00 €
an Umsatzsteuer		2.456,70 €

Buchungssatz des Käufers (Fischer-Elektronik e. K.):

Waren	12.930,00 €	
Vorsteuer	2.456,70 €	
an Schuldwechsel		15.386,70 €

Diskont

Begriff	**Berechnung**

• Die Einräumung eines Zahlungsziels bedeutet Gewährung eines Kredites.
 	
• Die auf den Kredit zu zahlenden Zinsen werden – i. V. m. einem Akzept – als Diskont bezeichnet.
 	
• Der Aussteller belastet den Bezogenen mit dem Diskont, indem der entsprechende Betrag
  – gleich in die Wechselsumme mit eingerechnet
    oder
  – gesondert in Rechnung gestellt wird.
	$$\text{Diskont} = \frac{\substack{\text{Wechsel-} \\ \text{summe} \\ \text{(ohne Diskont)}} \cdot \substack{\text{Diskont-} \\ \text{satz}} \cdot \substack{\text{Diskont-} \\ \text{tage}}}{100 \cdot 365 \text{ Tage}}$$
	
	Beispiel:
	Die OfficeCom AG stellt Fischer-Elektronik e. K. für den Wechsel (siehe S. 131) 4,5 % Diskont in Rechnung:
	
	$$\text{Diskont} = \frac{15.386,70 \text{ € } \cdot 4,5 \cdot 91 \text{ Tage}}{100 \cdot 365 \text{ Tage}} = \underline{\underline{172,63 \text{ €}}}$$

Buchungen

Buchungssatz des Lieferers (OfficeCom AG):

Forderungen a. LL	172,63 €	
an Diskonterträge		172,63 €

Buchungssatz des Käufers (Fischer-Elektronik e. K.):

Diskontaufwendungen	172,63 €	
an Verbindlichkeiten a. LL		172,63 €

Verwendungsmöglichkeiten des Wechsels

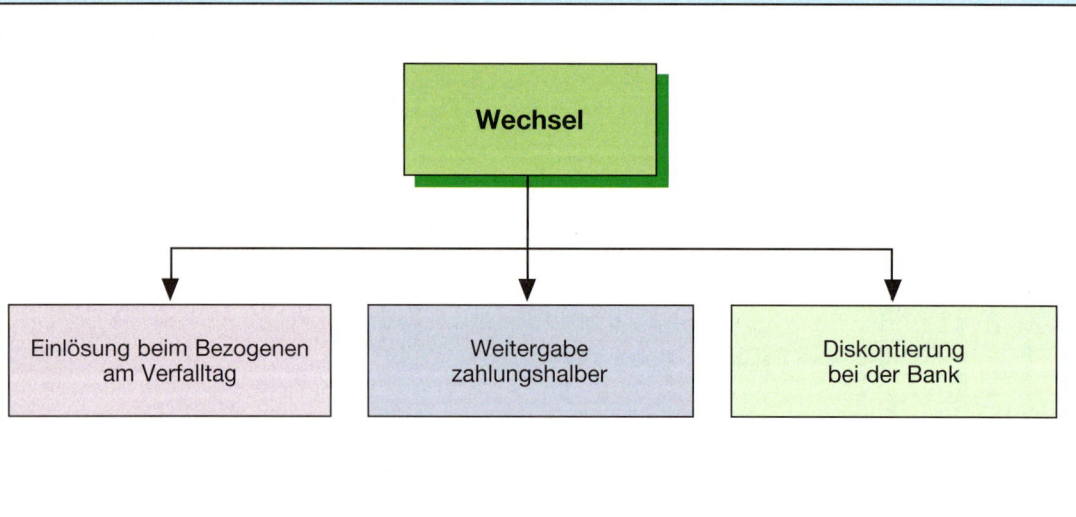

vgl. hierzu auch S. 281

Einlösung des Wechsels beim Bezogenen

Beispiel:

Der Wechselinhaber – hier OfficeCom AG – präsentiert dem Bezogenen – Fischer-Elektronik e.K. – am Verfalltag den Wechsel, den dieser bar einlöst (siehe Wechselformular S. 131).

Der Bezogene behält den Wechsel als Beleg. Wechselforderung bzw. -schuld sind erloschen.

OfficeCom AG (Lieferer) **bucht:**

Kasse	15.386,70 €	
an Besitzwechsel		15.386,70 €

Fischer-Elektronik e. K. (Kunde) **bucht:**

Schuldwechsel	15.386,70 €	
an Kasse		15.386,70 €

Weitergabe des Wechsels zahlungshalber

Beispiel:

Die OfficeCom AG hat vom Lampenhaus Licht-Lux KG Schreibtischlampen im Wert von 14.000,00 € zuzüglich 19 % USt gekauft. Die Rechnung vom 9. April 20.., fällig am 26. April 20.. ohne Abzug, begleicht die OfficeCom AG vereinbarungsgemäß mit dem Wechsel, den sie auf Fischer-Elektronik e. K. gezogen hat (siehe S. 131). Der Restbetrag wird durch Banküberweisung bezahlt.

OfficeCom AG **bucht:**

Verbindlichkeiten	16.660,00 €	
an Besitzwechsel		15.386,70 €
an Bankguthaben		1.273,30 €

Diskontierung des Wechsels

Beispiel:

Die OfficeCom AG verkauft am 20. April 20.. den Wechsel (siehe S. 131) an ihre Hausbank, die Hartbank Braunschweig (Diskontierung). Die Bank berechnet 5 % Diskont für 87 Tage sowie 8,00 € Spesen. Beide Beträge werden von der Wechselsumme abgezogen; der verbleibende Betrag wird dem Geschäftskonto der OfficeCom AG gutgeschrieben.

OfficeCom AG **bucht:**

Bankguthaben	15.195,32 €	
Nebenkosten des Geldverkehrs	8,00 €	
Diskontaufwendungen	183,38 €	
an Besitzwechsel		15.386,70 €

Darlehensarten

Darlehensarten

nach der Fristigkeit
- kurzfristige Darlehen (bis 1 Jahr)
- mittelfristige Darlehen (1 bis 5 Jahre)
- langfristige Darlehen (über 5 Jahre)

nach Art der Tilgung
- Fälligkeitsdarlehen (Rückzahlung in einer Summe am Ende der vereinbarten Laufzeit)
- Ratendarlehen (Rückzahlung in jährlich gleichen Raten)
- Annuitätendarlehen (jährlich gleich bleibende Summe aus Tilgung und Zinsen)

Konten

- Entsprechend der Fristigkeit kann die Kontengruppe „**Verbindlichkeiten gegenüber Kreditinstituten**" in folgende Kontenarten gegliedert werden:
  - → 4210 Kurzfristige Bankverbindlichkeiten
  - → 4230 Mittelfristige Bankverbindlichkeiten
  - → 4250 Langfristige Bankverbindlichkeiten

- In der Jahresbilanz werden sämtliche Darlehen in einer Summe unter der Position „**Verbindlichkeiten gegenüber Kreditinstituten**" ausgewiesen.

Zahlungsverkehr/Finanzwirtschaft – *Payments/financial management*

Kreditsicherung

Kredite können auf unterschiediche Weise abgesichert werden*. Zu unterscheiden sind:

- Personalkredite
- Realkredite

* Siehe hierzu im Einzelnen S. 422.

Aufnahme einer Grundschuld

Begriff

Eine **Grundschuld** ist ein Pfandrecht an einem Grundstück, durch das der Gläubiger berechtigt ist, sich in Höhe einer Geldsumme aus dem Grundstück zu befriedigen.

Einer Bank dient eine Grundschuld zur **dinglichen Sicherung** eines Darlehens, das zu ganz bestimmten Konditionen gewährt wird (siehe auch S. 422).

Beispiel

Zur Finanzierung einer Erweiterungsinvestition erhält die OfficeCom AG von der Hartbank Braunschweig am 1. Januar 20.. eine Grundschuld von 1.200.000,00 € zu folgenden Konditionen:

Nominalbetrag:	1.200.000,00 €
Auszahlung:	95 %
Rückzahlung:	100 %
Laufzeit der Grundschuld:	25 Jahre
Dauer der Zinsbindung:	10 Jahre
Zinssatz:	6,55 %

Zinszahlungen:	halbjährlich nachschüssig, erstmals am 30. Juni 20..
Tilgung:	wird zunächst ausgesetzt; erfolgt nach 25 Jahren in einer Summe (Fälligkeitsdarlehen)

Erläuterung der Finanzierungsbedingungen:

Nominalbetrag:
Dieser Betrag (hier: 1.200.000,00 €) ist zu verzinsen.

Auszahlungsbetrag:
Von der vereinbarten Kreditsumme werden nur 95 % (hier: 1.140.000,00 €) ausgezahlt. Die Differenz von 5 % (hier: 60.000,00 €) wird als Disagio oder Damnum (Abgeld) bezeichnet und von der Bank gleich einbehalten. Das Disagio stellt vorweggenommene Zinsaufwendungen dar, die **steuerrechtlich** über die Zeit der Zinsbindungsdauer gleichmäßig zu verteilen sind. **Handelsrechtlich** kann das Disagio im Jahr der Darlehensaufnahme in voller Höhe als Zinsaufwand gebucht oder – wie im Steuerrecht – über die Dauer der Zinsbindung verteilt werden. Für das Disagio besteht also steuerrechtlich eine Aktivierungspflicht, handelsrechtlich dagegen ein Aktivierungswahlrecht.

Durch dieses Disagio kann die laufende (hier: halbjährliche) Zinsbelastung verringert werden. Hätte die OfficeCom AG eine 100%ige Auszahlung des beantragten Kredites gewünscht, wäre der Zinssatz, der jetzt 6,55 % beträgt, um ungefähr 0,5 % (= 5 %, verteilt auf die 10 Jahre der Zinsbindung) auf 7,05 %* gestiegen. Das hätte die halbjährliche Zinsbelastung entsprechend erhöht.

Rückzahlung 100 %:
Nicht der Auszahlungsbetrag, sondern der Nominalbetrag (hier: 1.200.000,00 €) ist zurückzuzahlen.

Dauer der Zinsbindung:
Unabhängig davon, ob während der Zeit der Zinsbindung (hier: 10 Jahre) die Kreditzinssätze steigen oder fallen, berechnet die Bank immer den gleichen Zinssatz (hier: 6,55 %). Dadurch kann der Kreditnehmer mit konstanten Zinszahlungen kalkulieren. Nach Ablauf der Zinsbindungsdauer werden zwischen Kreditgeber und Kreditnehmer neue Konditionen für den abzüglich der Tilgungsraten verbleibenden Kredit (z. B. Dauer der weiteren Zinsbindung, Höhe des Zinssatzes, mögliches neues Disagio) ausgehandelt.

Zinssatz:
Der Zinssatz bezieht sich auf den Nominalbetrag.

Zinszahlung:
Halbjährlich nachschüssig bedeutet, dass die erstmalige Zinszahlung sechs Monate nach der Kreditaufnahme und dann im Halbjahrestakt erfolgt.

Tilgung:
Die Rückzahlung der Grundschuld erfolgt häufig in jährlichen Raten von 1 % oder 2 % der Kreditsumme. In diesem Beispiel wurde eine Aussetzung der Tilgung vereinbart, d. h., während der Laufzeit der Grundschuld erfolgt keine Rückzahlung. Es handelt sich also um ein Fälligkeitsdarlehen.

* Versicherungsmathematisch ergibt sich ein geringfügig anderer Prozentsatz.

Buchung der Kreditaufnahme

Beispiel:

Der Auszahlungsbetrag von 1.140.000,00 € wird dem Bankkonto der OfficeCom AG gutgeschrieben.

Das Disagio von 60.000,00 € wird auf dem aktiven Bestandskonto **„Aktive Rechnungsabgrenzung"** (ARA) erfasst.
(Siehe hierzu ausführlich das Kapitel zur zeitlichen Abgrenzung auf S. 324 ff.).

Buchungssatz per 1. Januar 20..

Bankguthaben	1.140.000,00 €
ARA	60.000,00 €
an Langfristige	
Bankverbindlichkeiten	1.200.000,00 €

Laufende Zinszahlungen

Die laufenden Zinsen werden mithilfe der Tageszinsformel errechnet:

$$\text{Zinsen} = \frac{\text{Kapital} \cdot \text{Zinssatz} \cdot \text{Tage}}{100 \cdot 365 \text{ Tage}}$$

Die Zinsen werden auf dem Konto **„Zinsaufwendungen"** erfasst.

Beispiel:

Auf den Nominalbetrag von 1.200.000,00 € sind für den Zeitraum 1. Januar 20.. bis 30. Juni 20.. Zinsen von 6,55 % p. a. durch Banküberweisung zu zahlen.

$$Z = \frac{1.200.000,00 \text{ €} \cdot 6,55 \cdot 180 \text{ Tage}}{100 \cdot 365 \text{ Tage}} = 38.761,64 \text{ €}$$

Buchungssatz:

Zinsaufwendungen	38.761,64 €
an Bankguthaben	38.761,64 €

Disagio

Das Disagio ist am Ende des Jahres zeitanteilig als Zinsaufwand (siehe S. 134) zu buchen.
Der zeitanteilige Zinsaufwand errechnet sich wie folgt:

$$\frac{\text{Zinsaufwand}}{\text{der Periode}} = \frac{\text{Disagio}}{\text{Dauer der Zinsbindung}}$$

Die Zinsen werden auf dem Konto **„Zinsaufwendungen"** erfasst.

Beispiel:

$$\text{Zinsaufwand per 31. Dezember 20..} = \frac{60.000,00 \text{ €}}{10 \text{ Jahre}} = 6.000,00 \text{ €/Jahr}$$

Buchungssatz per 31. Dezember 20..:

Zinsaufwendungen	6.000,00 €
an Aktive Rechnungs-	
abgrenzung	6.000,00 €

Tilgung der Grundschuld

Fälligkeitsdarlehen werden am Ende der vereinbarten Laufzeit in einer Summe zurückgezahlt.

Beispiel:

Die OfficeCom AG zahlt die Grundschuld am Ende der Laufzeit an die Hartbank Braunschweig durch Banküberweisung zurück.

Buchungssatz:

Langfristige Bankverbindlichkeiten	1.200.000,00 €
an Bankguthaben	1.200.000,00 €

Hartbank Braunschweig

KONTOAUSZUG

Bankleitzahl	Datum	Auszug Nr.	Blatt Nr.	für Konto-Nr.
250 500 08	..-12-31	174	1	21 345 839

Buchungstext	Buchungstag	Valuta	Umsatz Soll = –
Hartbank Braunschweig Tilgung Grundschuld vom ..-01-01	..-12-31	..-12-31	– 1.200.000,00

Herrn/Frau/Firma

OfficeCom AG
Hansastraße 120
38112 Braunschweig

Soll	Alter Saldo	Haben
		1.243.000,00 €

Soll	Neuer Saldo	Haben
		43.000,00 €

Abschreibungen auf Sachanlagen – Einführung
Depreciation on tangible assets – introduction

Güter des Sachanlagevermögens

- Die Güter des **Sachanlagevermögens** sind dazu bestimmt, **langfristig** dem Unternehmen zu dienen.
- Sofern diese Güter **abnutzbar** sind, zum Beispiel technische Anlagen und Maschinen, Fuhrpark, Betriebs- und Geschäftsausstattung, ist die Nutzungsdauer begrenzt.

- Derartige Güter sind abzuschreiben, das heißt, die **Wertminderungen** sind als Aufwendungen in der Finanzbuchhaltung zu erfassen.
- Die Wertminderungen werden als **Abschreibungen** bezeichnet.

Abschreibung

Rechtliche Grundlage

§ 253 Abs. 2 Satz 1 und 2 HGB:
„Bei Vermögensgegenständen des Anlagevermögens, deren Nutzung zeitlich begrenzt ist, sind die Anschaffungs- oder Herstellungskosten um planmäßige Abschreibungen zu vermindern.

Der Plan muss die Anschaffungs- oder Herstellungskosten auf die Geschäftsjahre verteilen, in denen der Vermögensgegenstand voraussichtlich genutzt werden kann."

(Der steuerrechtliche Begriff für Abschreibung ist „**A**bsetzung **f**ür **A**bnutzung" – AfA.)

Wirtschaftliche Gründe

... für planmäßige Abschreibung	... für außerplanmäßige Abschreibung

- technischer Verschleiß durch ständigen Gebrauch
- natürlicher Verschleiß durch zeitabhängige Faktoren (z. B. Verrosten)
- Substanzabbau in Rohstoffgewinnungsbetrieben

- technischer Fortschritt bei Fertigungsanlagen
- Bedarfsverschiebungen auf dem Absatzmarkt
- Preisverfall auf dem Beschaffungsmarkt

Aufwand

Methoden der planmäßigen Abschreibung

Lineare Abschreibung

- Jährliche Abschreibung von den Anschaffungs- oder Herstellungskosten

- Abschreibung in gleich bleibenden Jahresbeträgen

- Jährlicher Abschreibungsbetrag =

$$\frac{\text{Anschaffungs- oder Herstellungskosten}}{\text{betriebsgewöhnliche Nutzungsdauer}}$$

- Abschreibungsprozentsatz =

$$\frac{100\,\%}{\text{betriebsgewöhnliche Nutzungsdauer}}$$

Beispiel:
Anschaffungskosten einer Maschine: 50.000,00 €
Betriebsgewöhnliche Nutzungsdauer: 8 Jahre

Ende des Jahres	Abschreibungsbetrag in €	Buchwert in €
1	6.250,00	43.750,00
2	6.250,00	37.500,00
3	6.250,00	31.250,00
4	6.250,00	25.000,00
5	6.250,00	18.750,00
6	6.250,00	12.500,00
7	6.250,00	6.250,00
8	6.250,00	0

Degressive Abschreibung[1]

- Jährliche Abschreibung vom Buch- oder Restwert
- Abschreibung in fallenden Jahresbeträgen
- Maximale Abschreibungshöhe nach § 7 Absatz 2 EStG:
  - das Zweifache der linearen Abschreibung
  - maximal 20 % (maximal 30 % für bewegliche Anlagegüter, die in 2006 bzw. 2007 angeschafft wurden)

Beispiel:
Anschaffungskosten einer Maschine: 50.000,00 €
Betriebsgewöhnliche Nutzungsdauer: 12,5 Jahre
→ maximale Abschreibung: 16 %

Ende des Jahres	Abschreibungsbetrag in €	Buchwert in €
1	8.000,00	42.000,00
2	6.720,00	35.280,00
3	5.644,80	29.635,20
4	4.741,63	24.893,57
5	3.982,97	20.910,60
6	3.345,70	17.564,90
7	2.810,38	14.754,52
8	2.360,72	12.393,79
⋮	⋮	⋮
13	493,64	5.676,87

[1] Mit der Unternehmenssteuerreform 2008 wird – neben anderen Maßnahmen zu deren Finanzierung – die degressive Abschreibung abgeschafft. Sie gilt dann nur noch für Güter, die vor dem 1. Januar 2008 angeschafft wurden.

Abschreibungen auf Sachanlagen – Einführung
Depreciation on tangible assets – introduction

Abschreibung nach Leistungseinheiten

$$\text{Jahresabschreibungsbetrag} = \frac{\text{Anschaffungs- oder Herstellungskosten}}{\substack{\text{voraussichtliche Gesamtleistung während} \\ \text{der betriebsgewöhnlichen Nutzungsdauer}}} \cdot \substack{\text{tatsächlich erbrachte} \\ \text{Jahresleistung}}$$

Beispiel:
Anschaffungskosten eines Lkw: 82.000,00 €
Betriebsgewöhnliche Nutzungsdauer: 5 Jahre
Voraussichtliche Gesamtleistung: 320 000 km
Tatsächliche Leistung im ersten Jahr: 66 000 km

Abschreibungsbetrag im ersten Jahr:

$$\frac{82.000,00 \ €}{320\ 000 \ km} \cdot 66\ 000 \ km = \underline{16.912,50 \ €}$$

Buchung der Abschreibung

- Die Abschreibung wird direkt auf dem entsprechenden Sachanlagekonto vorgenommen.
- Dadurch wird auf dem Sachanlagekonto und im Schlussbilanzkonto nur der jeweilige Rest- oder Buchwert ausgewiesen.
- Das Aufwandskonto „Abschreibungen auf Sachanlagen" wird über das Gewinn- und Verlustkonto abgeschlossen.

Beispiel:
Ein Pkw, Anschaffungskosten 25.000,00 €, wird fünf Jahre linear abgeschrieben.

Buchungssatz:
Abschreibungen auf Sachanlagen 5.000,00 €
an Fuhrpark   5.000,00 €

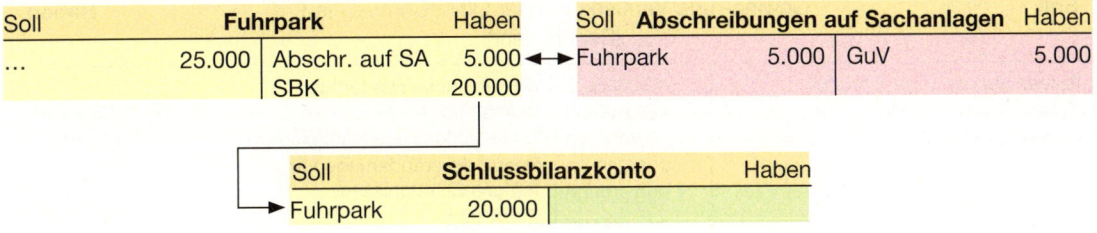

Soll	**Fuhrpark**	Haben
... 25.000	Abschr. auf SA	5.000
	SBK	20.000

Soll	**Abschreibungen auf Sachanlagen**	Haben
Fuhrpark 5.000	GuV	5.000

Soll	**Schlussbilanzkonto**	Haben
Fuhrpark	20.000	

Erinnerungswert

Am Ende der Nutzungsdauer ist das Anlagegut bei linearer Abschreibung auf den Wert Null abgeschrieben. Wird es jedoch über das Ende der Nutzungsdauer hinaus im Betrieb verwendet, ist es in der Bilanz mit einem **Erinnerungswert von 1,00 €** auszuweisen. Daher ist die Abschreibung im letzten Jahr der geplanten Nutzungsdauer um 1,00 € geringer anzusetzen.

Beispiel:
Die OfficeCom AG hat am 2. Jan. 20.. ein Computersystem für 6.000,00 € angeschafft, dessen Nut-

zungsdauer 4 Jahre beträgt und das linear abgeschrieben wird. Daraus ergibt sich ein jährlicher Abschreibungsbetrag von 1.500,00 €. Der Buchwert beträgt Ende des 3. Jahres 1.500,00 €. Wird das Computersystem auch im 5. Jahr noch genutzt, dann werden Ende des 4. Jahres nur 1.499,00 € abgeschrieben, sodass sich Ende des 4. Jahres ein Buchwert von 1,00 € ergibt. Wird das Computersystem auch im 6. Jahr noch genutzt, wird Ende des 5. Jahres nicht mehr abgeschrieben.

Abschreibung als Mittel der Finanzierung

- Die Abschreibungen werden – wie die übrigen Aufwendungen – in die **Absatzpreise** der Produkte **einkalkuliert.**

- Über den **Verkauf** der Produkte fließen die einkalkulierten Abschreibungsbeträge als **liquide Mittel** wieder in das Unternehmen zurück.

- Diese Mittel können dann zur **Finanzierung** neuer Sachanlagegüter verwendet werden (siehe auch S. 416).

Abschreibungskreislauf

3

Auswertung der Bilanz – *Evaluation of a balance sheet*

Beispiel

Aktiva	Bilanz der OfficeCom AG in Braunschweig in €				Passiva
	Berichtsjahr	**Vorjahr**		**Berichtsjahr**	**Vorjahr**
I. Anlagevermögen			**I. Eigenkapital**		
1. Grundstücke	500.000,00	300.000,00	1. Gezeichnetes Kapital	200.000,00	200.000,00
2. Gebäude	1.959.300,00	2.105.036,00	2. Rücklagen	2.119.666,00	1.905.670,00
3. Maschinen	360.550,00	168.750,00	**II. Fremdkapital**		
4. Werkzeuge	48.986,00	51.230,00	1. Hypotheken	1.600.000,00	1.600.000,00
5. BGA	50.100,00	63.000,00	2. Darlehen	720.000,00	125.000,00
6. Fuhrpark	408.000,00	95.000,00	3. Verbindlichkeiten a. LL	229.540,00	345.700,00
II. Umlaufvermögen			4. Sonstige Verbindlichkeiten	34.980,00	36.790,00
1. Rohstoffe	370.800,00	380.000,00			
2. Hilfsstoffe	103.490,00	120.000,00			
3. Betriebsstoffe	21.000,00	22.300,00			
4. Unfertige Erzeug.	296.900,00	60.000,00			
5. Forderungen a. LL	191.500,00	239.094,00			
6. Kassenbestand	3.560,00	2.970,00			
7. Bankguthaben	590.000,00	605.780,00			
	4.904.186,00	4.213.160,00		4.904.186,00	4.213.160,00

Soll	Gewinn- und Verlustkonto der OfficeCom AG in € (Berichtsjahr)		Haben
Aufwendungen für Rohstoffe	3.480.000,00	Umsatzerlöse aus fertigen Erzeugnissen	8.363.600,00
Aufwendungen für Hilfsstoffe	465.600,00	Umsatzerlöse aus Handelswaren	2.182.731,00
Aufwendungen für Betriebsstoffe	66.490,00	Bestandsveränderungen an fertigen Erzeugnissen	186.900,00
Abschreibungen auf Sachanlagen	4.230.680,00		
Löhne	1.690.205,00	Zinserträge	39.170,00
Gehälter	573.000,00	Sonstige Erträge	16.500,00
Zinsaufwendungen	68.930,00		
Rücklagen (Eigenkapital)	213.996,00		
	10.788.901,00		10.788.901,00

Die Auswertung der (vorläufigen) Bilanz und des Gewinn- und Verlustkontos zeigt die Auswirkungen der Geschäftsfälle auf Struktur und Entwicklung des Vermögens und des Kapitals, der Aufwendungen und Erträge sowie auf den Erfolg des Unternehmens (zu einer vertiefenden Analyse des Jahresabschlusses mithilfe von Bilanzkennziffern siehe S. 348 ff.).

Aussagewert der Bilanz

- Der **Anteil des Eigenkapitals** am Gesamtkapital beträgt ungefähr 50 %, ist jedoch im Berichtsjahr gegenüber dem Vorjahr durch den starken Anstieg der Darlehen leicht rückläufig.
- Durch die gute Eigenkapitalausstattung ist die **Zins- und damit die Liquiditätsbelastung** nicht so hoch.
- Der **Gewinn** wurde nicht ausgeschüttet; dadurch ist das Eigenkapital in entsprechender Höhe gestiegen (Erhöhung der Rücklagen); das erhöht die Haftungsbasis und die Kreditwürdigkeit.
- Die solide **Finanzierung** kommt dadurch zum Ausdruck, dass das Anlagevermögen durch langfristiges Kapital finanziert wurde („goldene Finanzierungsregel").
- Die **Anlagenintensität** (Anteil des Anlagevermögens am Gesamtvermögen) hat durch die Erhöhung des Maschinen- und Fuhrparks zugenommen.
- Die Abnahme der **liquiden Mittel** muss im Hinblick auf eine mögliche Zahlungsunfähigkeit und damit verbundener Insolvenz beobachtet werden.

Aussagewert des Gewinn- und Verlustkontos

- Das Gewinn- und Verlustkonto zeigt
  - die Struktur der Aufwendungen (die OfficeCom AG ist material- und anlagenintensiv),
  - die Struktur der Erträge (Hauptertragsquelle sind die Umsatzerlöse aus fertigen Erzeugnissen),
  - die Höhe und die Quellen des Erfolges oder Misserfolges.

3526138

Buchführung mit einem Finanzbuchhaltungsprogramm
Bookkeeping with a financial accounting programme

Programm

Auf dem Softwaremarkt gibt es eine Vielzahl von Finanzbuchhaltungsprogrammen. Welches Programm von einem Unternehmen gekauft und installiert wird, hängt u. a. von der Branchenzugehörigkeit, den Anschaffungskosten, der Bedienungsfreundlichkeit und der Wartungsmöglichkeit ab. Ein in der Praxis weit verbreitetes Finanzbuchhaltungsprogramm ist z. B. KHK-Classic-Line.

Datenbestand

Stammdaten, z. B.:

- Kontenplan
- Bilanzgliederung
- Gliederung der Gewinn- und Verlustrechnung
- Sachkontenzuordnung zur Bilanz und GuV-Rechnung
- Debitorenkonten
- Kreditorenkonten
- Umsatzsteuerschlüssel
- Bankverbindungen

Bewegungsdaten, z. B.:

- Buchungsdatum
- Belegnummer
- Belegdatum
- Sollkonto
- Habenkonto
- Buchungstext
- Umsatzsteuerschlüssel
- Offene-Posten-Schlüssel

Buchungserfassung

Stapelbuchungen:

Bei so genannten Stapelbuchungen werden die Geschäftsfälle nicht direkt im Dialog auf den Konten gebucht, sondern werden zunächst „gestapelt". Der Vorteil ist, dass nach einer solchen Buchungserfassung die Buchungssätze noch korrigiert, gelöscht oder ergänzt werden können. Die eigentliche Buchung auf den Konten erfolgt dann später. Sie darf aufgrund der Grundsätze ordnungsmäßiger Buchführung nicht mehr verändert werden.

Dialogbuchungen:

Bei Dialogbuchungen werden die Geschäftsfälle sofort nach Eingabe der Buchungssätze auf den Konten in der Regel unwiderruflich gebucht. Fehlerhafte Eingaben können noch über Stornobuchungen berichtigt werden.

Journal

Nachdem die Buchungen auf den Konten durchgeführt und gesichert worden sind, lässt sich ein Buchungsjournal (Grundbuch) ausdrucken. Das Journal ist das aufbewahrungspflichtige Dokument über die verarbeiteten Buchungen.

JOURNAL									OfficeCom
								31.01...	Seite 5

Buchung Datum	Beleg Nummer	Konto Datum	Buchung	Gegen	Betrag Soll	Haben	Steuer Art	Betrag	Buchungstext
31.01...	1001	08.01...	6000	2000	19.325,00				Materialentnahme
31.01...	1001	08.01...	2000	6000		19.325,00			Materialentnahme
31.01...	1002	12.01...	2404	5100	400,00				AR Karl Blasius KG
31.01...	1002	12.01...	5100	2404		336,13	USt 19 %	63,87	AR Karl Blasius KG
31.01...	871230	31.01...	4800			63,87	Umsatzsteuer 19 %		
SUMME					19.725,00	19.725,00			

Auswertungen und Jahresabschluss

Zur Auswertung der Buchhaltung können Saldenlisten der einzelnen Konten, Umsatzstatistiken, die Umsatzsteuer-Voranmeldung sowie Bilanz- und GuV-Auswertungen ausgegeben werden.

Außerdem ist ein Monats- und Jahresabschluss möglich, nach dem aber alle Konteneintragungen gelöscht und die Salden fortgeschrieben werden.

4
Wertschöpfungsprozesse analysieren und beurteilen

Kosten- und Leistungsrechnung – *Cost and performance accounting*

Abgrenzung von der Finanzbuchhaltung

4

... ist eine **externe** Rechnung, die überwiegend die finanziellen Beziehungen zwischen dem Unternehmen und der Außenwelt (z. B. Kunden, Lieferern) erfasst;

... ist eine unternehmensbezogene Rechnung, die **alle** Erträge und Aufwendungen einer Abrechnungsperiode, unabhängig von ihrem Entstehungsgrund, aufzeichnet;

... ermittelt aus deren Gegenüberstellung in der Gewinn- und Verlustrechnung das **Gesamtergebnis** der Unternehmung;

... wird auf Konten durchgeführt;

... unterliegt gesetzlichen Vorschriften wie dem HGB, EStG, UStG usw.

... ist eine **interne** Rechnung, die der Planung, Steuerung und Kontrolle dient;

... ist eine betriebsbezogene Rechnung, die nur die Erträge (Leistungen) und Aufwendungen (Kosten) einer Abrechnungsperiode erfasst, die in engem Zusammenhang mit dem eigentlichen **Betriebszweck** – in einem Industriebetrieb Beschaffung, Produktion und Absatz – stehen;

... ermittelt aus der Gegenüberstellung von Leistungen und Kosten das **Betriebsergebnis;**

... wird i. d. R. außerhalb der Konten durchgeführt;

... unterliegt keinen gesetzlichen Vorschriften.

Aufgaben

- Ermittlung des bewerteten mengenmäßigen Verbrauchs an Werkstoffen und der bewerteten zeitlichen Inanspruchnahme von Betriebsmitteln und Arbeitnehmern (Kostenarten) einer Abrechnungsperiode (Monat, Quartal)
- Ermittlung der Kosten in den einzelnen Kostenstellen als Grundlage für die Kostenkalkulation der Produkte bzw. Dienstleistungen (Kostenträger)
- Kontrolle der Kostenentwicklung in den Kostenstellen
- Ermittlung der Herstellungskosten als Grundlage für die Bewertung der Lagerbestände an unfertigen und fertigen Erzeugnissen und selbst erstellter Anlagen (aktivierte Eigenleistungen) für die Bilanz
- Errechnung der Selbstkosten der Produkte als Grundlage für die Absatzpreiskalkulation sowie für die Ermittlung der langfristigen und kurzfristigen Preisuntergrenzen

- Kontrolle der Wirtschaftlichkeit durch Gegenüberstellung von Leistungen und Kosten

  Kennzahl der Wirtschaftlichkeit: $\dfrac{\text{Leistungen}}{\text{Kosten}}$

- Ermittlung des Jahres-Betriebsergebnisses (Leistungen minus Kosten) als der Teil des Unternehmensergebnisses, der auf die eigentliche betriebliche Tätigkeit zurückzuführen ist
- Durchführung kurzfristiger, z. B. monatlicher Erfolgsrechnungen und Darstellung der Anteile einzelner Produkte bzw. Produktgruppen am Betriebserfolg
- Lieferung von Grundlagen für Planungen und Entscheidungen der Unternehmensleitung, z. B. Wahl des optimalen Fertigungsverfahrens, Eigenfertigung oder Fremdbezug von Produkten (make or buy), Kauf oder Leasing von Anlagegütern, Annahme eines Zusatzauftrages

141

Kostenrechnung (Kostenarten, -stellen, -träger)

Cost accounting (cost types, cost centres, cost objectives)

Übersicht über die Kosten- und Leistungsrechnung

KOSTENRECHNUNG

Kostenartenrechnung	Kostenstellenrechnung	Kostenträgerrechnung
Welche Kosten in welcher Höhe?	Wo, an welchem Ort entstanden?	Für welche Leistungen oder Produkte?

Gesamtkosten

Personalkosten	Beschaffungs-bereich	Produktions-bereich	Absatzbereich	Verwaltungs-bereich	Erzeugnis 1
Materialkosten					Erzeugnis 2
Abschreibungen	zum Beispiel in den Kostenstellen:	zum Beispiel in den Kostenstellen:	zum Beispiel in den Kostenstellen:	zum Beispiel in den Kostenstellen:	Erzeugnis 3
sonstige Kosten					Erzeugnis 4

– Einkauf – Materiallager	– Konstruktion – Arbeitsvorbe-reitung – Fertigung	– Marketing – Verkauf – Erzeugnis-lager	– Personal-wesen – Finanzwesen – Rechnungswesen

Gesamtleistung

Kostenträgerzeitrechnung

Absatzleistung: Für den Absatz bestimmte und abgesetzte Produkte	Umsatzerlöse aus fertigen Erzeugnissen/Handelswaren
Lagerleistung: Für den Absatz bestimmte, aber noch nicht abgesetzte Produkte	Mehrbestände an unfertigen und fertigen Erzeugnissen
Eigenleistung: Nicht für den Absatz bestimmte Produkte	selbst erstellte, für den Eigenbedarf des Betriebes erstellte Anlagen

LEISTUNGSRECHNUNG

vgl. Grosser, Irmgard u. a.: Kosten- und Leistungsrechnung Schritt für Schritt, 2. Auflage, Verlag Europa-Lehrmittel, Haan-Gruiten 1989, S. 21

Phasen der Kostenrechnung

Kostenerfassung → **Kostenzuordnung** → **Kostenverrechnung**

Kostenartenrechnung		Kostenstellenrechnung	Kostenträgerrechnung
Erfassung aller Kostengüterarten in einer Abrechnungs-periode	Zuordnung der Kostengüterarten zu den Kostenkategorien • Gemeinkosten • Einzelkosten	Verursachungs-gerechte Verteilung der Gemeinkosten auf die Kostenstellen	Verursachungs-gerechte Zurechnung der Gemeinkosten über die Kosten-stellenrechnung und der Einzelkosten auf die Kostenträger

aus: Hübscher, Heinrich u. a.: IT-Kompendium, 1. Aufl., Bildungshaus Schulbuchverlage Westermann Schroedel Diesterweg Schöningh Winklers GmbH, Braunschweig 2001, S. 407

4

3526142

Begriffe der Kosten- und Leistungsrechnung
Expressions used in cost and performance accounting

Kosten und Aufwendungen

Kosten = in Geldeinheiten (GE) bewerteter mengenmäßiger Verbrauch an Gütern und Leistungen zum Zweck der betrieblichen Leistungserstellung in einer Abrechnungsperiode.

Aufwendungen = gesamter in GE bewerteter mengenmäßiger Verbrauch an Gütern und Leistungen in einem Unternehmen, unabhängig von ihrem Entstehungsgrund, in einer Abrechnungsperiode.

Aufwendungen			**Kosten**			**Beispiele:**
Neutrale Aufwendungen	Aufwendungen, nicht Kosten	Betriebsfremde Aufwendungen				Abschreibungen auf Finanzanlagen, Instandhaltung von Werkswohnungen
		Betriebsbezogene, außerordentliche Aufwendungen				Verkauf einer Drehbank unter Buchwert
	Aufwend., ungleich Kosten	Betriebsbezogene, periodenfremde Aufwendungen				Gewerbesteuernachzahlung, bilanzielle Abschreibungen auf Sachanlagen
Aufwend., gleich Kosten		Betriebsbezogene, periodenbezogene Aufwendungen =	**Grundkosten**	Kosten, gleich Aufwend.		Roh-, Hilfs-, Betriebsstoffverbrauch, Fertigungslöhne
			Anderskosten oder bewertungsverschiedene Kosten	Kosten, ungleich Aufwend.	Kalkulatorische Kosten	kalkulatorische Abschreibungen auf Sachanlagen, kalkulatorische Wagnisse
			wesensmäßige **Zusatzkosten**	Kosten, nicht Aufwend.		kalkulatorischer Unternehmerlohn, kalkulatorische Zinsen

aus: Scharf, Dirk: Grundzüge des betrieblichen Rechnungswesens, 3. Auflage, Gabler, Wiesbaden 1997, S. 26

Leistungen und Erträge

Leistungen = lediglich die in GE bewerteten erfolgswirksamen Wertezuflüsse in einer Abrechnungsperiode, die aus der betrieblichen Leistungserstellung resultieren.

Erträge = alle erfolgswirksamen, in GE bewerteten Wertezuflüsse in einem Unternehmen, unabhängig von ihrem Entstehungsgrund, in einer Abrechnungsperiode.

Erträge			**Leistungen**			**Beispiele:**
Neutrale Erträge	Erträge, nicht Leistungen	Betriebsfremde Erträge				Mieterträge, Zinserträge, Erträge aus Beteiligungen
		Betriebsbezogene, außerordentliche Erträge				Verkauf einer Maschine über Buchwert
	Erträge, ungleich Leistungen	Betriebsbezogene, periodenfremde Erträge				Rückzahlung einer ausgebuchten Forderung, Erträge aus der Auflösung von Rückstellungen
Erträge, gleich Leistungen		Betriebsbezogene, periodenbezogene Erträge =	**Grundleistungen** (Grunderlöse)	Leistungen, gleich Erträge		Umsatzerlöse aus dem Verkauf von Fertigerzeugnissen, Mehrbestände an unfertigen und fertigen Erzeugnissen
			Andersleistungen oder bewertungsverschiedene Erlöse (Anderserlöse)	Leistungen, ungleich Erträge	Kalkulatorische Leistungen	Erhöhung des nach Handels- und Steuerrecht ermittelten Wertes der unfertigen und fertigen Erzeugnisse, wenn sie in der Bilanz sehr niedrig angesetzt sind
			Zusatzleistungen (Zusatzerlöse)	Leistungen, nicht Erträge		originärer Firmenwert, originäre Patente

aus: Scharf, Dirk: Grundzüge des betrieblichen Rechnungswesens, 3. Auflage, Gabler, Wiesbaden 1997, S. 26

Unternehmensergebnis, Betriebsergebnis, Neutrales Ergebnis

Betriebsergebnis	= Leistungen	– Kosten
+ Neutrales Ergebnis	= Neutrale Erträge	– Neutrale Aufwendungen
= Unternehmensergebnis	= sämtliche Erträge	– sämtliche Aufwendungen

aus: Hübscher, Heinrich u. a.: IT-Kompendium, 1. Aufl., Braunschweig 2001, S. 404

Abgrenzungsrechnung – *Calculation of deferrals and accruals*

Aufgabe

- Grundlage der Kosten- und Leistungsrechnung ist die Gewinn- und Verlustrechnung aus der Finanzbuchhaltung.

- Aus den Aufwendungen und Erträgen der Gewinn- und Verlustrechnung werden mithilfe der Abgrenzungsrechnung die neutralen Aufwendungen und die neutralen Erträge herausgefiltert und damit von den Kosten und Leistungen getrennt (unternehmensbezogene Abgrenzung).

- Die Abgrenzungsrechnung wird außerhalb der Finanzbuchhaltung auf einem Formblatt, das als **Ergebnistabelle** bezeichnet wird, durchgeführt.

- Die Ergebnistabelle besteht aus zwei Teilen.
  - Im linken Teil werden der Inhalt des Gewinn- und Verlustkontos in Staffelform dargestellt und das Gesamtergebnis des Unternehmens ausgewiesen (Rechnungskreis I).
  - Der rechte Teil dient der Kosten- und Leistungsrechnung (Rechnungskreis II) mit den Bereichen „Unternehmensbezogene Abgrenzung" – hier wird das neutrale Ergebnis ausgewiesen – und „Betriebsergebnisrechnung" – hier wird das Betriebsergebnis ermittelt.

Beispiel Gewinn- und Verlustkonto

Das Gewinn- und Verlustkonto der OfficeCom AG weist per 31. Dezember 20.. folgende Zahlen aus:

Soll	Gewinn- und Verlustkonto der OfficeCom AG per 31. Dezember 20.. in €		Haben
Aufwendungen für Rohstoffe	3.480.000,00	Umsatzerlöse aus fertigen Erzeugnissen	9.363.600,00
Aufwendungen für Hilfsstoffe	465.600,00	Umsatzerlöse aus Handelswaren	3.100.290,00
Aufwendungen für Betriebsstoffe	66.490,00	Mehrbestand an unfertigen und fertigen Erzeugnissen	43.000,00
Fertigungslöhne	690.205,00	Zinserträge	39.170,00
Hilfslöhne	46.225,00	Mieterträge	120.000,00
Gehälter	73.000,00		
Arbeitgeberanteil zur Sozialversicherung	285.324,00		
Abschreibungen auf Sachanlagen[1]	4.230.680,00		
Verluste aus dem Abgang von Gegenständen des Anlagevermögens	126.500,00		
Verluste aus dem Abgang von Gegenständen des Umlaufvermögens[2]	26.130,00		
Abschreibungen auf Forderungen	89.420,00		
Zinsaufwendungen	68.930,00		
Steuern[3]	6.320,00		
Fremdinstandhaltungen[4]	23.510,00		
Sonstige Aufwendungen[5]	39.180,00		
Jahresüberschuss (Gewinn)	2.948.546,00		
	12.666.060,00		12.666.060,00

Zusatzinformationen:

[1] davon entfallen auf vermietete Büroetagen 10 %

[2] Abschreibungen auf Wertpapiere

[3] Gewerbesteuer, Kfz-Steuer

[4] 3.900,00 € entfallen auf Instandhaltungen der vermieteten Büroetagen

[5] Büromaterial, Werbeaufwendungen, Transportkosten

Auf der Grundlage der hier dargestellten Gewinn- und Verlustrechnung wird auf den folgenden Seiten die Abgrenzungsrechnung schrittweise entwickelt, die schließlich in die endgültige Ergebnistabelle auf Seite 151 mündet.

vgl.: Bentin, Margit u. a.: Handlungsorientierte Materialien in Wirtschaft und Verwaltung, Lehrerband Absatz/Marketing, 2. Aufl., Bildungshaus Schulbuchverlage Westermann Schroedel Diesterweg Schöningh Winklers GmbH, Darmstadt 2003, S. 69

Unternehmensbezogene Abgrenzung – *Company-based deferrals and accrualts*

Beispiel Ergebnistabelle mit unternehmensbezogener Abgrenzung

Auf der Grundlage des Gewinn- und Verlustkontos der OfficeCom AG und der Zusatzinformationen (siehe S. 144) wird die folgende **vorläufige** Ergebnistabelle, die die unternehmensbezogene Abgrenzung zeigt, erstellt:

Vorläufige Ergebnistabelle in €						
Finanzbuchhaltung			**Kosten- und Leistungsrechnung**			
Gesamtergebnisrechnung (GuV) der Finanzbuchhaltung			Abgrenzungs-rechnung		Betriebsergebnis-rechnung	
			Unternehmensbe-zogene Abgren-zungen			
Konto	Aufwen-dungen	Erträge	Neutrale Aufwen-dungen	Neutrale Erträge	Kosten	Leis-tungen
Umsatzerlöse aus fertigen Erzeugnissen		9.363.600,00				9.363.600,00
Umsatzerlöse aus Handelswaren		3.100.290,00				3.100.290,00
Mehrbestand an unfertigen/ fertigen Erzeugnissen		43.000,00				43.000,00
Zinserträge		39.170,00		39.170,00		
Mieterträge		120.000,00		120.000,00		
Aufwendungen für Rohstoffe	3.480.000,00				3.480.000,00	
Aufwendungen für Hilfsstoffe	465.600,00				465.600,00	
Aufwendungen für Betriebsstoffe	66.490,00				66.490,00	
Fertigungslöhne	690.205,00				690.205,00	
Hilfslöhne	46.225,00				46.225,00	
Gehälter	73.000,00				73.000,00	
Arbeitgeberanteil zur Sozialversicherung	285.324,00				285.324,00	
Abschreibungen auf Sachanlagen	4.230.680,00		423.068,00		3.807.612,00	
Verluste aus dem Abgang von Gegenständen des Anlage-vermögens	126.500,00		126.500,00			
Verluste aus dem Abgang von Gegenständen des Umlaufvermögens	26.130,00		26.130,00			
Abschreibungen auf Forderungen	89.420,00				89.420,00	
Zinsaufwendungen	68.930,00				68.930,00	
Steuern	6.320,00				6.320,00	
Fremdinstandhaltungen	23.510,00		3.900,00		19.610,00	
Sonstige Aufwendungen	39.180,00				39.180,00	
	9.717.514,00	12.666.060,00	579.598,00	159.170,00	9.137.916,00	12.506.890,00
	2.948.546,00			420.428,00	**3.368.974,00**	
	12.666.060,00	12.666.060,00	579.598,00	579.598,00	12.506.890,00	12.506.890,00
	Gesamtergebnis		**Neutrales Ergebnis**		**Betriebsergebnis**	

Abstimmung der Ergebnisse:
Gesamtergebnis der Finanzbuchhaltung (Rechnungskreis I): 2.948.546,00 € (Gewinn)

    Neutrales Ergebnis: − 420.428,00 € (Neutraler Verlust)

+ Betriebsergebnis: +3.368.974,00 € (Betriebsgewinn)

= Gesamtergebnis Rechnungskreis II   2.948.546,00 € (Gewinn)

In der Spalte „Unternehmensbezogene Abgrenzung" werden solche Erträge und Aufwendungen erfasst, die nichts mit dem eigentlichen Geschäftszweck des Unternehmens – Geschäftszweck der OfficeCom AG: Herstellung und Vertrieb von Büromöbeln und Zubehör – zu tun haben.

Kostenrechnerische Korrekturen – *Cost accounting corrections*

Gründe

Nicht alle betriebsbedingten Aufwendungen aus der Finanzbuchhaltung können einfach in die Betriebsergebnisrechnung übernommen werden, obwohl sie aus dem eigentlichen Geschäftszweck resultieren – sie **entsprechen nicht den Anforderungen der Kosten- und Leistungsrechnung.**

Zum Beispiel werden Maschinen häufig für die Bilanz degressiv abgeschrieben, um den steuerlichen Vorteil hoher Aufwendungen nutzen zu können. Der so ermittelte Abschreibungsbetrag ist aus verschiedenen Gründen für die Kosten- und Leistungsrechnung ungeeignet, u. a. deshalb, weil sich die Abschreibungsbeträge von Jahr zu Jahr ändern und sich damit einer kostenrechnerischen Planbarkeit und Vergleichbarkeit für die Kalkulation entziehen. Außerdem haben steuerliche Gründe für die Abschreibungshöhe nichts mit der tatsächlichen Abnutzung der Maschinen zu tun.

Korrekturbedürftige Aufwendungen

Für die Kosten- und Leistungsrechnung sind daher folgende Aufwendungen der Finanzbuchhaltung zu korrigieren und als kalkulatorische Kosten anzusetzen:

- Abschreibungen auf Sachanlagen → **Kalkulatorische Abschreibungen**
- Eingetretene Wagnisse wie Abschreibungen auf Forderungen → **Kalkulatorische Wagnisse**
- Zinsaufwendungen → **Kalkulatorische Zinsen**

In Einzelunternehmen und Personengesellschaften wird zusätzlich noch ein **kalkulatorischer Unternehmerlohn** in der Kosten- und Leistungsrechnung angesetzt, für den in der Finanzbuchhaltung kein entsprechender Aufwand angesetzt werden darf.

Auswirkung auf die Ergebnistabelle

Die Ergebnistabelle wird um die Doppelspalte „Kostenrechnerische Korrekturen" im Bereich Abgrenzungsrechnung erweitert. Die Erläuterung erfolgt in Verbindung mit den folgenden Beispielen.

Kalkulatorische Abschreibungen – *Imputed depreciations*

In der Kosten- und Leistungsrechnung ist allein der Betriebszweck Gegenstand der Betrachtung. Daher müssen die in der Gewinn- u. Verlustrechnung der Finanzbuchhaltung ausgewiesenen Abschreibungen auf Sachanlagen (bilanzielle Abschreibungen) für die Kosten- und Leistungsrechnung mit einem anderen Wert (kalkulatorische Abschreibungen) angesetzt werden.

Die folgende Gegenüberstellung zeigt die unterschiedlichen Bewertungsgrundlagen:

Bilanzielle Abschreibungen = neutrale Aufwendungen	Kalkulatorische Abschreibungen = Kosten
– werden von **allen** Gegenständen des abnutzbaren Anlagevermögens berechnet;	– werden vom **betriebsnotwendigen** abnutzbaren Anlagevermögen berechnet;
– werden höchstens von den **Herstellungs- bzw. Anschaffungskosten** berechnet (nominale Kapitalerhaltung);	– werden vom **Wiederbeschaffungswert** berechnet (reale Kapitalerhaltung);
– werden nach steuerlich. Gesichtspunkten, **weitgehend unabhängig vom tatsächlichen Werteverzehr,** ermittelt (möglichst hohe, gewinnmindernde Aufwendungen);	– sollen dem **tatsächlichen Werteverzehr** entsprechen;
– werden häufig zu Beginn der Nutzung wegen steuerlicher Vorteile nach der **degressiven** Methode[1] errechnet;	– werden häufig wegen gleichmäßig hoher Kosten im Zeitvergleich nach der **linearen** Methode errechnet;
– beeinflussen das **Neutrale Ergebnis** und das **Gesamtergebnis.**	– beeinflussen nur das **Betriebsergebnis,** sind bezüglich des Gesamtergebnisses erfolgsneutral.

aus: Bentin, Margit u. a.: Handlungsorientierte Materialien in Wirtschaft und Verwaltung, Lehrerband Absatz/Marketing, 2. Aufl., Darmstadt 2003, S. 56

Beispiel 1:

Im Januar 20.. kaufte die OfficeCom AG eine neue NC-gesteuerte Fräsmaschine, Anschaffungskosten 125.000,00 €. Für die bilanzielle Abschreibung wurde – nach Rücksprache mit dem Finanzamt – die Nutzungsdauer auf 8 Jahre festgelegt. Die Maschine wird linear abgeschrieben.

→ **Bilanzieller Abschreibungsbetrag** im ersten Jahr der Nutzung: 15.625,00 € (12,5 % von 125.000,00 €)

Für die kalkulatorische Abschreibung wurden der Wiederbeschaffungswert auf 135 % der Anschaffungskosten und die Nutzungsdauer auf 10 Jahre geschätzt. Die Maschine wird linear abgeschrieben.

→ **Kalkulatorischer Abschreibungsbetrag:** 16.875,00 € (10 % von 168.750,00 €)

1 Mit der Unternehmenssteuerreform 2008 wird – neben anderen Maßnahmen zu deren Finanzierung – die degressive Abschreibung abgeschafft.

3526146

Kalkulatorische Abschreibungen – *Imputed depreciations*

Beispiel 2:

Die kalkulatorischen Abschreibungen der OfficeCom AG betragen per 31. Dezember 20.. 4.670.320,00 €, die bilanziellen Abschreibungen auf das betriebsnotwendige abnutzbare Sachanlagevermögen gemäß Ergebnistabelle auf S. 145 3.807.612,00 €.

Behandlung in der Ergebnistabelle:

Ergebnistabelle in €								
Finanzbuchhaltung			Kosten- und Leistungsrechnung (KLR)					
Gesamtergebnisrechnung (GuV) der Finanzbuchhaltung			Abgrenzungsrechnung				Betriebsergebnisrechnung	
			Unternehmensbezogene Abgrenzungen		Kostenrechnerische Korrekturen			
Konto	Aufwendungen	Erträge	Neutrale Aufwendungen	Neutrale Erträge	Betriebliche Aufwendungen	Verrechnete Kosten	Kosten	Leistungen
Abschreibungen auf Sachanlagen	4.230.680,00		423.068,00		3.807.612,00	4.670.320,00	4.670.320,00	

Erläuterung:

- Die gesamten bilanziellen Abschreibungen auf Sachanlagen wurden zunächst aufgespalten in einen nicht betriebsbedingten oder neutralen Teil (423.068 €) und einen betriebsbedingten Teil (3.807.612 €). Die betriebsbedingten Abschreibungen werden jetzt jedoch nicht in die Betriebsergebnisrechnung übernommen, sondern in der Spalte „Kostenrechnerische Korrekturen" unter „Betriebliche Aufwendungen" ausgewiesen.

- Die kalkulatorischen Abschreibungen (4.670.320 €) werden in der „Betriebsergebnisrechnung" unter „Kosten" ausgewiesen und mindern so das Betriebsergebnis. Damit sie jedoch das Gesamtergebnis nicht beeinflussen, werden sie als „Ertrag" in der Spalte „Verrechnete Kosten" „gegengebucht".

Kalkulatorische Wagnisse – *Imputed risks*

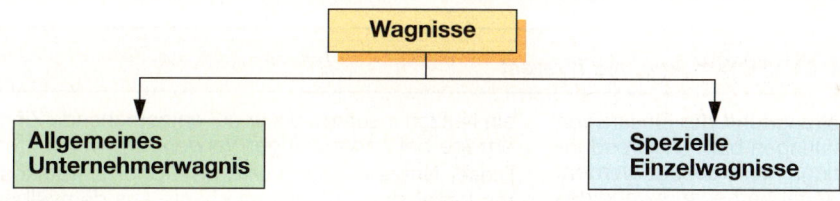

Beispiel:

Fehleinschätzung des Absatzmarktes
→ nicht kalkulierbar
→ daher nicht Gegenstand der KLR

Diese Verluste sind aus dem Eigenkapital abzudecken.

- **Beständewagnis** (z. B. Verlust an Vorräten durch Verderb, Schwund, Veralten)
- **Fertigungswagnis** (z. B. Mehrkosten aufgrund von Arbeitsfehlern)
- **Anlagenwagnis** (z. B. Verluste durch Schadensfälle)
- **Entwicklungswagnis** (z. B. Verluste aus fehlgeschlagenen Produktentwicklungen)
- **Vertriebswagnis** (z. B. Ausfälle bei Kundenforderungen)
- **Gewährleistungswagnis** (z. B. kostenlose Ersatzlieferung)

Werden Einzelwagnisse durch Versicherungen abgedeckt (z. B. Brandschäden), gehen die entsprechenden **Versicherungsprämien** in die Kosten ein (fremdversicherte Einzelwagnisse).

Für Einzelwagnisse, die nicht fremdversichert werden können (z. B. Währungsverluste), werden in der Kostenrechnung **kalkulatorische Kosten** angesetzt (selbstversicherte Einzelwagnisse).

aus: Hübscher, Heinrich u. a.: IT-Kompendium, 1. Auflage, Braunschweig 2001, S. 405

Beispiel 1:

Die Ausfallzeit der Maschinen an 240 Arbeitstagen beträgt durchschnittlich 0,5 Std. pro Tag zum Stundensatz von 26,00 €.

→ **Kalkulatorische Kosten** des Fertigungswagnisses: 240 · 0,5 · 26,00 = 3.120,00 €.

Kalkulatorische Wagnisse – *Imputed risks*

Beispiel 2:

Die kalkulatorischen Wagnisse (Vertriebswagnis) der OfficeCom AG wurden für das Jahr 20.. mit 25.000,00 € angesetzt. Die tatsächlichen Forderungsausfälle betrugen gemäß Gewinn- und Verlustkonto auf S. 144 89.420,00 €.

Behandlung in der Ergebnistabelle:

Ergebnistabelle in €							
Finanzbuchhaltung			Kosten- und Leistungsrechnung				
Gesamtergebnisrechnung (GuV) der Finanzbuchhaltung			Abgrenzungsrechnung				Betriebsergebnisrechnung
			Unternehmensbezogene Abgrenzungen		Kostenrechnerische Korrekturen		
Konto	Aufwendungen	Erträge	Neutrale Aufwendungen	Neutrale Erträge	Betriebliche Aufwendungen	Verrechnete Kosten	Kosten	Leistungen
Abschreibungen auf Forderungen	89.420,00				89.420,00	25.000,00	25.000,00	

Erläuterung:

- Die tatsächlichen Kosten des Vertriebswagnisses spiegeln sich in den Abschreibungen auf Forderungen wider. Da sie mit 89.420,00 € im Jahr 20.. außerordentlich hoch sind und von Jahr zu Jahr in ihrer Höhe schwanken, können sie nicht als Kosten in die Betriebsergebnisrechnung einfließen. Sie sind daher als betrieblicher Aufwand unter „Kostenrechnerische Korrekturen" zu erfassen.

- Die kalkulatorischen Wagnisse von 25.000,00 € werden als Kosten in der Betriebsergebnisrechnung erfasst und mindern so das Betriebsergeb-

nis. Gleichzeitig werden sie als „Ertrag" in der Spalte „Kostenrechnerische Korrekturen" unter „Verrechnete Kosten" „gegengebucht". Dadurch wirken sie sich nur auf das Betriebsergebnis aus.

- Das Neutrale Ergebnis wird in Höhe der Differenz 89.420,00 € minus 25.000,00 € gleich 64.420,00 € verringert. Da das Gesamtergebnis die Summe aus Betriebsergebnis und Neutralem Ergebnis ist, wird das Gesamtergebnis mit den tatsächlichen Aufwendungen von 89.420,00 € belastet.

Kalkulatorische Zinsen – *Imputed interest*

In der Geschäftsbuchhaltung führt der Einsatz von Fremdkapital zu Zinszahlungen bzw. -aufwendungen. Dabei kann allerdings nicht gesagt werden, ob mit diesem Fremdkapital betriebsnotwendiges Vermögen oder nichtbetriebsnotwendiges Vermögen finanziert wurde. Mithin kann auch nicht gesagt werden, welcher Anteil der Zinszahlungen den Kosten, welcher den neutralen Aufwendungen zuzurechnen ist.

Der Einsatz von Eigenkapital im Betrieb verursacht dagegen keine Zinsaufwendungen; da er jedoch eine anderweitige Verwendung ausschließt, z. B. Wertpapieranlage, entgeht dem Eigenkapitalgeber

ein Nutzen insofern, als er auf entsprechende Zinserträge bei anderweitiger Verwendung verzichtet. Dieser Nutzenentgang wird als Opportunitätskosten bezeichnet. Allerdings könnte aus demselben Grund wie bei den Fremdkapitalzinsen nicht gesagt werden, welcher Anteil des entgangenen Nutzens als Kosten und welcher als neutraler Aufwand anzusehen ist. Hieraus folgt, dass die in der Gewinn- und Verlustrechnung der Geschäftsbuchhaltung ausgewiesenen Zinsaufwendungen nicht in die Kosten- und Leistungsrechnung übernommen werden dürfen.

Für die Kosten- und Leistungsrechnung werden die kalkulatorischen Zinsen wie folgt berechnet:

> Betriebsnotwendiges Anlagevermögen (Wiederbeschaffungskosten – kalkulatorische Abschreibungen)
> + Betriebsnotwendiges Umlaufvermögen [(Anfangsbestand + Endbestand) : 2]
>
> = Betriebsnotwendiges Vermögen
> – Abzugskapital (zinslos überlassenes Fremdkapital)
>
> = **Betriebsnotwendiges Kapital**
> · landesüblicher durchschnittlicher Zinssatz für langfristige Darlehen
>
> = **kalkulatorische Zinsen**

aus: Hübscher, Heinrich u. a.: IT-Kompendium, 1. Aufl., Braunschweig 2001, S. 406

Kalkulatorische Zinsen – *Imputed interest*

Zinsaufwendungen = neutrale Aufwendungen	Kalkulatorische Zinsen = Kosten
– sind die in der laufenden Periode gezahlten Zinsen für **Fremdkapital** gemäß Gewinn- und Verlustrechnung;	– werden berechnet vom **betriebsnotwendigen Kapital;**
– beeinflussen das **Neutrale Ergebnis** und das **Gesamtergebnis.**	– beeinflussen nur das **Betriebsergebnis,** sind bezüglich des Gesamtergebnisses erfolgsneutral.

Beispiel 1:

Aktiva		Bilanz in €	Passiva	
Bebaute Grundstücke	300.000,00	Eigenkapital		300.000,00
Maschinen	440.000,00	Darlehen		800.000,00
Betriebs- und Geschäftsausstattung	80.000,00	Verbindlichkeiten a. LL		325.000,00
Rohstoffe	450.000,00	Erhaltene Anzahlungen		65.000,00
Forderungen a. LL	150.000,00			
Liquide Mittel	70.000,00			
	1.490.000,00			1.490.000,00

Zusatzinformationen zu den Aktiva:
Der kalkulatorische Restwert der bebauten Grundstücke beträgt 400.000,00 €. Davon sind bebaute Grundstücke im Wert von 60.000,00 € vermietet. Der kalkulatorische Restwert der Maschinen beläuft sich auf 600.000,00 €, da für die Bilanz aus steuerlichen Gründen höher abgeschrieben wurde. Kalkulatorischer Restwert der Betriebs- und Geschäftsausstattung: 100.000,00 €. Der Rohstoffbestand ist am Bilanzstichtag überhöht, der Durchschnittsbestand beträgt monatlich 300.000,00 €. Die Bestände der Forderungen und der liquiden Mittel entsprechen den Durchschnittsbeständen.

Zusatzinformationen zu den Passiva:
Für die Darlehen sind 9 % Zinsen zu zahlen. Die Lieferantenkredite werden in voller Höhe unter Verzicht auf einen möglichen Skontoabzug in Anspruch genommen. Die Anzahlungen der Kunden stehen zinslos zur Verfügung.

Für die Berechnung der kalkulatorischen Zinsen wird ein durchschnittlicher Zinssatz für langfristiges Fremdkapital von 12 % zugrunde gelegt.

Berechnung kalkulatorische Zinsen:

	Bebaute Grundstücke	340.000,00 €
+	Maschinen	600.000,00 €
+	Betriebs- u. Geschäftsausstattung	100.000,00 €
+	Rohstoffe	300.000,00 €
+	Forderungen	150.000,00 €
+	Liquide Mittel	70.000,00 €
=	Betriebsnotwendiges Vermögen	1.560.000,00 €
–	Anzahlungen	65.000,00 €
=	Betriebsnotwendiges Kapital	1.495.000,00 €

davon 12 %:
→ Kalkulatorische Zinsen   179.400,00 €

Berechnung Zinsaufwendungen:

Darlehen	800.000,00 €
davon 9 %	
→ Zinsaufwendungen	72.000,00 €

Beispiel 2:
Die kalkulatorischen Zinsen der OfficeCom AG wurden für das Jahr 20.. mit 112.450,00 € angesetzt. Im selben Jahr wurden gemäß Gewinn- und Verlustkonto auf S. 144 Zinsen von 68.930,00 € gezahlt.

Kalkulatorische Zinsen – *Imputed interest*

Behandlung in der Ergebnistabelle:

Ergebnistabelle in €							
Finanzbuchhaltung			Kosten- und Leistungsrechnung				
Gesamtergebnisrechnung (GuV) der Finanzbuchhaltung			Abgrenzungsrechnung				Betriebsergebnis-rechnung
			Unternehmensbezogene Abgrenzungen		Kostenrechnerische Korrekturen		
Konto	Aufwen-dungen	Erträge	Neutrale Aufwen-dungen	Neutrale Erträge	Betriebliche Aufwendun-gen	Ver-rechnete Kosten	Kosten	Leistun-gen
Zinsauf-wendungen	68.930,00				68.930,00	112.450,00	112.450,00	

Erläuterung:

- Die tatsächlich gezahlten Zinsen des Jahres 20.. gemäß Gewinn- und Verlustkonto werden in der Abgrenzungsrechnung unter „Kostenrechnerische Korrekturen" in der Spalte „Betriebliche Aufwendungen" ausgewiesen.
- Die kalkulatorischen Zinsen von 112.450,00 € werden in der Spalte „Kosten" der Betriebsergebnisrechnung erfasst und als „Ertrag" in der Spalte „Kostenrechnerische Korrekturen" unter „Verrechnete Kosten" „gegengebucht". Dadurch

beeinflussen sie nur das Betriebsergebnis, nicht aber das Gesamtergebnis.

- Das Neutrale Ergebnis verbessert sich in Höhe der Differenz von 112.450,00 € minus 68.930,00 € gleich 43.520,00 €. Da das Gesamtergebnis die Summe aus Betriebsergebnis und Neutralem Ergebnis ist, wird das Gesamtergebnis nur in Höhe der tatsächlich gezahlten Zinsen von 68.930,00 € belastet.

Kalkulatorischer Unternehmerlohn – *Imputed management earnings*

- In Kapitalgesellschaften erhalten Vorstandsmitglieder (z. B. Aktiengesellschaft) und Geschäftsführer (GmbH) für ihre Arbeitsleistung Gehälter, die in der Finanzbuchhaltung dieser Unternehmungen als gewinnmindernder Aufwand gebucht und in gleicher Höhe in die Kosten- und Leistungsrechnung übernommen werden.
- Für die Arbeitsleistung geschäftsführender Inhaber von Einzelunternehmungen und Gesellschafter von Personengesellschaften (OHG und KG) dürfen nach Handels- und Steuerrecht keine gewinnmindernde Aufwendungen geltend gemacht werden. Die Arbeitsleistung ist vielmehr aus dem Gewinn abzugelten.

aus: Hübscher, Heinrich u. a.: IT-Kompendium, 1. Aufl., Braunschweig 2001, S. 406

- Bei Einzelunternehmungen und Personengesellschaften können die vollhaftenden Geschäftsinhaber aufgrund ihrer unternehmerischen Tätigkeit in der Kosten- und Leistungsrechnung einen so genannten kalkulatorischen Unternehmerlohn ansetzen – als Ausgleich für Nutzenentgang. Dadurch werden zudem die Kostenstrukturen und Betriebsergebnisrechnungen von Unternehmungen unterschiedlicher Rechtsform vergleichbar.
- Die Höhe des kalkulatorischen Unternehmerlohnes könnte sich nach den Gehältern leitender Angestellter in vergleichbaren Positionen richten.

Beispiel:

Ein Einzelunternehmer setzt für seine Arbeit als kalkulatorischen Unternehmerlohn 150.000,00 € an.

Behandlung in der Ergebnistabelle:

Ergebnistabelle in €							
Finanzbuchhaltung			Kosten- und Leistungsrechnung				
Gesamtergebnisrechnung (GuV) der Finanzbuchhaltung			Abgrenzungsrechnung				Betriebsergebnis-rechnung
			Unternehmensbezogene Abgrenzungen		Kostenrechnerische Korrekturen		
Konto	Aufwen-dungen	Erträge	Neutrale Aufwen-dungen	Neutrale Erträge	Betrieb-liche Auf-wendun-gen	Ver-rechnete Kosten	Kosten	Leistun-gen
Unterneh-merlohn						150.000,00	150.000,00	

Erläuterung:

- Da keine gewinnmindernde Aufwendungen für die unternehmerische Arbeit geltend gemacht werden dürfen, ist im Gewinn- und Verlustkonto kein entsprechender Aufwand ausgewiesen.

- Das Betriebsergebnis verringert sich um 150.000,00 €, während sich – durch die „Gegenbuchung" – das Neutrale Ergebnis um den gleichen Betrag verbessert. Das Gesamtergebnis bleibt dadurch unberührt.

3526150

Ergebnistabelle – *Statement of results*

Beispiel:

Auf der Grundlage des Gewinn- und Verlustkontos auf S. 144 sowie der vorangegangenen Beispiele zu den kalkulatorischen Kosten ergibt sich für die OfficeCom AG zum 31. Dezember 20.. folgende **endgültige Ergebnistabelle:**

Ergebnistabelle in €

Konto	Finanzbuchhaltung – Gesamtergebnisrechnung (GuV) Aufwendungen	Erträge	Unternehmensbezogene Abgrenzungen – Neutrale Aufwendungen	Neutrale Erträge	Kostenrechnerische Korrekturen – Betriebliche Aufwendungen	Verrechnete Kosten	Betriebsergebnisrechnung – Kosten	Leistungen
Umsatzerlöse aus fertigen Erzeugnissen		9.363.600,00						9.363.600,00
Umsatzerlöse aus Handelswaren		3.100.290,00						3.100.290,00
Mehrbestand an unfertigen/fertigen Erzeugnissen		43.000,00						43.000,00
Zinserträge		39.170,00		39.170,00				
Mieterträge		120.000,00		120.000,00				
Aufwendungen für Rohstoffe	3.480.000,00						3.480.000,00	
Aufwendungen für Hilfsstoffe	465.600,00						465.600,00	
Aufwendungen für Betriebsstoffe	66.490,00						66.490,00	
Fertigungslöhne	690.205,00						690.205,00	
Hilfslöhne	46.225,00						46.225,00	
Gehälter	73.000,00						73.000,00	
Arbeitgeberanteil zur Sozialversicherung	285.324,00						285.324,00	
Abschreibungen auf Sachanlagen	4.230.680,00		423.068,00		3.807.612,00	4.670.320,00	4.670.320,00	
Verluste aus dem Abgang von Gegenständen des Anlagevermögens	126.500,00		126.500,00					
Verluste aus dem Abgang von Gegenständen des Umlaufvermögens	26.130,00		26.130,00					
Abschreibungen auf Forderungen	89.420,00				89.420,00	25.000,00	25.000,00	
Zinsaufwendungen	68.930,00				68.930,00	112.450,00	112.450,00	
Steuern	6.320,00						6.320,00	
Fremdinstandhaltungen	23.510,00		3.900,00				19.610,00	
Sonstige Aufwendungen	39.180,00						39.180,00	
	9.717.514,00	12.666.060,00	579.598,00	159.170,00	3.965.962,00	4.807.770,00	9.979.724,00	12.506.890,00
	2.948.546,00			420.428,00	**841.808,00**		**2.527.166,00**	
	12.666.060,00	12.666.060,00	579.598,00	579.598,00	4.807.770,00	4.807.770,00	12.506.890,00	12.506.890,00
	Gesamtergebnis		Ergebnis der unternehmensbezogenen Abgrenzungen		Ergebnis der kostenrechnerischen Korrekturen		**Betriebsergebnis**	
			Neutrales Ergebnis					

Abstimmung der Ergebnisse:

Betriebsergebnis	2.527.166,00 €
Ergebnis der unternehmensbezogenen Abgrenzungen	− 420.428,00 €
Ergebnis der kostenrechnerischen Korrekturen	841.808,00 €
+ Neutrales Ergebnis	421.380,00 €
= Gesamtergebnis	2.948.546,00 €

4

Kostenartenrechnung – *Cost type accounting*

Einteilung der Kosten

Die Kostenartenrechnung erfasst die in einem Betrieb entstandenen Kostengüterarten, die nach verschiedenen Kriterien eingeteilt werden können, für eine bestimmte Abrechnungsperiode (Monat, Quartal, Jahr):

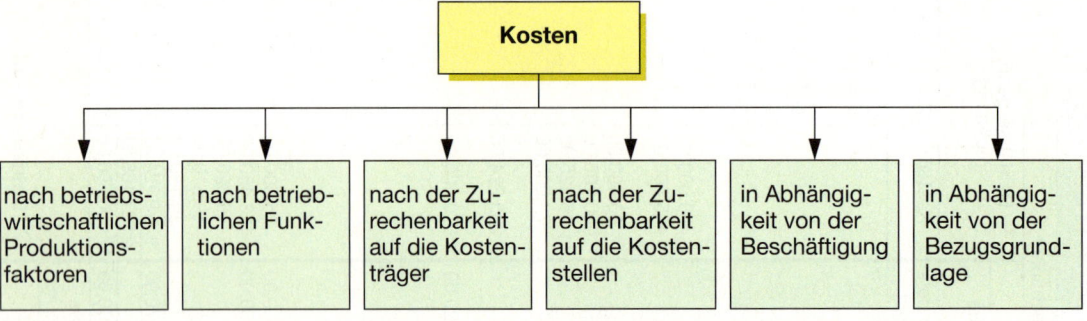

Kosten

- nach betriebswirtschaftlichen Produktionsfaktoren
- nach betrieblichen Funktionen
- nach der Zurechenbarkeit auf die Kostenträger
- nach der Zurechenbarkeit auf die Kostenstellen
- in Abhängigkeit von der Beschäftigung
- in Abhängigkeit von der Bezugsgrundlage

Kosten auf der Grundlage der betriebswirtschaftlichen Produktionsfaktoren (Kostengüterarten)

	Beispiele:
• **Werkstoffkosten**	Verbrauch von Roh- und Hilfsstoffen
• **Personalkosten**	Fertigungslöhne, Gehälter
• **Betriebsmittelkosten**	Abschreibungen auf Anlagen, Zinsen
• **Finanzierungskosten**	Abschlussprovisionen, Disagio
• **Fremdleistungskosten**	Telefonkosten, Kosten der Müllabfuhr
• **Abgaben mit Kostencharakter**	Gewerbesteuer, Kfz-Steuer

Kosten auf der Grundlage der betrieblichen Funktionen

- **Beschaffungskosten**
- **Produktions- oder Fertigungskosten**
- **Absatz- oder Vertriebskosten**
- **Verwaltungskosten**
- **Lagerkosten**
- **Finanzierungskosten**

Kosten in Abhängigkeit von ihrer Zurechenbarkeit auf die Kostenträger

- **Einzelkosten:**
  Kosten, die direkt den Kostenträgern zugerechnet werden können.

- **Gemeinkosten:**
  Kosten, die nicht direkt, sondern nur mithilfe von Verteilungsschlüsseln über die Kostenstellenrechnung den Kostenträgern zugerechnet werden können.

Beispiele:
Rohstoffkosten und Fremdbauteile aufgrund von Konstruktionszeichnungen u. Materialentnahmescheinen;
Fertigungslöhne aufgrund von Zeitmessungen und Lohnscheinen.

Beispiele:
Gehälter der Angestellten, lineare Abschreibungen auf Maschinen und Gebäude, Hilfslöhne.

Kosten in Abhängigkeit von ihrer Zurechenbarkeit auf die Kostenstellen

- **Kostenstelleneinzelkosten:**
  Gemeinkosten in Bezug auf die Kostenträger, die den Kostenstellen direkt zugerechnet werden können.

- **Kostenstellengemeinkosten:**
  Gemeinkosten in Bezug auf die Kostenträger, die den Kostenstellen nicht direkt, sondern nur mithilfe von Verteilungsschlüsseln zugerechnet werden können.

Beispiele:
Hilfslöhne aufgrund von Stempelkarten, Gehälter aufgrund von Gehaltslisten des Personalbüros, Abschreibungen auf Maschinen.

Beispiele:
Heiz- und Stromkosten, wenn die Kostenstellen über keine eigenen Zähler verfügen; Gehälter von Meistern, die mehrere Arbeitsplätze (Kostenstellen) betreuen.

aus: Hübscher, Heinrich u. a.: IT-Kompendium, 1. Aufl., Braunschweig 2001, S. 408

3526152

Kostenartenrechnung – *Cost type accounting*

Kosten in Abhängigkeit von der Beschäftigung

Fixe Kosten:
Kosten, die unabhängig von der Produktionsmenge in einer Abrechnungsperiode in gleicher Höhe anfallen (Kosten der Betriebsbereitschaft),

z.B. Mietkosten für eine Lagerhalle, Gehälter, Abschreibungen auf Sachanlagen.

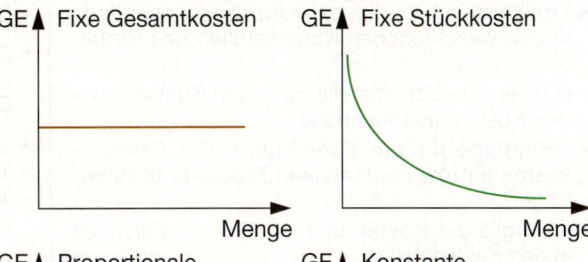

Variable Kosten:
Kosten, deren Höhe sich in Abhängigkeit von der Produktionsmenge in einer Abrechnungsperiode verändert,

z.B. Rohstoffkosten, Hilfsstoffkosten, Fertigungslöhne.

GE: Geldeinheiten

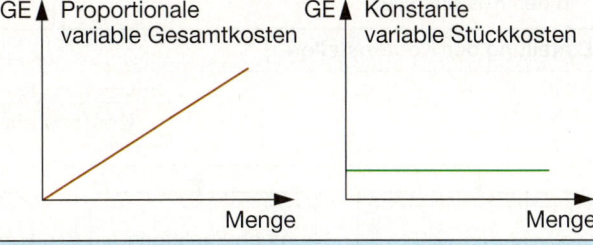

Kosten in Abhängigkeit von der Bezugsgrundlage

Gesamt- oder Periodenkosten:
Kosten, die insgesamt in einer Abrechnungsperiode anfallen,

z.B. im Monat, im Quartal, im Jahr.

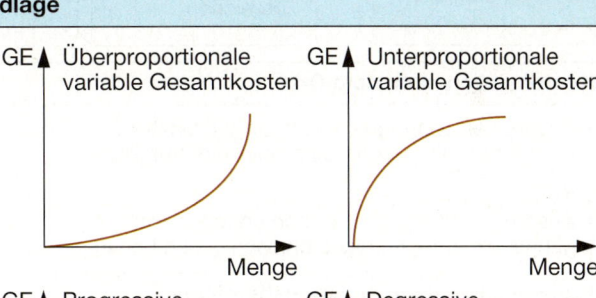

Stückkosten oder Kosten pro Leistungseinheit:

z.B. Kosten pro Stück, pro Liter.

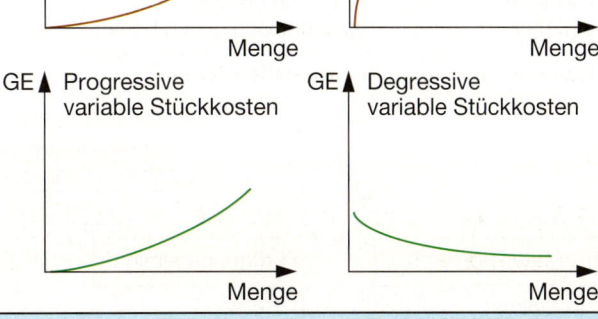

Gesetz der Massenproduktion

Gesamtkostenfunktion bei proportionalen variablen Kosten:

$$K = K_f + K_v(x)$$
$$K = K_f + k_v \cdot x$$

Stückkostenfunktion bei proportionalen variablen Kosten:

$$k = \frac{K}{x}$$
$$k = \frac{K_f}{x} + k_v$$

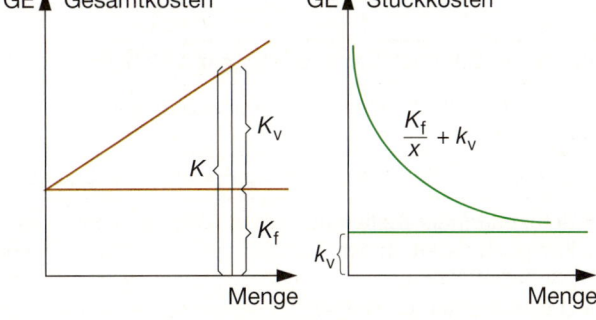

Die (fixen) Stückkosten nehmen mit zunehmender Produktionsmenge ab.

GE: Geldeinheiten x : Produktionsmenge

K : Gesamtkosten pro Periode k : Kosten pro Mengeneinheit

K_f : Fixe Kosten pro Periode k_v : Variable Kosten pro Mengeneinheit

K_v : Variable Kosten pro Periode k_f : Fixe Kosten pro Mengeneinheit

aus: Hübscher, Heinrich u. a.: IT-Handbuch, IT-Systemkaufmann/-frau, Informatikkaufmann/-frau, 4. Aufl.,
Bildungshaus Schulbuchverlage Westermann Schroedel Diesterweg Schöningh Winklers GmbH Braunschweig 2005, S. 414

Kostenstellenrechnung – *Cost centre accounting*

Aufgaben

- Ermittlung der Kosten einer Abrechnungsperiode in den verschiedenen Kostenstellen des Betriebes.
- Notwendige Schnittstelle zwischen Kostenarten- und Kostenträgerrechnung.
- Grundlage für die Zurechnung der Gemeinkosten auf die hergestellten Produkte (Kostenträger).
- Kontrolle der Kosten und der Wirtschaftlichkeit in den Kostenstellen.

Kostenstellen

- Orte, an denen die Kosten entstehen.
- Zurechnungseinheiten, deren Bildung nur dann erforderlich ist, wenn mehrere Erzeugnisse einen Betrieb ungleichmäßig in Anspruch nehmen.
- Sie können einen Arbeitsplatz, eine Unterabteilung, eine Abteilung oder einen aus den betrieblichen Funktionen abgeleiteten Betriebsbereich umfassen.

Einteilung der Kostenstellen

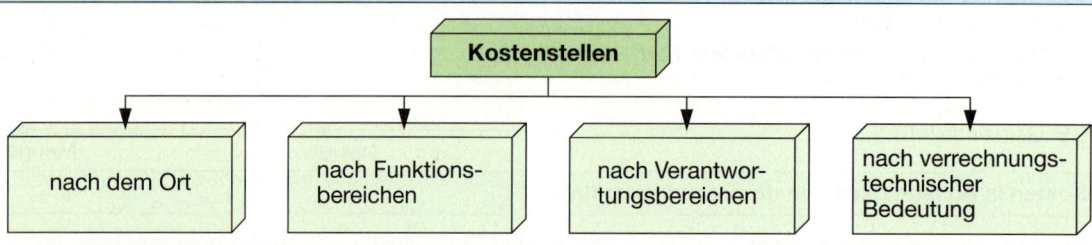

Kostenstellen nach dem Ort

- Zusammenfassung räumlich abgegrenzter Betriebsteile mit jeweils einheitlichen Aufgaben

  oder
- Zusammenfassung unterschiedlicher Arbeitsgänge, die abrechnungstechnisch gleich behandelt werden können,

  oder
- Bildung eines einheitlichen räumlich abgegrenzten Verantwortungsbereichs, der aus Kontrollgründen als Ganzes abgerechnet werden soll.

Kostenstellen nach Funktionsbereichen

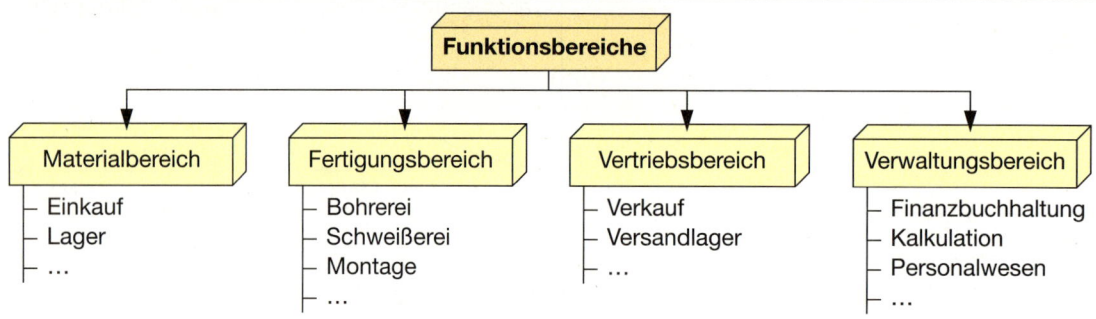

Kostenstellen nach Verantwortungsbereichen

Die Kostenstellenbildung nach Verantwortungsbereichen deckt sich im Regelfall mit der nach Funktionsbereichen.

Kostenstellen nach verrechnungstechnischer Bedeutung

- **Selbstständige Stellen od. Hauptkostenstellen:** Ihre Kosten werden den Kostenträgern unmittelbar zugerechnet.

  Beispiele:
  Einkauf, Lager, Fertigung, Verkauf, Versand, Werbung, Buchhaltung, Personal, allg. Verwaltung

- **Unselbstständige Stellen:**
  – **Hilfskostenstellen** erbringen Leistungen für Hauptkostenstellen; ihre Kosten werden den Hauptkostenstellen zugerechnet.

    Beispiele:
    Arbeitsvorbereitung für die Fertigung, Werkzeugmacherei für die Fertigung

  – **Allgemeine Kostenstellen** erbringen Leistungen für alle übrigen Kostenstellen; ihre Kosten werden den Hilfs- und Hauptkostenstellen zugerechnet.

    Beispiele:
    Telefonzentrale, Archiv, werkseigenes Kraftwerk, Fuhrpark

aus: Hübscher, Heinrich u. a.: IT-Kompendium, 1. Aufl., Braunschweig 2001, S. 410

3526154

Durchführung der Kostenstellenrechnung
Drawing up a cost centre statement

Sie wird monatlich und jährlich in der Regel tabellarisch mithilfe des so genannten Betriebsabrechnungsbogens (BAB) durchgeführt und vollzieht sich in fünf Schritten:

1. Erstellung des „Betriebsabrechnungsbogen".

Der Betriebsabrechnungsbogen (BAB) ist eine tabellarische Darstellung der Kostenstellenrechnung, der senkrecht nach Gemeinkostenarten und waagerecht nach Kostenbereichen bzw. Kostenstellen gegliedert ist.

2. Überprüfung sämtlicher Kostenarten im Hinblick auf ihre Zurechenbarkeit auf die Kostenträger.

Sämtliche Kosten werden daraufhin untersucht, ob sie sich den Erzeugnissen (= Kostenträgern) direkt zurechnen lassen (= Einzelkosten) oder ob sie sich den Kostenträgern nicht direkt zurechnen lassen (= Gemeinkosten).

3. Verteilung der Gemeinkostenarten auf die Kostenbereiche oder Kostenstellen.

Die auf die Erzeugnisse bezogenen Gemein- kosten können entweder Kostenstelleneinzelkosten, die den Kostenstellen direkt mithilfe von Belegen zugerechnet werden, oder Kostenstellengemeinkosten sein, die mithilfe von Verteilungsschlüsseln auf die Kostenstellen aufgeteilt werden.

4. Ermittlung der Gemeinkostensummen für die Kostenbereiche oder Kostenstellen.

Addition der Gemeinkostenbeträge für jeden Kostenbereich bzw. jede Kostenstelle.

5. Errechnung der so genannten Gemeinkostenzuschlagssätze der Kostenbereiche.

Die Gemeinkostensummen der jeweiligen Kostenbereiche werden zu bestimmten Zuschlagsgrundlagen ins Verhältnis gesetzt. Das Ergebnis sind die Gemeinkostenzuschlagssätze (s. S. 156), mit deren Hilfe die in den Kostenstellen des BAB ermittelten Gemeinkosten den verschiedenen Kostenträgern (Erzeugnissen bzw. Erzeugniseinheiten) zugerechnet werden können (s. S. 160).

Einfacher Betriebsabrechnungsbogen (BAB) – *Simple operational accounting sheet*

Beispiel:

BAB der OfficeCom AG

Gemeinkostenarten	Zahlenwerte des KLR-Bereichs in €	Verteilungsgrundlagen	Kosten der Kostenstellen in €			
			I Material	II Fertigung	III Verwaltung	IV Vertrieb
Aufwendungen für Hilfsstoffe	465.600,00	Materialentnahmescheine	34.920,00	349.200,00	11.640,00	69.840,00
Aufwendungen für Betriebsstoffe	66.490,00	Umbauter Raum in m^3	2.092,66	61.071,32	1.637,73	1.688,29
Hilfslöhne	46.225,00	Lohn- und Gehaltsliste	2.890,00	25.560,00	17.015,00	760,00
Gehälter	73.000,00	Lohn- und Gehaltsliste	8.770,00	27.890,00	29.350,00	6.990,00
soziale Aufwendungen	42.026,80	Hilfslöhne/Gehälter	4.110,15	18.841,12	16.343,66	2.731,87
Kalkulatorische Abschreibungen	4.670.320,00	Anlagenkartei	700.548,00	3.035.708,00	700.548,00	233.516,00
Kalkulatorische Wagniskosten	25.000,00	Kostenstelle Vertrieb	0,00	0,00	0,00	25.000,00
Kalkulatorische Zinsen	112.450,00	Betriebsnotw. Kapital	16.867,50	73.092,50	16.867,50	5.622,50
Steuern	6.320,00	Steuergegenstände	1.264,00	2.528,00	1.896,00	632,00
Fremdinstandhaltungen	23.510,00	Rechnungen	4.702,00	12.538,67	4.702,00	1.567,33
sonstige Aufwendungen	39.180,00	Rechnungen u. a.	5.597,14	8.395,71	8.395,72	16.791,43
Summe	5.570.121,80		781.761,45	3.614.825,32	808.395,61	365.139,42
		Zuschlagsgrundlagen:	Fertigungsmaterial	Fertigungslöhne einschließlich anteiliger sozialer Aufwendungen	Herstellkosten des Umsatzes	
			3.480.000,00	933.502,20	8.767.088,97	
		Gemeinkostenzuschlagssätze:	22,46 %	387,23 %	9,22 %	4,16 %

aus: Hübscher, Heinrich u. a.: IT-Kompendium, 1. Aufl., Braunschweig 2001, S. 411

Ermittlung der Gemeinkostenzuschlagssätze
Determination the overhead surcharge rates

Die Berechnung der Gemeinkostenzuschlagssätze wird auf der Grundlage der im Betriebsabrechnungsbogen ermittelten Gemeinkostensummen vorgenommen. Dabei werden die Gemeinkostensummen der einzelnen Kostenbereiche auf jeweils gesonderte Zuschlagsgrundlagen bezogen. (Die folgenden Beispiele beziehen sich auf den BAB, S. 155)

Materialgemeinkostenzuschlagssatz (MGKZ)

$$MGKZ = \frac{\text{Materialgemeinkosten}}{\text{Fertigungsmaterial}} \cdot 100$$

Es wird unterstellt, dass sich die Gemeinkosten des Materialbereichs im gleichen Verhältnis wie die Materialeinzelkosten (Fertigungsmaterial, z. B. Verbrauch der Rohstoffe) entwickeln.

Beispiel:

$$MGKZ = \frac{781.761,45 \text{ €}}{3.480.000,00 \text{ €}} \cdot 100 = 22,46 \text{ %}$$

Bei einem Rohstoffverbrauch (Einzelkosten) von 100,00 € fallen noch zusätzlich Materialgemeinkosten von 22,46 € an.

Fertigungsgemeinkostenzuschlagssatz (FGKZ)

$$FGKZ = \frac{\text{Fertigungsgemeinkosten}}{\text{Fertigungslöhne}} \cdot 100$$

Die Gemeinkosten des Fertigungsbereichs entwickeln sich ebenfalls proportional zu den Fertigungseinzelkosten (= Fertigungslöhne).

Beispiel:

$$FGKZ = \frac{3.614.825,32 \text{ €}}{933.502,20 \text{ €}} \cdot 100 = 387,23 \text{ %}$$

100,00 € an Fertigungslöhnen (Einzelkosten) führen noch zu zusätzlichen Gemeinkosten im Fertigungsbereich von 387,23 €.

Vertriebsgemeinkostenzuschlagssatz (VtrGKZ)

$$VtrGKZ = \frac{\text{Vertriebsgemeinkosten}}{\text{Herstellkosten des Umsatzes}} \cdot 100$$

Die Vertriebsgemeinkosten werden nicht von den erzeugten, sondern von den abgesetzten Produkten verursacht. Daher werden die Vertriebsgemeinkosten nicht zu den Herstellkosten der in der Periode erzeugten Produkte ins Verhältnis gesetzt, sondern zu den Herstellkosten der in der Periode verkauften – umgesetzten – Produkte.
Die **Herstellkosten des Umsatzes** errechnen sich wie folgt:

	Fertigungsmaterial
+	Materialgemeinkosten
=	Materialkosten (I)
	Fertigungslöhne
+	Fertigungsgemeinkosten
=	Fertigungskosten (II)
	I + II = Herstellkosten der Erzeugung
–	Bestandsmehrungen an unfertigen/fertigen Erzeugnissen
+	Bestandsminderungen an unfertigen/fertigen Erzeugnissen
=	**Herstellkosten des Umsatzes**

Beispiel:

	Fertigungsmaterial	3.480.000,00 €
+	Materialgemeinkosten	781.761,45 €
=	Materialkosten (I)	4.261.761,45 €
	Fertigungslöhne	933.502,20 €
+	Fertigungsgemeinkosten	3.614.825,32 €
=	Fertigungskosten (II)	4.548.327,52 €
	I + II = Herstellkosten der Erzeugung	8.810.088,97 €
–	Bestandsmehrungen an unfertigen/fertigen Erzeugnissen	46.000,00 €
+	Bestandsminderungen an unfertigen/fertigen Erzeugnissen	3.000,00 €
=	**Herstellkosten d. Umsatzes**	**8.767.088,97 €**

$$VtrGKZ = \frac{365.139,42 \text{ €}}{8.767.088,97 \text{ €}} \cdot 100 = 4,16 \text{ %}$$

Umgesetzte, verkaufte Erzeugnisse im Wert von 100,00 € verursachen an Vertriebsgemeinkosten zusätzlich 4,16 €.

Verwaltungsgemeinkostenzuschlagssatz (VwGKZ)

$$VwGKZ = \frac{\text{Verwaltungsgemeinkosten}}{\text{Herstellkosten des Umsatzes}} \cdot 100$$

Der Einfachheit halber werden die Verwaltungsgemeinkosten häufig ebenfalls auf die Herstellkosten des Umsatzes bezogen.

Beispiel:

$$VwGKZ = \frac{808.395,61 \text{ €}}{8.767.088,97 \text{ €}} \cdot 100 = 9,22 \text{ %}$$

100,00 € umgesetzter Erzeugnisse verursachen 9,22 € an Verwaltungsgemeinkosten.

aus: Hübscher, Heinrich u. a.: IT-Kompendium, 1. Aufl., Braunschweig 2001, S. 412

3526156

Erweiterter, mehrstufiger Betriebsabrechnungsbogen
Extended, multiple operational accounting sheet

Beispiel:

Gemeinkostenarten	Zahlenwerte des KLR-Bereichs in €	Allgemeine Kostenstelle Kraftwerk	I Material	Fertigungshilfsstelle Werkzeugmacherei	II Fertigungshauptstellen A Sägen Fräsen	II Fertigungshauptstellen B Bohren Schleifen	III Verwaltung	IV Vertrieb
Aufwendungen für Hilfsstoffe	465.600,00	12.500,00	34.920,00	76.300,00	146.475,00	113.925,00	11.640,00	69.840,00
Aufwendungen für Betriebsstoffe	66.490,00	58.000,00	2.092,66	2.000,00	535,84	535,48	1.637,73	1.688,29
Hilfslöhne	46.225,00	4.000,00	2.890,00	6.300,00	6.782,22	8.477,78	17.015,00	760,00
Gehälter	73.000,00	8.360,00	8.770,00	4.100,00	7.918,03	7.511,97	29.350,00	6.990,00
Soziale Aufwendungen	42.026,80	3.640,00	4.110,15	3.640,00	5.717,04	5.844,08	16.343,66	2.731,87
Kalkulatorische Abschreibungen	4.670.320,00	1.300.000,00	700.548,00	240.000,00	572.431,46	923.276,54	700.548,00	233.516,00
Kalkulatorische Wagnisse	25.000,00	0,00	0,00	0,00	0,00	0,00	0,00	25.000,00
Kalkulatorische Zinsen	112.450,00	31.200,00	16.867,50	5.760,00	13.828,49	22.304,01	16.867,50	5.622,50
Steuern	6.320,00	800,00	1.264,00	300,00	745,04	682,96	1.896,00	632,00
Fremdinstandhaltungen	23.510,00	4.170,00	4.702,00	850,00	4.177,04	3.341,63	4.702,00	1.567,33
Sonstige Aufwendungen	39.180,00	3.190,00	5.597,14	2.470,00	1.276,66	1.459,05	8.395,72	16.791,43
Summe	5.570.121,80	1.425.860,00	781.761,45	341.720,00	759.886,81	1.087.358,51	808.395,61	365.139,42
Umlage Kraftwerk		↑	158.428,89	226.326,98	339.490,48	362.123,17	226.326,98	113.163,49
Zwischensumme			940.190,34	568.046,98	1.099.377,29	1.449.481,68	1.034.722,59	478.302,91
Umlage Werkzeugmacherei			–	↑	284.023,49	284.023,49	–	–
Stellengemeinkosten			940.190,34	–	1.383.400,78	1.733.505,17	1.034.722,59	478.302,91
Zuschlagsgrundlagen:			Fertigungsmaterial 3.480.000,00		Fertigungslöhne einschließlich anteiliger sozialer Aufwendungen 481.679,50	451.822,27	Herstellkosten des Umsatzes 8.427.598,06	
Gemeinkostenzuschlagssätze:			27,02 %		287,20 %	386,67 %	12,28 %	5,68 %

aus: Hübscher, Heinrich u.a.: IT-Handbuch. IT-Systemkaufmann/-frau, Informatikkaufmann/-frau, 4. Aufl., Braunschweig 2005, S. 418

4

Erweiterter, mehrstufiger Betriebsabrechnungsbogen
Extended, multiple operational accounting sheet

Erläuterungen zum erweiterten, mehrstufigen BAB

- Gegenüber dem einfachen BAB (S. 155) wird der Bereich Fertigung in mehrere **Fertigungshauptstellen** aufgespalten.
- Zusätzlich werden noch **Fertigungshilfsstellen** im BAB ausgewiesen, die Leistungen nur für die Fertigungshauptstellen erbringen (z. B. Arbeitsvorbereitung, Werkzeugmacherei und Konstruktionsbüro).
- **Allgemeine Kostenstellen** erbringen Leistungen für alle anderen Stellen, z. B. die Kostenstellen Fuhrpark, Telefonzentrale.
- Für sämtliche Kostenstellen werden zunächst die Gemeinkostenarten ermittelt **(primäre Kosten).**

- Anschließend werden die Kosten der allgemeinen Kostenstellen auf die übrigen Kostenstellen verursachungsgerecht verteilt. Dadurch werden die allgemeinen Kostenstellen entlastet und die übrigen Kostenstellen belastet **(sekundäre Kosten).**
- Danach werden die Kosten der Fertigungshilfsstellen ebenfalls verursachungsgerecht auf die Fertigungshauptstellen aufgeteilt. Sie sind dort dann ebenfalls sekundäre Kosten.
- Schließlich werden in den Hauptkostenstellen die Gemeinkostenzuschlagssätze ermittelt.
- Die Aufspaltung der Kostenstellen erhöht die Aussagefähigkeit des BAB und verbessert die Kontrollmöglichkeit der Kostenentwicklung.

Kostenträgerrechnung – *Cost unit accounting*

Definition

Unter **Kostenträger** sind die in einem Industriebetrieb in einer Abrechnungsperiode hergestellten Produkte zu verstehen. Der Begriff „Kostenträger" entspricht damit dem Begriff „Leistung".
In manchen Wirtschaftszweigen ist ein Kostenträger gleichzeitig Kostenstelle, so etwa in der Bauindustrie das zu errichtende Bauwerk.

Ziel

Eine wesentliche Aufgabe der Kosten- und Leistungsrechnung besteht darin, die in einem Betrieb entstandenen Kosten den hergestellten Produkten (Kostenträgern) verursachungsgerecht zuzurechnen – **Kostenträgerrechnung.**

Rechnungssysteme der Kostenträgerrechnung

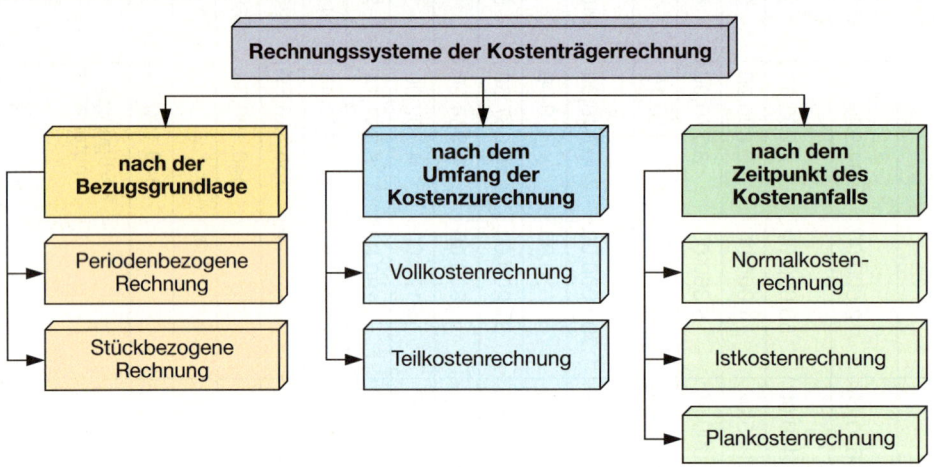

Kostenträgerrechnung als periodenbezogene Vollkostenrechnung (Kostenträgerzeitrechnung)

- Werden sämtliche Kosten einer Abrechnungsperiode auf die Produkte verteilt, so wird von einer **Kostenträgerzeitrechnung** auf Vollkostenbasis gesprochen.
- Die **Einzelkosten** wie Fertigungsmaterial und Fertigungslöhne werden den Produkten anhand von Belegen (Stücklisten, Materialentnahmescheine, Lohnscheine, Arbeitskarten) direkt zugerechnet.
- Die **Gemeinkosten** werden über die Kostenstellenrechnung mithilfe der im BAB errechneten Gemeinkostenzuschlagssätze anteilig (indirekt) auf die Produkte aufgeteilt.

- Das Ergebnis dieser Kostenverteilung wird auf dem so genannten **Kostenträgerblatt,** das auch als BAB II bezeichnet wird, festgehalten.
- Werden dann noch die Umsatzerlöse der Produkte derselben Abrechnungsperiode den Kosten gegenübergestellt, können die Anteile der verschiedenen Produkte am **Betriebsergebnis** ermittelt werden.
- Dadurch wird die Kostenträgerrechnung zu einer **Ergebnisrechnung** ausgeweitet.

aus: Hübscher, Heinrich u. a.: IT-Handbuch, IT-Systemkaufmann/-frau, Informatikkaufmann/-frau, 4. Aufl.,
Bildungshaus Schulbuchverlage Westermann Schroedel Diesterweg Schöningh Winklers GmbH Braunschweig 2005, S. 419

3526158

Kostenträgerrechnung – *Cost unit accounting*

Kostenträgerblatt

Beispiel:

Kostenträgerblatt der OfficeCom AG

Die Zahlen des Kostenträgerblattes basieren auf dem BAB (siehe S. 155) und den Gemeinkostenzuschlagssätzen (siehe S. 156).

Kalkulationsschema	Zuschlagssätze gemäß BAB in %	Istkosten gesamt in &	Kosten der Kostenträger in €		
			Schreibtischsessel	Aktenschränke	Schreibtische
1 Fertigungsmaterial	22,46 %	3.480.000,00	383.500,00	2.678.000,00	418.500,00
2 Materialgemeinkosten		781.761,45	86.151,01	601.596,89	94.013,55
3 Materialkosten (1 + 2)		4.261.761,45	469.651,01	3.279.596,89	512.513,55
4 Fertigungslöhne	387,23 %	933.502,20	76.600,00	751.400,00	105.502,20
5 Fertigungsgemeinkosten		3.614.825,32	296.620,21	2.909.666,14	408.538,97
6 Fertigungskosten (4 + 5)		4.548.327,52	373.220,21	3.661.066,14	514.041,17
7 Herstellkosten der Erzeugung (3 + 6)		8.810.088,97	842.871,22	6.940.663,03	1.026.554,72
8 Mehrbestand unfertige Erzeugnisse		46.000,00	15.000,00	11.000,00	20.000,00
9 Minderbestand fertige Erzeugnisse		3.000,00	1.000,00	1.000,00	1.000,00
10 Herstellkosten des Umsatzes (7 – 8 + 9)		8.767.088,97	828.871,22	6.930.663,03	1.007.554,72
11 Verwaltungsgemeinkosten	9,22 %	808.395,61	76.428,55	639.062,47	92.904,59
12 Vertriebsgemeinkosten	4,16 %	365.139,42	34.521,56	288.654,34	41.963,52
13 Selbstkosten des Umsatzes (10 + 11 + 12)		9.940.624,00	939.821,33	7.858.379,84	1.142.422,83
14 Umsatzerlöse		12.463.890,00	1.221.767,72	10.215.893,80	1.026.228,48
15 Betriebsergebnis (14 – 13)		2.523.266,00	281.946,39	2.357.513,96	– 116.194,35

aus: Scharf, Dirk: Einführung in das betriebliche Rechnungswesen und statistische Grundlagen, Wiesbaden 1997, S. 22

Informationen aus dem Kostenträgerblatt

- Höhe der Materialkosten je Kostenträger
- Höhe der Fertigungskosten je Kostenträger
- Höhe der Herstellkosten der Erzeugung je Kostenträger
- Höhe der Herstellkosten des Umsatzes je Kostenträger
- Höhe der Selbstkosten des Umsatzes je Kostenträger
- Anteil jedes Kostenträgers am Betriebsergebnis (unter Einbeziehung der Umsatzerlöse)

Kostenträgerrechnung als stückbezogene Vollkostenrechnung (= Kostenträgerstückrechnung oder Kalkulation)

- Werden die Selbstkosten für eine Leistungseinheit (z.B. Kosten pro Stück oder pro Tonne oder pro Meter) ermittelt, so handelt es sich um die **Kostenträgerstückrechnung,** die dem Begriff der **Kalkulation** entspricht.
- Werden noch Gewinnzuschlag, Rabatt und Skonto in die Rechnung einbezogen, so wird die Kostenkalkulation zu einer **Angebotspreiskalkulation** ausgeweitet.
- Je nach vorliegenden Produktions-, Fertigungsorganisations- und Absatzverhältnissen (z.B. Einproduktarten- oder Mehrproduktartenunternehmung) kommen unterschiedliche **Kalkulationsverfahren** zum Einsatz.

aus: Hübscher, Heinrich u. a.: IT-Kompendium, 1. Aufl., Braunschweig 2001, S. 414

4

Zuschlagskalkulation – *Overhead calculation*

Voraussetzungen

- In Betrieben, die **mehrere unterschiedliche Produkte** herstellen, stellt die Zuschlagskalkulation ein geeignetes Verfahren dar, um die Selbstkosten für eine Mengeneinheit des jeweiligen Produkts zu ermitteln. Ausgehend von den Einzelkosten (Fertigungsmaterial und Fertigungslöhne) werden dem Kostenträger schrittweise die Gemeinkosten mithilfe der Gemeinkostenzuschlagssätze aus dem BAB bis zu den Selbstkosten hinzugerechnet.
- Basiert die Kalkulation auf einem einfachen BAB mit den vier Kostenstellen oder -bereichen Material, Fertigung, Verwaltung und Vertrieb, werden bei der Selbstkostenkalkulation auch nur die entsprechenden vier Gemeinkostenzuschlagssätze verwendet.
- Liegt der erweiterte BAB zugrunde, kommen so viele Gemeinkostenzuschlagssätze zur Anwendung, wie es Hauptkostenstellen gibt. Ist z. B. der Bereich Fertigung in fünf Hauptstellen unterteilt, so ist in der Kalkulation mit fünf verschiedenen Fertigungsgemeinkostenzuschlagssätzen zu rechnen.

Kalkulationsschema

Kalkulationsschema der Zuschlagskalkulation:

1. Fertigungsmaterialkosten (gemäß Stückliste)
2. + Materialgemeinkosten (...% gemäß BAB)
3. = **Materialkosten (1. + 2.)**
4. Fertigungslöhne (gemäß Lohnschein)
5. + Fertigungsgemeinkosten (...% gemäß BAB)
6. + Sondereinzelkosten der Fertigung (gemäß Auftrag)
7. = **Fertigungskosten (4. + 5. + 6.)**
8. = **Herstellkosten (3. + 7.)**
9. + Verwaltungsgemeinkosten (...% gemäß BAB)
10. + Vertriebsgemeinkosten (...% gemäß BAB)
11. + Sondereinzelkosten des Vertriebs (gemäß Einzelnachweis)
12. = **Selbstkosten des Kostenträgers (8. + 9. + 10. + 11.)**

Beispiel

Die OfficeCom AG kalkuliert die Selbstkosten eines Schreibtisches, z. B. Modell ST 02.

- Die Stückliste weist für den Schreibtisch Fertigungsmaterial im Wert von 280,00 € aus;
- die Fertigungslöhne betragen gemäß Lohnscheinen 310,00 €;
- die Gemeinkostenzuschlagssätze sind dem BAB auf S. 155 zu entnehmen.

	Fertigungsmaterial	280,00 €
+	Materialgemeinkosten (22,46 %)	62,89 €
=	Materialkosten	342,89 €
	Fertigungslöhne	310,00 €
+	Fertigungsgemeinkosten (387,23 %)	1.200,41 €
=	Fertigungskosten	1.510,41 €
=	Herstellkosten	1.853,30 €
+	Verwaltungsgemeinkosten (9,22 %)	170,87 €
+	Vertriebsgemeinkosten (4,16 %)	77,10 €
=	Selbstkosten	2.101,27 €

Kalkulation mit Maschinenstundensätzen – *Machine-hour-rate based calculation*

- Grundlage des im Folgenden dargestellten Kalkulationsverfahrens ist der Fertigungsbereich des BAB auf Seite 155. Der Fertigungsgemeinkostenzuschlagssatz, errechnet aus dem Quotienten Fertigungsgemeinkosten durch Fertigungslöhne, beträgt dort 387,23 %.
- Der Fertigungsgemeinkostenzuschlagssatz unterstellt eine proportionale Abhängigkeit zwischen den Fertigungslöhnen und den Fertigungsgemeinkosten – das heißt, steigen die Fertigungslöhne z. B. um 2,00 €, dann erhöhen sich die Fertigungsgemeinkosten um 387,23 %; das entspricht 7,74 €.
- Betrachtet man die im BAB aufgeführten Gemeinkostenarten, so besteht eine Verbindung zu den Fertigungslöhnen nur bei den sozialen Aufwendungen.
- Die übrigen Gemeinkostenarten weisen nur eine geringe oder keine Abhängigkeit von den Fertigungslöhnen auf. Sie beruhen auf Einsatz und Laufzeit der Maschinen und werden daher als **maschinenabhängige Gemeinkosten** bezeichnet.
- Mit zunehmender Maschinisierung bzw. Automatisierung geht der Anteil der Fertigungslöhne an den Fertigungskosten zugunsten der maschinenabhängigen Gemeinkosten, insbesondere der Abschreibungen, Zinskosten und Instandhaltungskosten zurück.
- Daher eignen sich die Fertigungslöhne nicht als Zuschlagsgrundlage für die maschinenabhängigen Gemeinkosten. An ihre Stelle treten die Maschinenlaufstunden.
- Der Quotient aus maschinenabhängigen Gemeinkosten durch Maschinenlaufstunden ergibt den **Maschinenstundensatz.**
- Die nicht maschinenabhängigen Fertigungsgemeinkosten, als **Restgemeinkosten** bezeichnet, werden weiterhin auf die Fertigungslöhne bezogen und ergeben den – jetzt natürlich wesentlich geringeren – Fertigungsgemeinkostenzuschlagssatz.

4

Kalkulation mit Maschinenstundensätzen – *Machine-hour-rate based calculation*

Aufteilung der Fertigungsgemeinkosten

Fertigungsgemeinkosten

Maschinenabhängige Fertigungsgemein-kosten	Lohnabhängige Fertigungsgemeinkosten (Restgemeinkosten)
zum **Beispiel** • kalkulatorische Abschreibungen • kalkulatorische Zinsen • Raumkosten • Energiekosten • Reparatur- und Wartungskosten • Werkzeugkosten	zum **Beispiel** • soziale Aufwendungen • Hilfslöhne • Gehälter
Zuschlagsgrundlage: Maschinenlaufzeit	**Zuschlagsgrundlage: Fertigungslöhne**

Vorgehensweise bei der Kalkulation mit Maschinenstundensätzen

(1) Unterteilung der Fertigungsgemeinkosten in **maschinenabhängige Gemeinkosten** und **Restgemeinkosten**

(2) Ermittlung der geplanten **Maschinenlaufstunden** pro Jahr in der Fertigung

(3) Ermittlung des **Maschinenstundensatzes** als Summe der verschiedenen maschinenabhängigen Gemeinkostenarten je Maschinenlaufstunde (zur Berechnung siehe unten)

(4) Errechnung des **Restgemeinkostenzuschlagssatzes** für die Fertigungsstelle

Maschinenabhängige Gemeinkosten

Arten	Berechnung
• Kalkulatorische Abschreibungen auf Maschinen	**Kalkulatorische Abschreibungen pro Maschinenstunde:** $$\frac{\text{Wiederbeschaffungsausgaben der Maschine}}{\text{Nutzungsdauer} \cdot \text{Maschinenstunden pro Jahr}}$$
• Kalkulatorische Zinsen auf das in den Maschinen gebundene Kapital	**Kalkulatorische Zinsen pro Maschinenstunde:** $$\frac{\text{Zinssatz} \cdot {}^{1}/_{2} \text{ Anschaffungsausgaben für die Maschine}}{100 \cdot \text{Maschinenstunden pro Jahr}}$$
• Energiekosten, so weit durch Maschinen verursacht	**Energiekosten pro Maschinenstunde:** Strombedarf pro Stunde in kWh · Strompreis in €/kWh
• Platz- oder Raumkosten der Maschinen (z. B. anteilige Abschreibungen auf Werkstatträume, Reinigungskosten, Versicherungskosten)	**Platzkosten pro Maschinenstunde:** $$\frac{\text{Platzbedarf der Maschine in m}^2 \cdot \text{m}^2\text{-Satz in €/Jahr}}{\text{Maschinenstunden pro Jahr}}$$
• Instandhaltungskosten der Maschinen (Wartungs- und Reparaturkosten) • Werkzeugkosten • Betriebsstoffkosten	**Instandhaltungskosten pro Maschinenstunde:** $$\frac{\text{Instandhaltungskostensumme während der Nutzungsdauer}}{\text{Nutzungsdauer} \cdot \text{Maschinenstunden pro Jahr}}$$

Maschinenlaufstunden / Restgemeinkosten

Maschinenlaufstunden	Restgemeinkosten
Zahl der jährlichen Arbeitstage · tägliche Arbeitsstunden – maschinenbedingte Ausfallzeiten (Wartungs-/Reparaturzeiten) – auftragsbedingte Ausfallzeiten (Rüstzeiten) – personalbedingte Ausfallzeiten (Urlaubs-, Krankheitszeiten) = jährliche Maschinenlaufstunden	Fertigungsgemeinkosten – maschinenabhängige Gemeinkosten = Restgemeinkosten

Maschinenstundensatz in € / Restgemeinkostenzuschlagssatz in %

Maschinenstundensatz in €	Restgemeinkostenzuschlagssatz in %
$$\frac{\text{Maschinenabhängige Gemeinkosten}}{\text{Maschinenlaufstunden}}$$	$$\frac{\text{Restgemeinkosten der Fertigungsstelle}}{\text{Fertigungslöhne der Fertigungsstelle}} \cdot 100$$

Kalkulation mit Maschinenstundensätzen – *Machine-hour-rate based calculation*

Beispiel zur Ermittlung von Maschinenstundensätzen

Für die NC-gesteuerte Fräsmaschine der OfficeCom AG wird exemplarisch der Maschinenstundensatz errechnet:

Daten der Fräsmaschine:

Anschaffungsausgaben: 850.000,00 €
Wiederbeschaffungswert: 924.000,00 €
Nutzungsdauer: 10 Jahre
Kürzung der Nutzungsdauer wegen 2-Schicht-Betrieb: 25 %
Abschreibungsmethode: linear
Marktzinssatz p. a.: 6 %
Instandhaltungskosten pro Jahr: 1.750,00 €

Raumbedarf: 35 m^2
Raumkosten pro Monat und m^2: 10,00 €
Strombedarf: 5 kWh
Strompreis: 0,12 €/kWh
Arbeitstage jährlich: 240 Tage
Schichten pro Tag: 2
Arbeitsstunden pro Schicht: 8 Stunden
Ausfallzeit jährlich pro Schicht: 440 Stunden

Berechnung des Maschinenstundensatzes für die Fräsmaschine:

- Nutzungsdauer der Fräsmaschine: 10 Jahre – 25 % = 7,5 Jahre
- Maschinenlaufstunden pro Jahr (240 Tage · 2 Schichten pro Tag · 8 Std. pro Schicht): 3 840 Std.
  – Ausfallzeiten (440 Std. pro Schicht · 2 Schichten):   880 Std.
  = geplante Maschinenlaufstunden pro Jahr: 2 960 Std.

- Maschinenabhängige Gemeinkosten der Fräsmaschine pro Jahr und Maschinenstunde in €:

Gemeinkostenart	Kosten pro Jahr in €	Kosten pro Maschinenstunde in €
Kalkulatorische Abschreibungen	924.000,00 : 7,5 = 123.200,00	123.200,00 : 2.960 = 41,62
Kalkulatorische Zinsen	850.000,00 : 2 · 6 % = 25.500,00	25.500,00 : 2.960 = 8,61
Energiekosten	5 · 0,12 · 2.960 = 1.776,00	5 · 0,12 = 0,60
Instandhaltungskosten	1.750,00	1.750,00 : 2.960 = 0,59
Platzkosten	35 · 10,00 · 12 = 4.200,00	4.200,00 : 2.960 = 1,42
Gesamt	156.426,00	
Maschinenstundensatz		52,84

Analog werden die Maschinenstundensätze aller übrigen eingesetzten Maschinen errechnet.

Beispiel zur Ermittlung des Restgemeinkostenzuschlagssatzes

Die OfficeCom AG betreibt neben der NC-gesteuerten Fräsmaschine noch eine Bandsäge, Drehbänke, Bohrmaschinen, Leimpressen, Schleifautomat – insgesamt 13 Maschinen. Der gesamte Maschinenpark verursachte im Jahr 20.. folgende maschinenabhängigen Kosten:

Kalkulatorische Abschreibungen: 1.250.000,00 €
Kalkulatorische Zinsen: 250.000,00 €
Energiekosten (Strom): 17.000,00 €

Instandhaltungskosten: 18.500,00 €
Platzkosten: 40.000,00 €

Damit betrug die Summe der maschinenabhängigen Gemeinkosten 1.575.500,00 €.

Auf der Grundlage des BAB S. 155 ergibt sich der Gemeinkostenzuschlagssatz für die Restgemeinkosten wie folgt:

	Fertigungsgemeinkosten gesamt	3.614.825,32 €
–	maschinenabhängige Gemeinkosten	1.575.500,00 €
=	Restgemeinkosten	2.039.325,32 €

$$\text{Restgemeinkostenzuschlagssatz} = \frac{2.039.325,32\ €}{933.502,20\ €} \cdot 100 = 218,46\ \%$$

Kalkulation mit Maschinenstundensätzen – *Machine-hour-rate based calculation*

Beispiel zur Selbstkostenkalkulation mit Maschinenstundensätzen

Für einen Auftrag über 15 Aktenschränke des Modells AS 04 kalkuliert die OfficeCom AG die Selbstkosten pro Stück. Dabei wird davon ausgegangen, dass die OfficeCom AG nur einen einfachen BAB zugrunde legt, es also nur eine Fertigungsstelle und damit nur einen Restgemeinkostenzuschlagssatz gibt.

(Bei einem erweiterten BAB würde es so viele Restgemeinkostenzuschlagssätze geben, wie Fertigungshauptstellen gebildet würden. Dadurch würde das Kalkulationsschema entsprechend länger.)

Informationen der KLR:

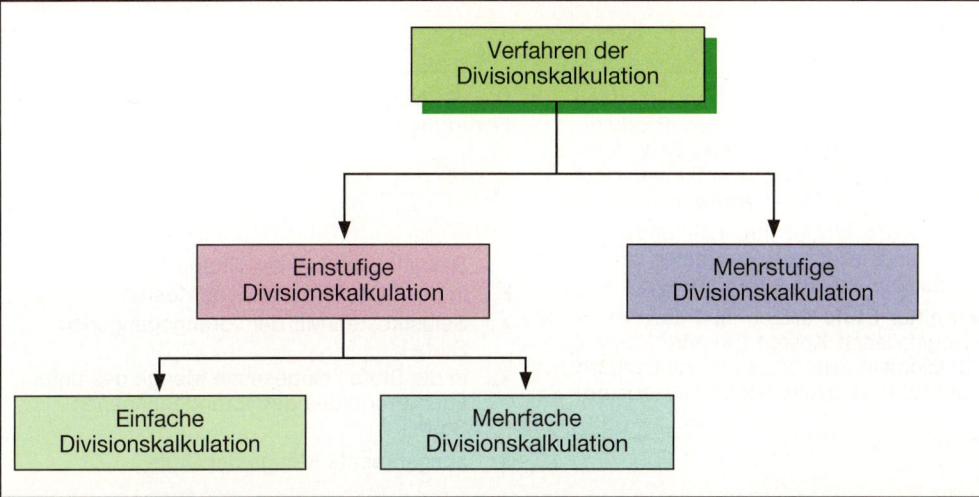

Maschine	Laufzeit in Minuten	Maschinenstundensätze in €
Bandsäge	5	29,60
Drehbank	30	61,73
Fräsmaschine	46	52,85
Bohrmaschine	30	45,16
Leimpresse	125	38,67
Schleifautomat	72	58,90
Endmontage	110	36,18

Fertigungsmaterial lt. Stückliste:	356,30 €
Fertigungslöhne:	252,56 €
Gemeinkostenzuschlagssätze gemäß BAB S. 155	
Materialbereich	22,46 %
Fertigungsbereich	218,46 %
(Restgemeinkosten – s. S. 162)	
Verwaltungsbereich	9,22 %
Vertriebsbereich	4,16 %

Kalkulation der Selbstkosten pro Stück in €:

(1)		Fertigungsmaterial		356,30	
(2)	+	Materialgemeinkosten 22,46 % von (1)		80,02	
(3)	=	Materialkosten (1) + (2)			436,32
(4)		Fertigungslöhne		252,56	
(5)	+	Restgemeinkosten 218,46 % von (4)		551,74	
(6)	+	Maschinenkosten			
		Bandsäge	29,60 : 60 · 5	2,47	
		Drehbank	61,73 : 60 · 30	30,87	
		Fräsmaschine	52,85 : 60 · 46	40,52	
		Bohrmaschine	45,16 : 60 · 30	22,58	
		Leimpresse	38,67 : 60 · 125	80,56	
		Schleifautomat	58,90 : 60 · 72	70,68	
		Endmontage	36,18 : 60 · 110	66,33	
(7)	=	Fertigungskosten (4) + (5) + (6)			1.118,31
(8)	=	Herstellkosten (3) + (7)			1.554,63
(9)	+	Verwaltungsgemeinkosten 9,22 % von (8)			143,34
(10)	+	Vertriebsgemeinkosten 4,16 % von (8)			64,67
(11)	=	Selbstkosten (8) + (9) + (10)			1.762,64

Divisionskalkulation – *Division-based calculation*

```
              ┌─────────────────────┐
              │    Verfahren der     │
              │ Divisionskalkulation │
              └─────────────────────┘
                        │
            ┌───────────┴───────────┐
            ▼                       ▼
  ┌──────────────────┐   ┌──────────────────┐
  │    Einstufige    │   │    Mehrstufige   │
  │ Divisionskalkul. │   │ Divisionskalkul. │
  └──────────────────┘   └──────────────────┘
        │
    ┌───┴───┐
    ▼       ▼
┌─────────┐ ┌─────────┐
│ Einfache│ │ Mehrfache│
│Divisions│ │Divisions │
│kalkul.  │ │kalkul.   │
└─────────┘ └─────────┘
```

Verfahren der Divisionskalkulation

Einstufige Divisionskalkulation

Mehrstufige Divisionskalkulation

Einfache Divisionskalkulation

Mehrfache Divisionskalkulation

4

Divisionskalkulation – *Division-based calculation*

Einstufige, einfache Divisionskalkulation

Betriebe, die nur **ein einzelnes Produkt** in großen Stückzahlen herstellen, wenden zur Ermittlung der Selbstkosten einer Mengeneinheit die Divisionskalkulation an. Dabei werden sämtliche Kosten einer Abrechnungsperiode durch die hergestellte (und abgesetzte) Menge der Abrechnungsperiode geteilt. Dieses einfache Kalkulationsverfahren kann deshalb eingesetzt werden, weil sämtliche Kosten durch dieses eine Produkt verursacht werden.

Kalkulationsschema der Divisionskalkulation:

$$\text{Selbstkosten pro Mengeneinheit} = \frac{\text{Gesamtkosten der Abrechnungsperiode}}{\text{Produktionsmenge der Abrechnungsperiode}}$$

Beispiel:

Eine Mühle produziert nur eine Mehlsorte, z. B. Typ 408. In der Abrechnungsperiode entstanden folgende Kosten:

Rohstoffverbrauch	168.470,00 €
Löhne	75.735,00 €
Sonstige Herstellkosten	36.150,00 €
Verwaltungs- und Vertriebs-gemeinkosten	25.645,00 €

Produzierte und verkaufte Menge der Abrechnungsperiode: 7 634 dz*

$$\text{Selbstkosten pro dz} = \frac{306.000,00\ €}{7\ 634\ \text{dz}} = \underline{40,08\ €/\text{dz}}$$

* dz = Doppelzentner (100 kg)

Einstufige, mehrfache Divisionskalkulation

- Ist die **produzierte Menge eines Produktes größer als die abgesetzte Menge,** können die in einer Periode entstandenen Kosten nicht einfach durch die Produktionsmenge geteilt werden, um die Selbstkosten pro Mengeneinheit zu ermitteln. Dann würden nämlich auch den Mengeneinheiten Vertriebskosten zugerechnet, die vorübergehend auf Lager genommen werden.

- Um eine präzisere Selbstkostenkalkulation zu erhalten, werden daher die Selbstkosten aufgespalten in Herstellkosten, Verwaltungsgemeinkosten und Vertriebsgemeinkosten.

- Die **Herstellkosten** (HK) werden auf die produzierte Menge (x_p) verteilt, die **Vertriebsgemeinkosten** (VtrGK) auf die abgesetzte Menge (x_a). Schwierig ist die Verteilung der **Verwaltungsgemeinkosten** (VwGK): Sie können vollständig auf die produzierte oder auf die abgesetzte Menge oder anteilig auf produzierte und abgesetzte Menge verteilt werden.

- Werden die Verwaltungsgemeinkosten auf die produzierte Menge verteilt, ergeben sich die Selbstkosten pro Mengeneinheit der abgesetzten Menge (k_{sa}) wie folgt.

$$k_{sa} = \frac{HK + VwGK}{x_p} + \frac{VtrGK}{x_a}$$

Beispiel:

Die Mühle (siehe Beispiel oben) produziert in der Folgeperiode von Mehlsorte Typ 408 wieder 7 634 dz, von der sie nur 6 900 dz in derselben Periode verkauft, während zunächst 734 dz auf Lager genommen werden. Kosten entstehen in gleicher Höhe, wobei die Verwaltungsgemeinkosten 19.700,00 € und die Vertriebsgemeinkosten 5.945,00 € betragen. Die Verwaltungsgemeinkosten werden den Herstellkosten zugerechnet.

Die Selbstkosten pro Mengeneinheit der abgesetzten Menge (k_{sa}) errechnen sich dann wie folgt:

$$k_{sa} = \frac{300.055,00\ €}{7\ 634\ \text{dz}} + \frac{5.945,00\ €}{6\ 900\ \text{dz}}$$

$$= 38,31\ €/\text{dz} + 0,86\ €/\text{dz} = 39,17\ €/\text{dz}$$

(Der Lagerbestand wird mit 38,31 €/dz bewertet.)

Mehrstufige Divisionskalkulation

- Die mehrstufige Divisionskalkulation ist dann anzuwenden, wenn in den einzelnen Produktionsstufen **Zwischenlager** unfertiger bzw. fertiger Produkte in erheblicher Höhe entstehen oder **Zwischenprodukte** am Markt **verkauft** werden.

- Jede Produktionsstufe gibt ihre Leistungen zu den bis dahin angefallenen Stückkosten an die folgende Stufe bzw. an das Lager ab.

- Die **Kosten einer Stufe** setzen sich aus den in der Stufe angefallenen Kosten (primäre Kosten) und den Stückkosten der Vorstufe, multipliziert mit der in der Stufe eingesetzten Menge, zusammen.

- Die **Selbstkosten pro Mengeneinheit jeder Fertigungsstufe** errechnen sich wie folgt:

$$k_j = \frac{K_j + k_i \cdot x_{ij}}{x_j}$$

k_j: Selbstkosten/ME der Stufe j
K_j: in der Stufe j entstandene Kosten
k_i: Selbstkosten/ME der vorangegangenen Stufe i
x_{ij}: in die Stufe j eingesetzte Menge des unfertigen Produktes der vorangegangenen Stufe i
x_j: ausgebrachte Menge der Stufe j

Divisionskalkulation – *Division-based calculation*

Mehrstufige Divisionskalkulation

Beispiel:

Eine Brauerei stellt in einem Monat in neun Fertigungsstufen 4 000 Hektoliter (hl) der Biersorte Harzer Urpils her, von denen sie im selben Monat 3 500 hl, abgefüllt in 0,7-Liter-Flaschen, verkauft:

Pro-dukti-ons-stufe	Bezeichnung des Vorgangs	Primäre Kosten		ein-gesetzte Menge	aus-gebrachte Menge
		Material-kosten in €	Fertigungs-kosten in €		
1	Weichen der Gerste	6.500,00	4.500,00	10 000 kg	10 000 kg
2	Keimen der Gerste	–	3.000,00	10 000 kg	10 000 kg
3	Trocknen (Darre) der Gerste → Malz	–	4.000,00	10 000 kg	6 000 kg
4	Schroten des Malzes	–	9.000,00	4 000 kg	4 000 kg
5	Mischen des Malzes mit Wasser → Maische; Erhitzen und Beigabe von Hopfenwürze → Sud	3.000,00	75.000,00	4 000 kg	4 000 hl
6	Abkühlen des Suds	–	5.000,00	4 000 hl	4 000 hl
7	Gärung durch Beigabe von Hefe	1.000,00	15.000,00	4 000 hl	4 000 hl
8	Filtern	–	6.000,00	4 000 hl	4 000 hl
9	Abfüllen	28.000,00	10.000,00	4 000 hl	571 429 Fl.
	Verwaltung und Vertrieb	30.000,00		500 000 Fl.	500 000 Fl.

Kalkulation der Selbstkosten pro 0,7-Liter-Flasche:

Stufe 1: $k_1 = \dfrac{11.000,00}{10\ 000} = 1,10\ €/kg$

Stufe 2: $k_2 = \dfrac{3.000,00 + 10\ 000 \cdot 1,10}{10\ 000} = 1,40\ €/kg$

Stufe 3: $k_3 = \dfrac{4.000,00 + 10\ 000 \cdot 1,40}{6\ 000} = 3,00\ €/kg$

Stufe 4: $k_4 = \dfrac{9.000,00 + 4\ 000 \cdot 3,00}{4\ 000} = 5,25\ €/kg$

Stufe 5: $k_5 = \dfrac{78.000,00 + 4\ 000 \cdot 5,25}{4\ 000} = 24,75\ €/kg$

Stufe 6: $k_6 = \dfrac{5.000,00 + 4\ 000 \cdot 24,75}{4\ 000} = 26,00\ €/hl$

Stufe 7: $k_7 = \dfrac{16.000,00 + 4\ 000 \cdot 26,00}{4\ 000} = 30,00\ €/hl$

Stufe 8: $k_8 = \dfrac{6.000,00 + 4\ 000 \cdot 30,00}{4\ 000} = 31,50\ €/hl$

Stufe 9: $k_9 = \dfrac{38.000,00 + 4\ 000 \cdot 31,50}{571\ 429} = 0,29\ €/Fl.$

Verwaltungs- und Vertriebskosten pro verkaufte 0,7-Liter-Flasche:

$k_{Vw/Vtr}$: 30.000,00 : 500 000 = 0,06 €/Fl.

Selbstkosten pro Flasche: 0,29 € + 0,06 € = 0,35 €

vgl.: Serfling, Klaus: Fälle und Lösungen zur Kostenrechnung, 3. Aufl., Herne, Berlin 1985, S. 34 und S. 138 f.

Neben der genaueren Errechnung der Selbstkosten des Fertigproduktes ermöglicht die mehrstufige Divisionskalkulation gegenüber der einstufigen eine bessere **Kostenkontrolle** in den einzelnen **Fertigungsstufen.**

Außerdem lassen sich nur so die **Lagerbestandsveränderungen** an unfertigen Erzeugnissen in den Zwischenlagern sowie des fertigen Erzeugnisses zu den bis dahin jeweils angefallenen Herstellkosten für die Bilanz **bewerten:**

Wert der Bestandserhöhung (Malz) in Stufe 3: 2 000 kg · 3,00 €/kg = 6.000,00 €

Wert der Bestandserhöhung (Flaschenbier) in 71 429 Fl. · 0,29 €/Fl. = 20.714,41 €

Äquivalenzziffernkalkulation – *Cost-meusure weighting*

Begriff	Beispiel

Begriff

- Sie ist eine besondere Form der Divisionskalkulation, die bei **Sortenfertigung** angewandt werden kann.

- Produkte der Sortenfertigung sind rohstoff- und herstellungsverwandt, z. B. Bleche oder Spanplatten mit unterschiedlichen Stärken, Ziegelsteine mit unterschiedlichen Abmessungen.

- Der von Sorte zu Sorte unterschiedliche Kostenanfall wird in Kostenverhältniszahlen (**Äquivalenzziffern**) ausgedrückt, die möglichst der tatsächlichen Kostenverursachung der einzelnen Sorten gerecht werden sollen.

Verfahren der Äquivalenzziffernkalkulation

(1) Art der Äquivalenzziffern bestimmen

(2) Äquivalenzziffern berechnen

(3) Produktionsmenge einer Sorte, multipliziert mit der Äquivalenzziffer der Sorte, ergibt die Rechnungseinheiten der Sorte. Diese Rechnung wird für jede Sorte durchgeführt.

(4) Gesamtkosten, dividiert durch die Summe der Rechnungseinheiten aller Sorten, ergibt die Kosten pro Rechnungseinheit.

(5) Kosten pro Rechnungseinheit, multipliziert mit den Rechnungseinheiten pro Sorte, ergibt die Kostensumme einer Sorte. Diese Rechnung wird für jede Sorte durchgeführt.

(6) Kostensumme einer Sorte, dividiert durch die Produktions- und Absatzmenge der Sorte, ergibt die Kosten pro Mengeneinheit dieser Sorte.

Beispiel

Eine Fabrik für Kunststofffenster stellt drei Varianten eines bestimmten Fenstertyps her. Folgende Zahlen liegen vor:

Variante	Fertigungsminuten pro Stück	Glasfläche in cm² pro Stück	Menge in Stück	Verkaufspreis in € pro Stück
A	8	4 800 (60 · 80)	200	180,00
B	9	6 000 (75 · 80)	600	270,00
C	9	8 400 (105 · 80)	800	400,00

Die Gesamtkosten der Periode betragen 850.000,00 €.

(1) Die Kostenaufteilung kann im Verhältnis der Glasflächen erfolgen. Da die Höhe der Fenster (80 cm) bei allen Varianten gleich ist, wird die Breite als Kostenverhältniszahl gewählt.

(2) Als Basis wird die Breite 75 cm gewählt. Die Äquivalenzziffern (Ä) betragen:
$Ä_A = $ 60 cm : 75 cm = 0,8
$Ä_B = $ 75 cm : 75 cm = 1,0
$Ä_C = $ 105 cm : 75 cm = 1,4

(3) Rechnungseinheiten (RE):
$RE_A = $ 200 St. · 0,8 = 160
$RE_B = $ 600 St. · 1,0 = 600
$RE_C = $ 800 St. · 1,4 = 1 120

Summe RE = 1 880

(4) Kosten pro Recheneinheit:
850.000,00 € : 1 880 RE = 452,13 €/RE

(5) Kostensummen pro Sorte (K):
$K_A = $ 160 RE · 452,13 €/RE = 72.340,80 €
$K_B = $ 600 RE · 452,13 €/RE = 271.278,00 €
$K_C = $ 1 120 RE · 452,13 €/RE = 506.385,60 €

(6) Kosten pro Mengeneinheit jeder Sorte (k):
$k_A = $ 72.340,80 € : 200 St. = 361,70 €
$k_B = $ 271.278,00 € : 600 St. = 452,13 €
$k_C = $ 506.385,60 € : 800 St. = 632,98 €

Kuppelkalkulation – *Coupled-production calculation*

Begriff Kuppelproduktion

- Fallen bei der Fertigung eines Produktes zwangsläufig weitere Produkte an, wird von **Kuppelproduktion** oder verbundener Produktion gesprochen.

- Das klassische Beispiel ist die Herstellung von Benzin aus Erdöl, bei der u. a. leichtes und schweres Heizöl, Kerosin und Bitumen anfallen.

Kalkulationsverfahren

Restwertmethode ohne Kostendifferenzierung:

– Die Kosten der Nebenprodukte sind nicht einzeln ermittelbar.

– Die **Kosten des Hauptproduktes** ergeben sich in der Weise, dass von den Gesamtkosten aller Produkte die Verkaufserlöse der Nebenprodukte abgezogen werden.

– Die Differenz wird als **Restkosten** dem Hauptprodukt zugerechnet.

3526166

Kuppelkalkulation – *Coupled-production calculation*

Beispiel

Für die Selbstkostenkalkulation des Hauptproduktes A liefern die Abteilungen Absatz und Kostenrechnung folgende **Zahlen:**

Pro-dukt	Absatz-mengen in kg	Verkaufs-preis pro kg in €	Verkaufs-erlöse in €
A	15 840	38,00	601.920,00
B	8 610	5,60	48.216,00
C	2 920	2,40	7.008,00
D	6 760	7,90	53.404,00

Gesamtkosten der Abrechnungsperiode: 690.780,00 €

Berechnung der Selbstkosten pro kg des Hauptproduktes A (k_A):

Gesamtkosten	690.780,00 €
− Verkaufserlöse B	48.216,00 €
− Verkaufserlöse C	7.008,00 €
− Verkaufserlöse D	53.404,00 €
= Restkosten des Hauptproduktes A	582.152,00 €

k_A = 582.152,00 € : 15 840 kg = 36,75 €/kg

4

Kalkulation von Handelswaren – *Calculation of merchandised goods*

Bezugspreiskalkulation

Kalkulationsschema

Gilt für den Einkauf von Roh-, Hilfs- und Betriebsstoffen, Fremdbauteilen und Handelswaren

   Listeneinkaufspreis
− Liefererrabatt (v. H.)*
= Zieleinkaufspreis
− Liefererskonto (v. H.)*
+ Einkaufskosten
= Bareinkaufspreis
+ Bezugskosten
= Einstandspreis (Bezugspreis)

Einkaufskosten sind zum Beispiel:
• Provision für Kommissionär
• Maklergebühren
• sonstige kleine Kosten

Bezugskosten sind zum Beispiel:
• Fracht, Hausfracht (Rollgeld)
• Kosten für Wiegen, Verladen, Verpackung
• Zoll
• Transportversicherung

Beispiel

Die OfficeCom AG handelt u. a. mit Faxgeräten, z. B. Typ FA 456. Die InterTEL AG in Hamburg liefert diese Faxgeräte zu folgenden Konditionen: Listenverkaufspreis netto: 135,00 €; bei Abnahme von 200 St. und mehr: 10 % Rabatt; Zahlungsbedingungen: 10 Tage mit 3 % Skonto, vier Wochen ohne Abzug; Fracht- und Verpackungskosten für 200 St.: 220,00 €. Die OfficeCom AG, die grundsätzlich Skonto abzieht, kauft 250 Faxgeräte. Der Einstandspreis errechnet sich wie folgt:

Listeneinkaufspreis	135,00 €	100 %	
− Liefererrabatt (v. H.)*	13,50 €	− 10 %	
= Zieleinkaufspreis	121,50 €	= 90 % →	100 %
− Liefererskonto (v. H.)*	3,65 €		− 3 %
+ Einkaufskosten	–		= 97 %
= Bareinkaufspreis	117,85 €		
+ Bezugskosten	1,10 €		
= Einstandspreis (Bezugspreis)	118,95 €		

Prozentrechnung/Dreisatz

Liefererrabatt:

100 % = 135,00 €
10 % = x €

$$x = \frac{135,00\ €\cdot 10\ \%}{100\ \%}$$

x = 13,50 €

Liefererskonto:

100 % = 121,50 €
3 % = x €

$$x = \frac{121,50\ €\cdot 3\ \%}{100\ \%}$$

x = 3,65 €

* v. H.: vom Hundert (Grundwert)

Kalkulation von Handelswaren – *Calculation of merchandised goods*

Absatzpreiskalkulation

Kalkulationsschema

Einstandspreis (Bezugspreis)
+ Handlungskosten (v. H.)*
= Selbstkostenpreis
+ Gewinn (v. H.)*
= Barverkaufspreis
+ Kundenskonto (i. H.)*
= Zielverkaufspreis
+ Kundenrabatt (i. H.)*
= Listenverkaufspreis (netto)

* v. H.: vom Hundert (Grundwert)
 i. H.: im Hundert (verminderter Grundwert)

Handlungskosten sind Kosten, die durch Lagerung und Verkauf der Handelswaren entstehen, wie zum Beispiel:
• Löhne, Gehälter des Lagerpersonals
• Abschreibungen auf das Lagergebäude und die Lagereinrichtung
• Transport- und Verpackungskosten
• anteilige Verwaltungskosten
• Zinsen für das in den Handelswaren gebundene Kapital

Gewinn ist ein Entgelt für
• das in das Unternehmen eingebrachte Eigenkapital (Eigenkapitalverzinsung)
• die Arbeit des Unternehmers (Unternehmerlohn)
• das Risiko der Kapitalanlage im eigenen Unternehmen (Risikoprämie)

Zuschlagssätze

Handlungskostenzuschlagssatz (HKZ)

$$\text{HKZ} = \frac{\text{Handlungskosten der vergangenen Periode}}{\text{Wareneinsatz der vergangenen Periode}} \cdot 100$$

Die Handlungskosten werden mithilfe des HKZ dem Einstandspreis hinzugerechnet, wobei der Einstandspreis 100 % beträgt.

Gewinnzuschlagssatz (GZ)

Jeder Unternehmer entwickelt eigene Vorstellungen über die Höhe der drei Gewinnkomponenten unter Berücksichtigung der Durchsetzbarkeit am Markt.

Der Gewinn wird mithilfe des GZ dem Selbstkostenpreis hinzugerechnet, wobei der Selbstkostenpreis 100 % beträgt.

Kundenskonto

$$\text{Skontobetrag in €} = \frac{\text{Barverkaufspreis in € · Skontosatz in \%}}{(100\ \% - \text{Skontosatz in \%})}$$

Kundenrabatt

$$\text{Rabattbetrag in €} = \frac{\text{Zielverkaufspreis in € · Rabattsatz in \%}}{(100\ \% - \text{Rabattsatz in \%})}$$

Beispiel

Um den Listenverkaufspreis für ein Faxgerät, z. B. Typ FA 456, auf der Grundlage eines Einstandspreises von 118,95 € (siehe S. 167) zu berechnen, kalkuliert die OfficeCom AG mit 18 % Handlungskosten, 8 % Gewinn, 3 % Kundenskonto und 10 % Kundenrabatt:

	Einstandspreis	118,95 €	100 %
+	Handlungskosten	21,41 €	(v. H.) + 18 %
=	Selbstkostenpreis	140,36 €	= 118 % → 100 %
+	Gewinn	11,23 €	(v. H.) + 8 %
=	Barverkaufspreis	151,59 €	= 108 % → 97 %
+	Kundenskonto	4,69 €	(i. H.) + 3 %
=	Zielverkaufspreis	156,28 €	= 100 % → 90 %
+	Kundenrabatt	17,36 €	(i. H.) + 10 %
=	Listenverkaufspreis	173,64 €	= 100 %

Prozentrechnung/Dreisatz

Handlungskosten:

100 % = 118,95 €
18 % = x €

$$x = \frac{118,95\ € \cdot 18\ \%}{100\ \%}$$

$$x = 21,41\ €$$

Gewinn:

100 % = 140,36 €
8 % = x €

$$x = \frac{140,36\ € \cdot 8\ \%}{100\ \%}$$

$$x = 11,23\ €$$

Kundenskonto:

97 % = 151,59 €
3 % = x €

$$x = \frac{151,59\ € \cdot 3\ \%}{97\ \%}$$

$$x = 4,69\ €$$

Kundenrabatt:

90 % = 156,28 €
10 % = x €

$$x = \frac{156,28\ € \cdot 10\ \%}{90\ \%}$$

$$x = 17,36\ €$$

3526168

Kalkulation von Handelswaren – *Calculation of merchandised goods*

Kalkulationszuschlagssatz

- Die Kalkulation des Listenverkaufspreises kann vereinfacht werden, wenn die Prozentsätze für die Handlungskosten, den Gewinn, den Kundenskonto und den Kundenrabatt bekannt sind.

- Die Vereinfachung besteht darin, dass diese vier Prozentsätze zu einer Größe, dem **Kalkulationszuschlagssatz,** zusammengefasst werden.
- Die Zusammenfassung ergibt sich nicht aus der Addition der einzelnen Prozentsätze, sondern aus dem Kalkulationsschema.

Der Listenverkaufspreis wird dann folgendermaßen kalkuliert:

Listenverkaufspreis = Einstandspreis · (1 + Kalkulationszuschlagssatz)

Bedingung: Prozentsätze sind bekannt

Sind nur die Prozentsätze für Handlungskosten, Gewinn, Kundenskonto und Kundenrabatt bekannt, wird der Einstandspreis gleich 100 Geldeinheiten (GE) gesetzt und der Listenverkaufspreis mithilfe des Kalkulationsschemas errechnet.

Kalkulationszuschlagssatz = Listenverkaufspreis – Einstandspreis

Beispiel:

Es gelten die Prozentsätze aus dem Beispiel auf S. 168:

	Einstandspreis	100,00 GE		100 %			
+	Handlungskosten	18,00 GE (v. H.)		+ 18 %			
=	Selbstkostenpreis	118,00 GE		= 118 % →	100 %		
+	Gewinn	9,44 GE (v. H.)			+ 8 %		
=	Barverkaufspreis	127,44 GE			= 108 % →	97 %	
+	Kundenskonto	3,94 GE (i. H.)				+ 3 %	
=	Zielverkaufspreis	131,38 GE				= 100 % →	90 %
+	Kundenrabatt	14,60 GE (i. H.)					+ 10 %
=	Listenverkaufspreis	145,98 GE					= 100 %

Kalkulationszuschlagssatz = 145,98 GE – 100,00 GE = 45,98 GE = 45,98 %.

Bedingung: Einkaufspreis und Listenverkaufspreis sind bekannt

Auf der Grundlage des bekannten Einstandspreises wird der Listenverkaufspreis mithilfe der ebenfalls bekannten Prozentsätze – wie auf S. 168 dargestellt – kalkuliert. Der Kalkulationszuschlagssatz errechnet sich dann wie folgt:

$$\text{Kalkulationszuschlagssatz} = \frac{(\text{Listenverkaufspreis} - \text{Einstandspreis}) \cdot 100}{\text{Einstandspreis}}$$

Beispiel:

Der Einstandspreis für das Faxgerät FA 456 beträgt 118,95 €. Werden 18 % Handlungskosten, 8 % Gewinn, 3 % Kundenskonto und 10 % Kundenrabatt berücksichtigt, ergibt sich ein Listenverkaufspreis von 173,64 € (siehe Berechnung S. 168).

$$\text{Kalkulationszuschlagssatz} = \frac{(173,64\ € - 118,95\ €) \cdot 100}{118,95\ €} = 45,98\ \%$$

Kalkulation von Handelswaren – *Calculation of merchandised goods*

Kalkulationsfaktor

- Der Kalkulationsfaktor dient ebenfalls der Vereinfachung der Kalkulation.

- Er ist eine Zahl, die, multipliziert mit dem Einstandspreis, den Listenverkaufspreis ergibt.

$$\text{Kalkulationsfaktor} = \frac{\text{Listenverkaufspreis}}{\text{Einstandspreis}}$$

Beispiel:
Einstandspreis für das Faxgerät FA 456: 118,95 €
Listenverkaufspreis: 173,64 €

$$\text{Kalkulationsfaktor} = \frac{173,64 \ €}{118,95 \ €} = \underline{1,4598}$$

Handelt die OfficeCom AG auch mit Telefonapparaten, für die der Einstandspreis 85,00 € beträgt und gelten die gleichen Zuschlagssätze wie für ein Faxgerät, z. B. FA 456, ergibt sich der Listenverkaufspreis für den Telefonapparat wie folgt:

$$\text{Listenverkaufspreis} = 85,00 \ € \cdot 1,4598 = \underline{124,08 \ €}$$

Handelsspanne

- Wird der Listenverkaufspreis durch den Markt bestimmt (konkurrenzorientierter Preis), möchte der Unternehmer wissen, ob er die ihm von den Lieferern angebotenen Einstandspreise – unter Berücksichtigung seiner Vorstellungen über die eigenen Handlungskosten-, Gewinn-, Skonto- und Rabatt-Zuschlagssätze – bezahlen kann.

- Zur schnellen Überprüfung zieht er vom vorgegebenen Verkaufs- oder Marktpreis einen bestimmten Prozentsatz ab und gelangt so zu

einem Einstandspreis, den er gerade noch bereit ist zu bezahlen. Dieser Prozentsatz, bezogen auf den Verkaufspreis, wird **Handelsspanne** genannt.

- Bei gegebenen Zuschlagssätzen errechnet sich die Handelsspanne, indem vom Verkaufspreis aus rückwärts zum Einstandspreis kalkuliert wird, wobei der Listenverkaufspreis 100,00 GE gesetzt wird.

Handelsspanne = Listenverkaufspreis – Einstandspreis

Beispiel:
Die OfficeCom AG kalkuliert mit (siehe S. 168)

- Handlungskosten: 18 %
- Gewinn: 8 %
- Kundenskonto: 3 %
- Kundenrabatt: 10 %

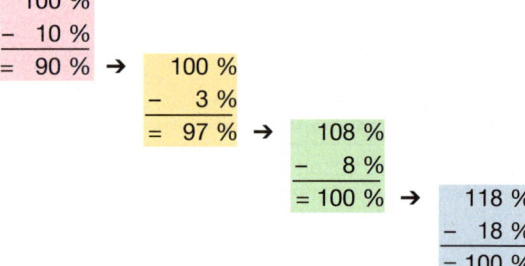

Listenverkaufspreis	100,00 GE		100 %			
– Kundenrabatt	10,00 GE (v. H.)	–	10 %			
= Zielverkaufspreis	90,00 GE	=	90 % →	100 %		
– Kundenskonto	2,70 GE (v. H.)			– 3 %		
= Barverkaufspreis	87,30 GE			= 97 % →	108 %	
– Gewinn	6,47 GE (a. H.)*				– 8 %	
= Selbstkostenpreis	80,83 GE				= 100 % →	118 %
– Handlungskosten	12,33 GE (a. H.)*					– 18 %
= Einstandspreis	68,50 GE					= 100 %

* a. H.: auf Hundert (vermehrter Grundwert)

Listenverkaufspreis	100,00 GE
– Einstandspreis	68,50 GE
= Handelsspanne	31,50 GE

Die Handelsspanne beträgt 31,50 %, da der Listenverkaufspreis 100,00 GE gesetzt wurde.

Beispiel:
Handelt die OfficeCom AG mit Telefonapparaten, für die auf dem Absatzmarkt ein Preis von maximal 115,00 € zu erzielen ist, darf der Einstandspreis bei einer Handelsspanne von 31,50 % höchstens 78,78 € betragen:

Maximaler Einstandspreis =
115,00 € – (115,00 € · 31,50 %) = $\underline{78,78 \ €}$

Unterschied zwischen Vollkostenrechnung und Teilkostenrechnung
Difference between full- and direct-cost accounting

Vollkostenrechnung	Teilkostenrechnung
Die Vollkostenrechnung verteilt **sämtliche Kosten** einer Abrechnungsperiode auf die Kostenträger (Kostenträgerzeitrechnung) bzw. ermittelt die Selbstkosten pro Mengeneinheit (Kostenträgerstückrechnung oder Kalkulation).	Die Teilkostenrechnung rechnet, je nach angewandtem Teilkostenrechnungssystem, dem Kostenträger nur **Teile der insgesamt angefallenen Kosten** zu: entweder nur die variablen Kosten oder die Einzelkosten.

Kritik an der Vollkostenrechnung

- Die Gemeinkosten werden nicht nach dem in der Kostenrechnung geltenden Verursachungsprinzip den Kostenträgern zugerechnet, sondern mithilfe von Verteilungsschlüsseln auf die Kostenträger verteilt.
- Die Fixkosten (häufig Gemeinkosten) werden über die Gemeinkostenzuschlagssätze proportionalisiert: Steigen etwa die Fertigungseinzelkosten (Fertigungslöhne) aufgrund steigender Beschäftigung, so steigen proportional die Fertigungsgemeinkosten (z. B. Abschreibungen auf Anlagen), da die Fertigungsgemeinkosten mithilfe von durchschnittlichen, vergangenheitsbezogenen Normalgemeinkostenzuschlagssätzen den Kostenträgern zugeschlagen werden.

Die Kostenträger werden also, unabhängig von der Höhe der Beschäftigung, mit einem festen Fixkostenanteil belastet, obwohl mit zunehmender Beschäftigung der Fixkostenanteil pro Erzeugniseinheit abnimmt bzw. mit abnehmender Beschäftigung zunimmt. Dieser Kostenentwicklung wird bei der Vollkostenrechnung nicht Rechnung getragen.

- Schließlich bestehen erhebliche Zweifel an der Brauchbarkeit der Vollkostenrechnung als Grundlage für Unternehmensentscheidungen.

Systeme der Teilkostenrechnung

- Teilkostenrechnung auf der Grundlage von variablen und fixen Kosten
  - mit globaler Fixkostenbehandlung (einfaches Direct Costing),
  - mit differenzierender Fixkostenbehandlung (stufenweise Fixkostendeckung).
- Teilkostenrechnung auf der Grundlage von Einzelkosten und Gemeinkosten
  - mit globaler Gemeinkostenbehandlung,
  - mit differenzierender Gemeinkostenbehandlung (Teilkostenrechnung nach Paul Riebel).

Deckungsbeitragsrechnung – *Contribution margin accounting/Breakeven analysis*

Begriff Deckungsbeitrag	Anwendungsbereiche
Die Teilkostenrechnung auf der Grundlage von variablen und fixen Kosten wird als Deckungsbeitragsrechnung bezeichnet. Zieht man von den Umsatzerlösen der verschiedenen Produkte die jeweiligen variablen Kosten ab, erhält man den so genannten Deckungsbeitrag, der dazu dient, die gesamten Fixkosten zu decken und darüber hinaus noch einen Gewinn zu erzielen.	Unternehmensentscheidungen wie zum Beispiel • Erweiterung oder Bereinigung des Produktionsprogramms, • Annahme oder Ablehnung eines Zusatzauftrages, • Ermittlung der kurzfristigen Preisuntergrenze, • Gestaltung des optimalen Sortiments, • Analyse der Gewinnschwelle.

Deckungsbeitragsrechnung mit globaler Fixkostenbehandlung (Direct Costing)

Periodenbezogene Deckungsbeitragsrechnung

Umsatzerlöse des Produktes der Abrechnungsperiode
− Variable Kosten des Produktes der Abrechnungsperiode

= **Deckungsbeitrag des Produktes der Abrechnungsperiode**

Summe der Deckungsbeiträge aller Produkte der Abrechnungsperiode
− Gesamte Fixkosten der Abrechnungsperiode

= Betriebsergebnis

Beispiel (in €):

	Schreibtischsessel	Aktenschränke	Schreibtische	Gesamt
Umsatzerlöse	1.221.767,72	10.215.893,80	1.026.228,48	
− Variable Kosten	432.317,81	3.614.854,73	525.514,50	
= Deckungsbeitrag	789.449,91	6.601.039,07	500.713,98	7.891.202,96
− Fixe Kosten				5.367.936,96
= Betriebsergebnis				2.523.266,00

vgl.: Hübscher, Heinrich u. a.: IT-Kompendium, 1. Aufl., Braunschweig 2001, S. 415 f.

Deckungsbeitragsrechnung – *Contribution margin accounting/Breakeven analysis*

Stückbezogene Deckungsbeitragsrechnung

Verkaufspreis/Mengeneinheit
– Variable Kosten/Mengeneinheit

= Deckungsbeitrag/Mengeneinheit

Beispiel:

Verkaufspreis/Mengeneinheit	324,00 €
– Variable Kosten/Mengeneinheit	198,00 €
= Deckungsbeitrag/Mengeneinheit	126,00 €

Deckungsbeitragsrechnung mit stufenweiser Fixkostendeckung

Umsatzerlöse
– Variable Kosten

= Deckungsbeitrag I

– Erzeugnisfixe Kosten

= Deckungsbeitrag II

– Erzeugnisgruppenfixe Kosten

= Deckungsbeitrag III

– Kostenstellenfixe Kosten

= Deckungsbeitrag IV

– Bereichsfixe Kosten

= Deckungsbeitrag V

– Unternehmensfixe Kosten

= Betriebsergebnis

Beispiel (in Tausend €):

Produkte

	A	B	C	D	Gesamt
Umsatzerlöse	180	140	50	360	730
– Variable Kosten	140	85	52	306	583
= Deckungsbeitrag I	40	55	– 2	54	147
– Erzeugnisfixe Kosten	8	5	3	10	26
= Deckungsbeitrag II	32	50	– 5	44	121
	82		39		
– Bereichsfixe Kosten	34		18		52
= Deckungsbeitrag IV	48		21		69
– Unternehmensfixe Kosten					48
= Betriebsergebnis					21

Anwendungsbeispiel Sortimentsbereinigung

- Das Kostenträgerblatt S. 159 zeigt, dass die OfficeCom AG in der zugrunde gelegten Periode auf der Basis der Vollkostenrechnung mit dem Produkt Schreibtische einen Verlust von 116.194,35 € gemacht hat.
- Dieses Ergebnis könnte zu der Überlegung führen, die Schreibtische langfristig aus dem Produktions- und Absatzprogramm zu nehmen, um diesen Verlust zu vermeiden. Die Entscheidung wäre unter dem Gesichtspunkt Betriebsergebnis falsch.

- Um zu einer richtigen Entscheidung zu gelangen, müssen die gesamten Kosten in fixe und variable Kosten unterteilt werden, um die Deckungsbeiträge der Produkte ermitteln zu können.
- So lange der **Deckungsbeitrag** eines Produktes **positiv** ist, sollte es **im Sortiment bleiben**, da es mit dazu beiträgt, fixe Kosten zu decken. Würde es aus dem Sortiment genommen, blieben die Fixkosten bestehen und müssten von den übrigen Produkten abgedeckt werden – das Betriebsergebnis würde sich verschlechtern.

Angenommen, 46 % der Selbstkosten der OfficeCom AG wären variabel und 54 % fix und das Sortiment würde um die Schreibtische bereinigt, dann würde die Deckungsbeitragsrechnung als Direct Costing auf der Grundlage des Kostenträgerblattes S. 159 unter sonst gleichen Umständen folgendes Aussehen haben:

	Angaben in €		
	Schreibtischsessel	Aktenschränke	Gesamt
Umsatzerlöse	1.221.767,72	10.215.893,80	
– Variable Kosten	432.317,81	3.614.854,73	
= Deckungsbeitrag	789.449,91	6.601.039,07	7.390.488,98
– Fixe Kosten			5.367.936,96
= Betriebsergebnis			2.022.552,02

Das Betriebsergebnis würde sich durch die Sortimentsbereinigung um 500.713,98 €, nämlich um den jetzt fehlenden Deckungsbeitrag der Schreibtische (siehe Tabelle S. 171), verschlechtern.

3526172

Normalkosten-/Istkostenrechnung – *Standard and current cost accounting*

Normalkostenrechnung	Istkostenrechnung
• Rechnung, die auf den Kosten **vergangener Abrechnungsperioden** basiert • **Normalgemeinkosten** sind Gemeinkosten, die bei der Angebotskalkulation mithilfe von Normalgemeinkostenzuschlagssätzen in den Selbstkosten- bzw. Angebotspreis eingerechnet werden. • **Normalgemeinkostenzuschlagssätze** ergeben sich als Durchschnittswerte von Istgemeinkostenzuschlagssätzen mehrerer vergangener Abrechnungsperioden.	• **Gegenwartsbezogene** Rechnung, die die Kosten der laufenden Abrechnungsperiode erfasst und auswertet • **Istgemeinkosten** sind Gemeinkosten, die in der laufenden Abrechnungsperiode entstanden sind und im BAB ausgewiesen werden. • **Istgemeinkostenzuschlagssätze** werden errechnet, indem die Istgemeinkosten der Kostenstellen bzw. Kostenbereiche im BAB in Beziehung gesetzt werden zu den entsprechenden Zuschlagsgrundlagen (siehe S. 156).
Kostenüberdeckung (in €)	**Kostenunterdeckung** (in €)
Normalgemeinkosten > Istgemeinkosten (kalkulierte) (tatsächlich entstandene)	Normalgemeinkosten < Istgemeinkosten (kalkulierte) (tatsächlich entstandene)

Kostenüber-, -unterdeckung

Beispiel:
Die Zahlen des folgenden Beispiels basieren auf den Zahlen des Kostenträgerblattes von Seite 159.

Kostenüberdeckung/Kostenunterdeckung (in €)

Normalgemeinkostenzuschlagssätze:

Materialbereich:	23,61 %	Verwaltungsbereich:	9,37 %
Fertigungsbereich:	375,00 %	Vertriebsbereich:	4,19 %

Kalkulationsschema	Istkostenrechnung (gemäß BAB Monat Mai 01)	Normalkostenrechnung (kalkuliert für Monat Mai 01)	Kostenüberdeckung (+) Kostenunterdeckung (−)	
Fertigungsmaterial	3.480.000,00	3.480.000,00		
Materialgemeinkosten	781.761,45	821.628,00		
Materialkosten	4.261.761,45	4.301.628,00	39.866,55	Materialbereich
Fertigungslöhne	933.502,20	933.502,20		
Fertigungsgemeinkosten	3.614.825,32	3.500.633,25		
Fertigungskosten	4.548.327,52	4.434.135,45	−114.192,07	Fertigungsbereich
Herstellkosten der Erzeugung	8.810.088,97	8.735.763,45		
Bestandsmehrungen unfertige Erzeugnisse	− 46.000,00	− 46.000,00		
Bestandsminderungen fertige Erzeugnisse	3.000,00	3.000,00		
Herstellkosten des Umsatzes	8.767.088,97	8.692.763,45		
Verwaltungsgemeinkosten	808.395,61	814.511,94	6.116,33	Verwaltungsbereich
Vertriebsgemeinkosten	365.139,42	364.226,79	− 912,63	Vertriebsbereich
Selbstkosten des Umsatzes	9.940.624,00	9.871.502,18	− 69.121,82	Gesamt

aus: Hübscher, Heinrich u. a.: IT-Kompendium, 1. Aufl., Braunschweig 2001, S. 417

Plankostenrechnung – *Cost accounting*

Verfahren der Kostenkontrolle (Vergleiche)

Istkosten mit Istkosten	Istkosten mit Normalkosten	Istkosten mit Plankosten
• Vergangenheitsbezogene Rechnung • Anteile von Einflussgrößen möglicher Kostendifferenzen wie z. B. Veränderungen der Beschäftigung, der Beschaffungspreise, der Tariflöhne und -gehälter oder des Werkstoffverbrauchs sind kaum ermittelbar. • Damit sind Verantwortlichkeiten für Kostendifferenzen nicht zurechenbar.	• Vergangenheitsbezogene Rechnung • Feststellbar sind nur Kostenüber- bzw. -unterdeckungen. • Kostenschwankungen vergangener Perioden werden wegen der Durchschnittsbildung der Normalgemeinkosten nur nivelliert, nicht beseitigt.	• Zukunftsorientierte Rechnung • Vergleich von Kosten, die auf technischer Grundlage unter Beteiligung von REFA-Ingenieuren, Mitarbeitern der Abteilungen Arbeitsvorbereitung, Kostenrechnung und Konstruktion geplant und vorgegeben und mit den Istkosten verglichen werden. • Kostenabweichungen werden auf ihre Ursachen zurückgeführt, Verantwortlichkeiten zugewiesen.

Elemente der Plankostenrechnung

• **Bildung von Kostenstellen**	⟶ Eindeutige Abgrenzung zur Kostenkontrolle und Zuweisung von Verantwortung
• **Bestimmung der Abrechnungsperiode**	⟶ Geschäftsjahr, Halbjahr, Quartal oder Monat
• **Ermittlung der Kostengüterarten**	⟶ Werkstoff-, Personalkosten, Abschreibungen usw. je Kostenstelle
• **Festlegung der Planbeschäftigung**	⟶ Höhe der Menge jeder Kostenstelle, bei der die Kosten geplant werden, orientiert – an der Kapazität jeder einzelnen Kostenstelle, – an der Kapazität der Kostenstelle, die den betrieblichen Engpass bildet
• **Festlegung der Planbezugsgröße**	⟶ Input-Größen wie Fertigungsstunden, Maschinenstunden, Rohstoffverbrauch; Output-Größe: Produktionsmenge
• **Festlegung der Planpreise**	⟶ Bewertung der Mengengerüste der Kostengüterarten mit Verrechnungspreisen bzw. Verrechnungslohnsätzen
• **Planung der Materialeinzelkosten**	⟶ Verbrauch des Fertigungsmaterials (aufgrund von Konstruktionszeichnungen und Stücklisten) bei Planbeschäftigung, bewertet mit Verrechnungspreisen
• **Planung der Fertigungseinzelkosten**	⟶ Vorgabezeiten der Fertigung (aufgrund von Arbeitszeitstudien) bei Planbeschäftigung, bewertet mit den zugehörigen Verrechnungslohnsätzen
• **Planung der Sondereinzelkosten der Fertigung**	⟶ Zum Beispiel spezielle Werkzeuge, Modellkosten
• **Planung der Sondereinzelkosten des Vertriebs**	⟶ Zum Beispiel Transportversicherung, Abschlussprovision
• **Planung der Gemeinkosten**	⟶ Feststellung der Verbrauchsmengen und Arbeitszeiten der einzelnen Gemeinkostenarten bei Planbeschäftigung in jeder Kostenstelle und Bewertung mit den entsprechenden Verrechnungspreisen bzw. -lohnsätzen
• **Ermittlung der Basisplankosten**	⟶ Summe der geplanten Kosten in einer Kostenstelle bei Planbeschäftigung
• **Ermittlung des Plankostenverrechnungssatzes (PVS)**	⟶ PVS = Basisplankosten der Kostenstelle dividiert durch Planbeschäftigung der Kostenstelle

aus: Hübscher, Heinrich u. a.: IT-Kompendium, 1. Aufl., Bildungshaus Schulbuchverlage Westermann Schroedel Diesterweg Schöningh Winklers GmbH, Braunschweig 2001, S. 418

3526174

Verfahren der Plankostenrechnung – *Cost accounting process*

Starre Plankostenrechnung

Verrechnete Plankosten	Kurve der verrechneten Plankosten

Verrechnete Plankosten = PVS · Istbeschäftigung

Beispiel:

Die Kostenstelle „Bohrerei" plant mit folgenden Größen:

Planbeschäftigung: 4 000 Mengeneinheiten (ME)
Plankosten: 45.000 Geldeinheiten (GE)

$$PVS = \frac{45.000 \text{ GE}}{4\,000 \text{ ME}} \qquad PVS = 11{,}25 \text{ GE/ME}$$

Istbeschäftigung: 3 850 ME

Verrechnete Plankosten:
11,25 GE/ME · 3 850 ME = 43.312,50 GE

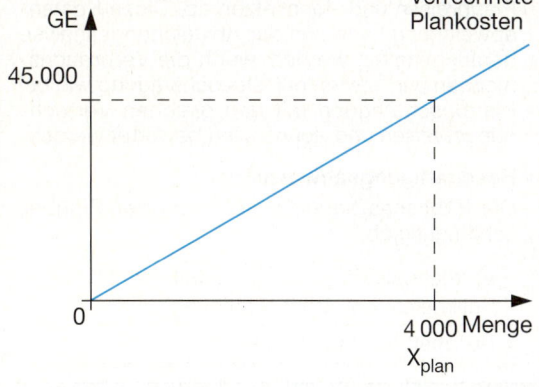

Vergleich Istkosten mit verrechneten Plankosten

- Werden die Mengengerüste sowohl der Plankosten als auch der Istkosten mit Verrechnungspreisen bzw. -lohnsätzen bewertet, beruhen Abweichungen zwischen Istkosten und verrechneten Plankosten auf Minder- oder Mehrverbrauch an Werkstoffen und/oder Arbeitsstunden (Verbrauchsabweichung) sowie auf geringerer oder höherer Beschäftigung als geplant (Beschäftigungsabweichung).

- Keine Aussage über die Anteile von Verbrauchs- und Beschäftigungsabweichung an der Gesamtabweichung möglich

- Im Plankostenverrechnungssatz wird nicht berücksichtigt, dass der darin enthaltene Fixkostenanteil mit zunehmender/abnehmender Beschäftigung abnimmt/zunimmt.

Beispiel:

Istbeschäftigung:	3 850 ME
Istkosten:	44.600,00 GE
– Verrechnete Plankosten bei Istbeschäftigung	43.312,50 GE
Kostenabweichung	1.287,50 GE

Die verrechneten Plankosten sind zu niedrig angesetzt, da der Fixkostenanteil im Plankostenverrechnungssatz auf eine Planbeschäftigung von 4 000 ME berechnet wurde; die Istbeschäftigung ist jedoch geringer.

Flexible Plankostenrechnung

Sollkosten	Kurve der Sollkosten

- Sollkosten sind die auf die Istbeschäftigung (X_{ist}) umgerechneten Plankosten.
- Plankosten werden unterschieden in fixe und variable Plankosten ($K_{plan} = K_{fplan} + K_{vplan}$).
- Einzelkosten können als variabel angesehen werden; Gemeinkosten müssen auf variablen bzw. fixen Charakter untersucht und ggf. mithilfe von Kostenauflösungsverfahren in fixe und variable Bestandteile zerlegt werden.
- Die Funktion der Sollkosten ist linear:

$$K_{Soll} = K_f + k_v \cdot X_{ist} \quad \text{mit } K_f = K_{fplan} \quad k_v = \frac{K_{vplan}}{X_{plan}}$$

Beispiel: Kostenauflösungsverfahren

Monat	Produktionsmenge in ME	Gesamtkosten Betriebsstoffe
November	120	220.000,00 €
Dezember	150	265.000,00 €
Differenz	30	45.000,00 €

k_V = 45.000,00 € : 30 ME = 1.500,00 €/ME
November: k_V = 120 ME x 1.500,00 €/ME = 180.000,00 €
K_f = 220.000,00 € – 180.000,00 € = 40.000,00 €

Beispiel:

X_{plan}: 4 000 ME
K_{plan}: 45.000 GE
K_{fplan}: 9.000 GE

$$k_v: \quad \frac{36.000 \text{ GE}}{4\,000 \text{ ME}} = 9 \text{ GE/ME}$$

$$K_{Soll} = 9.000 + 9\,X_{ist}$$

vgl.: Hübscher, Heinrich u. a.: IT-Kompendium, 1. Aufl., Braunschweig 2001, S. 419

Analyse der Kostenabweichungen – *Analysis of cost variance*

Arten der Kostenabweichungen

- **Preis- und Lohnsatzabweichung:**

  Die Istpreise und -lohnsätze weichen von den Planpreisen und -lohnsätzen ab. Diese Kostenabweichung kann aus der Abweichungsanalyse herausgehalten werden, wenn die Verbrauchsmengen und -zeiten bei Istbeschäftigung wie bei Planbeschäftigung mit den gleichen Verrechnungspreisen und -lohnsätzen bewertet werden.

- **Beschäftigungsabweichung:**

  Die Istbeschäftigung weicht von der Planbeschäftigung ab.

  Verrechnete Plankosten (bei Istbeschäftigung)
  – Sollkosten (bei Istbeschäftigung)

  = Beschäftigungsabweichung

- **Verbrauchsabweichung:**

  Der Istverbrauch an Mengen und Zeiten weicht vom Planverbrauch ab.

  Sollkosten (bei Istbeschäftigung)
  – Istkosten (bei Istbeschäftigung)

  = Verbrauchsabweichung

- **Gesamtabweichung:**

  Beschäftigungsabweichung
  + Verbrauchsabweichung

  = Gesamtabweichung

Grafische Darstellung der Kostenabweichungen

Beispiel:

X_{plan}: 4 000 ME X_{ist}: 2 500 ME
K_{plan}: 45.000 GE K_{ist}: 33.000 GE
K_{fplan}: 9.000 GE K_{soll}: 31.500 GE
K_{vplan}: 36.000 GE
PVS: 11,25 GE
Verrechnete Plankosten: 28.125 GE

Beschäftigungsabweichung = – 3.375 GE
(28.125 GE – 31.500 GE)
+ Verbrauchsabweichung = – 1.500 GE
(31.500 GE – 33.000 GE)

= Gesamtabweichung = – 4.875 GE

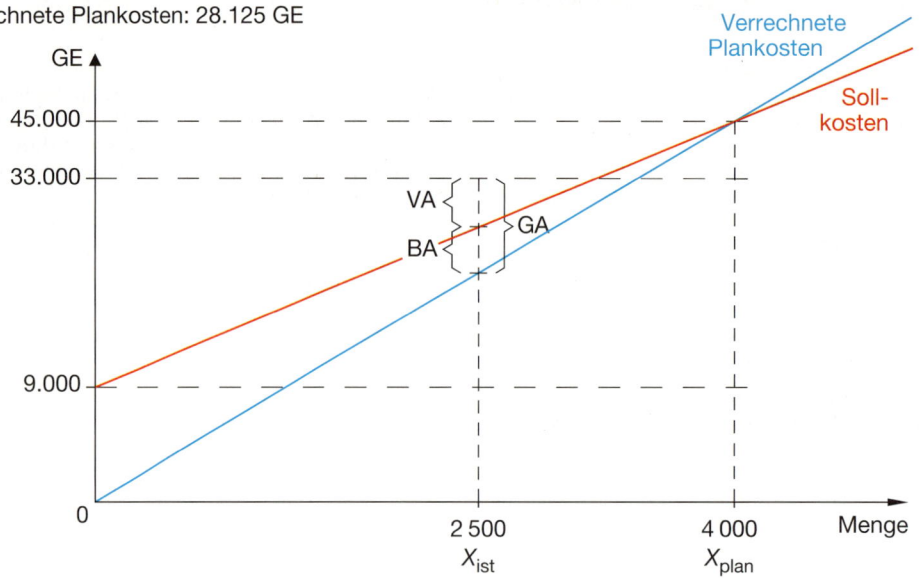

Ursachen und Verantwortlichkeiten von Kostenabweichungen

Nach Feststellung der Kostenabweichungen muss den Ursachen auf den Grund gegangen und müssen die Verantwortlichkeiten ermittelt werden. Dies gilt insbesondere dann, wenn die Istkosten über den geplanten Kosten liegen.

- **Beschäftigungsabweichungen** können konjunkturbedingt (z. B. allgemeiner Nachfragerückgang) oder betriebsbedingt (z. B. Nachfragerückgang durch falsche Produktpolitik) sein. Im letzteren Fall liegt die Verantwortung beim Management.

- **Verbrauchsabweichungen** können z. B. auf einen tatsächlichen **Mehrverbrauch an Werkstoffen** gegenüber dem Planverbrauch zurückzuführen sein. War die Qualität der Werkstoffe nicht in Ordnung, liegt die Verantwortung beim Einkäufer; hat der Mitarbeiter in der Fertigung eine Maschine falsch bedient, liegt die Verantwortung bei ihm selbst.

  Ein **Mehrverbrauch an Arbeitszeit** kann z. B. auf einer nicht optimalen Ablaufplanung beruhen, die der Mitarbeiter „vor Ort" nicht zu vertreten hat.

aus: Hübscher, Heinrich u. a.: IT-Kompendium, 1. Aufl., Braunschweig 2001, S. 420

3526176

Prozesskostenrechnung – *Activity-based costing*

Begriff

- Prozesskostenmanagement betrifft vornehmlich den „Gemeinkostenbereich" der Unternehmung – z. B. Beschaffung, Arbeitsvorbereitung, Rechnungswesen – (auch als „indirekter Bereich" oder „fertigungsferner Bereich" bezeichnet).
- Planung, Kontrolle und Zurechnung dieser Kostenträger-Gemeinkosten, die in der Regel Kostenstellen-Einzelkosten sind, auf die Produkte mithilfe von Prozessen
- Kein neues, eigenständiges Kostenrechnungssystem, das den traditionell unterschiedenen Systemen der Vollkosten-, Plankosten- und Deckungsbeitragsrechnung vergleichbar wäre
- Die **Kernideen der Prozesskostenrechnung** finden sich in diesen Systemen wieder.

Grundlagen

Kritik an der traditionellen Vollkostenrechnung:

- Einebnung von Kostenunterschieden bei der herkömmlichen Zuschlagskalkulation
- Relativ pauschale Verfahren (Umlage) zur Verrechnung innerbetrieblicher Leistungen (Mehrstufiger BAB)
- Fertigungslöhne und Materialkosten als Basis für die Verrechnung von Fertigungs- bzw. Materialgemeinkosten sind ungeeignet (durch Produktionsautomatisierung [CIM] hat sich etwa das Verhältnis von Einzel- zu Gemeinkosten verschoben: Anteil der Gemeinkosten an den Gesamtkosten 1960: 34 %, 1990: 70 %).

Ziele

- Erhöhung der Kostentransparenz in den indirekten, also eher fertigungsfernen Bereichen
- Effiziente Planung und Kontrolle der Gemeinkosten

- Gegenüber den traditionellen Kostenrechnungssystemen verbesserte verursachungsgerechte Zurechnung insbesondere der Gemeinkosten der „fertigungsfernen" Bereiche über die Geschäftsprozesse auf die Produkte (Produktkalkulation)

Schritte der Prozesskostenrechnung

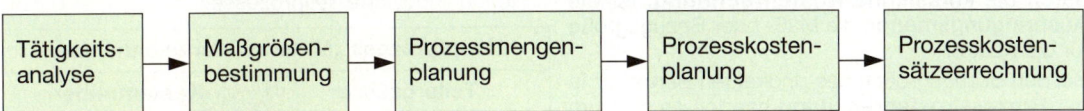

Tätigkeitsanalyse → Maßgrößenbestimmung → Prozessmengenplanung → Prozesskostenplanung → Prozesskostensätzeerrechnung

1. Schritt: Tätigkeitsanalyse

- Bestimmung der Teilprozesse oder (Dienst-)Leistungen je Gemeinkostenbereich (Kostenstelle), die dieser zu erbringen hat (z. B. auf der Grundlage der Ergebnisse des Business Process Managements).

- Kostenstellenübergreifende Zusammenfassung (Verdichtung) der einzelnen Teilprozesse zu Hauptprozessen.

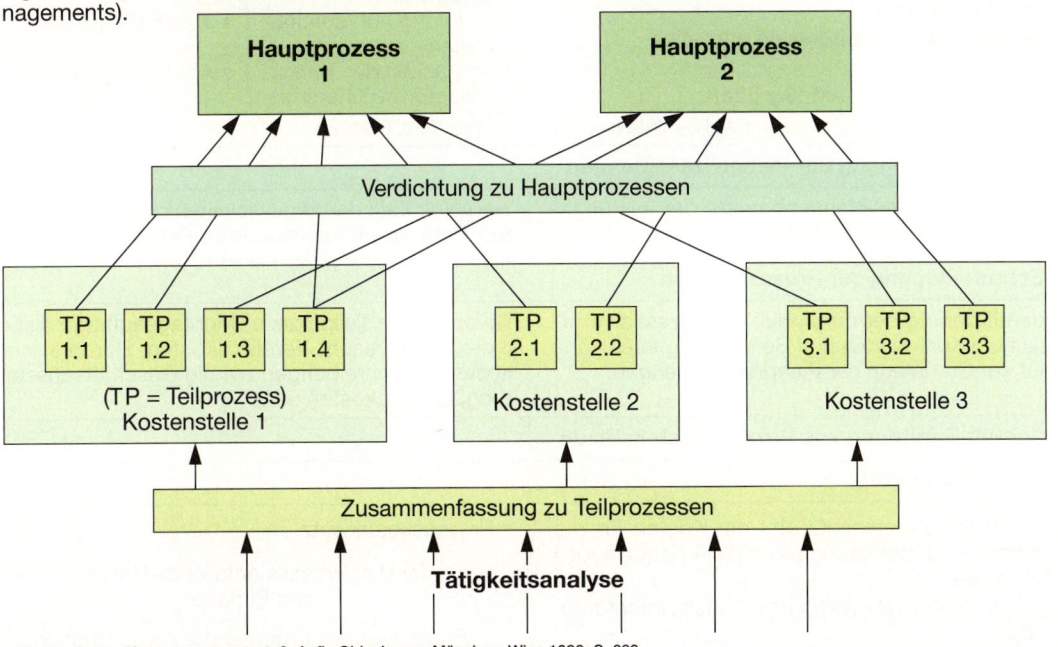

aus: Burger, Anton: Kostenmanagement, 3. Aufl., Oldenbourg, München, Wien 1999, S. 222

aus: Hübscher, Heinrich u. a.: IT-Kompendium, 1. Aufl., Bildungshaus Schulbuchverlage Westermann Schroedel Diesterweg Schöningh Winklers GmbH, Braunschweig 2001, S. 421

Prozesskostenrechnung – *Activity-based costing*

Beispiel: Zusammenhang zwischen Hauptprozess, Teilprozessen und ausführenden Kostenstellen:

Hauptprozess „Kundenauftrag abwickeln"	
Teilprozesse	**Kostenstellen**
• Auftragsformular mit Auftragsdaten anlegen	• 1. Vertriebsaußendienst 2. Vertriebsinnendienst (telefonischer Auftrag)
• Auftragsdaten an Vertriebsinnendienst übermitteln	• nur im 1. Fall
• Überprüfung Kundenbonität (weitere Teilprozesse möglich)	• Debitorenbuchhaltung
• Weitergabe Auftragsdaten an Logistik, Einkauf, Buchhaltung	• Vertriebsinnendienst
• Überprüfung Lagerbestand (weitere Teilprozesse möglich)	• Logistik
• Eventuell Erstellung Fertigungsauftrag bzw. Auslösung Teilebestellung bei Lieferanten (weitere Teilprozesse möglich)	• Fertigungssteuerung
• Auslieferung an Kunden veranlassen (weitere Teilprozesse möglich)	• Logistik
• Rechnungserstellung	• Debitorenbuchhaltung
• Überprüfung Zahlungseingang (weitere Teilprozesse möglich)	• Debitorenbuchhaltung

aus: Burger, Anton: Kostenmanagement, 3. Auflage, Oldenbourg, München, Wien 1999, S. 223

2. Schritt: Wahl geeigneter Maßgrößen

Im „direkten Bereich", der Fertigung, abgedeckt durch die **klassische Kostenrechnung,** ist die **Ausbringungsmenge** die Maß- oder Bezugsgröße für die Kosten.

Bei den Bezugsgrößen des „indirekten Bereichs" in der **Prozesskostenrechnung** handelt es sich um bestimmte **Transaktionen.**

- Ermittlung der „Kostentreiber" (cost-driver), also der leistungsbestimmenden und damit kostenverursachenden Faktoren (Transaktionen).
- Unterscheidung in
  - **leistungsmengeninduzierte** oder -variable **Teilprozesse** und
  - **leistungsmengenneutrale** oder -fixe **Teilprozesse.**
- Ermittlung adäquater **Maßgrößen.**

Beispiel: Maß- oder Bezugsgrößen für leistungsmengeninduzierte Teilprozesse:

Hauptprozess „Material/Waren annehmen"	
Teilprozesse	**Kostentreiber**
• Anlieferung entgegennehmen – Fremdteile – eigengefertigte Teile	• Entladezeit je Lieferung • Entladezeit je Lieferung
• Zugang über Terminal eingeben u. Zugangsbeleg erstellen	• Anzahl der Zugänge
• Lieferung auf Identität prüfen	• Anzahl Zugänge
• Verpacken der Teile u. einlagern in Gitterboxen	• Anzahl Zugänge

aus: Burger, Anton: Kostenmanagement, 3. Auflage, Oldenbourg, München, Wien 1999, S. 239

3. Schritt: Festlegung der Planprozessmengen

- Bestimmung der Mengengerüste der leistungsmengeninduzierten Teilprozesse.

Beispiel: Zahl der abgewickelten oder in der nächsten Periode abzuwickelnden Fertigungsaufträge.

4. Schritt: Planung der Prozesskosten

- Identifizierung der durch die Teilprozesse verursachten Kostenarten und Berechnung ihrer Höhe auf der Grundlage der Planprozessmengen.

Beispiel: Der Teilprozess „Montageaufträge disponieren" verursacht Personalkosten, Büromaterialkosten, Abschreibungen auf die Geschäftsausstattung, Energiekosten usw.

5. Schritt: Ermittlung von Prozesskostensätzen

Allgemeiner Begriff

- Der Prozesskostensatz gibt die Kosten für die einmalige Durchführung eines (Teil- oder Haupt-) Prozesses an
  - als Istkostensatz (Vergangenheitsbetrachtung) oder
  - als Plankostensatz (Zukunftsbetrachtung).

- Prozesskostensatz

$$= \frac{\text{für den Prozess anfallende Kosten pro Periode}}{\text{Prozessmenge (Summe der Kostentreiber) pro Periode}}$$

aus: Hübscher, Heinrich: IT-Kompendium, 1. Aufl., Braunschweig 2001, S. 422

Prozesskostenrechnung – *Activity-based costing*

Aufgaben von Prozesskostensätzen

<table>
<tr><td align="center">Stückrechnung
(Kalkulation)</td><td align="center">Zeitrechnung</td></tr>
<tr><td align="center">Kalkulationssätze
= Bewertungsmaßstäbe</td><td align="center">Kennzahlen
= Beurteilungsmaßstäbe</td></tr>
<tr><td align="center">⇩</td><td align="center">⇩</td></tr>
<tr><td align="center">Kostenzuordnung
auf die Leistungen
(insbesondere auf [Teil-]Prozesse
des „indirekten Bereichs" und
letztlich auf die Produkte)</td><td align="center">Planung
Steuerung
Kontrolle
der „indirekten Bereiche"
(Gemeinkostenbereiche)</td></tr>
<tr><td align="center">⇩</td><td align="center">⇩</td></tr>
<tr><td align="center">Produktorientiertes
Kostenmanagement</td><td align="center">Bereichsorientiertes
Kostenmanagement</td></tr>
</table>

aus: Burger, Anton: Kostenmanagement, 3. Aufl., Oldenbourg, München, Wien 1999, S. 246

Prozessteilkostensatz

- In den verschiedenen Prozesskostensätzen werden nur solche Kosten berücksichtigt, die **leistungsmengeninduziert (lmi)** sind.

- Prozesskostensatz (lmi)

$$= \frac{\text{leistungsmengeninduzierte Kosten/Periode}}{\text{Prozessmenge/Periode}}$$

Beispiel:
Prozess: Angebote einholen
Maßgröße: Anzahl der Angebote
Prozessmenge/Periode: 1 300 Angebote
Kosten für das Einholen der Angebote
(Prozesskosten (lmi))/Periode: 159.250,00 €

$$\text{Prozesskosten-satz (lmi)} = \frac{159.250,00 \ €}{1\,300 \text{ Angebote}} = 122,50 \ €$$

Das Einholen eines Angebotes verursacht Kosten von 122,50 €.

Prozessvollkostensatz

- In den verschiedenen Prozesskostensätzen werden neben den leistungsmengeninduzierten (lmi) Kosten auch solche Kosten berücksichtigt, die **leistungsmengenneutral (lmn)** oder -fix sind.

- Die Kosten leistungsmengenneutraler Prozesse werden mithilfe von Umlagesätzen den leistungsmengeninduzierten Prozesskostensätzen hinzugerechnet.

Beispiel: Umlage der Kosten mengenfixer Prozesse in der Kostenstelle „Einkauf".

Prozesse		Maßgrößen	Plan-prozess-mengen	Plan-kosten	Prozess-kosten-satz (lmi)	Umlage-satz (lmn)	Gesamt-prozess-kostensatz
Angebote einholen	lmi	Anzahl der Angebote	1 200	300.000,00	250,00	21,27	271,27
Bestellungen aufgeben	lmi	Anzahl der Bestellungen	3 500	70.000,00	20,00	1,70	21,70
Reklamationen bearbeiten	lmi	Anzahl der Reklamationen	100	100.000,00	1.000,00	85,10	1.085,10
Abteilung leiten	lmn	–	–	40.000,00	–	–	–

Erläuterung:
Prozesskostensätze für den Prozess „Angebote einholen":

- Prozesskostensatz (lmi) 250,00

$$= \frac{300.000,00}{1200}$$

- Umlagesatz (lmn) 21,27
(mithilfe der Verteilungsrechnung)

$$= \frac{40.000,00 \cdot 300.000,00}{(300.000,00 + 70.000,00 + 100.000,00) \cdot 1200}$$

- Gesamtkostensatz 271,27

$$= 250,00 + 21,27$$

aus: Burger, Anton: Kostenmanagement, 3. Aufl., Oldenbourg, München, Wien 1999, S. 248

aus: Hübscher, Heinrich u. a.: IT-Kompendium, 1. Aufl., Bildungshaus Schulbuchverlage Westermann Schroedel Diesterweg Schöningh Winklers GmbH, Braunschweig 2001, S. 423

Prozesskostenrechnung – *Activity-based costing*

Prozessorientierte Produktkalkulation

- **Einzelkosten:**
  Diese Kosten (Fertigungsmaterial und Fertigungslöhne) werden dem Produkt/der Leistung (Kostenträger) – wie bei der Zuschlagskalkulation (s. S. 160 in Verbindung mit der S. 152) – direkt zugerechnet.

- **Gemeinkosten:**
  Diese Kosten werden nicht mithilfe von Gemeinkostenzuschlagssätzen aus der Kostenstellenrechnung (s. S. 155 in Verbindung mit S. 156), sondern im Wege der Prozesskostensätze aus den verschiedenen „indirekten" oder Gemeinkostenbereichen den Kostenträgern zugerechnet.

Vergleich traditionelle Zuschlagskalkulation – Prozessorientierte Kalkulation

Beispiel:

Kalkulation der Materialkosten

Annahmen:

Kostentreiber der Materialgemeinkosten:

- Anzahl der Dispositionsvorgänge
- Anzahl der Bestellungen im „Einkauf"
- Anzahl der Wareneingänge/Transportvorgänge
- Anzahl und Art der Prüfungen im „Wareneingang"
- Anzahl der Rechnungsprüfungen, Buchungen, Zahlungen
- Anzahl der Ein- und Auslagerungsvorgänge

Die Kosten dieser Teilprozesse hängen nicht von Menge und Wert der bestellten Güter, sondern von der Häufigkeit ihrer Durchführung ab.

Der Prozesskostensatz für diese zu einem Hauptprozess zusammengefassten Teilprozesse betrage 150,00 €.

In der traditionellen Zuschlagskalkulation ergebe sich im Materialbereich ein Materialgemeinkostenzuschlagssatz von 25 %.

Materialkosten pro Stück und Bestellvolumen

Kostenrechnungssystem / bestellte Stückzahl	Traditionelle Zuschlagskalkulation (Zuschlagssatz = 25 %)			Aktivitätsorientierte Kalkulation (konstante Abwicklungskosten je Bestellung = 150,00 €)		
	Materialeinzelkosten in €	Materialgemeinkosten in €	Materialkosten pro Stück in €	Materialeinzelkosten in €	Materialgemeinkosten in €	Materialkosten pro Stück in €
1	4,00	1,00	5,00	4,00	150,00	154,00
10	40,00	10,00	5,00	40,00	150,00	19,00
50	200,00	50,00	5,00	200,00	150,00	7,00
100	400,00	100,00	5,00	400,00	150,00	5,50
150	600,00	150,00	5,00	600,00	150,00	5,00
500	2.000,00	500,00	5,00	2.000,00	150,00	4,30

Ergebnis der traditionellen Zuschlagskalkulation:
Da die Materialgemeinkosten den Materialeinzelkosten prozentual zugeschlagen werden, steigen die Materialgemeinkosten pro Periode proportional zur wachsenden Bestellmenge. Die Materialkosten pro Stück bleiben konstant.

Ergebnis der prozessorientierten Kalkulation:
Die Materialkosten pro Stück entwickeln sich **degressiv,** da die Gemeinkosten bestellmengen- und bestellwertunabhängig sind und sich auf immer größere Stückzahlen verteilen.

vgl.: Burger, Anton: Kostenmanagement, 3. Aufl., Oldenbourg, München, Wien 1999, S. 264 f.

aus: Hübscher, Heinrich u. a.: IT-Kompendium, 1. Aufl., Bildungshaus Schulbuchverlage Westermann Schroedel Diesterweg Schöningh Winklers GmbH, Braunschweig 2001, S. 424

Statistik – *Statistics*

Begriff

Unter dem Begriff Statistik wird vielfach die zahlenmäßige Erfassung und Analyse von **Massenerscheinungen** im Sinne großer Mengen verstanden, womit einerseits die Tätigkeit selbst, andererseits das Ergebnis dieser Tätigkeit gemeint sein kann. In neuerer Zeit bedeutet Statistik aber auch die Analyse von Stichproben kleinen Umfanges, sodass das Wort „Masse" heute nur als **„Mehrheit"** interpretiert werden darf.

Beispiel:

Das Ergebnis der Bundestagswahl steht erst dann endgültig fest, wenn die Stimmen **aller** Wähler in allen Wahlkreisen ausgezählt sind (**Masse** der Wähler). Annähernd richtige Ergebnisse liegen aber schon viel früher vor, nämlich wenn aufgrund der Auszählergebnisse weniger Wahlkreise und damit **weniger** Wähler (**Stichproben**) bereits ca. 30 Minuten nach dem Schließen der Wahllokale diese Teilergebnisse mit bestimmten statistischen Rechenverfahren auf das gesamte Bundesgebiet hochgerechnet werden.

Anforderungen an statistische Maßzahlen

- Maß- oder Kennzahlen bilden die Grundlage dafür, einen bestimmten Sachverhalt quantitativ, also mithilfe von Zahlen, darzustellen.
- Sie müssen eindeutig definiert sein.
- Aufbau und Eignung einer Maßzahl haben ihren Ausgangspunkt in der aus ihr erwachsenden sachlichen Fragestellung.

Beispiel:

Welches Transportmittel ist sicherer, die Eisenbahn oder das Flugzeug?

Es ist eine Maßzahl zu finden, mit der die Unfallhäufigkeit und damit die unterschiedliche Sicherheit der beiden Verkehrsmittel verglichen werden kann.

Frage 1: Sollen bei den Unfällen nur die Toten oder auch die Verletzten gezählt werden?

Frage 2: Worauf soll die Zahl der Toten bzw. die Zahl der Toten einschließlich der Verletzten bezogen werden? Welche Größe dient also als Maßzahl für den Umfang der Reisetätigkeit?

Als Maßzahl hierfür die „Zahl der Reisenden" zu nehmen, ist nicht befriedigend. Ob ein Reisender A von Braunschweig über Würzburg nach München fährt oder ob der Reisende A von Braunschweig nach Würzburg fährt, dort aussteigt und der Reisende B den Platz von A einnimmt und nach München fährt – das Risiko eines Unfalls auf der Strecke Braunschweig – München ist gleich hoch. Nur haben wir als Bezugsgröße im ersten Fall einen Reisenden, im zweiten Fall zwei. Als Maß für den Umfang der Reisetätigkeit kommt daher nicht die Zahl der Reisenden, sondern die Zahl der „Personen-km" in Betracht.

Arten von Maßzahlen

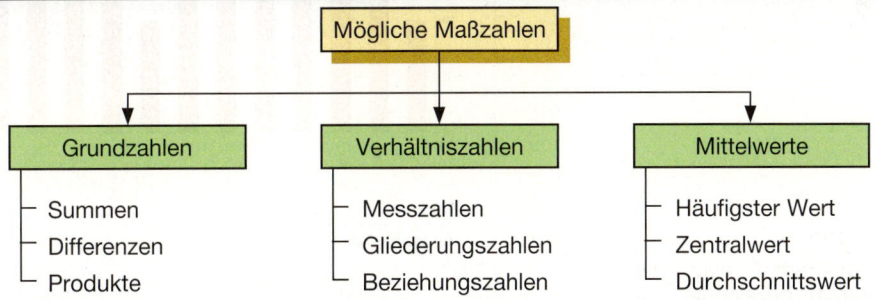

Grundzahlen

- Sie sind absolute Zahlen zur Darstellung quantitativer Sachverhalte.
- Sie erhalten ihre Bedeutung, wenn sie mit anderen absoluten Zahlen ins Verhältnis gesetzt werden. (→ Verhältniszahlen).

Beispiel:

Gewinn der OfficeCom AG im Jahr 20..: 2 Mio. €
Gewinn des Konkurrenzunternehmens: 3 Mio. €

$$\text{Eigenkapitalrentabilität} = \frac{\text{Gewinn}}{\text{Eigenkapital}} \cdot 100$$

OfficeCom AG: 2 Mio. € : 20 Mio. € · 100 = 10 %
Konkurrent: 3 Mio. € : 35 Mio. € · 100 = 8,6 %

Ergebnis: Die Verzinsung des Eigenkapitals bei der OfficeCom AG ist höher.

vgl. Scharf, Dirk: Einführung in das betriebliche Rechnungswesen und statistische Grundlagen, Gabler, Wiesbaden 1997, S. 26 f.

Statistik – *Statistics*

Verhältniszahlen

Sie ergeben sich dadurch, dass zwei in einem sachlichen Zusammenhang stehende Maßzahlen zueinander ins Verhältnis gesetzt werden. Das Ergebnis ist der Quotient (die Verhältniszahl).

Beispiel:

$$\frac{\text{Zahl der Toten und Verletzten pro Jahr}}{\text{Zahl der gefahrenen Eisenbahnkilometer pro Jahr}}$$

Messzahlen

- Eine Reihe gleichartiger Größen wird auf eine dieser Größen als gemeinsame Basis bezogen, zum Beispiel Monatsumsätze von Produkten.

- Messzahlen eignen sich gut zur Darstellung der zeitlichen Entwicklung von Sachverhalten.

Darstellungsformen von Messzahlen

Tabelle

Anforderungsmerkmale zur Gestaltung gemäß Normblatt DIN 55 301 sind u. a.

- Gliederung in Zeilen und Spalten, deren Kreuzung Fächer ergeben;
- Kennzeichnung der Zeileninhalte in der Vorspalte, der Spalteninhalte im Tabellenkopf;
- Beschreibung des dargestellten Sachverhaltes in einer Überschrift mit örtlicher/zeitlicher Abgrenzung.

Beispiel:

Monatsumsätze Handelswaren der OfficeCom AG im Jahr 20.. in Tsd. €					
	Lampen	**Telefone**	**Drucker**	**Faxgeräte**	**Gesamt**
Januar	10	12	35	22	79
Februar	12	18	40	20	90
März	15	16	37	18	86
April	20	9	34	24	87
Mai	16	4	41	28	89
Juni	24	15	39	26	104
Juli	18	13	38	16	85
August	10	17	36	20	83
September	14	15	39	26	94
Oktober	19	10	40	24	93
November	20	11	33	21	85
Dezember	21	14	36	20	91
	199	154	448	265	1.066

Säulendiagramm

- Eignet sich zur Darstellung der zeitlichen Entwicklung nur einer Zahlenreihe
- Beschreibung des dargestellten Sachverhaltes mit einer Überschrift
- Benennung der Achsen

Beispiel:

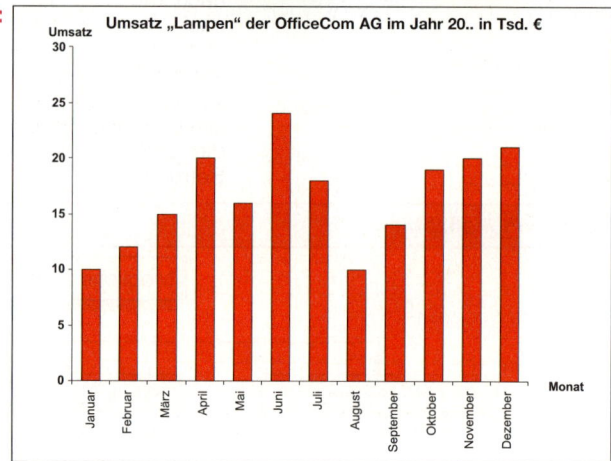

Liniendiagramm

Diese Art Diagramm, auch als Kurvendiagramm bezeichnet, ist geeignet die zeitliche Entwicklung eines Sachverhaltes, der mehrere Zahlenreihen umfasst, übersichtlich darzustellen.

Beispiel:

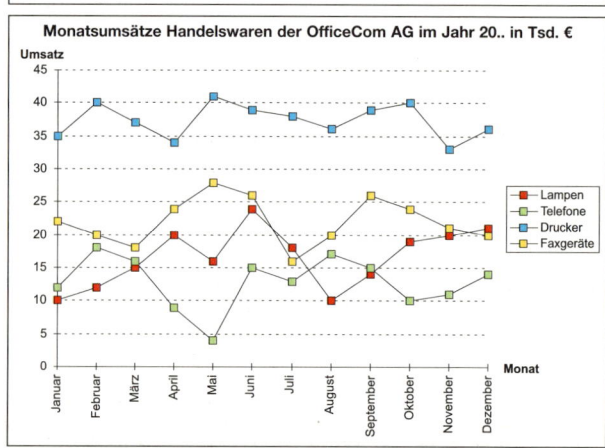

vgl. Hübscher, Heinrich u. a.: IT-Kompendium, Bildungshaus Schulbuchverlage Westermann Schroedel Diesterweg Schöningh Winklers GmbH, Braunschweig 2001, S. 427 f.

3526182

Statistik – *Statistics*

Gliederungszahlen

- Wird eine Reihe von Teilgrößen durch eine übergeordnete Größe als gemeinsame Basis dividiert und mit Hundert multipliziert, sind die Ergebnisse Prozentzahlen, die als Gliederungs- oder Strukturzahlen bezeichnet werden.

- Mit ihrer Hilfe wird die Struktur der Gesamtheit deutlich.

- $$\text{Gliederungszahl (in \%)} = \frac{\text{Teilgröße (Einzelposition)}}{\text{übergeordnete Größe (Summe der Einzelpositionen)}} \cdot 100$$

Anwendungsbeispiele für Gliederungszahlen

Kreisdiagramme-Umsatzstruktur

- Sie machen Strukturunterschiede auch bei starker Größenvariation deutlich.

- Kleine Anteile sind noch deutlich sichtbar.
- Besondere Kreissegmente können herausgezogen werden.

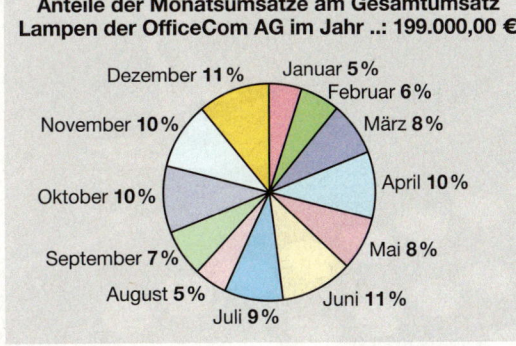

Anteile der Monatsumsätze am Gesamtumsatz Lampen der OfficeCom AG im Jahr ..: 199.000,00 €

Dezember 11% · Januar 5% · Februar 6% · März 8% · April 10% · Mai 8% · Juni 11% · Juli 9% · August 5% · September 7% · Oktober 10% · November 10%

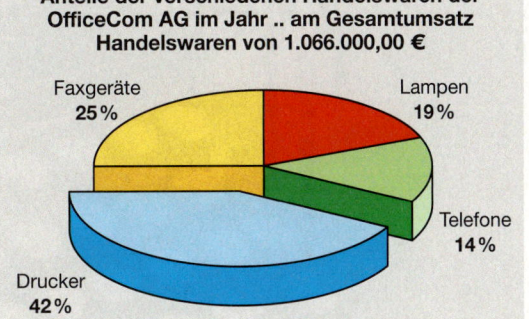

Anteile der verschiedenen Handelswaren der OfficeCom AG im Jahr .. am Gesamtumsatz Handelswaren von 1.066.000,00 €

Faxgeräte 25% · Lampen 19% · Telefone 14% · Drucker 42%

vgl. Scharf, Dirk: Einführung in das betriebliche Rechnungswesen und statistische Grundlagen, Wiesbaden 1997, S. 33 ff.

Strukturbilanz

Aktiva			Strukturbilanz der OfficeCom AG per 31. Dez. 20..		Passiva
	€	%		€	%
Anlagevermögen	300.000,00	27,27	Eigenkapital	240.000,00	21,82
Umlaufvermögen	800.000,00	72,73	Fremdkapital	860.000,00	78,18
	1.100.000,00	100,00		1.100.000,00	100,00

Beziehungszahlen

Bei ihnen werden zwei verschiedene Größen, die in einem sachlich sinnvollen Zusammenhang stehen, zueinander ins Verhältnis gesetzt.

Anwendungsbeispiele aus dem Rechnungswesen

Analyse der Bilanz

$$\text{Barliquidität} = \frac{\text{flüssige Mittel}}{\text{kurzfristige Verbindlichkeiten}} \cdot 100$$

$$\text{Anlagendeckungsgrad I} = \frac{\text{Eigenkapital}}{\text{Anlagevermögen}} \cdot 100$$

Analyse der Gewinn- und Verlustrechnung

$$\text{Wirtschaftlichkeit} = \frac{\text{Erträge}}{\text{Aufwendungen}}$$

$$\text{Personalintensität} = \frac{\text{Personalaufwand}}{\text{Betriebsaufwendungen}}$$

Analyse der Bilanz i. V. m. der GuV-Rechnung

$$\text{Eigenkapitalrentabilität} = \frac{\text{Gewinn}}{\text{Eigenkapital}} \cdot 100$$

$$\text{Umschlagshäufigkeit der Forderungen} = \frac{\text{Umsatzerlöse}}{\text{durchschnittlicher Forderungsbestand}}$$

Kosten- und Leistungsrechnung

$$\text{Leistungsergiebigkeit} = \frac{\text{Leistungen}}{\text{Kosten}}$$

$$\text{Stückkosten} = \frac{\text{Gesamtkosten}}{\text{Produktionsmenge}}$$

aus: Hübscher, Heinrich u. a.: IT-Kompendium, Braunschweig 2001, S. 428

5 Leistungserstellungsprozesse planen, steuern und kontrollieren

Grundlagen der Leistungserstellung
Basic elements of the company's performance process

Allgemeiner Überblick

- Kundenwünsche veranlassen Unternehmen, eine **betriebliche Leistung** zu erstellen. Sie beschaffen die nötigen **Produktionsfaktoren,** aus denen Produkte gefertigt werden, die verkauft oder innerbetrieblich genutzt werden. Dabei sind unterschiedliche Bereiche einer Unternehmung eingebunden.

- Die **Produktion** ist ein **Wertschöpfungsprozess,** der sich auf die Erstellung der betrieblichen Leistung bezieht. Dabei werden Sachgüter und Dienstleistungen (Produktions- oder Inputfaktoren) kombiniert und in andere Sachgüter und Dienstleistungen (Outputfaktoren) transformiert. Je schneller und effizienter der Transformationsprozess vollzogen wird, desto höher ist der Anteil der Produktion am gesamten Wertschöpfungsprozess und desto erfolgreicher kann die betriebliche Leistung verwertet werden.

- Die **Produktionswirtschaft** als Teildisziplin der Betriebswirtschaft befasst sich mit dem Wertschöpfungsprozess der Produktion.

- Der Transformationsprozess vollzieht sich in einer Folge von **Arbeitssystemen,** die miteinander verbunden sind. Ein Arbeitssystem kann als **kleinstes selbstständiges Element** eines Produktionssystems definiert werden. Mit den Grund- (z. B. Kons-

truktionsunterlagen eines Produktes oder Arbeitsgangbeschreibung) und Planungsdaten (z. B. Erzeugnismengen zu einem bestimmten Fertigungstermin) wird der Transformationsprozess koordiniert. Durch Rückmeldungen z. B. der Fertigstellungszeitpunkte können die Produktion überwacht und die nötigen Korrekturen vorgenommen werden.

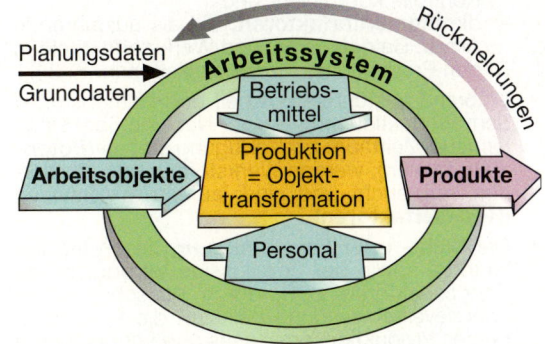

nach: Ebel, Bernd: Produktionswirtschaft, 8., völlig neue Aufl., Kiehl, Ludwigshafen 2003, S. 25

Bereiche der Produktion

Die **Produktion** ist Teil der betrieblichen Leistungserstellung und kann in unterschiedliche Bereiche gegliedert werden, die dadurch charakterisiert sind, dass sie nicht unmittelbar über Kaufverträge mit den entsprechenden Märkten in Berührung kommen.

Um eine entsprechende Qualität der Prozesse und Produkte zu gewährleisten, ist der gesamte Produktionsbereich in ein **Qualitätssicherungssystem** einzubinden (s. S. 224).

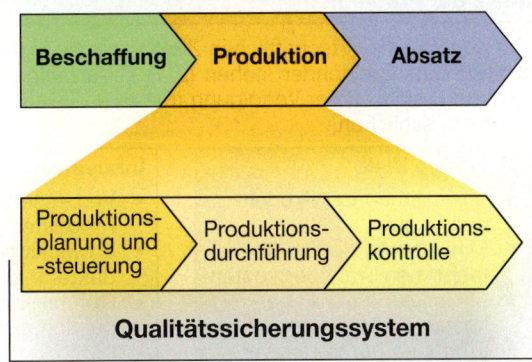

Systematisierung der Produkte

- Die von einer Unternehmung hergestellte Leistung wird als **Produkt** bezeichnet.

- Die **Art** der betrieblichen Leistung hängt von der Art der Unternehmen ab. Sie kann **immaterieller** (Dienstleistungen) oder **materieller** (Sachgüter) Art sein bzw. als **Mischform** mit unterschiedlichen Anteilen (Systemgüter) gebildet werden. Sie kann sich eben-

so auf die Rohstoffgewinnung wie auf die Herstellung und Veredelung von Produkten beziehen.

- Die industrielle Produktion wird häufig nur auf die Erstellung von Sachgütern bezogen, womit jedoch unberücksichtigt bleibt, dass sich die Industrieprodukte immer mehr zu **Leistungsbündeln** entwickeln.

Produkte		
Immaterielle Güter	**Materielle Güter**	**Systemgüter**
Es handelt sich hierbei um **nichtstoffliche Leistungen** wie • Dienstleistungen • Rechte und • Informationen.	Materielle Güter sind **Sachgüter.** Bei der Herstellung von solchen Gütern fallen neben den **Hauptprodukten** wie absatzfähige Zwischenfabrikate und Fertigprodukte (z. B. bei einer Raffinerie: Benzin) häufig noch weniger wertvolle, gleichwohl absatzfähige **Nebenprodukte** wie Kuppelprodukte (z. B. bei einer Raffinerie: Bitumen) und **Abfallprodukte** an. Die Abfallprodukte sind entweder als Wertstoffe noch nutzbar oder als Reststoffe und Schadstoffe zu beseitigen (s. S. 228 f.).	Als Systemgüter werden **Mischformen** von materiellen und immateriellen Gütern bezeichnet, z. B. der Verkauf eines Computers mit entsprechender Software sowie der Aufbau des PC und eine Einweisung in die Programme.

5

Grundlagen der Leistungserstellung
Basic elements of the company's performance process

Betriebliche Produktionsfaktoren

- Im Produktionsprozess werden die Produktionsfaktoren **kombiniert,** wobei die Bedeutung und der Anteil der einzelnen Faktoren völlig unterschiedlich sein kann.
- Man unterscheidet
  - den **dispositiven Faktor,** der den Produktionsprozess zielbezogen gestaltet und die Elementarfaktoren durch Leitung, Planung und Kontrolle koordiniert, und
  - die **Elementarfaktoren,** die als ausführende Arbeit, Betriebsmittel und Werkstoffe direkt in den Produktionsprozess einfließen (s. S. 24).
- Während ausführende Arbeit und Betriebsmittel dem Produktionsprozess zur Nutzung über einen längeren Zeitraum zur Verfügung stehen **(Potenzialfaktoren),** werden Werkstoffe in der Produktion verbraucht und sind laufend zu ersetzen **(Repetierfaktoren).**
- Die **Nicht- oder Falschnutzung** der Potenzialfaktoren sowie der überflüssige Verbrauch von Repetierfaktoren z. B. durch Ausschuss oder Energieverschwendung belasten die Produktivität des Produktionsprozesses und können durch unnötiges Lagern oder durch Fehlinvestitionen die Kapitalbindung in der Unternehmung negativ beeinflussen.

- Als **Betriebsmittel** werden die Produktionsmittel bezeichnet, die zur Leistungserstellung eingesetzt werden (z. B. Gebäude, Maschinen).
- **Werkstoffe** unterteilen sich in Roh-, Hilfs- und Betriebsstoffe.
  - **Rohstoffe** gehen als Hauptbestandteile unmittelbar in das zu erzeugende Produkt ein (z. B. OfficeCom AG: Holz für Tischplatten, Metallrohre für Tischgestelle).
  - **Hilfsstoffe** gehen zwar auch in das zu fertigende Erzeugnis ein, ihr mengen- und wertmäßiger Anteil ist jedoch gering (z. B. OfficeCom AG: Schrauben, Holzleim).
  - **Betriebsstoffe** werden kein Bestandteil des fertigen Produktes. Sie werden beim Fertigungsprozess mittel- oder unmittelbar verbraucht, ermöglichen jedoch den Leistungsprozess bzw. halten ihn in Gang (z. B. OfficeCom AG: Energie zur Holzbearbeitung, Schmierstoffe).
- Unter **Fremdbauteilen** versteht man fertig bezogene Produktbestandteile, die unverändert in das Endprodukt übernommen werden (z. B. OfficeCom AG: Gasdruckfedern und Stuhlrollen für Schreibtischsessel).

Ziele der Produktion

Die produktionswirtschaftlichen Ziele kommen in **unterschiedlicher Ausprägung** vor und können auch in **Konkurrenz** zueinander stehen (z. B. jederzeitige Lieferfähigkeit und kostengünstige Losgrößen). Daher sind bei gleichzeitiger Verfolgung mehrerer Ziele Kompromisse hinsichtlich der einzelnen Zielerreichungsgrade zu schließen.

Monetäre Ziele
- Minimierung der Produktionskosten
- Minimierung der innerbetrieblichen Transportkosten
- Minimierung der Lagerkosten
- Erhöhung der Wirtschaftlichkeit

Innovative Ziele
- Verbesserung bestehender Produkte
- Entwicklung neuer Produkte
- Optimierung der Produktionsprozesse

Flexibilitätsziele
- schnelle Anpassung an Umweltveränderungen
- Beachtung der Kundenwünsche
- multifunktional einsetzbare Arbeitskräfte

Zeitliche Ziele
- kurze Durchlaufzeiten
- geringe Rüstzeiten
- Termintreue
- maximale Kapazitätsauslastung

Ziele der Produktion

Soziale Ziele
- ergonomisch gestaltete Arbeitsplätze
- Reduzierung von einseitig belastenden Arbeitsvorgängen
- Vermeidung monotoner Arbeiten

Qualitätsziele
- Null-Fehler-Produktion
- Beachtung bzw. Erhöhung der Qualitätsstandards

Umweltziele
- Verringerung von Abfällen
- umweltverträgliche Produkte
- geringe Schadstoffbelastung

3526186

Produktionsprogramm – *Production program*

Definitionen

- Als **Produktprogramm** oder **Produktpalette** kann man die Gesamtheit aller Produktarten, die eine Unternehmung produziert, bezeichnen. Es unterscheidet sich vom Produktionsprogramm durch das Fehlen von mengen- und zeitabhängigen Komponenten.

- Das **Produktionsprogramm** legt für eine gegebene Planungsperiode **Art, Menge und Zeit** der herzustellenden Produkte fest. Damit wird die Basis für die weitere Planung, Steuerung und Kontrolle der Produktionsprozesse geschaffen.

- Das **Absatzprogramm** bestimmt für einen gegebenen Planungszeitraum die auf dem Absatzmarkt anzubietenden Produkte nach **Art, Menge und Zeit.** Obwohl das Absatzprogramm einen starken Einfluss auf das Produktionsprogramm hat, sind beide nicht immer deckungsgleich.

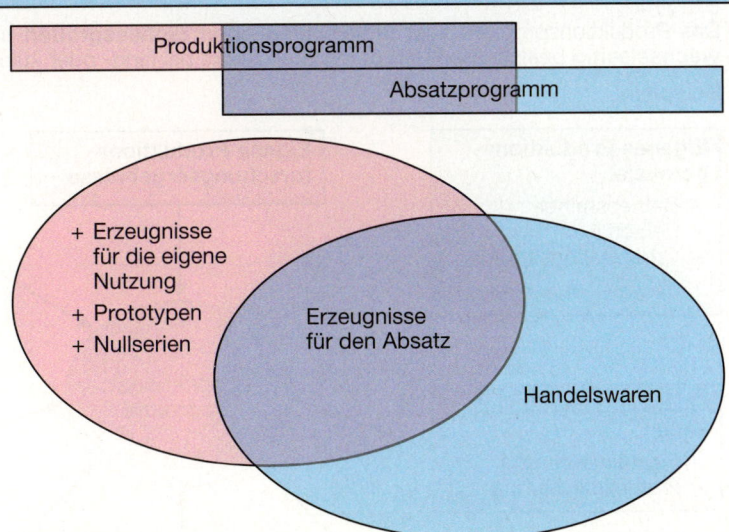

Produkte \ Termine	Januar	Februar	März	...
Schreibtisch S45	500	450	600	...
Schreibtisch S55	500	300	300	...
Aktenschrank AK12	750	600	300	...
Aktenschrank AK22	750	750	750	...
...	...	...	...	...

Zeitbezug der Produktionsprogrammplanung

Bei der Konkretisierung des Produktionsprogrammes sind zeitlich **unterschiedliche Planungsstadien** zu unterscheiden. Eine genaue zeitliche Zuordnung ist aus differierenden betrieblichen Gegebenheiten nicht allgemein gültig möglich.

- Das Ziel der **langfristigen Programmplanung** sind strategische Entscheidungen z. B. über Produktfelder oder Fertigungsverfahren, die den Kapazitätsrahmen für Betriebsmittel und Arbeitskräfte festlegen.

- Die **mittelfristige Programmplanung** stellt die Basis für die Materialbeschaffung dar. Die Materialart mit der längsten Beschaffungsdauer begrenzt den Planungszeitraum.

- Die **kurzfristige Programmplanung** soll für eine möglichst optimale Nutzung der bereitgestellten Kapazitäten sorgen.

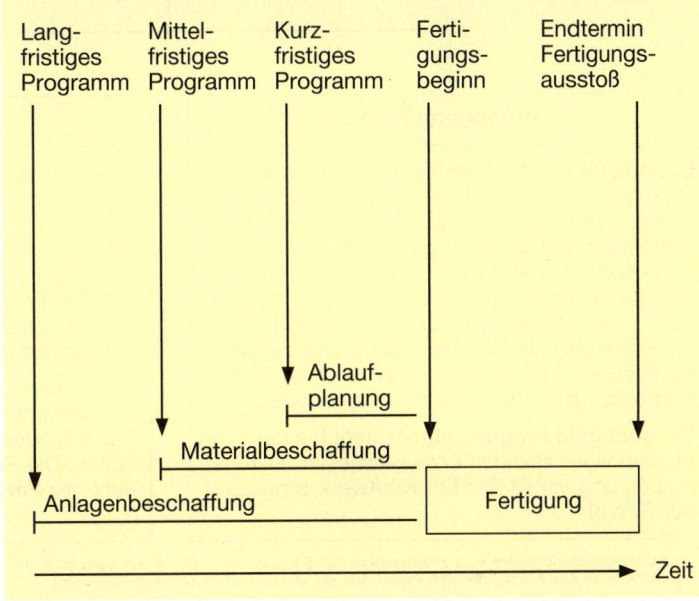

nach: Steinbuch, Pitter; Olfert, Klaus: Fertigungswirtschaft, 6., aktualisierte Aufl., Kiehl, Ludwigshafen 1995

Produktionsprogramm – *Production program*

Bestimmungsfaktoren

Das Produktionsprogramm ist **unterschiedlichen Einflussgrößen** unterworfen, die sich teilweise auch **wechselseitig** beeinflussen und deren Stellenwert bei lang- oder kurzfristiger Betrachtungsweise variiert.

Beispiele:

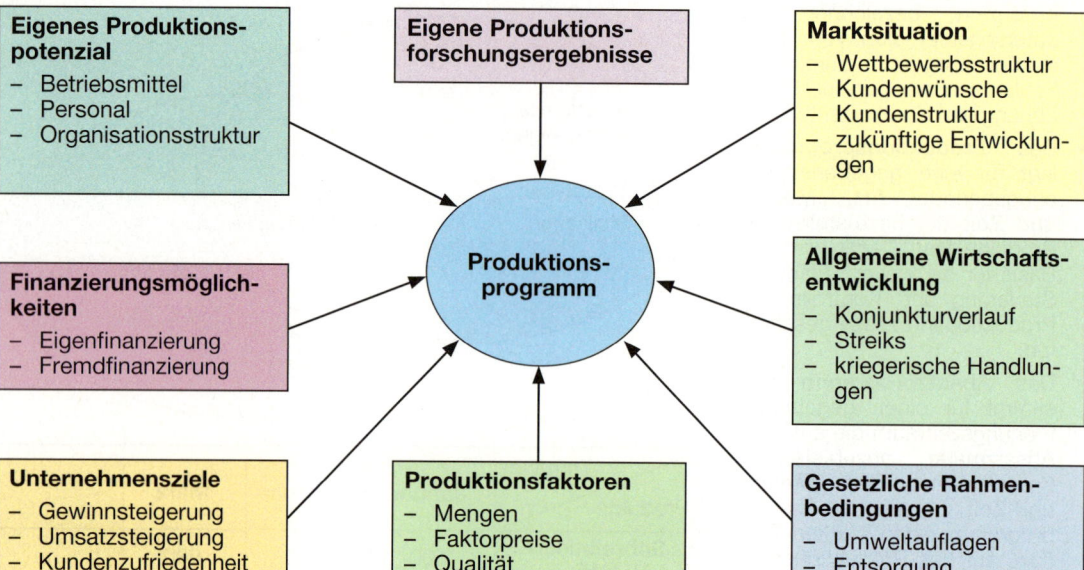

Eigenes Produktions- potenzial
- Betriebsmittel
- Personal
- Organisationsstruktur

Eigene Produktions- forschungsergebnisse

Marktsituation
- Wettbewerbsstruktur
- Kundenwünsche
- Kundenstruktur
- zukünftige Entwicklun- gen

Finanzierungsmöglich- keiten
- Eigenfinanzierung
- Fremdfinanzierung

Produktions- programm

Allgemeine Wirtschafts- entwicklung
- Konjunkturverlauf
- Streiks
- kriegerische Handlun- gen

Unternehmensziele
- Gewinnsteigerung
- Umsatzsteigerung
- Kundenzufriedenheit
- Qualitätsziele

Produktionsfaktoren
- Mengen
- Faktorpreise
- Qualität

Gesetzliche Rahmen- bedingungen
- Umweltauflagen
- Entsorgung
- Verbot von Produkten

Umfang

Produktionsprogramm

Programmbreite

Die **Anzahl der Produktlinien** (unterschiedliche Produkte), differenziert nach ihren Ausführungs- formen, drückt die Programmbreite aus. Die Differenzierung kann nach **unterschiedlichen Kriterien** (z. B. Material, Qualität, Form, Maße, Anwendungsbereich) vorgenommen werden (z. B.: Die OfficeCom AG hat die Produktlini- en Schreibtische, Aktenschränke und Schreib- tischsessel. Die Aktenschränke werden in drei Abmessungen und 12 Farben angeboten).

Die **geringste** Programmbreite liegt bei der Pro- duktion eines einzigen Erzeugnisses in nur einer Ausführung vor (z. B.: Ein Kraftwerk produziert nur Strom).

Programmtiefe[1]

Die Programmtiefe beschreibt die **Anzahl der Fertigungsstufen** (wie Teilefertigung oder End- montage), die ein Produkt im Unternehmen durchläuft (z. B.: Die OfficeCom AG erstellt die benötigten Holzeinzelteile für die Schreibtische wie Tischplatten und Tischfüße selbst her, die dann zu Baugruppen verarbeitet und schließlich zum Endprodukt montiert werden).

Damit wird dann auch eine Aussage darüber getroffen, welche Teile/Baugruppen selbst pro- duziert oder von Zulieferern bezogen werden sollen. Die Programmtiefe wird in diesem Sinne auch als **Fertigungstiefe** bezeichnet.

---

1 In der Handelsbetriebslehre wird üblicherweise das Sortiment nach Breite und Tiefe (s. S. 387) unterschieden. Nach dieser Definition wird als Pro- grammtiefe die Anzahl von Varianten verstanden, die von einem Produkt hergestellt wird.

Produktionsprogramm – *Production program*

Beurteilung des Produktionsumfangs

	Vorteile	Nachteile
breites Produktions-programm	• Bedienung eines breiten Kundensegments • Ausfüllen von Marktnischen • Risikostreuung bei Nachfrageverlagerungen • Nutzung von Synergieeffekten (z. B. bei Betriebsmitteln und Prozessabläufen) • ggf. hohe Auslastung der Gesamtkapazität der Unternehmung	• Kernkompetenzen können unscharf werden • Engagements auf verlustträchtigen Märkten • hoher organisatorischer Aufwand (z. B. bei Planung, Kontrolle) • nicht immer Ausnutzung der Kostendegression (mangels optimaler Losgrößen)
enges Produktions-programm	• Konzentration auf Kernkompetenzen • leichtere Marktübersicht • geringer Planungsaufwand • Kostenvorteile, z. B. durch entsprechende Losgrößen und geringere Rüstkosten	• enger Markt • erhöhte Abhängigkeit von Kunden und Lieferanten • geringere Anpassungsmöglichkeiten bei Nachfrageverschiebungen
tiefes Produktions-programm	• Erfüllung vieler Kundenwünsche • größere Unabhängigkeit von Lieferanten • größeres Entscheidungsfeld beim Outsourcing • direktes Steuern von Qualitäten und Mengen	• erhöhter Planungsaufwand bei Abstimmung der Fertigungsstufen • ggf. erhöhte Lagerhaltung bei der Leistungserstellung • hohe Kapazitäten bei Nachfragerückgängen
flaches Produktions-programm	• geringere Abstimmungsprobleme bei der Synchronisation der einzelnen Fertigungsstufen • Nutzung von eigenen Spezialisierungsvorteilen • klare Kernkompetenzen	• erhöhte Abhängigkeiten von Lieferanten (z. B. bei Terminen, Mengen und Qualitäten) • verminderte Anpassungsmöglichkeiten bei Nachfrageänderungen

5

Beispiel für die Zusammensetzung eines Produktionsprogramms

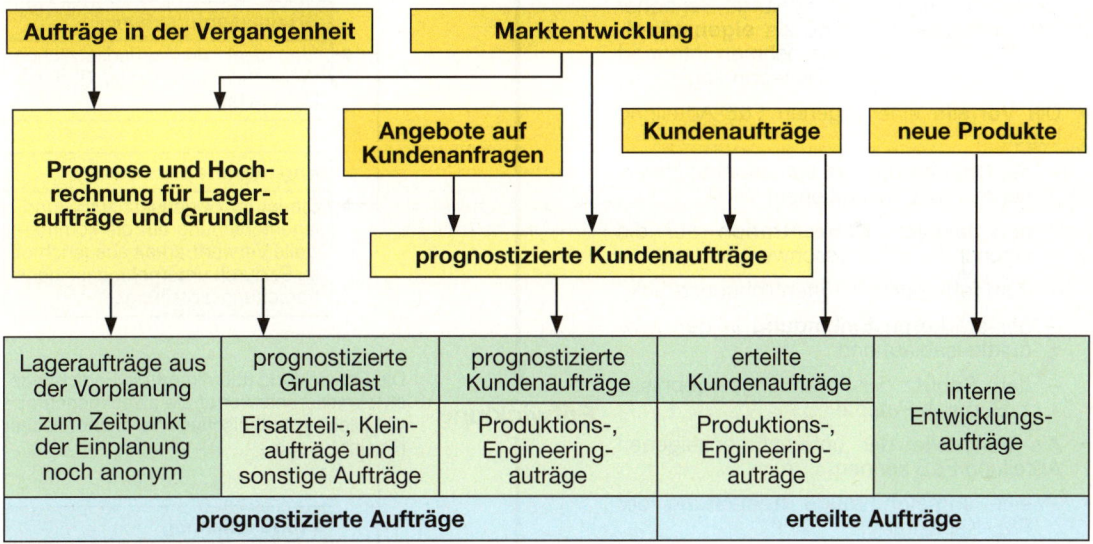

aus: Ebel, Bernd, Produktionswirtschaft, 8., völlig neue Aufl., Kiehl, Ludwigshafen 2003, S. 231

- Grundlage für die Zusammensetzung des Produktionsprogramms einer Unternehmung können die prognostizierten und erteilten Aufträge sein.
- Die **erteilten Aufträge** setzen sich aus konkreten Kundenaufträgen, die bei der Einplanung hohe Priorität genießen, und internen Entwicklungsaufträgen (z. B. für Entwicklungen oder für Nullserien) zusammen.
- Zu den **prognostizierten Aufträgen** gehören prognostizierte Kundenaufträge, die prognostizierte Grundlast und die Lageraufträge aus der Vorplanung.

- Die **prognostizierten Kundenaufträge** orientieren sich an dem vom Vertrieb erwarteten Absatz (Forecast).
- Standardteile, die auf Lager produziert werden, sollen als **Grundlast** oder **Füllaufträge** eine gleichmäßige Kapazitätsauslastung gewährleisten.
- Aufträge aus Vorplanungen werden oft nur bis zu einer bestimmten Vorproduktionsstufe ausgeführt. Die Aufträge werden vollendet, wenn ein konkreter Kundenauftrag vorliegt. Damit werden „Ladenhüter" vermieden und kurze Lieferzeiten erreicht.

Produktentwicklung – *Product development*

Grundlagen

- Eine zentrale Frage bei der Produktionsprogrammplanung ist die **Dauer der Absetzbarkeit** von Erzeugnissen. Sie muss keineswegs mit der **technischen** oder der **wirtschaftlichen Lebensdauer** übereinstimmen (z. B. Kupferkabel oder Analog-Telefonapparate im Bereich der Telekommunikation). Außerdem kann sie von unternehmensinternen Entwicklungen (z. B. geänderte Unternehmensstrategie) oder unternehmensexternen Gegebenheiten (z. B. gesetzliche Verbote von Produkten wie das Schädlingsbekämpfungsmittel DDT oder Werkstoffen wie das Krebs erregende Asbest, geänderte Käuferwünsche, andere Wettbewerbssituation) abhängen.

- Da man – bis auf wenige Ausnahmen – von einer **begrenzten Lebensdauer** der Produkte am Markt ausgehen kann, ist eine regelmäßige Überprüfung des Produktprogramms notwendig.

- Jedes Produkt weist einen typischen Lebensweg vom Markteintritt bis zum Marktaustritt auf. Dieser **Produktlebenszyklus** (s. S. 387) hat wesentliche Auswirkungen auf die Produktionswirtschaft (z. B. ist der Auslastungsgrad der Produktion in der Anfangsphase geringer) und die Anpassungsmaßnahmen der Unternehmung. Grundsätzlich ist zu entscheiden, ob Produkte **eliminiert,** bestehende Produkte **modifiziert** oder neue Produkte **entwickelt** werden sollen (s. Produktpolitik S. 387).

- Von **Innovationen** im Bereich der Produkte spricht man nicht nur im Sinne technischer Neuerungen oder Erfindungen (die u. U. mit Veränderungen der Fertigungsverfahren und Fertigungsabläufen korrespondieren), sondern auch, wenn neue Produkt- und Leistungskonzepte verkauft werden.

Forschung und Entwicklung

- Durch Forschung und Entwicklung **(F&E)** werden die **Grundlagen** für neue Produkte und Produktionsverfahren geschaffen.

- F&E haben einen unterschiedlichen Stellenwert für Unternehmen, der in einem hohen Maß von der Branche, in der die Unternehmung tätig ist, abhängt. Bei hoher Bedeutsamkeit sind F&E als **eigenständiger Bereich** in die Unternehmen integriert (z. B. Pharmaindustrie, Biotechnologie).

- Die **Vorteile** einer eigenen F&E-Abteilung liegen in

  - der **Unabhängigkeit** von anderen Unternehmen und Institutionen,

  - der **flexiblen Konzentration** auf die eigenen Forschungsschwerpunkte,

  - dem **fehlenden** Veröffentlichungsdruck,

  - der **stärkeren Einbindung** in den Produktionsablauf und

  - dem **Schutz** der Forschungsergebnisse z. B. durch Patente.

- Als **Nachteile** der unternehmenseigenen Abteilung F&E können

  - eine **ungleichmäßige Auslastung** der F&E-Kapazitäten,

  - die **Abkopplung** von neuen Erkenntnissen (insbesondere, wenn keine Grundlagenforschung durchgeführt wird) und

  - eine gewisse „**Betriebsblindheit**" gesehen werden.

- Um die Kosten im Bereich F&E zu reduzieren, können F&E-Aktivitäten im Wege der **Vertrags- oder Auftragsforschung** extern vergeben werden oder **Kooperationen** im Sinne gemeinsamer Produktentwicklung (und auch -vermarktung) mit anderen Unternehmen durchgeführt werden.

Forschung

Forschung hat das Lösen von Grundproblemen zum Inhalt, indem Wirkungszusammenhänge unter Anwendung der maßgeblichen Wissenschaften gefunden und bestimmt werden.

Grundlagenforschung

Sie dient der grundsätzlichen Wissensvermehrung (z. B. durch Universitäten).

Angewandte Forschung

Sie ist im Gegensatz zur Grundlagenforschung auf die kommerzielle Verwertbarkeit ausgerichtet (z. B. durch unternehmenseigene Forschungsabteilung).

Entwicklung

Die Entwicklung übernimmt die Forschungsergebnisse und wertet sie zweckgerichtet – vor allem in technischer und ökonomischer Hinsicht – aus.

Produktplanung

Nach marktorientierten Gesichtspunkten werden Art, Funktionen und Einsatzgebiete festgelegt.

Produktkonkretisierung

Unter Berücksichtigung der fertigungstechnischen Überlegungen wird das Produkt in allen Einzelheiten fixiert.

Konstruktion

Die Aufgabe der Konstruktion ist die Gestaltung fertigungsreifer Produkte, die in einer Produktbeschreibung (z. B. Zeichnungen und Stücklisten) dokumentiert werden.

3526190

Produktentwicklung – *Product development*

Phasen des Produktentstehungsprozesses

Konzeption	Produktplanung	Konstruktion	Fertigungs-vorbereitung	Produktion
• Marktanalyse • Wettbewerbs-analyse • Produkt-beschreibung • grobe Terminplanung • Kosten-schätzung	• Produkt-funktionen • Produkt-struktur • Technologie-planung • Make-or-Buy • Lieferanten-auswahl • Kosten- und Terminplanung	• Zeichnungs-erstellung • Erstellung von Stammdaten und Stücklisten • Prototypenbau • Versuche	• Fabriklayout • Materialfluss-planung • Werkzeuge, Vorrichtungen • Verfahrens- und Arbeits-anweisungen • Prozess-steuerungs-software	• Pilotserie • Lösung konstruktiver und fertigungs-technischer Detailfragen • Serienanlauf
➔ **Lastenheft**	➔ **Pflichtenheft**	**Simultaneous Engineering** *= Parallelisierung der Aktivitäten*		➔ **Pilotserie** ➔ **Übergang zur Serienfertigung**

◀━━━━━━━━━ **Qualitätsmanagement** ━━━━━━━━━▶

◀━━━━━━━━━ **Kostenplanung und entwicklungsbegleitende Kalkulation** ━━━━━━━━━▶

◀━━━━━━━━━ **Dokumentation** ━━━━━━━━━▶

◀━━━━━━━━━ **Projektmanagement und Controlling** ━━━━━━━━━▶

vgl.: Berning, Ralf: Grundlagen der Produktion, Cornelsen, Berlin 2001, S. 39

5

- Die **Produktentwicklungszeit** ist ein wichtiges Kriterium für die Wettbewerbsfähigkeit einer Unternehmung, denn je später ein neues Produkt im Markt eingeführt wird, desto geringer ist die Zeit, in der der **Wettbewerbsvorteil** als einziger Anbieter genutzt werden kann.

- Die Entwicklung von neuen Produkten erfolgt traditionell arbeitsteilig zwischen den einzelnen Unternehmensbereichen (z. B. Forschung, Entwicklung, Konstruktion, Produktion, Marketing) mit den entsprechenden Reibungsverlusten (z. B. erhöhte Entwicklungszeit, unnötige Arbeiten). Deshalb ist zunehmend eine **teamorientierte und projektgesteuerte Produktentwicklung** zu beobachten.

- Der **Entstehungsprozess** eines Produktes erfolgt in verschiedenen Phasen, die sich überlagern. Am Ende jeder Phase ist der jeweilige **Entwicklungsstand** zu dokumentieren. Gleichzeitig sind im Rahmen des Projekt- und Qualitätsmanagements insbesondere Kosten, Qualität und zeitlicher Fortschritt permanent zu überprüfen, um rechtzeitig Änderungen im geplanten Projektablauf vornehmen zu können bzw. das Projekt zu beenden.

- Möglichst schon in der **Konzeptionsphase** werden die Kunden und wichtige Lieferanten in den Planungsprozess einbezogen, um das Entwicklungsrisiko zu minimieren und den Wettbewerbserfolg zu sichern.

- Das **Lastenheft** als Ergebnis der Konzeptionsphase umfasst die Kundenanforderungen an das zukünftige Produkt und beinhaltet eine grobe Einschätzung bezüglich Chancen und Risiken.

- Das Ergebnis der **Produktplanungsphase** ist das **Pflichtenheft.** Es enthält das Lastenheft und dokumentiert präzise Festlegungen, wie und wo die Anforderungen an das Produkt realisiert werden sollen (z. B. geforderte Produktfunktionen, Produktstruktur, genaue Leistungsdaten, Terminziele, einzuhaltende Kosten, zu beachtende Normen).

- Das Pflichtenheft ist die Grundlage, auf der in der **Konstruktionsphase** detaillierte Zeichnungen erstellt und Prototypen gefertigt werden, mit denen die Erfüllung der im Pflichtenheft fixierten Anforderungen in Tests so lange geprüft wird, bis ein akzeptables Konstruktionsergebnis vorliegt. Ein **Prototyp** entspricht den Funktionen und dem Aufbau des fertigen Produktes, wird jedoch bis zur Produktionsreife immer weiterentwickelt.

- Die **Fertigungsvorbereitung** bereitet den Prozessablauf in der Produktion vor. Dabei sind unter Umständen andere Fertigungsstrukturen zu konzipieren, Arbeitsanweisungen anzupassen, neue Werkzeuge zu testen oder eine neue Prozesssteuerungssoftware zu entwickeln.

- Der Entwicklungsprozess eines Produktes ist nicht immer mit der Fertigungsvorbereitung abgeschlossen, da mit Aufnahme der **Produktion** nicht immer alle Detailfragen gelöst sind. Häufig kann erst im Zeitablauf eine **Optimierung** des Produktes, der Fertigungstechnik und des Fertigungsablaufs erreicht werden. Daher wird versucht eine frühzeitige Abstimmung durch die Fertigung von **Pilotserien** zu erreichen. Pilotserien (Nullserien) sind Losgrößen, die unter Serienbedingung erprobt werden.

Produktentwicklung – *Product development*

Simultaneous Engineering

- Insbesondere in **funktional** gegliederten Unternehmen verläuft der Produktentwicklungsprozess **sequenziell**, indem die Entwicklungsarbeiten in den einzelnen Unternehmensbereichen überwiegend isoliert voneinander durchgeführt werden. Das führt durch fehlende Abstimmung zu **Reibungsverlusten** (Schnittstellenproblematik) und **verlängert die Entwicklungszeiten.**

- **Simultaneous Engineering** oder **Quality Engineering** versucht durch **Parallelisierung der Aktivitäten** die Durchlaufzeiten zu verringern. Alle relevanten Unternehmensbereiche werden in den Entwicklungsprozess eingebunden, um mit interdisziplinärer Teamarbeit einen schnellen Wissenstransfer zu erreichen, Probleme frühzeitig zu erkennen und entsprechende Anpassungsmaßnahmen rechtzeitig durchzuführen.

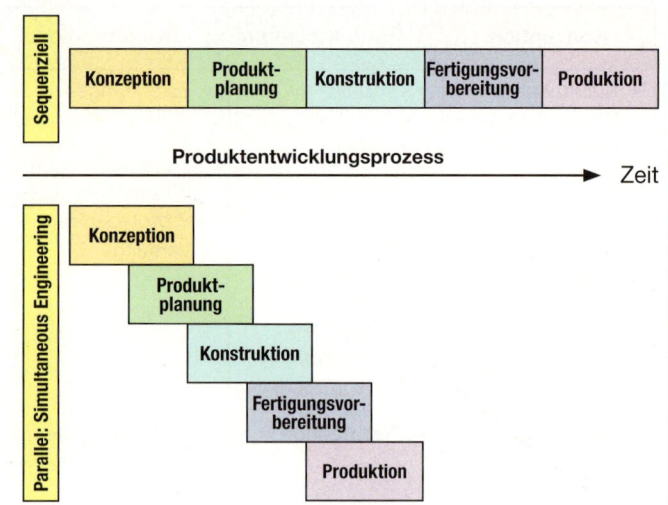

vgl.: Ebel, Bernd: Produktionswirtschaft, 8., völlig neue Aufl., Kiehl, Ludwigshafen 2003, S. 153

Produkteigenschaften

- Die Motivation der Produktentwicklung liegt in der Schaffung von Erzeugnissen, die – eine fertigungstechnische Realisierbarkeit durch die Unternehmung vorausgesetzt – einen **Wettbewerbsvorteil** zur Folge haben.

- Die vom **Kunden geforderten Produkteigenschaften** müssen deshalb bei der Produktentwicklung beachtet werden, da sie das Kaufverhalten wesentlich beeinflussen. Wichtige Produkteigenschaften aus Sicht des Käufers sind:

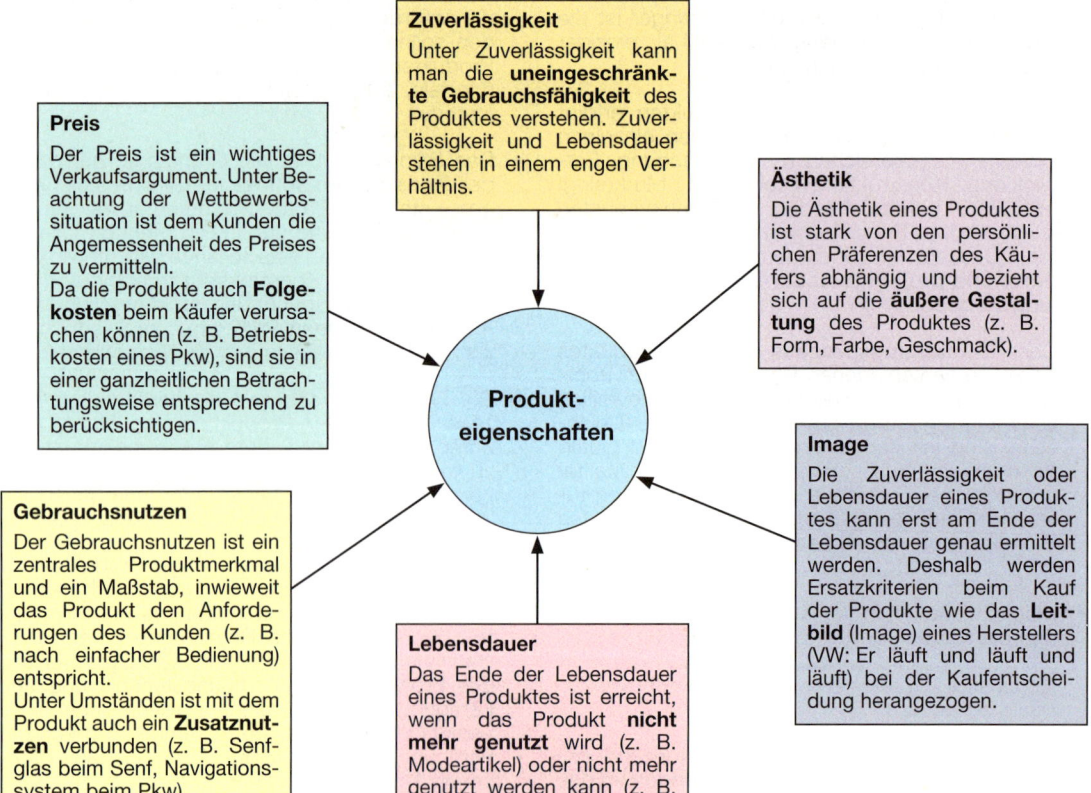

Zuverlässigkeit
Unter Zuverlässigkeit kann man die **uneingeschränkte Gebrauchsfähigkeit** des Produktes verstehen. Zuverlässigkeit und Lebensdauer stehen in einem engen Verhältnis.

Preis
Der Preis ist ein wichtiges Verkaufsargument. Unter Beachtung der Wettbewerbssituation ist dem Kunden die Angemessenheit des Preises zu vermitteln.
Da die Produkte auch **Folgekosten** beim Käufer verursachen können (z. B. Betriebskosten eines Pkw), sind sie in einer ganzheitlichen Betrachtungsweise entsprechend zu berücksichtigen.

Ästhetik
Die Ästhetik eines Produktes ist stark von den persönlichen Präferenzen des Käufers abhängig und bezieht sich auf die **äußere Gestaltung** des Produktes (z. B. Form, Farbe, Geschmack).

Image
Die Zuverlässigkeit oder Lebensdauer eines Produktes kann erst am Ende der Lebensdauer genau ermittelt werden. Deshalb werden Ersatzkriterien beim Kauf der Produkte wie das **Leitbild** (Image) eines Herstellers (VW: Er läuft und läuft und läuft) bei der Kaufentscheidung herangezogen.

Gebrauchsnutzen
Der Gebrauchsnutzen ist ein zentrales Produktmerkmal und ein Maßstab, inwieweit das Produkt den Anforderungen des Kunden (z. B. nach einfacher Bedienung) entspricht.
Unter Umständen ist mit dem Produkt auch ein **Zusatznutzen** verbunden (z. B. Senfglas beim Senf, Navigationssystem beim Pkw).

Lebensdauer
Das Ende der Lebensdauer eines Produktes ist erreicht, wenn das Produkt **nicht mehr genutzt** wird (z. B. Modeartikel) oder nicht mehr genutzt werden kann (z. B. defekte Glühlampe).

3526192

Produktentwicklung – *Product development*

Qualitätsmanagement bei der Produktentwicklung

Aufgaben und Methoden

Aufgaben des **Qualitätsmanagements** (siehe S. 224) in der Phase der Produktentwicklung sind die **frühzeitige Einplanung** qualitätsbestimmender Merkmale und die Koordination qualitätsrelevanter Aktivitäten, sodass der Qualitätsplanung über den gesamten Entwicklungsprozess ein hoher Stellenwert zugeordnet wird.

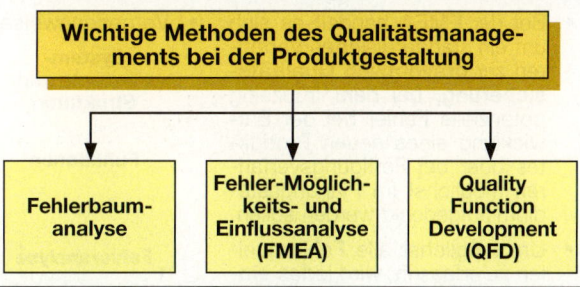

Wichtige Methoden des Qualitätsmanagements bei der Produktgestaltung

- Fehlerbaumanalyse
- Fehler-Möglichkeits- und Einflussanalyse (FMEA)
- Quality Function Development (QFD)

Fehlerbaumanalyse

- Die **Fehlerbaumanalyse** ist – neben der FMEA – eine weit verbreitete Methode des Qualitätsmanagements, die bei der Untersuchung von Produkten und Fertigungsvorgängen angewendet werden kann.

- Mithilfe der Fehlerbaumanalyse werden Zusammenhänge zwischen dem **Auftreten eines bestimmten Fehlers** und den daraus resultierenden Ereignissen mit den Folgen für das gesamte zu analysierende System grafisch mit genormten Bildzeichen dargestellt.

- Im Rahmen einer Sicherheits- und Zuverlässigkeitsanalyse wird mit der Fehlerbaumanalyse das Ziel verfolgt, möglichst **sichere Aussagen** über das Verhalten eines Systems zu erhalten, wenn ein bestimmter Fehler auftritt.

- Von einem bestimmten unerwünschten Ereignis ausgehend wird der Analysegegenstand in die **einzelnen Komponenten und Subsysteme zerlegt** und so werden möglichst alle Ausfallkombinationen ermittelt, die ursächlich zu einem Systemausfall führen könnten. Man unterscheidet dabei zwischen Primärausfall (unter normalen Bedingungen), Sekundärausfall (bei unzulässigen Einsatzbedingungen) und Kommandoausfall (durch fehlerhafte Bedienungen).

- Die Fehlerbaumanalyse wird beendet, indem die **Eintrittswahrscheinlichkeiten** des Auftretens von Fehlern mit den gefundenen Zusammenhängen verknüpft werden. Damit ist eine quantitative Beurteilung bestimmter Konstellationen für entsprechende Gegensteuerungsmaßnahmen möglich.

Beispiel:

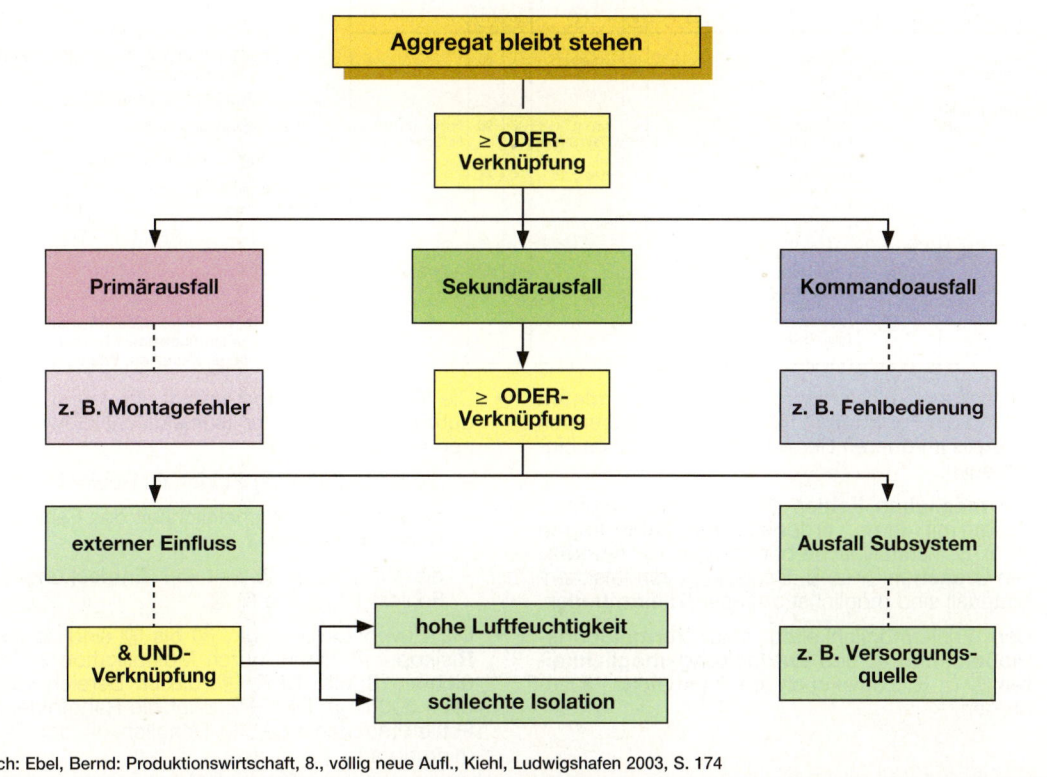

nach: Ebel, Bernd: Produktionswirtschaft, 8., völlig neue Aufl., Kiehl, Ludwigshafen 2003, S. 174

Qualitätsmanagement

Fehler-Möglichkeits- und Einflussanalyse (FMEA)

- Bei der **FMEA** handelt es sich um ein standardisiertes Verfahren zur **präventiven Qualitätssicherung,** bei dem frühzeitig potenzielle Fehler bei der Entwicklung eines neuen Produktes oder bei Fertigungsverfahren möglichst im Planungsstadium aufgedeckt werden sollen.

- Um möglichst alle Fehlerquellen zu erfassen, wird jedes **einzelne Bauteil** als mögliche Fehlerquelle angesehen und somit zum Gegenstand der FMEA.

- Formell werden die **System-FMEA „Produkt"** mit dem Analyseschwerpunkt Konstruktion und die **System-FMEA „Prozess",** deren Schwachstellenrecherche sich auf Fehlermöglichkeiten aus Sicht der Fertigung bezieht, unterschieden.

- Vorgehensweise

System-elemente und Strukturen	Das Gesamtsystem wird in Untersysteme, Komponenten und Bauteile strukturiert.
Funktionen	Das logische Zusammenwirken der einzelnen Systemfunktionen wird als Funktionsbaum oder Funktionsnetz dargestellt.
Fehleranalyse	In einer Fehleranalyse werden mögliche Fehlfunktionen abgeleitet, mögliche Fehlerursachen zugeordnet und Fehlerfolgen ermittelt.
Risiko-bewertung	Bewertung des Risikos für jede Fehlerursache durch Ermittlung einer Risikoprioritätszahl RPZ
Optimierung	Bei hohen RPZ Änderung des Konzepts, Erhöhung der Konzeptzuverlässigkeit oder wirksamere Entdeckung der Ursachen.

aus: Ebel, Bernd: Produktionswirtschaft, 8., völlig neue Aufl., Kiehl, Ludwigshafen 2003, S. 172

Beispiel zur Durchführung einer FMEA für die Lichtmaschine eines Pkw:

Fehler-Möglichkeits- und Einfluss-Analyse										Regel-Nr.:	
☒ System-FMEA Produkt ☐ System-FMEA Prozess										Seite 1 von 1	

| Typ/Modell/Fertigung/Charge: 1990/03/X 13 ① | | | | Sach-Nr. 90-HF-A Änderungsstand: ① A/369 437/KC | | Verant.: M. Schmitz ① Firma | | | | Abt. Techn. Entw. ① Datum: ..-10-21 ① | |
| System-Nr./Systemelement: ② Funktion/Aufgabe: Antrieb Lichtmaschine Vorspannung für Keilriemen | | | | Sach-Nr.: Änderungsstand: | | Verantw.: Firma: | | | | Abt.: Datum: | |

Fehler Nr. ④	Mögliche Fehlerfolgen ⑧	B	Mögliche Fehler ③	Mögliche Fehlerursachen ⑤	Vermeidungs-maßnahmen ⑥	A ⑨	Entdeckungs-maßnahmen ⑦	E ⑩	RPZ ⑪	V/T
	Verstell-lasche bricht; Lichtma-schine wird nicht ange-trieben (lädt nicht)	6	Material-ermüdung	Falsches Material benutzt		10	Zugversuch am Roh-material 1/Coil	1	60	
				Materialfehler (Verformrisse)		8	Prüfung 5 Teile/Stunde	2	96	Fertigungsprüfung Fa. Schmidt
				Dimensions-abweichungen		2	Prüfung der wichtigen Merkmale (am Fertigteil) 5 Teile/Stunde	4	48	
				Tatsächliche Beanspruchung übersteigt Konstruktions-grundlage		4		10	240	Prod.-Entw.

Legende:

A = Bewertungszahl für die Auftretenswahrscheinlichkeit
    1 (unwahrscheinlich) bis
    10 (sehr hoch)

B = Bewertungszahl für die Bedeutung
    1 (keine Bedeutung) bis
    10 (sehr hohe Bedeutung)

E = Bewertungszahl für die Entdeckungswahrscheinlichkeit
    1 (hoch) bis
    10 (unwahrscheinlich)

V = Verantwortlicher

T = Termin für die Erledigung

Risikoprioritätszahl RPZ = A · B · E

nach: Pfeifer, Thilo: Qualitätsmanagement, 3., völlig überarbeitete und erweiterte Auflage, München, Wien 2001, S. 401

- Zunächst sind die entsprechenden **Stammdaten** ① und die **Funktionen** ② des zu analysierenden Bauteils im oberen Bereich des Formblattes einzutragen.

- Die **möglichen Fehler** ③ (z. B. Materialermüdung) mit ihren **erdenklichen Fehlerfolgen** ④ (z. B. Verstelllasche bricht) und den **denkbaren Ursachen** ⑤ (z. B. Benutzung von falschem Material) sind möglichst umfassend einzutragen.

- Den Fehlermöglichkeiten sind **Vermeidungsmaßnahmen** ⑥ und **Entdeckungsmöglichkeiten** ⑦ (z. B. Zugversuch am Rohmaterial) zuzuordnen.

- Die **Risikobewertung** erfolgt für jeden Fehler durch Festlegung der (subjektiven) Gewichtungen von 1 bis 10 für

  – die **B**edeutung der Folgen (in Spalte **B**) ⑧

  – die **A**uftrittswahrscheinlichkeit des Fehlers (in Spalte **A**) ⑨ und

  – die Wahrscheinlichkeit der **E**ntdeckung des Fehlers (in Spalte **E**) ⑩.

- Die Gewichtungen von ⑧ bis ⑩ sind zu einer **R**isiko**p**rioritäts**z**ahl durch Multiplikation zu verdichten (Spalte **RPZ**) ⑪, die im Bereich von 1 bis 1 000 liegt. Die RPZ zeigt die Rangfolge der Fehlerursachen und die Dringlichkeit der Optimierung an.

3526194

Produktentwicklung – *Product development*

Qualitätsmanagement

Quality Function Development (QFD)

- **QFD** ist eine **Planungsmethode,** bei der mittels formalisierter Dokumente möglichst die Gesamtheit der Kundenanforderungen für ein Produkt erfasst und bei der Produktrealisierung berücksichtigt wird.

- Es handelt sich um eine Vielzahl von Tabellen und Matrizen, die aufgrund ihrer Anordnung stilisiert ein Haus **– House of Quality –** bilden. Die Verbindung der einzelnen Tabellen und Matrizen erfolgt über Gewichtungen.

- Der Entwicklungsprozess wird von den Wünschen der Kunden gelenkt, wobei die Ingenieure als **Mittler** zwischen den Kundenwünschen und den technischen Möglichkeiten auftreten. Dabei werden die einzelnen Unternehmensbereiche anhand **vorgegebener Kommunikationsschritte** sukzessive eingebunden, sodass das begleitende QFD-Team auch **unterschiedlich zusammengesetzt** sein kann.

Beispiel:

Planungsschritte bei der Gestaltung eines elektrisch betriebenen Pkw-Außenspiegels

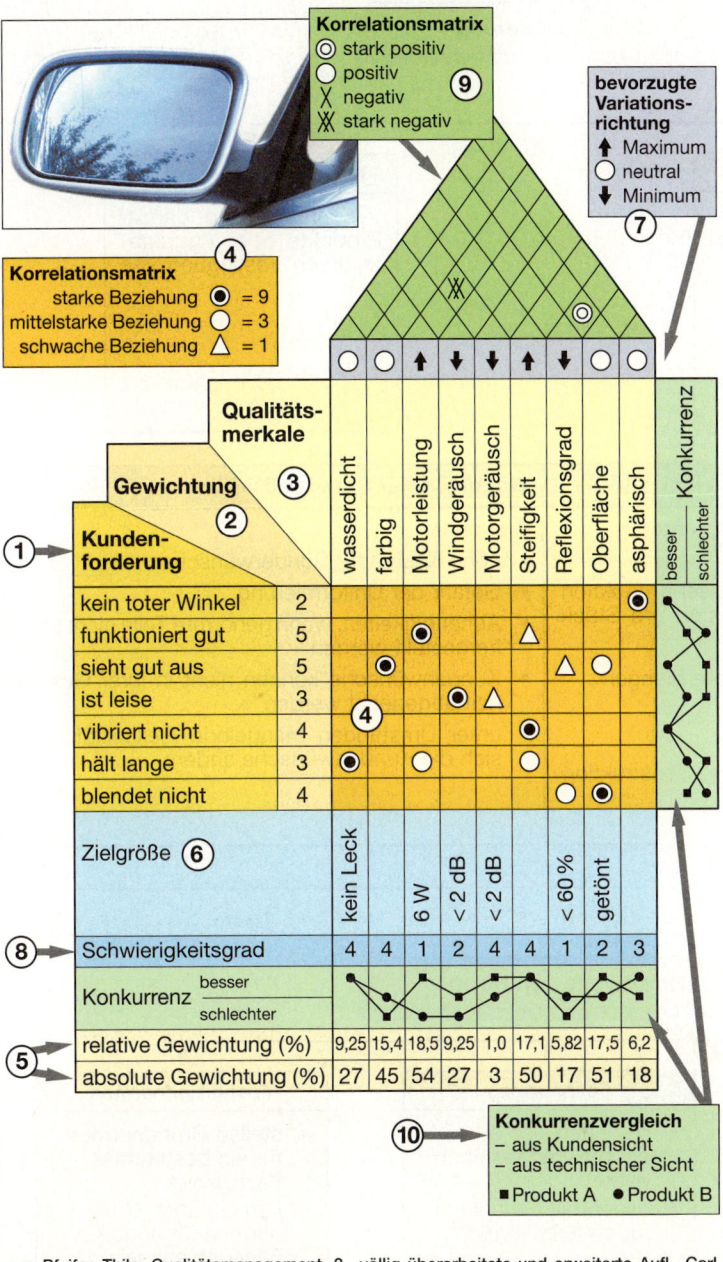

Korrelationsmatrix
- ◎ stark positiv
- ○ positiv
- ✕ negativ
- ✕✕ stark negativ ⑨

bevorzugte Variationsrichtung ⑦
- ↑ Maximum
- ○ neutral
- ↓ Minimum

Korrelationsmatrix ④
- starke Beziehung ◉ = 9
- mittelstarke Beziehung ○ = 3
- schwache Beziehung △ = 1

Kundenforderung ①	Gewichtung ②	wasserdicht	farbig	Motorleistung	Windgeräusch	Motorgeräusch	Steifigkeit	Reflexionsgrad	Oberfläche	asphärisch
kein toter Winkel	2									◉
funktioniert gut	5			◉			△			
sieht gut aus	5		◉					△	○	
ist leise	3				◉	△				
vibriert nicht	4						◉			
hält lange	3	◉		○			○			
blendet nicht	4							○	◉	
Zielgröße ⑥		kein Leck		6 W	< 2 dB	< 2 dB		< 60 %		getönt
Schwierigkeitsgrad ⑧		4	4	1	2	4	4	1	2	3
relative Gewichtung (%) ⑤		9,25	15,4	18,5	9,25	1,0	17,1	5,82	17,5	6,2
absolute Gewichtung (%)		27	45	54	27	3	50	17	51	18

Konkurrenz besser / schlechter

Konkurrenzvergleich ⑩
– aus Kundensicht
– aus technischer Sicht
- ■ Produkt A ● Produkt B

- Die **Kundenwünsche** werden ermittelt, in Kategorien ① zusammengefasst und entsprechend ihrer Bedeutung für den Kunden gewichtet ②.

- Für die Kundenwünsche werden jeweilige Qualitätsmerkmale erstellt ③, die durch Symbole ④ miteinander verknüpft werden **(Korrelationsmatrix).**

- Der **Stellenwert** des Qualitätsmerkmals (z. B. farbig) kann mittels Multiplikation der Gewichtungen von Qualitätsmerkmal (z. B. farbig: ⊙ = 9) und Kundenforderung (z. B. „sieht gut aus" = 5) als absolute Gewichtung ⑤ (= 45) oder relative Gewichtung ⑤ (45 = 15,4 % von 292 = Summe aller Gewichtungen) angegeben werden. Bei mehreren Zuordnungen (z. B. Motorleistung) ist für die Errechnung der absoluten Gewichtung die Summe der einzelnen Gewichtungsprodukte (z. B. bei Motorleistung: 45 und 9 = 54) zu errechnen.

- Den Qualitätsmerkmalen werden **Zielgrößen** zugeordnet, die möglichst eindeutig messbar sind ⑥. Weiterhin sind die Variationsrichtung der Zielparameter festzulegen ⑦ (↑ bedeutet „je größer, desto besser"; ↓ „je kleiner, desto besser") und die technischen Umsetzungsschwierigkeiten zu schätzen ⑧.

- Durch die Korrelation ⑨ zwischen den einzelnen Qualitätsmerkmalen werden **Wechselwirkungen** untereinander dargestellt, die in stilisierter Form das Dach des **House of Quality** bilden.

- Schließlich ist das geplante eigene Produkt aus Sicht des Kunden (senkrecht) und in technischer Hinsicht (waagerecht) mit den Produkten der Wettbewerber ⑩ zu vergleichen.

- Eine **Fehlentwicklung** wird z. B. erkennbar, wenn das eigene Produkt im technischen Bereich Vorteile aufweist, in der Bewertung der Käufer jedoch deutlich schlechter abschneidet.

aus: Pfeifer, Thilo: Qualitätsmanagement, 3., völlig überarbeitete und erweiterte Aufl., Carl Hanser Verlag, München, Wien 2001, S. 317

Standardisierung von Produkten – *Standardization of products*

Überblick

- Die Produkte und die entsprechenden Einzelteile, aus denen das Produkt besteht, können in **unterschiedlichen Varianten** vorkommen.

- Da das Produktprogramm von unterschiedlichen Anforderungen abhängt, kann man eine **grundsätzliche Tendenz zur Teilevielfalt** unterstellen. Zum Beispiel können spezifische Kundenwünsche, regionale Eigenheiten, dynamische Märkte und ständige Produktpflege eine Ausdehnung der Variantenanzahl zu Folge haben. Das führt zu einem **schwer durchschaubaren Unternehmensgeschehen,** insbesondere im Kosten- und Verwaltungsbereich.

- Die Unternehmen reagieren auf die erhöhten Anforderungen in der betrieblichen Praxis mit **umfassenden Planungs- und Steuerungssystemen,** die frühzeitig die Kunden- und Lieferantenbeziehungen (s. z. B. Supply Chain Management S. 86) berücksichtigen.

- Häufig besteht die Reaktion der Unternehmen in einer Reduzierung der Variantenvielfalt durch **Standardisierung.** Darunter versteht man die **Vereinfachung bzw. Vereinheitlichung** von Produkten, Einzelteilen oder Verfahren. Standards können sowohl auf Unternehmensebene als auch überbetrieblich gelten.

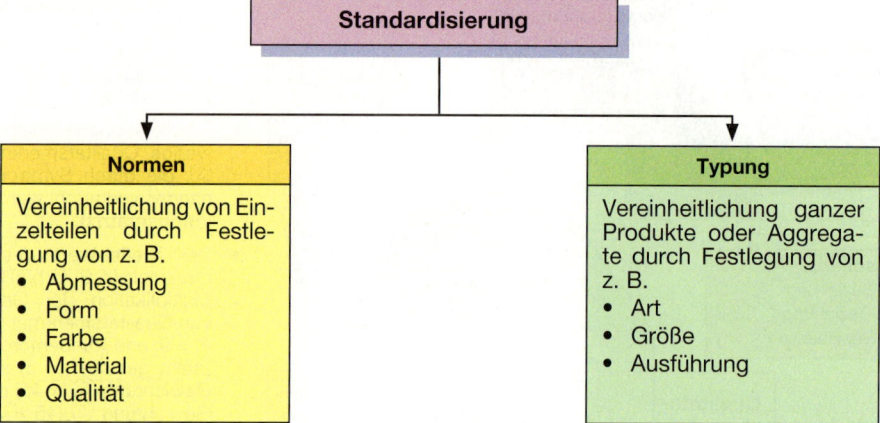

Standardisierung

Normen

Vereinheitlichung von Einzelteilen durch Festlegung von z. B.
- Abmessung
- Form
- Farbe
- Material
- Qualität

Typung

Vereinheitlichung ganzer Produkte oder Aggregate durch Festlegung von z. B.
- Art
- Größe
- Ausführung

Vorteile der Standardisierung

Beispiele:
- Zeiteinsparung bei der Montage
- Ausnutzung der Vorteile der Massenproduktion durch Verringerung der fixen Kosten pro Stück
- Erleichterung der Kalkulation
- Beschaffungsvorteile durch größere Mengen
- vereinfachte Lagerhaltung
- Automatisierung der Produktion
- Vereinfachung von Entwicklung und Konstruktion
- Austauschbarkeit der Teile

Nachteile der Standardisierung

Beispiele:
- hohe Kosten für Sonderwünsche
- Gefahr der Uniformierung
- Abhängigkeiten, wenn genormte Teile nicht selbst hergestellt werden
- Kundenwünsche können nicht in ihrer Gesamtheit abgedeckt werden
- unter Umständen mangelnde Flexibilität, wenn sich die Kundenwünsche ändern

Normung

Normenumfang

Reichweite von Normen

Grundnormen
- haben allgemeine und grundlegende Bedeutung
- bilden die Grundlage für andere Normen

Fachnormen
- beziehen sich auf ein bestimmtes Fachgebiet
- bilden die Grundlage für andere Normen

Fachgrundnormen
- stellen Grundnormen für ein bestimmtes Fachgebiet
- können auch Grundnormen für andere Fachgebiete sein

Standardisierung von Produkten – *Standardization of products*

Normung

Geltungsbereiche

- **Internationale Normen** werden von mehreren Organisationen entwickelt und verfolgen den Zweck, den Austausch von Gütern und Dienstleistungen zu fördern. Die **International Organization for Standardization (ISO)** mit Sitz in Genf als bedeutendste Organisation erarbeitet Empfehlungen, die durch Übernahme von den jeweiligen nationalen Normenausschüssen Gültigkeit für die einzelnen Länder erlangen.

- Das **Deutsche Institut für Normung (DIN)** ist für die **nationalen Normen** der Bundesrepublik zuständig und vertritt die deutschen Interessen in den internationalen Normengremien. Die DIN-Normen sind grundsätzlich Empfehlungen, die aber durch Übernahme in Gesetze und Verordnungen oder durch Einarbeitung in Verträge zwingenden Charakter erhalten.

- Neben den DIN-Normen gibt es noch **Verbandsnormen.** Darunter versteht man Richtlinien und Vorschriften, die für die jeweiligen Verbände und Vereine entwickelt wurden und Normencharakter haben; z. B. Verband Deutscher Ingenieure (VDI).

- **Werksnormen** beziehen sich auf bestimmte Unternehmen und haben somit den engsten Geltungsbereich. Man unterscheidet die aus DIN-Normen **abgeleiteten Werksnormen** und **die ursprünglichen Werksnormen,** die eigenständig von der Unternehmung – ohne Grundlage einer DIN-Norm – entwickelt wurden.

Inhalte von Normen nach DIN 820

Norm	Inhalt
Abmessungsnorm	Norm, die Maße für Abmessungen, Maßtoleranzen und zulässige Abweichungen festlegt.
Gütenorm	Norm, die Anforderungen an die Qualität von Erzeugnissen festlegt.
Konstruktionsnorm	Norm, die konstruktive Gesichtspunkte und Einzelheiten für technische Erzeugnisse oder ihre Teile festlegt.
Liefernorm	Norm, die im Wesentlichen technische Grundlagen für Vereinbarungen von Lieferungen festlegt.
Planungsnorm	Norm, die Baugrundsätze und Grundlagen für Entwurf, Berechnung, Aufbau und Funktion von Erzeugnissen festlegt.
Prüfnorm	Norm, die Untersuchungs-, Prüf- und Messverfahren für technische und wissenschaftliche Zwecke zum Nachweis zugesicherter und erwarteter Eigenschaften von Stoffen oder von technischen Erzeugnissen festlegt.
Sicherheitsnorm	Norm, die Regel, Verfahren, Einrichtungen festlegt, die der Sicherheit und dem Schutz von Leben und Gesundheit sowie von Sachwerten dienen.
Sortierungsnorm	Norm, die eine Einteilung von Größen und Qualitäten, die in einer nicht beeinflussbaren Vielfalt anfallen, in bestimmte Sorten, Gruppen oder Klassen festlegt.
Stoffnorm	Norm, die physikalische, chemische und technologische Eigenschaften von Stoffen, ihre Einteilung sowie Richtlinien für ihre Verwendung festlegt.
Teilenorm	Norm für Einzelteile
Typnorm	Norm, die eine Stufung bestimmter Erzeugnisse nach Art, Form, Größe oder sonstigen gemeinsamen Merkmalen festlegt.
Verfahrensnorm	Norm, die Arbeitsverfahren zum Fertigen von Erzeugnissen festlegt.
Verständigungsnorm	Norm, die Verständigungsmittel festlegt.
Termiologienorm	Norm, die Benennungen und Definitionen für Fachbegriffe zu Verständigungszwecken festlegt.

aus: Ebel, Bernd: Produktionswirtschaft, 8., völlig neue Aufl., Kiehl, Ludwigshafen 2003, S. 157 f.

Typung

Typung

Überbetriebliche Typung

Zum Beispiel durch …
- Kooperation mit Unternehmen, die das gleiche Produktangebot haben,
- Zusammenarbeit mit Verbänden,
- Forderungen von Großabnehmern (mit entsprechender Marktmacht),
- staatliche Vorschriften, die allerdings in freiheitlichen Systemen nur in Ausnahmefällen (Krisen, Krieg) möglich sind.

Innerbetriebliche Typung

Zum Beispiel durch …
- ein **Baukastensystem** (Module), bei dem durch die verschiedene Kombination gleicher Bauelemente verschiedene Produkte gefertigt werden,
- ein **Baukastenmischsystem,** bei dem außer den Bauteilen noch andere Elemente (Nichtbausteine) in das Produkt eingehen (Möbelbau)
- **Bildung von Teilefamilien,** bei denen formähnliche Gegenstände zu einzelnen Gruppen (= Familien) zusammengefasst werden.

5

Rechtsschutz von Produkten – *Protection of inventions*

Allgemeiner Überblick

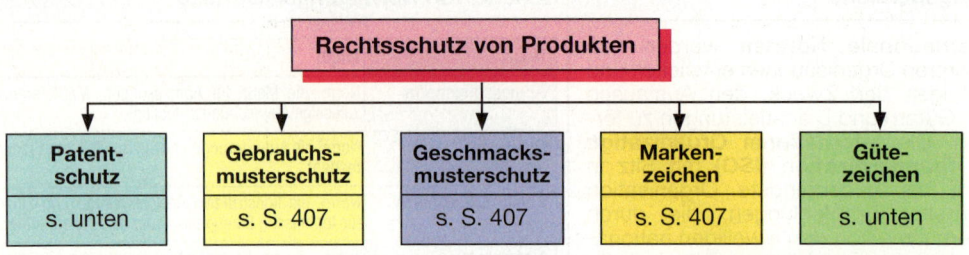

Patent-schutz	Gebrauchs-musterschutz	Geschmacks-musterschutz	Marken-zeichen	Güte-zeichen
s. unten	s. S. 407	s. S. 407	s. S. 407	s. unten

Patent

- Durch ein **Patent** werden **neuartige Produkte oder Produktionsverfahren** geschützt. Ein Patent kann erteilt werden, wenn die Erfindung den Stand der Technik deutlich verbessert, neu und öffentlich noch unbekannt sowie gewerblich verwertbar ist.

- Der Schutz ist für jeden Wirtschaftsraum oder für jedes Land **getrennt** zu beantragen und ist kostenpflichtig.

- Der Patentinhaber hat durch das Patent gewissermaßen ein **Exklusivrecht zur Nutzung** seiner Erfindung. Durch eine **Lizenz** kann das Verwertungsrecht eines registrierten Schutzrechtes erworben werden. Die Lizenz kann exklusiv nur einem oder mehreren Lizenznehmern überlassen sowie unbeschränkt oder beschränkt (z. B. auf ein Gebiet oder für eine bestimmte Zeit) vergeben werden.

Gütezeichen

- **Gütezeichen** sind Wort- und Bildzeichen sowie Wort-Bild-Zusammenstellungen, die **zur Unterscheidung von anderen Produkten** nach betrieblicher oder geografischer Herkunft, ihrer Art, Qualität oder sonstigen Eigenschaften dienen.

- Sie werden als **Kollektivmarken** von rechtsfähigen Verbänden geschaffen und beruhen in der Regel auf **freiwilligen Vereinbarungen.**

- Die Unternehmen, die das Gütesiegel führen, garantieren die Einhaltung der vereinbarten Produktmerkmale. Daher werden Gütezeichen mit einem **bestimmten Qualitätsstandard verbunden.**

- Bekannte Gütezeichen sind z. B.
  - das Prüfzeichen des **TÜV** (Technischer Überwachungsverein e. V.) oder
  - das **DLG**-Gütezeichen (Deutsche Landwirtschaftsgesellschaft).

Rechtsschutz von Arbeitnehmererfindungen

Arbeitnehmererfindungen im Unternehmen

→ Diensterfindungen

→ Verbesserungsvorschläge

- Unter einer **Diensterfindung** versteht man patent- oder gebrauchsmusterfähige Erfindungen durch Arbeitnehmer während der Dauer ihrer Arbeitsverhältnisse. Die Erfindungen müssen **maßgeblich** aus den Erfahrungen des Betriebes oder aus dem Tätigkeitsbereichs der Arbeitnehmer generiert werden, wobei es unerheblich ist, ob die Erfindungen in der Arbeits- oder Freizeit getätigt wurden.

- Der Arbeitgeber hat ein **Optionsrecht** von vier Monaten zur uneingeschränkten Nutzung der Erfindung. Er muss dem Arbeitnehmer gegenüber eine entsprechende Willenserklärung abgeben und eine **angemessene Erfindervergütung** gewähren.

- Viele Unternehmen nutzen das Potenzial ihrer Mitarbeiter durch das **innerbetriebliche Vorschlagswesen.** Bei den **Verbesserungsvorschlägen** handelt es sich um besondere Mitarbeiterleistungen, die nicht die Merkmale einer gesetzlich schützenswerten Erfindung aufweisen und von innerbetrieblicher Bedeutung sind. Sie beziehen sich z. B. auf Arbeitsabläufe und Produkte und führen zur Weiterentwicklung eines gegebenen Zustandes.

- Der Arbeitgeber hat dem Arbeitnehmer für geeignete Verbesserungsvorschläge **eine Vergütung zu zahlen,** deren Grundsätze z. B. in Tarifverträgen oder in Betriebsvereinbarungen festgelegt sind.

Produktionsverfahren – *Production process*

Einteilung von Produktionsverfahren

Die wirtschaftliche Durchführung der Produktions- oder Fertigungsprozesse vollzieht sich in unterschiedlichen Produktionssystemen, bei denen die Arbeitsplätze und Betriebsmittel in sinnvoller Art und Weise angeordnet werden. Die Struktur dieser Produktionssysteme wird als **Produktionsverfahren** bezeichnet, das nach unterschiedlichen **Kriterien** eingeteilt werden kann, die jedoch nicht überschneidungsfrei sind.

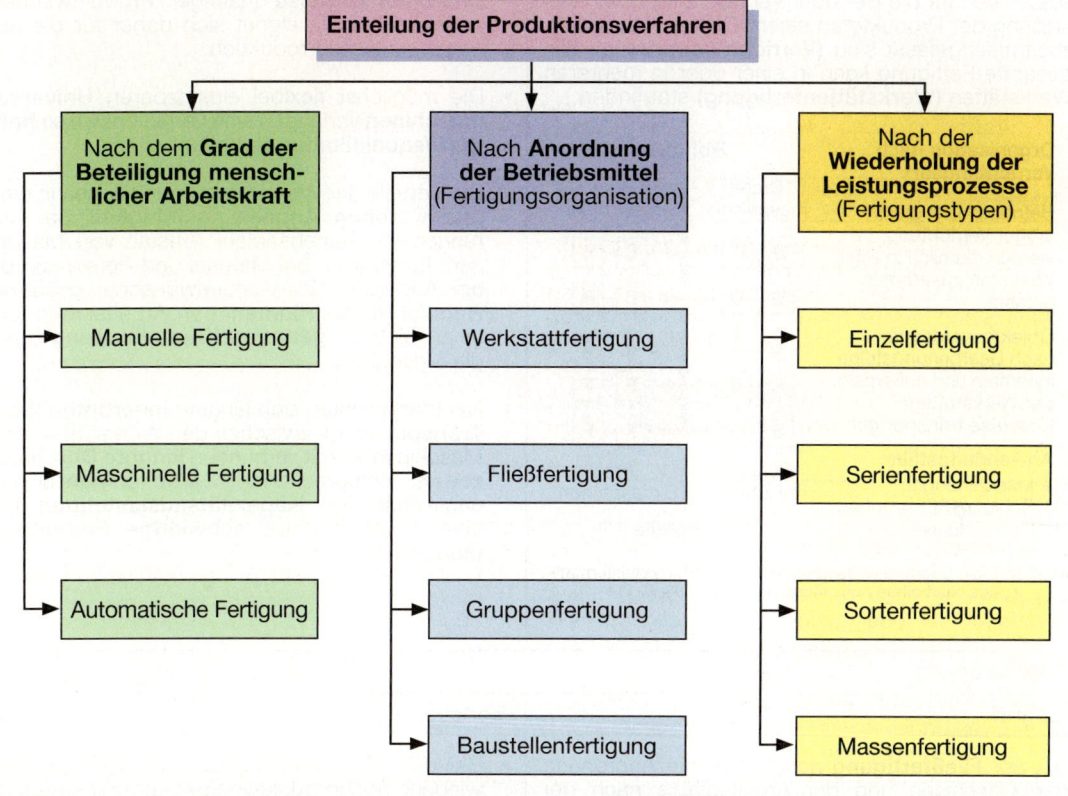

5

Produktionstypen nach der Beteiligung menschlicher Arbeitskraft

- Von **manueller Produktion** spricht man, wenn bei der Leistungserstellung **keine Maschinen** eingesetzt werden und die Arbeiten mithilfe einfacher Werkzeuge (z. B. Hammer) durchgeführt werden. Diese Form der Fertigung ist im Bereich des Handwerks (z. B. Installationsbetriebe) anzutreffen, im industriellen Bereich kaum (allenfalls bei Reparaturbetrieben).

- Bei der **maschinellen Produktion** werden im Herstellungsprozess fremdgetriebene Maschinen eingesetzt, wobei die Steuerung der Maschinen durch die Menschen erfolgt. Die maschinelle Produktion wird auch als **mechanisierte Produktion** bezeichnet.

- Die **automatische Produktion** ist durch die selbstständige (Computer-)Steuerung der Maschinen gekennzeichnet. Man unterscheidet die **vollautomatische Fertigung,** bei der der Mensch nur noch eine überwachende Funktion hat, von der **halbautomatischen Fertigung,** bei der z. B. die Bestückung der Maschinen und die Entnahme der Werkstücke manuell vorgenommen werden.

  Man unterscheidet

  - **Bearbeitungszentren,** bei denen es sich um Maschinen handelt, die durch automatische Wechselsysteme ähnliche Bearbeitungsschritte an einem Werkstück durchführen können (z. B. eine Drehmaschine kann direkt hintereinander Dreh-, Bohr- und Schleifarbeiten durchführen),

  - **flexible Fertigungszellen,** die mehrere Werkzeugmaschinen mit Wechseleinrichtungen für Werkstücke und Werkzeuge zusammenfassen,

  - **flexible Fertigungssysteme,** die mehrere Bearbeitungsstationen mit den dazugehörenden Lager- und Transporteinrichtungen umfassen und auch eine weit gehende Komplettbearbeitung von Montageteilen zulassen, und

  - **flexible Fertigungsstraßen,** bei denen mehrere Maschinen über ein automatisiertes Transportsystem angesteuert werden und die Bearbeitung und Weitergabe der Werkstücke taktgebunden sind.

Produktionsverfahren – *Production process*

Produktionsverfahren nach der Anordnung der Betriebsmittel

Werkstattfertigung

Begriff	Bedeutung
Von **Werkstattfertigung** spricht man, wenn die Maschinen für die Be- oder Verarbeitung bzw. Herstellung der Produkte an einem Ort, der Werkstatt, zusammengefasst sind **(Verrichtungsprinzip)**. Die gesamte Fertigung kann in einer oder in mehreren Werkstätten **(Werkstättenfertigung)** stattfinden.	• Die Werkstattfertigung wird bei **uneinheitlicher Bearbeitungsweise** (häufiger Produktwechsel) angewendet. Sie eignet sich daher für die auftragsorientierte Produktion.

Organisation nach Verrichtungsart

Betriebsmittel gleichartiger Verrichtung werden räumlich in einer Werkstatt zusammengefasst.

Objekte werden je nach Bearbeitungsfolge innerhalb und außerhalb der Werkstätten **losweise** transportiert.

Anwendungsfälle:
– Maschinenbau
– Schienenfahrzeugbau
– Textilindustrie

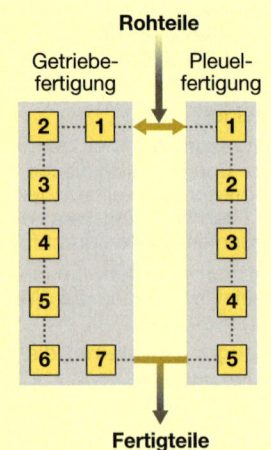

Rohteile

Dreh-maschinen   Bohr-maschinen

D D   B B
D D   B B

S S   F F
S S   F F

Schleif-maschinen   Fräs-maschinen

Fertigteile

nach: Disterer, Georg, u.a.: Taschenbuch der Wirtschaftsinformatik, 2., neu bearbeitete Aufl., München, Wien 2003, S. 114

• Die möglichst flexibel einsetzbaren **Universalmaschinen** verlangen eine vergleichsweise **hohe Berufsqualifikation** der Mitarbeiter.

• Die Vorteile der Werkstattfertigung liegen in einer **relativ hohen Anpassungsfähigkeit** bei Störungen im Betriebsablauf (Ausfall von Maschinen, Engpässen bei Material und Personal) oder bei Änderung der Kundenwünsche, **größeren Handlungsspielräumen** der Arbeitskräfte und einer relativen **geringen Kapitalbindung** durch die Maschinen.

• Nachteilig wirken sich längere **innerbetriebliche Transportwege** zwischen den Werkstätten bzw. Maschinen, damit verbunden **längere Durchlaufzeiten,** entsprechende **Zwischenlagerungen,** ungleichmäßige **Kapazitätsauslastungen** und eine vergleichsweise **schwierige Fertigungsplanung** aus.

Fließfertigung

Begriff	Bedeutung
Bei der **Fließfertigung** richtet sich die Anordnung der Maschinen und der Arbeitsplätze nach der technisch **erforderlichen Bearbeitungsreihenfolge (Prozessprinzip)**. Die Reihenfolge der Bearbeitung ist in der Regel immer gleich, sodass eine **hohe Fertigungsmenge** und ein **kontinuierlicher Fertigungsfluss** mit verringerten Durchlaufzeiten ermöglicht wird.	• Bei den Maschinen handelt es sich um überwiegend hochproduktive **Spezialmaschinen,** die allenfalls Varianten der Produkte zulassen und **keine hohen Anforderungen** an das Bedienungspersonal stellen. Durch den standardisierten Produktionsablauf treten gleiche Tätigkeiten für das Personal auf, die einerseits zu einer Professionalisierung der Arbeit, andererseits aber auch zu Monotonie führen. Bei Vollautomation wird kein Personal benötigt.

Organisation nach Objektdurchlauf

Betriebsmittel zur Fertigung einer Teileart werden arbeitsvorgangsweise in einer Linie aufgestellt und oft verkettet (Transferstraße, Fließband).

Objekte fließen in der Linie zwangsläufig **stückweise** in einem meist festen **Zeittakt.**

Anwendungsfälle:
– Lebensmittelindustrie
– Elektronikindustrie
– Personenfahrzeugbau

Rohteile

Getriebe-fertigung   Pleuel-fertigung

2 1   1
3   2
4   3
5   4
6 7   5

Fertigteile

nach: Disterer, Georg, u.a.: Taschenbuch der Wirtschaftsinformatik, 2., neu bearbeitete Aufl., München, Wien 2003, S. 115

• Durch die Fixkostendegression (s. S. 153) ist die Fließfertigung ein **kostengünstiges Produktionsverfahren.** Allerdings ist mit den Spezialmaschinen und dem relativ hohen Fixkostenblock eine **geringere Flexibilität** bei Störungen im Produktionsablauf und bei Absatzverlagerungen verbunden.

• Man unterscheidet **Reihenfertigung,** bei der die Bearbeitungsstationen ohne zeitlichen Ablaufzwang angesteuert und unterschiedliche Bearbeitungszeiten mit Pufferlagerung ausgeglichen werden, und **Fließbandfertigung,** für die eine taktgebundene Vernetzung der einzelnen Bearbeitungsaggregate kennzeichnend ist. Bei der Fließbandfertigung ist der Produktionsprozess in einzelne, zeitlich gleiche Arbeitsschritte **(Taktzeit)** aufgeteilt.

3526200

Produktionsverfahren – *Production process*

Produktionsverfahren nach der Anordnung der Betriebsmittel

Gruppenfertigung

Begriff

Die **Gruppenfertigung** ist dadurch gekennzeichnet, dass innerhalb der Fließfertigung die zur Herstellung ähnlicher Produkte notwendigen Arbeitsplätze und Maschinen organisatorisch **(Funktionsgruppen, Fertigungsinseln)** zusammengefasst werden. Einzelne Baugruppen oder vollständige Produkte werden an einem Ort hergestellt.

Bedeutung

- Die Bearbeitung erfolgt durch die Mitarbeitergruppen **relativ taktungebunden** und **weit gehend selbstgesteuert.** Damit wird das Einsatzspektrum und die Verantwortung der einzelnen Gruppenmitglieder gesteigert.

- Bei der Gruppenfertigung handelt es sich um einen **Kompromiss** zwischen der Werkstatt- und der Fließfertigung, da innerhalb der Funktionsgruppen die Arbeitsplätze und Maschinen in der Reihenfolge der Bearbeitung angeordnet sind.

- Durch die **Vermeidung der strengen Arbeitsteilung** wird versucht, die Flexibilität des Gesamtsystems zu erhöhen, die Durchlaufzeiten zu verringern, den Produktionsablauf übersichtlicher zu gestalten und die sozialen Bindungen der Mitarbeiter zu verbessern.

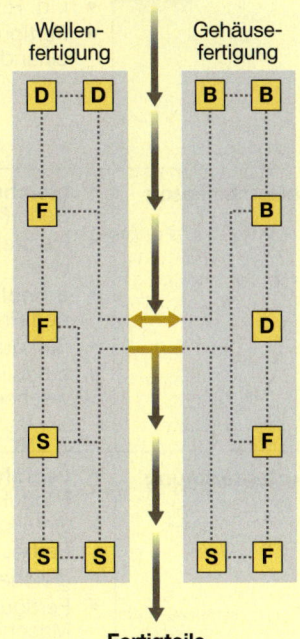

Organisation nach Objektfamilie

Betriebsmittel zur Fertigung ähnlicher Teile werden räumlich zu einer **Gruppe** zusammengefasst (Fertigungsinsel).

Die Objekte werden je nach Bearbeitungsfolge innerhalb einer Gruppe **stückweise** transportiert.

Anwendungsfälle:
- Maschinenbau
- Nutzfahrzeugbau
- Personenfahrzeugbau

nach: Disterer, Georg, u.a.: Taschenbuch der Wirtschaftsinformatik, 2., neu bearbeitete Aufl., München, Wien 2003, S. 114

Baustellenfertigung

Begriff

Während bei den vorangegangenen Produktionsverfahren das Werkstück zu den Bearbeitungsaggregaten und Arbeitsplätzen transportiert werden musste, ist es bei der **Baustellenfertigung** umgekehrt.

Bedeutung

- Die Baustellenfertigung kommt nur für bestimmte auftragsgebundene Herstellungsprozesse – überwiegend im Rahmen der Einzelfertigung – infrage, da der Arbeitsgegenstand aufgrund seiner Eigenheiten (z. B. Größe, Gewicht) **örtlich gebunden** ist.

- Besondere **Problembereiche** sind in der Einrichtung der Baustellen, der Abstimmung des Material- und Betriebsmittelflusses sowie der Planung des Produktionsablaufs zu sehen.

- Da die Betriebsmittel **nach Produktionsfortschritt wechseln,** sind die Maschinen oft mehrfach vorhanden, wobei eine volle Auslastung selten erreicht wird.

- Beim Straßenbau spricht man von der **Fertigung nach dem Wanderprinzip,** da die Arbeitsplätze und die Betriebsmittel dem Arbeitsgegenstand folgen.

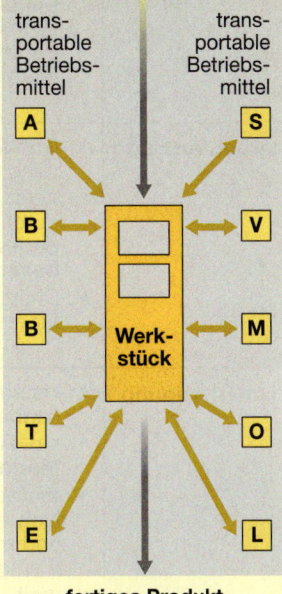

Organisation nach ortsfestem Objekt

Betriebsmittel, Personal sowie Material und Baugruppen werden zur **Baustelle** transportiert, wo das Werkstück entsteht.

Objekt verlässt die Baustelle, wenn überhaupt, erst nach Abschluss der Fertigung.

Anwendungsfälle:
- Bauindustrie
- Anlagenbau
- Schiffbau
- Flugzeugbau

nach: Disterer, Georg, u.a.: Taschenbuch der Wirtschaftsinformatik, 2., neu bearbeitete Aufl., München, Wien 2003, S. 113

Produktionsverfahren – *Production process*

Einteilung nach der Wiederholung der Leistungsprozesse

Produktionstyp	Kennzeichen	Beispiele	Organisation
Einzelfertigung	• Herstellung von **Einzelstücken** • individuelle Fertigung • i. d. R. **auftragsgebunden** • Fertigung zeitlich **sukzessiv** (nacheinander) oder **simultan** (gleichzeitig)	• sukzessive Einzelfertigung: Schiffsbau, Hochbau • simultane Einzelfertigung: Aufzüge, Hochöfen	• Baustellenfertigung • Werkstattfertigung
Serienfertigung	• **gleiche Produkte** innerhalb einer Serie (festgelegte Produktionsmenge) • Herstellung **verschiedener** Produktarten • **erhebliche Unterschiede** zwischen den Produktarten • Fertigung in Klein- und Großserien • erhebliche Umrüstkosten bei Serienwechsel	• Großserie: Fahrzeugbau, Elektrogeräte • Kleinserie: Sportwagen, Werkzeugmaschinen	• Werkstattfertigung • Fließfertigung • Gruppenfertigung
Sortenfertigung	• **verschiedene Ausprägungen** einer Produktart (= Sorte) • Unterscheidung der Produkte in Form, Farbe, Abmessungen, Qualität • gleiche Ausgangsmaterialien • Fertigung parallel auf verschiedenen Maschinen oder zeitlich nacheinander auf den gleichen Maschinen • geringe Umrüstkosten bei den Maschinen	• Kerzen • Schokolade • Schrauben • Kleidung	• Werkstattfertigung • Fließfertigung • Gruppenfertigung
Partiefertigung	• **Sonderform** der Serien-/Sortenfertigung • Unterschiedlichkeiten bei den Produkten durch **Unterschiede im Ausgangsmaterial** (i. d. R. naturnahe Rohstoffe) • Partie = einheitliche Menge von Rohmaterial	• Zigarren • Baumwolle • Holz • Felle	• Werkstattfertigung • Fließfertigung • Gruppenfertigung
Chargenfertigung	• **Sonderform** der Serien-/Sortenfertigung • Verschiedenartigkeit der Produkte durch **verschiedene Ausgangsbedingungen** und **unvollkommen beherrschbare Produktionsprozesse** • Charge = Füllmenge eines Behälters für einen Produktionsvorgang	• Brot • Bier • Stahl • Lack • Fliesen • Arzneimittel	• Werkstattfertigung • Fließfertigung • Gruppenfertigung
Massenfertigung	• Herstellung gleicher Produkte in **„unbegrenzter Anzahl"** • i. d. R. Produktion für den **anonymen Markt** • **einfache** Massenfertigung (Herstellung eines Produktes ohne Variation) und **mehrfache** Massenfertigung (Fertigung mit Variationen) • **weit gehend automatisierte** Herstellung	• einfache Massenfertigung: Strom • mehrfache Massenfertigung: Glühlampen, Flaschen, Lebensmittel	• Fließfertigung

5

3526202

Produktionsplanung und -steuerung (PPS)
Planning and controlling the production process

Einordnung

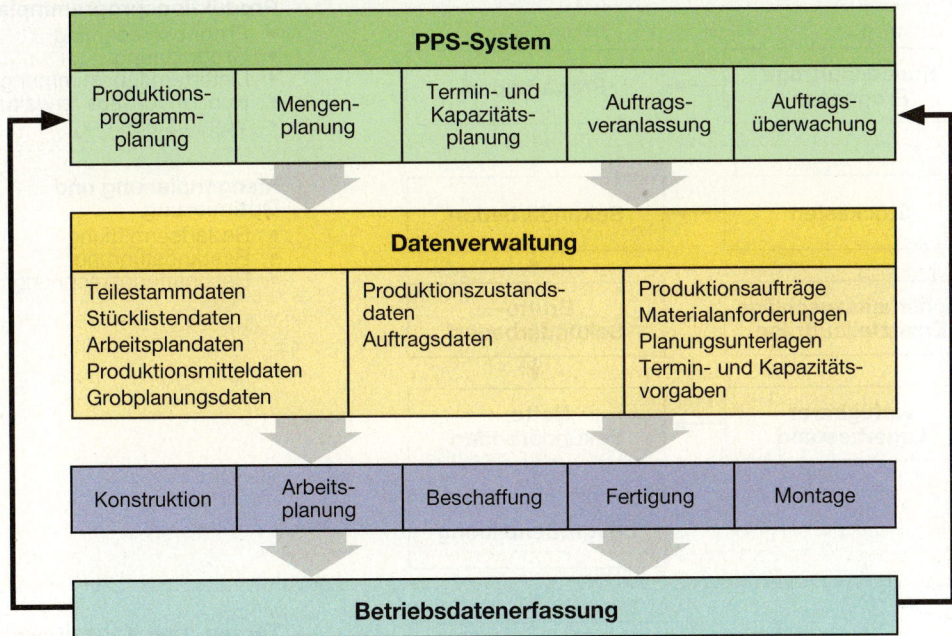

PPS-System

| Produktions-programm-planung | Mengen-planung | Termin- und Kapazitäts-planung | Auftrags-veranlassung | Auftrags-überwachung |

Datenverwaltung

| Teilestammdaten Stücklistendaten Arbeitsplandaten Produktionsmitteldaten Grobplanungsdaten | Produktionszustands-daten Auftragsdaten | Produktionsaufträge Materialanforderungen Planungsunterlagen Termin- und Kapazitäts-vorgaben |

| Konstruktion | Arbeits-planung | Beschaffung | Fertigung | Montage |

Betriebsdatenerfassung

nach: Ebel, Bernd: Produktionswirtschaft, 8., völlig neue Aufl., Kiehl, Ludwigshafen 2003, S. 298

Aufgaben

Die Produktionsplanung und -steuerung **(PPS)** hat die Produktionsdurchführung **mengen- und terminmäßig** zu planen, zu veranlassen und zu überwachen.

Aufgrund der hohen Komplexität der betrieblichen Leistungserstellung, der wechselseitigen Abhängigkeiten der Entscheidungsfaktoren und der möglichst kurzen Reaktionszeiten wird die PPS überwiegend rechnergestützt durchgeführt.

Bedeutung

Durch die Nutzung einer **einheitlichen Datenbasis** stehen allen Unternehmensbereichen die gleichen Daten zur Verfügung, die durch die Betriebsdatenerfassung laufend aktualisiert werden. Somit wird eine Auftragsverfolgung möglich, die jederzeit Auskunft über den Bearbeitungszustand der einzelnen Aufträge geben kann und geeignet ist, frühzeitig Gegensteuerungsmaßnahmen bei Auftreten von Problemen einzuleiten.

Ziele (Beispiele)

- Verringerung der Kapitalbindung,
- Verkürzung von Durchlaufzeiten,
- Erhöhung der Flexibilität,
- Auslastung der Kapazitäten,
- Reduzierung der Fertigungskosten,
- Einhaltung der verlangten Qualitäten,
- Termintreue und
- ungehinderter und zeitnaher Informationsfluss.

Elemente

Grundsätzlich bestehen PPS-Systeme aus der
- Produktionsprogrammplanung (s. S. 187 ff.),
- Mengenplanung,
- Termin- und Kapazitätsplanung,
- Auftragsveranlassung und
- Auftragsüberwachung.

Häufig sind noch **weitere Bereiche** der administrativen Auftragsabwicklung wie kundenbezogene Produktentwicklung, Steuerung von Materialflüssen, Versandplanung oder Montage in die PPS integriert.

Grundkonzepte

Bei der konkreten Umsetzung der rechnergestützten PPS-Systeme kann man unterscheiden:

- Das **Push-Prinzip** ist durch eine **zentrale** Produktionsplanung und -steuerung gekennzeichnet. Ausgehend von zukunftsbezogenen Bedarfsanalysen werden die Produktionsvorgänge zentral durch **Bereitstellung** der Verbrauchsmaterialien angestoßen (to push = stoßen, schubsen, schieben, drücken). Der produktionsauslösende Faktor ist also der Bedarf und nicht der Verbrauch.

- Das **Pull-Prinzip** ist dagegen **dezentral** ausgerichtet. Die jeweilig nachgelagerte Produktionsstufe fordert bei der unmittelbar vorgelagerten Produktionsstufe die benötigten Fertigungskomponenten an (s. Kanban S. 215). Der **Verbrauch** der nachgelagerten Stufe zieht die Produktion der vorgelagerten Stufe nach sich (to pull = ziehen). Damit wird die Produktionssteuerung auf die einzelnen Produktionseinheiten verlagert.

5

Produktionsplanung und -steuerung (PPS)
Planning and controlling the production process

Übersicht

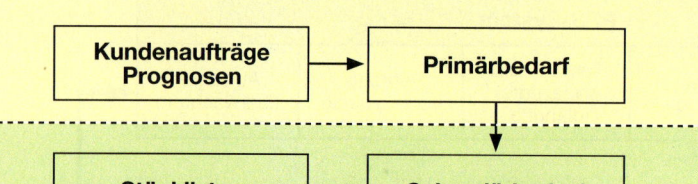

Produktionsprogrammplanung
- Prognoserechnung
- Grobplanung
- Liefertermibestimmung
- Kundenauftragsverwaltung
- Vorlaufsteuerung

Kundenaufträge / Prognosen → Primärbedarf

Mengenplanung und Optimierung
- Bedarfsermittlung
- Bestandsführung
- Beschaffungsrechnung

Stücklisten → Sekundärbedarf

Sicherheitszuschläge / Ersatzteilaufträge → Brutto-Sekundärbedarf

verfügbarer Lagerbestand → Netto-Sekundärbedarf

Losgrößenbildung

Termin- und Kapazitätsplanung
- Durchlaufterminierung
- Kapazitätsplanung

Vorlaufverschiebung

Materialbedarf

Rahmenaufträge / Abnahmemengen

Kapazitätsabgleich

Auftragsveranlassung
- Belegdruck
- Auftragsfreigabe
- Auftragsverteilung
- Bestellauftragsfreigabe
- Bestellschreibung

Beschaffungs-aufträge

Produktionsaufträge

Auftragsüberwachung
- Kundenaufträge
- Kapazitäten
- Fertigungsaufträge
- Bestellungen

Produktion

nach: Ebel, Bernd: Produktionswirtschaft, 8., völlig neue Aufl., Kiehl, Ludwigshafen 2003, S. 257

vgl.: Berning, Ralf: Grundlagen der Produktion, Cornelsen, Berlin 2001, S. 119

- Im Rahmen der **Produktionsprogrammplanung** wird anhand konkreter Aufträge oder entsprechender Bedarfsprognosen der **Primärbedarf** ermittelt. Darunter versteht man die auf der Basis des Produktionsprogramms und unter Beachtung vorhandener Bestände zu produzierenden Erzeugnismengen (kurzfristiger Produktionsplan). Neben der Erfassung und Verwaltung von Kundenaufträgen wird auch eine grobe Terminplanung vorgenommen, da möglichst frühzeitig Liefertermine abzuschätzen und eventuell Vorlaufzeiten (z. B. bei kundenspezifischen Produktentwicklungen) zu berücksichtigen sind.

- Aus dem Primärbedarf wird mit Auswertung von Stücklisten, Rezepturen u. Ä. der **Sekundärbedarf** ermittelt. Das sind die zur Herstellung des Primärbedarfs benötigten Materialarten und -mengen. Durch Beachtung von z. B. Sicher-

heitszuschlägen oder Verschnitt wird der **Bruttosekundärbedarf** errechnet, der durch Abgleich mit dem zum Produktionszeitpunkt vorhandenen Lagerbestand und unter Berücksichtigung der Losgrößenproblematik (s. S. 205 f.) den **Nettosekundärbedarf** ergibt.

- Die Deckung des Nettosekundärbedarfs (durch Beschaffung oder Eigenproduktion) muss zeitlich bei der **Einlastung und Abstimmung** der Produktionsaufträge mit dem zur Verfügung stehenden Kapazitätsrahmen berücksichtigt werden.

- Mit der Übergabe der entsprechenden Belege erfolgt die **Einleitung** der notwendigen Beschaffungs- und Fertigungsvorgänge.

- Die **Auftragsüberwachung** soll sicherstellen, dass die geplanten Termine eingehalten werden können.

3526204

Produktionsplanung und -steuerung (PPS)
Planning and controlling the production process

Fertigungsarten

Man kann davon ausgehen, dass aufgrund der Fixkostendegression (s. S. 153) eine Tendenz zu großen Produktionsmengen besteht. Das, was produziert wird, soll auch möglichst schnell abgesetzt werden (z. B. Lagerkostenproblematik). Dieses Spannungsfeld schlägt sich in den drei grundsätzlichen Fertigungsarten nieder:

Fertigungsarten	Beschreibung	Konsequenzen und Einsatzgebiete
Lagerfertigung	Die Unternehmung **prognostiziert** für einen gegebenen Zeitraum den Absatz und legt auf dieser Grundlage das Produktionsprogramm fest. Sie beginnt mit der Produktion, auch wenn noch keine Aufträge vorliegen. Die gefertigten Produkte werden **gelagert** und die Kundenaufträge aus diesem Absatzlager ausgeführt. **Korrekturen im Produktionsbereich** sind dann nötig, wenn der Absatzverlauf nicht den Erwartungen entspricht.	Die Lagerfertigung setzt voraus, dass die Produktnachfrage **möglichst genau und periodengerecht** vorhersagbar ist. Da die Ausführung der Kundenaufträge überwiegend aus Lagerbeständen erfolgt, ist eine sorgfältige **Bestandsüberwachung** und eine genaue und schnelle **Kundenauftragserfassung** nötig. Die Lagerfertigung wird z. B. bei Gütern der **Massenfertigung** eingesetzt.
Auftragsfertigung	Die Unternehmung bemüht sich konsequent um Kundenaufträge, die erst dann Auswirkungen im Produktionsbereich haben, wenn sich die Kundenbeziehungen in **konkrete Bestellungen** entwickelt haben. Der Auftragseingang ist dann das **produktionsauslösende** Ereignis, wobei unter Umständen die Produkte noch **entwickelt und konstruiert** werden müssen.	Die Sicherheit im Absatzbereich konkurriert mit der Sicherstellung kurzer Produktions- und Lieferzeiten. Durch Parallelisierung von Produkt- und Produktionsplanung bietet sich hierbei **Simultaneous Engineering** (s. S. 192) an. Diese Fertigungsart ist z. B. häufig im **Schiff- und Anlagenbau** vorzufinden.
Programmfertigung	Hier werden die Lagerfertigung und die Auftragsfertigung in der Weise verknüpft, dass universell einsetzbare **Standardteile** auf Lager gefertigt werden und **kundenauftragsabhängige Teile** erst bei Bestellungseingang.	Diese **Mischform** kommt in den unterschiedlichsten Ausprägungen vor und wird in den Bereichen eingesetzt, in denen stark differierende Kundenwünsche zu berücksichtigen sind (z. B. **Automobilindustrie**).

Optimale Losgröße

- Die Bildung **wirtschaftlicher Losgrößen** tritt vor allem bei der Serien- und Sortenfertigung auf. Aber auch bei Einzelfertigung wird versucht gleiche Teile aus unterschiedlichen Kundenaufträgen zusammenzufassen, um eine optimale Fertigungslosgröße zu erreichen.

- Unter einem **Los** wird die Menge eines Produktes verstanden, die ohne Unterbrechung durch die Fertigung eines anderen Produktes hergestellt wird.

- Die Festlegung der optimalen Größe des Fertigungsloses orientiert sich am Ziel der **Reduzierung der Produktionskosten.** Die Rüst- und die Lagerkosten sind hierbei die wichtigsten Kosten, die zu betrachten sind.

- Die Maschinen müssen beim Wechsel der Produktart umgestellt werden. Es entstehen **Umrüstkosten** z. B. durch Werkzeug- und Vorrichtungswechsel, Reinigung, Programmieren von Maschinen. Zu berücksichtigen sind auch die durch den Produktionsausfall entstehenden Kosten in Form entgangener Gewinne (Opportunitätskosten). Weiterhin entstehen **Anlaufkosten** wie erhöhter Ausschuss oder Aufwand für Justierarbeiten. Die Umrüst- und Anlaufkosten lassen sich zu einem Kostenblock **(Rüstkosten)** zusammenfassen, wenn die Anlaufphase vor Produktionsbeginn beendet ist. Da die Rüstkosten bei jeder Umstellung anfallen, kann man sie auch als **auflagefixe Kosten** bezeichnen. Je niedriger die Anzahl der Umrüstungen, desto größer ist die Produktionsmenge und desto niedriger sind die auflagefixen Kosten pro Stück **(Auflagendegression).**

- Die Tendenz zu großen Fertigungslosen wird durch das Ansteigen der Lagerkosten begrenzt. Mit der Lagerung entstehen **Lagerhaltungskosten** (wie z. B. Versicherung der Produkte, Kosten für Qualitätseinbußen), die abhängig von den eingelagerten Mengen bzw. von deren Wert sind. Für das gebundene Kapital entstehen **Zinskosten,** die durch den Wert der eingelagerten Produkte und durch den angenommenen Zinssatz beeinflusst werden. Die Lager- und Zinskosten werden zu einem Kostenblock **(Lagerkosten)** zusammengefasst und verhalten sich **auflagenproportional.**

- Die **optimale Losgröße** ist die Fertigungsmenge, bei der die Gesamtkosten als Summe aus auflagefixen (Rüstkosten) und auflageproportionalen Kosten (Lagerkosten) ein **Minimum** erreichen.

- Den hier geschilderten Zusammenhängen, die sich auch in den Beispielen niederschlagen, liegen aber **einengende Bedingungen** zugrunde, z. B.:
  - bekannter Jahresbedarf,
  - konstante Lagerkosten und Fertigungskapazitäten,
  - gleich bleibende Losgrößen,
  - beliebig wählbare Losauflagezeitpunkte,
  - linearer und kontinuierlicher Lagerabgang,
  - Lagerkosten sind proportional zur Losgröße,
  - fixe Kosten sind für jedes Los konstant,
  - Produktions- und Lagerauffüllgeschwindigkeit haben keinen Einfluss,
  - keine Fehlmengen.

Produktionsplanung und -steuerung (PPS)
Planning and controlling the production process

Berechnung der optimalen Losgröße

Beispiel:

Die OfficeCom AG fertigt jährlich 2 000 Schreibtische des Modells S55. Die Loswechselkosten betragen 100,00 € je Umstellung, die Herstellungskosten pro Tisch 100,00 € und der Lagerkostensatz wird mit 10 % vom Wert des durchschnittlichen Lagerbestandes angegeben.

Tabellarische Ermittlung

Spalte 1	Spalte 2	Spalte 3	Spalte 4	Spalte 5	Spalte 6
Anzahl der Lose	Losgröße	Durchschnittlicher Lagerbestand	Lagerkosten	Loswechsel-kosten	Gesamtkosten
	$\dfrac{2\,000}{\text{Spalte 1}}$	$\dfrac{\text{Spalte 2}}{2}$	Spalte 3 · 100 · 10 %	100 · Spalte 1	Spalte 4 + Spalte 5
1	2 000	1 000	10.000,00	100,00	10.100,00
2	1 000	500	5.000,00	200,00	5.200,00
4	500	250	2.500,00	400,00	2.900,00
5	400	200	2.000,00	500,00	2.500,00
8	250	125	1.250,00	800,00	2.050,00
10	**200**	100	1.000,00	1.000,00	**2.000,00**
20	100	50	500,00	2.000,00	2.500,00
25	80	40	400,00	2.500,00	2.900,00
40	50	25	250,00	4.000,00	4.250,00

Die optimale Losgröße beträgt 200 Stück.

Mathematische Berechnung

Die optimale Losgröße kann mathematisch (in Anlehnung an die Berechnung der optimalen Bestellmenge s. S. 235) mithilfe der Losgrößenformel errechnet werden:

$$\text{Optimale Losgröße} = \sqrt{\frac{200 \cdot \text{Jahresbedarf} \cdot \text{Loswechselkosten pro Umstellung}}{\text{Herstellungskosten je Stück} \cdot \text{Lagerkostensatz}}}$$

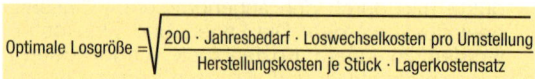

$$\text{Optimale Losgröße} = \sqrt{\frac{200 \cdot 2\,000 \cdot 100}{100 \cdot 10}}$$

$$\text{Optimale Losgröße} = \underline{\underline{200}}$$

Zeichnerische Ermittlung

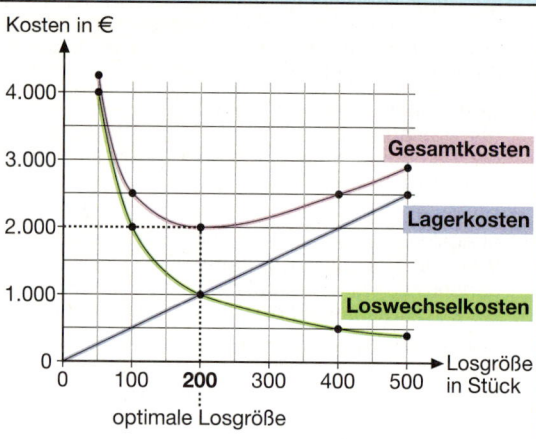

Terminplanung

Begriff	Aufgabe
Nachdem in der Mengenplanung die möglichst optimalen Losgrößen bestimmt worden sind, werden in der **Terminplanung** Betriebsmittel, Fertigungsmaterialien und Arbeitskräfte einem konkreten Auftrag **zeitlich zugeordnet.** Häufig sind die Liefertermine durch die Kunden vorgegeben, sodass die Entscheidungsfreiheit bezüglich der Produktionstermine eingeschränkt sein kann.	• Die Aufgabe der Terminplanung liegt – unter Berücksichtigung der technologischen Arbeitsabläufe – in der Feststellung der **Bearbeitungszeit** für jeden Arbeitsvorgang. Daraus lassen sich dann für jeden Auftrag die jeweiligen Anfangs- und Endtermine berechnen. • Ausgangspunkt für die Terminplanung sind die gewünschten oder vorgegebenen **Liefertermine** und die **Arbeitspläne** (s. S. 210).

3526206

Produktionsplanung und -steuerung (PPS)
Planning and controlling the production process

Terminplanung

Bedeutung

- Je schneller ein Auftrag abgewickelt wird, desto höher ist sein **Wertschöpfungsbeitrag.** Kurze Durchlaufzeiten führen z. B. zu
  - kürzeren Liegezeiten für Materialien und Halbfabrikate **(Verringerung der Lagerkosten),**
  - früheren Einzahlungen der Veräußerungserlöse **(Reduzierung der Finanzierungskosten)** und
  - einer Verringerung der Gefahren bezüglich der Nichteinhaltung von Terminen **(Verringerung der Vertragsstrafen).**
- Die Aufgaben von Termin- und Kapazitätsplanung sind **wechselseitig** voneinander abhängig und werden in der Praxis gleichzeitig durchgeführt. Häufig sind mehrere Planungsdurchgänge notwendig, um ein zufrieden stellendes Ergebnis zu erreichen.

Durchlaufzeiten

Begriff und Einordnung

Man unterscheidet die Auftragsdurchlaufzeit und die arbeitsgangbezogene Durchlaufzeit:

- Die **Auftragsdurchlaufzeit** erfasst den Zeitraum vom Eingang bis zur Fertigstellung des Auftrags. Dabei sind alle Bereiche von der Konstruktion bis zur Montage eingeschlossen.
- Die **arbeitsgangbezogene Durchlaufzeit** bezieht sich auf den eigentlichen Produktionsprozess und bezeichnet den Zeitraum zwischen Beginn eines Arbeitsvorgangs und dem Beginn des unmittelbar folgenden Arbeitsvorgangs. Die arbeitsgangbezogene Durchlaufzeit erhält man als Summe von Belegungs- und Übergangszeit.
- Belegungs- und Übergangszeiten basieren auf **Erfahrungswerten** aus früheren Arbeitsgängen oder sind **Schätzwerte.**
- Die Durchführung der Produktion kann trotz sorgfältiger Planung durch zufällige Störungen wie z. B. Maschinenausfall, Werkzeugbruch oder Nacharbeiten aufgrund qualitativer Mängel gestört werden. Diese Unsicherheiten versucht man mit geschätzten **störungsbedingten Liegezeiten** zu erfassen.

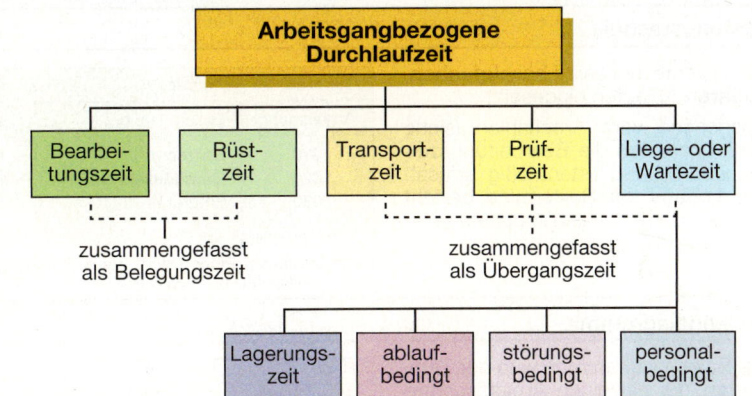

nach: Ebel, Bernd: Produktionswirtschaft, 8., völlig neue Aufl., Kiehl, Ludwigshafen 2003, S. 272

Durchlaufzeit-Komponente	Erläuterung
Bearbeitungszeit	Ergibt sich aus der Multiplikation der Auftragsmenge mit der Stückzeit und dem erwartbaren Leistungsgrad.
Rüstzeit	Zeit, die für das Vor- und Nachbereiten eines Arbeitsplatzes benötigt wird. Die Rüstzeit ist auflagenfix und erhöht bei kleiner werdenden Losgrößen die Stückkosten.
Transportzeit	Zeitbedarf für die Ortsveränderung der Werkstücke von einem Arbeitsplatz zum nächsten. Dabei ist zwischen der eigentlichen Förderzeit und den auftretenden Wartezeiten während des Transports zu unterscheiden.
Prüfzeit	Zeitbedarf für die Überprüfung eines Fertigungsarbeitsgangs auf dessen korrekte Ausführung. Das können sein: **attributive Prüfungen** wie Anzahl, Unversehrtheit oder Aussehen oder **Variablenprüfungen,** bei denen ein exakter Messwert ermittelt wird.
Liege- oder Wartezeit	Zeitspanne, die das Werkstück innerhalb des Produktionsbereiches verbringt, ohne dass ein Arbeitsfortschritt erzielt wird. Dieser Zeitanteil macht oft bis zu 80 % der Gesamtzeit aus und ist wichtiger Ansatz zur Reduzierung der Durchlaufzeiten.
– Lagerungszeit	Zeiten, in denen ein Bearbeitungsschritt abgeschlossen ist und das Werkstück in speziellen Lagerbereichen verbringt, bis der nächste Arbeitsschritt erfolgt.
– ablaufbedingt	Planmäßige Zeiten, die produktionstechnisch notwendig sind wie Abkühlen, Reifen, Trocknen oder Zeiten, die durch Verkettung und Taktung bestimmt sind.
– störungsbedingt	Wartezeiten wegen aufgetretener Störungen technischer, organisatorischer oder informatorischer Art
– personalbedingt	Wartezeiten durch das Verhalten oder die Verfügbarkeit von Mitarbeitern. Hierzu gehören auch Zusatzzeiten, die durch fehlerhafte Planung entstanden sind.

nach: Ebel, Bernd: Produktionswirtschaft, 8., völlig neue Aufl., Kiehl, Ludwigshafen 2003, S. 273

5

Produktionsplanung und -steuerung (PPS)
Planning and controlling the production process

Terminierungstechniken

Ziele und Arten

- Die Terminierungstechniken dienen sowohl zur **Einplanung der Aufträge** in den Fertigungsablauf als auch zu deren **Überwachung.** So kann man Engpässe in der Fertigung erkennen und ggf. rechtzeitig gegensteuern.
- Je nach Komplexitätsgrad des Produktionsablaufs, Anzahl der Vorgänge und zur Verfügung stehender Planungsmittel werden unterschiedliche Techniken angewendet.
- Bei der **progressiven** Terminbestimmung **(Vorwärtsterminierung)** wird der Fertigungstermin errechnet, indem man zu einem Ausgangszeitpunkt die Summe der Zeiten aller geplanten Arbeitsgänge – unter Berücksichtigung parallel auszuführender Arbeiten – addiert (z. B. bei Produktionen ohne festen Liefertermin). So erhält man den **frühestmöglichen Endtermin** des betreffenden Auftrags.
- Die **retrograde** Terminbestimmung **(Rückwärtsterminierung)** ist dadurch charakterisiert, dass man von einem gesetzten Liefertermin ausgeht und von diesem die Zeiten aller Arbeitsgänge – unter Berücksichtigung parallel auszuführender Arbeiten – subtrahiert. Man erhält den **spätesten Anfangszeitpunkt** für den jeweiligen Auftrag.

Verfahren (Auswahl)

Listungstechnik

Die Listentechnik wird bei **einfachen, linearen** Abläufen eingesetzt.

Ausgehend vom Arbeitsplan (siehe S. 210) werden die Bearbeitungszeiten addiert und listenmäßig erfasst. Die Angabe der Solltermine bezieht sich auf die jeweiligen Arbeitstage.

Terminkarte	Auftrag:	X Y Z	
Arbeitsgang	Bezeichnung	Soll-Termin	Ist-Termin
010	Bohren	140 – 142	
020	Gewindeschneiden	142 – 145	
030	Entgraten	145 – 146	
.	.	.	.

nach: Steinbuch, Pitter, Olfert, Klaus: Fertigungswirtschaft, 6., aktualisierte Aufl., Kiehl, Ludwigshafen 1995, S. 328

Balkendiagramm

Bei Balkendiagrammen wird der **Zeitbedarf** der einzelnen Arbeitsschritte grafisch als **Balken** und innerhalb eines zeitlichen Bezugrahmens dargestellt.

Diese Form der Visualisierung ist bei einer begrenzten Anzahl von Vorgängen übersichtlich und leicht lesbar.

ID	Aufgabenname	Anfang	Ende	Dauer	Mrz 31 20.. 1 2 3 4 5 6	Apr 1 20.. 7 8 9 10 11 12
1	Vorprodukte 1	..-04-02	..-04-03	2t		
2	Vorprodukte 2	..-04-01	..-04-03	3t		
3	Trägerbausteine montieren	..-04-04	..-04-08	5t		
4	Vorprodukte 3	..-04-05	..-04-09	5t		
5	Erzeugnis montieren	..-04-10	..-04-12	3t		

nach: Ebel, Bernd: Produktionswirtschaft, 8., völlig neue Aufl., Kiehl, Ludwigshafen 2003, S. 274

Netzplantechnik (Beispiel)

Inhalt:
Beschreibung der Teilarbeiten von Prozessen/Projekten in der **Strukturanalyse**

Erläuterungen:

FAZ = frühester Anfangszeitpunkt
FEZ = frühester Endzeitpunkt
SAZ = spätester Anfangszeitpunkt
SEZ = spätester Endzeitpunkt
GP = Gesamtpuffer
FP = Freier Puffer
GP = SAZ – FAZ
FP = FAZ (Nachf.) – FEZ

Beispiele: Puffer für Vorgang G
GP = 26 – 20 = 6 Arbeitstage
FP = 22 – 22 = 0 Arbeitstage

Knoten:

FAZ		FEZ
Vorgang	Beschreibung	
Dauer	GP	FP
SAZ		SEZ

kritischer Weg

Kritischer Weg:
Weg ohne Pufferzeiten

Beispiel:
Struktur- und Zeitanalyse „Bau einer Lagerhalle"

Vorgang	Strukturanalyse		Zeitanalyse						
	Beschreibung	Folgetätigkeit	Arbeitstage	FAZ	FEZ	SAZ	SEZ	GP	FP
A	Entwurf, Planung	B, F, G	20	0	20	0	20	0	0
B	Erdaushub Fundamente	C	3	20	23	20	23	0	0
C	Ausgießen Fundamente	D	2	23	25	23	25	0	0
D	Verschalung Betonsockel	E	5	25	30	25	30	0	0
E	Betonierung Betonsockel	I	3	30	33	30	33	0	0
F	Bestellung und Auslieferung Betonteile	I	10	20	30	23	33	3	3
G	Aushub Ver- und Entsorgungsleitungen	H	2	20	22	26	28	6	0
H	Leitungverlegung	I	5	22	27	28	33	6	6
I	Montage Lagerhalle	J	7	33	40	33	40	0	0
J	Installationsarbeiten	–	4	40	44	40	44	0	0

Aus den Angaben der Struktur- und Zeitanalyse ergibt sich der Netzplan:

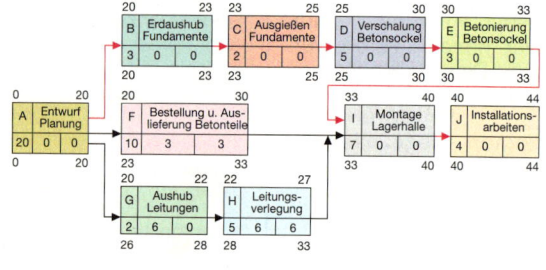

nach: EUROPA-Lehrmittel, Betriebswirtschaftslehre der Unternehmung, 12. Aufl., Haan-Guiten 1992, S. 152

3526208

Produktionsplanung und -steuerung (PPS)
Planning and controlling the production process

Kapazitätsplanung

Begriff

Unter **Kapazität** kann das quantitative (aber auch das qualitative) **Leistungsvermögen** einer Unternehmung (oder Maschine) verstanden werden.

Bedeutung

- In der Terminplanung werden Informationen über die Inanspruchnahme von Arbeitsplätzen durch die einzelnen Produktionsaufträge gewonnen. Diese Informationen über die einzelnen Arbeitsaufträge sind nun **insgesamt** auf der Basis der **vorhandenen Ressourcen zu optimieren,** da in der Planungsperiode mehrere Arbeitsvorgänge zur gleichen Zeit um die gleichen Ressourcen konkurrieren.

- Die Kapazitätsplanung hat dabei die Aufgabe, die **Starttermine** der einzelnen Produktionsaufträge so zu **synchronisieren,** dass der Kapazitätsbedarf der einzelnen Aufträge oder Arbeitsgänge zeitlich den zur Verfügung stehenden maschinellen und personellen Kapazitäten angeglichen wird.

- Unter Berücksichtigung der Durchlauftermininierung ist die **Wirtschaftlichkeit** der Produktion durch
  - gleichmäßige und hohe Kapazitätsauslastung und
  - kostenminimale Fertigung (Kostenrechnung s. S. 141 ff.)
  zu erreichen.

- Die Ergebnisse der Optimierung von Durchlaufzeiten und Kapazitäten führen zu einer entsprechenden günstigen Auftragsreihenfolge. Die Auftragsfreigabe führt den Auftrag aus dem Planungsstatus in die Umsetzung.

Kapazitätsarten

Nachfolgend werden verschiedene Kapazitätsarten unter quantitativen Gesichtspunkten und aggregatbezogen dargestellt (eine umfassende Betrachtung für die gesamte Unternehmung ergibt sich mit den notwendigen Erweiterungen).

- Die **Minimalleistung** hat nur für die Aggregate eine Bedeutung, die aus technischen Gründen nicht abgeschaltet werden, z. B. bei Anlagen der Energiegewinnung. Sie bezeichnet die Leistung, die mindestens zum Betrieb der Anlage notwendig ist.

- Die **Maximalkapazität** bezeichnet die technisch maximale Leistung einer Maschine innerhalb eines Betrachtungszeitraumes, für die sie konstruiert wurde und die nicht überschritten werden kann.

  Beispiel: Eine Maschine kann maximal 100 000 Einzelstücke fertigen.

- Die **wirtschaftliche oder optimale Kapazität** ist die Leistung mit den niedrigsten Stückkosten je Leistungseinheit. Sie liegt bei 75 – 90 % der technischen Maximalkapazität.

  Beispiel: Eine Maschine kann maximal 100 000 Einzelstücke fertigen, die optimale Kapazität liegt bei 80 % (= 80 000 Stück).

- Der **Kapazitätsausnutzungsgrad** (Beschäftigungsgrad) ist das Verhältnis von Istproduktion zur Maximalkapazität.

  Beispiel: Eine Maschine kann maximal 100 000 Einzelstücke fertigen, die Istproduktion beläuft sich auf 60 000 Teile. Der Kapazitätsausnutzungsgrad liegt bei 0,6 oder 60 %.

Kapazitätsabstimmung (Beispiele)

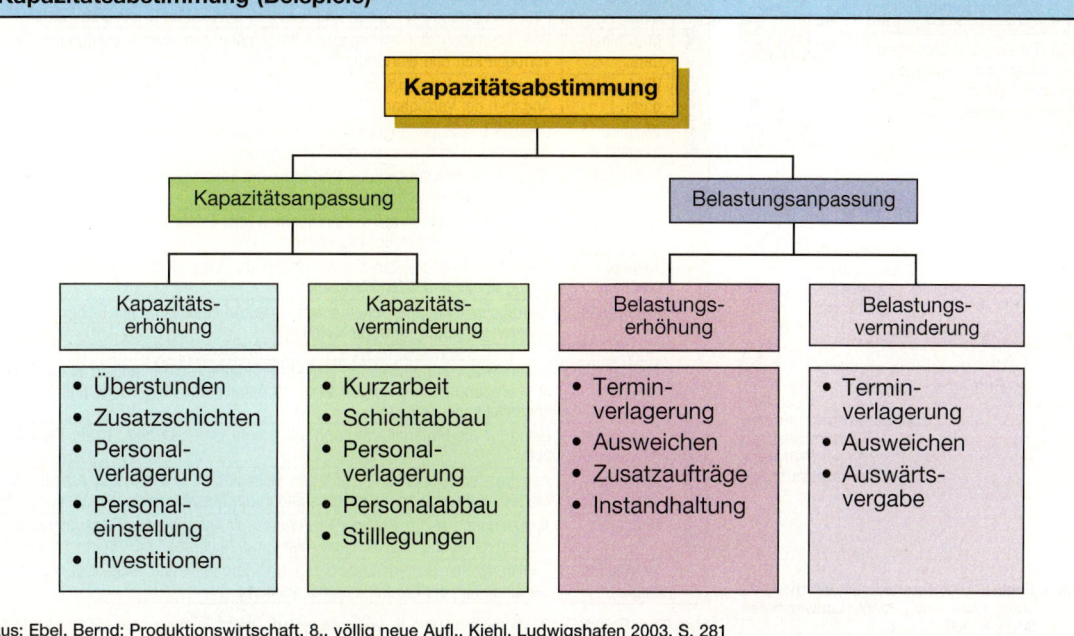

aus: Ebel, Bernd: Produktionswirtschaft, 8., völlig neue Aufl., Kiehl, Ludwigshafen 2003, S. 281

Produktionsplanung und -steuerung (PPS)
Planning and controlling the production process

Arbeitsplan

Begriff

Arbeitspläne beschreiben **alle Arbeitsschritte** in der Teilefertigung und der Montage. Sie geben Auskunft darüber, welche Arbeitsgänge in welcher Reihenfolge, in welcher Zeit, mit welchen Materialien und mit welchen Betriebsmitteln durchzuführen sind.

Bedeutung

- Die **erzeugnisbezogenen Daten** der Produktplanung, die in Form von Stücklisten (s. S. 211) und Zeichnungen vorliegen, werden mit den **Daten der Produktionsplanung** kombiniert. Damit enthalten Arbeitspläne zunächst auftragsunabhängige Stammdaten, die den Produktionsprozess durchsichtig, beherrschbar und reproduzierbar machen sollen.
- Diese Arbeitspläne werden in der Produktionssteuerung durch auftragsabhängige Angaben wie Auftragsnummer, zu produzierende Stückzahl oder Termine zu einem **Fertigungsauftrag** ergänzt.
- Die Arbeitspläne werden in vielen betrieblichen Bereichen eingesetzt, z. B. in der betrieblichen Terminplanung (s. S. 207), in der Fertigung als Arbeitsvorlage oder in der Kostenrechnung und Lohnabrechnung als Abrechnungsbasis.

Beispiel

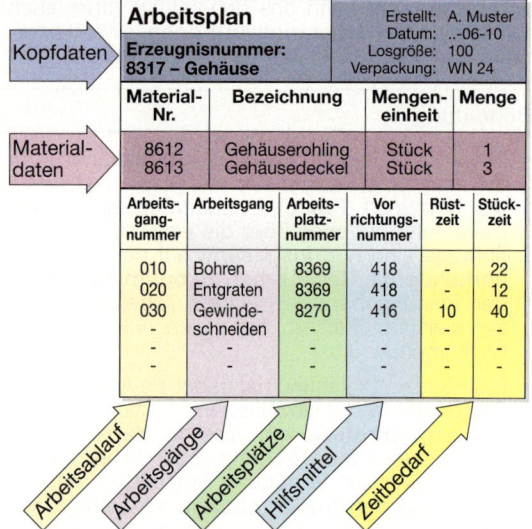

Kopfdaten

Arbeitsplan

Erstellt: A. Muster
Datum: ..-06-10
Losgröße: 100
Verpackung: WN 24

**Erzeugnisnummer:
8317 – Gehäuse**

Material-daten

Material-Nr.	Bezeichnung	Mengen-einheit	Menge
8612	Gehäuserohling	Stück	1
8613	Gehäusedeckel	Stück	3

Arbeits-gang-nummer	Arbeitsgang	Arbeits-platz-nummer	Vor-richtungs-nummer	Rüst-zeit	Stück-zeit
010	Bohren	8369	418	-	22
020	Entgraten	8369	418	-	12
030	Gewinde-schneiden	8270	416	10	40
-	-	-	-	-	-
-	-	-	-	-	-

Arbeitsablauf · Arbeitsgänge · Arbeitsplätze · Hilfsmittel · Zeitbedarf

nach: Ebel, Bernd: Produktionswirtschaft, 8., völlig neue Aufl., Kiehl, Ludwigshafen 2003, S. 213

Zusammenhang der Arbeitsunterlagen

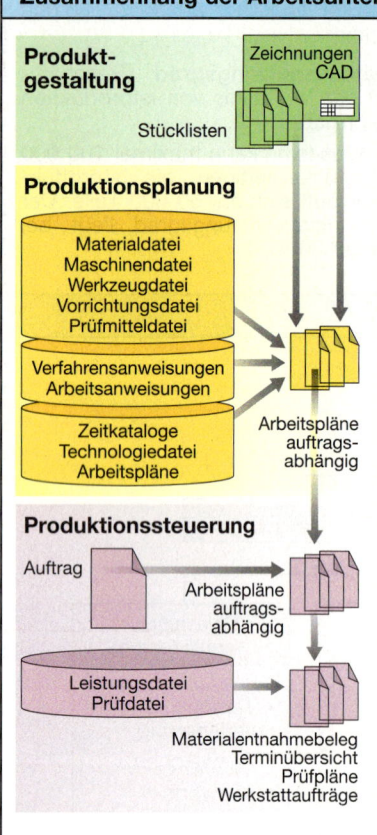

Produkt-gestaltung

Zeichnungen CAD

Stücklisten

Produktionsplanung

Materialdatei
Maschinendatei
Werkzeugdatei
Vorrichtungsdatei
Prüfmitteldatei

Verfahrensanweisungen
Arbeitsanweisungen

Zeitkataloge
Technologiedatei
Arbeitspläne

Arbeitspläne auftrags-unabhängig

Produktionssteuerung

Auftrag

Arbeitspläne auftrags-abhängig

Leistungsdatei
Prüfdatei

Materialentnahmebeleg
Terminübersicht
Prüfpläne
Werkstattaufträge

nach: Ebel, Bernd: Produktionswirtschaft, 8., völlig neue Aufl., Kiehl, Ludwigshafen 2003, S. 209

Produktgestaltung		
	Stücklisten	Verzeichnis der Rohstoffe, Teile und Baugruppen unter Angabe von Art und Anzahl der benötigten Elemente.
	Zeichnun-gen	Grafisch-technische Darstellung des Produkts unter Beachtung strenger Normen. Bei komplexen Produkten entsteht ein aufeinander aufbauender Zeichnungssatz von Einzel-, Baugruppen- und Zusammenstellungszeichnungen.

Produktionsplanung		
	Verfahrens-anweisun-gen	Interne Festlegung und Regelung abteilungsübergreifender Geschäftsprozesse. Festlegung der Verantwortung für Tätigkeiten und Beiträge. Definition von Kontaktstellen und Festlegung der benötigen Eingabe- und Ausgabe-information.
	Arbeitsan-weisungen	Beschreibung und Sicherstellung der anforderungsgerechten Durchführung von Tätigkeiten am Arbeitsplatz. Steigerung des Verständnisses und der Motivation der Mitarbeiter für qualitätsgerechtes Verhalten.
	Material-datei	Dokumentation der eingesetzten Materialien mit Angabe von Spezifikationen, Bezugsquellen, Preisen und weiteren beschaffungsrelevanten Daten.
	Maschinen-datei	Dokumentation der verfügbaren Maschinen mit deren Leistungsdaten, Verfügbarkeit und Wartungsinformationen.
	Werkzeug-datei	Übersicht vorhandener Werkzeuge für Maschinen und Arbeitsplätze mit Angaben der Verfügbarkeit und des Abnutzungszustands.
	Vorrich-tungsdatei	Übersicht speziell angefertigter Vorrichtungen für das Aufspannen oder Handeln von Werkstücken oder Werkzeugen.
	Prüfmittel-datei	Angabe der zu benutzenden Prüfmittel mit Einsatzbereich, Genauigkeitsangaben und Überwachungsstatus.
	Zeitkataloge	Katalog von Richtwerten, Zeitaufnahmen oder Erfahrungswerten zur Ermittlung auftragsspezifischer Planwerte.
	Technolo-giedatei	Angabe von optimierten Einstellwerten der Maschinen unter Berücksichtigung der eingesetzten Werkstoffe.
	Arbeitsplan	Auftragsunabhängige Dokumentation des Arbeitsablaufs mit Bezug zu den anderen aufgeführten Dateiwerten.

Produktionssteuerung		
	Auftrag	Konkrete Zusammenstellung der Anforderungen, die innerhalb eines Produktionsschritts zu erledigen sind, mit Angabe von Art, Menge und Termin herzustellender Objekte.
	Materialent-nahmebeleg	Beleg für die Materialbewegung aus einem Lager an den Ort der Produktion.
	Leistungs-datei	Angabe der tatsächlich benötigten Ressourcen in Form von Arbeitszeit, Materialverbrauch oder Betriebsstunden der Maschinen und Anlagen.
	Prüfdatei	Aufzeichnung durchgeführter Prüfungen mit Angaben des Prüfergebnisses und Entscheidung über Weiterverwendung, Nacharbeit oder Verschrottung.
	Terminüber-sicht	Auflistung der Terminsituation aus Soll-Terminen und eingetragenen Ist-Terminen aus der Produktionsrückmeldung.

aus: Ebel, Bernd: Produktionswirtschaft, 8., völlig neue Aufl., Kiehl, Ludwigshafen 2003, S. 211 f.

3526210

Produktionsplanung und -steuerung (PPS)
Planning and controlling the production process

Erzeugnisstrukturen

Begriff und Bedeutung

- Jedes Produkt ist aus verschiedenen Komponenten zusammengesetzt. Mithilfe von **Erzeugnisstrukturen** kann man die Zusammensetzung der Erzeugnisse aufzeigen.
- Die Struktur von Erzeugnissen kann auf unterschiedliche Weise (Baumstrukturen, Listen usw.) dargestellt werden.

- Die Darstellungsformen basieren in der Regel auf **relationalen Datenbanken,** in denen erzeugnisbezogene Informationen zu bestimmten Produkten zusammengefasst sind.
- Wichtige **Auswertungen** aufgrund gespeicherter Erzeugnisstrukturen sind das Erstellen von Stücklisten und die Ermittlung von Sekundärbedarfen bei der Materialdisposition.

Beispiel

Abgebildet ist der **Ereignisstrukturbaum** eines Elektromotors (Teilenummer E10) mit den entsprechenden **Teilestammdaten.** Man kann erkennen, dass der Elektromotor (E10) als Oberteil u. a. aus dem Unterteil 901 (Gehäuse komplett) besteht. Die Zahlen zwischen den Knoten sind Mengenangaben (z. B. besteht der Motor E10 aus einem kompletten Gehäuse 901).

Ereignisstrukturbaum

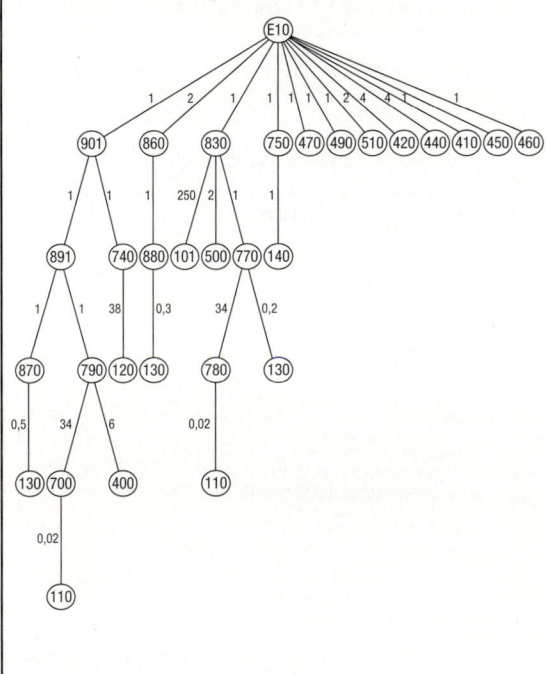

Teilestammdaten

TEIL				
Teile-Nr.	Teilebezeichnung	Teileart	Maßeinheit	...
E10	Elektromotor	EP	St.	
901	Gehäuse (komplett)	EB	St.	
891	Gehäuse m. St.blechpaket	EE	St.	
880	Lagerdeckel (Alu)	EE	St.	
870	Gehäuseblock (Alu)	EE	St.	
860	Lagerdeckel m. Durchbruch	EB	St.	
830	Welle komplett	EB	St.	
790	Ständerblechpaket kompl.	EB	St.	
780	Läuferblechlamelle	EE	St.	
770	Fußplatte 30 x 40 cm	EB	St.	
750	Läuferblechpaket kompl.	EB	St.	
740	Ständerwicklung	EE	St.	
700	Ständerblechlamelle	EE	St.	
510	Klemmenkastendeckel	FB	St.	
500	Kugellager	FB	St.	
490	Klemmenbrett 3-polig	FB	St.	
470	Mutter M 4	FV	St.	
460	Festkupplung Ø 14 mm	FB	St.	
450	Kondensator 16 µF	FB	St.	
440	Sechskantschraube M 4 x 200	FV	St.	
420	Sechskantschraube M 4 x 10	FV	St.	
410	Sechskantschraube M 8 x 30	FV	St.	
400	Niete 4 x 150 mm	FV	St.	
140	Blechtafel St 37	FR	St.	
130	Aluminiumbarren	FR	kg	
120	Kupferdraht Ø 0,5 mm	FV	m	
110	Elektroblechrolle 200 mm	FV	m	
101	Rundstahl 37 x 30 mm	FR	St.	

aus: Kurbel, Karl, Produktionsplanung und -steuerung, 5., durchgesehene und aktualisierte Aufl., Oldenbourg, München 2003, S. 69 f.

Stückliste

Begriff

Unter einer Stückliste versteht man **tabellarische Verzeichnisse,** die die Mengen von Materialien, Einzelteilen und Baugruppen für ein Endprodukt aufzeigen. Damit informieren sie über die mengenmäßige Zusammensetzung und über die Struktur von Produkten.

Andere Bezeichnungen für die Stückliste hängen von den unterschiedlichen Industriezweigen ab, z. B.:
- Rezeptur in der Chemie- und Nahrungsmittelindustie,
- Gattierliste im Stahlbereich oder
- Materialliste in der Bauindustrie.

Einsatzbereiche

Stücklisten enthalten **erzeugnisbezogene Daten** und werden in vielen Bereichen der Unternehmung eingesetzt, z. B.
- in der Konstruktion als Grundlage für Prüfungen und Änderungen,
- in der Produktion als Grundlage für die Produktionsplanung,
- in der Fertigungssteuerung für die Bereitstellung von Materialien,
- im Kundendienst als Ersatzteilliste oder
- im Rechnungswesen für die Vor- und Nachkalkulation.

5

Produktionsplanung und -steuerung (PPS)
Planning and controlling the production process

Stückliste

Arten

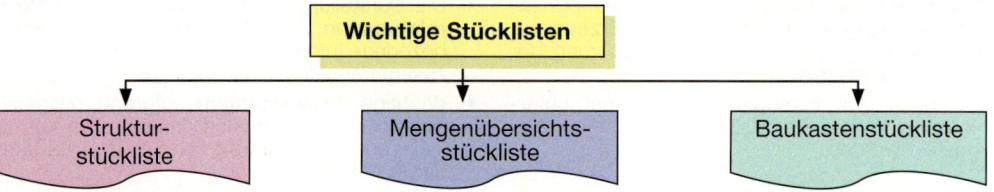

Wichtige Stücklisten

Struktur-stückliste Mengenübersichts-stückliste Baukastenstückliste

Beispiel: Strukturstückliste

- Die **Strukturstückliste** weist alle Einzelteile und Baugruppen eines Erzeugnisses (hier: Elektromotor E10) aus und zeigt den Strukturaufbau. Damit kann die Zusammensetzung eines Produktes auf tieferen Stufen erkannt werden.
- Die Struktur wird als Über-/Unterordnung durch das **Einrücken der Stufennummer** deutlich gemacht. Man kann erkennen, dass die Teilenummer 891 auf der Fertigungsstufe 2 und der Gehäuseblock 870 auf der Fertigungsstufe 3 stehen.

STRUKTURSTÜCKLISTE				Seite 1
Teil: Elektromotor, Teile-Nr.: E10				
Stufe	Teile-Nr.	Teilebezeichnung	Maßeinh.	Menge ...
1	901	Gehäuse (komplett)	St.	1
.2	891	Gehäuse m. Ständerbl.-paket	St.	1
..3	870	Gehäuseblock (Alu)	St.	1
...4	130	Aluminiumbarren	kg	0,5
..3	790	Ständerblechpaket komplett	St.	1
...4	700	Ständerblechlamelle	St.	34
....5	110	Elektroblechrolle 200 mm	m	0,02
...4	400	Niete 4 x 150 mm	St.	6
.2	740	Ständerwicklung	St.	1
..3	120	Kupferdraht Ø 0,5 mm	m	38
1	830	Welle komplett	St.	1
.2	770	Läuferblechpaket komplett	St.	1
..3	780	Läuferblechlamelle	St.	34
...4	110	Elektroblechrolle 200 mm	m	0,02
..3	130	Aluminiumbarren	kg	0,2
.2	500	Kugellager	St.	2
.2	101	Rundstahl 37 x 30 mm	St.	250
1	860	Lagerdeckel m. Durchbruch	St.	2
.2	880	Lagerdeckel (Alu)	St.	1
..3	130	Aluminiumbarren	kg	0,3
1	750	Fußplatte 30 x 40 cm	St.	1
.2	140	Blechtafel St 37	St.	1
1	510	Klemmenkastendeckel	St.	1
1	490	Klemmenbrett 3-polig	St.	1
1	470	Mutter M 4	St.	1
1	460	Festkupplung Ø 14 mm	St.	1
1	450	Kondensator 16 µF	St.	1
1	440	Sechskantschraube M 4 x 200	St.	4
1	420	Sechskantschraube M 4 x 10	St.	2
1	410	Sechskantschraube M 8 x 30	St.	4

aus: Kurbel, Karl, Produktionsplanung und -steuerung, 5., durchgesehene und aktualisierte Aufl., Oldenbourg, München 2003, S. 69

Beispiel: Mengenübersichtsstückliste

- Die **Mengenübersichtsstückliste oder Mengenstückliste** zeigt alle Einzelteile und Baugruppen eines Produktes. Die Fertigungsstruktur ist nicht erkennbar.
- Bei Einzelteilen, die mehrfach vorkommen, werden die jeweiligen Mengen summiert. Zum Beispiel geht das Teil 880 mit einem Stück in das Teil 860 ein, dieses wird mit 2 Stück für E10 benötigt. Daher ist Teil 880 mit 2 Stück aufgeführt (siehe Ereignisstrukturbaum S. 211).

MENGENÜBERSICHTSSTÜCKLISTE				Seite 1
Teil: Elektromotor, Teile-Nr.: E10				
Teile-Nr.	Teilebezeichnung		Maßeinheit	Menge ...
901	Gehäuse (komplett)		St.	1
891	Gehäuse m. Ständerblechpaket		St.	1
880	Lagerdeckel (Alu)		St.	2
870	Gehäuseblock (Alu)		St.	1
860	Lagerdeckel m. Durchbruch		St.	2
830	Welle komplett		St.	1
790	Ständerblechpaket kompl.		St.	1
780	Läuferblechlamelle		St.	34
770	Läuferblechpaket kompl.		St.	1
750	Fußplatte 30 x 40 cm		St.	1
740	Ständerwicklung		St.	1
700	Ständerblechlamelle		St.	34
510	Klemmenkastendeckel		St.	1
500	Kugellager		St.	2
490	Klemmenbrett 3-polig		St.	1
470	Mutter M 4		St.	1
460	Festkupplung Ø 14 mm		St.	1
450	Kondensator 16 µF		St.	1
440	Sechskantschraube M 4 x 200		St.	4
420	Sechskantschraube M 4 x 10		St.	2
410	Sechskantschraube M 8 x 30		St.	4
400	Niete 4 x 150 mm		St.	6
140	Blechtafel St 37		St.	1
130	Aluminiumbarren		kg	1,3
120	Kupferdraht Ø 0,5 mm		m	38
110	Elektroblechrolle 200 mm		m	1,36
101	Rundstahl 37 x 30 mm		St.	250

aus: Kurbel, Karl, Produktionsplanung und -steuerung, 5., durchgesehene und aktualisierte Aufl., Oldenbourg, München 2003, S. 70

Beispiel: Baukastenstückliste

BAUKASTENSTÜCKLISTE				Seite 1
Teil: Elektromotor, Teile-Nr.: E10				
Teile-Nr.	Teilebezeichnung		Maßeinheit	Menge ...
901	Gehäuse (komplett)		St.	1
860	Lagerdeckel m. Durchbruch		St.	2
830	Welle komplett		St.	1
750	Fußplatte 30 x 40 cm		St.	1
510	Klemmenkastendeckel		St.	1
490	Klemmenbrett 3-polig		St.	1
470	Mutter M 4		St.	1
460	Festkupplung Ø 14 mm		St.	1
450	Kondensator 16 µF		St.	1
440	Sechskantschraube M 4 x 200		St.	4
420	Sechskantschraube M 4 x 10		St.	2
410	Sechskantschraube M 8 x 30		St.	4

- Die Baukastenstückliste fasst die Baugruppen und Einzelteile der **nächsttieferen Fertigungsstufe** zusammen.
- Baukastenstücklisten werden bei komplexen Produkten oder bei der Wiederverwendung von Baugruppen in anderen Produkten erstellt.

aus: Kurbel, Karl, Produktionsplanung und -steuerung, 5., durchgesehene und aktualisierte Aufl., Oldenbourg, München 2003, S. 69

3526212

Just-in-time-Production (JIT)

Grundlagen

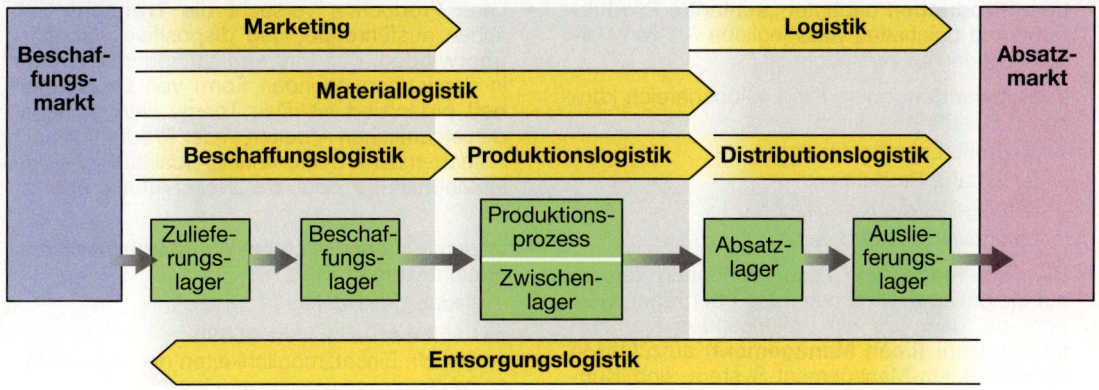

nach: Ebel, Bernd: Produktionswirtschaft, 8., völlig neue Aufl., Kiehl, Ludwigshafen 2003, S. 341

- Die Grundidee der JIT ist die im Idealfall **lagerlose** Produktion. Das ist in der Praxis nur annäherungsweise erreichbar, da dies eine **verkaufssynchrone** Produktion und eine **bedarfssynchrone** Materialbereitstellung beinhaltet.
- Das setzt aber voraus, dass
  - Werkstoffe dann beschafft werden, wenn sie direkt in den Fertigungsprozess einfließen (möglich, wenn Versorgungsnetze existieren, wie z. B. bei Wasser und Strom),
  - Teile nur gefertigt werden, wenn sie sofort zur Weitermontage verwendet werden und
  - die erzeugten Fertigprodukte aus der Produktion heraus verkauft werden.
- Das bedeutet in der Praxis z. B.:
  - exakte Vorhersagbarkeit des Materialbedarfs,
  - regelmäßiger Materialfluss,
  - flexibles Abrufsystem mit kurzen Kommunikationswegen,
  - Zuverlässigkeit hinsichtlich Mengen, Terminen und Qualitäten sowie
  - Verlagerung der Qualitätskontrolle auf den Zulieferer (weitgehender Wegfall der Wareneingangskontrollen).

- Zu bedenken ist auch, dass eine Vermeidung von Lagerkosten nicht unbedingt zu einer Kostenminimierung führt, da die **mittelbaren Beschaffungskosten** (z. B. Transportkosten für den Pendelverkehr zwischen Zulieferer und Hersteller) ansteigen.
- Bei JIT werden die Lagerkosten häufig auf den Zulieferer (= vorgelagerte Produktionsstufe) verschoben, der seinerseits die Lagerkosten in seinen Preisen berücksichtigen muss, sodass damit die **unmittelbaren Beschaffungskosten** (z. B. Bezugspreise) steigen können.
- Daher ist eine **Gesamtstrategie** für die Produktion und die Logistik zu verfolgen. Das führt dann im Erfolgsfall zu einer Reduzierung der Bestände und zur Vermeidung von veralteten Produkten.
- Allerdings ist mit JIT eine gewisse Anfälligkeit sowohl für interne Störungen (z. B. im Produktionsverlauf, Systemzusammenbruch) als auch für externe Störungen (z. B. Streiks, Verkehrsstau, Waren minderer Qualität werden geliefert) verbunden, da keine ausreichenden Pufferlager vorhanden sind.

Beispiel für JIT im Produktionsbereich

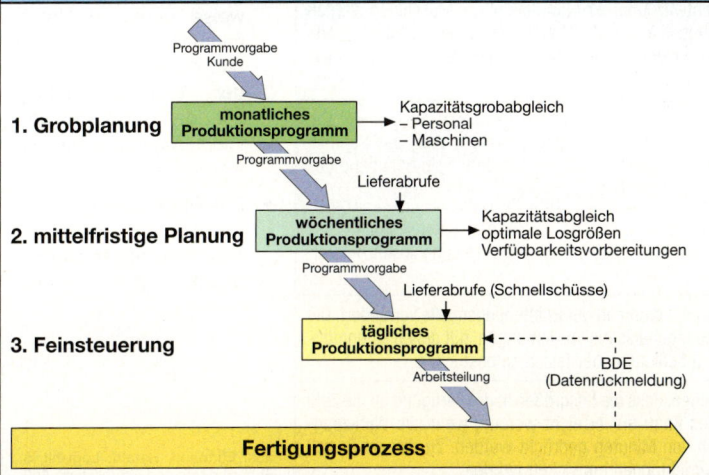

- Zulieferer und Produzent verständigen sich über einen Planungs- und Steuerungskorridor. Das setzt eine entsprechende Einbindung der Kapazitäten des Zulieferers in den Produktionsprozess voraus.
- Der Teileabruf erfolgt über Onlinedatenverbindung, wobei dem Lieferanten eine genau definierte Zeitspanne zum Montieren und Anliefern der Teile eingeräumt wird.
- Über die Betriebsdatenerfassung (BDE) ist ein aktueller Überblick über den Fertigungsprozess gewährleistet, sodass flexibel reagiert werden kann (z. B. „Schnellschüsse").

aus: Binner, Hartmut, Handbuch der prozessorientierten Arbeitsorganisation, 1. Aufl., Hanser, Darmstadt 2004, S. 569

Lean Production

5

Begriff

- **Lean Production** bedeutet „schlanke Produktion" und beinhaltet, dass jegliche Art von Verschwendung zu verhindern ist.

- **Verschwendungen** im Produktionsbereich können z. B. auftreten durch
  - zu große Lagerbestände,
  - fehlerhafte Produktion,
  - unausgelastete Kapazitäten oder
  - unmotivierte Mitarbeiter.

- Die Forderungen von Lean Production können auf die gesamte Unternehmung übertragen werden, die dann als ein umfassendes Managementkonzept **(Lean Management)** aufzufassen sind. Im Lean-Management-System sind Kunden, Lieferanten und Mitarbeiter integriert.

- Lean Production versucht die **Trennung** zwischen ausführender und dispositiver Arbeit zu **überwinden.** Das wird erreicht, indem die Arbeit in der vorherrschenden Form von **Gruppenarbeit** organisiert ist. Den Teams werden neben den eigentlichen Arbeiten in der Produktion auch Aufgaben der Arbeitsplanung, Qualitätssicherung, Instandhaltung oder der Beschaffung übertragen.

- Dadurch können wichtige **Wettbewerbsvorteile** erreicht werden wie z. B.
  - flache Hierarchien,
  - höhere Arbeitszufriedenheit,
  - flexible Einsatzmöglichkeiten des Personals,
  - Produktivitätsverbesserungen,
  - hohe Qualität.

Komponenten von Lean Production

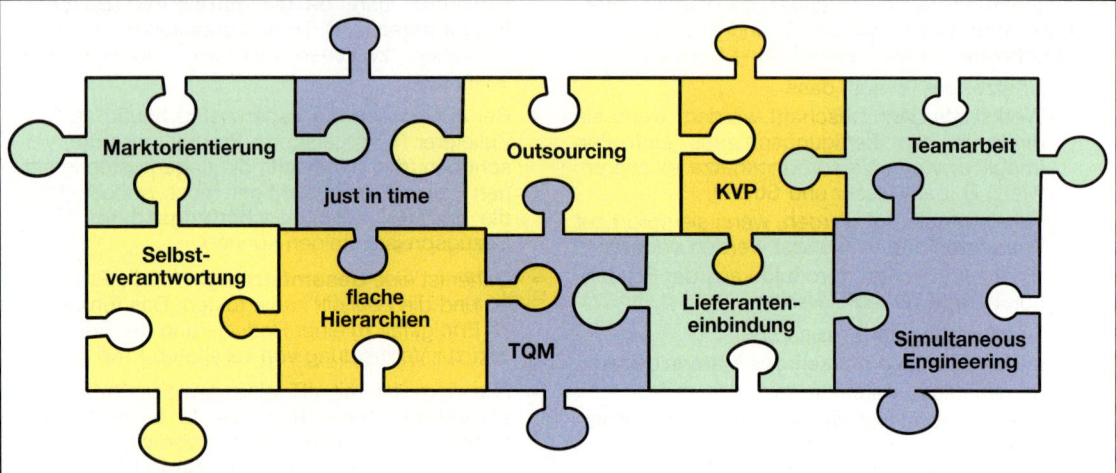

Japanische Formen von Lean Production

u-förmige Maschinen-anordnung	Die Produktionsmittel werden u-förmig angeordnet, damit die Arbeiter mehrere Tätigkeiten in der Reihenfolge des Produktionsprozesses ausführen können, ohne dass sie wegen langer Wege zu einer losweisen Fertigung gezwungen werden.
Jidoka (Autonomation)	Jidoka bedeutet eine Weiterentwicklung der Automation. Die Maschinen werden mit Mechanismen ausgestattet, die die Maschinen selbsttätig anhalten, wenn Abweichungen vom normalen Prozess festgestellt werden. Das Überwachungspersonal wird automatisch verständigt.
Konzept zum Bandstopp	Das Jidoka-Konzept lässt sich auf ganze Fertigungsbereiche ausdehnen. Die Arbeiter haben bei Störungen (z. B. fehlende Teile) die Möglichkeit, das Band zu stoppen. Organisatorische Rückkopplungsschleifen sorgen für die Behebung des Problems, das den Bandstopp verursacht hat.
Integration der Kontrolle	Die Kontrolle der gefertigten Teile wird den direkt am Herstellungsprozess beteiligten Arbeitern übertragen. Dies trägt mit zu einem reibungslosen Herstellungsprozess bei.
Poka-Yoke (narrensicherer Mechanismus)	Das Auftreten von Problemen wird direkt an der Entstehungsquelle verhindert. Die Poka-Yoke-Vorrichtungen sind mechanische Vorrichtungen, mit denen es unmöglich wird, Maschinen falsch zu bedienen oder falsch zu bestücken.
SMED (Single Minute Exchange of Die)	Das SMED-Konzept will erreichen, dass die Losgrößen in der Fertigung an die Zahl Eins angenähert werden. Dies kann nur erreicht werden, wenn die Werkzeugwechselzeiten in den Bereich von Minuten gedrückt werden. Zu diesem Zweck ist ein ganzes System von Vorrichtungen entwickelt worden.

- In Japan sind entsprechende Fertigungsstrukturen geschaffen worden, an denen sich teilweise deutsche Unternehmen orientieren und bei denen die Vorteile der Werkstattfertigung mit den Vorteilen der Fließfertigung verbunden werden.

- Das Prinzip der Prozessorientierung dominiert das Prinzip der Objektorientierung.

aus: Ehrmann, Harald: Logistik, 5., überarbeitete und aktualisierte Aufl., Ludwigshafen (Rhein) 2005, S. 408

Kanban

Begriff

Kanban ist im Wesentlichen ein innerbetriebliches Verfahren zur Unterstützung der Produktionsplanung und -steuerung. Mit dem in Japan entwickelten Kanban-Konzept lassen sich sowohl die Lagerbestände als auch die Durchlaufzeiten **verringern** und die Fertigungsdurchführung **transparenter** gestalten.

Kanban wird mit **„Karte"** übersetzt. Darunter werden alle Informationsträger erfasst, die Fertigungsaktivitäten auslösen, z. B. Tafel, Schild, Zettel, markierter Bereich oder elektronische Umsetzungen im Rechner.

Bedeutung

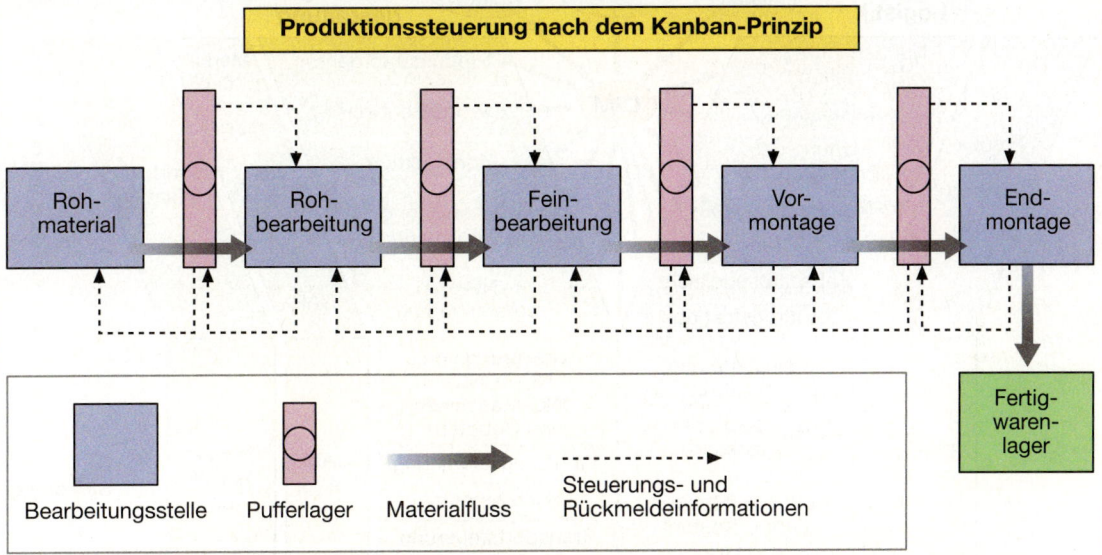

Produktionssteuerung nach dem Kanban-Prinzip

Roh-material — Roh-bearbeitung — Fein-bearbeitung — Vor-montage — End-montage — Fertig-waren-lager

Bearbeitungsstelle   Pufferlager   Materialfluss   Steuerungs- und Rückmeldeinformationen

nach: Heinen, Edmund, Hrsg.: Industriebetriebslehre, 9., vollständig neu bearbeitete und erweiterte Aufl., Gabler, Wiesbaden 1991, S. 607

- Beim Kanban-System wird der Produktionsprozess in **einzelne Bereiche** zerlegt, denen Pufferlager zugeordnet sind. Diese Lager werden durch **genormte Kanbanbehälter** mit fest definierten Materialmengen bestückt. Wird nun in einem Bearbeitungsbereich ein Kanbanbehälter aus dem Pufferlager angefordert, so wird die am Behälter angebrachte Karte (Kanban) der vorgelagerten Produktionsstufe übermittelt und dort ein entsprechender Produktionsprozess ausgelöst. Der **Kanban ist also der Produktionsauftrag.** Die leeren Kanbanbehälter werden mit den neu produzierten Produkten aufgefüllt, mit einer Karte versehen und in den Pufferlagern wieder bereitgestellt.

- Die Bestandsregulierung ist einfach, da **Bestandszugänge und -abgänge** über die Karten gesteuert werden.

- Beim Kanban-System verlaufen der Materialfluss und die Steuerungs- und Rückmeldeinformationen **entgegengesetzt.**

- Ein Kanbanbehälter entspricht oft mengenmäßig der **Fertigungslosgröße** bzw. die Losgrößen einem **geringen ganzzahligen Vielfachen** der Behältermenge.

- Die Zielsetzungen des Kanban-Systems können aber nur unter der Voraussetzung erreicht werden, dass
  - die Fertigung durch einen **hohen Wiederholungsgrad** (wie bei der Serien- oder Massenproduktion) gekennzeichnet ist,
  - **geringe Bedarfsschwankungen** vorhanden sind,
  - eine **enge räumliche Anordnung** der einzelnen Produktionsstellen mit einem effektiven **innerbetrieblichen Transportsystem** gegeben ist,
  - die **Varianten begrenzt** sind und
  - **niedrige Rüstzeiten** bei möglichst **konstanten Losgrößen** existieren.

- Diese Strategie, bei der sich die Produktionsauslösung am Mindestbestand der nachgelagerten Produktionsstufe orientiert, ist mit dem **Supermarktprinzip** vergleichbar, bei dem die durch den Verkauf entstehende Lücke im Regal wieder aufgefüllt wird. Das Nachfüllen erfolgt also durch den Verbrauch und nicht durch die Verbrauchsprognose.

- Am Kanban-System wird die oft zu geringe **Kapazitätsauslastung** und die fehlende **Reihenfolge- und Maschinenbelegungsplanung** kritisiert.

Computer Integrated Manufacturing (CIM)

Begriff

Aufgrund wechselseitiger Abhängigkeiten und vorhandener Planungsunsicherheiten kann die PPS ihre Aufgaben **nicht isoliert** erfüllen, sondern muss ganzheitlich unter Beachtung betriebswirtschaftlicher und technischer Aspekte betrachtet werden.

Unter **CIM** versteht man ein Konzept zur computergestützten Integration der betriebswirtschaftlichen und technischen Komponenten. Dabei wird die betriebswirtschaftliche Seite durch PPS-Systeme repräsentiert und die technische Seite mit CA-Systemen umgesetzt.

Das Zusammenspiel der CIM-Komponenten

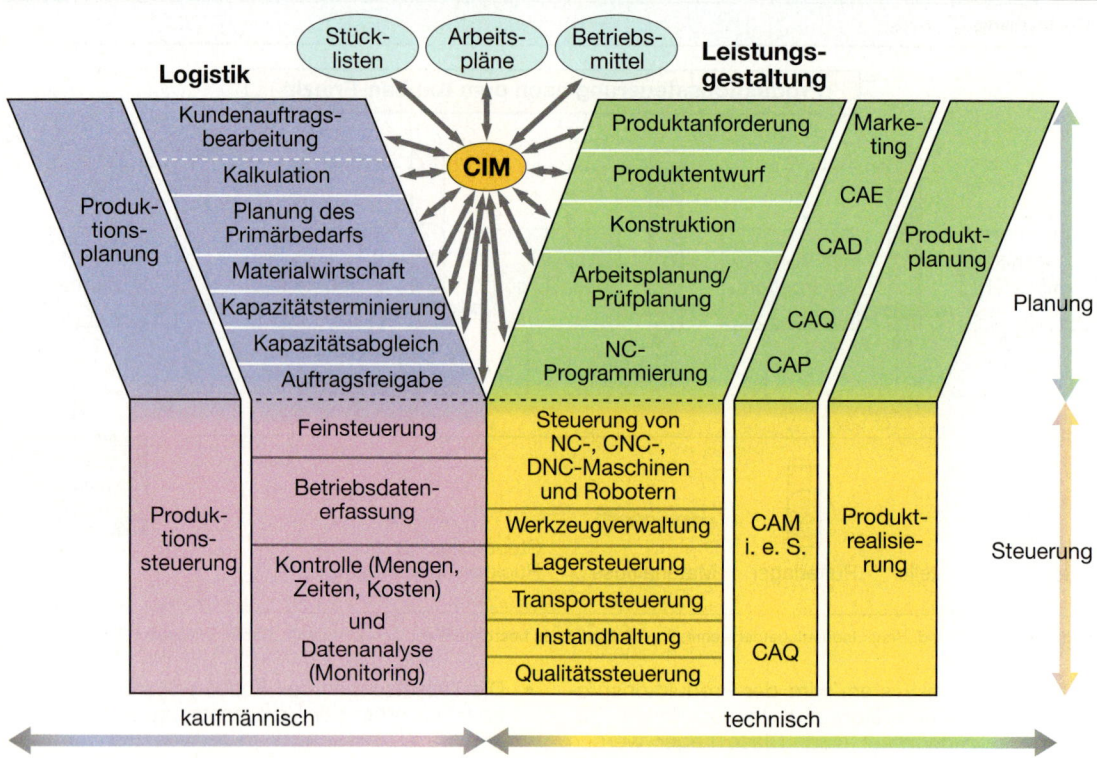

nach: Disterer, Georg u. a.: Taschenbuch der Wirtschaftsinformatik, 2. neu bearbeitete Aufl., München, Wien, 2003, S. 621

CA..	Bezeichnung	Inhalt
CAD	Computer Aided Design	Computergestützte Konstruktion und Zeichnungserstellung
CAE	Computer Aided Engineering	Computergestütztes Ingenieurwesen in Entwicklung und Fertigung
CAM	Computer Aided Manufacturing	Computergestützte Fertigungsdurchführung
CAP	Computer Aided Planing	Computergestützte Arbeits- und Montageplanung
CAQ	Computer Aided Quality Assurance	Computergestützte Qualitätssicherung
NC	Numeric Control	Numerische Steuerung von Maschinen (i. d. R. nur eine Bearbeitungsfunktion)
CNC	Computerized Numeric Control	Computergesteuerte Maschinen (mehrere Bearbeitungsfunktionen)
DNC	Direct Numeric Control	Zentrale Steuerung von NC- und CNC-Maschinen

vgl: Steinbuch, Pitter, Olfert, Klaus: Fertigungswirtschaft, 6., aktualisierte Aufl., Ludwigshafen 1995, S. 43 f.

5

Produktionscontrolling – *Production management*

Aufgabenbereiche des Produktionscontrollings

Produktionscontrolling

Strategische Aufgaben

Das Produktionscontrolling sorgt für ausreichende **Erfolgspotenziale** im Produktionsbereich, um eine langfristige **Existenzsicherung** der Unternehmung zu gewährleisten.

Umsetzung

Die erforderlichen Maßnahmen orientieren sich an internen (z. B. Unternehmensphilosophie, Unternehmensstrategie) und externen Erfolgsfaktoren (z. B. Umwelt, Gesetze). Im Vordergrund der Überlegungen stehen das Aufspüren von **Synergieeffekten,** das Fixkostenmanagement sowie In- und Outsourcing-Entscheidungen.
(s. Lernfeld 2)

Operative Aufgaben

Das Produktionscontrolling **unterstützt** die Produktionsprogrammplanung, die Produktionsprozessplanung und -steuerung sowie die Prozessüberwachung im Hinblick auf eine **wirtschaftliche** und **marktangepasste** Produktion.

Umsetzung

Durch die **Integration der EDV** und ein entsprechendes **Schnittstellenmanagement** werden die Fertigungsplanung und die Fertigungsdurchführung gestützt, damit rechtzeitig entsprechende Anpassungsmaßnahmen vorgenommen und so die unterschiedlichen Interessen der Funktionsbereiche in Übereinstimmung gebracht werden können.

Reporting

In der Produktion treffen **technische** und **betriebswirtschaftliche** Aspekte aufeinander, sodass das Produktionscontrolling als Schnittstelle **Kommunikationsprobleme** zwischen diesen beiden Bereichen zu beheben hat.

Umsetzung

Es wird ein **Berichtswesen** zur Erfassung, Aufbereitung und Bereitstellung von zeitnahen Daten aufgebaut. Dies geschieht überwiegend in Form von **Kennzahlen** (z. B. Auslastung der Arbeitsplätze, Materialverfügbarkeit, Störungen nach Dauer und Ursache, Losgrößen), die die finanzwirtschaftlichen Daten der klassischen Betriebsabrechnung ergänzen.
(s. Lernfeld 4)

5

Einordnung des operativen Produktionscontrollings in den Leistungserstellungsprozess

- Die von der **Produktionsplanung** und der **Produktionssteuerung** erarbeiteten Sollvorgaben können aufgrund diverser Störungen des Produktionsprozesses nicht immer eingehalten werden – deshalb muss die Fertigungsdurchführung mithilfe des **Produktionscontrollings** überwacht werden.

- Die **Fertigungsüberwachung** erfolgt durch Vergleich der **Sollvorgaben** mit den **Istwerten,** die zu geeigneten Gegensteuerungsmaßnahmen (z. B. Einlegen von Überstunden, Neuaufteilung der Maschinenbelegung, Auftragsvergabe an fremde Unternehmen) führen.

- Der **Soll-Ist-Vergleich** im Rahmen des Produktionscontrollings geschieht

  - über entsprechende **Betriebsdatenerfassungssysteme,** bei denen z. B. CNC-Maschinen Auslastung und Störungen direkt melden, oder

  - **konventionell,** z. B. mit Rückmeldungen und Laufkarten.

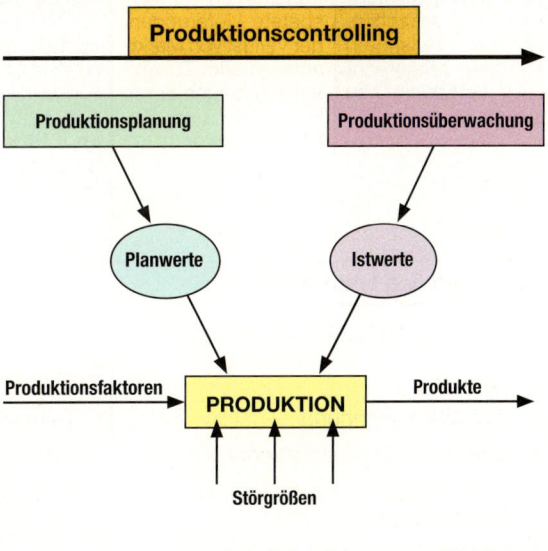

Produktionscontrolling – *Production management*

Gegenstand und Ziele des operativen Produktionscontrollings

Gegenstand

```
                          Produktions-
                          controlling
```

- Mengen-kontrolle
- Kosten-kontrolle
- Qualitäts-kontrolle
- Termin-kontrolle
- Auslastungs-kontrolle

Ziele

- termingerechte Fertigung
- rechtzeitige Auslieferung an den Kunden
- Verkürzung von Beschaffungs- und Lieferzeiten
- Erhöhung des Kapitalumschlags
- gleichmäßige und hohe Kapazitätsauslastung
- geeignete Wartungsintervalle

- Bildung optimaler Fertigungslosgrößen
- Verbesserung der Fertigungsabläufe
- Verringerung der Rüstkosten
- Reduzierung von Produktionsverlusten
- gleich bleibende und hohe Qualität
- Verringerung von Garantieleistungen
- Erhöhung der Kundenzufriedenheit
- Senkung der Lager- und Zinskosten
- Rechtzeitige Ersatzinvestitionen

Die **Mengenkontrolle** muss einen Ausgleich zwischen betrieblichen Kapazitäten und wechselnden Absatz- und Produktionsmengen unter Berücksichtigung zeitlicher und konjunktureller Einwirkungen anstreben, um die verlangten Mengen zeitgerecht zur Verfügung zu stellen.

Die **Terminkontrolle** ist von großer Wichtigkeit für die Lieferfähigkeit und die Liefertreue dem Kunden gegenüber. Als Konsequenzen von Terminverschiebungen können z. B. Vertragsstrafen für verspätete Lieferungen, der Verlust von Marktanteilen oder Zusatzaufwendungen durch Eilaufträge und Zukäufe auftreten.

Ein wichtiges Ziel des Produktionscontrollings ist im Rahmen der **Kostenkontrolle** die Überwachung der Produktionskosten. Einerseits ist besonders auf die Rentabilität des im Produktionsbereich gebundenen Kapitals zu achten, andererseits ist eine hohe qualitative und quantitative Anpassungsfähigkeit im Produktionsapparat sicherzustellen (Kosten s. S. 142 f.).

Im Rahmen der **Auslastungskontrolle** ist auf eine möglichst hohe Kapazitätsauslastung zu achten, um die Durchlaufzeiten zu verringern und die Vorgabetermine einzuhalten. Zusätzlich können die Leerkosten gesenkt und damit die Nutzkosten gesteigert werden.

Durch eine ausreichende **Qualitätskontrolle** soll die Einhaltung bestimmter Qualitätsstandards gewährleistet werden, um sowohl die Marktanteile zu halten als auch die Kosten für die Ausschussproduktion zu verringern.

Aufgaben und Instrumente

Wirtschaftlichkeitsberechnungen

Beispiele:

- Investitionsrechnung
- Operations-Research-Verfahren
- Kostenstellenbezogene Soll-Ist-Abweichungen
- Kennzahlensysteme der Produktion

Planung

Beispiele:

- Potenzialanalyse
- PIMS-Studien
- Portfoliokonzept
- Netzplantechnik

Kalkulation

Beispiele:

- Prozesskostenrechnung
- Target-Costing
- Break-even-Analyse
- Kalkulationsverfahren

3526218

Produktionscontrolling – *Production management*

Kennzahlen

Einordnung

- Ein auf Erhalt oder Verbesserung des gesamtunternehmerischen Erfolges ausgelegtes Produktionscontrolling hat vordringlich die **Wirtschaftlichkeit** des Produktionsprozesses sicherzustellen. Das Produktionscontrolling muss in der Lage sein, die relevanten Entscheidungen in den produktionswirtschaftlichen Bereichen ursächlich zu erfassen, die Auswirkungen klar abzubilden und bei Erreichung definierter Schwellenwerte Gegensteuerungsmaßnahmen durchzuführen.

- Hierzu sind möglichst **eindeutige Ziele** zu definieren, die sich aus den entsprechenden Oberzielen der Unternehmung (s. S. 55) ableiten. Je eindeutiger ein Ziel formuliert ist, desto klarer sind Abweichungen feststellbar und desto schneller können entsprechende Korrekturen eingeleitet werden.

- In diesem Zusammenhang sind **Kennzahlen** geeignete Instrumente zur Durchführung wirksamer Steuerungsmaßnahmen und aussagekräftiger Kontrollen.

- Kennzahlen können als Zahlen definiert werden, die in **konzentrierter Form quantitativ erfassbare Sachverhalte** abbilden.

- Dabei werden Vorgabewerte aus den unternehmerischen Plan- bzw. Sollzahlen als normative Werte abgeleitet. Anhand dieser Werte sind Abweichungen im Vergleich mit den **realisierten Werten** erkennbar und eine Analyse der Abweichungen möglich.

- Kennzahlen sind für interne und externe Zwecke einsetzbar. Allerdings ist die Aussagefähigkeit von Kennzahlen aufgrund der Möglichkeit **vieldeutiger Interpretationen** begrenzt. Deshalb werden für Entscheidungen zusätzliche Informationen benötigt bzw. einzelne Kennzahlen zu Kennzahlensystemen gebündelt.

- Nachstehend sind zwei wichtige Beispiele für Kennzahlen aufgeführt. Weitere wichtige Kennzahlen befinden sich auf Seite 348 ff. u. S. 419.

Produktivität

- Produktivität bezeichnet ein **mengenmäßiges Verhältnis,** bei dem Ausbringungsmengen (Output- oder Faktorertragsmengen) durch Einsatzmengen (Input- oder Faktoreinsatzmengen) dividiert werden. (Die Beispiele beziehen sich auf die OfficeCom AG, die vom Schreibtisch S45 im Monat März 600 Stück in 150 Arbeitsstunden und mit (bewerteten) Betriebsmitteln von 200.000,00 € herstellt.)

$$\text{Produktivität} = \frac{\text{Outputmenge (in Stück, m, kg usw.)}}{\text{Inputmenge (als Arbeitszeit, Betriebsmittel usw.)}}$$

- Da die Mengen unterschiedliche Dimensionen haben, sind sie selten addierbar (z. B. Arbeitszeit und Betriebsmittel). Deshalb sind Teilproduktivitäten zu bilden, z. B. im März:

$$\text{Arbeitsproduktivität} = \frac{600 \text{ Stück}}{150 \text{ Arbeitsstunden}} = 4 \text{ Stück pro Arbeitsstunde}$$

$$\text{Kapitalproduktivität} = \frac{600 \text{ Stück}}{200.000,00 \text{ €}} = 0,003 \text{ Stück pro } 1,00 \text{ €}$$

Wirtschaftlichkeit:

- Das Problem der **verschiedenen Dimensionen** bei der Produktivität wird bei der Wirtschaftlichkeit dadurch umgangen, dass die Output- und Inputmengen z. B. mit **ihren Preisen bewertet** werden. Unter Wirtschaftlichkeit wird der Quotient aus Ertrag und Aufwand verstanden. (Das Beispiel bezieht sich auf die OfficeCom AG, die im Monat Mai einen Verkaufserlös von 60.000,00 € bei einem Gesamtaufwand von 40.000,00 € erzielt.)

$$\text{Wirtschaftlichkeit} = \frac{\text{Ertrag}}{\text{Aufwand}}$$

- Die Wirtschaftlichkeit der OfficeCom AG beträgt im Mai $\frac{60.000,00 \text{ €}}{40.000,00 \text{ €}} = 1,5 \text{ oder } 150 \text{ \%}.$

  Das bedeutet, dass die OfficeCom AG im Mai einen Gewinn erwirtschaftet hat.

- Dieser Quotient kann jedoch zu Fehlinterpretationen führen, wenn z. B. aufgrund sinkender Marktpreise, geringerer Absatzmengen oder gestiegener Produktionsfaktorkosten eine geringere Wirtschaftlichkeit ausgewiesen wird. Daher wird diese Kennzahl oft wie folgt definiert:

$$\text{Wirtschaftlichkeit} = \frac{\text{Istkosten}}{\text{Sollkosten}}$$

5

Qualitätskontrolle – *Quality control*

Überblick

- Die **Qualität** der Erzeugnisse wird durch laufende Kontrollen auf einem fest definierten Niveau gewährleistet bzw. ständig verbessert. Das erhöht die **Absatzfähigkeit** der Produkte und vermindert die Kosten für Ausschuss, Nachbesserung und Gewährleistung.

- Die Kosten für die **Prüfungstätigkeit** steigen mit Zunahme der Prüfungsintensität, die u. a. von der Zahl der zu prüfenden Teile und dem jeweiligem Qualitätsstandard abhängen. Häufig werden computerunterstützte Prüfgeräte (**CAQ** = **C**omputer **A**ided **Q**uality Assurance) eingesetzt, die eine ständige Überwachung des Fertigungsablaufs und gegebenenfalls entsprechende Korrekturen ermöglichen.

- Der **Qualitätsbegriff** beschränkte sich früher vor allem auf die Qualität der Werkstoffe sowie der Halb- und Fertigfabrikate. Von der reinen Endkontrolle (Ziel: Ausschussreduktion) entwickelte sich der Qualitätsbegriff zum **Qualitätsmanagement** (Ziel: Qualitätsorientierung der Produkte auf den Kunden; DIN EN ISO 9000 ff.) bis hin zu umfassenden Qualitätskonzepten, die sich auf die Qualität des Managements (z. B. TQM) konzentrieren.
  (Zu TQM s. S. 226 f.)

Definitionen

- **Qualität** wird nach DIN ISO 8402 als Summe von Merkmalen einer Einheit mit festgelegten und voraussetzbaren Eignungen und Erfordernissen definiert.

- Eine **Einheit** kann grundsätzlich eine Tätigkeit, ein Prozess, ein System, eine Organisation, eine Person oder eine entsprechende Kombination sein.

- **Festgelegte und voraussetzbare Eignungen und Erfordernisse** bezeichnen die Summe von Merkmalen, die von den Kunden an die Beschaffenheit einer „Einheit" für eine hohe Gebrauchstauglichkeit gefordert werden.

- Unter **Qualitätssicherung** kann man die Summe aller technischen und organisatorischen Maßnahmen zur Erreichung und Sicherung einer festgelegten Qualitätsebene der betrieblichen Leistung bezeichnen. Sie umfasst die Qualitätsplanung (Festlegung der Sollwerte), die Qualitätssteuerung (Vorgabe der gewünschten Qualität) und die Qualitätskontrolle.

- Als **Qualitätskontrolle** kann man die Überprüfung der festgelegten und geforderten Qualitätsmerkmale bezeichnen. Sie kann fortlaufend oder punktuell durchgeführt werden.

- Ein **Fehler** ist die Nichterfüllung eines Qualitätsmerkmals.

Beispiele für Qualitätsmerkmale

Qualitätsmerkmale	Erklärung	Beispiele
Fehlerfreiheit	Übereinstimmung von Erzeugnissen und Konstruktionsplänen	- Einhaltung von Abmessungen - Einsatz bestimmter ökologischer Werkstoffe
Tauglichkeit	Das Produkt muss dem vorgesehenen Zweck funktions- und gebrauchsgerecht entsprechen.	- Einwandfreies Funktionieren der Vorderradbremse eines Fahrrads - Richtige Anzeige der Uhrzeit durch eine Funkuhr
Vorschriftsmäßigkeit	Einhaltung bestehender Vorschriften	- Elektrische Sicherheit nach VDE - Betriebssicherheit gemäß TÜV
Zuverlässigkeit	Einhaltung von definierten Fehlertoleranzen bzw. fehlerfreier Betrieb	- Das Anzugsdrehmoment einer Schraube beträgt 30 Nm - Genauigkeit von Uhren: max. 1 Sekunde Abweichung in 10 Jahren
Übertragbarkeit	Anpassung an neue Gegebenheiten	- Implementierung eines alten Datenkranzes in eine neue Software - Installierbarkeit einer Software auf andere Hardware

3526220

Qualitätskontrolle – *Quality control*

Fehlerkategorien

Fehlerklassen nach DIN 40080

Kritischer Fehler

Fehler, der unsichere oder gefährliche Situationen schafft oder die Erfüllung der beabsichtigten Funktion verhindert

Beispiel:
Bei einem Wasserkocher kommt der stromführende Bereich konstruktionsbedingt mit Wasser zusammen.

Hauptfehler

Nicht kritischer Fehler, der zu einem Ausfall führt oder die Brauchbarkeit für die angestrebte Verwendung erheblich einschränkt

Beispiel:
Ein Wasserkocher kann das Wasser nicht oder nicht auf die gewünschte Temperatur erhitzen.

Nebenfehler

Fehler, der den Verwendungszweck nur geringfügig herabsetzt oder den Gebrauch der Einheit nur wenig einschränkt

Beispiel:
Ein Wasserkocher weist Kratzer bzw. geringfügige Beschädigungen am Deckel auf.

Arten von Qualitätskosten

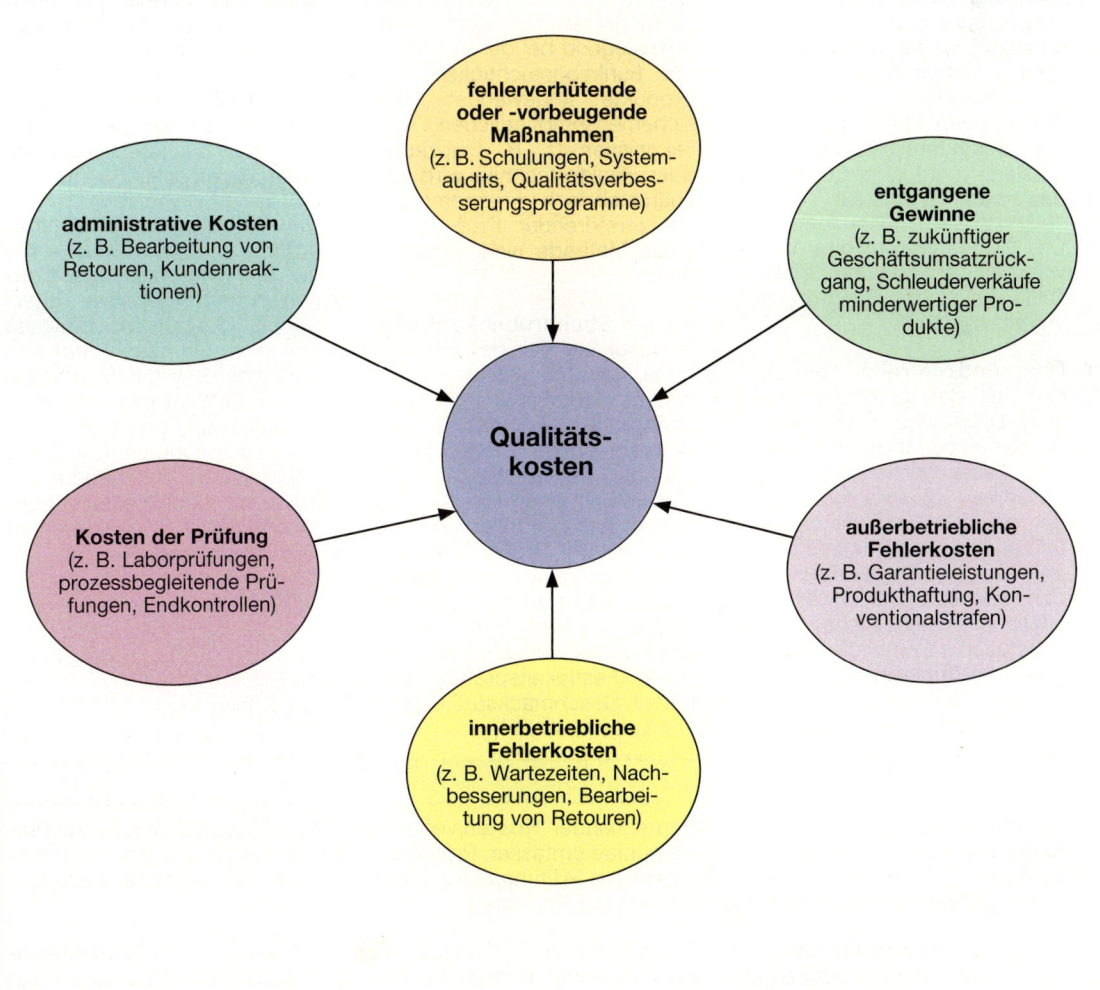

5

Qualitätskontrolle – *Quality control*

Unterscheidungskriterien

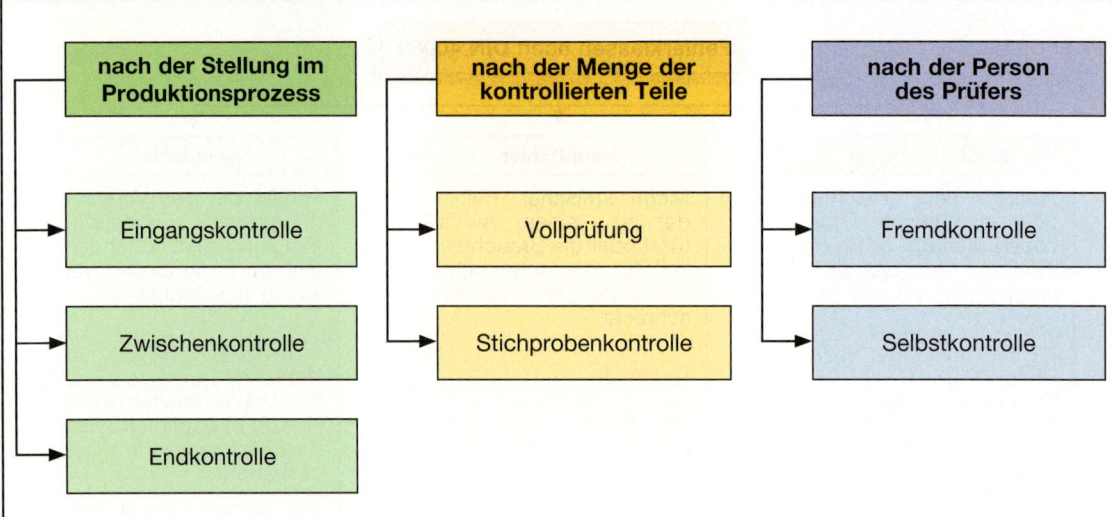

nach der Stellung im Produktionsprozess	nach der Menge der kontrollierten Teile	nach der Person des Prüfers
Eingangskontrolle	Vollprüfung	Fremdkontrolle
Zwischenkontrolle	Stichprobenkontrolle	Selbstkontrolle
Endkontrolle		

- Die **Eingangskontrolle** überprüft bezogene Werkstoffe und Waren schon beim Materialeingang. Je früher ein Fehler entdeckt wird, desto kostengünstiger ist es in der Regel für die Unternehmung. Nach der Zehnerregel potenzieren sich die Fehlerkosten entlang der Produktentstehungskette, da sie sich auf jeder Stufe um den Faktor 10 erhöhen.

- Die **Zwischenkontrolle** wird während der Fertigung für einzelne Teile oder Baugruppen vorgenommen.

- Die **Endkontrolle** bezieht sich auf das gefertigte Produkt. Dabei wird entschieden, ob das Produkt zum Verkauf freigegeben werden kann. Das fehlerfreie Zusammenwirken der einzelnen Produktkomponenten kann manchmal erst in der Endkontrolle geprüft werden, womit der Stellenwert als letzte innerbetriebliche Kontrollstation im Hinblick auf das Produkthaftungsgesetz (siehe S. 406) deutlich wird.

- Die **Vollprüfung** (Totalprüfung, 100 %-Kontrolle) umfasst sämtliche Teile. Sie ist eine sehr sichere, aber auch aufwändige Prüfungsmethode und wird überwiegend bei der Kontrolle der Funktionstüchtigkeit der Produkte angewendet. Bei sicherheitsempfindlichen Erzeugnissen (z. B. Flugzeug- oder Reaktortechnik) wird sie auch mehrfach vorgenommen; bei zerstörender Prüfung ist diese Methode nicht einsetzbar.

- Bei der **Stichprobenkontrolle** wird nur ein Teil der Erzeugnisse geprüft. Anhand des festgestellten Fehleranteils der Stichprobe wird mittels der Wahrscheinlichkeitsrechnung auf die Fehlerhaftigkeit der Gesamtheit geschlossen. Die Stichprobenkontrolle wird vor allem bei der Großserien- und Massenfertigung angewendet bzw. bei bestimmten Erzeugnissen, die nach der Prüfung nicht mehr verwendbar sind (z. B. Festigkeitsprüfung bei Metall, Geschmacksprüfungen von Lebensmitteln).

- Die **Fremdkontrolle** wird durch das Qualitätswesen vorgenommen und kann sowohl durch die eigene als auch durch eine beauftragte Unternehmung durchgeführt werden. Sie ist die vorherrschende Form der Qualitätsprüfung und orientiert sich an dem Grundsatz, dass niemand sich selbst kontrollieren sollte.

- Die **Selbstkontrolle** (Selbstprüfung, Eigenprüfung), bei der die Mitarbeiter ihre eigenen Arbeitsergebnisse überprüfen, durchbricht bewusst den o. a. Grundsatz, um das Eigeninteresse der Mitarbeiter an der Qualität ihrer Arbeit zu aktivieren und ggf. durch Prämien zu honorieren. Der Erfolg hängt hierbei in besonderem Maße von der Bereitschaft der Mitarbeiter zur permanenten Qualitätsverbesserung ab.

Kosten der Qualitätskontrolle

- Da die Qualitätsüberprüfungen mit entsprechenden **Kosten** verbunden sind, ist eine entsprechende **Planung** unerlässlich. Die Planungsschwerpunkte umfassen Prüfungsmerkmale, Zeitpunkte oder Zeitintervalle der Prüfung, Prüfungsvorrichtungen und Prüfungsdurchführung, Prüfer, Prüfungsorte, Prüfungsumfang, Dokumentation und Aufbewahrung der Prüfdaten.

- Die **Qualitätskontrolle** hat einen hohen Stellenwert in der Unternehmung: Geringe Qualitätsbemühungen führen aufgrund der Folgewirkungen zu hohen Kosten, die aber auch durch zu viel Vorsorge- und Prüfungsaufwand entstehen können.

3526222

Wirtschaftlichkeit der Qualitätskontrolle – *Cost effectiveness of quality control*

Funktionsorientierte Qualitätskostenbetrachtung

- Der klassische Ansatz bei der Darstellung der Qualitätskosten berücksichtigt die Größen
  - **Fehlerverhütungskosten** (z. B. Qualitätsplanung, Lieferantenbeurteilung, Machbarkeitsstudien, Zertifizierungen, Audits),
  - **Prüfkosten** (z. B. Kosten des Prüfungsvorgangs, Zerstörungen bei der Prüfung, Prüfdokumentation) und
  - **Fehlerkosten** (z. B. Ausschuss, Nacharbeitung, Sortierarbeiten).

- Dabei wird eine **gegenläufige Entwicklung** von Fehlerverhütungskosten und Prüfungskosten einerseits und Fehlerkosten andererseits angenommen. Die Kosten für Fehlerverhütung und Prüfung steigen mit zunehmendem Qualitätsanspruch. Die Fehlerkosten fallen mit erhöhtem Qualitätsgrad.

- Das **wirtschaftliche Optimum** ist erreicht, wenn die Gesamtkosten (als Addition von Fehlerkosten sowie Prüfungs- und Fehlerverhütungskosten) ein Minimum erreichen.

- Die **kostenoptimale Qualität** liegt hierbei nicht bei 100 % Vollkommenheit, was vor allem an der vollständigen Zuordnung der Prüfkosten zu den Fehlerverhütungskosten liegt.

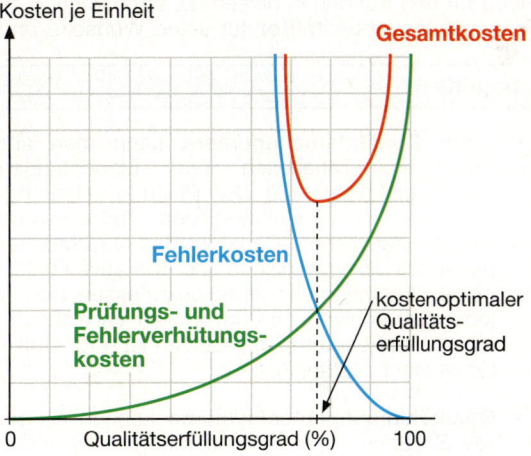

Wertschöpfungsorientierte Qualitätskostenbetrachtung

- Die funktionsorientierte Qualitätskostenbetrachtung lässt zum einen eine eindeutige Erfassung und Zuordnung der Qualitätskosten zu den Geschäfts- und Betriebsprozessen nicht zu. Zum anderen muss aufgrund der empirisch ermittelten Zehnerregel (s. S. 222) der gesamte Produktlebenszyklus erfasst werden.

- Neuere Betrachtungsweisen teilen die Qualitätskosten deshalb in **wertschöpfende Kosten** (als Kosten der Übereinstimmung) und in **nichtwertschöpfende Kosten** (als Kosten der Abweichung) ein. Dabei werden die wertschöpfenden Kosten als notwendige Qualitätskosten (ggf. erweitert durch die Kosten für Qualitätsnachweise) und die nichtwertschöpfenden Kosten als vermeidbare Kosten angesehen.

- **Kosten der Übereinstimmung** entstehen für Tätigkeiten mit dem Ziel, eine dauerhaft fehlerfreie Produkterstellung zu erlangen und zu erhalten. Sie stellen eine „positive Investition" dar, die einen entsprechenden Beitrag zum Unternehmenserfolg gewährleistet.

- **Kosten der Abweichung** fallen für die Beseitigung von Abweichungen eines vorgegebenen Qualitätsstandards an und stellen eine Verschwendung von Ressourcen dar.

- Der **Block der Prüfkosten** wird entsprechend ihrer jeweiligen Wertschöpfungsanteile auf die Kosten der Übereinstimmung (z. B. Kosten für Prüfmittel) und die Kosten der Abweichung (z. B. Aussortieren fehlerhafter Teile, Nacharbeit) aufgeteilt.

- Die **kostenoptimale Qualität** liegt dann bei einem Qualitätserfüllungsgrad von 100 %.

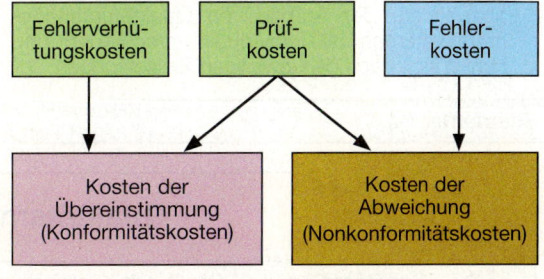

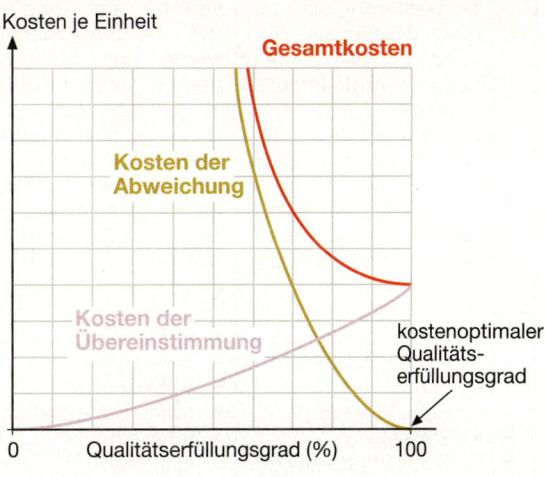

Qualitätsmanagement – *Quality management*

Bedeutung

In **dynamischen** Märkten führen stetige **Änderungen** z. B. im Kundenverhalten, in gesellschaftlichen Werthaltungen, in internationalen Gesetzeslagen, in Umweltforderungen und in technologischen Entwicklungen zu einem **hohen** Anpassungs-, Erfolgs-, Kosten-, Zeit- und Wettbewerbsdruck. Qualität wird für den Kunden in diesem Zusammenhang zu einem **Integrationsfaktor** für seine Wünsche und Anforderungen, die sein Vertrauen in die Unternehmensleistung begründen. Daher steigen auch die Anforderungen an die Qualitätsfähigkeit von Unternehmen und der Zwang, diese Qualitätsfähigkeit nachweisen zu müssen. Somit erhält das Qualitätsmanagement eine wichtige Bedeutung als **Wettbewerbsfaktor.**

Begriffe

- Unter **Qualitätsmanagement** kann man alle Strukturen, Tätigkeiten und Einrichtungen zusammenfassen, die der Planung, Lenkung, Erfassung, Dokumentation und Verbesserung der Qualität dienen. Dabei ist das Qualitätsmanagement als strategische und operative Funktion der Unternehmensleitung aufzufassen, die auf jeder Hierarchieebene und in allen Teileinheiten einer Unternehmung umzusetzen ist – für Qualität ist jeder zuständig.

- **Qualitätsmanagementsysteme** können als ein alle Bereiche einer Unternehmung erfassendes organisatorisches Konzept zur Sicherung der Qualitätsfähigkeit eines Unternehmens verstanden werden. Dabei sind die erfolgskritischen Faktoren wie z. B. Kernprozesse und die wechselseitigen Beziehungen prozessorientierter Strukturen abzubilden. Der Aufbau von Qualitätsmanagementsystemen ist individuell verschieden und richtet sich nach den jeweiligen Zielsetzungen.

- Durch ein **Qualitätsaudit** als systematische und unabhängige Untersuchung des Qualitätsmanagementsystems kann festgestellt werden, ob die Qualitätsaktivitäten den gestellten Anforderungen entsprechen und effektiv umgesetzt werden. Ein Qualitätsaudit kann **intern** oder **extern** vorgenommen werden. Bei internen Audits werden die Prüfungshandlungen von betriebsinternen Personen, die aber vom zu prüfenden Sachverhalt unabhängig sein sollten, vorgenommen.

- Das Qualitätsmanagementsystem einer Unternehmung wird in einem **Qualitätshandbuch** dokumentiert und aktualisiert. Es werden sowohl die relevanten Qualitätsziele und Qualitätsplanungen als auch die Arbeits- und Verfahrensanweisungen erfasst. Das Qualitätshandbuch ist ein öffentliches Dokument, da es nicht nur den Betriebsangehörigen, sondern auch den Lieferanten und Kunden zur Verfügung steht.

Elemente

Qualitätsmanagement

Gegenstand			
Die **Qualitätsplanung** befasst sich mit den Maßnahmen zur Planung und Entwicklung der Qualitätsanforderungen. Im Rahmen dieser Tätigkeit sind die Qualitätsgrundsätze, Qualitätsziele, Qualitätsstrategien und Qualitätsstandards festzulegen.	Die **Qualitätssicherung** umfasst alle Tätigkeiten, die der Überwachung und Korrektur der Qualitätsanforderungen dienen. Dazu sind entsprechende Maßnahmen zur Mitarbeitermotivation, Qualitätsverantwortung, Organisation und Kommunikation zu treffen.	Im Rahmen der **Qualitätsprüfung** soll die Einhaltung der gesetzten Qualitätsstandards überprüft werden. Dafür sind geeignete und kostengünstige Verfahren und Instrumente zur Überprüfung auszuwählen.	Alle im Rahmen des Qualitätsmanagementsystems umgesetzten Tätigkeiten sind in einer **Qualitätsmanagementdokumentation** niederzulegen. Die Veröffentlichung dieser Daten soll intern und extern Vertrauen in die Qualitätsanforderungen schaffen.

Instrumente			
• Kundenbefragung • Mitarbeiterbefragung • Benchmarking • Stärken-Schwächen-Analyse • Ermittlung von Verbesserungspotenzialen	• Personalauswahl • Anreizsysteme • Aufbauorganisation • Ablauforganisation • Informationssysteme • Qualitätszirkel	• Fehleranalyse • Qualitätsmessung • Qualitätszirkel • Beschwerdemanagement • Teamgespräch	• Qualitätsstatistik • Qualitätshandbuch • Qualitätsaudit • Zertifizierung • Auszeichnung mit Qualitätspreisen

3526224

Qualitätsmanagement – *Quality management*

DIN EN ISO 9000

- Immer häufiger werben die Unternehmen mit der Zertifizierung nach **DIN EN ISO 9000** ff. (im Folgenden kurz ISO 9000 genannt) und zeigen damit, dass sie ein entsprechendes Qualitätsmanagement eingeführt haben.
- Die Normen sind von der International Organization for Standardization **(ISO)** entwickelt, nach Zustimmung der europäischen Normengremien und der Europäischen Kommission als europäische Norm **(EN)** übernommen und schließlich vom Deutschen Institut für Normung **(DIN)** in das nationale Normenwerk Deutschlands eingegliedert worden.

- Die Übernahme von ISO-Normen geschieht auf freiwilliger Basis. Die europäischen Staaten sind jedoch verpflichtet, die Europanormen in ihre jeweiligen Regelwerke zu übernehmen.
- Unternehmen können ihr Qualitätsmanagement **individuell** gestalten. Da die ISO 9000 weltweit akzeptiert werden, sollte sich ein Qualitätsmanagement mit seinen Anforderungen **mindestens** an diesen Normen orientieren.

ISO 9000 ist ein **Normensystem,** das aus vier Kernnormen besteht.

Kernnormen	Inhalt
DIN EN ISO 9000	Grundsätzliche Überlegungen und Begriffe für Qualitätsmanagementsysteme sowie Anleitung zur Darlegung des Qualitätsmanagementsystems
DIN EN ISO 9001	Forderungen an die Qualitätssicherung und Darlegung der Fähigkeit zu fehlerfreier Produktion
DIN EN ISO 9004	Leitfaden zur Leistungsverbesserung und zur Verbesserung des Qualitätsmanagementsystems
DIN EN ISO 19011	Leitfaden für das Auditieren von Qualitäts- und Umweltmanagementsystemen

Vorteile der Zertifizierung

- Die Zertifizierung setzt das Überdenken der Arbeitsprozesse in der Unternehmung voraus und führt zu **Verbesserungen** im Organisationsaufbau und Arbeitsablauf. Standardisierung von Ablauf- und Kommunikationsstrukturen führen zu **Objektivierung** von Arbeitsabläufen und engen den Spielraum von persönlicher Willkür ein. Damit wird indirekt ein Beitrag zur Verbesserung der Arbeitsbedingungen geleistet.
- **Kosteneinsparungen,** die durch effiziente Strukturen im Unternehmensaufbau und Arbeitsablauf erreicht werden, verbessern die **Zukunftsfähigkeit** der Unternehmung.
- Die Einbindung der **Kundenzufriedenheit** führt zu einem höheren Grad an Kundennähe und leistet einen wichtigen Anteil zur **Wettbewerbsfähigkeit.**
- Das Zertifikat kann durch genaue Dokumentationen von Produktkonstruktion und Produkterstellung **vorbeugend gegen Produkthaftungsklagen** (insbesondere bei Beweislastumkehr) helfen und haftungsrechtlich relevante Gegenbeweise liefern.
- Die Zertifizierung kann als **Wettbewerbsvorteil** angesehen werden, da ISO 9000-zertifizierte Unternehmen meist von ihren Zulieferern ebenfalls einen entsprechenden Qualitätsstandard verlangen (Automobilindustrie) und staatliche Stellen bei Ausschreibungen und Auftragsvergabe entsprechende Vorgaben machen.

Nachteile der Zertifizierung

- Die Zertifizierung ist mit **hohen Kosten** (z. B. Istaufnahmen, Prozessoptimierungen, Überprüfungen, Dokumentationen, Audits, Schulungen) verbunden, zumal die Gültigkeit der Zertifikate nur zwei bis drei Jahre beträgt.
- Eine zu große Regelungsdichte und enge Regelauslegung können zu einer **Überreglementierung** und damit zu **Bürokratisierung** führen, sodass die notwendige Flexibilität und das Kreativitätspotenzial einer Unternehmung nicht abgerufen werden können.
- Es kann eine **faktische Zwangsnormierung** entstehen, da die Markteintrittschancen von entsprechenden Zertifikaten abhängen (z. B. Automobilindustrie, staatliche Ausschreibungen). Insbesondere neugegründete Unternehmen oder Unternehmen mit finanziellen Problemen haben einen erschwerten Marktzugang.

Total Quality Management (TQM)

Begriff

TQM kann nach DIN ISO 8402 als integratives Managementkonzept definiert werden, das

- alle Mitarbeiter und Mitarbeiterinnen einer Organisation einbezieht,
- die Qualität als wesentliches Unternehmensziel in den Mittelpunkt aller Betrachtungsweisen stellt,
- durch Zufriedenstellung der Kunden einen langfristigen Unternehmenserfolg anstrebt sowie
- auf Nutzen für die Mitglieder der Organisation und der Gesellschaft zielt.

T — Alle Unternehmensbereiche, alle Hierarchieebenen, alle Mitarbeiter und Mitarbeiterinnen sind möglichst **total** in allen Phasen des betrieblichen Leistungserstellungsprozesses durch unternehmensweite Beteiligung, partnerschaftliches Verhältnis zu Kunden und Lieferanten sowie durch Orientierung des Unternehmens an den gesellschaftlichen Forderungen einbezogen.

Q — **Qualität** ist das Leitmotiv und spiegelt sich in der Erfüllung von Kundenerwartungen bezüglich fehlerfreier und kundengerechter Produkte wider. Der Qualitätsbegriff bezieht sich nicht nur auf die Produkte und Dienstleistungen, sondern beinhaltet ebenso die Optimierung von Prozessen, der technischen Ausstattungen, der Arbeitsbedingungen, der personellen Ressourcen und der Außenbeziehungen.

M — TQM ist Aufgabe des **Managements,** das einerseits die Qualität als Unternehmensziel in den Vordergrund zu stellen hat, andererseits selbst durch Qualität überzeugen muss, um durch Setzen entsprechender Rahmenbedingungen die Einstellung und Motivation der Mitarbeiter für TQM zu fördern.

Bedeutung

- TQM ist eine **Managementstrategie** mit einem umfassenden Denk- und Handlungsansatz, der sich zum einen in der Unternehmensphilosophie als **Leitbild** eines Unternehmens niederschlägt und zum anderen als **konkretes Führungskonzept** im Unternehmen umgesetzt werden muss.

- Im Mittelpunkt der Bemühungen steht die **Erfüllung der Kundenwünsche.** Der Kundenbegriff ist dabei ganzheitlich zu interpretieren. Man unterscheidet externe Kunden (Käufer und Verwender der Produkte) und interne Kunden (Abteilungen, die Ergebnisse von vorgeschalteten Abteilungen übernehmen). So kann über die Unternehmung ein vielfältiges Kunden-Lieferanten-Beziehungsgeflecht aufgebaut werden, in dem die Lieferanten die Qualität zur Verfügung stellen müssen, die der (interne oder externe) Kunde benötigt und verlangt. Das setzt eine entsprechende **Kommunikation und Kooperation** voraus und führt zu einer Optimierung von Produkten, Prozessen, Partnerschaften und Fähigkeiten, sodass letztendlich alle Beteiligte am Erfolg partizipieren.

- Die Erfüllung der Kundenwünsche, die sich auf das Produkt, den After-Sales-Service oder das Verhalten der Unternehmung insgesamt beziehen kann, führt zu einer **hohen Kundenzufriedenheit,** die die Grundlage für eine langfristige **Kundenbindung** und **Kundenloyalität** bildet.

- TQM versucht, das **Spannungsfeld** von Qualität, Zeit und Kosten aufzulösen. Das Erreichen eines definierten Qualitätsstandards kann die damit verbundenen Kosten kompensieren, denn Qualität führt zu niedrigen Entwicklungs- und Produktionskosten, sodass Fehler, Blindleistungen, Verschwendung, Korrekturen und Nacharbeit reduziert bzw. vermieden werden. Zudem können Kosten und Zeiten für die Einwandbehandlung durch Kunden minimiert werden.

Aspekte des TQM

- bereichs- und funktionsübergreifend **(Prozessorientierung)**
- partnerschaftliches Verhältnis zu Kunden **(Kundenorientierung)** und Lieferanten
- Einbeziehung aller Unternehmensangehörigen **(Mitarbeiterorientierung)**
- dialog- und mitwirkungsorientierte Öffentlichkeitsarbeit **(Gesellschaftsorientierung)**

T

kontinuierliche Verbesserung

M
- Führungsaufgabe Qualität (sinnorientiertes Handeln)
- Führungsqualität (Vorbildfunktion)
  - Team- und Lernfähigkeit
  - Beharrlichkeit

Q
- Arbeitsqualität
- Unternehmensqualität
- Potenzialqualität
- Prozessqualität
- Produktqualität

nach: Pfeifer, Tilo: Qualitätsmanagement, München, Wien 2001, S. 6

Kausalbeziehungen

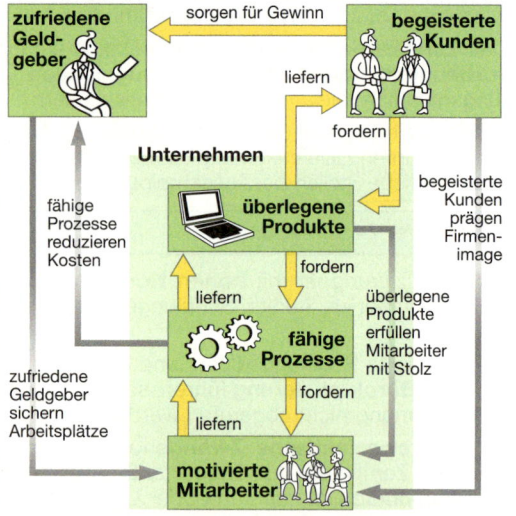

nach: Pfeifer, Tilo: Qualitätsmanagement, München, Wien 2001, S. 9

5

Total Quality Management (TQM)

Zusammenhänge

- Die starke **Kundenorientierung** wird durch eine erhöhte Mitarbeiterorientierung begleitet, sodass neben den technisch-organisatorischen Aspekten vor allem Humanaspekte in den Vordergrund treten. Das setzt neben **motivierten Mitarbeitern,** die sich mit den Visionen und Zielen des Unternehmens identifizieren, auch **kompetente Mitarbeiter,** die Verantwortung für ihre Aufgaben übernehmen, voraus. Die Mitarbeiterqualifikation muss gegebenenfalls durch unterschiedliche Qualifizierungsmaßnahmen in unterschiedlichen Lernorten verbessert werden.

- Der Führungsansatz des TQM stellt kein fertiges Konzept dar, sondern ist ein **kontinuierlicher Verbesserungsprozess (KVP),** der sich vom Zulieferer über die eigenen Mitarbeiter zum Kunden auf möglichst alle Phasen der Wertschöpfungskette erstreckt. Damit ist ein **Zyklus ständiger, schrittweiser Verbesserungen** gemeint, der sich auf sämtliche Abläufe, Arbeitsplätze, Produkte sowie interne und externe Kundenbeziehungen erstreckt. Das setzt voraus, dass ein eindeutiger Istzustand formuliert wird, der dann Ausgangspunkt prozessorientierter Verbesserungen ist, die anhand klarer Messgrößen regelmäßig zu überprüfen sind und eine immer höhere Qualitätsebene erreichen. KVP kann in eine bestimmte Schrittfolge gegliedert werden (s. **PDCA-Zyklus**).

- Der kontinuierliche Verbesserungsprozess wird zwar von der Unternehmensführung eingeführt **(top-down),** ist aber von den Mitarbeitern umzusetzen **(bottom-up).**

- TQM wird vielfach in bestehende Qualitätsmanagementsysteme nach DIN EN ISO 9000 ff. integriert. Eine Koppelung von TQM an die genormten Strukturen ist aber **nicht zwingend** erforderlich, erleichtert jedoch z. B. durch Nutzung eines standardisierten Belegflusses die Einführung und den Aufbau von **TQM-Systemen.**

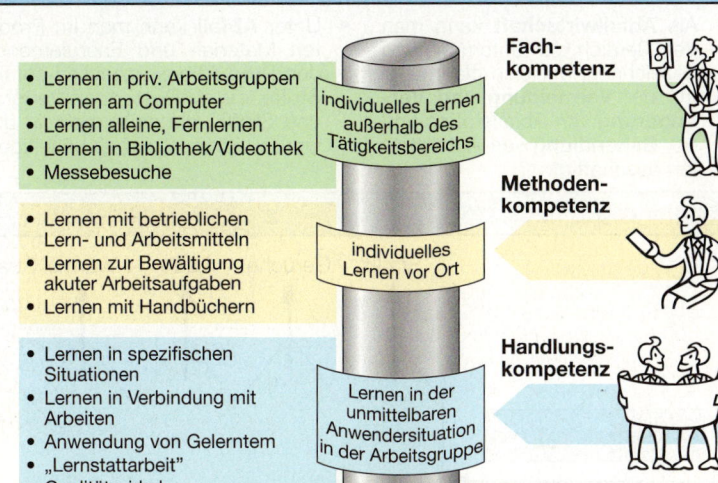

- Lernen in priv. Arbeitsgruppen
- Lernen am Computer
- Lernen alleine, Fernlernen
- Lernen in Bibliothek/Videothek
- Messebesuche

individuelles Lernen außerhalb des Tätigkeitsbereichs — Fachkompetenz

- Lernen mit betrieblichen Lern- und Arbeitsmitteln
- Lernen zur Bewältigung akuter Arbeitsaufgaben
- Lernen mit Handbüchern

individuelles Lernen vor Ort — Methodenkompetenz

- Lernen in spezifischen Situationen
- Lernen in Verbindung mit Arbeiten
- Anwendung von Gelerntem
- „Lernstattarbeit"
- Qualitätszirkel

Lernen in der unmittelbaren Anwendersituation in der Arbeitsgruppe — Handlungskompetenz

- Teamarbeit, Gespräche und Diskussionen
- Lernen durch Planspiele und Rollenspiele
- fachlicher Austausch
- Experimentieren unter Lernenden

seminarisches Lernen im Gruppenverband — soziale Kompetenz

nach: Pfeifer, Tilo: Qualitätsmanagement, Hanser, München, Wien 2001, S. 20

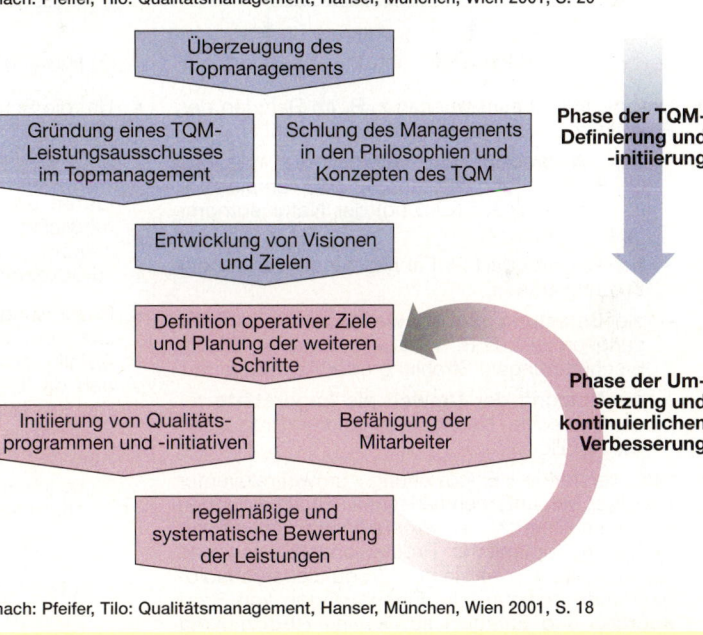

Überzeugung des Topmanagements

Gründung eines TQM-Leistungsausschusses im Topmanagement — Schlung des Managements in den Philosophien und Konzepten des TQM

Entwicklung von Visionen und Zielen

Definition operativer Ziele und Planung der weiteren Schritte

Initiierung von Qualitätsprogrammen und -initiativen — Befähigung der Mitarbeiter

regelmäßige und systematische Bewertung der Leistungen

Phase der TQM-Definierung und -initiierung

Phase der Umsetzung und kontinuierlichen Verbesserung

nach: Pfeifer, Tilo: Qualitätsmanagement, Hanser, München, Wien 2001, S. 18

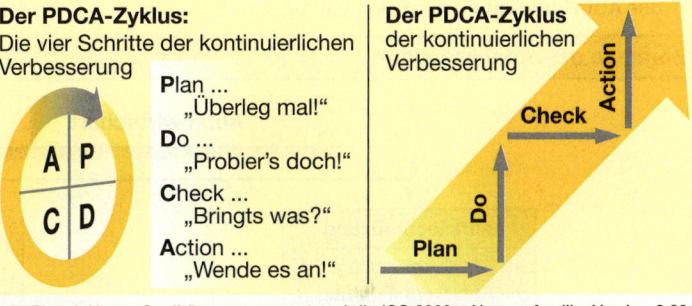

Der PDCA-Zyklus:
Die vier Schritte der kontinuierlichen Verbesserung

A P
C D

Plan ... „Überleg mal!"
Do ... „Probier's doch!"
Check ... „Bringts was?"
Action ... „Wende es an!"

Der PDCA-Zyklus der kontinuierlichen Verbesserung

Plan — Do — Check — Action

nach: Zingel, Harry: Qualitätsmanagement und die ISO 9000er Normenfamilie, Version 2.20, Internet: www.zingel.de, S. 40

5

Abfallwirtschaft – *Waste management*

Begriff

- Als **Abfallwirtschaft** kann man den Bereich der Unternehmung bezeichnen, der sich planmäßig mit der **Vermeidung und Verringerung** von Abfallstoffen und der **Behandlung** von Abfallstoffen beschäftigt.

- Unter **Abfall** kann man im Produktionsbereich alle nicht angestrebten Material- und Energiemengen zusammenfassen, die während des Produktionsprozesses anfallen. Diese **weite Definition** umfasst Stoffe, die als Rest- oder Wertstoffe weiterverwendet werden können, und Stoffe, die nicht mehr in den Wirtschaftsprozess zurückgeführt werden können und zu beseitigen sind **(Abfall im engeren Sinn)**.

Einordnung

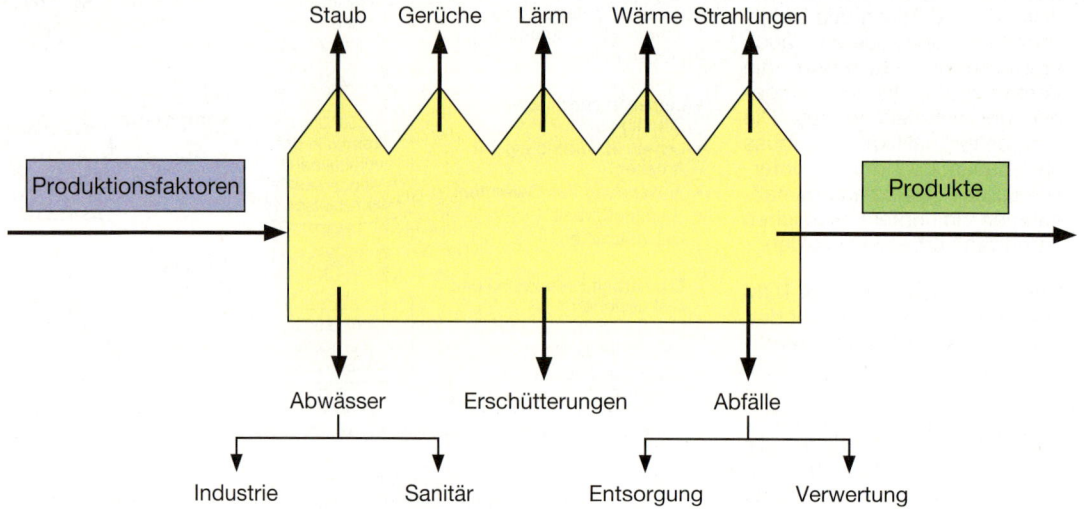

- Unternehmen beanspruchen z. B. im Rahmen des Produktionsprozesses ihre Umwelt durch

  - den **Verbrauch von Gütern,** die mittelbar (z. B. Roh- und Hilfsstoffe) oder unmittelbar (z. B. Wasser zur Kühlung) der Natur entnommen werden,

  - den **Raumbedarf** für Fabrikgelände, Lager oder Zufahrtsstraßen,

  - die **Belastung der Umwelt** durch den Fertigungsprozess z. B. mit Lärm, Abgasen, Staub, Erschütterungen, Strahlung oder Abwärme und

  - die **Nutzung der Umwelt als Lagerstätte** für unerwünschte Nebenprodukte der Produktion wie Abfälle.

- Die verstärkte Einbeziehung umweltrelevanter Aspekte bei unternehmerischen Entscheidungen führte im Bereich der Produktionswirtschaft zur Einführung optimierter Produktionsprozesse und zum Einsatz von effizienten Produktionstechnologien und -verfahren, die **Einsparungen von Ressourcen** und Energien sowie eine **Reduzierung der Abfallerzeugung** zur Folge hatten.

- Um die Schonung der natürlichen Ressourcen und die Sicherung der umweltverträglichen Beseitigung von Abfällen nachhaltig zu sichern, soll die Abfallwirtschaft in möglichst **geschlossenen Kreisläufen** erfolgen. Damit ist gemeint, dass Abfälle möglichst in die Produktionsabläufe zur Energieerzeugung oder zur Substitution primärer Rohstoffe zurückgeführt werden sollen.

- In der Bundesrepublik Deutschland ist diese Kreislaufökonomie durch das Kreislaufwirtschafts- und Abfallgesetz **(KrW-/AbfG)** kodifiziert. Damit werden die Ergebnisse der Weltkonferenz 1992 von Rio de Janeiro **(Agenda 21)** im Abfallbereich in gesetzliche Handlungsvorgaben umgesetzt. Die Agenda 21 beinhaltet u. a., dass

  - beschränkt verfügbare Ressourcen so **sparsam wie möglich** einzusetzen sind,

  - nicht erneuerbare Ressourcen nur **in dem Maße** verbraucht werden, in dem erneuerbare Substitute erschlossen werden, und

  - Schadstoffe nur im **verträglichen** Umfang an die Umwelt abzugeben sind.

Bereiche der Abfallwirtschaft

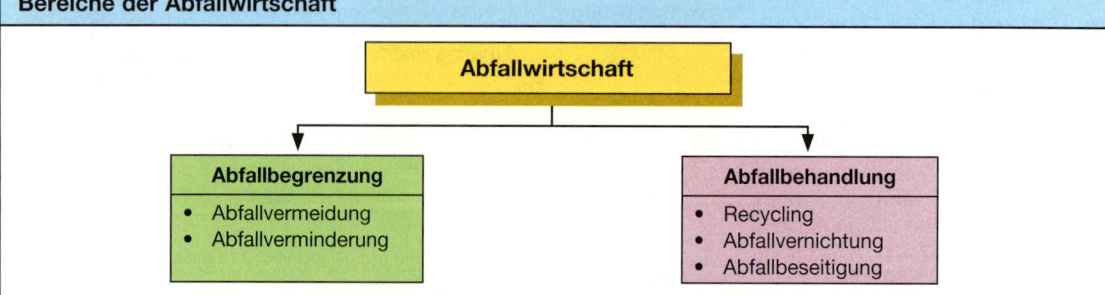

3526228

Abfallwirtschaft – *Waste management*

Abfallbegrenzung

Die Begrenzung des Abfalls führt dazu, dass das Problem der Abfallbehandlung reduziert wird. Die auftretenden Abfälle müssen mit geeigneten und zulässigen Verfahren behandelt und entsorgt werden. Deshalb ist die Abfallbegrenzung ein wichtiges Unternehmensziel.

Abfallbegrenzung

Abfallvermeidung

- Eine wichtige Strategie der Abfallbegrenzung ist die **Abfallvermeidung.** Denn was vermieden werden kann, muss nicht überwacht und/oder vermindert bzw. nachbehandelt werden. Damit beinhaltet der Bereich der Abfallvermeidung ein hohes **Kosteneinsparvolumen.**
- Unter **Abfallvermeidung** kann man eine Vorgehensweise der Unternehmung verstehen, die eine Entstehung von Abfällen vor, während und nach dem Produktionsprozess verhindert. Die Abfälle sind in erster Linie **zu vermeiden** durch Verminderung ihrer **Menge** und **Schädlichkeit.** Das ist jedoch in vielen Fällen aus produktionstechnischen Gegebenheiten nicht möglich.

Abfallverminderung

- Da eine absolute Abfallvermeidung nicht möglich ist, versuchen die Unternehmen die Strategie der **Abfallverminderung,** indem die **Entstehungsmöglichkeiten** für Abfall reduziert werden und möglichst solche Rückstände im Produktionsprozess erzeugt werden, die eine **wirtschaftliche Recyclingfähigkeit** haben.
- Das kann erreicht werden, z. B. durch
  - abfallmindernde Konstruktion und Entwicklung der Produkte,
  - Verringerung des Einsatzes von Produktionsfaktoren (Einsatz ressourcenschonender Produktionsverfahren und Maschinen, Verschnittminimierung),
  - Verbot des Einsatzes bestimmter Produktionsfaktoren (Asbest, Quecksilber),
  - Erhöhung der Lebensdauer von Materialien (Keramikbremsen beim Auto) oder
  - Mehrfachnutzung der Produktionsfaktoren (Aufarbeitung von Materialien).

Abfallbehandlung

Recycling

- Mit **Recycling** (to recycle = wiederverwerten) bezeichnet man die **Rückführung** der anfallenden Rückstände und Nebenprodukte, die bei der Produktion und dem Verbrauch der Erzeugnisse entstehen, in den **Produktions-Verbrauchs-Kreislauf.** Das bedeutet einerseits, dass **Abfälle,** die für einen bestimmten Produktionsvorgang nicht mehr nutzbar sind, mithilfe geeigneter Recyclingverfahren wieder in diesen oder einen anderen Leistungsprozess eingesetzt werden können. Andererseits gilt das Gleiche für die **Endprodukte.**
- Ein wesentliches Element der Kreislaufwirtschaft ist die **Produktverantwortung,** mit der die Hersteller veranlasst werden, die Verantwortung für ihre Produkte auch am Ende ihrer Lebensdauer zu übernehmen, indem eine möglichst hochwertige Wiedernutzung oder Verwertung angestrebt wird.
- Diese Produktverantwortung ist rechtlich in der Bundesrepublik Deutschland bisher für die Rücknahme und Verwertung von Batterien und Altautos umgesetzt worden.

nach: Umweltbewusst Leben, Hrsg.: Umweltbundesamt, Berlin 1998, S. 474

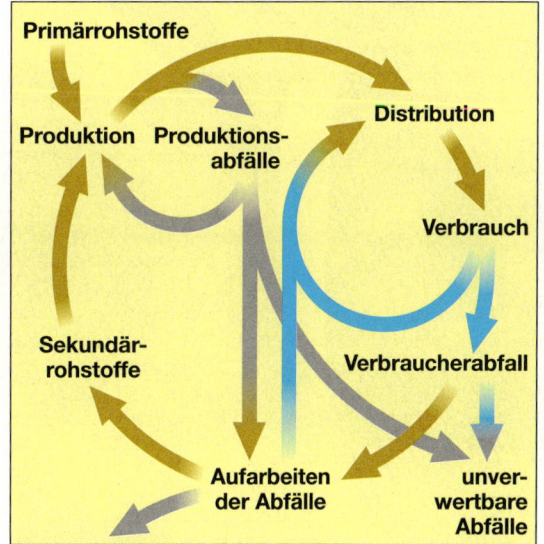

Abfallvernichtung

- Die Abfallvernichtung bezieht sich auf **nicht mehr verwertbare Rückstände,** deren ökologische und wirtschaftliche Aufarbeitung nicht sinnvoll ist.
- Die Kosten für die Abfallvernichtung sind hoch, da nach dem (z. B. biologischen, chemischen, thermischen, physikalischen) Vernichtungsprozess nicht nur wiederverwendbare Stoffe (wie Dünger, rückstandsfreier Klärschlamm), sondern überwiegend ökologisch problematische Stoffe zurückbleiben, die auf Deponien (oft als Sondermüll) zu lagern sind.

Abfallbeseitigung

- Die Abfallbeseitigung **entsorgt** nicht mehr verwertbare Rückstände. Man unterscheidet
  - die **Abfalldiffusion,** bei der die Abfälle an die Umwelt abgegeben und dort verteilt werden (z. B. Verdünnung der Abfälle und Einleitung in Gewässer oder Abgabe von gefilterten Abgasen an die Luft) und
  - die **Abfallablagerung,** bei der die Abfälle durch eine geordnete Lagerung in Deponien dauerhaft gelagert werden.
- Die Probleme der Abfallbeseitigung sind in der Begrenztheit von Deponieraum und in der Belastung der Umwelt zu sehen.

5

6 Beschaffungsprozesse planen, steuern und kontrollieren

Beschaffung – *Purchasing*

Begriff

Als **Beschaffung im weiteren Sinne** können alle Tätigkeiten des Unternehmens bezeichnet werden, die dazu dienen, die Mittel zu erhalten, die zur Leistungserstellung notwendig sind. Dies können neben Betriebsmitteln alle zu beschaffenden Materialien, das Personal und das notwendige Kapital sein. Bei der **Beschaffung im engeren Sinne** betrachtet man dagegen nur die zu beschaffenden Roh-, Hilfs- und Betriebsstoffe, die notwendigen Teile und ergänzende Dienstleistungen.

Beschaffungsprozess

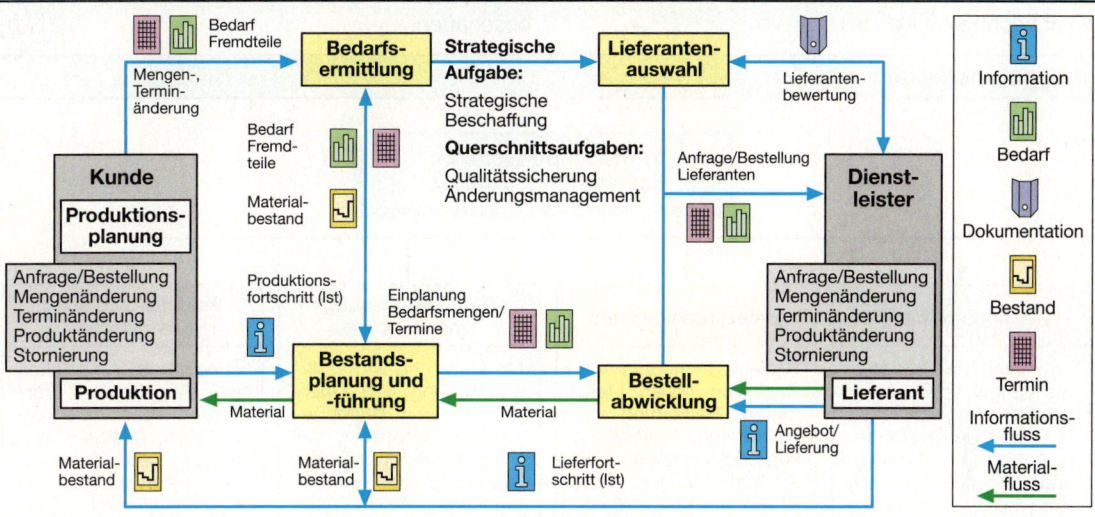

aus: Thaler, Klaus: Supply Chain Management. Prozessoptimierung in der logistischen Kette. 3., akt. und erw. Auflage. Fortis Verlag, Köln, Wien, 2001, S. 140

Der Beschaffungsprozess kann nicht losgelöst von anderen unternehmensbezogenen Teilprozessen, wie z. B. dem Produktions- und Absatzprozess, betrachtet werden. Die Prozessbetrachtung geht prinzipiell davon aus, dass alle unternehmensbezogenen Teilprozesse letztendlich von den Kundenanforderungen oder -wünschen abhängig sind (siehe auch Marketing S. 377 f. und Wertschöpfungsprozess S. 71).

Beschaffungsorganisation

Überblick

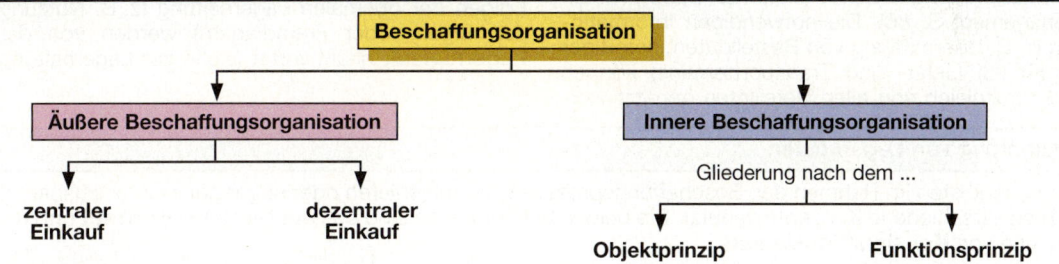

Äußere Beschaffungsorganisation

Vom **zentralen Einkauf** wird gesprochen, wenn eine Stelle alle zu beschaffenden Güter und Dienstleistungen beschafft. Als **Vorteile** können z. B. günstigere Einkaufskonditionen und organisatorische Vereinfachungen gerade im Hinblick auf Terminplanung und -überwachung genannt werden. Als **Nachteile** werden vor allem die Bürokratisierung des Einkaufs und der damit verbundene Kostenaspekt angesehen. Beim **dezentralen Einkauf** können unterschiedliche Unternehmensteile (z. B. Abteilungen) den Einkauf getrennt vornehmen oder der Einkauf wird jeweils für bestimmte Produktgruppen gebündelt.

Innere Beschaffungsorganisation

Wird die Beschaffungsorganisation auf **Objekte,** z. B. auf bestimmte Materialien, ausgerichtet, ist ein Mitarbeiter für alle entsprechenden Beschaffungstätigkeiten zuständig. Wird die Beschaffungsorganisation dagegen auf **Funktionen** (oder Verrichtungen) ausgerichtet, ist ein Mitarbeiter jeweils nur für eine bestimmte Beschaffungstätigkeit, z. B. die Lieferantenauswahl, zuständig – aber für alle Materialien (siehe dazu auch S. 60).

Beschaffungslogistik – *Purchasing logistics*

Begriff und Zielsetzung

Die **Beschaffungslogistik** befasst sich mit der **Planung, Steuerung** und **Kontrolle** von **Material-** und **Informationsflüssen** zwischen dem Unternehmen und seinen **Lieferanten** und den so genannten **Logistikdienstleistern** (z. B. Transportunternehmen). Als Teil der gesamten Logistik von Unternehmen muss die Beschaffungslogistik im Rahmen des Beschaffungsprozesses Güter und Informationen

- in der richtigen Menge,
- in der notwendigen Qualität,
- am richtigen Ort,

- zum richtigen Zeitpunkt,
- zu möglichst geringen Kosten

beschaffen.

Aufgabenbereiche

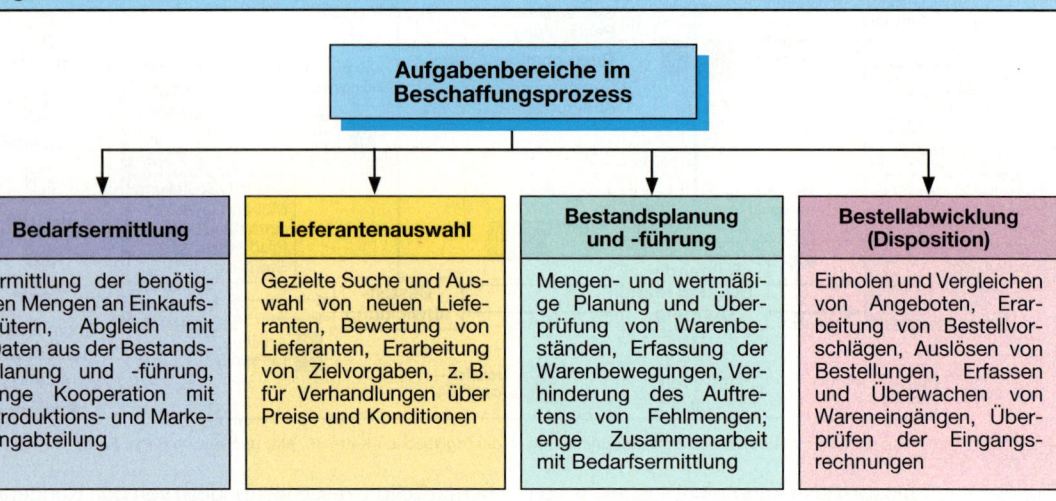

Aufgabenbereiche im Beschaffungsprozess

Bedarfsermittlung	Lieferantenauswahl	Bestandsplanung und -führung	Bestellabwicklung (Disposition)
Ermittlung der benötigten Mengen an Einkaufsgütern, Abgleich mit Daten aus der Bestandsplanung und -führung, enge Kooperation mit Produktions- und Marketingabteilung	Gezielte Suche und Auswahl von neuen Lieferanten, Bewertung von Lieferanten, Erarbeitung von Zielvorgaben, z. B. für Verhandlungen über Preise und Konditionen	Mengen- und wertmäßige Planung und Überprüfung von Warenbeständen, Erfassung der Warenbewegungen, Verhinderung des Auftretens von Fehlmengen; enge Zusammenarbeit mit Bedarfsermittlung	Einholen und Vergleichen von Angeboten, Erarbeitung von Bestellvorschlägen, Auslösen von Bestellungen, Erfassen und Überwachen von Wareneingängen, Überprüfen der Eingangsrechnungen

Logistiksoftware

Um die so genannte **Logistikkette (Supply Chain)** im Hinblick auf die Faktoren **Qualität, Zeit** und **Kosten** zu optimieren, wird mithilfe spezieller Software eng mit Lieferanten und Logistikdienstleistern zusammengearbeitet (siehe zu Supply Chain Management S. 86). Die notwendigen Informationen (z. B. Übermittlung von Bestelldaten, sofortiger Zugriff auf Liefer- und Transporttermine) können somit zeitgleich von allen Beteiligten genutzt werden. Wird bei Beschaffungsaktivitäten das Internet genutzt (z. B. mithilfe von elektronischen Marktplätzen), spricht man vom **E-Procurement** (siehe zum E-Commerce S. 250).

Fragen der optimalen Lagerhaltung (z. B. Nutzung von Eigen- oder Fremdlagern) werden von der **Lagerlogistik** beantwortet (siehe zur Lagerhaltung S. 267 f.).

Einsparung von Lagerkosten

Um Lagerkosten im Rahmen des Beschaffungsprozesses zu minimieren oder sogar gänzlich einzusparen, werden verschiedene Konzepte genutzt. Die beiden bekanntesten sind das **Just-in-time-Konzept** und die Nutzung von **Konsignationslagern.**

Just-in-time-Konzept

Inhalt des Konzepts ist die Überlegung, dass Lagerkosten im Unternehmen eingespart werden können, wenn die Zulieferer die zur Produktion benötigten Materialien in der notwendigen Menge genau zum Zeitpunkt des Produktionsbeginns anliefern. Bei dieser produktionssynchronen Logistik werden praktisch die Lagerkosten des Produktionsunternehmens auf die Zulieferbetriebe in Form von Transport- und Lagerkosten abgewälzt. Kritik wird an diesem Konzept vor allem aus ökologischer Sicht geübt, da die Anzahl von Transportfahrten – zum Beispiel per Lkw – dadurch häufig zugenommen hat.

Konsignationslager

Unter einem Konsignationslager versteht man ein produktionsnahes Lager des Zulieferers beim Abnehmer (Produktionsunternehmen), das auf Kosten des Zulieferers betrieben wird. Erst bei Entnahme der Waren entstehen dem Abnehmer Kosten. Da dem Zulieferer dadurch hohe Kosten für Einrichtung und Führung des Lagers entstehen, sind meist langfristige Lieferbeziehungen Voraussetzung.

Ökonomische und ökologische Aspekte der Beschaffungsplanung
Economic and ecological aspects of purchasing

Beschaffungsplanung

Beschaffungsplanung

Beispiele:

Materialplanung	Welche Art von Kopierpapier soll beschafft werden?
Was soll bestellt werden?	
Mengenplanung	Soll zunächst nur eine Probemenge bestellt werden?
Wie viel soll bestellt werden?	
Zeitplanung	Soll sofort oder zu einem späteren Zeitpunkt bestellt werden?
Wann soll bestellt werden?	
Preisplanung	Kann der Einkaufspreis von … € unterschritten werden?
Wie hoch darf der maximal akzeptierbare Einkaufspreis sein?	
Bezugsquellenplanung	Soll bei einem Lieferanten bestellt werden, dessen Standort in der Nähe ist, oder bei dem, der die größte Sortimentstiefe hat?
Wo soll bestellt werden?	

vgl. Bentin, Margit u. a.: Handlungsorientierte Materialien in Wirtschaft und Verwaltung. Beschaffungsprozess, Lehrerband, 2. Aufl., Bildungshaus Schulbuchverlage Westermann Schroedel Diesterweg Schöningh Winklers GmbH, Darmstadt 2005, S. 121

Ökologie im Rahmen der Beschaffungsplanung

Ökologische Gesichtspunkte der Beschaffungspolitik eines Unternehmens

Beispiele:

Reduzierung des Verpackungsaufwandes bei einzukaufenden Produkten	• recyclingfähiges Verpackungsmaterial
	• Mehrwegverpackungen
Reduzierung des Transportaufwandes bei einzukaufenden Produkten	• Verringerung der Entfernung zum Lieferanten
	• Einkauf von Großmengen
Beachtung von Kundenwünschen im Hinblick auf umweltfreundliche Produktionsweise und ökologische Materialien	• Vermeidung/Verringerung von Schadstoffemissionen bei der Herstellung der Produkte
	• Herstellung recyclingfähiger Produkte
Beachtung staatlicher Auflagen bei Beschaffungstätigkeiten	• Klärung von Entsorgungsfragen bei Einkaufsverhandlungen
	• Einhaltung gesetzlicher Bestimmungen

Auswirkungen

ökonomisch	**ökologisch**
• Einsparung/Erhöhung betriebswirtschaftlicher Kosten	Verbesserung der Umweltqualität (z.B. durch Verringerung der Luft-, Wasser- und Bodenbelastung, Einsparung von Rohstoffen)
• Einsparung volkswirtschaftlicher Folgekosten	

vgl. Bentin, Margit u. a.: Handlungsorientierte Materialien in Wirtschaft und Verwaltung. Beschaffungsprozess, Lehrerband, 2. Aufl., Bildungshaus Schulbuchverlage Westermann Schroedel Diesterweg Schöningh Winklers GmbH, Darmstadt 2005, S. 122

Bedeutung und Merkmale der Materialauswahl
Importance and characteristics of the right choice of materials

Begriff

Die Materialauswahl in einem Industriebetrieb steht in einem engen Zusammenhang mit der eigentlichen Leistungserstellung. Hierbei sind bereits die Zielsetzungen dieser Leistungserstellung im Hinblick auf die **Marktfähigkeit** (z. B. die Produktgüte aufgrund der Materialqualität, die Umweltverträg- lichkeit oder die Kalkulation des Verkaufspreises) und damit auf die **Umsatz- und Gewinnerzielung** zu berücksichtigen. Vor diesem Hintergrund steht die Materialauswahl im direkten Zusammenhang mit der Gesamtaufgabe des Unternehmens.

Qualität

Die Qualität der benötigten Güter wird in Abhängigkeit von der geplanten Produktqualität zunächst durch die Lieferantenauswahl (siehe S. 238) und ggf. durch Materialproben bzw. durch vertraglich festgelegte Qualitätsstandards und fortlaufende Qualitätskontrollen gewährleistet. Dies ist besonders wichtig für Lebensmittel, Arzneimittel und technologische Produkte aller Art. Die Festlegung der Materialqualität hat direkten Einfluss auf die Kostenplanung für ein Produkt.

Kosten

Die wichtigsten Kriterien der Materialauswahl und -beschaffung betreffen ausgehend von der Materialqualität im Rahmen der gesamten Kostenrechnung des Industriebetriebes (siehe S. 142) die Beschaffungs- und Bereitstellungskosten sowie die Preis- und Konditionsgestaltung. Die Kosten der Materialbeschaffung sind damit von der Produktentwicklung und der entsprechenden **Materialqualität** in Bezug auf Verarbeitung und Haltbarkeit, von der **Lieferantenauswahl** im Rahmen des Angebotsvergleichs und der Lieferanten-Nutzwertanalyse (siehe S. 247), von den **Lagerkosten** (siehe S. 235) sowie von der **Verkaufskalkulation** (siehe S. 169) abhängig. Kostenabhängig ist auch die Planung der Beschaffungsmengen. Sie werden ausgehend von der geplanten Produktionsmenge und Materialqualität durch die Bestimmung der Lagerbestandsgrößen (siehe S. 270) und der entsprechenden optimalen Bestellmengen (siehe S. 235) sowie einer fortlaufenden Lagerbestandsbewertung mithilfe der Lagerkennziffern (siehe S. 269) und der ABC-Analyse (siehe S. 236) unter wirtschaftlichen Gesichtspunkten festgelegt.

Marktentwicklung

Die Produktentwicklung eines Industriebetriebes richtet sich nach Trends und entsprechenden **Nachfrageentwicklungen** auf den jeweiligen Märkten. Die Materialauswahl wirkt sich über die Verkaufskalkulation direkt auf die Preisgestaltung des Produktes und damit auf seine **Preispositionierung** am Markt aus. Sie bestimmt darüber hinaus das Ansehen der Marke sowie auch das Image des Herstellers. Produktqualität und Haltbarkeit rechtfertigen einen bestimmten Preis, den die entsprechende Kundenzielgruppe normalerweise akzeptiert. Über die Materialauswahl kann jedoch in preislicher und qualitativer Hinsicht eine begrenzte Angleichung an veränderte Marktbedingungen erfolgen, um ein Produkt am Markt zu sichern.

Ökologische Aspekte der Materialauswahl

Die Umweltverträglichkeit von Gütern gewinnt sowohl im Hinblick auf verwendete Rohstoffe und Materialien als auch auf den Produktionsprozess zunehmend an Bedeutung für das Unternehmensimage und damit auch für die Produktvermarktung.

Um die Eigenverantwortung gewerblicher Unternehmen für den Umweltschutz zu verbessern und eine kontinuierliche Weiterentwicklung des betrieblichen Umweltschutzes zu gewährleisten, ist am 10. April 1995 europaweit die **EU-Öko-Audit-Verordnung** in Kraft getreten. An diesem Gemeinschaftssystem für das Umweltmanagement und die Umweltbetriebsprüfung können sich gewerbliche Unternehmen freiwillig beteiligen. Die Zielsetzung dieser Verordnung soll durch folgende **Maßnahmen** erreicht werden:

- Entwicklung und Festlegung einer standortbezogenen Umweltpolitik und entsprechender Umsetzungsmaßnahmen
- systematische und objektive Bewertung (Audit) dieser Maßnahmen und der erbrachten Umweltleistungen durch die Unternehmen
- Information der Öffentlichkeit über die entsprechenden Aktivitäten

Im Bereich der Materialauswahl sind in diesem Zusammenhang insbesondere folgende Maßnahmen von Bedeutung, die in einer Bilanzierung der Stoffströme durch eine **Input-Output-Analyse** (Stoffstrombilanz) gegenübergestellt werden:

inputorientierte Maßnahmen:

- verringerter Energieeinsatz (z. B. durch Wärmekopplung)
- verringerter Rohstoffeinsatz (z. B. durch Nutzung von Reststoffen)
- Verwendung umweltgerechter bzw. recyclingfähiger Ausgangsstoffe (Roh- und Hilfsstoffe) sowie Betriebsstoffe

outputorientierte Maßnahmen:

- Verringerung der Emissionen bei der Produktion (Betriebswasser, Betriebsmittel)
- Verringerung der Emissionen bei der Produktnutzung nach dem Verkauf
- Verringerung der Schadstoffe bei der Entsorgung der End- und Nebenprodukte

Optimale Bestellmenge – *Optimal order quantity*

Begriff	Zielkonflikt zwischen Lager- und Bestellkosten
Bei der Planung der Bestellmengen muss die Einkaufsabteilung eines Betriebes die entstehenden Kosten grundsätzlich möglichst gering halten. Die optimale Bestellmenge ist die Menge, bei der die Summe aus Lager- und Bestellkosten am geringsten ist.	• Die Beschaffung größerer Mengen in größeren Zeitabständen verursacht relativ hohe Lagerkosten. • Die Beschaffung kleinerer Mengen in kleineren Zeitabständen verursacht relativ hohe Bestellkosten.

Beispiel

Die OfficeCom AG ermittelt in der nachstehenden Tabelle die optimale Bestellmenge für den Laserdrucker LD 02, der vor einiger Zeit in das Sortiment aufgenommen wurde, aufgrund folgender Bedingungen:

• Pro Jahr werden aufgrund der Nachfrage 20 000 Laserdrucker benötigt. Eine Bestelleinheit umfasst eine Palette mit 50 Laserdruckern. Im Jahr werden somit 400 Paletten benötigt.

• Unser Lieferer berechnet bei jeder Bestellung unabhängig von der Menge 20,00 € für die Auftragsbearbeitung.

• Die OfficeCom AG kalkuliert – ebenfalls unabhängig von der Bestellmenge – 20,00 € für die Arbeitsvorgänge beim Wareneingang und bei der Rechnungsprüfung ein.

• Eine Palette mit 50 Laserdruckern verursacht während der Lagerdauer durchschnittliche Lagerkosten (anteilige Lagerverwaltungskosten und Zinskosten für das in der Ware gebundene Kapital) von 5,00 €.

• In einem Jahr besteht die Möglichkeit, bis zu sechzehnmal zu bestellen.

Bei der Ermittlung der optimalen Bestellmenge (siehe Tabelle) sind für die OfficeCom AG folgende Fragen zu klären:

a) Bei welcher Bestellhäufigkeit sind die Gesamtkosten am geringsten?
*(hier: bei **8 Bestellungen** pro Jahr = 570,00 € Gesamtkosten)*

b) Wie viel Paletten müssen jeweils bestellt werden, um die Summe aus Lager- und Bestellkosten zu minimieren (optimale Bestellmenge)?
*(hier: **50 Paletten**)*

6

Ermittlung der optimalen Bestellmenge
– Laserdrucker LD 02 –

Mögliche Anzahl der Bestellungen bei unserem Lieferer pro Jahr	Bestellmenge Paletten	Lagerkosten €	Bestellkosten €	Gesamtkosten €
1	400	2.000,00	40,00	2.040,00
2	200	1.000,00	80,00	1.080,00
4	100	500,00	160,00	660,00
8	**50**	**250,00**	**320,00**	**570,00**
10	40	200,00	400,00	600,00
16	25	125,00	640,00	765,00

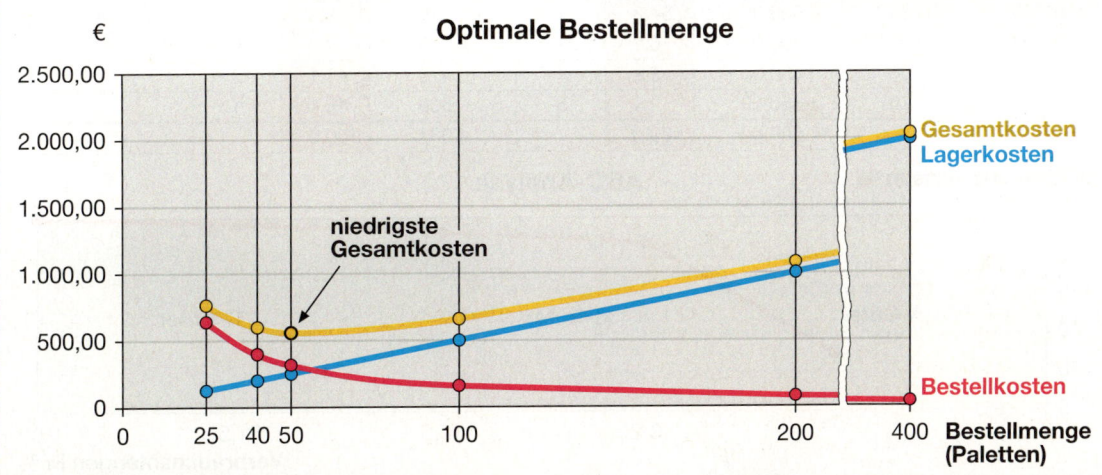

ABC-Analyse – *ABC-Analysis*

Betrieblicher Zusammenhang

Wie in allen betrieblichen Funktionsbereichen müssen Betriebe auch bei der Beschaffung und Bereitstellung (Lagerung) von Gütern (Produktionsmaterial/Handelswaren) grundsätzlich Kosten sparende Maßnahmen ergreifen, um möglichst optimal wirtschaften zu können. Da die wirtschaftlichen Bedingungen nicht bei allen benötigten Gütern gleich sind, müssen bei den unterschiedlichen Gütern auch entsprechend unterschiedliche Maßnahmen zur Kosteneinsparung vorgenommen werden.

Begriff

Die ABC-Analyse ist ein Verfahren zur wirtschaftlichen Bewertung der zu beschaffenden und zu lagernden Güter und dient damit der Wirtschaftlichkeitskontrolle. Die benötigten Güter werden entsprechend des Verbrauchs nach ihrem Wert- bzw. Mengenanteil am gesamten Einkaufs- bzw. Warenvolumen des Betriebes in A-, B- und C-Güter klassifiziert.

- **A-Güter** haben einen hohen Wertanteil, jedoch nur einen geringen Mengenanteil am Gesamtvolumen (in der Grafik rosa).

- **B-Güter** haben einen mittleren Wert- und Mengenanteil am Gesamtvolumen (in der Grafik gelb).

- **C-Güter** haben nur einen geringen Wertanteil, jedoch einen hohen Mengenanteil am Gesamtvolumen (in der Grafik grün).

Vorgehensweise bei der Zuordnung der Güter

Von den einzelnen Gütern wird der jeweilige prozentuale Anteil am Gesamtverbrauchswert bzw. an der Gesamtverbrauchsmenge berechnet. Auf dieser Grundlage wird den Gütern eine Rangfolge der Verbrauchswerte und -mengen zugeordnet, nach denen sie in die Klassen A, B und C eingeteilt werden. Aufgrund der Einordnung in diese Klassen (vgl. „Einteilung der Güter...") sollen dann entsprechend angepasste wirtschaftliche Maßnahmen für die einzelnen Artikel angestrebt werden.

In die **Gruppe A** werden hochwertige Artikel mit meist hohem Umsatzanteil, aber geringem Mengenanteil eingeordnet. Hier ist aus wirtschaftlichen Gründen eine gründliche Marktanalyse und Lieferantensuche und -auswahl als Vorbereitung der Bestellung erforderlich, um Fehlinvestitionen zu vermeiden. Weiterhin sollte eine genaue Warendisposition und Bestandsführung und -überwachung angestrebt werden.

In die **Gruppe C** werden im Gegensatz dazu geringerwertige Artikel mit meist schwachem Umsatzanteil, aber hohem Mengenanteil eingeordnet. Hier sollte die Senkung der Beschaffungs- und Lagerkosten im Vordergrund stehen (z. B. durch Sammelbestellungen oder telefonische Bestellungen).

Die **Gruppe B** beinhaltet demnach alle Artikel, die aufgrund eines mittleren Wert- bzw. Mengenanteils weder der Gruppe A noch der Gruppe C zugeordnet werden können. Diese Artikel sollten entsprechend mit möglichst geringem wirtschaftlichen und organisatorischem Aufwand betreut werden.

Beispiel

Die OfficeCom AG will das Lager für die Bauteilkomponenten einer umfangreichen Modellserie (Serie 501) wirtschaftlich optimieren. Zu diesem Zweck soll u. a. für flexible Verbindungselemente eine ABC-Analyse zur Wirtschaftlichkeitskontrolle durchgeführt werden. Dazu soll zunächst der Anteil der einzelnen Artikel an dem Gesamtverbrauchswert und an der Gesamtverbrauchsmenge ermittelt werden, um eine entsprechende Rangfolge für die Einordnung in die A-, B- und C-Klasse festlegen zu können (siehe Tabelle).

Artikel nach Verbrauchswerten und Verbrauchsmengen – Modellserie 501/flexible Verbindungselemente –

Artikel-Nummer	Verbrauchswerte				Verbrauchsmengen			Einteilung in Artikelgruppe
	Stückpreis €	Materialwert €	Anteil %	Rangfolge	Einheiten Stück	Anteil %	Rangfolge	
501-01	250,00	4.500,00	30,8	2	18	1,7	4	A
501-05	500,00	8.000,00	54,8	1	16	1,5	5	A
501-03	12,00	900,00	6,2	3	75	7,3	3	B
501-02	2,00	850,00	5,8	4	425	41,1	2	C
501-04	0,70	350,00	2,4	5	500	48,4	1	C
Gesamt		14.600,00	100,0		1034	100,0		

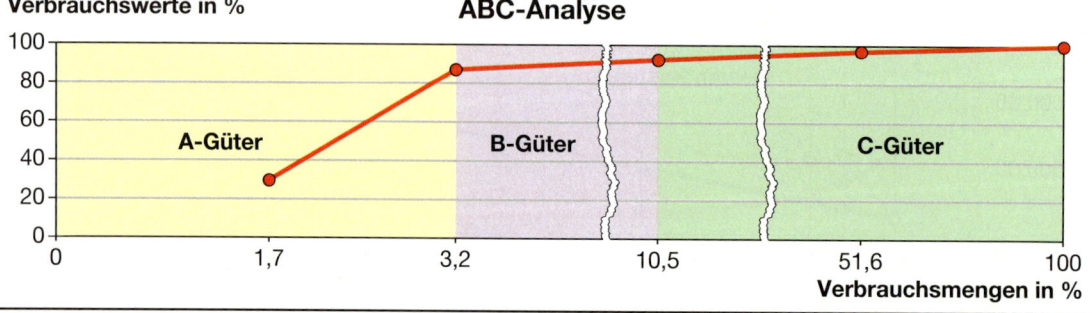

3526236

Bestellverfahren der Vorratsbeschaffung – *Placing orders for stock*

Begriff

Die systematische Beschaffung von Lagervorräten dient zur Sicherung des betrieblichen Leistungsprozesses (Fertigung bzw. Verkauf) und kann hinsichtlich der Bestellorganisation in „Bestellpunktverfahren" und „Bestellrhythmusverfahren" unterschieden werden.

Bestellpunktverfahren	Bestellrhythmusverfahren
Die Bestellung erfolgt jeweils bei der Erreichung eines bestimmten Lagerbestandes (Bestellpunkt). Dieser Bestellpunkt wird auch als Meldebestand bezeichnet, da bei dem entsprechenden Lagerbestand die Meldung zur Nachbestellung vom Lager an den Einkauf ergeht. Dieses Verfahren heißt daher auch Meldebestandsverfahren. Bei der Festlegung dieses Bestandes müssen die Lieferzeit, der Tagesverbrauch sowie ein eventueller Mindestbestand (eiserne Reserve) des entsprechenden Artikels berücksichtigt werden. Das Bestellpunktverfahren ist besonders bei unregelmäßigem Verbrauch sinnvoll. Allerdings muss der Meldebestand fortlaufend angepasst werden, um zu niedrige bzw. zu hohe Lagerbestände zu vermeiden. Das erfordert einen relativ hohen Verwaltungsaufwand.	Die Bestellung erfolgt jeweils nach Ablauf einer bestimmten Zeitspanne, also mit **gleich bleibenden Zeitintervallen** zwischen den einzelnen Bestellungen bzw. in einem festen Rhythmus. Die Bestellmengen zur Erreichung des Höchstbestandes sind grundsätzlich variabel, da sie von dem zu den jeweiligen Zeitpunkten erreichten Lagerbestand abhängig sind. Das Bestellrhythmusverfahren ist nur bei relativ konstantem Verbrauch sinnvoll. Bei wechselnden Verbrauchsmengen – beispielsweise aufgrund von Nachfrageschwankungen – besteht schnell das Risiko einer Unter- bzw. einer Überversorgung, weil der verbleibende Zeitraum bis zur nächsten Bestellung zu kurz oder zu lang sein kann. Da keine fortlaufende Lagerbestandsüberprüfung stattfinden muss, verursacht das Bestellrhythmusverfahren relativ wenig Verwaltungskosten.

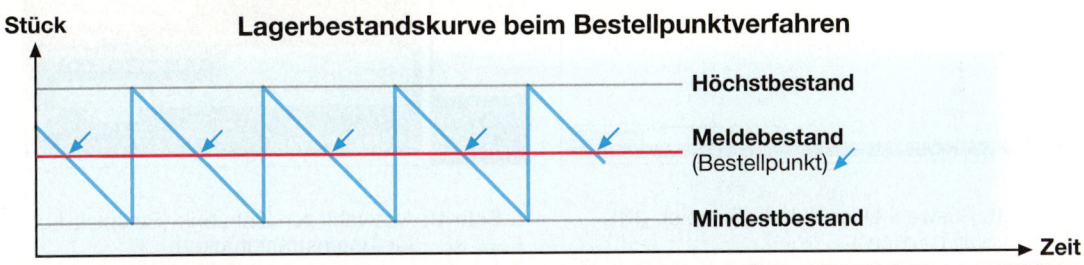

Stück

Lagerbestandskurve beim Bestellpunktverfahren

Höchstbestand

Meldebestand (Bestellpunkt)

Mindestbestand

Zeit

Eigenfertigung oder Fremdbezug? – *Make or buy?*

Insourcing/Outsourcing	Einflussgrößen
Unternehmen überlegen prinzipiell, ob sie Güter und Dienstleistungen selbst erstellen oder von anderen Unternehmen beziehen sollen. Entscheidet man sich dafür, bisher im eigenen Unternehmen erstellte Leistungen von anderen erstellen zu lassen, spricht man von **Outsourcing.** Umgekehrt bedeutet die Erstellung bisher fremder Leistungen in eigener Regie **Insourcing.**	<ul><li>Kosten</li><li>Sicherheit (Unabhängigkeit vom Lieferanten)</li><li>betriebliche Einflussnahme auf Endleistung (z. B. Produktqualität und Kundenservice)</li><li>ökologische Aspekte (z. B. Entsorgung)</li><li>organisatorischer Aufwand</li><li>Qualifikation des Personals</li></ul>

Kostenvergleich

Werden nur die Kosten als Entscheidungsgrundlage herangezogen, könnte sich ergeben, dass ab einer bestimmten Menge **(kritische Menge)** die Eigenfertigung günstiger ist als der Fremdbezug (Fixkostendegression durch Auslastung der teuren Maschinen).

Beispiel:

Das Unternehmen kann ein Einbauteil, das es bisher selbst gefertigt hat, auch von einem Lieferanten beziehen:

Kosten der Eigenfertigung:
$K_f = 12.000,00$ €; $k_v = 20,00$ €
$\rightarrow K_E = 12.000 + 20\ x$

Kosten des Fremdbezugs:
Bezugspreis: 50,00 €
$\rightarrow K_F = 50\ x$

Bei der Entscheidung „Eigenfertigung oder Fremdbezug" spielen neben den Kosten auch die übrigen Einflussgrößen und deren Gewichtung eine Rolle.

Die **kritische Menge** ist die Menge, bei der die Kosten von Eigenfertigung und Fremdbezug gleich hoch sind, und bei der **langfristig** über die Beschaffungsalternative entschieden werden muss.

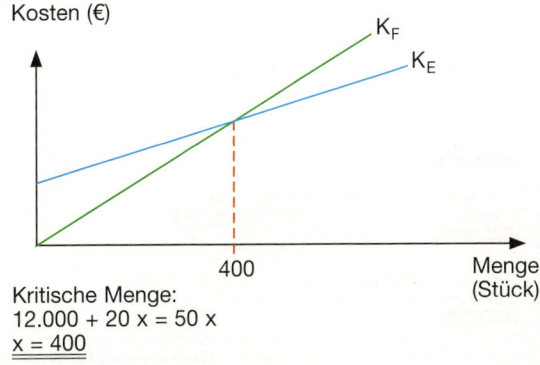

Kosten (€)

K_F

K_E

400

Menge (Stück)

Kritische Menge:
$12.000 + 20\ x = 50\ x$
$\underline{x = 400}$

6

Bezugsquellenermittlung – *Finding a suitable supplier*

Bezugsquellenermittlung – interne und externe

Die Auswahl *bekannter* Lieferanten erfolgt durch die **interne Bezugsquellenermittlung,** z. B. durch:
– Lieferantendateien
– Warendateien

Die Auswahl *neuer* Lieferanten erfolgt mithilfe der **externen Bezugsquellenermittlung,** z. B. durch:
– Internet
– Adressenverzeichnisse
  (z. B. „Gelbe Seiten", „Wer liefert was?")
– Fachzeitschriften
– Vertreterbesuche
– Kataloge, Prospekte, Preislisten von Firmen
– Fachmessen
– Ausstellungen

Bezugsquellenermittlung mithilfe des Internets – Beispiel

1. Schritt: Lieferantensuche mithilfe des Branchen-informationsdienstes „Wer liefert was?" (www.wlw.de)

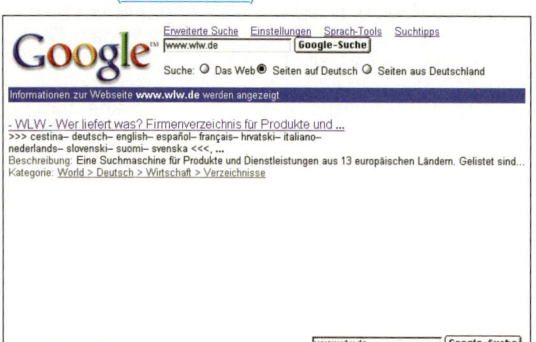

2. Schritt: Die im Bild aufgezeigten vier Schritte (Land, Suchfunktion, Suchbegriff, Start) durchführen

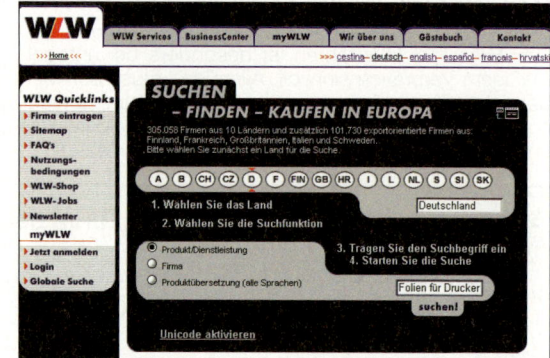

3. Schritt: Auswahl einer Rubrik (Beispiel: „INK-JET Folien")

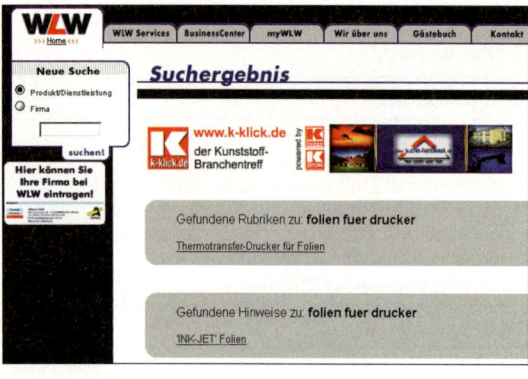

4. Schritt: Auswahl der Zielrubrik (Beispiel: Folien für Tintenstrahldrucker)

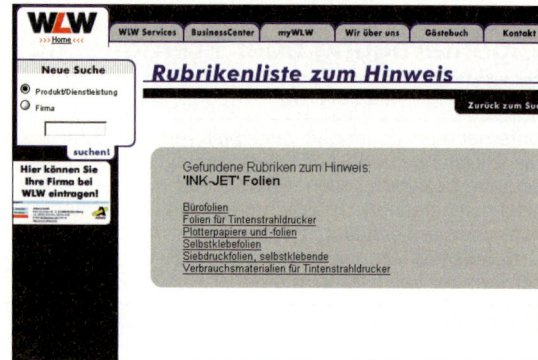

5. Schritt: Firmenauswahl

aus: Bentin, Margit u. a.: Handlungsorientierte Materialien in Wirtschaft und Verwaltung, Beschaffungsprozess, 4. Aufl., Darmstadt 2005, S. 78 u. S. 79

3526238

Anfrage – *Enquiry/Inquiry*

Anfrage

Betriebswirtschaftliche und rechtliche Bedeutung der Anfrage	Aufbau und Inhalt einer Anfrage
Eine Anfrage dient der Geschäftsanbahnung und Information und ist **unverbindlich.** **Allgemeine Anfrage:** Bitte um Zusendung von allgemein. Informationsmaterial (z. B. Katalog), gegebenenfalls mit Mustern. **Spezielle Anfrage:** Bitte um spezielle Informationen über die Lieferung von bestimmten Artikeln, ggf. mit Mustern.	1. Grund der Anfrage 2. Nennen der gewünschten Ware 3. Angabe der erforderlichen Menge 4. Erfragen der Preise, Lieferungs- und Zahlungsbedingungen 5. Hinweis auf gewünschten Liefertermin

aus: Bentin, Margit u. a.: Handlungsorientierte Materialien in Wirtschaft und Verwaltung. Beschaffungsprozess, 4. Aufl., Darmstadt 2005, S. 18

Textbausteine zur Anfrage

Anfrage

Aufbau und Inhalt	Formulierungvorschläge
1. Grund der Anfrage	Ihre Erzeugnisse sind uns von einem anderen Unternehmen empfohlen worden. Wir werden in nächster Zeit mehrfach Bedarf an … haben und bitten um ein Angebot. Wir haben Ihre Anzeige in der Fachzeitschrift … vom … gelesen und bitten um ein Angebot über: …
2. Nennen der gewünschten Ware	Wir erwarten ein ausführliches Angebot über: … Wir interessieren uns für … Für eine Sonderaktion benötigen wir …
3. Angabe der erforderlichen Menge	Wir benötigen … Stück. Beachten Sie bitte, dass für unser Unternehmen nur große Mengen infrage kommen.
4. Erfragen der Preise, Lieferungs- und Zahlungsbedingungen	Bitte schreiben Sie uns, ob Sie die Artikel … in der erforderlichen Menge binnen … Tagen liefern können. Informieren Sie uns auch über Ihre Lieferungs- und Zahlungsbedingungen.
5. Hinweis auf gewünschten Liefertermin	Wir benötigen die Ware bis zum … Die Artikel müssen in der … Kalenderwoche geliefert werden.

aus: Bentin, Margit u. a.: Handlungsorientierte Materialien in Wirtschaft und Verwaltung. Beschaffungsprozess, Lehrerband, 2. Aufl., Darmstadt 2005, S. 116

6

Angebot – *Offer*

Betriebswirtschaftliche und rechtliche Bedeutung des Angebotes

Ein **vollständiges** Angebot enthält Angaben über: Ware, Preis, evtl. Rabatt, Verpackungs- und Beförderungskosten, Lieferzeit und Zahlungsbedingungen. Außerdem enthält es den Erfüllungsort (Ort, an dem der Schuldner seine Leistungen zu erfüllen hat) und den Gerichtsstand (Sitz des Gerichtes, das im Streitfall zuständig ist).
Ein Angebot ist grundsätzlich **verbindlich**. Falls ein Lieferant sich **nicht binden** will, muss das Angebot entweder zeitlich befristet sein oder so genannte Freizeichnungsklauseln (z. B. „unverbindlich", „freibleibend") enthalten.

Widerruf

Ein Angebot kann widerrufen werden. Der Widerruf muss vor oder gleichzeitig mit dem Angebot eintreffen (z. B. als Fax).

Anpreisungen

Bei Schaufensterauslagen und Anzeigen in Zeitungen oder Zeitschriften handelt es sich **nicht** um Angebote, sondern um so genannte Anpreisungen, die sich an die Allgemeinheit richten und daher unverbindlich sind.

Aufbau und Inhalt eines Angebotes

- Eingehen auf Anfrage (verlangtes Angebot) oder Vorstellen des Unternehmens (unverlangtes Angebot)
- Beschreiben des Artikels bzw. des Sortiments

- Nennen der Angebotsbedingungen (Preise, Lieferungs- und Zahlungsbedingungen, Lieferzeit, Erfüllungsort, Gerichtsstand)
- freundl. Abschlusssatz (Hoffnung auf Bestellung)

Allgemeine Geschäftsbedingungen (AGB)

Die Allgemeinen Geschäftsbedingungen regeln alles, was nicht im konkreten Angebot enthalten ist. Weichen einzelne Bestimmungen der AGB vom Angebot ab, gelten die Angebotsabsprachen. Grundsätzlich sollen die Kunden vor unlauteren AGB geschützt werden.

aus: Bentin, Margit u. a.: Handlungsorientierte Materialien in Wirtschaft und Verwaltung. Beschaffungsprozess, 4. Aufl., Darmstadt 2005, S. 28

Angebotsvergleich – *Comparison of offers*

Beurteilungskriterien

Beispiel für einen Preisspiegel

Artikel-Nr.: *x*	Artikel: *Laserdrucker*		Datum: *x*	
Lieferer:		*A*		*B*
Angebot vom:		*x*		*x*
Bestellmenge:		*15*		*15*

I. Quantitativer Vergleich:		€		€
	pro Stück	Gesamt	pro Stück	Gesamt
Listeneinkaufspreis	*1.290,00*	*19.350,00*	*1.325,00*	*19.875,00*
– Rabatt	*15 %*	*2.902,50*	*12 %*	*2.385,00*
= Zieleinkaufspreis		*16.447,50*		*17.490,00*
– Liefererskonto	*2 %/ 10 Tage*	*328,95*	*3 %/ 14 Tage*	*524,70*
= Bareinkaufspreis		*16.118,55*		*16.965,30*
+ Verpackungskosten	–	–	–	–
+ Transportkosten	*frei Haus*		*frei Haus*	
= Einstandspreis	*1.074,57*	*16.118,55*	*1.131,02*	*16.965,30*

II. Qualitativer Vergleich: (siehe auch S. 247)		
Mindestbestellmenge	–	–
Lieferzeit	*vier Wochen*	*drei Wochen*
Kundendienst	*unbekannt*	*gut*
weitere qualitative Kriterien	*neuer Anbieter*	*stellt zuverlässige und langlebige Geräte her*
Bestellung bei	*abhängig von der Gewichtung der Kriterien*	

aus: Bentin, Margit u. a.: Handlungsorientierte Materialien in Wirtschaft und Verwaltung. Beschaffungsprozess, Lehrerband, 2. Aufl., Darmstadt 2005, S. 83 u. 118

3526240

Rabattarten – *Kinds of discounts*

Angebotsvergleich: Rabattarten und ihre Funktion

Rabatt: Gewährung eines Preisnachlasses aus unterschiedlichen Gründen, in unterschiedlichen Formen und zu unterschiedlichen Zeitpunkten

Rabattart	Erklärung	Funktion (Aufgabe)
Mengenrabatt	Der Lieferant gewährt einen Preisnachlass auf die Abnahme größerer Warenmengen; oftmals gestaffelt nach Abnahmemengen.	Anreiz zur Bestellung größerer Warenmengen; Reduzierung von Bestellkosten; Erhöhung der Lagerumschlagshäufigkeit
Wiederverkäuferrabatt	Der Hersteller gewährt einen Preisnachlass an Abnehmer, die die Ware weiterverkaufen (z. B. an Einzelhändler).	Schaffung von einheitlichen und überschaubaren Kalkulationsgrundlagen für Abnehmer der unterschiedlichen Wirtschaftsstufen; möglichst Durchsetzung einer einheitlichen Preisgestaltung gegenüber Endverbrauchern
Treuerabatt	Der Lieferant gewährt Stammkunden einen Preisnachlass.	Dauerhafte Bindung von Kunden an das Unternehmen
Sonderrabatt	Der Verkäufer gewährt einen Preisnachlass bei bestimmten Anlässen (z. B. Geschäftsjubiläum, Messe).	Anlocken von Kunden aus einem besonderen Anlass
Naturalrabatt	Der Lieferant gewährt einen Preisnachlass in Form von Waren. Entweder liefert der Verkäufer zur bestellten Warenmenge noch Ware kostenlos hinzu (Draufgabe) oder er berechnet nicht die gesamte Lieferung (Dreingabe).	Anreiz zur Bestellung größerer Warenmengen; Reduzierung von Bestellkosten; Erhöhung der Lagerumschlagshäufigkeit
Bonus	Der Verkäufer gewährt nachträglich einen Preisnachlass, der meistens nach Abschluss des Geschäftsjahres eingeräumt wird, wenn der Abnehmer einen Mindestumsatz erreicht oder überschritten hat.	Anreiz zu höheren Abnahmemengen durch einen insgesamt günstigeren Einkaufspreis; langjährige Bindung von Kunden an das Unternehmen
Skonto*	Der Lieferant möchte Kunden zur möglichst schnellen Bezahlung von Rechnungen veranlassen.	Anreiz zur Zahlung vor Ablauf des Zahlungsziels; Erhöhung der Liquidität beim Verkäufer

6

* Der Skonto wird häufig wegen seiner besonderen Funktion nicht als Rabattart definiert.

aus: Bentin, Margit u. a.: Handlungsorientierte Materialien in Wirtschaft und Verwaltung, Beschaffungsprozess, Lehrerband, Bildungshaus Schulbuchverlage Westermann Schroedel Diesterweg Schöningh Winklers GmbH, 2. Aufl., Darmstadt 2005, S. 119

Skonto: Effektivzins – *Cash discount: effective interest*

6

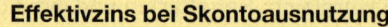

Effektivzins bei Skontoausnutzung

↓

Skonto: Gewährung eines Preisnachlasses für eine vorzeitige Bezahlung des Rechnungsbetrages

↓

Beispiel für Effektivzinsberechnung

Wir bekommen von unserem Lieferer eine Rechnung über 4.220,00 €. Die Zahlungsbedingungen lauten: zahlbar innerhalb 10 Tagen mit 2 % Skonto oder in 30 Tagen ohne Abzug.

Wir bezahlen innerhalb 10 Tagen und ziehen vom Rechnungsbetrag 2 % Skonto ab:

Rechnungsbetrag	4.220,00 €
– Skonto 2 %	84,40 €
Überweisungsbetrag	4.135,60 €

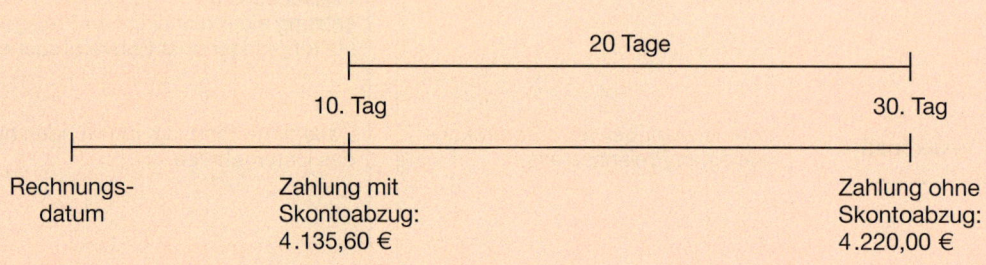

	20 Tage	
	10. Tag	30. Tag

Rechnungs-datum

Zahlung mit Skontoabzug: 4.135,60 €

Zahlung ohne Skontoabzug: 4.220,00 €

Welchem Jahreszins entspricht der Skontoabzug?

Lösung durch Dreisatz: 20 Tage ≙ 2 % Skonto $x = \dfrac{2 \cdot 360}{20} = 36$
360 Tage ≙ x % Skonto

Erfolgt der Rechnungsausgleich 20 Tage vor Ablauf des Zahlungsziels, entspricht die Ersparnis durch den Skontoabzug einem Jahreszinssatz von 36 %.

Unsere Hausbank berechnet uns für die 20-tägige Überziehung unseres Kontokorrentkontos 12 % p. a. Welche Schlussfolgerung ist daraus zu ziehen?

Lösung durch Vergleichsrechnung:

Effektivzins bei Skontoausnutzung:	36 %
– Überziehungszinssatz:	12 %
Differenz in Prozentpunkten:	24 %

↓

Folgerung

Wenn der Effektivzins bei Skontoausnutzung den Überziehungszinssatz der Bank überschreitet, lohnt es sich, Skonto in Anspruch zu nehmen.

aus: Bentin, Margit u. a.: Handlungsorientierte Materialien in Wirtschaft und Verwaltung, Beschaffungsprozess, Lehrerband, Bildungshaus Schulbuchverlage Westermann Schroedel Diesterweg Schöningh Winklers GmbH, 2. Aufl., Darmstadt 2005, S. 128

3526242

Zinsrechnung – *Calculation of interest*

Die Zinsrechnung erweitert die Prozentrechnung um eine weitere Größe, die Zeit.
In der Zinsrechnung geht man von drei gegebenen Größen aus, um die vierte zu ermitteln.

Begriffe der Prozentrechnung:

Grundwert   (G)

Prozentsatz (p)

Prozentwert (W)

Begriffe der Zinsrechnung:

Kapital   (K)

Zinssatz   (p)

Zinsen   (Z)

Zeit   (t)

$$W = \frac{G \cdot p}{100}$$

$$Z = \frac{K \cdot p \cdot t}{100 \cdot 360}$$

(Tageszinsformel)

aus: Bentin, Margit u. a.: Handlungsorientierte Materialien in Wirtschaft und Verwaltung. Beschaffungsprozess, Bildungshaus Schulbuchverlage Westermann
Schroedel Diesterweg Schöningh Winklers GmbH, 4. Aufl., Darmstadt 2005, S. 51

Beförderungskosten – *Transport costs*

Verkäufer	Anfuhr und Verladung	Versand- station	Trans- port	Empfangs- station	Zufuhr	Käufer
Beförderungs- kosten / Vertragsklauseln	Rollgeld bzw. Hausfracht (Versand)	Belade- kosten	Fracht	Entlade- kosten	Rollgeld bzw. Hausfracht (Empfang)	… über- nimmt
1. „ab Werk" „ab Lager"	**Käufer** →					… alle Beförde- rungskosten
2. „unfrei" (gesetzliche „ab hier" Regelung lt. BGB)	**Verkäufer** ⊢ →			**Käufer** →		… Beförderungsk. ab Versandstelle einschl. Beladek.
3. „frei Waggon" „frei Schiff"	**Verkäufer** → ⊢			**Käufer** →		… Beförderungsk. ab Versandstelle ohne Beladekost.
4. „frei" „frachtfrei" „frei dort"	**Verkäufer** →		⊢ **Käufer** →			… Beförderungs- kosten ab Empfangsstelle
5. „frei Haus" „frei Lager"	**Verkäufer** →					… keine Beförde- rungskosten

aus: Bentin, Margit u. a.: Handlungsorientierte Materialien in Wirtschaft und Verwaltung. Beschaffungsprozess, Bildungshaus Schulbuchverlage Westermann
Schroedel Diesterweg Schöningh Winklers GmbH, 4. Aufl., Darmstadt 2005, S. 29

6

Incoterms

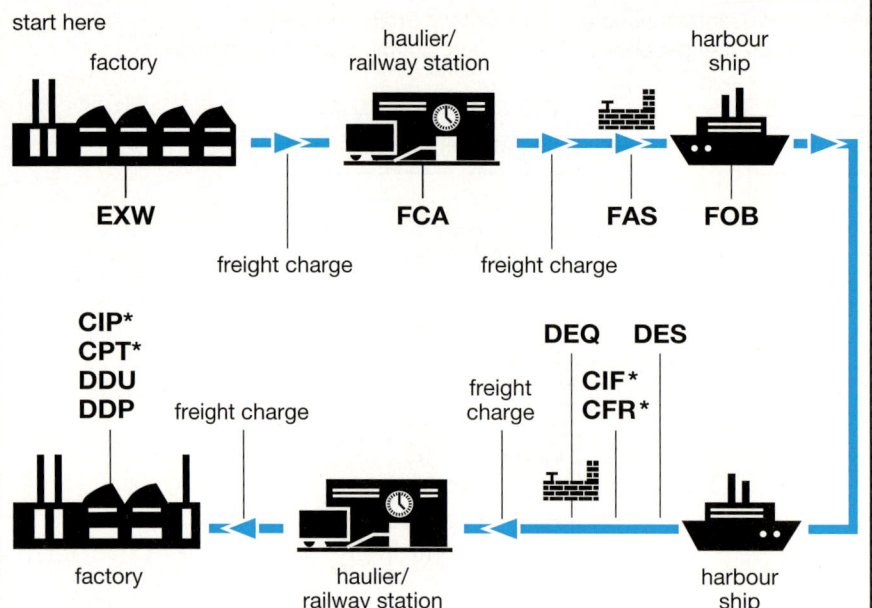

start here

factory — **EXW**

haulier/railway station — **FCA**

harbour ship — **FAS** **FOB**

freight charge   freight charge

CIP*
CPT*
DDU
DDP

freight charge

DEQ   **DES**

freight charge

CIF*
CFR*

factory

haulier/railway station

harbour ship

* These incoterms are only shown with regard to the costs.
No reference is made to the risks.

aus: Hemmer-Hiltenkamp, Marlies u. a.: Purchasing. Practical Business Studies, Bildungshaus Schulbuchverlage Westermann Schroedel Diesterweg Schöningh Winklers GmbH, Braunschweig 1999, S. 80

Die 13 Klauseln und die notwendigen Ortsangaben:

EXW
Ex Works
(…benannter Ort)

FCA
Free Carrier
(…benannter Ort)

FAS
Free Alongside Ship
(…benannter Verschiffungshafen)

FOB
Free On Board
(…benannter Verschiffungshafen)

CFR
Cost and Freight
(…benannter Bestimmungshafen)

CIF
Cost, Insurance and Freight
(…benannter Bestimmungshafen)

CPT
Carriage Paid To
(…benannter Bestimmungsort)

CIP
Carriage and Insurance Paid To
(…benannter Bestimmungsort)

DAF
Delivered At Frontier
(…benannter Ort)

DES
Delivered Ex Ship
(…benannter Bestimmungshafen)

DEQ
Delivered Ex Quay
(…benannter Bestimmungshafen)

DDU
Delivered Duty Unpaid
(…benannter Bestimmungsort)

DDP
Delivered Duty Paid
(…benannter Bestimmungsort)

Transfer of Costs and Risks   ⟶ costs   ⟶ risks

	EXW	FCA[1]	FAS	FOB	CFR	CIF	CPT	CIP	DAF	DES	DEQ[2]	DDU[2]	DDP
Seller													
Carrier													
Quay – port of shipment													
Rail Ocean-going Vessel – port of shipment				insurance included			insurance included						
named **Border**													
Rail Ocean-going Vessel – port of destination													
Quay – port of destination													
carrier													
Buyer													

[1] Der bestimmte Ort der Lieferung entscheidet über Pflichten bei der Be- u. Entladung der Ware.
[2] Einfuhrformalitäten sowie Zölle und Abgaben sind vom Käufer zu übernehmen.
Fremdsprachige Kommunikation siehe S. 493 ff.

aus: Hemmer-Hiltenkamp, Marlies u. a.: Purchasing. Practical Business Studies, Teachers' Manual, Braunschweig 1999, S. 85

3526244

Zahlungsbedingungen – *Terms of payment*

```
                        ┌──────────────────┐
                        │     Zahlung       │
                        └──────────────────┘
           ┌───────────────────┼───────────────────┐
           ▼                   ▼                   ▼
```

vor der Lieferung	**bei** der Lieferung	**nach** der Lieferung
Beispiele: • „Vorauszahlung" • „Anzahlung der Hälfte des Kaufpreises, bei Lieferung Zahlung des Restbetrages"	**Beispiele:** • „gegen bar" • „gegen Nachnahme" • „sofort netto Kasse"	**Beispiele:** • „3 Monate Ziel" (Zielkauf) • „innerhalb 8 Tagen 3 % Skonto oder 30 Tage Ziel" • Ratenzahlung

Gesetzliche Regelung: Der Käufer ist verpflichtet, die Ware unverzüglich bei Lieferung zu bezahlen.

Die Kosten der Zahlung (z. B. Überweisungsentgelt) muss der Käufer tragen, „Geldschulden sind Schickschulden".

Verpackungskosten – *Packing costs*

Gesetzliche Regelung:

Die Kosten der **Schutz- und Versandverpackung** sind Kosten der Abnahme. Sie sind vom Käufer zu tragen.

Da viele Waren sich nicht ohne Verpackung verkaufen lassen, sind die Kosten der **Verkaufsverpackung** schon im Kaufpreis enthalten. Ist der Kaufpreis nach dem Gewicht der Ware zu berechnen, ist das Verpackungsgewicht abzuziehen.

Wichtig: Bruttogewicht (Ware und Verpackung = Rohgewicht oder Gesamtgewicht)

       – Tara (Gewicht der Versandverpackung)

      = Nettogewicht (Reingewicht der Ware)

Vertragliche Regelung:

* **Reingewicht einschließlich Verpackung**

  Die Verpackungskosten sind im Preis enthalten, Verpackung wird nicht berechnet. Der Verkäufer trägt die Verpackungskosten.

* **Reingewicht ausschließlich Verpackung**

  Die Verpackungskosten werden zusätzlich berechnet, der Käufer trägt die Verpackungskosten. Die Verpackung kann

  a) Eigentum des Käufers werden,

  b) vom Lieferer dem Käufer leihweise überlassen werden. Bei Rückgabe erfolgt eine Gutschrift der Verpackungskosten entweder ganz oder teilweise.

  Beispiel: Holzpaletten, faltbare Alubehälter, Getränkekästen

* **Rohgewicht einschließlich Verpackung**

  (brutto für netto = bfn = b/n)

  Die Verpackung wird wie Ware berechnet, die Verpackung wird Eigentum des Käufers, der Käufer zahlt die Verpackung.

  Beispiel: Obst und Gemüse in Kisten und Kartons

Lieferzeit – *Delivery period*

Gesetzliche Regelung:

Ist im Angebot keine Regelung über den Zeitpunkt der Lieferung vereinbart worden, kann der Käufer sofortige Lieferung verlangen und der Verkäufer muss sofort liefern.

Vertragliche Regelung:

Es kann eine vertragliche Regelung über die Lieferzeit vereinbart werden. Dann hat der Käufer zwei Möglichkeiten:

* **Terminkauf: Lieferung innerhalb einer bestimmten Frist** (z. B. Lieferung innerhalb 90 Tagen) oder **zu einem bestimmten Zeitpunkt** (Termin)

* **Fixkauf:** **Lieferung zu einem genau festgelegten Zeitpunkt,** wobei die Klauseln *fest, fix, genau, exakt* mit angegeben werden müssen.

vgl. Gaik, Petra u. a.: Warenbeschaffung im Einzelhandel. 2. Aufl., Bildungshaus Schulbuchverlage Westermann Schroedel Diesterweg Schöningh Winklers GmbH, Darmstadt 2002, S. 33 – 35

6

Bezugskalkulation mithilfe der Verteilungsrechnung
Distributional costing

Zusammengesetzte Bezugskalkulation mithilfe der Verteilungsrechnung

Bei der Sendung mit verschiedenen Waren müssen die Bezugskosten der Gesamtlieferung anteilsmäßig auf die einzelnen Waren verteilt werden.

Die Verteilung kann sowohl nach dem Mengenverhältnis (Mengenspesen) als auch nach dem Wertverhältnis (Wertspesen) erfolgen.

Mengenspesen

Beispiele:
• Verpackung
• Fracht
• Rollgeld
nach Menge (Gewicht, Meter, Stück) verteilen

Wertspesen

Beispiele:
• Versicherungsprämie
• Provision
• Bankspesen
nach Wert der verschiedenen Waren verteilen

Beispiel

Ein Industriebetrieb erhält eine Warenlieferung: Ware A mit 350 kg (brutto) zu einem Listenpreis von 30,00 € je kg und Ware B mit 210 kg (brutto) zu 40,00 € je kg; Tara der Ware A: 30 kg, Tara der Ware B: 10 kg.

Die Frachtkosten betragen 93,00 €, das Rollgeld 21,00 €, die Provision für Absatzmittler 479,00 € und die Transportversicherung 49,00 €. Wie hoch sind jeweils die Bezugspreise je kg für die beiden gelieferten Artikel?

Lösung:

Berechnung des Gesamtwertes

Ware	Bruttogewicht	Tara	Nettogewicht	Listenpreis/kg	Gesamtpreis
A	350 kg	30 kg	320 kg	30,00 €	9.600,00 €
B	210 kg	10 kg	200 kg	40,00 €	8.000,00 €
	560 kg	40 kg	520 kg		17.600,00 €

Berechnung der Gewichts- und Wertspesen

Mengenspesen (hier: Gewichtsspesen)			Wertspesen	
Fracht	93,00 €		Provision	479,00 €
Rollgeld	21,00 €		Versicherung	49,00 €
	114,00 €			528,00 €

Verteilung der Mengenspesen

Ware A	350 kg	5 Teile	71,25 €
Ware B	210 kg	3 Teile	42,75 €
	560 kg	8 Teile =	114,00 €
		1 Teil =	14,25 €

Verteilung der Wertspesen

Ware A	9.600,00 €	6 Teile	288,00 €
Ware B	8.000,00 €	5 Teile	240,00 €
	17.600,00 €	11 Teile =	528,00 €
		1 Teil =	48,00 €

Berechnung der Bezugspreise

Ware	Listenpreis	Mengenspesen	Wertspesen	Gesamtbezugspreis	Bezugspreis/kg (netto)
A	9.600,00 €	71,25 €	288,00 €	9.959,25 €	31,12 €
B	8.000,00 €	42,75 €	240,00 €	8.282,75 €	41,41 €
	17.600,00 €	114,00 €	528,00 €	18.242,00 €	

aus: Bentin, Margit u. a.: Handlungsorientierte Materialien in Wirtschaft und Verwaltung. Beschaffungsprozess, Lehrerband, 2. Aufl., Bildungshaus Schulbuchverlage Westermann Schroedel Diesterweg Schöningh Winklers GmbH, Darmstadt 2005, S. 120

6

Nutzwertanalyse – *Cost-benefit analysis*

Begriff	Vorgehensweise

• Liefererauswahl auf der Grundlage
  – **quantifizierbarer Größen** wie Einkaufspreis, Lieferungs- und Zahlungsbedingungen und
  – **qualitativer Aspekte** wie Qualität und Umweltverträglichkeit der Produkte, Kulanzverhalten, Zuverlässigkeit, Kundendienst usw.
• Als Entscheidungsgrundlage dient die **Lieferermatrix.**
	1. Auswahl der Entscheidungskriterien
	2. Gewichtung der Kriterien in v. H.; je höher die Prozentzahl, desto wichtiger ist das entsprechende Kriterium für den Entscheidungsprozess.
	3. Bewertung der infrage kommenden Lieferer anhand der Kriterien (z. B. sehr gut = 5 Punkte; ungenügend = 0 Punkte).
	4. Errechnung der gewichteten Punktewerte durch Multiplikation der Gewichtungsfaktoren mit den vergebenen Punktezahlen.
	5. Addition der gewichteten Punktewerte; der Lieferer mit der höchsten Punktewertsumme erhält den Zuschlag.

Beispiel

Entscheidungskriterien	Gewichtung der Kriterien	Lieferer A		Lieferer B	
		Punkte	gewichtete Punkte	Punkte	gewichtete Punkte
Preis	40 %	5	200	4	160
Qualität	30 %	3	90	5	150
Zuverlässigkeit	20 %	4	80	2	40
Kulanzverhalten	10 %	2	20	3	30
Summe	100 %		390		380

Möglichkeiten der Beschaffungsfinanzierung
Various means of financing purchases

Im Rahmen der Beschaffung muss beim Rechnungsausgleich gegenüber den Lieferanten wie bei allen weiteren finanziellen Transaktionen die Gesamtliquidität des Unternehmens berücksichtigt werden. Vor diesem Hintergrund sollten alle finanziell sinnvollen Möglichkeiten ausgeschöpft werden, um den Zahlungszeitpunkt hinauszuschieben bzw. die Kosten der Beschaffung zu reduzieren.

Möglichkeiten der Beschaffungsfinanzierung

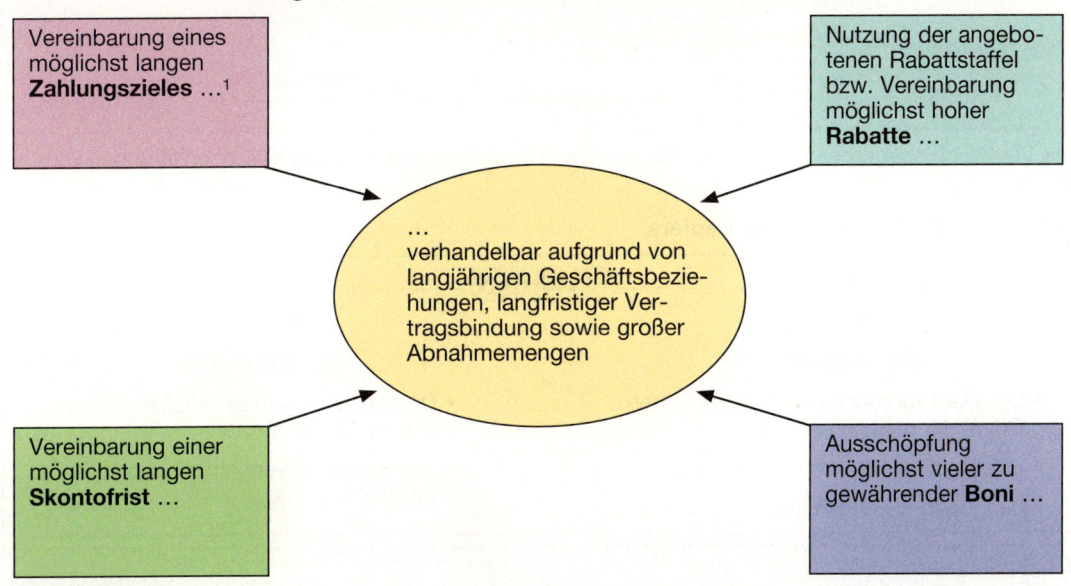

Vereinbarung eines möglichst langen **Zahlungszieles** …[1]

Nutzung der angebotenen Rabattstaffel bzw. Vereinbarung möglichst hoher **Rabatte** …

… verhandelbar aufgrund von langjährigen Geschäftsbeziehungen, langfristiger Vertragsbindung sowie großer Abnahmemengen

Vereinbarung einer möglichst langen **Skontofrist** …

Ausschöpfung möglichst vieler zu gewährender **Boni** …

1 Wechsel siehe S. 281

Für die Beschaffung von Anlagegütern kann je nach Unternehmensstruktur und finanzieller Situation das **Leasing** (siehe S. 425) eine Alternative zum Kauf sein. Dies würde eine reine Fremdfinanzierung ohne Eigenkapitalbedarf bedeuten und könnte zu einer Sicherung der Liquidität beitragen.

Bestellung – *Orders*

Rechtliche Bedeutung

Eine Bestellung ist **verbindlich,** sie kann schriftlich oder mündlich erteilt werden. Bei einer mündlichen Bestellung ist eine sofortige schriftliche Bestätigung empfehlenswert, um Missverständnisse zu vermeiden.

Bestellung aufgrund eines Angebotes:
Ein Kaufvertrag wird abgeschlossen. In der Bestellung wird auf das Angebot Bezug genommen. Es liegen zwei übereinstimmende Willenserklärungen vor.

Bestellung ohne vorheriges Angebot:
Die Bestellung muss konkrete Angaben enthalten. Sie ist nur für den Auftraggeber/die Auftraggeberin verbindlich, der Lieferer kann ablehnen oder zustimmen. Es liegt nur eine Willenserklärung vor;

die zweite erfolgt durch Auftragsbestätigung oder Warenlieferung.

Widerruf:
Der Widerruf muss vor oder gleichzeitig mit der Bestellung eintreffen, z.B. per Telefon oder als Fax.

Aufbau und Inhalt

1. Auf das Angebot, den Katalog, die Preisliste usw. eingehen
2. Art, Preis, Menge und Qualität der Ware angeben
3. Liefertermin und Lieferungsbedingungen nennen
4. Gewünschte Zahlungsweise angeben

vgl.: Bentin, Margit u. a.: Handlungsorientierte Materialien in Wirtschaft und Verwaltung. Beschaffungprozess, 4. Aufl., Bildungshaus Schulbuchverlage Westermann Schroedel Diesterweg Schöningh Winklers GmbH, Darmstadt 2005, S. 39

Kaufvertrag

- Bei einem Kaufvertrag handelt es sich um ein zwei- oder mehrseitiges Rechtsgeschäft.

- Willenserklärungen, die im Rahmen eines Kaufvertrages abgegeben werden, heißen ANTRAG und ANNAHME.

I. Verpflichtungsgeschäft

a) Zustandekommen des Kaufvertrages

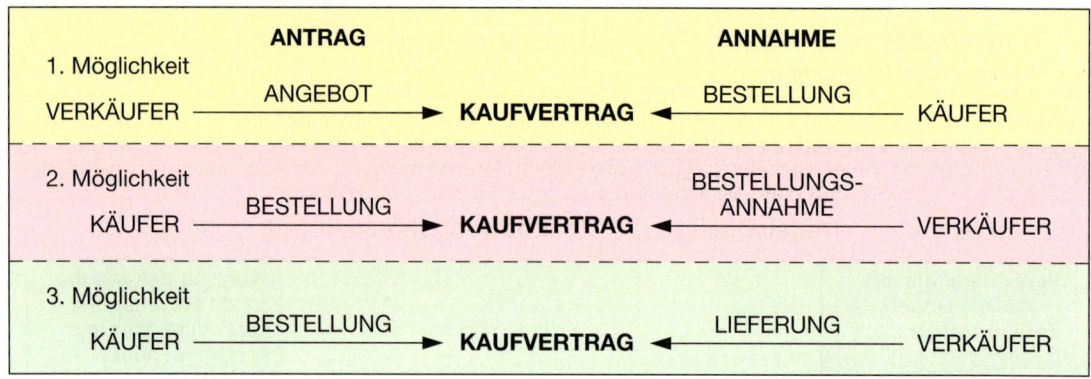

Das Verpflichtungsgeschäft ist abgeschlossen, wenn zwei übereinstimmende Willenserklärungen vorliegen.

b) Pflichten des Verkäufers und Käufers

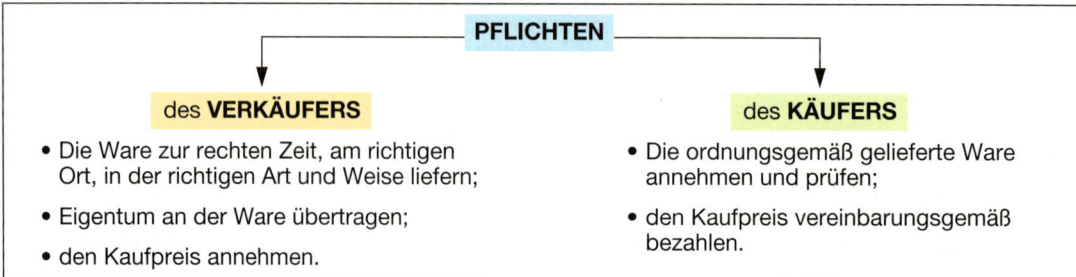

II. Erfüllungsgeschäft

Das Erfüllungsgeschäft ist abgeschlossen, wenn Verkäufer und Käufer ihre Pflichten erfüllt haben.

Werden die Pflichten nicht erfüllt, spricht man von Störungen des Kaufvertrages.

vgl.: Bentin, Margit u. a.: Handlungsorientierte Materialien in Wirtschaft und Verwaltung. Beschaffungprozess, 4. Aufl., Bildungshaus Schulbuchverlage Westermann Schroedel Diesterweg Schöningh Winklers GmbH, Darmstadt 2005, S. 41

3526248

Textbausteine – *Terms and phrases*

Angebot

Angebot	

Aufbau und Inhalt	Formulierungsvorschläge
1. Eingehen auf Anfrage (verlangtes Angebot) oder Vorstellen des Unternehmens (unverlangtes Angebot)	Wir danken für Ihre Anfrage und bieten an: … Über Ihr Interesse an unserem Unternehmen freuen wir uns sehr.
2. Beschreibung des Artikels bzw. des Sortiments	Wir haben den gewünschten Artikel in erforderlicher Menge vorrätig, Wir können die gewünschte Menge von … binnen … Tagen liefern.
3. Nennen der Angebotsbedingungen (Preise, Lieferungs- und Zahlungsbedingungen, Lieferzeit, Erfüllungsort, Gerichtsstand)	Bei Abnahme von … Stück liefern wir frei Haus. Bei Aufträgen ab … € übernehmen wir die Verpackungskosten. Unsere Rechnung ist binnen 30 Tagen netto Kasse zahlbar. Bei Zahlung innerhalb 10 Tagen gewähren wir 3 % Skonto. Wir hoffen auf Ihr Verständnis, dass wir neue Kunden nur gegen Nachnahme beliefern.
4. Freundlicher Abschlusssatz (Hoffnung auf Bestellung)	Wir freuen uns auf Ihre Bestellung. Wir hoffen, Ihren Auftrag zu erhalten.

aus: Bentin, Margit u. a.: Handlungsorientierte Materialien in Wirtschaft und Verwaltung. Beschaffungsprozess, Lehrerband, 2. Aufl., Darmstadt 2005, S. 117

Bestellung

Bestellung	

Aufbau und Inhalt	Formulierungsvorschläge
1. Auf das Angebot, den Katalog, die Preisliste, usw. eingehen	Wir danken für Ihr Angebot und bestellen: … Die Preisliste haben wir erhalten und bestellen: …
2. Art, Preis, Menge und Qualität der Ware angeben	… 50 Kugelschreiber „Venus", Nr. 112, schwarz, … €/St. 25 Bleistifte „Sonny", Nr. 13, … €/St.
3. Liefertermin und Lieferungsbedingungen nennen	Wir bitten Sie, spätestens in zwei Wochen frei Haus zu liefern. Die Lieferung muss bis zum … erfolgt sein, sonst verweigern wir die Annahme. Sollte Ihr Lagerbestand nicht ausreichen, bitten wir um sofortige Teillieferung. Unsere Filiale wird am … eröffnet. Bitte sorgen Sie dafür, dass die Sendung pünktlich bei uns eintrifft.
4. Gewünschte Zahlungsweise angeben	Bitte gewähren Sie uns ein Zahlungsziel von … Monaten. Mit Ihren Zahlungsbedingungen sind wir einverstanden.

aus: Bentin, Margit u. a.: Handlungsorientierte Materialien in Wirtschaft und Verwaltung. Beschaffungsprozess, Lehrerband, 2. Aufl., Darmstadt 2005, S. 117

6

E-Commerce

Begriff	Ziele
Electronic Commerce („E-Commerce" oder „E-Business") ermöglicht die umfassende, digitale Abwicklung von Geschäftsprozessen zwischen Unternehmen und deren Kunden über private und öffentliche Netze (Internet). Dabei beinhaltet das Electronic Commerce auch die digitale Bezahlung und, was digitalisierbare Güter (z. B. Musik, Videoclips) und Dienstleistungen angeht, eine digitale Übertragung.	E-Commerce beschleunigt die Abwicklung von Geschäftsprozessen, gestaltet häufig Prozessabläufe effizienter und senkt damit die Kosten für die Beteiligten. Auf Marktveränderungen (z. B. Preisänderungen) kann mithilfe von E-Commerce in der Regel schneller reagiert werden (z. B. über sofortigen Informationsaustausch).

Formen des E-Commerce

B2B = Business-to-Business: Geschäftsbeziehungen zwischen Unternehmen sowie öffentlichen Institutionen

B2C = Business-to-Consumer oder Business-to-Customer: „Electronic Shopping" von Konsumenten, die über das Internet oder per Onlinedienst Waren kaufen

B2G = Business-to-Government: Geschäftsbeziehungen zwischen Unternehmen und staatlichen Einrichtungen

Intra-Business: Intra- und/oder Extranet unterstützen Geschäftsprozesse und Kommunikationsbeziehungen

Elektronische Marktplätze im Beschaffungsprozess

Unternehmen vereinbaren mit Mitbewerbern, für den kostengünstigen Einkauf von Produkten einen gemeinsamen **Handelsplatz** im Internet einzurichten. Beispielsweise entstand über eine derartige Vereinbarung ein elektronischer Megamarktplatz für die Zuliefererbetriebe von Autokonzernen. Spezielle Softwarehäuser richten dazu geeignete **Portale** ein. Die entstandenen **Onlinemarktplätze** ermöglichen aufgrund der raschen elektronischen Reaktionsmöglichkeiten kurzfristige Dispositionen, die Preistransparenz erhöht sich. Viele Einzelarbeitsschritte des bisherigen Beschaffungsvorganges werden verzichtbar. Die Einkäufer können sofort vergleichen, wer das günstigste Angebot offeriert; sie können sich auch zusammenschließen, um höhere Rabattsätze zu erreichen, oder sie führen Auktionen durch, bei denen die Lieferanten mit ihren Angeboten in Wettbewerb treten. Der Einkauf mittels der E-Commerce-**Plattform** führt in der Regel zu einer deutlichen Kostensenkung. Diese Preisvorteile beim Einkauf können kalkulatorisch dazu führen, dass die Unternehmen ihre Produkte und Dienstleistungen preiswerter im Absatzmarkt anbieten können. Betriebswirtschaftlich effizientere Lösungen führen somit volkswirtschaftlich zu einem verstärkten (internationalen) Wettbewerb und zu einer möglichen Erhöhung des Bruttoinlandsproduktes.

Arten von Portalen

Ziel: Reduzierung der Informationsflut des Internets (Kosten- und Zeitersparnis) beim User, zielgruppenspezifisches Direktmarketing beim Anbieter (Vermeidung von Streuverlusten, Erhöhung der Kontaktrate)

⬇

Lösung: Zielgruppenspezifischer Einsatz des Internets durch Nutzung von **Portalen**

⬇

Arten von Portalen

B2B-Portale	B2C-Portale	Portal-Networks
für spezielle Produkte/Leistungen eines informationssuchenden **Unternehmers**	für spezielle Produkte/Leistungen eines informationssuchenden **Konsumenten**	„Eingangstore" für spezifische User, die Verknüpfungen zu **sämtlichen Bedürfnissen** des Users bieten
Beispiel: Ein Industriebetrieb sucht in einem Portal für Büroausstattung nach Schreibtischen.	**Beispiel:** Ein Endverbraucher sucht in einem Portal für Musik nach einer CD-Rarität.	**Beispiel:** Ein Autokäufer sucht in einem Portal für Autos nach einem neuen Auto, einer geeigneten Finanzierung und einer günstigen Versicherung.

vgl.: Hübscher, Heinrich u. a.: IT-Kompendium, 1. Aufl., Braunschweig 2001, S. 371

Rechtliche Grundlagen des Wirtschaftsprozesses
Legal framework of the economic process

Rechtsordnung

Die Funktionsfähigkeit des Güter- und Geldstromes im Wirtschaftsleben wird u. a. sowohl durch ungeschriebenes Recht oder Gewohnheitsrecht (z. B. Handelsbräuche) als auch durch geschriebenes Recht (z. B. Verfassungsrecht) beeinflusst.

Die Summe aller Rechtsvorschriften, die in einem Staatswesen zur Anwendung kommen, wird als **Rechtsordnung** bezeichnet. In Deutschland wird diese Rechtsordnung durch das Grundgesetz (z. B. Artikel 14 Absatz 1: Eigentumsgarantie und Absatz 2: Sozialbindung) festgelegt. Im Rahmen der europäischen Integration (u. a. gemeinsame Währung) kommen weitere Gesetze dazu, die in den zuständigen EU-Institutionen beschlossen werden und in der Regel einen höheren Rang einnehmen.

Hierarchie der Rechtsvorschriften

Begriff	Bedeutung	Beispiele
Naturrecht (Gewohnheitsrecht)	Inbegriff der herrschenden Auffassungen	Menschenrechte
Geschriebenes (positives) Recht		
Völkerrecht	Zwischenstaatliches Recht	Charta der UNO
EU-Recht	Vereinheitlichung von Rechtsvorschriften für EU-Mitgliedsstaaten	EU-Vertrag über …
Verfassung (Grundgesetz)	Normativer Rahmen für die Gesetzgebung Deutschlands	Grundgesetz
Gesetz	Spezielle Rechtsvorschriften	Gewerbesteuergesetz
Verordnung	Ergänzungs- und Durchführungsbestimmungen zu den Gesetzen	Gewerbesteuerdurchführungsverordnung
Satzung	Einzelne Rechtsvorschrift für einen besonderen Zweck	Bestimmung des Gewerbesteuerhebesatzes
Gerichtsurteil	Richterliche Entscheidung im Einzelfall	Korrektur eines Gewerbesteuerbescheids

6

Rechtliche Grundlagen des Wirtschaftsprozesses
Legal framework of the economic process

Rechtssubjekte – Rechtsfähigkeit

Die Rechtsordnung unterscheidet prinzipiell zwischen Personen (Rechtssubjekte) und Gegenständen (Rechtsobjekte). Nur **Rechtssubjekte** können Träger von Rechten und Pflichten sein (= Rechtsfähigkeit) und rechtswirksame Erklärungen abgeben.

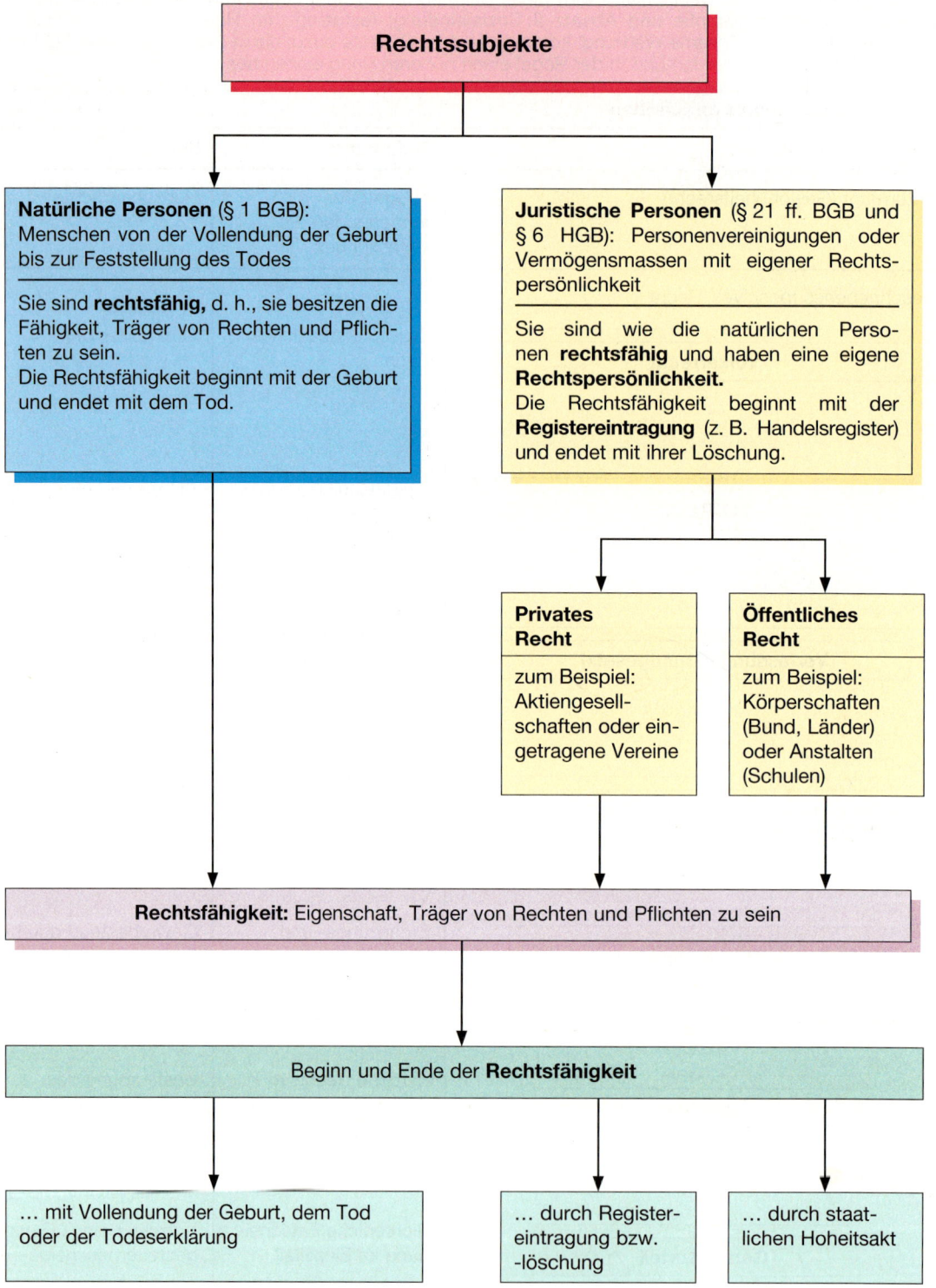

Rechtssubjekte

Natürliche Personen (§ 1 BGB): Menschen von der Vollendung der Geburt bis zur Feststellung des Todes

Sie sind **rechtsfähig,** d. h., sie besitzen die Fähigkeit, Träger von Rechten und Pflichten zu sein.
Die Rechtsfähigkeit beginnt mit der Geburt und endet mit dem Tod.

Juristische Personen (§ 21 ff. BGB und § 6 HGB): Personenvereinigungen oder Vermögensmassen mit eigener Rechtspersönlichkeit

Sie sind wie die natürlichen Personen **rechtsfähig** und haben eine eigene **Rechtspersönlichkeit.**
Die Rechtsfähigkeit beginnt mit der **Registereintragung** (z. B. Handelsregister) und endet mit ihrer Löschung.

Privates Recht

zum Beispiel: Aktiengesellschaften oder eingetragene Vereine

Öffentliches Recht

zum Beispiel: Körperschaften (Bund, Länder) oder Anstalten (Schulen)

Rechtsfähigkeit: Eigenschaft, Träger von Rechten und Pflichten zu sein

Beginn und Ende der **Rechtsfähigkeit**

… mit Vollendung der Geburt, dem Tod oder der Todeserklärung

… durch Registereintragung bzw. -löschung

… durch staatlichen Hoheitsakt

6

3526252

Rechtliche Grundlagen des Wirtschaftsprozesses
Legal framework of the economic process

Rechtssubjekte – Geschäftsfähigkeit

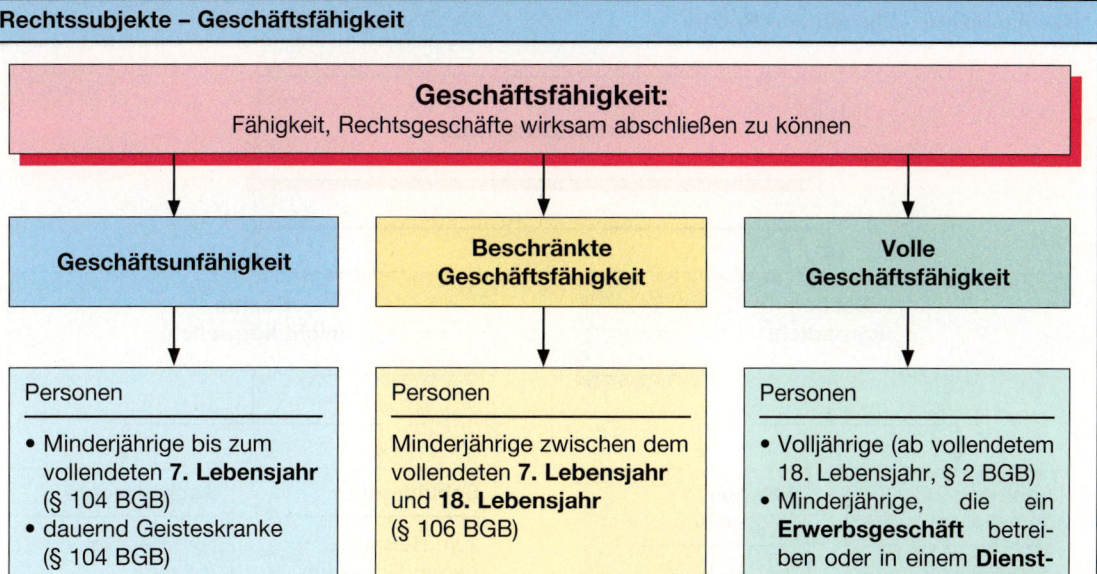

Geschäftsfähigkeit:
Fähigkeit, Rechtsgeschäfte wirksam abschließen zu können

Geschäftsunfähigkeit

Personen
- Minderjährige bis zum vollendeten **7. Lebensjahr** (§ 104 BGB)
- dauernd Geisteskranke (§ 104 BGB)

Beschränkte Geschäftsfähigkeit

Personen

Minderjährige zwischen dem vollendeten **7. Lebensjahr** und **18. Lebensjahr** (§ 106 BGB)

Volle Geschäftsfähigkeit

Personen
- Volljährige (ab vollendetem 18. Lebensjahr, § 2 BGB)
- Minderjährige, die ein **Erwerbsgeschäft** betreiben oder in einem **Dienst-** oder **Arbeitsverhältnis** stehen (§ 112 f. BGB)

Sonderfälle der Geschäftsfähigkeit

Botentätigkeit

Personen, die als **Bote** einen Auftrag für den gesetzlichen Vertreter ausführen.
Das Rechtsgeschäft ist gültig.

zum Beispiel:
Die fünfjährige Carla kauft im Sportfachgeschäft für ihren Vater eine Packung Tennisbälle.

Taschengeldparagraf

Beim Kauf einer Sache mit eigenen Mitteln, die Personen mit beschränkter Geschäftsfähigkeit zur **freien Verfügung** stehen (§ 110 BGB).
Das Rechtsgeschäft ist gültig.

zum Beispiel:
Der sechzehnjährige Ralf kauft sich von seinem Taschengeld ein „Fantrikot" von „Eintracht Braunschweig".

Schenkung

ohne rechtliche Nachteile

Schenkungen, mit denen lediglich rechtliche **Vorteile** verbunden sind, sind auch **ohne** Zustimmung des gesetzlichen Vertreters rechtskräftig (§ 107 BGB).

zum Beispiel:
Die fünfzehnjährige Iris erhält von ihrer Tante zum Geburtstag eine Sportjacke geschenkt.

mit rechtlichen Nachteilen

Bei Schenkung mit rechtlichen **Nachteilen** kann der gesetzliche Vertreter seine Zustimmung verweigern (§ 108 BGB).

zum Beispiel:
Der sechzehnjährige Wolfgang bekommt von seinem Patenonkel zum Sekundarabschluss I ein Mofa geschenkt. Mögliche Folgekosten sind z. B.: Versicherung, Betriebskosten.

6

Rechtliche Grundlagen des Wirtschaftsprozesses
Legal framework of the economic process

Rechtsobjekte – Sachen und Rechte

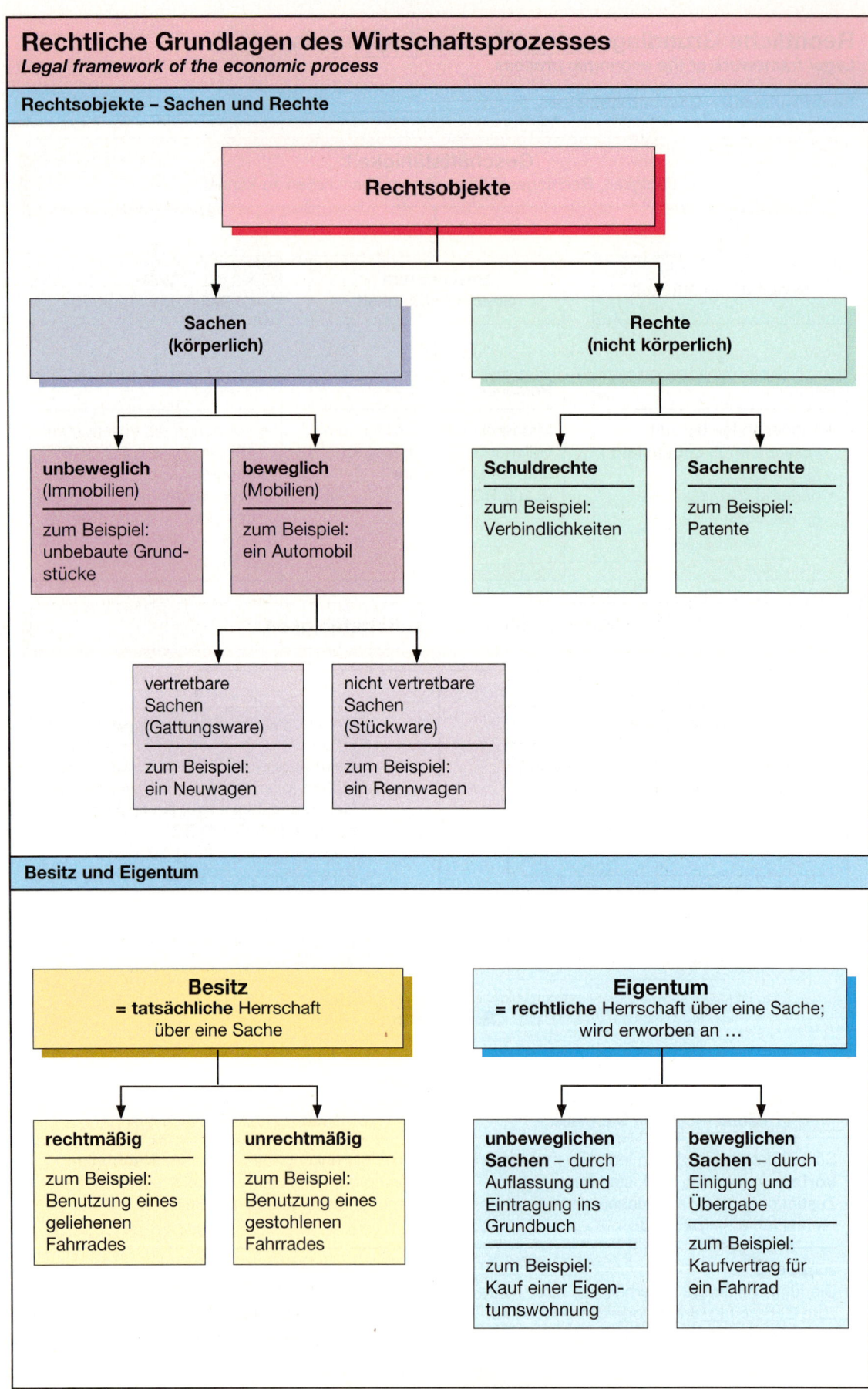

Rechtsobjekte

**Sachen
(körperlich)**

**Rechte
(nicht körperlich)**

unbeweglich
(Immobilien)

zum Beispiel:
unbebaute Grund-
stücke

beweglich
(Mobilien)

zum Beispiel:
ein Automobil

Schuldrechte

zum Beispiel:
Verbindlichkeiten

Sachenrechte

zum Beispiel:
Patente

vertretbare
Sachen
(Gattungsware)

zum Beispiel:
ein Neuwagen

nicht vertretbare
Sachen
(Stückware)

zum Beispiel:
ein Rennwagen

Besitz und Eigentum

Besitz
= **tatsächliche** Herrschaft
über eine Sache

Eigentum
= **rechtliche** Herrschaft über eine Sache;
wird erworben an …

rechtmäßig

zum Beispiel:
Benutzung eines
geliehenen
Fahrrades

unrechtmäßig

zum Beispiel:
Benutzung eines
gestohlenen
Fahrrades

**unbeweglichen
Sachen** – durch
Auflassung und
Eintragung ins
Grundbuch

zum Beispiel:
Kauf einer Eigen-
tumswohnung

**beweglichen
Sachen** – durch
Einigung und
Übergabe

zum Beispiel:
Kaufvertrag für
ein Fahrrad

Arten von Rechtsgeschäften – *Types of legal acts*

Begriff

Zum Zustandekommen eines Rechtsgeschäfts bedarf es einer oder mehrerer **Willenserklärungen.** Unter einer Willenserklärung versteht man mündliche oder schriftliche Äußerungen einer Person oder die aktive Handlung einer Person. Rechtsgeschäfte zwischen mehreren Personen kommen durch das beiderseitige Einverständnis zustande. Es zeigt sich durch die Abgabe übereinstimmender Willenserklärungen. Es gibt jedoch auch Rechtsgeschäfte, die wirksam sind, wenn nur eine Person eine Willenserklärung abgibt.

Arten

Arten von Rechtsgeschäften

Einseitige Rechtsgeschäfte

Für die Rechtswirksamkeit ist die Willenserklärung **einer** Person erforderlich.

nicht empfangsbedürftige Rechtsgeschäfte

zum Beispiel:
Testament
Ein Familienvater setzt handschriftlich sein Testament auf und versieht es mit Ort, Datum und seiner Unterschrift. Die Willenserklärung des Familienvaters ist rechtswirksam. Er muss das Testament niemandem offen legen.

empfangsbedürftige Rechtsgeschäfte

zum Beispiel:
Mahnung, Bürgschaft, Anfechtung, Kündigung
Ein Geschäftsinhaber kündigt seiner Verkäuferin zum 31. Januar. Die Kündigung ist erst wirksam, wenn sie der Mitarbeiterin zugeht, z. B. wenn er ihr das Schriftstück aushändigt oder zuschickt.

Mehrseitige Rechtsgeschäfte

Für die Rechtswirksamkeit sind **mindestens zwei** übereinstimmende Willenserklärungen erforderlich. Dadurch entsteht ein **Vertrag.**

Einseitig verpflichtend
Ein Vertragspartner verpflichtet sich zu einer Leistung.

zum Beispiel:
Schenkung
Eine Person verpflichtet sich zu einer unentgeltlichen Vermögensübertragung an eine andere Person. Ein Vater schenkt seiner Tochter zum Schulabschluss ein Mountainbike.

Mehrseitig verpflichtend
Alle Vertragspartner verpflichten sich zu einer Leistung.

zum Beispiel:
Kauf
Eine Person veräußert Sachen oder Rechte gegen Bezahlung. Eine Verkäuferin verkauft ein Sweatshirt an eine Kundin.

6

Formen von Rechtsgeschäften – *Forms of legal acts*

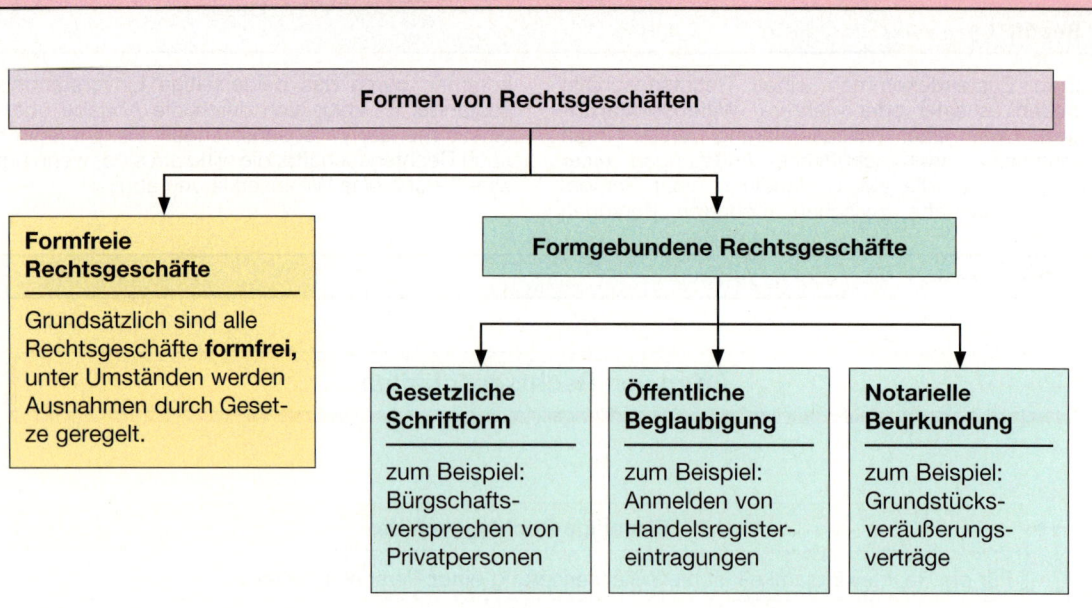

Formen von Rechtsgeschäften

Formfreie Rechtsgeschäfte

Grundsätzlich sind alle Rechtsgeschäfte **formfrei,** unter Umständen werden Ausnahmen durch Gesetze geregelt.

Formgebundene Rechtsgeschäfte

Gesetzliche Schriftform

zum Beispiel: Bürgschaftsversprechen von Privatpersonen

Öffentliche Beglaubigung

zum Beispiel: Anmelden von Handelsregistereintragungen

Notarielle Beurkundung

zum Beispiel: Grundstücksveräußerungsverträge

Zustandekommen von mehrseitigen Rechtsgeschäften (Verträge)
Multilateral legal acts

Ein **mehrseitiges** Rechtsgeschäft kommt durch **Antrag** (vgl. § 145 BGB) und **Annahme** (vgl. § 147 BGB) zustande, wenn beide Willenserklärungen übereinstimmen. Hierbei ist der Antrag grundsätzlich bindend und die Annahme muss unter bestimmten Voraussetzungen erfolgen, damit das Rechtsgeschäft zustande kommt:

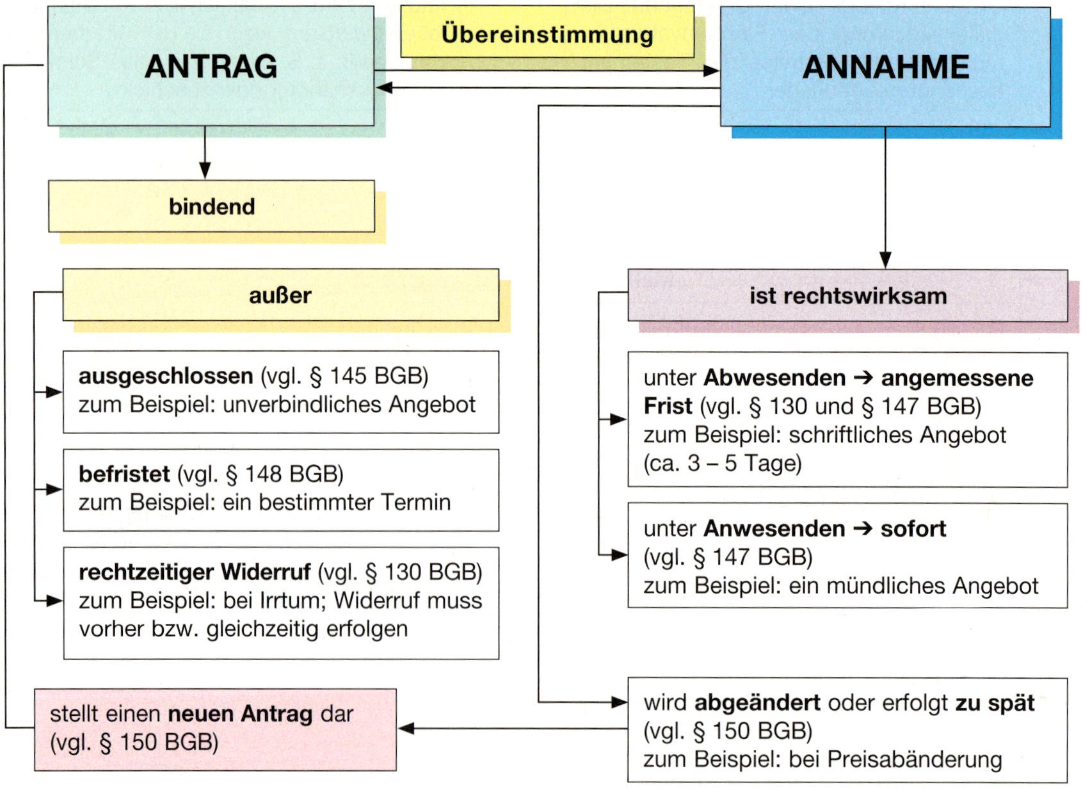

ANTRAG — **Übereinstimmung** → **ANNAHME**

bindend

außer

ausgeschlossen (vgl. § 145 BGB)
zum Beispiel: unverbindliches Angebot

befristet (vgl. § 148 BGB)
zum Beispiel: ein bestimmter Termin

rechtzeitiger Widerruf (vgl. § 130 BGB)
zum Beispiel: bei Irrtum; Widerruf muss vorher bzw. gleichzeitig erfolgen

stellt einen **neuen Antrag** dar
(vgl. § 150 BGB)

ist rechtswirksam

unter **Abwesenden → angemessene Frist** (vgl. § 130 und § 147 BGB)
zum Beispiel: schriftliches Angebot
(ca. 3 – 5 Tage)

unter **Anwesenden → sofort**
(vgl. § 147 BGB)
zum Beispiel: ein mündliches Angebot

wird **abgeändert** oder erfolgt **zu spät**
(vgl. § 150 BGB)
zum Beispiel: bei Preisabänderung

Nichtigkeit von Rechtsgeschäften – *Nullity of legal acts*

Bei Vorliegen bestimmter Sachverhalte sind Rechtsgeschäfte von Anfang an **nichtig,** weil keine rechtswirksamen Willenserklärungen vorliegen.

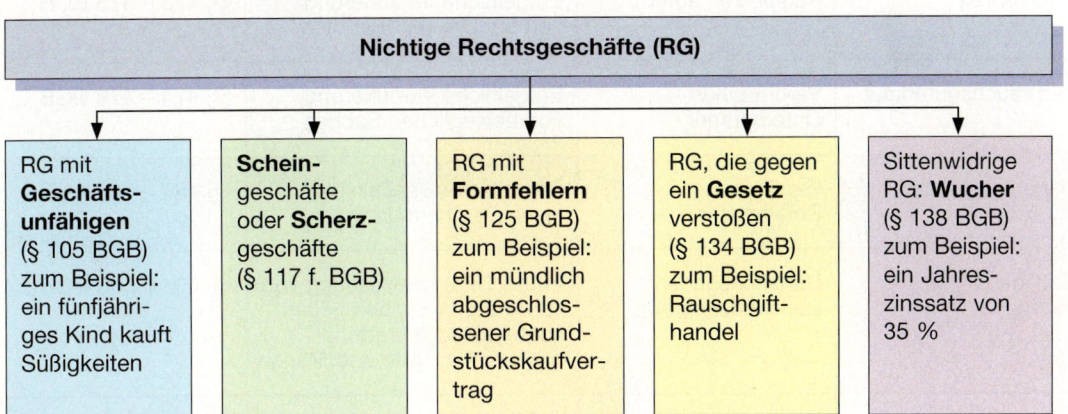

Nichtige Rechtsgeschäfte (RG)				
RG mit **Geschäftsunfähigen** (§ 105 BGB) zum Beispiel: ein fünfjähriges Kind kauft Süßigkeiten	**Schein**geschäfte oder **Scherz**geschäfte (§ 117 f. BGB)	RG mit **Formfehlern** (§ 125 BGB) zum Beispiel: ein mündlich abgeschlossener Grundstückskaufvertrag	RG, die gegen ein **Gesetz** verstoßen (§ 134 BGB) zum Beispiel: Rauschgifthandel	Sittenwidrige RG: **Wucher** (§ 138 BGB) zum Beispiel: ein Jahreszinssatz von 35 %

Anfechtbarkeit von Rechtsgeschäften – *Voidability of legal acts*

Anfechtbare Rechtsgeschäfte sind so lange gültig, wie sie nicht von einem der Vertragspartner angefochten werden.

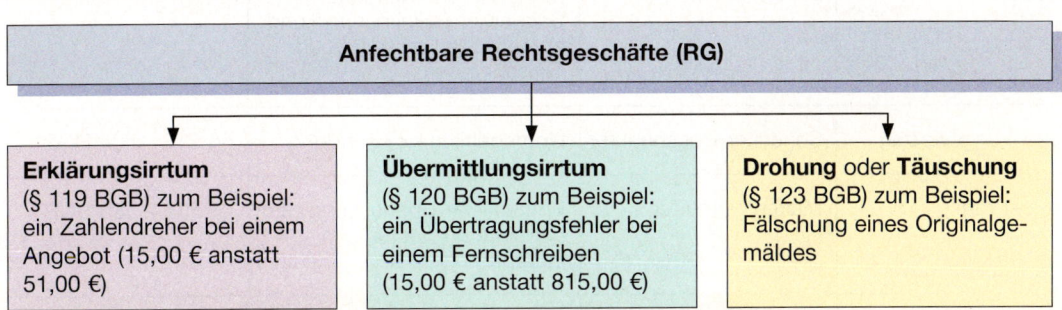

Anfechtbare Rechtsgeschäfte (RG)		
Erklärungsirrtum (§ 119 BGB) zum Beispiel: ein Zahlendreher bei einem Angebot (15,00 € anstatt 51,00 €)	**Übermittlungsirrtum** (§ 120 BGB) zum Beispiel: ein Übertragungsfehler bei einem Fernschreiben (15,00 € anstatt 815,00 €)	**Drohung** oder **Täuschung** (§ 123 BGB) zum Beispiel: Fälschung eines Originalgemäldes

Verpflichtungs- und Erfüllungsgeschäft – *Executory contract and delivery*

Rechtsgeschäfte unterliegen grundsätzlich der **Vertragsfreiheit,** die ein wichtiges Merkmal der marktwirtschaftlichen Ordnung ist. Aber: Einmal geschlossene Verträge sind einzuhalten. Die Vertragspartner (zum Beispiel: Verkäufer und Käufer) übernehmen beim Abschluss eines Kaufvertrages folgende Pflichten:

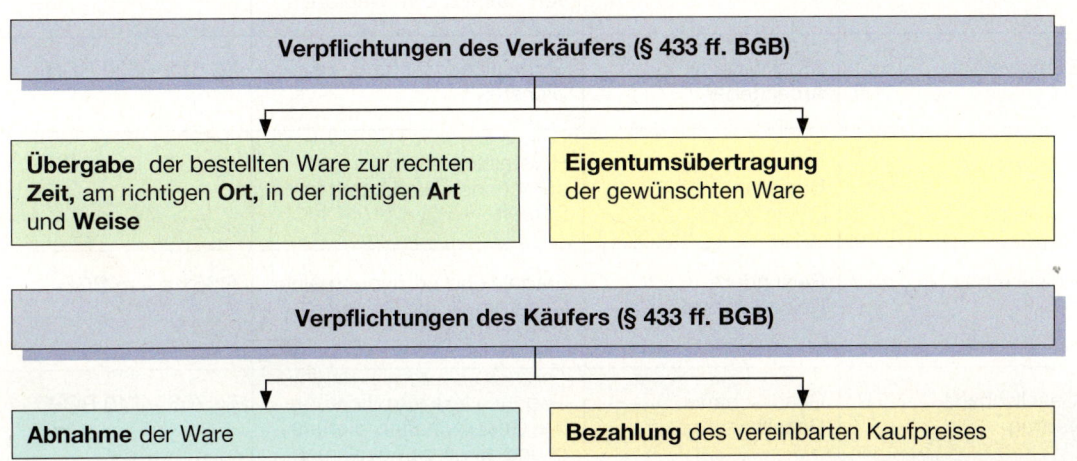

Verpflichtungen des Verkäufers (§ 433 ff. BGB)	
Übergabe der bestellten Ware zur rechten **Zeit,** am richtigen **Ort,** in der richtigen **Art** und **Weise**	**Eigentumsübertragung** der gewünschten Ware

Verpflichtungen des Käufers (§ 433 ff. BGB)	
Abnahme der Ware	**Bezahlung** des vereinbarten Kaufpreises

Nach dem **allgemeinen Kaufvertragsrecht** regelt das BGB die speziellen Rechte des **Verbrauchsgüterkaufs** (§ 474 ff.). Hierbei handelt es sich um einen Kaufvertrag, bei dem ein Verbraucher (vgl. § 13 BGB) von einem Unternehmer (vgl. § 14 BGB) eine **bewegliche Sache** kauft.

6

Vertragsarten – *Types of contracts*

Vertragsart	Vertragspartner	Vertragsinhalt	Gesetzliche Regelung
Kaufvertrag	Käufer/Verkäufer	Entgeltliche Veräußerung von Sachen und Rechten	§§ 433 – 473 BGB
Verbrauchsgüterkauf	Verbraucher/ Unternehmer	Entgeltliche Veräußerung von beweglichen Sachen	§§ 474 – 479 BGB
Darlehensvertrag	Darlehensgeber/ Darlehensnehmer	Entgeltliche Überlassung eines Geldbetrages	§§ 488 – 498 BGB
Sachdarlehens- vertrag	Darlehensgeber/ Darlehensnehmer	Entgeltliche Überlassung von vertretbaren Sachen gegen spätere Rückerstattung gleicher Art, Güte und Menge	§§ 607 – 609 BGB
Darlehens- vermittlungsvertrag	Verbraucher/ Unternehmer/ Darlehensvermittler	Vermittlung oder Abschluss eines Darlehensvertrages gegen Entgelt	§ 655 a – e BGB
Ratenlieferungs- vertrag	Verbraucher/ Unternehmer	Lieferung mehrerer zusam- mengehörend gekaufter Sachen in Teilleistungen und entgeltliche Entrichtung in Teilzahlungen	§ 505 BGB
Schenkungsvertrag	Schenker/Beschenkter	Unentgeltliche Zuwendung	§§ 516 – 534 BGB
Mietvertrag	Mieter/Vermieter	Entgeltliche Überlassung der vermieteten Sache zum Gebrauch	§§ 535 – 580 BGB
Pachtvertrag	Pächter/Verpächter	Entgeltliche Überlassung der verpachteten Sache zum Ge- brauch sowie Genuss der Erträge	§§ 581 – 597 BGB
Leihvertrag	Verleiher/Entleiher	Unentgeltliche Überlassung von Sachen zum Gebrauch	§§ 598 – 606 BGB
Dienstvertrag	Arbeitnehmer/ Arbeitgeber	Entgeltliche Leistung von Diensten	§§ 611 – 630 BGB
Werkvertrag	Unternehmer/ Besteller	Herstellung eines ver- sprochenen Werks gegen Entgelt	§§ 631 – 651 BGB
Reisevertrag	Reisender/ Reiseveranstalter	Entgeltliche Erbringung einer Gesamtheit von Reiseleis- tungen (Reise)	§ 651 a – m BGB
Gesellschafts- vertrag	Gesellschafter/ Gesellschafter	Gegenseitige Verpflichtung der Gesellschafter, die Errei- chung eines gemeinsamen Zweckes in der durch den Vertrag bestimmten Weise zu fördern	§§ 705 – 740 BGB

Arten des Kaufvertrages – *Types of sales contracts*

Kaufvertragsarten

↓

Unterscheidung nach ...

der Art, Güte und Beschaffenheit der Ware

- **Kauf auf Probe**
Rückgaberecht innerhalb einer vereinbarten Frist (z. B. Rückgabe innerhalb von zwei Wochen)

- **Kauf nach Probe**
Qualität der kostenlosen Probe ist für Folgemenge verbindlich (z. B. Kauf von Sweatshirts aufgrund eines Musters)

- **Kauf zur Probe**
Kauf einer kleinen Menge zu Testzwecken

- **Gattungskauf**
Kauf von vertretbarer Ware (nur der Gattung nach bestimmbare Ware, also mehrfach vorhanden), die sich nach Maß, Zahl oder Gewicht bestimmen lässt (z. B. fabrikneue Markenskier)

- **Stückkauf**
Kauf nicht vertretbarer Ware (nur einmalig vorhanden), z. B. Kauf eines gebrauchten Paar Skier

- **Spezifikationskauf**
Bei Vertragsabschluss werden nur Art und Menge der Ware bestimmt, die nähere Bestimmung der Ware (z. B. Farbe) erfolgt innerhalb einer vereinbarten Frist (z. B. bei Kauf von Trainingsanzügen: Farbe, Maß, Form).

- **Ramschkauf**
Kauf der gesamten Warenmenge zu einem Pauschalpreis (z. B. bei einer Insolvenz Pauschalpreis für Gesamtwarenbestand)

der rechtlichen Stellung der Vertragspartner

- **Verbrauchsgüterkauf**
Endverbraucher kauft Ware vom Unternehmen, lt. § 476 ff. BGB gilt die **Beweislastumkehr.** (Tritt in den ersten 6 Monaten nach Kauf ein Sachmangel auf, wird davon ausgegangen, dass er schon bei Lieferung bestand. Der Verkäufer hat die Ware zurückzunehmen. Nach Ablauf von 6 Monaten liegt die Beweislast beim Käufer.)

- **Bürgerlicher Kauf**
Beide Vertragspartner sind Privatpersonen (z. B.: Wolfgang kauft das gebrauchte Fahrrad von Kai).

- **Einseitiger Handelskauf**
Ein Vertragspartner ist Kaufmann laut HGB, der andere Privatperson (z. B. ein Unternehmer kauft in einem Fachgeschäft Handschuhe).

- **Zweiseitiger Handelskauf**
Beide Vertragspartner sind Kaufleute laut HGB (z. B. die Sports Fashion GmbH kauft Sweatshirts vom Hersteller).

der Lieferzeit

- **Sofortkauf**
Kauf einer Ware gegen sofortige Zahlung (Zug-um-Zug-Geschäft)

- **Terminkauf**
Kauf einer Ware und Lieferung innerhalb eines festgelegten Zeitraums oder bis zu einem Zeitpunkt (z. B. „Lieferung binnen 10 Tagen nach Auftragseingang")

- **Fixkauf**
Kauf einer Ware und Lieferung zu einem genau festgelegten Lieferzeitpunkt (z. B. „fix am 30. Mai"); Liefertermin ist wesentlicher Vertragsbestandteil, d. h., nach Ablauf des Liefertermins hat die Lieferung keinen Sinn mehr für Käufer

- **Kauf auf Abruf**
Kauf einer Ware und Lieferung zu vom Käufer zu bestimmenden Lieferzeitpunkten

dem Zeitpunkt der Zahlung

- **Kauf auf Anzahlung**
Käufer leistet eine Anzahlung vor der Warenlieferung (z. B. wenn keine zuverlässigen Angaben über die Zahlungsfähigkeit eines neuen Kunden vorliegen).

- **Kauf auf Vorauszahlung**
Käufer zahlt Ware vor der Lieferung (z. B. bei Sonderanfertigung).

- **Barkauf**
Käufer zahlt Ware bei Übergabe (z. B. Wocheneinkauf in einem Supermarkt).

- **Zielkauf**
Käufer zahlt nach der Lieferung (z. B. vereinbartes Zahlungsziel: 30 Tage).

- **Ratenkauf**
Käufer zahlt in mehreren Raten.

dem Ort der Warenübergabe

- **Handkauf**
Ware wird im Geschäftssitz des Verkäufers gegen Bezahlung dem Käufer übergeben.

- **Platzkauf**
Ware wird an den Geschäftssitz des Käufers gesendet; Käufer und Verkäufer haben Geschäftssitz am selben Ort.

- **Versendungskauf**
Ware wird zum Käufer versendet; Käufer und Verkäufer haben Geschäftssitz an verschiedenen Orten.

6

Erfüllungsort – *Place of performance*

Begriff	Bedeutung
Der Erfüllungsort ist der Ort, an dem der Verkäufer die Ware liefert bzw. der Käufer die Ware bezahlt. Wenn die Vertragsparteien im Kaufvertrag keinen Erfüllungsort bestimmt haben, gilt die **gesetzliche Regelung:** Der Erfüllungsort ist der Wohn- bzw. Geschäftssitz des jeweiligen Waren- bzw. Geldschuldners (§ 269 BGB). Es gibt also zwei gesetzliche Erfüllungsorte, wenn die Vertragsparteien nicht an demselben Ort wohnen.	Am Erfüllungsort geht die Gefahr auf den Käufer über, z. B. wenn die Ware beschädigt wird oder verloren geht. Geldschulden sind Schick- oder Bringschulden, deshalb hat der Käufer das Geld auf seine Kosten und Gefahr an den Wohn- oder Geschäftssitz des Verkäufers zu schicken. In der Praxis vereinbaren Käufer und Verkäufer im Allgemeinen einen **vertraglichen** Erfüllungsort, meistens den Wohn- oder Geschäftssitz des Verkäufers.

Beispiel:

Das Einzelhandelsfachgeschäft Büro 2000 GmbH in Dresden schließt einen Kaufvertrag mit der Office-Com AG in Braunschweig. Sie soll 50 Bürostühle an die Büro 2000 GmbH liefern. Ein Erfüllungsort wurde nicht vereinbart.

Der Erfüllungsort für die **Warenlieferung** der OfficeCom AG ist Braunschweig. Hier muss der Verkäufer die Ware lediglich zur Abholung bereitstellen, denn **Warenschulden sind Holschulden.** In Braunschweig geht die Gefahr, dass die Ware beschädigt wird oder verloren geht, auf die Büro 2000 GmbH über. Die Büro 2000 GmbH muss die **Zahlung** an ihrem Wohn- bzw. Geschäftssitz in Dresden leisten. Die GmbH hat ihre Zahlungsver-

pflichtung jedoch erst erfüllt, wenn sie das Geld auf ihre Kosten und Gefahr fristgemäß an den Verkäufer überweist, denn **Geldschulden sind Schick- oder Bringschulden.**

Wenn die OfficeCom AG mit der Büro 2000 GmbH schriftlich vereinbart hätte: „Erfüllungsort für beide Teile ist Braunschweig", so gäbe es nur diesen einen Erfüllungsort. In diesem Fall würde der Büroartikelhersteller die Ware wiederum an seinem Geschäftssitz zur Abholung bereitstellen, aber das Einzelhandelsfachgeschäft müsste die Zahlung so rechtzeitig vornehmen, dass sie fristgemäß beim Verkäufer eingeht.

Gerichtsstand – *Court of jurisdiction*

Durch die Festlegung des Erfüllungsortes wird auch der Gerichtsstand bestimmt, vor dem der Gläubiger seinen Vertragspartner verklagen kann, wenn dieser seinen Verpflichtungen aus dem Kaufvertrag nicht vertragsgemäß nachgekommen ist und es zu Streitigkeiten zwischen Verkäufer und Käufer gekommen ist.

Je nach Höhe des Streitwertes müsste z. B. eine Klage des Verkäufers beim Amtsgericht (bis 5.000,00 € Streitwert) oder beim Landgericht (über 5.000,00 € Streitwert) eingereicht werden. Beim zweiseitigen Handelskauf kann der Gerichtsstand zwischen Käufer und Verkäufer vertraglich vereinbart werden.

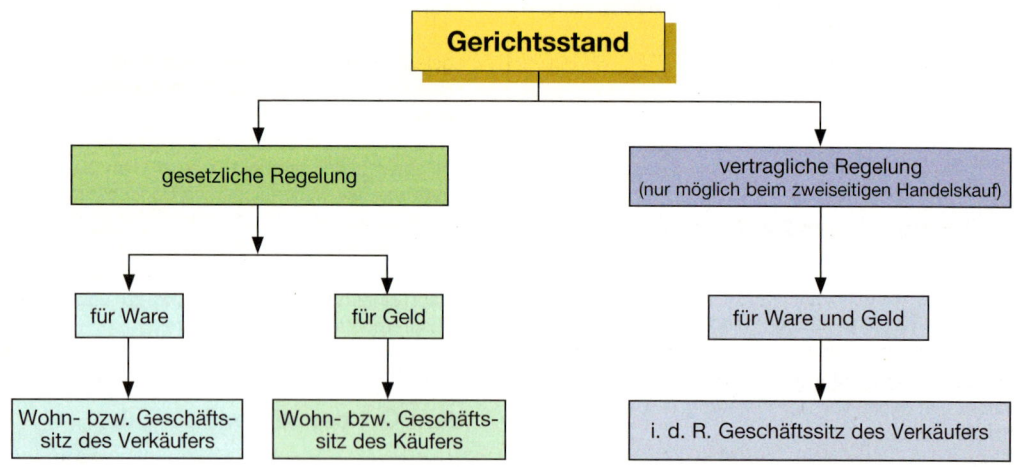

Beispiel:

Wenn die OfficeCom AG in Braunschweig mangelhafte Bürostühle an die Büro 2000 GmbH in Dresden geliefert hat, muss diese den Lieferanten am Geschäftssitz in Braunschweig verklagen, egal, ob ein Gerichtsstand vertraglich vereinbart wurde oder nicht.

Gerät hingegen die Büro 2000 GmbH in Zahlungsverzug, muss die OfficeCom AG in Dresden klagen, wenn kein Gerichtsstand zwischen den Vertragsparteien vereinbart wurde. Ist als Gerichtsstand „Braunschweig" festgelegt worden, hat der Verkäufer die Klage an seinem Geschäftssitz in Braunschweig einzureichen.

Allgemeine Geschäftsbedingungen (AGB)

Begriff

Nach § 305 BGB sind **Allgemeine Geschäftsbedingungen (AGB)** „alle für eine Vielzahl von Verträgen vorformulierten Vertragsbedingungen, die eine Vertragspartei (Verwender) der anderen Vertragspartei bei Abschluss eines Vertrags stellt". Der Endverbraucher spricht in diesem Zusammenhang von dem **„klein Gedruckten",** das sich meist auf der Rückseite von Kaufvertragsformularen befindet. Geregelt werden darin z. B. Erfüllungsort und Gerichtsstand oder die Zahlungsbedingungen.

Merkmale

Allgemeine Geschäftsbedingungen:

• sind **vorformulierte Vertragsbedingungen** (also nicht zwischen Käufer und Verkäufer einzeln ausgehandelte Vertragsbedingungen),

• werden für eine **Vielzahl von Verträgen** „gestellt", d. h. formuliert,

• können für **einzelne Wirtschaftsbereiche,** z. B. für das Speditionsgewerbe, speziell von den beteiligten Unternehmen ausgearbeitet werden, man spricht dann von den **„zum Handelsbrauch erstarkten AGB".**

Gründe

Allgemeine Geschäftsbedingungen sind aus dem heutigen Vertragsrecht nicht wegzudenken; man fragt sich, warum sie sich so stark durchgesetzt haben. Die **Gründe** dafür sind:

• **Zeit-** und damit **Kostenersparnis** für die beteiligten Unternehmen. Das einzelne Aushandeln von Vertragsbedingungen würde demgegenüber hohe Personalkosten verursachen.

• Das **Vertragsrisiko** wird für die Vertragspartei **begrenzt,** die die AGB im eigenen Interesse vorformuliert. Häufig akzeptiert die andere Vertragspartei stillschweigend die vorgelegten Allgemeinen Geschäftsbedingungen.

• Die Bestimmungen des BGB zu den AGB **schützen** im besonderen Maße **Endverbraucher,** da

bestimmte Sonderbestimmungen im Vertragsrecht für den Verkauf an Endverbraucher gelten.

• Da einzelne AGB-Bestimmungen laut BGB verboten sind (z. B. kurzfristige Preiserhöhungen von bestellter, aber noch nicht ausgelieferter Ware), **schützen** die AGB-Bestimmungen **vor unfairen Vertragsbestimmungen.** Die **Rechtssicherheit** im Wirtschaftsleben wird damit erhöht. Dies unterstützt auch der Inhalt des § 307 BGB, nach dem Bestimmungen in AGB unwirksam sind, wenn sie den Vertragspartner entgegen den Geboten von **Treu und Glauben** unangemessen benachteiligen.

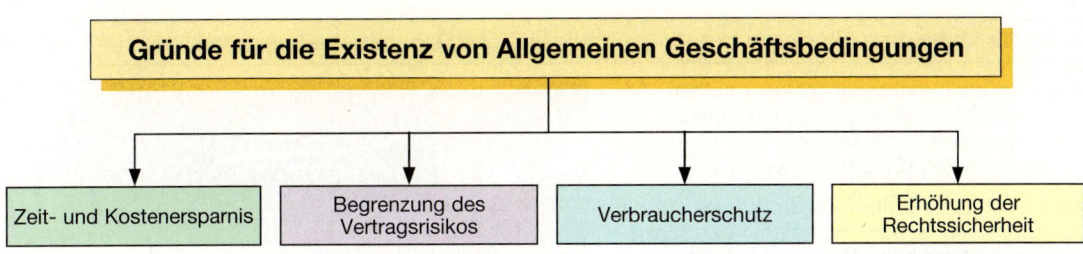

Gründe für die Existenz von Allgemeinen Geschäftsbedingungen

| Zeit- und Kostenersparnis | Begrenzung des Vertragsrisikos | Verbraucherschutz | Erhöhung der Rechtssicherheit |

Geltung von Allgemeinen Geschäftsbedingungen

• Häufig werden neben Allgemeinen Geschäftsbedingungen individuelle Vereinbarungen im Vertrag festgehalten, z. B. in Hinsicht auf Lieferungs- und Zahlungsbedingungen. Eventuell widersprechen einzelne Teile der AGB den einzeln ausgehandelten Bedingungen. In diesem Fall gilt der **„Vorrang der Individualabrede",** d. h., dass einzeln ausgehandelte Vertragsabreden stets Vorrang vor den AGB haben.

• Möglich ist es auch, dass beide Vertragspartner AGB benutzen. Denkbar ist, dass sie sich in einzelnen Punkten **widersprechen.** In diesem

Fall tritt an deren Stelle das **gesetzliche Recht** laut BGB.

• Werden völlig ungewöhnliche Vertragsklauseln als AGB benutzt (so genannte **Überraschungsklauseln**), so werden sie rechtlich gesehen nicht Vertragsbestandteil, sind also unwirksam.

• Treten bei der Auslegung von AGB **Zweifel** zwischen den Vertragsparteien auf, gehen sie prinzipiell zulasten des Verwenders, werden also in dieser Hinsicht auch nicht wirksam.

6

Allgemeine Geschäftsbedingungen (AGB)

Sonderbestimmungen für den Verkauf an Endverbraucher

Da **Endverbraucher** im Gegensatz zu Unternehmern als besonders **schutzwürdig** gelten, räumt ihnen das BGB im Umgang mit Allgemeinen Geschäftsbedingungen besondere **Rechte** ein, z. B.:

- Endverbraucher müssen **ausdrücklich** auf die Allgemeinen Geschäftsbedingungen hingewiesen werden (z. B. auf der Vorderseite des Vertrages wird auf das „klein Gedruckte" auf der Rückseite hingewiesen). Dieser ausdrückliche Hinweis kann in bestimmten Fällen auch durch einen **deutlich sichtbaren Aushang** am Ort des Vertragsabschlusses umgesetzt werden (z. B. bei der Benutzung von Parkplätzen). Dazu gehört, dass der Vertragspartner in zumutbarer Weise vom Inhalt der AGB Kenntnis nehmen kann und er mit ihnen **einverstanden** ist.

- Nachträgliche **kurzfristige Preiserhöhungen** für bestellte, aber noch nicht ausgelieferte Waren sind innerhalb vier Monaten nach Vertragsabschluss verboten und somit unwirksam.

Als prinzipiell **verboten** und damit unwirksam gelten weiterhin:

- eine **Verkürzung der gesetzlichen Gewährleistungsfrist** im Rahmen der Mängelhaftung,
- das Setzen einer **unangemessen langen Lieferfrist,**
- ein **Ausschluss der Haftung** des Verkäufers bei **grobem Verschulden,**
- der **Ausschluss des Rücktritts vom Vertrag** bei Leistungsstörungen,
- ein **Ausschluss von Kundenrechten** bei Leistungsstörungen (z. B. bei Reklamationsrechten oder beim Lieferungsverzug).

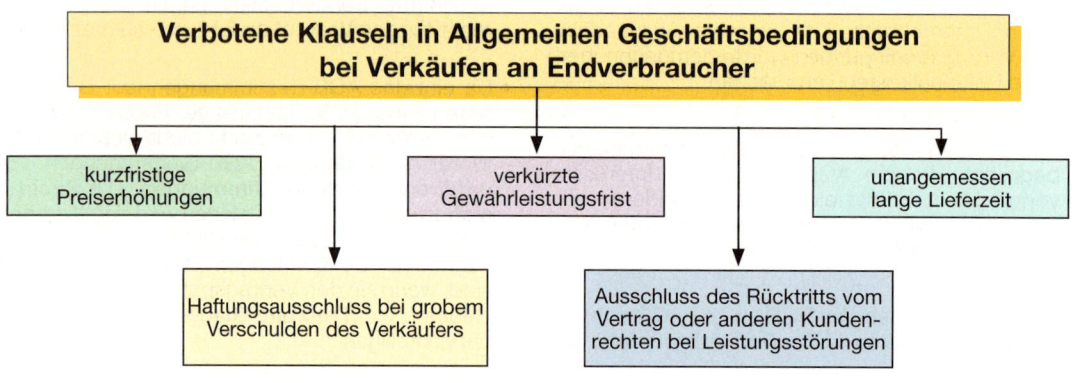

Verbotene Klauseln in Allgemeinen Geschäftsbedingungen bei Verkäufen an Endverbraucher

- kurzfristige Preiserhöhungen
- verkürzte Gewährleistungsfrist
- unangemessen lange Lieferzeit
- Haftungsausschluss bei grobem Verschulden des Verkäufers
- Ausschluss des Rücktritts vom Vertrag oder anderen Kundenrechten bei Leistungsstörungen

Tipps für Endverbraucher beim Umgang mit Allgemeinen Geschäftsbedingungen

- Vor jedem Vertragsabschluss sollten Allgemeine Geschäftsbedingungen genau und **in Ruhe durchgelesen** werden, für Fragen sollte sich Zeit genommen werden.

- Es ist stets zu prüfen, ob der Käufer auf die Allgemeinen Geschäftsbedingungen **hingewiesen** wurde bzw. ob er sein **Einverständnis** zu den AGB gegeben hat.

- Hat der Endverbraucher bei Allgemeinen Geschäftsbedingungen eines Vertrages das Gefühl, diese wären einseitig zugunsten des Verkäufers formuliert, sollte er sich **fachkundig beraten** lassen, zum Beispiel durch einen Rechtsanwalt oder durch Verbraucherberatungszentralen.

- Hat der Endverbraucher ein besonderes Interesse an einzelnen Vertragsbedingungen (z. B. eine kurze Lieferfrist oder eine bestimmte Zahlungsweise), sollte er diese **Vertragsbestandteile einzeln** mit dem Verkäufer **aushandeln,** denn es gilt der Vorrang der Individualabrede.

3526262

Warenannahme – *Acceptance of goods*

Tätigkeiten

Tätigkeiten beim Wareneingang

Waren werden angeliefert

sofort [1]

Begleitpapiere prüfen — gegebenenfalls →
- Unstimmigkeiten bescheinigen lassen
- oder
- Annahme verweigern

sofort [1]

Verpackung prüfen — gegebenenfalls →
- Beschädigungen bescheinigen lassen
- oder
- Annahme verweigern

Ware annehmen

Ware auspacken

unverzüglich [2]

Ware prüfen — beinhaltet → Warenmenge, -güte, -art und -beschaffenheit mit Angaben des Lieferscheins und der Bestellkopie vergleichen

Ware aufbewahren/ lagern — gegebenenfalls → Mängel Lieferer mitteilen

Lagerdatei fortschreiben

1 Überprüfung in Anwesenheit des Absenders/Zustellers
2 Überprüfung ohne schuldhaftes Zögern (§ 121 BGB)

aus: Bentin, Margit u. a.: Handlungsorientierte Materialien in Wirtschaft und Verwaltung. Beschaffungsprozess, Lehrerband, 2. Aufl., Darmstadt 2005, S. 124

Prüfungs- und Rügepflicht

Zweiseitiger Handelskauf (beide Vertragspartner handeln als Kaufleute):

Die Ware muss **unverzüglich,** d. h. ohne schuldhafte Verzögerung, geprüft werden. Offene (sofort erkennbare) Mängel sind unverzüglich, versteckte Mängel unverzüglich nach Entdeckung, jedoch innerhalb zweier Jahre nach Lieferung zu rügen (§ 377 I–IV HGB und § 438 BGB).

Einseitiger Handelskauf (ein Vertragspartner handelt als Privatperson):

Die Ware muss innerhalb **zweier Jahre** nach Lieferung geprüft und gegebenenfalls gerügt werden (§ 438 BGB).

Siehe auch S. 272.

vgl.: Bentin, Margit u. a.: Handlungsorientierte Materialien in Wirtschaft und Verwaltung. Beschaffungsprozess, 4. Aufl., Darmstadt, 2005, S. 57

6

Beschaffungscontrolling – *Purchasing logistics*

Ziele

Als wichtige Ziele des Beschaffungscontrollings können angesehen werden …

- Erkennen von Schwachstellen der Beschaffungslogistik, das heißt der Versorgungswege und -zeiten bis zu den Bedarfsstellen; das schließt den innerbetrieblichen Transport ein;
- Erarbeiten von Alternativen zur Beseitigung dieser Schwachstellen;

- Vermeidung von Reibungsverlusten an den Schnittstellen zu anderen Abteilungen bzw. Bereichen wie z. B. Produktion, Absatz, Finanzwesen durch eine prozessorientierte Organisation;
- Senkung der Beschaffungskosten mithilfe unterschiedlicher Verfahren.

Verfahren

Zur Durchführung des Beschaffungscontrollings dienen verschiedene Instrumente oder Verfahren.

Beispiele für Verfahren:

- ABC-Analyse der Werkstoffe (s. S. 236)
- quantitativer Angebotsvergleich (Preisspiegel) (s. S. 240)
- Nutzwertanalyse der Lieferanten (qualitativer Angebotsvergleich) (s. S. 247)
- Bestellverfahren mit Meldebeständen (s. S. 237)
- Anwendung des KAIZEN- oder des KVP-Prinzips (s. S. 66)
- Ermittlung der optimalen Bestellmenge (s. S. 235)

- Entscheidung über Eigenfertigung oder Fremdbezug (s. S. 237)
- Vergleich von Istkosten und Normalkosten im Beschaffungsbereich mithilfe des BAB (s. S. 173)
- Einführung der Prozesskostenrechnung im Beschaffungsbereich, um anstelle der Gemeinkosten dieses Bereichs die Kosten einzelner Teilprozesse (z. B. Kosten pro Bestellvorgang) zu ermitteln (s. S. 177 ff.)

Kennziffern

Beispiele

Kontrolle der Anschaffungskosten:

$$\text{Einkaufsergebnis} = \begin{matrix}\text{Auftrags-}\\\text{volumen}\\\text{in ME}\end{matrix} \cdot \left(\begin{matrix}\text{durchschnittlicher}\\\text{Angebotspreis}\\\text{aller Angebote}\end{matrix} - \begin{matrix}\text{effektiver Angebotspreis}\\\text{der einzelnen Lieferanten}\end{matrix}\right)$$

Kontrolle der Bestellabwicklungskosten:

$$\text{Kosten einer Bestellung} = \frac{\text{monatliche Kosten der Abteilung Einkauf}}{\text{monatliche Anzahl der Bestellungen}}$$

$$\text{Bestellwert pro } 1{,}00 \text{ € Kosten} = \frac{\text{Gesamtbestellwert eines Monats}}{\text{monatliche Kosten der Abteilung Einkauf}}$$

$$\text{durchschnittlicher Bestellwert} = \frac{\text{Gesamtbestellwert pro Monat}}{\text{Anzahl der Bestellungen pro Monat}}$$

Leistungskontrolle des Lieferanten:

$$\text{Reklamationsquote} = \frac{\text{Zahl der Reklamationen}}{\text{Gesamtzahl der Lieferungen des Lieferanten i}}$$

$$\text{Verzugsquote} = \frac{\text{Zahl der verspäteten Lieferungen des Lieferanten i}}{\text{Gesamtzahl der Lieferungen des Lieferanten i}}$$

3526264

Just-in-time-Buchungen – *Just-in-time posting*

Einordnung

Betriebe können bei der Beschaffung der Werkstoffe (Roh-, Hilfs- und Betriebsstoffe sowie Fremdbauteile) unterschiedliche Verfahren und damit Logistiksysteme anwenden, die ihren Niederschlag auch in unterschiedlichen Buchungsverfahren finden:

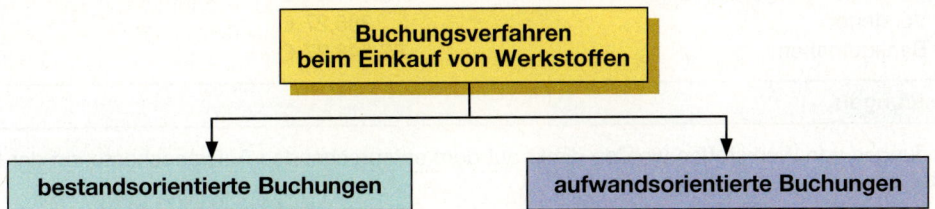

bestandsorientierte Buchungen

Wenn die Betriebe **Vorratsbeschaffung** betreiben, dann werden die eingekauften Werkstoffe zunächst gelagert. Später werden sie bei Bedarf dem Lager entnommen und in der Fertigung verarbeitet bzw. verbraucht. Die **Buchungen** von Einkauf und Verarbeitung/Verbrauch werden **bestandsorientiert** vorgenommen: Die eingekauften Werkstoffe werden zuerst auf den entsprechenden **Bestandskonten** der **Kontenklasse 2** (die als Lager interpretiert werden können) erfasst. Der spätere Verbrauch wird dann auf den entsprechenden Aufwandskonten gebucht.

(Zu diesem Buchungsverfahren siehe im Einzelnen S. 120 ff.)

aufwandsorientierte Buchungen

Wenden die Betriebe die fertigungssynchrone Beschaffung **(just in time)** an, dann werden die eingekauften Werkstoffe sofort nach Lieferung in der Fertigung verarbeitet bzw. verbraucht. In diesem Fall werden die entsprechenden **Buchungen aufwandsorientiert** durchgeführt: Die eingekauften Werkstoffe werden direkt auf den entsprechenden **Aufwandskonten** der **Kontenklasse 6** erfasst. Außerdem werden die **Unterkonten** der Werkstoffkonten, nämlich die Konten „Bezugskosten für..." und „Nachlässe für...", bei der aufwandsorientierten Buchung in der Kontenklasse 6 als Unterkonten der entsprechenden Aufwandskonten geführt.

Um die Unterschiede der beiden Buchungsverfahren – bestandsorientiert oder aufwandsorientiert – besser zu verdeutlichen, werden im Folgenden den aufwandsorientierten oder „Just-in-time-Buchungen" die Beispiele der bestandsorientierten Buchungen der Seiten 120 ff. zugrunde gelegt. Die Beispiele beschränken sich auf die Rohstoffe – analoge Buchungen ergeben sich für die Hilfs- und Betriebsstoffe sowie für die Fremdbauteile. Auch die Handelswaren lassen sich nach der aufwandsorientierten Methode buchen.

Buchungen beim Einkauf

Beispiele:

Die OfficeCom AG kauft bei der Knaber OHG Edelstahlrohre im Wert von 75.072,00 € zuzüglich 19 % USt auf Ziel, zahlbar innerhalb 14 Tagen mit 2 % Skonto, innerhalb sechs Wochen nach Lieferung netto Kasse (siehe Beleg S. 120).

Die OfficeCom AG bucht:

6000 Aufwendungen für Rohstoffe	75.072,00 €	
2600 Vorsteuer	14.263,68 €	
an 4400 Verbindlichkeiten a. LL		89.335,68 €

Die Transfahrt AG berechnet der OfficeCom AG für die Lieferung der Edelstahlrohre Frachtkosten von 2.120,33 € zuzüglich 19 % USt, zahlbar sofort ohne Abzug (siehe Belege S. 120).

Die OfficeCom AG bucht:

6001 Bezugskosten für Rohstoffe	2.120,33 €	
2600 Vorsteuer	402,86 €	
an 4400 Verbindlichkeiten a. LL		2.523,19 €

Nachträgliche Anschaffungspreisminderungen

Nachträgliche Anschaffungspreisminderungen bei Rohstoffeinkäufen wie Skonti, Boni und Preisnachlässe aufgrund von Mängelrügen werden auf dem Unterkonto „6002 Nachlässe für Rohstoffe" gebucht.

Beispiel:

Die OfficeCom AG begleicht die Rechnung der Knaber OHG durch Banküberweisung unter Abzug von 2 % Skonto.

Just-in-time-Buchungen – *Just-in-time posting*

Nachträgliche Anschaffungspreisminderungen

Die OfficeCom AG bucht (Nettobuchung):

4400 Verbindlichkeiten a. LL	89.335,68 €	
an 6002 Nachlässe für Rohstoffe		1.501,44 €
an 2600 Vorsteuer		285,27 €
an 2800 Bankguthaben		87.548,37 €

Rücksendungen

Rücksendungen von Werkstoffen werden direkt auf dem entsprechenden Aufwandskonto auf der Habenseite gebucht.

Beispiel:

Die OfficeCom AG sendet zwei beschädigte Edelstahlrohre zurück und erhält eine Gutschriftanzeige der Knaber OHG (siehe Beleg S. 122).

Die OfficeCom AG bucht:

4400 Verbindlichkeiten a. LL	223,34 €	
an 6000 Aufwendungen für Rohstoffe		187,68 €
an 2600 Vorsteuer		35,66 €

Bestandsveränderungen

- Sind die im laufenden Jahr eingekauften und als Aufwand gebuchten Werkstoffe am Ende des Jahres nicht vollständig verbraucht, müssen die Aufwendungen verringert und die **Bestandsmehrung** auf dem entsprechenden Bestandskonto gebucht werden.

Beispiel:

Die Finanzbuchhaltung der OfficeCom AG weist im Jahr 20.. für den Rohstoff „Edelstahlrohre" auf der Grundlage folgender Zahlen folgende Buchungen aus:

Anfangsbestand:	5.000,00 €
Einkäufe netto:	165.000,00 €
Endbestand lt. Inventur:	8.500,00 €

(1) Eröffnung des Bestandskontos:

2000 Rohstoffe	5.000,00 €	
an 8000 EBK		5.000,00 €

(2) Einkäufe der Edelstahlrohre:

6000 Aufwendungen für Rohstoffe	165.000,00 €	
2600 Vorsteuer	31.350,00 €	
an 4400 Verbindlichkeiten a. LL		196.350,00 €

(3) Erfassung des Inventurbestandes:

8010 SBK	8.500,00 €	
an 2000 Rohstoffe		8.500,00 €

(4) Korrektur der Rohstoffaufwendungen:

2000 Rohstoffe	3.500,00 €	
an 6000 Aufwendungen für Rohstoffe		3.500,00 €

(5) Abschluss des Kontos „Rohstoffaufwendungen":

8020 GuV-Konto	161.500,00 €	
an 6000 Aufwendungen für Rohstoffe		161.500,00 €

- Sind im laufenden Jahr mehr Werkstoffe verbraucht als eingekauft worden, dann wurde der Mehrverbrauch aus eigenen Lagerbeständen gedeckt und muss am Jahresende noch als Aufwand gebucht werden. Außerdem muss diese **Bestandsminderung** noch auf dem entsprechenden Bestandskonto erfasst werden.

Beispiel:

Es gelten die nebenstehenden Zahlen des Anfangsbestandes und der Einkäufe; nur der Endbestand laut Inventur beträgt jetzt 2.700,00 €.

Die Buchungen der OfficeCom AG lauten:

(1) Eröffnung des Bestandskontos:

2000 Rohstoffe	5.000,00 €	
an 8000 EBK		5.000,00 €

(2) Einkäufe der Edelstahlrohre:

6000 Aufwendungen für Rohstoffe	165.000,00 €	
2600 Vorsteuer	31.350,00 €	
an 4400 Verbindlichkeiten		196.350,00 €

(3) Erfassung des Inventurbestandes:

8010 SBK	2.700,00 €	
an 2000 Rohstoffe		2.700,00 €

(4) Korrektur der Rohstoffaufwendungen:

6000 Aufwendungen für Rohstoffe	2.300,00 €	
an 2000 Rohstoffe		2.300,00 €

(5) Abschluss des Kontos „Rohstoffaufwendungen":

8020 GuV-Konto	167.300,00 €	
an 6000 Aufwendungen für Rohstoffe		167.300,00 €

3526266

Lagerhaltung – *Storekeeping*

Überbrückungsfunktionen

Überbrückung von ...

Zeitproblemen

– zwischen der Beschaffung des Lagergutes und dessen Weiterverkauf (Handelsbetrieb)
– zwischen der Beschaffung des Lagergutes und dessen Verwendung bei der Produktion (Industriebetrieb)

Raumproblemen

– zur Herstellung der Lieferfähigkeit vor Ort (Handelsbetrieb)
– zur Aufrechterhaltung der Produktionsfähigkeit vor Ort (Industriebetrieb)

Mengenproblemen

– zur Herstellung der Lieferfähigkeit in ausreichenden Mengen
– zur Schaffung eines Spielraumes bei erhöhter Nachfrage

Preisproblemen

– zur Nutzung von Mengenrabatten
– zur Inanspruchnahme von Sonderangeboten
– zur Vorbeugung gegen vorhersehbare Preiserhöhungen

Zielkonflikte

Ziele der Lagerhaltung

Leistungsziele

ertragswirtschaftlich	Zielkonflikt	kostenwirtschaftlich
Möglichst hohe Liefer- bzw. Produktionsbereitschaft – ständige Bereitschaft zur Erfüllung der Kundennachfrage (Handelsbetrieb) – ständige Gewährleistung eines reibungslosen Produktionsablaufes (Industriebetrieb)	←→	Möglichst geringe Kapitalbindung – niedriger Kapitalbedarf – geringe Zinskosten – geringe Lagerkosten

Spekulationsziele

ertragswirtschaftlich	kostenwirtschaftlich
Erwartung von Warenpreiserhöhungen	Erwartung von Kostensteigerungen

aus: Bentin, Margit u. a.: Handlungsorientierte Materialien in Wirtschaft und Verwaltung, Beschaffungsprozess, Lehrerband, 2. Aufl., Darmstadt 2005, S. 125 f.

6

Ziele der Lagerhaltung – *Storekeeping objectives*

Ziele der Lagerhaltung

Sachziele

Bereitstellung von
Werkstoffen (Waren) …

- in der gewünschten Art und Qualität
- in der erforderlichen Menge
- am richtigen Lager- bzw. Einsatzort
- zum erforderlichen Zeitpunkt
- zum günstigsten Preis

Formalziele

Minimierung
der …

- Lagerkosten (z. B. durch Senkung der Miet-, Energie- und Personalkosten)
- innerbetrieblichen Transportkosten
- Kapitalbindung (durch Auswertung von Lagerkennziffern)
- Lagerrisiken (z. B. durch Lagergutkontrolle und Nutzung entsprechender Lagereinrichtung)

Einflussgrößen der Materialbereitstellung – *Influences of material supply*

Einflussgrößen der Materialbereitstellung

außerbetriebliche Marktdaten

- Beschaffungsmarktverhältnisse, zum Beispiel:
  - Marktmacht der Lieferanten
  - saisonale Schwankungen von Preisen bzw. Mengen
- Absatzmarktverhältnisse, zum Beispiel:
  - Marktmacht der Mitbewerber
  - saisonale Schwankungen von Preisen und Mengen

innerbetriebliche Unternehmensdaten

- Erzeugnisprogramm, zum Beispiel:
  - breites oder schmales Sortiment
  - tiefes oder flaches Sortiment
- Kapazitätsauslastung, zum Beispiel:
  - hohe oder niedrige Auslastung
  - gleichmäßige oder situative Auslastung
- Finanzlage, zum Beispiel:
  - sichere oder unsichere Liquiditätsverhältnisse

3526268

Lagerarten – *Types of storage*

Lagerarten	Funktionen
Beschaffungslager (Lager für Roh-, Hilfs- und Betriebsstoffe, Fremdbauteile, Handelswaren)	– Sicherung der Produktion – Überbrückung saisonaler Schwankungen – Ausgleich von Preisschwankungen auf dem Beschaffungsmarkt
Produktionslager • **Zwischenlager** • **Handlager** (Lager für Kleinmaterial) • **Halbfabrikatelager** (Lager für unfertige Erzeugnisse)	– Puffer wegen ungenügender oder nicht möglicher zeitlicher Abstimmung der Fertigungsstufen – Sicherung kontinuierlicher Fertigung Einsparung von Wegezeiten und -kosten – entweder wie Zwischenlager oder Prozesslager (z. B. Trocknen von Farbe oder Leim, Abbinden von Beton)
Absatzlager • **Fertigfabrikatelager** (Lager für fertige Erzeugnisse) • **Versandlager**	– Prod. sind noch nicht unmittelbar für den Versand vorgesehen – Sicherung der Absatzbereitschaft – Sicherung der Produktion bei Saisonartikeln – kurzfristige Lagerung der versandfertigen Produkte

6

Aufgaben der Lagerverwaltung – *Tasks of stock supervision*

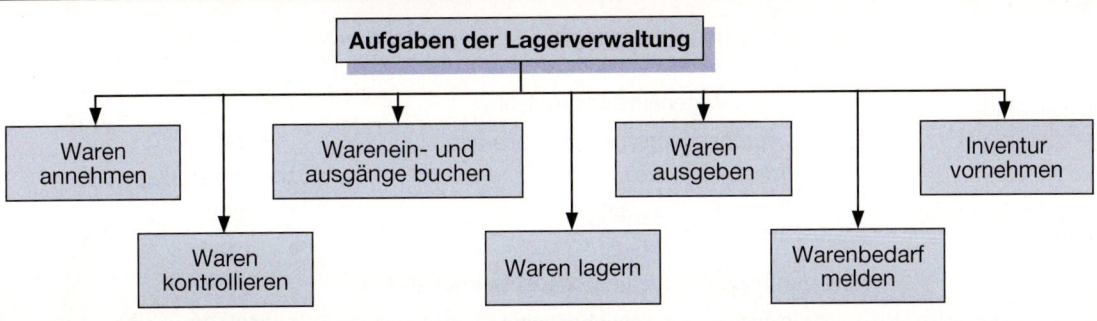

Lagercontrolling – *Stock management*

Ziel

Wie im Beschaffungsbereich ist auch im Lagerbereich das Ziel des Controllings, Verfahren zu planen, durchzuführen und ihre Effektivität zu kontrollieren, um die Kosten durch eine „schlanke" Lagerhaltung zu senken.

Verfahren

Verfahren zur Durchführung des Lagercontrollings **(Beispiele):**
- Anwendung des Kanban-Prinzips (s. Seite 215)
- Beschaffung Just-in-time (s. Seite 214)
- Bestellsystem (s. Seite 237)

Kennziffern

Beispiele:

Kontrolle der Kapazitätsausnutzung:

$$\text{Flächennutzungsgrad} = \frac{\text{genutzte Lagerfläche in m}^2}{\text{gesamte Lagerfläche in m}^2}$$

$$\text{Transportmittelnutzungsgrad} = \frac{\text{Transportmenge pro Monat (z. B. in St.)}}{\text{Transportkapazität pro Monat (z. B. in St.)}}$$

Lagercontrolling – *Stock management*

Kennziffern

Kontrolle von Kapitalbindung und Kosten der Lagervorräte (Lagerkennziffern):

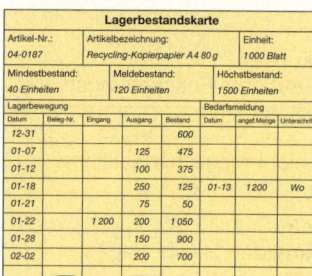

Lagerbestandskarte

Artikel-Nr.:	Artikelbezeichnung:			Einheit:	
04-0187	Recycling-Kopierpapier A4 80 g			1000 Blatt	
Mindestbestand:	Meldebestand:		Höchstbestand:		
40 Einheiten	120 Einheiten		1500 Einheiten		
Lagerbewegung				Bedarfsmeldung	
Datum	Beleg-Nr.	Eingang	Ausgang	Bestand	Datum	angef. Menge	Unterschrift
12-31				600			
01-07			125	475			
01-12			100	375			
01-18			250	125	01-13	1200	Wo
01-21			75	50			
01-22		1 200	200	1 050			
01-28			150	900			
02-02			200	700			

Aus der Lagerbestandskarte sich ergebende
Monatsendbestände (Einheiten):

Januar	900	Juli	220
Februar	325	August	775
März	465	September	550
April	420	Oktober	820
Mai	275	November	615
Juni	515	Dezember	670

Unterlagen aus der Buchhaltung

S Gewinn- und Verlustkonto H

| Wareneinsatz | Verkaufserlöse |

BÄR-BANK BERLIN

Bankleitzahl	Datum	Auszug-Nr.	Blatt-Nr.	KONTOAUSZUG für Konto-Nr.
100 347 11	20..-05-31	128	1	1 234 056

Datum		Buchungstag	Valuta	Umsatz	Soll = –
Melchior GmbH, Nürnberg Warenrücksendung v. 20..-04-30		05-31	05-30	870,00	
Papiermühle AG, Magdeburg Rechnung 1830/20..-05-25		05-31	05-30	– 1.149,80	

Herr/Frau/Fräulein/Firma	Soll	Alter Saldo	Haben
		4.890,00 EUR	
Bellheim BüroService GmbH Haberstraße 8 12057 Berlin	Soll	Neuer Saldo 5.169,80 EUR	Haben

Genehmigte Kontoüberziehung: 80.000,00 EUR zu 12% p. a.
Geduldete Überziehung: 16% p. a.

Lagerkennziffern

Formeln — Rechenbeispiele

Durchschnittlicher monatlicher Lagerbestand*

$$= \frac{\text{Anfangsbestand} + 12 \text{ Monatsbestände}}{13} = \frac{600\,000 + 6\,550\,000}{13} = 550\,000$$

Der durchschnittliche monatliche Lagerbestand beträgt 550 000 Stück.
Das sind bei einem Einstandspreis von 10,85 € je 1000 Stück 5.967,50 €.

Umschlagshäufigkeit

$$= \frac{\text{Wareneinsatz pro Jahr}}{\text{durchschnittlicher Lagerbestand}} = \frac{107\,415,00}{5.967,50} = 18$$

Der durchschnittliche Lagerbestand wird 18-mal pro Jahr umgeschlagen.

Durchschnittliche Lagerdauer

$$= \frac{360}{\text{Umschlagshäufigkeit}} = \frac{360}{18} = 20$$

Die durchschnittliche Lagerdauer beträgt 20 Tage.

Lagerzinssatz

$$= \frac{\text{Jahreszinssatz} \cdot \text{durchschnittliche Lagerdauer}}{360} = \frac{12 \cdot 20}{360} \triangleq 0,67$$

Für die Berechnung des Lagerzinssatzes wird der Zinssatz für eine kurzfristige Kontoüberziehung bei der Bank zugrunde gelegt. Der Zinssatz beträgt 0,67 %.

Lagerzinskosten

$$= \text{Lagerzinssatz} \cdot \text{durchschnittlicher Lagerbestand} = \frac{0,67 \cdot 5.967,50}{100} \triangleq 39,98$$

Die Lagerzinskosten für das Produkt betragen 39,98 € pro Jahr.

* Es gibt auch andere Zeiteinteilungen, z. B. quartalsmäßig, jährlich.

aus: Bentin, Margit u. a.: Handlungsorientierte Materialien in Wirtschaft und Verwaltung, Beschaffungsprozess, Lehrerb., 2. Aufl., Darmstadt 2005, S. 127 f.

Lagerbestandsgrößen

Mindestbestand (eiserner Bestand)	Höchstbestand
Er gibt die Vorratsmenge an, die nur bei außerordentlichen Lieferschwierigkeiten (z. B. Streik, Naturkatastrophen) in Anspruch genommen werden darf. Dazu muss der zu überbrückende Zeitraum geschätzt und als Rechengröße festgelegt werden.	Er gibt die Warenmenge an, die höchstens eingelagert werden kann (z. B. abhängig von Lagerkapazität, Verderb).

Meldebestand

Er gibt die Warenmenge an, bei der die Lagerverwaltung der Einkaufsabteilung mitteilt, dass Ware nachbestellt werden muss.

Meldebestand = (durchschnittlicher Tagesabsatz · Lieferzeit) + Mindestbestand

aus: Bentin, Margit u. a.: Handlungsorientierte Materialien in Wirtschaft und Verwaltung, Beschaffungsprozess, 4. Aufl., Darmstadt 2005, S. 45

3526270

Rechnungsprüfung – *Invoice auditing*

Arten	Geldschulden
Ist die eingetroffene Ware mangelfrei, wird die Rechnung wegen Nutzung möglicher Skontofristen unverzüglich geprüft.	Geldschulden sind **Schick**- oder **Bringschulden** (§ 270 ff. BGB). Daraus ergibt sich für den Käufer:
Rechnerische Prüfung:	– Er muss die **Überweisungskosten** übernehmen;
Überprüfung der rechnerischen Daten (z. B. Listenpreis, Rabatt, Transportkosten)	– er muss das **Transportrisiko** für das Geld tragen;
Sachliche Prüfung:	– er muss darauf achten, dass das Geld rechtzeitig auf dem Konto des Zahlungsempfängers **eingeht,** wenn als vertraglicher Erfüllungsort d. Geschäftssitz des Verkäufers vereinbart ist (geschäftsüblich).
Überprüfung von Art, Güte und Menge der aufgeführten Waren anhand des Bestelldurchschlages und des Lieferscheines	Gilt nur der **gesetzliche** Erfüllungsort, genügt die rechtzeitige **Absendung** des Geldbetrages.
aus: Bentin, Margit u. a.: Handlungsorientierte Materialien in Wirtschaft und Verwaltung. Beschaffungsprozess, 4. Aufl., Darmstadt, 2005, S. 50	aus: Bentin, Margit u. a.: Handlungsorientierte Materialien in Wirtschaft und Verwaltung. Beschaffungsprozess, 4. Aufl., Darmstadt, 2005, S. 53

Kaufvertragsstörungen: Überblick – *Anomaly in sales contracts: overview*

6

```
               Kaufvertragsstörungen
                        │
                      Arten
                        │
    ┌──────────┬────────┴────────┬──────────┐
```

Mangelhafte Lieferung (Schlechtleistung)	Lieferungsverzug (Nicht-rechtzeitig-Lieferung)	Annahmeverzug	Zahlungsverzug (Nicht-rechtzeitig-Zahlung)
Gelieferte Ware weist Mängel auf (Sach- oder Rechtsmängel).	Bestellte Ware trifft nicht termingerecht ein.	Ordnungsgemäß gelieferte Ware nimmt der Käufer nicht an.	Gelieferte Ware wird nicht vertragsgemäß bezahlt.

Reaktion des Gläubigers

kaufmännische Lösung	juristische Lösung
Regelung ohne juristische Mittel	Regelung unter Ausnutzung des Rechtsweges

situationsabhängige Abwägung

aus: Bentin, Margit u. a.: Handlungsorientierte Materialien in Wirtschaft und Verwaltung. Beschaffungsprozess, Lehrerband, 2. Aufl., Bildungshaus Schulbuchverlage Westermann Schroedel Diesterweg Schöningh Winklers GmbH, Darmstadt 2005, S. 133

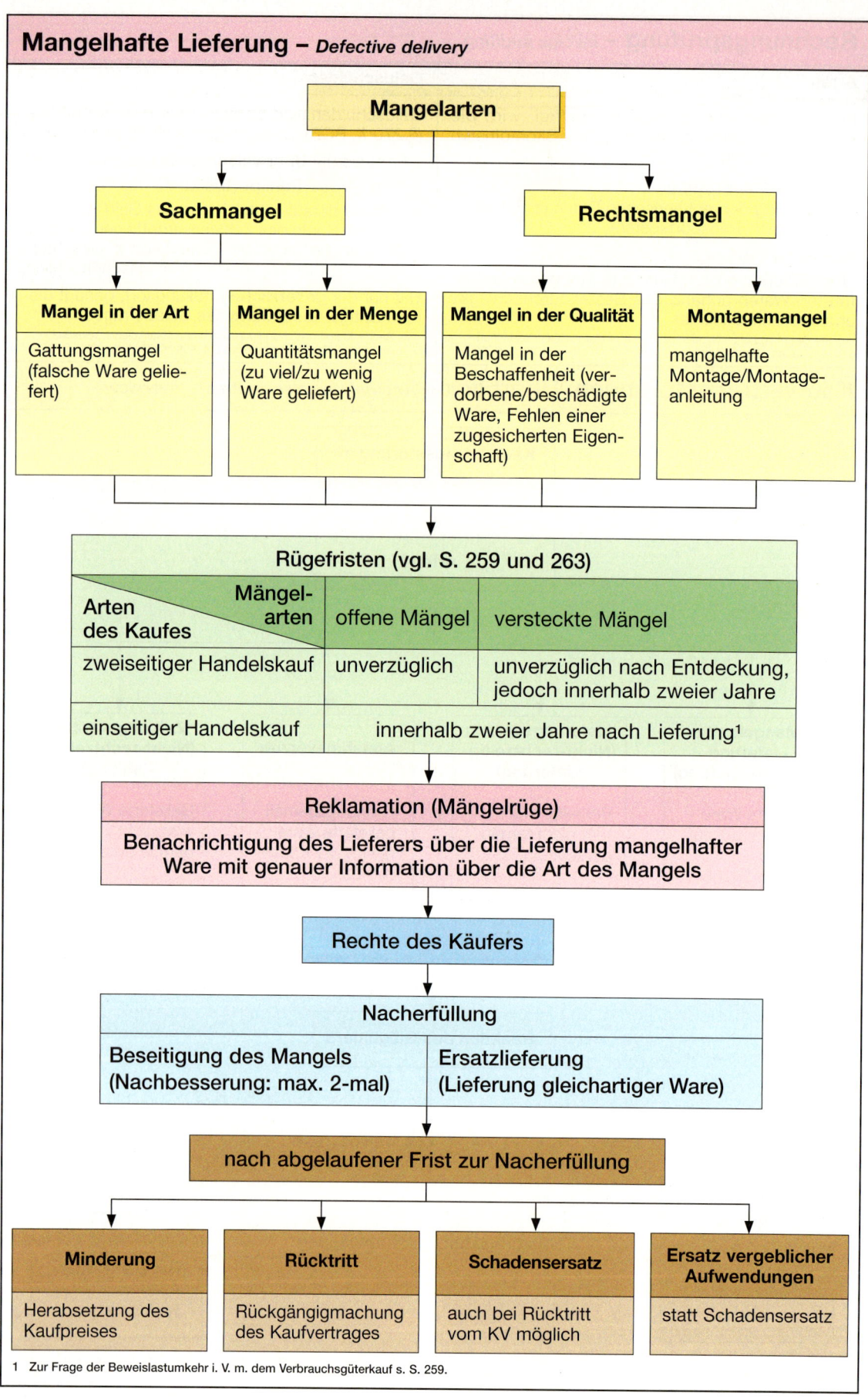

Mangelhafte Lieferung – *Defective delivery*

Mangelarten

Sachmangel

Rechtsmangel

Mangel in der Art	Mangel in der Menge	Mangel in der Qualität	Montagemangel
Gattungsmangel (falsche Ware geliefert)	Quantitätsmangel (zu viel/zu wenig Ware geliefert)	Mangel in der Beschaffenheit (verdorbene/beschädigte Ware, Fehlen einer zugesicherten Eigenschaft)	mangelhafte Montage/Montageanleitung

Rügefristen (vgl. S. 259 und 263)

Arten des Kaufes \ Mängelarten	offene Mängel	versteckte Mängel
zweiseitiger Handelskauf	unverzüglich	unverzüglich nach Entdeckung, jedoch innerhalb zweier Jahre
einseitiger Handelskauf	innerhalb zweier Jahre nach Lieferung[1]	

Reklamation (Mängelrüge)

Benachrichtigung des Lieferers über die Lieferung mangelhafter Ware mit genauer Information über die Art des Mangels

Rechte des Käufers

Nacherfüllung

Beseitigung des Mangels (Nachbesserung: max. 2-mal)	Ersatzlieferung (Lieferung gleichartiger Ware)

nach abgelaufener Frist zur Nacherfüllung

Minderung	Rücktritt	Schadensersatz	Ersatz vergeblicher Aufwendungen
Herabsetzung des Kaufpreises	Rückgängigmachung des Kaufvertrages	auch bei Rücktritt vom KV möglich	statt Schadensersatz

1 Zur Frage der Beweislastumkehr i. V. m. dem Verbrauchsgüterkauf s. S. 259.

Lieferungsverzug – *Delay in delivery*

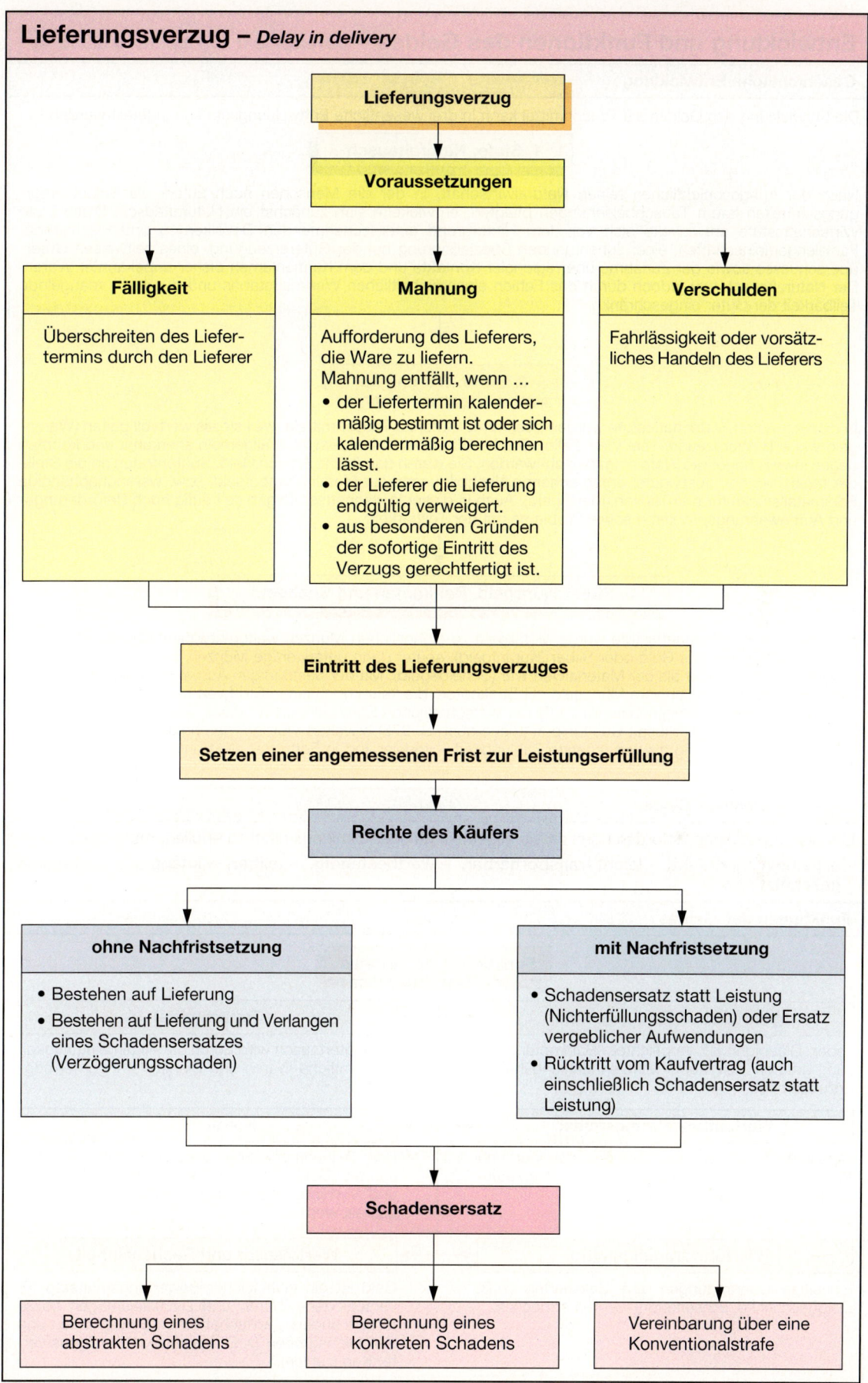

Lieferungsverzug

Voraussetzungen

Fälligkeit

Überschreiten des Liefertermins durch den Lieferer

Mahnung

Aufforderung des Lieferers, die Ware zu liefern. Mahnung entfällt, wenn …
- der Liefertermin kalendermäßig bestimmt ist oder sich kalendermäßig berechnen lässt.
- der Lieferer die Lieferung endgültig verweigert.
- aus besonderen Gründen der sofortige Eintritt des Verzugs gerechtfertigt ist.

Verschulden

Fahrlässigkeit oder vorsätzliches Handeln des Lieferers

Eintritt des Lieferungsverzuges

Setzen einer angemessenen Frist zur Leistungserfüllung

Rechte des Käufers

ohne Nachfristsetzung
- Bestehen auf Lieferung
- Bestehen auf Lieferung und Verlangen eines Schadensersatzes (Verzögerungsschaden)

mit Nachfristsetzung
- Schadensersatz statt Leistung (Nichterfüllungsschaden) oder Ersatz vergeblicher Aufwendungen
- Rücktritt vom Kaufvertrag (auch einschließlich Schadensersatz statt Leistung)

Schadensersatz

Berechnung eines abstrakten Schadens

Berechnung eines konkreten Schadens

Vereinbarung über eine Konventionalstrafe

6

Entwicklung und Funktionen des Geldes – *Development and functions of money*

Geschichtliche Entwicklung

Die Entwicklung des Geldes als Tauschmittel kann in drei wesentliche Entwicklungsstufen eingeteilt werden:

1. Stufe: Naturaltausch

Nach der frühgeschichtlichen reinen Naturalwirtschaft, in der die Menschen noch autark als Selbstversorgungseinheiten kaum Tauschbeziehungen pflegten, entwickelte sich zunächst ein Naturaltausch. Diese erste Wirtschaftsstufe entwickelte sich vor dem Hintergrund einer zunehmenden Bevölkerung und wachsender Familiengemeinschaften, einer zunehmenden Spezialisierung bei der Gütererzeugung, eines zeitweisen Güterüberschusses sowie der Zunahme überregionaler Kontakte und dem Kennenlernen bisher unbekannter Waren. Der Naturaltausch war jedoch durch das Fehlen eines einheitlichen Wertmaßstabes und durch die mangelnde Teilbarkeit der Güter eingeschränkt.

2. Stufe: Warengeld

In dieser zweiten Wirtschaftsstufe wurden bestimmte Güter zu Tauschmitteln, weil sie als wertvoll galten (Warengeld wie z. B. Werkzeuge, Tee, Vieh, Felle). Solche Güter waren in ihrem Wert allgemein anerkannt und konnten gegen jeweils benötigte Ware eingetauscht werden. Sie waren damit eine Art von Geld. Später traten an die Stelle der tatsächlichen Tauschgüter entsprechende Nachbildungen auf Metall (Symbolgeld) bzw. warenunabhängige Edelmetallstücke für den Tausch (Metallgeld). Auch in dieser Wirtschaftsstufe gab es häufig noch Beförderungs- und Aufbewahrungsprobleme sowie Probleme mit der Teilbarkeit.

3. Stufe: Münzgeld, Banknoten und Buchgeld

In dieser dritten Wirtschaftsstufe wurde Metallgeld zu einheitlichen Münzen weiterentwickelt. Zunächst gab es vollwertige Münzen aus Gold oder Silber (Kurantgeld), später dann unterwertige Münzen, bei denen der aufgeprägte Nennwert höher als der Materialwert war (Scheidegeld). Mit der beständigen Ausweitung der Handelsbeziehungen wurde das schwere Münzgeld mit Banknoten, die kaum noch einen Stoffwert hatten, ergänzt, um die Tauschprozesse zu vereinfachen. Im Laufe der wirtschaftlichen Entwicklung sind diese Tauschprozesse um die Form des völlig stoffwertlosen Buchgeldes (Siehe auch S. 275) erweitert worden, das heute die Grundlage für die bargeldlose Zahlung als verbreitetste Zahlungsart – vorwiegend in Form der elektronischen Zahlung (siehe auch S. 279) – ist.

Eigenschaften des Geldes

Um die notwendigen Anforderungen an ein allgemein gültiges Zahlungsmittel zu erfüllen, muss Geld

– allgemein anerkannt, – leicht transportierbar, – wertbeständig, – teilbar, – knapp und **– staatlich geschützt** sein.

Funktionen des Geldes

Funktionen des Geldes

gesetzliches Zahlungsmittel	**Tauschmittel**
Jeder Gläubiger ist verpflichtet, Banknoten und zum größten Teil auch Münzen zahlungshalber anzunehmen.	Der Gütertausch wird durch die Allgemeingültigkeit für sämtliche Waren und Dienstleistungen ermöglicht.
Wertaufbewahrungsmittel	**Kreditmittel**
Geld kann für größere Kaufsummen angespart und für zeitlich auseinanderfallende Kauf- und Verkaufsvorgänge bereitgestellt werden.	Den Teilnehmern einer Volkswirtschaft kann gespartes Geld zur Finanzierung von Investitionen und Verbindlichkeiten als Kredite zur Verfügung gestellt werden.
Wertübertragungsmittel	**Wertmesser und Recheneinheit**
Einseitige Übertragungen von Geldwerten (z. B. Geldgeschenke, Erbschaften) werden ermöglicht.	Geld ist ein einheitlicher Bewertungsmaßstab für verschiedene Waren und Dienstleistungen sowie für alle anderen wirtschaftlichen Bewertungen und Vergleichsgrößen (z. B. Umsätze, Vermögenswerte, Kennzahlen).

Zahlungsmöglichkeiten – *Terms of payment*

Zahlungsmittel

Zahlungsmittel		
Bargeld (Münzgeld oder Banknoten)	**Buch- bzw. Giralgeld** (Guthaben bei einem Kreditinstitut)	**Geldersatzmittel** (Scheck, Wechsel)

Formen der Zahlung (Zahlungsarten)

Zahlungsarten werden danach unterschieden, ob der Zahlungspflichtige und/oder der Zahlungsempfänger beim Zahlungsvorgang Bargeld oder Buchgeld (unter Einschaltung eines Kreditinstituts) verwenden:

Barzahlung	Halbbare Zahlung	Bargeldlose Zahlung/ Zahlung mit Buchgeld
Zahlungspflichtiger *und* Zahlungsempfänger benötigen *kein* Konto.	Zahlungspflichtiger *oder* Zahlungsempfänger benötigen *ein* Konto:	Zahlungspflichtiger *und* Zahlungsempfänger benötigen *je ein* Konto.
Formen: • persönliche Übergabe • Übergabe durch Boten • postalische Bargeldüber-mittlung[1]	**Formen:** • Zahlschein • Nachnahme *Bareinzahlung:* Zahlungsempfänger benötigt ein Konto. • Zahlungsanweisung[1] • Barscheck *Barauszahlung:* Zahlungspflichtiger benötigt ein Konto.	**Formen:** • Verrechnungsscheck • Überweisung • Lastschrift • Electronic Cash (Bank-Card mit PIN) • ELV (Bank-Card mit Unterschrift) • Geldkarte (aufladbare Bank-Card) • Kreditkarte

1 Deutsche Postbank AG

Barzahlung

Übergabe

Die **Barzahlung** kann **persönlich** oder **durch einen Boten** erfolgen. Ein Bote, der für die Barzahlung entgegennimmt, sollte die Vollmacht des Zahlungsempfängers nachweisen können. Der Zahlungspflichtige kann eine Quittung verlangen.

Formen der Quittung:
Quittungsvordruck, Inkassostempel auf der Rechnung, Kassenbon

Bestandteile der Quittung: *(siehe Abbildung rechts)*
Zahlungsbetrag ①, evtl. enthaltene Umsatzsteuer ②, Name des Zahlenden ③, Zahlungsgrund ④, Zahlungsort und -datum ⑤, Unterschrift des Zahlungsempfängers (ggf. Firmenstempel) ⑥.

Verwendung der Quittung:
Buchungsbeleg, Steuerbeleg, Beleg für Umtausch und Gewährleistungsansprüche

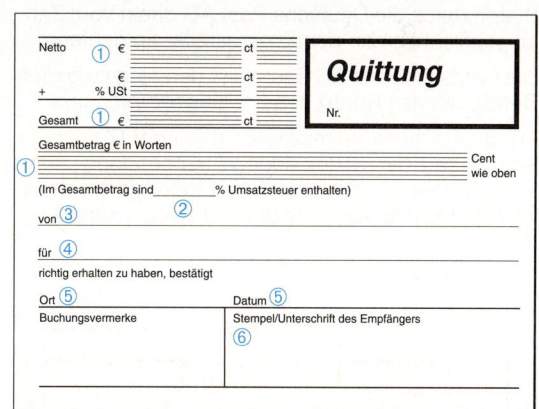

Postalische Bargeldübermittlung

Die Übermittlung von Bargeld erfolgt bei der Post über den „Western Union Bargeldtransfer". Mit diesem Service, der von der Postbank in Zusammenarbeit mit dem Vertragspartner „Western Union" angeboten wird, kann innerhalb weniger Minuten weltweit Bargeld angewiesen und empfangen werden. Zur Übermittlung muss ein Sendeformular der „Western Union" ausgefüllt und zusammen mit dem Transferbetrag und den anfallenden Entgelten in einer Filiale der Postbank oder der Deutschen Post abgegeben werden. Für diesen Service benötigt weder der Absender noch der Empfänger ein Girokonto.

6

Zahlungsmöglichkeiten – *Terms of payment*

Halbbare Zahlung

Begriff

Die **halbbare Zahlung** ist dadurch gekennzeichnet, dass *entweder* der Zahlungspflichtige *oder* der Zahlungsempfänger ein Konto nutzt.

Zahlschein

Die Zahlung mit **Zahlschein** ermöglicht die Zahlung auf das Konto des Zahlungsempfängers, wenn der Zahlungspflichtige kein Konto zur Verfügung hat. Der Zahlungspflichtige füllt den Zahlschein beim Kreditinstitut aus und zahlt den Betrag (in beliebiger Höhe) bar ein.

Der Zahlungsempfänger bekommt den Betrag auf seinem Konto gutgeschrieben.

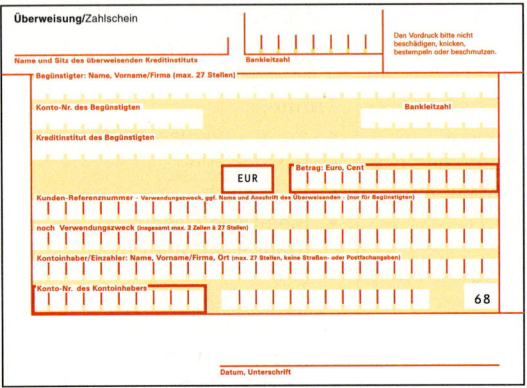

Nachnahme

Bei der Zahlung per **Nachnahme** wird der Zahlungsbetrag bei der Zustellung von Briefen oder Waren durch die Deutsche Post AG direkt vom Zahlungspflichtigen an den Postzusteller entrichtet.

Die Deutsche Post AG überweist den eingezogenen Betrag auf das Konto des Zahlungsempfängers.

Für die Nachnahme muss der Absender (Zahlungsempfänger) der Brief- oder Warensendung einen entsprechenden Zahlschein beifügen, der auch als Beweisurkunde bei Nichtzahlung dienen kann.

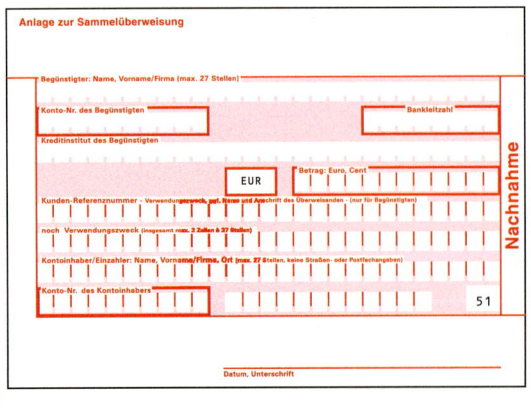

Zahlungsanweisung

Mit der **Zahlungsanweisung** kann der Inhaber eines Postbankkontos den Zahlungsbetrag von seinem Konto abbuchen und dem Zahlungsempfänger am Postschalter bar auszahlen lassen.

Barscheck

Die Zahlung mit **Barscheck** erfordert ein Konto des Zahlungspflichtigen, für das sein Kreditinstitut ihm Scheckformulare ausgehändigt hat.

Der Barscheck ist wie alle anderen Schecks eine Anweisung des Zahlungspflichtigen (Scheckausstellers) an sein Kreditinstitut, den Scheck bei Vorlage durch den Zahlungsempfänger (Scheckinhaber) einzulösen.

Eine **halbbare** Zahlung kann erfolgen, wenn der Zahlungspflichtige ein Scheckformular als **Barscheck** ausstellt und dem Zahlungsempfänger übergibt. Der Zahlungsempfänger kann den Barscheck dann bei dem Kreditintitut des Zahlungspflichtigen vorlegen und sich den Betrag bar auszahlen lassen. Der Betrag wird vom Konto des Zahlungspflichtigen abgebucht.

Da der Barscheck ein Inhaberpapier ist, kann er von jedem Besitzer bar eingelöst werden und gilt daher als relativ unsicher.

▶ Siehe auch S. 278: Scheck

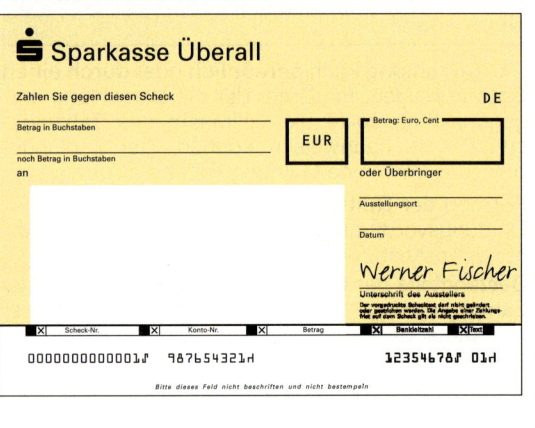

3526276

Zahlungsmöglichkeiten – *Terms of payment*

Bargeldlose Zahlung

Begriff

Die **bargeldlose Zahlung** erfordert die Nutzung von Konten sowohl des Zahlungsempfängers als auch des Zahlungspflichtigen. Der Zahlungsbetrag wird vom Konto des Zahlungspflichtigen auf das Konto des Zahlungsempfängers gebucht (Buchgeld).

Aufgrund der Digitalisierungs- und Automatisierungsmöglichkeiten im Zahlungsverkehr werden neben den herkömmlichen bargeldlosen Zahlungsformen (Verrechnungsscheck, Überweisung) zunehmend auch verschiedene Möglichkeiten der elektronischen Kartenzahlung angeboten.

Verrechnungsscheck

Der **Verrechnungsscheck** ist wie der Barscheck eine Anweisung des Zahlungspflichtigen (Scheckausstellers) an sein Kreditinstitut, den Scheck bei Vorlage durch den Zahlungsempfänger (Scheckinhaber) einzulösen.

Diese Einlösung darf beim Verrechnungsscheck vom bezogenen Kreditinstitut jedoch *nur als Gutschrift* des Scheckbetrages auf einem Konto des Zahlungsempfängers erfolgen und gilt daher als sicher.

Der Kontoinhaber kann bei Bedarf als Zahlungsempfänger ermittelt werden.

Das Scheckformular wird für die Verwendung als Verrechnungsscheck durch Stempelaufdruck „Nur zur Verrechnung" oder durch zwei Schrägstriche kenntlich gemacht.

▶ Siehe auch Seite 278: Scheck

6

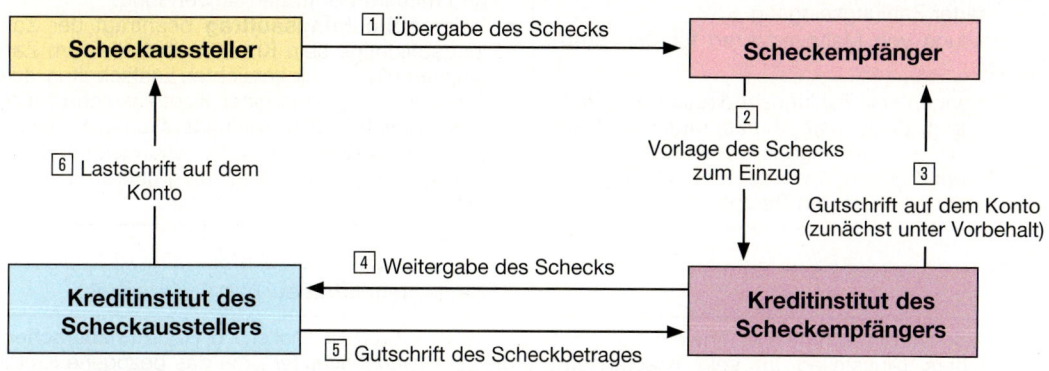

Überweisung

Die **Überweisung** ist der Auftrag eines Kontoinhabers an sein Kreditinstitut, den angegebenen Geldbetrag von seinem Konto abbuchen und auf dem Konto des Empfängers gutschreiben zu lassen. Die normale Überweisung kann

- schriftlich auf einem Überweisungsformular (zweiteilig),
- durch Eingabe der Überweisungsdaten an einem Selbstbedienungsterminal des Kreditinstituts,
- fernmündlich durch Telefonbanking,
- per Heimcomputer als Homebanking

erfolgen.

Bei allen Formen sind folgende **Übermittlungsdaten** notwendig:
- Name und Anschrift des Empfängers
- Bankverbindung (Kontonummer, Bankleitzahl, Kreditinstitut des Empfängers)
- Verwendungszweck
- Zahlungs- bzw. Überweisungsbetrag
- Kontonummer des Auftraggebers (Kontoinhabers)
- Name und Ort des Auftraggebers
- Auftragsdatum
- Unterschrift des Auftraggebers

Haben Zahlungspflichtiger und Zahlungsempfänger das Konto bei demselben Kreditinstitut, handelt es sich um eine **einstufige Überweisung,** die in einer einfachen Umbuchung des Zahlungsbetrages besteht.

Bei unterschiedlichen Kreditinstituten handelt es sich um eine **mehrstufige Überweisung,** weil zwei oder mehrere Verrechnungsstellen betroffen sind.

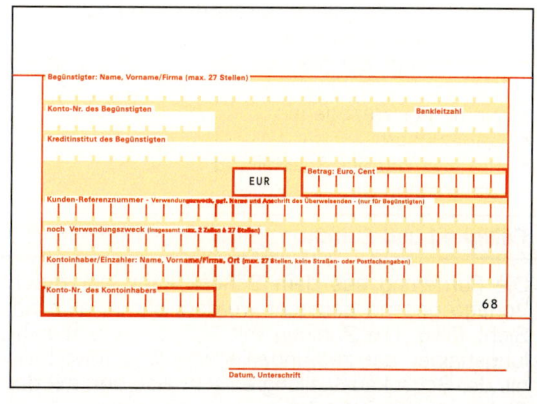

Bargeldlose Zahlung – Sonderformen der Überweisung

Dauerauftrag

Der **Dauerauftrag** ist die Anweisung eines Kontoinhabers an sein Kreditinstitut, in bestimmten Zeitabständen einen jeweils gleichen Betrag auf das Konto des Empfängers zu überweisen (z. B. bei Mietzahlungen oder Vereinsbeiträgen). Er wird bis zum Widerruf des Auftragers vom Kreditinstitut ausgeführt.

Der Dauerauftrag bietet sich unter folgenden **Voraussetzungen** an:

- regelmäßige Zahlungen in festen Zeitabständen
- gleich bleibender Überweisungsbetrag und Verwendungszweck
- gleich bleibender Empfänger

Der Dauerauftrag bietet folgende **Vorteile:**

- Arbeitsersparnis
- kein Versäumnisrisiko für den Auftraggeber
- weniger Verwaltungsaufwand für das Kreditinstitut
- gesicherter Zahlungseingang
- Vermeidung von Mahnverfahren für den Empfänger

Bei Änderungen der Zahlungsbedingungen (Empfänger, Betrag, Zahlungsrhythmus) muss der Dauerauftrag mit entsprechendem Umstellungs- und Kostenaufwand geändert werden und ist daher nur bei längerfristig konstanten Bedingungen sinnvoll.

Lastschriftverfahren

Beim **Lastschriftverfahren** wird der Zahlungsempfänger vom Zahlungspflichtigen ermächtigt, fällige Forderungsbeträge über die betroffenen Kreditinstitute von dessen Konto einziehen zu lassen. Der Zahlungsvorgang wird also vom Zahlungsempfänger eingeleitet. Dieses Verfahren eignet sich besonders für laufend entstehende Zahlungsverpflichtungen mit unterschiedlichen Überweisungsbeträgen (z. B. Telefonkosten). Für die Zustimmung des Zahlungspflichtigen zum Lastschriftverfahren gibt es zwei Möglichkeiten:

- Bei der **Einzugsermächtigung** bevollmächtigt der Zahlungspflichtige den Zahlungsempfänger zum Einzug fälliger Forderungen mittels Lastschrift von seinem Konto. Der Zahlungspflichtige kann der Kontobelastung binnen sechs Wochen widersprechen und den Zahlungsbetrag zurückbuchen lassen. Die Einzugsermächtigung findet häufig im Massenlastschriftverkehr mit kleinen und mittleren Beträgen Anwendung.
- Beim **Abbuchungsauftrag** beantragt der Zahlungspflichtige sein Kreditinstitut, die vom Zahlungsempfänger eingereichten Lastschriften auszuführen. Hier kann einer Kontolastschrift nicht nachträglich vom Zahlungspflichtigen widersprochen werden. Der Abbuchungsauftrag eignet sich eher zur Zahlung von größeren Beträgen beim zweiseitigen Handelskauf.

Scheck

Begriff

Der Scheck ist die schriftliche Anweisung eines Kontoinhabers (Aussteller) an sein Kreditinstitut (Bezogener), bei Vorlage des Schecks den angegebenen Geldbetrag von seinem Konto an den Scheckinhaber zu zahlen. Dies geschieht beim Barscheck durch Barauszahlung (▶ **siehe auch S. 275: Halbbare Zahlung**) und beim Verrechnungsscheck durch Überweisung auf ein vom Scheckinhaber angegebenes Konto (▶ **siehe auch S. 277: Bargeldlose Zahlung**).

Gesetzliche Bestandteile

Die Scheckurkunde ist an rechtliche Formvorschriften gebunden. Ein Scheckformular ist nur gültig, wenn es folgende **gesetzliche Bestandteile** enthält:

- Bezeichnung „Scheck" im Text der Urkunde
- Anweisung, bei Vorlage den Scheckbetrag zu zahlen
- Name des Bezogenen
- Zahlungsort
- Ort und Tag der Ausstellung
- Unterschrift des Ausstellers

Fälligkeit und Funktion

Die Forderung aus dem Scheck kann nur durch Vorlage geltend gemacht werden, sie ist also bei Sicht fällig. Die Zahlung mit Scheck erfolgt zahlungshalber, das zugrunde liegende Schuldverhältnis der Scheckausstellung erlischt also erst mit der Einlösung des Schecks.

Scheckarten: Inhaber- und Orderscheck

Scheckformulare beinhalten i. d. R. als **Inhaberscheck** die *„Überbringerklausel"*, die das bezogene Kreditinstitut dazu berechtigt, an jeden Scheckinhaber zu zahlen, weil die Scheckweitergabe und die damit verbundene Übertragung der Rechte aus dem Scheck formlos durch Einigung und Übergabe geschieht.

Im Gegensatz dazu werden für den Scheckverkehr mit dem Ausland häufig **Orderschecks** verwendet, die eine *„Orderklausel"* beinhalten. Sie sind durch einen roten Randstreifen gekennzeichnet.

Beim Orderscheck wird der Name des Zahlungsempfängers genannt. Für die Scheckweitergabe ist ein schriftlicher Übertragungsvermerk (Indossament) erforderlich. Das bezogene Kreditinstitut ist verpflichtet bei der Scheckeinlösung die Legitimation des Zahlungsempfängers sowie eventuelle Indossamente zu prüfen.

Einlösungsfristen

Die Scheckeinlösung ist an **gesetzliche Vorlegungsfristen** gebunden, die mit dem Ausstellungsdatum beginnen:

- 8 Tage für im Inland ausgestellte Schecks
- 20 Tage für Schecks aus dem europäischen Ausland und an das Mittelmeer angrenzende Länder
- 70 Tage für Schecks aus allen übrigen Ländern

▶ **Siehe auch S. 277: Bargeldlose Zahlung**

6

Zahlungsmöglichkeiten – *Terms of payment*

Bargeldlose Zahlung – Elektronische Zahlungssysteme/Kartenzahlung

Begriff

Mit der Verbreitung elektronischer Zahlungssysteme hat die Bank-Card (früher Euroscheck- bzw. ec-Karte) im bargeldlosen Zahlungsverkehr eine große Bedeutung erlangt. Neben der Bargeldbeschaffung am Geldautomaten und dem Ausdrucken von Kontoauszügen wird sie heute vor allem auch für die direkte bargeldlose Zahlung als eigenständiges Zahlungsmittel eingesetzt.

Die Kreditinstitute haben ihren Service in Bezug auf die Bank-Card im Rahmen des „Electronic-Cash-Systems" entsprechend erweitert. Durch Kartenlesegeräte und unterschiedliche Übermittlungssysteme kann die Bank-Card bzw. die so genannte Geldkarte direkt für die bargeldlose Zahlung eingesetzt werden.

Mit der zunehmenden Verbreitung der Kartenzahlung werden die Kartenzahlungssysteme immer weiterentwickelt und vereinheitlicht. So wird gegenwärtig der gesamte bargeldlose Zahlungsverkehr des EURO-Währungsraumes im Rahmen der „**Si**ngle **E**uropean **P**ayment **A**rea" (SEPA) so standardisiert, dass nationale und grenzüberschreitende Zahlungen zukünftig im gesamten EURO-Zahlungsverkehrsraum einheitlich abgewickelt werden können.[1]

Die wesentlichen Merkmale der aktuellen elektronischen Zahlungssysteme zeigt folgende Tabelle im Überblick:

6

Elektronische Zahlungssysteme (ohne Kreditkarte)

ZAHLUNGS-SYSTEME MERKMALE	Electronic Cash (ec) (Point-of-Sale-Banking: POS)	Elektronisches Lastschriftverfahren (ELV)	Geldkarte
Funktion	Zahlungsvorgang mit Karte und PIN	Zahlungsvorgang mit Karte und Unterschrift	Zahlungsvorgang durch vorher aufgeladene Geldkarte
Zahlungs-vorgang	• Einlesen der Kartendaten und der PIN • Aufbau einer Online-verbindung • Überprüfung der Kartengültigkeit der PIN, der Sperrdatei und des Kontosaldos im Rechenzentrum des bezogenen Kreditinstituts • Meldung des bezogenen Kreditinstituts über das Prüfungsergebnis; bei positiver Autorisierung erfolgt die Zustimmung zur Begleichung des Zahlungsbetrages • Gutschrift des Zahlungsbetrages auf dem Konto des Zahlungsempfängers	• Einlesen der Kartendaten (Kontonummer und Bankleitzahl) • manuelle Eingabe des Zahlungsbetrages zur Erstellung eines Lastschriftbelegs • Unterschrift des Zahlungspflichtigen auf dem Lastschriftbeleg • Legitimationsprüfung (Unterschriftenvergleich) durch den Zahlungsempfänger • Lastschrift auf dem Konto des Zahlungspflichtigen	• Aufladen der Geldkarte bis maximal 200,00 € durch den Karteninhaber • Lastschrift in Höhe der Aufladesumme auf dem Konto des Karteninhabers • Gegenbuchung auf einem internen Verrechnungskonto (Kartensammelkonto) bei der bezogenen Bank • Belastung des Chips mit dem Zahlungsbetrag beim Zahlungsvorgang durch den Zahlungsempfänger
Berechtigungs-nachweis (Identifikation) des Karten-inhabers	durch PIN	durch Unterschrift	nicht erforderlich, da der geladene Betrag bereits vor dem Zahlungsvorgang vom Zahlungspflichtigen entrichtet wird (Bargeldfunktion)
Zahlungs-garantie	ja	nein	ja
Verfügungs-höchstbetrag	max. 2.000,00 € pro Tag	keine Begrenzung	max. 200,00 € pro Tag
Vorteile	Kein Zahlungsrisiko für den Zahlungsempfänger durch umfassende Prüfung und durch die Zahlungsverpflichtung der Karten ausgebenden Kreditinstitute	Geringere Kosten für den Zahlungsempfänger durch Wegfall der Autorisierungsgebühr	Zeitersparnis durch Wegfall der Legitimationsprüfung
Nachteile	Hohe Kosten für den Zahlungsempfänger durch Autorisierungs- und Transaktionsgebühr	Zahlungsrisiko durch Widerspruchsrecht des Karteninhabers oder mangelnde Deckung	Verlustrisiko für den Karteninhaber durch die Bargeldfunktion

1 Die Umsetzung von SEPA wurde vom Europäischen Zahlungsverkehrsrat („European Payment Council", EPC), einem Zusammenschluss der europäischen Kreditwirtschaft, gegenüber der EU-Kommission und der Europäischen Zentralbank bis zum Jahr 2010 zugesagt.

Kreditkarte – *The credit card*

Begriff	Arten (Beispiele)
Die **Kreditkarte** ist ein weit verbreitetes bargeldloses Zahlungsmittel. Sie wird von Kreditgesellschaften (in der Regel in Zusammenarbeit mit Banken sowie Nichtbanken) an Kunden mit einwandfreier Bonität ausgegeben.	• MasterCard • Visa • Diners Club • American Express

Ziele

Die **Kreditkarte** berechtigt den Inhaber bei Vorlage der Karte bei Vertragsunternehmen weltweit bargeldlos zu bezahlen, sich an Geldautomaten oder bei Banken Bargeld zu beschaffen und aus einem monatlichen Verfügungsrahmen (ca. 2 – 3 Gehaltseingänge) einen kurzfristigen Kredit in Anspruch zu nehmen. Die Karte sichert den Vertragsunternehmen den Zahlungseingang.

Ausstattung	Vorteile
Die **Standardkarte** ermöglicht die normale Nutzung der Kreditkarte und bei Buchung einer Reise mit der Karte eine Reise-Unfallversicherung. Viele Karten sind mit **Zusatzleistungen** verbunden. **Beispiele:** • Auslandsreise-Krankenversicherung • Verkehrsmittel-Unfallversicherung • Reise-Service-Versicherung • Auslands-Autoschutzbrief-Versicherung • Kfz-Reise-Haftpflichtversicherung für Mietfahrzeuge • Reise-Rechtsschutz-Versicherung für Mietfahrzeuge • Reise-Privat-Haftpflichtversicherung weltweit	• internationales bargeldloses Zahlungsmittel • weltweite Bargeldbeschaffung • kurzfristige Kreditgewährung • Begrenzung des Risikos bei Verlust oder Diebstahl
	Nachteile

	• aus der Sicht des Lieferanten
	  – prozentuale Provision an die Kreditkartengesellschaft
	  – zusätzliche Kosten für den Kreditkartenleser
	• aus der Sicht des Kunden
	  – nicht alle akzeptieren eine Kreditkarte
	  – die Bargeldbeschaffung ist relativ teuer

Beispiel: Ein Kunde übernachtet im Hotel Astoria und bezahlt mittels MasterCard

Hausbank Kunde

S   H

Kontobelastung des Karteninhabers

(6) Geldeinzug mittels Lastschrift

MasterCard Deutschland

(7) Kontoauszug über die Belastung

Monatsabrechnung
Hotel Astoria ....
....
....
....
                      ....

(3) Leistungsbeleg

E-Mail

oder Online-buchung

(4) Gutschrift der Gesamtsumme abzgl. Disagio (= 1–4 % Provision des Umsatzes) bei der Hausbank des Hotels Astoria

(5) Zusendung der Aufstellung der Monatsumsätze

(1) legt MasterCard vor und unterschreibt Leistungsbeleg

(2) gibt Durchschrift des Leistungsbelegs zur Kontrolle zurück

Hotel Astoria
– erstellt Leistungsbeleg
– prüft Unterschrift anhand der MasterCard

MasterCard-Inhaber

3526280

Wechsel – *The bill of exchange*

Begriff

Der **Wechsel** ist eine Urkunde, durch die der Gläubiger (Aussteller) den Schuldner (Bezogener) auffordert, eine bestimmte Geldsumme zu einem bestimmten Termin (Verfalltag) zu zahlen.

Der Bezogene verpflichtet sich durch seine Unterschrift auf dem Wechsel (Akzept), diesen bei Vorlage durch den Wechselinhaber (z. B. Aussteller) einzulösen.

Verwendung und Funktionen des Wechsels

Der Aussteller kann den Wechsel auch vor dem Verfalltag an eine Bank verkaufen (Diskontierung) oder als Zahlungsmittel gegenüber eigenen Gläubigern verwenden. Der Wechsel bietet dem Gläubiger dadurch die Möglichkeit, ein Zahlungsziel einzuräumen und gleichzeitig über den Wechselbetrag verfügen zu können. Für den Wechsel ergeben sich somit grundsätzlich folgende Verwendungsmöglichkeiten und Funktionen:

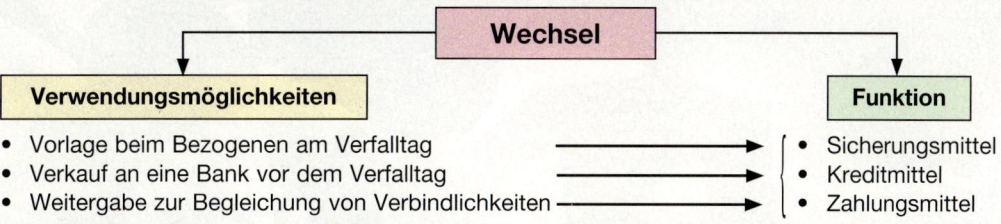

Wechsel

Verwendungsmöglichkeiten	Funktion
• Vorlage beim Bezogenen am Verfalltag	• Sicherungsmittel
• Verkauf an eine Bank vor dem Verfalltag	• Kreditmittel
• Weitergabe zur Begleichung von Verbindlichkeiten	• Zahlungsmittel

- **Vorlage beim Bezogenen am Verfalltag**
  Der Gläubiger zieht als Wechselaussteller einen Wechsel auf den Schuldner (Tratte), der als Bezogener den Wechsel durch Unterschrift akzeptiert (Akzept). Da der Wechsel ein Wertpapier ist, können die verbrieften Rechte an den Forderungen nur durch die Vorlage des Wechsels geltend gemacht werden. Durch strenge Rechtsvorschriften muss der Gläubiger für die Annahme und die Einlösung des Wechsels haften. Aufgrund dieser Wechselstrenge können Wechselforderungen auf dem Rechtsweg im Rahmen eines Wechselprotestes vom Gläubiger mit hoher Rechtssicherheit eingeklagt und durchgesetzt werden. Neben dieser Funktion als Sicherungsmittel erfüllt der Wechsel durch den Zahlungsaufschub bis zum Verfalltag hier auch die Funktion als Kreditmittel.
- **Verkauf an eine Bank vor dem Verfalltag (Diskontierung)**
  Die Wechselzahlung beinhaltet neben dem Zahlungsaufschub für den Schuldner gleichzeitig die Möglichkeit für den Gläubiger, über den Zahlungsbetrag schon vor dem Verfalltag als flüssige Mittel verfügen zu können. Hierzu muss der Gläubiger den Wechsel an eine Bank verkaufen, die dadurch zum neuen Wechselgläubiger wird. Durch den Ankauf des Wechsels vor dem Verfalltag gewährt die Bank dem Aussteller einen Kredit, für den sie von der Wechselsumme entsprechende Zinsen (Diskont) sowie eine eventuelle Auslagenerstattung abzieht. Der Wechsel erfüllt hier die Funktion als Sicherheits- und Kreditmittel.

- **Weitergabe als Zahlungsmittel**
  Die Wechselurkunde ist ein Zahlungsmittel und kann somit zur Begleichung von Verbindlichkeiten an einen Gläubiger weitergegeben werden, wenn dieser sich bereiterklärt, ihn in Zahlung zu nehmen. Der Wechselinhaber muss dazu eine entsprechende Weitergabeerklärung (Indossament) auf der Rückseite der Wechselurkunde anbringen und mit seiner Unterschrift bestätigen. Jeder Wechselnehmer kann in gleicher Weise mit dem Wechsel verfahren oder ihn am Verfalltag dem Bezogenen vorlegen. Der Wechsel erfüllt hier die Sicherungs-, Kredit- und Zahlungsfunktion.

Gesetzliche Bestandteile des Wechsels

① Ort und Tag der Ausstellung
② Angabe des Zahlungsortes
③ Angabe des Verfalldatums
④ das Wort „Wechsel" im Text der Urkunde
⑤ Zahlungsklausel
⑥ Name des Bezogenen
⑦ Name des Wechselempfängers (-nehmers)
⑧ Unterschrift des Ausstellers

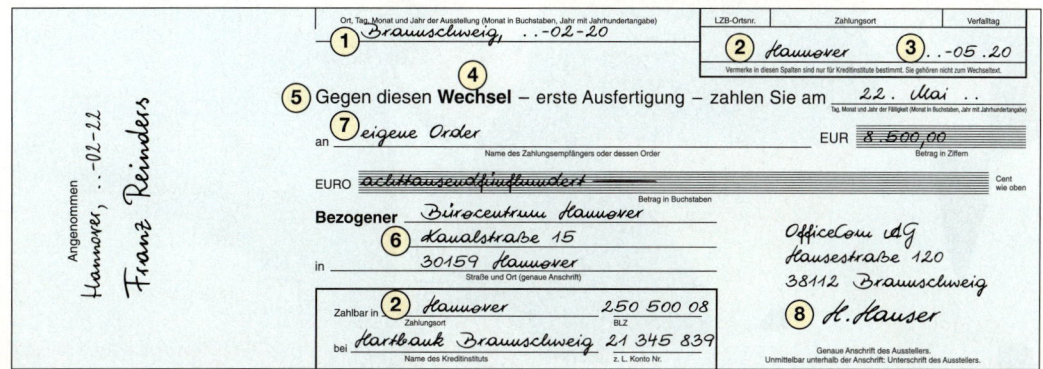

7 Personalwirtschaftliche Aufgaben wahrnehmen

Personalwirtschaft – *Personnel management*

Begriff

Die Personalwirtschaft umfasst einerseits die Bedürfnisse eines Unternehmens, in dem sie für eine bestmögliche Versorgung mit geeigneten Mitarbeitern zu sorgen hat; andererseits hat sie für die Mitarbeiter eines Unternehmens Fürsorge zu leisten. Die Mitarbeiter müssen betreut, verwaltet, geführt und entlohnt werden.

Die **Objekte** der Personalwirtschaft sind alle Mitarbeiter und die leitenden Angestellten eines Unternehmens. Die **Träger** personalwirtschaftlicher Entscheidungen sind die für das Personalwesen verantwortlichen Organisationseinheiten (z. B. der Arbeitsdirektor in Kapitalgesellschaften mit mehr als 2 000 Beschäftigten) sowie alle Vorgesetzten, die personalwirtschaftliche Ziele und Entscheidungen umzusetzen haben.

Der **Betriebsrat** hat aufgrund der gesetzlich geregelten Mitbestimmungs- und Mitwirkungsrechte einen gewissen Einfluss auf personalwirtschaftliche Ziele und Entscheidungen sowie deren Umsetzung (siehe auch Seite 17).

Ziele

Ziele der Personalwirtschaft

wirtschaftliche Ziele

- Beschaffung, Bereitstellung und Erhaltung der benötigten Arbeitskräfte unter Berücksichtigung des mengen- und qualitätsmäßigen Bedarfs sowie der zeitlich und räumlich notwendigen Verfügbarkeit
- Abbau von Arbeitskräften bei fehlendem Bedarf

soziale Ziele

- leistungsgerechte Entlohnung
- Arbeitsplatzsicherung
- Gesundheits- und Altersvorsorge
- humane Gestaltung der Arbeitsbedingungen
- Arbeitsschutz
- Personalentwicklung
- …

7

Aufgaben

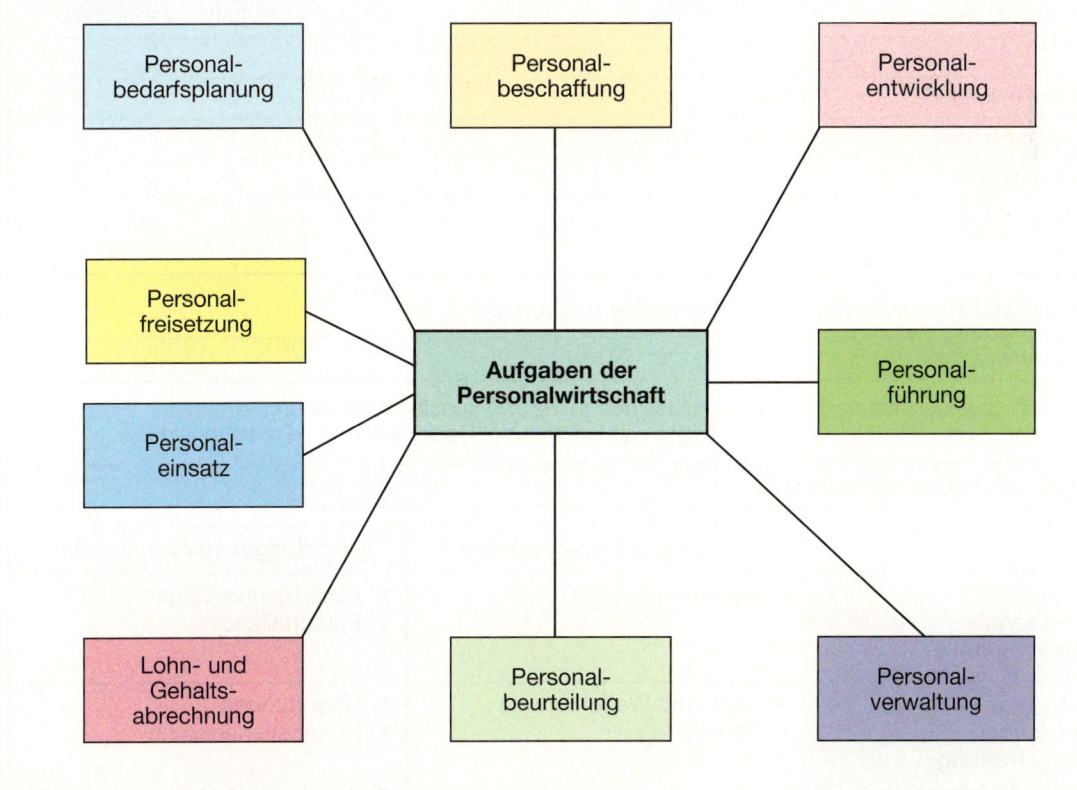

Personal-bedarfsplanung

Personal-beschaffung

Personal-entwicklung

Personal-freisetzung

Aufgaben der Personalwirtschaft

Personal-führung

Personal-einsatz

Lohn- und Gehalts-abrechnung

Personal-beurteilung

Personal-verwaltung

Personalbestands- und Personalbedarfsanalyse
Analysis of staff level and of staff requirements

Arten des Personalbedarfs

- Der **Bruttopersonalbedarf** bestimmt die Anzahl der Mitarbeiter, die zur Leistungserstellung für einen bestimmten Zeitraum benötigt werden.
- Der Saldo aus dem Bruttobedarf und dem Personalbestand ergibt den **Nettopersonalbedarf.**

- Der **Ersatzbedarf** bestimmt die Anzahl der Mitarbeiter, die zum Erreichen eines Sollbestands beschafft werden müssen.
- Die Schaffung neuer Arbeitsplätze, z. B. durch Erweiterungsinvestitionen, verursacht einen **Neubedarf.**

Personalbedarfsanalyse

Zur Planung des zu beschaffenden Personals ist zunächst der Bruttopersonalbedarf (d. h. der gesamte zukünftige Personalbedarf) und der Personalbestand zu einem bestimmten Zeitpunkt zu ermitteln. Die Differenz aus dem Bruttopersonalbedarf und dem Personalbestand bestimmt den Nettopersonalbedarf:

Bruttopersonalbedarf	–	Personalbestand	=	Nettopersonalbedarf

Personalbedarfsrechnung

Beispiel:

Die OfficeCom AG beabsichtigt aufgrund der schlechten Konjunkturprognosen bis zum Jahr 2007 Personal geringfügig abzubauen. Ab 2008 erwartet das Unternehmen eine Belebung der Konjunktur und beurteilt die Entwicklung des Absatzes wieder positiv. Dadurch steigen auch die Gewinnerwartungen. Wegen der geplanten Steigerung der Produktion werden dann wieder zusätzliche Mitarbeiter/-innen benötigt.

Personalbestands- und -bedarfsrechnung zum 31. Dezember

Jahr	2005	2006	2007	2008	2009
Istbestand am 1. Januar	345	348	345	340	350
geschätzte Personalabgänge	5	2	6	15	12
Sollbestand am 31. Dezember	348	345	340	350	355
Personalbedarf	8	0	1	25	17
– Ersatzbedarf	5	0	1	15	12
– Neubedarf	3	0	0	10	5
Personalüberhang	0	1	0	0	0

Personalbeschaffung – *Personnel recruitment*

Aufgabe

Die Personalbeschaffung hat die Aufgabe, den in der Personalbedarfsplanung ermittelten Nettopersonalbedarf zu decken. Dabei ist kurzfristiger und langfristiger Personalbedarf zu unterscheiden.

Arten der Personalbeschaffung

	langfristiger Personalbedarf	kurzfristiger Personalbedarf
externe Personalbeschaffung	• Neueinstellungen	• Zeitarbeitsverträge • Personalleasing
interne Personalbeschaffung	• Fort- und Weiterbildung • Versetzung	• Überstunden • Urlaubsverlagerung

7

Personalbeschaffung – *Personnel recruitment*

Interne Personalbeschaffung

- interne Stellenausschreibung
- Versetzung
- Beförderung
- Aus- und Weiterbildung

Externe Personalbeschaffung

- Personalwerbung
- Bewerbungsverfahren
- Personalauswahl
- Personaleinstellung

Personalbeschaffungsprozess

Personalsuche:
- Zeitungsinserate
- Vermittlung durch die Arbeitsagentur
- Personalvermittlungs- unternehmen

Personalwerbung ← Personalabteilung

führt zu

Bewerbungsunterlagen:
- Bewerbungsschreiben
- Lebenslauf
- Lichtbild
- Zeugniskopien
- evtl. Referenzen

Bewerbungen ← Bewerber/-in

Vorauswahl

Gesprächsinhalte:
- Vorbildung
- Qualifikationen
- besondere Kenntnisse und Fertigkeiten
- Entlohnung
- Einstellungstest

Vorstellungsgespräche ← Personalabteilung / Bewerber/-in

Entscheidung

Unterlagen, z. B.:
- Arbeitsvertrag
- Versicherungsnachweis
- Lohnsteuerkarte
- Gesundheitszeugnis
- Anmeldung zur Sozialver- sicherung

Einstellung ← Personalabteilung / Bewerber/-in / Betriebsrat

Anhörung

7

Personalbeschaffung – *Personnel recruitment*

Externe Personalbeschaffung

Bewerbungsschreiben

Beispiel:

Karin Nagel   12. Januar 20..
Hauptstraße 45
38304 Wolfenbüttel

OfficeCom AG
Hansestraße 120
38112 Braunschweig

Bewerbung als Industriekauffrau

Sehr geehrte Damen und Herren,

Sie suchen eine Industriekauffrau für den Einkauf – Büroartikel. Ich bewerbe mich um diese Stelle. Ich bitte Sie, weitere Informationen zu meiner Person dem beigefügten Lebenslauf zu entnehmen.

Nach der erfolgreich absolvierten Ausbildung zur Industriekauffrau arbeite ich seit zwei Jahren bei einem namhaften Büroartikelversand als Einkäuferin. Neben meiner beruflichen Tätigkeit habe ich den „Europäischen Computerführerschein" bei der Volkshochschule Braunschweig erworben. Aufgrund meiner detaillierten Kenntnisse des Büroartikelbereichs und meiner guten EDV-Kenntnisse glaube ich, die Anforderungen der Stelle gut erfüllen zu können.

Ich bitte Sie, mich zu einem Vorstellungsgespräch einzuladen.

Mit freundlichen Grüßen

Karin Nagel

Anlagen
Lebenslauf
2 beglaubigte Zeugniskopien
1 Lichtbild

Beispiel:

Karin Nagel

Hauptstraße 45
38304 Wolfenbüttel

Lebenslauf

Name:	Karin Nagel
Geburtsdatum:	14. März 1976
Geburtsort:	Goslar
Schulbesuch:	Grundschule in Goslar 1982 – 1986
	Orientierungsstufe in Goslar 1986 – 1988
	Realschule in Wolfenbüttel 1988 – 1992 Abschluss: Erweiterter Sekundarabschluss I
	Fachgymnasium Wirtschaft in Braunschweig 1992 – 1995 Abschluss: Abitur mit der Durchschnittsnote 2,9
Berufsausbildung:	Ausbildung zur Industriekauffrau Maschinenfabrik Hoffman & Schwarze AG Braunschweig 1996 – 1999 Abschluss: IHK-Prüfung mit der Durchschnittsnote 2
Praktische Tätigkeit:	seit 1999 BÜVA – Büroartikelversand GmbH Schöppenstedt, als Einkäuferin
Besondere Kenntnisse:	Teilnahme an Abendlehrgängen der Volkshochschule Braunschweig zum Erwerb des „Europäischen Computerführerscheins" und zur Verbesserung meiner Französischkenntnisse
Sonstiges:	Teilnahme am Partnerschaftsprogramm AYUSA Deutscher Bundestag – Amerikanischer Kongress mit Besuch einer Highschool in Flagstaff, USA 1995 – 1996

Wolfenbüttel, 11. Januar 20..

Karin Nagel

7

Personalauswahl – *Selecting personnel*

Ziel

Ziel der Personalauswahl ist es, aus einer Vielzahl von Bewerberinnen/Bewerbern auf eine ausgeschriebene Stelle die am besten geeignete Bewerberin bzw. den am besten geeigneten Bewerber zu finden. Dabei sind die Anforderungen einer bestimmten Arbeitsaufgabe, die z. B. in einer Stellenbeschreibung festgelegt sind, den Kenntnissen, Fähigkeiten und Fertigkeiten einzelner Bewerber/-innen gegenüberzustellen und zu bewerten. Bei der Auswahl ist nicht nur die fachliche Kompetenz, sondern auch die soziale Kompetenz (z. B. Teamfähigkeit) zu berücksichtigen.

Beurteilungsunterlagen

Unterlagen bzw. Informationen, die zur Beurteilung herangezogen werden können:

- Bewerbungsschreiben
- Lebenslauf
- Schulzeugnisse
- Arbeitszeugnisse
- Referenzen
- Eignungstests

- Vorstellungsgesprächsnotizen
- Schriftgutachten
- ärztliche Untersuchungsergebnisse
- Zertifikate
- Beobachtungsprotokolle
- Auskünfte

Instrumente

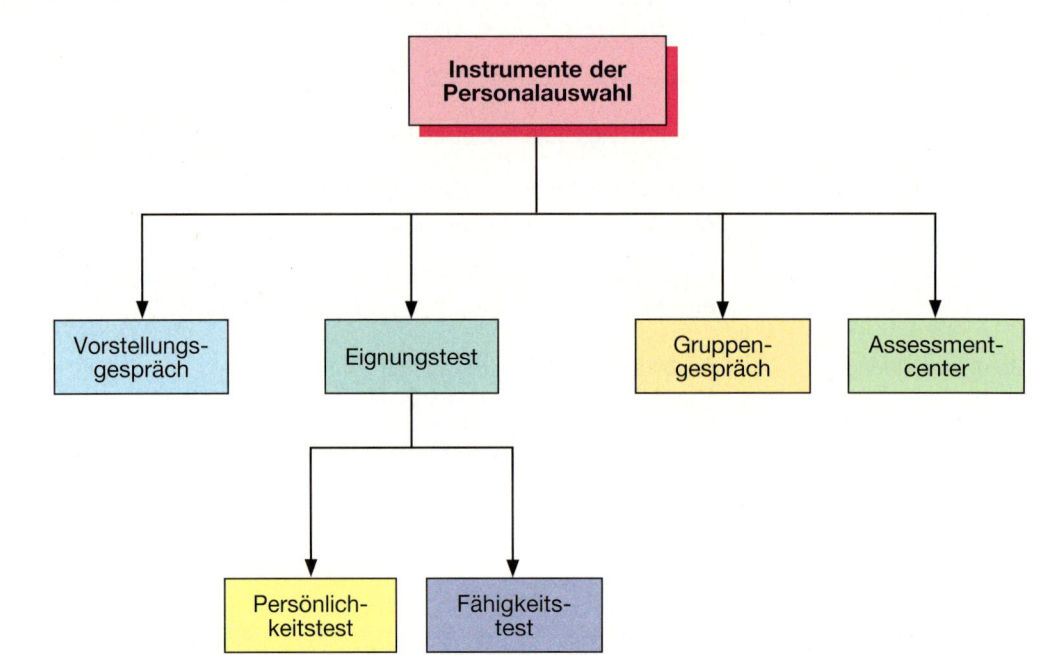

Um aus den nach einer Vorauswahl übrig gebliebenen Bewerbern die am besten für den zu besetzenden Arbeitsplatz geeignete Arbeitskraft zu ermitteln, gibt es verschiedene Instrumente:

Das **Vorstellungsgespräch** bietet dem Arbeitgeber bzw. dessen Vertreter und dem Bewerber die Möglichkeit, sich in einem persönlichen Gepräch kennen zu lernen. Die Arbeitgeberseite kann sich in dem Gespräch einen Eindruck über die Kenntnisse und Fähigkeiten sowie die Persönlichkeitsstruktur des Bewerbers bzw. der Bewerberin verschaffen. Die Bewerberin bzw. der Bewerber erhalten Informationen über den künftigen Arbeitsplatz, die Arbeitsbedingungen (Entgelt, Arbeitszeit, Fort- und Weiterbildungsmöglichkeiten, Aufstiegschancen usw.).

Eignungstests sind geeignet, die im Vorstellungsgespräch durch die Arbeitgeberseite gewonnenen Erkenntnisse zu erweitern. Die Eignungstests führen zu einer differenzierteren und besser begründeten Beurteilung der Bewerberin bzw. des Bewerbers.

Bei den **Gruppengesprächen** diskutiert eine Gruppe von Bewerbern unter der Leitung eines Moderators und der Anwesenheit einiger Beobachter ein bestimmtes Thema. Verschiedene Eigenschaften der Bewerber (z. B. Umgangsformen, Auftreten, Kontaktfähigkeit) können so ermittelt werden.

Eine besonders anspruchsvolle Form des Gruppengesprächs ist ein **Assessmentcenter.** Bei ihm müssen von den Bewerbern praxisorientierte Fälle bearbeitet und Problemsituationen gelöst werden.

Personalauswahl – *Selecting personnel*

Prozess der Personalauswahl

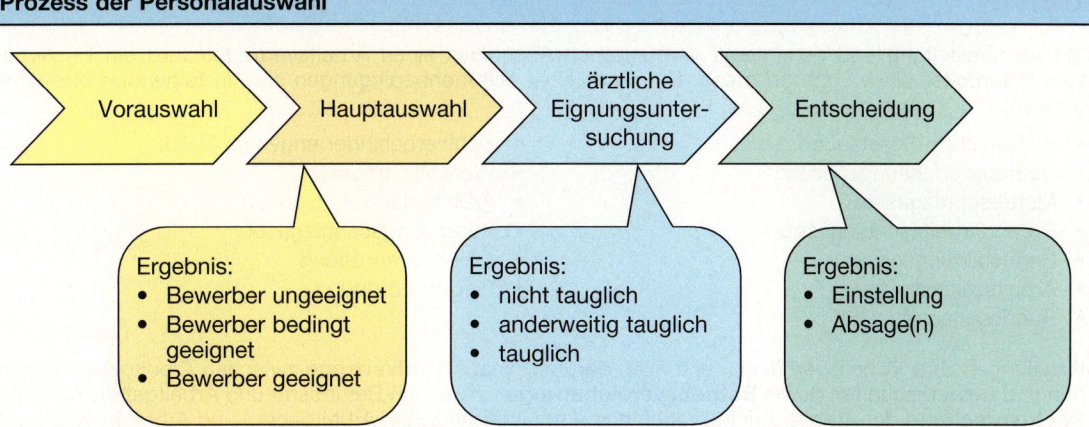

Vorauswahl → Hauptauswahl → ärztliche Eignungsuntersuchung → Entscheidung

Ergebnis:
- Bewerber ungeeignet
- Bewerber bedingt geeignet
- Bewerber geeignet

Ergebnis:
- nicht tauglich
- anderweitig tauglich
- tauglich

Ergebnis:
- Einstellung
- Absage(n)

Personalleasing – *Personnel leasing*

Eine Möglichkeit, einen kurzfristig aufgetretenen Personalbedarf zu befriedigen, ist u. U. das Personalleasing. Das Personalleasing wurde 1967 vom Bundesverfassungsgericht legalisiert und vom Gesetzgeber 1972 im Arbeitnehmerüberlassungsgesetz (AÜG) geregelt. In einem Dreiecksverhältnis schließen ein Arbeitnehmer (Leasing-Arbeitnehmer) und ein Arbeitsverleiher (Leasing-Arbeitgeber) einen Arbeitsvertrag ab. Der Arbeitsentleiher schließt mit dem Arbeitsverleiher einen Arbeitnehmerüberlassungsvertrag ab und erwirbt damit den Anspruch auf Arbeitsleistung und ein Weisungsrecht gegenüber dem Arbeitnehmer. Der Arbeitsverleiher bekommt ein vereinbartes Entgelt. Zwischen dem Arbeitnehmer und dem Entleiher besteht kein Vertragsverhältnis.

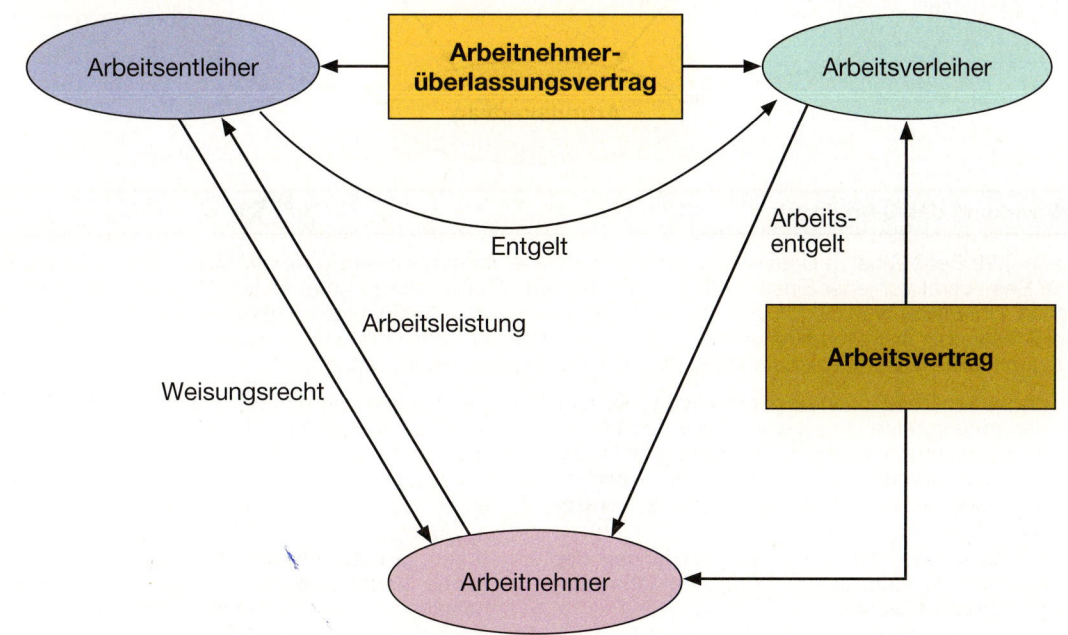

Neben der Überbrückung von kurzfristigen Personallücken können mit dieser Beschaffungsmaßnahme die Risiken von Fehleinstellungen sowie die Gefahr von Konflikten zwischen Arbeitgebern und den Leih-Arbeitskräften auf den Arbeitsverleiher verlagert werden. Nachteilig auf die Arbeitskosten wirken sich die hohen Entgelte für die Leih-Arbeitskräfte, die an den Arbeitsverleiher zu zahlen sind, aus. Weil durch die Leiharbeit keine Arbeitsplätze in den Unternehmen geschaffen werden, sondern oft auch vernichtet werden, fordert der Deutsche Gewerkschaftsbund ein Verbot des Personalleasings.

7

Personaleinstellung – *Personnel placement*

Überblick

Mit der Einstellung und dem damit verbundenen Abschluss eines Arbeitsvertrages wird ein Bewerber zum Mitarbeiter eines Unternehmens. Die rechtlichen Rahmenbedingungen sind in folgenden Gesetzen geregelt:

- Bürgerliches Gesetzbuch
- Betriebsverfassungsgesetz
- Mutterschutzgesetz
- Jugendarbeitsschutzgesetz
- Berufsbildungsgesetz
- Arbeitszeitordnung
- Bundesurlaubsgesetz

- Schwerbehindertengesetz (SGB)
- Wehrpflichtgesetz
- Arbeitsplatzschutzgesetz
- Kündigungsschutzgesetz
- Arbeitszeitordnung
- Gewerbeordnung

Regelungen zum Arbeitsverhältnis enthalten darüber hinaus **Tarifverträge** zwischen Arbeitgeberverbänden und Gewerkschaften sowie **Betriebsvereinbarungen** zwischen Betriebsrat und Arbeitgeber. Auch die **Rechtsprechung** der Arbeitsgerichte regelt das Verhältnis zwischen Arbeitgebern und Arbeitnehmern aus dem Arbeitsvertrag.

Nach der Einstellung sind der neuen Mitarbeiterin bzw. dem neuen Mitarbeiter die Organisationsstruktur des Unternehmens, die Rahmenbedingungen und die Ziele, Aufgaben und Kompetenzen ihrer/seiner Stelle zu erläutern sowie die für ihre/seine Tätigkeit wichtigsten Personen vorzustellen.

Rechtliche Bestimmungen beim Abschluss eines Arbeitsvertrages

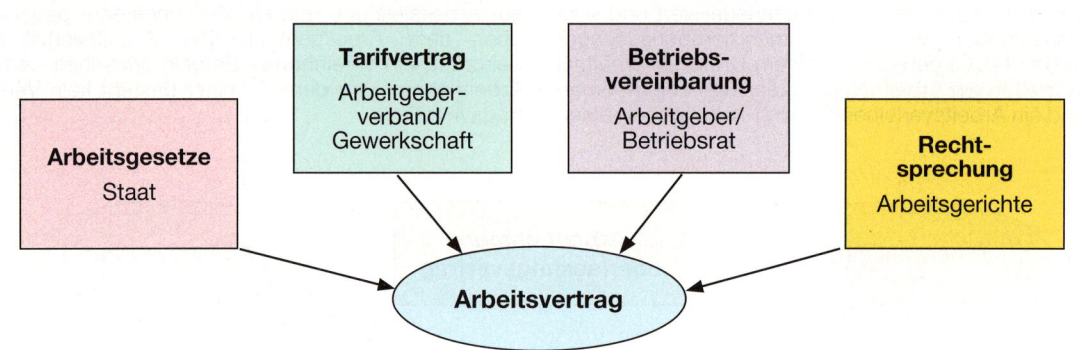

Mitwirkung des Betriebsrats

Nach § 99 BetrVG hat in Unternehmen mit in der Regel mehr als zwanzig Arbeitnehmern der Arbeitgeber den Betriebsrat vor jeder Einstellung über die geplante Maßnahme zu unterrichten. Ihm sind die erforderlichen Unterlagen vorzulegen und Auskunft über die geplante Maßnahme zu geben. Bei Einstellungen hat der Arbeitgeber insbesondere den in Aussicht genommenen Arbeitsplatz und die vorgesehene Eingruppierung mitzuteilen. Der Betriebsrat kann die Zustimmung verweigern, wenn …

- die personelle Maßnahme gegen ein Gesetz, eine Verordnung, eine Unfallverhütungsvorschrift, eine Bestimmung in einem Tarifvertrag oder Betriebsvereinbarung, eine gerichtliche Entscheidung oder eine behördliche Anordnung **verstoßen** würde.
- die personelle Maßnahme nach Verlangen des Betriebsrats **nicht** innerhalb des Betriebs **ausgeschrieben** wurde.
- die durch Tatsachen begründete Besorgnis besteht, dass durch die personelle Maßnahme im Betrieb beschäftigte Arbeitnehmer **gekündigt** werden **oder** ihnen **sonstige Nachteile** entstehen, ohne dass dies aus betrieblichen oder persönlichen Gründen gerechtfertigt ist.

- die Zustimmung des Betriebsrats zu den Richtlinien über die personelle Auswahl bei Einstellungen nicht eingeholt wurde.
- die durch Tatsachen begründete Besorgnis besteht, dass der für die personelle Maßnahme ausgewählte Bewerber den Betriebsfrieden durch **gesetzwidriges Verhalten** oder durch **grobe Verletzung** der Grundsätze für die Behandlung von Betriebsangehörigen stören werde. Nach § 75 Abs. 1 BetrVG hat jede unterschiedliche Behandlung von Personen wegen ihrer Abstammung, Religion, Nationalität, Herkunft, politischen oder gewerkschaftlichen Betätigung oder Einstellung oder wegen ihres Geschlechts oder ihrer sexuellen Identität zu unterbleiben.

Verweigert der Betriebsrat seine Zustimmung, kann der Arbeitgeber beim Amtsgericht beantragen, die Zustimmung zu ersetzen.

Siehe auch Seite 16 f.

Personaleinstellung – *Personnel placement*

Abschluss des Arbeitsvertrages

Die rechtliche Grundlage für ein Arbeitsverhältnis ist ein **Arbeitsvertrag.** Der Arbeitsvertrag unterliegt zum Zeitpunkt des Abschlusses keinen gesetzlichen Formvorschriften. Wegen der Beweissicherung ist die Schriftform empfehlenswert.

Der Arbeitgeber ist nach dem Nachweisgesetz (NachwG) verpflichtet, die wesentlichen Bedingungen des Arbeitsvertrages spätestens nach einem Monat schriftlich niederzuschreiben und der Arbeitnehmerin bzw. dem Arbeitnehmer zu übergeben.

Diese Niederschrift muss enthalten:
- Namen und Anschriften der Vertragsparteien
- Beginn (bei befristeten Arbeitsverträgen auch Ende) des Arbeitsverhältnisses
- Arbeitsort
- Höhe des Arbeitsentgelts
- Arbeitszeit
- Urlaubsanspruch
- Kündigungsfristen
- Tätigkeitsbeschreibung
- Hinweise auf die dem Vertragsverhältnis zugrunde liegenden Tarifverträge sowie Dienst- und Betriebsvereinbarungen

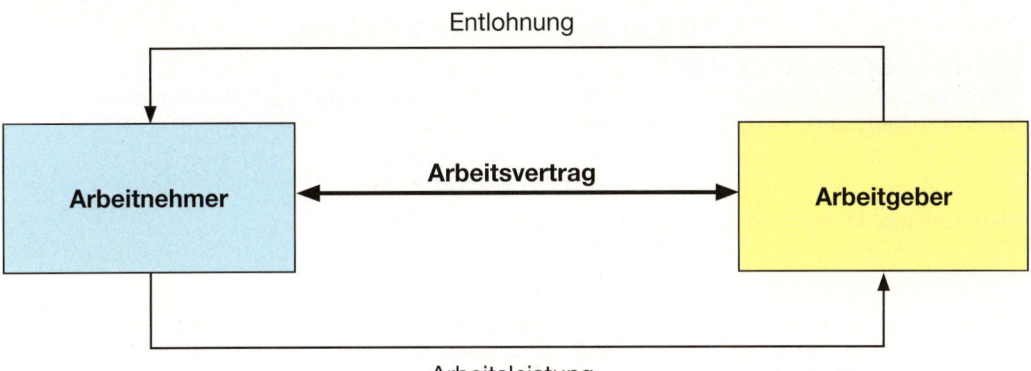

Rechte und Pflichten

Rechte und Pflichten aus dem Arbeitsvertrag

Pflichten des Arbeitnehmers = Rechte des Arbeitgebers					Pflichten des Arbeitgebers = Rechte des Arbeitnehmers			
Dienstleistungspflicht (§ 59 HGB)	Verschwiegenheit (§ 17 UWG)	Wettbewerbsverbot	Treuepflicht	Haftpflicht (Rechtsprechung regelt Haftungsbegrenzung)	Vergütung (§ 64 f. HGB)	Fürsorge (§ 62 HGB, § 1 ff. ArbSchG, § 618 BGB)	Urlaub (BundUrlG)	Zeugnis (§ 73 HGB)

Wettbewerbsverbot:
- (§ 60 HGB)
- vertraglich (§ 74 ff. HGB)

Zeugnis:
- einfaches Zeugnis
- qualifiziertes Zeugnis

7

Arbeitsvertrag

zwischen

OfficeCom AG, Braunschweig
im Folgenden „Arbeitgeber"

und

Karin Nagel
im Folgenden „Arbeitnehmerin" genannt.

§ 1 Tätigkeit

Die Arbeitnehmerin wird zum 1. Juni 20.. als Industriekauffrau für den Einkauf – Büroartikel – eingestellt.

§ 2 Dauer des Arbeitsverhältnisses

Das Arbeitsverhältnis ist unbefristet.
Soweit das Arbeitsverhältnis nicht gekündigt wird, endet es mit Ablauf des Kalendermonats, in dem die Arbeitnehmerin in den Ruhestand eintritt.

§ 3 Probezeit

Die ersten drei Monate des Arbeitsverhältnisses gelten als Probezeit.

§ 4 Kündigung

Während der Probezeit kann das Arbeitsverhältnis von beiden Vertragsparteien mit einer Frist von zwei Wochen gekündigt werden. Nach Ablauf der Probezeit kann das Arbeitsverhältnis mit einer Frist von vier Wochen zum 15. oder zum Ende eines Monats gekündigt werden. Bei längerer Betriebszugehörigkeit gelten die verlängerten gesetzlichen Kündigungsfristen.

§ 5 Arbeitszeit

Die regelmäßige Arbeitszeit beträgt 38,5 Std. pro Woche. Beginn und Ende der Arbeitszeit richten sich nach den für den Betrieb geltenden tariflichen und betrieblichen Bestimmungen.

§ 6 Vergütung

Die Arbeitnehmerin erhält für ihre Tätigkeit nach den zurzeit geltenden tariflichen Bestimmungen für den Einzelhandel ein monatliches Bruttogehalt von 2.300,00 €. Diese Vergütung wird entsprechend den tariflichen Abschlüssen angepasst.

§ 7 Urlaub

Pro Kalenderjahr erhält die Arbeitnehmerin einen Erholungsurlaub von 30 Arbeitstagen bezogen auf die Fünftagewoche. Der Zeitpunkt des Urlaubs ist mit der Unternehmensleitung abzustimmen.

§ 8 Schlussbestimmungen

Ergänzungen oder Nebenabreden bedürfen der Schriftform.
Ergänzend zu diesem Vertrag gelten die allgemeinen gesetzlichen Bestimmungen.

Braunschweig, 14. April 20..

i. A. *Detlev Behrend*
_____
Arbeitgeber

Karin Nagel
_____
Arbeitnehmerin

3526292

Personaleinsatz – *Employing staff*

Personaleinsatzplanung

Um den Personaleinsatz zu optimieren, müssen die Anforderungen des Arbeitsplatzes, die Fähigkeiten der Arbeitskraft und die Bedürfnisse der Arbeitskraft koordiniert und der Personaleinsatz geplant werden.

Arbeitskraft
Fähigkeiten
Bedürfnisse
Personal-einsatz
Arbeitsplatz
Anforderungen

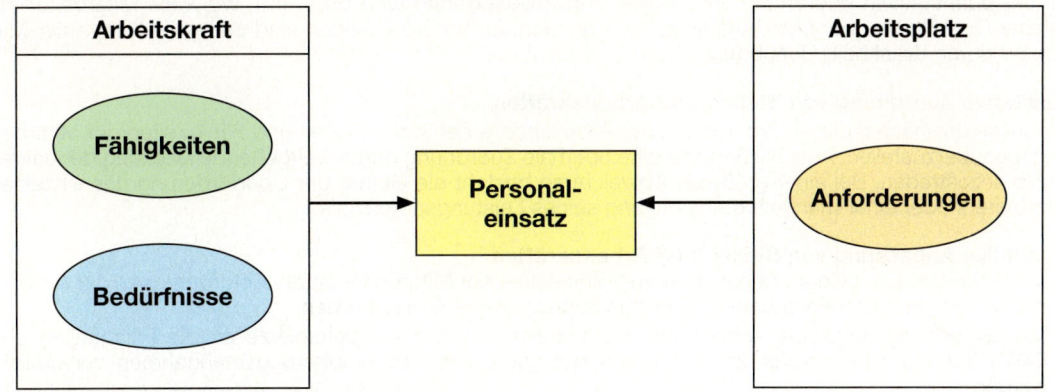

Ziele und Aufgaben der Personaleinsatzplanung

ZIELE:
• Personalkosten-minimierung
• hohe Arbeitsproduktivität
• hohe Arbeitsleistung
• Humanisierung der Arbeitsbedingungen
Aufgaben der Personaleinsatzplanung
kurzfristige Aufgaben
qualitative Zuordnung (auf jeden Arbeitsplatz die beste Arbeitskraft)
quantitative Zuordnung, z. B. Schichtpläne
langfristige Aufgaben
Anpassung der Arbeitsplätze und -bedingungen
qualitativ
Anpassung der Fähigkeiten der Mitarbeiter
Personal-beschaffung
quantitativ
Personal-freisetzung

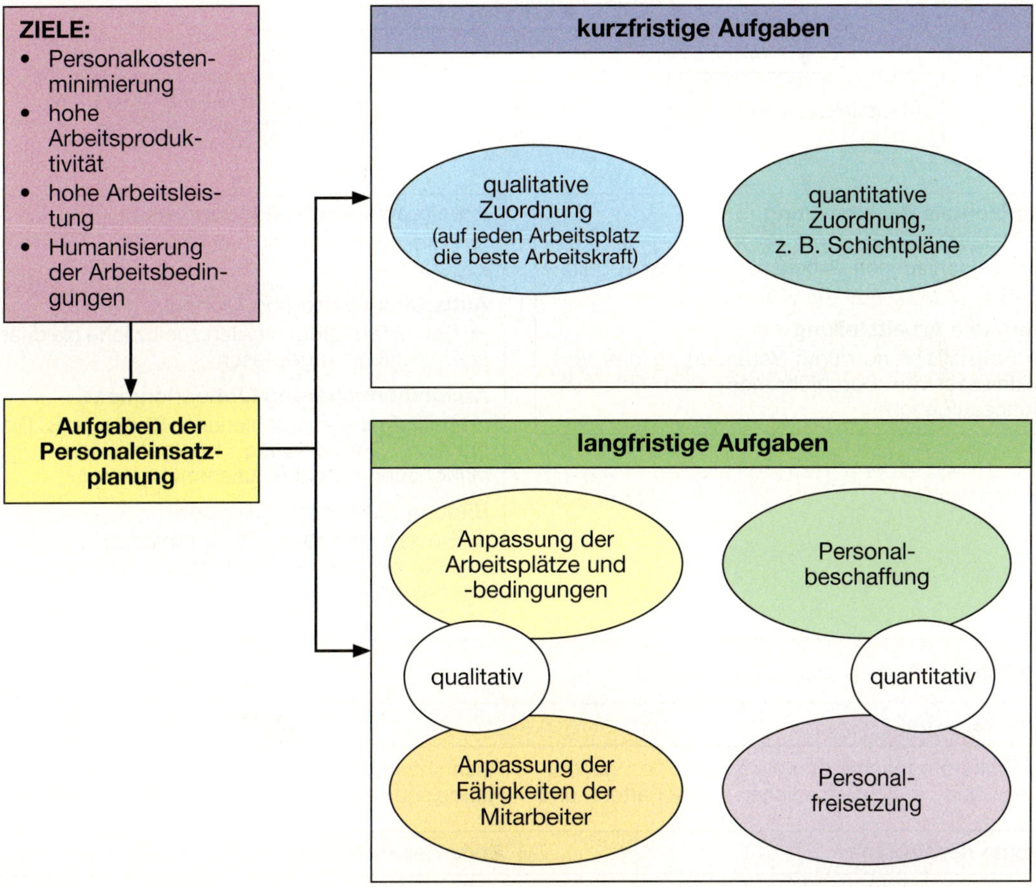

7

Personaleinsatz – *Employing staff*

Personaleinsatzplanung

Methoden der Personaleinsatzplanung

Quantitative Zuordnung von Stellen und Arbeitskräften

Bei der quantitativen Zuordnung von Stellen und Arbeitskräften wird bestimmt, wie viele Mitarbeiter mit welcher Qualifikation wann und wo eingesetzt werden. Zu berücksichtigen sind dabei Fehlzeiten der Mitarbeiter durch Krankheit, Urlaub usw.

Qualitative Zuordnung von Stellen und Arbeitskräften

Hierbei sind zunächst die Anforderungen der Arbeitsplätze den Kenntnissen und Fähigkeiten der Mitarbeiter gegenüberzustellen. Anschließend ist eine optimale Zuordnung durch weitgehende Deckung der beiden Profile anzustreben. Bei einer größeren Abweichung besteht die Gefahr der Überforderung des einzelnen Mitarbeiters oder einer mangelhaften Nutzung seines Leistungspotenzials.

Qualitative Anpassung von Stellen und Arbeitskräften
- Die längerfristig angelegte Anpassung der Fähigkeiten der Mitarbeiter an die Anforderungen der Arbeitsplätze können durch Personalentwicklungsmaßnahmen realisiert werden.
- Die längerfristig angelegte Anpassung der Anforderungen der Arbeitsplätze an die Fähigkeiten und Bedürfnisse der Mitarbeiter können durch geeignete Arbeitsstrukturierungsmaßnahmen verwirklicht werden.

Arbeitsfeldstrukturierung

Arbeitsfeldstrukturierung

Arbeitsfeldverkleinerung

Arbeitsfeldvergrößerung (Humanisierung)

Horizontale Arbeitsteilung
→ Spezialisierung durch Reduzierung der Zahl der verschiedenen Arbeiten an einem Arbeitsplatz

Vertikale Arbeitsteilung
→ Spezialisierung durch Veränderung des Verhältnisses von Durchführungs- und Entscheidungsaufgaben

Arbeitsplatzwechsel (Jobrotation)
→ Bisherigen Arbeitsinhalten werden neue hinzugefügt

Aufgabenerweiterung (Jobenlargement)
→ Den Mitarbeitern werden zusätzliche gleichartige Aufgaben zugewiesen.

Arbeitsbereicherung (Jobenrichment)
→ Teilaufgaben verschiedener Stufen (z. B. Disposition, Durchführung, Kontrolle) werden zu einer neuen Aufgabe zusammengefasst.

Bildung autonomer Gruppen
→ Ein Arbeitsprozess (z. B. Montage eines Getriebes) wird einer autonomen Arbeitsgruppe übertragen.

Vollmachten – *Power of attorney*

Prokura

Die Prokura ermächtigt zu allen Arten von gerichtlichen und außergerichtlichen Geschäften und Rechtshandlungen, die der Betrieb **(irgend)eines** Handelsgewerbes mit sich bringt (§ 49 HGB).

Beginn der Prokura	Ende der Prokura
• Im **Innenverhältnis** mit der Erteilung • Im **Außenverhältnis** gegenüber Dritten (z. B. Lieferanten), wenn diese Kenntnis erlangt haben (Geschäftsfreundebrief) oder mit Eintragung und Veröffentlichung im Handelsregister (deklaratorische Wirkung des HR)	• Beendigung des Rechtsverhältnisses • Widerruf durch Geschäftsinhaber • Auflösung des Geschäftes • Tod des Prokuristen • Wechsel des Geschäftsinhabers

Vollmachten – *Power of attorney*

Arten

Einzelprokura	Gesamtprokura	Filialprokura
Ausübung der Vollmacht ohne Mitwirkung einer anderen Person	Ausübung d. Vollmacht nur im Zusammenwirken mit einer anderen vertretungsberechtigten Person	Beschränkung der Vertretungsvollmacht auf den Betrieb einer Niederlassung

Handlungsvollmacht

Die allgemeine Handlungsvollmacht erstreckt sich auf alle Geschäfte und Rechtshandlungen, die der Betrieb eines **bestimmten** Handelsgewerbes gewöhnlich mit sich bringt (§ 54 HGB).

Arten nach dem Umfang

Allgemeine Handlungsvollmacht	Artvollmacht	Spezialvollmacht
Auf Dauer erteilte Vollmacht, die zur Erledigung **aller** gewöhnlichen Rechtsgeschäfte in dem betreffenden Handelsgewerbe befugt	Auf Dauer erteilte Vollmacht, die zur Erledigung einer **bestimmten Art von wiederkehrenden** Geschäften befugt, z. B. Einkaufen	Vollmacht, die zur Erledigung eines **einzelnen** Rechtsgeschäftes ermächtigt, z. B. Kauf eines PC

Erteilung der Vollmachten

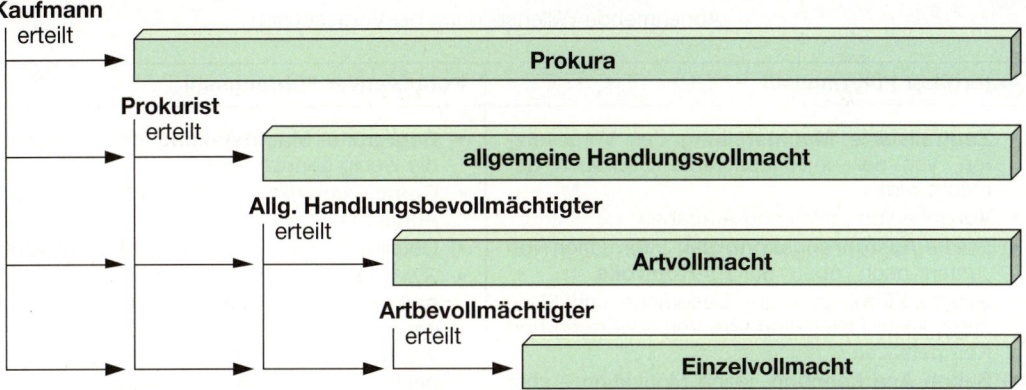

aus: EUROPA LEHRMITTEL, Betriebswirtschaftslehre der Unternehmung, 12. Aufl., Haan-Guiten 1992, S. 185

Umfang der Vollmachten

Unternehmer/-in	Prokura	Allgemeine Handlungsvollmacht	Art-vollmacht	Einzel-vollmacht
Steuererklärungen/Bilanz unterschreiben, Eid leisten, HR-Eintragungen anmelden, Insolvenz anmelden, Geschäft verkaufen, Prokura erteilen, Gesellschafter aufnehmen				
Grundstücke belasten/verkaufen				
Grundstücke kaufen, Prozesse führen, Darlehen aufnehmen, Wechsel unterschreiben				
Zahlungsgeschäfte erledigen, verkaufen, Mitarbeiter entlassen/einstellen				
Einkaufen				

Geschäfte, die ohne besondere Vollmacht möglich sind

Geschäfte, für die eine besondere Vollmacht notwendig ist

Geschäfte, für die eine Vertretungsvollmacht gesetzlich verboten ist

aus: EUROPA LEHRMITTEL, Betriebswirtschaftslehre der Unternehmung, 12. Aufl., Haan-Guiten 1992, S. 188

aus: Hübscher, Heinrich u. a.: IT-Kompendium, 1. Aufl., Braunschweig 2001, S. 35

7

Personalführung – *Personnel management*

Führungsstile und Führungsverhalten

Führungsstile

autoritär	patriarchalisch	informierend	kooperativ	partizipativ	demokratisch
Vorgesetzter entscheidet, häufig unter Zwang, und ordnet an	Vorgesetzter entscheidet, setzt durch, häufig mit Manipulation	Vorgesetzter entscheidet, setzt mit Überzeugung durch	Gruppe entwickelt Vorschläge, Vorgesetzter wählt aus	Gruppe entscheidet in vereinbartem Rahmen autonom	Gruppe entscheidet autonom, Vorgesetzter als Koordinator

Zunehmende Willensbildung beim Mitarbeiter, bei der Gruppe

Abnehmende Willensbildung bei Vorgesetzten

Autoritärer Führungsstil	Kooperativer Führungsstil
• **Zentralisierte Machtstellung** des Vorgesetzten, von der uneingeschränkt Gebrauch gemacht wird • **Vorgabe** von Zielen und Aufgaben • Starke **Ausführungskontrolle;** Information von „unten" nach „oben" nur zur **Kontrolle** • **Straffe Führung;** kaum Gespräche und Meetings, keine Delegation von Verantwortung und Kompetenzen • **Selten Anerkennung,** keine Motivation – eher häufiger Kritik • **Mehr aufgabenorientierter** Führungsstil	• **Begrenzte Machtstellung** des Vorgesetzten, die wenig genutzt wird • **Gemeinsames Erarbeiten** von Zielen und Aufgaben • Geteilte Verantwortung bei der **Erfolgskontrolle** • Systematische Kommunikation, **Problemlösungen im Team;** Freiräume innerhalb vorgegebener Grenzen • **Anerkennung** guter Leistungen; positives Feedback • **Mehr personenorientierter** Führungsstil

Führungsgrundsätze

Sie sind Gestaltungsmuster der Unternehmensführung, die für alle Führenden einheitlich, durchgängig und verbindlich sind. Sie sind Sollvorstellungen darüber, wie die Unternehmensführung zu gestalten ist, auf welche Ziele sie auszurichten ist und wie sie personell, instrumental und prozessual zu vollziehen ist.

Unterschieden werden folgende Führungsgrundsätze oder Management-by-Methoden:

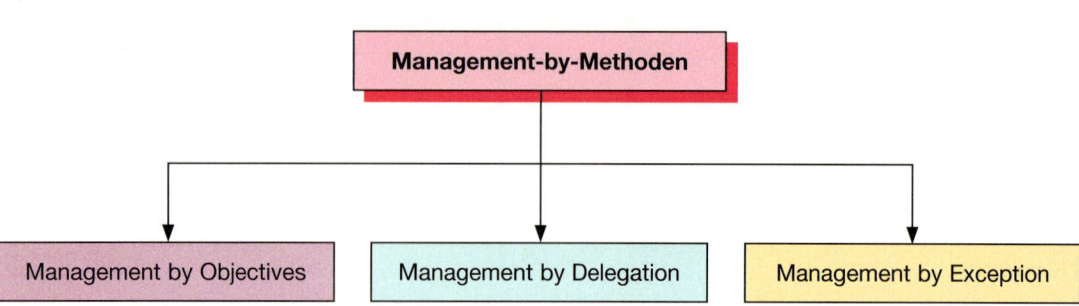

Bei diesen Methoden handelt es sich um Teilaspekte der Leitungstätigkeit, die erst durch ihre Kombination voll wirksam werden.

Personalführung – *Personnel management*

Management by Objectives

Begriff	Ziele	Voraussetzungen
Führung durch kooperative Zielfindung, wobei die Ziele keine einmal festlegten Daten sind, sondern durch innerbetriebliche Prozesse und insbesondere den Markt beeinflusst werden und daher fortgeschrieben werden müssen.	Objektivierung des Zielsetzungs- und Leistungsprozesses; eindeutige Strategien, Fortschrittsorientierung, leistungsbezogenes Vergütungssystem.	Quantifizierung der Ziele; Festlegung klarer Aufgaben- und Verantwortungsbereiche und Delegation der entsprechenden Aufgaben; eindeutige Leistungs- und Beurteilungsmaßstäbe; Kontrolle durch Soll-Ist-Vergleich sowie Ermittlung und Analyse von Abweichungen.

Management by Delegation

Begriff	Ziele	Voraussetzungen
Führung durch klare Aufgaben- und Kompetenzverteilung sowie Übertragung von Handlungsverantwortung auf die Mitarbeiter.	Förderung von Initiative und Mitverantwortung der Mitarbeiter; Übernahme von Mitunternehmerfunktion durch die Mitarbeiter; Aufgabenorientierung.	Stellenbeschreibungen und -abgrenzung; Ausschluss der Zurück- oder Weiterdelegation durch die Mitarbeiter; Eingriff des Vorgesetzten nur bei Fehlern oder in zuvor festgelegten Ausnahmefällen; geeignetes Informationssystem.

Management by Exception

Begriff	Ziele	Voraussetzungen
Führung durch den Vorgesetzten nur in Ausnahmesituationen; Mitarbeiter entscheiden selbstständig innerhalb eines vorgegebenen Ermessensspielraumes.	Entlastung des Vorgesetzten von ausführenden bzw. Routinearbeiten und generell programmierbaren Entscheidungen.	Festlegung des Handlungsrahmens und Aufstellen von Grenzwertregeln im definierten Ausnahme- bzw. Abweichungsfall: Information an den Vorgesetzten; Eingriff bzw. Entscheidung durch den Vorgesetzten.

Entscheidungssysteme der oberen Leitungsebene

Direktorialsystem / Kollegialsystem

Direktorialsystem

- Entscheidung durch eine einzige Person
- Vorteile:
  – Einheitlichkeit der Willensbildung
  – schnelle Entscheidung
  – straffe Unternehmensführung
- Nachteile:
  – Risiko von Fehlentscheidungen
  – Machtkonzentration
  – starke Belastung des Leitenden
  – Probleme bei der Vertretung, zum Beispiel im Krankheitsfall

Kollegialsystem

- Entscheidung durch mehrere Personen
- Arten:
  Primatkollegialität: (primus inter pares [lt.] = Erster unter Gleichen) Der Vorsitzende entscheidet bei Stimmengleichheit.
  Abstimmungskollegialität: Entscheidungen werden mit einfacher oder qualifizierter Mehrheit getroffen.
  Vetokollegialität: Entscheidungen können nur einstimmig getroffen werden. Durch das Veto (Widerspruch) eines Mitglieds des Führungsgremiums kommt der Beschluss nicht zustande.
- Vorteil:
  – Minderung der Gefahr von Fehlentscheidungen durch breitere Informationsgrundlage und mehr Sachverstand
- Nachteile:
  – langsamerer Entscheidungsprozess
  – Verfolgung von Eigeninteressen der Führungsmitglieder
  – Hintertreiben von Beschlüssen durch die Mitglieder, die gegengestimmt haben

7

Personalführung – *Personnel management*

Bestimmungsfaktoren der Arbeitsleistung von Mitarbeitern im Industriebetrieb

Arbeitsbedingungen

- humane Gestaltung des Arbeitsplatzes
- Betriebsklima
- humane Arbeitsabläufe
- soziale Einrichtungen
- Arbeitszeit/Erholungszeit
- Führungsstil
- Corporate Identity[1]

Leistungsbereitschaft/Motivation

- gerechte Entlohnung
- Selbstverwirklichung
- Aufstiegschancen
- Sicherheit
- Ansehen/Prestige
- Macht
- Anerkennung

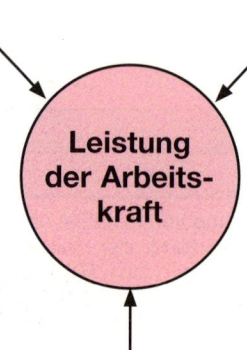

Leistung der Arbeitskraft

Leistungsvermögen

Leistungsfähigkeit

- angeborene Fähigkeiten und Fertigkeiten
- erlernte Fähigkeiten und Fertigkeiten
- Kenntnisse

Leistungsdisposition

- Gesundheits- bzw. Krankheitszustand
- Ermüdungs- bzw. Erholungszustand
- individueller Biorhythmus

Begriff der Personalführung

Unter Personalführung versteht man die planmäßige Leitung der Mitarbeiter in einem Betrieb. Die Personalführung (auch Mitarbeiterführung) versucht auf das Verhalten anderer Einzelpersonen oder Personengruppen Einfluss zu nehmen. Durch Motivatoren kann das Leistungsverhalten der Mitarbeiter positiv beeinflusst werden.

- **direkte Personalführung**

  Die vorgesetzten Personen stehen in unmittelbarem Kontakt zu den Mitarbeitern.

  Motivatoren:
  - Ermutigung
  - Vertrauen
  - Toleranz
  - Verständnis
  - Anerkennung

- **indirekte Personalführung**

  Die Vorgesetzten schaffen Rahmenbedingungen, die das Leistungsverhalten der Mitarbeiter fördern.

  Motivatoren:
  - Führungsstil
  - Unternehmensleitbild
  - Humanisierung
  - Arbeitszeitmodelle

1 Identität mit dem Unternehmen, in dem man arbeitet. Man fühlt sich zugehörig. Besonders bei den Japanern ist die Corporate Identity sehr ausgeprägt.

Personalführung – *Personnel management*

Personalbeurteilung

Ziel

Ziel der Personalbeurteilung ist, die Entscheidungsgrundlage bei Lohnerhöhungen, bei Versetzungen, Beförderungen oder Kündigungen zu liefern. Außerdem ist eine als gerecht empfundene Personalbeurteilung ein wichtiges Instrument zur Steigerung der Motivation von Mitarbeitern. Die Beurteilungen sollten vergleichbar und möglichst objektiv, d. h. frei von persönlichen Ansichten, Gefühlen und Wertvorstellungen sein.

Arten

- Summarische Beurteilung

  Bei diesem Verfahren ist der Gesamteindruck der Mitarbeiterin/des Mitarbeiters entscheidend für die Beurteilung der Leistungsfähigkeit und Persönlichkeit. Es besteht die Gefahr einer subjektiven Beurteilung.

- Analytische Beurteilung

  Bei diesem Verfahren werden verschiedene Beurteilungskriterien (z. B. Fachkenntnisse, Arbeitsqualität) festgelegt, die den Vorgesetzten eine objektivere Beurteilung der Mitarbeiter/-innen ermöglichen.

Analytischer Beurteilungsbogen

Beispiel:

Personalbeurteilungsbogen

Name: Jens König

Abteilung: Verkauf

Beurteilungskriterien	liegt über den Erwartungen 4	entspricht den Erwartungen voll 3	entspricht den Erwartungen im Wesentlichen 2	entspricht den Erwartungen nicht 1	Punkte
Fachkenntnisse		3			3
Arbeitsleistung:					
– Arbeitsqualität			2		2
– Arbeitsschnelligkeit				1	1
– Arbeitssorgfalt	4				4
– Arbeitseinsatz		3			3
Verhalten:					
– gegenüber Vorgesetzten		3			3
– gegenüber Kollegen			2		2
Belastbarkeit				1	1
Kommunikationsfähigkeit	4				4
				Summe:	23
				Prozent:	64

Mitarbeiter/-in: *Jens König*

Datum: 20..-05-20

Vorgesetzte/-r: *Hans Schmitz*

Datum: 20..-05-20

7

Personalentwicklung – *Personnel development*

Begriff

Unter dem Begriff **Personalentwicklung** werden alle Maßnahmen zusammengefasst, die die individuelle Entwicklung der Mitarbeiter fördern und ihnen unter Berücksichtigung ihrer persönlichen Wünsche und Interessen die Qualifikationen vermitteln, die zur optimalen Erfüllung ihrer Aufgaben nötig sind.

Ziele

aus der Sicht des Unternehmens

- flexibel agierende und reagierende Mitarbeiter
- aufgabengerechter Einsatz der Mitarbeiter entsprechend ihrer persönlichen und fachlichen Fähigkeiten
- wachsende Fähigkeit der Mitarbeiter, die immer komplexer werdenden Aufgaben in der betrieblichen Praxis zu erfüllen

- Schaffung einer Unternehmenskultur
- Verbesserung der Handlungsorientierung und der Selbstorganisation der Mitarbeiter
- Förderung der Bereitschaft der Mitarbeiter, neuen Entwicklungen positiv gegenüberzustehen
- Verbesserung der Fähigkeit der Mitarbeiter, das Lernen zu lernen

aus der Sicht der Mitarbeiter/-innen

- Aufgabenstellungen, die die individuellen Einsatzwünsche berücksichtigen
- Zufriedenheit am Arbeitsplatz

- Möglichkeit zur Fort- und Weiterbildung entsprechend der eigenen Vorstellungen
- Abbau von Über- oder Unterforderungen am Arbeitsplatz

Arten

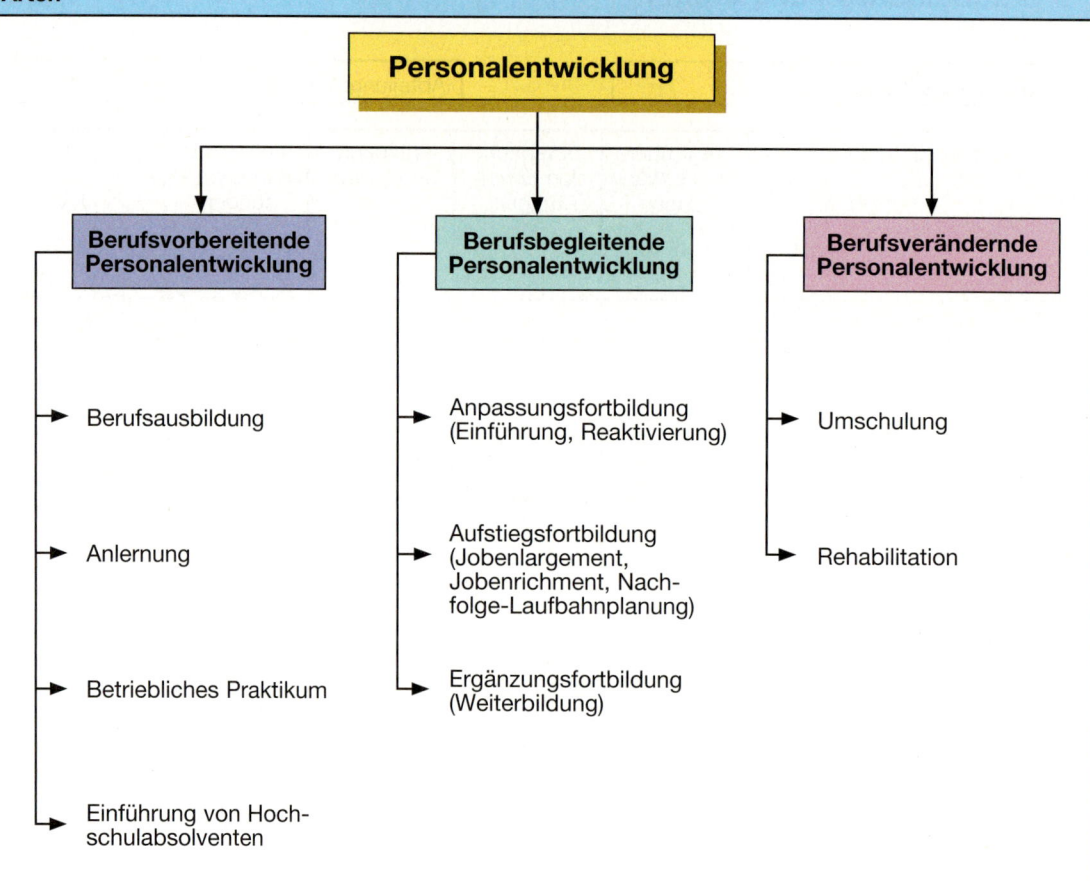

aus: Jung, Hans: Allgemeine Betriebswirtschaftslehre, 6. Aufl., Oldenbourg-Verlag, München, Wien 2000, Seite 895

Beispiel (Auszug):

Berufsausbildungsvertrag

Zwischen der **OfficeCom AG** – nachstehend der Ausbildende genannt – und der Auszubildenden **Christina Heckert** – nachstehend die Auszubildende genannt – wird dieser Vertrag zur Ausbildung im Ausbildungsberuf

Industriekauffrau

nach Maßgabe der geltenden Ausbildungsverordnung geschlossen.

§ 1 Ausbildungsdauer/Probezeit

Die Ausbildungsdauer beträgt drei Jahre, die Probezeit vier Monate. Besteht die Auszubildende vor Ablauf der vereinbarten Ausbildungsdauer von drei Jahren die Abschlussprüfung, endet das Berufsausbildungsverhältnis mit dem Tage der Feststellung des Prüfungsergebnisses. Besteht die Auszubildende die Abschlussprüfung nicht, so verlängert sich das Berufsausbildungsverhältnis auf ihr Verlangen bis zur nächstmöglichen Wiederholungsprüfung, im Falle des Nichtbestehens der Wiederholungsprüfung bis zu einer zulässigen zweiten Wiederholungsprüfung, höchstens jedoch insgesamt um ein Jahr.

§ 2 Pflichten des Ausbildenden

Der Ausbildende verpflichtet sich,

- der Auszubildenden die Kenntnisse und Fertigkeiten in der vorgesehenen Ausbildungszeit zu vermitteln, die zum Erreichen des Ausbildungszieles nach der Ausbildungsordnung erforderlich sind. Der beigefügte zeitlich und sachlich gegliederte Ausbildungsplan ist Bestandteil dieses Vertrages;
- selbst auszubilden oder eine geeignete Ausbilderin bzw. einen geeigneten Ausbilder damit zu beauftragen;
- die Auszubildende zum Besuch der Berufsschule anzuhalten und dafür freizustellen;
- die Führung des Berichtshefts regelmäßig zu kontrollieren;
- dafür zu sorgen, dass die Auszubildende charakterlich gefördert sowie sittlich und körperlich nicht gefährdet wird;
- ...

§ 3 Pflichten der Auszubildenden

Die Auszubildende hat sich zu bemühen, die Fertigkeiten und Kenntnisse zu erwerben, die erforderlich sind, um das Ausbildungsziel zu erreichen. Sie verpflichtet sich insbesondere,

- am Berufsschulunterricht und an den Prüfungen teilzunehmen;
- den Weisungen zu folgen, die im Rahmen der Berufsausbildung von dem Ausbildenden oder einer anderen weisungsberechtigten Person erteilt werden;
- die Betriebsordnung zu beachten;
- ...

§ 4 Vergütung

Die Ausbildungsvergütung beträgt monatlich

- 500,00 € brutto im 1. Ausbildungsjahr,
- 600,00 € brutto im 2. Ausbildungsjahr,
- 700,00 € brutto im 3. Ausbildungsjahr.

7

Personalentwicklung – *Personnel development*

Inhalt

Inhalt der Personalentwicklung

Wissen	Können	Einstellung (Verhalten)
tätigkeits-spezifisches Wissen	manuelles Können	Arbeits-verhalten
tätigkeits-ungebundenes Wissen	geistiges Können	Sozial-verhalten

vgl.: Jung, Hans: Allgemeine Betriebswirtschaftslehre, a. a. O., Seite 899

Methoden

on the job → am Arbeitsplatz

- Systematische Vermittlung von Fertigkeiten für die Ausführung einzelner Arbeitsschritte. Der Lernvorgang erfolgt hierbei in genau festgelegten Lernschritten.

  Der formale Ablauf einer Unterweisung gliedert sich z. B. in folgende vier Stufen:
  - Vorbereitung
  - Vorführung und Erklärung durch den Unterweisenden
  - Ausführung durch die Lernende bzw. den Lernenden
  - Übung

- Anleitung und Beratung durch die vorgesetzten Stellen

- Mitarbeiter erhalten die Möglichkeit, durch ständigen Arbeitsplatzwechsel (Jobrotation) neue Aufgabengebiete kennen zu lernen.

- Übertragung von mehr Kompetenzen und weiteren Aufgaben

- Arbeitsplatzorientierte Weiterbildungsmaßnahmen, z. B. Weiterbildungskonzeption für IT-Berufe

off the job → außerhalb des Arbeitsplatzes

- Die Mitarbeiter bzw. Auszubildenden erarbeiten sich im Selbststudium den Lehrstoff in kleinen Lernsequenzen mit ständiger Kontrolle über den Lernfortschritt.

- Ein Vortragender hält vor einer größeren Anzahl von Mitarbeitern bzw. Auszubildenden eine Vorlesung.

- Bei der Konferenzmethode werden die Mitarbeiter bzw. Auszubildenden aktiv im Rahmen einer Diskussion beteiligt.

- Fort- und Weiterbildungsmaßnahmen unter Einsatz der Fallmethode, des Rollenspiels und des Planspiels

- Mithilfe gruppendynamischer Methoden kann den Teilnehmern bewusst gemacht werden, wie sie auf andere Teilnehmer wirken und welche Reaktionen sie bei Kritik durch die anderen Teilnehmer zeigen.

- Assessmentcenter können auch im Rahmen der Pesonalentwicklung eingesetzt werden. Konstruktive Kritik in Form von Rückkopplungsgesprächen und abschließenden Gutachten bieten den Teilnehmern Gelegenheit, ein realistisches Selbstbild zu entwickeln.

Arbeitsstudien – *Job analysis*

Aufgaben

Die Aufgaben der Arbeitsstudien sind die systematische Analyse und Optimierung von Arbeitsvorgängen, die Feststellung der Schwierigkeitsgrade von Arbeitsaufgaben und die Ermittlung von normalerweise erforderlichen Arbeitszeiten.

Notwendig sind die Arbeitsstudien, um menschengerechte Arbeitsplätze und gerechte Entlohnung auf der einen Seite und ständige Kosteneinsparungen durch Rationalisierungsmaßnahmen zur Sicherung der Wettbewerbsfähigkeit auf der anderen Seite zu ermöglichen.

Die Arbeitsstudien greifen auf die Erkenntnisse der Arbeitswissenschaften zurück. Träger der Arbeitsstudien ist in Deutschland hauptsächlich der „Verband für Arbeitsstudien – REFA – e. V.".

3526302

Arbeitsstudien – *Job analyses*

Gebiete

Gebiete der Arbeitsstudien

- Arbeitsablaufstudien
- Arbeitswertstudien
- Arbeitszeitstudien

Arbeitsablaufstudien

Arbeitsablaufstudien

Makroablaufstudien

Ziel → Optimierung der Arbeitsabläufe zwischen Arbeitsplätzen, -stufen und -gruppen

Mikroablaufstudien

Ziel → Optimierung der Arbeitsabläufe am Arbeitsplatz

Die Mikroablaufstudien erstrecken sich auf …

- **Arbeitsverfahren**

  Mithilfe der Arbeitsanalyse wird untersucht, mit welchen Handhabungen unter Minimierung des Zeit- und Kraftaufwands die günstigsten Arbeitsergebnisse erzielt werden können.

- **Arbeitsplatz**

  Durch geeignete Maßnahmen sind die Arbeitsplätze den körperlichen Bedingungen der dort arbeitenden Menschen anzupassen (z. B. Anpassung der Sitzhöhe). Die Wissenschaft, die sich mit den optimalen Bedingungen am Arbeitsplatz beschäftigt, heißt **Ergonomie.**

- **Werkraum**

  Die Werkräume sind so zu gestalten, dass sie die Gesundheit der dort arbeitenden Arbeitskräfte nicht gefährden, die Leistung steigern helfen und zum Wohlbefinden beitragen. So sollen optimale Licht-, Luft- und Temperaturbedingungen am Arbeitsplatz herrschen.

- **Arbeitsermüdung**

  Ziel dieses Teils der Arbeitsablaufstudien ist, die vorzeitige Ermüdung z. B. durch zu hohes Arbeitstempo zu verhindern. Dabei ist zu berücksichtigen, dass die Leistungsbereitschaft der Mitarbeiter im Lauf eines Arbeitstages schwankt.

Arbeitszeitstudien

Mithilfe der Arbeitszeitstudien wird die so genannte **Normalleistung** ermittelt. Die Normalleistung wird durch die Zeit bestimmt, die bei durchschnittlicher Leistung für eine Arbeit benötigt wird. Die Normalleistung kann durch Zeitstudien an mehreren Personen ermittelt werden. Diese Tätigkeit erfordert eine Schätzung des Leistungsgrads der beobachteten Arbeitskraft, d. h. der Zeitnehmer muss beurteilen, ob ein Mitarbeiter eine schwache, durchschnittliche oder gute Leistung bei der Zeitaufnahme zeigt.

$$\text{Normalleistung} = \frac{\text{Istleistung} \cdot 100}{\text{Leistungsgrad}}$$

Beispiel: Der Industriearbeiter Günter Krause stellt im Rahmen einer Zeitaufnahme 36 Stück eines Werkstücks her. Sein Leistungsgrad wird vom Zeitnehmer auf 120 % geschätzt.

Normalleistung: 36 · 100 / 120 → 30

Gliederung der Vorgabezeit (Auftragszeit)

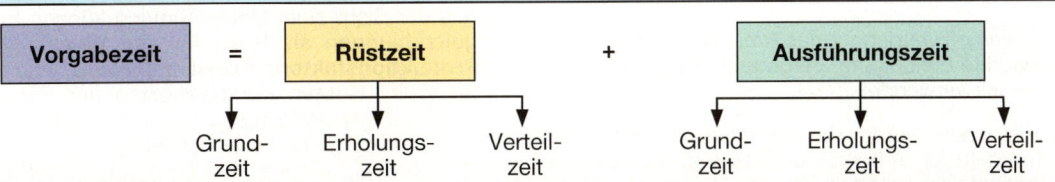

| **Vorgabezeit** | = | **Rüstzeit** | + | **Ausführungszeit** |

- Grundzeit
- Erholungszeit
- Verteilzeit

- Grundzeit
- Erholungszeit
- Verteilzeit

Die **Vorgabezeit** für einen Arbeitsauftrag berücksichtigt neben der eigentlichen Arbeitszeit **(Ausführungszeit)** die Vorbereitungszeit **(Rüstzeit),** die u. a. zur Vorbereitung des Auftrags (z. B. zur Einrichtung einer Maschine) benötigt wird. Rüst- und Ausführungszeit setzen sich aus **Grundzeit, Verteilzeit** und **Erholungszeit** zusammen. Die Grundzeit beinhaltet die genau messbare Ausführungszeit sowie evtl. messbare Wartezeiten (z. B. Trocknungszeit eines Klebers). Zur sachlichen Verteilzeit werden nicht messbare, unregelmäßig anfallende Reparatur- und Wartezeiten gezählt. Der Gang zum Personalbüro oder zur Toilette wird der persönlichen Verteilzeit zugeordnet.

Arbeitsstudien – *Job analyses*

Arbeitswertstudien

Summarische Arbeitsbewertung

• Rangfolgeverfahren

Beim Rangfolgeverfahren werden die verschiedenen im Unternehmen anfallenden Tätigkeiten von den einfachen bis zu den anspruchsvollen Anforderungen bewertet und in eine Rangfolge gebracht. Die Tätigkeit mit den höchsten Anforderungen wird an die erste Stelle gesetzt (z. B. IT-Systemadministrator). Einfache Tätigkeiten (z. B. Küchenhilfe) werden auf einen niedrigeren Rang gesetzt. Anschließend wird den einzelnen Rangstufen ein Entgelt zugeordnet.

• Katalogverfahren

Beim Katalogverfahren werden die Anforderungen an eine Tätigkeit einer Gruppe in einem Lohn- oder Gehaltsgruppenkatalog zugeordnet. Die korrekte Zuordnung der Tätigkeiten zu einer Lohn- oder Gehaltsgruppe erfordert eine eindeutige Beschreibung. Um die Zuordnung zu erleichtern, werden die Kataloge mit Richt- bzw. Tarifbeispielen ergänzt. Die Lohn- oder Gehaltsgruppenkataloge werden in der Regel in so genannten Manteltarifverträgen festgeschrieben.

Analytische Arbeitsbewertung

Bei der analytischen Arbeitsbewertung wird eine Tätigkeit nach bestimmten Kriterien zerlegt und bewertet. Während einer internationalen Tagung über Arbeitsbewertung wurde in Genf 1950 ein so genanntes „Genfer Schema" festgelegt, nach dem die zu bewertende Tätigkeit in vier Anforderungsarten aufgeteilt wird:

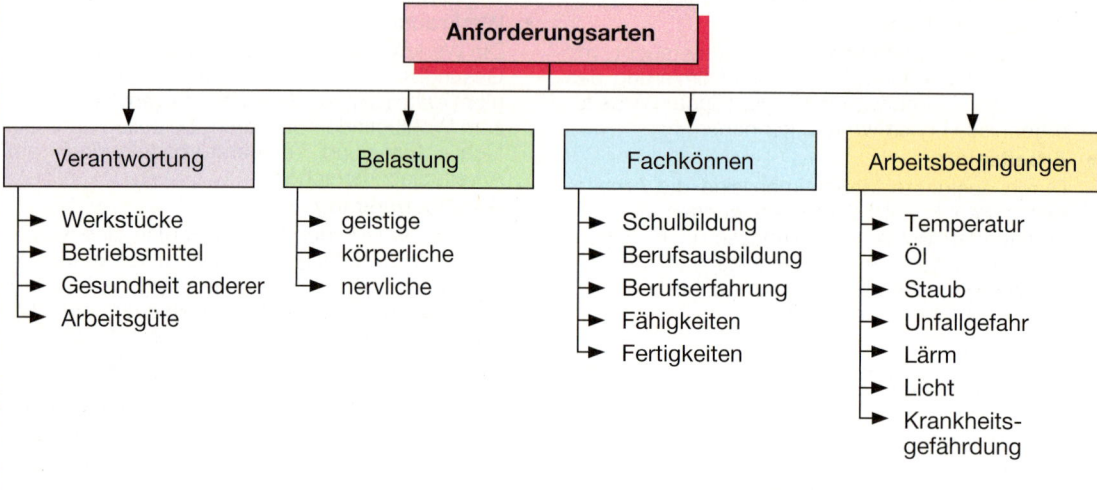

Anforderungsarten			
Verantwortung	**Belastung**	**Fachkönnen**	**Arbeitsbedingungen**
▸ Werkstücke	▸ geistige	▸ Schulbildung	▸ Temperatur
▸ Betriebsmittel	▸ körperliche	▸ Berufsausbildung	▸ Öl
▸ Gesundheit anderer	▸ nervliche	▸ Berufserfahrung	▸ Staub
▸ Arbeitsgüte		▸ Fähigkeiten	▸ Unfallgefahr
		▸ Fertigkeiten	▸ Lärm
			▸ Licht
			▸ Krankheitsgefährdung

Personalentlohnung – *Remuneration*

Definitionen und Bedeutung des Lohns

• Allgemein kann **Lohn** als Entgelt für die Leistung der Mitarbeiter definiert werden und bezeichnet den Betrag, den der Arbeitgeber aufgrund eines geschlossenen Arbeitsvertrages seinem Mitarbeiter schuldet.

• Synonym werden für das Arbeitsentgelt auch die Begriffe Entlohnung, Vergütung, Salär, Lohn und Gehalt verwendet.

• Historisch wurde das Arbeitsentgelt in **Lohn** (Entgelt für Arbeiter) und **Gehalt** (Entgelt für Angestellte) unterteilt. Diese Unterscheidung ist heute noch anzutreffen, wenn mit dem Begriff „Gehalt" ein feststehender monatlicher Geldbetrag gemeint ist und der Begriff „Lohn" bei der Berechnung des Arbeitsentgeltes auf Stundenbasis verwendet wird (s. S. 305).

• Das Arbeitsentgelt kann als **geldliche Leistung** oder als **geldwerte Leistung** (z. B. in Form von privat nutzbaren Dienstwagen oder Handys) gezahlt werden.

• Aus der Sicht einer Unternehmung können **Entgeltzahlungen als Preis für den Einsatz des Produktionsfaktors Arbeit** aufgefasst werden. Sie stellen **Kosten** (Personalkosten) dar. Für den Arbeitnehmer sind Entgeltzahlungen eine wesentliche Grundlage für seine Existenz.

• Da die Entlohnung für den Mitarbeiter einen starken Motivationsfaktor darstellt, ist eine als **gerecht empfundene Entlohnung** anzustreben. Problematisch erweist sich, dass kein objektiver Maßstab für eine gerechte Entlohnung existiert.

Personalentlohnung – *Remuneration*

Übersicht über wichtige Lohnformen

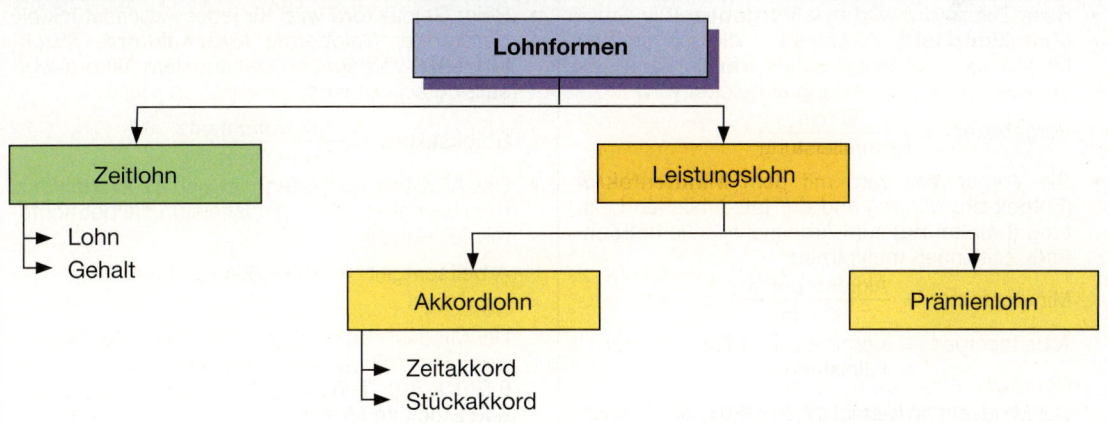

Zeitlohn

Begriff und Bedeutung

- Grundlage für die Berechnung des Zeitlohns ist **die in der Unternehmung verbrachte Zeit.** Ein Bezug zur erbrachten Leistung ist nur mittelbar durch die im Arbeitsvertrag beschriebene Leistungserwartung gegeben.

- Der Zeitlohn kann als **Gehalt** (auf Monatsbasis) bzw. als **Lohn** (auf Stundenbasis) berechnet werden (s. S. 304).

- Da das Arbeitsentgelt je Zeiteinheit konstant ist, verändern sich die Lohnkosten pro Stück, wenn die Leistung im betrachteten Zeitraum variiert. Eine Erhöhung der Arbeitsleistung führt zu sinkenden Stückkosten.

- Häufig wird der Zeitlohn mit einer Leistungszulage (s. Prämienlohn S. 306) kombiniert, um entsprechende Leistungsanreize zu schaffen.

Berechnung

- Arbeitsentgelt (Gehalt) = vereinbarter Monatslohn

- Arbeitsentgelt (Lohn) = Lohnsatz je Stunde · Stundenanzahl

Akkordlohn

Begriff und Bedeutung

- Beim Akkordlohn wird eine Übereinstimmung zwischen erbrachter Leistung und der entsprechenden Entlohnung angestrebt. Deshalb ist die Berechnungsgrundlage beim Akkordlohn die **mengenmäßig geleistete Arbeit,** die innerhalb eines bestimmten Zeitraums erbracht wird.

- Voraussetzung für den Akkordlohn sind die **Akkordfähigkeit** (bekannter, gleichartiger, regelmäßig wiederkehrender, leicht und genau messbarer Arbeitsablauf), die **Akkordreife** (optimaler und nach einer Einarbeitungszeit beherrschbarer Arbeitsablauf) und die unmittelbare **Beeinflussbarkeit der Leistungsmengen** durch den Mitarbeiter.

- Der Akkordlohn kann als **Einzelakkord,** bei dem die Arbeitsleistung eines einzelnen Arbeitnehmers erfasst wird, oder als **Gruppenakkord,** bei dem die Arbeitsleistung einer Gruppe von Mitarbeitern gemeinsam bewertet und das Entgelt mit einem vorgegebenen Verteilungsschlüssel aufgeteilt wird, angewendet werden. Die Arbeitszufriedenheit ist beim Gruppenakkord u. a. von einem gerecht empfundenen Verteilungsschlüssel abhängig.

- Der Akkordlohn besteht aus dem (i. d. R. tariflich festgelegtem) **Mindestlohn** (Akkordgrundlohn) und dem **Akkordzuschlag,** der meist 10 – 25 % des Mindestlohns beträgt.

- Mindestlohn und Akkordzuschlag ergeben als Addition den **Akkordrichtsatz,** der dem Verdienst des Akkordarbeiters bei Normalleistung entspricht.

Beispiel:

Bei einem Mindestlohn von 12,00 €/Std. und einem Akkordzuschlag von 25 % beträgt der Akkordrichtsatz 15,00 €/Std.

- Der Arbeitnehmer kann – innerhalb gewisser Grenzen – durch eine Erhöhung seiner Arbeitsleistung auch seine Entlohnung steigern. Für den Arbeitgeber sind die Lohnstückkosten im Wesentlichen konstant; sie steigen, wenn die Istleistung unter die Normalleistung sinkt und der Arbeitgeber den Akkordrichtsatz zahlt.

- Nach den Verrechnungseinheiten kann man den **Geldakkord** (auch Stückakkord genannt) und den **Zeitakkord** unterscheiden.

Personalentlohnung – *Remuneration*

Zeitakkord

- Beim Zeitakkord wird eine **Vorgabezeit** je Stück **(Zeitakkordsatz)** vorgegeben, die ein geübter Mitarbeiter über längere Zeit erfüllen kann und die aus der Normalleistung abgeleitet wird.

$$\text{Vorgabezeit} = \frac{60 \text{ min}}{\text{Normalleistung}}$$

- Die Vorgabezeit wird mit dem **Minutenfaktor** (Entgelt pro Minute) und der tatsächlichen Leistung **(Istleistung)** zum Arbeitsentgelt je betrachteter Zeiteinheit multipliziert.

$$\text{Minutenfaktor} = \frac{\text{Akkordrichtsatz}}{60 \text{ min}}$$

$$\text{Arbeitsentgelt} = \text{Vorgabezeit} \cdot \text{Minutenfaktor} \cdot \text{Istleistung}$$

Beispiel:

Der Mindestlohn beträgt 12,00 €/Std., der Akkordzuschlag 25 %, die Normalleistung 6 Stück/Std., die Istleistung 800 Stück im Monat.

$$\text{Vorgabezeit} = \frac{60 \text{ min}}{6 \text{ Stück}} = \underline{10 \text{ min/Stück}}$$

$$\text{Minutenfaktor} = \frac{15,00 \text{ €}}{60 \text{ min}} = \underline{0,25 \text{ €/min}}$$

$$\text{Arbeitsentgelt} = 10 \text{ min/Stück} \cdot 0,25 \text{ €/min} \cdot 800 \text{ Stück/Monat}$$
$$= \underline{2.000,00 \text{ €/Monat}}$$

- Bei Änderungen des Tariflohns: Minutenfaktoren neu berechnen! Vorgabezeiten bleiben konstant.

Geldakkord

- Beim Geldakkord wird für jedes Arbeitsstück ein bestimmter Geldbetrag **(Stückakkord, Stücklohnsatz)** vorgegeben, der aus dem Akkordrichtsatz berechnet wird.

$$\text{Stückakkord} = \frac{\text{Akkordrichtsatz}}{\text{Normalleistung}}$$

- Das Arbeitsentgelt errechnet sich als Produkt aus dem Geldakkord und der Istleistung je betrachteter Zeiteinheit.

$$\text{Arbeitsentgelt} = \text{Stückakkord} \cdot \text{Istleistung}$$

Beispiel:

Der Mindestlohn beträgt 12,00 €/Std., der Akkordzuschlag 25 %, die Normalleistung ist mit 6 Stück/Std. festgelegt, die Istleistung beträgt 800 Stück im Monat.

$$\text{Stückakkord} = \frac{15,00 \text{ €}}{6 \text{ Stück}} = \underline{2,50 \text{ €/Stück}}$$

$$\text{Arbeitsentgelt} = 2,50 \text{ €/Stück} \cdot 800 \text{ Stück/ Monat}$$
$$= \underline{2.000,00 \text{ €/Monat}}$$

- Bei tariflichen Veränderungen (Mindestlohn bzw. Akkordzuschlag) müssen die Stückakkordsätze neu berechnet werden.

Anwendungsbereiche sowie Vor- und Nachteile von Zeit- und Akkordlohn

	Anwendungsbereiche	Vorteile	Nachteile
Zeitlohn	• Präzisionsarbeiten • gefährliche Arbeiten • Arbeiten, die sich quantitativ schlecht messen lassen (z. B. geistige Tätigkeiten) • Einarbeitungszeiten • Arbeiten, deren Arbeitstempo vom Mitarbeiter nicht beeinflusst werden kann (z. B. Fließband)	• festes Arbeitseinkommen • einfache Berechnung • schonender Umgang mit den Betriebsmitteln • einfache Berechnung • feste Gesamtkosten für Arbeitgeber • kein überhastetes Arbeitstempo	• wenig Leistungsanreize • ansteigende Lohnstückkosten bei Minderleistung • Arbeitskontrollen • Arbeitgeber trägt Risiko von Minderleistungen allein • erschwerte Kalkulation pro Stück
Akkordlohn	Alle Arbeiten, die die Akkordvoraussetzungen (s. S. 305) erfüllen.	• Leistungsanreiz • höhere Lohngerechtigkeit • Beeinflussung der Entgelthöhe durch Mitarbeiter möglich • einfache Kalkulation durch überwiegend gegebene Lohnstückkosten • Minderleistung ist (bis auf Mindesteinkommen) vom Arbeitnehmer zu tragen	• u. U. aufwändige Vorarbeiten bei der Ermittlung der Vorgabezeiten • ggf. zu hastiges Arbeitstempo mit negativen Auswirkungen auf Gesundheit, Arbeitsqualität und Betriebsmittel • ggf. erhöhter Krankenstand

Prämienlohn

- Der **Prämienlohn** besteht aus einem Grundlohn und aus der Prämie.
- **Prämienzahlungen** können an quantitative Merkmale (z. B. Unterschreiten der Ausschussquote, Überschreiten der Sollstückzahl) oder an qualitative Gegebenheiten (z. B. Erreichen einer bestimmten Güte, Einhaltung von Terminen) gebunden sein.
- Die **Vor- und Nachteile** des Prämienlohns können mit den nötigen Änderungen dem Akkordlohn entnommen werden.

- Der Prämienlohn wird eingesetzt, wenn zusätzlich zum Zeitlohn Leistungsanreize geschaffen werden sollen oder die Arbeitsleistung vom Mitarbeiter beeinflussbar, die Ermittlung genauer Akkordsätze jedoch unwirtschaftlich bzw. unmöglich ist.
- Das **Grundprinzip der Prämiengestaltung** liegt in einer angemessenen Aufteilung der erbrachten Mehrleistung zwischen den Arbeitgebern, z. B. in Form von Zusatzerlösen oder als Kostenersparnis, und den Arbeitnehmern durch die Prämie.

7

3526306

Personalentlohnung – *Remuneration*

Erfolgsbeteiligung

Die Unternehmer/-innen erhalten einen Gewinnanteil vor allem als Entgelt für die eigene Arbeit im Unternehmen (Unternehmerlohn), als Verzinsung ihrer Kapitaleinlage und als Risikoprämie. An dem noch übrig bleibenden Restgewinn sollen nicht nur die Unternehmer, sondern auch die Arbeitnehmer beteiligt werden.

Gewinn	Unternehmerlohn
	Eigenkapitalverzinsung
	Risikoprämie
	Rest-(Residual-)Gewinn

Individualbeteiligung:

Individualbeteiligung bedeutet, dass die einzelnen Arbeitnehmer/-innen am Gewinn beteiligt werden. Im Hinblick auf die Verwendung dieser individuellen Gewinnanteile werden folgende Modelle unterschieden:

- **Barbeteiligung**
  Die einzelnen Arbeitnehmer/-innen erhalten die Gewinnbeteiligung „bar" auf die Hand, d. h., sie können sofort über den Gewinnanteil frei verfügen.

- **Kapitalbeteiligung**
  Der Gewinnanteil wird nicht bar ausgeschüttet, sondern bleibt als Eigenkapital oder Fremdkapital im Unternehmen.

Kollektivbeteiligung:

Bei der Kollektivbeteiligung wird der Gewinnanteil für die Arbeitnehmer/-innen in kollektive, d. h. der gesamten Belegschaft zugute kommende Einrichtungen investiert (z. B. Erholungsheime, Rentenkassen, Vorsorgefonds).

Lohn- und Gehaltstarife

Lohn- und Gehaltstarifverträge enthalten Vereinbarungen über Lohn- und Gehaltshöhen. In der Regel werden in diesen Verträgen Tätigkeitsmerkmale für verschiedene Lohn- und Gehaltsgruppen erläutert, denen die Arbeitnehmer/-innen zugeordnet werden können, z. B.:

- Wareneingangsprüfungen nach fachlichen Gesichtspunkten
- selbstständiges Anfertigen von Schriftstücken
- Prüfen von Eingangsrechnungen auf sachliche und rechnerische Richtigkeit
- Verwalten einer umfangreichen Ablage
- Bearbeiten von Bestellungen
- Durchführen von Angebotsvergleichen

Die Vereinbarungen in den Einzelarbeitsverträgen dürfen die Arbeitnehmer/-innen nicht schlechter stellen als die Regelungen in den Tarifverträgen. Eine Überschreitung der tarifvertraglichen Vereinbarungen ist möglich.

Lohn- und Gehaltsabrechnung

Gesetzliche Abzüge

- **Lohnsteuer**

Die Lohnsteuer ist eine Sonderform der Einkommensteuer. Sie wird bei Einkommen aus nicht selbstständiger Arbeit erhoben, vom Arbeitgeber einbehalten und an das Finanzamt abgeführt (Abzugsverfahren).

Die Höhe der Lohnsteuer ist abhängig vom Einkommen, vom Familienstand, von der Kinderzahl und kann mithilfe von Lohnsteuertabellen oder mathematischen Formeln (z. B. in Lohn- und Gehaltsabrechnungsprogrammen) ermittelt werden.

- **Solidaritätszuschlag**

Er beträgt 5,5 % der Lohnsteuer und dient dem Aufbau der ostdeutschen Bundesländer.

- **Sozialversicherungsbeiträge**

  - Krankenversicherung
  - Pflegeversicherung
  - Rentenversicherung
  - Arbeitslosenversicherung

Diese Beiträge werden von Arbeitnehmerinnen/Arbeitnehmern und Arbeitgebern je zur Hälfte getragen.

Die Beitragssätze werden vom Bundesministerium für Wirtschaft und Arbeit jährlich neu festgelegt. Die Beiträge können aus den von den Krankenversicherungen herausgegebenen Tabellen ermittelt werden.

7

Personalentlohnung – *Remuneration*

Lohn- und Gehaltsabrechnung

Beiträge zur Sozialversicherung

Renten-, Arbeitslosen- und Pflegeversicherung

Die Beitragssätze der Renten-, Arbeitslosen- und Pflegeversicherung werden durch Gesetz bzw. durch Rechtsverordnung bestimmt.

Die Beitragssätze seit 1. Januar 2004:

• Rentenversicherung	19,5 %
• Arbeitslosenversicherung	6,5 %
• Pflegeversicherung	1,7 %
• Erhöhung der Pflegeversicherung für Kinderlose	0,25 %

Krankenversicherung

Die Beitragssätze der Krankenkassen sind unterschiedlich hoch. Sie orientieren sich an den Leistungsausgaben. Die Krankenkassen steuern ihre Finanzsituation über die Höhe der Beitragssätze.

Zum Beispiel betrugen die Beitragssätze der AOK im Mai 2006:

• allgemein[1]	13,5 %
• erhöht[2]	15,7 %
• ermäßigt[3]	12,6 %

• Seit 1. Juli 2005 gilt für alle Mitglieder in der Krankenversicherung ein zusätzlicher Beitragssatz von 0,9 %, der nur von den Arbeitnehmern gezahlt werden muss.

1 Beitragssatz für Arbeitnehmer, die bei Arbeitsunfähigkeit Anspruch auf Fortzahlung des Arbeitsentgelts für mindestens 6 Wochen haben.
2 Beitragssatz für Arbeitnehmer, die bei Arbeitsunfähigkeit keinen Anspruch auf Fortzahlung des Arbeitsentgelts für mindestens 6 Wochen haben.
3 Beitragssatz für Arbeitnehmer, die keinen Anspruch auf Krankengeld haben (z. B. Empfänger einer Erwerbsminderungsrente).

Die Sozialversicherungsbeiträge sind i.d.R. vom Einkommen der Versicherten abhängig. Die Leistungen werden vom Gesetzgeber festgelegt. So erhalten z. B. in der Kranken- und Pflegeversicherung trotz unterschiedlich hoher Beitragszahlungen alle Versicherten die gleichen Leistungen. In der Renten-, Arbeitslosen- und Berufsunfallversicherung sind die Versicherungsleistungen von den unterschiedlich hohen Beitragszahlungen abhängig. Der Lebensstandard der Versicherten im Versicherungsfall (z. B. bei Verlust des Arbeitsplatzes) ist somit abhängig von der Höhe des vorher erzielten Einkommens und damit von den geleisteten Versicherungsbei-

trägen. Um soziale Härten zu vermeiden und jedem Versicherten einen minimalen Lebensstandard zu ermöglichen, wird vom Staat auch für Geringverdienende bei den letztgenannten Sozialversicherungen eine Mindestversorgung garantiert. Die Leistungen dieser Versicherungen werden ständig dem jeweiligen Lohnniveau angepasst und führen so zu einer dynamischen Versorgung. So steigen z. B. die laufenden Renten nach dem jährlichen Rentenanpassungsgesetz abhängig von der duch ein Wirtschaftswachstum beeinflussten positiven Einkommensentwicklung der Bevölkerung.

Beitragsbemessungsgrenzen

Die Beiträge zur Sozialversicherung orientieren sich nicht am individuellen Versicherungsrisiko, sondern an der wirtschaftlichen Leistungsfähigkeit der Versicherten. Diesem Solidaritätsprinzip sind Grenzen gesetzt. Bei der Ermittlung der Beiträge, des Krankengelds und der Rente bleiben Beträge, die über der Beitragsbemessungsgrenze liegen, beitragsfrei bzw. werden bei der Ermittlung von Geldleistungen nicht berücksichtigt.

1 Möglichkeit, in private Krankenversicherung zu wechseln

Monatliche Beitragsbemessungsgrenzen 2008

• Kranken- und Pflegeversicherung:
  – alte und neue Bundesländer ➜ 3.600,00 €
  – Pflichtversicherungsgrenze[1] ➜ 4.012,50 €

• Renten- und Arbeitslosenversicherung:
  – alte Bundesländer ➜ 5.300,00 €
  – neue Bundesländer ➜ 4.500,00 €

Sonstige Abzüge

• **Vermögenswirksame Leistungen**
Vermögenswirksame Leistungen können ganz oder teilweise vom Arbeitgeber und/oder Arbeitnehmer bis zu einem Höchstbetrag von 480,00 €/ Jahr erbracht und vermögenswirksam (z. B. für einen Bausparvertrag) angelegt werden. Die Sparbeiträge werden vom Arbeitgeber einbehalten und an das Institut (z. B. Bausparkasse) abgeführt, mit dem der Arbeitnehmer einen Vertrag über die vermögenswirksame Anlage abgeschlossen hat.

• **Kirchensteuer**
Die Kirchensteuer wird bei Mitgliedern einer Kirche vom Arbeitgeber einbehalten und mit der Lohnsteuer und dem Solidaritätszuschlag an das Finanzamt abgeführt. Sie beträgt, je nach Bundesland, 8 % bzw. 9 % der Lohnsteuer.

3526308

Lohn- und Gehaltsabrechnung

Beispiel:

OfficeCom AG

Entgeltabrechnung

Jens Neitzel

im Hause

Personalnummer:	47112
Steuerklasse:	I
Abteilung:	Verkauf
Kostenstelle:	5002
Gehaltsgruppe:	K4
Versicherungsnummer:	230408659
Kontonummer:	6 876 765
Bankleitzahl:	256 050 30

Abrechnungsmonat: April 20..

Bezeichnung		Betrag in €
Bezüge:		
Bruttoentgelt		2.300,00
Abzüge:		
Lohnsteuer		343,58
Solidaritätszuschlag		18,89
Kirchensteuer		30,92
Krankenversicherung	6,95 % + 0,9 %	180,55
Pflegeversicherung	0,85 % + 0,25 %	25,30
Rentenversicherung	9,75 %	224,25
Arbeitslosenversicherung	3,25 %	74,75
Auszahlungsbetrag:		1.401,78

Gesetzliche, tarifvertragliche und freiwillige Sozialleistungen

Zusätzlich zum Grundlohn bzw. -gehalt entstehen für die Arbeitgeber noch zahlreiche weitere Zusatzkosten, z. B.:

- Arbeitgeberanteile zur Sozialversicherung
- Beiträge zur Unfallversicherung
- Lohnfortzahlung im Krankheitsfall
- Urlaubsgeld

- Zulagen, z. B. für Mehrarbeit, Sonntagsarbeit, Nachtarbeit
- Prämien für Verbesserungsvorschläge
- Vermögenswirksame Leistungen des Betriebs
- 13. Monatsgehalt (Weihnachtsgeld)

Buchung von Personalkosten – *Posting personnel costs*

Lohn- bzw. Gehaltsabrechnung

Bruttolohn/-gehalt[1]
- Lohnsteuer
- Solidaritätszuschlag (5,5 % der Lohnsteuer)
- ggf. Kirchensteuer (8 % bzw. 9 % der Lohnsteuer, je nach Bundesland)
- Arbeitnehmeranteil an der Sozialversicherung (Arbeitslosen-, Renten-, Kranken-, Pflegeversicherung, wobei sich der Arbeitnehmeranteil der Pflegeversicherung für kinderlose Arbeitnehmer zwischen 23 und 64 Jahren seit 1. Januar 2005 um 0,25 % von 0,85 % auf 1,1 % erhöht; siehe Sozialversicherungstabelle)
- Zuschläge für Zahnersatz (0,4 % vom Bruttoarbeitsentgelt) und für Krankengeld (0,5 %), an denen sich der Arbeitgeber nicht beteiligt (gültig seit 1. Juli 2005)

= Nettolohn/-gehalt

1 Zu den einzelnen Gliedern der Lohn- bzw. Gehaltsabrechnung sowie ihrer Berechnung siehe ausführlich S. 304 ff.

Beispiel:

Monika Weber, wohnhaft in Braunschweig, ist Sachbearbeiterin in der Einkaufsabteilung der OfficeCom AG. Sie ist verheiratet, evangelisch, hat zwei schulpflichtige Kinder und ist zurzeit Alleinverdienerin in der Familie.
Ihr Tarifgehalt beträgt monatlich 2.346,50 €.

Gehaltsabrechnung für Mai 20..

	Bruttogehalt	2.346,50 €
–	Lohnsteuer	144,50 €
–	Solidaritätszuschlag	0,00 €
–	Kirchensteuer	0,00 €
–	Arbeitnehmeranteil zur Sozialversicherung	482,41 €
–	Zuschlag Zahnersatz/ Krankengeld	21,12 €
=	Nettogehalt (Auszahlungsbetrag)	1.698,47 €

Konten

- Bruttolöhne bzw. Bruttogehälter werden auf den Aufwandskonten **„Löhne"** bzw. **„Gehälter"** gebucht.
- Lohnsteuer, Solidaritätszuschlag und Kirchensteuer werden vom Arbeitgeber für den Arbeitnehmer bis zum 10. des folgenden Monats an das Finanzamt abgeführt. Bis dahin werden die entsprechenden Beträge auf das passive Bestandskonto **„Sonstige Verbindlichkeiten gegenüber Finanzbehörden"** (kurz: FB-Verbindlichkeiten) gebucht.
- Der Arbeitgeber behält ebenfalls den Arbeitnehmeranteil zur Sozialversicherung sowie die Zuschläge zu Zahnersatz und Krankengeld ein. Zusammen mit dem Arbeitgeberanteil zur Sozialversicherung sind die Sozialabgaben in voraussichtlicher Höhe von der jeweiligen Krankenkasse bis zum drittletzten Bankarbeitstag des Monats, in dem die Beschäftigung erfolgt, im Lastschriftverfahren zu vereinnahmen. Dabei sind die Daten vom Arbeitgeber vorab an die Krankenkasse elektronisch zu übermitteln. Der Bankeinzug wird auf dem aktiven Bestandskonto **„SV-Vorauszahlung"** gebucht und später bei der Buchung des Arbeitgeberanteils zur Sozialversicherung und der Löhne/Gehälter verrechnet.
- Der Arbeitgeberanteil zur Sozialversicherung ist ein Kostenfaktor für das Unternehmen; daher muss er als Aufwand auf dem Aufwandskonto **„Arbeitgeberanteil zur Sozialversicherung"** gebucht werden.

Buchungen

Beispiel:

Die Gehaltsabrechnung für Monika Weber für den Monat Mai 20.. wird in der Finanzbuchhaltung der OfficeCom AG **gebucht:**

(1) Bankeinzug der Sozialversicherungsbeiträge Ende Mai 20.. (drittletzter Bankarbeitstag):

SV-Vorauszahlung	985,94 €	
an Bankguthaben		985,94 €

(2) Banküberweisung des Gehaltes Ende Mai 20..:

Gehälter	2.346,50 €	
an FB-Verbindlichkeiten		144,50 €
an SV-Verbindlichkeiten		503,53 €
an Bankguthaben		1.698,47 €

(3) Arbeitgeberanteil zur Sozialversicherung:

Arbeitgeberanteil zur Sozialversicherung	482,41 €	
an SV-Verbindlichkeiten		482,41 €

(4) Banküberweisung von Lohn- und Kirchensteuer sowie Solidaritätszuschlag am 10. Juni 20..:

FB-Verbindlichkeiten	144,50 €	
an Bankguthaben		144,50 €

3526310

Buchung von Personalkosten – *Posting personnel costs*

Vorschüsse

- Vorschüsse, die in einer Entgeltperiode (z. B. Monat) an Mitarbeiter gezahlt werden, stellen für das Unternehmen Forderungen dar, die auf dem aktiven Bestandskonto **„Forderungen an Mitarbeiter"** erfasst werden.

- Am Ende der Entgeltperiode werden die Vorschüsse mit den Auszahlungsbeträgen verrechnet, sodass sich diese in entsprechender Höhe verringern.

Beispiel:
Monika Weber erhält am 10. Juni 20.. einen Barvorschuss von 200,00 €.

Buchungssatz bei Zahlung des Vorschusses:
Forderungen an Mitarbeiter   200,00 €
an Kasse   200,00 €

Buchungssatz per 30. Juni 20..:
Gehälter   2.346,50 €
an FB-Verbindlichkeiten   144,50 €
an SV-Vorauszahlung   503,53 €
an Forderungen an Mitarbeiter   200,00 €
an Bankguthaben   1.498,47 €

Übrige Buchungen der Gehaltsabrechnung:
siehe die Ziffern (1), (3) und (4) auf S. 310.

Vermögenswirksame Leistungen

Die nach dem dritten Vermögensbildungsgesetz vom 1. Januar 1999 vermögenswirksam angelegten und staatlich geförderten Sparleistungen[1] können auf verschiedene Weise aufgebracht werden:

- allein vom Arbeitnehmer,
- allein vom Arbeitgeber oder
- von beiden gemeinsam zu bestimmten Anteilen.

1 Zum vermögenswirksamen Sparen siehe ausführlich S. 308.

Konten

- Sofern der Arbeitgeber die Sparleistung (mit)aufbringt, erhöhen sich die Personalkosten des Unternehmens und zugleich das lohnsteuerpflichtige Entgelt des Arbeitnehmers. Der Arbeitgeberanteil wird auf dem **Aufwandskonto** „Sonstige tarifliche oder vertragliche Aufwendungen" gebucht; er kann auch direkt auf den Konten „Löhne" oder „Gehälter" erfasst werden.

- Die Sparleistung ist vom Arbeitgeber an das Anlageinstitut abzuführen. Solange die Überweisung noch nicht erfolgt ist, werden diese Beträge auf dem **passiven Bestandskonto** „Verbindlichkeiten aus vermögenswirksamen Leistungen" (kurz: VL-Verbindlichkeiten) gebucht.

Beispiel

Monika Weber erhält aufgrund des Tarifvertrages zusätzlich zu ihrem Bruttogehalt von 2.346,50 € vom Arbeitgeber noch 39,00 € vermögenswirksame Leistung, die zusammen mit ihrem Eigenanteil an der Sparleistung von ebenfalls 39,00 € auf ihr Konto bei der Bausparkasse zu überweisen ist.

Gehaltsabrechnung:

Bruttogehalt	2.346,50 €
+ vermögenswirksame Leistung des Arbeitgebers	39,00 €
= lohnsteuer- und sozialversicherungspflichtiges Gehalt	2.385,50 €
– Lohn- und Kirchensteuer sowie Solidaritätszuschlag	153,53 €
– Arbeitnehmeranteil an der Sozialversicherung	490,43 €
– Zuschlag Zahnersatz/ Krankengeld	21,47 €
– vermögenswirksame Sparleistung	78,00 €
= Nettogehalt (Auszahlungsbetrag)	1.642,07 €

Buchungen Ende des Monats:

SV-Vorauszahlung   1.002,33 €
an Bankguthaben   1.002,33 €

Gehälter   2.346,50 €
Sonstige tarifliche oder
vertragliche Aufwendungen   39,00 €
an FB-Verbindlichkeiten   153,53 €
an SV-Vorauszahlung   511,90 €
an VL-Verbindlichkeiten   78,00 €
an Bankguthaben   1.642,07 €

Arbeitgeberanteil zur
Sozialversicherung   490,43 €
an SV-Vorauszahlung   490,43 €

Buchungen im folgenden Monat:

FB-Verbindlichkeiten   153,53 €
an Bankguthaben   153,53 €

VL-Verbindlichkeiten   78,00 €
an Bankguthaben   78,00 €

Personalfreisetzung – *Redundancy*

Gründe

Die Notwendigkeit der Personalfreisetzung entsteht durch personelle Überkapazitäten. Diese entstehen z. B. durch Automatisierung (Ersatz menschlicher Arbeit durch Maschinen), Absatzeinbrüche durch eine schlechte Konjunkturlage, Bedarfsveränderungen und damit verbundene Nachfrageänderungen auf dem Markt und durch strukturelle und saisonale Beschäftigungsschwankungen.

Beendigung von Arbeitsverhältnissen

Möglichkeiten:

- Kündigung
- Aufhebungsvertrag
- Vertragsablauf
- Vereinbarung eines Altersteilzeitverhältnisses

Schriftform ist vorgeschrieben bei:

- Kündigungen
- Aufhebungsverträgen
- Befristungsabreden

Kündigungen

Die Kündigung eines Arbeitsverhältnisses wird durch eine einseitige, empfangsbedürftige Willenserklärung bewirkt.

Bei einer **ordentlichen Kündigung** sind gesetzliche oder tarifvertragliche Kündigungsfristen einzuhalten.

Liegt ein wichtiger Grund vor, z. B. Diebstahl, Beleidigung, Körperverletzung, kann ein Arbeitsverhältnis durch eine **außerordentliche Kündigung** aufgehoben werden.

Eine Kündigung, ein Aufhebungsvertrag oder ein befristetes Arbeitsverhältnis müssen, um rechtswirksam zu sein, schriftlich erfolgen.

Kündigung eines Arbeitsverhältnisses

Arbeitgeber kündigt

nach Anhörung des Betriebsrats

außerordentliche Kündigung

fristlos · nur aus „wichtigem Grund" zulässig

ordentliche Kündigung

unter Einhaltung vertraglicher/ gesetzlicher Kündigungsfristen

Arbeitnehmer kann dagegen binnen 3 Wochen

Klage

beim Arbeitsgericht erheben

Bei Verzicht auf Klage gegen eine betriebsbedingte Kündigung:

Anspruch auf Abfindung

falls vom Arbeitgeber angeboten

Arbeitnehmer kündigt

Nach dem Kündigungsschutzgesetz* sind nur folgende Gründe für eine Kündigung zulässig:

- Gründe in der **Person** des Arbeitnehmers
- Gründe im **Verhalten** des Arbeitnehmers
- dringende **betriebliche Erfordernisse**

Bei betriebsbedingten Kündigungen muss eine Sozialauswahl erfolgen (Auswahlkriterien: Dauer der Betriebszugehörigkeit, Alter, Unterhaltspflichten, Schwerbehinderung)

Der Arbeitgeber kann „Leistungsträger" davon ausnehmen

ZAHLENBILDER

243 810

* Das KSchG gilt ab 2004 in Betrieben mit mehr als 10 Beschäftigten

© Erich Schmidt Verlag

Zum Kündigungsschutz siehe Seite 14.

7

Kündigungen

Beispiel:

OfficeCom AG

Hansestraße 120
38112 Braunschweig

OfficeCom AG · Hansestr. 120 · 38112 Braunschweig

Herrn
Manfred Behr
Hamburger Str. 46
38116 Braunschweig

Ihr Zeichen, Ihre Nachricht vom	Unser Zeichen, unsere Nachricht vom	Telefon, Name 0531 234-	Datum
	PA-Fra	201 Frau Franke	12. März 20..

Kündigung

Sehr geehrter Herr Behr,

wie Sie sicher inzwischen erfahren haben, ist unser Unternehmen aufgrund der schlechten Absatzlage gezwungen, umfangreiche Rationalisierungsmaßnahmen durchzuführen. Davon ist auch unser Außenlager in Braunschweig-Wenden betroffen, in dem Sie tätig sind.

Wir bedauern, Sie nicht anderweitig in unserem Unternehmen beschäftigen zu können, und kündigen Ihnen deshalb fristgerecht zum 15. April 20.. .

Die Arbeitspapiere werden Ihnen mit gesonderter Post in den nächsten Tagen zugestellt.

Mit freundlichen Grüßen

OfficeCom AG

i. A.

Christine Franke

Personalfreisetzung – *Redundancy*

Zeugnis

Bei Beendigung eines Arbeitsverhältnisses kann die Arbeitnehmerin/der Arbeitnehmer vom Arbeitgeber ein schriftliches Zeugnis verlangen.

Ein **einfaches Zeugnis** enthält Angaben über …

- die Art der Beschäftigung und
- die Dauer des Arbeitsverhältnisses.

Ein **qualifiziertes Zeugnis** enthält zusätzlich Angaben über …

- die Leistungen der Arbeitnehmerin/des Arbeitnehmers und
- das Verhalten der Arbeitnehmerin/des Arbeitnehmers.

Arbeitspapiere

Der Arbeitgeber muss bei Beendigung des Arbeitsverhältnisses der Arbeitnehmerin/dem Arbeitnehmer die Arbeitspapiere aushändigen, z. B.:

- Lohnsteuerkarte
- Sozialversicherungsnachweise

Sozialplan

Unter Sozialplan versteht man ein Verfahren zur Vermeidung sozialer Ungerechtigkeiten bei Entlassungen. So müssen z. B. Arbeitgeber bei so genannten „Massenentlassungen" (innerhalb 30 Kalendertagen 30 oder mehr Kündigungen) vorher die Arbeitsagentur von den Entlassungsplänen unterrichten. Darüber hinaus ist der Betriebsrat detailliert zu informieren und es ist mit ihm darüber zu beraten, wie weitere Entlassungen vermieden oder deren Folgen gelindert werden können, z. B. durch Aufhebungsverträge.

Kündigungsschutz

Allgemeiner Kündigungsschutz

Alle Arbeitnehmer in Betrieben mit in der Regel mehr als 5 Beschäftigten und einer Beschäftigungsdauer von mindestens 6 Monaten in demselben Betrieb genießen einen allgemeinen Schutz vor einer sozial ungerechtfertigten Kündigung. Eine Kündigung ist sozial gerechtfertigt, wenn sie verhaltens-, personen- oder betriebsbedingt ist und der Betriebsrat befragt wurde (§ 1 KSchG).

Besonderer Kündigungsschutz

Wenn der Arbeitgeber kündigt, genießen folgende Arbeitnehmer/-innen einen besonderen Kündigungsschutz:

- Betriebsratsmitglieder sowie Jugend- und Auszubildendenvertreter
  - während der Amtszeit und ein Jahr danach
- werdende Mütter bzw. Mütter
  - während der Schwangerschaft (Arbeitgeber muss Kenntnis davon haben bzw. 2 Wochen nach einer Kündigung Kenntnis davon erlangen, z. B. durch ein ärztliches Attest)
  - während einer Frist von 4 Monaten nach der Entbindung
  - während der Elternzeit (maximal 3 Jahre)
- Auszubildende
  - während der Ausbildung nach der Probezeit
- Wehr- und Zivildienstleistende
  - während des Grundwehr- bzw. Zivildienstes und während der Wehrübungen
- Schwerbehinderte (mindestens 50 % Erwerbsminderung)
  - Die Kündigungsfrist beträgt mindestens 4 Wochen. Die Kündigung ist nur mit behördlicher Zustimmung möglich.

3526314

Arbeitsschutz – *Safety at work*

Gesundheits- und Unfallschutz

Das Gesetz über die Durchführung von Maßnahmen des Arbeitsschutzes zur Verbesserung der Sicherheit und des Gesundheitsschutzes der Beschäftigten bei der Arbeit (ArbSchG) verpflichtet die Arbeitgeber, die Arbeit so zu gestalten, dass eine Gefährdung für das Leben und die Gesundheit der Arbeitnehmer/-innen vermieden wird. Die Einhaltung der Bestimmung wird von den Gewerbeaufsichtsämtern und auf Betriebsebene von Sicherheitsbeauftragten überwacht. Die von den Berufsgenossenschaften erlassenen Unfallverhütungsvorschriften sind im Betrieb den Arbeitnehmerinnen/Arbeitnehmern bekannt zu geben.

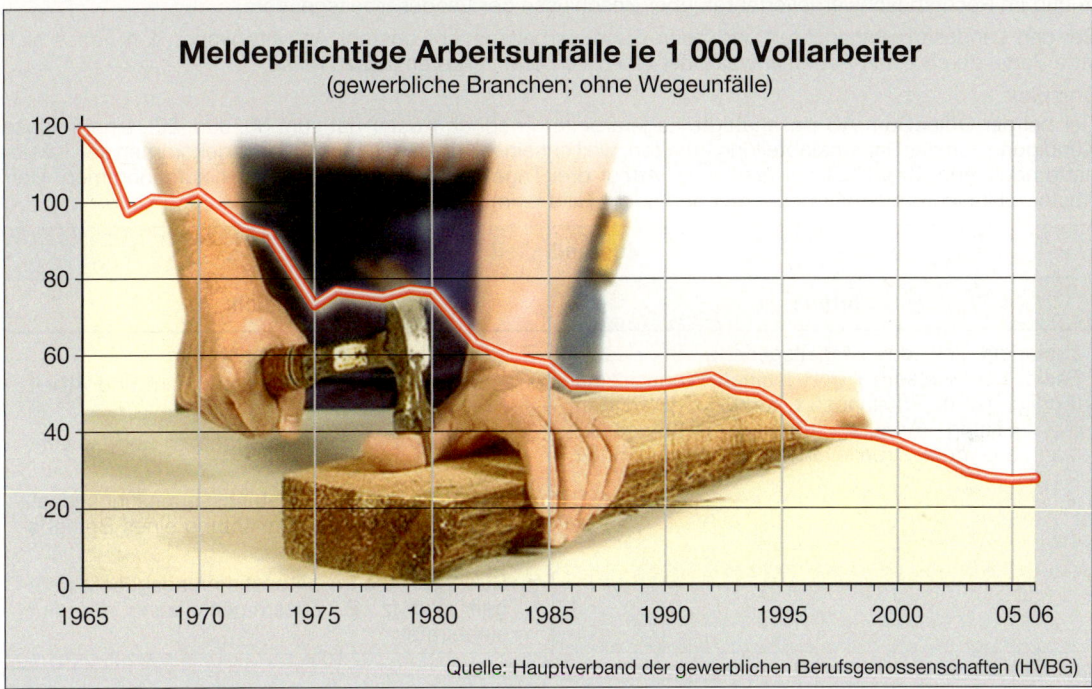

Meldepflichtige Arbeitsunfälle je 1 000 Vollarbeiter
(gewerbliche Branchen; ohne Wegeunfälle)

Quelle: Hauptverband der gewerblichen Berufsgenossenschaften (HVBG)

Frauen- und Mutterschutz

Aufgrund ihrer körperlichen Konstitution und ihrer Stellung in der Familie genießen Frauen im Arbeitsleben einen besonderen Schutz; sie dürfen z. B. im Bergbau nicht unter Tage arbeiten. Werdende Mütter bzw. Mütter dürfen sechs Wochen vor und acht Wochen nach der Entbindung nicht beschäftigt werden. Schwere körperliche Arbeit, Mehrarbeit, Akkord- und Fließbandarbeit, Nacht- und Sonntagsarbeit ist für werdende und stillende Mütter verboten (§ 3 ff. MuSchG). Die Mutter/der Vater können insgesamt zusammen nach der Geburt eines Kindes eine dreijährige Elternzeit (Erziehungsurlaub) in Anspruch nehmen.

Arbeitszeitschutz

Nach dem Arbeitszeitgesetz (ArbZG) darf die tägliche Arbeitszeit in der Regel acht Stunden nicht überschreiten. Mit Zustimmung des Betriebsrates kann die Arbeitszeit auf bis zu zehn Stunden täglich erhöht werden. Die verlängerten Arbeitszeiten müssen innerhalb sechs Monaten durch kürzere Arbeitszeiten oder finanziell ausgeglichen werden.

Schwerbehindertenschutz

Schwerbehinderte erhalten fünf Arbeitstage mehr Urlaub im Jahr. In allen Betrieben, die jahresdurchschnittlich mindestens 20 Arbeitnehmer/-innen (ohne Auszubildende) beschäftigen, muss der Anteil der Schwerbehinderten (mindestens 50 % Erwerbsminderung) wenigstens 5 Prozent der Beschäftigten betragen (Buch IX § 71 SGB). Ist dies nicht der Fall, muss eine Ausgleichsabgabe von 105,00 bis 260,00 € pro Monat für jeden nicht besetzten Schwerbehindertenplatz an das zuständige Integrationsamt gezahlt werden. Die Kündigung des Arbeitsverhältnisses eines Schwerbehinderten durch den Arbeitgeber ist nur mit der Zustimmung des Integrationsamtes zulässig (Buch IX § 85 SGB).

Beschäftigungsschutz

Nach dem Gesetz zum Schutz der Beschäftigten vor sexueller Belästigung am Arbeitsplatz (Beschäftigungsschutzgesetz) vom 1. September 1994 ist die Wahrung der Würde von Frauen und Männern am Arbeitsplatz durch Arbeitgeber und Dienstvorgesetzte zu gewährleisten. Dieser Personenkreis muss im Bedarfsfall entsprechende Maßnahmen, z. B. Abmahnung, Versetzung, Kündigung, veranlassen.

Arbeitsgerichtsbarkeit – *Labour jurisdiction*

Arbeitsrechtliche Konflikte, bei denen eine außergerichtliche Lösung nicht herbeigeführt werden kann, werden von den Arbeitsgerichten geklärt. Die gegnerischen Parteien können sich von den Verbänden (Gewerkschaften oder Arbeitgeberverbände) oder einem Anwalt vertreten lassen. Da kein Anwaltszwang vor dem Arbeitsgericht besteht, können sie sich auch selbst vertreten.

In der zweiten Instanz entscheiden die Landesarbeitsgerichte im Berufungsverfahren über Urteile der Arbeitsgerichte oder im Beschwerdeverfahren über Beschlüsse der Arbeitsgerichte.

Das Bundesarbeitsgericht in Erfurt entscheidet im Revisionsverfahren über Urteile der Landesarbeitsgerichte und im Rechtsbeschwerdeverfahren über Beschlüsse der Landesarbeitsgerichte.

Bei den Landesarbeitsgerichten und beim Bundesarbeitsgericht besteht Anwaltszwang, d. h., dass sich jede Partei durch einen Rechtsanwalt oder einen Verband vertreten lassen muss.

Beispiel:

Der bei der OfficeCom AG beschäftigte Lagerarbeiter Friedrich Köster hat zum 30. Juni 20.. eine fristlose Kündigung von der Personalabteilung erhalten, weil er seiner Arbeitspflicht nicht nachgekommen sei. Köster hatte nach einer Krankheit mit ärztlichem Attest drei Tage zu spät die Arbeit wieder aufgenommen. Herr Köster fühlt sich ungerecht behandelt und sucht Hilfe beim Arbeitsgericht.

Zuständigkeiten	
örtlich	**sachlich**
Zuständig ist das Arbeitsgericht, in dessen Bezirk der Beklagte i. d. R. seinen Wohnsitz hat (Erfüllungsort). Erfüllungsort ist der Ort, an dem die Leistung (Arbeitsleistung oder Entgeltzahlung) aus dem Arbeitsvertrag zu erbringen ist.	Zuständig ist das Arbeitsgericht für: • Streitfälle zwischen Arbeitnehmern und Arbeitgebern • Streitfälle zwischen Arbeitgebern und Gewerkschaften • Streitfälle, die im Betriebsverfassungsgesetz geregelt sind (z. B. Einrichtung eines Betriebsrats) • Streitfälle, die im Mitbestimmungsgesetz geregelt sind (z. B. Zusammensetzung des Aufsichtsrats)

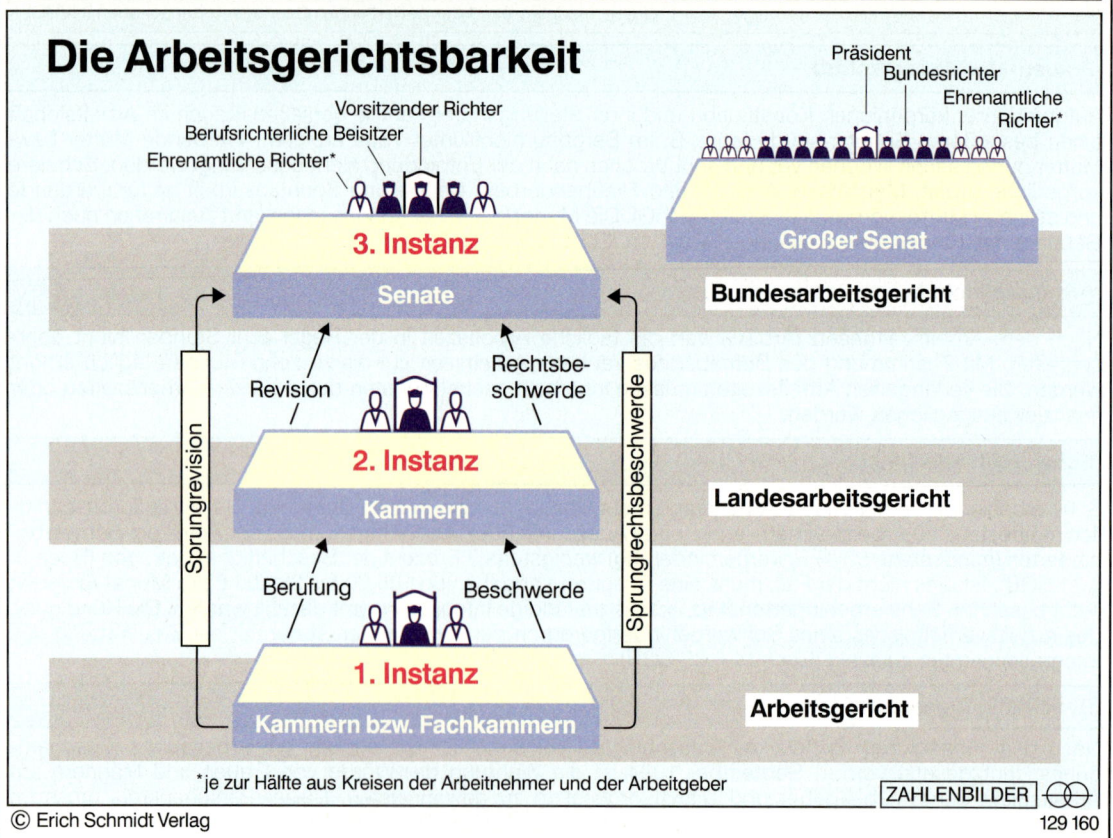

Die Arbeitsgerichtsbarkeit

*je zur Hälfte aus Kreisen der Arbeitnehmer und der Arbeitgeber

ZAHLENBILDER

129 160

3526316

Personalverwaltung – *Personnel administration*

Personalakte

Jeder Arbeitgeber muss über die Mitarbeiter/-innen eine Personalakte führen. Dazu gehören alle Daten der Beschäftigten/des Beschäftigten, die in unmittelbarem Zusammenhang mit dem Arbeits- und Dienstverhältnis stehen.

Die in der Akte enthaltenen Unterlagen bzw. Informationen sind vor unbefugten Zugriffen zu schützen, vertraulich zu behandeln und sicher aufzubewahren. Nur Mitarbeiter/-innen, die mit der Verwaltung von Personalunterlagen beauftragt sind, dürfen Zugang zu diesen haben.

Auskünfte aus Personalakten dürfen nur mit Einwilligung der Beschäftigten/des Beschäftigten gegeben werden. Die Arbeitnehmer/-innen haben ein Recht auf Einsicht in ihre vollständigen Personalakten. Zu den Personalaktendaten gehören auch Daten, die in Dateien (z. B. in einem Personalinformationssystem) informationstechnisch gespeichert sind. Den Umgang mit personenbezogenen Daten aus Arbeits- und Dienstverhältnissen regeln das Bundesdatenschutzgesetz (BDSG) und die Datenschutzgesetze der Bundesländer sowie tarifvertragliche Vereinbarungen.

Hauptakte

Eine Reihe von Personalunterlagen müssen aufgrund gesetzlicher und/oder tarifvertraglicher Regelungen aufbewahrt werden. Diese Unterlagen werden in der so genannten Hauptakte (Personalgrundakte) geführt. Sie enthält u. a. folgende Unterlagen:

- Deckblatt, z. B.:
  Persönliche Daten der Mitarbeiterin/des Mitarbeiters, wie
  – Anschrift
  – Familienstand
  – Bankverbindung

- Steuer- und Versicherungsunterlagen, z. B.:
  – Lohnsteuerkarte
  – Kopie des Sozialversicherungsausweises

- Bewerbungsunterlagen, z. B.:
  – Bewerbungsschreiben
  – Lebenslauf
  – Lichtbild
  – Personalfragebogen

- Arbeitsvertrag

- Werdegang der Mitarbeiterin/des Mitarbeiters während des Beschäftigungszeitraums, z. B.:
  – Beurteilungen
  – Versetzungen
  – Ehrungen
  – Zwischenzeugnisse
  – Gehaltsänderungen
  – Verbesserungsvorschläge
  – Abmahnungen

- Kündigungsunterlagen, z. B.:
  – Kündigungsschreiben
  – Zeugnis

- Hinweise auf Nebenakten

Nebenakte

Um einen störungsfreien Ablauf der Personalverwaltung zu gewährleisten und jederzeit Zugriff auf Informationen über ein Beschäftigungsverhältnis haben zu können, werden zusätzlich Nebenakten geführt. Diese enthalten vor allem folgende Unterlagen bzw. Informationen:

- Entgeltabrechnungen
- Zeiterfassungskarten
- Urlaubsdaten

- Arbeitsunfähigkeitsbescheinigungen
- Reisekostenabrechnungen
- Fehlzeiten

Personalinformationssysteme

Moderne Personalverwaltungen arbeiten mit Computerunterstützung. Im Rahmen so genannter **Personalinformationssysteme (PIS)** werden Personaldaten erfasst, gespeichert, gepflegt und ausgewertet. Sie liefern alle wichtigen Informationen für das Personalmanagement zur Erfüllung seiner Füh-rungs- und Verwaltungsaufgaben und die grundlegenden Daten für die Lohn- und Gehaltsabrechnung.

Die Regelungen des Datenschutzes zur vertraulichen Behandlung dieser sensiblen Daten sind zu beachten (siehe Seite 318).

7

Personalverwaltung – *Personnel administration*

Personaldatenverwaltung

```
                    ┌──────────────────────────┐
                    │ Personaldatenverwaltung  │
                    └──────────────────────────┘
```

Aufgaben	Bestandteile	manuell	computergestützt

Aufgaben
- Erfassung
- Löschung
- Aufbewahrung/ Speicherung
- Schutz
- Sicherung
- Pflege
- Sortierung
- Aktualisierung
- Darstellung
- Kontrolle

Bestandteile
- Entgelt- abrechnung
- Personaldaten- führung
- Personal- planung und -entwicklung
- Stellenbewirt- schaftung
- Personalstatistik

manuell
- Karteikarten
- Ablage
- Archivierung

computergestützt

Anwendungs- system(e)
- Entgelt- abrechnungs- programme
- Personal- informations- systeme
- Personal- datenverwal- tungssysteme
- Software-Tools, z. B. WORD

Personal- datenbank
- Personal- stammdaten
- Arbeitszeit- daten
- Entgeltdaten
- …

Datenschutz

„Zweck des Datenschutzgesetzes ist es, den Einzelnen davor zu schützen, dass er durch den Umgang mit seinen personenbezogenen Daten in seinem Persönlichkeitsrecht beeinträchtigt wird." Das Gesetz gilt für die Erhebung, Verarbeitung und Nutzung personenbezogener Daten in öffentlichen Stellen des Bundes und der Länder und für nicht-öffentliche Stellen, z. B. Unternehmen, wenn sie die Daten in oder aus Dateien geschäftsmäßig oder für berufliche oder gewerbliche Zwecke verarbeiten oder nutzen. Dieser Umstand trifft insbesondere für die sensiblen (schutzwürdigen) Personaldaten und deren Speicherung in Dateien im Rahmen der Personalverwaltung zu.

Schutzwürdige Daten

Beispiele:
- Krankheitsdaten
- Ordnungswidrigkeiten
- Religionszugehörigkeit
- Lohn- oder Gehaltshöhe
- strafbare Handlungen
- Zeugnisdaten

Nichtschutzwürdige (freie) Daten

Beispiele:
- Namen und Anschrift
- Geburtsjahr
- Berufsbezeichnung
- Titel

Rechte der betroffenen Mitarbeiter/-innen

- Benachrichtigung über gespeicherte Daten
- Auskunft über gespeicherte Daten
- Berichtigung bei Speicherung unrichtiger Daten
- Löschung von Daten, z. B. bei unzulässiger Speicherung
- Sperrung von Daten, z. B. wenn die Richtigkeit oder Unrichtigkeit nicht feststellbar ist

7

3526318

Personalcontrolling – *Personnel controlling*

Das Personalcontrolling überprüft die **Effektivität** und die **Effizienz** personalwirtschaftlicher Maßnahmen. Unter **Effektivität** ist die Eignung eines Mittels zur Erreichung eines bestimmten Ziels zu verstehen. **Effizienz** ermittelt das Verhältnis zwischen dem Ergebnis und dem getätigten Aufwand zur Erreichung des Ergebnisses. Effektivität und Effizienz sind miteinander verbunden und bedingen sich gegenseitig.

Personalkennzahlen

Personalstruktur
- Frauenanteil
- Durchschnittsalter der Belegschaft

Personalbeschaffung
- Fluktuationsrate
- Anzahl Versetzungswünsche

Personaleinsatz
- Überstundenquote

Personalerhaltung und Leistungsstimulation
- Krankheitsquote

Personalentwicklung
- Jährliche Weiter-/Fortbildungszeit pro Mitarbeiter/-in

Betriebliches Vorschlagswesen
- Bearbeitungszeit pro Verbesserungsvorschlag
- Annahmequote

Personalfreisetzung
- Sozialplankosten pro Mitarbeiter/-in

Personalkostenplanung und -kontrolle
- Personalkosten je Mitarbeiter/-in

Personalstatistik

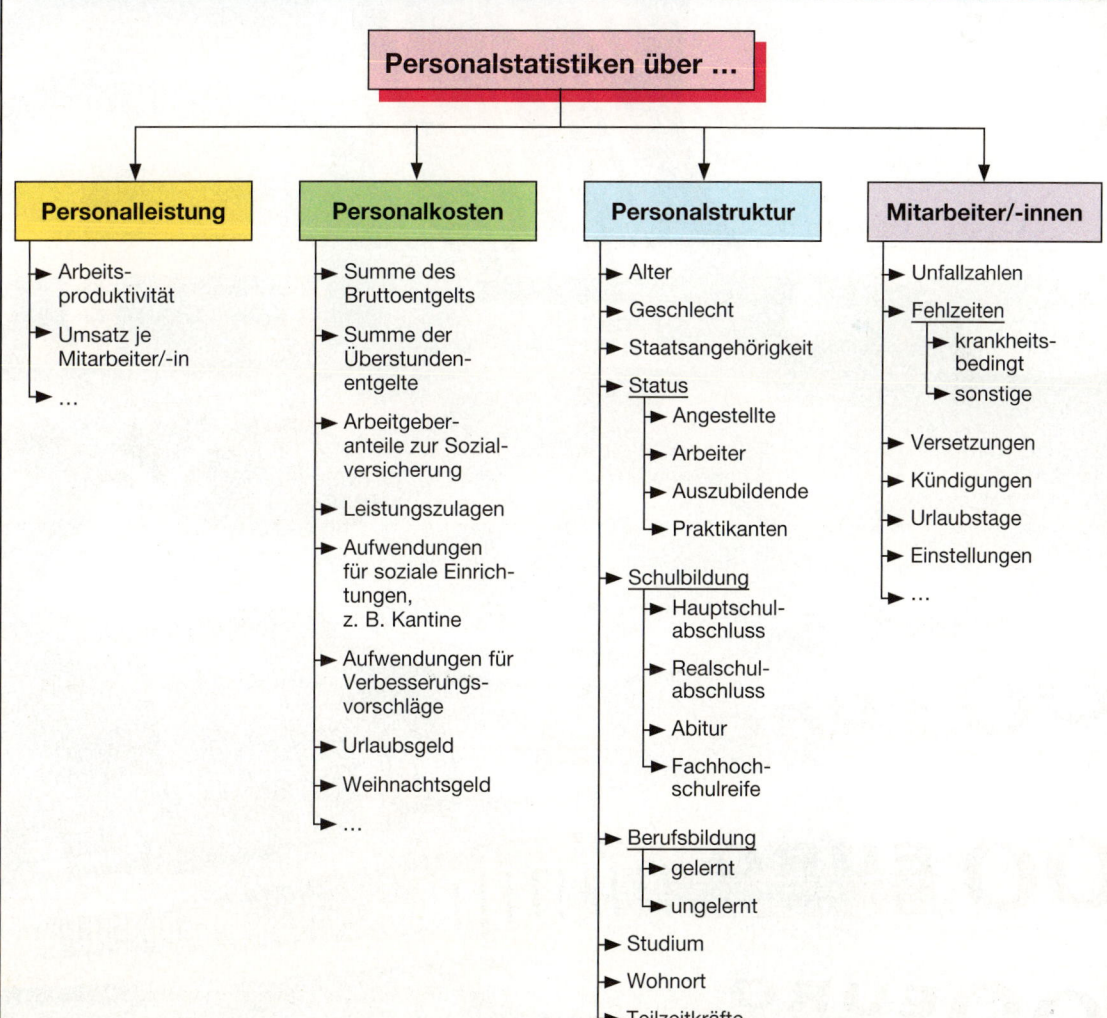

Personalstatistiken über ...

Personalleistung
- Arbeitsproduktivität
- Umsatz je Mitarbeiter/-in
- ...

Personalkosten
- Summe des Bruttoentgelts
- Summe der Überstundenentgelte
- Arbeitgeberanteile zur Sozialversicherung
- Leistungszulagen
- Aufwendungen für soziale Einrichtungen, z. B. Kantine
- Aufwendungen für Verbesserungsvorschläge
- Urlaubsgeld
- Weihnachtsgeld
- ...

Personalstruktur
- Alter
- Geschlecht
- Staatsangehörigkeit
- Status
  - Angestellte
  - Arbeiter
  - Auszubildende
  - Praktikanten
- Schulbildung
  - Hauptschulabschluss
  - Realschulabschluss
  - Abitur
  - Fachhochschulreife
- Berufsbildung
  - gelernt
  - ungelernt
- Studium
- Wohnort
- Teilzeitkräfte

Mitarbeiter/-innen
- Unfallzahlen
- Fehlzeiten
  - krankheitsbedingt
  - sonstige
- Versetzungen
- Kündigungen
- Urlaubstage
- Einstellungen
- ...

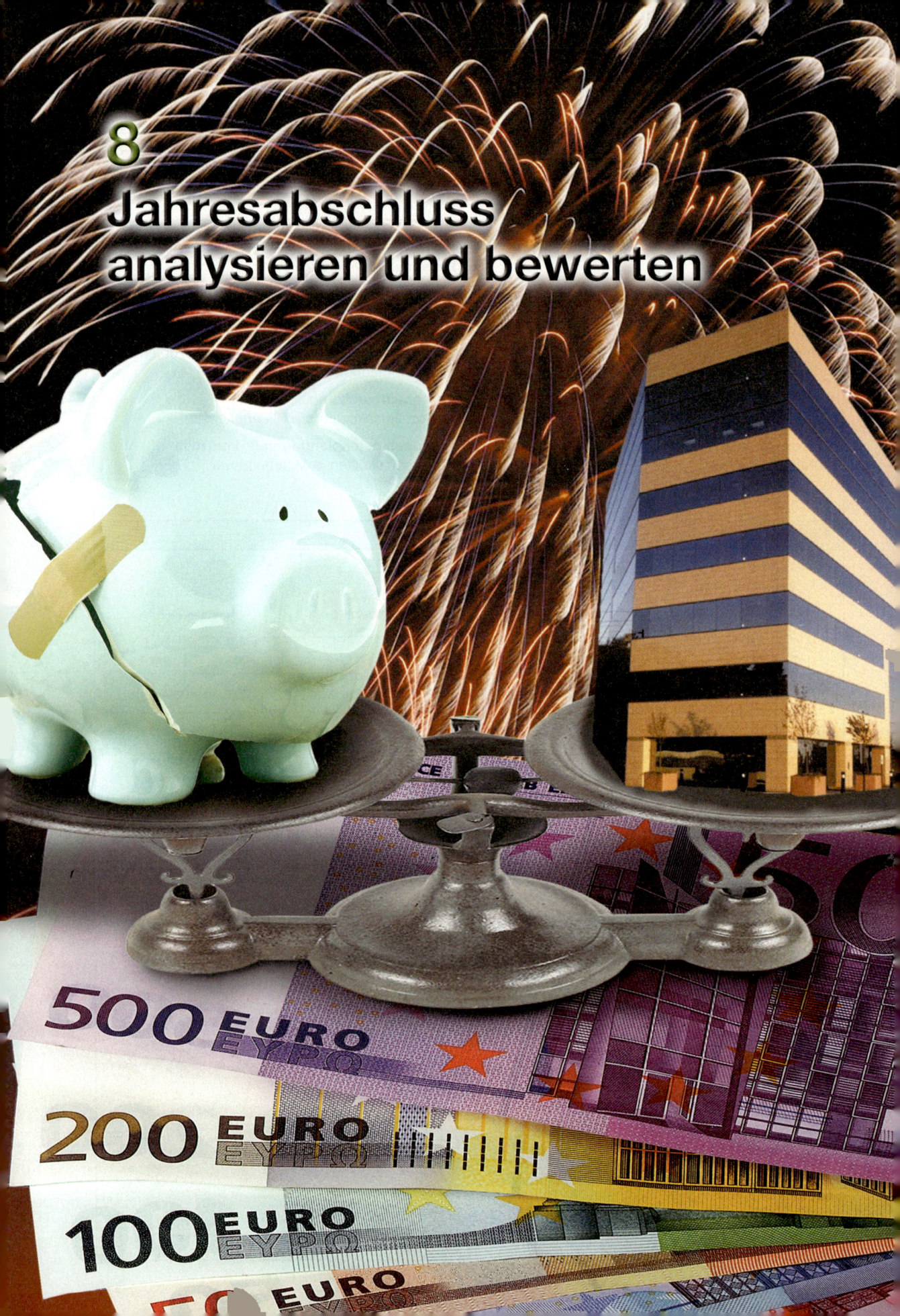

8
Jahresabschluss analysieren und bewerten

Jahresabschluss – *Annual balance sheet*

Bestandteile

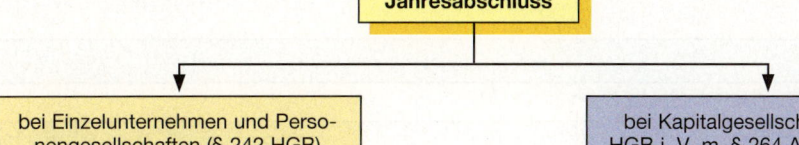

Jahresabschluss

→ bei Einzelunternehmen und Personengesellschaften (§ 242 HGB)

- Bilanz
- Gewinn- und Verlustrechnung

→ bei Kapitalgesellschaften (§ 242 HGB i. V. m. § 264 Absatz 1 HGB):

- Bilanz
- Gewinn- und Verlustrechnung
- Anhang (erläutert bestimmte Einzelposten der Bilanz und der Gewinn- und Verlustrechnung)

- Die **Bilanz** ist eine **Zeitpunktrechnung,** die zum Bilanzstichtag (in der Regel 31. Dezember) unter Beachtung der Grundsätze ordnungsmäßiger Buchführung die **Vermögens-, Finanz- und Ertragslage** des Unternehmens ausweisen soll. Die **Gliederung** der Bilanz ist für Kapitalgesellschaften nach § 266 HGB verbindlich vorgeschrieben (siehe S. 100); sie sollte jedoch auch von Personenunternehmen beachtet werden.

- Die **Gewinn- und Verlustrechnung** ist eine **Zeitraumrechnung,** die alle **Erträge und Aufwendungen eines Geschäftsjahres** ausweist. Sie zeigt die **Quellen des Erfolges** oder Misserfolges. Sie ist von Kapitalgesellschaften gemäß § 275 HGB zu **gliedern** und in **Staffelform** aufzustellen (siehe S. 108).

- Im **Anhang** werden einzelne Positionen der Bilanz und der GuV-Rechnung sowie Wertansätze und Bewertungsmethoden (z. B. Methode und Höhe der Abschreibungen) erläutert.

Bedeutung

Der Jahresabschluss dient unter anderem

… der **Rechenschaftslegung** gegenüber den Gesellschaftern und Kreditgebern,

… als Grundlage für die **Gewinnverteilung** unter den Gesellschaftern und für die **Gewinnverwendung,**

… der Ermittlung der Einkommen- bzw. Körperschaft**steuer** durch das Finanzamt,

… als Grundlage **finanzwirtschaftlicher Entscheidungen** des Unternehmens, wie Eigenkapitalerhöhungen, Aufnahme oder Tilgung von Krediten,

… als Grundlage für **Geschäftsführungsentscheidungen,** wie die Vornahme von Investitionen, den Verkauf von Betriebsteilen, Masseneinstellungen oder -entlassungen von Arbeitskräften,

… als Basis für **Entscheidungen externer Interessenten,** wie z. B.

– Kreditinstitute, Kredite zu gewähren,

– Kunden, langfristige Aufträge gegen Vorauszahlung zu erteilen,

– Lieferern, Güter auf Kredit zu liefern.

Wichtige Jahresabschlussarbeiten

- **Inventur** vor dem Kontenabschluss durchführen und das **Inventar** aufstellen sowie die Vermögensteile und die Schulden bewerten

- Mithilfe der **Hauptabschlussübersicht** die Konten probeweise abschließen, um die Richtigkeit der Buchungen während des Geschäftsjahres zu überprüfen

- **Inventurdifferenzen** erfassen, wenn der Inventurwert vom Buchwert abweicht

- Aufwendungen und Erträge **zeitlich abgrenzen,** um den Erfolg periodengerecht zu ermitteln

- **Vorbereitende Abschlussbuchungen** vornehmen, wie z. B. Unterkonten über die entsprechenden Hauptkonten abschließen oder die Zahllast ermitteln

- In Verbindung mit der Bewertung bisher nicht vorgenommene **Buchungen,** wie z. B. Abschreibungen auf Sachanlagen und Abschreibungen auf Forderungen, vornehmen

- Bilanz und Gewinn- und Verlustrechnung entsprechend den **Gliederungsvorschriften** des HGB sowie – bei Kapitalgesellschaften – den Anhang ordnungsmäßig erstellen

8

Begriff

Bevor zum Ende eines Geschäftsjahres sämtliche Konten abgeschlossen werden, wird in der Praxis meist erst ein Probeabschluss auf einem besonderen Formblatt, das als **Hauptabschlussübersicht** bezeichnet wird, gemacht.

Beispiel

Hauptabschlussübersicht der OfficeCom AG zum 31. Dezember 20.. in €

Konto-Nr.	Konto	Summenbilanz Soll	Summenbilanz Haben	Saldenbilanz I Soll	Saldenbilanz I Haben	Umbuchungen Soll	Umbuchungen Haben	Saldenbilanz II Soll	Saldenbilanz II Haben	Inventurbilanz Aktiva	Inventurbilanz Passiva	Erfolgsbilanz Aufwendungen	Erfolgsbilanz Erträge
051	Bebaute Grundstücke	250.000		250.000			10.000	240.000		240.000			
07	Maschinen	130.000	20.000	110.000			30.000	80.000		80.000			
08	Geschäftsausstattung	48.000	13.000	35.000			2.000	33.000		33.000			
084	Fuhrpark	36.000	9.000	27.000			12.000	15.000		15.000			
200	Rohstoffe	123.000	102.100	20.900				20.900		20.900			
202	Hilfsstoffe	68.500	42.500	26.000				26.000		26.000			
21	Unfertige Erzeugnisse	84.500		84.500			7.000	77.500		77.500			
22	Fertige Erzeugnisse	51.000		51.000		15.000		66.000		66.000			
24	Forderungen a. LL	272.600	218.300	54.300			5.300	49.000		49.000			
260	Vorsteuer	17.200	800	16.400			16.400						
280	Bankguthaben	179.200	143.700	35.500		5.300		40.800		40.800			
288	Kasse	14.800	7.300	7.500				7.500		7.500			
3000	Gezeichnetes Kapital		100.000		100.000				100.000		100.000		
31	Kapitalrücklage		150.000		150.000				150.000		150.000		
32	Gewinnrücklagen		97.300		97.300				97.300		97.300		
4250	Langfristige Bankverbindlichkeiten	50.000	300.000		250.000				250.000		250.000		
44	Verbindlichkeiten a. LL	142.200	178.400		36.200				36.200		36.200		
480	Umsatzsteuer	1.300	20.800		19.500	16.400			3.100		3.100		
510	Umsatzerlöse		228.000		228.000	13.000			215.000				215.000
5001	Erlösberichtigungen	13.000		13.000			13.000						
52	Bestandsveränderungen					7.000	15.000		8.000				8.000
600	Rohstoffaufwendungen	102.100		102.100				102.100				102.100	
602	Hilfsstoffaufwendungen	42.500		42.500				42.500				42.500	
652	Abschreibungen					54.000		54.000				54.000	
751	Zinsaufwendungen	5.300		5.300				5.300				5.300	
		1.631.200	1.631.200	881.000	881.000	110.700	110.700	859.600	859.600	655.700	636.600	203.900	223.000
											19.100	19.100	
										655.700	655.700	223.000	223.000

vgl. Scharf, Dirk: Finanzbuchhaltung II: Weiterführende Buchungen, 1. Aufl., Gabler, Wiesbaden 1995, S. 66

3526322

Hauptabschlussübersicht – *Preparing the worksheet*

Aufbau und Vorgehensweise

Spalten 1 und 2:
Diese Spalten nehmen die Kontennummern und Kontenbezeichnungen aller im laufenden Geschäftsjahr verwendeten Bestands- und Erfolgskonten auf.

Spalte 3: Summenbilanz
In ihr werden die Summen der Soll- und Habenseite aller Konten, die sich jeweils aus Anfangsbestand sowie Zugängen und Abgängen ergeben, erfasst.

Beispiel:
Das Konto „07 Maschinen" weist zum Ende des Jahres, vor der Buchung der planmäßigen Abschreibung, folgende Werte in Euro auf:

Soll		07 Maschinen	Haben
EBK	90.000	Erlöse aus	
Verbindl. a. LL	30.000	Anlageabgängen	20.000
Bankguthaben	10.000		
Summe	130.000	Summe	20.000

Analog wird bei sämtlichen anderen Konten verfahren.

Da bei der Buchung der einzelnen Geschäftsfälle der Wert der Sollbuchung(en) immer dem Wert der Habenbuchung(en) entspricht, muss die Summe der Sollseite der Summenbilanz mit der Summe der Habenseite übereinstimmen (rechnerische Richtigkeit der Buchungen).

Spalte 4: Saldenbilanz I
Die Salden der einzelnen Konten werden errechnet und in die Saldenbilanz I eingetragen, jetzt allerdings nicht, wie sonst beim Kontenabschluss, auf der „schwächeren" Seite, sondern auf der Seite, auf der der Saldo auch in der Schlussbilanz stehen würde – daher auch der Name Salden**bilanz.**

Beispiel:
Für das Konto „07 Maschinen" ergibt sich ein Saldo von 110.000,00 €, der in der Saldenbilanz I auf der Sollseite einzutragen ist.

Spalte 5: Umbuchungen
In dieser Spalte sind alle vorbereitenden Abschlussbuchungen nach den Regeln der doppelten Buchführung vorzunehmen:

- Abschreibungen auf Anlagen und Umlaufvermögen
- Bestandsveränderungen an Roh-, Hilfs- und Betriebsstoffen, sofern die Stoffaufwendungen noch nicht gebucht wurden
- Bestandsveränderungen an unfertigen und fertigen Erzeugnissen
- zeitliche Abgrenzungen einschließlich Rückstellungen

- Differenzen zwischen Buch- und Inventurbeständen
- Bewertungskorrekturen
- Abschluss von Unterkonten über Hauptkonten
- Verrechnung der Konten „Vorsteuer" und „Umsatzsteuer"

Beispiel:
Die planmäßigen Abschreibungen betragen auf bebaute Grundstücke 10.000,00 €, auf Maschinen 30.000,00 €, auf Geschäftsausstattung 2.000,00 € und auf Fuhrpark 12.000,00 €.

Die Buchung in der Spalte Umbuchungen lautet:

Abschreibungen auf Sachanlagen	54.000,00 €	
an Bebaute Grundstücke		10.000,00 €
an Maschinen		30.000,00 €
an Geschäftsausstattung		2.000,00 €
an Fuhrpark		12.000,00 €

Spalte 6: Saldenbilanz II
Aus den Salden der Saldenbilanz I und den Zahlen der Spalte Umbuchungen sind die endgültigen Salden zu bilden und in die Saldenbilanz II einzutragen.

Beispiel:
Der Saldo des Kontos „07 Maschinen" in der Saldenbilanz II von 80.000,00 € ergibt sich aus dem Saldo der Saldenbilanz I von 110.000,00 € und den Abschreibungen auf Maschinen von 30.000,00 €.

Spalte 7: Inventurbilanz
Die Salden der Bestandskonten werden aus der Saldenbilanz II in die Inventurbilanz übertragen (nicht gebucht!). Sie sind die endgültigen Bilanzansätze, die mit den bewerteten Beständen des Inventars übereinstimmen. Der Saldo von Aktiva und Passiva von 19.100,00 € ist das Unternehmensergebnis; er ergibt sich deshalb, weil das „Gewinn- und Verlustkonto" nicht über das Konto „Gewinnrücklagen" (Eigenkapital) abgeschlossen wurde.

Spalte 8: Erfolgsbilanz
Sie entspricht der Gewinn- und Verlustrechnung und nimmt die Salden sämtlicher Erfolgskonten der Saldenbilanz II auf. Der Saldo zwischen Erträgen und Aufwendungen ist wiederum das Unternehmensergebnis von 19.100,00 €.

Auf der Grundlage der Hauptabschlussübersicht erfolgt dann der eigentliche Abschluss der Bestands- und Erfolgskonten der Finanzbuchhaltung.

8

Zeitliche Abgrenzung – *Deferrals and accruals*

Zielsetzung

- Der Unternehmenserfolg muss periodengerecht und damit periodenvergleichbar ermittelt werden.

- Dafür sind die Aufwendungen und Erträge dem Geschäftsjahr zuzuordnen, zu dem sie **wirtschaftlich** gehören, unabhängig von den Zeitpunkten der entsprechenden Zahlungen (vgl. auch § 252 Absatz 1 Ziffer 5 HGB).

Posten der zeitlichen Abgrenzung

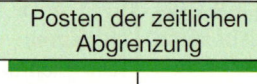

Posten der zeitlichen Abgrenzung

Antizipative* Posten

- Sonstige Forderungen
- Sonstige Verbindlichkeiten

* antizipieren: vorwegnehmen

Transitorische* Posten

- Aktiver Rechnungsabgrenzungsposten
- Passiver Rechnungsabgrenzungsposten

* transire (lat.): hinübergehen

Sonstige Forderungen

Erträge, die wirtschaftlich *vollständig* oder *teilweise* das alte Jahr betreffen, die aber erst im neuen Jahr zu einer Einnahme führen, stellen für das Unternehmen per 31. Dezember des alten Jahres vollständig oder anteilig eine **Geldforderung** dar, die auf dem aktiven Bestandskonto **„Sonstige Forderungen"** zu buchen ist. Die Ertragswirksamkeit für das alte Jahr wird damit vorweggenommen, antizipiert.

Beispiel:

Die OfficeCom AG erhält die Dezembermiete für den vermieteten Teil des Verwaltungsgebäudes von 5.600,00 € erst im Januar des folgenden Jahres durch Banküberweisung.

Buchungen:

(1) Zeitliche Abgrenzung per 31. Dezember des alten Jahres:
Sonstige Forderungen an Mieterträge   5.600,00 €

(2) Abschlussbuchungen per 31. Dezember des alten Jahres:
Schlussbilanzkonto an Sonstige Forderungen   5.600,00 €
Mieterträge an Gewinn- und Verlustkonto   5.600,00 €

(3) Eröffnungsbuchung per 1. Januar des folgenden Jahres:
Sonstige Forderungen an Eröffnungsbilanzkonto   5.600,00 €

(4) Zahlungsausgleich im neuen Jahr:
Bankguthaben an Sonstige Forderungen   5.600,00 €

Sonstige Verbindlichkeiten

Aufwendungen, die wirtschaftlich *vollständig* oder *teilweise* das alte Jahr betreffen, die aber erst im neuen Jahr zu einer Ausgabe führen, stellen für das Unternehmen per 31. Dezember des alten Jahres vollständig oder teilweise eine **Geldverbindlichkeit** dar, die auf dem passiven Bestandskonto **„Sonstige Verbindlichkeiten"** zu buchen ist. Die Aufwandswirksamkeit für das alte Jahr wird damit vorweggenommen.

Beispiel:

Die OfficeCom AG muss vierteljährlich nachträglich fällige Zinsen für die Zeit von November bis Januar über 2.535,00 € für ein aufgenommenes Darlehen am 31. Januar des folgenden Jahres zahlen.

Buchungen:

(1) Zeitliche Abgrenzung per 31. Dezember des alten Jahres:
Zinsaufwendungen an Sonstige Verbindlichkeiten   1.690,00 €

(2) Abschlussbuchungen per 31. Dezember des alten Jahres:
Sonstige Verbindlichkeiten an Schlussbilanzkonto   1.690,00 €
Gewinn- und Verlustkonto an Zinsaufwendungen   1.690,00 €

(3) Eröffnungsbuchung per 1. Januar des folgenden Jahres:
Eröffnungsbilanzkonto an Sonstige Verbindlichkeiten   1.690,00 €

(4) Zinszahlung am 31. Januar des neuen Jahres:
Sonstige Verbindlichkeiten   1.690,00 €
Zinsaufwendungen   845,00 €
an Bankguthaben   2.535,00 €

8

3526324

Zeitliche Abgrenzung – *Deferrals and accruals*

Darstellung des Beispiels zu „Sonstige Verbindlichkeiten" auf Konten

Buchungen im alten Jahr:

Soll	Sonstige Verbindlichkeiten	Haben		Soll	Zinsaufwendungen	Haben
2. SBK	1.690	1. Zinsaufw. 1.690		1. Sonst. Verb. 1.690	2. GuV-Konto	1.690

Soll	Schlussbilanzkonto	Haben		Soll	Gewinn- und Verlustkonto	Haben
	2. Sonst. Verb. 1.690			2. Zinsaufw. 1.690		

Buchungen im neuen Jahr:

Soll	Zinsaufwendungen	Haben		Soll	Eröffnungsbilanzkonto	Haben
4. Bankguthaben 845				3. Sonst. Verb. 1.690		

Soll	Sonstige Verbindlichkeiten	Haben		Soll	Bankguthaben	Haben
4. Bankguthaben 1.690	3. EBK 1.690				4. Zinsaufw./ Sonst. Verb. 2.535	

Aktive Rechnungsabgrenzung

Aufwendungen, die wirtschaftlich *vollständig* oder *teilweise* das neue Jahr betreffen, die aber schon im alten Jahr zu einer Ausgabe führten, stellen für das Unternehmen per 31. Dezember des alten Jahres eine vollständige oder anteilige **Sach- oder Leistungsforderung** dar, die auf dem aktiven Bestandskonto **„Aktive Rechnungsabgrenzung"** (ARA) zu buchen ist. Die Aufwandswirksamkeit wird damit in das neue Jahr hinübergenommen.

Beispiel:

Die OfficeCom AG bezahlt die Januarmiete des kommenden Jahres für eine Lagerhalle über 1.600,00 € bereits am 29. Dezember des alten Jahres durch Banküberweisung.

Buchungen:

(1) Mietzahlung am 29. Dezember des alten Jahres:
Aktive Rechnungsabgrenzung an Bankguthaben 1.600,00 €

(2) Abschlussbuchung per 31. Dezember des alten Jahres:
Schlussbilanzkonto an Aktive Rechnungsabgrenzung 1.600,00 €

(3) Eröffnungsbuchung per 1. Januar des neuen Jahres:
Aktive Rechnungsabgrenzung
an Eröffnungsbilanzkonto 1.600,00 €

(4) Buchung des Mietaufwandes per 1. Januar des neuen Jahres:
Mieten, Pachten an Aktive Rechnungsabgrenzung 1.600,00 €

Passive Rechnungsabgrenzung

Erträge, die wirtschaftlich *vollständig* oder *teilweise* das neue Jahr betreffen, die aber schon im alten Jahr zu einer Einnahme führten, stellen für das Unternehmen per 31. Dezember des alten Jahres eine vollständige oder anteilige **Sach- oder Leistungsverbindlichkeit** dar, die auf dem passiven Bestandskonto **„Passive Rechnungsabgrenzung"** (PRA) zu buchen ist. Die Ertragswirksamkeit wird damit in das neue Jahr hinübergenommen.

Beispiel:

Die OfficeCom AG erhält am 1. November für ein vergebenes Darlehen die Zinsen für das kommende Quartal (November bis Januar) von 3.870,00 € im Voraus dem Bankkonto gutgeschrieben.

Buchungen:

(1) Zinszahlung am 1. November des alten Jahres:
Bankguthaben 3.870,00 €
an Zinserträge 2.580,00 €
an Passive Rechnungsabgrenzung 1.290,00 €

(2) Abschlussbuchungen per 31. Dezember des alten Jahres:
Passive Rechnungsabgrenzung an Schlussbilanzkonto 1.290,00 €
Zinserträge an Gewinn- und Verlustkonto 2.580,00 €

(3) Eröffnungsbuchung per 1. Januar des neuen Jahres:
Eröffnungsbilanzkonto
an Passive Rechnungsabgrenzung 1.290,00 €

(4) Buchung des anteiligen Zinsertrages des neuen Jahres:
Passive Rechnungsabgrenzung an Zinserträge 1.290,00 €

8

Zeitliche Abgrenzung – *Deferrals and accruals*

Darstellung des Beispiels zu „Passive Rechnungsabgrenzung" auf Konten

Buchungen im alten Jahr:

Soll	Bankguthaben	Haben
1. Zinserträge/ PRA 3.870		

Soll	Zinserträge	Haben
2. GuV-Konto 2.580	1. Bankguthaben 2.580	

Soll	Passive Rechnungsabgrenzung	Haben
2. SBK 1.290	1. Bankguthaben 1.290	

Soll	Gewinn- und Verlustkonto	Haben
	2. Zinserträge 2.580	

Soll	Schlussbilanzkonto	Haben
	2. PRA 1.290	

Buchungen im neuen Jahr:

Soll	Eröffnungsbilanzkonto	Haben
3. PRA 1.290		

Soll	Zinserträge	Haben
	4. PRA 1.290	

Soll	Passive Rechnungsabgrenzung	Haben
4. Zinserträge 1.290	3. EBK 1.290	

Fälle der zeitlichen Abgrenzung

Im alten Jahr	Im neuen Jahr	Buchungen zur zeitlichen Abgrenzung
Aufwand	Ausgabe	Aufwandskonto an Sonstige Verbindlichkeiten
Ertrag	Einnahme	Sonstige Forderungen an Ertragskonto
Ausgabe	Aufwand	Aktive Rechnungsabgrenzung an Finanzkonto
Einnahme	Ertrag	Finanzkonto an Passive Rechnungsabgrenzung

Rückstellungen

- Rückstellungen sind **Verbindlichkeiten** für (geschätzte) **Aufwendungen,** die am Bilanzstichtag ihrem Grunde nach feststehen, nicht aber in ihrer Höhe und/oder Fälligkeit.
- In § 249 HGB ist geregelt, für welche Zwecke Rückstellungen gebildet werden müssen bzw. gebildet werden können.
- In der Bilanz sind auf der **Passivseite** auszuweisen
  - Pensionsrückstellungen,
  - Steuerrückstellungen,
  - Sonstige Rückstellungen.
- Sind im neuen/späteren Jahr
  - tatsächliche Kosten > Rückstellung
    - ➜ periodenfremder Aufwand
  - tatsächliche Kosten < Rückstellung
    - ➜ Ertrag aus der Auflösung der Rückstellung

Beispiel:
Die OfficeCom AG führt mit einem Lieferer einen Prozess, dessen Ausgang per 31. Dezember ungewiss ist. Vorsichtshalber rechnet die OfficeCom AG mit 2.500,00 € Prozesskosten. Bei Abschluss des Prozesses im neuen Jahr entstehen tatsächlich Kosten von 2.300,00 €.

Buchung per 31. Dezember des alten Jahres:
Rechts- und
Beratungskosten 2.500,00 €
an Sonstige Rückstellungen 2.500,00 €

Buchung nach Abschluss des Prozesses im neuen Jahr:
Sonstige Rückstellungen 2.500,00 €
an Bankguthaben 2.300,00 €
an Erträge aus der Auflösung 200,00 €
  von Rückstellungen

Handelsbilanz – Steuerbilanz – *Trade balance – tax statement*

Zielsetzung

- Zum Bilanzstichtag sind alle Vermögensgegenstände und Schulden zu bewerten und in der Bilanz auszuweisen.
- Bilanzierung bzw. Bewertung der Vermögensgegenstände und der Schulden beeinflussen die Höhe des in der Gewinn- und Verlustrechnung ausgewiesenen Erfolgs.

- Insbesondere zum Schutz der Gläubiger hat der Gesetzgeber Bilanzierungs- und Bewertungsvorschriften erlassen, um die willkürliche Bewertung der Vermögensgegenstände und Schulden zu unterbinden.
- Zu beachten sind dabei handels- und steuerrechtliche Bewertungsvorschriften.

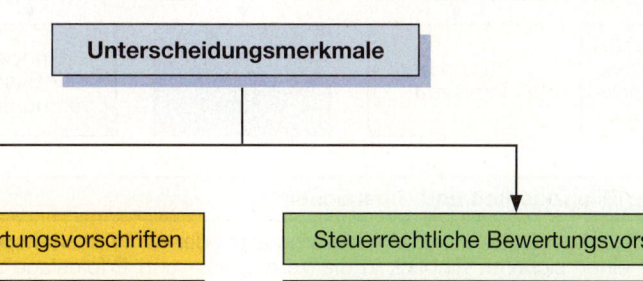

Unterscheidungsmerkmale

Handelsrechtliche Bewertungsvorschriften

...sind im **Handelsgesetzbuch** (§§ 252 bis 256 HGB) festgehalten,
...dienen der **Kapitalerhaltung** und damit vor allem dem **Schutz der Gläubiger,**
...verfolgen als obersten Bewertungsgrundsatz das **Prinzip der Vorsicht,**
...sind die Grundlage für die **Handelsbilanz.**

Steuerrechtliche Bewertungsvorschriften

...ergeben sich aus dem **Einkommensteuergesetz** (§§ 5 bis 7 EStG),
...sollen die Gewinnermittlung nach **einheitlichen Grundsätzen** sicherstellen und damit zur **Steuergerechtigkeit** beitragen,
...sind die Grundlage für die **Steuerbilanz.**

Prinzip der Maßgeblichkeit – *Principle of relevance*

Grundsatz

Die **handelsrechtlichen Bilanzierungs- und Bewertungsvorschriften sind auch maßgebend für die Steuerbilanz,** sofern nicht steuerrechtliche Vorschriften zwingend etwas anderes vorschreiben; das heißt, die Steuerbilanz ist aus der Handelsbilanz abzuleiten. So bestimmt § 5 Absatz 1 EStG, dass *„bei Gewerbetreibenden, die aufgrund gesetzlicher Vorschriften verpflichtet sind, Bücher zu führen und regelmäßig Abschlüsse zu machen, (…) für den Schluss des Wirtschaftsjahrs das Betriebsvermögen anzusetzen ist, (…) das nach den handelsrechtlichen Grundsätzen ordnungsmäßiger Buchführung auszuweisen ist."*

Beispiele übereinstimmender Vorschriften nach HGB und EStG:

- **Aktivierungsgebot** von Material- und Fertigungseinzelkosten sowie Sondereinzelkosten der Fertigung bei der Bewertung unfertiger und fertiger Erzeugnisse und Eigenleistungen (siehe S. 335)
- **Aktivierungsverbot** von Vertriebsgemeinkosten und Sondereinzelkosten des Vertriebs im gleichen Zusammenhang (siehe S. 335)
- **Passivierungsgebot** von Rückstellungen für unterlassene Instandhaltung, sofern diese innerhalb der ersten drei Monate des folgenden Jahres nachgeholt werden.

Durchbrechung des Grundsatzes

Häufig weichen die steuerrechtlichen Vorschriften von den handelsrechtlichen ab, schreiben also zwingend etwas anderes vor.

Beispiele abweichender Vorschriften nach HGB und EStG:

- Ein handelsrechtliches Aktivierungs***wahlrecht*** kann steuerrechtlich ein Aktivierungs***gebot*** sein: Aktivierung der Material- und Fertigungsgemeinkosten sowie der Verwaltungsgemeinkosten bei der Bewertung unfertiger und fertiger Erzeugnisse und Eigenleistungen zu Herstellungskosten (siehe S. 335).
- Ein handelsrechtliches Aktivierungs***wahlrecht*** kann steuerrechtlich zu einem Aktivierungs***verbot*** führen: Aktivierung von Kosten der Ingangsetzung des Geschäftsbetriebs.
- Ein handelsrechtliches Passivierungs***wahlrecht*** führt steuerrechtlich häufig zu einem Passivierungs***verbot:*** Passivierung von Rückstellungen für unterlassene Instandhaltung, wenn diese nach Ablauf von drei Monaten, aber innerhalb des folgenden Jahres nachgeholt wird.

vgl. Scharf, Dirk: Handelsrechtlicher Jahresabschluss, 1. Auflage, Gabler, Wiesbaden 1993, S. 51 f.

Bilanzierungs- und Bewertungsgrundsätze – *Principles of accounting and evaluation*

Übersicht

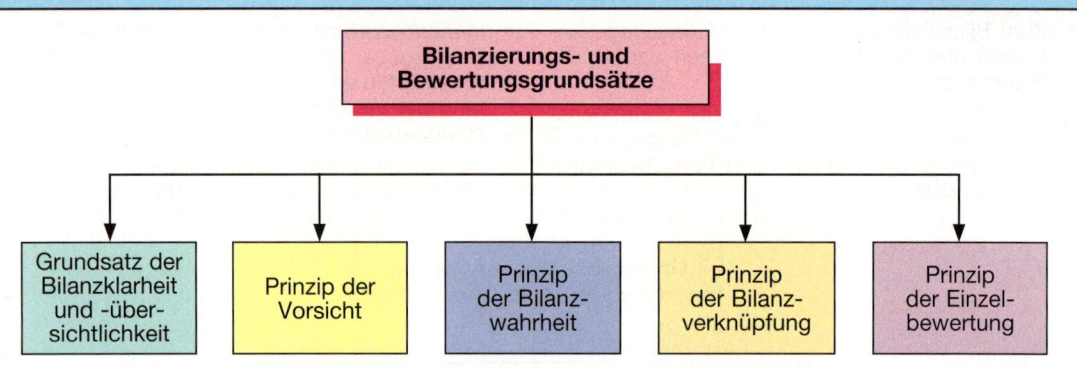

Grundsatz der Bilanzklarheit und -übersichtlichkeit

Damit ein sachkundiger Dritter, z. B. ein Steuerberater oder ein Wirtschaftsprüfer, in der Lage ist, in angemessener Zeit einen sicheren Einblick in die Vermögens- und Erfolgslage des bilanzierenden Unternehmens zu gewinnen, muss die Bilanz klar und übersichtlich (§ 243 Absatz 2 HGB), muss das Zahlenmaterial nachprüfbar sein.

Nachprüfbarkeit der Bilanz

Die **Nachprüfbarkeit** der Zahlen, als **Grundsätze ordnungsmäßiger Buchführung** (GoB) im engeren Sinne bezeichnet, setzt im Wesentlichen die Einhaltung formaler Vorschriften voraus, die sich zum Teil in der Praxis herausgebildet haben und zum Teil in Gesetzen festgelegt sind (HGB, AktG, EStG, AO):

- **Führung von Handelsbüchern**, in denen die Handelsgeschäfte und die Lage des Vermögens ersichtlich zu machen sind (§ 238 Absatz 1 HGB);
- Verwendung eines **Buchführungssystems**, das der Nachprüfbarkeit Genüge tut;
- im Falle der doppelten Buchführung: Aufzeichnung der Geschäftsfälle in zeitlicher Reihenfolge im Journal oder **Grundbuch** und nach sachlichen Gesichtspunkten im **Hauptbuch** auf Sachkonten sowie in **Nebenbüchern**, wie zum Beispiel Kassenbuch, Lagerbuch;
- Führung der Bücher in einer **lebenden Sprache** (§ 239 Absatz 1 HGB);
- Aufstellung des Jahresabschlusses in deutscher Sprache und **Bewertung in Euro** (§ 244 HGB);
- **zeitgerechte** und **geordnete Eintragungen** in die Handelsbücher (§ 239 Absatz 2 HGB);

  vgl: Scharf, Dirk: Handelsrechtlicher Jahresabschluss, Gabler, Wiesbaden 1993, S. 28 ff.

- Eintragungen dürfen – wenn überhaupt – nur so geändert werden, dass der **ursprüngliche Inhalt noch feststellbar** ist (§ 239 Absatz 3 HGB);
- allen Buchungen müssen **Belege** zugrunde liegen;
- Handelsbücher, Inventare, Bilanzen, Buchungsbelege und Lageberichte müssen zehn Jahre, Handelsbriefe und sonstige Unterlagen **sechs Jahre aufbewahrt** werden (§ 257 HGB);
- die **Dauer des Geschäftsjahres** darf **zwölf Monate** nicht überschreiten (§ 240 Absatz 2 HGB);
- die Beachtung des **Stichtagsprinzips** (Bewertung der Vermögensgegenstände und der Schulden zum Abschlussstichtag) nach § 252 Absatz 1 Ziffer 3 HGB soll die Berücksichtigung zukünftiger Ereignisse ausschließen;
- grundsätzlich gilt für die einzelnen Vermögensgegenstände und die Schulden das Prinzip der **Einzelbewertung.**

Übersichtlichkeit der Bilanz

Die **Übersichtlichkeit** des Zahlenmaterials der Finanzbuchhaltung wird erreicht durch …

- die Anwendung des branchenspezifischen **Kontenrahmens** bei der Erstellung des betriebsindividuellen Kontenplanes,
- die – für Kapitalgesellschaften zwingend vorgeschriebenen – **Gliederungsvorschriften** für die Bilanz (§ 266 HGB) und die Gewinn- und Verlustrechnung (§ 275 HGB) sowie die Vorschriften über den Inhalt des Anhangs (§§ 284 – 288 HGB),
- das Verbot, **fremdartige Wirtschaftsgüter** in einer Position zusammenzufassen,

- die Anwendung des **Bruttoprinzips;** das bedeutet, dass Posten der Aktivseite nicht mit Posten der Passivseite verrechnet werden dürfen, z. B. Forderungen aus Lieferungen und Leistungen mit Verbindlichkeiten aus Lieferungen und Leistungen (§ 246 Abs. 2 HGB):
- die – nur für Kapitalgesellschaften vorgeschriebene – Darstellung der Entwicklung einzelner Posten des Anlagevermögens in einem **Anlagengitter** oder Anlagenspiegel (§ 268 Abs. 2 HGB).

3526328

Bilanzierungs- und Bewertungsgrundsätze – *Principles of accounting and evaluation*

Übersichtlichkeit der Bilanz

Das Anlagengitter oder der Anlagenspiegel muss folgende Angaben enthalten:

- Anschaffungs- oder Herstellungskosten
- Zugänge
- Abgänge
- Umbuchungen

- Zuschreibungen
- gesamte Abschreibungen
- Buchwert am Bilanzstichtag

Die hierfür notwendigen Informationen können aus dem Anlagenverzeichnis oder der Anlagendatei gewonnen werden (siehe S. 337).

Beispiel Anlagengitter

Anlagengitter in Tsd. € zum 31. Dezember 20..

Anlage-posten	AK/HK*	Zugänge zu AK/HK	Abgänge zu AK/HK	Umbu-chungen zu AK/HK	Zu-schrei-bungen	Kumu-lierte Abschrei-bungen	Buch-wert am 31. Dez. des Berichts-jahres	Buch-wert am 31. Dez. des Vor-jahres	Abschrei-bungen des Berichts-jahres
0	1	2	3	4	5	6	7	8	9
TA/Ma-schinen	6.000	450	–	200	–	3.950	2.700	3.380	1.330

*AK/HK: Anschaffungs-/Herstellungskosten

Spalte	Erläuterungen
0	Bilanzposition
1	Alle zum 1. Januar des Berichtsjahres vorhandenen Anlagegüter der Bilanzposition, bewertet zu den ursprünglichen AK/HK
2	Zugänge der im Berichtsjahr angeschafften oder hergestellten Anlagegüter, bewertet zu den AK/HK
3	Abgänge von Anlagegütern im Berichtsjahr durch Verkauf, Entnahme oder Verschrottung, bewertet zu den ursprünglichen AK/HK
4	Eine im Bau befindliche Maschine (Eigenleistung) wird nach Fertigstellung vom Konto „Im Bau befindliche Anlagen" auf das Konto „TA/Maschinen" umgebucht.
5	Wertaufholungen nach § 280 Abs. 1 HGB, wenn eine außerplanmäßige Abschreibung korrigiert wird
6	Summe aller bisher in den Vorjahren vorgenommenen Abschreibungen auf die Anlagegüter gemäß Spalte 1 zuzüglich der Abschreibungen auf die Zugänge des Berichtsjahres (Spalte 2) und die umgebuchten Anlagegüter (Spalte 4) und abzüglich Abschreibungen
7	Buchwert der Bilanzposition am 31. Dezember des Berichtsjahres, der sich in dem dargestellten Beispiel wie folgt errechnet: AK/HK aus Spalte 1 (6.000 Tsd. €) + Zugänge aus Spalte 2 (450 Tsd. €) – Abgänge aus Spalte 3 (-) + Umbuchungen aus Spalte 4 (200 Tsd. €) + Zuschreibungen aus Spalte 5 (-) – kumulierte Abschreibungen aus Spalte 6 (2.620 Tsd. € + 1.330 Tsd. €) = Buchwert am 31. Dezember des Berichtsjahres (2.700 Tsd. €)
8	Vergleichswert des Vorjahres
9	Information über die Abschreibungen des Berichtsjahres, die in den kumulierten Abschreibungen enthalten sind

8

Bilanzierungs- und Bewertungsgrundsätze – *Principles of accounting and evaluation*

Prinzip der Vorsicht

Das dem Handels- und Steuerrecht immanente **Vorsichtsprinzip** kommt in unterschiedlichen Bewertungsprinzipien zum Ausdruck:

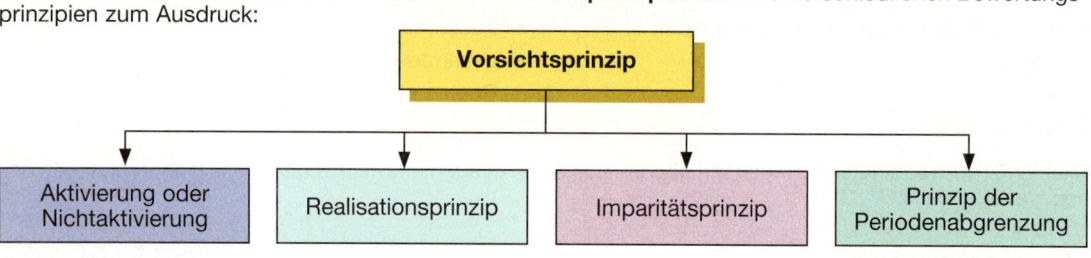

Aktivierung oder Nichtaktivierung von Vermögensgegenständen

Das Vorsichtsprinzip zeigt sich in der Entscheidung über eine vollständige oder teilweise Aktivierung oder Nichtaktivierung von Vermögensgegenständen.

Beispiele:

* Verbot der Aktivierung originärer immaterieller Güter wie z. B. den Firmenwert

* Aktivierungswahlrecht eines entgeltlich erworbenen Firmenwertes, das sich bei Nichtausübung gewinnschmälernd auswirkt

* Werden bei der Bewertung von unfertigen und fertigen Erzeugnisse sowie von Eigenleistungen nur Teile der Herstellungskosten aktiviert (siehe S. 336), so wird der Gewinn entsprechend niedrig ausgewiesen.

Realisationsprinzip

Die Beachtung des Realisationsprinzips meint allgemein, dass Erträge bzw. Aufwendungen erst dann in der Bilanz ausgewiesen werden dürfen, wenn sie durch Umsätze realisiert sind.

Da nicht realisierte Gewinne (besser: Erträge) in der Bilanz nicht ausgewiesen werden dürfen, hat der Gesetzgeber in § 253 HGB **Wertgrenzen** für die Vermögensgegenstände und die Schulden festgelegt:

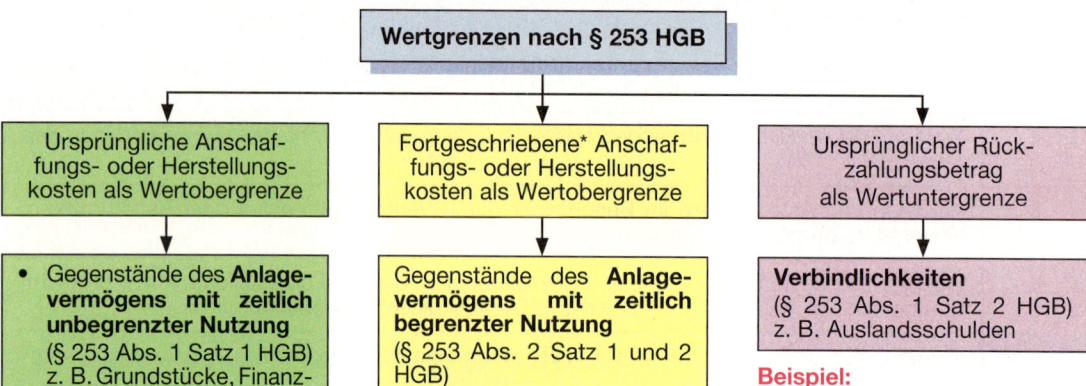

Beispiel:

Ein Grundstück, Anschaffungskosten 1 Mio. €, hat nach 5 Jahren einen Wert von 1,2 Mio. €. Das Grundstück darf weiter nur mit 1 Mio. € in der Bilanz ausgewiesen werden; 200.000 € sind **nicht realisierter Gewinn**, der nicht ausgewiesen werden darf.

Beispiel:

Anschaffungskosten einer Fräsmaschine: 80.000 €; Nutzungsdauer: 5 Jahre; Wiederbeschaffungswert: 87.000 €; Abschreibungsmethode: linear; Abschreibung pro Jahr: 16.000 €; Bilanzierung zum Anschaffungszeitpunkt: 80.000 €; Bilanzausweis Ende des ersten Jahres zu fortgeschriebenen AK/HK: 64.000 €.

Beispiel:

Aufnahme eines Kredites im Ausland über 1,5 Mio. US-$ zum Kurs von 1,10 €; Laufzeit 3 Jahre; Passivierung zum Zeitpunkt der Kreditaufnahme: 1,65 Mio. €; Kurs am Ende des ersten Jahres: 1,05 €; Wert des Kredites: 1,575 Mio. €; das Unternehmen muss den Kredit mit 1,65 Mio. € bilanzieren, da die 75.000 € **nicht realisierten Gewinn** darstellen, der nicht ausgewiesen werden darf.

Bilanzierungs- und Bewertungsgrundsätze – *Principles of accounting and evaluation*

Imparitätsprinzip

- Imparität bedeutet Ungleichstellung, nämlich, dass Erträge (Gewinne) und Aufwendungen (Verluste) im Hinblick auf ihren Ausweis in der Bilanz ungleich behandelt werden.

- **Erträge** dürfen erst in der Bilanz ausgewiesen werden, wenn sie durch Umsätze **realisiert** sind. **Aufwendungen** werden dagegen schon ausgewiesen, wenn sie **noch nicht realisiert** sind.

Niederstwertprinzip beim Vermögen

Das **Niederstwertprinzip**

… gilt für die Bewertung des Vermögens;

… besagt, dass von mehreren möglichen Werten der jeweils niedrigste zu wählen ist.

Dabei ist zwischen Anlage- und Umlaufvermögen einerseits sowie zwischen den Rechtsformen der Unternehmen andererseits zu unterscheiden.

Niederstwertprinzip beim Anlagevermögen

Vorübergehende Wertminderung:

- Ist der Wert, der dem Anlagevermögensgegenstand am Bilanzstichtag „beizulegen" ist, niedriger als die AK/HK (für nicht abnutzbare Güter des Anlagevermögens) bzw. als die fortgeschriebenen AK/HK (für abnutzbare Güter des Anlagevermögens), **kann** dieser niedrigere Wert angesetzt werden, wenn die Wertminderung **vorübergehend** ist (§ 253 Absatz 2 Satz 3 HGB).

- Da ein **Wahlrecht** für die Vornahme einer außerplanmäßigen Abschreibung besteht, wird vom **gemilderten Niederstwertprinzip** gesprochen.

- Das gemilderte Niederstwertprinzip gilt bei

  - **Einzelunternehmen** und **Personengesellschaften** für **alle** Güter des Anlagevermögens,

  - **Kapitalgesellschaften** und **Genossenschaften** nur für **Finanzanlagen.**

  Güter des Sachanlagevermögens und immaterielle Anlagen dürfen in Unternehmen dieser Rechtsformen bei vorübergehender Wertminderung nicht außerplanmäßig abgeschrieben werden (siehe § 253 Absatz 2 Satz 3 1. Halbsatz i. V. m. § 279 Absatz 1 Satz 2 HGB).

Dauerhafte Wertminderung:

- Ist die Wertminderung voraussichtlich **von Dauer,** dann **muss** der niedrigere Wert angesetzt werden.

- Das **Gebot** zur außerplanmäßigen Abschreibung gilt – **unabhängig von der Rechtsform** – für **alle** Güter des Anlagevermögens.

Beispiel:

Die OfficeCom AG kauft am 19. Juni 20.. 8 500 Stück Aktien der XY-AG zum Kurswert von 35,70 € pro Stück mit dem Ziel einer langfristigen Kapitalanlage. Am 31. Dez. 20.. (Bilanzstichtag) ist der Kurs vorübergehend auf 33,76 € gesunken.

Die XY-Aktien gehören zum Finanzanlagevermögen der OfficeCom AG; daher gilt das gemilderte Niederstwertprinzip. Es besteht also ein Abschreibungswahlrecht. Folgende Bilanzansätze sind möglich:

- 8 500 St. · 35,70 €/St. = 303.450,00 €

- 8 500 St. · 33,76 €/St. = 286.960,00 €

  (Die außerplanmäßige Abschreibung beträgt dann 16.490,00 €.)

- Wert zwischen 303.450,00 € und 286.960,00 € mit entsprechender außerplanmäßigen Abschreibung

Niederstwertprinzip beim Umlaufvermögen

- Ist der Börsen- oder Marktpreis am Bilanzstichtag niedriger als die AK/HK, **muss** dieser niedrigere Wert angesetzt werden, unabhängig davon, ob diese Wertminderung nur **vorübergehend oder dauerhaft** ist (§ 253 Absatz 3 Satz 1 HGB).

- Es gilt das **strenge Niederstwertprinzip.**

- Das **Gebot** der außerplanmäßigen Abschreibung gilt für alle Unternehmen, unabhängig von der Rechtsform.

Beispiel:

Die Anschaffungskosten für 100 t des Rohstoffes Stahl betrugen 170,00 €/t. Am Bilanzstichtag waren die Anschaffungskosten vorübergehend auf 165,00 €/t gesunken.

Wertansatz in der Bilanz: 16.500,00 €

Außerplanmäßige Abschreibung: 500,00 €

Höchstwertprinzip bei den Schulden

Für Schulden gilt analog das **Höchstwertprinzip.** Ist der Tageswert am Bilanzstichtag höher als der ursprüngliche Rückzahlungsbetrag, **muss** der höhere Tageswert angesetzt werden, unabhängig davon, ob der Tageswert nur **vorübergehend** oder **dauerhaft** gestiegen ist und unabhängig von der Rechtsform des bilanzierenden Unternehmens.

Das Höchstwertprinzip ist nur für **Auslandsschulden** von Bedeutung.

8

Bilanzierungs- und Bewertungsgrundsätze – *Principles of accounting and evaluation*

Prinzip der Periodenabgrenzung

Nach § 252 Absatz 1 Ziffer 5 HGB sind „Aufwendungen und Erträge des Geschäftsjahres ... unabhängig von den Zeitpunkten der entsprechenden Zahlungen im Jahresabschluss zu berücksichtigen", um den Gewinn periodengerecht zu ermitteln.

Bereiche der Periodenabgrenzung

Sachliche Zuordnung von Leistungen und der durch ihre Entstehung bedingten Aufwendungen

Zeitliche Abgrenzung, wenn Zahlungszeitpunkt und Erfolgswirksamkeit zeitlich auseinanderfallen

- Wenn Ausgaben für Produktionsfaktoren sowie deren Verbrauch zur Leistungserstellung und der Verkauf der Leistungen **in derselben Periode** stattfinden, ist die sachliche Zuordnung unproblematisch.

- Wenn die Ausgaben für Produktionsfaktoren **in der Periode 1** stattfinden, deren Verbrauch und der Verkauf der Leistungen aber erst in der/den folgenden Periode/n, dann werden die **Ausgaben** in der Periode der Anschaffung **aktiviert** und erst in der/den folgenden Periode/n zu Aufwendungen.

- Wenn die Ausgaben für Produktionsfaktoren und deren Verbrauch in der Periode 1 stattfinden, der Verkauf der Leistungen aber in der/den folgenden Periode/n, dann sind die Aufwendungen der Periode 1 als **Mehrbestände an unfertigen oder/und fertigen Erzeugnissen zu aktivieren.** Sie werden in den Perioden des Verkaufs der Leistungen den Erlösen gegenübergestellt (siehe S. 126 ff.).

- Stehen Zahlungen am Bilanzstichtag in ihrer Art und Höhe fest und sind sie wirtschaftlich der abgelaufenen Periode zuzurechnen, liegt der Zahlungszeitpunkt aber erst in der kommenden Periode, werden sie am Bilanzstichtag als Ertrag bzw. Aufwand vorweggenommen.

  ➜ Antizipative Posten der zeitlichen Abgrenzung

- Sind Zahlungen der abgelaufenen Periode wirtschaftlich der kommenden Periode als Aufwendungen bzw. Erträge zuzuordnen, sind sie über die Posten der aktiven bzw. passiven Rechnungsabgrenzung zeitlich abzugrenzen.

  ➜ Transitorische Posten der zeitlichen Abgrenzung

(Zum Problem der zeitlichen Abgrenzung mit Beispielen siehe ausführlich S. 324 ff.)

Prinzip der Bilanzwahrheit

Das Prinzip der Bilanzwahrheit beruht auf den Grundsätzen der **Vollständigkeit** und der **Richtigkeit:**

„Die Eintragungen in Büchern und die sonst erforderlichen Aufzeichnungen müssen vollständig, richtig, zeitgerecht und geordnet vorgenommen werden." (§ 239 Abs. 2 HGB)

„Der Jahresabschluss hat sämtliche Vermögensgegenstände, Schulden, Rechnungsabgrenzungsposten, Aufwendungen und Erträge zu enthalten, soweit gesetzlich nichts anderes bestimmt ist." (§ 246 Abs. 1 HGB)

Bilanzwahrheit

Vollständigkeit

Richtigkeit

- Bilanzierung **sämtlicher** vorhandener bzw. bilanzierungspflichtiger Wirtschaftsgüter und Kapitalwerte

- Ausweis der Vermögensgegenstände und Kapitalwerte in **zutreffend bezeichneten** Bilanzpositionen – bei Kapitalgesellschaften entsprechend dem Mindestgliederungsschema der Bilanz (siehe S. 100)

- Verbot des Ausweises **falscher** oder **fiktiver** Posten in der Bilanz

- **Richtige** Bewertung der Vermögens- und Kapitalpositonen entsprechend den gesetzlichen Bewertungsvorschriften, wobei Bewertungsspielräume nicht willkürlich genutzt werden dürfen

3526332

Bilanzierungs- und Bewertungsgrundsätze – *Principles of accounting and evaluation*

Prinzip der Bilanzverknüpfung

Um die Entwicklung von Vermögen, Schulden und Erfolg des Unternehmens beurteilen zu können, müssen die Jahresbilanzen und Gewinn- und Verlustrechnungen über mehrere Perioden hinweg verglichen werden können. Diese Vergleichbarkeit soll durch die Beachtung des Prinzips der Bilanzverknüpfung erreicht werden:

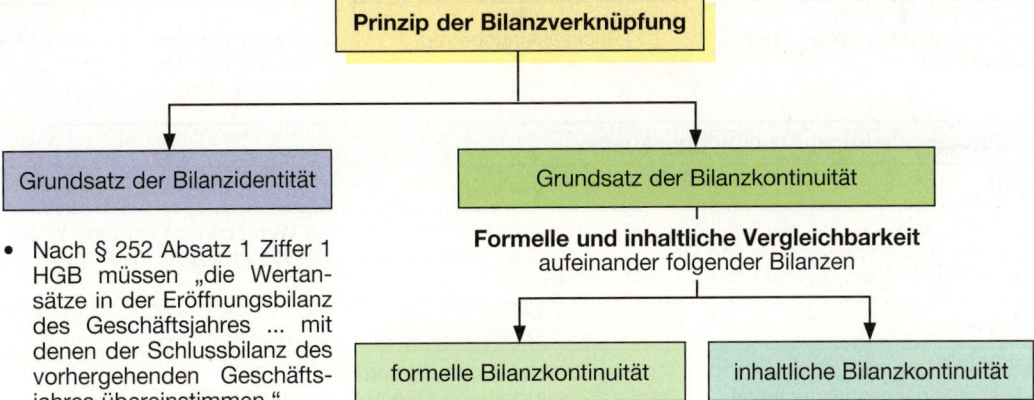

Grundsatz der Bilanzidentität

- Nach § 252 Absatz 1 Ziffer 1 HGB müssen „die Wertansätze in der Eröffnungsbilanz des Geschäftsjahres ... mit denen der Schlussbilanz des vorhergehenden Geschäftsjahres übereinstimmen."

- Der Gesetzgeber fordert also eine vollkommene ziffernmäßige **Übereinstimmung** beider Bilanzen. Dadurch wird sichergestellt, dass zwischen Abschluss und Eröffnung keine Gewinne durch Wertdifferenzen zwischen Schluss- und Eröffnungsbilanz geschaffen oder beseitigt werden.

Grundsatz der Bilanzkontinuität

Formelle und inhaltliche Vergleichbarkeit
aufeinander folgender Bilanzen

formelle Bilanzkontinuität

- gleich bleibende **Gliederung** von Bilanz und Gewinn- und Verlustrechnung
- gleiche inhaltliche **Abgrenzung** der Bilanzpositionen
- gleiche **Benennung** der Bilanzpositionen
- gleiche **Form** der Abschreibung – direkt oder indirekt
- Beibehaltung des **Abschlusszeitraumes,** d. h. keine Änderung des Geschäftsjahres

inhaltliche Bilanzkontinuität

Bewertungsstetigkeit durch

- ... gleich bleibende Ausübung von **Bilanzierungswahlrechten,**
- ... Beibehaltung der **Bewertungsmethoden** wie z. B. lineare oder degressive Abschreibung, Berechnung der Herstellungskosten zur Bewertung von unfertigen und fertigen Erzeugnissen, Höhe des Prozentsatzes für die Pauschalabschreibung von Forderungen
- ... Beachtung des Grundsatzes des **Wertzusammenhanges**

Prinzip der Einzelbewertung

Bewertungsgrundsatz

- Sämtliche abgrenzbaren Vermögensgegenstände und Schulden sind nach § 252 Absatz 1 Ziffer 3 HGB einzeln zu bewerten. Die Abgrenzung selbstständig bewertbarer Güter kann in der Praxis Schwierigkeiten bereiten: Bilden zum Beispiel PC und Bildschirm eine Einheit oder sind sie getrennt zu bewerten?

- Gleichartige Güter mit gleichen Anschaffungs- oder Herstellungskosten und gleichem Anschaffungs- oder Herstellungstermin können zu einer Gruppe zusammengefasst und gemeinsam bewertet werden.

Durchbrechung des Prinzips der Einzelbewertung

- Werden gleichartige oder ähnliche Güter zu unterschiedlichen Preisen und Zeitpunkten angeschafft oder hergestellt und ändern sich in der Abrechnungsperiode laufend die Bestände (z. B. der Vorräte), gestattet der Gesetzgeber **Bewertungsvereinfachungen:**

  - Gruppenbewertung mit dem **gewogenen Durchschnittswert** nach § 240 Absatz 4 HGB
  - Bewertung zu **Festpreisen** nach § 240 Absatz 3 HGB
  - Bewertung mithilfe von **Verbrauchsfolgeverfahren** nach § 256 HGB
  - **Pauschalwertberichtigungen zu Forderungen** wegen des allgemeinen Kreditrisikos
  - Bewertung von **Rückstellungen für Massenereignisse** wie z. B. für künftige Garantieleistungen

8

Wertansätze in der handelsrechtlichen Jahresbilanz
Valuations in the annual balance according to German commercial law

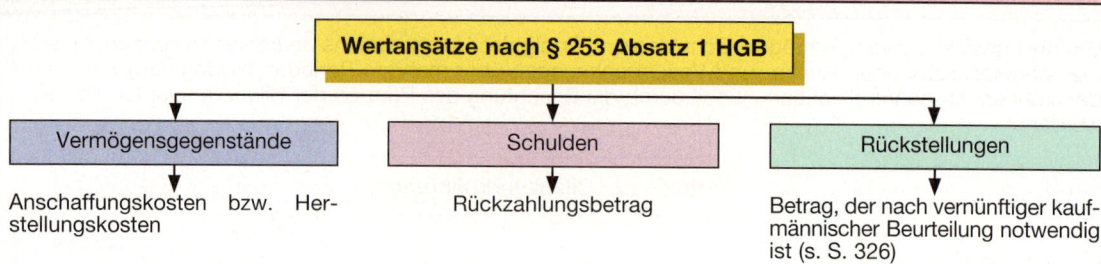

Wertansätze nach § 253 Absatz 1 HGB

Vermögensgegenstände	Schulden	Rückstellungen
Anschaffungskosten bzw. Herstellungskosten	Rückzahlungsbetrag	Betrag, der nach vernünftiger kaufmännischer Beurteilung notwendig ist (s. S. 326)

(Aktivierungspflichtige) Anschaffungskosten

Begriff

„Anschaffungskosten sind die Aufwendungen, die geleistet werden, um einen Vermögensgegenstand zu erwerben und ihn in einen betriebsbereiten Zustand zu versetzen, soweit sie dem Vermögensgegenstand einzeln zugeordnet werden können." (§ 255 Absatz 1 Satz 1 HGB)

Berechnung

Anschaffungspreis
− Anschaffungspreisminderungen
+ Anschaffungsnebenkosten, soweit einzeln zuordenbar
+ nachträgliche Anschaffungskosten
= Anschaffungskosten

Anschaffungspreisminderungen ...
sind z. B. Sofortrabatte, Skonti, Boni, sonstige Preisnachlässe.

Anschaffungsnebenkosten ...
sind einmalige Ausgaben, um das Wirtschaftsgut betriebsbereit zu machen, z. B. Vermessungs-, Fundamentierungs-, Transport-, Montagekosten.

Nachträgliche Anschaffungskosten ...
sind z. B. nachträgliche Preiserhöhungen aufgrund gerichtlicher Entscheidung.

Die **Umsatzsteuer** zählt nicht zu den Anschaffungskosten.

Beispiel

Die OfficeCom AG kauft von der Maschinenfabrik Kurt Utzinger e. K. eine Hobelmaschine und erhält nach Aufstellung und Montage am 25. Februar 20.. folgende Rechnung, die am 5. März 20.. unter Abzug von 2 % Skonto durch Banküberweisung beglichen wird:

Außerdem schickt die Scharte KG für die Erstellung eines Fundamentes eine Rechnung, die ebenfalls durch Banküberweisung bezahlt wird:

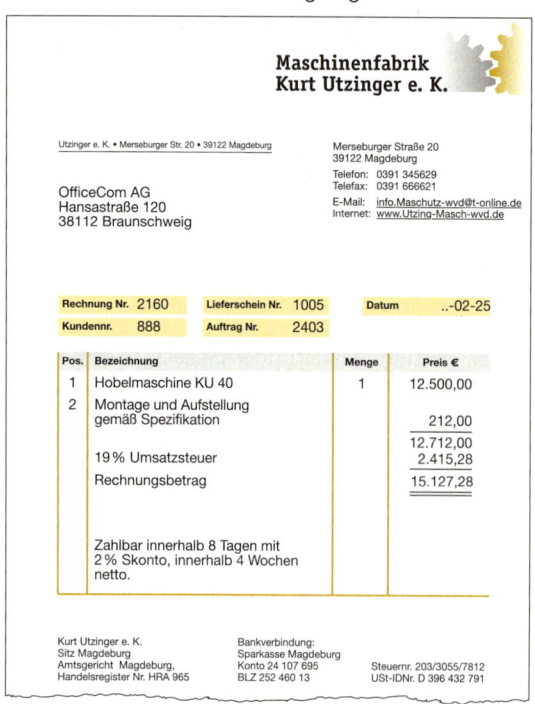

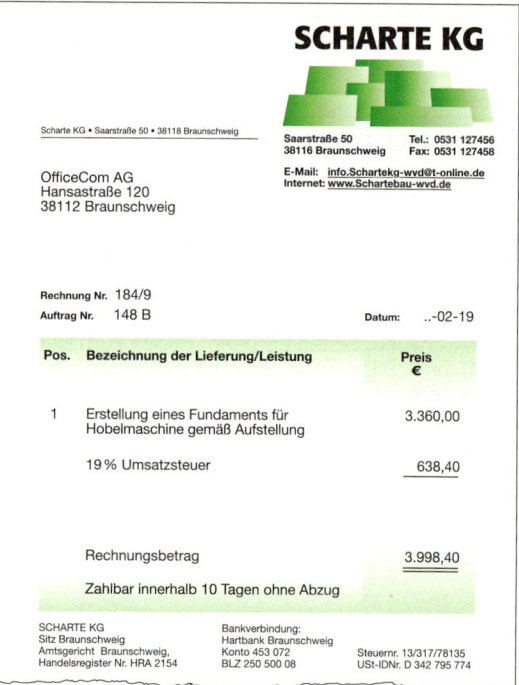

Wertansätze in der handelsrechtlichen Jahresbilanz
Valuations in the annual balance according to German commercial law

Beispiel

Errechnung der aktivierungspflichtigen Anschaffungskosten:

Anschaffungspreis (netto)		12.500,00 €
+ Anschaffungsnebenkosten		
Montage und Aufstellung (netto)	212,00 €	
Erstellung eines Fundamentes (netto)	3.360,00 €	3.572,00 €
− Anschaffungskostenminderungen		
Skonto (netto: 2 % von 12.712,00 €)		254,24 €
= Aktivierungspflichtige Anschaffungskosten		15.817,76 €

Dieser Betrag muss sich als Saldo auf dem aktiven Bestandskonto „Technische Anlagen und Maschinen" ergeben. Er bildet die Grundlage für die Abschreibung.

Buchung der aktivierungspflichtigen Anschaffungskosten

Buchung der Eingangsrechnung der Maschinenfabrik Kurt Utzinger e. K.:

Technische Anlagen und Maschinen	12.712,00 €	
Vorsteuer	2.415,28 €	
an Verbindlichkeiten a. LL		15.127,28 €

Buchung des Rechnungsausgleichs an die Maschinenfabrik Kurt Utzinger e. K. mit Abzug von 2 % Skonto:

Verbindlichkeiten a. LL	15.127,28 €	
an Technische Anlagen und Maschinen		254,24 €
an Vorsteuer		48,31 €
an Bankguthaben		14.824,73 €

Buchung der Eingangsrechnung der SCHARTE KG:

Technische Anlagen und Maschinen	3.360,00 €	
Vorsteuer	638,40 €	
an Verbindlichkeiten a. LL		3.998,40 €

Buchung des Rechnungsausgleichs an die SCHARTE KG ohne Abzug:

Verbindlichkeiten a. LL	3.998,40 €	
an Bankguthaben		3.998,40 €

Der Saldo auf dem Konto „Technische Anlagen und Maschinen" ergibt die aktivierungspflichtigen Anschaffungskosten von 15.817,76 €.

Soll	Technische Anlagen und Maschinen		Haben
Verbindlichkeiten a. LL	12.712,00 €	Verbindlichkeiten a. LL	254,24 €
Verbindlichkeiten a. LL	3.360,00 €		

Herstellungskosten

Begriff

„Herstellungskosten sind die Aufwendungen, die durch den Verbrauch von Gütern und die Inanspruchnahme von Diensten für die Herstellung eines Vermögensgegenstands, seine Erweiterung oder für eine über seinen ursprünglichen Zustand hinausgehende wesentliche Verbesserung entstehen." (§ 255 Absatz 2 HGB)

Mit ihnen sind also im Wesentlichen die Mehrbestände an unfertigen und fertigen Erzeugnissen sowie die Eigenleistungen zu bewerten.

Ermittlung nach Handels- und Steuerrecht

Arten von aufwandsgleichen Kosten	§ 255 Abs. 2 und 3 HGB	Abschnitt 33 EStR
Materialeinzelkosten	Einbeziehungsgebot	Einbeziehungsgebot
Materialgemeinkosten (angemessene Teile)	Einbeziehungswahlrecht	Einbeziehungsgebot
Fertigungseinzelkosten	Einbeziehungsgebot	Einbeziehungsgebot
Fertigungsgemeinkosten (angemessene Teile) einschließlich Werteverzehr des Anlagevermögens, soweit durch die Fertigung veranlasst, und Zinsen für Fremdkapital, das zur Finanzierung der Herstellung eines Vermögensgegenstandes verwendet wird	Einbeziehungswahlrecht	Einbeziehungsgebot
Sondereinzelkosten der Fertigung	Einbeziehungsgebot	Einbeziehungsgebot
Verwaltungsgemeinkosten einschließlich Aufwendungen für soziale Einrichtungen, freiwillige soziale Leistungen, betriebliche Altersversorgung	Einbeziehungswahlrecht	Einbeziehungswahlrecht
Vertriebsgemeinkosten	Einbeziehungsverbot	Einbeziehungsverbot
Sondereinzelkosten des Vertriebs	Einbeziehungsverbot	Einbeziehungsverbot

vgl. Weber, Helmut Kurt: Betriebswirtschaftliches Rechnungswesen, Band 1: Bilanz und Erfolgsrechnung, 3. Aufl., Vahlen, München 1988, S. 177

8

Wertansätze in der handelsrechtlichen Jahresbilanz
Valuations in the annual balance according to German commercial law

Herstellungskosten

Wertgrenzen

Wertuntergrenze:

Summe aus Materialeinzelkosten, Fertigungseinzelkosten, Sondereinzelkosten der Fertigung

Wertobergrenze:

Summe sämtlicher Einzel- und Gemeinkosten **ausschließlich** der Vertriebsgemeinkosten und der Sondereinzelkosten des Vertriebs

Beispiel

Eine für den Eigenbedarf hergestellte Maschine ist für die Bilanz zu bewerten. Ziel es ist, den Gewinn so niedrig wie möglich auszuweisen. Die Finanzbuchhaltung und die Kosten- und Leistungsrechnung liefern folgende Zahlen:

(1) Einkaufspreis der Werkstoffe	25.200,00 €
(2) 19 % Umsatzsteuer hierauf	4.788,00 €
(3) Fertigungslöhne	17.350,00 €
(4) Fertigungsgemeinkostensatz	200 %
(5) Verwaltungsgemeinkostensatz	20 %
(6) Vertriebsgemeinkostensatz	5 %

Lösung:

(a) Umsatzsteuer und Vertriebsgemeinkosten gehören nicht zu den Herstellungskosten.

(b) Unter Berücksichtigung der Zielsetzung eines möglichst niedrigen Gewinnausweises sind die Fertigungsgemeinkosten und die Verwaltungsgemeinkosten unberücksichtigt zu lassen.

(c) Der Bilanzansatz ergibt sich dann wie folgt:

	(1) Werkstoffe	25.200,00 €
+	(3) Fertigungslöhne	17.350,00 €
=	Bilanzansatz	42.550,00 €

Rückzahlungsbetrag

Schulden sind mit ihrem Rückzahlungsbetrag zu bewerten. Was unter dem Rückzahlungsbetrag zu verstehen ist, hängt vom Grund der Schuldentstehung ab:

Verbindlichkeit ist entstanden durch ...	Beispiele	Wertansätze
den Zufluss von Geld und muss in Geld beglichen werden.	Darlehensaufnahme, Inanspruchnahme eines Kontokorrentkredites	Rückzahlungsbetrag
den Erhalt von Gütern oder Dienstleistungen und muss in Geld beglichen werden.	Zieleinkauf von Roh-, Hilfs- und Betriebsstoffen, Gegenständen der Betriebs- und Geschäftsausstattung, technischen Anlagen und Maschinen	Rechnungsbetrag oder Bruttobetrag (einschl. USt)
den Zufluss von Geld oder Erhalt von Gütern bzw. Dienstleistungen aus dem Ausland und muss in Geld beglichen werden.	Aufnahme eines Darlehens in den USA, Zieleinkauf von Rohstoffen in Südafrika	Rückzahlungs-/Rechnungsbetrag in ausländischer Währung, multipliziert mit dem gültigen Wechselkurs
den Zufluss von Geld und muss mit Gütern oder Dienstleistungen beglichen werden.	erhaltene Anzahlungen oder Vorauszahlungen im Zuge des Verkaufs von Fertigerzeugnissen oder Handelswaren	Wert der geschuldeten Güter/Dienstleistungen
die Zahlungen in die Rentenkasse des Unternehmens.	Betriebsrente	Barwert
die Bildung von Rückstellungen für zu leistende Zahlungen an Dritte;	Gewerbesteuernachzahlung	voraussichtlicher Zahlungsbetrag;
die Bildung von Rückstellungen für zu erbringende Sachleistungen an Dritte.	Garantieleistungen	voraussichtlicher Wert der Sach-/Dienstleistungen

vgl. Scharf, Dirk: Handelsrechtlicher Jahresabschluss, Gabler, Wiesbaden 1993, S. 60

3526336

Bewertung des abnutzbaren Anlagevermögens
Evaluation of depreciable assets

Anlagevermögen nach HGB

Zum Anlagevermögen eines Unternehmens gehören alle Vermögensgegenstände, die nach § 247 Absatz 2 HGB dazu bestimmt sind, dem Geschäftsbetrieb auf Dauer zu dienen.

Das Anlagevermögen gliedert sich nach § 266 Abs. 2 HGB in folgende Gruppen (siehe auch S. 100):

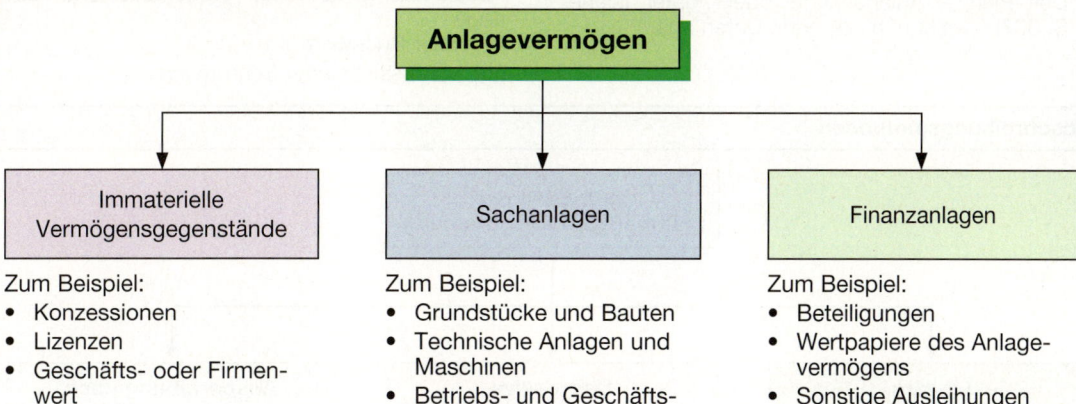

Zum Beispiel:
- Konzessionen
- Lizenzen
- Geschäfts- oder Firmenwert

Zum Beispiel:
- Grundstücke und Bauten
- Technische Anlagen und Maschinen
- Betriebs- und Geschäftsausstattung

Zum Beispiel:
- Beteiligungen
- Wertpapiere des Anlagevermögens
- Sonstige Ausleihungen

Für die Bewertung am Bilanzstichtag sind diese Vermögensgegenstände in **abnutzbare** Güter (Sachanlagen wie z. B. Technische Anlagen und Maschinen, Fuhrpark) und **nicht abnutzbare** Güter (z. B. Grundstücke, Wertpapiere des Anlagevermögens) einzuteilen.

Sachanlagenkartei

Die einzelnen Sachanlagegruppen wie z. B. technische Anlagen und Maschinen oder Betriebs- und Geschäftsausstattung bestehen aus einer Vielzahl von Einzelgegenständen bzw. -werten. Um eine bessere wirtschaftliche Kontrolle über die verschiedenen Anlagegüter zu haben und die Abschreibungen korrekt ermitteln zu können, ist eine gesonderte Anlagenbuchführung notwendig.

Jedes Sachanlagegut wird daher in einer Anlagenkarte erfasst. Alle Anlagenkarten ergeben die Anlagenkartei oder – im PC – die Anlagendatei.

Eine **Anlagenkarte** kann folgendes Aussehen haben:

Inventar-/Bilanzposition: Technische Anlagen und Maschinen		Menge: 1	Anlagenkarte Nr. 136
Bezeichnung: Hobelmaschine KU 40		**OfficeCom AG** Hansestraße 120 38112 Braunschweig	
Standort: Fertigung	Kostenstelle: 110	Lieferant: Kurt Utzinger e. K.	
Anschaffungsdatum: 20..-02-25	Anschaffungskosten: 15.817,76 €*		
Nutzungsdauer: 10 Jahre	Voraussichtlicher Schrottwert: –		Abschreibungsmethode: linear Abschreibungssatz: 10 %

Buchungsdatum	Beleg-Nr.	Buchungstext	Betrag in €	Buchwert
20..-02-26	ER 324	Lieferung	15.817,76	
20..-12-31	7510	Abschreibung	1.581,78	14.235,98

* Siehe S. 335

Bewertung des abnutzbaren Anlagevermögens
Evaluation of depreciable assets

Planmäßige Abschreibung

- Anlagegüter mit zeitlich begrenzter Nutzungsdauer, also Güter des abnutzbaren Anlagevermögens, sind planmäßig abzuschreiben.
- Der Plan – Anlagenkarte oder -datei (siehe S. 337) – weist u. a. folgende Daten aus:

- Anschaffungs-, Herstellungskosten
- Zeitpunkt der Anschaffung/Herstellung
- voraussichtliche Nutzungsdauer
- Abschreibungsmethode, -prozentsatz und -beträge
- jährlicher Buchwert
- ggf. voraussichtlicher Schrottwert

Abschreibungsmethoden

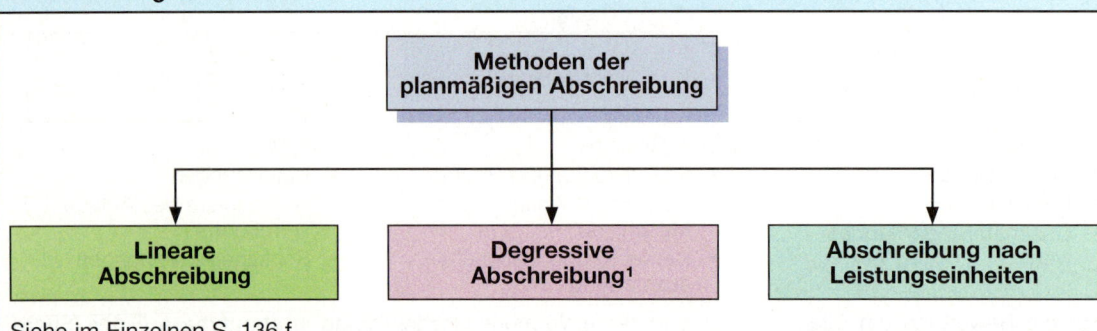

Siehe im Einzelnen S. 136 f.

Wechsel der Abschreibungsmethode[1]

- Nach § 7 Absatz 3 EStG ist ein Wechsel der Abschreibungsmethode von degressiver zu linearer Abschreibung möglich, nicht jedoch umgekehrt.
- Der ökonomisch sinnvolle Zeitpunkt für den **Wechsel** ist gegeben, wenn

$$\frac{\text{Restwert (zum Zeitpunkt des Wechsels)}}{\text{Restnutzungsdauer}} > \text{Abschreibungsbetrag bei fortgeführter degressiver Abschreibung}$$

- Vorteile des Methodenwechsels:
  - Der Anlagegegenstand ist am Ende der Nutzungsdauer auf den Wert null abgeschrieben.
  - Der lineare Abschreibungsbetrag und damit der gewinnmindernde Aufwand ist vom Zeitpunkt des Wechsels an höher als der degressive (Steuerersparnis).

Beispiel:

Die OfficeCom AG kauft zu Beginn des Jahres 20.. eine Maschine, Anschaffungskosten 50.000,00 €, betriebsgewöhnliche Nutzungsdauer 12,5 Jahre. Die Maschine ist höchstmöglich abzuschreiben, um den Gewinn so niedrig wie möglich auszuweisen. Das bedeutet, sie ist zunächst mit 16 % degressiv, später linear abzuschreiben.

Ende des Jahres	Degressive Abschreibung in €	Lineare Abschreibung in €	Buchwert in €
1	8.000,00		42.000,00
2	6.720,00		35.280,00
3	5.644,80		29.635,20
4	4.741,63		24.893,57
5	3.982,97		20.910,60
6	3.345,70		17.564,90
7	2.810,38		14.754,52
8	~~2.360,72~~	2.682,64	12.071,88
9		2.682,64	9.389,24
10		2.682,64	6.706,66
11		2.682,64	4.023,96
12		2.682,64	1.341,32
13		1.341,32	0

Der Wechsel der Abschreibungsmethode ist im achten Jahr sinnvoll, da der Betrag bei degressiver Abschreibung (2.360,72 €) geringer wäre als der Betrag bei linearer Abschreibung (14.754,52 € : 5,5 Jahre = 2.682,64 €).

[1] Mit der Unternehmenssteuerreform 2008 wird – neben anderen Maßnahmen zu deren Finanzierung – die degressive Abschreibung abgeschafft. Sie gilt dann nur noch für Güter, die vor dem 1. Januar 2008 angeschafft wurden.

Bewertung des abnutzbaren Anlagevermögens
Evaluation of depreciable assets

Zeitanteilige Abschreibung im Jahr der Anschaffung/Herstellung

Die Pflicht zur planmäßigen Abschreibung beginnt mit dem Zeitpunkt der Lieferung bzw. Fertigstellung, der jedoch in der Regel nicht an den Beginn eines Geschäftsjahres, sondern in die laufende Abrechnungsperiode fällt.

Monatsgenaue Abschreibung

Nach § 7 Abs. 1 Satz 4 und Abs. 2 Satz 3 sowie § 52 Abs. 21 EStG gilt für bewegliche, abnutzbare Güter des Anlagevermögens, die **nach dem 31. Dez. 2003 angeschafft/hergestellt** wurden, dass sie monatsgenau abzuschreiben sind. Dabei beginnt die planmäßige Abschreibung im Monat der Anschaffung/Herstellung.

Beispiel:

Die OfficeCom AG kaufte am 26. April 20.. einen Pkw, AK 25.000,00 €, Nutzungsdauer 5 Jahre, lineare Abschreibung.

Monatsgenauer Abschreibungsbetrag im ersten Jahr der Nutzung:

$$\frac{25.000,00 \ € \cdot 9 \ \text{Monate}}{5 \ \text{Jahre} \cdot 12 \ \text{Monate}} = 3.750,00 \ €$$

Geringwertige Wirtschaftsgüter (GWG)

Begriff

Güter gelten nach § 6 Absatz 2 und 2 a EStG als geringwertige Wirtschaftsgüter, wenn …
- sie abnutzbar sind,
- sie beweglich sind,
- sie selbstständig nutzbar sind,
- ihre AK/HK abzüglich darin enthaltener Vorsteuer 150,00 € nicht übersteigen (Absatz 2) bzw.
- ihre AK/HK abzüglich darin enthaltener Vorsteuer 150,00 €, aber nicht 1.000,00 € übersteigen (Absatz 2 a).

„Ein Wirtschaftsgut ist einer **selbstständigen Nutzung nicht fähig,** *wenn es nach seiner betrieblichen Zweckbestimmung nur zusammen mit anderen Wirtschaftsgütern des Anlagevermögens genutzt werden kann und die in den Nutzungszusammenhang eingefügten Wirtschaftsgüter technisch aufeinander abgestimmt sind. Das gilt auch, wenn das Wirtschaftsgut aus dem betrieblichen Nutzungszusammenhang gelöst und in einen anderen betrieblichen Nutzungszusammenhang eingefügt werden kann."* (§ 6 Absatz 2 Sätze 2 und 3 EStG)

So sind z. B. Drucker, Bildschirme und Scanner nicht selbstständig nutzbar.

GWG bis 150,00 €

Die AK/HK dieser Wirtschaftsgüter *„… sind im Wirtschaftsjahr der Anschaffung, Herstellung oder Einlage eines Wirtschaftsgutes oder der Eröffnung des Betriebs in voller Höhe als* **Betriebsausgaben** *abzusetzen …"* (§ 6 Absatz 2 EStG). Das heißt, dass derartige Wirtschaftsgüter in der Finanzbuchhaltung sofort als **Aufwand** gebucht werden müssen.

GWG über 150,00 € bis 1.000,00 €

Für derartige Wirtschaftsgüter *„… ist im Wirtschaftsjahr der Anschaffung, Herstellung oder Einlage des Wirtschaftsgutes oder der Eröffnung des Betriebs ein Sammelposten zu bilden, (…) der im Wirtschaftsjahr der Bildung und den folgenden vier Wirtschaftsjahren mit jeweils einem Fünftel gewinnmindernd aufzulösen"* ist (§ 6 Absatz 2 a EStG).

- Nicht die einzelnen Wirtschaftsgüter sind abzuschreiben, sondern der gesamte Sammelposten oder Pool ist pauschal über **fünf Jahre linear abzuschreiben** (so genannte **Poolabschreibung).**
- Daraus folgt, dass jedes Jahr ein neuer Sammelposten für diese Wirtschaftsgüter zu bilden ist.

Entwicklung der Anzahl der Sammelposten in der Bilanz (Beispiel)

Bildung der Sammelposten		Jahres-AfA	Anzahl und Werte der Sammelposten in der Bilanz Ende des Jahres … in €									
Jahr	€	€	01	02	03	04	05	06	07	08	09	…
01	10.000	2.000	8.000	6.000	4.000	2.000	–					
02	12.000	2.400		9.600	7.200	4.800	2.400	–				
03	11.000	2.200			8.800	6.600	4.400	2.200	–			
04	8.000	1.600				6.400	4.800	3.200	1.600	–		
05	13.000	2.600					10.400	7.800	5.200	2.600	–	
…	…	…					…	…	…	…	…	–

Ergebnis: Maximal sind **vier** verschiedene **Sammelposten** in der Bilanz (ab dem Jahr 04) auszuweisen.

8

Bewertung des abnutzbaren Anlagevermögens
Evaluation of depreciable assets

Zeitanteilige Abschreibung bei Verkauf gebrauchter Anlagegüter

- Der Verkauf gebrauchter Anlagegüter ist ein steuerpflichtiger Umsatz, der zunächst auf dem **Zwischenkonto „Erlöse aus Anlagenabgängen"** zu buchen ist.
- Die Höhe der Umsatzsteuer richtet sich nach dem Nettoverkaufspreis.
- **Nettoverkaufspreis > Buchwert:**
  Der Ertrag ist auf dem Konto **„Erträge aus Vermögensabgang"** zu buchen.

Beispiel:

Die OfficeCom AG verkauft am 9. Oktober 20.. eine nicht mehr benötigte Drehbank an einen Werksangehörigen zum Preis von 650,00 € netto zuzüglich 19 % USt (Barverkauf).

Der Buchwert betrug am 1. Januar desselben Jahres 1.500,00 €, der lineare Jahresabschreibungsbetrag 900,00 €.

Ermittlung des Buchwertes zum Zeitpunkt des Verkaufs:

Buchwert am 1. Januar 20..	1.500,00 €
− Zeitanteilige Abschreibung (9/12 von 900,00 €)	675,00 €
= Buchwert zum 9. Oktober 20..	825,00 €
− Nettoverkaufspreis	650,00 €
= Aufwand aus Vermögensabgang	175,00 €

- **Nettoverkaufspreis < Buchwert:**
  Der Aufwand ist auf dem Konto **„Verluste aus Vermögensabgang"** zu buchen.
- Da Anlagegüter i. d. R. in der laufenden Periode verkauft werden, muss der Buchwert zum Zeitpunkt des Verkaufs ermittelt werden. Hierfür ist das Anlagegut **zeitanteilig** bis auf den vollen vorhergehenden Monat planmäßig **abzuschreiben.**

Buchungssätze:

Buchung der zeitanteiligen Abschreibung:

Abschreibungen auf SA	675,00 €	
an Technische Anlagen und Maschinen		675,00 €

Buchung des Barverkaufs:

Kasse	773,50 €	
an Erlöse aus Anlagenabgängen		650,00 €
an Umsatzsteuer		123,50 €

Ausbuchung des Buchwertes:

Erlöse aus Anlagenabgängen	650,00 €	
Verluste aus Vermögensabgang	175,00 €	
an Technische Anlagen und Maschinen		825,00 €

Außerplanmäßige Abschreibung

- Am Jahresende kann neben der planmäßigen Abschreibung noch außerplanmäßig abgeschrieben werden, wenn der Wert am Bilanzstichtag niedriger ist als der fortgeführte Anschaffungs- oder Herstellungswert, z. B. wegen technischen Fortschritts, Bedarfsverschiebung, Katastrophenverschleiß.

	Ursprüngliche AK/HK
−	planmäßige Abschreibungen
=	fortgeführte AK/HK
−	außerplanmäßige Abschreibungen
=	Wert am Bilanzstichtag

- Der so errechnete Buchwert bildet die Grundlage für die neu zu berechnende planmäßige Abschreibung für die verbliebene Restnutzungsdauer.
- Bei **voraussichtlich vorübergehender Wertminderung** können Personenunternehmen außerplanmäßig abschreiben, nicht dagegen Kapitalgesellschaften. Bei **voraussichtlich dauernder Wertminderung** müssen alle Unternehmen, unabhängig von der Rechtsform, eine außerplanmäßige Abschreibung vornehmen (§ 253 Abs. 2 Satz 3 HGB i. V. m. § 279 Abs. 1 Satz 2 HGB).

Bewertung des nicht abnutzbaren Anlagevermögens
Evaluation of the non-wearable fixed assets

Zum nicht abnutzbaren Anlagevermögen gehören zum Beispiel immaterielle Güter wie Patente, Lizenzen, Grundstücke, Anlagen im Bau, Finanzanlagen (Wertpapiere des Anlagevermögens, Beteiligungen). Diese Güter sind am Bilanzstichtag höchstens mit den AK/HK zu bewerten.

Liegt der Wert am Bilanzstichtag unter den AK/HK und

- ist die **Wertminderung nur vorübergehend,** dann können die Unternehmen eine außerplanmäßige Abschreibung vornehmen (Wahlrecht = **gemildertes Niederstwertprinzip**). Bei Kapitalgesellschaften gilt dies nur für Finanzanlagen;
- ist die **Wertminderung voraussichtlich von Dauer,** dann müssen die Güter des nicht abnutzbaren Anlagevermögens außerplanmäßig abgeschrieben werden (Gebot), unabhängig von der Rechtsform (§ 253 Abs. 2 Satz 3 HGB i. V. m. § 279 Abs. 1 Satz 2 HGB).
- Steigt das Anlagegut später wieder im Wert, dann können Personenunternehmen entweder den niedrigeren Wertansatz beibehalten oder den neuen höheren Wert ansetzen (Wahlrecht), der allerdings die AK/HK nicht überschreiten darf **(Realisationsprinzip).** Für Kapitalgesellschaften besteht dagegen ein Wertaufholungsgebot.

Indirekte Abschreibung auf Sachanlagen – *Indirect depreciation of fixed assets*

Um die planmäßige Abschreibung auf Sachanlagen in der Finanzbuchhaltung zu erfassen, können zwei Verfahren angewandt werden:

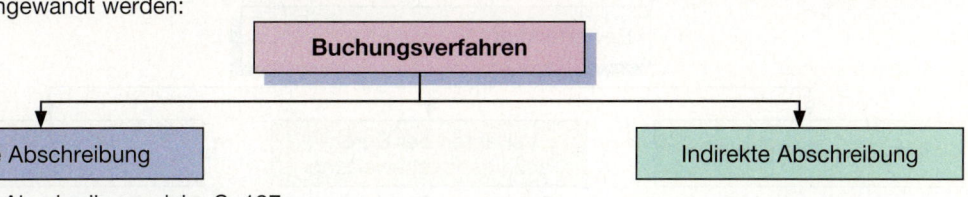

zur direkten Abschreibung siehe S. 137

Indirekte Abschreibung

- Die Abschreibung wird nicht direkt auf dem Sachanlagekonto, sondern „indirekt" auf dem passiven „Bestands"konto **„Wertberichtigungen zu Sachanlagen"** gebucht. Dieses Konto ist ein **Korrekturposten** zu den Sachanlagekonten; es ist daher weder Eigen- noch Fremdkapitalkonto.
- Das Sachanlagegut wird auf dem Sachanlagekonto und im SBK immer mit den Anschaffungskosten ausgewiesen, während auf der Habenseite des SBK die bisher vorgenommenen Abschreibungen zu finden sind.
- Der Buchwert ergibt sich im SBK als Saldo zwischen Sachanlagekonto (Anschaffungskosten) und „Wertberichtigungen zu Sachanlagen".
- Durch die indirekte Abschreibung wird die Bilanzsumme unnötig „aufgebläht".

Beispiel:

Ein Computersystem, Anschaffungskosten 6.000,00 €, wird vier Jahre linear abgeschrieben.

Buchungssatz der indirekten Abschreibung:

Abschreibungen auf SA 1.500,00 €
an Wertberichtigungen zu SA 1.500,00 €

Abschlussbuchungen:

Gewinn- und Verlustkonto 1.500,00 €
an Abschreibungen auf SA 1.500,00 €

Wertberichtigungen zu SA 1.500,00 €
an Schlussbilanzkonto 1.500,00 €

Schlussbilanzkonto 6.000,00 €
an Betriebs- und
Geschäftsausstattung 6.000,00 €

Soll	**Betriebs- und Geschäftsausstattung**	Haben	
...	6.000	SBK	6.000

Soll	**Abschreibung auf SA**		Haben
Wertber. zu SA	1.500	GuV-Konto	1.500

Soll	**Wertberichtigungen zu SA**		Haben
SBK	1.500	Abschr. auf SA	1.500

Soll	**Schlussbilanzkonto**		Haben
Betriebs- u. Geschäftsauss.	6.000	Wertberichtigungen zu SA	1.500

Bewertung von Vorräten – *Valuation of stock*

Vorräte	Bewertungsgrundsätze
Zu den Vorräten eines Industriebetriebs gehören: • Bestände an Roh-, Hilfs- und Betriebsstoffen, • Bestände an Fremdbauteilen, • Bestände an Handelswaren, • Bestände an unfertigen und fertigen Erzeugnissen.	• Grundsätzlich gilt das Prinzip der **Einzelbewertung.** • Unter bestimmten Bedingungen lässt der Gesetzgeber so genannte **Sammelbewertungsverfahren** zu. • Wird eines der Sammelbewertungsverfahren angewendet, muss der so ermittelte Wert des Endbestandes noch mit dem am Bilanzstichtag geltenden Tageswert verglichen werden: → Ist der Tageswert niedriger als der Wert gemäß Sammelbewertungsverfahren, muss der **Tageswert** in der Bilanz angesetzt werden. → Ist der Tageswert höher als der Wert nach dem Sammelbewertungsverfahren, muss mit dem Wert des Sammelbewertungsverfahrens bilanziert werden **(strenges Niederstwertprinzip).**

Bewertung von Vorräten – *Valuation of stock*

Verfahren der Sammelbewertung

Bewertung der Vorräte nach dem ...

Festwertverfahren	Verfahren der Durch-schnittspreisbewertung	Verbrauchsfolge-verfahren
	• Gewogener Durchschnitt • Permanenter gewogener Durchschnitt	• Last in – first out (Lifo) • First in – first out (Fifo) • Highest in – first out (Hifo)

Festwertverfahren

Die Bestände von Werkstoffen und Handelswaren können nach § 240 Abs. 3 HGB mit einem Festwert in der Bilanz angesetzt werden, wenn folgende Bedingungen erfüllt sind:
- Größe, Wert und Zusammensetzung der Bestände dürfen sich nur geringfügig verändern.
- Der Gesamtwert ist für das Unternehmen von nachrangiger Bedeutung.
- Die Vermögensgegenstände müssen regelmäßig ersetzt werden.

Beispiele:
- „eiserne Bestände" der Roh-, Hilfs- und Betriebsstoffe sowie der Handelswaren und Fremdbauteile
- Geschirr der Kantine

Gewogener Durchschnitt

Nach § 240 Abs. 4 HGB können *„gleichartige Vermögensgegenstände des Vorratsvermögens ... jeweils zu einer Gruppe zusammengefasst und mit dem gewogenen Durchschnittswert angesetzt werden."*
Der durchschnittliche Anschaffungswert des Endbestandes lt. Inventur ergibt sich aus dem gewogenen Durchschnittspreis pro Mengeneinheit, multipliziert mit den Mengeneinheiten des Endbestandes gemäß Inventur.

Beispiel:

	Menge in t	Preis/t in €	Menge · Preis
Jahres-AB	10	9,00	90,00
Zugang Februar	15	8,00	120,00
Zugang April	12	10,00	120,00
Zugang Juli	18	9,00	162,00
Zugang Oktober	25	12,00	300,00
Summe	80		792,00
Verbrauch	60		
Jahres-EB	20		

Durchschnittlicher Anschaffungspreis/t: 792,00 € : 80 t = 9,90 €/t
Durchschnittlicher Anschaffungswert des Endbestandes lt. Inventur: 20 t · 9,90 €/t = 198,00 €

Beträgt der Tageswert am Bilanzstichtag 9,70 €, ist der Endbestand mit 194,00 € in der Bilanz auszuweisen.

Permanenter gewogener Durchschnitt

- Nach jedem Zugang – also laufend oder permanent – wird der Gesamtwert des sich dann ergebenden neuen Bestandes ermittelt.
- Jeder Abgang oder Verbrauch wird mit den sich jeweils ergebenden durchschnittlichen Anschaffungskosten bewertet.
- Mit der letzten Lagerbestandsänderung ergibt sich der Wert des Endbestandes zu durchschnittlichen Anschaffungskosten, der noch mit dem Tageswert zu vergleichen ist.
- Gegenüber der einmaligen Durchschnittsbewertung ist das Ergebnis der permanenten Durchschnittsbewertung genauer.

Beispiel:

	Menge in t	Preis/t in €	Menge · Preis
Jahres-AB	10	9,00	90,00
Zugang Februar	15	8,00	120,00
Bestand	25	8,40	210,00
Abgang Februar	12	8,40	100,80
Bestand	13	8,40	109,20
Zugang April	12	10,00	120,00
Bestand	25	9,17	229,20
Abgang April	16	9,17	146,72
Bestand	9	9,16	82,48
Zugang Juli	18	9,00	162,00
Bestand	27	9,05	244,48
Abgang August	20	9,05	181,00
Bestand	7	9,07	63,48
Zugang Oktober	25	12,00	300,00
Bestand	32	11,36	363,48
Abgang November	12	11,36	136,32
Endbestand 31. Dez.	20	11,36	227,16

Bewertung von Vorräten – *Valuation of stock*

Verbrauchsfolgeverfahren

Lifo-Verfahren	Fifo-Verfahren	Hifo-Verfahren
• Last in – first out heißt, dass die zuletzt gekauften Vorräte zuerst in der Fertigung verbraucht bzw. verkauft werden.	• First in – first out heißt, dass die zuerst gekauften Vorräte auch zuerst in der Fertigung verbraucht oder verkauft werden.	• Highest in – first out heißt, dass die Vorräte mit den höchsten Anschaffungskosten zuerst verbraucht oder verkauft werden.
• Umkehrschluss: Die zuerst gekauften Vorräte liegen noch auf Lager und sind für die Bilanz zu bewerten.	• Umkehrschluss: Die zuletzt gekauften Vorräte liegen am Bilanzstichtag noch auf Lager.	• Umkehrschluss: Die Vorräte mit den niedrigeren Anschaffungskosten liegen noch auf Lager.
• Der nach dem Lifo-Verfahren ermittelte Wert ist noch mit dem Tageswert zu vergleichen.	• Der nach dem Fifo-Verfahren ermittelte Wert ist noch mit dem Tageswert zu vergleichen.	• Der nach dem Hifo-Verfahren ermittelte Wert ist noch mit dem Tageswert zu vergleichen.
• Das Lifo-Verfahren ist handels- und steuerrechtlich zulässig.	• Das Fifo-Verfahren ist nur handelsrechtlich zulässig.	• Das Hifo-Verfahren ist nur handelsrechtlich zulässig.
Beispiel: Auf der Grundlage des Zahlenbeispiels auf S. 342 ergibt sich der folgende vorläufige Bilanzansatz: 10 t · 9,00 € = 90,00 € 10 t · 8,00 € = 80,00 € 20 t = 170,00 €	**Beispiel:** Auf der Grundlage des Zahlenbeispiels auf S. 342 ergibt sich der folgende vorläufige Bilanzansatz: 20 t · 12,00 € = 240,00 €	**Beispiel:** Auf der Grundlage des Zahlenbeispiels auf S. 342 ergibt sich der folgende vorläufige Bilanzansatz: 15 t · 8,00 € = 120,00 € 5 t · 9,00 € = 45,00 € 20 t = 165,00 €

Bewertung von Forderungen – *Valuation of debts*

Forderungsarten und Wertansätze am Bilanzstichtag

Forderungen nach der Bonität

Einwandfreie Forderungen	Zweifelhafte Forderungen	Uneinbringliche Forderungen
… werden mit ihrem Rechnungsbetrag (brutto) in der Bilanz ausgewiesen.	… werden mit ihrem wahrscheinlichen Wert in der Bilanz ausgewiesen (indirekte Abschreibung).	… werden nicht in der Bilanz ausgewiesen (direkte Abschreibung).

Uneinbringliche Forderungen

- Forderungen gelten als uneinbringlich, wenn ihr (teilweiser) **Ausfall gewiss** ist, z. B. wenn ein Kunde die Zahlung einstellt.
- Derartige Forderungen sind zunächst von den einwandfreien („guten") Forderungen zu trennen, indem sie auf das aktive Bestandskonto **„Zweifelhafte Forderungen"** umgebucht werden.
- Anschließend sind sie **direkt** auf dem Konto „Zweifelhafte Forderungen" **abzuschreiben.** Das entsprechende Aufwandskonto heißt **„Abschrei-** bungen auf Forderungen". Die Abschreibung wird vom **Nettowert** der Forderung berechnet.
- Da durch den Forderungsausfall *„das vereinbarte Entgelt für eine steuerpflichtige Lieferung oder sonstige Leistung uneinbringlich geworden ist"* (§ 17 Absatz 2 Ziffer 1 UStG), ist die **Umsatzsteuer** in entsprechender Höhe zu **korrigieren.** Das Finanzamt erstattet also die vorher zu viel berechnete bzw. schon abgeführte Umsatzsteuer.

Bewertung von Forderungen – *Valuation of outstanding debts*

Uneinbringliche Forderungen

Beispiel:

Die OfficeCom AG hat Aktenschränke im Wert von 15.700,00 € zuzüglich 19 % USt an einen Kunden auf Ziel verkauft. Am 15. März 20.. erfährt die OfficeCom AG, dass der Kunde das Insolvenzverfahren beantragt hat, das jedoch nach Prüfung vom zuständigen Insolvenzgericht am 19. Juli 20.. mangels Masse eingestellt wird. Damit kann die OfficeCom AG davon ausgehen, dass die Forderung verloren, uneinbringlich ist.

Buchungen:

Umbuchung der Forderung am 15. März 20..:

Zweifelhafte Forderungen 18.683,00 €	
an Forderungen a. LL	18.683,00 €

Direkte Abschreibung der Forderung einschließlich USt-Korrektur am 19. Juli 20..:

Abschreibungen auf	
Forderungen	15.700,00 €
Umsatzsteuer	2.983,00 €
an Zweifelhafte Forderungen	18.683,00 €

Zweifelhafte Forderungen

Entstehung der Einzelwertberichtigung zu Forderungen

- Einzelne Forderungen gelten als zweifelhaft, wenn ihr (teilweiser) **Ausfall am Bilanzstichtag wahrscheinlich** ist, z. B. wenn bei einem Kunden das Insolvenzverfahren eröffnet ist.
- Derartige Forderungen sind ebenfalls auf das aktive Bestandskonto „Zweifelhafte Forderungen" umzubuchen.
- Anschließend sind sie **indirekt** auf dem **passiven** „Bestands"konto **„Einzelwertberichtigung zu Forderungen"** in Höhe des mutmaßlichen Ausfalls abzuschreiben. Die Gegenbuchung erfolgt auf dem Aufwandskonto **„Einstellung in die Einzelwertberichtigung"**. Die Abschreibung wird vom **Nettowert** der Forderung berechnet.
- Das Konto „Einzelwertberichtigung zu Forderungen" ist ein **Korrekturposten** zum Konto „Zweifelhafte Forderungen".
- Die USt-Korrektur darf noch **nicht** erfolgen, da die endgültige Höhe des Ausfalls am Bilanzstichtag nicht feststeht.

Beispiel:

Per 31. Dezember 20.. beträgt der Forderungsbestand der OfficeCom AG 230.000,00 €. Darin enthalten ist eine Forderung über 33.320,00 € an den Kunden Miller GmbH, über deren Vermögen das Insolvenzverfahren eröffnet wurde. Der Insolvenzverwalter rechnet für die OfficeCom AG mit einer Insolvenzquote von 20 %. Das bedeutet einen mutmaßlichen Forderungsausfall von 80 %.

Buchungen per 31. Dezember 20..:

(1) **Umbuchung der zweifelhaften Forderung**

Zweifelhafte Forderungen 33.320,00 €	
an Forderungen a. LL	33.320,00 €

(2) **Indirekte Abschreibung der zweifelhaften Forderung** (80 % von 28.000,00 €):

Einstellung in die Einzelwertberichtigung 22.400,00 €	
an Einzelwertberichtigung zu Forderungen	22.400,00 €

Darstellung des Beispiels zu „Einzelwertberichtigung zu Forderungen" auf Konten

Soll	Forderungen		Haben
...	230.000	1. Zweifelhafte Forderungen	33.320
		SBK	196.680

Soll	Einstellung in die EWB		Haben
2. EWB zu Forderungen	22.400	GuV-Konto	22.400

Soll	Zweifelhafte Forderungen		Haben
1. Forderungen	33.320	SBK	33.320

Soll	EWB zu Forderungen		Haben
SBK	22.400	2. Einst. in die EWB	22.400

Soll	Schlussbilanzkonto		Haben
Forderungen	196.680	EWB zu Forderungen	22.400
Zweifelhafte Forderungen	33.320		

Soll	Gewinn- und Verlustkonto		Haben
Einstellung in die EWB	22.400		

3526344

Bewertung von Forderungen – *Valuation of outstanding debts*

Direkte Abschreibung des tatsächlichen Ausfalls der einzeln wertberichtigten Forderung

- Steht im neuen Jahr der **tatsächliche Ausfall** der Forderung, für die Ende des vergangenen Jahres eine Wertberichtigung vorgenommen wurde, fest, ist diese Forderung **direkt** über das Konto „Abschreibungen auf Forderungen" **abzuschreiben.**
- Die Umsatzsteuer ist in entsprechender Höhe zu korrigieren.
- Auf diese Weise werden alle Forderungsausfälle, die zu einer Minderung der Umsatzsteuer führen, ausschließlich auf dem Konto „Abschreibungen auf Forderungen" erfasst, das mit einer Umsatzsteuerautomatik versehen ist. Dadurch wird eine EDV-gerechte Umsatzsteuerverprobung ermöglicht.
- Die für die zweifelhafte Forderung gebildete Einzelwertberichtigung bleibt bis zum Jahresende unberührt.

Beispiel:

Am 17. Oktober 20.. (des folgenden Jahres) ist das Insolvenzverfahren der Miller GmbH (siehe S. 344) abgeschlossen. Die Insolvenzquote beträgt 15 %. Der entsprechende Betrag wird auf das Bankkonto der OfficeCom AG überwiesen.

	Zweifelhafte Forderung	33.320,00 €
–	Banküberweisung (15 %)	4.998,00 €
=	tatsächlicher Ausfall (brutto)	28.322,00 €
–	USt-Korrektur	4.522,00 €
=	tatsächlicher Ausfall (netto) (direkte Abschreibung)	23.800,00 €

Die OfficeCom AG bucht am 17. Oktober 20..:

Bankguthaben	4.998,00 €	
Abschreibungen auf Forderungen	23.800,00 €	
Umsatzsteuer	4.522,00 €	
an Zweifelhafte Forderungen		33.320,00 €

Auflösung der alten und Bildung einer neuen Einzelwertberichtigung zu Forderungen

- In der betrieblichen Praxis wird per 31. Dezember des neuen Jahres die Einzelwertberichtigung zu Forderungen aus dem alten Jahr **ertragswirksam aufgelöst.**
- Anschließend werden wieder – wie am Ende des vorangegangenen Jahres – alle bestehenden Forderungen im Hinblick auf ihre Bonität untersucht. Zweifelhafte Forderungen werden **wieder** umgebucht und in Höhe ihres mutmaßlichen Ausfalls **indirekt abgeschrieben.** Auf diese Weise wird der entsprechende Aufwand („Verlust") in dem Jahr gebucht, dem er wirtschaftlich zuzuordnen ist.

Beispiel:

Die Einzelwertberichtigung der OfficeCom AG aus dem vorangegangenen Jahr über 22.400,00 € wird aufgelöst.

Buchung:

EWB zu Forderungen	22.400,00 €
an Erträge aus der Auflösung von Wertberichtigungen auf Forderungen	22.400,00 €

Unter dem Forderungsbestand der OfficeCom AG per 31. Dezember von 650.000,00 € befinden sich Forderungen von 46.400,00 €, die vermutlich zu 70 % ausfallen werden.

Buchungen:
Siehe S. 344 Mitte

8

Pauschalwertberichtigung zu Forderungen

- Statt jede Forderung einzeln auf ihre Bonität zu prüfen und zu bewerten, kann ein Unternehmen auch eine **pauschale Bewertung** aller Forderungen, d. h., wegen des allgemeinen Kreditrisikos eine pauschale indirekte Abschreibung vornehmen.
- Die Höhe des Abschreibungsprozentsatzes richtet sich nach Erfahrungswerten aus der Vergangenheit, sollte aber aus Gründen steuerlicher Anerkennung 5 % nicht überschreiten.

- Die Buchung der Pauschalwertberichtigung (PWB) erfolgt analog zur Einzelwertberichtigung zu Forderungen.
- Wie bei der Einzelbewertung sind im folgenden laufenden Jahr die tatsächlich ausgefallenen Forderungen direkt abzuschreiben, wobei die Umsatzsteuer zu korrigieren ist.
- Ende des folgenden Geschäftsjahres ist die PWB – wie die EWB (s. o.) – anzupassen.

Beispiel:

Der Forderungsbestand der OfficeCom AG beträgt am 31. Dez. 20.. 452.200,00 €; in der kommenden Periode wird aufgrund von Erfahrungen aus der Vergangenheit mit einem Ausfall von 4 % gerechnet.

	Forderungen gesamt per 31. Dez. 20.. brutto	452.200,00 €
–	19 % Umsatzsteuer	72.200,00 €
=	Forderungen gesamt per 31. Dez. 20.. netto	380.000,00 €
	hierauf 4 % pauschale Wertberichtigung	15.200,00 €

Die OfficeCom AG bucht:

Einstellung in die Pauschalwertberichtigung	15.200,00 €	
an Pauschalwertberichtigung zu Forderungen		15.200,00 €

Bewertung der Passiva – *Evaluation of liabilities*

Eigenkapital

Eigenkapital der AG

Gezeichnetes Kapital + **Rücklagen**

- Das gezeichnetes Kapital oder **Grundkapital** ist mit dem Nennwert anzusetzen, wobei das Grundkapital die Summe der Nennwerte aller Aktien ist. Es stellt den längerfristig **konstanten** Teil des Eigenkapitals dar, das sich nur im Zuge einer Kapitalerhöhung oder -herabsetzung ändert.
- Die **Rücklagen** sind mit dem tatsächlichen Wert anzusetzen; sie sind der **variable** Teil des Eigenkapitals, werden **offen** in der Bilanz **ausgewiesen** und lassen sich unterteilen in Kapitalrücklagen und Gewinnrücklagen.
- **Kapitalrücklagen** entstehen z. B. bei der Aus-

gabe von Aktien als Differenz zwischen Nennwert und höherem Ausgabewert (Agio oder Aufgeld).
- **Gewinnrücklagen** sind einbehaltene Gewinne; zu unterscheiden sind
  - gesetzliche Gewinnrücklagen,
  - satzungsmäßige Gewinnrücklagen und
  - andere (freie) Gewinnrücklagen.
- Die Summe aus gezeichnetem Kapital und offenen Rücklagen entspricht i. d. R. nicht dem **„tatsächlichen" Wert** des Eigenkapitals; zu berücksichtigen sind noch die so genannten stillen Rücklagen oder Reserven (siehe unten).

Schulden

- **Darlehen** wie z. B. Grundschulden sind mit ihrem Rückzahlungsbetrag in der Bilanz auszuweisen (zu den Buchungen siehe S. 134 f.)
- **Verbindlichkeiten** aus Lieferungen und Leistungen sind mit ihrem Zahlungs- oder Rechnungs- oder Bruttobetrag (also einschließlich Umsatzsteuer) zu passivieren.

- **Rückstellungen** sind mit solchen Beträgen in der Bilanz anzusetzen, die gemäß § 253 Abs. 1 HGB *„... nach vernünftiger kaufmännischer Beurteilung notwendig ..."* sind.
(Zu Begriff, Arten und Buchung von Rückstellungen siehe S. 326)

Stille Rücklagen – *Undisclosed reserves*

Begriff

Stille Rücklagen (auch als **stille Reserven** bezeichnet) sind der Teil des Eigenkapitals, der in der Bilanz nicht ersichtlich ist.

Stille Rücklagen

Differenz zwischen den Buchwerten und den tatsächlichen (höheren) Werten von Aktiva (also durch **Unterbewertung von Aktiva**)

Differenz zwischen den Buchwerten und den tatsächlichen (niedrigeren) Werten von Passiva (also durch **Überbewertung von Passiva**)

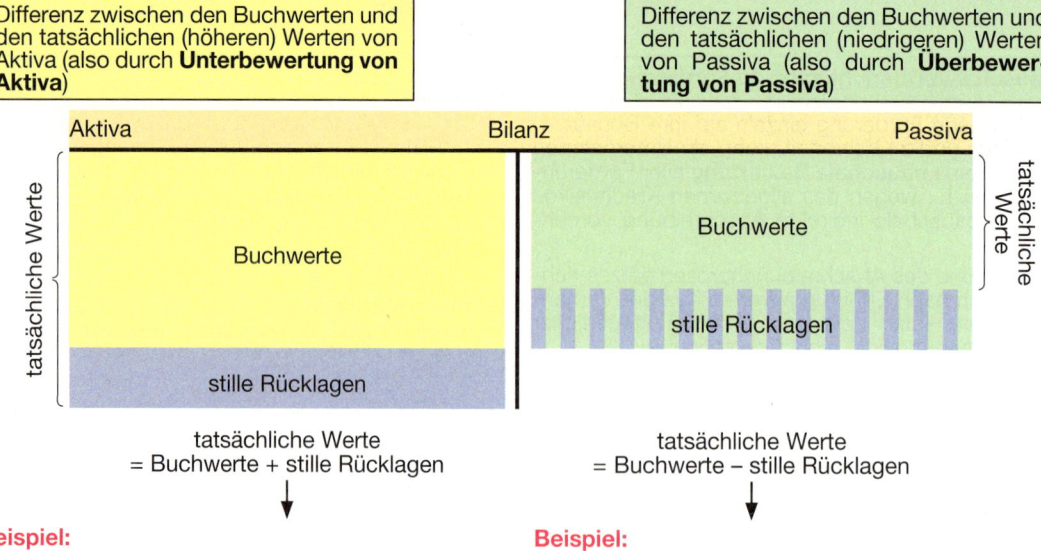

tatsächliche Werte
= Buchwerte + stille Rücklagen

tatsächliche Werte
= Buchwerte – stille Rücklagen

Beispiel:
Ein Betriebsgrundstück, dessen Verkehrswert 650.000,00 € beträgt, darf in der Bilanz höchstens zu den Anschaffungskosten von 285.000,00 € ausgewiesen werden.

Beispiel:
Ein in den USA zum Kurs von 1,20 € aufgenommener Kredit über 200.000,00 US-$ ist in der Bilanz weiter mit 240.000,00 € auszuweisen, auch wenn der Kurs inzwischen auf 1,05 € gesunken ist.

Stille Rücklagen – *Undisclosed reserves*

Arten

```
                    ┌──────────────────────┐
                    │   Stille Rücklagen    │
                    └──────────┬───────────┘
        ┌─────────────┬────────┴────────┬──────────────┐
        ▼             ▼                 ▼              ▼
 ┌────────────┐ ┌──────────────┐ ┌──────────────┐ ┌──────────────┐
 │Zwangsrück- │ │Schätzungs-   │ │Ermessens-    │ │Willkür-      │
 │lagen       │ │rücklagen     │ │rücklagen     │ │rücklagen     │
 └────────────┘ └──────────────┘ └──────────────┘ └──────────────┘
```

Zwangsrücklagen

Zwangsläufig gebildete stille Rücklagen resultieren aus der Verfolgung des **Anschaffungswert-** oder <u>Realisationsprinzips</u> bei der Bewertung der **Aktiva,** nämlich wenn aufgrund von Preissteigerungen der Tageswert am Bilanzstichtag höher ist als die (fortgeschriebenen) Anschaffungs- oder Herstellungskosten, dieser nicht realisierte Gewinn jedoch in der Bilanz nicht ausgewiesen werden darf, da die (fortgeschriebenen) Anschaffungs- oder Herstellungskosten nach HGB die Wertobergrenze bilden.

Als **Beispiele** seien hier Preissteigerungen bei Werkstoffen oder Grundstücken über die Anschaffungskosten hinaus sowie Kurssteigerungen bei Finanzanlagen und Wertpapieren des Umlaufvermögens über den Anschaffungskurs hinaus genannt.

Analog dürfen auf der **Passivseite** der Bilanz zum **Beispiel** Valutaverbindlichkeiten nicht unter dem Anschaffungskurs bilanziert werden. Da derartige stille Rücklagen nicht durch freie Entscheidung des Unternehmens, sondern aufgrund gesetzlicher Bewertungsvorschriften entstehen, können sie als Zwangsrücklagen bezeichnet werden.

Schätzungsrücklagen

Ebenso wenig kann ein Unternehmen die Bildung stiller Rücklagen aufgrund **falscher Schätzungen** vermeiden.

So hängt zum **Beispiel** auf der **Aktivseite** die Höhe der Abschreibungen auf abnutzbare Güter des Anlagevermögens u. a. von der Nutzungsdauer ab. Wird sie kurz geschätzt, führt dies zu überhöhten planmäßigen Abschreibungen und damit zu einer Unterbewertung des Wirtschaftsgutes. Wirtschaftsgüter, die mit dem Erinnerungswert von 1,00 € zu Buche stehen, haben offensichtlich noch einen erheblichen wirtschaftlichen Wert, der in der Bilanz keinen Niederschlag findet. Ein weiteres **Beispiel** für die Aktivseite ist die Pauschalabschreibung auf Forderungen.

Schätzungsrücklagen entstehen auf der **Passivseite** der Bilanz durch den zu hohen Ansatz von Rückstellungen, zum **Beispiel** für Prozesskosten, Steuernachzahlungen oder Garantieverpflichtungen.

Ermessensrücklagen

Hierbei handelt es sich um solche stillen Rücklagen, die durch die **Ausübung von Bilanzierungs- und Bewertungswahlrechten** entstehen, deren Bildung also im Ermessen des Unternehmens liegt.

Dazu gehören folgende **Beispiele:** die unterlassene Aktivierung oder besser Vollabschreibung geringwertiger Wirtschaftsgüter, die Nichtaktivierung (von Teilen) der Gemeinkosten bei der Bewertung der unfertigen und fertigen Erzeugnisse sowie der aktivierten Eigenleistungen und der Verzicht auf Wertzuschreibungen bis zum Anschaffungswert – beispielsweise bei Finanzanlagen –, sofern am vorangegangenen Bilanzstichtag wegen vorübergehender Wertminderung eine Abschreibung vorgenommen wurde und der Kurs inzwischen wieder gestiegen ist.

Willkürrücklagen

Von Willkürrücklagen kann gesprochen werden, wenn es dem Unternehmen freigestellt ist, **allein unter bilanzpolitischen Gesichtspunkten,** unabhängig von gesetzlichen Vorschriften, die Aktiva so niedrig bzw. die Schulden so hoch wie möglich zu bewerten.

Dies scheint bei Einzelunternehmen und Personengesellschaften, die nicht dem Publizitätsgesetz unterliegen, eher möglich – siehe den Wertansatz nach § 253 Abs. 4 HGB – als bei Kapitalgesellschaften – siehe § 279 Abs. 1 Satz 1 HGB.

Bedeutung

Die Bildung stiller Rücklagen …

- entspricht dem Prinzip der Vorsicht,
- widerspricht dem Prinzip der Bilanzklarheit, da die wirklich vorhandenen Werte verschleiert werden,
- verbessert die Kreditwürdigkeit des Unternehmens und die Kapitalsicherung,
- dient der Bildung neuen Kapitals im Wege der Selbstfinanzierung.

Analyse des Jahresabschlusses – *Analysis of the annual balance sheet*

Ziel

- Aufbereitung des Zahlenmaterials aus Bilanz, Gewinn- und Verlustkonto, Anhang und Lagebericht, um einen komprimierten Einblick in die Vermögens-, Finanz- und Ertragslage des Unternehmens zu ermöglichen.

- Auswertung des aufbereiteten Zahlenmaterials mithilfe so genannter Bilanzkennziffern, um die Lage des Unternehmens im Zeitablauf und mit anderen Unternehmen vergleichen zu können.

Aufbereitung der Bilanz (Bilanzanalyse)

- **Bereinigung** von Bilanzpositionen, wie z. B. Verrechnung (Saldierung) der Wertberichtigungen zu Forderungen mit den zweifelhaften Forderungen oder Wertberichtigungen zu Sachanlagen mit den entsprechenden Sachanlagekonten

- **Umgruppierung** von Bilanzpositionen; so gehört z. B. der Posten der Aktiven Rechnungsabgrenzung zu den Forderungen a. LL, der Posten der passiven Rechnungsabgrenzung zu den Verbindlichkeiten a. LL. Der Rücklagenanteil des Jahresüberschusses ist Eigenkapital, der auszuschüttende Teil des Bilanzgewinnes (Dividende) gehört zu den Verbindlichkeiten.

- Erstellung einer **Strukturbilanz:**
  Bilanzpositionen werden nach bestimmten Kriterien zu Gruppen zusammengefasst. Der Ausweis der einzelnen Posten bzw. Postengruppen erfolgt in absoluten Beträgen (also in Euro) und in Prozentzahlen, bezogen auf die bereinigte Bilanzsumme.

  Um einen Zeitvergleich anstellen zu können werden in der Strukturbilanz die Zahlen und Prozentsätze des Berichtsjahres und die des Vorjahres ausgewiesen.

Beispiel:

Der folgenden Strukturbilanz der OfficeCom AG liegen für das Berichtsjahr die Zahlen aus der Inventurbilanz der Hauptabschlussübersicht S. 322 zugrunde. Der dort ausgewiesene Gewinn von 19.100,00 € wird wie folgt verwendet: Gewinnrücklage 9.100,00 €, auszuschüttende Dividende 10.000,00 €. Die Zahlen des Vorjahres sind angenommene Werte.

Strukturbilanz der OfficeCom AG zum 31. Dezember 20..

Aktiva	Berichtsjahr		Vorjahr		Passiva	Berichtsjahr		Vorjahr	
	in Tsd. €	in %	in Tsd. €	in %		in Tsd. €	in %	in Tsd. €	in %
Sachanlagen	368,0	56,1	380,0	60,5	Gezeichnetes Kapital	100,0	15,3	100,0	15,9
Anlagevermögen	**368,0**	**56,1**	**380,0**	**60,5**	Rücklagen	256,4	39,1	247,3	39,4
Vorräte	190,4	29,0	170,9	27,2	**Eigenkapital**	**356,4**	**54,4**	**347,3**	**55,3**
Forderungen	49,0	7,5	31,5	5,0	Darlehen	250,0	38,1	240,0	38,2
Liquide Mittel	48,3	7,4	46,0	7,3	Verbindlichkeiten	49,3	7,5	41,1	6,5
Umlaufvermögen	**287,7**	**43,9**	**248,4**	**39,5**	**Fremdkapital**	**299,3**	**45,6**	**281,1**	**44,7**
Gesamtvermögen	655,7	100,0	628,4	100,0	Gesamtkapital	655,7	100,0	628,4	100,0

Auswertung der Bilanz mithilfe ausgesuchter Bilanzkennziffern

Die Bilanz – wie auch die Gewinn- und Verlustrechnung – wird mithilfe so genannter Bilanzkennzahlen ausgewertet.

Vermögensstruktur oder Konstitution

Die Vermögensstruktur eines Unternehmens hängt von der Branche und dem Grad der Mechanisierung und Automation ab. Sie beeinflusst die Anpassungsfähigkeit des Unternehmens.

Kennziffern (Beispiele):

$$\text{Anlagenintensität} = \frac{\text{Anlagevermögen}}{\text{Gesamtvermögen}} \cdot 100$$

$$\text{Forderungsquote} = \frac{\text{Forderungen}}{\text{Gesamtvermögen}} \cdot 100$$

Beispiele:

Aufgrund der Strukturbilanz ergeben sich für die OfficeCom AG folgende Werte:

Anlagenintensität

Berichtsjahr:

$$\frac{368 \cdot 100}{655,7} = 56,1\ \%$$

Vorjahr:

$$\frac{380 \cdot 100}{628,4} = 60,5\ \%$$

Forderungsquote

Berichtsjahr:

$$\frac{49 \cdot 100}{655,7} = 7,5\ \%$$

Vorjahr:

$$\frac{31,5 \cdot 100}{628,4} = 5,0\ \%$$

3526348

Analyse des Jahresabschlusses – *Analysis of the annual balance sheet*

Kapitalstruktur oder Finanzierung

Die Kapitalstruktur zeigt, mit welchen Mitteln (eigenen und fremden, langfristigen und kurzfristigen) das Vermögen finanziert wurde. Sie gibt u. a. Aufschluss über den Haftungsumfang, die Kreditwürdigkeit und Krisenfestigkeit sowie die finanzielle Unabhängigkeit des Unternehmens.

Kennziffern (Beispiele):

$$\text{Grad der finanziellen Unabhängigkeit} = \frac{\text{Eigenkapital}}{\text{Gesamtkapital}} \cdot 100$$

$$\text{Anteil des kurzfristigen Fremdkapitals} = \frac{\text{kfr. Fremdkapital}}{\text{Gesamtkapital}} \cdot 100$$

Beispiele:

Für die OfficeCom AG werden folgende Werte anhand der Strukturbilanz ermittelt:

Grad der finanziellen Unabhängigkeit

Berichtsjahr:
$$\frac{356{,}4 \cdot 100}{655{,}7} = 54{,}4\ \%$$

Vorjahr:
$$\frac{347{,}3 \cdot 100}{628{,}4} = 55{,}3\ \%$$

Anteil des kurzfristigen Fremdkapitals

Berichtsjahr:
$$\frac{49{,}3 \cdot 100}{655{,}7} = 7{,}5\ \%$$

Vorjahr:
$$\frac{41{,}1 \cdot 100}{628{,}4} = 6{,}5\ \%$$

Anlagendeckung oder Investierung

Der Finanzierungsumfang des Anlagevermögens durch langfristiges Kapital (Deckung) zeigt die Finanzierungssolidität und -stabilität des Unternehmens. Das Anlagevermögen – und die „eisernen Bestände" der Vorräte – soll durch langfristiges Kapital finanziert werden („goldene Bilanzregel").

Kennziffern:

$$\text{Deckungsgrad I} = \frac{\text{Eigenkapital}}{\text{Anlagevermögen}} \cdot 100$$

$$\text{Deckungsgrad II} = \frac{\text{Eigenkapital} + \text{langfr. Fremdkapital}}{\text{Anlagevermögen}} \cdot 100$$

Beispiele:

Mithilfe der Strukturbilanz ergeben sich für die OfficeCom AG folgende Deckungsgrade:

Deckungsgrad I

Berichtsjahr:
$$\frac{356{,}4 \cdot 100}{368} = 96{,}8\ \%$$

Vorjahr:
$$\frac{347{,}3 \cdot 100}{380} = 91{,}4\ \%$$

Deckungsgrad II

Berichtsjahr:
$$\frac{606{,}4 \cdot 100}{368} = 164{,}8\ \%$$

Vorjahr:
$$\frac{587{,}3 \cdot 100}{380} = 154{,}6\ \%$$

Liquidität

Die Liquidität zeigt die Fähigkeit des Unternehmens an, jederzeit die kurzfristigen Verbindlichkeiten bezahlen zu können. Sie ist insofern bedeutsam, als Zahlungsunfähigkeit die Einleitung eines Insolvenzverfahrens (siehe dazu S. 430) zur Folge hat.

Kennziffern:

$$\text{Liquiditätsgrad I (Barliquidität)} = \frac{\text{liquide Mittel}}{\text{kurzfr. Verbindlichkeiten}} \cdot 100$$

Faustregel: mindestens 20 % Deckung

$$\text{Liquiditätsgrad II (Einzugsbedingte Liquidität)} = \frac{\text{liquide Mittel} + \text{Forderungen a. LL}}{\text{kurzfr. Verbindlichkeiten}} \cdot 100$$

Faustregel: mindestens 100 % Deckung

$$\text{Liquiditätsgrad III (Umsatzbedingte Liquidität)} = \frac{\text{Umlaufvermögen}}{\text{kurzfr. Verbindlichkeiten}} \cdot 100$$

Faustregel: mindestens 200 % Deckung

Beispiele:

Den Liquiditätsstatus der OfficeCom AG zeigen – auf der Grundlage der Strukturbilanz – die folgenden Zahlen:

Liquiditätsgrad I

Berichtsjahr:
$$\frac{48{,}3 \cdot 100}{49{,}3} = 98{,}0\ \%$$

Vorjahr:
$$\frac{46 \cdot 100}{41{,}1} = 111{,}9\ \%$$

Liquiditätsgrad II

Berichtsjahr:
$$\frac{(48{,}3 + 49) \cdot 100}{49{,}3} = 197{,}4\ \%$$

Vorjahr:
$$\frac{(46 + 31{,}5) \cdot 100}{41{,}1} = 188{,}6\ \%$$

Liquiditätsgrad III

Berichtsjahr:
$$\frac{287{,}7 \cdot 100}{49{,}3} = 583{,}6\ \%$$

Vorjahr:
$$\frac{248{,}4 \cdot 100}{41{,}1} = 604{,}4\ \%$$

8

Analyse des Jahresabschlusses – *Analysis of the annual balance sheet*

Rentabilität

Die Rentabilität ist die innerbetriebliche Verzinsung des eingesetzten Kapitals, die den Erfolg des Unternehmens zum Ausdruck bringt. Die Erfolgsentwicklung ist u. a. bedeutsam für das Verhalten bestehender und zukünftiger Teilhaber bzw. Investoren, Kunden und Lieferer.

Kennziffern:

$$\text{Rentabilität des Eigenkapitals} = \frac{\text{bereinigter Unternehmensgewinn}^1}{\text{durchschnittliches Eigenkapital}^2} \cdot 100$$

$$\text{Rentabilität des Gesamtkapitals} = \frac{\substack{\text{bereinigter} \\ \text{Unternehmensgewinn} \\ + \text{ Fremdkapitalzinsen}}}{\text{durchschnittliches Gesamtkapital}} \cdot 100$$

$$\text{Rentabilität des Umsatzes} = \frac{\text{bereinigter Unternehmensgewinn}}{\text{Umsatz}} \cdot 100$$

[1] Unternehmensgewinn
  – außerordentliche Erträge
  + außerordentliche Aufwendungen
  = bereinigter Unternehmensgewinn

[2] Durchschnittliches Eigenkapital

$$= \frac{\text{Eigenkapital am 1. Jan.} + \text{Eigenkapital am 31. Dez.}}{2}$$

Beispiele:

Für die OfficeCom AG ergeben sich aus der Strukturbilanz folgende Zahlen:

Durchschnittliches Eigenkapital in tausend Euro im Berichtsjahr:
$(347,3 + 356,4) : 2 = 351,85$

Durchschnittliches Gesamtkapital in tausend Euro im Berichtsjahr:
$(628,4 + 655,7) : 2 = 642,05$

Im Berichtsjahr betragen der Gewinn 19.100,00 €, der Umsatz 215.000,00 € und die Zinsaufwendungen 5.300,00 € (siehe Hauptabschlussübersicht auf Seite 322). Außerordentliche Aufwendungen und Erträge liegen nicht vor.

Für das Berichtsjahr ergeben sich die folgenden Prozentzahlen:

Rentabilität des Eigenkapitals

$$\frac{19,1 \cdot 100}{351,85} = 5,4 \ \%$$

Rentabilität des Gesamtkapitals

$$\frac{(19,1 + 5,3) \cdot 100}{642,05} = 3,8 \ \%$$

Rentabilität des Umsatzes

$$\frac{19,1 \cdot 100}{215} = 8,9 \ \%$$

Cashflow

Der Cashflow (Kassenfluss oder Liquiditätszufluss) drückt die Selbstfinanzierungskraft eines Unternehmens aus. Er gibt an, welche selbst erwirtschafteten Mittel des Geschäftsjahres dem Unternehmen für Investitionen, Schuldentilgung und Gewinnausschüttung zur Verfügung stehen.

Kennziffer (Beispiel):

  Jahresüberschuss (Gewinn)
+ Abschreibungen auf Anlagen
+ Zuführungen zu den langfristigen Rückstellungen
= Cashflow

Beispiel:

Für die OfficeCom AG ergibt sich gemäß Hauptabschlussübersicht auf S. 322 folgender Cashflow (Rückstellungen wurden nicht gebildet; die Abschreibungen beinhalten nur solche auf Anlagen.):

Cashflow

Berichtsjahr:

Gewinn	19.100,00 €
+ Abschreibungen auf Anlagen	54.000,00 €
= Cashflow	73.100,00 €

Wirtschaftlichkeit

Unter Wirtschaftlichkeit wird das Verhältnis von Aufwendungen und Erträgen verstanden. Der Aussagewert ist gering, da die Unternehmen nicht nach maximaler Wirtschaftlichkeit, sondern nach hoher Rentabilität streben.

Kennziffer (Beispiel):

$$\text{Aufwandsergiebigkeit} = \frac{\text{Aufwendungen}}{\text{Erträge}}$$

Beispiel:

Die OfficeCom AG berechnet die Wirtschaftlichkeit auf der Grundlage der Hauptabschlussübersicht auf S. 322:

Aufwandsergiebigkeit

Berichtsjahr:

$$\frac{203,9}{223} = 0,9$$

1,00 € Ertrag wurde mit 90 Cent Aufwand erzielt.

Analyse des Jahresabschlusses – *Analysis of the annual balance sheet*

EBIT

Earnings **b**efore **I**nterest and **T**ax (EBIT) Operating Income, Operating Profit; Gewinn (Ergebnis der gewöhnlichen Geschäftstätigkeit) vor Ertragsteuern und Zinsen (Finanzergebnis). EBIT ist eine im angelsächsischen Raum gebräuchliche Kennzahl, die eine von der Finanzstruktur des Unternehmens unabhängige Beurteilung der Ertragskraft aus der operativen Geschäftstätigkeit ermöglicht (ähnlich dem in Deutschland üblichen Betriebsergebnis). Dadurch kann zwischen Unternehmen mit unterschiedlichen Fremdkapitalanteilen Vergleichbarkeit hergestellt werden.

(aus: Gablers Wirtschaftslexikon, 15. Aufl., Wiesbaden 2001)

EBDIT

Earnings **b**efore **D**epreciation, **I**nterest and **T**ax (EBDIT); Gewinn (Ergebnis der gewöhnlichen Geschäftstätigkeit) vor dem Abzug von Abschreibungen, Steuern und Zinsen. Das EBDIT dient dazu, die Effekte stark schwankender Abschreibungsgepflogenheiten beim Ergebnisvergleich auszuschalten.

(aus: Gablers Wirtschaftslexikon, 15. Auflage, Wiesbaden 2001)

Insbesondere die Kennziffer EBDIT führt zu internationaler Vergleichbarkeit der Ergebnisse, da die unterschiedliche Höhe der Zinssätze sowie die unterschiedlichen gesetzlichen Regelungen bezüglich Ertragsteuern und Abschreibungsmöglichkeiten in den einzelnen Ländern unberücksichtigt bleiben.

RoI

- **R**eturn **o**n **I**nvestment **(RoI)** = Rückfluss des investierten Kapitals – Kapitalrendite; Verhältnis des gesamten investierten Kapitals und des Umsatzes zum Gewinn:

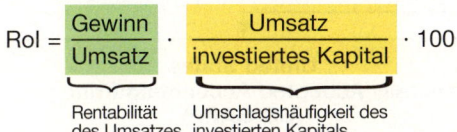

$$RoI = \frac{Gewinn}{Umsatz} \cdot \frac{Umsatz}{investiertes\ Kapital} \cdot 100$$

Rentabilität des Umsatzes   Umschlagshäufigkeit des investierten Kapitals

- RoI ist eine Kombination zweier Kennzahlen und dient zur Analyse der Rentabilität. Der erste Faktor der Gleichung zeigt den Umsatzerfolg, der zweite die Kapitalumschlagshäufigkeit. Durch Multiplikation beider Faktoren ergibt sich die jährliche Rentabilität des investierten Kapitals.

- RoI kann als Grundlage für die Unternehmenspolitik und Unternehmensplanung dienen. Stehen mehrere Investitionsobjekte zur Auswahl, wird für jedes Objekt die RoI-Kennziffer gebildet. Als Entscheidungsgrundlage für Investitionen hat RoI allerdings den Nachteil einer statischen, da kurzfristigen Betrachtungsweise.

Kennzahlensystem RoI (DuPont-Schema):

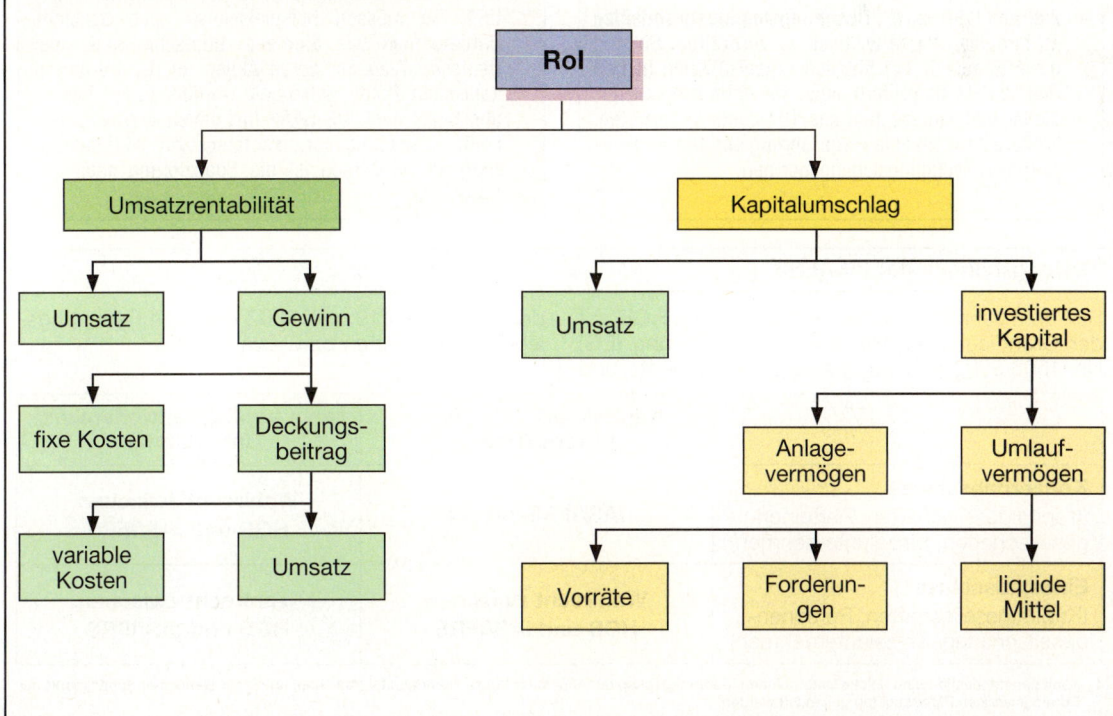

Internationale Rechnungslegung (IAS/IFRS) – *International accounting (IAS/IFRS)*

Gründe und Ziele internationaler Bilanzierung und Bewertung

- Die zunehmende internationale Verflechtung der Unternehmen bzw. die fortschreitende Globalisierung – insbesondere der Finanzmärkte – machen es erforderlich, dass die externe Rechnungslegung diese Entwicklung miteinbezieht.

- Kapitalanbieter (Investoren) verlangen für ihre Anlageentscheidungen Informationen über die aktuelle und künftige wirtschaftliche Lage der zur Auswahl stehenden Unternehmen, die sie zu einem beträchtlichen Teil aus deren Jahresabschlüssen erhalten.

- Dazu müssen die Jahresabschlüsse die tatsächliche Lage der Unternehmen widerspiegeln sowie international verständlich und vergleichbar sein.

- Die Abschlüsse nach HGB zeichnen wegen des dominanten Vorsichtsprinzips eher ein pessimistisches Bild der wirtschaftlichen Lage, während sich die angloamerikanische Rechnungslegung eher um eine optimistische Darstellung der Vermögens- und Ertragslage *(true and fair view)* bemüht.

vgl. Wöhe, Günter: Einführung in die Allgemeine Betriebswirtschaftslehre, 22. Aufl., Vahlen, München 2005, S. 955 f.

Normensysteme internationaler Rechnungslegung

Mit internationaler Rechnungslegung sind im Wesentlichen **zwei Normensysteme** gemeint:

Normensysteme internationaler Rechnungslegung

International Accounting Standards (IAS)

- Im Jahr 1973 wurde das International-Accounting-Standards-Committee **(IASC)** als privatrechtliche Organisation von Berufsverbänden der Wirtschaftsprüfer (u. a. aus Deutschland, den USA, Großbritannien, Australien) mit Sitz in London gegründet. Das IASC gab die **IAS** heraus, bis es Im Jahr 2002 umstrukturiert und in International Accounting Standard Board **(IASB)** umbenannt wurde, das seither neue bzw. überarbeitete Standards als International Financial Reporting Standards **(IFRS)** herausgibt.

- **Ziel** des IASB ist es, **Rechnungslegungsgrundsätze zu formulieren und weltweit zu verbreiten.** So sind im IASB zurzeit 143 Mitgliedsorganisationen (neben den Wirtschaftsprüfern auch Rechnungslegungsersteller und -adressaten) aus 104 Ländern vertreten. Weitere Ziele sind die Verbesserung und **Harmonisierung** von Rechnungslegungsnormen.

United States Generally Accepted Accounting Principles (US-GAAP)

- Das Financial Accounting Standards Board **(FASB)** ist ebenfalls ein privates Rechnungslegungsgremium, das die US-GAAP erlässt, beauftragt von der US-amerikanischen Börsenaufsichtsbehörde Securities and Exchange Commission **(SEC)**. Die US-GAAP gelten nur für börsennotierte Unternehmen und sind erst dann verbindlich, wenn sie von der SEC genehmigt worden sind.

- Die Rechnungslegungsstandards nach US-GAAP dienen dem **Schutz des Wertpapierhandels** in den USA. So müssen beispielsweise auch deutsche Unternehmen wie Siemens, Deutsche Bank oder Deutsche Telekom, deren Aktien an der US-amerikanischen Börse gehandelt werden, ihren Jahresabschluss nach US-GAAP-Richtlinien erstellen. Das heißt, **Zulassungsvoraussetzung zur Aktiennotierung** an US-Börsen ist die Bilanzierung nach US-GAAP.

Geltungsbereich der IAS/IFRS

Seit dem Jahr 2005 gelten gemäß § 315 a HGB auf der Grundlage von Artikel 4 der Verordnung (EG) Nr. 1606/2002 des Europäischen Parlaments und des Rates vom 19. Juli 2002 folgende Rechnungslegungsvorschriften bzw. -wahlrechte:

	Kapitalmarktorientierte Unternehmen[1]	Nicht kapitalmarktorientierte Unternehmen
Konzernabschluss (Kapitalgesellschaften, Personengesellschaften, Einzelunternehmen)	IAS/IFRS-Pflicht	Wahlrecht zwischen HGB und IAS/IFRS
Einzelabschluss (Kapitalgesellschaften, Personengesellschaften, Einzelunternehmen)	Wahlrecht zwischen HGB und IAS/IFRS	Wahlrecht zwischen HGB und IAS/IFRS

1 Kapitalmarktorientiert sind solche Unternehmen, deren Eigenkapital (Aktien) und/oder Fremdkapital (Anleihen) an einem geregelten Kapitalmarkt der EU am jeweiligen Bilanzstichtag gehandelt werden.

3526352

Internationale Rechnungslegung (IAS/IFRS) – *International accounting (IAS/IFRS)*

Bilanzierungsphilosophien internationaler und deutscher Rechnungslegung

Rechnungslegung nach IAS/IFRS, US-GAAP	Rechnungslegung nach HGB
• Die internationale Rechnungslegung ist **angelsächsisch** geprägt. • Vorherrschend ist die Eigenkapital- oder **Kapitalmarktfinanzierung.** • Der **Schutz der Anteilseigner** (Investoren) steht im Vordergrund. Ziel der Bilanzierung und Bewertung der Vermögens- und Schuldenpositionen der Bilanz ist die **positive Darstellung** des Unternehmens *(true and fair presentation)*.	• Die deutsche Rechnungslegung ist **kontinentaleuropäisch** geprägt. • Vorherrschend ist die Fremdkapital- oder **Bankenfinanzierung.** • Der **Gläubigerschutz** steht im Vordergrund, der seinen Ausdruck in der vorsichtigen Bilanzierung und Bewertung der Vermögens- und Schuldenpositionen der Bilanz **(Vorsichtsprinzip)** findet.
Die **Normenfestlegung** erfolgt durch private Organisationen: • für die IAS/IFRS der International Accounting Standards Board (IASB); • für die US-GAAP der Financial Accounting Standards Board (FASB).	Die **Normenfestlegung** erfolgt primär durch den Gesetzgeber; mit der Gründung des Deutschen Rechnungslegungs Standards Committee (DRSC), verankert in § 342 HGB, wurde der Übergang zu einer privatrechtlich organisierten Normenfestsetzung eingeleitet.
Handels- und Steuerbilanz werden voneinander getrennt erstellt (kein Maßgeblichkeitsprinzip). Daher hat die Handelsbilanz nach IAS/IFRS bzw. nach US-GAAP **Informationsfunktion.** Für die Bestimmung von Ertragsteuerzahlungen und Gewinnausschüttungen sind gesonderte Berechnungen anzustellen.	Handels- und Steuerbilanz sind durch das Maßgeblichkeitsprinzip eng miteinander verknüpft. Daher hat die Handelsbilanz nach HGB neben der **Informations-** auch eine **Zahlungsbemessungsfunktion,** das heißt, der Zahlung von Ertragsteuern und der Ausschüttung von Dividenden liegt die Handelsbilanz zugrunde.
Im Rahmen des Jahresabschlusses ist der Erfolgsausweis eindeutig, da die **Bilanzierungs- und Bewertungswahlrechte** gegenüber dem HGB **stark eingeschränkt** sind. Die Bildung stiller Reserven ist nicht zulässig.	Der Erfolgsausweis beim Jahresabschluss ist nicht eindeutig, da der Gesetzgeber **viele Bilanzierungs- und Bewertungswahlrechte** zulässt. Stille Reserven können in erheblichem Umfang gebildet werden.

Grundkonzept der IAS

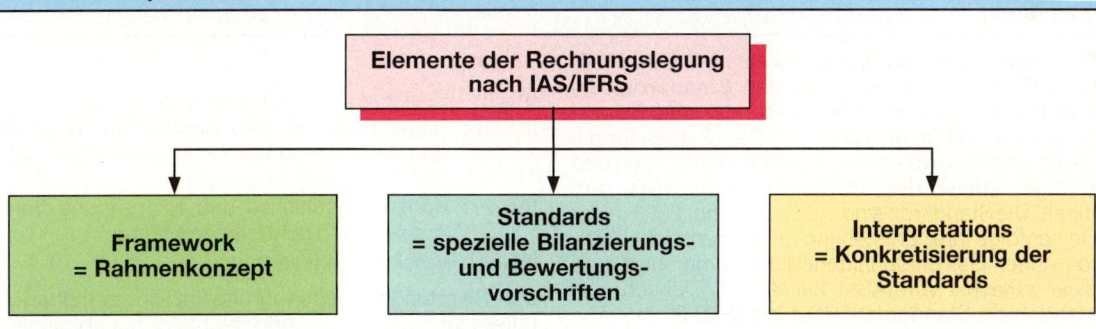

Framework

- Das System der Rechnungslegung nach IAS bzw. IFRS besteht zum einen aus dem so genannten **Framework** *(framework for the preparation and presentation of financial statements)*. Es enthält als **Rahmenkonzept** die Ziele, die Adressaten sowie die allgemeinen Grundsätze und Leitlinien der IAS-Rechnungslegung.

- Außerdem befasst es sich mit den **Definitionen,** der **Erfassung** und den **Bewertungsgrundsätzen** der Aktiva und Passiva sowie der Aufwendungen und Erträge.

- Das Framework ist **vergleichbar mit den Grundsätzen ordnungsmäßiger Buchführung** nach HGB.

8

Internationale Rechnungslegung (IAS/IFRS) – *International accounting (IAS/IFRS)*

Framework

```
                        useful
                     information
                      for users
                  economic decision

              Grundsatz der        Grundsatz der
              Periodenabgrenzung   Fortführung
              (accrual basis)      (going concern)
```

Aus dem Hauptziel der Rechnungslegung (ganz oben) und den daraus abgeleiteten Primärzielen der Unternehmensfortführung sowie der Periodenabgrenzung leiten sich vier grundlegende Klassen von *Qualitative Characteristics* ab:

Verständlichkeit *(understandability)*	Relevanz *(relevance)* • Wesentlichkeit *(materiality)*	Verlässlichkeit *(reliability)* • wahrheitsgemäße Darstellung *(faithful represent)* • wirtschaftliche Betrachtungsweise *(substance over form)* • Neutralität *(neutrality)* • Vorsicht *(prudence)* • Vollständigkeit *(completeness)*	Vergleichbarkeit *(comparability)*

Beschränkungen für relevante und zuverlässige Informationen *(constraints on relevant and reliable information)*:
• Zeitnähe *(timeliness)*
• Abwägung von Nutzen und Kosten *(balance between benefit and cost)*
• Abwägung der qualitativen Anforderungen *(balance between qualitative characteristics)*

Resultat: Vermittlung eines den tatsächlichen Verhältnissen entsprechenden Bildes *(true and fair view/fair presentation)*

aus: Zingel, Harry: International Financial Reporting Standards, IFRS und IAS: Grundbegriffe der internationalen Rechnungslegung, www.zingel.de/pdf/03ias/pdf

Standards

Das zweite Rechnungslegungselement nach IAS bzw. IFRS sind die so genannten **Standards.** Sie haben die eigentlichen Bilanzierungs- und Bewertungsvorschriften, die speziellen Regelungen für die Aktiva und Passiva sowie für die Aufwendungen und Erträge, **ähnlich den Vorschriften des HGB,** zum Inhalt. Die Standards sind bis zum 1. Jan. 2003 in der Reihenfolge ihrer Entstehung (nicht nach inhaltlich-fachlichen Gesichtspunkten) durchnummeriert, und zwar zunächst von IAS 1 bis IAS 41. Danach entstanden die Standards IFRS 1 bis IFRS 6.

Beipiele:

IAS 2: Bilanzierung und Bewertung der Vorräte
IAS 16: Regelungen zu den Anschaffungskosten und den planmäßigen Abschreibungen auf Sachanlagen
IAS 27: Konzernabschlüsse und Bilanzierung von Anteilen an Tochterunternehmen
IFRS 4: Versicherungsverträge

Die Regelungen gelten grundsätzlich branchen-, unternehmensgrößen- und rechtsformunabhängig sowohl für den Einzel- als auch für den Konzernabschluss.

Interpretations

Das dritte Rechnungslegungselement sind die **Interpretationen,** die die Standards konkretisieren. Sie sind wie die Standards durchnummeriert.

Ziel der Interpretationen ist die Sicherstellung einer weltweiten Vergleichbarkeit von Jahresabschlüssen.

Internationale Rechnungslegung (IAS/IFRS) – *International accounting (IAS/IFRS)*

Bestandteile des Jahresabschlusses

Bestandteile des Jahresabschlusses

... nach IAS/IFRS
(financial statements)

- *balance sheet*
  (Bilanz)
- *income statement*
  (Gewinn- und Verlustrechnung)
- *notes*
  (Anhang)
  (unabhängig von Rechtsform und Unternehmensgröße; wesentlich umfangreicher als nach HGB)
- *statement of cash flows*
  (Kapitalflussrechnung)
  (bei allen Unternehmen)
- *statement of changes in stockholders' equity*
  (Kapitalveränderungsrechnung)

Informationsziel des Jahresabschlusses nach IAS bzw. IFRS ist es, einen realitätsnahen und vollständigen Einblick in die wirtschaftliche Lage des Unternehmens zu geben *(true and fair view/ fair presentation)*.

... nach HGB
(Jahresabschluss)

- Bilanz

- Gewinn- und Verlustrechnung

- Anhang (Erläuterungsbericht) und Lagebericht
  (nur bei Kapitalgesellschaften)

- Kapitalflussrechnung
  (nur bei Konzernen, deren Mutterunternehmen börsennotiert sind)

Ziel nach § 264 Abs. 2 HGB: *„Der Jahresabschluss ... hat ... ein den tatsächlichen Verhältnissen entsprechendes Bild der Vermögens-, Finanz- und Ertragslage ... zu vermitteln."*

Gliederungsschema zur IAS-Bilanz

Die Gliederung der Bilanz nach IAS 1.66 und 1.68 hat die gleiche Struktur wie die Bilanz nach HGB:

Assets	Balance sheet	Equity and liabilities

Assets

Non-current assets
(Anlagevermögen)
I. *Intangible assest*
   (immaterielle Vermögensgegenstände wie z. B. derivativer Firmenwert, Patente, Lizenzen)
II. *Property, plant and equipment*
   (Sachanlagen wie z. B. Grundstücke, Gebäude, technische Anlagen, BGA)
III. *Financial assets*
   (Finanzanlagen wie z. B. Beteiligungen, Wertpapiere des AV)
IV. *Deferred tax assets*
   (latente Steuern)

Current assets
(Umlaufvermögen)
I. *Inventories*
   (Vorräte wie Roh-, Hilfs-, Betriebsstoffe, unfertige/fertige Erzeugnisse, Waren)
II. *Trade and other receivables*
   (z. B. Forderungen a. LL)
III. *Trading securities*
   (Wertpapiere des Umlaufvermögens)
IV. *Prepaid expenses*
   (entspricht dem aktiven Rechnungsabgrenzungsposten nach HGB)
V. *Cash and cash equivalents*
   (flüssige Mittel wie z. B. Kassenbestand, Bankguthaben, Schecks)

Equity and liabilities

Capital and reserves
(Eigenkapital)
I. *Issued capital*
   (gezeichnetes Kapital)
II. *Reserves*
   (Rücklagen)

Non-current liabilities
(langfristiges Fremdkapital)
I. *Interest bearing borrowings*
   (langfristig verzinsliche Verbindlichkeiten wie z. B. langfristige Kredite, Anleihen)
II. *Deferred tax liabilitities*
   (latente Steuern)
III. *Retirement benefit obligation*
   (Pensionsrückstellungen)

Current liabilities
(kurzfristiges Fremdkapital)
I. *Trade and other payables*
   (z. B. Verbindlichkeiten a. LL)
II. *Short term borrowings*
   (kurzfristige verzinsliche Verbindlichkeiten wie z. B. Kontokorrentkredite)
III. *Provisions*
   (Rückstellungen wie z. B. Steuer-, Garantie-, Prozesskostenrückstellungen)
IV. *Deferred income*
   (entspricht dem passiven Rechnungsabgrenzungsposten nach HGB)

vgl.: Wöhe, Günter: Einführung in die Allgemeine Betriebswirtschaftslehre, 22. Aufl., Vahlen, München 2005, S. 976 ff.

8

Internationale Rechnungslegung (IAS/IFRS) – *International accounting (IAS/IFRS)*

Bilanzierung und Bewertung ausgesuchter Aktiva im Vergleich (Überblick)

Bilanzposten	IAS	HGB
Sachanlagen *(property, plant and equipment)* • Ansatz: • Erstbewertung (bei Zugang): • Folgebewertungen (an den dem Zugang folgenden Bilanzstichtagen)	IAS 16 und 36 • Aktivierungspflicht • Anschaffungs-/Herstellungskosten (AHK) • *benchmark:* fortgeführte AHK *allowed alternative:* Neubewertung (fair value)	§§ 246 Abs. 1 und 253 HGB • Aktivierungspflicht • AHK • fortgeführte AHK
Finanzanlagen *(available-for-sale)* • Ansatz: • Erstbewertung: • Folgebewertungen:	IAS 25 • Aktivierungspflicht • AHK • fair value	§§ 246 Abs. 1 und 253 HGB • Aktivierungspflicht • AHK • aktueller Wert mit AHK als Wertobergrenze
Geschäfts- oder Firmenwert *(goodwill)* • Ansatz: • Erstbewertung: • Folgebewertungen:	IAS 22 • originärer Firmenwert: Aktivierungsverbot • derivativer Firmenwert: Aktivierungspflicht • Differenz aus Kaufpreis und Zeitwert der übernommenen Vermögenswerte abzüglich Schulden • planmäßige Abschreibung über die voraussichtliche Nutzungsdauer (maximal 20 Jahre)	§§ 248 Abs. 2 und 255 Abs. 4 HGB • originärer Firmenwert: Aktivierungsverbot • derivativer Firmenwert: Aktivierungswahlrecht • Differenz aus Kaufpreis und Zeitwert der übernommenen Vermögenswerte abzüglich Schulden • Abschreibung mit mindestens 25 % pro Jahr oder planmäßig über die voraussichtliche Nutzungsdauer
Vorräte *(inventories)* • Ansatz: • Erstbewertung: • Folgebewertungen: • langfristige Fertigungsaufträge:	IAS 2 • Aktivierungspflicht • AHK • aktueller Wert mit AHK als Wertobergrenze • u. U. Realisierung von Teilperiodenerfolgen	§§ 246 Abs. 1 und 253 HGB • Aktivierungspflicht • AHK • aktueller Wert mit AHK als Wertobergrenze • Erfolgsausweis erst in der Verkaufsperiode
Forderungen *(receivables)* • Ansatz: • Erstbewertung: • Folgebewertungen:	IAS 39 • Aktivierungspflicht • Anschaffungskosten (AK) • aktueller Wert mit AK als Wertobergrenze	§§ 246 Abs. 1 und 253 HGB • Aktivierungspflicht • Anschaffungskosten • aktueller Wert mit AK als Wertobergrenze
Wertpapiere des Umlaufvermögens *(trading securities)* • Ansatz: • Erstbewertung: • Folgebewertungen:	IAS 39 • Aktivierungspflicht • Anschaffungskosten (AK) • *fair value*	§§ 246 Abs. 1 und 253 HGB • Aktivierungspflicht • Anschaffungskosten • aktueller Wert mit AK als Wertobergrenze

vgl.: Wöhe, Günter: Einführung in die Allgemeine Betriebswirtschaftslehre, 22. Aufl., Vahlen, München 2005, S. 997 ff.

8

3526356

Internationale Rechnungslegung (IAS/IFRS) – *International accounting (IAS/IFRS)*

Bilanzierung und Bewertung ausgesuchter Passiva (Überblick)

Bilanzposten	IAS	HGB
Verbindlichkeiten • Ansatz: • Bewertung:	Framework • Passivierungspflicht • Rückzahlungsbetrag	§§ 246 Abs. 1 und 253 Abs. 1 HGB • Passivierungspflicht • Rückzahlungsbetrag
Verbindlichkeitsrückstellungen (rechtliche bzw. wirtschaftliche Verpflichtungen gegenüber Dritten, z . B. absehbare Steuernachzahlungen und Prozesskosten, Pensionszusagen, vertragliche und freiwillige Garantieverpflichtungen, drohende Verluste aus schwebenden Geschäften) • Ansatz: • Bewertung:	IAS 10, 12 und 19 • Passivierungspflicht • nach wahrscheinlicher Inanspruchnahme	§§ 249 und 253 Abs. 1 HGB • Passivierungspflicht • nach vernünftiger kaufmännischer Beurteilung
Aufwandsrückstellungen (wirtschaftliche „Verpflichtungen" des Unternehmens gegenüber sich selbst, z. B. Rückstellungen für Abraumbeseitigung, Rückstellungen für unterlassene Instandsetzung) • Ansatz: • Bewertung:	IAS 10 • Passivierungsverbot	§§ 249 und 253 Abs. 1 HGB • teilweise Passivierungspflicht, -wahlrecht oder -verbot • nach vernünftiger kaufmännischer Beurteilung

vgl.: Wöhe, Günter: Einführung in die Allgemeine Betriebswirtschaftslehre, 22. Aufl., Vahlen, München 2005, S. 1010

8

Anschaffungs- und Herstellungskosten nach IAS und HGB

- Die **Anschaffungskosten** sind nach IAS und HGB weitgehend identisch.

- Bei der Ermittlung der **Herstellungskosten** zeigen sich jedoch erhebliche Unterschiede:

Herstellungskosten	IAS	HGB
Materialeinzelkosten	Pflicht	Pflicht
Fertigungseinzelkosten	Pflicht	Pflicht
Sondereinzelkosten der Fertigung	Pflicht	Pflicht
Materialgemeinkosten	Pflicht	Wahlrecht
Fertigungsgemeinkosten	Pflicht	Wahlrecht
Verwaltungsgemeinkosten (herstellungsbezogen)	Pflicht	Wahlrecht
Verwaltungsgemeinkosten (nicht herstellungsbezogen)	Verbot	Verbot
Sondereinzelkosten des Vertriebs	Verbot	Verbot
Vertriebsgemeinkosten	Verbot	Verbot

Pflicht   Wahlrecht   Verbot

vgl.: Wöhe, Günter: Einführung in die Allgemeine Betriebswirtschaftslehre, 22. Aufl., Vahlen, München 2005, S. 979

357

9
Das Unternehmen im gesamt- und weltwirtschaftlichen Zusammenhang einordnen

Standortfaktoren – *Locational factors*

Begriff

Standortfaktoren der Unternehmensgründung bzw. -verlagerung werden im Rahmen der Wirtschaftswissenschaften am häufigsten im Zusammenhang mit der **Standortwahl** genannt. Sie werden als die ausschlaggebende Einflussgröße für eine positive bzw. negative Entscheidung einer Neuansiedlung und/oder Schließung einer Unternehmung bzw. von Betriebsteilen angesehen. Im Allgemeinen werden **beschaffungs-, produktions- und absatzbezogene** Standortfaktoren unterschieden.

Systematik der Standortfaktoren

Eine **erweiterte** Systematik, die aufgrund der deutschen **Standortproblematik** (z. B. hohe Lohnnebenkosten) entwickelt wurde und den erhöhten weltwirtschaftlichen **Globalisierungsdruck** berücksichtigt, zeigt die nachfolgende Übersicht:

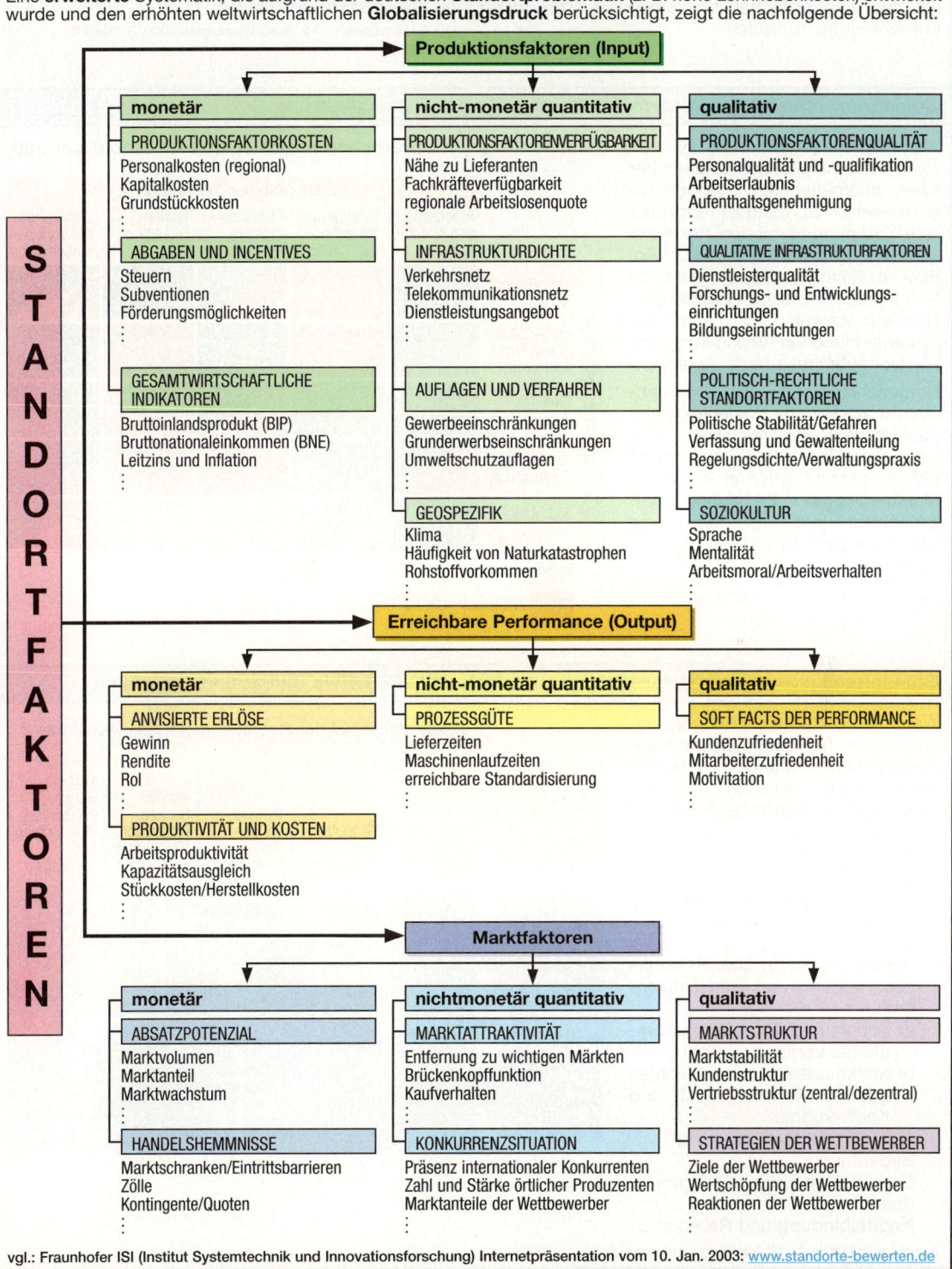

S T A N D O R T F A K T O R E N

Produktionsfaktoren (Input)

monetär	**nicht-monetär quantitativ**	**qualitativ**
PRODUKTIONSFAKTORKOSTEN	PRODUKTIONSFAKTORENVERFÜGBARKEIT	PRODUKTIONSFAKTORENQUALITÄT
Personalkosten (regional)	Nähe zu Lieferanten	Personalqualität und -qualifikation
Kapitalkosten	Fachkräfteverfügbarkeit	Arbeitserlaubnis
Grundstückskosten	regionale Arbeitslosenquote	Aufenthaltsgenehmigung
ABGABEN UND INCENTIVES	INFRASTRUKTURDICHTE	QUALITATIVE INFRASTRUKTURFAKTOREN
Steuern	Verkehrsnetz	Dienstleisterqualität
Subventionen	Telekommunikationsnetz	Forschungs- und Entwicklungs-einrichtungen
Förderungsmöglichkeiten	Dienstleistungsangebot	Bildungseinrichtungen
GESAMTWIRTSCHAFTLICHE INDIKATOREN	AUFLAGEN UND VERFAHREN	POLITISCH-RECHTLICHE STANDORTFAKTOREN
Bruttoinlandsprodukt (BIP)	Gewerbeeinschränkungen	Politische Stabilität/Gefahren
Bruttonationaleinkommen (BNE)	Grunderwerbseinschränkungen	Verfassung und Gewaltenteilung
Leitzins und Inflation	Umweltschutzauflagen	Regelungsdichte/Verwaltungspraxis
	GEOSPEZIFIK	SOZIOKULTUR
	Klima	Sprache
	Häufigkeit von Naturkatastrophen	Mentalität
	Rohstoffvorkommen	Arbeitsmoral/Arbeitsverhalten

Erreichbare Performance (Output)

monetär	**nicht-monetär quantitativ**	**qualitativ**
ANVISIERTE ERLÖSE	PROZESSGÜTE	SOFT FACTS DER PERFORMANCE
Gewinn	Lieferzeiten	Kundenzufriedenheit
Rendite	Maschinenlaufzeiten	Mitarbeiterzufriedenheit
RoI	erreichbare Standardisierung	Motivitation
PRODUKTIVITÄT UND KOSTEN		
Arbeitsproduktivität		
Kapazitätsausgleich		
Stückkosten/Herstellkosten		

Marktfaktoren

monetär	**nichtmonetär quantitativ**	**qualitativ**
ABSATZPOTENZIAL	MARKTATTRAKTIVITÄT	MARKTSTRUKTUR
Marktvolumen	Entfernung zu wichtigen Märkten	Marktstabilität
Marktanteil	Brückenkopffunktion	Kundenstruktur
Marktwachstum	Kaufverhalten	Vertriebsstruktur (zentral/dezentral)
HANDELSHEMMNISSE	KONKURRENZSITUATION	STRATEGIEN DER WETTBEWERBER
Marktschranken/Eintrittsbarrieren	Präsenz internationaler Konkurrenten	Ziele der Wettbewerber
Zölle	Zahl und Stärke örtlicher Produzenten	Wertschöpfung der Wettbewerber
Kontingente/Quoten	Marktanteile der Wettbewerber	Reaktionen der Wettbewerber

vgl.: Fraunhofer ISI (Institut Systemtechnik und Innovationsforschung) Internetpräsentation vom 10. Jan. 2003: www.standorte-bewerten.de

9

Standortwahl – *Location choice*

Bedeutung

Mithilfe von **Entscheidungswerttabellen** und anderen mathematischen Verfahren soll ein möglichst **optimaler** Standort ausgewählt werden. Das Hauptziel besteht darin, durch die Gewichtung von **Transportkosten** einerseits zu eventuell anfallenden **Investitionskosten** andererseits unter Abwägung von Wagnissen/Risiken für das eigene Unternehmen eine wirtschaftlich vertretbare **Standortentscheidung** zu treffen.

Welcher Standort letztlich von den Entscheidungsträgern ausgewählt wird, hängt u. a. von der **individuellen Risikobereitschaft** ab. Darüber hinaus hängt es auch von den unterschiedlichen **Bewertungsmaßstäben** ab, je nachdem, ob es sich um einen lokalen, innerstädtischen **Mikrostandort** oder um einen regionalen, nationalen oder internationalen **Makrostandort** handelt.

vgl.: Gabler Lexikon, 15. Aufl., Wiesbaden 2000, S. 2883 ff.

Standortentscheidungen: Unternehmensstrategien und Globalisierung

Wenn ein Unternehmen im Rahmen seiner Unternehmensstrategien über einen internationalen Standort zu entscheiden hat, dann ist möglichst eine Abstimmung mit den Zielen der globalen Aktivitäten anzustreben. Eine am Heimatstandort angestrebte Qualitätsführerschaft ist zum Beispiel nur schwer mit „… einer rein kostengetriebenen Auslagerung von Wertschöpfungsstufen"[1] vereinbar.

Umgekehrt könnte eine Unternehmensstrategie unter Kostengesichtspunkten dann erfolgreich sein, wenn eine Preisführerschaft am Markt bereits besteht oder in einzelnen Marktsegmenten Preisführerschaft angestrebt wird (vgl. hierzu die nebenstehende Grafik):

1 und 2 aus:
Fraunhofer ISI, Internetpräsentation vom 10. Jan. 2002: www.standorte-bewerten.de

Abstimmung von Unternehmensstrategien und Globalisierung[2]

	Ziele globaler Akivitäten				
Unternehmensstrategie	Erschließung von Absatzmärkten	Orientierung an technolog. Clustern	Following customer	Kostenreduktion	Sicherung der Vorleistungsbasis
Preisführerschaft					
Hohe Liefertreue, kurze Lieferzeit					
Qualitätsführerschaft					
Technologieführerschaft					
Flexibilitätsführerschaft					

- Ziel passt zur Strategie
- Ziel passt bedingt zur Strategie
- Ziel passt nicht zur Strategie

Standortentscheidungen: Unternehmensstrategien und alternative Globalisierungsformen

Wenn Standortentscheidungen, insbesondere für einen bestimmten **ausländischen** Standort, getroffen werden, dann sollte ein Unternehmen folgende **Leitfragen**[3] berücksichtigen:

1) Was mache ich wo?
   Bedeutung:
   Tiefe des **Auslandsengagements**
2) Wie agiere ich im Ausland?
   Bedeutung:
   Verfügungsrecht über Ressourcen, Produkte und Dienstleistungen
   a) Tochtergesellschaften = komplettes Verfügungsrecht
   b) Markttransaktionen = Pflichten und Rechte aus Dienst- und Kaufverträgen
3) Aufkauf oder Neugründung?
   Bedeutung:
   Langfristige Entscheidungen über
   Kapitalbindung und Ressourcen

Alternativen bei der Gestaltung globaler Aktivitäten[4]

Was mache ich wo?	reiner Export	Vertrieb, Service im Ausland	Vertrieb, Service, Produktion im Ausland	Vertrieb, Service, Produktion, Beschaffung im Ausland	Vertrieb, Service, Produktion, Beschaffung, FuE im Ausland
Wie agiere ich im Ausland?	Markttransaktion		Kooperation (Strategische Allianz, Joint Venture)		100 % Tochtergesellschaft
Aufkauf oder Neugründung?	Ankauf			Neugründung	

3 und 4 aus: Fraunhofer ISI, Internetpräsentation vom 10. Jan. 2002: www.standorte-bewerten.de

9

Wirtschaftsförderung – *Business promotion*

Begriff

Bei der **Wirtschaftsförderung** handelt es sich im Rahmen der Wirtschaftspolitik um Maßnahmen des **Staates** (EU, Bund, Land, Kommunen), um das Wirtschaftsgeschehen durch „... selektive Begünstigung bestimmter Tatbestände oder Verhaltensweisen"[1] zu beeinflussen.

Von den Befürwortern einer staatlichen Wirtschaftsförderung wird als Hauptargument angeführt, dass ohne diese Maßnahmen bestimmte gewünschte volkswirtschaftliche bzw. gesellschaftliche Ergebnisse aufgrund des Versagens der Marktkräfte nicht eintreten würden.[2] Siehe S. 452.

1 und 2 aus: Gabler Lexikon, 15. Aufl., Wiesbaden 2000, S. 3512

Formen

Bei der **Wirtschaftsförderung** lassen sich drei Hauptformen unterscheiden:

```
              Wirtschaftsförderung (WF)
```

Sektorale oder branchenbezogene Wirtschaftsförderung	Regionale Wirtschaftsförderung	Fördermaßnahmen für bestimmte Unternehmensgruppen
z. B. Berg- oder Schiffbau, Wohnungswirtschaft durch Subventionszuschüsse	z. B. bestimmte Städte werben durch Stadtmarketing für ihren Standort = Gewerbeneuansiedlung	z. B. Existenz-, Gründungs- bzw. Mittelstandsförderung durch öffentliche Zuschüsse (zinsgünstige Kredite)

Die **Förderdatenbank** vom Bundesministerium für Wirtschaft und Technologie (BMWI) gibt eine ausführliche und vollständige Übersicht über Wirtschaftsförderungsmaßnahmen:

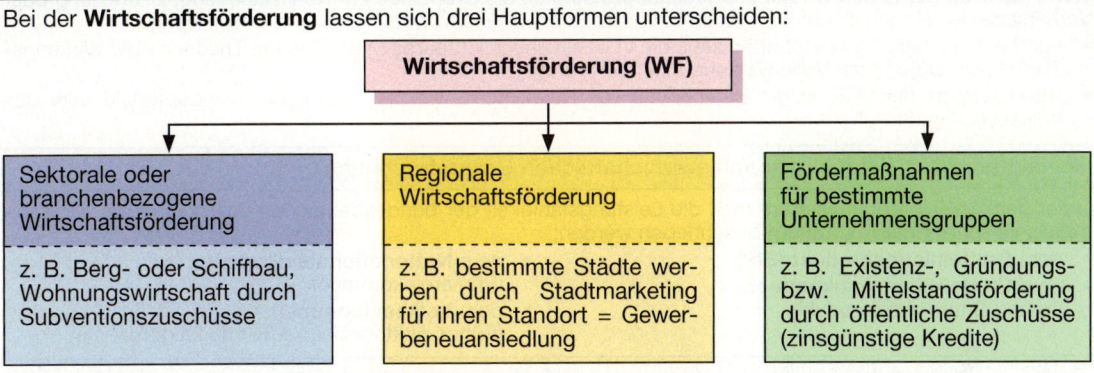

Quelle: www.bmwi.de/Navigation/Unternehmer-/foerderdatenbank.html

Volkswirtschaftliche Gesamtrechnung (VGR) – *National income accounting*

Begriff

- In der volkswirtschaftlichen Gesamtrechnung (VGR) werden alle zahlenmäßig erfassbaren (quantifizierbaren) Ergebnisse des Wirtschaftsprozesses einer Volkswirtschaft dargestellt, die innerhalb des Wirtschaftskreislaufes in einer Wirtschaftsperiode (in der Regel einem Jahr) stattfinden.
- Die VGR wird im Zuge der EU-Harmonisierung seit 1999 nach dem Europäischen System Volkswirtschaftlicher Gesamtrechnungen (ESVG) dargestellt und in Deutschland vom Statistischen Bundesamt in Wiesbaden durchgeführt.

Aufgaben

Die VGR dient den Trägern der Wirtschaftspolitik (Bundes- und Landesregierungen, Tarifpartner, Wirtschaftsverbände u. a.) sowie den Wirtschaftsforschungsinstituten als Grundlage zur Kennzeichnung, Beurteilung oder Vorhersage der wirtschaftlichen Situation bzw. der zu erwartenden wirtschaftlichen Entwicklung.
- Für die Wirtschaftswissenschaften stellt die VGR ein unverzichtbares Mittel dar, um Theorien über Wirkungszusammenhänge in der Volkswirtschaft zu überprüfen.
- Hauptaufgabe der VGR ist die Berechnung von Kennziffern, wie z. B. das Bruttoinlandsprodukt oder das Volkseinkommen.

Sozialprodukt im Rahmen der volkswirtschaftlichen Gesamtrechnung

Unter dem Sozialprodukt versteht man die Leistungsfähigkeit der bundesdeutschen Volkswirtschaft. Sie kann mittels verschiedener Kennziffern beschrieben werden:
- dem **Bruttoinlandsprodukt (BIP)**
- dem **Bruttonationaleinkommen** (früher: Bruttosozialprodukt)
- dem **Nettonationaleinkommen** (Primäreinkommen)
- dem **Volkseinkommen** (früher: Nettosozialprodukt zu Faktorpreisen)

Bruttoinlandsprodukt

Das Bruttoinlandsprodukt (BIP) ist der zu Marktpreisen gemessene Wert der innerhalb der Staatsgrenzen einer Volkswirtschaft erstellten Güter und Dienstleistungen in einer Periode **(Inlandskonzept),** unabhängig davon, ob sie von In- oder Ausländern erzeugt werden. Das BIP wird seit 1992 zur Berechnung des Wirtschaftswachstums verwendet.

Nettonationaleinkommen

Das Nettonationaleinkommen ist der Wert des Bruttonationaleinkommens vermindert um die Wertminderungen des Vermögens einer Volkswirtschaft, die von den Unternehmen in den Marktpreis einkalkuliert werden (Abschreibungen). Es umfasst also den Wert der tatsächlich neu geschaffenen Güter, bewertet zu Marktpreisen, und spiegelt damit die wirkliche Produktionsleistung einer Volkswirtschaft innerhalb einer Wirtschaftsperiode wider.

Bruttonationaleinkommen

Das Bruttonationaleinkommen ist der zu Marktpreisen gemessene Wert aller in einer Periode erstellten Güter und Dienstleistungen, die von den Staatsbürgern innerhalb einer Volkswirtschaft erwirtschaftet wurden **(Inländerkonzept).** Dazu zählen auch Einkommen, die Inländern aufgrund von Leistungen aus dem Ausland zufließen.

Volkseinkommen

Das Volkseinkommen umfasst den Wert aller Erwerbs- und Vermögenseinkommen, die in einer Wirtschaftsperiode für die am Produktionsprozess beteiligten Produktionsfaktoren Arbeit, Boden und Kapital geflossen sind. Damit erfolgt die Berechnung zu Faktorpreisen, d. h. als Summe der durch die Produktionsfaktoren verursachten Kosten. Das Volkseinkommen ermöglicht die Beurteilung der Einkommensverteilung bzw. Einkommensumverteilung.

vgl.: Schmitz, Udo u. a.: Volkswirtschaftliches Handbuch, Stuttgart, Düsseldorf, Leipzig 2002, S. 161 ff.

Jahr	Bruttoinlandsprodukt	Bruttonationaleinkommen	Abschreibungen	Produktions- und Importabgaben abzgl. Subventionen	Volkseinkommen (Nettosozialprodukt zu Faktorkosten)	Bruttoinlandsprodukt zu Marktpreisen	Bruttoinlandsprodukt je Einwohner in €	
	in jeweiligen Preisen					in Preisen von 1995	in jeweiligen Preisen	in Preisen von 1995
	in Mrd. €							
1991	1.502,0	1.511,1	210,3	133,7	1.167,1	1.710,6	18.800	21.400
1995	1.801,1	1.791,6	266,5	166,7	1.358,6	1.801,1	22.000	22.000
1996	1.833,3	1.825,2	272,3	171,7	1.381,2	1.814,7	22.400	22.100
1997	1.874,5	1.865,7	279,3	179,7	1.406,7	1.841,1	22.900	22.400
1998	1.934,7	1.919,3	279,3	188,8	1.443,4	1.880,7	23.600	22.900
1999	1.982,2	1.962,9	287,1	205,3	1.463,9	1.908,1	24.100	23.300

nach: Schmitz, Udo u. a.: Volkswirtschaftliches Handbuch, Stuttgart, Düsseldorf, Leipzig 2002, S. 166

3526362

Volkswirtschaftliche Gesamtrechnung (VGR) – *National income accounting*

Berechnungsmethoden

Das Bruttoinlandsprodukt und die anderen volkswirtschaftlichen Einkommensbegriffe können mithilfe
- der **Entstehungsrechnung,**
- der **Verwendungsrechnung** bzw.
- der **Verteilungsrechnung** berechnet werden.

Entstehungsrechnung

Die Entstehungsrechnung setzt bei der Berechnung der Wertschöpfung gemäß ihrer Entstehungsbereiche an. Nach dem Europäischen System Volkswirtschaftlicher Gesamtrechnungen (ESVG 1995) wird demnach das Bruttoinlandsprodukt in sechs Wirtschaftszweigen (vgl. nebenstehende Tabelle) gebildet und berechnet. Zentrale Größe der Entstehungsrechnung ist die **Bruttowertschöpfung (BWS)** als Summe der Wertschöpfung aller dieser sechs Wirtschaftszweige.

1 Angaben nicht veröffentlicht

Entstehungsrechnung (in Preisen von 1995; Angaben in Mrd. €):

Nach Wirtschaftszweigen	2005	2006	2007
Land- und Forstwirtschaft	17,80	17,84	19,94
Produzierendes Gewerbe	506,96	531,41	563,12
Baugewerbe	79,85	83,89	88,24
Handel, Gastgewerbe, Verkehr	357,97	375,03	386,11
Finanzierung, Vermietung und Unternehmensdienstleister	601,41	618,05	637,90
Öffentliche und private Dienstleister	462,41	468,00	476,63
Bruttowertschöpfung (BWS)	**2.026,40**	**2.094,22**	**2.171,94**
– unterstellte Bankgebühr	–1	–1	–1
+ Gütersteuern – Gütersubventionen	–1	–1	–1
Bruttoinlandsprodukt (real)	**2.244,60**	**2.322,20**	**2.423,00**
Prozentuale Veränderung	1,3	3,4	4,3

Quelle: Statistisches Bundesamt, www.destatis.de/basis/dlvgr

Verwendungsrechnung

Die Verwendungsrechnung setzt bei der Frage an, wofür das Bruttoinlandsprodukt verwendet wurde. Dabei werden die **privaten Kosumausgaben** (alle Ausgaben für private Zwecke), die **staatlichen Konsumausgaben** (Staatsverbrauch), die **Bruttoinvestitionen** (alle Ausgaben, die in das Anlage- und Umlaufvermögen der Unternehmen und des Staates fließen) sowie der **Außenbeitrag** (Exporte – Importe) berücksichtigt.

Verwendungsrechnung (in Preisen von 1995; Angaben in Mrd. €):

Nach Verwendungszwecken	2005	2006	2007
Private Konsumausgaben	1.326,40	1.357,50	1.376,25
Konsumausgaben des Staates	421,51	425,88	435,91
Bruttoinvestitionen	390,82	417,11	449,20
– Ausrüstungen	162,11	173,68	186,83
– Bauten	203,40	217,18	235,27
– Sonstige Anlagen	25,31	26,25	27,10
– Vorratsveränderungen	– 7,46	– 4,67	– 6,43
Exporte – Importe (Außenbeitrag)	113,33	126,38	168,07
Bruttoinlandsprodukt (nominal)	**2.265,00**	**2.344,37**	**2.446,78**
Prozentuale Veränderung	2,2	3,4	4,2

Quelle: Statistisches Bundesamt, www.destatis.de/basis/dlvgr

Verteilungsrechnung

Die Verteilungsrechnung setzt bei der Frage an, welchen sozialen Gruppen das Sozialprodukt (z. B. gemessen am Volkseinkommen) zugeflossen ist. Berechnet werden dabei das **Arbeitnehmerentgelt** (Bruttoverdienste, Sonderzahlungen, gesetzliche Arbeitgeberbeiträge zur Sozialversicherung) sowie die **Unternehmens- und Vermögenseinkommen** (z. B. Zins-, Pacht-, Mieteinnahmen und Gewinne). Abgeleitet werden anschließend die **Lohn-** und die **Gewinnquote.**

Verteilungsrechnung (in jeweiligen Preisen; Angaben in Mrd. €):

Nach Einkommensbeziehern	2005	2006	2007
Arbeitnehmerentgelt (1)	1.129,90	1.149,36	1.179,74
+ Unternehmens- und Vermögenseinkommen (2)	561,25	601,87	645,14
= **Volkseinkommen (3)**	**1.691,15**	**1.751,23**	**1.824,88**
Lohnquote in % [(1) · 100 / (3)]	66,81	65,63	64,65
Gewinnquote [(2) · 100 / (3)]	33,19	34,37	35,35

Quelle: Statistisches Bundesamt, www.destatis.de/basis/dlvgr

$$\text{Lohnquote} = \frac{\text{Summe der Arbeitnehmerentgelte} \cdot 100}{\text{Volkseinkommen}}$$

$$\text{Gewinnquote} = \frac{\text{Summe der Unternehmens- und Vermögenseinkommen} \cdot 100}{\text{Volkseinkommen}}$$

9

Volkswirtschaftliche Gesamtrechnung (VGR) – *National income accounting*

Entstehung, Verwendung und Verteilung des Bruttoinlandsprodukts

Entstehung, Verwendung und Verteilung des Bruttoinlandsproduktes 2007

in Mrd. Euro

2.423,0

Entstehung	=	Verwendung	=	Verteilung

Entstehung (Bruttowertschöpfung)

Land- und Forstwirtschaft, Fischerei	19,9
Produzierendes Gewerbe ohne Baugewerbe	563,1
Baugewerbe	88,2
Handel, Gastgewerbe und Verkehr	386,1
Finanzierung, Vermietung und Unternehmensdienstleister	637,9
Öffentliche und private Dienstleister	476,6

+

Gütersteuern abzüglich Gütersubventionen — 251,1

Verwendung

Private Konsumausgaben:
- Konsumausgaben der privaten Haushalte — 1.339,6
- Konsumausgaben der privaten Organisationen ohne Erwerbszweck — 36,7

Konsumausgaben des Staates — 435,9

Bruttoinvestitionen — 442,8

+

Außenbeitrag — 168,1

Verteilung (Volkseinkommen)

- Arbeitnehmerentgelt — 1.179,7
- Unternehmens- und Vermögenseinkommen — 645,1

+

Produktions- und Importabgaben an den Staat abzüglich Subventionen vom Staat — 276,0

+

Abschreibungen — 345,9

–

Saldo der Primäreinkommen aus der übrigen Welt — 23,8

Quelle: Statistisches Bundesamt, www.destatis.de/download/d/vgr/wichtige_zusammenhaenge.pdf, eingesehen am 22. Januar 2008

9

3526364

Volkswirtschaftliche Gesamtrechnung (VGR) – *National income accounting*

Volkswirtschaftliches Wachstum (Wirtschaftswachstum)

Begriff

Unter **Wirtschaftswachstum** versteht man die Veränderung des Bruttoinlandsproduktes zwischen zwei Wirtschaftsperioden. Die **Wachstumsrate** ist dabei die prozentuale Veränderung zwischen dem Berichtsjahr und dem Vorjahr. Wird das nominale Bruttoinlandsprodukt (zu Marktpreisen der jeweiligen Wirtschaftsperiode) zur Berechnung des Wachstums herangezogen, so spricht man vom **nominalen Wachstum.** Aussagefähiger ist jedoch das **reale Wachstum,** das das reale Bruttoinlandsprodukt zu Preisen eines Basisjahres misst.

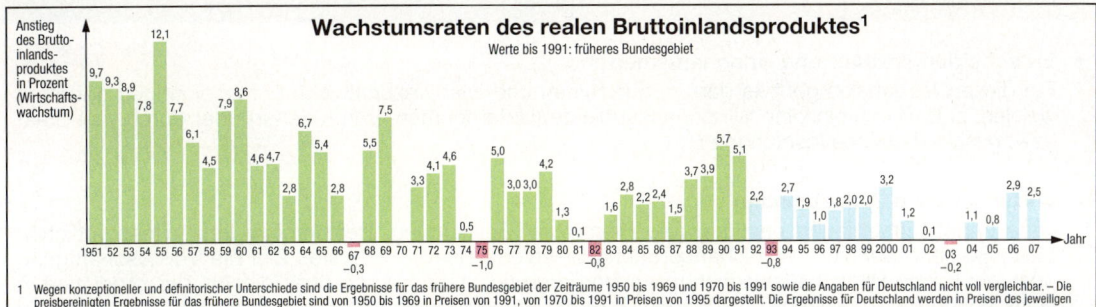

Wachstumsraten des realen Bruttoinlandsproduktes[1]
Werte bis 1991: früheres Bundesgebiet

1 Wegen konzeptioneller und definitorischer Unterschiede sind die Ergebnisse für das frühere Bundesgebiet der Zeiträume 1950 bis 1969 und 1970 bis 1991 sowie die Angaben für Deutschland nicht voll vergleichbar. – Die preisbereinigten Ergebnisse für das frühere Bundesgebiet sind von 1950 bis 1969 in Preisen von 1991, von 1970 bis 1991 in Preisen von 1995 dargestellt. Die Ergebnisse für Deutschland werden in Preisen des jeweiligen Vorjahres als Kettenindex nachgewiesen.

nach: Angaben des Statistischen Bundesamtes, Wiesbaden 2008

Bedeutung

Das Wirtschaftswachstum ist eine zentrale Kennziffer zur Beurteilung der volkswirtschaftlichen Leistungsfähigkeit und des Wohlstandszuwachses einer Volkswirtschaft. Es wird davon ausgegangen, dass durch einen Zuwachs an bereitgestellten Gütern und Dienstleistungen und die damit verbundene höhere Bedürfnisbefriedigung auch mehr gesellschaftlicher Wohlstand einhergeht.

Ziel

Im „Gesetz zur Förderung der Stabilität und des Wachstums der Wirtschaft (StWG)" vom 8. Juni 1967 ist in § 1 ein „stetig steigendes und angemessenes Wirtschaftswachstum" als wirtschaftspolitische Zielsetzung festgeschrieben. Durch das Wirtschaftswachstum soll eine damit angenommene einhergehende Erhöhung der Beschäftigung und der internationalen Konkurrenzfähigkeit, der Erhalt des sozialen Friedens sowie eine gerechtere Einkommens- und Vermögensverteilung erreicht werden.

Arten des Wachstums

Bleiben Umweltfaktoren bei der Ermittlung des Wachstums unberücksichtigt, so spricht man von **quantitativem Wachstum.** Da dies jedoch nicht mehr zeitgemäß ist und neben der mengenmäßigen Erhöhung der volkswirtschaftlichen Leistungen auch Umweltaspekte zu berücksichtigen sind, ist der Begriff des **qualitativen Wachstums** entstanden.

Kritik an der Theorie des Wachstums[1]

An der Wachstumstheorie werden verschiedene Aspekte kritisiert:
- Für die Berechnung des Bruttoinlandsproduktes wird ausschließlich „bezahlte Arbeit" berücksichtigt. Das bedeutet beispielsweise, dass **Eigenleistungen** oder **Nachbarschaftshilfe,** ebenso aber auch die **Schwarzarbeit** unberücksichtigt bleiben.
- Andererseits erhöhen notwendige **Leistungen durch Unfälle, Kriege oder Naturkatastrophen** das Bruttoinlandsprodukt.
- Das Wachstum allein gibt **keine Hinweise über die Verteilung der erbrachten Leistungen.** So können z. B. trotz steigenden Wachstums Regionen oder bestimmte gesellschaftliche Personengruppen verarmen.
- **Langlebige Gebrauchsgüter** der privaten Haushalte fließen nur in der Anschaffungsperiode in vollem Umfang in die Berechnungen ein, obwohl sie über mehrere Wirtschaftsperioden Nutzen bringen.
- Um **Schwankungen in der Bevölkerungszahl** zu berücksichtigen, dürfte nur das Wachstum pro Kopf berechnet und für Vergleiche herangezogen werden.

Deshalb sollten solche, die Lebensqualität der Menschen sehr stark beeinflussenden Aspekte zu einer stärker qualitativen Betrachtungsweise führen.

Alternative Indikatoren[2]

Eine Reihe von alternativen Wohlstandsindikatoren, wie z. B. der Net Economic Welfare (NEW), versucht, diese Kritikpunkte zu berücksichtigen. Ein Problem stellt jedoch die Bewertung des Umfangs und der tatsächlichen Preise der o. g. Problemfälle dar sowie die Frage, von wem diese Bewertung vorgenommen werden kann oder sollte.

1 u. 2 vgl.: Schmitz, Udo u. a.: Volkswirtschaftliches Handbuch, Stuttgart, Düsseldorf, Leipzig 2002, S. 173 ff.

9

Wirtschaftsordnungen – *Economic systems*

Merkmale

Die **Wirtschaftsordnung** beziehungsweise das Wirtschaftssystem eines Staates wird durch folgende **Merkmale** bestimmt:

- **Eigentumsordnung**
  Hierbei geht es insbesondere um die Frage, in wessen Händen sich vor allem die Produktionsmittel (das Sachkapital) befinden: in privatem Eigentum von Unternehmen, in gesellschaftlichem oder staatlichem Eigentum.

- **Entscheidungsträger und -mechanismen**
  Bei diesen Merkmalen geht es darum, durch wen und wie wirtschaftliche Entscheidungen getroffen werden: z. B. durch einzelne Wirtschaftssubjekte (Unternehmen, Verbraucher) oder durch den Staat bzw. gesellschaftliche Institutionen.

- **Wirtschaftliche Zielsetzungen**
  Jede Wirtschaftsordnung bestimmt die Hierarchie (Gewichtung, Reihenfolge) ihrer wirtschaftlichen Ziele. So kann bei einer Wirtschaftsordnung beispielsweise als oberstes Ziel die Vollbeschäftigung oder ein hohes Wirtschaftswachstum im Vordergrund stehen; auch über die Art der produzierten Güter können Grundsatzentscheidungen (z. B. die Herstellung umweltfreundlicher Produkte) getroffen werden.

Die Wirtschaftsordnung ist Teil des Gesellschaftssystems eines Staates; zwischen der Wirtschaftsordnung und dem politischen und kulturellen System bestehen in der Regel wechselseitige Abhängigkeiten.

Wirtschaftsordnungen können als theoretische Modelle, also als gedanklich konstruierte volkswirtschaftliche Systeme **(Idealtypen)** oder als tatsächlich verwirklichte volkswirtschaftliche Systeme **(Realtypen)** beschrieben werden.

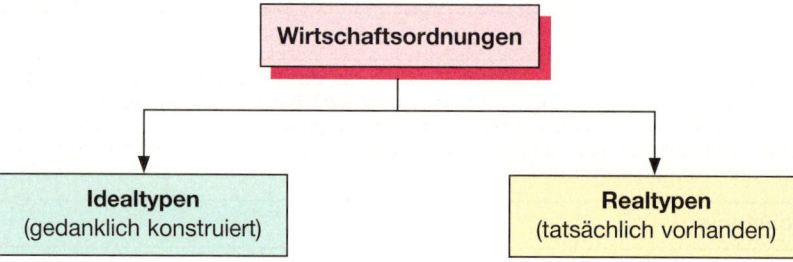

Idealtypen

Als idealtypische Modelle werden die **freie Marktwirtschaft** und die **Zentralverwaltungswirtschaft** unterschieden. Beide Modelle sind aufgrund historischer Entwicklungen – vornehmlich in Europa – entstanden.

Die Idee der freien Marktwirtschaft entwickelte sich vor allem vor dem Hintergrund des aufstrebenden Bürgertums im 18. und 19. Jahrhundert, als der Adel seine Vorrechte verlor.

Im Zeichen der zunehmenden Industrialisierung entstand die Idee der Zentralverwaltungswirtschaft in der zweiten Hälfte des 19. und zu Beginn des 20. Jahrhunderts, als negative soziale Folgen der raschen Industrialisierung für breite Schichten der Bevölkerung deutlich spürbar wurden.

Die extrem gegensätzlichen Grundideen des **Individualismus** (Vorrechte des Einzelnen) und des **Kollektivismus** (Vorrechte der Gemeinschaft) sind in diesen historischen Prozessen zum Tragen gekommen; der Individualismus kommt im Modell der freien Marktwirtschaft, der Kollektivismus in dem der Zentralverwaltungswirtschaft zum Ausdruck:

Freie Marktwirtschaft	**Zentralverwaltungswirtschaft**
• Produktionsmittel sind in privatem Eigentum.	• Produktionsmittel sind in staatlichem Eigentum.
• Art, Menge und Preis der Güter werden durch private Unternehmen im Wettbewerb bestimmt.	• Art, Menge und Preis der Güter werden durch den Staat im Voraus festgelegt.
• Die Erwirtschaftung von privatem Gewinn und die Erzielung eines möglichst hohen Wirtschaftswachstums stehen als wirtschaftliche Ziele im Vordergrund.	• Die Bedarfsdeckung und die Vollbeschäftigung stehen als wirtschaftliche Ziele im Vordergrund.

aus: Böker, Jürgen u. a.: Wirtschaftspolitik/Wirtschaftsordnung, 3. Aufl., Bildungshaus Schulbuchverlage Westermann Schroedel Diesterweg Schöningh Winklers GmbH, Darmstadt 2005, S. 64

Wirtschaftsordnungen – *Economic systems*

Idealtypen

Als **Vorteile** können bei der freien Marktwirtschaft beispielsweise der wettbewerbsbedingte Anreiz zu wirtschaftlicher Effektivität und technischem Fortschritt mit der Folge relativ hohen Wirtschaftswachstums genannt werden.

Die Zentralverwaltungswirtschaft weist z. B. die Vorteile einer garantierten Vollbeschäftigung und einer gesicherten Grundversorgung auf.

Nachteile der freien Marktwirtschaft bestehen beispielsweise in der Gefahr der Monopolbildung, also einer Einschränkung des Wettbewerbs und als Folge der ungleichen Machtverteilung in einer Benachteiligung oder im Extremfall sogar Verarmung der Arbeitnehmerschaft.

In der Zentralverwaltungswirtschaft sind als Nachteile z. B. ein knappes Warenangebot und entsprechende Versorgungslücken zu nennen, die aufgrund der Unmöglichkeit langfristiger staatlicher Vorausplanung des individuellen Bedarfs entstehen.

Realtypen

Als realtypische Wirtschaftsordnungen standen sich bis Ende der 80er-Jahre die **soziale Marktwirtschaft** demokratischer Staaten und die sozialistische Planwirtschaft kommunistischer Staaten gegenüber.

Nach dem Zusammenbruch der **sozialistischen Wirtschaftsordnungen** vor allem in Osteuropa gibt es die sozialistische Planwirtschaft heute nur noch in Kuba und Nordkorea.

Vorherrschend sind heute unterschiedliche Ausprägungen der sozialen Marktwirtschaft. Ihr Grundgedanke ist es, wirtschaftliche Freiheit und staatliche Steuerungsmöglichkeiten zum Schutz vor sozialer Ungerechtigkeit zu verbinden.

In der Bundesrepublik Deutschland, als Land im Zentrum des Ost-West-Konfliktes, wurde von dem ersten Wirtschaftsminister Ludwig Erhard und seinem Staatssekretär Alfred Müller-Armack eine soziale Marktwirtschaft als Weiterentwicklung der freien Marktwirtschaft begründet. Ziel war die Verwirklichung eines allgemeinen Wohlstandes sowie sozialer Sicherheit und Gerechtigkeit vor dem Hintergrund der Wiederaufbauphase nach dem Zweiten Weltkrieg.

Die Konzeption der **sozialen Marktwirtschaft** wird durch folgende Hauptelemente bestimmt:

• **Eigentumsordnung:**	Wirtschaftliche Entscheidungsfreiheit ist durch gesetzlich geschütztes Privateigentum und freies Vertragsrecht gewährleistet.
• **Wettbewerbsordnung:**	Der Staat stellt die Regeln für einen funktionsfähigen Wettbewerb auf und überwacht sie.
• **Sozialordnung:**	Ein System sozialer Sicherheit soll diejenigen vor Verarmung schützen, die zur Bestreitung des Lebensunterhalts kein ausreichendes Einkommen erzielen können.
• **Geld- und Währungsordnung:**	Die Geldversorgung und die Geldwertstabilität werden durch eine vom Staat unabhängige Zentralbank gesichert.

Obwohl die Wirtschaftsordnung in der Bundesrepublik Deutschland nicht durch die Verfassung geregelt wird, lassen sich aus einzelnen Artikeln des Grundgesetzes Merkmale der Wirtschaftsordnung ableiten. So wird Deutschland als ein demokratischer und sozialer Bundesstaat (Art. 20 GG) bezeichnet, es werden freie Berufswahl (Art. 12 GG), das Recht auf Eigentum (Art. 14 GG) und die Tarifautonomie als Teil des Koalitionsrechts (Art. 9 GG) garantiert.

Die Idee der sozialen Marktwirtschaft wird weltweit in verschiedenen Ausprägungen realisiert und diskutiert. So ist in Deutschland zum einen aufgrund der zunehmenden Sorge um eine gesunde Umwelt seit den 80er-Jahren der Trend zur **ökologischen Marktwirtschaft** im Gespräch. Der Grundgedanke ist hierbei, wirtschaftspolitische und umweltpolitische Maßnahmen zu koordinieren.

Zum anderen gibt es im Zeichen der weltweiten Globalisierungsdebatte den Trend zur Deregulierung, also zu weniger staatlicher Steuerung und mehr wirtschaftlicher Freiheit, in der Regel aber auch zu einem Abbau von sozialen Leistungen (zum Beispiel Kürzungen in den Leistungen der staatlichen Sozialversicherung).

Das bevölkerungsreichste Land der Welt, die Volksrepublik China, hat sich im Rahmen der weltweiten Veränderungen von der sozialistischen Planwirtschaft zu einer **sozialistischen Marktwirtschaft** entwickelt.

In diesem Veränderungsprozess nimmt der Anteil staatlicher Unternehmen ab, der Anteil von Privatunternehmen wächst dementsprechend. Dem Markt wird schrittweise mehr Regulierungsfunktion zugebilligt (z. B. durch Zulassung von Börsen), die „staatliche Kommandowirtschaft" wird nach und nach zurückgedrängt. Der Beitritt der Volksrepublik China zur Welthandelsorganisation WTO[1] im Dezember 2001 hat diesen Entwicklungsprozess beschleunigt.

1 WTO: World Trade Organization

aus: Böker, Jürgen u. a.: Wirtschaftspolitik/Wirtschaftsordnung, 3. Aufl., Bildungshaus Schulbuchverlage Westermann Schroedel Diesterweg Schöningh Winklers GmbH, Darmstadt 2005, S. 65

Wettbewerbspolitik in der Sozialen Marktwirtschaft
Competition policy in the social market economy

Bausteine der sozialen Marktwirtschaft

Bausteine der sozialen Marktwirtschaft

Grundrechts-bestimmungen

Demokratie- und Rechtsstaatsgebot

Sozialstaatsprinzip als Verfassungspflicht

Aufgaben und Prinzipien

- Markt-, Leistungs- und Wettbewerbsprinzip

- Marktdemokratie und Freiheitsprinzip durch freie Berufs- und Arbeits-platzwahl, Konsumenten-freiheit, Beschränkung behördlicher Macht

- Eigentumsrecht mit sozialer Verpflichtung

- dezentrale Planung durch Unternehmen und Haus-halte

Marktsicherung z. B. durch Kartellgesetzgebung

Marktregulierung z. B. durch staatl. Konjunkturpolitik

Marktbeeinflussung z. B. durch Arbeitsmarktpolitik

Bereiche mit staatlichen Eingriffen

- Wettbewerbspolitik: z. B. Kartellgesetz (1998)

- Mitbestimmungsregelungen: BetrVG (1952; 1972; 1976), Montan-Mitbestimmung (1951), Mitbestimmungsgesetz (1976)

- Sozialpolitik, Konjunkturpolitik, Strukturpolitik

- staatliche Unternehmen

aus: Bundesverband deutscher Banken (Hrsg.): Schul/Bank. Wirtschaft. Materialien für den Unterricht, Köln 1994, 1.6/3

Instrumente staatlicher Wettbewerbspolitik

Unter staatlicher Wettbewerbspolitik ist zum einen die aktive Förderung des Wettbewerbs, z. B. durch eine unabhängige, öffentlich geförderte Forschung bei kleineren und mittelgroßen Unternehmen, zu verstehen.

Andererseits bedeutet staatliche Wettbewerbs-politik, dass Unternehmenszusammenschlüsse, die gegen die Prinzipien des freien Wettbewerbs verstoßen, zu verbieten und unter Strafe zu stellen sind. Hierüber wacht auf der Grundlage des Ge-setzes gegen Wettbewerbsbeschränkung (GWB) das Bundeskartellamt in Bonn.

Wettbewerbspolitik – *Competition policy*

Einordnung staatlicher Wettbewerbspolitik in ein wirtschaftspolitisches Zielsystem

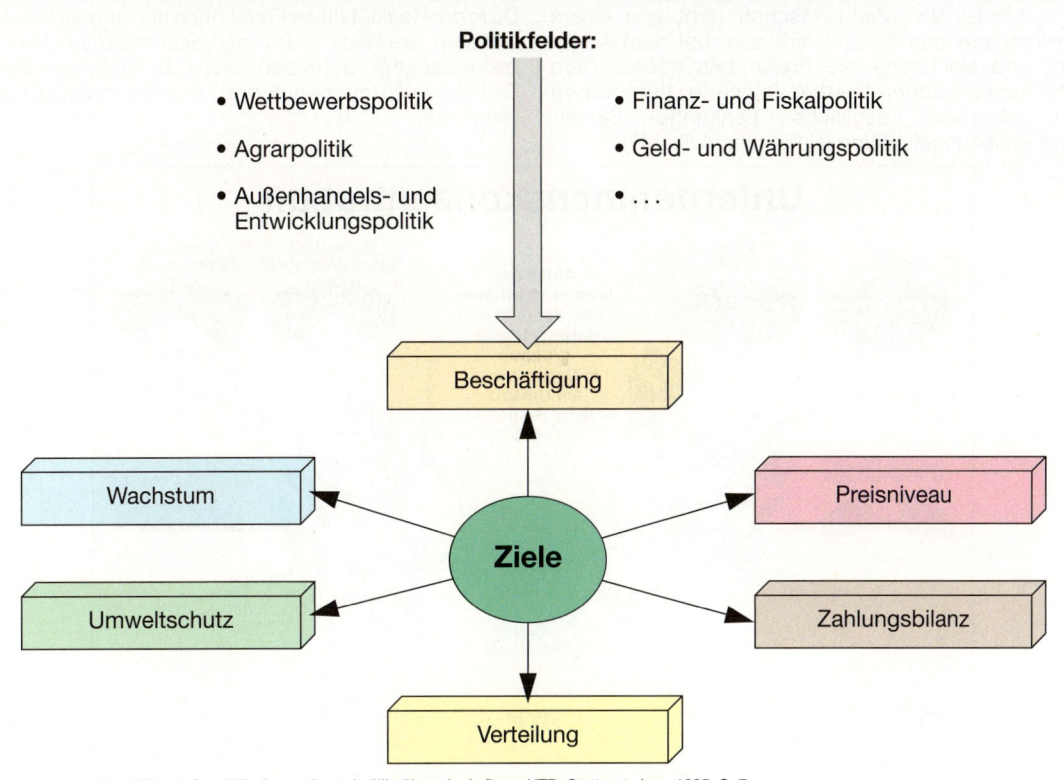

aus: Altmann, Jörn: Wirtschaftspolitik, 6. erweit. und völlig überarb. Auflage, UTB, Stuttgart, Jena 1995, S. 7

Ziele und Funktionen staatlicher Wettbewerbspolitik

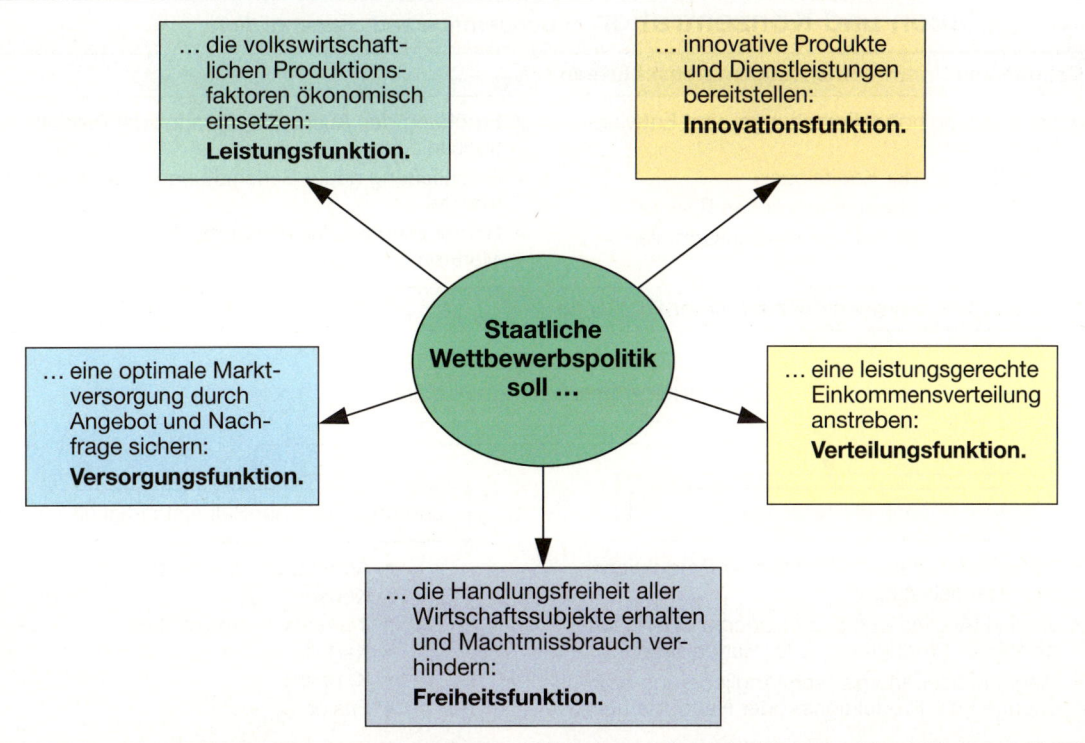

aus: Böker, Jürgen u. a.: Wirtschaftspolitik/Wirtschaftsordnung, Lehrerband, Bildungshaus Schulbuchverlage Westermann Schroedel Diesterweg Schöningh Winklers GmbH, Darmstadt 2005, S. 37

Wettbewerbspolitik – *Competition policy*

Begriffliche Einordnung

Das Modell der Marktwirtschaft geht von einem funktionierenden Wettbewerb aus, bei dem Angebot und Nachfrage die Preise bestimmen. Dem Marktpreis werden hierbei folgende **Funktionen** zugeschrieben: Ausgleichs-, Lenkungs-, Signal- und Erziehungsfunktion (siehe hierzu S. 447)

Da in der Realität diese Funktionen nur eingeschränkt wirksam werden, muss der Staat **aktive** Wettbewerbspolitik betreiben (siehe S. 368), um zum Beispiel auf Unternehmungszusammenschlüsse zu reagieren.

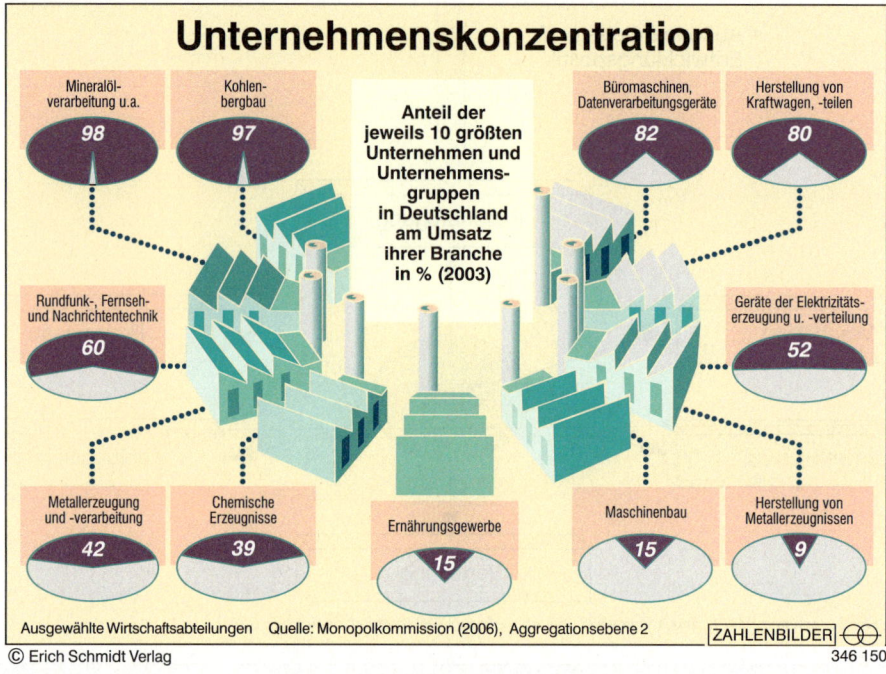

Unternehmenskonzentration

Anteil der jeweils 10 größten Unternehmen und Unternehmensgruppen in Deutschland am Umsatz ihrer Branche in % (2003)

Branche	Anteil
Mineralöl-verarbeitung u.a.	98
Kohlen-bergbau	97
Büromaschinen, Datenverarbeitungsgeräte	82
Herstellung von Kraftwagen, -teilen	80
Rundfunk-, Fernseh- und Nachrichtentechnik	60
Geräte der Elektrizitäts-erzeugung u. -verteilung	52
Metallerzeugung und -verarbeitung	42
Chemische Erzeugnisse	39
Ernährungsgewerbe	15
Maschinenbau	15
Herstellung von Metallerzeugnissen	9

Ausgewählte Wirtschaftsabteilungen   Quelle: Monopolkommission (2006), Aggregationsebene 2

ZAHLENBILDER

346 150

© Erich Schmidt Verlag

Kooperation und Konzentration – *Cooperation and concentration*

Gründe von Unternehmenszusammenschlüssen

- Verringerung hoher Forschungs- und Entwicklungskosten
- Verbreiterung der Kapitalbasis
- Streuung des unternehmerischen Risikos
- Ausnutzung von Rationalisierungsvorteilen

- Erhöhung des Auslastungsgrades der Produktionsanlagen
- Erschließung neuer Beschaffungs- oder Absatzmärkte
- Begrenzung des Wettbewerbs/Aufteilung von Märkten

Formen von Unternehmenszusammenschlüssen

Unternehmenszusammenschlüsse

nach der Richtung

nach dem Grad der Selbstständigkeit

- horizontal (Unternehmen gleicher Produktions- bzw. Handelsstufen)
- vertikal (Angliederung vorgelagerter oder nachgelagerter Produktions- oder Handelsstufen)
- diagonal oder anorganisch (Angliederung branchenfremder Produktions- oder Handelsstufen)

- Arbeitsgemeinschaft
- Konsortium
- Interessengemeinschaft
- Kartell
- Konzern
- Fusion

aus: Hübscher, Heinrich u. a.: IT-Kompendium, 1. Aufl., Bildungshaus Schulbuchverlage Westermann Schroedel Diesterweg Schöningh Winklers GmbH, Braunschweig 2001, S. 22

9

Formen der Kooperation und Konzentration
Forms of cooperation and concentration

Kooperation

Arbeitsgemeinschaft

Beschränkte Zusammenarbeit von Unternehmen in ausgewählten Teilbereichen – in der Regel in Form einer vertraglichen Vereinbarung –, z. B. Bildung einer Werbegemeinschaft in einer Fußgängerzone. Die beteiligten Unternehmen behalten ihre rechtliche, größtenteils auch ihre wirtschaftliche Selbstständigkeit.

Konsortium

Unternehmen schließen sich für einen begrenzten Zeitraum zusammen, z. B. in Form einer BGB-Gesellschaft, um ein gemeinsames Projekt, z. B. Bau einer Autobahntrasse, durchzuführen. Die wirtschaftliche Selbstständigkeit wird nur in sehr geringem Umfang begrenzt.

Interessengemeinschaft

Unternehmen schließen sich zusammen, z. B. in Form einer BGB-Gesellschaft, um gemeinsam unternehmerische Tätigkeitsfelder zu bearbeiten, z. B. gemeinsame Forschung. Die wirtschaftliche Selbstständigkeit wird dadurch eingeschränkt.

Kartell

Ein vertraglicher Zusammenschluss rechtlich selbstständiger Unternehmen, die einen Teil ihrer wirtschaftlichen Selbstständigkeit mit dem Ziel aufgeben, den Wettbewerb zu beeinflussen oder auszuschalten, wird als Kartell bezeichnet. Der Begriff „Kartell" ist von dem Lateinischen „charta" abgeleitet und bedeutet Schreiben oder Vereinbarung.

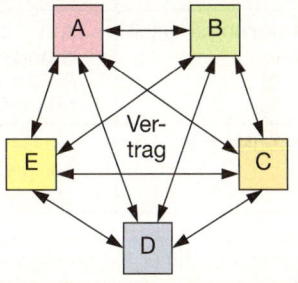

Konzentration

Konzern

Zusammenschluss von Unternehmen unter einheitlicher Leitung, die ihre rechtliche Selbstständigkeit behalten, ihre wirtschaftliche Selbstständigkeit dagegen völlig verlieren. Eine besondere wirtschaftliche und politische Bedeutung erlangen die so genannten Multis (multinationale Konzerne). Prinzipiell kann zwischen Unterordnungs- und Gleichordnungskonzernen unterschieden werden.

Unterordnungs-konzern

Gleichordnungs-konzern

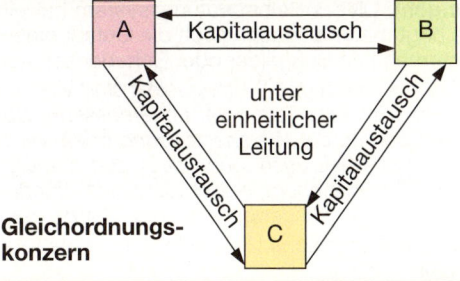

Fusion

Ehemals rechtlich und wirtschaftlich selbstständige Unternehmen schließen sich zu einem (neuen) Unternehmen zusammen, z. B. Verschmelzen eines deutschen und eines ausländischen Automobilunternehmens. Unterschieden werden so genannte „freundliche Übernahmen" (**mit Einverständnis** des übernommenen Unternehmens) und „feindliche Übernahmen" (**gegen den Willen** des übernommenen Unternehmens).

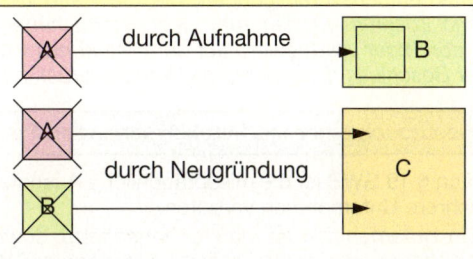

9

vgl.: Hübscher, Heinrich u. a.: IT-Kompendium, 1. Aufl., Braunschweig 2001, S. 23

Kartellkontrolle und Marktbeherrschung – *Cartel controll and market dominance*

Begriff Kartell	Ziele von Kartellen
Ein Kartell ist ein Zusammenschluss rechtlich selbstständiger Unternehmen einer Branche (horizontaler Zusammenschluss), die den Teil der wirtschaftlichen Selbstständigkeit aufgeben, auf den sich die Kartellabsprache bezieht. Damit das Kartell durchgesetzt werden kann, müssen möglichst alle Unternehmen der Branche beteiligt sein.	• Beeinflussung des Marktes für bestimmte Produkte durch Wettbewerbsbeschränkung • Verbesserung der Gewinnsituation der am Kartell beteiligten Unternehmen

Kartellarten

Je nach **Gegenstand der Absprache** werden verschiedene Kartellarten unterschieden, zum **Beispiel:**

Kartellart	Die beteiligten Unternehmen vereinbaren:
Preiskartell	… einen Einheits-, Höchst- oder Mindestpreis sowie zugehörige Produktions- oder Beschaffungsquoten.
Submissionskartell	… wer im Rahmen öffentlicher Ausschreibungen den Auftrag erhalten soll, z. B. im Wege der Abgabe eines Mindestpreises.
Absatz-, Beschaffungskartell	… die räumliche Aufteilung des Absatz- oder Beschaffungsgebietes **(Gebietskartell)** oder dass der gesamte Absatz/die gesamte Beschaffung von einer Zentrale aus vorgenommen wird **(Syndikat).**
Rationalisierungskartell	… z. B. die Entwicklung gemeinsamer Normen wie Abmessungen **(Normungskartell),** die Vereinheitlichung von Produkten **(Typungskartell),** die Aufteilung bestimmter Funktionen oder Produkte **(Spezialisierungskartell)** oder weiter gehende Rationalisierungen.
Konditionenkartell	… die Gewährung gleicher Rabatte, Boni, Skonti **(Rabattkartell)** oder sonstiger gleicher Geschäftsbedingungen wie z. B. Lieferbedingungen, Verpackungskosten.

Wettbewerbsrechtliche Regelungen nach dem Gesetz gegen Wettbewerbsbeschränkung (GWB)

Nach § 1 GWB gilt grundsätzlich ein **Kartellverbot:**

„Vereinbarungen zwischen Unternehmen, Beschlüsse von Unternehmensvereinigungen und aufeinander abgestimmte Verhaltensweisen, die eine Verhinderung, Einschränkung oder Verfälschung des Wettbewerbs bezwecken oder bewirken, sind verboten."

Gemäß § 2 GWB müssen Unternehmen grundsätzlich selbst prüfen, ob die von ihnen getroffenen (wettbewerbsbeschränkenden) Vereinbarungen mit anderen Unternehmen erlaubt sind **(freigestellte Vereinbarungen).** Dieses Selbstprüfungssystem hat eine höhere Eigenverantwortung der Unternehmen zur Folge. Es birgt mitunter jedoch auch die Gefahr einer falschen Beurteilung und somit das Risiko, dass gegen das Unternehmen Bußgelder oder Schadensersatzansprüche erhoben werden.

„(1) Vom Verbot des § 1 freigestellt sind Vereinbarungen (…) Beschlüsse (…) oder aufeinander abgestimmte Verhaltensweisen, die unter angemessener Beteilgung der Verbraucher an dem entstehenden Gewinn zur Verbesserung der Warenerzeugung oder -verteilung oder zur Förderung technischen oder wirtschaftlichen Fortschritts beitragen, ohne dass den beteiligten Unternehmen 1. Beschränkungen auferlegt werden, die für die Verwirklichung dieser Ziele nicht unerlässlich sind, oder 2. Möglichkeiten eröffnet werden, für einen wesentlichen Teil der betreffenden Waren den Wettbewerb auszuschalten."

Für mittelständische Unternehmen gilt die folgende Ausnahmeregelung nach § 3 GWB **(Mittelstandskartelle):**

„(1) Vereinbarungen zwischen miteinander im Wettbewerb stehenden Unternehmen und Beschlüsse von Unternehmensvereinigungen, die die Rationalisierung wirtschaftlicher Vorgänge durch zwischenbetriebliche Zusammenarbeit zum Gegenstand haben, erfüllen die Voraussetzungen des § 2 Abs. 1, wenn 1. dadurch der Wettbewerb auf dem Markt nicht wesentlich beeinträchtig wird und 2. die Vereinbarung oder der Beschluss dazu dient, die Wettbewerbsfähigkeit kleiner oder mittlerer Unternehmen zu verbessern."

Missbrauch einer marktbeherrschenden Stellung

Nach § 19 GWB ist die missbräuchliche Ausnutzung einer **marktbeherrschenden Stellung** durch ein oder mehrere Unternehmen verboten.

„Ein Unternehmen ist marktbeherrschend, soweit es als Anbieter oder Nachfrager einer bestimmten Art von Waren oder gewerblichen Leistungen auf dem sachlich und räumlich relevanten Markt 1. ohne Wettbewerber ist oder keinem wesentlichen Wettbewerb ausgesetzt ist oder 2. eine im Verhältnis zu seinen Wettbewerbern überragende Marktstellung hat."

9

Staatliche Ordnungspolitik – *Governmental regulative policy*

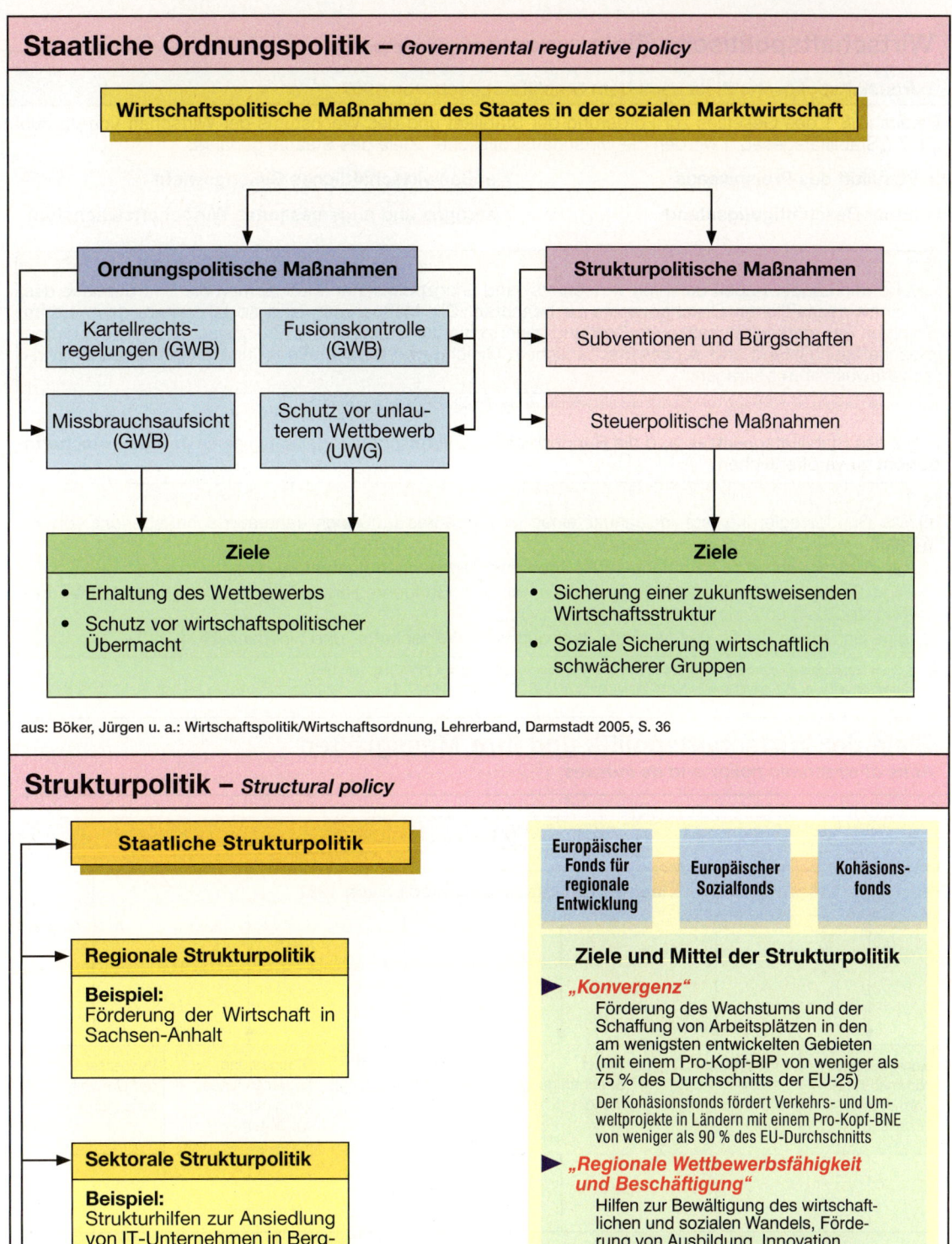

Wirtschaftspolitische Maßnahmen des Staates in der sozialen Marktwirtschaft

Ordnungspolitische Maßnahmen

- Kartellrechts-regelungen (GWB)
- Fusionskontrolle (GWB)
- Missbrauchsaufsicht (GWB)
- Schutz vor unlau-terem Wettbewerb (UWG)

Ziele
- Erhaltung des Wettbewerbs
- Schutz vor wirtschaftspolitischer Übermacht

Strukturpolitische Maßnahmen

- Subventionen und Bürgschaften
- Steuerpolitische Maßnahmen

Ziele
- Sicherung einer zukunftsweisenden Wirtschaftsstruktur
- Soziale Sicherung wirtschaftlich schwächerer Gruppen

aus: Böker, Jürgen u. a.: Wirtschaftspolitik/Wirtschaftsordnung, Lehrerband, Darmstadt 2005, S. 36

Strukturpolitik – *Structural policy*

Staatliche Strukturpolitik

Regionale Strukturpolitik

Beispiel:
Förderung der Wirtschaft in Sachsen-Anhalt

Sektorale Strukturpolitik

Beispiel:
Strukturhilfen zur Ansiedlung von IT-Unternehmen in Berg-bauregionen von NRW

Infrastrukturpolitik

Beispiel:
Öffentliche Bezuschussung des Baus der ICE-Strecke München – Berlin

Europäischer Fonds für regionale Entwicklung

Europäischer Sozialfonds

Kohäsions-fonds

Ziele und Mittel der Strukturpolitik

▶ *„Konvergenz"*

Förderung des Wachstums und der Schaffung von Arbeitsplätzen in den am wenigsten entwickelten Gebieten (mit einem Pro-Kopf-BIP von weniger als 75 % des Durchschnitts der EU-25)

Der Kohäsionsfonds fördert Verkehrs- und Um-weltprojekte in Ländern mit einem Pro-Kopf-BNE von weniger als 90 % des EU-Durchschnitts

▶ *„Regionale Wettbewerbsfähigkeit und Beschäftigung"*

Hilfen zur Bewältigung des wirtschaft-lichen und sozialen Wandels, Förde-rung von Ausbildung, Innovation, Beschäftigung und Unternehmertum in den übrigen Gebieten der EU

▶ *„Europäische territoriale Zusammen-arbeit"*

Unterstützung grenzüberschreitender und interregionaler Projekte

Finanzvolumen: 308 Mrd. Euro
zu Preisen von 2004

aus: Zahlenbild 725 368, Erich Schmidt Verlag

9

Wirtschaftspolitische Ziele – *Aims of economic policy*

Wirtschaftspolitische Ziele nach dem Stabilitätsgesetz von 1967

Bereits in § 1 des Gesetzes zur Förderung der Stabilität und des Wachstums der Wirtschaft vom 8. Juni 1967 („Stabilitätsgesetz") werden die wirtschaftspolitischen Ziele des Staates genannt:

- **Stabilität des Preisniveaus**
- **hoher Beschäftigungsstand**
- **außenwirtschaftliches Gleichgewicht**
- **stetiges und angemessenes Wirtschaftswachstum**

§ 1

„Bund und Länder haben bei ihren wirtschafts- und finanzpolitischen Maßnahmen die Erfordernisse des gesamtwirtschaftlichen Gleichgewichts zu beachten. Die Maßnahmen sind so zu treffen, dass sie im Rahmen der marktwirtschaftlichen Ordnung gleichzeitig zur Stabilität des Preisniveaus, zu einem hohen Beschäftigungsstand und außenwirtschaftlichem Gleichgewicht bei stetigem und angemessenem Wirtschaftswachstum beitragen."

aus: § 1 des Gesetzes zur Förderung der Stabilität und des Wachstums der Wirtschaft (StWG), 8. Juni 1967

In § 2 des Stabilitätsgesetzes wird die Bundesregierung verpflichtet, regelmäßig einen **Jahreswirtschaftsbericht** zu veröffentlichen.

§ 2

(I) Die Bundesregierung legt im Januar eines jeden Jahres (...) einen Jahreswirtschaftsbericht vor. Er enthält:
1. die Stellungnahme zu dem Jahresgutachten des Sachverständigenrates[1] (...)
2. eine Darlegung der für das laufende Jahr von der Bundesregierung angestrebten wirtschafts- und finanzpolitischen Ziele (Jahresprojektion); (...)
3. eine Darlegung der für das laufende Jahr geplanten Wirtschafts- und Finanzpolitik. (...)

aus: § 2 des Gesetzes zur Förderung der Stabilität und des Wachstums der Wirtschaft (StWG), 8. Juni 1967
aus: Böker, Jürgen u. a.: Wirtschaftspolitik/Wirtschaftsordnung, 3. Aufl., Darmstadt 2005, S. 29

Ziele der Wirtschaftspolitik und ihre Messgrößen
Aims of economic policy and its indexes

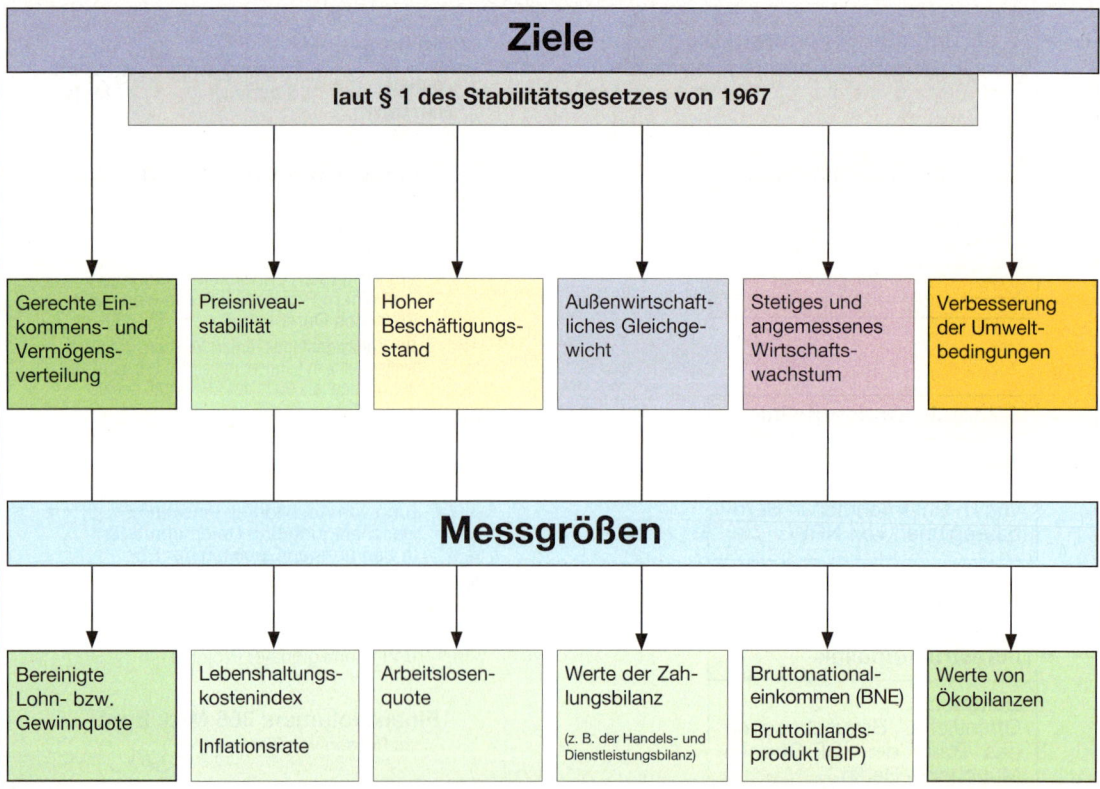

aus: Böker, Jürgen u. a.: Wirtschaftspolitik/Wirtschaftsordnung, Lehrerband, Bildungshaus Schulbuchverlage Westermann Schroedel Diesterweg Schöningh Winklers GmbH, Darmstadt 2005, S. 28

Vom quantitativen zum qualitativen Wirtschaftswachstum
From quantitative growth to qualitative growth

Quantitatives Wachstum als wirtschaftspolitisches Ziel

Die Steigerung der Produktion von Gütern und Dienstleistungen soll Arbeitsplätze, Einkommen und damit materiellen Wohlstand schaffen und sichern.

Kritik an der Theorie des quantitativen Wachstums

→ Die Ressourcen (Rohstoffe) verknappen zunehmend durch immer umfangreichere Produktions- und Konsumprozesse.

→ Die Umwelt wird durch immer umfangreichere Produktions- und Konsumprozesse belastet.

→ Das BIP als Wohlstandsmaßstab beinhaltet auch den Zuwachs an Produkten und Dienstleistungen infolge von Unglücken, Krankheit und Tod.

→ Das quantitative Wachstum sichert nicht automatisch Arbeitsplätze, da es häufig einhergeht mit Entlassungen im Rahmen von Rationalisierungsmaßnahmen zur Steigerung der Produktivität.

Forderungen

... nach mehr qualitativem Wachstum	... nach neuen Wohlstandsindikatoren
Steigerung der Lebensqualität durch Umverteilung der Wachstumsbereiche: mehr Wachstum in den Bereichen zur Förderung der Lebensqualität – weniger Wachstum in den Bereichen, die zu einer Einschränkung der Lebensqualität führen können.	Aufstellung von Messgrößen, die Wohlstand als Lebensqualität besser erfassen können: z. B. Sozialindikatoren wie Gesundheit, Bildung, Freizeit, Arbeitszufriedenheit oder Umweltindikatoren wie Luftreinheit, Wasserqualität, Schadstoffbelastung.

aus: Böker, Jürgen u. a.: Wirtschaftspolitik/Wirtschaftsordnung, Lehrerband, Darmstadt 2005, S. 29

9

Investitionen und Bruttoinlandsprodukt – *Investment and gross domestic product*

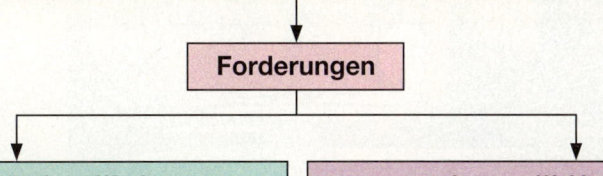

Investition: Zielgerichtete Kapitalbindung zur Erwirtschaftung zukünftiger Erträge

Betriebswirtschaftliche Ebene

Investitionsarten

nach dem Investitionszweck	nach den betrieblichen Funktionen
• Ersatzinvestition • Erweiterungsinvestition • Rationalisierungsinvestition	• Forschungsinvestition • Fertigungsinvestition • Absatzinvestition

Volkswirtschaftliche Ebene

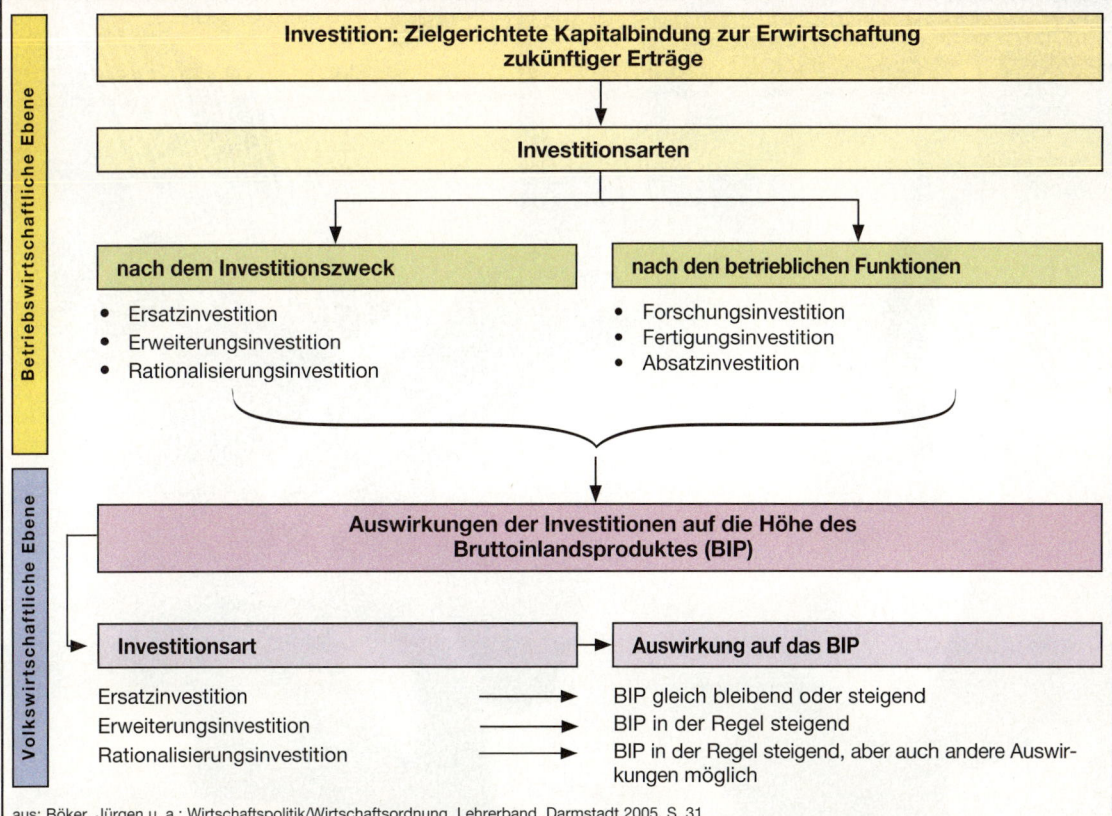

Auswirkungen der Investitionen auf die Höhe des Bruttoinlandsproduktes (BIP)

Investitionsart		Auswirkung auf das BIP
Ersatzinvestition	→	BIP gleich bleibend oder steigend
Erweiterungsinvestition	→	BIP in der Regel steigend
Rationalisierungsinvestition	→	BIP in der Regel steigend, aber auch andere Auswirkungen möglich

aus: Böker, Jürgen u. a.: Wirtschaftspolitik/Wirtschaftsordnung, Lehrerband, Darmstadt 2005, S. 31

10
Absatzprozesse planen, steuern und kontrollieren

Marketing

Die Marktsituation und unternehmerisches Handeln

Verkäufermarkt	← Marktsituation →	Käufermarkt
Marktmacht der Verkäufer ist größer als die der Käufer. (Nachfrage > Angebot)		Marktmacht der Käufer ist größer als die der Verkäufer. (Angebot > Nachfrage)

Unternehmerisches Handeln

Absatz

„Absatz" ist eine betriebswirtschaftliche Funktion des Unternehmens, wie z. B. auch Beschaffung, Finanzierung oder Produktion. Die Produkte bzw. Dienstleistungen sollen in einem gegebenen Kundensegment zu einem möglichst hohen Preis zum Kunden gelangen.

Marketing

„Marketing" ist eine Konzeption der Unternehmensführung, „bei der im Interesse der Erreichung der Unternehmensziele alle betrieblichen Aktivitäten konsequent auf die gegenwärtigen und künftigen Erfordernisse der Märkte ausgerichtet werden", d. h. Ausrichtung der gesamten Unternehmenspolitik an den Kundenwünschen.

vgl. Bidlingmaier, Johannes: Marketing, Rowohlt, Reinbek 1973, S. 15

Das Marketing-Management-Konzept

Klärung der Marktsituation
- Definition und Segmentierung des Marktes
- quantitative und qualitative Analyse des Marktes
- Beurteilung der Unternehmung und ihrer Konkurrenten

Entscheide über die Kernstrategie
- Zielmärkte und Leistungsprogramm
- Abgrenzung und Verhalten gegenüber der Konkurrenz
- Grundsatzentscheide zur Marktbearbeitung

Entscheide über die Marktbearbeitung
- Gestaltung des Leistungsprogramms
- Absatzwege
- Preispolitik
- Absatzwerbung, Verkaufsförderung und Publizität
- persönlicher Verkauf
- kombinierter Einsatz der Marktbearbeitungsinstrumente

Entscheide über Systeme und Organisation des Marketings
- System der Planung, Information und Kontrolle
- Marketingorganisation
- Marketingaudit

Entscheide über Zielvorstellungen und Ressourceneinsatz

Koordination der Funktionsbereiche und ihrer Aktivitäten

aus: Hill, Wilhelm u. Rieser, Ignaz: Marketing-Management. 2. durchgesehene Aufl., UTB, Bern, Stuttgart, Wien 1993, S. 23

Marktsegmentierung

Aufteilung des Marktes im Hinblick auf spezifische Kundenzielgruppen, um die Ziele der Marketingstrategie verwirklichen zu können.

Segmentierungskriterien

Bestimmung der Segmente	Segmentierungskriterien	
	allgemeine Attribute von Konsumenten	funktions-(produkt-)spezifische Unterschiede
direkte und objektive Erfassung	**Statistische Kriterien** geografische, demografische und sozioökonomische Kriterien	**Verhaltensorientierte Kriterien** Verbrauchsintensität, Informations- und Kaufverhalten, Reaktionen auf Marketingaktivitäten
indirekte Erfassung, plausibles Schließen	**Psychologische Kriterien** Persönlichkeit, Lebensstil	**Anforderungsorientierte Kriterien** Kaufmotive, Nutzenerwartungen, Präferenzen, Wahrnehmungen u. Einstellungen

aus: Hill, Wilhelm u. Rieser, Ignaz: a. a. O., S. 99

10

Marketing

Quantitative Analyse des Marktes

Bei der quantitativen Marktanalyse geht es um die Erfassung der mengen- und wertmäßigen Größe des Marktes sowie um die Prognose seiner Entwicklung in der Zukunft.

Dabei sind drei Marktgrößen zu unterscheiden:

Das **Marktpotenzial** entspricht der überhaupt möglichen Aufnahmefähigkeit eines Marktes für eine Güterart oder eine Art von Dienstleistungen.

Das **Marktvolumen** ist die realisierte oder prognostizierte effektive Absatzmenge aller Hersteller in einem Markt.

Der **Marktanteil** ist der realisierte Umsatz oder die realisierte Absatzmenge einer Unternehmung, ausgedrückt als Prozentsatz des Marktvolumens.

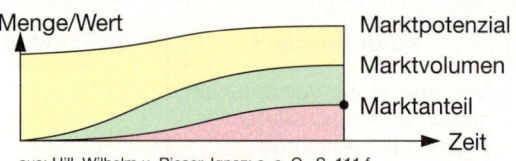

Menge/Wert
Marktpotenzial
Marktvolumen
Marktanteil
Zeit

aus: Hill, Wilhelm u. Rieser, Ignaz: a. a. O., S. 111 f.

Marktwachstum und Marktanteil

Marktvolumen \ Marktanteil	steigern	halten
wächst	+	+
stagniert	+	=
schrumpft	?	–

Absatzmenge: + steigt = bleibt konstant
– sinkt ? Wirkung offen

aus: Hill, Wilhelm u. Rieser, Ignaz: a. a. O., S. 177

Von der Marktuntersuchung zur Marketingkonzeption

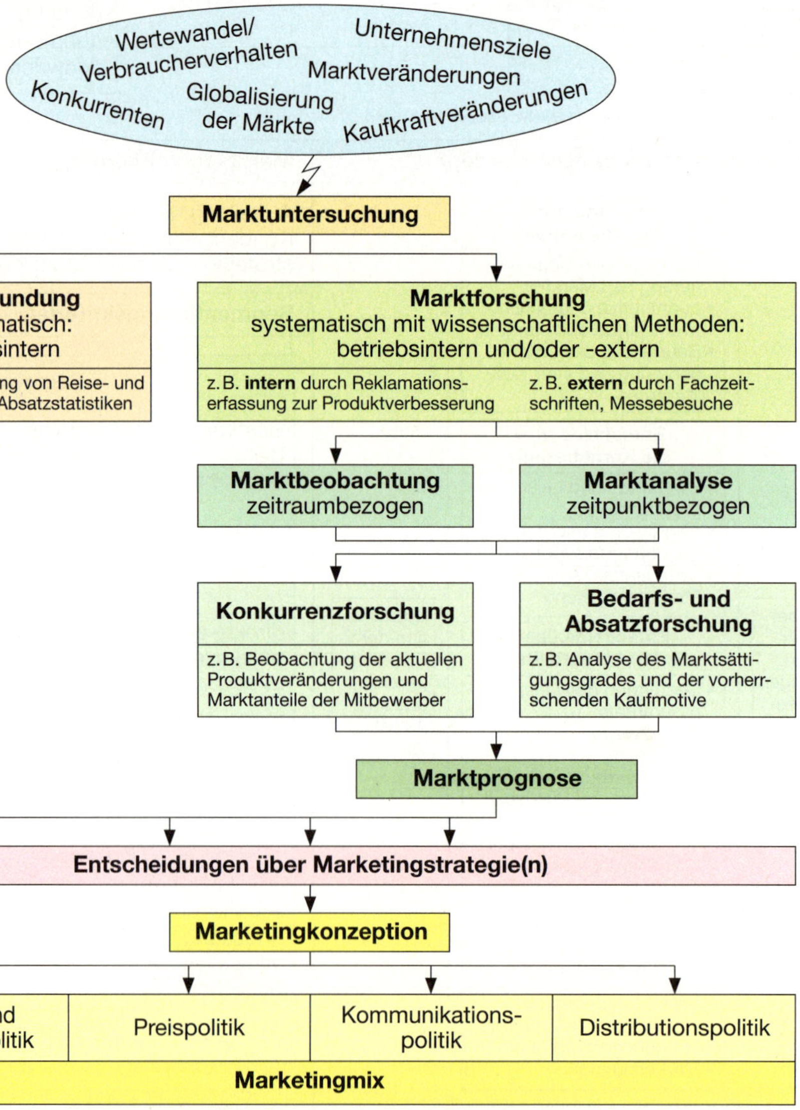

Wertewandel/
Verbraucherverhalten
Unternehmensziele
Marktveränderungen
Konkurrenten
Globalisierung der Märkte
Kaufkraftveränderungen
Marktuntersuchung
Markterkundung
unsystematisch: betriebsintern
z. B. durch Auswertung von Reise- und Marktberichten und Absatzstatistiken
Marktforschung
systematisch mit wissenschaftlichen Methoden: betriebsintern und/oder -extern
z. B. intern durch Reklamationserfassung zur Produktverbesserung
z. B. extern durch Fachzeitschriften, Messebesuche
Marktbeobachtung
zeitraumbezogen
Marktanalyse
zeitpunktbezogen
Konkurrenzforschung
z. B. Beobachtung der aktuellen Produktveränderungen und Marktanteile der Mitbewerber
Bedarfs- und Absatzforschung
z. B. Analyse des Marktsättigungsgrades und der vorherrschenden Kaufmotive
Marktprognose
Entscheidungen über Marketingstrategie(n)
Marketingkonzeption
Produkt- und Sortimentspolitik
Preispolitik
Kommunikations-politik
Distributionspolitik
Marketingmix

aus: Bentin, Margit u. a.: Handlungsorientierte Materialien in Wirtschaft und Verwaltung. Absatz/Marketing. Lehrerband, 2. Aufl., Darmstadt 2003, S. 122

Markterkundung und Marktforschung
Market scouting and market research

Marktuntersuchung

Formen

- Bei der **Markterkundung** handelt es sich um eine betriebsinterne, unsystematische Informationssammlung durch Einzelbeobachtungen und Gespräche, z.B. Auswerten von Reiseberichten und Marktberichten, Auswerten interner Absatzstatistiken, Gespräche mit Kunden usw.

- Bei der **Marktforschung** handelt es sich um das systematische Beschaffen und Verarbeiten von Informationen mithilfe wissenschaftlicher Methoden. Bei der Marktforschung werden unternehmensintern (Buchhaltung, Verkaufsberichte, Reklamationen usw.) und/oder unternehmensextern (Statistiken, Fachzeitschriften, Messebesuche usw.) Daten beschafft.

vgl. Bentin, Margit u. a.: Handlungsorientierte Materialien in Wirtschaft und Verwaltung. Absatz/Marketing. 3., durchgesehene Aufl., Bildungshaus Schulbuchverlage Westermann Schroedel Diesterweg Schöningh Winklers GmbH, Darmstadt 2006, S. 19

Marktprognose

Bei der **Marktprognose** handelt es sich um eine Vorhersage zur Marktentwicklung auf der Grundlage gesammelter Daten der Markterkundung bzw. -forschung. Die Marktprognose unterstützt die Entscheidung über absatzpolitische Aktivitäten des Unternehmens.

vgl. Bentin, Margit u. a.: Handlungsorientierte Materialien in Wirtschaft und Verwaltung. Absatz/Marketing. 3., durchgesehene Aufl., Bildungshaus Schulbuchverlage Westermann Schroedel Diesterweg Schöningh Winklers GmbH, Darmstadt 2006, S. 19

Marktforschung

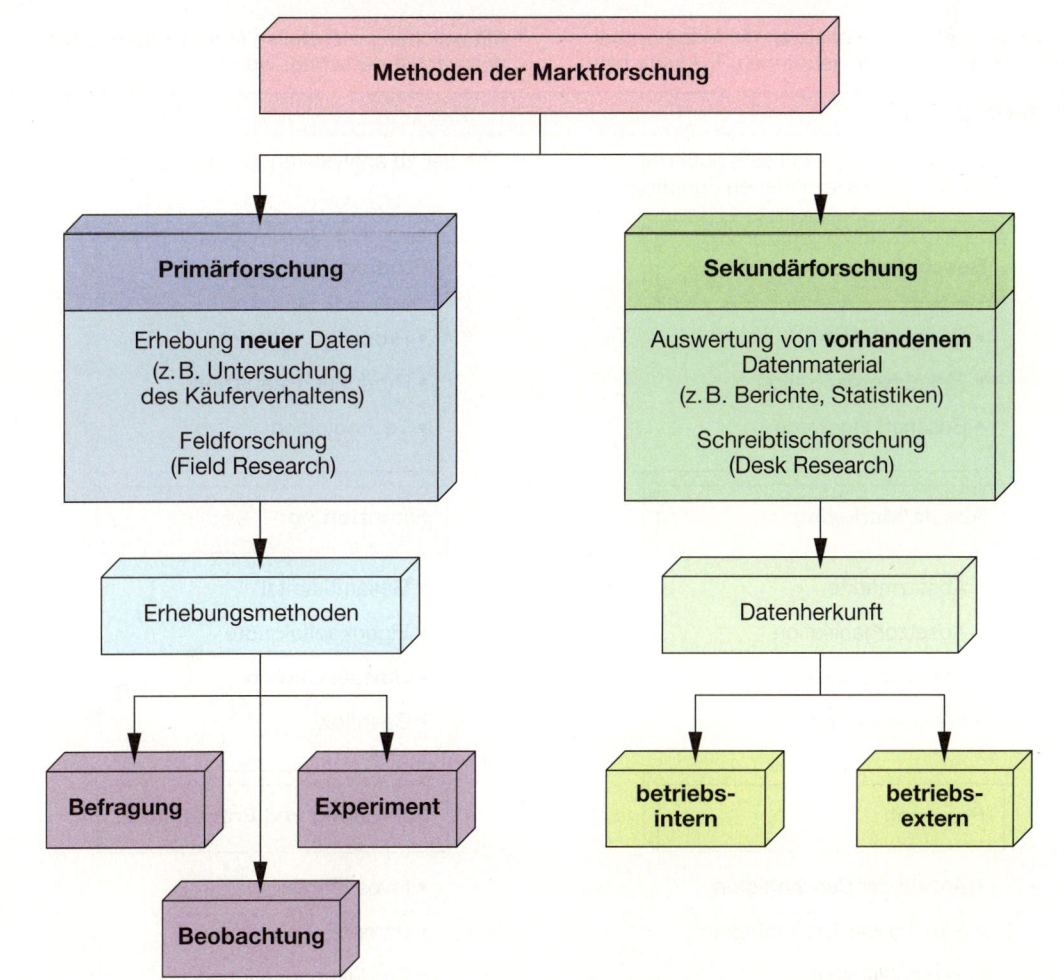

10

aus: Bentin, Margit u. a.: Handlungsorientierte Materialien in Wirtschaft und Verwaltung. Absatz/Marketing. Lehrerband, 2. Aufl., Bildungshaus Schulbuchverlage Westermann Schroedel Diesterweg Schöningh Winklers GmbH, Darmstadt 2003, S. 123

Marktforschung: Zielgruppen – *Market research: target groups*

```
          ┌─────────────────────────────────────┐
          │   Zielgruppen der Marktforschung    │
          └─────────────────────────────────────┘
                          │
          ┌───────────────┴───────────────┐
          ▼                               ▼
  ┌───────────────┐           ┌──────────────────────────┐
  │    Kunden     │           │ Konkurrenten (Mitbewerber)│
  └───────────────┘           └──────────────────────────┘
```

Konkurrenzanalyse – *Competitor analysis*

Konkurrenzforschung

Unternehmen erheben im Rahmen der **Konkurrenzforschung** vor allem folgende Daten:

- Welche Konkurrenten (Mitbewerber) existieren regional, national und international?

- Welche Produkte bzw. Dienstleistungen bieten die Mitbewerber an?

- Welche Marktanteile besitzen die Mitbewerber im Hinblick auf die angebotenen Produkte bzw. Dienstleistungen im Gesamtmarkt bzw. in bestimmten Teilmärkten (z.B. Ausland)?

- Welche Marketingstrategie verfolgen die Mitbewerber?

- Mit welchen potenziellen Mitbewerbern muss demnächst gerechnet werden?

Beispiele

Die **Konkurrenzanalyse** kann sich außerdem an einzelnen Daten der verschiedenen Funktionsbereiche der zu analysierenden Unternehmen orientieren:

Beschaffung:

- Bezugsquellen
- Einkaufsorganisation
- Beschaffungswege

Produktion:

- Produktionsstätten
- Produktionskapazität
- Technologien

Absatz/Marketing:

- Absatzmärkte
- Absatzorganisation
- Werbestrategien
- Werbeaktivitäten

Finanzierung:

- Gesamtkapital
- Eigenkapitalquote
- Umsatz/Gewinn
- Cashflow

Personal:

- Anzahl der Beschäftigten
- Struktur der Beschäftigten
- Personalkosten

Forschung und Entwicklung:

- Investitionen
- Patente
- Produktinnovationen

aus: Hübscher, Heinrich u. a.: IT-Kompendium, 1. Aufl., Bildungshaus Schulbuchverlage Westermann Schroedel Diesterweg Schöningh Winklers GmbH, Braunschweig 2001, S. 342

10

Primärforschung: Auswahlverfahren und Erhebungsmethoden
Field research

Auswahlverfahren der Primärforschung

Vollerhebung: **Alle** Angehörigen einer Zielgruppe werden untersucht; nur bei kleiner, überschaubarer Zielgruppe praktikabel (z. B. Käufer von Spezialmaschinen).

Teilerhebung: Angehörige einer Zielgruppe werden stichprobenhaft (i. d. R. repräsentativ) untersucht.

Man unterscheidet insbesondere zwischen der **Zufallsauswahl** (Randomverfahren) und dem **Quotenverfahren.**

Bei der Zufallsauswahl wird aufgrund der Wahrscheinlichkeitstheorie zum Beispiel jeder hundertste Bürger aus einem Adressbuch ausgesucht.

Bei dem Quotenverfahren werden nach vorher festgelegten Merkmalen, wie z. B. Alter, Geschlecht, Einkommen, beliebige Bürger nach bestimmten prozentualen Anteilen (Quoten) ausgewählt.

Die Teilerhebung bietet sich bei sehr großen Zielgruppen (z. B. Käufer von Fernsehzeitschriften) an.

Beispiel: Quotenanweisung

Befragung Nr.: 125
Fragebogen Nr.: 851– 866
Interviewer/-in: Claudia Buchholz
Ausweis Nr.: 86

Gesamtzahl der Interviews: 16

Planquadrate des Erhebungsgebietes:

B6	4
B7	7
B8	5

Geschlecht:	männlich	7
	weiblich	9

Alter:	18 – 25	3
	26 – 35	4
	36 – 45	3
	46 – 55	3
	56 – 65	2
	66 – 75	1

Berufsgruppe:	Arbeiter	5
	Angestellte	6
	Beamte	2
	Selbstständige	2
	ohne Beruf	1

aus: Bentin, Margit u. a.: Handlungsorientierte Materialien in Wirtschaft und Verwaltung. Absatz/Marketing. 3., durchgesehene Aufl., Darmstadt 2006, S. 21 u. 25

Erhebungsmethoden der Primärforschung

Befragung:	Schriftliche, mündliche oder fernmündliche Datenerhebung zur Erstellung eines Meinungsbildes zu einem bestimmten Produkt bzw. zu einer bestimmten Produktgruppe
Interview:	Erhebung zu einer grundsätzlichen Meinung, die für ein bestimmtes Konsumverhalten ausschlaggebend sein kann, um wirkliche Kaufmotive offen zu legen.
Paneltechnik:	Regelmäßige Befragung einer bestimmten Personengruppe über einen längeren Zeitraum anhand von speziellen Fragebögen (z. B. regelmäßige Aufzeichnung des Konsumverhaltens eines 4-Personen-Haushaltes)
Test:	Meinungserhebung in einer Zielgruppe für ein bestimmtes Produkt anhand von neutral verpackten Warenproben
Experiment:	Spezielle Form der Beobachtung oder Erfragung von Reaktionen auf unterschiedliche Produktmerkmale (z. B. Gestaltung, Qualität und Preise)
Beobachtung:	Erhebung von Sachverhalten und Verhaltensweisen ohne Befragung

aus: Bentin, Margit u. a.: Handlungsorientierte Materialien in Wirtschaft und Verwaltung. Absatz/Marketing. 3., durchgesehene Aufl., Darmstadt 2006, S. 24

Sekundärforschung: Betriebsinterne und -externe Quellen
Desk research

Betriebsinterne Quellen	Betriebsexterne Quellen
• Berichte der Außendienstmitarbeiter	• Statistische Jahrbücher
• Daten der Lagerbuchhaltung	• Veröffentlichungen der Industrie- und Handelskammern bzw. Handwerkskammern
• Absatz- und Umsatzstatistiken	• Publikationen staatlicher Stellen, z. B. von Ministerien
• Kundendateien	• Veröffentlichungen der EZB und der Bundesbank
• Eigene Messeberichte	• Publikationen von Branchen- und anderen Wirtschaftsverbänden
• Daten des Rechnungswesens	• Geschäftsberichte, Kataloge
	• Daten von Unternehmensberatern und Marktforschungsinstituten
• Auswertung des Verhaltens der Mitbewerber	• Fachbücher und -zeitschriften

aus: Hübscher, Heinrich u. a.: IT-Kompendium, 1. Aufl., Bildungshaus Schulbuchverlage Westermann Schroedel Diesterweg Schöningh Winklers GmbH, Braunschweig 2001, S. 343

10

Kundenanalyse und Käuferverhalten – *Customer analysis and buyer behaviour*

Clusteranalyse

Die Clusteranalyse stellt eine Möglichkeit dar, durch die **Primärerhebung** gewonnene große **Datenmengen** mithilfe **mathematisch-statistischer Verfahren** auszuwerten.

Die Zielsetzung der Clusteranalyse ist es, große Datenmengen von Befragten **nach bestimmten Merkmalen** zu **aussagefähigen Größen** (Gruppen) **zusammenzufassen**.

aus: Bentin, Margit u. a.: Handlungsorientierte Materialien in Wirtschaft und Verwaltung. Absatz/Marketing, 3., durchgesehene Aufl., Darmstadt 2006, S. 26

Beispiel:

Von vielen Konsumenten liegen aufgrund einer Befragung Merkmale, wie z. B. Haushaltseinkommen, Haushaltsgröße, Alter, Geschlecht, vor. Die befragten Konsumenten werden mithilfe der Clusteranalyse so zusammengefasst, dass verschiedene (heterogene) Konsumentengruppen (Cluster) mit möglichst ähnlichen (homogenen) Merkmalen entstehen. So können Konsumentengruppen, wie z. B. gut verdienende Singles, allein Erziehende mit geringem Einkommen, gebildet werden.

Kundentypologie (Beispiel)

aus: Bentin, Margit u. a.: Handlungsorientierte Materialien in Wirtschaft und Verwaltung. Absatz/Marketing, 2., durchgesehene Aufl., Darmstadt 2003, S. 26	**Typ 1** Umwelt-bewusster Konsument	**Typ 2** Fortschritts-bewusster Konsument	**Typ 3** Die neuen Alten	**Typ 4** Einkommens-schwache Teens und Twens
Einstellung	persönlicher Beitrag zur Umwelt	Orientierung an technischem Stand/Zeitgeist	persönlicher Beitrag zur Umwelt	nicht signifikant
Geschlecht (Prozentanteile)	weibl.: 62 % männl.: 38 %	weibl.: 42 % männl.: 58 %	weibl.: 59 % männl.: 41 %	weibl.: 47 % männl.: 53 %
durchschnittl. Alter	29 Jahre	38 Jahre	64 Jahre	20 Jahre
durchschnittliche Haushaltsgröße	2,6 Personen	1,5 Personen	1,7 Personen	1,2 Personen
durchschnittl. Haushaltsnettoeinkommen	2.100,00 €	2.400,00 €	1.500,00 €	900,00 €
durchschnittl. akzept. Mehraufwand f. Neuansch.	70,00 €	80,00 €	100,00 €	10,00 €

Typen von Käuferverhalten/Faktoren der Kaufentscheidung

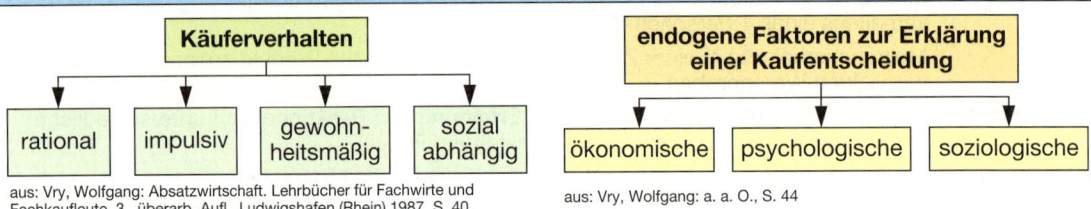

aus: Vry, Wolfgang: Absatzwirtschaft. Lehrbücher für Fachwirte und Fachkaufleute, 3., überarb. Aufl., Ludwigshafen (Rhein) 1987, S. 40

aus: Vry, Wolfgang: a. a. O., S. 44

Erklärung konsumtiven Verhaltens

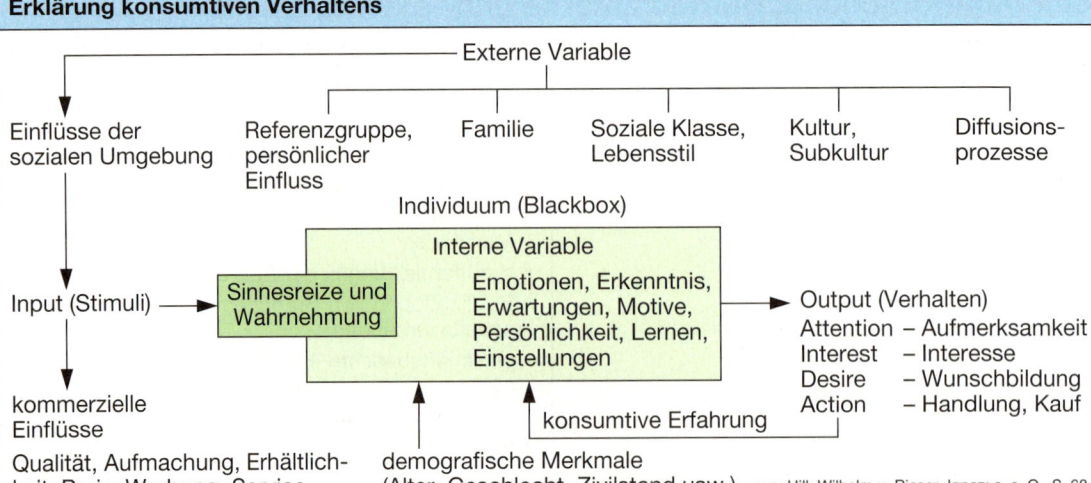

aus: Hill, Wilhelm u. Rieser, Ignaz: a. a. O., S. 68

Kundenakquise – *Acquiring customers*

Begriff

Der Begriff **Akquisition** steht sowohl für eine „Erwerbung" als auch für „Kundenwerbung". Die „Neuerwerbung" bzw. die Gewinnung von Kunden und die Bindung an das Unternehmen sind von zentraler Bedeutung im Rahmen der Absatzwirtschaft. Neue Kunden können als Wachstumsgröße betrachtet werden, bereits vorhandene Kunden sichern die Existenz des Unternehmens. Während neue Kunden erst „erobert" werden müssen, sollte bei den bestehenden Kundenbeziehungen eine Erhöhung der Kauffrequenz und Kaufintensität angestrebt werden.[1]

Gewinnung von Neukunden

Die Gewinnung neuer Kunden läuft in der Regel in **vier Schritten** ab:

- **Kontaktphase:** Vorstellen des Unternehmens und des Leistungsangebotes
- **Evaluationsphase:** Überprüfung, ob Kontaktaufnahme erfolgreich war, mit dem Ziel, eine positive Einstellung beim potenziellen Käufer aufzubauen
- **Kaufphase:** Verhandlungen zwischen Nachfrager und Anbieter, ggf. Vertragsabschluss
- **Nutzungsphase:** Kundenzufriedenheit mit Ziel der Kundenbindung

Kundenbindung

Mithilfe der Kundenbindung sollen das Abwandern von Kunden verhindert und Folge- bzw. Wiederholungskäufe ausgelöst werden. Voraussetzung hierfür ist die Zufriedenheit der Kunden. Um Kundenzufriedenheit zu erreichen, ist es notwendig, die Kundenwünsche zu kennen.

Kundenwünsche	→	Leistungserwartung des Kunden
Gute Qualität	→	Das Produkt überzeugt, es ist besser als das der Mitbewerber.
Produktvariation	→	Ständige Weiterentwicklung/Verbesserung des Produktes
Produktinnovation	→	Stetige Erweiterung der Angebotspalette
Angemessener Preis	→	Das Preis-Leistungs-Verhältnis stimmt.
Kurze Lieferzeit	→	Die Zeitspanne zwischen Auftragserteilung und Leistungserbringung ist klein.
Pünktliche Lieferung	→	Der Liefertermin wird eingehalten.
Offene Kommunikation	→	Der Kunde kann jederzeit über den Auftrag Informationen erhalten.
Guter Kundenservice	→	Eingehen auf individuelle Kundenwünsche
Eingehen auf Reklamationen	→	Kundenfreundliches Verhalten bei der Lösung von Problemen im Rahmen der Auftragsabwicklung

Instrumente der Kundenakquisition: Wichtigkeit und Intensität

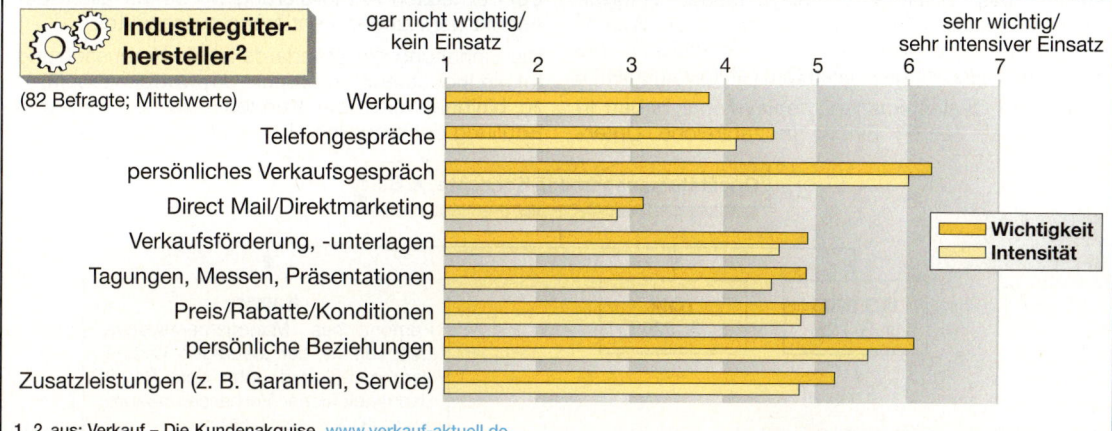

Industriegüterhersteller[2]

(82 Befragte; Mittelwerte)

gar nicht wichtig/ kein Einsatz ... sehr wichtig/ sehr intensiver Einsatz

1 2 3 4 5 6 7

- Werbung
- Telefongespräche
- persönliches Verkaufsgespräch
- Direct Mail/Direktmarketing
- Verkaufsförderung, -unterlagen
- Tagungen, Messen, Präsentationen
- Preis/Rabatte/Konditionen
- persönliche Beziehungen
- Zusatzleistungen (z. B. Garantien, Service)

Wichtigkeit
Intensität

1, 2 aus: Verkauf – Die Kundenakquise, www.verkauf-aktuell.de

10

Kundenakquise – *Acquiring customers*

Instrumente der Kundenakquisition: Wichtigkeit und Intensität

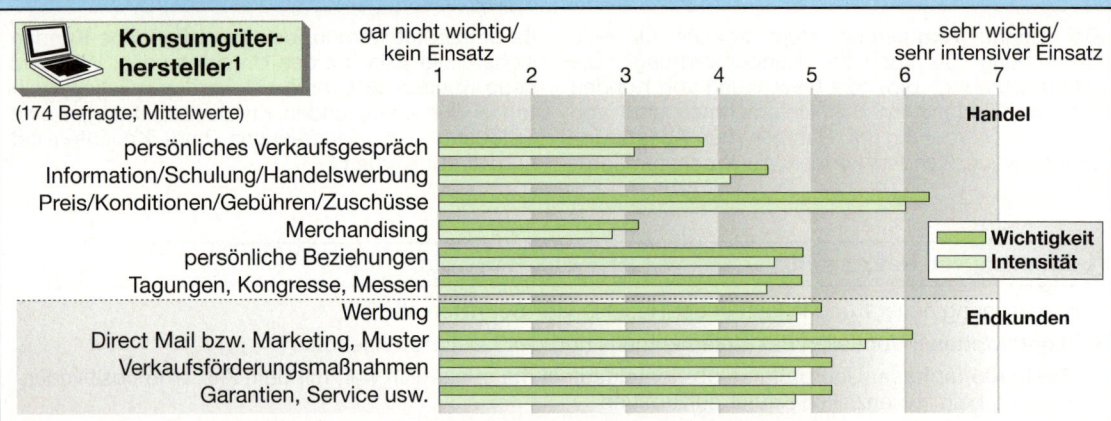

Konsumgüterhersteller[1]

(174 Befragte; Mittelwerte)

gar nicht wichtig/ kein Einsatz — sehr wichtig/ sehr intensiver Einsatz

1 2 3 4 5 6 7

Handel

- persönliches Verkaufsgespräch
- Information/Schulung/Handelswerbung
- Preis/Konditionen/Gebühren/Zuschüsse
- Merchandising
- persönliche Beziehungen
- Tagungen, Kongresse, Messen

Endkunden

- Werbung
- Direct Mail bzw. Marketing, Muster
- Verkaufsförderungsmaßnahmen
- Garantien, Service usw.

Wichtigkeit / Intensität

Kundendienst und Kundenpflege – *After sales and customer service*

Bedeutung

Der **Kundendienst** und die **Kundenpflege** nehmen in vielen Industriebetrieben eine wichtige Rolle ein, da hierdurch eine vorteilhafte Abgrenzung zum Mitbewerber möglich ist. Ein überzeugendes **Serviceangebot** kann sowohl bei der Herstellerauswahl als auch beim Herstellerwechsel ausschlaggebend sein. Viele Unternehmen legen deshalb **Kundendienststandards** (z. B. nach der ISO 9000) fest, mit denen z. B. auf der Homepage geworben wird.

Kundendienste können gegen Entgelt oder unentgeltlich angeboten werden.

Serviceleistungen

Serviceleistungen können dem Kunden vor, während oder nach dem Kauf angeboten werden.

Beispiele für **Grundleistungen:**

- Lieferservice
- Montage
- umfangreiche Garantieleistungen

- Wartung
- Reparatur
- Entsorgung

Darüber hinausgehende Leistungen können sein:

- Schulungen
- gemeinsame Marketingaktivitäten
- Beratung bei strategischen Entscheidungen

- Newsletter
- Veranstaltungsevents
- Projektbetreuung

Kundendienststandards: Qualitätssicherung/Qualitätsmanagement

Der Kunde erwartet nicht nur fehlerfreie Produkte, sondern auch, dass die Qualitätssicherung des Herstellers das gesamte Leistungsangebot umfasst, denn der Kunde möchte weit gehend auf die Wareneingangskontrolle verzichten. Daher wächst die Bedeutung eines so genannten Qualitätsmanagements.

Genormte Qualitätsmanagementsysteme haben in den letzten Jahren Einzug in zahlreiche Unternehmen gehalten, allen voran die Qualitätsmanagementsysteme der Normenreihe DIN EN ISO 9000 ff. Bei der letzten Aktualisierung wurde vor allem der Aspekt der Kundenorentierung aufgewertet.

Die Einhaltung der Standards ist die Voraussetzung für ein Industrieunternehmen, um wettbewerbsfähig zu bleiben, denn die Kunden erwarten stets die Erfüllung der aktuellen Normen.[2]

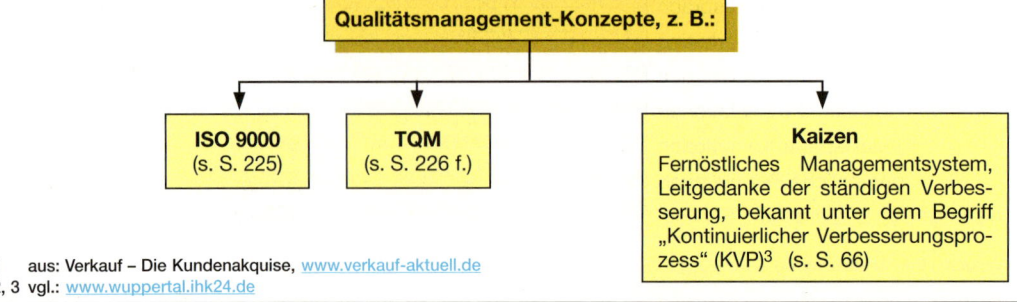

Qualitätsmanagement-Konzepte, z. B.:

ISO 9000 (s. S. 225)

TQM (s. S. 226 f.)

Kaizen
Fernöstliches Managementsystem, Leitgedanke der ständigen Verbesserung, bekannt unter dem Begriff „Kontinuierlicher Verbesserungsprozess" (KVP)[3] (s. S. 66)

1   aus: Verkauf – Die Kundenakquise, www.verkauf-aktuell.de
2, 3 vgl.: www.wuppertal.ihk24.de

3526384

Verkaufsgespräch – *Sales talk*

Bedeutung

Das Verkaufsgespräch ist von zentraler Bedeutung für den Verkaufserfolg, nicht nur bei beratungsintensiver Ware. Gespräche zwischen Verkäufer und Kunde können persönlich, telefonisch oder z. B. per E-Mail stattfinden.

Positive Verkaufsatmosphäre

Für den Verkaufserfolg ist es wichtig, eine angenehme **Gesprächsatmosphäre** zu schaffen, damit der Kunde eine positive Grundeinstellung zu dem Unternehmen/Produkt bekommt:

- freundliche Begrüßung
- Kunde direkt mit Namen (ggf. auch mit Titel) ansprechen
- sich selber mit Namen vorstellen
- Platz und evtl. Getränk anbieten
- aktives Zuhören

Kundentypen und Reaktionen des Verkäufers

Es ist vorteilhaft, sich auf die verschiedenen Kundentypen einzustellen:

Aktive Kunden: ruhig bleiben, Gespräch steuern, ggf. höflich unterbrechen, nicht laut, nervös und hektisch werden, sachlich informieren, Vorteile des Produktes sehr betonen

Passive Kunden: Gespräch führen, Zeit geben, nicht unterbrechen, aktivieren, argumentieren

Zauberwörter, verbotene Wörter, Stimmmodulation, Fragetechnik

Die Sprache ist der Schlüssel für ein gutes Verkaufsgespräch.

Zauberwörter: z. B. bitte, danke, gerne, sofort

Verbotene Wörter: z. B. müssen, Problem, Schwierigkeiten, aber, ich weiß nicht, ehrlich gesagt

Stimmmodulation: Variieren der Stimme, damit das Gespräch „lebendig" bleibt, z. B. Betonung und deutliche Aussprache

Fragetechnik: wenig geschlossene Fragen, die mit ja oder nein beantwortet werden können, sondern viele offene Fragen

Die fünf Phasen des Verkaufsgesprächs

1. **Kontakt:** Empfangen des Kunden, z. B. freundliche Begrüßung
2. **Bedarfsermittlung:** genaue Analyse der Kundenwünsche mithilfe offener Fragen
3. **Angebot:** Vorlage für den Kunden, dabei die Produktvorteile und den -nutzen nennen
4. **Einwandbehandlung:** Eingehen auf Bedenken des Kunden und **entkräften**
5. **Abschluss:** Zusammenfassen der Ergebnisse und Herbeiführen des Verkaufsabschlusses

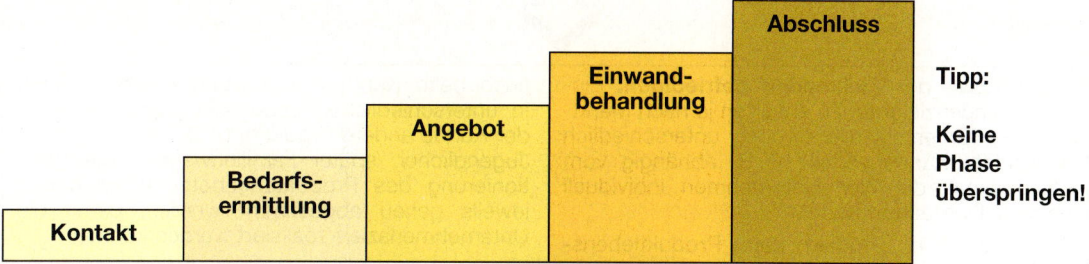

Tipp:

Keine Phase überspringen!

Einwände behandeln

Sollte der Kunde Einwände/Bedenken haben, empfiehlt sich die so genannte **3-A-Methode:**

Beispiel:
- **Akzeptieren:** Ja, der Preis ist höher als bei dem Vorgängermodell.
- **Auflösen:** Dafür besticht dieses Gerät durch viele neue technische Details.
- **Aufwiegen:** Es handelt sich um das modernste Modell, das zurzeit auf dem Markt ist.

Zusatzverkäufe

Verläuft ein Verkaufsgespräch erfolgreich, besteht u. U. die Möglichkeit zu einem Zusatzverkauf.

Bedingung: Der Anbieter sollte umfangreiche Kenntnisse über die Ergänzungsprodukte haben und der Käufer muss noch in „Kaufstimmung" sein.

Zeitpunkt: Der Zusatzverkauf darf nicht **zu früh** angeregt werden, da sonst vom eigentlichen Verkauf abgelenkt wird. Der Zusatzverkauf darf aber auch nicht **zu spät** eingeleitet werden, denn sonst hat der Kunde den Vorgang schon „abgehakt".

Kundenmanagement – *Customer management*

Begriff und Zielsetzung

Internationaler Wettbewerbsdruck macht es für die Unternehmen zunehmend erforderlich, von der **Produkt-** zur **Kundenorientierung** überzugehen, das heißt der Kundengewinnung und -pflege erhöhte Aufmerksamkeit zu schenken.

Aufgrund der IT-Technologie ist es heutzutage möglich, zu vertretbaren Kosten mit dem **einzelnen** Kunden in Interaktion zu treten, z. B. durch die Nutzung von Datenbanken. Wird dies verwirklicht, spricht man vom **Kundenmanagement** (siehe auch S. 86 zum **C**ustomer **R**elationship **M**anagement).

Phasen

Phase des Kundenmanagements	Hauptaufgabe
Die Zielkunden finden	• Zielmärkte definieren • Zielkunden gewinnen
Die Bedürfnisse der Zielkunden befriedigen	• Den Kundenwert in konkrete Kundenvorteile verwandeln • Die Marktangebote auf den Entscheidungskontext des Kunden abstimmen
Eine Bindung zu den Zielkunden aufbauen	• Loyalität der Kunden fördern • Ein Marktinformationssystem entwickeln

aus: Kotler, Philip u. a.: Marketing der Zukunft. Mit „Sense and Response" zu mehr Wachstum und Gewinn. Campus Verlag, Frankfurt/Main 2002, S. 145

Erläuterungen:

Zielkunden finden: Zu diesem Zweck wird der Gesamtmarkt in Teilmärkte, in **Marktsegmente,** zerlegt. In diesen Marktsegmenten werden die für das Unternehmen als am wichtigsten geltenden Kunden als **Zielkunden** identifiziert bzw. definiert.

Da nicht alle Kunden in einem Teilmarkt gleich wertvoll für das Unternehmen sind, muss ihr **gegenwärtiger** und ihr **zukünftiger Wert** für das Unternehmen eingeschätzt werden. Die Folge könnte z. B. sein, dass man sich intensiver um die bestehenden Topkunden des Unternehmens kümmert, mit dem Ziel, sie langfristig an das Unternehmen zu binden.

Bedürfnisse der Zielkunden befriedigen: Einzelne Kundenzielgruppen erwarten je nach Marktsegment unterschiedliche oder unterschiedlich gewichtete Kundenvorteile (z. B. abhängig vom Einkommen), die vom Unternehmen individuell befriedigt werden müssen.

Wie man beim Produkt vom Produktlebenszyklus spricht (siehe S. 387), so spricht man auch beim Kunden vom **Kundenlebenszyklus:** In unterschiedlichen Lebenssituationen erwartet der Kunde andere Produkte (z. B. Kleinwagen als Jugendlicher, später Familienwagen). Die Positionierung des Produktangebotes muss darauf jeweils genau abgestimmt werden, damit die Unternehmensziele realisiert werden können.

Bindung zu den Zielkunden aufbauen: Das Kundenmanagement erfordert umfassende **Marktinformationssysteme,** mit denen die Kundendaten gesammelt und schließlich auch ausgewertet werden müssen.

Neben Angaben über Einkommen, Alter und Bildungsstand sind genaue Kundenpräferenzen, bestimmte Konsummuster zu erheben, man spricht von **Kundenprofildaten.** Die Erhebung der Daten muss zu passgenauen Kundenangeboten führen.

Eine enge Verzahnung mit der Beschaffungsabteilung bzw. der Produktentwicklung ist aus diesem Grund notwendig. Softwaregestützte Plattformen wie **E**nterprise **R**esource **P**lanning (siehe S. 85) und **S**upply **C**hain **M**anagement (siehe S. 86) unterstützen diesen Abstimmungsprozess.

Kann dem einzelnen Kunden ein individuelles Angebot unterbreitet werden, das den Kundenvorteil erhöht, lassen sich meist auch **langfristige Kundenbeziehungen** aufbauen.

10

Marketingmaßnahmen – *Marketing measures*

Produkt- und Sortimentspolitik

Produkt- und Sortimentspolitik

In Industrie- und Handwerksbetrieben spricht man von Produkt-/Programmpolitik, in Handelsbetrieben von Sortimentspolitik

Entscheidungsbereiche

Produkt-/Programmpolitik
in Industrie- und Handwerksbetrieben

Sortimentspolitik
in Handelsbetrieben

Produktgestaltung	**Produktbegleitende Servicepolitik**	**Prozessorientierte Produktpolitik**	**Programm- und Sortimentspolitik**
• **Qualität** (Langlebigkeit, Umweltverträglichkeit)	• **Kundendienst**	• **Innovation** (Einführung neuer Produkte)	• **Maßnahmen** – Sortimentserweiterung – Sortimentsbereinigung – Sortimentsveränderung
• **Aufmachung** (Form, Größe, Farbe)	• **Garantieleistungen**	• **Variation** (Änderung von Produkteigenschaften)	• **Zusammensetzung** – Kernsortiment (hauptsächliche Artikel) – Randsortiment (zusätzliche Artikel)
• **Verpackung** (werbewirksam, transportgerecht)	• **Verkäuferschulung**	• **Elimination** (Herausnahme von Produkten aus dem Programm)	• **Struktur** – Sortimentsbreite (Anzahl der Artikelgruppen) – Sortimentstiefe (Anzahl der Artikel pro Artikelgruppe)
• **Markierung** (Name, Schriftzug)			

vgl. Bentin, Margit u. a.: Handlungsorientierte Materialien zur Allgemeinen Wirtschaftslehre. Absatz/Marketing. Lehrerband, 2. Aufl., Darmstadt 2003, S. 124

10

Strategien der Produktinnovation

Produktdifferenzierung
Aufnahme programmnaher Produkte
Bsp.: Produktion von Laserdruckern neben Tintenstrahldruckern

Produktdiversifikation
Aufnahme programmferner Produkte
Bsp.: Erweiterung um neue Produktlinien

horizontal	**vertikal**	**lateral**
Angebot von weiteren Produkten der gleichen Wirtschaftsstufe	Angebot von weiteren Produkten vor- oder nachgelagerter Produktionsstufen	Angebot von weiteren Produkten ohne jeden Zusammenhang mit bisherigem Produktionsprogramm
Bsp.: Druckerhersteller vertreibt PCs	Bsp.: Druckerhersteller kauft Großkunden auf	Bsp.: Druckerhersteller kauft Versicherungsunternehmen auf

Produktpolitische Entscheidungen im Verlauf des Produktlebenszyklus

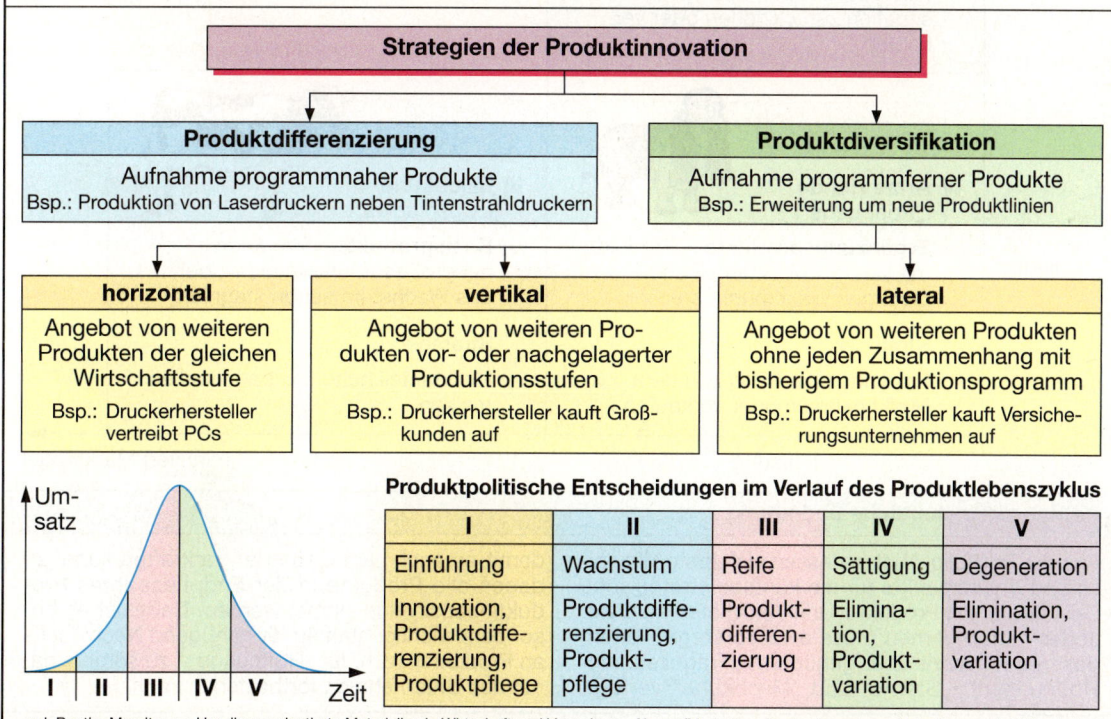

I	II	III	IV	V
Einführung	Wachstum	Reife	Sättigung	Degeneration
Innovation, Produktdifferenzierung, Produktpflege	Produktdifferenzierung, Produktpflege	Produktdifferenzierung	Elimination, Produktvariation	Elimination, Produktvariation

vgl. Bentin, Margit u. a.: Handlungsorientierte Materialien in Wirtschaft und Verwaltung. Absatz/Marketing. 3., durchgesehene Aufl., Darmstadt 2006, S. 40 f.

Portfolio-Analyse – *Portfolio analysis*

Begriff	Ziel
Die **Portfolio-Analyse** (portfolio [engl.] = Mappe, hier im übertragenen Sinn eine Mappe mit den Produkten eines Unternehmens) ist ein weit verbreitetes Instrument strategischer Unternehmens- und Marketingplanung, mit der Chancen und Risiken der Produkte im Absatzmarkt sichtbar gemacht werden.	Das Hauptziel der Portfolio-Analyse besteht darin, die Wachstumsmöglichkeiten des Unternehmens unter Berücksichtigung vorhandener Ressourcen zu erkennen und betriebswirtschaftliche Schlussfolgerungen zu ziehen.

Portfolio-Matrix

Ein Unternehmen muss sich laufend über die aktuelle Wettbewerbsposition seiner Produkte informieren. Hierfür wird häufig das Instrument der Portfolio-Matrix angewandt. Sie stellt in vier Feldern die beiden zentralen Einflussfaktoren „Marktanteil" und „Marktwachstum" gegenüber und unterscheidet auf jeder Achse die Intensitätsgrade „niedrig" und „hoch". In jedem der vier Matrixfelder treffen hohes und niedriges Marktwachstum mit hohen oder niedrigen Marktanteilen zusammen.

Mithilfe der Matrix werden die Produkte eines Unternehmens aufgeteilt in:

I Fragezeichen/Hoffnungen („Question marks"), d.h. Nachwuchsprodukte

II Sterne („Stars"), d.h. Zukunftsprodukte

III Milchkühe („Cash cows"), d.h. Basisprodukte und

IV Arme Hunde („Poor dogs"), d.h. Ergänzungsprodukte.

Diese vier Begriffe beschreiben die derzeitige Wettbewerbssituation der Produkte (Maßstab ist der prozentuale Marktanteil) sowie deren zu erwartendes Marktwachstum (gemessen in Prozent).

Marktwachstum

I Fragezeichen/Hoffnungen („Question marks")

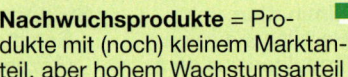

Nachwuchsprodukte = Produkte mit (noch) kleinem Marktanteil, aber hohem Wachstumsanteil

Strategie:

Beobachten und ggf. fördern zwecks Erweiterung des Marktanteils oder bei aussichtsloser Marktsituation zurückziehen oder verkaufen

II Sterne („Stars")

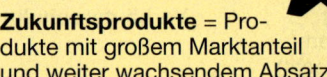

Zukunftsprodukte = Produkte mit großem Marktanteil und weiter wachsendem Absatz

Strategie:

Marktanteil halten bzw. leicht ausbauen zur Sicherung des Unternehmenswachstums

hoch

IV Arme Hunde („Poor dogs")

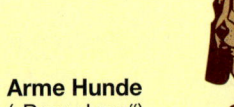

Ergänzungsprodukte = Produkte mit kleinem Marktanteil und niedrigen Wachstumsraten

Strategie:

Produkte unauffällig aus dem Markt nehmen oder verkaufen

niedrig

III Milchkühe („Cash cows")

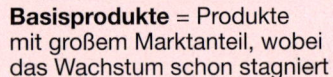

Basisprodukte = Produkte mit großem Marktanteil, wobei das Wachstum schon stagniert

Strategie:

Marktanteil halten, Ertragsquellen melken

niedrig   hoch   (relativer) Marktanteil

10

Betriebswirtschaftliche Bedeutung

Aus der Portfolio-Analyse lassen sich erste Hinweise und Ansatzpunkte für die künftige strategische Gestaltung von Produkt-Markt-Aktivitäten ableiten. Jedes Unternehmen muss also Vorsorge treffen, dass es jederzeit über genügend „Fragezeichen/Hoffnungen", „Sterne" und „Milchkühe" verfügt, damit es auch „arme Hunde" verkraften kann, zu denen alle Produkte in der Endphase ihres Produktlebenszyklus einmal werden. Dabei ist es besonders wichtig, ständig für genügend Nachwuchs an Produkten, d.h. für „Hoffnungen" zu sorgen, damit das Unternehmen fortbestehen kann.

aus: Hübner, Heinrich u. a.: IT-Kompendium, 1. Aufl., Braunschweig 2001, S. 346

3526388

Preis- und Konditionenpolitik – *Terms and pricing policy*

Begriffliche Abgrenzung

Die Preis- und Konditionenpolitik, in der fachwissenschaftlichen Literatur häufig als Kontrahierungspolitik zusammengefasst, kennzeichnet die folgenden Entscheidungsbereiche eines Unternehmens bei der Berechnung des Verkaufspreises:

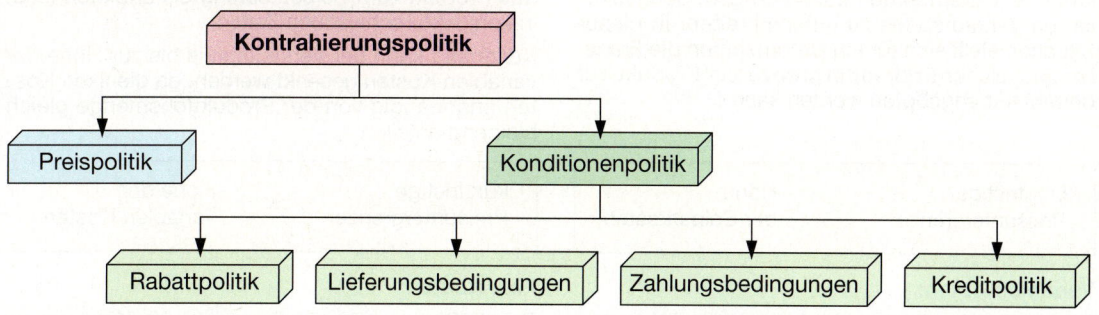

```
                    Kontrahierungspolitik

        Preispolitik              Konditionenpolitik

  Rabattpolitik  Lieferungsbedingungen  Zahlungsbedingungen  Kreditpolitik
```

Zielsetzung

Ziel des Einsatzes dieses absatzpolitischen Instrumentes ist es, unter Berücksichtigung der Kosten im Unternehmen und des preispolitischen Verhaltens der Mitbewerber (Konkurrenten) und der Konsumenten, langfristig den Unternehmensgewinn zu sichern und zu steigern. Die Kontrahierungspolitik muss in die Unternehmensphilosophie, die allgemeine Unternehmenszielsetzung, eingebettet sein.

Entscheidungsbereiche der Preis- und Konditionenpolitik

Einflussgrößen der Preispolitik

Der Preis eines Produktes wird betriebsintern durch die Kosten und betriebsextern durch die Marktbedingungen – das Verhalten der Mitbewerber und Kunden – beeinflusst. Ein Unternehmen muss versuchen, zwischen der kosten- und der marktorientierten Preisbildung eine Verbindung herzustellen.

Kostenorientierte Preisfindung

Jedes Unternehmen wird bei der kostenorientierten Preisfindung zunächst fragen, welche Kosten die Herstellung und der Vertrieb eines Produktes verursachen. Zu diesem Zweck ermitteln Industrieunternehmen den Verkaufspreis eines Produktes mithilfe des folgenden Kalkulationsschemas:

Rechenbeispiel:

Fertigungsmaterial (Einzelkosten)[1]		300,00 €	
+ Materialgemeinkosten[2] 5 %		15,00 €	
= Materialkosten (I)		**315,00 €**	
Fertigungslöhne (Einzelkosten)[1]		235,00 €	
+ Fertigungsgemeinkosten[2] 150 %		352,50 €	
+ Sondereinzelkosten der Fertigung[3]		7,50 €	
= Fertigungskosten (II)		**595,00 €**	
= Herstellkosten (I + II)			**910,00 €**
+ Verwaltungsgemeinkosten[2] 14 %			127,40 €
+ Vertriebsgemeinkosten[2] 12 %			109,20 €
+ Sondereinzelkosten des Vertriebs[3]			53,40 €
= Selbstkosten	100 %		**1.200,00 €**
+ Gewinnzuschlag 15 %	15 %		180,00 €
= Barverkaufspreis	115 %	95 %	**1.380,00 €**
+ Kundenskonto (i. H.) 3 %		3 %	43,58 €
+ Vertreterprovision (i. H.) 2 %		2 %	29,05 €
= Zielverkaufspreis	95 %	100 %	**1.452,63 €**
+ Kundenrabatt (i. H.) 5 %	5 %	5 %	76,45 €
= Listenverkaufspreis	100 %		**1.529,08 €**

Erläuterungen:

[1] **Einzelkosten:** Kosten, die dem Produkt direkt zugerechnet werden können (z. B. Kosten eines Elektromotors für eine Waschmaschine).

[2] **Gemeinkosten:** Kosten, die dem Produkt nicht direkt zugerechnet werden können (z. B. Gehalt für eine Chefsekretärin). Die Gemeinkosten werden den Einzelkosten prozentual zugeschlagen (z. B. über einen Verteilungsschlüssel).

[3] **Sondereinzelkosten:** Kosten, die aufgrund eines speziellen Kundenauftrages entstehen (z. B. Maschineneinstellkosten für die Herstellung von Sondermaßen oder Kosten für Sondertransporte).

vgl. Bentin, Margit u. a.: Handlungsorientierte Materialien in Wirtschaft und Verwaltung. Absatz/Marketing, 3., durchgesehene Aufl., Bildungshaus Schulbuchverlage Westermann Schroedel Diesterweg Schöning Winklers GmbH, Darmstadt 2006, S. 48

10

Preis- und Konditionenpolitik – *Terms and pricing policy*

Einflussgrößen der Preispolitik

Kostenorientierte Preisfindung

Der Wettbewerbsdruck durch die Mitbewerber kann ein Unternehmen dazu zwingen, den kalkulierten Verkaufspreis zu unterschreiten. In dieser Situation stellt sich für ein Unternehmen die Frage, bis zu welcher **Preisuntergrenze** ein Produkt auf dem Markt angeboten werden kann.

Für einen längeren Zeitraum kann ein Unternehmen das Produkt zum Selbstkostenpreis anbieten (z. B. in konjunkturschwachen Zeiten).

Kurzfristig kann der Verkaufspreis bis zur Höhe der variablen Kosten gesenkt werden, da die fixen Kosten unabhängig von der Produktionsmenge gleich bleibend anfallen.

langfristige Preisuntergrenze	=	Höhe der Selbstkosten

kurzfristige Preisuntergrenze	=	Höhe der variablen Kosten

Variable Kosten:

Beschäftigungs-(umsatz-)abhängige Kosten, z. B. Materialkosten

Fixe Kosten:

Beschäftigungs-(umsatz-)unabhängige Kosten, z. B. Leasing-Rate für EDV-Anlage

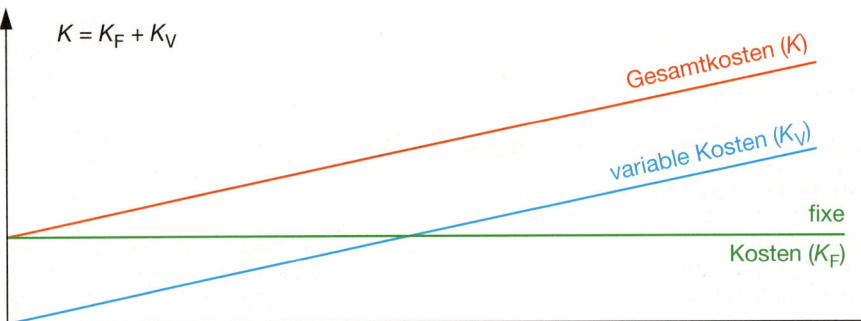

$$K = K_F + K_V$$

Gesamtbezogene Kostenentwicklung bei linearen Kostenverläufen

Kundenorientierte Preisfindung

Jedes Unternehmen muss sich bei der Preisfindung an der **Kaufkraft der Kunden** orientieren. Deshalb wird sich die Preisgestaltung auch an den am Markt erzielbaren Preisen ausrichten. Liegt der bisher kalkulierte Preis über dem am Markt realisierbaren, muss das Unternehmen nach Möglichkeiten suchen, Kosten zu senken, z. B. bei der Beschaffung oder Herstellung. Kosten können auch reduziert werden, indem die Absatzmenge gesteigert wird. In diesem Fall werden die Fixkosten auf eine größere Produktionsmenge verteilt; man spricht von der Fixkostendegression.

Den Zusammenhang zwischen der abgesetzten Menge und den erzielbaren Marktpreisen drückt die so genannte Preis-Absatz-Funktion aus. Sie zeigt auf, welche Mengen zu welchen Preisen absetzbar sind.

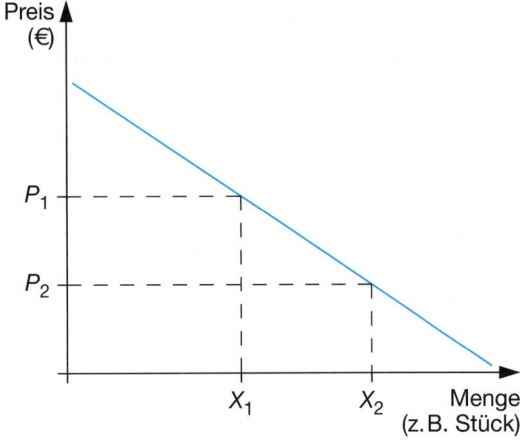

Konkurrenzorientierte Preisfindung

Bei der konkurrenzorientierten Preisfindung beziehen die Unternehmen die preispolitischen **Verhaltensweisen der Mitbewerber** in ihre Preisgestaltung ein.

Die Unternehmen können einerseits aggressive Preispolitik betreiben, um so Marktanteile auf Kosten der Mitbewerber zu gewinnen. Sinnvoll ist diese Preispolitik nur, wenn durch den gesteigerten Gesamtumsatz der geringere Erlös pro Stück mindestens ausgeglichen werden kann.

Andererseits können sich die Unternehmen an die Preispolitik der Mitbewerber anpassen, die Preisführerschaft von mächtigen Konkurrenten wird dabei anerkannt.

aus: Bentin, Margit u. a.: Handlungsorientierte Materialien in Wirtschaft und Verwaltung. Absatz/Marketing, 3., durchgesehene Aufl., Darmstadt 2006, S. 49

Preis- und Konditionenpolitik – *Terms and pricing policy*

Strategien der Preis- und Konditionenpolitik

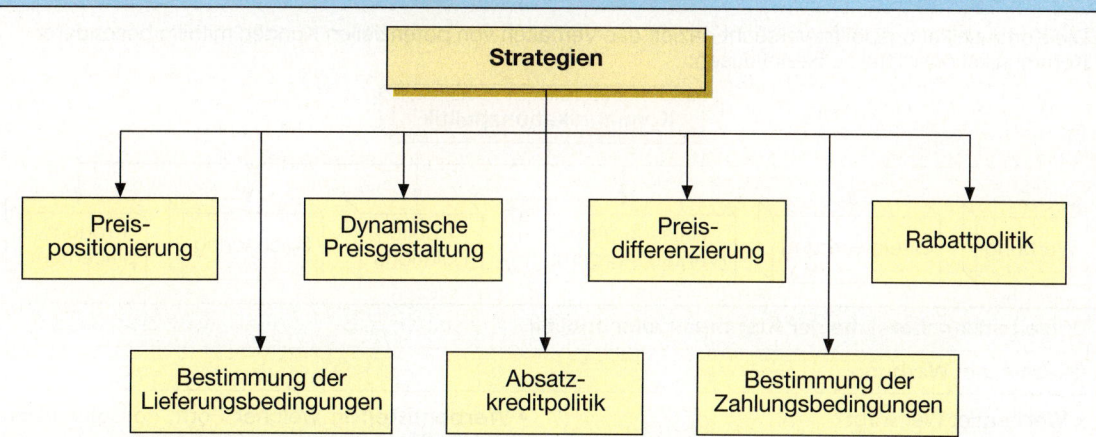

Preispositionierung

Mit der Preispositionierung steuert ein Unternehmen mit seinem Produkt ganz bewusst einen bestimmten Preisbereich an. Dies erfolgt z. B. bei Markenwaren, die im oberen Preissegment angeboten werden. Ein hoher gleich bleibender Qualitätsstandard, verbunden mit einem entsprechenden Marken- bzw. Firmenimage, soll über empfohlene Verkaufspreise zu einer einheitlichen Preisgestaltung im Facheinzelhandel führen.

Dynamische Preisgestaltung

Mit der dynamischen Preisgestaltung versucht ein Unternehmen, Preise flexibel an die Marktsituation anzupassen. Dies kann z. B. durch einen niedrigen Einführungspreis für ein neues Produkt geschehen, um so schnell einen großen Umsatz zu erzielen.

Eine andere Möglichkeit wäre, zunächst einen hohen Preis zu verlangen, der von einer bestimmten Käuferschicht akzeptiert wird. Um danach neue Käuferschichten zu erschließen, wird der Preis schrittweise gesenkt.

Preisdifferenzierung

Formen:[1]

- Räumliche Preisdifferenzierung (unterschiedliche Preise, z. B. in Großstädten und ländlichen Gebieten),
- mengenmäßige Preisdifferenzierung (z. B. Mengenrabatt),
- zeitliche Preisdifferenzierung (z. B. Saisonpreise),
- verwendungsbezogene Preisdifferenzierung (z. B. unterschiedliche Mietpreise für private und gewerbliche Nutzung),
- personenbezogene Preisdifferenzierung (z. B. Sondertarife für Schüler/-innen in öffentlichen Verkehrsmitteln).

1 vgl. Hüttner, M. u. a.: Marketing-Management, Oldenbourg, München 1994

Rabattpolitik

Die Unternehmen nutzen z. B. folgende Preisnachlässe, um Preisdifferenzierungen (s. o.) vornehmen zu können:

- Mengenrabatt (z. B. für Großabnehmer),
- Wiederverkäuferrabatt (z. B. für Großhändler),
- Treuerabatt (z. B. für Stammkunden),
- Saisonrabatt (z. B. für Saisonschlussverkäufe),
- Sonderrabatt (z. B. bei Messen),
- Bonus (nachträglicher Preisnachlass bei Erreichen eines Mindestumsatzes),
- Skonto (Nachlass für vorzeitige Zahlung).

Bestimmung der Lieferungsbedingungen

Kundenorientierte Lieferungsbedingungen können dazu beitragen, sich von Wettbewerbern abzuheben.
Zu den wichtigen Lieferungsbedingungen gehören:

- Gestaltung der Transport- und Versicherungskosten (besonders wichtig im Auslandsgeschäft),
- Verpflichtung des Herstellers zur Zahlung einer Konventionalstrafe (Vertragsstrafe) bei verspäteter Lieferung,
- Regelung des Umtauschrechtes (besonders wichtig bei Versandhäusern).

Bestimmung der Zahlungsbedingungen

Zu den wichtigsten Zahlungsbedingungen gehören:

- Bestimmung von Zahlungsfristen (z. B. Skontofrist),
- Regelung der Zahlungsweise/Zahlungsabwicklung (z. B. Barzahlung, Ratenzahlung),
- Zahlungssicherung (z. B. Eigentumsvorbehalt).

Absatzkreditpolitik

Wichtige absatzkreditpolitische Maßnahmen:

- Einräumen eines Kreditrahmens unter Gewährung eines günstigen Zinssatzes,
- Zahlungsaufschub,
- Leasing (Leistung einer geringen Anzahlung und laufender Ratenzahlungen während der vertraglichen Nutzungsdauer).

10

aus: Bentin, Margit u. a.: Handlungsorientierte Materialien in Wirtschaft und Verwaltung. Absatz/Marketing, 3., durchgesehene Aufl., Darmstadt 2006, S. 50 f.

Kommunikationspolitik – *Communication policy*

Begriffliche Abgrenzung und Zielsetzung

Die Kommunikationspolitik versucht gezielt das Verhalten von potenziellen Kunden mithilfe besonderer Kommunikationsmittel zu beeinflussen:

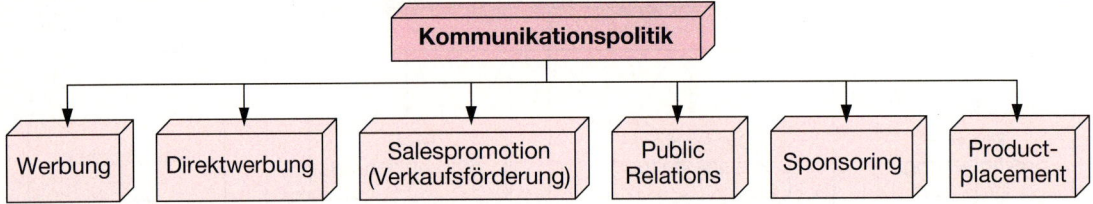

Entscheidungsbereiche der Kommunikationspolitik

(Klassische) Werbung

- **Werbende:** Wer wirbt?

  Nach der Stellung der Werbenden im Absatzprozess unterscheidet man zwischen **Herstellerwerbung** und **Handelswerbung.**

  Nach der Anzahl der Werbenden unterteilt man in **Einzelwerbung** und **Kollektivwerbung,** die sich wiederum in **Sammelwerbung** (mehrere Unternehmen werben unter Nennung der Einzelfirmen) und **Gemeinschaftswerbung** (mehrere Unternehmen werben ohne Nennung ihrer Firma, z. B. „Die Milch machts") aufgliedert.

- **Werbeziel:** Welche Wirkung soll erzielt werden?[1]

  In der Fachliteratur werden **ökonomische** (z. B. Umsatzsteigerung) und **außerökonomische Ziele** (z. B. Markenimage verbessern) unterschieden.

  Eine weitere geläufige Unterteilung von Werbezielen lautet:

  Einführungswerbung (z. B. für ein neues Produkt), **Expansionswerbung** (z. B. zur Erhöhung des Marktanteils) und **Erinnerungswerbung** (z. B. zum Erhalt des bisherigen Bekanntheitsgrades).

- **Werbezielgruppen:** Wer soll umworben werden?[1]

  Die Werbezielgruppe muss genau bestimmt werden, um **Streuverluste** beim Einsatz der Werbeträger und Werbemittel so gering wie möglich zu halten.

- **Werbezielgebiet:** Wo soll geworben werden?

  Das Unternehmen hat zu entscheiden, ob auf dem **Gesamtmarkt** oder auf bestimmten **Teilmärkten** geworben werden soll.

- **Werbeträger:** Welche Medien sollen genutzt werden?[1]

  Werbeträger werden gewöhnlich in **Printmedien** (z. B. Zeitschriften), **elektronische Medien** (z. B. Internet) und **Außenwerbung** (z. B. Plakate) unterteilt, deren Nutzung sich in sehr unterschiedlich hohen Werbekosten niederschlagen kann.

  1 vgl. Hüttner, a. a. O., S. 220 ff.

- **Werbemittel:** In welcher Form soll geworben werden?[1]

  Die Auswahl der geeigneten Werbemittel muss Erkenntnisse der Wahrnehmungspsychologie berücksichtigen. Die Gestaltung des Werbemittels entscheidet meistens darüber, ob die Werbebotschaft den Umworbenen zielgerichtet erreicht und die beabsichtigte Wirkung erzielt.

Beispiele	
Werbeträger	Werbemittel
Zeitung, Zeitschrift	Anzeige, Beilage
Fernsehen	Fernsehspot
Kino	Dia, Kinospot, Werbefilm
Fahrzeuge	Beschriftung von Firmenwagen, Straßenbahnen, Speditions-Lkws

- **Werbebotschaft:** Wie soll geworben werden?[1]

  Die Werbebotschaft sollte den **Nutzen, den Vorteil** des Produktes für den Umworbenen herausstellen.

- **Werbeetat:** Welche Geldmittel stehen zur Verfügung?[1]

  Häufig wird ein **prozentualer Anteil der Werbeausgaben** am Umsatz festgelegt, obwohl ein antizyklisches Vorgehen sinnvoller wäre. Der Werbeetat soll vor allem an den Werbezielen ausgerichtet werden.

- **Werbetiming:** Wann soll (wie) geworben werden?[1]

  Die Werbemaßnahmen sollten in einem **Werbeplan** festgehalten werden, auch wenn Werbeaktionen der Mitbewerber kurzfristige Änderungen hervorrufen können.
  Das Werbetiming ist gerade bei der Einführung neuer Produkte besonders wichtig.

vgl. Bentin, Margit u. a.: Handlungsorientierte Materialien in Wirtschaft und Verwaltung. Absatz/Marketing, 3., durchgesehene Aufl., Bildungshaus Schulbuchverlage Westermann Schroedel Diesterweg Schöningh Winklers GmbH, Darmstadt 2006, S. 54 f.

Kommunikationspolitik – *Communication policy*

Entscheidungsbereiche der Kommunikationspolitik

(Klassische) Werbung

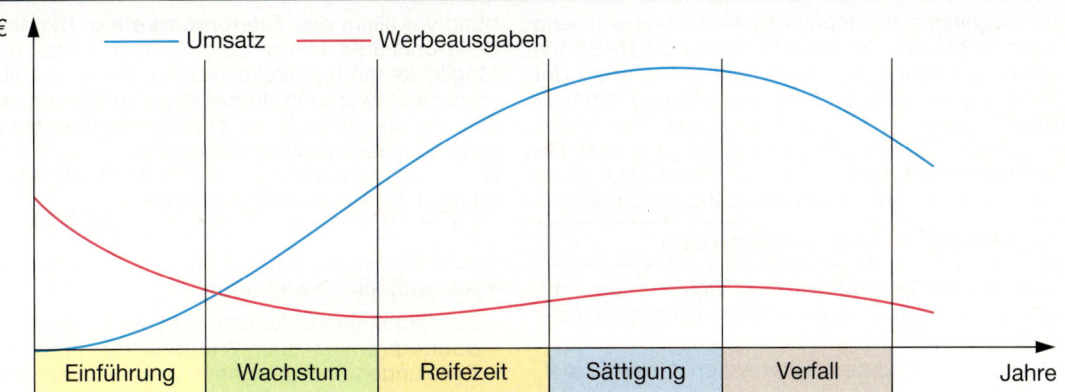

aus: Erfolgreich werben und verkaufen. Das Werbehandbuch für den Miele-Fachhändler, Gütersloh 1990

Werbeerfolgskontrolle: Wie soll der Werbeerfolg gemessen werden?

Man unterscheidet die **ökonomische** von der **außerökonomischen Werbeerfolgskontrolle.** Der ökonomische Werbeerfolg soll sich aufgrund der folgenden Formel berechnen lassen:

Gerade die genaue Ermittlung des werbebedingten Mehrumsatzes ist aber aufgrund von Zuordnungsproblemen kaum möglich.

Die **außerökonomische Werbeerfolgskontrolle** versucht z. B. über Befragungen Werbekontakte und Werbewirkungen zu messen.

$$\text{Werbegewinn} = \text{werbebedingter Mehrumsatz} - \text{Werbekosten}$$

vgl. Bentin, Margit u. a.: Handlungsorientierte Materialien in Wirtschaft und Verwaltung. Absatz/Marketing, 3., durchgesehene Aufl., Bildungshaus Schulbuchverlage Westermann Schroedel Diesterweg Schöningh Winklers GmbH, Darmstadt 2006, S. 54 f.

Werbung im Internet

Im Internet wird im Wesentlichen auf drei verschiedene Arten geworben:

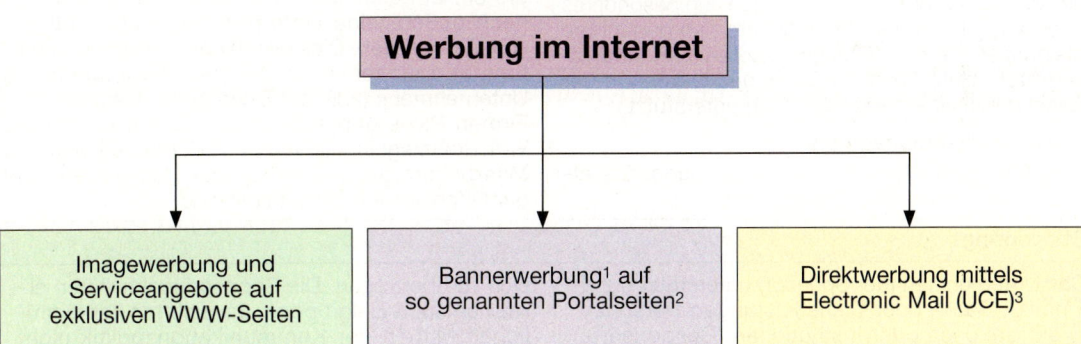

[1] Werbebanner sind kleine Werbeflächen im Kopfbereich der Portalseiten.

[2] Portalseiten sind speziell gestaltete WWW-Einstiegsadressen mit Such-, Nachrichten- und Verzeichnisdienst.

[3] UCE = (engl.) Unsolicited Commercial E-Mail; unverlangt zugesandte Werbe-E-Mail, oft auch „SPAM" genannt. Versender erwerben käuflich Listen von E-Mail-Adressen.

Bannerwerbung und **UCE** sind allgemein im Internet unbeliebt. Die oft aufwändig gestalteten so genannten „Ads" (von engl. Advertising = Werbung) verbrauchen zur Übertragung auf den PC des Internetbenutzers zusätzliche Zeit und verschwenden so die – oft teure – Onlinezeit.

Der **Erfolg von Werbeangeboten** im Internet kann mithilfe von Berichtsprogrammen geprüft werden, die die Nutzungsprotokolle der WWW-Server im Internet auswerten. (Ein in Deutschland verbreitetes Bewertungsverfahren für Internetwerbung ist das IVW-ZMOD der Informationsgesellschaft zur Feststellung der Verbreitung von Werbeträgern e. V., Bonn.)

10

Kommunikationspolitik – *Communication policy*

Entscheidungsbereiche der Kommunikationspolitik

Direktwerbung

Im Gegensatz zur anonymen Massenumwerbung werden bei der Direktwerbung die Zielpersonen direkt individuell angesprochen. Diese Form der Werbung hat an Bedeutung so stark zugenommen, dass zusammen mit dem Direktverkauf an Letztverwender und -verbraucher vom so genannten **Direktmarketing** gesprochen wird. Neben individuell adressierten Werbesendungen zählt zur Direktwerbung vor allem das **Telefonmarketing.** Die neuen elektronischen Medien bieten eine Vielzahl von Möglichkeiten für Direktwerbung. Um eine zielgenaue Direktwerbung durchführen zu können, wird eine umfangreiche Datei (Datenbank) über die anzusprechenden Zielgruppen geführt.
Bei dieser Form der Werbung lässt sich der Werbeerfolg in der Regel besser messen.

Salespromotion (Verkaufsförderung)

Salespromotion umfasst eine Vielzahl von verkaufsfördernden Aktionen, um den Absatz kurzfristig zu steigern.
Nach den Zielgruppen dieser Aktion unterscheidet man:

• Verbraucher-Promotions

Die Konsumenten werden auf ein Produkt aufmerksam gemacht oder zum Kauf angeregt.
Beispiele: Gewinnspiele, Produktproben, Warengutscheine, Produktvorführung im Einzelhandelsgeschäft.

• Außendienst-Promotions

Der firmeneigene Außendienst wird z. B. durch Sonderprämien oder Wettbewerbe motiviert; Schulungen und geeignete Verkaufsunterlagen unterstützen den Außendienst.

• Händler-Promotions

Sonderrabatte, Verkaufsprämien u. Rücknahmegarantien motivieren die Handelspartner; das Zurverfügungstellen von Displaymaterial (z. B. Aufsteller, Schaufensterdekoration) u. die Durchführung von Schulungen unterstützen die Beratungs- und Verkaufstätigkeit des Handels.

Public Relations (PR)

Im Mittelpunkt der Öffentlichkeitsarbeit (PR) steht nicht ein Produkt des Unternehmens, sondern das ganze Unternehmen. Ziel der PR-Maßnahmen ist vor allem die Imagepflege des Unternehmens in der Öffentlichkeit, daneben auch eine nach innen gerichtete Wirkung: Die Mitarbeiter/-innen des Unternehmens sollen ein Wir-Gefühl entwickeln, die Motivation soll gesteigert werden. Ein besonderes Interesse gilt bei den PR-Aktivitäten so genannten Meinungsführern oder Multiplikatoren (z. B. Medienvertreter). Gute Pressebeziehungen werden in der Regel durch eine Presseabteilung unterstützt.

Mögliche **PR-Maßnahmen** sind:
• Veröffentlichungen (Pressemitteilungen, Erstellung von Sozial- und Ökobilanzen),

• Vorträge und Diskussionsrunden,

• Veranstaltungen und Ausstellungen,

• Werksbesichtigungen.

Der PR-Gedanke wird bei der Gestaltung einer **Corporate Identity** (Unternehmensidentität) aufgegriffen. Ein einheitliches Bild des Unternehmens nach außen, eine Unternehmenskultur soll geschaffen werden. Dies geschieht z. B. durch Schaffung von einheitlichen Zeichen (Symbolen) des Unternehmens (z. B. auf Briefbögen, Visitenkarten, Firmen-Pkws und -Lkws) oder durch besondere Verhaltensregeln, die von den Mitarbeiterinnen und Mitarbeitern gegenüber Kunden, Lieferanten und der Öffentlichkeit einzuhalten sind.

Sponsoring

Das Unternehmen (der Sponsor) unterstützt durch Finanz-, Sach- oder Dienstleistungen Personen, Organisationen oder Institutionen (Gesponsorte) und erwartet dafür bestimmte Gegenleistungen (z. B. besondere Werbemöglichkeiten), die vertraglich abgesichert sind.
Mithilfe des Sponsorings versucht das Unternehmen, das positive Image des Gesponsorten auf sich zu übertragen. Die Sponsoringaktivitäten erreichen auch Zielgruppen, die sich mit herkömmlichen Mitteln der Kommunikationspolitik nicht oder kaum ansprechen lassen.

Formen des Sponsorings sind vor allem:
• Sportsponsoring,   • Kultursponsoring,
• Sozialsponsoring,   • Umweltsponsoring.

Productplacement[1]

Durch Productplacement versucht ein Unternehmen, **Markenartikel** z. B. in Kinofilmen, Fernsehsendungen, Videoclips oder Theateraufführungen so geschickt zu platzieren, dass sie vom Zuschauer nicht als Werbemaßnahme identifiziert werden. Produktinnovationen (z. B. neue Automodelle) werden gern in neue Filmproduktionen eingebaut (Innovationplacement).

Insbesondere das Zapping, d. h. das Umschalten des Fernsehprogramms mithilfe der Fernbedienung bei Werbeblöcken, führt zu einem sprunghaften Anstieg des Productplacements.
In Privatfernsehgesellschaften haben sich spezielle Dauerwerbesendungen etabliert, bei denen Firmenprodukte geschickt als Gewinne platziert werden.

1 vgl. Hüttner, a. a. O., S. 250 ff.

aus: Bentin, Margit u. a.: Handlungsorientierte Materialien in Wirtschaft und Verwaltung. Absatz/Marketing, 3., durchgesehene Aufl., Darmstadt 2006, S. 56 f.

Distributionspolitik – *Distribution policy*

Begriffliche Abgrenzung und Zielsetzung

Die **Zielsetzung** der Distributionspolitik, die mit den übergeordneten Zielen der Unternehmenspolitik (Unternehmensphilosophie) abgestimmt sein muss, besteht darin, „… das richtige Produkt zur richtigen Zeit, im richtigen Zustand, in der richtigen Menge am richtigen Ort den Abnehmern zur Verfügung zu stellen".

vgl. Knoblich, H.: Absatzpolitik, Göttingen 1994, S. 158

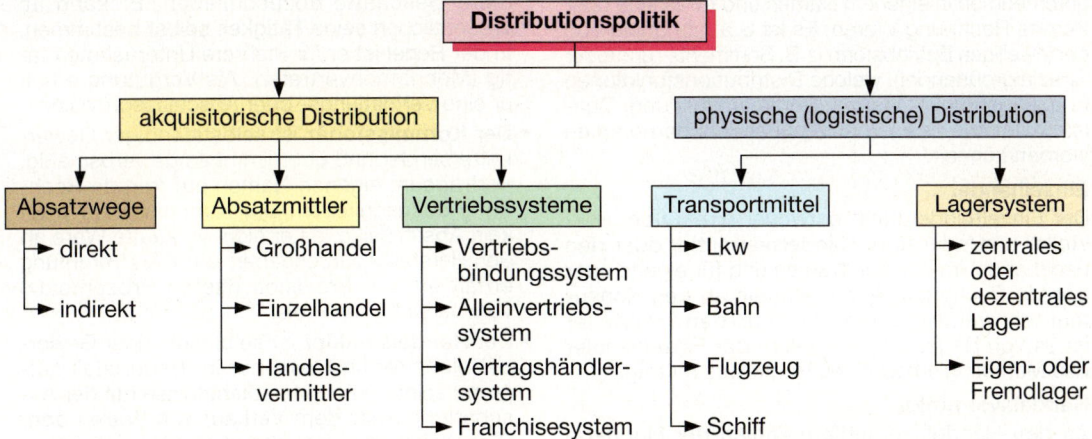

Die **akquisitorische Distribution** kann als das Management der Verteilungskanäle bezeichnet werden. Sie beschäftigt sich vor allem mit der Wahl des Distributionssystems.

vgl. Hüttner, a. a. O., S. 255

Unter **physischer Distribution** (Marketinglogistik) versteht man alle Tätigkeiten, „… durch die Transport- und Lagervorgänge zur Auslieferung der Fertigprodukte eines Unternehmens gestaltet, gesteuert und überwacht werden".

vgl. Weis, H. C.: Marketing, Ludwigshafen 1993, S. 329

Entscheidungsbereiche der akquisitorischen Distribution

1. Entscheidung über den Absatzweg

Direkter Absatzweg
Beim direkten Absatzweg übernimmt der Hersteller alle Verteilerfunktionen seines Produktes bis zum Verwender bzw. Konsumenten unter Umgehung des institutionellen Handels. Der Hersteller kann sich dabei entweder direkt an den Kunden wenden (z. B. bei Großkunden) oder es werden betriebseigene Absatzorgane (u. a. Verkaufsniederlassungen und/oder **Reisende**) dazwischengeschaltet.

Indirekter Absatzweg
Beim indirekten Absatzweg verteilt der Hersteller sein Produkt mithilfe betriebsfremder Organe: Selbstständige Handelskettenglieder (Groß- und Einzelhandel) und/oder selbstständige Handelsvermittler (Handelsvertreter, Kommissionär, Handelsmakler).

Bestimmungsfaktoren für die Wahl des Absatzweges[1]

- Betriebsinterne Faktoren, wie u. a. Betriebsgröße (z. B. Groß- oder Kleinbetrieb) oder eigene Absatzorganisation (stark oder schwach ausgebaut)
- Die Eigenart der Ware, wie z. B. der Verwendungszweck (Produktionsmittel/Konsumgut) oder die Erklärungsbedürftigkeit (technische Komplexität)
- Betriebsexterne Faktoren, wie z. B. die Anzahl und Größe der Abnehmer, Entfernung zu den Absatzmärkten oder gesetzliche Bestimmungen

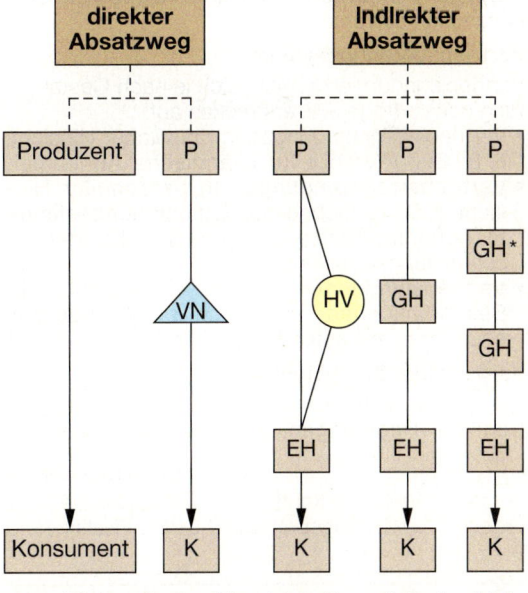

Eigenständige Handelskettenmitglieder (HK)
*auch: „Zentralgrossierer"; „Großhandel 1. Hand"

„eigene" HK (VN = Verkaufsniederlassung)

Handelsvermittler (HV = Handelsvertreter)

1 vgl. Knoblich, H.: Absatzpolitik, a. a. O., S. 162 f.

10

vgl. Bentin, Margit u. a.: Handlungsorientierte Materialien in Wirtschaft und Verwaltung. Absatz/Marketing, 3., durchgesehene Aufl., Darmstadt 2006, S. 60 f.

Distributionspolitik – *Distribution policy*

Entscheidungsbereiche der akquisitorischen Distribution

2. Entscheidung über Absatzmittler

Großhandel

Der Großhandel kauft in der Regel von Produktionsunternehmen in eigenem Namen und für eigene oder fremde Rechnung Waren. Es ist u. a. abhängig von der jeweiligen Betriebsform (z.B. Sortiments- und/oder Spezialgroßhandel), welche Distributionsfunktionen (u. a. Lagerung, Transport, Sortimentsbildung, Qualitätskontrolle usw.) vom Großhandel übernommen werden können.

Einzelhandel

Der Einzelhandel kauft entweder direkt vom Hersteller und/oder über Handelsvermittler oder den Großhandel im eigenen Namen und für eigene oder fremde Rechnung Waren, um sie an den Konsumenten weiterzuverkaufen. Für den Hersteller ist es von Bedeutung, inwiefern der Einzelhändler das Marketingkonzept des Herstellers mitträgt.

Handelsvermittler

Zu den Handelsvermittlern zählen der Handelsvertreter (§§ 84 – 92 HGB), Kommissionär (§§ 383 – 406 HGB) und Handelsmakler (§§ 93 – 104 HGB).

- Der **Handelsvertreter** ist selbstständiger Gewerbetreibender und ständig damit beauftragt, für andere Unternehmen (d. h. im fremden Namen) Geschäfte abzuschließen. Er kann im Wesentlichen seine Tätigkeit selbst bestimmen. In der Regel ist er für mehrere Unternehmen tätig (Mehrfirmenvertreter). Als Vergütung erhält er eine Vermittlungs- oder Abschlussprovision.
- Der **Kommissionär** ist selbstständiger Gewerbetreibender und übernimmt es gewerbsmäßig, Verträge im eigenen Namen auf fremde Rechnung abzuschließen. Der Kommissionär trägt kein Absatzrisiko, da er nicht verkaufte Ware an den Hersteller zurückgeben kann. Als Vergütung erhält er eine Provision (festen Prozentsatz) vom vereinbarten Preis.
- Der **Handelsmakler** ist selbstständiger Gewerbetreibender und wird nur im Bedarfsfall aufgrund seiner guten Marktkenntnisse mit der Anschaffung oder dem Verkauf von Waren oder Dienstleistungen beauftragt. Als Vergütung erhält er je zur Hälfte vom Verkäufer und Käufer (falls nicht anders vertraglich vereinbart) einen bestimmten Prozentsatz vom Auftragsvolumen.

3. Entscheidung über die Form des vertraglichen Vertriebssystems

Durch den Aufbau eines vertraglichen Vertriebssystems versucht der Hersteller, bestimmte Abnehmer seiner Produkte von der Belieferung durch Vertragsregelungen auszuschließen. Der Hersteller verfolgt damit die Absicht, die ausgewählten selbstständigen Handelsunternehmen in seine Vertriebskonzeption einzubinden.

Vertriebsbindungssystem

Vertriebsbindungen können sich je nach Gestaltung der Verträge u. a. erstrecken auf:
- Vertriebswegebindungen in räumlicher Hinsicht, z. B. Exportverbot für inländische Abnehmer,
- Vertriebswegebindungen in personeller Hinsicht, z. B. Vertriebsbeschränkung auf bestimmte Abnehmerkreise (so genannte Kundenbeschränkungsklauseln),
- Vertriebsbindungen in zeitlicher Hinsicht, z. B. Beschränkungen hinsichtlich der Vertriebszeit neuer bzw. auslaufender Modelle.[1]

Vertragshändlersystem

Der Vertragshändler verpflichtet sich durch vertragliche Regelungen, im eigenen Namen und auf eigene Rechnung Waren des Herstellers unter Einhaltung der Marketingkonzeption zu vertreiben (u. a. Bewahrung des Images und angemessener Kundendienst).

Alleinvertriebssystem

Der Hersteller verpflichtet sich, in einem bestimmten Absatzgebiet nur den allein vertriebsberechtigten Händler zu beliefern (z. B. bei Neueinführung eines Produktes).

Franchisesystem

Der Franchisenehmer (z.B. Groß- oder Einzelhandelsbetrieb) schließt mit einem Franchisegeber (z. B. Hersteller) einen Vertrag. Der Franchisevertrag geht in der vertraglichen Bindung über den Vertrag mit dem Vertragshändler hinaus, da der Name bzw. die Firma des Franchisenehmers in den Hintergrund treten. Für die Übernahme eines ausgereiften Marketing- und Verkaufskonzepts (z. B. Fastfood-Kette) hat der Franchisenehmer ein Entgelt an den Franchisegeber zu entrichten.

1 vgl. Knoblich, a. a. O., S.189

Intensitätsskala der Bindungen in Absatzkanälen

herstellereigene Verkaufsorgane („Anweisungsbetrieb")

vertraglich begründete Quasi-Filialisierung

lose Kooperationsformen mit schwacher Verbindlichkeit

Vertrieb über herstellungsgebundene Verkaufsorgane („Absatzvermittler", z.B. Makler, Handelsvertreter)

vertragliche Vertriebssysteme wie z. B.
Franchise- und Vertragshändler-System
Alleinvertriebssystem
Vertriebsbindungssystem

nur kaufvertragliche Bindung

vgl. Bentin, Margit u. a.: Handlungsorientierte Materialien in Wirtschaft und Verwaltung. Absatz/Marketing, 3., durchgesehene Aufl., Darmstadt 2006, S. 62 f.

3526396

10

Distributionspolitik – *Distribution policy*

Entscheidungsbereiche der akquisitorischen Distribution

4. Festlegung eines vertikalen Marketings

Unter vertikalem Marketing versteht man die Einflussnahme auf die zwischen Hersteller und Handel auftretenden Zielkonflikte, die u. a. aus der Aufteilung der Vertriebsspanne resultieren. Zur Problemlösung werden deshalb zwischen Hersteller und Handel häufig vertragliche Vereinbarungen zur Durchsetzung eines einheitlichen Marketings eingesetzt. (vgl. Hüttner, a. a. O., S. 265)

Entscheidungsbereiche der physischen Distribution

1. Entscheidung über die Transportmittel

Im Rahmen der physischen Distribution (Marketinglogistik) geht es um die Problemlösung, wie Güter durch Transportmittel und die entsprechenden Transportvorgänge über Lagersysteme in die Nähe des Verwenders/Kunden (gewerbliche Abnehmer, Händler, Verbraucher) gelangen.

Die wichtigsten **Gründe** für die Auswahl eines Transportmittels sind:

• Eigenart des Produkts (z. B. Verderblichkeit, Gewicht, Größe des Produkts),

• Kosten des Transportmittels,
• Transportgeschwindigkeit,
• Zuverlässigkeit des Transportträgers und Haftungsumfang,
• Umweltverträglichkeit des Transportmittels.

Diese Bestimmungsgründe entscheiden auch darüber, ob ein eigener oder fremder Fuhrpark genutzt werden soll.

2. Entscheidung über das Lagersystem

Bei der Festlegung des Lagersystems muss zunächst geklärt werden, ob nur ein Zentrallager oder auch regionale Auslieferungslager (dezentrale Lager) errichtet werden sollen.

• Zentrallager oder Regionallager

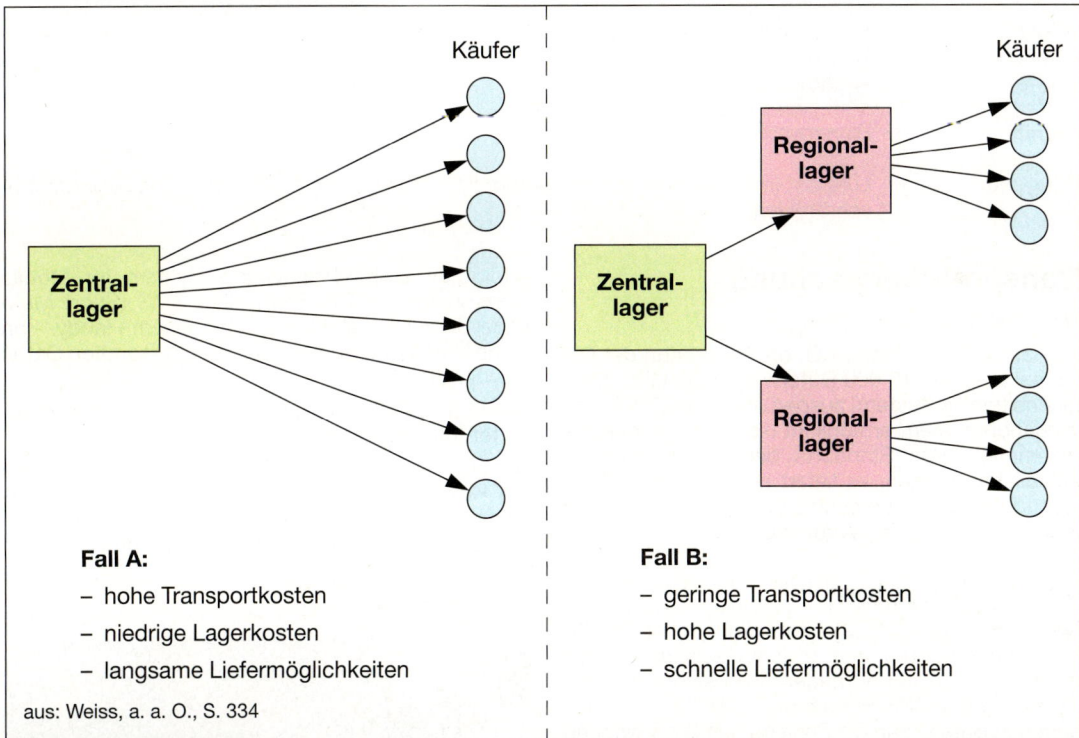

Fall A:
– hohe Transportkosten
– niedrige Lagerkosten
– langsame Liefermöglichkeiten

aus: Weiss, a. a. O., S. 334

Fall B:
– geringe Transportkosten
– hohe Lagerkosten
– schnelle Liefermöglichkeiten

• Eigen- und Fremdlager

Für die Entscheidung, ob ein Lager in Eigen- oder Fremdregie geführt werden soll, sind vor allem die unterschiedlich hohen Kosten ausschlaggebend (z. B. hohe Fixkosten beim Eigenlager). Ein weiterer Grund für diese Entscheidung könnte z. B. die Einflussnahme auf die Kontrolle des Lagerpersonals sein.

aus: Bentin, Margit u. a.: Handlungsorientierte Materialien in Wirtschaft und Verwaltung. Absatz/Marketing, 3., durchgesehene Aufl., Darmstadt 2006, S. 63 f.

Güterbeförderung – *Transport of goods*

Bestimmungsgründe

Für die Wahl der sinnvollsten Beförderungsart von Gütern sind folgende **Bestimmungsgründe** maßgeblich:

- Eigenart des Transportgutes
- Transportkosten
- Transportgeschwindigkeit
- Transportsicherheit
- Umweltverträglichkeit

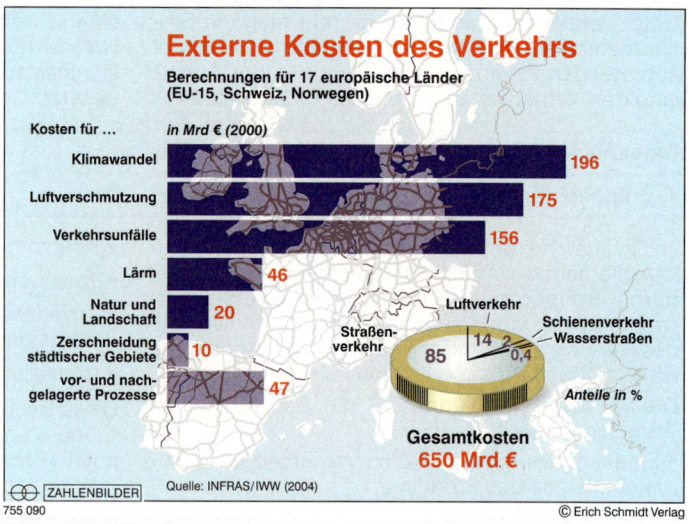

Externe Kosten des Verkehrs

Berechnungen für 17 europäische Länder (EU-15, Schweiz, Norwegen)

Kosten für ... / in Mrd € (2000)

Kosten für ...	in Mrd € (2000)
Klimawandel	196
Luftverschmutzung	175
Verkehrsunfälle	156
Lärm	46
Natur und Landschaft	20
Zerschneidung städtischer Gebiete	10
vor- und nachgelagerte Prozesse	47

Anteile in %

Straßenverkehr 85 / Luftverkehr 14 / Schienenverkehr 2 / Wasserstraßen 0,4

Gesamtkosten 650 Mrd. €

ZAHLENBILDER
755 090
Quelle: INFRAS/IWW (2004)
© Erich Schmidt Verlag

Transportmöglichkeiten im Güterverkehr

Transport per ...	Beispiele:
• **Lkw:**	Werkseigener Güterverkehr (Werkverkehr) bzw. gewerblicher Straßengüterverkehr (Güterkraftverkehr)
• **Pkw/Lkw:**	Kurier-, Express- und Paketdienste
• **Bahn:**	Wagenladungsverkehr (z. B. Einzelwagenverkehr) bzw. kombinierter Verkehr
• **Schiff:**	Binnenschifffahrts- oder Seeschifffahrtsverkehr
• **Flugzeug:**	Luftpost (mit Gewichtsbeschränkung, z. B. 20 kg) bzw. Luftfracht (ohne Gewichtsbeschränkung)

Transportüberwachung aus dem All

Die Railion Deutschland AG, die Güterbahn der DB AG, hat bis 2007 13 000 Güterwagen mit GPS (Global Positioning System) ausgerüstet. Das Satellitennavigationssystem ermöglicht nicht nur die genaue Bestimmung des Standorts der sich im Umlauf befindlichen Wagen, es liefert auf Wunsch mithilfe besonderer Sensoren auch Daten über die Ladung oder den technischen Wagenzustand.

Das GPS-System

Zwischen 24 und 31 Satelliten, die in zirka 20 000 km Höhe rund um den Erdball kreisen, senden präzise ihre sich ständig ändernde Position und Zeitsignale an die GPS-Empfänger. Mithilfe der empfangenen Daten kann die Position des Güterwagens weltweit zuverlässig, durchgehend und bis auf 25 Meter genau bestimmt werden. Moderne GPS-Geräte arbeiten mit zwölf parallelen Kanälen, von denen drei für die Standortbestimmung erforderlich sind und ein vierter der Berechnung der Höhenlage dient. Die restlichen acht Kanäle können weitere Satellitensignale verwerten. Die Datenübertragung erfolgt im GSM-Netz (Global System for Mobile Communications) in Form einer SMS (Short Message Service) – ähnlich wie bei einem Handy – an einen Empfangsrechner, der die übersandten Daten auswertet.

Durch diese Technik kann dem Kunden ein verbesserter Informationsservice geboten werden.

Bereits mehr als 50 Prozent der Gütertransporte der Railion Deutschland AG sind heute grenzüberschreitend unterwegs. Mit dem GPS-System können diese Güterwageneinsätze effizienter gestaltet werden.

E-Commerce

Begriff

Electronic Commerce („E-Commerce" oder „E-Business") ermöglicht die umfassende, digitale Abwicklung von Geschäftsprozessen zwischen Unternehmen und deren Kunden über private und öffentliche Netze (Internet). Dabei beinhaltet das Electronic Commerce auch die digitale Bezahlung und, was digitalisierbare Güter (z. B. Musik, Videoclips) und Dienstleistungen angeht, eine digitale Übertragung.

Ziele

E-Commerce beschleunigt die Abwicklung von Geschäftsprozessen, gestaltet häufig Prozessabläufe effizienter und senkt damit die Kosten für die Beteiligten. Auf Marktveränderungen (z. B. Nachfrageveränderungen) kann mithilfe von E-Commerce in der Regel schneller reagiert werden (z. B. über sofortigen Informationsaustausch).

Formen des E-Commerce

B2B = Business-to-Business: Geschäftsbeziehungen zwischen Unternehmen sowie öffentlichen Institutionen

B2C = Business-to-Consumer oder Business-to-Customer: „Electronic Shopping" von Konsumenten, die über das Internet oder per Onlinedienst Waren kaufen

B2G = Business-to-Government: Geschäftsbeziehungen zwischen Unternehmen und staatlichen Einrichtungen

Intra-Business: Intra- und/oder Extranet unterstützen Geschäftsprozesse und Kommunikationsbeziehungen.

Elektronische Marktplätze im Absatzprozess

Das Internet hat den Anbietern viele neue Möglichkeiten eröffnet. Mithilfe des Internets können im Rahmen des Absatzes neue Wege beschritten werden, ein Beispiel dafür sind die nachfolgend aufgeführten **Auctions:**

Englische Auktionen: Die Käufer bieten gegeneinander und der Käufer mit dem höchsten Preisangebot erhält den Zuschlag. Dieser Auktionstyp ist zurzeit im Internet vorherrschend. Auf diese Weise werden z. B. gebrauchte Ausrüstungsgüter und Fahrzeuge verkauft.

Dänische Auktionen: Die Verkäufer platzieren ihre Angebote und der Käufer akzeptiert dann das Angebot des niedrigsten Bieters. So funktioniert z. B. der Blumenmarkt in Amsterdam.

Auktionen mit verschlossenen Angeboten: Der Einzige, der die Angebote kennt, ist der Auktionator. Z. B. würde ein Unternehmen, das ein Kraftwerk bauen will, verschlossene Angebote anfordern, sodass kein Anbieter weiß, zu welchen Konditionen seine Konkurrenten anbieten bzw. angeboten haben.

Double Auctions: Es gibt Kauf- und Verkaufsangebote. Die Kauf- und Verkaufsinteressenten nennen ihre Preise, die von Softwareprogrammen so verarbeitet werden, dass ein Abschluss herbeigeführt werden kann. Ein Beispiel hierfür sind die Aktienmärkte: Es gibt eine große Zahl von Käufern und Verkäufern, und Angebot und Nachfrage ändern sich ständig.[1]

1 vgl.: Kotler, Philip, Jain, D. C., Maesincee, S., Marketing der Zukunft, Campus Verlag, Frankfurt/New York, 2002, S. 186/187

Arten von Portalen

Ziel: Zielgruppenspezifisches Direktmarketing beim Anbieter (Vermeidung von Streuverlusten, Erhöhung der Kontaktrate)

⬇

Lösung: Zielgruppenspezifischer Einsatz des Internets durch Nutzung von **Portalen**

⬇

Arten von Portalen

B-2-B-Portale	B-2-C-Portale	Portal-Networks
für spezielle Produkte/Leistungen eines anbietenden **Unternehmers**	für spezielle Produkte/Leistungen eines informationssuchenden **Konsumenten**	„Eingangstore" für spezifische User, die Verknüpfungen zu **sämtlichen Bedürfnissen** des Users bieten
Beispiel: Ein Unternehmen bietet in einem Portal Fahrräder für den Großhandel an.	**Beispiel:** Ein Unternehmen bietet in einem Portal zum Verkauf ab Werk extrem leistungsstarke Sitzrasenmäher an.	**Beispiel:** Ein Autohersteller bietet in einem Portal für Autos zusätzlich zu seinen Autos günstige Finanzierungs- und Leasingmöglichkeiten sowie Versicherungen an.

vg.: Hübscher, Heinrich u. a.: IT-Kompendium, 1. Aufl., Braunschweig 2001, S. 371

10

Marketingmix

Die absatzpolitischen Instrumente dürfen nicht isoliert voneinander eingesetzt werden, sie müssen aufeinander abgestimmt sein, um oberste Unternehmens- bzw. Marketingziele zu verfolgen.

Marketing ist als eine Konzeption der Unternehmensführung zu verstehen, „bei der im Interesse der Erreichung der Unternehmensziele alle betrieblichen Aktivitäten konsequent auf die gegenwärtigen und künftigen Erfordernisse der Märkte ausgerichtet werden"[1]. Die zunehmende Marktmacht der Kunden zwingt die Unternehmen dazu, sich in ihrer gesamten Unternehmenspolitik an den Kundenwünschen auszurichten.

1 vgl. Bidlingmaier, J.: Marketing, Rowohlt, Reinbek 1973, S. 15

Das so genannte **Marketingmix** ist eine möglichst optimale Kombination des Mitteleinsatzes, d. h. eine „zielgerichtete Auswahl und qualitative, quantitative sowie zeitliche Kombination der absatzpolitischen Instrumente"[2]. Der qualitative Aspekt des Marketingmix betrifft die Art der einzelnen Instrumente, der quantitative Aspekt bezieht sich auf das Gewicht der einzelnen Instrumente innerhalb des Marketingmix, und der zeitliche Aspekt beinhaltet Dauer und Abfolge des Einsatzes der einzelnen Instrumente[3]. Das Marketingmix ist eingebettet in die vom Unternehmen festgelegten **Marketingstrategien,** also in unternehmenspolitische Richtlinien, die einen Handlungsrahmen für den Einsatz der absatzpolitischen Instrumente vorgeben.[4]

2 vgl. Hüttner, a. a. O., S. 278
3 vgl. Knoblich, a. a. O., S. 300 f.
4 vgl. Hüttner, a. a. O., S. 81

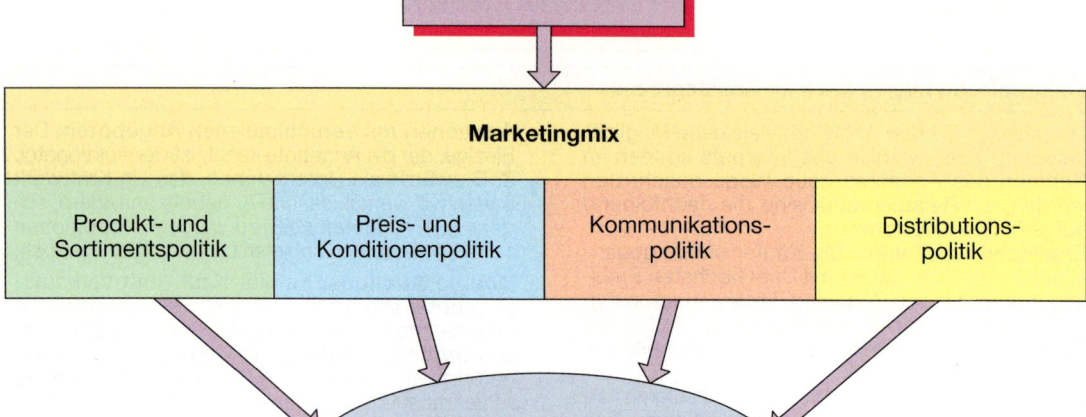

Im Rahmen des Marketingmix müssen die unterschiedlichen **Beziehungen** beachtet werden, die prinzipiell zwischen diesen Instrumenten bestehen können:

- **Konkurrierende Beziehungen**

  d. h., zwei Instrumente stören sich in ihrer Wirkung (z. B. stehen Premiumpreise im Widerspruch zum Vertrieb über Absatzkanäle, die untere Einkommensschichten ansprechen).

- **Substitutive Beziehungen**

  d. h., zwei Instrumente sind austauschbar in Bezug auf eine bestimmte Wirkung (z. B. lassen sich durch den Vertrieb über den Fachhandel in gewissen Grenzen unternehmenseigene Beratungsleistungen – „begleitende" Servicepolitik – ersetzen).

- **Komplementäre Beziehungen**

  d. h., zwei Instrumente unterstützen sich in ihrer Wirkung (z. B. wird das Image hoher Qualität, das

durch entsprechende Werbung erzeugt werden soll, durch eine aufwändige Verpackung unterstützt).

- **Konditionale Beziehungen**

  d. h., der Einsatz des einen Instrumentes setzt den Einsatz des anderen voraus (z. B. setzt die Präsentation der Produktverpackung im Rahmen der Werbung deren Gestaltung voraus).

- **Indifferente Beziehungen**[5]

  d. h., es bestehen keine erkennbaren gegenseitigen Beeinflussungen zwischen zwei Instrumenten (z. B. Werbung und Marketing-Logistik).

5 vgl. Hüttner, a. a. O., S. 281

vgl. Bentin, Margit u. a.: Handlungsorientierte Materialien in Wirtschaft und Verwaltung. Absatz/Marketing, 3., durchgesehene Aufl., Darmstadt 2006, S. 67 f.

3526400

10

Internationales Marketing – *International marketing*

Unter **internationalem Marketing** versteht man Marketingaktivitäten eines Unternehmens, das nennenswerte Umsätze im Auslandsgeschäft tätigt. Dabei müssen exportorientierte Unternehmen, die im Inland produzieren, aber einen wichtigen Teil ihres Umsatzes im Ausland erzielen, von multinationalen Unternehmen unterschieden werden, die in mehreren Ländern produzieren, ein- und verkaufen. Je stärker die Integration in internationale Märkte erfolgt, umso größer ist die Komplexität von Marketingentscheidungen.

Internationales Marketing muss die besonderen Risiken auf Auslandsmärkten berücksichtigen – sowohl wirtschaftliche (z. B. Wechselkursrisiko) als auch politische (z. B. Einfluss des Staates auf die Wirtschaftspolitik).

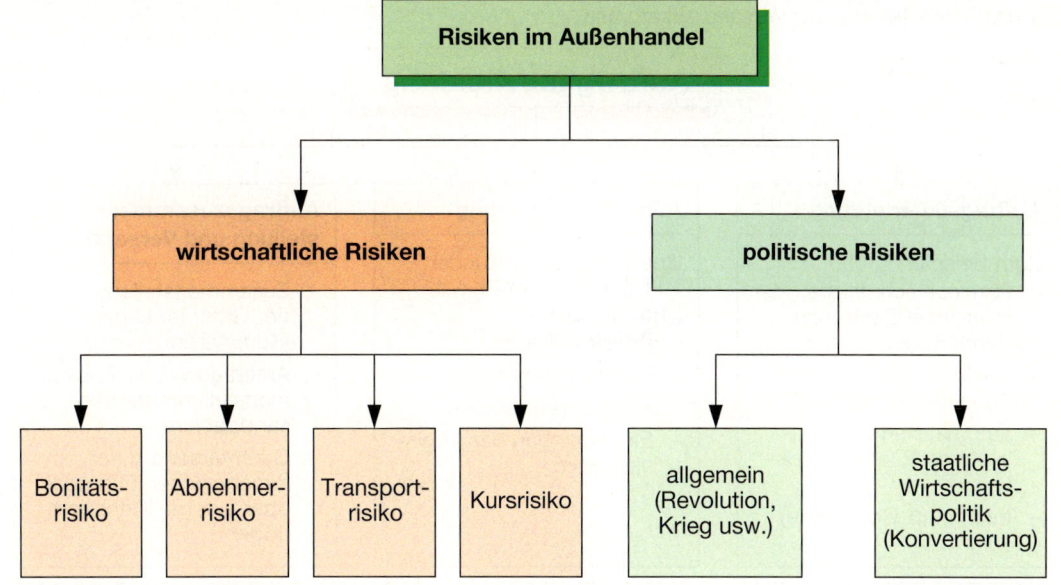

aus: Hüttner, a. a. O., S. 506

Bevor die absatzpolitischen Instrumente zielgerichtet auf Auslandsmärkten eingesetzt werden können, muss die Strategie des internationalen Marketings festgelegt werden. Mindestens die folgenden **internationalen Marketingstrategien** können unterschieden werden:

- Erschließung ausgesuchter Auslandsmärkte (z. B. Nachbarländer, Wirtschaftsregionen, Kontinente).

- Reine Wachstumsstrategie, unabhängig von Eingrenzungen auf bestimmte Auslandsmärkte (z. B. Umsatzmaximierung).

- Erschließung ausgesuchter Marktsegmente in internationalen Märkten (z. B. Bearbeitung nur des oberen Preissegments in verschiedenen Ländern).

Bei der Umsetzung dieser Strategien ist weiterhin zu fragen, ob das Produktionsprogramm **standardisiert,** d. h. international einheitlich angeboten werden soll (globales Marketing) oder ob die Produkte und die Marktbearbeitungsmethoden nach nationalen Märkten **differenziert** werden sollen (z. B. unterschiedliche Pkw-Modelle eines Automobilunternehmens in den jeweiligen nationalen Märkten).

vgl. Hüttner, a. a. O., S. 491 ff. und Hill, W. u. Rieser, J.: Marketing-Management; Bern, Stuttgart, Wien 1993

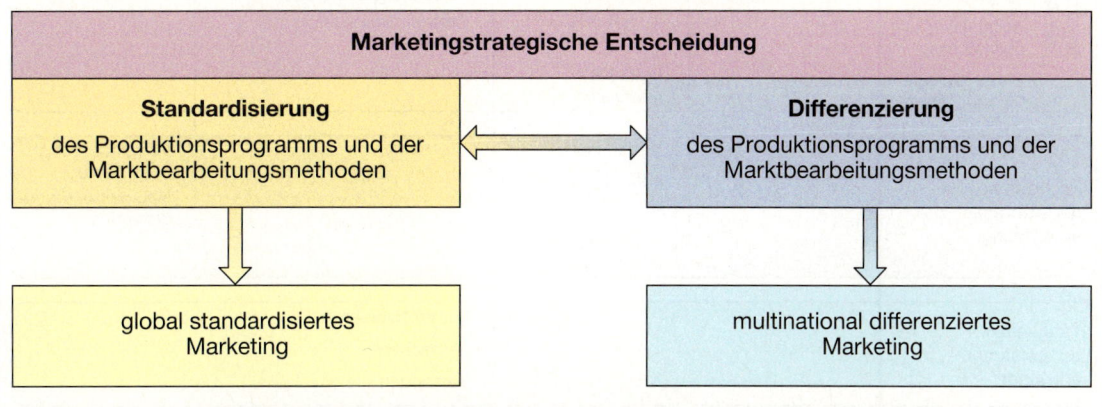

aus: Bentin, Margit u. a.: Handlungsorientierte Materialien in Wirtschaft und Verwaltung. Absatz/Marketing, 3., durchgesehene Aufl., Bildungshaus Schulbuchverlage Westermann Schroedel Diesterweg Schöningh Winklers GmbH, Darmstadt 2006, S. 70 f.

10

Kundenauftragsbearbeitung – *Customer order processing*

Auftragsabwicklung

Begriff

Die Auftragsabwicklung stellt einen „Prozess zur Erfüllung von **Kundenaufträgen** ab Lager vom Zeitpunkt der Kundenbestellung bis zum Eingang der Rechnung beim Kunden"[1] dar.

Teilfunktionen der Auftragsabwicklung

Die Auftragsabwicklung setzt sich aus den Teilfunktionen Auftragsübermittlung, Auftragsbearbeitung, Auftragszusammenstellung und Versand zusammen.

Auftragsabwicklung

Auftragsübermittlung	Auftragsbearbeitung	Auftragszusammenstellung und Versand
Zum Beispiel durch: – formlose schriftliche oder mündliche Bestellung durch Kunden – Bestellannahme durch Außendienstmitarbeiter – automatisierte Bestellsysteme (Einzelhandelsketten) – Internet (E-Commerce)	Überprüfung der Kundenaufträge im Hinblick auf (zum Beispiel): – Preiskonditionen – Lieferungsmodalitäten – Bonität des Kunden – Einplanung in das Logistiksystem	– Zusammenstellung der Güter im Lager (Kommissionierung) – Anfertigung und Zusammenstellung der Versandpapiere – Güterversand durch firmeneigenen Fuhrpark oder externe Transportträger

Auftragsabwicklungsfunktionen bei Lagerfertigung nach Phasen der Auftragsabwicklung (Beispiel)[2]

		Auftragsübermittlungsphase	Auftragsprüfungsphase	Auftragsdispositions- und Leistungserbringungsphase	Fakturierungsphase
Koordinationsfunktionen der Auftragsabwicklung	Auftragsnetz definieren	Auftragsnetz erzeugen	Auftragsnetz aktualisieren	Auftragsnetz aktualisieren	Auftragsnetz aktualisieren
	Aufträge erteilen	Auftrag an Unternehmen erteilen	Auftragsprüfungsaufträge erteilen Auftragsbestätigung erteilen	Kommissionier- und Versandauftrag erteilen	Fakturierungsauftrag erteilen
	Aufträge leiten		Auftrag priorisieren	Priorisierung überprüfen	
	Aufgabenausführung steuern			Kommissionieraufträge reihen Auslieferungstour planen	
	Aufträge überwachen			Liefertermineinhaltung überprüfen	
	Prozessübergreifend koordinieren		Produkte reservieren		
Fachfunktionen der Auftragsabwicklung			Bonität prüfen Auftragsmodalitäten prüfen Liefermodalitäten prüfen		Vorfakturierung durchführen Nachfakturierung durchführen
Tätigkeiten der Leistungserbringer				kommissionieren verpacken versenden	

1   aus: Gabler Lexikon, 15. Aufl., Wiesbaden 2000, S. 232
2   aus: Rohweder, D.: Informationstechnologie und Auftragsabwicklung, ESV, Berlin 1996, Seite 162 f.

10

Annahmeverzug – *Default in acceptance*

Voraussetzung des Annahmeverzuges

Ordnungsgemäße Lieferung der Ware, die der Käufer nicht annimmt

Eintritt des Annahmeverzuges

In diesem Fall haftet der Käufer prinzipiell für die Beschädigung oder Vernichtung der Ware; er haftet auch für Schäden, die durch Zufall (z. B. höhere Gewalt) eintreten; der Lieferer haftet nur noch bei Vorsatz oder grober Fahrlässigkeit.

Rechtsfolgen

Rechte des Verkäufers	**Pflichten des Verkäufers**
– Klage auf Abnahme der Ware – Selbsthilfeverkauf mittels einer öffentlichen Versteigerung (z. B. durch einen Gerichtsvollzieher) oder im freihändigen Verkauf (z. B. durch einen Handelsmakler), wenn die Ware einen Börsen- oder Marktpreis hat (z. B. Rohkaffee), oder als Notverkauf bei leicht verderblichen Waren (z. B. Obst) – Anspruch auf Ersatz von Mehraufwendungen (z. B. Kosten für die Versteigerung)	– Einlagerung der Ware auf Kosten und Gefahr des Käufers im eigenen Lager oder in einem öffentlichen Lagerhaus – Verwahrung hinterlegungsfähiger Sachen beim Amtsgericht (z. B. Geld) – Mitteilung an den Käufer, wo sich die Ware befindet – Fristsetzung für die Warenabnahme – Androhung des Selbsthilfeverkaufs und Mitteilung an den Käufer über Ort und Zeitpunkt des Selbsthilfeverkaufs, soweit kein Notverkauf (verderbliche Ware) vorliegt – Abrechnen des Selbsthilfeverkaufs mit dem Käufer (Mehrerlös erhält/Mindererlös trägt der Käufer)

vgl.: Bentin, Margit u. a.: Handlungsorientierte Materialien in Wirtschaft und Verwaltung. Beschaffungsprozess, Lehrerband, 2. Aufl., Bildungshaus Schulbuchverlage Westermann Schroedel Diesterweg Schöningh Winklers GmbH, Darmstadt 2005, S. 132

Zahlungsverzug – *Delay in payment*

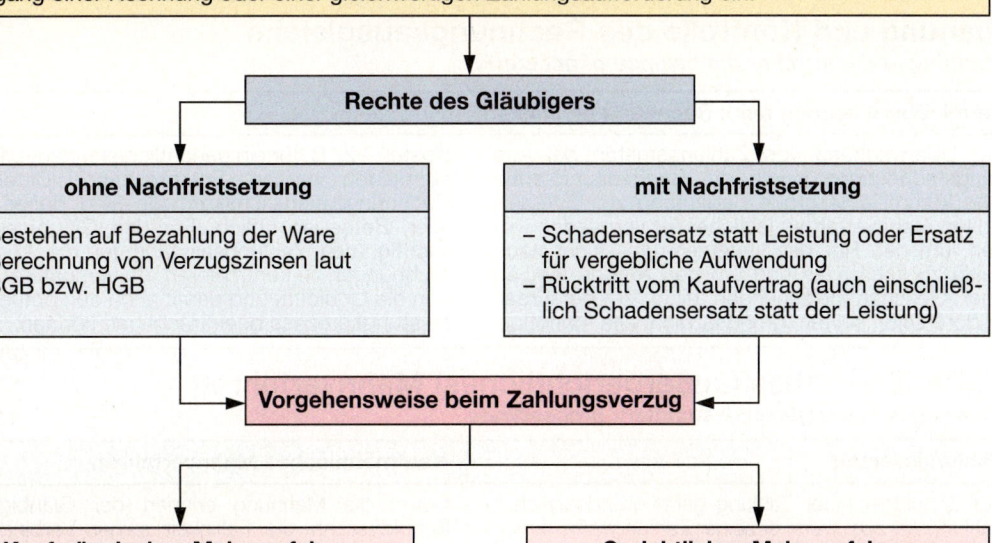

Voraussetzung des Zahlungsverzuges

Gelieferte Ware wird nicht fristgerecht bezahlt.

Eintritt des Zahlungsverzuges

Der Zahlungsverzug tritt bei kalendermäßig bestimmbaren Zahlungsterminen mit dem Ablauf des Zahlungszeitpunktes ein. Ansonsten tritt der Zahlungsverzug 30 Tage nach Fälligkeit und Zugang einer Rechnung oder einer gleichwertigen Zahlungsaufforderung ein.

Rechte des Gläubigers

ohne Nachfristsetzung	**mit Nachfristsetzung**
– Bestehen auf Bezahlung der Ware – Berechnung von Verzugszinsen laut BGB bzw. HGB	– Schadensersatz statt Leistung oder Ersatz für vergebliche Aufwendung – Rücktritt vom Kaufvertrag (auch einschließlich Schadensersatz statt der Leistung)

Vorgehensweise beim Zahlungsverzug

Kaufmännisches Mahnverfahren

Gerichtliches Mahnverfahren

aus: Hübscher, Heinrich u. a.: IT-Kompendium, 1. Aufl., Bildungshaus Schulbuchverlage Westermann Schroedel Diesterweg Schöningh Winklers GmbH, Braunschweig 2001, S. 378

10

Verjährung von Forderungen – *Limitation of claims*

Begriff

Die Verjährung nach dem BGB beschreibt die Zeitspanne (Frist), nach der der Anspruch eines Gläubigers gegenüber seinem Schuldner aufgrund von vertraglichen Vereinbarungen oder deren Nichteinhaltung erlischt.

Verjährungsfristen

Die Verjährungsfristen nach **§ 195 ff.** und **§ 438 BGB** sind folgendermaßen gestaffelt:

- 2 Jahre ——————▶ bei Ansprüchen aufgrund von Mängeln an einer Kaufsache
- 3 Jahre ——————▶ bei fälligen Ansprüchen mit Kenntnis, z. B.:
  - – Schadensersatzansprüche aus unerlaubter Handlung
  - – Ansprüche wegen arglistig verschwiegener Sachmängel
  - – Ansprüche auf regelmäßig wiederkehrende Leistungen (z. B. Miete, Gehalt)

  > regelmäßige Verjährungsfrist

- 5 Jahre ——————▶ bei Ansprüchen aufgrund von Sachmängeln, die zur Mangelhaftigkeit eines Bauwerkes geführt haben
- 10 Jahre ——————▶ → bei fälligen Ansprüchen ohne Kenntnis (als Maximalfrist); Ausnahmen: Schadensersatzansprüche aus unerlaubter Handlung, Gefährdungshaftung und Pflichtverletzung aus einem Schuldverhältnis
  - → Rechte an einem Grundstück
- 30 Jahre ——————▶ → Schadensersatzansprüche aus unerlaubter Handlung, Gefährdungshaftung und Pflichtverletzung aus einem Schuldverhältnis ohne Fälligkeit und Kenntnis
  - → Herausgabeansprüche aus Eigentum
  - → Ansprüche aus Familien- und Erbrecht
  - → rechtskräftig festgestellte Ansprüche und Ansprüche aus Urteilen
  - → rechtskräftig festgestellte Ansprüche im Rahmen von Insolvenzverfahren

Hemmung der Verjährung	Neubeginn der Verjährung
Die Verjährung wird um einen entsprechenden Zeitraum verlängert (gehemmt), wenn folgende Bedingungen gegeben sind: • bei schwebenden Verhandlungen, bis eine Partei weitere Verhandlungen verweigert *(die Verjährung tritt frühestens drei Monate nach dem Ende der Hemmung ein)* **(§ 203 BGB)** • durch Klageerhebung oder Zustellung eines Mahnbescheides oder Anmeldung des Anspruchs in einem Insolvenzverfahren[1] **(§ 204 BGB)** • bei einer berechtigten Leistungsverweigerung **(§ 205 BGB)** • bei höherer Gewalt **(§ 206 BGB)**	Nach **§ 212 BGB** gibt es für den Neubeginn einer Verjährungsfrist zwei Gründe: • die Anerkennung eines Anspruchs durch … eine Abschlagszahlung … eine Zinszahlung … die Leistung einer Sicherheit oder in anderer Weise • die Beantragung oder Durchführung einer gerichtlichen bzw. behördlichen rechtskräftigen Vollstreckung

1 Die Hemmung endet sechs Monate nach der Rechtsentscheidung und beginnt erneut bei Fortführung des Verfahrens.

Planung und Kontrolle des Rechnungsausgleichs
Planning and control of the balance of accounts

Terminüberwachung beim Rechnungsausgleich

Der Überwachung von Zahlungsfristen bei Ausgangsrechnungen durch die Buchhaltungsabteilung kommt eine große Bedeutung zu. Einerseits sollten Mahnverfahren jeglicher Art vermieden werden, um den Ruf des Unternehmens nicht nachhaltig zu schädigen und um den Aufbau langjähriger Geschäftsbeziehungen nicht zu gefährden. Andererseits sollten grundsätzlich alle unnötigen Kosten – z. B. für ein gerichtliches Mahnverfahren – vermieden werden. Entsprechende Dateien zur Rechnungsausgleichskontrolle sind daher in fast allen Betrieben üblich. Für den Gläubiger ist es wichtig, den Zahlungseingang für die Ausgangsrechnungen zu kontrollieren, da verspätete Zahlungen die Liquidität und damit auch den betrieblichen Leistungsprozess beeinträchtigen können.

Kaufmännisches (außergerichtliches) Mahnverfahren
Commercial (extrajudicial) summary proceedings

Zahlungsverzug	Kaufmännisches Mahnverfahren
Der Schuldner einer Zahlung gerät grundsätzlich in Zahlungsverzug, wenn er seiner Zahlungspflicht nicht rechtzeitig nachkommt. Ein Schuldner befindet sich bei Nichtzahlung automatisch 30 Tage nach Erhalt der Rechnung unabhängig von eventuell erfolgten Mahnungen in Zahlungsverzug.	Durch die Mahnung erinnert der Gläubiger den Schuldner an die Fälligkeit seiner Verbindlichkeit. Sollten mehrere Mahnschreiben erforderlich sein, so ist eine inhaltliche Abstufung von der freundlichen Zahlungserinnerung bis zur Androhung gerichtlicher Schritte praxisüblich.

10

3526404

Gerichtliches Mahnverfahren – *Court summons for unpaid debt*

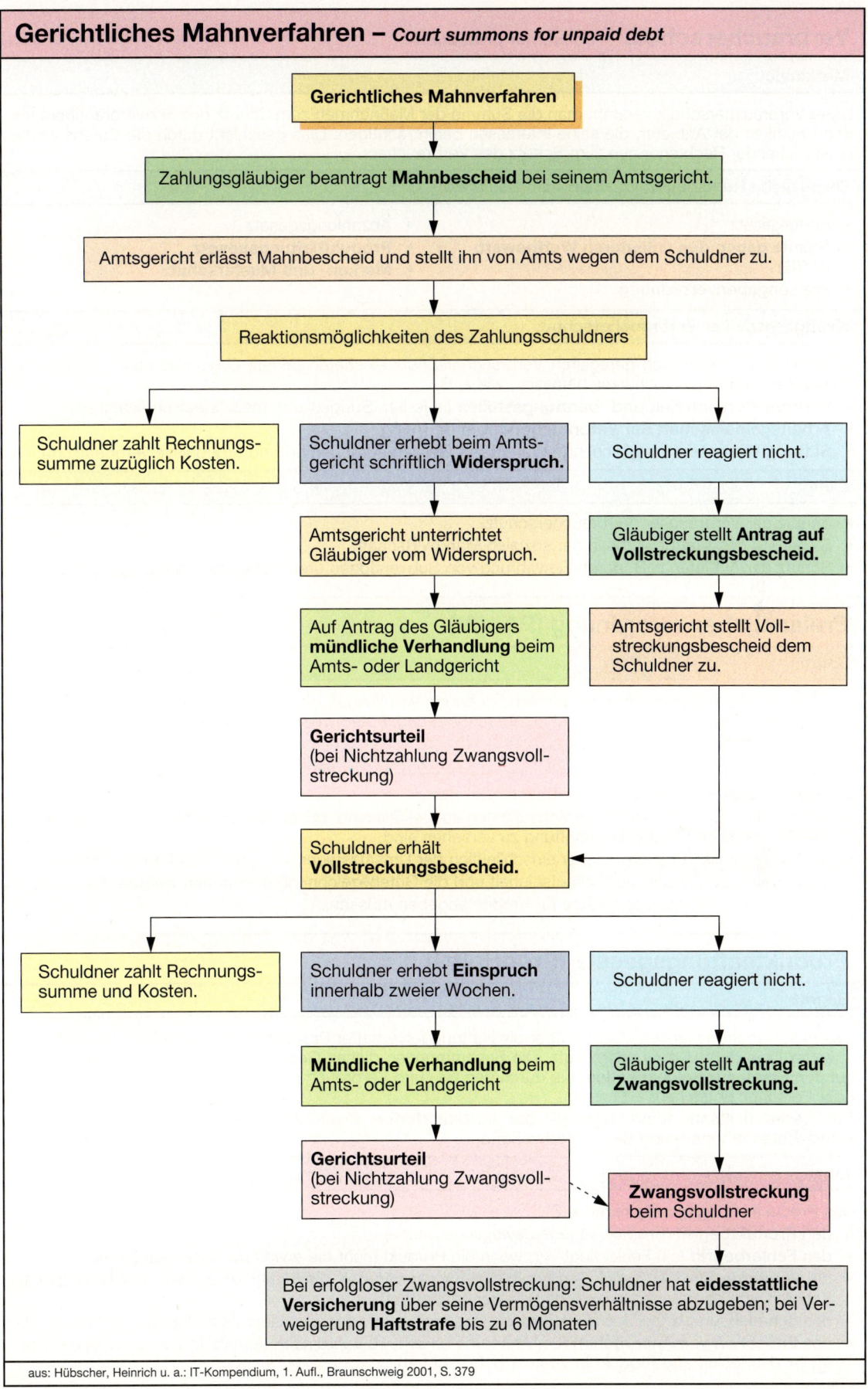

Gerichtliches Mahnverfahren

Zahlungsgläubiger beantragt **Mahnbescheid** bei seinem Amtsgericht.

Amtsgericht erlässt Mahnbescheid und stellt ihn von Amts wegen dem Schuldner zu.

Reaktionsmöglichkeiten des Zahlungsschuldners

Schuldner zahlt Rechnungssumme zuzüglich Kosten.

Schuldner erhebt beim Amtsgericht schriftlich **Widerspruch.**

Schuldner reagiert nicht.

Amtsgericht unterrichtet Gläubiger vom Widerspruch.

Gläubiger stellt **Antrag auf Vollstreckungsbescheid.**

Auf Antrag des Gläubigers **mündliche Verhandlung** beim Amts- oder Landgericht

Amtsgericht stellt Vollstreckungsbescheid dem Schuldner zu.

Gerichtsurteil (bei Nichtzahlung Zwangsvollstreckung)

Schuldner erhält **Vollstreckungsbescheid.**

Schuldner zahlt Rechnungssumme und Kosten.

Schuldner erhebt **Einspruch** innerhalb zweier Wochen.

Schuldner reagiert nicht.

Mündliche Verhandlung beim Amts- oder Landgericht

Gläubiger stellt **Antrag auf Zwangsvollstreckung.**

Gerichtsurteil (bei Nichtzahlung Zwangsvollstreckung)

Zwangsvollstreckung beim Schuldner

Bei erfolgloser Zwangsvollstreckung: Schuldner hat **eidesstattliche Versicherung** über seine Vermögensverhältnisse abzugeben; bei Verweigerung **Haftstrafe** bis zu 6 Monaten

10

aus: Hübscher, Heinrich u. a.: IT-Kompendium, 1. Aufl., Braunschweig 2001, S. 379

Verbraucherschutz – *Consumer protection*

Merkmale

Unter Verbraucherschutz versteht man die Summe der Maßnahmen zum Schutz des Endverbrauchers vor den Praktiken der Anbieter, die seine Interessen beeinträchtigen. Dies geschieht durch die Durchsetzung entsprechender Rechtsnormen zum Schutz des Verbrauchers.

Gesetzliche Regelungen im Überblick (Beispiele)

- Kartellgesetz
- **Gesetz gegen den unlauteren Wettbewerb (UWG)**
- **Preisangabenverordnung**

- Abzahlungsgesetz
- **Produkthaftungsgesetz**
- **Marken- und Musterschutz**

Nichtgesetzlicher Verbraucherschutz

Ergänzend zum gesetzlich geregelten Verbraucherschutz existieren private Organisationen, die sich mit Fragen des Verbraucherschutzes befassen, wie z. B.
- **Verbraucherzentralen und -beratungsstellen** (in jedem Bundesland, meist staatlich finanziert)
- **Arbeitsgemeinschaft der Verbraucherverbände (AGV)**
- **Stiftung Warentest** (vergleichende Warentests werden durchgeführt und Ergebnisse veröffentlicht)

Ziele

- Schutz der Verbraucher (Verbraucherschutz)
- Sicherung des Wettbewerbs in der sozialen Marktwirtschaft
- Schutz der Anbieter, z. B. durch Gewährung von Subventionen und Festlegung von Mindestpreisen

Preisangabenverordnung (PAngV)

Begriff

Die Preisangabenverordnung regelt die Auszeichnung von Waren, die für den **Endverbraucher** bestimmt sind. Hiernach müssen Waren, die Letztverbrauchern angeboten werden, ausgezeichnet sein.

Inhalt

Die **Preisangabenverordnung** schreibt z. B. vor, dass …
- Waren, die in Schaufenstern und Schaukästen ausgestellt sind, mit einem gut lesbaren Preisschild bzw. mit einer entsprechenden Beschriftung zu versehen sind.
- die Preise für den Endverbraucher einschließlich der Umsatzsteuer anzugeben sind (Bruttopreise).
- mit den Preisen die übliche Verkaufseinheit und die Gütebezeichnung angegeben werden.
- Kreditinstitute die Jahreszinssätze für Kredite angeben müssen.

Produkthaftungsgesetz (ProdHaftG)

Begriff

Das Produkthaftungsgesetz (Gesetz über die Haftung fehlerhafter Produkte; gilt in allen EU-Ländern) dient in erster Linie dem Verbraucherschutz. Die Bestimmungen dieses Gesetzes beziehen sich ausschließlich auf den **Ersatz für Folgeschäden,** die durch den Ge- und Verbrauch eines Produktes an anderen Sachen oder Personen entstehen.

Das Gesetz bestimmt, dass derjenige, der ein **fehlerhaftes Produkt** ausliefert, für anschließend damit verursachte Personen- und Sachschäden haftet.

Inhalt

Das Produkthaftungsgesetz regelt z. B.
- den **Produktbegriff** (Produkt ist jede bewegliche Sache)
- den **Fehlerbegriff** (ein Fehler liegt vor, wenn ein Produkt nicht die erwartete Sicherheit bietet)
- die **Verjährung** (ein Anspruch verjährt in drei Jahren von dem Zeitpunkt an, zu dem der Geschädigte Kenntnis von dem Schaden bzw. dem Fehler erlangt hat)
- den **Schadensersatz** (bei Sachschäden nicht begrenzt, bei Personenschäden höchstens ca. 80 Millionen €)
- das **Erlöschen von Ansprüchen** (der Anspruch erlischt 10 Jahre nach dem Zeitpunkt, zu dem der Hersteller das fehlerhafte Produkt in Verkehr gebracht hat)

10

3526406

Markengesetz (MarkenG)

Begriff

Das **Markengesetz** dient dem Zweck, Waren und Dienstleistungen eines Unternehmens zu kennzeichnen und von denen anderer Anbieter abzugrenzen. Der **Markenschutz** entsteht durch die Eintragung beim Patentamt.

Inhalt

- Als **Marke** geschützt werden können alle Zeichen, z. B. Abbildungen, Wörter, Formen von Waren, die geeignet sind, Waren eines Unternehmens von Waren anderer Unternehmen zu unterscheiden.
- Geschützt werden können auch **geschäftliche Beziehungen,** z. B. durch Unternehmenskennzeichen, die der Unterscheidung des Geschäftsbetriebes von Mitbewerbern dienen, oder durch Werktitel (sind Namen oder besondere Bezeichnungen von Druckschriften, Film- und Bühnenwerken).
- Zudem können **geografische Herkunftsangaben** geschützt werden, z. B. Namen von Orten, Gegenden oder Ländern, die zur Kennzeichnung der geografischen Herkunft von Waren dienen.

Geschmacksmustergesetz (GeschmMG)

Begriff

Das Gesetz schützt die aus der individuellen Kreativität des Urhebers hervorgegangene Verkörperung einer **ästhetischen Leistung,** die in einem Modell (z. B. Porzellanwaren) oder Muster (z. B. bei Tapeten) Gestalt angenommen hat. Dabei sind z. B. solche beweglichen Sachen geschützt, die allein über das Auge auf den Farb- und Formensinn des Betrachters geschmackvoll wirken.

Inhalt

§ 1 GeschmMG besagt, dass nur der Berechtigte die ausschließliche Befugnis hat, ein solches neues und individuelles Erzeugnis frei nachzubilden und erwerbsmäßig zu verbreiten. Die maximale Schutzdauer des Geschmacksmusters beträgt 25 Jahre ab dem Anmeldetag (§ 27 II GeschmMG). Die maximale Schutzdauer wird durch Zahlung einer Aufrechterhaltungsgebühr nach jeweils 5 Jahren bewirkt.

Gebrauchsmustergesetz (GebrMG)

Begriff

In Abgrenzung zum Geschmacksmustergesetz, das sich auf ein neues und individuelles Produkt bezieht, schützt das Gebrauchsmustergesetz eine **technische Leistung.**

Inhalt

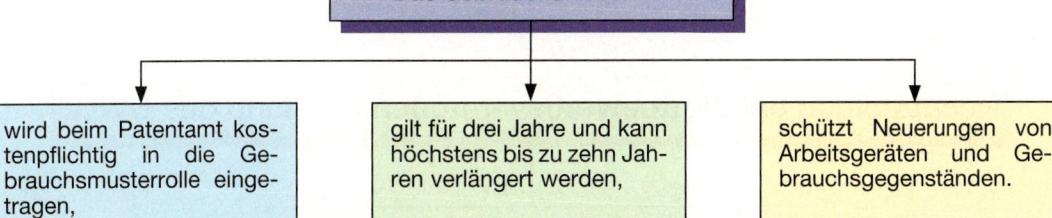

Das Gebrauchsmuster ...

wird beim Patentamt kostenpflichtig in die Gebrauchsmusterrolle eingetragen,	gilt für drei Jahre und kann höchstens bis zu zehn Jahren verlängert werden,	schützt Neuerungen von Arbeitsgeräten und Gebrauchsgegenständen.

Gesetz gegen den unlauteren Wettbewerb (UWG)

Begriff

Das Gesetz will verhindern, dass zu Zwecken des Wettbewerbs Handlungen vorgenommen werden, die **wettbewerbswidrig** sind und somit einen fairen Wettstreit zwischen allen Unternehmungen behindern. Gleichzeitig sollen die Konsumenten vor irreführenden Angaben geschützt werden. Somit stellt das UWG eine **Rechtsnorm** dar, die indirekt über die Stärkung des Wettbewerbs den Schutz der Verbraucher bewirkt.

10

Gesetz gegen den unlauteren Wettbewerb (UWG)

Grundsätzlich **verboten** sind:

- unlautere Wettbewerbs-handlungen
- irreführende Werbung
- Mondpreiswerbung
- Lockvogelwerbung

- vergleichende Werbung (Ausnahmen siehe § 6 UWG)
- Verrat von Geschäfts- und Betriebsgeheimnissen
- unzumutbare Belästigung

geregelt u. a. in:

§ 1 UWG (Zweck des Gesetzes)

Dieses Gesetz dient dem Schutz der Mitbewerber, der Verbraucherinnen und Verbraucher sowie der sonstigen Marktteilnehmer vor unlauterem Wettbewerb. Es schützt zugleich das Interesse der Allgemeinheit an einem unverfälschten Wettbewerb.

§ 3 UWG (Generalklausel)

Unlautere Wettbewerbshandlungen, die geeignet sind, den Wettbewerb zum Nachteil der Mitbewerber, der Verbraucher oder sonstiger Marktteilnehmer nicht nur unerheblich zu beeinträchtigen, sind unzulässig.

§ 4 UWG nennt Beispiele für unlauteren Wettbewerb, insbesondere die Vornahme von Handlungen, die geeignet sind,

- die Entscheidungsfreiheit der Verbraucher oder anderer Marktteilnehmer durch Ausübung von Druck oder Ähnlichem zu beeinträchtigen,
- die geschäftliche Unerfahrenheit von Kindern und Jugendlichen auszunutzen,
- den Werbecharakter von Wettbewerbshandlungen zu verschleiern,
- die Kennzeichen, Waren, Dienstleistungen u. a. eines Mitbewerbers herabzusetzen oder zu verunglimpfen,
- Mitbewerber gezielt zu behindern.

Rechtsfolgen bei Wettbewerbsverstößen im Sinne des UWG

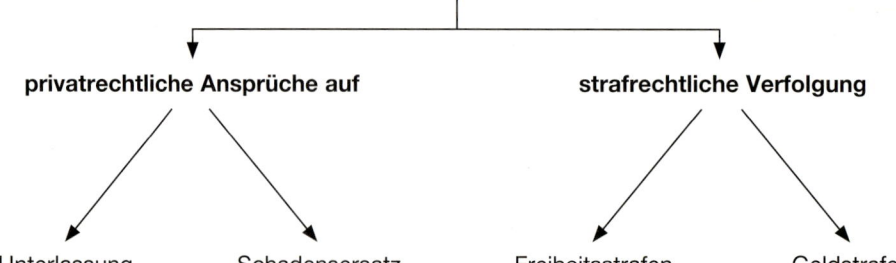

privatrechtliche Ansprüche auf

- Unterlassung
- Schadensersatz

strafrechtliche Verfolgung

- Freiheitsstrafen
- Geldstrafen

3526408

Außenhandelsgeschäfte des Unternehmens – *Export business of the company*

Außenhandelsdokumente

Bedeutung	Arten
Außenhandelsdokumente dienen zur Lieferungs- und Zahlungssicherung im internationalen Warenhandel. Sie liefern den Nachweis, dass der Exporteur seine Pflichten vertragsgemäß erfüllt hat. Bei ordnungsmäßiger Vorlage verpflichten sie den Importeur zur Zahlung; sie bewirken i. d. R. den Eigentumsübergang an der gelieferten Ware; sie können als Grundlage für eine Kreditsicherung herangezogen werden.	Man unterscheidet • **Transportdokumente,** z. B. Konnossement, Ladeschein, Frachtbrief • **Versicherungsdokumente,** z. B. Versicherungspolice, Versicherungszertifikat • **Handels- und Zolldokumente,** z. B. Faktura, Ursprungszeugnis, Gesundheitszertifikat In den letzten Jahren hat der elektronische Austausch von Dokumenten die beleggebundene Übergabe mehr und mehr verdrängt.

Zahlungen im Außenwirtschaftsverkehr

Die wichtigsten dokumentären Zahlungen erfolgen mithilfe des **Dokumenteninkassos** und des **Dokumenten-Akkreditivs.**

Dokumenteninkasso

Ablauf	Bedeutung
Beim Dokumenteninkasso erteilt der Exporteur seiner Hausbank den Auftrag, den Gegenwert für eingereichte Dokumente vom Importeur einzuziehen. Sie leitet die Dokumente an die Bank des Importeurs weiter und veranlasst, dass die Urkunden gegen Zahlung des Kaufpreises (Dokumente gegen Zahlung) bzw. gegen die Akzeptierung eines Wechsels (Dokumente gegen Akzept) an den Importeur ausgehändigt werden.	Das Dokumenteninkasso ist ein Zug-um-Zug-Geschäft (Dokumente gegen Zahlung bzw. Akzept). Der Exporteur verliert die Verfügungsgewalt über die Ware erst bei Zahlung bzw. Akzeptleistung. Der Importeur leistet nur dann Zahlung, wenn ihm die Dokumente ausgehändigt werden.
	Rechtsgrundlage
	Einheitliche Richtlinien für Inkassi (ERI)

Abwicklung eines Dokumenteninkassos

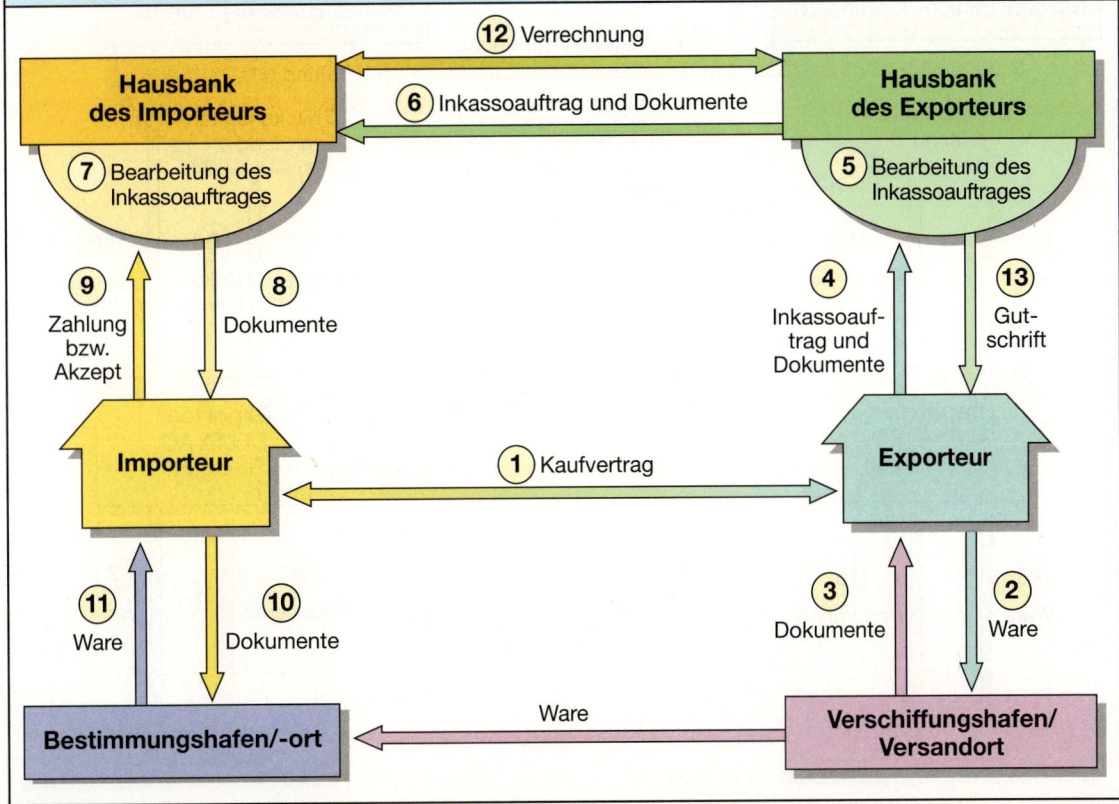

10

Außenhandelsgeschäfte des Unternehmens – *Export business of the company*

Dokumenten-Akkreditiv

Ablauf	Bedeutung
Beim Dokumenten-Akkreditiv geht die Hausbank des Importeurs (eröffnendes Kreditinstitut) die vertragliche Verpflichtung ein, im Auftrag, für Rechnung und nach Weisungen ihres Kunden (Akkreditiv-Auftraggeber) gegen Übergabe vorgeschriebener Dokumente und bei Erfüllung bestimmter Bedingungen eine bestimmte Geldzahlung zu leisten oder vom Begünstigten (Exporteur) gezogene Wechsel zu akzeptieren und zu bezahlen.	Das Dokumenten-Akkreditiv wird vor allem bei Aufnahme neuer Geschäftsbeziehungen verwendet, da man die Bonität des Importeurs nicht genau beurteilen kann.
Beim **Akkreditiv** (Regelfall) geht die eröffnende Bank gegenüber dem Exporteur ein abstraktes, bedingtes Schuldversprechen i. S. v. § 780 BGB ein. Abstrakt bedeutet: Die Bank des Importeurs geht einen einseitig verpflichtenden Vertrag ein; er enthält ein vom Grundgeschäft (z. B. Kaufvertrag) losgelöstes Leistungsversprechen. Bedingt bedeutet: Wenn der Exporteur seine Verpflichtungen aus dem Akkreditiv erfüllt, ist die Bank des Importeurs ihm gegenüber zur Zahlung verpflichtet.	Die Zahlung wird durch das Zahlungsversprechen des eröffnenden Kreditinstituts (und bei einem bestätigten Akkreditiv zusätzlich durch das Schuldversprechen der Bank des Exporteurs) gewährleistet, sofern die Akkreditiv-Bedingungen (z. B. Verladungs- und Bestimmungsort, Einhaltung der Lieferungsbedingungen, Art und Anzahl der vorzulegenden Dokumente) erfüllt werden. Der Importeur (z. B. die ALPHA LTD. in Taipei [Taiwan])[1] zahlt erst nach Vorlage akkreditivgerechter Dokumente, die die Verschiffung der Ware beweisen (z. B. Konnossement, Handelsrechnung, Packliste)[1]. Eine termingerechte Erfüllung wird durch eine zeitlich festgelegte Warenverladung und die Gültigkeitsdauer des Akkreditivs (in der Regel 21 Tage) angestrebt. Allerdings hat der Importeur Zahlung zu leisten, bevor er die Qualität der Ware prüfen kann.
Beim **bestätigten Akkreditiv** übernimmt die Hausbank des Exporteurs neben der Hausbank des Importeurs gegen die Entrichtung einer Bestätigungsprovision eine zusätzliche Einlösungsverpflichtung.	1 vgl. S. 411 f.

Rechtsgrundlage

Einheitliche Richtlinien und Gebräuche für Dokumenten-Akkreditive (ERA)

Abwicklung eines Dokumenten-Akkreditives (Belege siehe S. 411 f.)

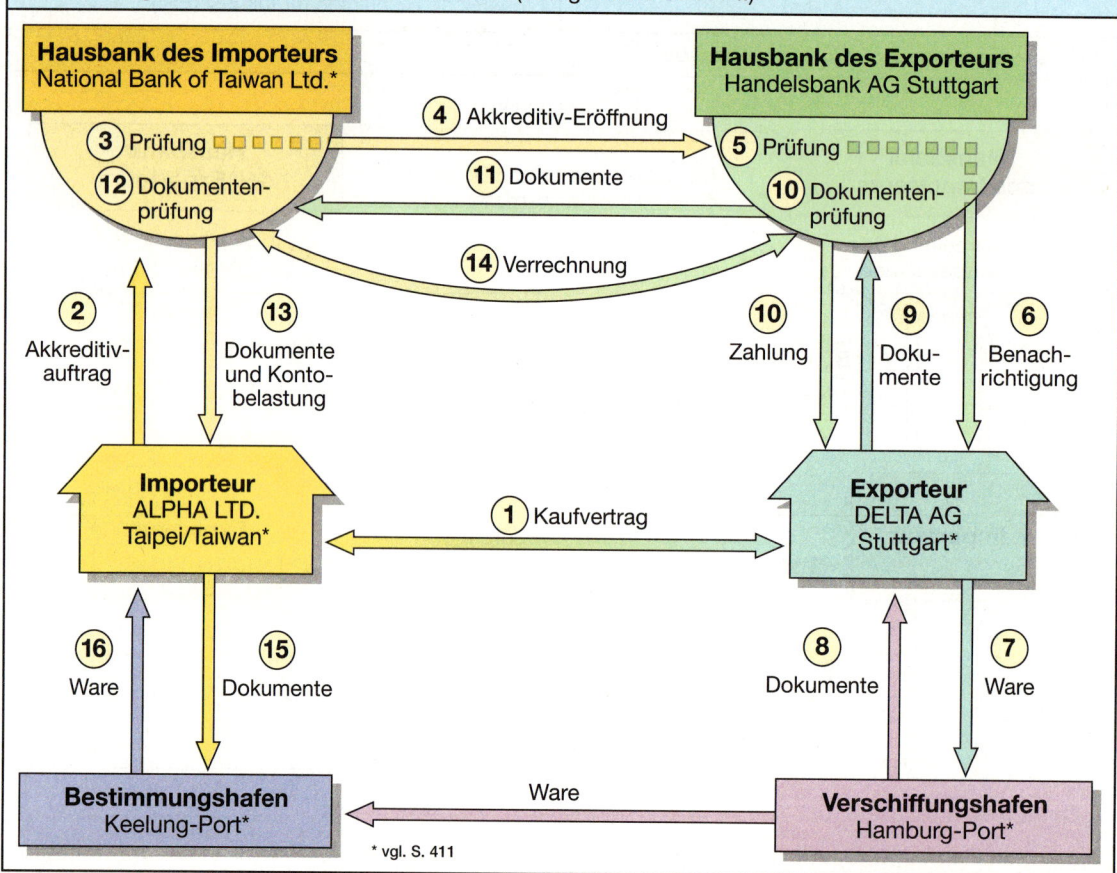

3526410

Außenhandelsgeschäfte des Unternehmens – *Export business of the company*

Dokumenten-Akkreditiv

Beispiel: Belege zum Ablaufschema S. 410

Konnossement (Bill of Lading)

Shipper:

DELTA AG
Postfach 9 99
Stuttgart

Consigned to order of:

TO ORDER

Notify address:

ALPHA Ltd.
P.O.Box 777
Taipei / Taiwan

Place of receipt (applicable only when this document is used as a Combined Transport Bill of Lading):

Ocean Vessel (or intended ocean vessel when this document is used as a Combined Transport Bill of Lading):
MS Victoria

Port of Discharge (or intended port of discharge when this document is used as a Combined Transport Bill of Lading):
Taiwan Keelung

Port of Loading (or intended port of loading when this document is used as a Combined Transport Bill of Lading):
HAMBURG PORT

Final Destination (or intended final destination when this document is used as a Combined Transport Bill of Lading):
PORT

Origin Code:	Bill of Lading No.:	
	111	7890

Negotiable Carrier Bill of Lading for Combined Transport or Port to Port Shipment

To comply with ICC Uniform Rules for a Combined Transport Document (ICC Publication 481) and with ICC Uniform Customs and Practice for Documentary Credits (ICC Publication 500)

FAST GMBH

(Carrier)

General Agents in Germany
International GmbH

Shipping Marks and container numbers:	Number & kind of packages:	Description of Goods:	Gross Weight:	Measurement:
ALPHA Ltd.
Taipei	20 CASE	Elektronische Bauteile		1.250 kg
		IRREVOCABLE DOCUMENTARY CREDIT NO.: 1234567		
	20 Package (s)	Total KGS	1.250.000	

Particulars Declared by Shipper

Number of Containers/Packages:

Declared Value (See Clause 8.4):

SHIPPED ON BOARD
MSAS CARGO INTERNATIONAL GmbH

For delivery of goods please apply to:

The goods and instructions are accepted and dealt with subject to the terms and conditions printed overleaf. Taken in charge in apparent good order and condition, unless otherwise noted herein, at the place of receipt or where this is a port to port shipment) at the port of loading for transport and delivery as mentioned above. One of these Bills of Lading must be surrendered duly endorsed in exchange for the goods in witness whereof the original Bills of Lading. All of this tenor and date have been signed in the number stated below, one of which being accomplished the other(s) to be void.

Freight payable at:	Place and date of issue:
HAMBURG-PORT	Hamburg, ..-10-18
In ••••••••• 3/3 •••••••• •••	Signature
	For and on ••••• of INTERNATIONAL GmbH as agent for The •••••••••••• Line Limited

Original

Handelsrechnung (Commercial Invoice)

ALPHA LTD.
P.O.Box 777
Taipei/Taiwan

DELTA AG
Postfach 9 99
Stuttgart

Handelsrechnung/Commercial Invoice

Auftrags Nr.	Kunden Nr.	Rechnungs Nr.	Datum
123456	342586754	453428262St	..-10-20

Warenbeschreibung: Elektronikteile; CIF
Versand am ..-02-01 von Hamburg nach Keelung per Seefracht „MS Victoria".

Menge	Artikel	Betrag
ST.- 1000 -	ET1B5 7650943 ABC	EUR 52.031,16

ausgestellt unter Akkreditiv Nr. 1234567 vom ..-07-15 der
National Bank of Taiwan Ltd.

Total	EUR 52.031,16

DELTA AG

---

aus: Bankfachklasse 7/97, Betriebswirtschaftlicher Verlag Dr. Th. Gabler GmbH, Wiesbaden 1997

10

Beispiel: Belege zum Ablaufschema S. 410

10

Certificate (Policy) of Marine Insurance

Original

Versicherungs-Aktiengesellschaft

Sum Insured	Place and Date of Issue	Copies	Open Cover No./Certificate No.
EUR 52.031,16	Stuttgart, ..-10-20	2	12345

to the order

This is to certify that insurance has been granted under the above Open Cover to:

for account of whom it may concern, on the following goods:

Elektronische Bauteile   20 cases

CIF Keelung

Shipping marks: ALPHA Ltd., Taipei

Doc. Credit no: 1234567 of National Bank of Taiwan

for the following voyage (conveyance, route):

From Stuttgart by truck to Hamburg-port for transportation to Taiwan seaport,

from warehouse to warehouse, in accordance with Clause 5 of the German General Rules of Marine Insurance, Special Conditions Cargo (ADS Cargo 1973 – Edition 1984), as printed overleaf. Claims payable do the holder of this certificate. Settlement under one copy shall render all others null and void.

Conditions:

1. German General Rules of Marine Insurance (ADS), Special Conditions for Cargo (ADS Cargo 1973 – Edition 1984).
2. Irrespective of which conditions and clauses have been agreed the Institute Radioactive Contamination Exclusion Clause shall apply in any case.
3. Terms and conditions of the above Open Cover.
4. Form of cover (see overleaf):
5. Clauses (see overleaf):
   covering institute cargo clause (a), institute wr clauses (cargo) and institute strikes clauses (cargo) and/or overland transportation clauses (all risks.)

See overleaf für instructions to be followed in case of less or damage. In case of loss or damage immediately contact:

Versicherungs-Aktiengesellschaft

Versicherungszertifikat

PACKING LIST/PACKLISTE

ALPHA LTD.
P.O.Box 777
Taipei/Taiwan

ST - 1000 - Elektronische Bauteile Artikel Nr. ET1B5 7650943 ABC

Gewicht: Brutto 1 250 kg   Netto 1 000 kg

ausgestellt unter Akkreditiv Nr. 1234567 vom ..-07-15 der
National Bank of Taiwan Ltd.

Stuttgart, ..-10-20

DELTA AG

Packliste

---

aus: Bankfachklasse 7/97, Betriebswirtschaftlicher Verlag Dr. Th. Gabler GmbH, Wiesbaden 1997

Marketingcontrolling – *Marketing controlling*

Aufgaben

Strategisches Marketingcontrolling	Operatives Marketingcontrolling
Im Bereich des **strategischen** Marketingcontrollings werden **langfristige** Absatzstrategien wie z. B. Modellpolitik und Distributionswege bestimmt, Marketingkonzeptionen entwickelt sowie Plandaten festgelegt.	Das **operative** Marketingcontrolling ist dagegen auf das laufende, **kurzfristige** Absatzgeschehen ausgerichtet und beinhaltet u. a. die Aufstellung von Kosten-, Umsatz- und Gewinnbudgets, den Soll-Ist-Vergleich dieser Zahlen und die Abweichungsanalyse.

Verfahren

Das Marketingcontrolling wird mithilfe unterschiedlicher Verfahren oder Instrumente durchgeführt.

Beispiele:

- Deckungsbeitragsrechnung zur optimalen Sortimentsgestaltung — S. 172
- Plankostenrechnung — S. 174 ff.
- ABC-Analyse der Kunden — S. 236
- Marktanalyse — S. 378
- Erhebungstechniken der Marktforschung — S. 379
- Konkurrenzanalyse — S. 380
- Kundenanalyse — S. 382
- Produkt-Lebenszyklus-Analyse — S. 387
- Portfolio-Analyse und -Matrix — S. 388
- Bestimmung der Preisuntergrenzen — S. 390
- Break-even-Analyse — S. 447

Kennziffern

Beispiele:

Kontrolle der Marktentwicklung:

$$\text{Marktanteil} = \frac{\text{eigener Absatz (in ME) oder Umsatz (in €) des Produktes i}}{\text{Marktvolumen (in ME oder €) des Produktes i}}$$

Kontrolle des Faktoreinsatzes:

$$\text{Umsatz pro Marketingmitarbeiter} = \frac{\text{Umsatz}}{\text{Anzahl der Marketingmitarbeiter}}$$

$$\text{Werbegewinn} = \text{werbebedingter Mehrumsatz} - \text{Werbekosten}$$

$$\text{Tausenderpreis} = \frac{\text{Kosten des Werbemediums}}{\text{Anzahl der erreichten Personen}} \cdot 1.000$$

Erfolgskontrolle:

$$\text{Angebotseffizienz} = \frac{\text{Anzahl der zu Bestellungen führenden Angebote}}{\text{Gesamtzahl der Angebote}} \cdot 100$$

$$\text{Deckungsbeitrag des Produktes i} = \text{Umsatz} - \text{variable Kosten}$$

$$\text{Rentabilität des Umsatzes in v. H.} = \frac{\text{Gewinn}}{\text{Umsatz}} \cdot 100$$

Kontrolle der Kundenzufriedenheit:

$$\text{Reklamationsquote} = \frac{\text{Anzahl fehlerhafter Aufträge}}{\text{Gesamtzahl der Aufträge}}$$

Weitere mögliche Kontrolldaten:

Anzahl von Kunden und Interessenten, Anzahl der Angebote, Auftragseingänge, Auftragsbestand und Lagerbestand in Euro, Anteil der Vertriebskosten an den Gesamtkosten.

10

11
Investitions- und Finanzierungsprozesse planen

Finanzierung – Investition – *Financing – Investment*

Begriff

Finanzierung als betriebswirtschaftliche Funktion eines Unternehmens:

Sämtliche **Maßnahmen** eines Unternehmens, die der **Beschaffung von Kapital** für unternehmerische Aktivitäten dienen.

Damit sichert die Finanzierung

1. den **Erwerb** betrieblicher Vermögenswerte und
2. den **Erhalt** betrieblicher Vermögenswerte bzw. die Leistungsfähigkeit des Unternehmens (z.B. durch Liquiditätssicherung[1]).

1 Liquiditätssicherung: Sicherung der Zahlungsfähigkeit eines Unternehmens

Mittelverwendung und Mittelherkunft

Wird die **Finanzierung** als **Kapitalbeschaffung** definiert, so beschreibt die **Investition** ganz allgemein die **Kapitalverwendung**. Dieser Zusammenhang lässt sich in der Bilanz einer Unternehmung darstellen:

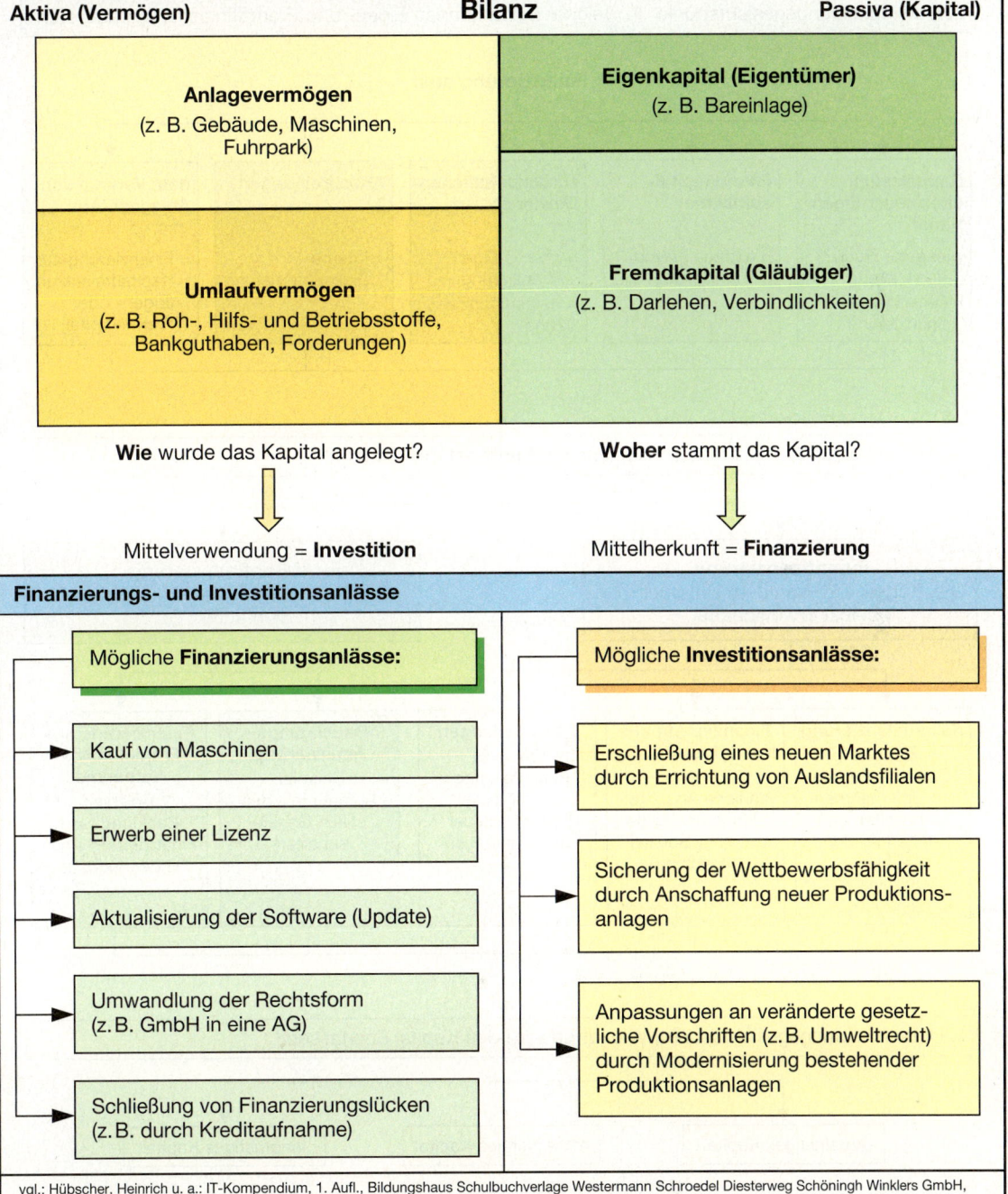

Aktiva (Vermögen)   **Bilanz**   **Passiva (Kapital)**

Anlagevermögen (z. B. Gebäude, Maschinen, Fuhrpark)	**Eigenkapital (Eigentümer)** (z. B. Bareinlage)
Umlaufvermögen (z. B. Roh-, Hilfs- und Betriebsstoffe, Bankguthaben, Forderungen)	**Fremdkapital (Gläubiger)** (z. B. Darlehen, Verbindlichkeiten)

Wie wurde das Kapital angelegt?   **Woher** stammt das Kapital?

Mittelverwendung = **Investition**   Mittelherkunft = **Finanzierung**

Finanzierungs- und Investitionsanlässe

Mögliche **Finanzierungsanlässe:**

- Kauf von Maschinen
- Erwerb einer Lizenz
- Aktualisierung der Software (Update)
- Umwandlung der Rechtsform (z.B. GmbH in eine AG)
- Schließung von Finanzierungslücken (z.B. durch Kreditaufnahme)

Mögliche **Investitionsanlässe:**

- Erschließung eines neuen Marktes durch Errichtung von Auslandsfilialen
- Sicherung der Wettbewerbsfähigkeit durch Anschaffung neuer Produktionsanlagen
- Anpassungen an veränderte gesetzliche Vorschriften (z.B. Umweltrecht) durch Modernisierung bestehender Produktionsanlagen

vgl.: Hübscher, Heinrich u. a.: IT-Kompendium, 1. Aufl., Bildungshaus Schulbuchverlage Westermann Schroedel Diesterweg Schöningh Winklers GmbH, Braunschweig 2001, S. 360

11

Finanzierungsarten – *Types of financing*

1. Unterscheidungsgesichtspunkt: Welche **Rechtsstellung** haben die Kapitalgeber?

Eigenfinanzierung
Bilanzwerte werden durch eigene finanzielle Mittel (Eigenkapital) finanziert.

Fremdfinanzierung
Bilanzwerte werden durch fremde Mittel (Fremdkapital) finanziert.

2. Unterscheidungsgesichtspunkt: In welcher **Form** können Eigen- und Fremdfinanzierung auftreten?

Finanzierung aus:

Kapitalzufuhr alter/neuer Eigentümer
= externe Eigenfinanzierung
= Beteiligungsfinanzierung

Fremdkapitalaufnahme
= externe Fremdfinanzierung

zurückbehaltenen Gewinnen
= interne Eigenfinanzierung
= Selbstfinanzierung

Abschreibungen
= interne Eigenfinanzierung

dem Verkauf von Anlagegütern
= Finanzierung aus Kapitalfreisetzung (Eigen- oder Fremdkapital)

3. Unterscheidungsgesichtspunkt: Welche **Herkunft** hat das Kapital?

Innenfinanzierung
Das Kapital wird von dem Unternehmen selbst erwirtschaftet.

Außenfinanzierung
Das Kapital fließt dem Unternehmen von außen zu.

Selbstfinanzierung
Beispiel:
Gewinne werden im Unternehmen einbehalten und stehen für den Kauf einer Maschine zur Verfügung.

Finanzierung aus Kapitalfreisetzung
Beispiel:
jährliche Abschreibungsrückflüsse bei einer Spezialmaschine

Rückstellungen
Beispiel:
Rückstellungen für mögliche Gewerbesteuernachzahlungen

Beteiligungsfinanzierung
Beispiel:
Aufnahme eines stillen Gesellschafters

Finanzierung aus Fremdkapitalaufnahme
Beispiel:
Bankkredit zur Finanzierung eines Hallenneubaus

4. Unterscheidungsgesichtspunkt: Wie **lange** wird das Kapital überlassen?

kurzfristiges Kapital

mittelfristiges Kapital

langfristiges Kapital

11

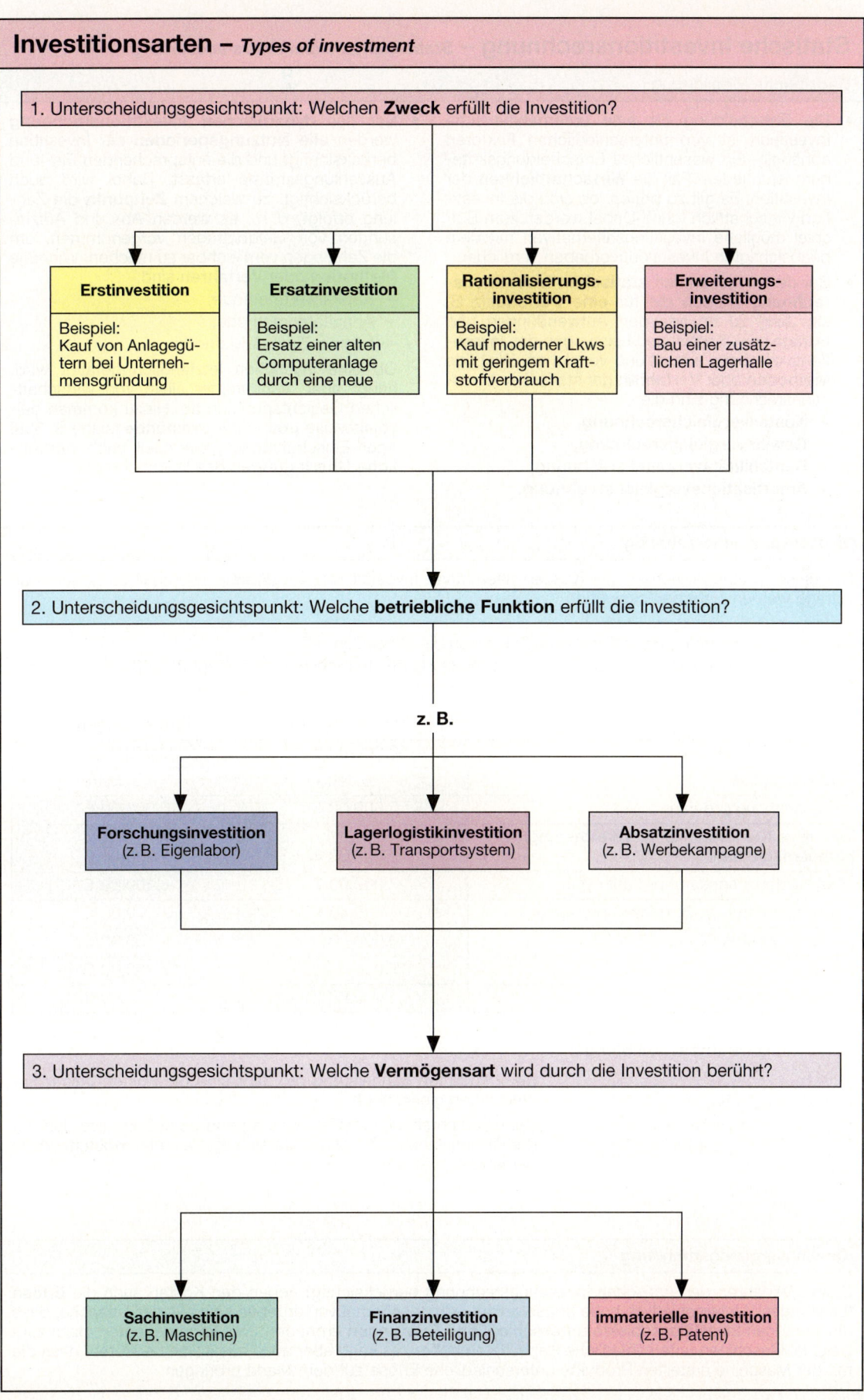

Investitionsarten – *Types of investment*

1. Unterscheidungsgesichtspunkt: Welchen Zweck erfüllt die Investition?

Erstinvestition	Ersatzinvestition	Rationalisierungs-investition	Erweiterungs-investition
Beispiel: Kauf von Anlagegütern bei Unternehmensgründung	Beispiel: Ersatz einer alten Computeranlage durch eine neue	Beispiel: Kauf moderner Lkws mit geringem Kraftstoffverbrauch	Beispiel: Bau einer zusätzlichen Lagerhalle

2. Unterscheidungsgesichtspunkt: Welche betriebliche Funktion erfüllt die Investition?

z. B.

Forschungsinvestition (z. B. Eigenlabor)	Lagerlogistikinvestition (z. B. Transportsystem)	Absatzinvestition (z. B. Werbekampagne)

3. Unterscheidungsgesichtspunkt: Welche Vermögensart wird durch die Investition berührt?

Sachinvestition (z. B. Maschine)	Finanzinvestition (z. B. Beteiligung)	immaterielle Investition (z. B. Patent)

11

Statische Investitionsrechnung – *Static capital expenditure accounting*

Begriffliche Einordnung

- Die Entscheidung für eine unternehmerische Investition ist von unterschiedlichen Faktoren abhängig. Ein wesentliches Entscheidungskriterium ist in jedem Fall die **Wirtschaftlichkeit** der Investition: Es gilt zu prüfen, ob sich die Investition wirtschaftlich lohnt. Dabei werden zum Beispiel mögliche Investitionsalternativen mit dem beabsichtigten Investitionsvorhaben verglichen.

- Bei der so genannten **statischen Investitionsrechnung** werden die für **eine Periode** (z. B. ein Jahr) zu erwartenden Aufwendungen und Erträge bzw. Kosten und Leistungen des Investitionsvorhabens erfasst und verglichen. Wichtige **Methoden** oder **Verfahren** der statischen Investitionsrechnung sind die
  - Kostenvergleichsrechnung,
  - Gewinnvergleichsrechnung,
  - Rentabilitätsvergleichsrechnung,
  - Amortisationsvergleichsrechnung.

- Bei der **dynamischen Investitionsrechnung** werden **alle Nutzungsperioden** der Investition berücksichtigt und die entsprechenden Ein- und Auszahlungsströme erfasst. Dabei wird auch berücksichtigt, zu welchem **Zeitpunkt** die Zahlung erfolgt, d. h., es werden Ab- und Aufzinsungen von Geldbeträgen vorgenommen, um die Zahlungen vergleichbar zu machen. Wichtige **Methoden** oder **Verfahren** sind:
  - Kapitalwertmethode,
  - Annuitätenmethode,
  - Interne-Zinsfuß-Methode.

- Ob eine Investition letztendlich getätigt wird, hängt aber nicht immer allein von wirtschaftlichen Gesichtspunkten ab. Hinzu kommen beispielsweise **politische Umstände** (siehe S. 359) oder Einschätzungen, eventuell auch **persönliche Überlegungen** des Unternehmers.

Kostenvergleichsrechnung

Bei dieser Methode werden die **Kosten** alternativer Investitionen **verglichen,** eventuell zu erwartende Erträge werden nicht berücksichtigt.

Beispiel: Anschaffung eines Firmenwagens durch die OfficeCom AG
Annahme: Die durchschnittliche Fahrleistung des Firmenwagens beträgt 25 000 km pro Jahr.

	Firmenwagen I	Firmenwagen II
Anschaffungskosten	30.000,00 €	36.000,00 €
Nutzungsdauer	6 Jahre	6 Jahre
Abschreibung pro Jahr	5.000,00 €	6.000,00 €
sonstige fixe Kosten (z. B. Versicherung, Steuern) pro Jahr	2.000,00 €	2.400,00 €
fixe Kosten insgesamt pro Jahr (K_f)	7.000,00 €	8.400,00 €
variable Kosten (z. B. Benzin) pro km (k_v)	0,40 €	0,35 €
variable Kosten (K_v) für 25 000 km	10.000,00 €	8.750,00 €
Gesamtkosten pro Jahr (K)	17.000,00 €	17.150,00 €
Kosten pro km	0,68 €	0,69 €

Berechnung der **kritischen Menge:**

$$K_I = K_{II}$$
$$K_{fI} + K_{vI} = K_{fII} + K_{vII}$$
$$K_{fI} + k_{vI} \cdot x = K_{fII} + k_{vII} \cdot x$$
$$7.000 + 0,4 x = 8.400 + 0,35 x$$
$$0,05 x = 1.400$$
$$\underline{x = 28\ 000}$$

Bei 28 000 km Fahrleistung pro Jahr sind die Kosten beider Firmenwagen gleich hoch.

Bei Überschreitung der Fahrleistung von 28 000 km pro Jahr ist der Firmenwagen II günstiger, da sich die variablen Kostenvorteile bemerkbar machen.

Gewinnvergleichsrechnung

Dieses Verfahren der statischen Investitionsrechnung berücksichtigt neben den Kosten auch die **Erlöse** (Leistungen). Unterschiedlich hohe Erlöse der Investitionsalternativen ergeben sich aus der Tatsache, dass die jeweiligen Investitionsobjekte **unterschiedliche Leistungen** erbringen. Das kann bedeuten, dass zum Beispiel Maschinen unterschiedliche Kapazitäten haben, es kann aber auch zusätzlich bedeuten, dass die mit der Maschine erstellten Produkte unterschiedliche Erlöse auf dem Markt erbringen.

Statische Investitionsrechnung – *Static capital expenditure accounting*

Gewinnvergleichsrechnung

Beispiel: Anschaffung einer Maschine durch die OfficeCom AG
Annahme: Erlöse pro Stück aus dem Verkauf der Fertigerzeugnisse sind bei beiden Maschinen identisch.

	Maschine I	Maschine II
Anschaffungskosten	160.000,00 €	200.000,00 €
Nutzungsdauer	10 Jahre	10 Jahre
Abschreibung pro Jahr	16.000,00 €	20.000,00 €
sonstige fixe Kosten pro Jahr	20.000,00 €	25.000,00 €
Fixkosten insgesamt pro Jahr	36.000,00 €	45.000,00 €
variable Kosten pro Stück	1,20 €	1,22 €
Jahreskapazität	20 000 Stück	30 000 Stück
variable Kosten pro Jahr	24.000,00 €	36.600,00 €
Gesamtkosten pro Jahr	60.000,00 €	81.600,00 €
Erlöse aus dem Verkauf der Fertigerzeugnisse[1]	3,20 € · 20 000 = 64.000,00 €	3,20 € · 30 000 = 96.000,00 €
Gewinn	4.000,00 €	14.400,00 €
Gewinn pro Stück	0,20 €	0,48 €

1 Annahme: Alle produzierten Erzeugnisse werden abgesetzt.

Rentabilitätsvergleichsrechnung

Während bei der Gewinnvergleichsrechnung nur die absolute Höhe des Gewinns als Entscheidungskriterium herangezogen wird, inwieweit eine bestimmte Investition besser als eine Investitionsalternative ist, wird bei der Rentabilitätsvergleichsrechnung zusätzlich die **Höhe des eingesetzten Kapitals** berücksichtigt.

Beispiel: Anschaffung einer Maschine (vgl. Daten aus der Gewinnvergleichsrechnung) durch die Office-Com AG

	Maschine I	Maschine II
Anschaffungskosten	160.000,00 €	200.000,00 €
Gewinn	4.000,00 €	14.400,00 €

$$\text{Rentabilität in v. H.} = \frac{\text{Gewinn} \cdot 100}{\text{durchschnittlich eingesetztes Kapital}}$$

$$\text{Rentabilität I in v. H.} = \frac{4.000 \cdot 100}{80.000} = 5 \qquad \text{Rentabilität II in v. H.} = \frac{14.400 \cdot 100}{100.00} = 14,4$$

Anmerkung: durchschnittlich eingesetztes Kapital $= \dfrac{\text{Anschaffungskosten}}{2}$

(siehe dazu auch S. 350)

Amortisationsvergleichsrechnung

Dieses Verfahren der statischen Investitionsrechnung prüft, in welchem **Zeitraum** sich eine **Investition amortisiert,** d. h., in welcher Zeitspanne der Kapitaleinsatz durch Kapitalrückflüsse wiedergewonnen wird. Ergebnis dieser Berechnung ist die so genannte **Amortisationszeit** oder Kapitalrückflusszeit. Diese Methode wird auch als **Pay-off-Rechnung** bezeichnet.

Beispiel: Anschaffung einer Maschine (vgl. Daten aus der Gewinnvergleichsrechnung) durch die Office-Com AG

$$\text{Amortisationszeit in Jahren} = \frac{\text{Kapitaleinsatz}}{\text{Gewinn pro Jahr} + \text{Abschreibung pro Jahr}}$$

$$\text{Amortisationszeit I in Jahren} = \frac{160.000}{4.000 + 16.000} = 8 \qquad \text{Amortisationszeit II in Jahren} = \frac{200.000}{14.400 + 20.000} = 5,8$$

11

Finanzplan – *Budget*

Begriff

Der Finanzplan einer Unternehmung enthält die Aufstellung der erwarteten Einnahmen und Ausgaben für eine Planungsperiode (z. B. ein Quartal, ein Halbjahr oder sogar mehrere Jahre). Die auf die Zukunft ausgerichteten Schätzwerte müssen – gerade bei langfristigen Finanzplanungen – laufend an die tatsächlichen betrieblichen Entwicklungen angepasst werden. Der Finanzplan muss Teil der Gesamtplanung eines Unternehmens sein.

Beispiel

Finanzplan vom … bis …						
	Januar				Februar	
	1. Woche	2. Woche	3. Woche	4. Woche	1. Woche	2. Woche
Zahlungs-mittelbestand	50.000	96.000	106.000	10.000	37.000	– 66.000
Einzahlungen						
… aus Umsätzen	200.000	180.000	140.000	160.000	120.000	150.000
… des Finanzbereichs	–	10.000	2.000	–	–	–
… sonstige	–	–	–	10.000	–	–
Einzahlungen insgesamt	200.000	190.000	142.000	170.000	120.000	150.000
Auszahlungen						
… für Personal	58.000	64.000	64.000	60.000	60.000	58.000
… für Material	82.000	96.000	90.000	80.000	140.000	60.000
… für Steuern	–	–	–	–	20.000	–
… für Anlagen-investitionen	–	–	80.000	–	–	–
… des Finanzbereichs	4.000	4.000	4.000	3.000	3.000	2.000
… sonstige	10.000	16.000	–	–	–	–
Auszahlungen insgesamt	154.000	180.000	238.000	143.000	223.000	120.000
Überdeckung (+)/ Unterdeckung (–)	+ 96.000	+ 106.000	+ 10.000	+ 37.000	– 66.000	– 36.000

Einordnung der Finanzplanung in die unternehmerische Gesamtplanung

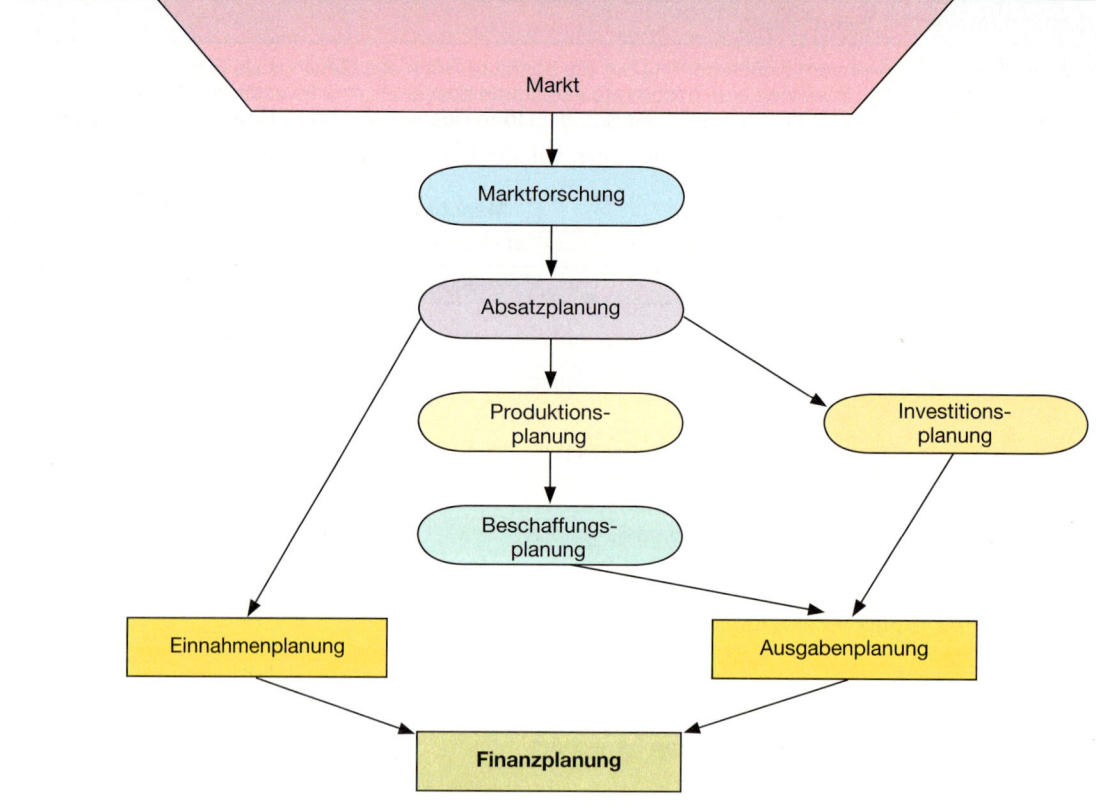

nach: Jahrmann, Ullrich: Finanzierung. Darstellung, Kontrollfragen, Fälle und Lösungen, 3. Aufl., Verlag Neue Wirtschafts-Briefe, Herne/Berlin 1996, S. 447

Ziel des Finanzplans

Ziel eines Finanzplans ist einerseits die Sicherstellung der Zahlungsfähigkeit (Liquidität) des Unternehmens, andererseits die Begrenzung überschüssiger Finanzierungsmittel, um die Rentabilität des Unternehmens optimal zu gestalten. Deshalb sollen durch eine vorausschauende Finanzplanung finanzielle Engpässe erkannt und eine Gegensteuerung frühzeitig ermöglicht werden.

11

3526420

Lieferantenkredit – *Supplier's credit*

Bei dieser Kreditart räumt der Lieferant dem Industrieunternehmen einen **Kredit** ein, sodass dieses die gelieferte Ware erst nach einer bestimmten Zeit, z. B. nach 4 Wochen, bezahlen muss. Das Industrieunternehmen hat dieses **Zahlungsziel** mit dem Lieferanten im Kaufvertrag vereinbart. Dadurch wird es ihm möglich, seine Warenverbindlichkeiten aus den Umsatzerlösen der verkauften Waren zu begleichen; es benötigt dadurch wesentlich weniger Kapital von seiner Hausbank. Dem Industrieunternehmen werden für die Inanspruchnahme des späteren Zahlungszeitpunktes direkt keine Zinsen ausgewiesen, sie werden aber vorher in die Verkaufspreise einkalkuliert. Um das Industrieunternehmen zu einer vorzeitigen Zahlung zu bewegen, wird ihm der Lieferant die Gewährung von **Skonto,** z. B. 2 % Skonto bei Zahlung binnen 10 Tagen, anbieten. Der Lieferant kann den Lieferantenkredit über die Vereinbarung eines **Eigentumvorbehalts** (siehe S. 422) zusätzlich absichern.

Beispiel:

Kaufvertragsabschluss: 5. März
Vereinbartes Zahlungsziel: 15. April

Vereinbartes Lieferdatum: 15. März
Skonto: 2 % Skonto bei Zahlung innerhalb 14 Tagen

Kontokorrentkredit – *Current account advance*

Die Hausbank des Industrieunternehmens, also ein Kreditinstitut, gewährt ihm einen **Überziehungskredit** bis zu einem vereinbarten Höchstbetrag **(Kreditlimit)**. Das Industrieunternehmen kann je nach Finanzbedarf das Geschäftskonto bis zum Limit überziehen. Die Bank verzinst nur den tatsächlich beanspruchten Kreditbetrag. Dafür berechnet sie ihm einen vereinbarten **Zinssatz,** zusätzlich kann die Bank – je nach Vereinbarung – noch eine Kreditprovision (Bereitstellungsgebühr) für das Kreditlimit und eine Umsatzprovision für die Kontoführung berechnen. Sollte das Kreditlimit überzogen werden, wird das Kreditinstitut einen erhöhten **Überziehungszinssatz** berechnen. Allerdings ist die Möglichkeit des Überziehens in der Höhe begrenzt.

Ein **Guthaben** wird in der Regel in Form von Habenzinsen verzinst. Kontokorrentkredite werden individuell zwischen Kreditinstitut und Industrieunternehmen ausgehandelt, die Konditionen (insbesondere Sollzinsen) richten sich vor allem nach der **Bonität** (dem Ruf, der Zahlungsfähigkeit) des Unternehmens.

Beispiel:

Einem Industrieunternehmen wird ein Kontokorrentkredit bis zu einem Limit von 250.000,00 € zu einem Zinssatz von 9,5 % eingeräumt, eine weitere Überziehung ist in Ausnahmefällen gegen einen höheren Zinssatz von 12,5 % bis zu einer Kredithöhe von 300.000,00 € möglich.

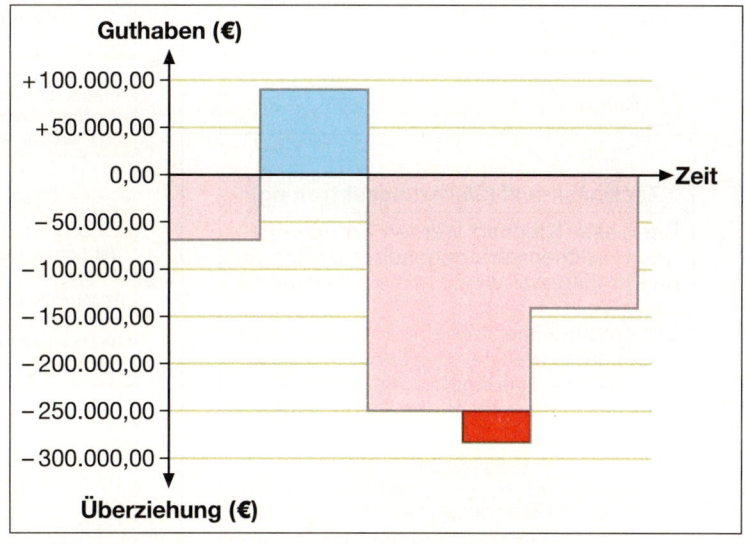

Darlehen – *Credit*

In einem **Darlehensvertrag** wird zwischen Darlehensgeber und -nehmer die **Überlassung eines Geldbetrages** gegen **Entgelt** (z. B. **Zinsen**) vereinbart. Diese Kreditform zählt zu den längerfristigen Kreditarten. Das Industrieunternehmen wird in der Regel ein Darlehen bei seinem Kreditinstitut aufnehmen, auch wenn andere Darlehensgeber denkbar sind, wie z. B. Geschäftsfreunde. Die Darlehenssumme kann je nach Vertragsart entweder in einer Summe am Tag der Fälligkeit oder in der Form gleich hoher Raten zurückgezahlt werden. Die Höhe des Zinssatzes richtet sich nach der Bonität des Darlehensnehmers, nach der Höhe des Darlehens, nach den angebotenen Sicherheiten und nach dem Zinsniveau auf dem Kapitalmarkt.

11

Sicherungsmöglichkeiten von Kreditarten – *Credit collateral*

Sicherungsmöglichkeiten von Kreditarten

Personalsicherheiten

Bei so genannten Personalkrediten haften die Person oder Dritte für die Kreditsumme.

Nach der Art der **persönlichen Haftung** werden folgende Personalkredite unterschieden:

Blankokredit

Der Kreditgeber gewährt Kredit ohne besondere Sicherheit.

Bürgschaftskredit

Ihm liegen zwei Verträge zugrunde: Der **Kreditvertrag** (zwischen Kreditnehmer und -geber) und der **Bürgschaftsvertrag** (zwischen Bürge und Kreditgeber). Beim **Bürgschaftsvertrag** verpflichtet sich der **Bürge,** für die Verbindlichkeiten des Kreditnehmers einzustehen, wenn dieser nicht leisten kann.

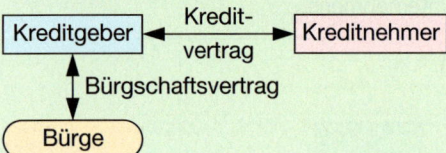

Zessionskredit (Sicherungsabtretung)

Bei dieser Kreditart werden Forderungen des Kreditnehmers gegenüber Dritten an den Kreditgeber als Sicherheit abgetreten.
Beispiel:
Ein Kreditnehmer tritt eine Forderung aus einer bereits bestehenden Lebensversicherung an den Kreditgeber für den Fall ab, dass der Kreditnehmer den Kredit nicht zurückzahlen kann.

Zessionsarten

Bei der **stillen Zession** weiß der so genannte Drittschuldner (z.B. Lebensversicherung) nichts von der Forderungsabtretung seines Gläubigers. Bei der **offenen Zession** wird der Drittschuldner von der Forderungsabtretung benachrichtigt.

Realsicherheiten

Bei so genannten Realkrediten stehen nicht Personen, sondern bewegliche oder unbewegliche Sachen (dingliche Sicherheit) im Mittelpunkt der Kreditsicherung.

Nach der Art der **dinglichen Haftung** werden folgende Realkredite unterschieden:

Eigentumsvorbehalt

Der Verkäufer einer Ware bleibt bis zur vollständigen Bezahlung Eigentümer, der Käufer ist zunächst nur Besitzer der Ware.

Arten des Eigentumsvorbehalts

Beim **einfachen Eigentumsvorbehalt** erlischt der Anspruch auf Herausgabe der gelieferten Ware, z.B. beim gutgläubigen Erwerb durch Dritte oder bei Weiterverarbeitung.
Soll dieser rechtliche Nachteil für den Verkäufer ausgeschlossen werden, kann der **verlängerte Eigentumsvorbehalt** von beiden Seiten vertraglich vereinbart werden: er sieht z.B. eine Forderungsabtretung vor. Wird der so genannte **erweiterte Eigentumsvorbehalt** vereinbart, erweitert sich der Zugriff des Verkäufers auch auf andere von ihm an den Käufer gelieferte Ware.

Sicherungsübereignungskredit

Bei dieser Kreditart wird das Eigentum an einer beweglichen Sache (z. B. einer Maschine, einem Auto) zur Kreditsicherung an den Kreditgeber abgetreten. Der Kreditnehmer bleibt aber im Besitz des Gegenstandes und kann ihn weiter nutzen.

Lombardkredit

Der Lombardkredit ist ein Kredit, der vor allem durch Wertpapiere, aber auch durch Bankguthaben oder Ansprüche aus Lebensversicherungspolicen mit Rückkaufswert gedeckt ist. Durch die Verpfändung geht der Besitz auf den Kreditgeber über, aber der Kreditnehmer bleibt Eigentümer des Vermögens.

Hypothek

Bei dieser Kreditart wird zur Absicherung einer Forderung dem Kreditgeber sowohl ein Pfandrecht an einem Grundstück (dingliche Sicherheit) als auch der Zugriff auf das gesamte Vermögen (persönliche Haftung) des Kreditnehmers eingeräumt. Die Hypothek ist mit einer Forderung untrennbar verbunden und wird ins Grundbuch eingetragen.

Grundschuld

Hierbei besteht ebenso wie bei der Hypothek ein Pfandrecht des Kreditgebers an einem Grundstück (dingliche Sicherheit), allerdings keine persönliche Haftung des Kreditnehmers. Die Grundschuld setzt das Bestehen einer Forderung nicht voraus.

11

vgl. Hübscher, Heinrich u. a.: IT-Kompendium, 1. Aufl., Braunschweig 2001, S. 361

Nutzung von Auskunfteien zur Absicherung von Finanzierungsrisiken

Auskunfteien sind Unternehmen, häufig in der Form eines Vereins geführt, die interessierten Unternehmen Informationen über bestehende oder zukünftige Geschäftsverbindungen anbieten. Die Auskünfte beziehen sich beispielsweise auf:

- Inhaber/Gesellschafter
- Rechtsform
- Haftungsverhältnisse
- Branche
- Kapitalausstattung
- Anzahl der Mitarbeiter/-innen

- Umsatz und Gewinn
- Strukturdaten von Aktiva und Passiva der Bilanz (z. B. Höhe von Forderungen und Verbindlichkeiten)
- Zahlungsverhalten gegenüber Gläubigern
- Kreditrisiken und Kreditlimits

Nicht in jedem Falle können die Auskunfteien Informationen über alle angeforderten Daten bieten, wie z. B. über die Gewinnhöhe bei bestimmten Rechtsformen.

Als **zusätzliche Dienstleistungen** bieten viele Auskunfteien Folgendes an:

- Inkassoleistungen (Abwicklung des kaufmännischen Mahnverfahrens, Einbringung von ausstehenden Forderungen),
- Marktuntersuchungen (z. B. bei beabsichtigten Firmenkäufen).

Auskunfteien mindern durch ihre Dienstleistungen die **Finanzierungsrisiken** von Unternehmen und unterstützen die unternehmerische **Entscheidungsfindung** (z. B. bei Firmenzusammenschlüssen).

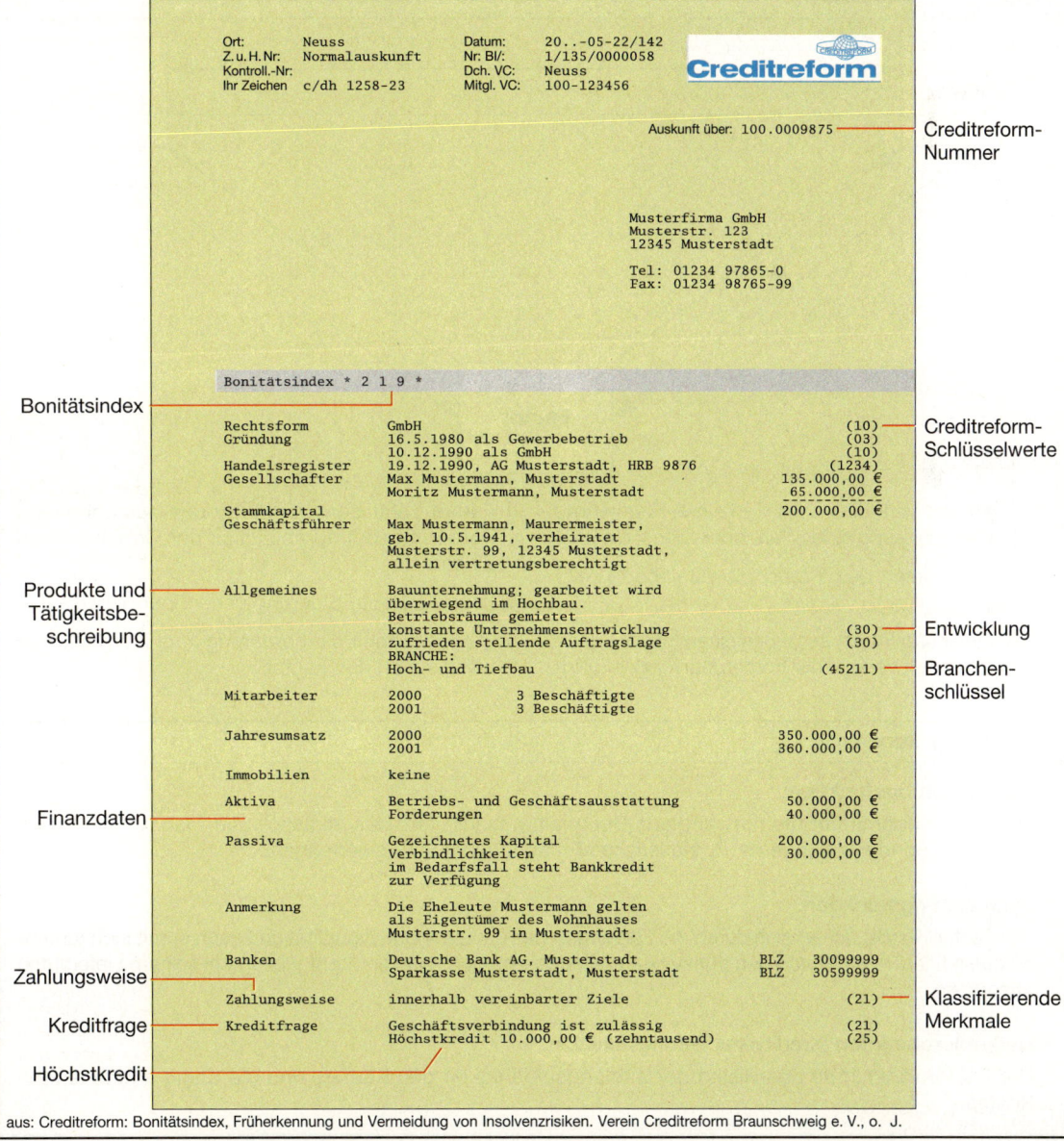

aus: Creditreform: Bonitätsindex, Früherkennung und Vermeidung von Insolvenzrisiken. Verein Creditreform Braunschweig e. V., o. J.

Factoring

Begriff	Bedeutung
Unter **Factoring** versteht man den **Verkauf von Forderungen** an einen **Factor** (eine Factoring-Gesellschaft), man spricht auch von einer Forderungsabtretung. Grundlage dafür ist ein **Factoringvertrag** zwischen dem Factor und dem **Factoring-Kunden.** Der Verkauf der Forderung geschieht vor der Fälligkeit der Forderung, in der Regel zum Zeitpunkt der Entstehung der Forderung. Der Factoring-Kunde erhält das Geld vor der Fälligkeit und kann somit mit dem Geld arbeiten, zum Beispiel bei seinem Lieferanten Skonto ausnutzen. Der Factor zieht die Forderung bei Fälligkeit direkt bei dem Vertragspartner des Factoring-Kunden ein. Der Factor berechnet dem Factoring-Kunden für die Dienstleistung (z.B. Buchhaltung, Inkasso, Mahnwesen) eine **Factoring-Gebühr** und für die frühzeitige Zahlung (Vorschuss-)**Zinsen.**	Viele Unternehmen möchten mit dem Forderungseinzug nichts zu tun haben, da der Verwaltungsaufwand zu hoch und zu kostenintensiv ist. Die Unternehmen ziehen es vor, ihre Kräfte im **Kerngeschäft** zu bündeln und freie Kapazitäten dort zu investieren. Außerdem spielt für viele Unternehmen die Sicherung der **Liquidität** („Flüssigkeit") eine sehr große Rolle. Schließlich ist die fehlende Liquidität – nicht die fehlende Wirtschaftlichkeit – für viele Unternehmen die Hauptursache der Insolvenz. Factoring-Gesellschaften sind häufig Tochtergesellschaften von Kreditinstituten. Der Factoringvertrag beinhaltet meist nicht den Verkauf einer einzelnen Forderung, sondern eher die langfristige Zusammenarbeit zwischen Factor und Factoring-Kunden, um eine Vielzahl von Einzelforderungen einzuziehen.

Ablauf

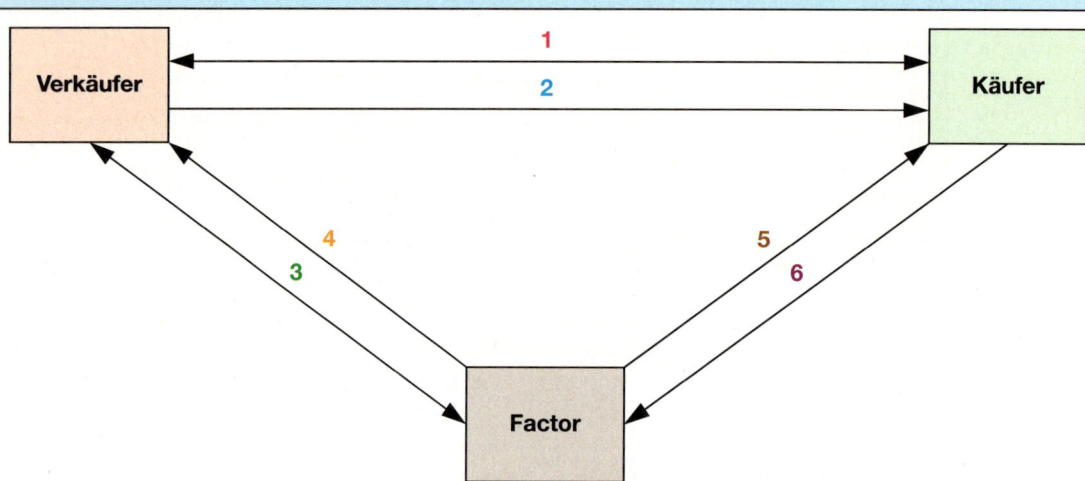

1 Käufer und Verkäufer schließen einen Kaufvertrag über die Lieferung einer Ware oder Dienstleistung.

2 Verkäufer liefert dem Käufer die vereinbarte Leistung.

3 Verkäufer und Factor schließen einen Factoringvertrag über den Verkauf der Forderung vor der Fälligkeit.

4 Factor zahlt dem Verkäufer den ausstehenden Forderungsbetrag abzüglich der Gebühren und Zinsen.

5 Factor erhebt Forderung gegenüber dem Käufer.

6 Käufer bezahlt die Forderung zum Zeitpunkt der Fälligkeit an den Factor.

Factoringfunktionen

• **Dienstleistungsfunktion:**

Der Factor übernimmt die notwendigen Buchhaltungsarbeiten, das Inkasso- und Mahnwesen sowie eventuelle Sonderleistungen (z.B. statistische Erhebungen und Auswertungen).

• **Finanzierungsfunktion:**

Der Factor-Kunde sichert sich durch die Zahlungen des Factors hohe Liquidität und kann somit Lieferantenkredite refinanzieren. Durch den frühzeitigen Zahlungseingang kann er Skontoabzug bei seinem Lieferanten ausnutzen.

• **Delkrederefunktion** (Kreditversicherungsfunktion):

Der Factor übernimmt das Risiko der Zahlungsunfähigkeit des Käufers und die damit entstehenden Kosten.

3526424

Leasing

Begriff

Werden Leasingobjekte (z. B. Maschinen, Autos) durch einen Leasinggeber (z. B. einem Hersteller) vermietet, spricht man von Leasing.

Im **Leasingvertrag** sind in der Regel die folgenden Größen vereinbart:

- Höhe der Anzahlung,
- Vertragslaufzeit und
- Höhe der monatlichen Leasingrate.

Diese Größen werden individuell nach Kundenwünschen festgelegt.

Nach Ablauf der Vertragslaufzeit kann das Leasingobjekt weiter gemietet, zum Restwert gekauft oder zurückgegeben werden.

Grundform des Leasings

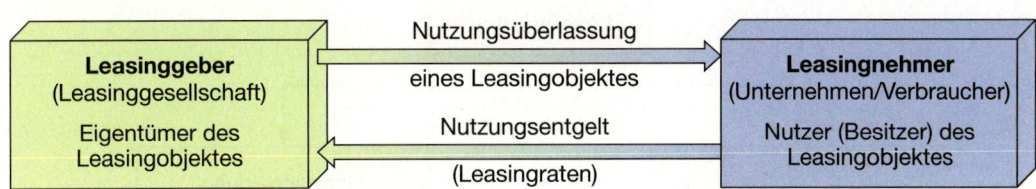

Leasinggeber	Nutzungsüberlassung eines Leasingobjektes →	Leasingnehmer
(Leasinggesellschaft)		(Unternehmen/Verbraucher)
Eigentümer des Leasingobjektes	← Nutzungsentgelt (Leasingraten)	Nutzer (Besitzer) des Leasingobjektes

Merkmale des Leasings

1. 100%ige Fremdfinanzierung, also kein Eigenkapitalbedarf

2. Steuerliche Berücksichtigung der Leasingraten als Aufwand

3. In der Regel keine Bilanzierung von Leasingobjekt und Leasingfinanzierung

4. Kein Eigentum

5. Häufig Einbeziehung von Dienstleistungen

6. Vielfältige Erscheinungsformen mit unterschiedlicher Vertragsgestaltung

7. Die Vorteilhaftigkeit des Leasings lässt sich nur individuell ermitteln, da sie von einer Mehrzahl von Einflussfaktoren abhängt, die für jedes Unternehmen unterschiedlich sein können.

vgl.: Jahrmann, Ulrich: Finanzierung. Darstellung, Kontrollfragen, Fälle und Lösungen. 3. Auflage, Verlag Neue Wirtschafts-Briefe, Herne/Berlin 1996, S. 24 u. S. 447

Vorteile des Firmenleasings aus der Sicht des Leasingnehmers

Vorteile des Firmenleasings

- Schonung der Firmenliquidität (keine hohen Anschaffungskosten)
- Periodische Anpassung des Leasingobjektes an den technischen Fortschritt
- Rücknahmeverpflichtung des Leasinggebers nach Ablauf der Vertragslaufzeit
- Positive steuerliche Aspekte

11

Leasing

Nachteile des Firmenleasings aus der Sicht des Leasingnehmers

Nachteile des Firmenleasings

| Eingeschränkte Verfügungsgewalt über das Leasingobjekt, da kein Eigentum erworben wird | Umfangreiche Vertragsverpflichtungen (z. B. bei Leasing von Pkws Abschluss einer Vollkaskoversicherung) | Erhöhte Kosten bei vorzeitiger Vertragsauflösung | Laufende Liquiditätsbelastung |

Leasingarten

Leasingarten

Unterscheidung nach der Stellung des Leasinggebers im Absatzweg

- Direktes Leasing (Herstellerleasing)
- Indirektes Leasing (Leasinggesellschaft)

Unterscheidung nach der Art des Leasingobjektes

- Investitionsgüterleasing
- Konsumgüterleasing

Direktes Leasing

Leasingnehmer ←→ Leasinggeber (Hersteller)
- Leasingobjekt
- Leasingrate

Indirektes Leasing

Leasingnehmer → Leasinggeber (Leasingrate)
Hersteller → Leasinggeber (Kaufpreis)
Hersteller → Leasingnehmer (Leasingobjekt)

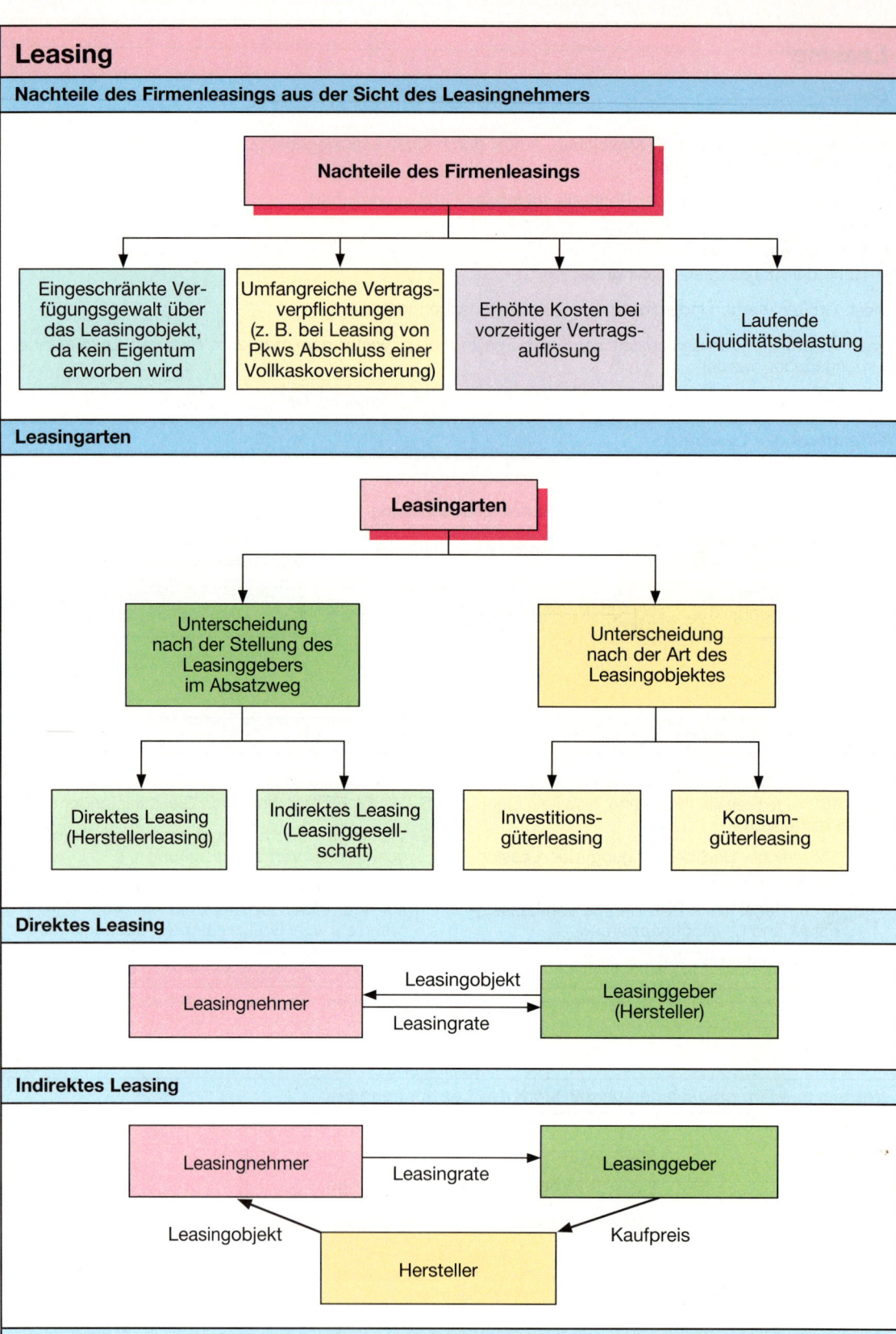

Privatleasing

Leasen Privatpersonen Leasingobjekte (z. B. Autos, PCs), entfällt der steuerliche Vorteil für den Leasingnehmer. Trotzdem gibt es Leasingverträge, bei denen die Privatperson nicht schlechter gestellt sein muss als beim Finanzierungskauf. In diesen Fällen wird zur Förderung des Absatzes eines Produktes ein Kostenvorteil gewährt (z. B. bei Pkws einer auslaufenden Serie).

11

3526426

Not leidende Unternehmung – *Ailing company*

Merkmale

Häufig sind Fehler in Finanzierungs- und Investitionsfragen dafür verantwortlich, dass eine Unternehmung in wirtschaftliche Schwierigkeiten gerät, die den Fortbestand gefährden.

Zu den Kennzeichen einer Bedrohung der Zahlungs- und Ertragsfähigkeit und somit einer nachhaltigen Störung des betrieblichen Leistungsprozesses zählen:

- starke Umsatzrückgänge
- rückläufige Gewinne, die schließlich in Verluste umschlagen
- anhaltende Verluste
- Abnahme des Eigenkapitals
- Steigende Verschuldung und schließlich
- Zahlungsunfähigkeit

Ursachen für Unternehmenskrisen

Aus unterschiedlichen Gründen geraten immer wieder Unternehmen sowohl aus innerbetrieblichen Fehlentscheidungen als auch außerbetrieblichen Entwicklungen in eine wirtschaftliche Krise.

Innerbetriebliche Ursachen

- Unter- oder Überorganisation im Betrieb
- mangelhaftes Controlling
- Entscheidungsfehler im Finanzierungsbereich
- Fehlplanungen und -entscheidungen der Geschäftsführung
- Überkapazitäten in Produktion und Lager
- zu hohe Privatentnahmen

Außerbetriebliche Ursachen

- Allgemeiner Wirtschaftsabschwung
- Ausfall von Forderungen
- Verknappung von Rohstoffen
- Nachfrageverschiebungen, z. B. durch technischen Wandel
- Verluste infolge politischer Entscheidungen (z. B. Gesetzesänderungen)

Maßnahmen bei Krisen der Unternehmung

Häufig geraten Unternehmen in Krisensituationen und können zur Abwehr auftretender Schwierigkeiten unterschiedliche Maßnahmen ergreifen. Gelingt es den Unternehmen jedoch nicht, die Zahlungs- und Ertragsfähigkeit

- aus eigenen Kräften,
- mithilfe der Eigentümer oder
- mithilfe der Gläubiger

wiederherzustellen, ist das Unternehmen freiwillig oder gerichtlich aufzulösen.

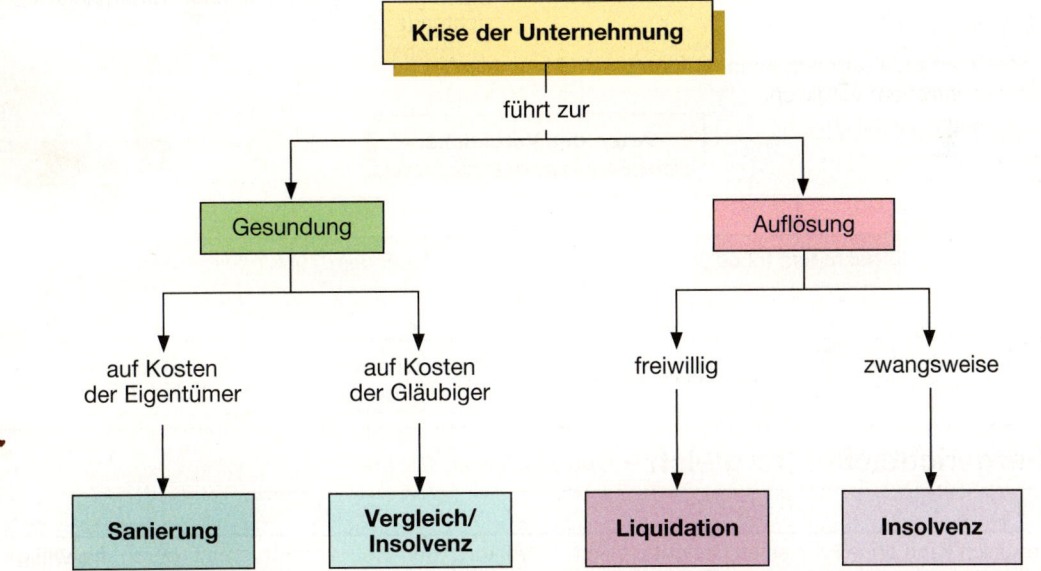

Sanierung – *Rescue operation*

Begriff

Eine **Gesundung** auf Kosten des Unternehmens oder der beteiligten Gesellschafter, ohne Hilfe der Gläubiger, nennt man **Sanierung.**

Hierunter versteht man alle Maßnahmen organisatorischer und finanzieller Art, die ein in Schwierigkeiten geratenes Unternehmen aus eigener Kraft wieder leistungs- und wettbewerbsfähig machen.

Sanierung – *Rescue operation*

Sanierungsmaßnahmen

Man unterscheidet folgende **Maßnahmen:**

Personelle Maßnahmen
- Umbesetzung der Geschäftsführung oder Suche nach neuen und qualifizierten Mitarbeitern

Organisatorische Maßnahmen
- Neugestaltung der Unternehmung im technischen und/oder kaufmännischen Bereich
- Durchführung von Rationalisierungsmaßnahmen
- Stärkung des Absatzbereiches z. B. durch Auftragsbeschaffung und Werbeaktionen
- Erweiterung der Geschäftsbereiche

Finanzielle Maßnahmen
- Neuordnung der Eigenfinanzierung, z. B. durch Zuführung neuer Mittel (Kapitalerhöhung durch die bisherigen Alteigentümer oder Neuaufnahme weiterer Gesellschafter)
- Neuausrichtung der Fremdfinanzierung, z. B. durch Aufnahme von Lieferantenkrediten oder Darlehen

Sachbezogene Maßnahmen
- Abstoßen von wirtschaftlich unrentabel arbeitenden Betriebsteilen

Doch keine der genannten Maßnahmen kann an sich isoliert Verluste vermeiden. Vielmehr sind die Krisenursachen genau zu bestimmen und ihnen ist durch das Ergreifen zielgerichteter organisatorischer Gegenmaßnahmen zu begegnen.

Vergleich – *Accord/Settlement*

Begriff

Der **Vergleich** stellt den Versuch dar, ein Not leidendes Unternehmen durch einen *teilweisen Forderungsverzicht* der Gläubiger oder durch einen *Zahlungsaufschub* zu erhalten.

Arten des Vergleichs

Nach dem **Inhalt** unterscheidet man:

- **Stundungsvergleich** (Moratorium), bei dem die Gläubiger ihre Forderungen stunden und einem Tilgungsplan zustimmen
- **Erlassvergleich** (Quotenvergleich), bei dem die Gläubiger auf einen Teil ihrer Forderungen verzichten (z. B. 40 %)

Nach dem **Zustandekommen** kann man unterscheiden zwischen:
- außergerichtlichem Vergleich,
- gerichtlichem Vergleich.

```
                    Arten des Vergleichs

        nach dem Inhalt              nach dem Zustandekommen

  Stundungs-      Erlassvergleich   außergerichtli-    gerichtlicher
  vergleich                         cher Vergleich     Vergleich
```

Außergerichtlicher Vergleich – *Out-of-court settlement*

Begriff

Der Vergleich kann ohne Hilfe eines Gerichts, meist vertraulich, durchgeführt werden. Der außergerichtliche Vergleich (auch freiwilliger Vergleich oder Akkord genannt) kommt somit durch **freiwillige Vereinbarungen** zwischen dem Schuldner und seinen Gläubigern zustande.

Vor- und Nachteile

Vorteile:
- + Fortfall der Gerichtskosten
- + rasche Durchführung des Vergleichs

Nachteile:
- − Schwierige Verhandlungsführung sowie die Tatsache, dass die Gläubiger im Fall einer Insolvenz des Schuldners nur noch ihre Restforderungen geltend machen können.

Gerichtlicher Vergleich – *Court settlement*

Begriff

Der Antrag auf Eröffnung eines Vergleichsverfahrens kann ausschließlich vom Schuldner beim Amtsgericht gestellt werden. Der Antrag muss einen Vergleichsvorschlag über Höhe, Zeitpunkt und Sicherung der Leistung enthalten.

Zustandekommen des Vergleichs

Am Vergleichstermin wird über den Vergleichsvorschlag verhandelt, das Stimmrecht der Forderungen festgestellt und dann abgestimmt. Hierbei sind nur die Vergleichsgläubiger, das sind diejenigen, die im Insolvenzverfahren nicht bevorrechtigte Forderungen haben, stimmberechtigt.

Der Vergleich ist angenommen, wenn am Vergleichstermin von den anwesenden und den *schriftlich* abstimmenden Gläubigern bei einem Vergleichsvorschlag von

- 50 % und mehr die Mehrheit mit mindestens 75 % aller Forderungen oder

- bei weniger als 50 % die Mehrheit mit mindestens 80 % aller Forderungen zustimmt.

Werden diese Bedingungen erfüllt, wird der Vergleich vom Gericht *bestätigt,* im Handelsregister eingetragen und veröffentlicht.

Aufhebung des Verfahrens

Die Aufhebung erfolgt, wenn der Schuldner erfüllt hat. Der bestätigte Vergleich ist für alle betroffenen Vergleichsgläubiger verbindlich.

Vor- und Nachteile

Vorteile:

+ Vergleichsunwillige Gläubiger können überstimmt werden.
+ Gläubiger haben den Vorteil, dass Stundungen oder Erlasse für diejenigen Gläubiger hinfällig werden, gegenüber denen der Schuldner mit der Erfüllung des Vergleichs in Verzug gerät.

Nachteile:

– hohe gerichtliche Kosten
– Zeitverlust
– Vergleich muss bekannt gemacht werden

Liquidation (Auflösung) – *Liquidation*

Begriff

Von einer *freiwilligen* Auflösung des Unternehmens spricht man, wenn sich aller Voraussicht nach keine Chancen mehr für das Unternehmen in Zukunft ergeben.

Ziel

Das Ziel der Auflösung besteht darin, alle Vermögensteile planmäßig zu veräußern und die Schulden zu begleichen. Die Auflösung wird dabei von der Unternehmensführung bzw. den Gesellschaftern (je nach Unternehmensform) betrieben.

Liquidationsarten

Das Geschäftsvermögen kann durch einen *Totalverkauf* (in seiner Gesamtheit) oder *in Teilen* verkauft werden. Die Liquidation der letzteren Art ist seltener, da bei der Veräußerung im Ganzen meist ein höherer Preis erzielt wird.

Abwicklung

Die Abwicklung wird meist so genannten Liquidatoren überlassen. Dies sind i. d. R. die Gesellschafter bei Personengesellschafen, die Vorstandsmitglieder bei Aktiengesellschaften usw. Die Liquidatoren sind zur Eintragung im Handelsregister anzumelden. Die laufenden Geschäfte werden abgewickelt und Vermögen wird „versilbert" (in flüssige Mittel umgewandelt), um Schulden zu begleichen. Der verbleibende Restbetrag wird an die Eigentümer bzw. die Gesellschafter des Unternehmens ausbezahlt.

Beendigung

Im Handelsregister sind Beginn und Beendigung der Auflösung anzumelden. Während der Auflösung erhält die Firma den Zusatz „i. L." (in Liquidation). Nach durchgeführter Auflösung wird die Firma einschließlich aller anderen Angaben im Handelsregister gelöscht.

11

Insolvenz – *Insolvency*

Begriff

Insolvenzverfahren werden dann angestrebt, wenn sich Schuldner (natürliche oder juristische Personen) in einer schweren finanziellen Krise befinden, sodass eine Lösung ohne gerichtliche Mithilfe nicht mehr möglich erscheint. Das Verfahren wird somit erst durch einen so genannten Eröffnungsantrag beim zuständigen Gericht ausgelöst. Wenn der Schuldner eine natürliche Person ist, kann er von den im Insolvenzverfahren nicht erfüllten Forderungen vom Insolvenzgericht befreit werden. Durch Abtretung der pfändbaren Forderungen aus Lohn und Gehalt für sechs Jahre kann das Insolvenzgericht eine **Restschuldbefreiung** aussprechen.

Gründe

Folgende **Gründe** können zu einer Eröffnung des Insolvenzverfahrens führen:

- Zahlungsunfähigkeit
- drohende Zahlungsunfähigkeit
- Überschuldung bei juristischen Personen

Rangfolge der Gläubiger

Rangordnung der Berücksichtigung der Gläubiger nach der Insolvenzordnung („Gläubigerklassen")

① Aussonderung

Gläubiger, die dem Insolvenzschuldner Gegenstände überlassen haben, die zu dessen Besitz, aber nicht zu dessen Eigentum zählen, können diese Gegenstände zurückverlangen, da diese nicht zur Konkursmasse gehören.

Vermietete oder verpachtete Gegenstände, unter Eigentumsvorbehalt gelieferte Vermögensteile usw.

② Absonderung

Gläubiger, die dem Insolvenzschuldner Gegenstände überlassen haben, die mit einem Pfandrecht belastet bzw. sicherungsübereignet sind, werden vorrangig befriedigt.

Zwangsversteigerung eines mit einer Hypothek belasteten Grundstücks, Verwertung des Pfandrechts an einer beweglichen Sache durch freihändigen Verkauf

③ Befriedigung der Massegläubiger

Befriedigung der folgenden Masseverbindlichkeiten: Gerichtskosten sowie sonstige Kosten des Insolvenzverfahrens.

Vergütung und Auslagen des Insolvenzverwalters, Organisationskosten für die Gläubigerversammlungen usw.

④ Befriedigung der Insolvenzgläubiger

Hierzu gehören alle Gläubiger, die zur Zeit der Eröffnung des Insolvenzverfahrens eine begründete Forderung gegenüber dem Insolvenzschuldner haben.

Lohnforderungen der Mitarbeiter, Lieferantenforderungen usw.

⑤ Befriedigung der nachrangigen Insolvenzgläubiger

Hierzu zählen alle Forderungen, die nach Eröffnung des Insolvenzverfahrens entstanden sind.

Kosten, die den Insolvenzgläubigern durch die Teilnahme am Verfahren entstanden sind, Zinsen aus Forderungen nach der Verfahrenseröffnung usw.

aus: Die Büroberufe, Nr. 4, 2000, Ludwigshafen/Rhein

11

3526430

Insolvenz – *Insolvency*

Insolvenzverfahren

Antrag auf Eröffnung des Insolvenzverfahrens

Ablehnung des Verfahrens mangels Masse, wenn das Vermögen des Schuldners voraussichtlich nicht zur Abdeckung der Verfahrenskosten (Masseverbindlichkeiten) ausreicht.

Das Vermögen des Schuldners reicht mindestens zur Deckung der Verfahrenskosten (Masseverbindlichkeiten) aus; **das Verfahren wird vom Insolvenzgericht angenommen.**

Eröffnung des Insolvenzverfahrens:
* Bekanntgabe des Eröffnungsbeschlusses im Bundesanzeiger sowie einer überregional erscheinenden Zeitung; Zustellung an Gläubiger und Schuldner des Insolvenzgläubigers sowie dem Insolvenzgläubiger selbst, ggf. Inkenntnissetzung von Handels-/Genossenschaftsregister, Eintragung ins Grundbuch
* Ernennung des Insolvenzverwalters (Sequester), ggf. Bestätigung des bereits vorläufig ernannten Verwalters
* Aufforderung der betroffenen Gläubiger, ihre Forderungen und Sicherungsrechte an beweglichen Sachen beim Insolvenzverwalter anzugeben (unter Einhaltung der vorgegebenen Frist)

Ggf. Einleitung von Maßnahmen zur Sicherung des Vermögens des Schuldners:
* Bestellung eines vorläufigen Insolvenzverwalters (Sequester),
* Auferlegung eines allgemeinen Verfügungsverbots über das Vermögen,
* Untersagung/Einstellung von Zwangsvollstreckungsmaßnahmen bei beweglichen Vermögenswerten.

Folgerungen:
* Der Insolvenzschuldner verliert sämtliche Rechte an der Insolvenzmasse,
* Forderungen der Gläubiger können nur noch über den Insolvenzverwalter eingetrieben werden (Zwangsvollstreckungen sind nicht mehr möglich).

Das Insolvenzgericht bestimmt zwei Termine für Gläubigerversammlungen:
① Berichtstermin
Sequester stellt die wirtschaftliche Lage des Unternehmens sowie dessen Ursachen dar. Darüber hinaus schätzt er die Aussichten für eine Fortführung des Unternehmens ab. Die Gläubiger entscheiden über Fortführung oder Stilllegung.
② Prüfungstermin
Die angemeldeten Forderungen werden auf ihre Berechtigung hin geprüft.

Ein Beschluss kommt zustande, wenn die Summe der Forderungsbeträge der zustimmenden Gläubiger mehr als die Hälfte der Summe der Forderungsbeträge der abstimmenden Gläubiger beträgt.

Bei Beschluss über Stilllegung des Unternehmens Berücksichtigung der Gläubiger in folgender Reihenfolge:
* Aussonderung
* Absonderung
* Massegläubiger
* Insolvenzgläubiger

Ausarbeitung eines Insolvenzplanes durch den Insolvenzverwalter auf Antrag der Gläubiger in der Gläubigerversammlung oder auf Antrag des Schuldners. Ziel: Vergleich, Liquidation, Übertragung usw.

Aufhebung des Verfahrens durch das Insolvenzgericht. Die Gläubiger können ihre Restforderungen weiterhin unbeschränkt gegenüber dem Schuldner durchsetzen.

Abstimmung durch die vom Plan berührten Gläubiger. Bei Zustimmung Bestätigung durch das Insolvenzgericht und damit vollstreckbarer Titel.

11

aus: Die Büroberufe, Nr. 4, 2000, Ludwigshafen/Rhein

12 Unternehmens-strategien, -projekte umsetzen

Projektmanagement – *Project management*

Projekt

Begriff

Nach DIN 69901 handelt es sich bei einem **Projekt** um „ein Vorhaben, das im Wesentlichen durch die Einmaligkeit ① der Bedingungen in ihrer Gesamtheit ② gekennzeichnet ist, z. B. Zielvorgabe ③, zeitliche ④, finanzielle ⑤, personelle ⑥ und andere Begrenzungen, Abgrenzung gegenüber anderen Vorhaben ⑦, projektspezifische Organisation ⑧"[1].

Projekte werden in Unternehmen, aber auch in politischen, sozialen und kulturellen Organisationen durchgeführt.

Beispiele für Projekte:

Anwendungsbereich	Projektgegenstand	Zeitrahmen
Schule	Planung, Durchführung und Auswertung einer Betriebserkundung	4 Wochen
Unternehmen	Entwicklung eines neuen Vertriebssystems im Bereich des E-Commerce	9 Monate
Staat	Wiederaufbau der Ölfelder in Kuwait nach dem Golfkrieg	27 Monate

1 aus: DIN 69901. Projektwirtschaft; Projektmanagement; Begriffe. Ausgabe 1987-08. Beuth Verlag, Berlin, Wien, Zürich

Projektmerkmale

Merkmal	Bedeutung
Einmaligkeit der Bedingungen ①	Projekte sind von ihrem Wesen her stets **innovativ,** einige Fachautoren sprechen in diesem Zusammenhang von revolutionären Veränderungen bei Projekten gegenüber sonst evolutionären Veränderungsprozessen. Diese Eigenschaft setzt hohe Anforderungen an die Projektbeteiligten, sowohl im Hinblick auf **Fach-** und **Methoden-** als auch **Sozialkompetenz** und grenzt Projekttätigkeiten somit von laufenden Routinetätigkeiten, z. B. im Unternehmen, ab.
Komplexität/Bedingungen in ihrer Gesamtheit ②	Das Zusammentreffen verschiedenster Bedingungen bei der Durchführung eines konkreten Projektes bedeutet, nicht nur unterschiedlichste **Einflussgrößen** des Projektes und ihre Abhängigkeiten zu berücksichtigen, sondern auch die **Veränderung** dieser Größen im Zeitablauf des Projektprozesses in ihrer Gesamtheit zu erfassen und darauf angemessen zu reagieren. Damit wird von allen Beteiligten **dynamisches Prozessdenken** verlangt; diese Anforderungen steigen mit dem Umfang der Komplexität. **Dimensionen der Projektkomplexität** 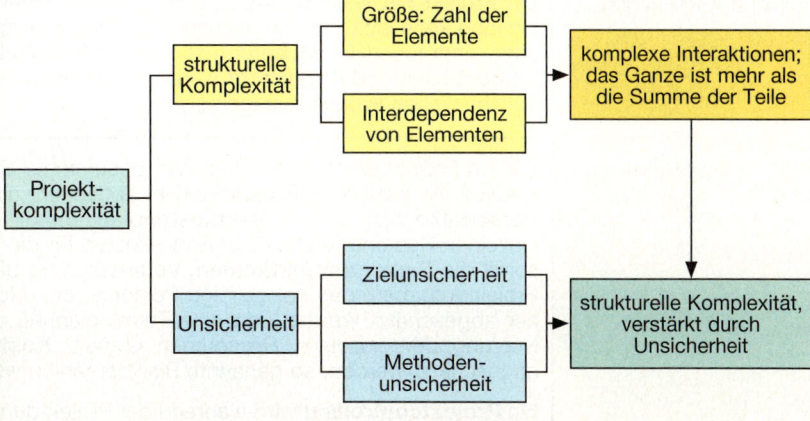 aus: Williams, Terry: Management von komplexen Projekten. Projektrisiken durch quantitative Modellierungstechniken steuern. 1. Aufl., WILEY-VCH-Verlag, Weinheim 2003, S. 76

12

Projektmanagement – *Project management*

Projektmerkmale

Merkmal	Bedeutung
Zielvorgabe ③	Sowohl das **Gesamtziel** als auch **Teilziele** eines Projektes müssen möglichst genau festgelegt werden, damit die von einem **Auftraggeber** (z. B. interne oder externe Auftraggeber eines Unternehmens) formulierten Ziele und Erwartungen auch punktgenau getroffen werden. Eventuelle **Zielkonflikte** zwischen einzelnen Teilzielen sowie spezielle **Projektrisiken** müssen vorher ausreichend beachtet werden. Sind die Projektziele genau definiert, um einen abgestimmten Projektzweck zu realisieren, kann im Rahmen der **Projektauswertung** auch festgestellt werden, inwieweit dies erreicht wurde. Gerade ein externer Auftraggeber wird größten Wert darauf legen, dass die Zielerreichung messbar ist. Schließlich stellt er eine große Geldsumme zur Projektdurchführung zur Verfügung und möchte wissen, ob die getätigte Investition für ihn lohnend war. Ist das mit dem Auftraggeber abgestimmte Projektziel nicht im erforderlichen Umfang erreicht worden, kann es zu **Schadensersatzansprüchen** des Auftraggebers kommen. Die **Ziele** eines Projektes können nach unterschiedlichen **Gesichtspunkten** eingeteilt werden. Einteilung der **Projektziele** nach[1]… • der **Zielausrichtung:** – **Ergebnisziele** (beziehen sich auf das Projektergebnis) – **Arbeitsziele** (beziehen sich auf die Projektdurchführung) • dem **Zielinhalt:** – **qualitative Ziele** (nicht in Zahlen vorgebbar) – **quantitative Ziele** (zahlenmäßig vorgebbare Ziele) • der **Zielkategorie:** – **strategische Ziele** (langfristig) – **taktische Ziele** (mittelfristig) – **operative Ziele** (kurzfristig) Olfert/Steinbuch definieren als **grundlegende Ziele** aller Projekte:[2] • Einhaltung des ökonomischen Prinzips • konsequente Kundenfokussierung • systematische Prozessorientierung • Schonung der Umwelt 1 vgl.: Olfert, Klaus/Steinbuch, Pitter A.: Kompakt-Training Projektmanagement. 3., überarbeitete und aktualisierte Auflage, Kiehl, Ludwigshafen/Rhein, 2002, S. 15 2 aus: Olfert, Klaus/Steinbuch, Pitter A., a. a. O., S. 16
zeitliche Begrenzung ④	Ein Projekt hat sowohl einen **Start-** als auch einen **Endtermin.** Der zeitliche Umfang kann sich z. B. auf wenige Wochen, aber auch auf Monate oder sogar Jahre erstrecken. Der **Arbeitsfortschritt** im Projektablauf muss stets zielgerichtet **gesteuert** und **überwacht** werden. Eine genaue **Zeitplanung** ist Teil eines ganzheitlichen Projektmanagements.
finanzielle Begrenzung ⑤	Für ein Projekt steht in der Regel ein bestimmtes **Budget** zur Verfügung. Dieses soll die gesamten **Projektkosten** abdecken, also sowohl **Sach-** als auch **Personalkosten.** Der **Projektkostenplan** enthält die geschätzte Höhe der einzelnen Kostenarten (z. B. Softwarekosten für die Projektdauer) und ermittelt somit die **Gesamtprojektkosten.** Voraussetzung dafür ist, dass die einzelnen Projektaufgaben, das notwendige Personal, die erforderlichen Sachmittel vorher abgeschätzt werden und eine Terminplanung vorliegt, die die Dauer der Nutzung der einzelnen Ressourcen enthält. **Kostenrisiken** müssen vorher abgeschätzt werden, so genannte Risikoreserven werden daher einkalkuliert. Ein **Projektcontrolling** wird während der Projektdurchführung (z. B. ein permanenter Soll-Ist-Vergleich der einzelnen Kostenarten) und zum Projektabschluss durchgeführt.

12

3526434

Projektmanagement – *Project management*

Projektmerkmale

Merkmal	Bedeutung
finanzielle Begrenzung ⑤	**Projektkosten und Projektlaufzeit** 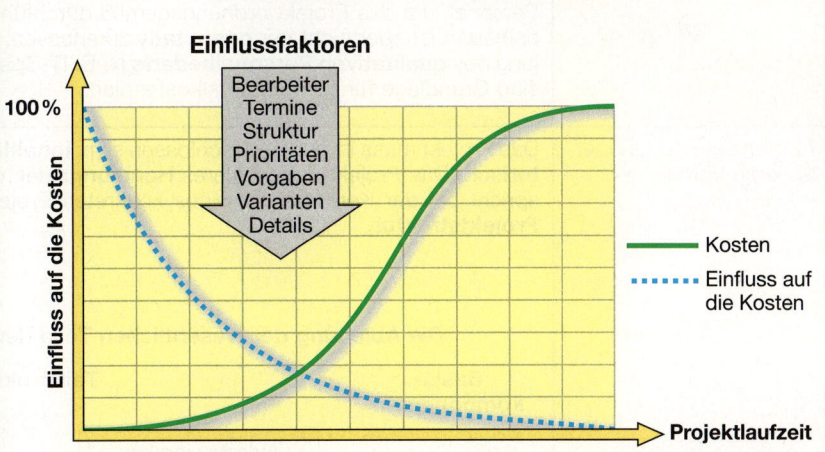 aus: Klose, Burkhard: Projektabwicklung: Arbeitshilfen, Fallbeispiele, Checklisten im Projektmanagement. Redline Wirtschaft bei Ueberreuter, Frankfurt/Wien 2002, S. 10

Um ein Projekt erfolgreich abschließen zu können, wird der Projektmanager (Projektleiter) das so genannte **magische Viereck des Projekterfolgs** mit seinen Bestandteilen („Ecken") **Lösungsumfang, Qualität, Kosten** und **Termine** permanent ausbalancieren müssen, um den Projektzweck zu erreichen. „Magisch ist dieses Viereck, weil eine Verbesserung an einer Ecke grundsätzlich nur zum Preis einer Verschlechterung an mindestens einer anderen Ecke zu erreichen ist."[1]

Das magische Viereck des Projekterfolgs[2]

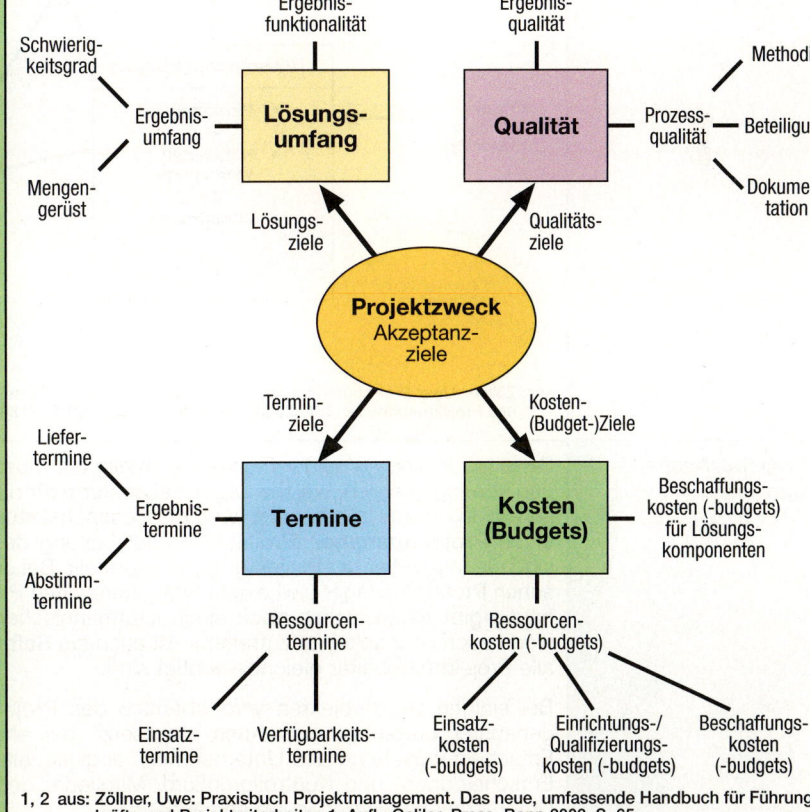

1, 2 aus: Zöllner, Uwe: Praxisbuch Projektmanagement. Das neue, umfassende Handbuch für Führungskräfte und Projektmitarbeiter. 1. Aufl., Galileo Press, Bonn 2003, S. 65

12

Projektmanagement – *Project management*

Projektmerkmale

Merkmal	Bedeutung
personelle Begrenzung ⑥	Eine **personelle Bedarfsplanung** (Kapazitätsplanung) umfasst den Bedarf an Personal, um das Projekt ordnungsgemäß durchführen zu können. Der Personalbedarf ist aber nicht nur **quantitativ** zu erfassen, es bedarf auch der Ermittlung des **qualitativen Personalbedarfs** (z. B. IT-Spezialisten). Diese Planungen sind Grundlage für den Personalkostenplan.
Abgrenzung gegenüber anderen Vorhaben ⑦	Das Projekt muss in sich abgeschlossen sein: **inhaltlich, zeitlich** und **organisatorisch.** Das Projekt hat ein klares **Handlungsziel:** das **Projektergebnis.** Man spricht bei der Konzipierung eines konkreten Projektes von der ihm eigenen **Projektstruktur.** **Die Ableitung der wesentlichen Teile der Projektstruktur** aus: Zöllner, Uwe: Praxisbuch Projektplanung. Das neue, umfassende Handbuch für Führungskräfte und Projektmitarbeiter. 1. Auflage. Galileo Press, Bonn 2003, S. 80
projektspezifische Organisation ⑧	Da jedes Projekt in seiner Existenz einmalig ist, muss auch bei jedem Projekt neu überlegt werden, welche Organisationsform für dieses Vorhaben angemessen ist. In einem Unternehmen wird die Geschäftsleitung oder der Bereichsleiter einen **Projektmanager** (Projektleiter) zur Leitung des Projektes berufen. Ihm sind die Mitglieder der Projektgruppe unterstellt. Bei großen Projekten wird zwischen Projektmanager und einem ihm unterstellten Projektleiter unterschieden, häufig gibt es zusätzlich noch einen kaufmännischen Projektleiter. Möglich – wenn auch sehr selten anzutreffen – ist auch ein **Selbstmanagement,** bei dem alle Projektmitarbeiter gleichberechtigt sind. Bei einigen Großprojekten wird oberhalb des Projektmanagers noch ein so genannter **Lenkungsausschuss** eingesetzt, der eher auf der strategischen Entscheidungsebene des Unternehmens angesiedelt ist. Er dient als oberstes Entscheidungs- und Kontrollgremium, Mitglieder der Geschäftsführung eines Unternehmens werden in ihn entsandt.

12

3526436

Projektmanagement – *Project management*

Projektmerkmale

Merkmal	Bedeutung
projektspezifische Organisation ⑧	Wenn bei einem Projekt i. d. R. auch hierarchische Strukturen erkennbar sind, ist doch die vorherrschende Arbeitsweise die **Teamarbeit** (siehe hierzu S. 535).
	Alle für die Organisation eines Projektes notwendigen Informationen werden meist in einem so genannten **Projekthandbuch** (siehe unten) festgehalten. Eine permanente Pflege des Projekthandbuches ist notwendig und wird vom Projektmanager angewiesen und überwacht.
	Eine große Hilfe bei der Organisation eines Projektes kann der Einsatz von **Projektmanagementsoftware** (z. B. MS Projekt; siehe hierzu S. 443 f.) sein.

Beispiel für ein **Inhaltsverzeichnis** eines **Projekthandbuches:**

Projekthandbuch   3.11/B1

1 PROJEKTBESCHREIBUNG 1.1 Leistungen 1.2 Termine	Auftraggeber, Ziel des Auftrages, Standort der Anlagen, Besonderheiten (öffentlicher Auftrag, kritische Punkte usw.)
2 ORGANISATIONSSTRUKTUR 2.1 Projektleitung (technisch, kaufm.) 2.2 Zuständigkeiten	Hierarchie, Federführung, Zuständigkeiten, Aufgaben, Weisungsbefugnisse
3 PROJEKTBETEILIGTE 3.1 Auftraggeber 3.2 Kooperationspartner 3.3 Interne Mitarbeiter 3.4 Externe Mitarbeiter (Experten usw.)	Name, Funktion, Postanschrift, Telefonnummer, Fax-Nr., E-Mail, Aufgabe im Projekt, evtl. Vertreter
4 ABKÜRZUNGEN	Festlegung der Abkürzungen, die im Projekt verwendet werden
5 SCHRIFTVERKEHR 5.1 Form/Schriftordnung 5.2 Unterschriftenregelung 5.3 Korrespondenzverteilung	Festlegung der Form und der Verteilung der Korrespondenz (Beispielformulare)
6 INFORMATIONSAUSTAUSCH 6.1 Unterlagenverteilung 6.2 Besprechungen	Grundsätze und Durchführung des Informationsaustausches, Turnus, Ort, Teilnehmer der Besprechungen
7 AKTENORDNUNG	Festlegung des Ablagesystems
8 PROJEKTDOKUMENTATION 8.1 Vorgehensweise 8.2 Unterlagenverzeichnis	Anweisung zur Erfassung und Pflege, Zusammenstellung der verfügbaren Projektunterlagen
9 ANHANG Lageplan Beispiele (Brief, Aktennotiz usw.)	

aus: Klose, Burkhard: Projektabwicklung: Arbeitshilfen, Fallbeispiele, Checklisten im Projektmanagement. Redline Wirtschaft bei Ueberreuter, Frankfurt/Wien 2002, S. 58

12

Projektmanagement – *Project management*

Begriff

Laut DIN 69901 ist das **Projektmanagement** „die Gesamtheit von Führungsaufgaben, Führungsorganisation, Führungstechniken und Führungsmitteln für die Abwicklung eines Projektes". Die Abwicklung eines Projektes geschieht in so genannten **Projektphasen.**

vgl.: DIN 69901. Projektwirtschaft; Projektmanagement; Begriffe. Ausgabe 1987-08. Beuth Verlag. Berlin, Wien, Zürich

Projektphasen

Es gibt kein allgemein anerkanntes Begriffssystem für die Definition von einzelnen Projektphasen. Umstritten ist in der Fachliteratur auch, zu welchem Zeitpunkt ein Projekt als solches beginnt: Soll man schon bei der ersten Projektidee vom Projektbeginn sprechen oder beispielsweise erst bei der Vereinbarung eines Projektauftrags mit unternehmensinternen oder -externen Auftraggebern?

In jedem Fall können folgende **Projektphasen** grob abgegrenzt werden:

1. **Projektvorbereitung**   3. **Projektdurchführung**

2. **Projektplanung**   4. **Projektabschluss**

Projektvorbereitung

Projekte in Unternehmen werden entweder intern von dazu autorisierten Stellen (z. B. der Geschäftsführung) oder von unternehmensexternen Kunden initiiert. Am Anfang steht meist eine wenig klar abgegrenzte **Projektidee**, die zu einer eindeutigen **Projektdefinition** fortentwickelt werden muss.

Viele Projekte scheitern daran, dass diese Definition keine klaren Ziele für die Projektarbeit setzt oder den Projektzweck nicht eindeutig von ähnlichen Vorhaben abgrenzt. Die Projektdefinition mündet in einen **Projektantrag**, über den ein unternehmensinternes Gremium oder ein externer Kunde entscheidet. Der genehmigte Projektantrag führt zum rechtlich verbindlichen **Projektauftrag.**

Beispiel: Aufbau eines Projektantrages

Inhaltsgliederung für einen Projektantrag	
Hauptbereiche	**Spezifikationen**
Ausgangslage und Zielsetzungen	• kurze Projektbeschreibung • strategische Relevanz • Projektziele • Beziehungen zu anderen Projekten
Istzustand	• Problemlage, Bedarf • kritische Erfolgsfaktoren • Beschreibung der Aufgaben/Funktionen des Produktes • Beschreibung des Datengerüstes/ Mengengerüstes
Gewünschte Ergebnisse und Anwendungserfordernisse (Sollkonzept)	• Ergebnisse des Projektes • funktionale Anforderungen • prozessuale Anforderungen • informationelle Anforderungen
Lösungsalternativen	Beschreibung der Lösungsvarianten aus funktionaler und prozessualer Perspektive
Wirtschaftlichkeitsbeurteilung	• Kostenschätzung der Lösungsvarianten • Kosten-Nutzen-Analyse
Projektplanung	• Aufwand und Zeitrahmen • Finanzierungsplan • Personalbedarfsplan • Durchführungsplan (Ablauf in Phasen)
Umsetzung und Organisation	• interne Beteiligte, Einbindung in Unternehmensorganisation • geplante Fremdvergaben • Qualitätsmanagement • Änderungsmanagement • Risikomanagement • Projektberichtswesen

Eine so genannte **Projektumfeldanalyse** sollte bei Projektbeginn die Einstellungen der unterschiedlichen Interessensgruppen (Stakeholder) erfassen, z. B. die Interessen des Auftraggebers, der Geschäftsleitung, anderer Abteilungen des Unternehmens, des Projektmanagers oder von Lieferanten. Eine derartige **Stakeholderanalyse** lässt frühzeitig Projektrisiken erkennen; geeignete Maßnahmen können so rechtzeitig ergriffen werden.

12

aus: Tiemeyer, Ernst: Projekte erfolgreich managen. Methoden, Instrumente, Erfahrungen. Beltz Verlag. Weinheim, Basel 2002, S. 19

3526438

Projektmanagement – *Project management*

Projektvorbereitung

Beispiel für Projektziele bei einem Projekt zur Erstellung eines neuen Internetauftritts für einen Industriekonzern:

Projektziele formulieren	
Ausgangslage/Teilziele	**Zielformulierungen**
Projektbeschreibung und strategische Relevanz	Es soll ein optimierter Internetauftritt für einen Industriekonzern erstellt werden. Das Projekt hat hohe Relevanz für die Wettbewerbsfähigkeit des Unternehmens.
Leistungsziele	• verbesserte Präsentation des Unternehmens • gezielte Sammlung und Auswertung von Kundenprofilen (Kundenwünsche, Kundenverhalten) • Erschließung neuer Märkte und Kundengruppen • stärkere Kundenbindung durch Umsetzung von Anregungen
Ökonomische Ziele	• Verminderung der Vertriebs- und Werbekosten • Senkung der Kommunikationskosten • Umsatzsteigerung durch höhere Kapazitätsauslastung
Humane und soziale Ziele	• höhere Flexibilität für die Kunden • bessere Zusammenarbeit der einzelnen Konzernteile
Ökologische Ziele	Reduzierung der papiergebundenen Informationen um 50 Prozent

Eine möglichst genaue Formulierung der Projektteilziele ist auch Grundlage für die Wirtschaftlichkeitsbeurteilung (s. S. 438) des Projektes, d. h. für die Kostenschätzung der einzelnen Lösungsvarianten und der Kosten-Nutzen-Analyse.

Die Projektziele müssen schließlich **bewertet** werden, es ergibt sich eine Hierarchisierung nach Bedeutung und Dringlichkeit. Es ist durchaus möglich, dass aufgrund der Bewertung einzelne Zielvorstellungen des Projektes aufgegeben werden (müssen).

vgl.: Tiemeyer, Ernst: Projekte erfolgreich managen. Methoden, Instrumente, Erfahrungen. Beltz Verlag. Weinheim, Basel 2002, S. 21

Der schriftlich fixierte **Projektauftrag** enthält zumindest Angaben über:

- Projektzweck
- Projektziele
- Projektbeginn, -ende
- Auftraggeber
- Projektmanager
- Projektzeitplan
- Projektbudget
- Projektergebnisse

Eine **Fortschreibung** des erstmalig erteilten Projektauftrags ist gerade bei größeren Projekten die Regel, da bei der Projektdurchführung häufig neue Situationen auftreten, über die dann entschieden werden muss.

Projektplanung

Die **Projektplanungsphase** ist die entscheidende Grundlage für die anschließende Projektdurchführungsphase. Je genauer geplant wird, umso reibungsloser kann die Realisierung des Projektes erfolgen. Im Rahmen der **Projektplanung** muss über folgende **Planungsgrößen** entschieden werden:

- einzelne Arbeitsschritte (Arbeitspakete)
- Ressourcen (Eigen- und Fremdpersonal)
- zeitliche Abfolge der einzelnen Arbeitsschritte
- finanzieller Aufwand

Im Rahmen der Projektplanungsphase wird das Projekt in kleinste Teilaufgaben aufgeteilt, in so genannte **Arbeitspakete,** die folgendermaßen definiert werden können:

Arbeitspaket

- Für jedes Arbeitspaket gibt es nur einen Verantwortlichen.
- Es erfolgt eine eindeutige Abgrenzung zu anderen Arbeitspaketen.
- Die Bearbeitung sollte weit gehend unabhängig von anderen Arbeitspaketen möglich sein.
- Es wird eine eindeutige Zielsetzung fixiert.
- Es wird ein überschaubarer Zeitrahmen vorgegeben.
- Größere Arbeitspakete werden in Phasen mit Zwischenterminen gegliedert.
- Es wird ein eindeutiger Zeit- und Kostenrahmen vorgegeben.

aus: Klose, Burkhard: Projektabwicklung: Arbeitshilfen, Fallbeispiele, Checklisten im Projektmanagement. Redline Wirtschaft bei Ueberreuter, Frankfurt/Wien 2002, S. 41

12

Projektmanagement – *Project management*

Projektplanung

Beispiel für die **Arbeitspaketplanung:**

Arbeitspaketplanung
Projekt: **Überarbeitung des Internetauftritts**
Arbeitspaket: **Istanalyse Webauftritt**
Verantwortlich:

1. Abgrenzung, Inhalt und Umfang

Analyse der Istsituation des bisherigen Webauftritts des Industriekonzerns unter Berücksichtigung der angestrebten Ziele und vorhandener Verbesserungs- und Erweiterungspotenziale

2. Erwartete Ergebnisse

- Inhaltsbeschreibung (Dokumentation)
- Benutzerprofilanalyse (Anteil der Neukunden, Häufigkeit des Zugriffs durch Stammkunden)
- Bericht zur Akzeptanz des Webdesigns (Kundenbefragung)
- Beschreibung der Funktionalität (Datenbankunterstützung)

3. Abstimmung mit anderen Arbeitspaketen

Istanalyse ist die Basis zur Entwicklung eines Sollkonzepts

4. Einzuhaltende Spezifikationen

QS-Richtlinien des Industriekonzerns für Websites

5. Kapazitätsbedarf

Vier Personenwochen

6. Ecktermine

- Geplanter Beginn der Arbeiten:
- Geplantes Ende der Arbeiten:

vgl.: Tiemeyer, Ernst: Projekte erfolgreich managen. Methoden, Instrumente, Erfahrungen. Beltz Verlag. Weinheim, Basel 2002, S. 61

Die **Arbeitspaketplanung** mündet in ihrer Gesamtheit in den **Projektstrukturplan.** In ihm werden alle Projektaktivitäten systematisch erfasst. Die Reihenfolge der einzelnen Arbeitsschritte wird dabei noch nicht berücksichtigt, dies geschieht erst im **Projektablaufplan.**

Beispiel für einen **Projektstrukturplan:**

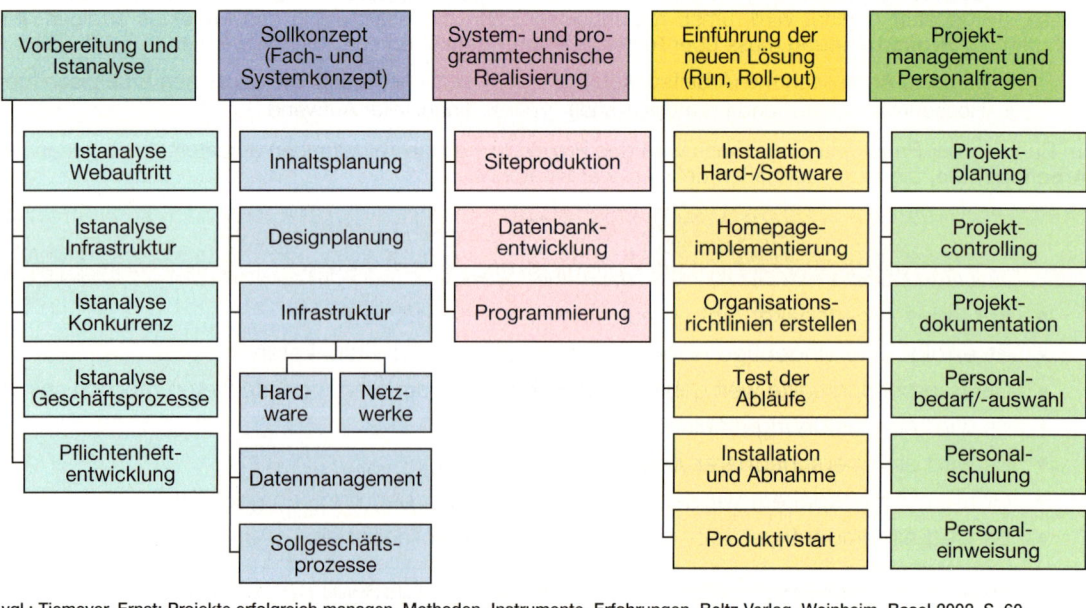

vgl.: Tiemeyer, Ernst: Projekte erfolgreich managen. Methoden, Instrumente, Erfahrungen. Beltz Verlag. Weinheim, Basel 2002, S. 60

12

3526440

Projektmanagement – *Project management*

Projektplanung

Beispiel für einen **Projektablaufplan:**

Nr.	Vorgang	Dauer (Wochen)	Unmittelbarer Vorgänger
1	Grobe Vorstudie	1	–
2	Istanalyse	4	1
3	Pflichtenhefterstellung	2	2
4	Auftragserteilung	3	3
5	Entwurf „Geschäftsprozesse"	7	4
6	Datenmodellierung	3	5
7	Entwurf „Webdesign"	2	5
8	Entwurf „Organisation"	3	5
9	Infrastrukturplanung	4	6
10	Entscheidungssitzung	1 Tag	9; 8; 7
11	Screen-Design „Disposition"	6	10
12	Screen-Design „Marketing"	8	10
13	Screen-Design „Zusatzleistungen"	6	10
14	Screen-Design „Intranet"	10	10
15	Anlageninstallation	3	11; 12; 13; 14
16	Datenbankanbindung	3	15
17	Programmierarbeiten	2	16
18	Programminstallation und Abnahme	2	17; 14
19	Personalausbildung	4	14
20	Personaleinweisung	1	19; 18
21	Produktivstart	1	20; 18

vgl.: Tiemeyer, Ernst: Projekte erfolgreich managen. Methoden, Instrumente, Erfahrungen. Beltz Verlag. Weinheim, Basel 2002, S. 62
1 aus: DIN 69901. Projektwirtschaft; Projektmanagement; Begriffe. Ausgabe 1987-08. Beuth Verlag. Berlin, Wien, Zürich

Gerade durch die Möglichkeit, spezielle Projektmanagementsoftware zu nutzen, haben sich Balkendiagramme und Netzpläne zur Darstellung von Projektablaufplänen durchgesetzt (siehe dazu S. 443 f.). Sie wenden sowohl die Arbeitspaketplanung als auch die Meilensteintechnik an. Als **Meilensteine** werden laut DIN „Ereignisse besonderer Bedeutung"[1] definiert. Sie sind Teil der Terminplanung des Projektes.

Sind Arbeitspaket- und Projektablaufplanung abgeschlossen, muss die **Ressourcen-** und **Kostenplanung** erfolgen. Die Ergebnisse der Kostenplanung gehen schließlich in einen allumfassenden **Projektfinanzplan** ein.

Überblick: Projektplanungsphase

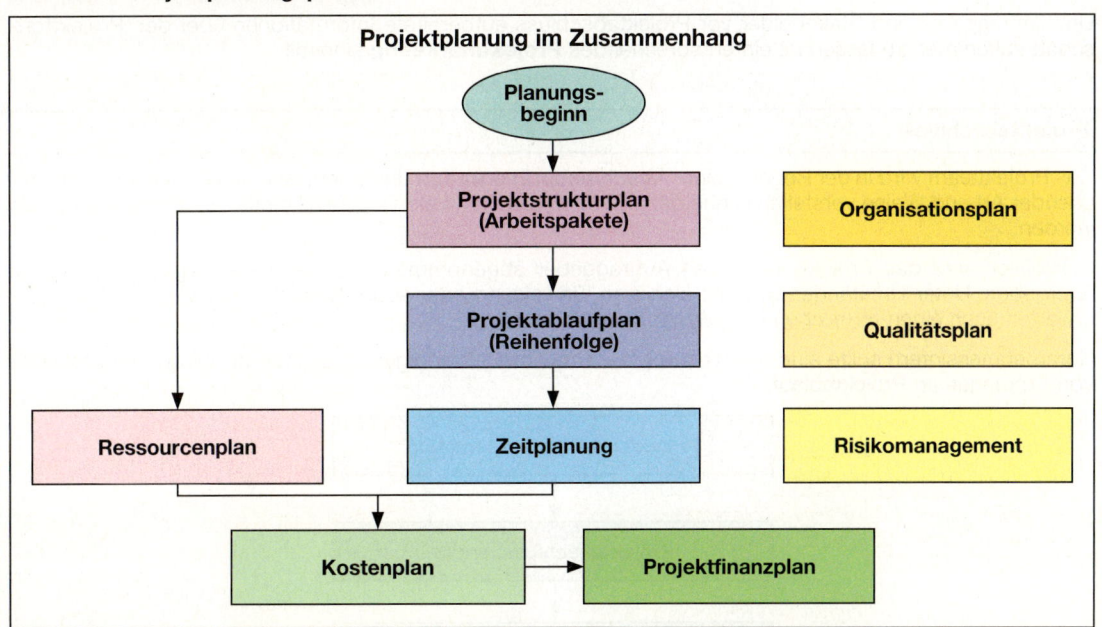

Projektplanung im Zusammenhang

- Planungsbeginn
- Projektstrukturplan (Arbeitspakete)
- Projektablaufplan (Reihenfolge)
- Ressourcenplan
- Zeitplanung
- Kostenplan
- Projektfinanzplan
- Organisationsplan
- Qualitätsplan
- Risikomanagement

vgl.: Tiemeyer, Ernst: Projekte erfolgreich managen. Methoden, Instrumente, Erfahrungen. Beltz Verlag. Weinheim, Basel 2002, S. 58

Vergleiche hierzu auch S. 435 und S. 436.

12

Projektdurchführung

Ist die Entscheidung über die Durchführung des Projektes getroffen, wird meist mit einem so genannten **Kick-Off-Meeting** die Projektdurchführungsphase begonnen. Teilnehmer dieses Initiierungstreffens sind:

- Auftraggeber
- Projektmitarbeiter
- Projektmanager
- weitere Stakeholder (z. B. Lieferanten)

Das Kick-Off-Meeting soll alle Projektbeteiligten in angemessener Umgebung zusammenführen, um die Motivation aller Beteiligten zu erhöhen und ein **Wir-Gefühl** (siehe auch S. 535) zu entwickeln. Der geplante Ablauf des gesamten Projektes wird präsentiert und erste Absprachen werden getroffen.

Im Rahmen der Projektdurchführung ist eine laufende **Projektsteuerung** und **-kontrolle** notwendig. Sie kann durch den Projektmanager, aber auch durch den Lenkungsausschuss oder spezielle **Projektcontroller** erfolgen.

Typische **Fragen** im Rahmen der **prozessorientierten Projektsteuerung** und **-kontrolle** können sein:

- Sind die vereinbarten Meilensteine zum richtigen Zeitpunkt erreicht worden?
- Konnte die Kostenplanung bisher eingehalten werden?
- Hat der Auftraggeber Änderungswünsche am Projektauftrag?
- Gibt es Probleme/Konflikte im Projektteam?
- Erfolgt die Projektdokumentation für alle Beteiligten (z. B. auch für den Auftraggeber) in ausreichendem Maße?

Das **Projektcontrolling** vergleicht laufend **Plan-** und **Istdaten** zur Kosten- und Zeitplanung und wertet sie aus; der Projektmanager muss unter Umständen korrigierend eingreifen. Änderungswünsche des Auftraggebers werden durch ein so genanntes **Claim Management** geprüft und entsprechende Korrekturen werden am Projektablauf vorgenommen.

Um die **Projektdokumentation** für alle Beteiligten transparent zu gestalten, wird spezielle Software eingesetzt, eventuell wird auch das Internet als Systemplattform für alle Dokumente genutzt. Durch ein Passwort geschützt haben alle Projektbeteiligten beim so genannten **Projekt-Hosting** jederzeit Zugriff auf alle Dokumente.

Um Auftraggeber und Stakeholder vor Projektabschluss aufbereitete Informationen über den Projektfortschritt zukommen zu lassen ist ein entsprechendes **Projektmarketing** sinnvoll.

Projektabschluss

Das Projektteam wird in der Regel in einer **Abschlusspräsentation** die Ergebnisse des Projektes in ansprechender Art und Weise vorstellen (siehe dazu S. 528), dies kann als Teil des Projektmarketings verstanden werden.

Schließlich wird das Projekt durch den Auftraggeber abgenommen und die Projektergebnisse werden übergeben. Unter Umständen schließt sich eine Einweisung oder sogar Schulung an. Viele Auftraggeber erwarten auch einen förmlichen **Projektabschlussbericht.**

Unternehmensintern sollte eine **Auswertung** der Projektarbeit erfolgen, z. B. im Hinblick auf die Ursachen von Störungen im Projektablauf.

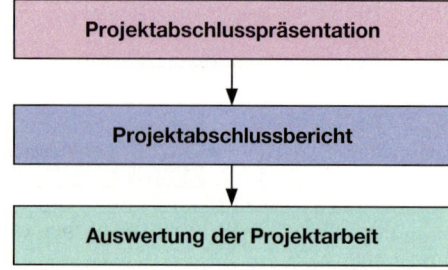

12

Projektplanungsprogramme am Beispiel Microsoft Project

Begriff

Projektplanungsprogramme sind computergestützte Hilfsmittel, die den Verlauf eines Projektes bezüglich Planung, Steuerung, Dokumentation und Zielkontrolle unterstützen.

Sie erlauben die Aufzeichnung der Organisation eines Projektes sowie seiner zeitlichen Abfolge und Gliederung in einzelne Arbeitsschritte mit zugehörigem Zeit-, Personal- und Materialbedarf.

Programmfunktionen

- Entwicklung von Zeit- und Arbeitsplänen
- Aufteilung eines Projektes in Arbeitsschritte und Meilensteine
- Definition der Abhängigkeiten einzelner Arbeitsschritte
- Aufzeichnung von Projektfortschritten
- Dokumentation und Präsentation von Planungsergebnissen (Berichtsfunktion)
- Darstellung eines Projektplanes in verschiedenen Sichten (Balkendiagramm, Netzplan, Tabellen)
- Dokumentation und Kontrolle des Projektfortschrittes (Soll-Ist-Vergleich)

Balkendiagramm (Gantt-Diagramm[1])

Im Rahmen eines Projektes soll der Zeitplan mithilfe eines Balkendiagramms verdeutlicht werden.

Schritt 1: Starten des Progammes „Microsoft Project"

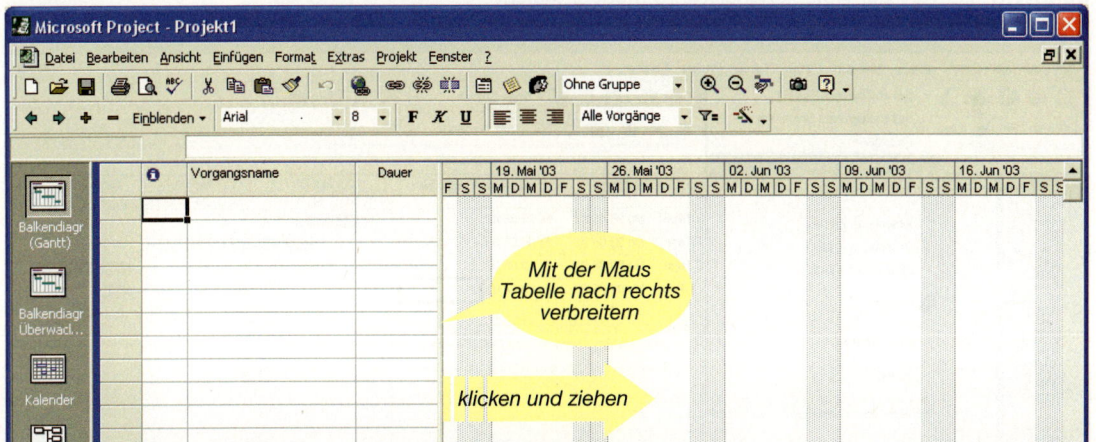

Schritt 2: Eintragen der Planungsschritte in die Tabelle der Vorgangsnamen. Die Vorgangsdauer oder Beginn- und Endzeitpunkt können genau angegeben werden.

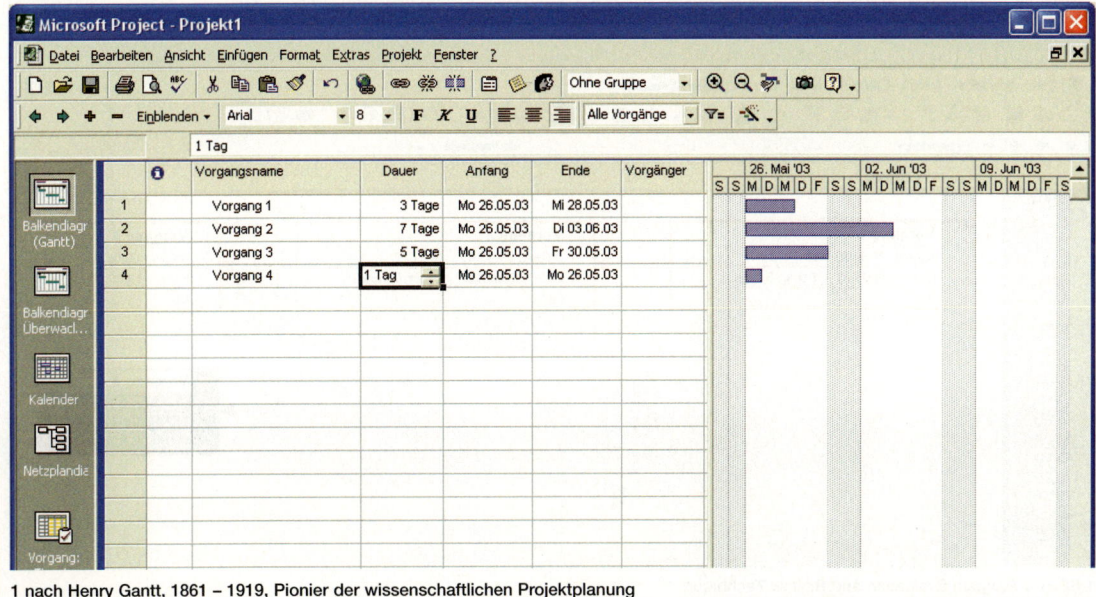

[1] nach Henry Gantt, 1861 – 1919, Pionier der wissenschaftlichen Projektplanung

12

Projektplanungsprogramme am Beispiel Microsoft Project

Balkendiagramm (Gantt-Diagramm)

Schritt 3: In der Spalte „Vorgänger" werden zeitliche Anhängigkeiten zwischen den Vorgängen dargestellt.

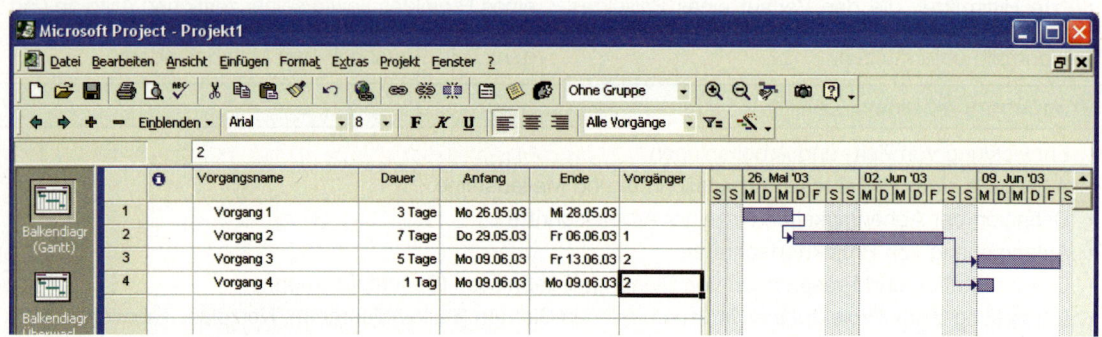

Netzplan-Ansicht (PERT-Diagramm[1])

Das Projekt kann auch mithilfe der Netzplan-Ansicht dargestellt werden. Die Netzplanansicht eignet sich besonders zur Darstellung von Abhängigkeiten zwischen den Projektschritten.

Schritt 1: Auswahl der Netzplanansicht im Menü „Ansicht"

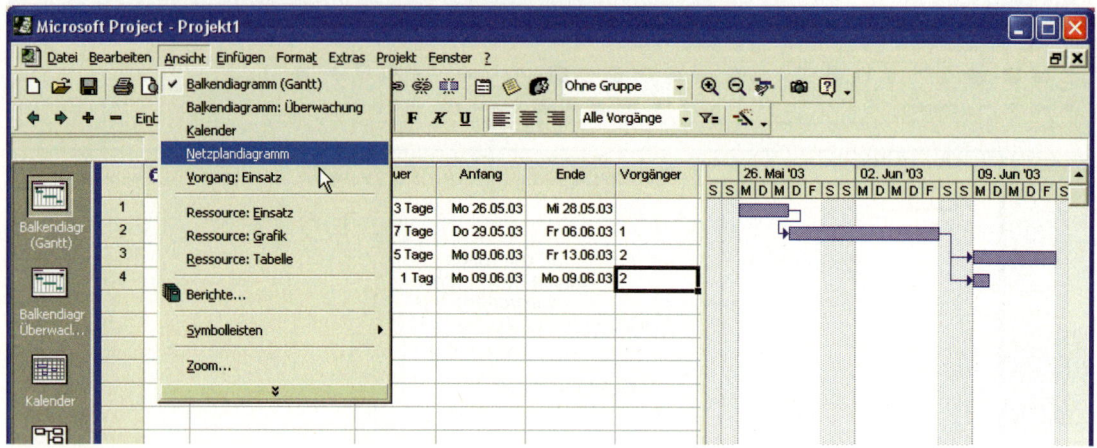

Schritt 2: Das Projekt wird in der Netzplanansicht dargestellt. Die rote Vorgangskette markiert den so genannten „kritischen Pfad". Vorgänge, die auf dem kritischen Pfad liegen, dürfen nicht verschoben werden, wenn der Projekttermin eingehalten werden soll.

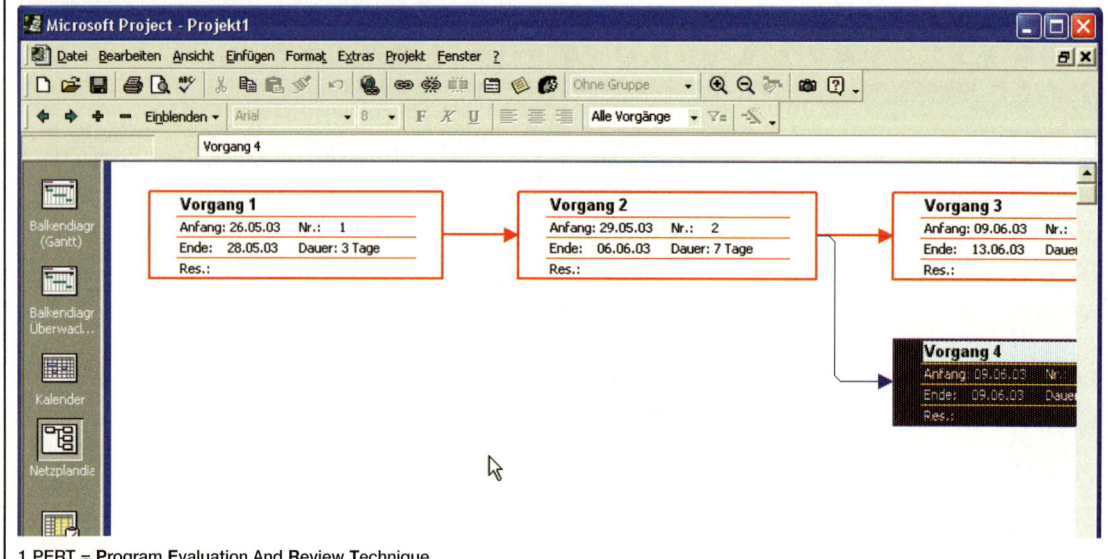

1 PERT = **P**rogram **E**valuation **A**nd **R**eview **T**echnique

Marktstrukturen und ihre Auswirkungen – *Market structures and their effects*

Begriff Markt

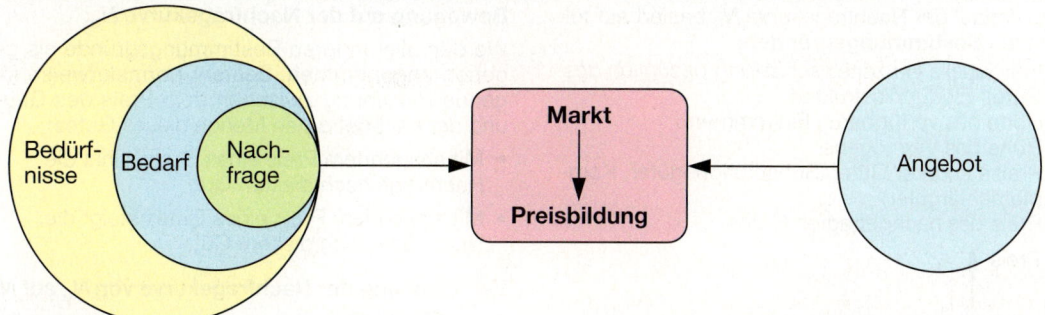

- **Bedürfnisse**
  … sind Mangelempfindungen des Menschen (Trinken gegen Durst, Essen gegen Hunger).
  … sind Triebfeder wirtschaftlichen Handelns.
- **Bedarf**
  … ist der Teil der Bedürfnisse, der durch Einkommen gedeckt werden kann.
- **Nachfrage**
  … ist der auf dem Markt erscheinende Bedarf.

In der Fachliteratur wird zwischen dem abstrakten und dem konkreten Markt unterschieden:

- Der **abstrakte Markt** ist eine Zusammenfassung von Angebots- und Nachfragebeziehungen. Er ist der theoretische Ort, an dem sich Angebot und Nachfrage treffen und an dem die Preisbildung stattfindet.
- Der **konkrete Markt** ist sachlich, zeitlich und örtlich bestimmt, z. B. die Cebit-Messe im Jahr 20.. in Hannover.

Marktarten

- **Unterscheidung nach Umfang der staatlichen Marktbeeinflussung:**
  freie Märkte (ohne Staatseingriff; Modell der freien Marktwirtschaft),
  regulierte Märkte.
- **Unterscheidung nach Umfang der Marktzutrittsmöglichkeit:**
  offene Märkte (jedermann kann als Anbieter oder Nachfrager auftreten),
  geschlossene Märkte.
- **Unterscheidung nach Stellung des Betriebes im Markt:**
  Beschaffungsmärkte,
  Absatzmärkte.
- **Unterscheidung nach Art der gehandelten Sachgüter und Leistungen:**
  Werkstoffmärkte für Roh-, Hilfs- und Betriebsstoffe,
  Betriebsmittelmärkte,
  Arbeitsmärkte,
  Geld- und Kapitalmärkte,
  Informationsmärkte.

- **Unterscheidung nach Art der Verwendung der Sachgüter und Leistungen:**
  Investitionsgütermärkte,
  Konsumgütermärkte.
- **Unterscheidung nach geografischen Gesichtspunkten:**
  Inlandsmarkt (örtlich, regional, national),
  Auslandsmarkt (EU-Markt, Weltmarkt).
- **Unterscheidung nach räumlich-zeitlichen Gesichtspunkten:**
  zentralisierte Märkte (Punktmärkte; zugleich organisierte Märkte),
  dezentralisierte Märkte (zugleich unorganisierte Märkte).
- **Unterscheidung nach Marktposition:**
  Verkäufermärkte (Nachfrage > Angebot; Verkäufer haben starke Marktposition),
  Käufermärkte (Angebot > Nachfrage; Käufer haben starke Marktposition).
- **Unterscheidung nach Vollkommenheit der Märkte:**
  vollkommene Märkte,
  unvollkommene Märkte.

Marktformen

Anbieter Nachfrager	einer	wenige	viele
einer	bilaterales Monopol	beschränktes Nachfragemonopol	Nachfragemonopol
wenige	beschränktes Angebotsmonopol	bilaterales Oligopol	Nachfrageoligopol
viele	Angebotsmonopol	Angebotsoligopol	Polypol

Erklärung: mono = ein; olig = wenig; poly = viel

aus: Hübscher, Heinrich u. a.: IT-Handbuch. IT-Systemelektroniker/-in, Fachinformatiker/-in, 4. Aufl., Braunschweig 2006, S. 26

12

Anbieter- und Nachfrageverhalten – *Supply and demand behaviour*

Bestimmungsgründe der Nachfrage privater Haushalte

Der Verlauf der Nachfragekurve N_0 basiert auf folgenden **Bestimmungsgründen:**

- Individuelle Nutzeneinschätzung bezüglich des Gutes (Bedürfnisstruktur)
- Höhe des verfügbaren Einkommens
- Höhe des Vermögens
- Preise anderer Güter (Substitutionsgüter, Komplementärgüter)
- Preis des nachgefragten Gutes

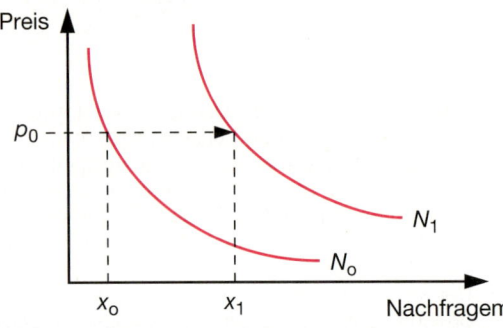

Bewegung auf der Nachfragekurve N_0:

Werden alle anderen Bestimmungsgründe als gegeben angenommen, besteht normalerweise folgende Beziehung zwischen dem Preis des Gutes und der nachgefragten Menge dieses Gutes:

- Mit steigendem Preis eines Gutes sinkt die Nachfrage nach diesem Gut.
- Mit sinkendem Preis eines Gutes steigt die Nachfrage nach diesem Gut.

Verschiebung der Nachfragekurve von N_0 auf N_1:

Ändert sich einer der vier zuerst genannten Bestimmungsgründe der Nachfrage (z. B. steigt durch eine Einkommensteuersenkung das verfügbare Einkommen der Nachfrager), verschiebt sich die Nachfragekurve (in diesem Beispiel von N_0 auf N_1 nach rechts).

Bei gegebenem Preis p_0 steigt die Nachfrage von x_0 auf x_1.

Bestimmungsgründe des Angebots privater Betriebe

Der Verlauf der Angebotskurve A_0 basiert auf folgenden **Bestimmungsgründen:**

- Zielsetzung des Anbieters (Gewinnmaximierung, Kostendeckung, Ausweitung des Marktanteils, …)
- Marktposition des Anbieters (Monopol, Oligopol, Polypol)
- tatsächliche bzw. erwartete Marktlage (Konjunktur, Preise der Konkurrenz, Nachfrageentwicklung, …)
- Kostenstruktur des Anbieters (Faktorpreise, technischer Stand)
- Preis des angebotenen Gutes

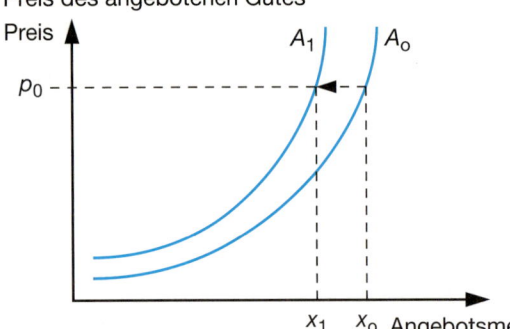

Bewegung auf der Angebotskurve A_0:

Werden alle anderen Bestimmungsgründe als gegeben angenommen, besteht normalerweise folgende Beziehung zwischen dem Preis des angebotenen Gutes und der angebotenen Menge dieses Gutes:

- Mit steigendem Preis eines Gutes steigt die Angebotsmenge dieses Gutes, da weitere Anbieter, angelockt durch sich verbessernde Gewinnchancen, auf den Markt drängen.
- Mit sinkendem Preis eines Gutes sinkt die Angebotsmenge dieses Gutes, da es sich für zunehmend mehr Anbieter aus Kostengründen nicht mehr lohnt, weiter zu produzieren.

Verschiebung der Angebotskurve von A_0 auf A_1:

Ändert sich einer der vier zuerst genannten Bestimmungsgründe des Angebots (z. B. verschlechtern sich die Konjunkturaussichten), verschiebt sich die Angebotskurve (in diesem Beispiel von A_0 auf A_1 nach links).

Bei gegebenem Preis p_0 sinkt die Nachfrage von x_0 auf x_1.

Preisbildung auf dem vollkommenen Markt – *Pricing in an ideal market*

Bedingungen des vollkommenen Marktes

- Viele Anbieter und viele Nachfrager (Polypol)
- Anbieter und Nachfrager haben vollständige Marktübersicht (Markttransparenz).
- Anbieter und Nachfrager reagieren auf Marktänderungen ohne zeitliche Verzögerungen.
- Das von den Anbietern angebotene Gut ist homogen (Güter unterscheiden sich nicht).
- Angebot und Nachfrage treffen an einem bestimmten Ort aufeinander (Punktmarkt).
- Anbieter und Nachfrager haben keine sachlichen, zeitlichen, räumlichen oder persönlichen Präferenzen.
- Unter diesen Bedingungen ergibt sich für das angebotene Gut ein Einheitspreis, der von dem einzelnen Anbieter nicht verändert werden kann (Preis = Datum).

aus: Hübscher, Heinrich u. a.: IT-Handbuch. IT-Systemelektroniker/-in, Fachinformatiker/-in, 4. Aufl., Braunschweig 2006, S. 27

12

Gleichgewichtspreis und -menge – *Price and quantity equilibrium*

Marktgleichgewicht

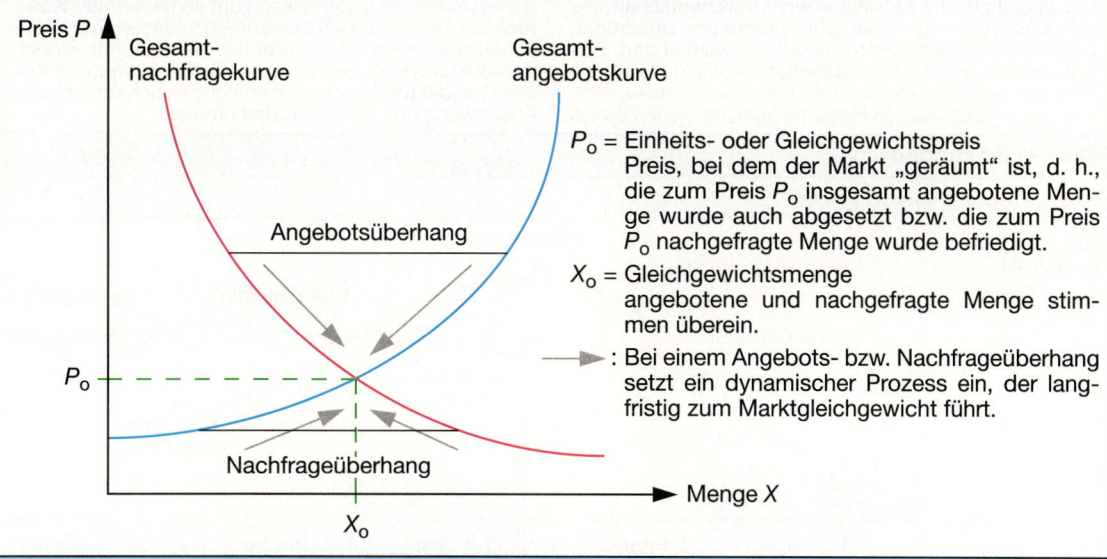

P_0 = Einheits- oder Gleichgewichtspreis
Preis, bei dem der Markt „geräumt" ist, d. h., die zum Preis P_0 insgesamt angebotene Menge wurde auch abgesetzt bzw. die zum Preis P_0 nachgefragte Menge wurde befriedigt.

X_0 = Gleichgewichtsmenge
angebotene und nachgefragte Menge stimmen überein.

⟶ : Bei einem Angebots- bzw. Nachfrageüberhang setzt ein dynamischer Prozess ein, der langfristig zum Marktgleichgewicht führt.

Funktionen des Preises

Was leistet der Preis in der Marktwirtschaft?

- Der Preis gleicht Angebot und Nachfrage auf dem Markt aus:
  Ausgleichsfunktion.
- Der Preis lenkt das Angebot (die Produktion) auf die Märkte mit der größten Nachfrage:
  Lenkungsfunktion.

- Der Preis signalisiert, ob ein Gut besonders knapp (hoher Preis) oder besonders reichlich vorhanden (niedriger Preis) ist:
  Signalfunktion.
- Der Preis „erzieht" Produzenten und Konsumenten dazu, jeweils die wirtschaftlichste Entscheidung zu treffen:
  Erziehungsfunktion.

aus: Detjen, Joachim u. a.: Mensch und Politik für die Sekundarstufe I, Hannover 1997, S. 185

Break-even-Analyse

- Ist der Preis für den einzelnen Anbieter eine durch ihn nicht veränderbare Größe, kann er seinen Gewinn nur dadurch steigern, dass er die Produktions- und Absatzmenge erhöht (Mengenanpasser). Dabei stellt sich dem Anbieter zunächst die Frage, welche Menge er mindestens produzieren und absetzen muss, um überhaupt Gewinn zu machen.

- Mithilfe der **Break-even-Analyse** – auch Gewinnschwellenanalyse genannt – wird die Produktions- und Absatzmenge (Break-even-Menge) ermittelt, bei der der Gewinn gleich null ist, Umsatz und Kosten also gleich hoch sind.

Beispiel:

Umsatzfunktion: $U = 45 x$
Kostenfunktion: $K = 400 + 25 x$

Errechnung der Break-even-Menge:
$$U = K$$
$$45 x = 400 + 25 x$$
$$20 x = 400$$
$$\underline{x = 20}$$

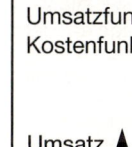

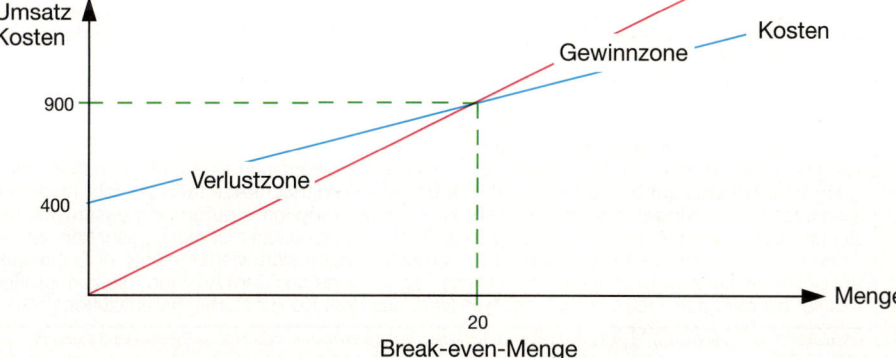

Konjunkturphasenmodell – *Business cycle pattern*

Entstehung des Vier-Phasen-Schemas

Die wirtschaftliche Aktivität in einer Volkswirtschaft, die sich z. B. in der Höhe der Güterproduktion ausdrückt, unterliegt unterschiedlich starken Schwankungen. Das Auf und Ab dieser wirtschaftlichen Entwicklung wurde über Jahrzehnte gemessen und statistisch ausgewertet. Die dabei festgestellten Regelmäßigkeiten ließen es zu, die gewonnenen Datenreihen zum so genannten **Konjunkturphasenmodell** zusammenzufassen. Die Wirtschaftswissenschaftler sprechen seitdem von einem Konjunkturzyklus, der in seiner Wellenbewegung die vier Konjunkturphasen Aufschwung, Hochkonjunktur, Abschwung und Konjunkturtief umfasst.

Die Konjunkturphasen

Klassischer Konjunkturverlauf

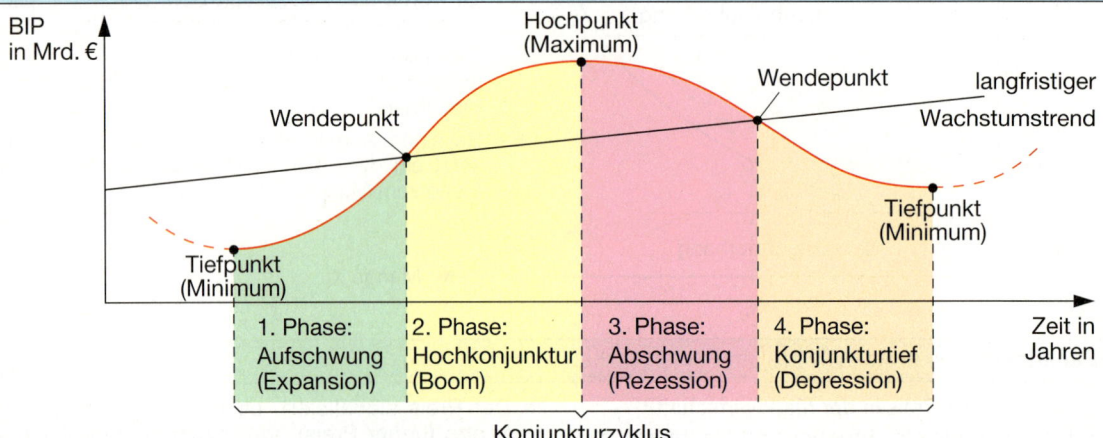

Konjunkturphase	Charakteristische Merkmale
1. Phase: **Aufschwung** (Expansion)	Die Nachfrage nach Gütern und Dienstleistungen von privaten Haushalten (Verbrauchern), den Unternehmen, dem Staat und dem Ausland steigt. Als Folge davon werden mehr Güter produziert bzw. Dienstleistungen erbracht. Die höhere Nachfrage führt zu Preissteigerungen. Soweit es notwendig erscheint, werden infolge der erhöhten Produktion mehr Arbeitskräfte eingestellt. Unternehmen erhöhen aufgrund optimistischer Erwartungen die Investitionen. Als Folge des erhöhten Verbrauchs und der gestiegenen Investitionen werden mehr Kredite nachgefragt, wodurch die Zinsen steigen. Arbeitnehmerorganisationen (Gewerkschaften) können in der Regel höhere Löhne und Gehälter im Rahmen von Tarifverhandlungen durchsetzen. Die Gewinne der Unternehmen nehmen aufgrund der gestiegenen Kapazitätsauslastung und des erhöhten Umsatzes zu.
2. Phase: **Hochkonjunktur** (Boom)	Die Kapazitäten in der Wirtschaft sind aufgrund der sehr hohen Nachfrage voll ausgelastet. Sonderschichten und Überstunden werden in vielen Unternehmen geleistet, es herrscht Vollbeschäftigung, zum Teil sogar Arbeitskräftemangel. Die Einkommen steigen, aber auch die Preise und Zinsen ziehen weiter an. Weiter zunehmende Investitionen führen zu einer fortlaufenden Produktion, bis es schließlich zu einer Überhitzung kommt: man spricht von einer Überproduktion, die Marktsättigung ist erreicht. An diesem Punkt nimmt das Bruttoinlandsprodukt nicht weiter zu, es tritt nun eine Wende dieser Entwicklung ein.
3. Phase: **Abschwung** (Rezession)	Die Marktsättigung führt dazu, dass die Nachfrage stagniert und schließlich sinkt. Die Erstellung von Gütern und Dienstleistungen passt sich der abnehmenden Nachfrage an, der Kapazitätsauslastungsgrad in den Unternehmen wird geringer. Arbeitskräfte werden entlassen und die Löhne und Gehälter beginnen zu sinken. Geringere Nachfrage führt zu fallenden Preisen. Die Unternehmen nehmen aufgrund pessimistischer Absatz- und Gewinnerwartungen nur noch die wichtigsten Investitionen vor. Es werden vornehmlich Rationalisierungs- und Ersatzinvestitionen statt Erweiterungsinvestitionen getätigt. Die Zinsen sinken, da die Nachfrage nach Krediten rückläufig ist. Das Bruttoinlandsprodukt sinkt als Folge der eingetretenen Entwicklung.
4. Phase: **Konjunkturtief** (Depression)	Die Nachfrage nach Gütern und Dienstleistungen erreicht in der Depression niedrigstes Niveau. Die Kapazitätsauslastung in den Unternehmen ist gering, auch sinkende Preise können die Gesamtnachfrage kaum steigern. Löhne und Gehälter sinken weiter, die Arbeitslosigkeit steigt stark an. Viele Unternehmen müssen Insolvenz anmelden, die Investitionsneigung befindet sich auf einem Tiefpunkt. Die geringe Kreditnachfrage führt zu sehr niedrigen Zinssätzen. Die Wirtschaftssubjekte erhöhen – soweit möglich – aufgrund pessimistischer Zukunftserwartungen ihre Spareigung. Das Bruttoinlandsprodukt ist stark gesunken. Ist die Talsohle (Tiefpunkt) des Konjunkturverlaufs erreicht, zeigen sich wieder leichte Aufschwunganzeichen. In Deutschland helfen häufig Nachfrageimpulse aus dem Ausland, die zum großen Teil auf die geringen Preise zurückzuführen sind, aus dem Konjunkturtief herauszukommen.

aus: Böker, Jürgen u. a.: Wirtschaftspolitik/Wirtschaftsordnung, 3. Aufl., Bildungshaus Schulbuchverlage Westermann Schroedel Diesterweg Schöningh Winklers GmbH, Darmstadt 2005, S. 23 f.

12

3526448

Von der Konjunkturanalyse zur Konjunkturprognose – Konjunkturindikatoren
Business cycle analysis and economic forecasting – economic indicators

Zur Beschreibung und Analyse der einzelnen Phasen des Konjunkturverlaufs werden charakteristische Merkmale der wirtschaftlichen Entwicklung herangezogen, wie z. B. die Höhe der Kapazitätsauslastung in der Industrie oder die Höhe des Bruttoinlandsproduktes. Diese Merkmale haben aber nicht nur beschreibenden Charakter, sie dienen auch der **Konjunkturprognose.** Aussagen über die Zukunft der wirtschaftlichen Entwicklung sind z. B. für Unternehmen wichtig, um Investitionsentscheidungen abzusichern, oder sie dienen dem Staat, um den Konjunkturverlauf rechtzeitig durch **konjunkturpolitische Maßnahmen,** wie z. B. Veränderung des Steuersatzes, zu beeinflussen.

Man kann die Konjunkturindikatoren nach ihrer zeitlichen Beziehung zum Konjunkturverlauf einteilen in:
- vorlaufende Indikatoren (Frühindikatoren),
- gleichlaufende Indikatoren (Gegenwartsindikatoren),
- nachlaufende Indikatoren (Spätindikatoren).

Art des Konjunkturindikators	Beispiele
vorlaufend (Frühindikator)	• Geschäftserwartungen von Unternehmen • Entwicklung der Aktienkurse • Auftragseingänge in Unternehmen • Baugenehmigungen
gleichlaufend (Gegenwartsindikator)	• Kapazitätsauslastung in Industrieunternehmen • Höhe der industriellen Produktion • Einzelhandelsumsatz • Außenhandelsumsatz
nachlaufend (Spätindikator)	• Zahl der Beschäftigten bzw. Arbeitslosen • Zahl der Insolvenzen

Grafische Darstellung der unterschiedlichen Entwicklung von vor-, gleich- und nachlaufenden Konjunkturindikatoren

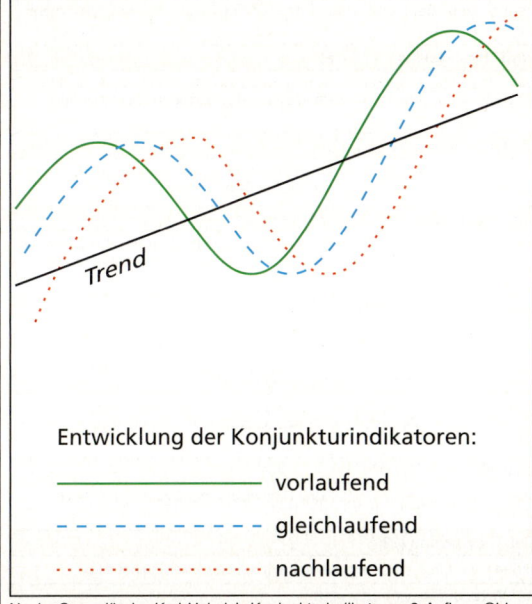

Entwicklung der Konjunkturindikatoren:

— vorlaufend

- - - gleichlaufend

⋯⋯ nachlaufend

Nach: Oppenländer, Karl-Heinrich: Konjunkturindikatoren. 2. Auflage, Oldenbourg, München, Wien 1996

aus: Böker, Jürgen u. a.: Wirtschaftspolitik/Wirtschaftsordnung, 3. Aufl., Bildungshaus Schulbuchverlag Westermann Schroedel Diesterweg Schöningh Winklers GmbH, Darmstadt 2005, S. 24 f.

Wachstumsraten des Bruttoinlandsproduktes in der Bundesrepublik Deutschland ab 1960

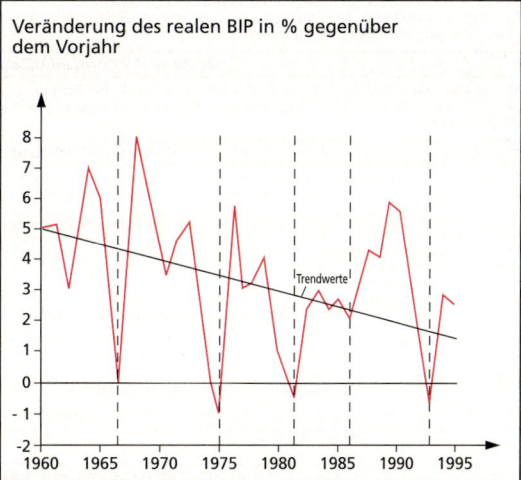

Veränderung des realen BIP in % gegenüber dem Vorjahr

Konjunktur: Wachstumsraten und Trendwerte des Bruttoinlandsproduktes der Bundesrepublik Deutschland 1960 bis 1995 (ab 1992 einschließlich neue Bundesländer) in Preisen von 1991 (dargestellt sind jeweils die Veränderungen gegenüber dem Vorjahr in Prozent); die Jahre 1967, 1975, 1982 und 1993 markieren die unteren Wendepunkte eines Konjunkturzyklus.

nach: Brockhaus-Enzyklopädie in 24 Bänden. 20. überarbeitete und aktualisierte Auflage. Bd. 12, Mannheim 1997

12

Ziele und Zielkonflikte staatlicher Wirtschaftspolitik
Aims and conflicting aims of governmental economic policy

Zielbeziehungen: ☺ = Harmonie   ☹ = Konflikt   ☺☹ = Harmonie bzw. Konflikt in Abhängigkeit von der wirtschaftspolitischen Situation

Lebenswerte Umwelt

Gerechte Einkommens- und Vermögensverteilung

- (11)
- (5)
- (12) **Stabiles Preisniveau**
- (7)
- (6)
- **Hoher Beschäftigungsstand** (8)
- (9)
- (1)
- (2)
- (13) **Angemessenes Wirtschaftswachstum**
- (3)
- **Außenwirtschaftliches Gleichgewicht** (10)
- (4)
- (14)

Erläuterungen zu den Beziehungen der Ziele staatlicher Wirtschaftspolitik (vgl. S. 374)

Angemessenes Wirtschaftswachstum/Stabiles Preisniveau (1)
Ein erhöhtes Wirtschaftswachstum kann durch eine verstärkte Gesamtnachfrage gegenüber dem gesamtwirtschaftlichen Angebot ein erhöhtes Preisniveau verursachen (Zielkonflikt).

Angemessenes Wirtschaftswachstum/Hoher Beschäftigungsstand (2)
Ein erhöhtes Wirtschaftswachstum hat z. B. durch größere Produktionskapazitäten eine steigende Beschäftigung zur Folge (Zielharmonie).

Angemessenes Wirtschaftswachstum/Außenwirtschaftliches Gleichgewicht (3)
Maßnahmen zur Stärkung des Wirtschaftswachstums (z. B. Steuervergünstigungen, Subventionen) sind nicht immer geeignet, gleichzeitig ein außenwirtschaftliches Gleichgewicht zu sichern, weil hierdurch ein Exportüberhang entstehen kann (eher Zielkonflikt).

Angemessenes Wirtschaftswachstum/Gerechte Einkommens- und Vermögensverteilung (4)
Ein erhöhtes Wirtschaftswachstum wird durch ein leistungsorientiertes Steuersystem begünstigt, während eine gerechtere Einkommens- und Vermögensverteilung eher mithilfe eines sozialorientierten Steuersystems erreicht wird (eher Zielkonflikt).

Stabiles Preisniveau/Gerechte Einkommens- und Vermögensverteilung (5)
Stabile Preise sind eher dazu geeignet, ein Auseinanderklaffen der Einkommensschere zu verhindern, und unterstützen damit eine gerechtere Einkommens- und Vermögensverteilung (Zielharmonie).

Stabiles Preisniveau/Außenwirtschaftliches Gleichgewicht (6)
Maßnahmen zur Sicherung eines stabilen Preisniveaus (z. B. Eindämmung der staatlichen Nachfrage) müssen nicht zu gravierenden Angebots- bzw. Nachfrageverschiebungen im Im- und Export führen; die Zielvorstellung eines außenwirtschaftlichen Gleichgewichts wird dadurch nicht zwangsläufig beeinträchtigt (Zielharmonie).

Hoher Beschäftigungsstand/Stabiles Preisniveau (7)
Ein hoher Beschäftigungsstand kann durch einen entsprechenden Anstieg der Einkommen über eine erhöhte gesamtwirtschaftliche Nachfrage zu Preiserhöhungen führen. Die erhöhten Preise sind außerdem eine Folge der Verteuerung des Produktionsfaktors Arbeit (Zielkonflikt).

Hoher Beschäftigungsstand/Gerechte Einkommens- und Vermögensverteilung (8)
Ein hoher Beschäftigungsstand führt auf der Nachfrageseite zu einem höheren Einkommen für alle Wirtschaftssubjekte. Damit steigt auch der Spielraum für den Staat, durch gezielte Maßnahmen (z. B. durch eine entsprechende Steuerpolitik) eine gerechtere Einkommens- und Vermögensverteilung zu verwirklichen (eher Zielharmonie).

Hoher Beschäftigungsstand/Außenwirtschaftliches Gleichgewicht (9)
Eine hohe Beschäftigung wird häufig durch Maßnahmen verfolgt, die in der Regel die Exporte begünstigen, wodurch ein außenwirtschaftliches Gleichgewicht gefährdet sein könnte (eher Zielkonflikt).

Außenwirtschaftliches Gleichgewicht/Gerechte Einkommens- und Vermögensverteilung (10)
Maßnahmen zur Erreichung eines außenwirtschaftlichen Gleichgewichts (z. B. Veränderung der Zoll- und Steuersätze) stehen nicht unbedingt in Konflikt mit Maßnahmen zur Erreichung einer gerechten Einkommens- und Vermögensverteilung, wie z. B. die Förderung eines sozialorientierten Steuersystems (Zielharmonie).

Lebenswerte Umwelt/Hoher Beschäftigungsstand (11)
Staatliche Investitionsförderung im Umweltschutzsektor kann entsprechende Arbeitsplätze schaffen (Zielharmonie). Hohe Umweltschutzauflagen führen häufig zu Produktionsverlagerungen ins Ausland und damit zum Export von Arbeitsplätzen (Zielkonflikt).

Lebenswerte Umwelt/Stabiles Preisniveau (12)
Staatliche Umweltschutzauflagen können beim Hersteller die Produktionskosten erhöhen, wodurch das Preisniveau steigen kann (eher Zielkonflikt).

Lebenswerte Umwelt/Angemessenes Wirtschaftswachstum (13)
Staatliche Investitionsförderung im Umweltschutzsektor führt in den entsprechenden Branchen zu Wirtschaftswachstum (Zielharmonie). Hohe staatliche Umweltschutzauflagen können sowohl in Produktions- als auch in Dienstleistungsbetrieben zur Eindämmung wirtschaftlicher Aktivitäten führen (Zielkonflikt).

Lebenswerte Umwelt/Außenwirtschaftliches Gleichgewicht (14)
Sowohl die Förderung von Umweltschutzinvestitionen als auch staatliche Umweltschutzauflagen stehen wirtschaftspolitischen Maßnahmen zur Gewährleistung eines außenwirtschaftlichen Gleichgewichts nicht prinzipiell entgegen (Zielharmonie).

aus: Böker, Jürgen u. a.: Wirtschaftspolitik/Wirtschaftsordnung, Lehrerband, Darmstadt 2005, S. 32 f.

12

3526450

Traditionelle Instrumente der staatlichen Wirtschaftspolitik
Traditional instruments of governmental economic policy

Das **wirtschaftspolitische Instrumentarium** umfasst die Gesamtheit aller Maßnahmen, die dem Staat zur Verfügung stehen, um die in § 1 des „Stabilitätsgesetzes" festgelegten Ziele zu erreichen.

Zentrale wirtschaftspolitische Instrumente des Staates[1]

Konjunktur-
fördernde
Wirkung
auf

Konjunktur-
dämpfende
Wirkung
auf

Beispiele

Beispiele

Konjunkturfördernde Wirkung	Beispiele	Instrument	Beispiele	Konjunkturdämpfende Wirkung
Unternehmen, z. B. Verbilligung der Produktion durch Verbesserung der Abschreibungsmöglichkeiten	– Abschaffung von Steuern – Steuersenkung	**Steuerpolitik**	– Einführung neuer Steuern – Steuererhöhung	**Unternehmen,** z. B. Verteuerung der Produktion durch Verschlechterung der Abschreibungsmöglichkeiten
	Erhöhung der staatlichen Aufträge	**Nachfragepolitik**	Senkung der staatlichen Aufträge	
Private Haushalte, z. B. Erhöhung der Konsumausgaben durch Steuersenkungen	Abbau oder Verminderung von Sparprämien	**Sparpolitik**	Gewährung oder Erhöhung von Sparprämien	**Private Haushalte,** z. B. Senkung der Konsumausgaben durch Steuererhöhungen
	Erhöhung der staatlichen Kreditaufnahme	**Kreditpolitik**	Verminderung oder Verzicht auf Kreditaufnahme	
Ausland, z. B. Verbilligung der Warenlieferungen ins Ausland durch Senkung von Steuern und staatlichen Abgaben	Gewährung von Subventionen	**Subventionspolitik**	Abbau von Subventionen	**Ausland,** z. B. Verteuerung der Warenlieferungen ins Ausland durch Erhöhung von Steuern und staatlichen Abgaben
	Einführung von Abschreibungsvergünstigungen	**Abschreibungspolitik**	Abbau von Abschreibungsvergünstigungen	

Der Einsatz dieser wirtschaftspolitischen Instrumente erfolgt im Rahmen der kurzfristigen **antizyklischen Konjunkturpolitik** und dient der langfristigen Gestaltung der **Strukturpolitik** (siehe S. 373).

12

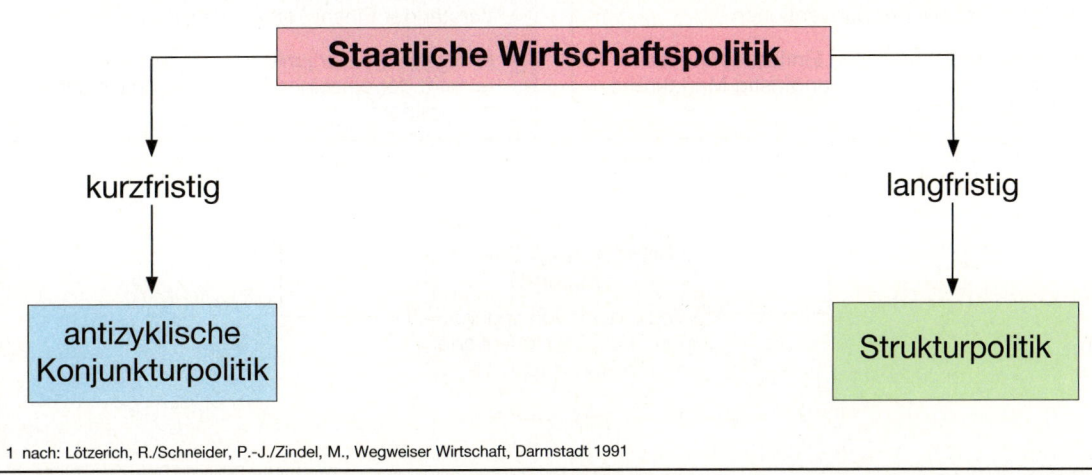

Staatliche Wirtschaftspolitik

kurzfristig → antizyklische Konjunkturpolitik

langfristig → Strukturpolitik

1 nach: Lötzerich, R./Schneider, P.-J./Zindel, M., Wegweiser Wirtschaft, Darmstadt 1991

aus: Böker, Jürgen u. a.: Wirtschaftspolitik/Wirtschaftsordnung, 3. Aufl., Darmstadt 2005, S. 33

Angebots- und Nachfrageorientierung als Grundkonzeptionen staatlicher Wirtschaftspolitik

Supply- and demand-oriented governmental economic policy

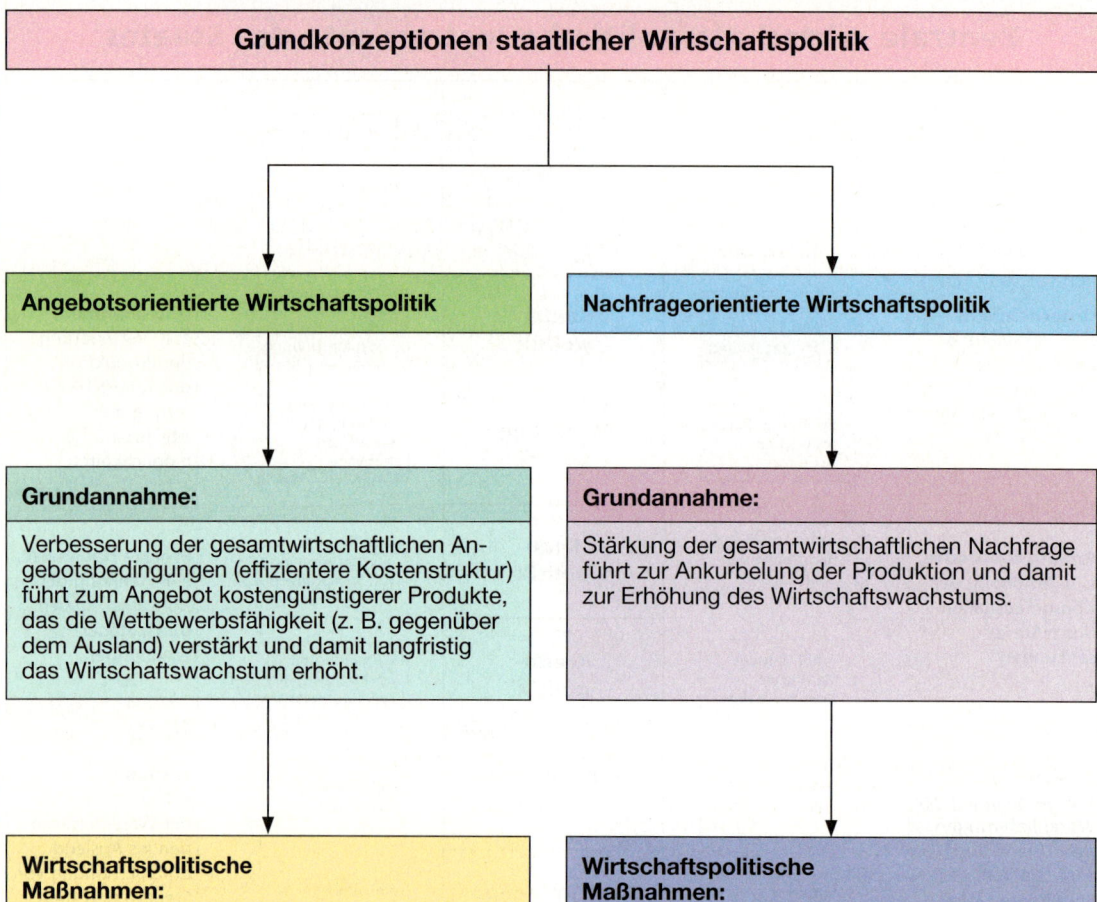

Grundkonzeptionen staatlicher Wirtschaftspolitik

Angebotsorientierte Wirtschaftspolitik

Nachfrageorientierte Wirtschaftspolitik

Grundannahme:

Verbesserung der gesamtwirtschaftlichen Angebotsbedingungen (effizientere Kostenstruktur) führt zum Angebot kostengünstigerer Produkte, das die Wettbewerbsfähigkeit (z. B. gegenüber dem Ausland) verstärkt und damit langfristig das Wirtschaftswachstum erhöht.

Grundannahme:

Stärkung der gesamtwirtschaftlichen Nachfrage führt zur Ankurbelung der Produktion und damit zur Erhöhung des Wirtschaftswachstums.

Wirtschaftspolitische Maßnahmen:

- Schaffung von rechtlichen Rahmenbedingungen, die zu Kosteneinsparungen in Unternehmen führen (z. B. Senkung von Lohnnebenkosten)
- Einschränkung der staatlichen Nachfrage
- Abbau staatlicher Subventionen
- Abbau des staatlichen Einflusses auf die Konjunkturpolitik, um langfristig Marktkräfte zu stärken

Wirtschaftspolitische Maßnahmen:

- Stärkung der Massenkaufkraft durch Erhöhung von Löhnen und Gehältern
- Erhöhung der staatlichen Nachfrage (z. B. durch gezielten Einsatz von speziellen Ausgaben- bzw. Beschäftigungsprogrammen)
- Verstärkter Einsatz staatlicher Subventionen
- Antizyklische Konjunkturpolitik, um die Intensität der einzelnen Konjunkturausschläge abzumildern

Wirtschaftspolitik der Zukunft?

Verbindung von angebots- und nachfrageorientierter Wirtschaftspolitik

12

aus: Böker, Jürgen u. a.: Wirtschaftspolitik/Wirtschaftsordnung, Lehrerband, Bildungshaus Schulbuchverlage Westermann Schroedel Diesterweg Schöningh Winklers GmbH, Darmstadt 2005, S. 38

3526452

Entscheidungsgrundlagen staatlicher Wirtschaftspolitik: Jahresgutachten und Jahreswirtschaftsbericht
Basis for governmental economic decisions

Sachverständigenrat (SVR = die so genannten „Fünf Weisen")	Bundesregierung
erstellt (jährlich bis zum 15. Nov.)	nimmt Stellung zum Jahresgutachten (bis zum 31. Jan.) im

Jahresgutachten	Jahreswirtschaftsbericht	
Inhalt: → Begutachtung der gesamtwirtschaftlichen Lage und deren absehbare Entwicklung durch unabhängige Sachverständige → Aufzeigen möglicher wirtschaftspolitischer Maßnahmen, ohne bestimmte wirtschaftspolitische Maßnahmen zu empfehlen	**Inhalt:** → Darlegung der angestrebten wirtschafts- und finanzpolitischen Ziele (Jahresprojektion) → Darlegung der für das laufende Jahr geplanten Wirtschafts- und Finanzpolitik	geht ein in
Rechtsquelle: Gesetz über die Bildung eines Sachverständigenrates zur Begutachtung der gesamtwirtschaftlichen Entwicklung	**Rechtsquelle:** Gesetz zur Förderung der Stabilität und des Wachstums der Wirtschaft	• Haushaltsplan der Bundesregierung • Mittelfristige Finanzplanung (Mifrifi)

Öffentlichkeit

aus: Böker, Jürgen u. a.: Wirtschaftspolitik/Wirtschaftsordnung, Lehrerband, Darmstadt 2005, S. 31

Zielsetzung und Maßnahmen einer ökologischen Steuerreform
Aims and instruments of an ecological tax reform

Ökologische Steuerreform

Einbeziehung ökologischer Elemente in das Steuersystem durch Besteuerung des Verbrauchs von Umweltressourcen bei gleichzeitiger Verbilligung des Produktionsfaktors Arbeit

Ziel

Schonung der Umwelt bei gleichzeitigem Abbau der Arbeitslosigkeit

Mögliche Maßnahmen

• Belastung energieintensiver Branchen
• Verminderung von Lohnnebenkosten (z. B. durch Absenkung der Sozialversicherungsbeiträge)
• Förderung technischer Innovationen zum Schutz der Umwelt (z. B. Subventionierung der Solartechnologie)

Argumente der Befürworter:	Argumente der Gegner:
• Beschleunigung eines notwendigen wirtschaftlichen Strukturwandels durch Verteuerung des Verbrauchs von Umweltgütern • Doppelter Nutzen durch Schonung von Ressourcen und Umwelt sowie Entlastung des Produktionsfaktors Arbeit bzw. Abbau von Arbeitslosigkeit	• Wettbewerbsnachteile deutscher Unternehmen wegen fehlender internationaler Harmonisierung von Öko-Steuersätzen • Verstoß gegen das Verfassungsprinzip einer leistungsabhängigen Besteuerung

aus: Böker, Jürgen u. a.: Wirtschaftspolitik/Wirtschaftsordnung, Lehrerband, Darmstadt 2005, S. 40

12

Arbeitsmarkt – *Labour market*

Begriff

Auf dem Arbeitsmarkt treffen – wie auf jedem Markt – Angebot und Nachfrage aufeinander. Bei der Unterscheidung von Angebot und Nachfrage auf dem Arbeitsmarkt muss genau festgelegt werden, ob sich die beiden Begriffe auf die **Arbeitskraft** oder den **Arbeitsplatz** beziehen:

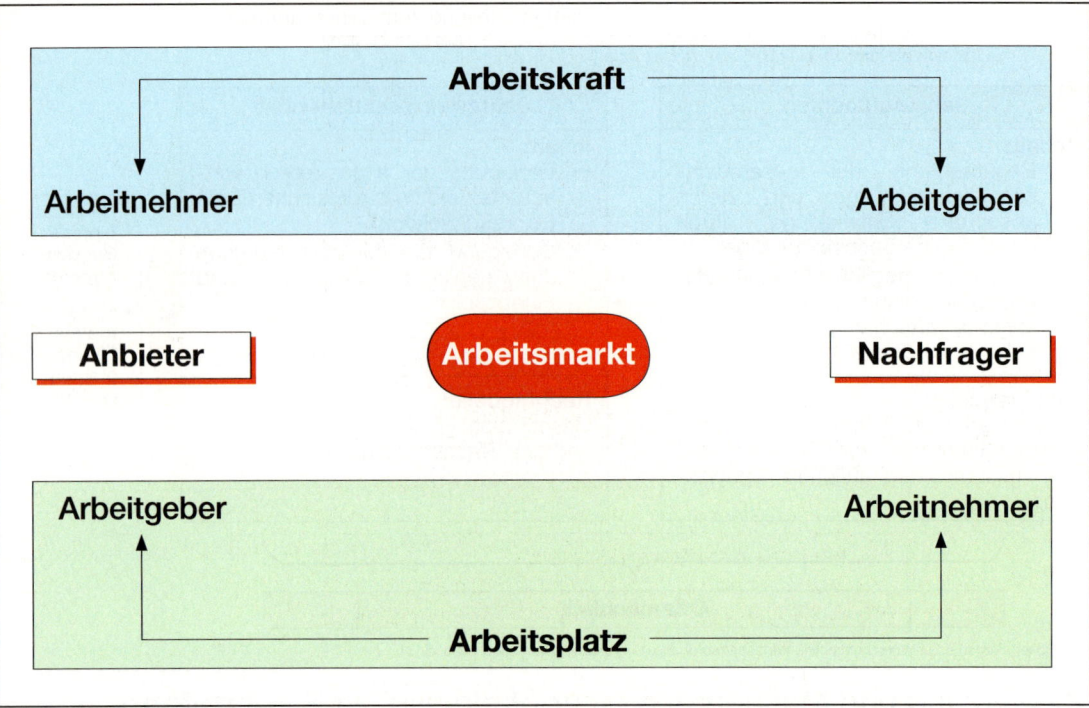

Der **Arbeitsmarkt** ist gegenüber anderen Märkten von **besonderen Bedingungen** geprägt:
- der Anbieter von Arbeitskraft ist in der Regel gezwungen, diese anzubieten;
- Anbieter und Nachfrager schließen sich häufig zu Verbänden (Gewerkschaften, Arbeitgeberverbände) zusammen, um ihre Interessen wirksamer durchsetzen zu können;
- der Staat beeinflusst durch verschiedene Maßnahmen den Arbeitsmarkt, z. B. durch Gesetze und Vorschriften.

Erwerbstätige

Erwerbstätige sind alle Personen, die in einem bestimmten Zeitraum zur Erzielung von Einkommen arbeiten (ca. 40 Mio., d. h. knapp die Hälfte der Einwohner der Bundesrepublik Deutschland). Sie setzen sich zusammen aus:
- abhängigen Erwerbstätigen[1] (ca. 35 bis 37 Mio.)
  - Arbeiter
  - Angestellte
  - Beamte
- Selbstständigen und mithelfenden Familienangehörigen (ca. 3 bis 4 Mio.).

Arbeitslosenquote

Die Arbeitslosenquote in Prozent errechnet sich wie folgt:

$$\frac{\text{Arbeitslose} \cdot 100}{\text{abhängige Erwerbstätige} + \text{Arbeitslose}^{2}}$$

Sie dient als aussagefähigere und besser vergleichbare Berechnungsgröße der Arbeitslosigkeit als die absolute Arbeitslosenzahl.

1 einschließlich aller Auszubildenden (ca. 1 Mio.)
2 abhängige Erwerbstätige + Arbeitslose = abhängige Erwerbspersonen

aus: Böker, Jürgen u. a.: Wirtschaftspolitik/Wirtschaftsordnung, 3. Aufl., Darmstadt 2005, S. 12

12

3526454

Arbeitslosigkeit – *Unemployment*

Ursachen

Ursachen der Arbeitslosigkeit

Saisonale Nachfrageschwankungen
z. B. schlechte Witterungsbedingungen in der Bauindustrie oder der Landwirtschaft

Konjunkturelle Schwankungen
z. B. durch eine allgemeine Abschwächung der Wirtschaftstätigkeit

Sektorale Veränderungen der Wirtschaftsstruktur
z. B. durch das Schrumpfen einzelner Wirtschaftszweige wie der Textilindustrie (sekundärer Sektor) bzw. durch das Wachsen von neuen Wirtschaftszweigen wie der Multimedia-Branche (tertiärer Sektor)

Wechsel des Arbeitsverhältnisses
z. B. wenn aus organisatorischen Gründen ein Arbeitsverhältnis nicht nahtlos in ein neues übergeht

Globalisierungsdruck
z. B. Arbeitsplatzabbau im Inland durch notwendige Verbesserung der Kostenstruktur der Unternehmen

Unzureichende Qualifikation eines Teils der Erwerbstätigen
z. B. bei mangelnder Fortbildungsbereitschaft oder -fähigkeit

Überregulierung des Arbeitsmarktes
z. B. durch zu geringe Flexibilität des Tarifvertragssystems

aus: Böker, Jürgen u. a.: Wirtschaftspolitik/Wirtschaftsordnung, Lehrerband, Bildungshaus Schulbuchverlage Westermann Schroedel Diesterweg Schöningh Winklers GmbH, Darmstadt 2005, S. 26

Versteckte Arbeitslosigkeit

Von versteckter Arbeitslosigkeit wird gesprochen, wenn

- sich Arbeitslose bei der Arbeitsagentur nicht registrieren lassen, da sie keine Ansprüche auf Arbeitslosengeld oder Arbeitslosengeld II mehr geltend machen können,
- Arbeitslose in Umschulungsmaßnahmen eintreten oder
- Arbeitslose oder durch Arbeitslosigkeit Bedrohte in den vorzeitigen Ruhestand eintreten.

Langzeitarbeitslosigkeit

Ein erhebliches Problem besteht in der so genannten Langzeitarbeitslosigkeit. Diese liegt vor, wenn Arbeitslose länger als ein Jahr ohne Arbeit sind (in Deutschland ca. 30 % der Arbeitslosen).

aus: Böker, Jürgen u. a.: Wirtschaftspolitik/Wirtschaftsordnung, 3. Aufl., Darmstadt 2005, S. 13

12

Arbeitszeitmodelle: ein Beitrag zur Arbeitsmarktpolitik?
Working hour models: a contribution to labour market policy?

Altersteilzeit
Ab dem 55. Lebensjahr können vollzeitbeschäftigte Arbeitnehmerinnen und Arbeitnehmer (AN) in Altersteilzeit gehen, das heißt auf eine halbe Stelle wechseln, wobei z. B. 70 % des Vollzeitentgeltes weitergezahlt werden. Der Rentenanspruch reduziert sich (z. B. um 10 %).

Gleitende Altersruhe
AN „hamstern" auf einem Langzeitarbeitskonto Arbeitsstunden, die im Alter langsam abgebaut werden können. Der Rentenanspruch vermindert sich dabei nicht.

Bandbreitenmodell
Die AN können ihre vertragliche Arbeitszeit z. B. für ein Jahr innerhalb einer Bandbreite (z. B. zwischen 15 und 40 Wochenstunden) festlegen. Das Entgelt vermindert oder erhöht sich entsprechend.

Jahresarbeitszeit
Die Wochenarbeitszeit variiert zwar im Jahresverlauf, wird aber auf eine festgelegte Jahresarbeitszeit bezogen, sodass das Entgelt monatlich gleich bleibt.

Gleitzeit
Neben einer betrieblich festgelegten täglichen Kernzeit bestimmen die AN ihre Arbeitszeit nach persönlichen Bedürfnissen selbst oder sie wird der Auftragslage angepasst. Dabei wird ein Monatsarbeitszeitkonto mit Minus- und Plusstunden geführt.

Arbeit auf Abruf
In Abhängigkeit von der Auftragslage werden die AN von ihrem Unternehmen benachrichtigt und aufgefordert, ihre Arbeit aufzunehmen.

Rollierende Wochenarbeit
Die AN haben z. B. einen rollierenden freien Tag pro Arbeitswoche. Für das Unternehmen bedeutet dies trotzdem eine 5-Tage-Woche.

Turnusteilzeit
Die AN arbeiten nach festgelegten Arbeitszeitrhythmen, z. B. wöchentlich wechselnd von montags bis mittwochs bzw. mittwochs bis freitags.

4-Tage-Woche
Die Arbeitszeit wird gegenüber der Normalarbeitswoche um einen Tag gekürzt, wobei die AN auf einen auszuhandelnden Teil des Entgelts verzichten.

Sabbatical
Die AN verzichten trotz Vollzeitarbeit auf einen Teil des Jahresentgeltes (z. B. ein Zwölftel). Dadurch entsteht ein zusätzlicher Urlaubsanspruch pro Jahr (z. B. ein Monat), der aber erst nach einer Ansparzeit als „Langzeiturlaub" abgegolten wird.

Jobsharing
Zwei oder mehrere AN teilen sich einen Arbeitsplatz. Dabei legen sie die Dauer und Lage ihrer Arbeitszeiten in Absprache fest.

12

aus: Böker, Jürgen u. a.: Wirtschaftspolitik/Wirtschaftsordnung, Lehrerband, Darmstadt 2005, S. 39

Geld und Preis – *Money and price*

Geldwert

Er gibt an, wie viele Güter und Dienstleistungen man mit einer Geldeinheit, z. B. 1 €, kaufen kann. Vom **nominalen Geldwert,** dem aufgedruckten Betrag, ist der **reale Geldwert,** die so genannte **Kaufkraft,** zu unterscheiden. Nur der reale Geldwert entscheidet letztendlich darüber, welchen Wert das Geld z. B. für einen Verbraucher oder ein Unternehmen hat. Die Veränderung des realen Geldwertes im Zeitablauf spiegelt sich in der Preissteigerungsrate (s. u.) wider. Von **Geldwertstabilität** wird gesprochen, wenn der Geldwert über mehrere Jahre unverändert bleibt.

Preisniveau

Erhöhen sich die **Preise** für Güter und Dienstleistungen in einer Volkswirtschaft, verringert sich die Kaufkraft. Das so genannte **Preisniveau** ist der Durchschnittswert aller vom **Statistischen Bundesamt** erfassten Preise von Gütern und Dienstleistungen. Von einem **stabilen Preisniveau** wird gesprochen, wenn sich dieser Durchschnittswert im Zeitablauf, z. B. in einem Jahr, nicht verändert. Die **Preissteigerungsrate (Inflationsrate)** gibt an, um wie viel Prozent sich die Preise gegenüber einem Vergleichszeitpunkt oder -raum verändert haben. In Deutschland werden die Preissteigerungsraten vom Statistischen Bundesamt monatlich und jährlich ausgewiesen. Die Preissteigerungsrate lässt sich aber auf unterschiedliche Arten von Gütern und Dienstleistungen beziehen: So kann die jährliche Preissteigerungsrate bei Kaffee z. B. 0,5 %, bei Autos z. B. 5 % betragen, was für die Kaufentscheidung des Einzelnen wichtig ist.

Für wirtschaftspolitische Entscheidungen werden von den Statistikern so genannte **Warenkörbe** gebildet. Ein Warenkorb ist eine repräsentative Auswahl von Gütern und Dienstleistungen, er wird vom Statistischen Bundesamt ca. alle fünf Jahre verändert, um so veränderte Verbrauchsgewohnheiten zu berücksichtigen.

Warenkorb

Der Verbraucherpreisindex für Deutschland will ein umfassendes Bild der Preisentwicklung vermitteln, soweit davon die privaten Haushalte betroffen sind. Es ist deshalb erforderlich, deren Verbrauchsgewohnheiten umfassend und sehr detailliert zu erfassen und den Berechnungen eines Verbraucherpreisindex zugrunde zu legen. Es ist aber nicht möglich und auch nicht erforderlich, die Preise für alle angebotenen und von privaten Haushalten gekauften Waren und Dienstleistungen zu erheben. Es ist vielmehr ausreichend, aus der Fülle des Güterangebots einige hundert auszuwählen, die stellvertretend sowohl den gesamten Verbrauch als auch die Preisentwicklung der von den Haushalten nachgefragten Güter mit hinreichender Genauigkeit repräsentieren. Die Gesamtheit der ausgewählten Güter heißt Warenkorb. Der Warenkorb für die Preisindizes in der Bundesrepublik Deutschland umfasst zurzeit ca. 750 Waren und Dienstleistungen.

Wägungsschema

Viel wichtiger als die Auswahl der einzelnen Preisrepräsentanten, also die Festlegung des Warenkorbes, ist die Bestimmung des Gewichts, mit dem die Preisentwicklung einzelner Preisrepräsentanten in die Gesamtindizes eingeht. Das Wägungsschema quantifiziert, welchen Anteil z. B. die Mietausgaben oder andere Ausgabepositionen an den gesamten Verbrauchsausgaben der privaten Haushalte haben. Höhe und Struktur der Ausgaben der privaten Haushalte werden vom Statistischen Bundesamt aus den Ergebnissen der Einkommens- und Verbrauchsstichprobe, die alle fünf Jahre durchgeführt wird, und der jährlichen Statistik der laufenden Wirtschaftsrechnungen abgeleitet.

aus: Statistisches Bundesamt Deutschland, www.destatis.de/basis/d/preis/vpitsti8.htm, Jan. 2002

12

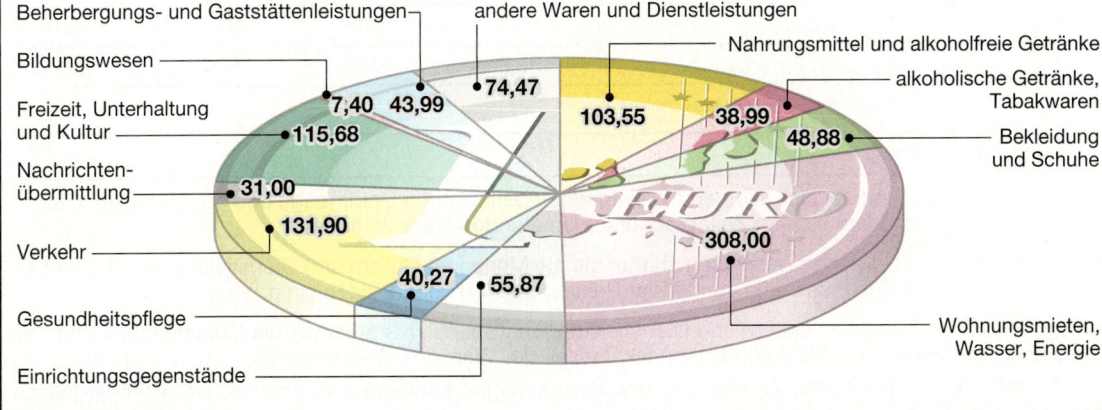

Deutschland – Wägungsschema 2005 (Angaben in Promille)

Beherbergungs- und Gaststättenleistungen — 7,40 43,99
Bildungswesen — 7,40
andere Waren und Dienstleistungen — 74,47
Nahrungsmittel und alkoholfreie Getränke — 103,55
alkoholische Getränke, Tabakwaren — 38,99
Freizeit, Unterhaltung und Kultur — 115,68
Bekleidung und Schuhe — 48,88
Nachrichtenübermittlung — 31,00
Verkehr — 131,90
Gesundheitspflege — 40,27
Einrichtungsgegenstände — 55,87
Wohnungsmieten, Wasser, Energie — 308,00

Zahlungsangaben: Statistisches Bundesamt, Wiesbaden, Februar 2008

Preisniveau

Verbraucherpreisindex

Deutschland: Alle privaten Haushalte (2000 = 100)

Jahr	Gesamtindex (alle 12 Abteilungen)	Nahrungsmittel und alkoholfreie Getränke 01	Alkoholische Getränke, Tabakwaren 02	Bekleidung und Schuhe 03	Wohnungsmiete, Wasser, Strom, Gas und andere Brennstoffe 04	Einrichtungsgegenstände u. Ä. für den Haushalt und deren Instandhaltung 05
2007	112,5	110,5	137,8	98,1	114,6	102,9
2006	110,1	107,3	133,7	97,2	112,7	101,8
2005	108,3	105,3	129,2	98,1	109,5	101,8
2004	106,2	104,8	119,1	100,0	106,5	102,0
2003	104,5	105,2	111,4	100,7	104,9	102,2
2002	103,4	105,3	105,8	101,5	103,4	101,9
2001	102,0	104,5	101,7	100,8	102,4	100,9
2000	100,0	100,0	100,0	100,0	100,0	100,0
1999	98,6	100,7	98,5	99,9	97,2	100,0
1998	98,0	102,0	97,2	99,6	96,0	99,7
1997	97,1	101,0	95,4	99,2	95,2	99,0

Jahr	Gesundheitspflege 06	Verkehr 07	Nachrichtenübermittlung 08	Freizeit, Unterhaltung und Kultur 09	Bildungswesen 10	Beherbergungs- und Gaststättendienstleistungen 11	Andere Waren- und Dienstleistungen 12
2007	127,2	120,9	91,7	100,6	140,5	112,6	112,7
2006	125,4	117,1	91,5	99,9	115,0	109,7	110,3
2005	124,4	113,9	94,3	99,8	112,1	108,4	109,3
2004	122,1	109,3	95,6	99,7	109,7	107,3	108,3
2003	102,4	106,7	96,4	100,7	106,2	106,5	106,8
2002	101,9	104,5	95,7	101,3	104,0	105,6	105,2
2001	101,3	102,5	94,1	100,6	101,3	101,9	103,2
2000	100,0	100,0	100,0	100,0	100,0	100,0	100,0
1999	99,8	95,0	112,4	99,6	98,4	98,9	97,6
1998	103,2	92,5	124,1	99,3	94,6	97,7	96,0
1997	98,1	92,2	124,8	98,8	90,3	96,3	95,6

aus: Statistisches Bundesamt Deutschland, www.destatis.de, Januar 2008

Inflation – Deflation

Das Verhältnis zwischen der sich in einer Volkswirtschaft befindlichen Geldmenge und der Menge an Gütern und Dienstleistungen kann sich im Zeitablauf unter Umständen stark verändern:

- Erhöht sich die Geldmenge wesentlich stärker als die Menge an Gütern und Dienstleistungen, kommt es zu einer **Inflation** (Prozess stetig steigender Preise), der Wert des Geldes sinkt.

- Erhöht sich die Menge an Gütern und Dienstleistungen wesentlich stärker als die Geldmenge, kommt es zu einer **Deflation** (Prozess stetig sinkender Preise), der Wert des Geldes steigt.

Die Aufgabe der Europäischen Zentralbank und der jeweiligen Landesregierungen ist es, diese negativen Entwicklungen für die Wirtschaft zu verhindern.

12

Rechtliche Stellung der Europäischen Zentralbank (EZB)
Legal position of the European Central Bank (ECB)

In Artikel 88 des Grundgesetzes (GG) ist die gesetzliche Grundlage zur Gründung der **Deutschen Bundesbank** geschaffen:

Art. 88 GG: (Bundesbank) Der Bund errichtet eine Währungs- und Notenbank als Bundesbank.

Die Bundesbank ist eine bundesunmittelbare juristische Person des öffentlichen Rechts, die ihren Sitz in Frankfurt am Main hat. Neben der Zentrale in Frankfurt existieren die seit 1992 in neun Hauptverwaltungen zusammengefassten **Landeszentralbanken.**

Mit Beginn der dritten Stufe zur **Europäischen Wirtschafts- und Währungsunion** 1999 wurde eine einheitliche europäische Geldpolitik durch die **Europäische Zentralbank (EZB)** gesichert, in deren Politik sich die einzelnen Notenbanken der Mitgliedsländer einzufügen haben.

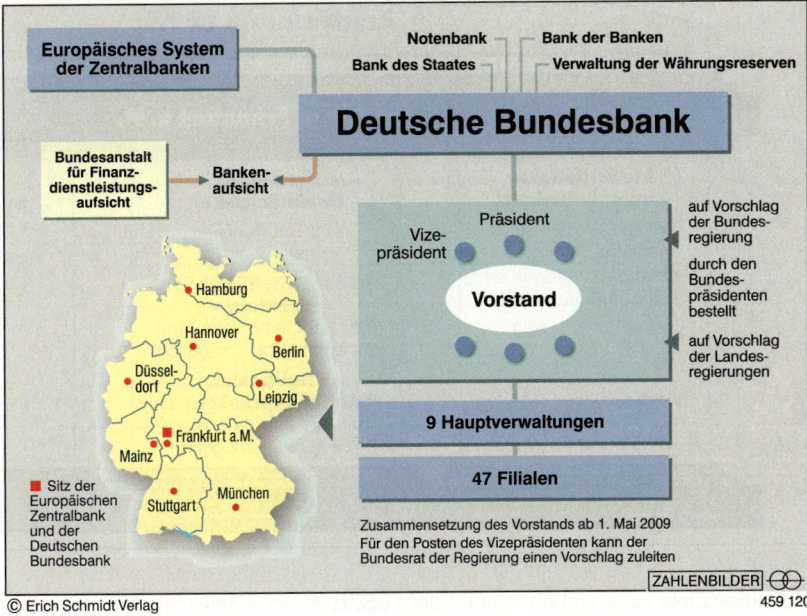

© Erich Schmidt Verlag

459 120

Der Gesetzgeber hat im Bundesbankgesetz bestimmt, dass die Bundesbank prinzipiell unabhängig ist von den Weisungen der Bundesregierung. Allerdings muss die Bundesbank die allgemeine Wirtschaftspolitik der Regierung unterstützen.

BBankG § 12: Verhältnis der Bank zur Bundesregierung
„Die Deutsche Bundesbank ist bei der Ausübung der Befugnisse, die ihr nach diesem Gesetz zustehen, von Weisungen der Bundesregierung unabhängig. Soweit dies unter Wahrung ihrer Aufgabe als Bestandteil des Europäischen Systems der Zentralbanken möglich ist, unterstützt sie die allgemeine Wirtschaftspolitik der Bundesregierung."

Die Aufgaben der Bundesbank und die von ihr einzusetzenden Instrumente sind im Bundesbankgesetz (BBankG) von 1957 gesetzlich geregelt, zuletzt geändert am 23. März 2002.

BBankG § 3: Aufgaben
„Die Deutsche Bundesbank ist als Zentralbank der Bundesrepublik Deutschland integraler Bestandteil des Europäischen Systems der Zentralbanken. Sie wirkt an der Erfüllung seiner Aufgaben mit dem vorrangigen Ziel mit, die Preisstabilität zu gewährleisten, hält und verwaltet die Währungsreserven der Bundesrepublik Deutschland, sorgt für die bankmäßige Abwicklung des Zahlungsverkehrs im Inland und mit dem Ausland und trägt zur Stabilität der Zahlungs- und Verrechnungssysteme bei. Sie nimmt darüber hinaus die ihr nach diesem Gesetz oder anderen Rechtsvorschriften übertragenen Aufgaben wahr."

aus: Böker, Jürgen u. a.: Wirtschaftspolitik/Wirtschaftsordnung, Bildungshaus Schulbuchverlage Westermann Schroedel Diesterweg Schöningh Winklers GmbH, 3. Aufl., Darmstadt 2005, S. 50

Geldpolitische Instrumente der Europäischen Zentralbank (EZB)
Monetary policy devices of the European Central Bank

Das Bundesbankgesetz legt fest, dass die Bundesbank als nationale Notenbank integraler Bestandteil des **Europäischen Systems der Zentralbanken (ESZB)** ist. Das ESZB besteht aus der Europäischen Zentralbank und den nationalen Zentralbanken der EU-Mitgliedsstaaten, die eine einheitliche Währung eingeführt haben.

Der so genannte **EZB-Rat** legt die Geldpolitik fest, das **Direktorium der EZB** hat die Aufgabe, diese Geldpolitik gemäß den Leitlinien und Entscheidungen des EZB-Rats auszuführen. Das vorrangige Ziel des ESZB ist vertragsgemäß die Gewährleistung der Preisstabilität und damit auch die Geldwertstabilität. Soweit dies ohne Beeinträchtigung dieses Zieles möglich ist, unterstützt das ESZB die allgemeine Wirtschaftspolitik in der Europäischen Union.

aus: Böker, Jürgen u. a.: Wirtschaftspolitik/Wirtschaftsordnung, Bildungshaus Schulbuchverlage Westermann Schroedel Diesterweg Schöningh Winklers GmbH, 3. Aufl., Darmstadt 2005, S. 51

12

Geldpolitische Instrumente der Europäischen Zentralbank (EZB)
Monetary policy devices employed by the European Central Bank

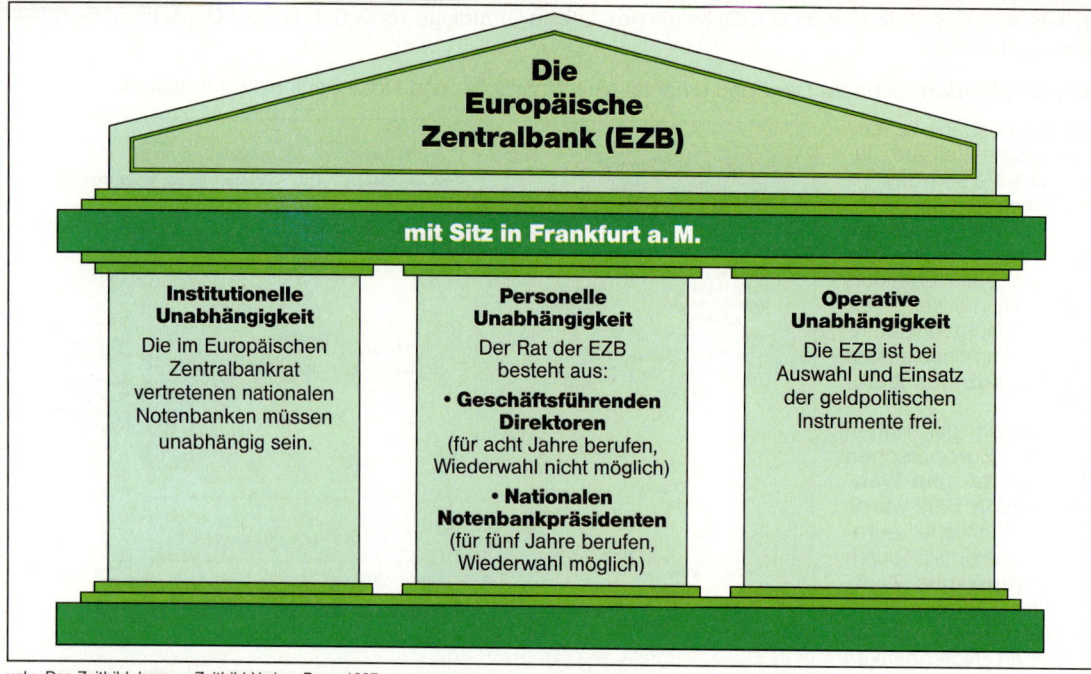

Die Europäische Zentralbank (EZB)

mit Sitz in Frankfurt a. M.

Institutionelle Unabhängigkeit

Die im Europäischen Zentralbankrat vertretenen nationalen Notenbanken müssen unabhängig sein.

Personelle Unabhängigkeit

Der Rat der EZB besteht aus:

• **Geschäftsführenden Direktoren** (für acht Jahre berufen, Wiederwahl nicht möglich)

• **Nationalen Notenbankpräsidenten** (für fünf Jahre berufen, Wiederwahl möglich)

Operative Unabhängigkeit

Die EZB ist bei Auswahl und Einsatz der geldpolitischen Instrumente frei.

vgl.: Das Zeitbild, hrsg. v. Zeitbild-Verlag, Bonn 1997

Um seine Ziele zu erreichen, stehen dem ESZB verschiedene geldpolitische Instrumente zur Verfügung, die den ehemaligen nationalen geldpolitischen Instrumenten der Deutschen Bundesbank stark ähneln.

Als **Handlungsrahmen** stehen folgende geldpolitische Instrumente zur Verfügung, deren Nutzung bzw. Ausgestaltung der EZB-Rat jederzeit ändern kann:

I Offenmarktgeschäfte
II Ständige Fazilitäten[1]
III Mindestreserven

Der Einsatz dieser Instrumente dient zur Steuerung der Zinssätze und der Liquidität („Flüssigkeit") am Markt, der „Preis des Geldes" – z. B. für Kredite – wird so erhöht oder gesenkt.

1 Fazilität = Kreditmöglichkeit

Offenmarktgeschäfte

Bei den so genannten **Offenmarktgeschäften** werden Wertpapiere von der EZB bzw. von den Nationalen Zentralbanken ge- und verkauft oder entsprechende Kredite gegen Verpfändung von Sicherheiten eingeräumt. Die Offenmarktgeschäfte können in den folgenden vier Formen durchgeführt werden:

Offenmarktgeschäfte

Kauf oder Verkauf von Wertpapieren oder Einräumung von Krediten gegen Verpfändung von entsprechenden Sicherheiten

Hauptrefinanzierungsinstrument	Längerfristige Refinanzierungsgeschäfte	Feinsteuerungsoperationen	Strukturelle Operationen
• Laufzeit: 2 Wochen • Rhythmus: wöchentlich (Mengen- oder Zinstender)	• Laufzeit: 3 Monate • Rhythmus: monatlich (Mengen- oder Zinstender)	• Laufzeit: i. d. R. nicht standardisiert • Rhythmus: unregelmäßig	• Laufzeit: i. d. R. nicht standardisiert • Rhythmus: i. d. R. unregelmäßig

aus: Böker, Jürgen u. a.: Wirtschaftspolitik/Wirtschaftsordnung, Bildungshaus Schulbuchverlage Westermann Schroedel Diesterweg Schöningh Winklers GmbH, 3. Aufl., Darmstadt 2005, S. 51 f.

12

3526460

Geldpolitische Instrumente der Europäischen Zentralbank (EZB)
Monetary policy devices employed by the European Central Bank

Offenmarktgeschäfte

Bei der Durchführung offenmarktpolitischer Geschäfte wird vor allem auf das **Tenderverfahren** – ein Versteigerungsverfahren – zurückgegriffen. Man unterscheidet dabei zwischen **Mengen-** und **Zinstender**. Beim Mengentender gibt die EZB bzw. die NZB[1] den Zinssatz vor, die Banken nennen die Beträge, für die sie Wertpapiere „in Pension" geben wollen. Die EZB entscheidet dabei über die Zuteilungsquote.

Liquiditätszuführende befristete Transaktion über Mengentender

Die EZB beschließt, dem Markt Liquidität über eine befristete Transaktion in Form eines Mengentenders zuzuführen.

Drei Geschäftspartner geben folgende Gebote ab:

Geschäftspartner	Gebot (Millionen €)
Bank 1	30
Bank 2	40
Bank 3	70
Insgesamt	140

Die EZB beschließt, insgesamt 105 Millionen € zuzuteilen.

Der Prozentsatz der Zuteilung errechnet sich wie folgt: $\dfrac{105}{(30 + 40 + 70)} = 75\ \%$

Geschäftspartner	Gebot (Millionen €)	Zuteilung (Millionen €)
Bank 1	30	22,5
Bank 2	40	30,0
Bank 3	70	52,5
Insgesamt	140	105,0

1 NZB: Nationale Zentralbank

Liquiditätszuführende befristete Transaktion über Zinstender

Die EZB beschließt, dem Markt Liquidität über eine befristete Transaktion in Form eines Zinstenders zuzuführen.

Drei Geschäftspartner geben folgende Gebote ab:

Zinssatz (%)	Beträge in Millionen €				
	Bank 1	Bank 2	Bank 3	Gebote insgesamt	Kumulative Gebote
3,15				0	0
3,10		5	5	10	10
3,09		5	5	10	20
3,08		5	5	10	30
3,07	5	5	10	20	50
3,06	5	10	15	30	80
3,05	10	10	15	35	115
3,04	5	5	5	15	130
3,03	5		10	15	145
Insgesamt	30	45	70	145	

12

aus: Europäische Zentralbank: Die einheitliche Geldpolitik in Stufe 3. Allgemeine Regelungen für die geldpolitischen Instrumente und Verfahren des ESZB. Frankfurt 1998, S. 64 f.

aus: Böker, Jürgen u. a.: Wirtschaftspolitik/Wirtschaftsordnung, 3. Aufl., Darmstadt 2005, S. 53

Geldpolitische Instrumente der Europäischen Zentralbank (EZB)
Monetary policy devices employed by the European Central Bank

Die EZB beschließt, 94 Millionen € zuzuteilen, sodass sich ein marginaler Zinssatz von 3,05 % ergibt. Alle Gebote über 3,05 % (bis zu einem kumulativen Betrag von 80 Millionen €) werden voll zugeteilt. Bei 3,05 % ergibt sich folgende prozentuale Zuteilung:

$$\frac{94 - 80}{35} = 40\ \%$$

Die Zuteilung an Bank 1 zum marginalen Zinssatz beträgt zum Beispiel:

$$0{,}4 \cdot 10 = 4$$

Insgesamt ergibt sich für Bank 1 folgende Zuteilung:

$$5 + 5 + 4 = 14$$

Ständige Fazilitäten

Die **ständigen Fazilitäten** können in zwei Formen genutzt werden:

- Bei der **Spitzenrefinanzierungsfazilität** können sich die Banken kurzfristig – praktisch über Nacht – Geld beschaffen, zu einem Zinssatz, der wahrscheinlich die Obergrenze des Tagesgeldzinssatzes bilden wird.
- Die Banken können außerdem in Form der **Einlagefazilität** bei den nationalen Zentralbanken Guthaben bis zum nächsten Geschäftstag einlegen. Der Zinssatz für die Einlagefazilität bildet in der Regel die Untergrenze des Tagesgeldzinssatzes.

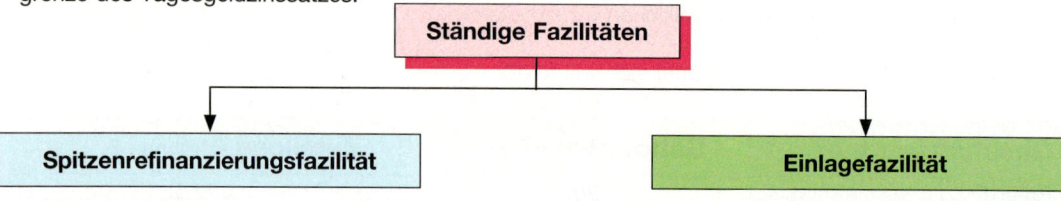

Mindestreserven

Gemäß § 16 des Bundesbankgesetzes kann die Deutsche Bundesbank von den Kreditinstituten verlangen, dass diese einen bestimmten Prozentsatz ihrer Verbindlichkeiten als Guthaben auf den Konten der Zentralbanken unterhalten. Man bezeichnet diese Guthaben als **Mindestreserve.** Je höher diese Mindestreserve festgelegt wird, umso stärker werden die Banken bei der Kreditvergabe eingeschränkt, was sich in einer Erhöhung des Kreditzinses niederschlägt. Der Geldschöpfungsspielraum der Kreditinstitute kann somit beeinflusst werden.

aus: Böker, Jürgen u. a.: Wirtschaftspolitik/Wirtschaftsordnung, Bildungshaus Schulbuchverlage Westermann Schroedel Diesterweg Schöningh Winklers GmbH, 3. Aufl., Darmstadt 2005, S. 54

Zwei-Säulen-Strategie

Europäische Zentralbank

vgl.: Süddeutsche Zeitung Nr. 106, München, 9. Mai 2003, S. 21

3526462

Geldpolitische Instrumente der Europäischen Zentralbank (EZB)
Monetary policy devices employed by the European Central Bank

Offenmarktgeschäfte

Kauf oder Verkauf von Wertpapieren oder Einräumung von Krediten gegen Verpfändung von entsprechenden Sicherheiten

Ziel: Steuerung der Zinssätze und Liquidität am Markt und Signalisierung des geldpolitischen Kurses der EZB

Formen

Hauptrefinanzierungs-instrument	Längerfristige Refinanzierungs-geschäfte	Feinsteuerungs-operationen	Strukturelle Operationen
• Laufzeit: 2 Wochen • Rhythmus: wöchentlich (Mengen- oder Zinstender)	• Laufzeit: 3 Monate • Rhythmus: monatlich (Mengen- oder Zinstender)	• Laufzeit: i. d. R. nicht standardisiert • Rhythmus: unregelmäßig	• Laufzeit: i. d. R. nicht standardisiert • Rhythmus: i. d. R. unregelmäßig

Arten

Transaktionsarten zur Liquiditäts-bereitstellung

- Befristete Transaktionen (z. B. in Form von Pensionsgeschäften)
- Definitive Käufe (von Wertpapieren)
- Devisenswapgeschäfte

Transaktionsarten zur Liquiditäts-abschöpfung

- Befristete Transaktionen
- Definitive Verkäufe (von Wertpapieren)
- Devisenswapgeschäfte
- Hereinnahme von Termineinlagen
- Emission von Schuldverschreibungen

Ständige Fazilitäten

Kreditmöglichkeiten, die bei Bedarf von den Kreditinstituten in Anspruch genommen werden können

Spitzenrefinanzierungsfazilität

Beschaffung von Geld „über Nacht" durch die Kreditinstitute

Zinssatz: Obergrenze des Tagesgeldzinssatzes

Einlagefazilität

Anlage von Geld „über Nacht" durch die Kreditinstitute bei den nationalen Zentralbanken

Zinssatz: Untergrenze des Tagesgeldzinssatzes

Mindestreservesystem

Die Kreditinstitute werden verpflichtet einen bestimmten Prozentsatz ihrer Verbindlichkeiten als Guthaben auf dem Konto der nationalen Zentralbank zu unterhalten.

12

aus: Böker, Jürgen u. a.: Wirtschaftspolitik/Wirtschaftsordnung, Lehrerband, Bildungshaus Schulbuchverlage Westermann Schroedel Diesterweg Schöningh Winklers GmbH, Darmstadt 2005, S. 42 f.

Chancen und Risiken der Globalisierung – *Chances and risks of globalization*

Globalisierung:

Verstärkung der internationalen Arbeitsteilung zu einer zunehmend verflochtenen, mittlerweile fast grenzenlosen mobilen Weltwirtschaft

Ursachen:

- neue Kommunikationstechnologien (z. B. Internet) ermöglichen einen weltumspannenden Austausch von Waren, Dienstleistungen, Kapital und Arbeit
- technisches Know-how und unternehmerisches Wissen können weltweit transferiert werden
- fehlendes Kapital kann in unterentwickelten Regionen durch Investitionen ausländischer Unternehmen ausgeglichen werden
- ausgefeilte Produktionstechnologien und hohe Produktqualität sind immer weniger standortgebunden

Chancen:

- Nutzung von Kostenvorteilen in allen Wirtschaftsbereichen
- Anschluss unterentwickelter Regionen an weltwirtschaftliche Standards durch verstärkte Konkurrenzbeziehungen im Welthandel
- Zunahme kultureller Akzeptanz der unterschiedlichen Weltregionen
- Abbau der Gefahr von Kriegen durch zunehmende weltwirtschaftliche Abhängigkeiten

Risiken:

- Bedrohung historisch gewachsener Sozialstandards (z. B. Sozialversicherung) durch den zunehmenden Globalisierungsdruck
- Verschlechterung der Umweltbedingungen durch eine verstärkte Wirtschaftstätigkeit
- Machtverlust von Nationalstaaten zugunsten von weltweit operierenden Konzernen („Global Players")
- Gefahr einer ruinösen Konkurrenz zwischen den einzelnen Wirtschaftsregionen („Globalisierungsfalle")

aus: Böker, Jürgen u. a.: Wirtschaftspolitik/Wirtschaftsordnung, Lehrerband, Bildungshaus Schulbuchverlage Westermann Schroedel Diesterweg Schöningh Winklers GmbH, Darmstadt 2005, S. 41

Entwicklungsstand der Staaten – Lebensbedingungen
State of development of individual states – living conditions

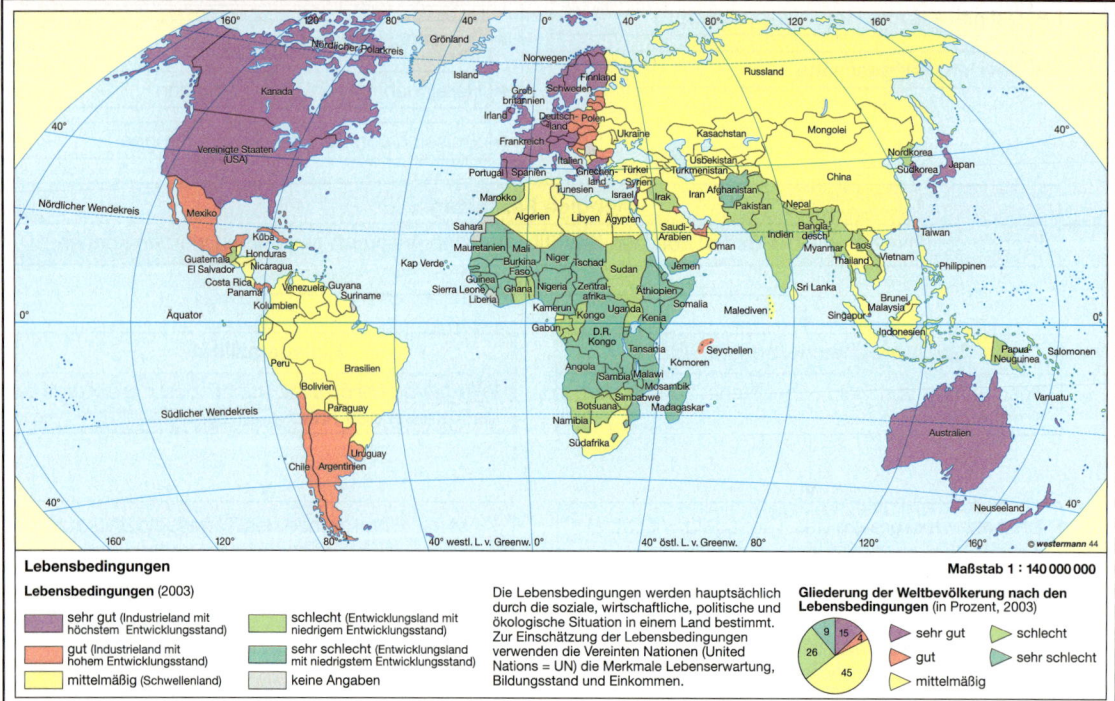

Lebensbedingungen

Maßstab 1 : 140 000 000

Lebensbedingungen (2003)

- sehr gut (Industrieland mit höchstem Entwicklungsstand)
- gut (Industrieland mit hohem Entwicklungsstand)
- mittelmäßig (Schwellenland)
- schlecht (Entwicklungsland mit niedrigem Entwicklungsstand)
- sehr schlecht (Entwicklungsland mit niedrigstem Entwicklungsstand)
- keine Angaben

Die Lebensbedingungen werden hauptsächlich durch die soziale, wirtschaftliche, politische und ökologische Situation in einem Land bestimmt. Zur Einschätzung der Lebensbedingungen verwenden die Vereinten Nationen (United Nations = UN) die Merkmale Lebenserwartung, Bildungsstand und Einkommen.

Gliederung der Weltbevölkerung nach den Lebensbedingungen (in Prozent, 2003)

9 15 4
26
45

- sehr gut
- gut
- mittelmäßig
- schlecht
- sehr schlecht

aus: Diercke Drei, Universalatlas, Bildungshaus Schulbuchverlage Westermann Schroedel Diesterweg Schöningh Winklers GmbH, Braunschweig 2001, S. 28

12

Handelsströme der Weltwirtschaft – *Trade flow in the global economy*

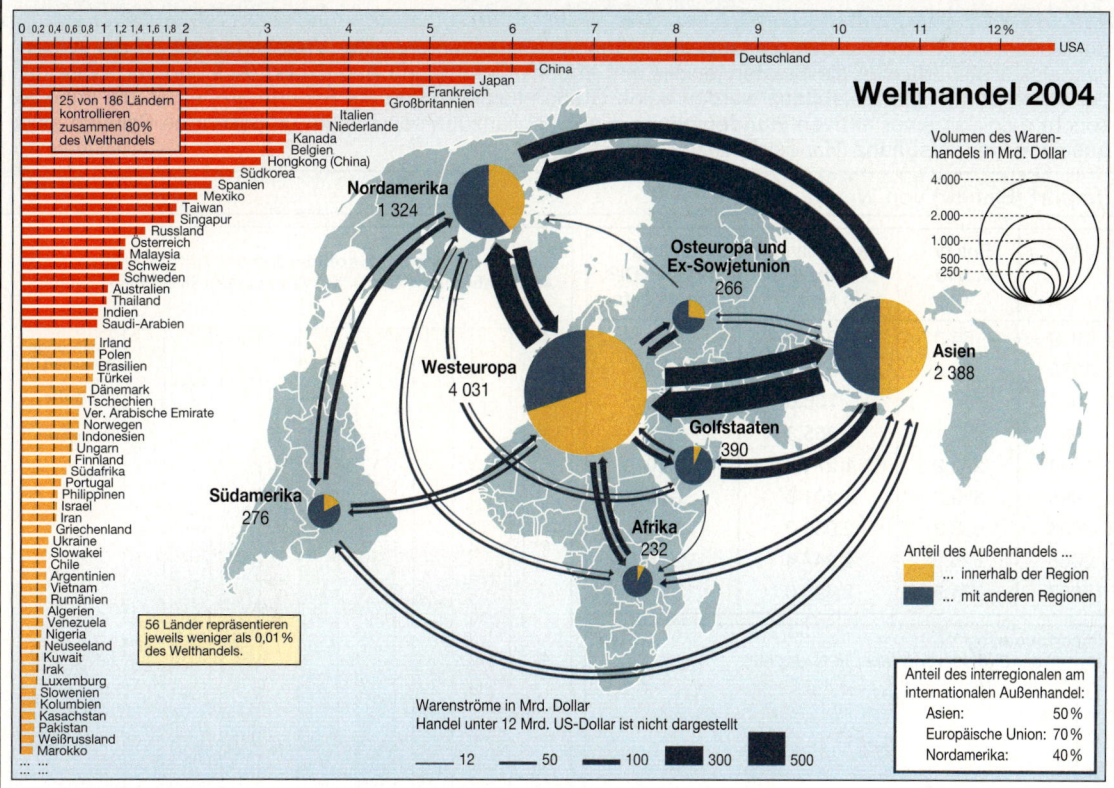

25 von 186 Ländern kontrollieren zusammen 80% des Welthandels

Welthandel 2004

Volumen des Warenhandels in Mrd. Dollar

4.000
2.000
1.000
500
250

Nordamerika 1 324

Osteuropa und Ex-Sowjetunion 266

Westeuropa 4 031

Asien 2 388

Golfstaaten 390

Südamerika 276

Afrika 232

56 Länder repräsentieren jeweils weniger als 0,01 % des Welthandels.

Anteil des Außenhandels ...
... innerhalb der Region
... mit anderen Regionen

Anteil des interregionalen am internationalen Außenhandel:
Asien: 50%
Europäische Union: 70%
Nordamerika: 40%

Warenströme in Mrd. Dollar
Handel unter 12 Mrd. US-Dollar ist nicht dargestellt
12   50   100   300   500

nach: LE MONDE diplomatique. Atlas der Globalisierung. taz Verlags- und Vertriebs GmbH, Berlin 2006, S. 91

Börsenumsätze der Weltwirtschaft
Stockmarket turnover in the global economy

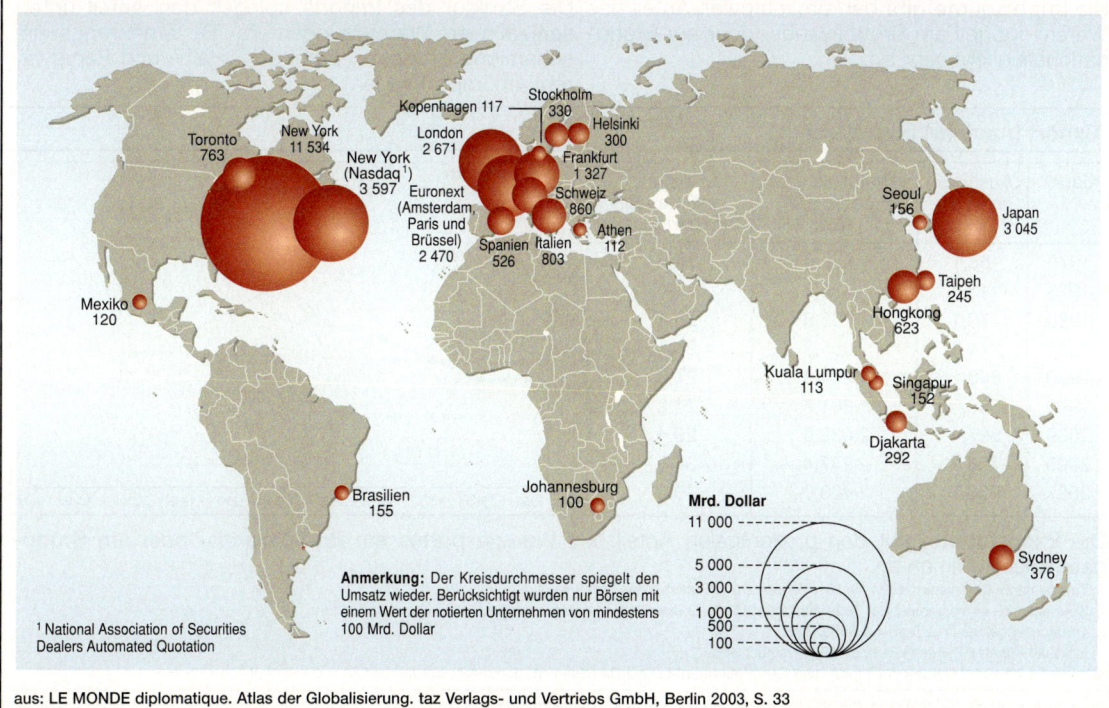

Toronto 763
New York 11 534
New York (Nasdaq[1]) 3 597
Mexiko 120
Brasilien 155
Kopenhagen 117
Stockholm 330
Helsinki 300
London 2 671
Frankfurt 1 327
Euronext (Amsterdam, Paris und Brüssel) 2 470
Schweiz 860
Spanien 526
Italien 803
Athen 112
Johannesburg 100
Seoul 156
Japan 3 045
Taipeh 245
Hongkong 623
Kuala Lumpur 113
Singapur 152
Djakarta 292
Sydney 376

Mrd. Dollar
11 000
5 000
3 000
1 000
500
100

Anmerkung: Der Kreisdurchmesser spiegelt den Umsatz wieder. Berücksichtigt wurden nur Börsen mit einem Wert der notierten Unternehmen von mindestens 100 Mrd. Dollar

[1] National Association of Securities Dealers Automated Quotation

aus: LE MONDE diplomatique. Atlas der Globalisierung. taz Verlags- und Vertriebs GmbH, Berlin 2003, S. 33

12

Außenwirtschaft – *Foreign trade relation*

Außenhandel

Der Außenhandel umfasst den grenzüberschreitenden Warenverkehr einer Volkswirtschaft. In der Außenhandelsstatistik erfassen die Staaten jeweils den Import (Einfuhr) und den Export (Ausfuhr) von Waren; in der so genannten **Handelsbilanz** werden beide Größen saldiert. Sind die Exporte größer als die Importe, spricht man von einer **aktiven Handelsbilanz** (Handelsbilanzüberschuss); im umgekehrten Fall von einer **passiven Handelsbilanz** (Handelsbilanzdefizit).

Import (Einfuhr) von Waren

Jahr[1]	Einfuhr[2] in Mrd. €[3]	Bruttoinlands-produkt (BIP) in Mrd. €	Einfuhr in % des BIP (Importquote)
1970	56,0	352,0	15,9
1975	94,2	536,0	17,6
1980	174,5	766,6	22,8
1985	**237,1**	**955,3**	24,8
1990[4]	**293,2**	**1.274,9**	**23,0**
1995	339,6	1.801,3	18,9
2000	538,3	2.030,0	26,5
2005	**625,6**	**2.247,4**	**27,8**
2007	771,9	2.423,0	31,9

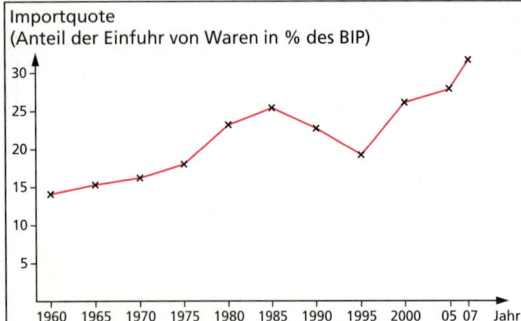

Importquote
(Anteil der Einfuhr von Waren in % des BIP)

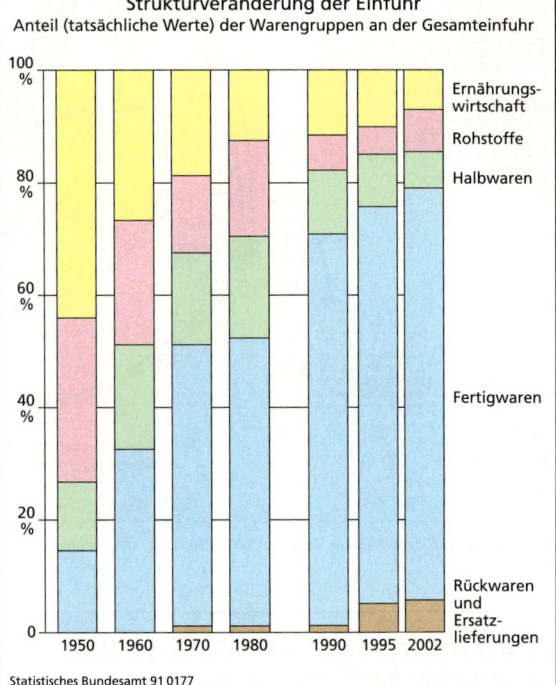

Strukturveränderung der Einfuhr
Anteil (tatsächliche Werte) der Warengruppen an der Gesamteinfuhr

Ernährungs-wirtschaft · Rohstoffe · Halbwaren · Fertigwaren · Rückwaren und Ersatz-lieferungen

Statistisches Bundesamt 91 0177

Die **Importquote** gibt den prozentualen Anteil des Warenimportes am Bruttoinlands- oder am Bruttonationaleinkommen[5] an.

Die Struktur des Imports spiegelt den Anteil unterschiedlicher Warengruppen (z. B. ernährungswirtschaftliche Produkte, Rohstoffe, Halb- und Fertigwaren) am Import wider.

Export (Ausfuhr) von Waren

Jahr	Ausfuhr[2] in Mrd. €[3]	Bruttoinlands-produkt (BIP) in Mrd. €	Ausfuhr in % des BIP (Exportquote)
1970	58,1	352,0	16,5
1975	113,3	536,0	21,1
1980	179,1	766,6	23,4
1985	274,6	955,3	28,7
1990[4]	348,1	1.274,9	27,3
1995	383,2	1.801,3	21,2
2000	**597,4**	**2.030,0**	**29,4**
2005	**786,2**	**2.247,4**	**34,9**
2007	968,7	2.423,0	40,0

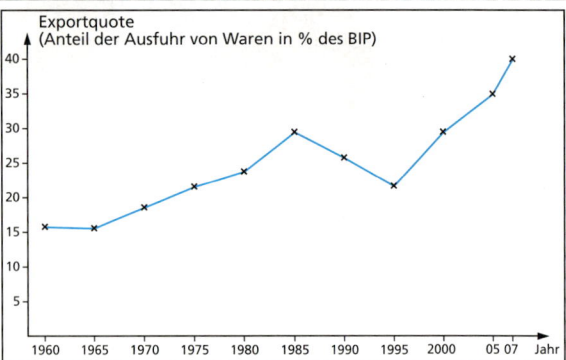

Exportquote
(Anteil der Ausfuhr von Waren in % des BIP)

Die **Exportquote** gibt den prozentualen Anteil des Warenexportes am Bruttoinlands- oder am Bruttonationaleinkommen an.

1 Tabelle nach: Datenreport 1994, S. 261, Tabelle 2 und Statistisches Bundesamt a. a. O.
2 Spezialhandel entsprechend der Außenhandelsstatistik. Er erfasst den Import von Waren ohne Transportkosten.
3 Umrechnungskurs für 1 Euro = 1,95583 DM
4 bis 1990 früheres Bundesgebiet, ab 1991 Deutschland
5 In der Fachliteratur werden die Import- und Exportquote unterschiedlich definiert, d. h. entweder auf das BIP oder das BNE bezogen.

nach: Böker, Jürgen u. a.: Wirtschaftspolitik/Wirtschaftsordnung, 3. Aufl., Darmstadt 2005, S. 16 f.

12

3526466

Außenwirtschaft – *Foreign trade relation*

Außenhandel

Export (Ausfuhr) von Waren

Die Struktur des Exports spiegelt den Anteil unterschiedlicher Warengruppen (z. B. Straßenfahrzeuge, Maschinen, chemische Erzeugnisse)[1] am Export wider.

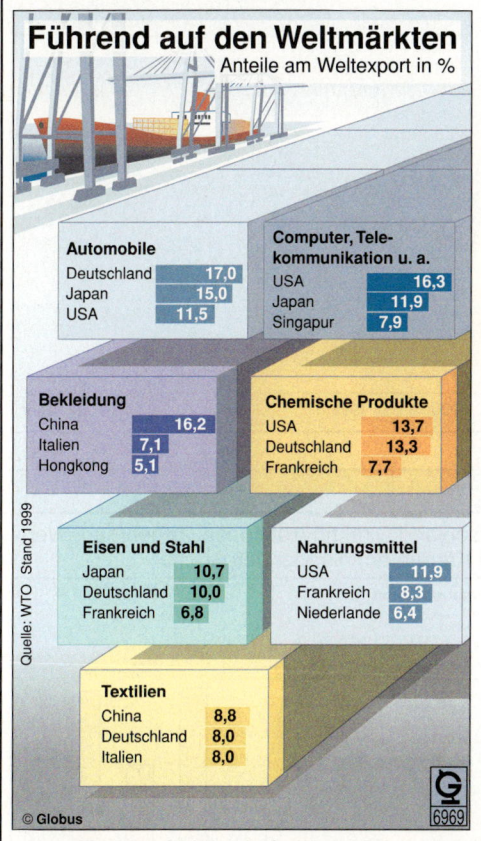

Führend auf den Weltmärkten
Anteile am Weltexport in %

Quelle: WTO Stand 1999

Automobile
Deutschland	17,0
Japan	15,0
USA	11,5

Computer, Telekommunikation u. a.
USA	16,3
Japan	11,9
Singapur	7,9

Bekleidung
China	16,2
Italien	7,1
Hongkong	5,1

Chemische Produkte
USA	13,7
Deutschland	13,3
Frankreich	7,7

Eisen und Stahl
Japan	10,7
Deutschland	10,0
Frankreich	6,8

Nahrungsmittel
USA	11,9
Frankreich	8,3
Niederlande	6,4

Textilien
China	8,8
Deutschland	8,0
Italien	8,0

© Globus 6969

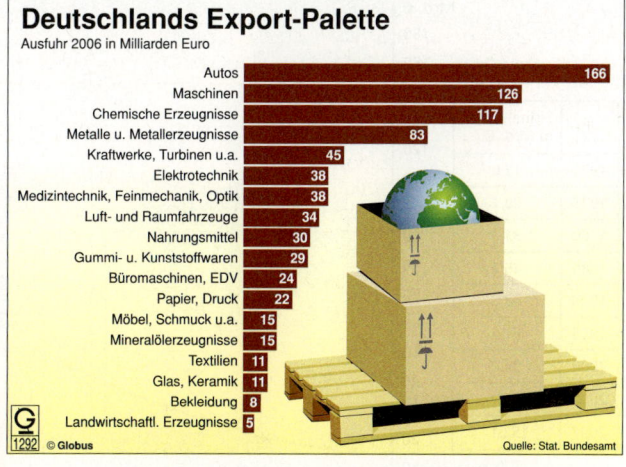

Deutschlands Export-Palette
Ausfuhr 2006 in Milliarden Euro

Autos	166
Maschinen	126
Chemische Erzeugnisse	117
Metalle u. Metallerzeugnisse	83
Kraftwerke, Turbinen u.a.	45
Elektrotechnik	38
Medizintechnik, Feinmechanik, Optik	38
Luft- und Raumfahrzeuge	34
Nahrungsmittel	30
Gummi- u. Kunststoffwaren	29
Büromaschinen, EDV	24
Papier, Druck	22
Möbel, Schmuck u.a.	15
Mineralölerzeugnisse	15
Textilien	11
Glas, Keramik	11
Bekleidung	8
Landwirtschaftl. Erzeugnisse	5

G 1292 © Globus   Quelle: Stat. Bundesamt

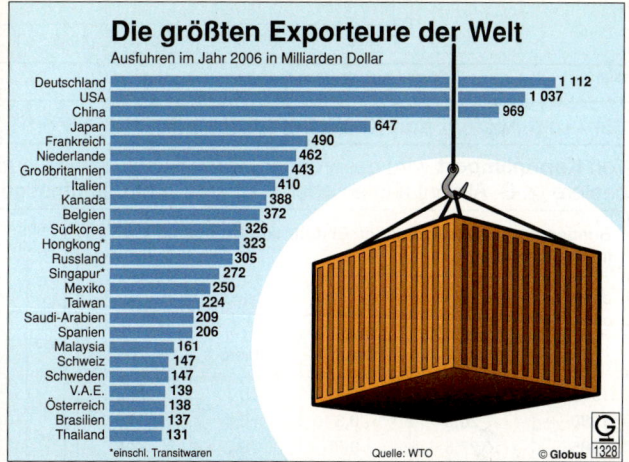

Die größten Exporteure der Welt
Ausfuhren im Jahr 2006 in Milliarden Dollar

Deutschland	1 112
USA	1 037
China	969
Japan	647
Frankreich	490
Niederlande	462
Großbritannien	443
Italien	410
Kanada	388
Belgien	372
Südkorea	326
Hongkong*	323
Russland	305
Singapur*	272
Mexiko	250
Taiwan	224
Saudi-Arabien	209
Spanien	206
Malaysia	161
Schweiz	147
Schweden	147
V.A.E.	139
Österreich	138
Brasilien	137
Thailand	131

*einschl. Transitwaren   Quelle: WTO   © Globus 1328

1 Die veröffentlichten Statistiken des Statistischen Bundesamtes bzw. der Deutschen Bundesbank nennen als Warengruppen Erzeugnisse des Grundstoff- und Produktionsgüter-, des Investitionsgüter- und des Verbrauchsgütergewerbes.

Ein- und Ausfuhr von Dienstleistungen

Bei der Inanspruchnahme von ausländischen Dienstleistungen entstehen für die Wirtschaftssubjekte in einer Volkswirtschaft **Ausgaben** (z. B. für Auslandstourismus), bei der Ausfuhr von Dienstleistungen entstehen **Einnahmen** (z. B. für Transportleistungen).

Ausgaben für die Einfuhr von Dienstleistungen (Mrd. Euro)

Jahr	Ausgaben in Mrd. €
1971	14,6
1975	23,6
1980	37,0
1985	46,9
1990	62,9
1995	94,3
2000	146,1
2005	155,0
2007	173,7

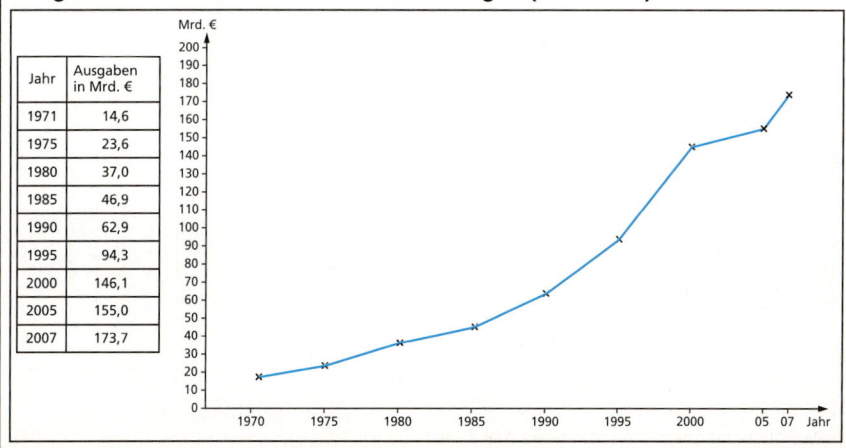

nach: www.destatis.de, 2008 und eigene Berechnungen
nach: Böker, Jürgen u. a.: Wirtschaftspolitik/Wirtschaftsordnung, 3. Aufl., Darmstadt 2005, S. 17 f.

12

Außenwirtschaft – *Foreign trade relation*

Ein- und Ausfuhr von Dienstleistungen

Einnahmen für die Ausfuhr von Dienstleistungen (Mrd. Euro)

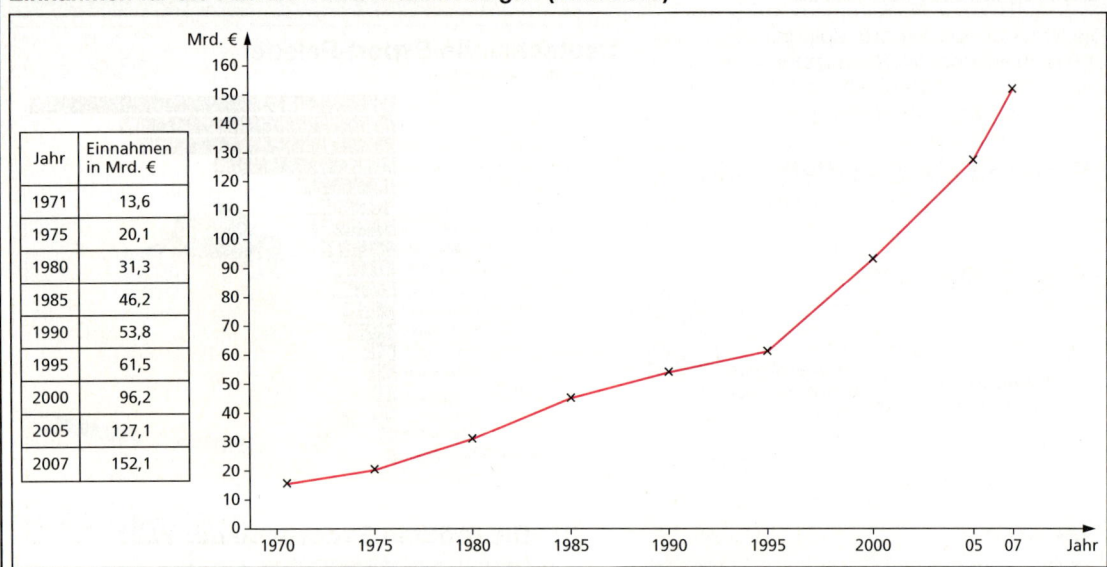

Jahr	Einnahmen in Mrd. €
1971	13,6
1975	20,1
1980	31,3
1985	46,2
1990	53,8
1995	61,5
2000	96,2
2005	127,1
2007	152,1

nach: www.destatis.de, 2008 und eigenen Berechnungen

Ein- und Ausfuhr von Kapital (Kapitalimport und -export)

Von **Kapitalimport** wird gesprochen, wenn Ausländer in Deutschland Direktinvestitionen vornehmen, Wertpapiere (z. B. Aktien) kaufen oder z. B. kurz- oder langfristige Kredite an Inländer vergeben.

Bundesrepublik Deutschland: Einfuhr von Kapital ab 1975 in Mrd. Euro

Jahr	Kapitalimport gesamt	davon		
		Direktinvestit.	Wertpapiere	Kredite
1975	14,3	0,8	– 0,7	14,2
1980	**26,9**	**0,3**	**0,4**	**26,2**
1985	**27,8**	**0,8**	**19,2**	**7,8**
1990	47,5	2,0	9,9	35,6
1995	127,3	9,9	43,3	74,1
2000	392,0	218,2	47,6	125,9
2005	268,6	26,3	197,0	45,3
2007	389,9	46,6	208,5	153,3

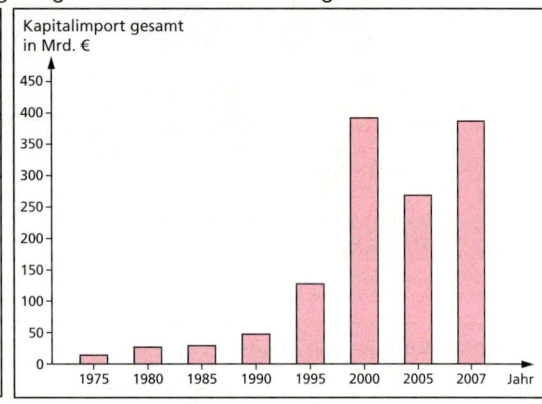

* Nicht berücksichtigt wurden die Werte der sonstigen Kapitaleinfuhr.

nach: www.destatis.de, 2008 und eigenen Berechnungen

Von **Kapitalexport** wird gesprochen, wenn Inländer im Ausland Direktinvestitionen vornehmen, Wertpapiere (z. B. Aktien) kaufen oder z. B. kurz- oder langfristige Kredite an das Ausland vergeben.

Bundesrepublik Deutschland: Ausfuhr von Kapital ab 1975 in Mrd. Euro (Nettokapitalexport-)

Jahr	Kapitalexport gesamt	davon		
		Direktinvestit.	Wertpapiere	Kredite
1975	– 20,7	– 2,7	– 1,3	– 16,3
1980	**– 26,8**	**– 4,4**	**– 3,9**	**– 18,2**
1985	**– 56,4**	**– 7,7**	**– 16,1**	**– 31,5**
1990	– 93,8	– 19,8	– 12,8	– 60,1
1995	– 89,8	– 28,4	– 16,7	– 42,6
2000	– 355,7	– 60,0	– 208,9	– 84,6
2005	– 370,8	– 36,7	– 215,6	– 118,6
2007	– 596,2	– 78,3	– 225,1	– 281,8

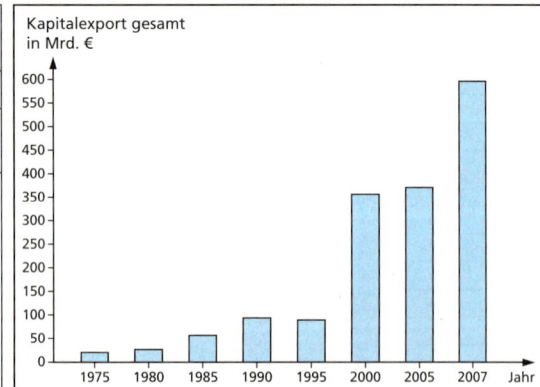

* Nicht berücksichtigt wurden die Werte der sonstigen Kapitalausfuhr.

nach: www.destatis.de, 2008 und eigenen Berechnungen

nach: Böker, Jürgen u. a.: Wirtschaftspolitik/Wirtschaftsordnung, 3. Aufl., Darmstadt 2005, S. 18 f.

12

3526468

Außenwirtschaft – *Foreign trade*

Welthandel

Die Summe sämtlicher Exporte der einzelnen Länder wird zum Welthandelsvolumen zusammengefasst. In der Regel wird es wertmäßig in einer Leitwährung ausgedrückt, bisher ist dies der US-Dollar.

Die G8 und der Welthandel
Ausfuhren im Jahr 2006
in Milliarden Dollar

Deutschland	1 112
USA	1 037
Japan	647
Frankreich	490
Großbritannien	443
Italien	410
Kanada	388
Russland	305

= 40 % der Welt-Exporte

Quelle: WTO

dpa· Grafik 3869

nach: Böker, Jürgen u. a.: Wirtschaftspolitik/Wirtschaftsordnung, Bildungshaus Schulbuchverlage Westermann Schroedel Diesterweg Schöningh Winklers GmbH, 3. Aufl., Darmstadt 2005, S. 19

Zahlungsbilanz und ihre Teilbilanzen – *Balance of payments and its partial balances*

Zahlungsbilanz

erfasst alle außenwirtschaftlichen Transaktionen durch die Gegenüberstellung sämtlicher Zahlungsforderungen und Zahlungsverpflichtungen eines Landes gegenüber dem Ausland innerhalb eines Jahres.

Die Zahlungsbilanz gliedert sich in Teilbilanzen:

Leistungsbilanz

- **Handelsbilanz:**
  erfasst Warenein- und -ausfuhr;
- **Dienstleistungsbilanz:**
  erfasst die Exporte und Importe von Dienstleistungen;
- **Bilanz der Erwerbs- und Vermögenseinkommen:**
  erfasst Einkommen aus grenzüberschreitender Erwerbstätigkeit oder Vermögensanlage;
- **Bilanz der laufenden Übertragungen:**
  erfasst z. B. Überweisungen ausländischer Arbeitnehmer/-innen in ihre Heimat, Zahlungen an internationale Organisationen und Entwicklungshilfe.

Vermögensbilanz

erfasst grenzüberschreitende Schenkungen, Erbschaften usw.

Kapitalbilanz

erfasst alle Kreditbeziehungen zwischen In- und Ausland, die im Zusammenhang mit der Finanzierung von Ein- und Ausfuhren, Übertragungen usw. entstehen.

Devisenbilanz

erfasst die Zu- oder Abnahme des Devisenbestandes der Bundesbank.

Ausprägungen der Zahlungsbilanz

Aktive Zahlungsbilanz (+)	Passive Zahlungsbilanz (–)
Zahlungsforderungen gegenüber dem Ausland sind *größer* als die Zahlungsverpflichtungen.	Zahlungsforderungen gegenüber dem Ausland sind *kleiner* als die Zahlungsverpflichtungen.

nach: Böker, Jürgen u. a.: Wirtschaftspolitik/Wirtschaftsordnung, Lehrerband, Darmstadt 2005, S. 30

12

13 Datenverarbeitung

Aufbau und Funktion eines Datenverarbeitungssystems
Structure and function of a data processing system

Einsatzgebiete der elektronischen Datenverarbeitung (EDV)

- Bearbeitung von gleichartigen Belegen oder Schriftstücken
- Bei sich häufig wiederholenden und schematisierbaren Arbeiten
- Verarbeitung großer Datenmengen

- Durchführung von umfangreichen Rechenoperationen mit langen Bearbeitungszeiten
- Ermöglichung eines schnelleren Informationsaustausches

Das EVA-Prinzip

Die Verarbeitung von Daten verläuft in den drei Phasen: **Eingabe, Verarbeitung** und **Ausgabe.** Dieser Prozess wird kurz als **EVA-Prinzip** bezeichnet.

Beispiel: Mensch

Beispiel: Computer

Svens Freundin ruft an und fragt ihn: „Kommst du mit ins Kino?"	**Eingabe**	Bestelldaten werden über die Tastatur eingegeben.
Sven überlegt, ob er ins Kino geht. Er stellt fest, dass er Zeit und Lust hat.	**Verarbeitung**	Der Computer holt die Artikelpreise von der Festplatte und berechnet den Gesamtpreis.
Sven antwortet: „Ich komme mit."	**Ausgabe**	Am Bildschirm wird der Preis angezeigt und über den Laserdrucker ausgegeben.

Grundeinheiten eines EDV-Systems

Bestandteile eines Computersystems

Hardware
- Gesamtheit aller physisch existierenden Bestandteile des Computers

  „Alles, was man anfassen kann."

Software
- Alle Programme

  „Alles, was man nicht anfassen kann."

Hardware

Eingabegeräte	Ausgabegeräte
Eingabegeräte sind Schnittstellen, um Daten in eine Form zu bringen, die der Computer weiterverarbeiten kann. Das sind z. B. Tastatur, Maus, Trackball, Scanner oder Barcodeleser. In Zukunft werden diese Schnittstellen immer weiter dem Menschen angepasst, z. B. Spracheingaben anstatt Tastatureingaben.	Ausgabegeräte sind Schnittstellen, um Daten in eine Form zu bringen, die vom Menschen weiterverarbeitet werden können. Das sind z. B. Monitore oder Drucker.

13

Aufbau und Funktion eines Datenverarbeitungssystems
Structure and function of a data processing system

Hardware

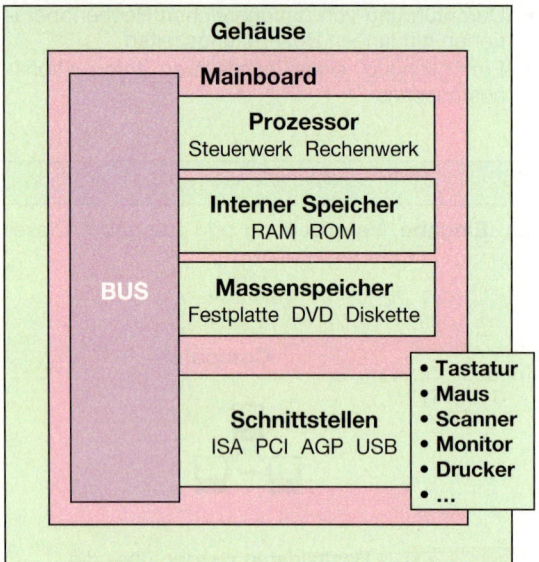

- **Interne** und **externe Speicher (Massenspeicher)** übernehmen die Speicherung von Daten und Programmen.

- **Schnittstellen** sind Verbindungseinrichtungen zwischen verschiedenen Komponenten bzw. auch zwischen Computern an sich, z. B.:
  - ISA (Industrial Standard Architecture), ein Standard-Bussystem,
  - die AGP-Schnittstelle (Accelerated Graphics Port), die speziell für die Verbindung zu Grafikkarten entwickelt wurde,
  - PCI (Peripheral Component Interface), eine Schnittstelle für Erweiterungssteckkarten, beispielsweise Netzwerk- oder Soundkarten,
  - USB (Universal Serial Bus), eine universelle Schnittstelle für den Anschluss externer Geräte.

- Ein **Bus** ist ein Verbindungssystem von parallelen Leitungen zur Übertragung von Daten zwischen einzelnen Systemkomponenten, z. B. zwischen Prozessor, Hauptspeicher, Schnittstellen und Erweiterungskarten. Die Schnelligkeit des Busses ist ein wesentlicher Faktor für die Schnelligkeit des gesamten Systems. Sie hängt von der Taktzeit (Zeitspanne, die zur Abarbeitung von Befehlen zur Verfügung steht) und der Busbreite (Anzahl der parallelen Datenleitungen) ab.

- Ein **Mainboard** (Motherboard, Hauptplatine) ist eine Kunststoffplatte (eine so genannte Platine), die sich im Computergehäuse befindet und auf bzw. in der alle Komponenten des PC stecken bzw. angeschlossen sind (z. B. Prozessor, RAM, Grafikkarte usw., aber auch Festplatte, Diskettenlaufwerk). Das Mainboard bildet das zentrale Element, auf dem über einen Bus alles zusammenläuft und von dem alles gesteuert wird.

- Der **Prozessor,** auch Zentraleinheit (CPU = Central Processing Unit) genannt, ist für die Verarbeitung der Daten zuständig. Er überwacht und steuert alle anderen Komponenten. Wichtige Bestandteile sind Steuer- und Rechenwerk.

  - Das **Steuerwerk** steuert die Reihenfolge der Befehle eines Programms. Es entschlüsselt die Befehle und gibt anschließend die für die Ausführung der Befehle erforderlichen digitalen Signale weiter.

  - Das **Rechenwerk** übernimmt auf Anweisung des Steuerwerks Berechnungen und führt Vergleiche durch. Dabei werden alle Rechenvorgänge in einfachste Additionen aufgelöst, die das Rechenwerk extrem schnell ausführt.

Peripherieeinheiten

Peripherie: Englische Bezeichnung für Umgebung. Peripheriegeräte sind alle an die Zentraleinheit angeschlossenen Ein- und Ausgabegeräte, externe Speicher und sonstige Datenendeinrichtungen. Allgemein werden als Peripherie auch Geräte bezeichnet, die an den Computer angeschlossen sind.

Speichermedien und Geräte

Auf Speichermedien werden Daten und Programme in einer computerlesbaren Form abgelegt. Das kann dauerhaft erfolgen oder nur als Zwischenspeicherung.
Bei der Verarbeitung der Daten müssen diese und das dafür nötige Programm schnell verfügbar sein.

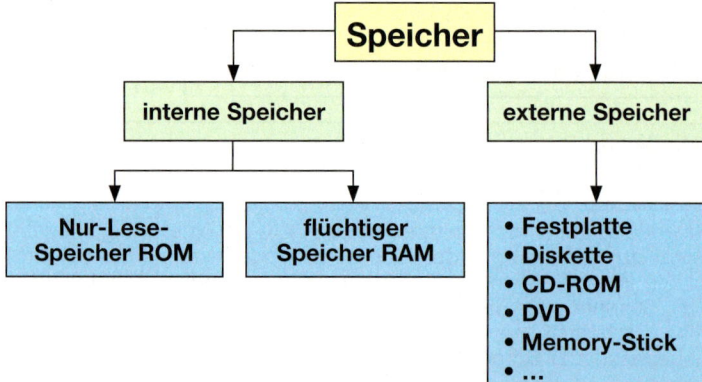

Aufbau und Funktion eines Datenverarbeitungssystems
Structure and function of a data processing system

Hardware

Speichermedien und Geräte

Deshalb werden im **internen Speicher** neben den ablaufenden Programmen die aktuell benötigten Daten gespeichert. Bei der Abarbeitung eines Programms holen Steuer- und Rechenwerk Befehle und Daten schrittweise aus dem inneren Speicher und verarbeiten diese. Der Speicher besteht aus zwei Teilen: Dem RAM- und dem ROM-Speicher.

Der **RAM-Speicher** (RAM = Random Access Memory) oder Hauptspeicher wird häufig auch als flüchtiger Speicher bezeichnet. Durch das Unterbrechen der Stromzufuhr beim Ausschalten der EDV-Anlage geht der Inhalt dieses Speichers verloren. In ihm befinden sich die aktuell benötigten Programme und Daten. Werden beispielsweise die Daten geändert, so ändert sich auch der Inhalt des RAM-Speichers. Der Inhalt dieses Speichers kann sowohl gelesen als auch verändert werden.

Der Inhalt des **ROM-Speichers** (ROM = Read Only Memory) kann nur gelesen werden. Die hier abgelegten Informationen sind folglich unveränderbar. Da der ROM-Speicher seinen Inhalt nicht verliert, wenn der Strom abgeschaltet wird, wird er vom Hersteller genutzt, um hier die zum elementaren Betrieb nötigen Informationen und Programme abzulegen.

Unter externen Speichern **(Massenspeicher)** ist eine Zusammenfassung aller Speicherarten zu verstehen, die Daten dauerhaft speichern können. Häufig können die Daten auch wieder gelöscht werden, wie bei Festplatten. Allerdings gibt es auch Massenspeicher, die eine Nur-Lese-Option haben, z. B. CD-ROMs.

Festplatte

Eine Festplatte, auch Harddisk (HD) genannt, ist für die Speicherung größerer Datenmengen bestimmt. Sie ist zwar viel langsamer als der Arbeitsspeicher (RAM), die gespeicherten Daten bleiben aber auch dann erhalten, wenn der Computer ausgeschaltet wird.

CD-ROM

Bei einer CD-ROM (CD – Compact Disk) können mithilfe eines Laserstrahls digital abgespeicherte Daten gelesen werden. Die Daten auf einer CD-ROM können nicht verändert werden (vgl. ROM). Die Speicherkapazität beträgt ungefähr 800 MB.

CD-R

Weiterentwicklung der CD-ROM, bei der mit einem Laserstrahl die Oberfläche einmalig verändert werden kann, sodass Daten abgespeichert werden können. Nach dem „Brennen" kann jedes CD-ROM- oder DVD-Laufwerk diese Daten auslesen. Ein Ändern der Daten nach dem erstmaligen Beschreiben ist allerdings nicht mehr möglich.

Diskette

Eine Diskette ist eine flexible, magnetisch beschichtete Folienscheibe in einem Kunststoffgehäuse. Durch magnetische Veränderung der Oberfläche werden die Daten gespeichert. Disketten haben eine geringe Speicherkapazität von 1,44 MB.

Speicherkarte

Das digitale Medium Speicherkarte erlangt mit der weiteren Verbreitung von Digitalkameras, digitalen MP3-Playern und anderen multimedialen Kommunikationsmitteln immer mehr Bedeutung. Dank der so genannten Flash-Technologie können die auf den Speicherkarten abgelegten Daten dauerhaft gespeichert werden.

CD-RW

Wie die CD-R. Allerdings ist die Oberfläche der CD so gestaltet, dass die CD-RW mehrmals beschrieben werden kann.

DVD/DVD-RW

DVD (Digital Versatile Disc) ist ein universeller Multimediastandard, der sich durch eine hohe Speicherkapazität auszeichnet (bis zu 17 GB).

13

Kapazität von Speichermedien

1 Bit			1 Wert (0 oder 1)	
1 Byte		= 8 Bit	8 Werte = 1 Zeichen	1 Buchstabe
1 Kilobyte	1 KB	$= 2^{10}$ Byte =1 024 Byte	1 024 Zeichen	ca. eine drittel Seite eines Buches
1 Megabyte	1 MB	$= 2^{20}$ Byte = 1 024 KB	etwas mehr als 1 Million Zeichen	ca. 400 Seiten eines Buches (ohne Grafiken usw.)
1 Gigabyte	1 GB	$= 2^{30}$ Byte = 1 024 MB	etwas mehr als 1 Milliarde Zeichen	ca. 700 Bücher mit je 500 Seiten

Aufbau und Funktion eines Datenverarbeitungssystems
Structure and function of a data processing system

Interne Darstellung von Informationen

Menschen bedienen sich bei ihrer Kommunikation einer Vielzahl von Worten, Symbolen, Gesten usw. Diese Möglichkeiten hat der Computer zunächst nicht. Hier wird mit zwei Spannungszuständen (niedrige und hohe Spannung) gearbeitet. Der hohen Spannung wird 0 und der niedrigen 1 zugeordnet. So können alle Informationen, ähnlich des Morsens, mit dieser zweiwertigen Logik (Dualsystem) verschlüsselt (codiert) werden.

- **Bit:** binary digit (Binäre Ziffer) ist die kleinste Speichereinheit. Sie kann nur die Werte 0 bzw. 1 enthalten. Erst die Kombination mehrerer Bits macht es möglich, Zeichen darzustellen.

- **Byte:** besteht aus 8 Bit. Dies ist die kleinste adressierbare Speichereinheit, weil die heute gebräuchlichen Codes auf einer Kombination von 8 Bit beruhen.

- **Code:** Verschlüsselungsverfahren, das jedem Byte ein bestimmtes Zeichen zuordnet. Die Zuordnung wird von den Hard- und Softwareherstellern übernommen.

Der **ASCII-Code** (American Standard Code For Information Interchange) ist der bekannteste. Dabei werden die Zahlen 0 bis 255 als Dualzahlen verschlüsselt und einem Zeichen zugeordnet.

Beim Menschen: Zeichen	Verschlüsselung im ASCII-Code: Dezimalzahl	Computer intern: Dualzahl
A	65	0100 0001
B	66	0100 0010

Software

```
                        Software
                           |
          +----------------+----------------+
          |                                 |
      System-                           Anwendungs-
      software                          programme
   (Steuerung der                    (Lösung von typi-
   Abläufe im                        schen Anwender-
   Computer)                         problemen)
          |                                 |
    +-----+-----+              +------------+------------+
    |           |             |            |            |
```

Betriebs-system	Systemnahe Software	Standard-software	Branchen-software	Individual-software
(Steuerung und Organisation des Computers)	(z. B. Programmier-sprache)	(für breite Masse von Anwendern)	(für bestimmte Branchen)	(für eine Person oder ein Unternehmen)
z. B.: WINDOWS LINUX Mac OS X	z. B.: C/C++	z. B.: MS-EXCEL, MS-WORD	z. B.: Warenwirtschaftssystem für Handel	z. B.: Spezialprogramme für einen bestimmten Betrieb

13

3526474

Arbeiten mit dem Betriebssystem – *Working with the operating system*

Aufgaben

Das **Betriebssystem** gehört zur Systemsoftware. Es besteht aus einer Gruppe von Programmen, die …
- den internen und externen Speicher verwalten,
- geringe Hard- und Softwareunterschiede anpassen,
- Kommunikation mit dem Benutzer ermöglichen,
- die Bestandteile der Zentraleinheit verwalten,
- die Peripheriegeräte steuern,
- den Systemstart durchführen.

Benutzeroberfläche

Das Betriebssystem kommt mit dem Benutzer über die Benutzeroberfläche in Kontakt. Dabei können die Anweisungen auf zwei verschiedene Arten übermittelt werden:

Kommandosprache	grafische Benutzeroberfläche
Die gewünschte Anweisung wird dem Betriebssystem in Form von **Kommandos** (Worten) mitgeteilt. Dabei müssen die Benutzer viele Kommandos auswendig kennen und diese fehlerfrei eingeben, sonst kann das Betriebssystem die Kommandos nicht entschlüsseln und ausführen. MS-DOS (Microsoft Disk Operating System) wird über die Kommandosprache bedient.	Den Benutzern werden auf dem Bildschirm vom Betriebssystem **Icons** (Symbolbilder) angeboten, die beim Anklicken durch die Maus oder durch einen Tastendruck den entsprechenden Befehl an das Betriebssystem weitergeben. Alle WINDOWS-Versionen unterstützen grafische Benutzeroberflächen.

Systemstart von WINDOWS 2000/XP

Nach dem Einschalten des Computers mit dem Netzschalter (Kaltstart) findet folgender Prozess statt:

1. Stufe: Das BIOS (= **B**asic **I**nput **O**utput **S**ystem, ein Programm, das im ROM-Speicher steht) wird gestartet und sorgt für die Einleitung der weiteren Stufen.

2. Stufe: Im Selbsttest wird die Hardware auf Funktionstüchtigkeit überprüft.

3. Stufe: Windows 2000/XP wird gebootet, d. h., es wird in den Arbeitsspeicher geladen.

4. Stufe: Start von Windows 2000/XP.

Schnell- und Funktionstasten *(shortcuts and function keys)*

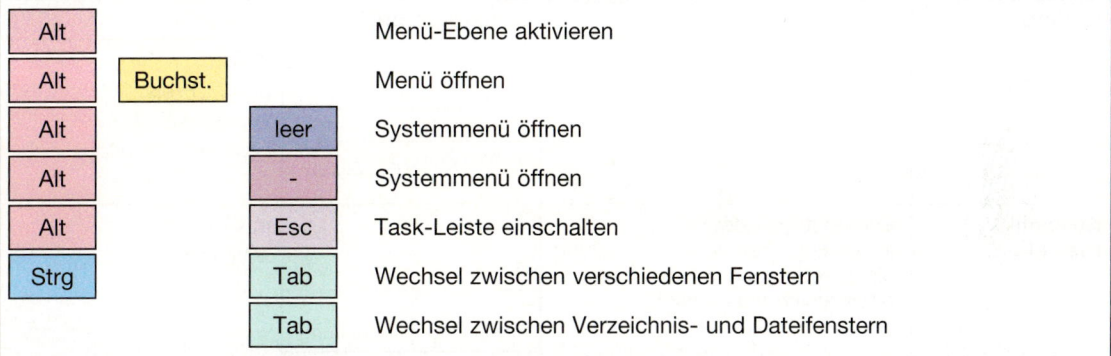

Alt		Menü-Ebene aktivieren
Alt	Buchst.	Menü öffnen
Alt	leer	Systemmenü öffnen
Alt	-	Systemmenü öffnen
Alt	Esc	Task-Leiste einschalten
Strg	Tab	Wechsel zwischen verschiedenen Fenstern
	Tab	Wechsel zwischen Verzeichnis- und Dateifenstern

Datenträger- und Dateioperationen unter WINDOWS 2000/XP

Verschieben oder Kopieren eines Ordners oder einer Datei	Diskette formatieren
Im Desktop (Startmenü/Programme/Zubehör/Windows-Explorer) Ordner oder Datei markieren, rechte Maustaste ➔ Kontextmenü: Ausschneiden oder Kopieren Zielordner oder -laufwerk markieren, rechte Maustaste ➔ Kontextmenü; Einfügen	Diskette in Laufwerk A: einlegen Symbol: Arbeitsplatz, Laufwerk A:, rechte Maustaste ➔ Kontextmenü wird geöffnet Formatieren/Art der Formatierung (auswählen), Schaltfläche: Starten

Diskette kopieren	Start eines Programms
Quelldiskette in Laufwerk A: einlegen Symbol: Arbeitsplatz, Laufwerk A:, rechte Maustaste ➔ Kontextmenü wird geöffnet Diskette kopieren/Quell- und Ziellaufwerk bestimmen, Schaltfläche: Starten weiteren Anweisungen folgen	Doppelklick auf das Programmsymbol auf dem Desktop (sofern das Symbol dort angelegt ist) Startbutton ➔ Programme ➔ Name des Programms

13

Entwickeln von Algorithmen – *Setting up of algorithmus*

Begriff	Vorgehen
Algorithmus ➜ Exakte Vorschrift, die bei geeigneten Eingabedaten zwangsläufig zu korrekten Ausgabedaten führt.	**E**ingabe: $x = 3, y = 4$ **V**erarbeitung (mit einem Algorithmus): $z = x + y$ (hier: $z = 3 + 4$) **A**usgabe: $z = 7$

Stufen der Softwareerstellung

Problemstellung	Aufgabenstellung mit Auftraggeber abstimmen
Problemanalyse	Eingabedaten festlegen Reihenfolge und Art der Verarbeitung festlegen Ausgabedaten festlegen
Entwurf	Aufbau der Bildschirmmaske Gestaltung der Druckausgabe (z. B. Briefe, Berichte, Tabellen) Darstellung der für die Verarbeitung benötigten Algorithmen z. B. mit Struktogrammen
Implementierung (Einbau)	Erstellung und Installation eines lauffähigen Programms, Datenbankanwendung usw.
Systemtest	Testen der erstellten Software (z. B. Programm, Datenbankanwendung)
Abschlussphase	Einsatz und Wartung der erstellten Software; Dokumentation Erstellen einer Bedienungsanweisung

Algorithmische Grundstrukturen

Struktur	Beschreibung	Struktogramm	Beispiele
Folge (Sequenz)	Aneinanderreihung von mehreren Anweisungen	1. Anweisung 2. Anweisung 3. Anweisung	**in C:** printf („Preis: "); scanf („%f", &Preis); USt = Preis * 0.16;
Auswahl (Selektion)	**Zweiseitige Auswahl:** In Abhängigkeit von der Erfüllung einer Bedingung werden zwei Alternativen ausgewählt.	Bedingung erfüllt? ja / nein 1. Anweisung / 2. Anweisung	**in EXCEL:** =WENN(B12>1000; 5; 10)
	Fallunterscheidung: In Abhängigkeit von der Erfüllung einer Bedingung werden mehrere Alternativen (Fälle) ausgewählt.	Fall? = 1 | = 2 | = 3 1. Anw. | 2. Anw. | 3. Anw.	**in C:** switch(UstSatz) {case 1: Ust=Wert*0.16; break; case 2: Ust=Wert*0.07; break; case 3: Ust=0:}

Wiederholung (Iteration)	Eine Folge von Anweisungen wird so oft wiederholt, solange bzw. bis eine Bedingung erfüllt ist.
	
	 z. B. fußgesteuerte **Schleife**
		1. Anweisung
		 2. Anweisung
		 3. Anweisung
		
		 Wiederholung, solange Bedingung erfüllt
			in C:
			 do
			 {
			    x=x+1;
			    printf(„%i",x);
			 }
			 while(x < 10);

13

3526476

Tabellenkalkulation am Beispiel von EXCEL

Begriff

Daten werden in Form von Tabellen erfasst und mithilfe von mathematischen und anderen Funktionen verarbeitet. Bei einer Änderung der Daten werden die Ergebnisse und Analysen automatisch angepasst. Die Ergebnisse und Analysen können anschließend grafisch ansprechend aufbereitet werden, denn die meisten modernen Tabellenkalkulationsprogramme (z. B. EXCEL 2000) verfügen über Grafiktools. Diese Standardsoftware findet weite Verbreitung und wird betriebswirtschaftlich beispielsweise für Angebotsvergleiche, Kalkulationen oder zur Erstellung von Statistiken eingesetzt.

Adressierung

Um in Formeln auf Daten aus Zellen oder Bereichen zugreifen zu können, müssen die Zellen mit einer **Adresse** versehen werden. Durch die **Adressierung** werden also Bezüge zu anderen Zellen hergestellt.

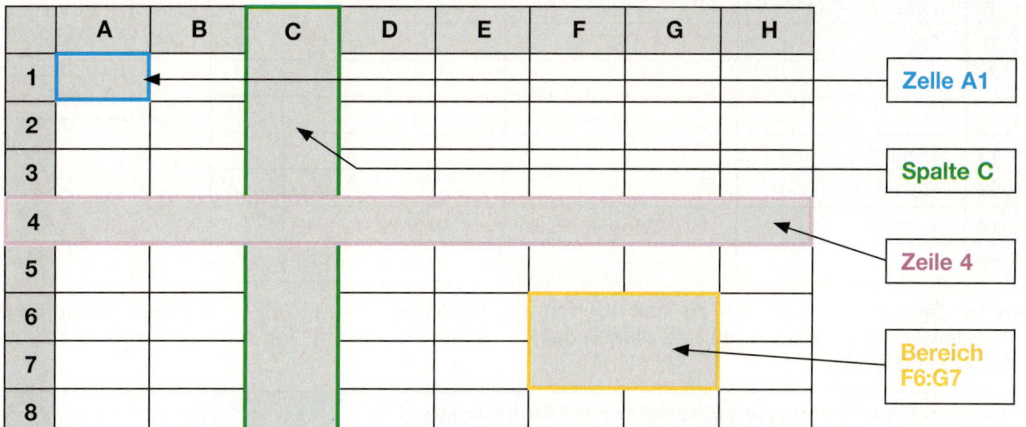

	Beschreibung	Beispiel
absolute Adressierung	Beim Kopieren verändert EXCEL die Adresse einer Zelle nicht. Sie bleibt konstant (absolut). Dafür muss aber diese Zelladresse mit $-Zeichen versehen werden.	

	A
1	100
2	=$A$1+1
3	=$A$1+1

Wert in A2 und A3 → 101

relative Adressierung	Beim Kopieren verändert EXCEL automatisch die Adresse einer Zelle relativ (im Verhältnis) zur ursprünglichen Zelle.

	A
1	100
2	=A1+1
3	=A2+1

Wert in A2 → 101
Wert in A3 → 102

Adressierung über den Namen	Die Zelle, die kopiert oder in einer Formel verwendet werden soll, wird vorher mit einem Namen versehen. Beim Kopieren wird dann dieser Name beibehalten.

	A
1	100
2	Umsatz
3	Umsatz

Name in A2 → Umsatz
Name in A3 → Umsatz

13

Tabellenkalkulation am Beispiel von EXCEL

Inhalte von Zellen

	A	B	C	D
1		**Angebotsvergleich**		
2				
3		Kunze KG	Meier GmbH	
4	Listeneinkaufspreis	10000	11500	
5	Rabatt in %	10	12	
6	Bezugskosten	150	200	
7				
8	Listeneinkaufspreis	=B4	=C4	
9	– Rabatt	=B4*B5/100	=C4*C5/100	
10	Zieleinkaufspreis	=B8-B9	=C8-C9	
11				
12	Zieleinkaufspreis	=B10	=C10	
13	+ Bezugskosten	=B6	=C6	
14	Bezugspreis	=SUMME(B12:B13)	=SUMME(C12:C13)	
15				

- **Texte** ← Meier GmbH
- **Werte** ← 12
- **Formeln** ← =C4*C5/100
- **Funktionen** ← =SUMME(C12:C13)

Formeln: Setzen sich aus den zu den Werten gehörenden Adressen zusammen und dienen der Berechnung neuer Werte.

Funktionen: von EXCEL vorgegebene mathematische, statistische, logische oder andere Formeln.

Schnell- und Funktionstasten *(shortcuts and function keys)*

Tasten			Funktion
	⇧	F10	Kontextmenü einschalten
		F2	Bearbeitungszeile aktivieren
		F4	Zellbezug (absolut/relativ) ändern
Strg		F6	Wechsel zwischen zwei Fenstern
Strg	Bild ↑	Bild ↓	Wechsel zwischen den Blättern einer Mappe
		Esc	Wechsel vom Diagramm zur Tabelle
		F8	Markierung – Bereichserweiterung
	⇧	F8	Markierung – Mehrfachauswahl
Strg	⇧	*	Markierung – aktueller Datenblock
Strg	⇧	leer	Markierung – ganze Tabelle
Strg		leer	Markierung – Spalte
	⇧	leer	Markierung – Zeile
		Tab	Zellen ansteuern
	⇧	Tab	Zellen ansteuern (rückwärts)
Alt		←	Rückgängigmachen der Änderung/Lösung
Strg		C	Kopieren
Strg		V	Einfügen
Strg		X	Ausschneiden
Strg		S	Speichern
Strg		Z	Rückgängigmachen der letzten Aktion

3526478

Tabellenkalkulation am Beispiel von EXCEL

Wesentliche Funktionen

Summe Mathematische Funktion zum Addieren von Werten	**=SUMME(Zahl1; Zahl2; …)** **Zahl1; Zahl2; …:** Hier können entweder die Adressen der Zellen durch ";" getrennt oder ein Bereich angegeben werden.
Mittelwert Statistikfunktion liefert den Mittelwert aus einem Bereich	**=MITTELWERT(Zahl1; Zahl2; …)** **Zahl1; Zahl2; …:** Hier können entweder die Adressen der Zellen durch ";" getrennt oder ein Bereich angegeben werden.
Minimum Statistikfunktion liefert den kleinsten Wert aus einem Bereich	**=MIN(Zahl1; Zahl2; …)** **Zahl1; Zahl2; …:** Hier können entweder die Adressen der Zellen durch ";" getrennt oder ein Bereich angegeben werden.
Maximum Statistikfunktion liefert den größten Wert aus einem Bereich	**=MAX(Zahl1; Zahl2; …)** **Zahl1; Zahl2; …:** Hier können entweder die Adressen der Zellen durch ";" getrennt oder ein Bereich angegeben werden.
Wenn Logikfunktion, mit der Fallunterscheidungen durchgeführt werden können	**=WENN(Prüfung; Dann_Wert; Sonst_Wert)** **Prüfung:** Es wird geprüft, ob eine Bedingung erfüllt ist. **Dann_Wert:** Der Wert oder Ausdruck, der ausgegeben wird, wenn die Bedingung erfüllt ist **Sonst_Wert:** Der Wert oder Ausdruck, der ausgegeben wird, wenn die Bedingung nicht erfüllt ist
Zählen wenn Statistikfunktion, die alle Zellen eines Bereiches zählt, deren Inhalt mit dem Suchkriterium übereinstimmen	**=ZÄHLENWENN(Bereich; Suchkriterium)** **Bereich:** Mehrere zusammenhängende Zellen **Suchkriterium:** Wert oder Text, nach dem gesucht werden soll
Sverweis (Suchfunktion) Datenbankfunktion, die aus einer Liste (Matrix) bestimmte Daten (Suchkriterium) heraussucht und zugehörige Daten (Spaltenindex) anzeigt	**=SVERWEIS(Suchkriterium; Matrix; Spaltenindex; Bereich_Verweis)** **Suchkriterium:** Wert oder Text, nach dem in der 1. Spalte der Matrix gesucht werden soll **Matrix:** Bereich, in dem Wert oder Text gesucht werden soll **Spaltenindex:** Nummer der Spalte, aus der ein Wert oder Text zu dem gesuchten Feldinhalt geliefert wird **Bereich_Verweis:** (optional) ist ein Wahrheitswert, der angibt, ob genau das Suchkriterium gefunden wurde WAHR: Wurde keine genaue Übereinstimmung gefunden, wird der nächstkleinere Wert als Grundlage genommen FALSCH: Zeigt nur genaue Übereinstimmung an, sonst #NV

Erstellen eines Diagramms mit dem Diagramm-Assistenten

- Markieren des gewünschten Bereichs
- Menüpunkte: Einfügen/Diagramm/Auf dieses Blatt **oder** Schaltfläche Diagramm

1. Stufe: Diagramm-Assistent – Schritt 1 von 4 – Diagrammtyp. Aus 14 Diagrammtypen kann der gewünschte ausgewählt werden.

2. Stufe: Diagramm-Assistent – Schritt 2 von 4 – Diagramm-Quelldaten. Hier kann der Datenbereich geändert werden.

3. Stufe: Diagramm-Assistent – Schritt 3 von 4 – Diagrammoptionen. Verschiedene Beschriftungen (z. B. Diagrammtitel oder Achsenbeschriftungen), Gitternetzlinien usw. können hier ausgewählt werden.

4. Stufe: Diagramm-Assistent – Schritt 4 von 4 – Diagramm-Platzierung. Es kann ausgewählt werden, ob das Diagramm auf ein eigenes Blatt oder in der aktiven Tabelle platziert wird.

13

Tabellenkalkulation am Beispiel von EXCEL

Geschäftsgrafik

Die mit EXCEL ausgewerteten Daten einer Tabelle können in Form von Diagrammen grafisch anspre- chend aufbereitet werden. Dies vereinfacht die Inter- pretation betriebswirtschaftlicher Zusammenhänge.

Darstellungsarten

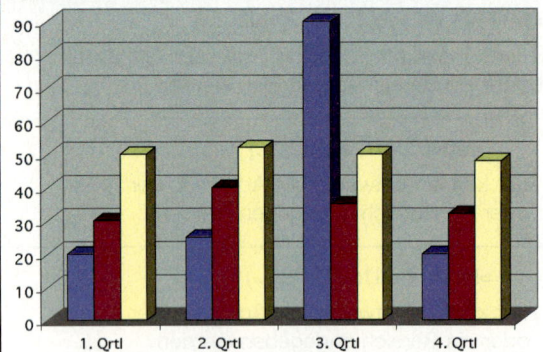

Säulendiagramm
ermöglicht Vergleiche verschiedener Perioden bzw. Zeitpunkte

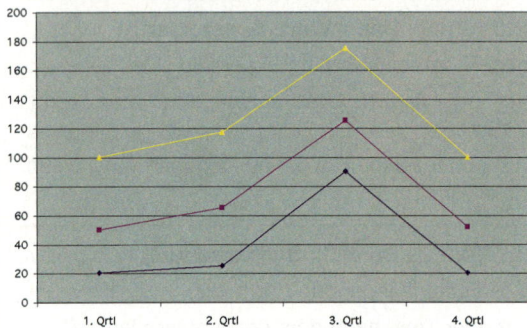

Kurvendiagramm
ermöglicht das Aufzeigen von Entwicklungen in einem bestimmten Zeitraum

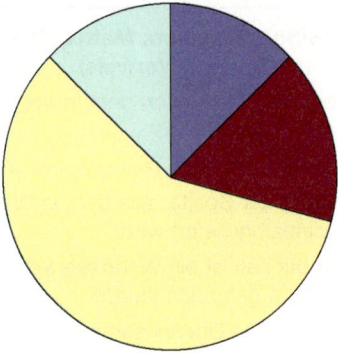

Torten- oder Kreisdiagramm
ermöglicht Vergleich von Teilgrößen mit dem Gesamten

Datenbanken am Beispiel von ACCESS

Nachteile traditioneller Datenverwaltung

- **Redundanz:** Für jedes Programm werden Daten getrennt in Dateien gespeichert. Diese Vorge- hensweise führt zur Mehrfachspeicherung von bestimmten Daten, z. B. werden Kundendaten für ein Fakturierungsprogramm und ein Buch- führungsprogramm benötigt und in verschiede- nen programmabhängigen Dateien gespeichert. Diese Redundanz führt zu einem unnötig hohen Bedarf an Speicherplatz.

- **Dateninkonsistenz:** Bei Änderungen von mehr- fach in verschiedenen Dateien gespeicherten Daten besteht die Gefahr, dass nicht alle Daten einheitlich aktualisiert werden.

- **Datei-Programm-Abhängigkeit:** Muss z. B. durch Gesetzesänderungen der Aufbau einer Datei verändert werden, müssen auch die dazu- gehörigen Programme angepasst werden.

13

Datenbanken am Beispiel von ACCESS

Begriff	Vorteile
Datenbanken haben die Aufgabe, Daten strukturiert zu erfassen und zu verwalten. Bei relationalen Datenbanken können Daten aus mehreren Tabellen miteinander verknüpft werden.	• keine Mehrfachspeicherung gleicher Daten (Redundanz) • Speicherung der Daten in der Datenbank unabhängig vom Anwendungsprogramm • leichtere Datenpflege

Aufbau einer Datenbank

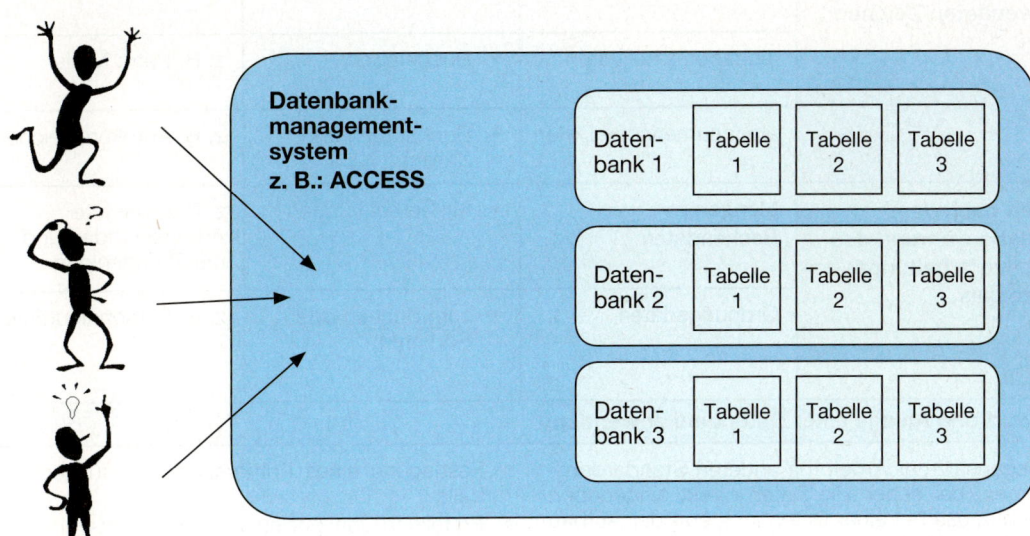

Benutzerinnen/
Benutzer

Aufbau einer Datei

Bei der Übertragung von Daten auf Karteikarten in eine Datenbanktabelle gelten folgende Zusammenhänge:

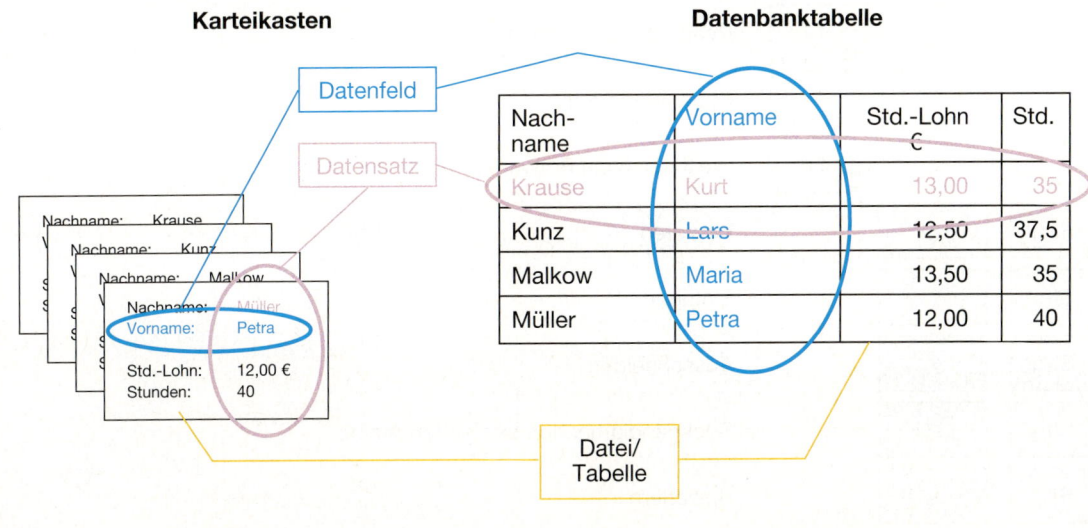

Datenbanken am Beispiel von ACCESS

Datenarten

Daten nach der Häufigkeit der Ände-rung	Stammdaten	• Sie bleiben über einen längeren Zeit-raum oder immer unverändert.	z. B. Artikelnummer und Artikelbezeich-nung
	Bewegungsdaten	• Sie werden häufig geändert.	z. B. Artikelzu- und -abgänge, Zahlungs-ein- und -ausgänge
Daten nach Art der verwendeten Zeichen	numerische Daten	• Zahlen	z. B. 12,50
	alphabetische Daten	• Buchstaben	z. B. Petra Müller
	alphanumerische Daten	• Buchstaben und Zahlen	z. B. Autokennzeichen
Daten nach der Aufgabe während des Datenverarbeitungs-prozesses	Mengen-/ Rechendaten	• für Berechnungen	z. B. geleistete Arbeitsstunden und der Stundenlohn
	Ordnungsdaten	• zum Suchen oder Sortieren	z. B. Personalnummer

Entwurf und Anlage einer Datenbankanwendung

Im Gegensatz zur Arbeit mit anderen Standardpro-grammen, bei denen die Daten direkt eingegeben werden, muss bei einer Datenbank erst der Aufbau geplant werden:
- Analyse der Daten
- Datenmodellierung z. B. mithilfe eines Entity-Relationship-Diagramms **(ERM),** d. h., die Daten und die Beziehungen zwischen ihnen werden grafisch dargestellt
- Erstellen von Tabellen, Festlegung der Daten-struktur und Festlegung der Beziehungen zwi-schen den Tabellen

- Festlegung eines Primärschlüssels für jede Ta-belle
- Erstellung von Formularen zur leichteren Erfas-sung der Daten
- Eingeben von Daten in Tabellen
- Verknüpfung der Daten aus verschiedenen Tabel-len
- Formulierung von Abfragen zur Auswertung der gespeicherten Daten
- Präsentation der Daten über einen Bericht

Schnell- und Funktionstasten *(shortcuts and function keys)*

F2		Bearbeitung einschalten
⇧ F2		Zoom einschalten
F6		Wechsel in die Entwurfsansicht
Strg C		Kopieren
Strg V		Einfügen
Strg X		Ausschneiden
Strg Z		Rückgängigmachen der letzten Aktion
Strg S		Speichern

13

3526482

Datenbanken am Beispiel von ACCESS

Struktur einer ACCESS-Datenbankanwendung

Tabellen	Abfragen
Eine Tabelle bildet Gegenstände der Wirklichkeit ab. Dabei werden die Daten ähnlich wie bei der Tabellenkalkulation eingegeben. Beispielsweise wird eine Tabelle zur Erfassung von Personaldaten (Nachname, Vorname, Stundenlohn, Wochenarbeitszeit) angelegt.	Mit Abfragen können die Daten nach verschiedenen Kriterien sortiert (z. B. aufsteigend, absteigend) oder selektiert (ausgesucht) werden. Mithilfe einer Abfrage könnten beispielsweise alle Angestellten ermittelt werden, die mehr als 12,50 € pro Stunde verdienen.

Formulare	Berichte
Formulare erleichtern beispielsweise die Eingabe der Daten. Sie können aber auch zur Ansicht und Bearbeitung der Daten verwendet werden. Sie können automatisch vom Programm oder mit Unterstützung des Assistenten schnell erstellt werden.	Daten können in Berichten zusammengefasst und grafisch ansprechend aufbereitet werden. Diese können dann über den Drucker ausgegeben und/oder in der Datenbank/Datei gespeichert werden.

Makros	Module
Makros enthalten eine Zusammenstellung von Anweisungen, die häufig wiederkehrende Arbeiten auflistet. Somit werden diese Arbeiten automatisiert.	Module sind kleine mit Visual Basic erstellte Programme, mit denen man die Möglichkeiten einer Datenbankanwendung erweitern kann.

Datenfelder und Felddatentypen

Text	Eingabe von Texten oder Zeichenketten	bis 255 Zeichen
Memo	Längere Zeichenketten	ca. 32 000 Zeichen
Zahl	Numerische Daten. Dieser Datentyp bietet zahlreiche Einstellungsmöglichkeiten. Es kann beispielsweise die Zahl der Nachkommastellen festgelegt werden.	1 – 16 Byte
Datum/Zeit	Eingabe von Datum und/oder Uhrzeit mit verschiedenen Formaten (z. B. 12.05.2006, 2006-05-12)	
Währung	Ähnlich wie Zahl, aber Formate mit Währungssymbolen wählbar	
AutoWert	Eindeutige, fortlaufende Zahl, die jeweils von ACCESS um 1 erhöht wird. Wird ein neuer Datensatz in die Tabelle eingetragen, weist ACCESS eine Zufallszahl zu. Auto-Werte können nicht geändert werden.	
Ja/Nein	Zum Speichern beispielsweise von Bildern, Klängen oder in anderen Programmen erstellter Daten	1 Bit
OLE-Objekt	Felder enthalten nur zwei Werte, beispielsweise Ein/Aus, Wahr/Falsch, Ja/Nein	bis 1 GB
Hyperlink	Verknüpfung mit einer beliebigen Datei oder einer Seite im Internet	bis 64 000 Zeichen

Datenaustausch

Daten aus **ACCESS** in **EXCEL** weiterbearbeiten	Daten aus **EXCEL** in **ACCESS** weiterbearbeiten
• Cursor muss sich in der zu bearbeitenden Tabelle oder Abfrage befinden. • Anklicken des EXCEL-Symbols in ACCESS. • EXCEL wird automatisch geöffnet und die Abfrage oder Tabelle erstellt.	• Öffnen der Datenbank in Access, in der sich die gewünschte Tabelle befindet. • In Access: Einfügen → Tabelle → Tabelle importieren. • Angeben des Dateityps (EXCEL), Pfades und Dateinamens, Importieren anklicken. • Im Dialogfeld angeben, ob die erste Reihe Feldnamen enthält. • Ein Assistent leitet dann durch die Erstellung des Grundlayouts der Tabelle.

13

Datenbanken am Beispiel von ACCESS

Primärschlüssel

Stellt ein Datenfeld zur Verfügung, das die Datensätze durchnummeriert. Er dient der eindeutigen Abgrenzung der Datensätze und ermöglicht die Verknüpfung mehrerer Dateien.

Operatoren

Logische Operatoren	Und	logisches Und
	Oder	inklusives Oder
	ExOder	exklusives Oder
	Nicht	logisches Nicht
Arithmetische Operatoren	+	addieren
	–	subtrahieren
	*	multiplizieren
	/	dividieren
	^	potenzieren
Vergleichsoperatoren	=	gleich
	<>	ungleich
	<	kleiner als
	<=	kleiner oder gleich
	>	größer als
	>=	größer oder gleich

Ändern der Tabellenstruktur

Unter Umständen (z. B. weil neue Daten in eine Tabelle aufgenommen werden sollen) ist es nötig, eine bereits festgelegte Tabellenstruktur zu verändern. Folgende Änderungen sind denkbar:

- Datenfeldspalte einfügen
- Datenfeldname ändern
- Datenfeldspalte löschen
- Reihenfolge der Datenfelder ändern

- Datenfeldlänge ändern
- Datenfeldtyp ändern
- Datenfeldzeile einfügen
- Datenfeldzeile löschen

Problematisch sind Änderungen der Tabellenstruktur, wenn bereits Daten eingegeben worden sind. Diese bereits gespeicherten Daten werden durch die Änderung der Tabellenstruktur eventuell gelöscht.

Beispiele in ACCESS:

Datenfeldzeile löschen	1. In der Entwurfsansicht Zeile markieren, die gelöscht werden soll. 2. -> BEARBEITEN -> DATENSATZ LÖSCHEN oder Taste [Entf] betätigen
Datenfeldspalte einfügen	1. In der Entwurfsansicht die Spalte markieren, vor der die neue Spalte eingefügt werden soll. 2. -> BEARBEITEN 3. -> EINFÜGEN 4. -> SPALTE

13

3526484

Datenbanken am Beispiel von ACCESS

Grundoperationen

Datenbank anlegen

- Neues Office-Dokument aufrufen
- „Leere Datenbank" markieren, OK

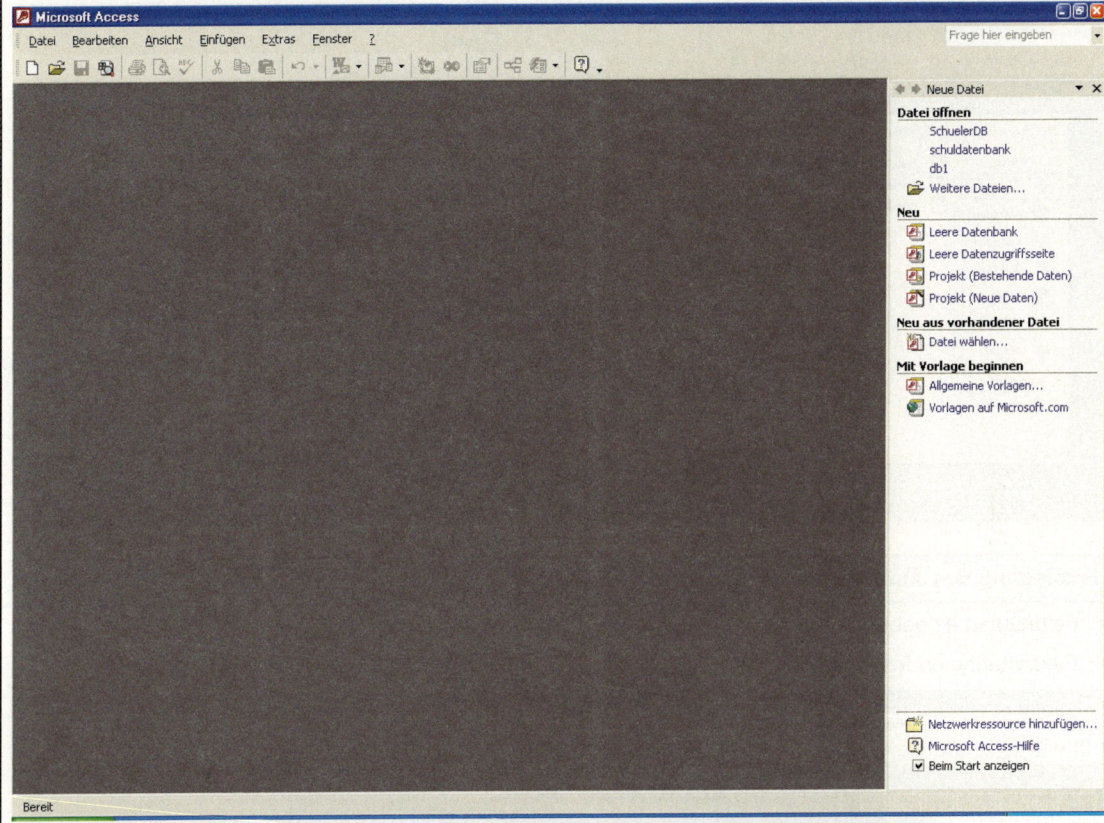

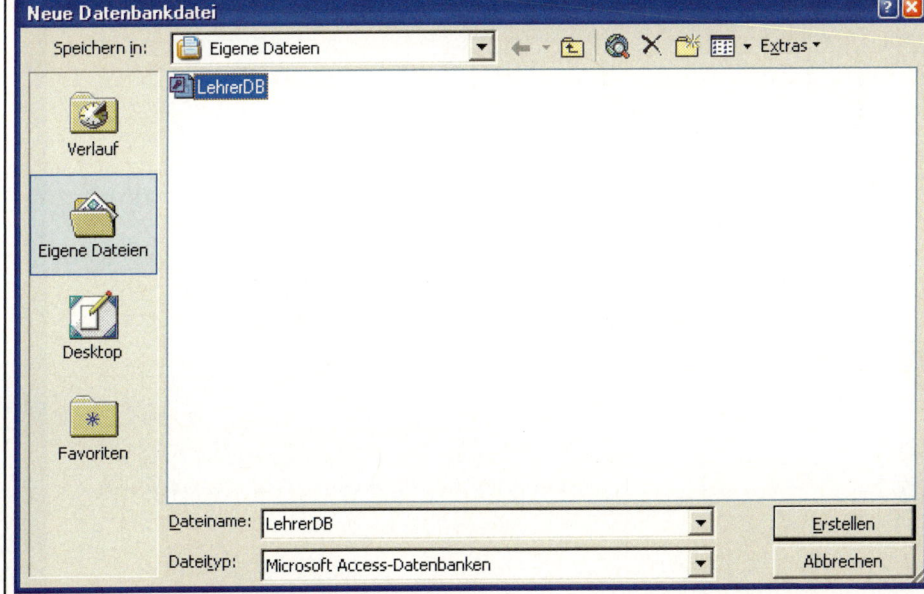

- Dateiname (Name der Datenbank) eingeben
- Schaltfläche „Erstellen" anklicken

Datenbanken am Beispiel von ACCESS

Grundoperationen

Tabelle anlegen

- Bereich: Erstellt eine Tabelle in der Entwurfsansicht

- Schaltfläche „Öffnen" oder Schaltfläche: doppelter Mausklick

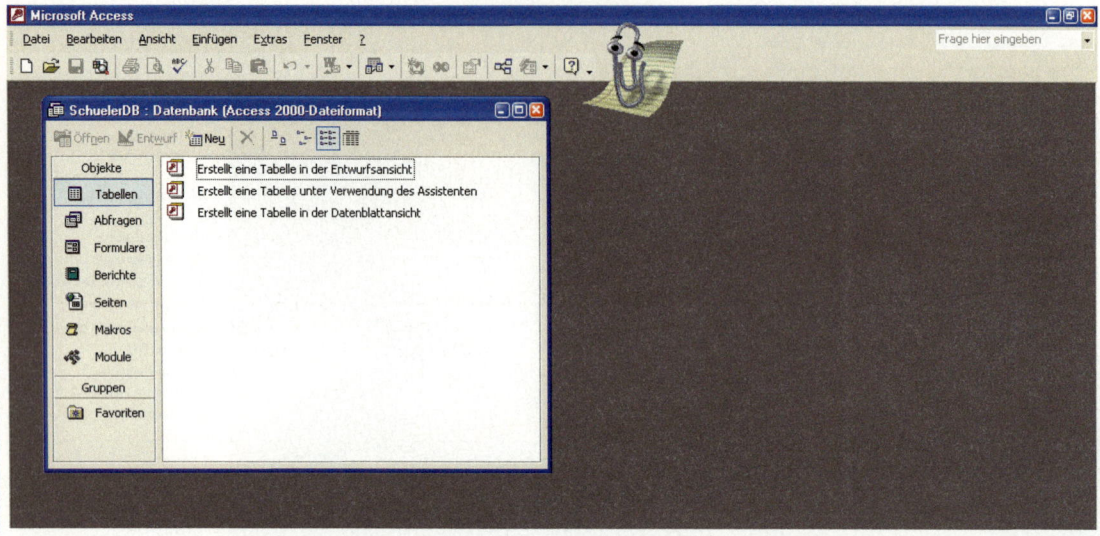

Festlegung des Aufbaus der gewünschten Tabelle

- Feldnamen eingeben

- Felddatentypen festlegen

- Menü: Datei schließen

- Tabellennamen eingeben

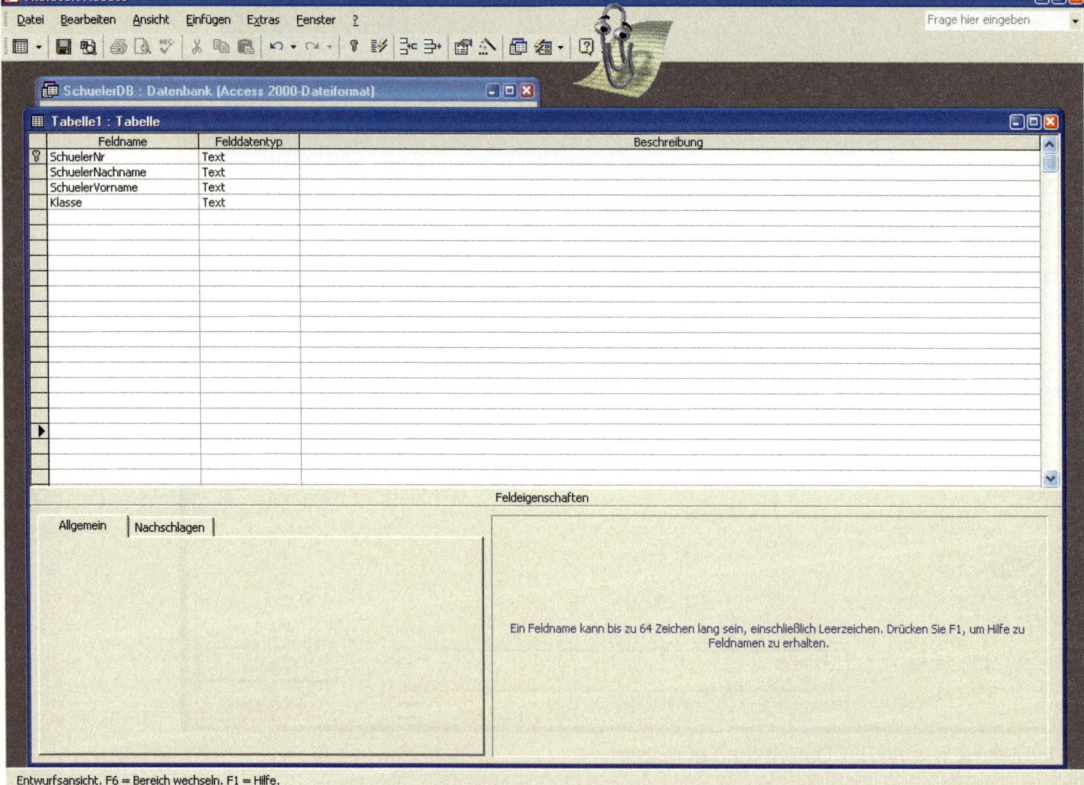

13

Datenbanken am Beispiel von ACCESS

Grundoperationen

Daten eingeben

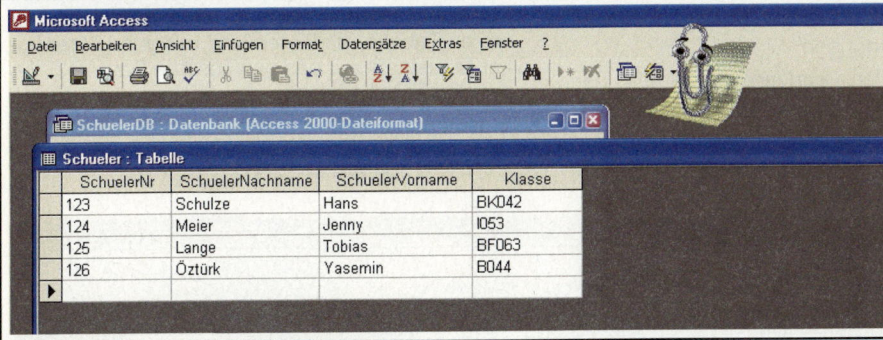

- in das Datenbankfenster wechseln
- gewünschte Tabelle markieren
- Daten in die Tabelle eingeben
- Menü: Datei/ Schließen

Löschen von Daten

- In das Datenbankfenster gehen
- Markieren der gewünschten Tabelle, Schaltfläche: Öffnen
- Markieren der zu löschenden Datensätze

- Menü: Bearbeiten/Löschen **oder** Menü: Bearbeiten/Ausschneiden **oder** Taste: Entf
- Schaltfläche: Ja

Ändern von Daten

- In das Datenbankfenster gehen
- Markieren der gewünschten Tabelle, Schaltfläche: Öffnen

- Markieren des zu verändernden Datensatzes (ein Feld) und Überschreiben durch den gewünschten Inhalt

Verknüpfen von Tabellen

Ein Hilfsmittel zum Entwurf relationaler Datenbanken ist das Entity-Relationship-Modell **(ERM).** Aus dem ER-Modell können die notwendigen ACCESS-Tabellen abgeleitet werden.

Beispiel:

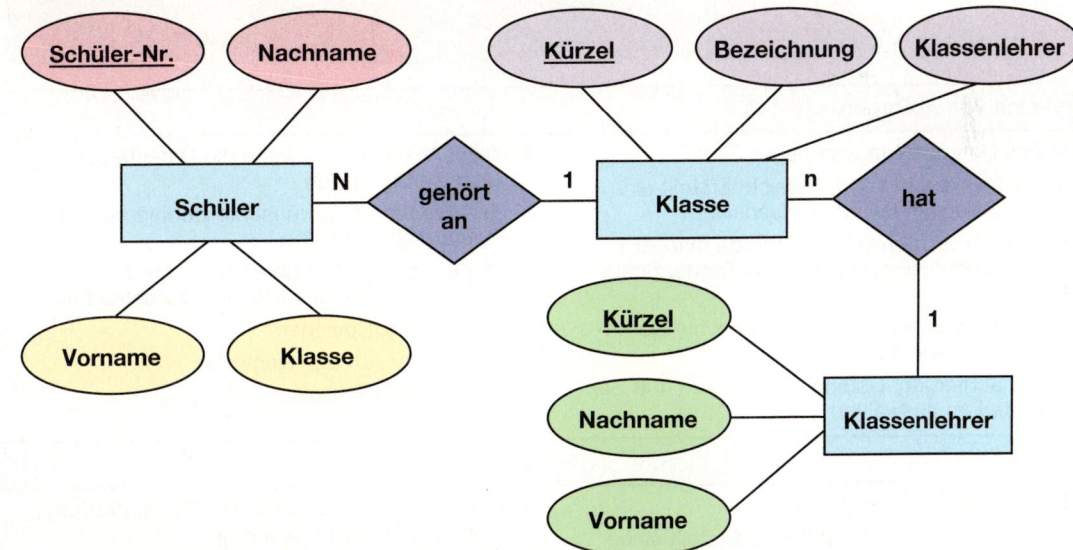

- Eine Relation (Entity, Tabelle) hat einen eindeutigen Namen, z. B. **Klasse.**
- Eine Relation hat mehrere Attribute (Eigenschaften), z. B. **Nachname.**
- Eine Relation hat einen Primärschlüssel, der jeden Datensatz eindeutig identifiziert, z. B. **Schüler-Nr.**

- Die Entitys sind über Beziehungen miteinander verknüpft, z. B. hat jede Klasse einen Klassenlehrer.
- Die Beziehungstypen ergeben sich aus den mengenmäßigen Zusammenhängen zwischen den einzelnen Elementen, z. B. gehören viele Schüler einer Klasse an (n-zu-1-Beziehung).

13

Datenbanken am Beispiel von ACCESS

Grundoperationen

Verknüpfen von Tabellen

- In das Datenbankfenster gehen
- Menü: Extras/Beziehungen
- gewünschte Tabellen markieren und mit der Schaltfläche: Hinzufügen auswählen
- Schaltfläche: Schließen

- Mit der Maus das gewünschte Datenfeld in der ersten Tabelle markieren und mit gedrückter linker Maustaste auf das gewünschte Datenfeld der zweiten Tabelle fahren
- Schaltfläche: Erstellen, Menü: Datei/Schließen

Beispiel:

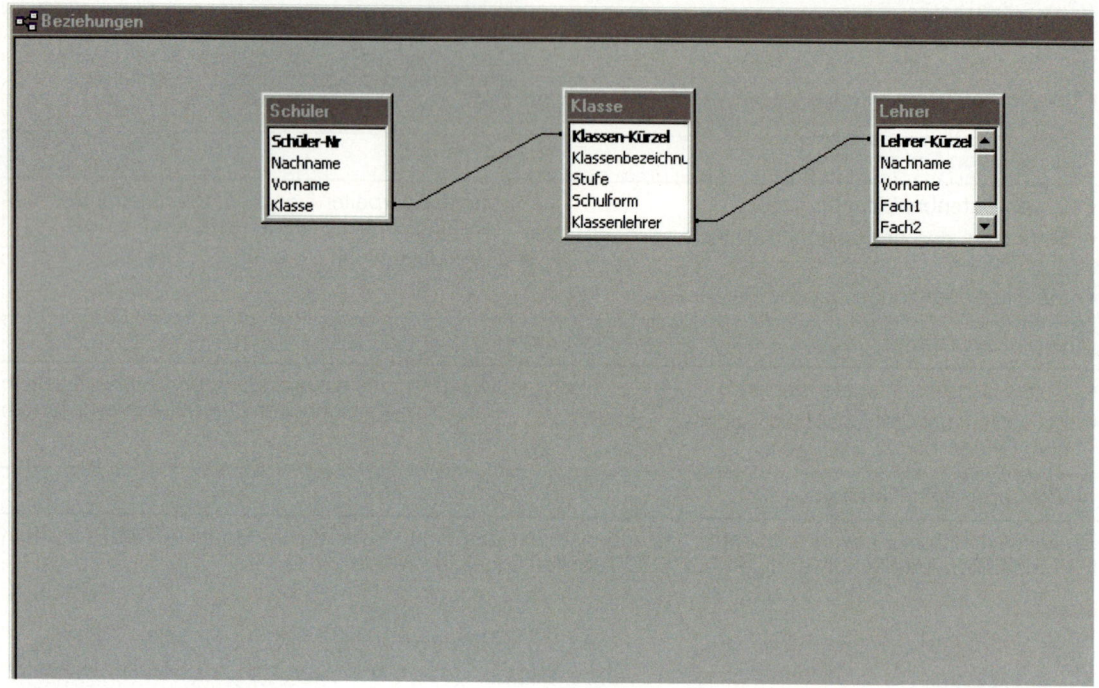

Erstellen von Abfragen

- In das Datenbankfenster gehen
- Schaltfläche: Abfragen, Bereich. Erstellt eine neue Abfrage in der Entwurfsansicht
- Gewünschte Tabelle bzw. Abfrage markieren, Schaltfläche: Hinzufügen, Schaltfläche: Schließen
- Mit Listenpfeil jeweils das gewünschte Datenfeld in die Zeile: Feld eintragen
- Zeile: Sortierung, Listenpfeil anklicken und Sortierkriterium auswählen

- Zeile: Anzeigen ✔ , wenn die Datenfelder angezeigt werden sollen
- Zeile: Kriterium gewünschte Bedingungen (mit Operatoren) eingeben
- Menü: Abfrage/Ausführen bzw. Ansicht/Datenblattansicht, um das Ergebnis zu betrachten
- Menü: Datei/Speichern
- Namen der Abfrage eingeben
- Menü: Datei/Schließen

Bericht erstellen

- In das Datenbankfenster gehen
- Bereich: Berichte, Schaltfläche: Erstellt einen Bericht unter Verwendung des Assistenten

- Auswählen der gewünschten Tabelle/Abfrage usw., Schaltfläche: Weiter
- Anweisungen des Assistenten folgen
- Schaltfläche: Fertigstellen

Sortieren von Daten

- In das Datenbankfenster gehen
- Markieren der gewünschten Tabelle, Schaltfläche: Öffnen

- Menü: Datensätze/Sortierung/Aufsteigend **oder** Menü: Datensätze/Sortierung/Absteigend

PowerPoint

Begriff

Bei **PowerPoint** handelt es sich um ein Programm, das besonders für die visuelle Darstellung verschiedener Sachverhalte geeignet ist. PowerPoint bietet viele Vorlagen und Hilfen für die Gestaltung.

PowerPoint-Dateien bestehen aus mehreren Arbeitsblättern, die Folien genannt werden. Die **Folien** können nicht nur gedruckt werden, sondern auch direkt vom PC/Laptop als so genannte Bildschirmshow über ein Projektionsgerät (Beamer) wiedergegeben werden.

Anwendungsmöglichkeiten

- Präsentation von Arbeitsergebnissen
- Grafische Darstellung von Arbeitsabläufen
- Erstellen von Schemazeichnungen
- Erstellen von Übersichten, z. B. Organigrammen

- Zusammenfassen und anschauliches Aufbereiten von Daten aus anderen Programmen

Bedienungselemente

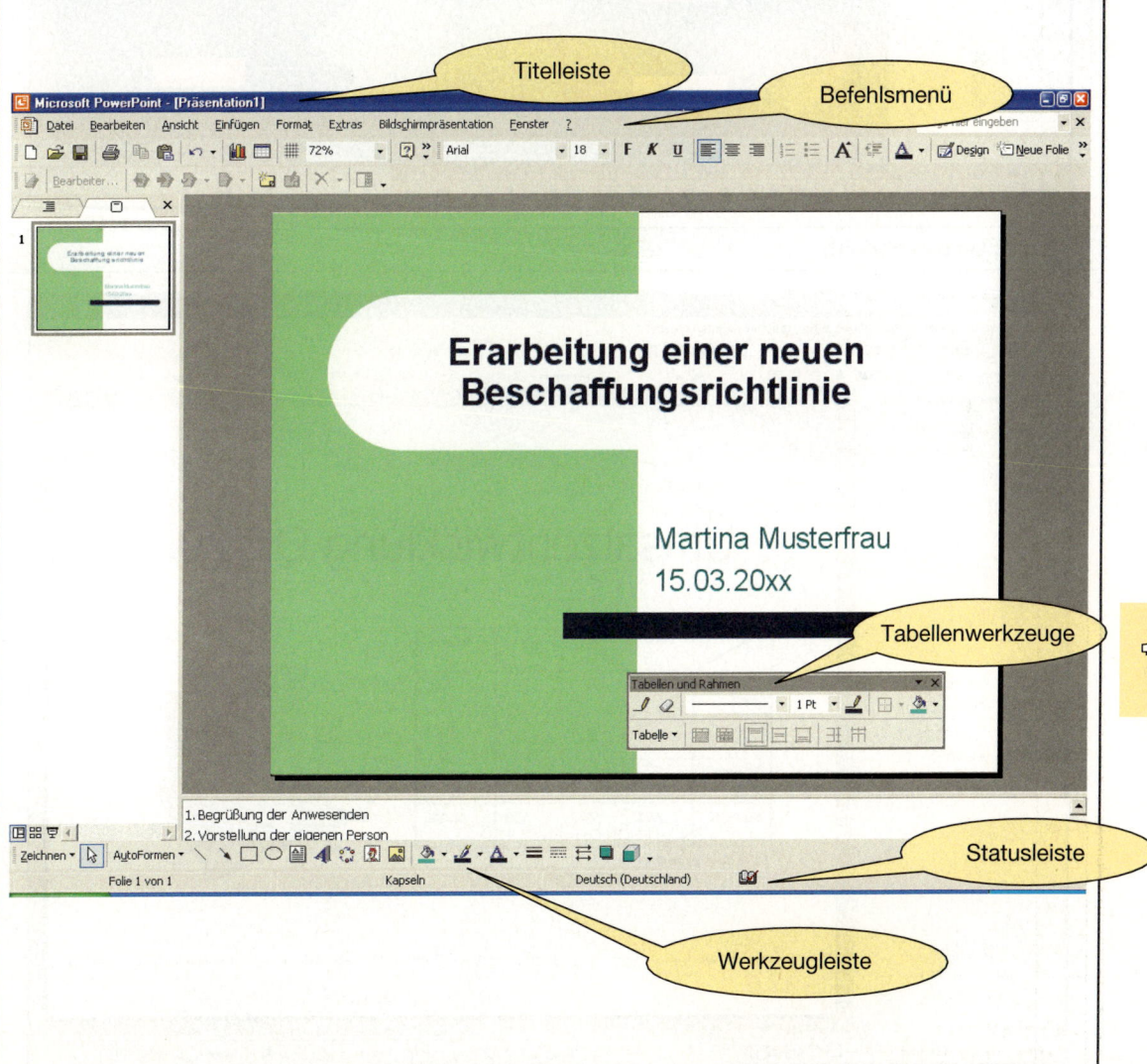

3526489

489

PowerPoint-Anwendungsmöglichkeiten

Beispiel: Standortübersicht

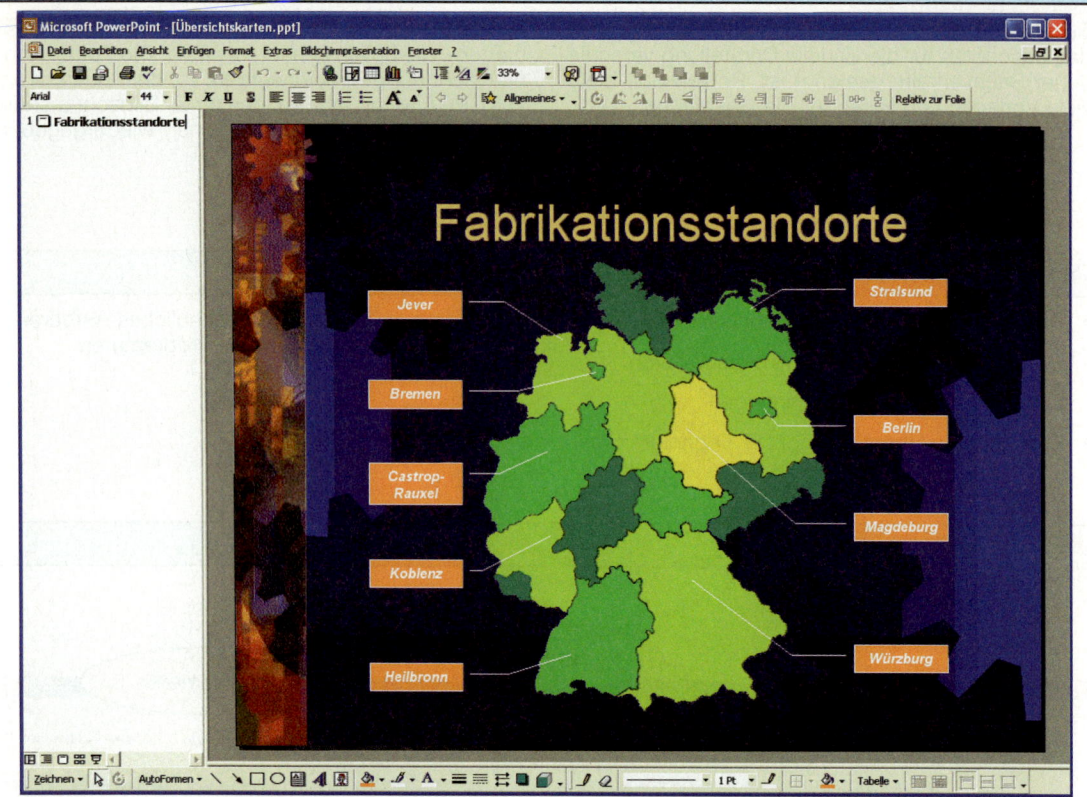

Beispiel: Umsatzbericht

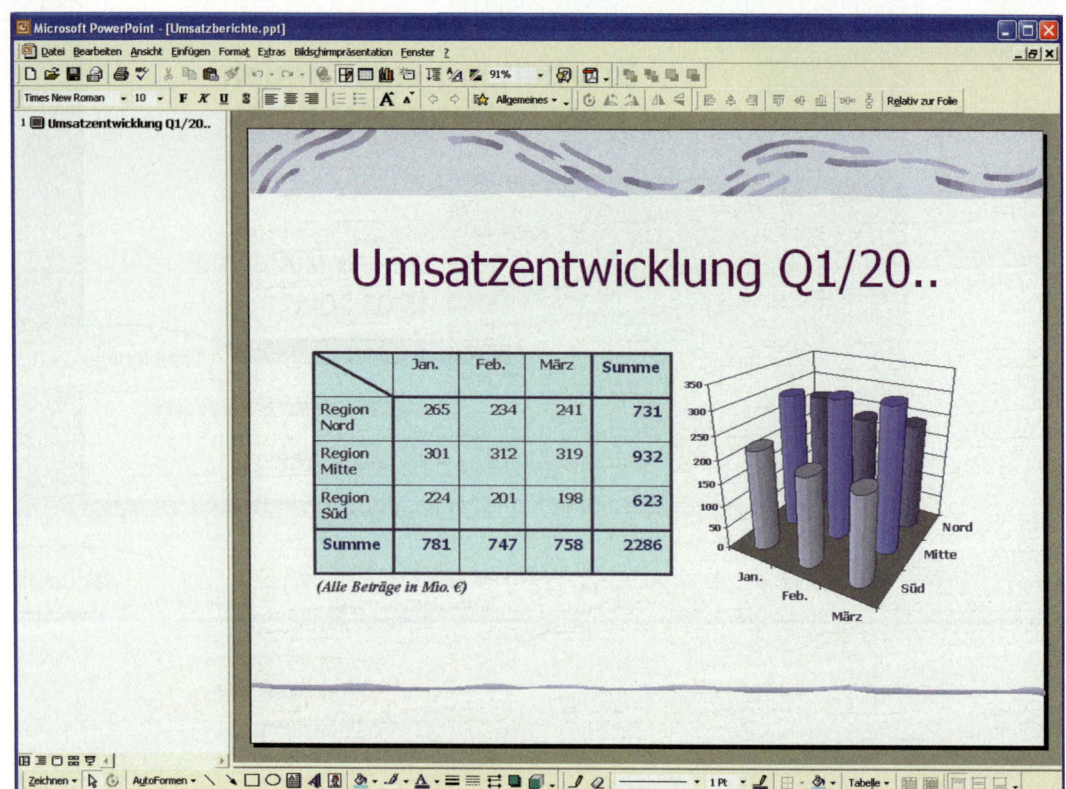

13

3526490

PowerPoint-Anwendungsmöglichkeiten

Beispiel: Organigramm

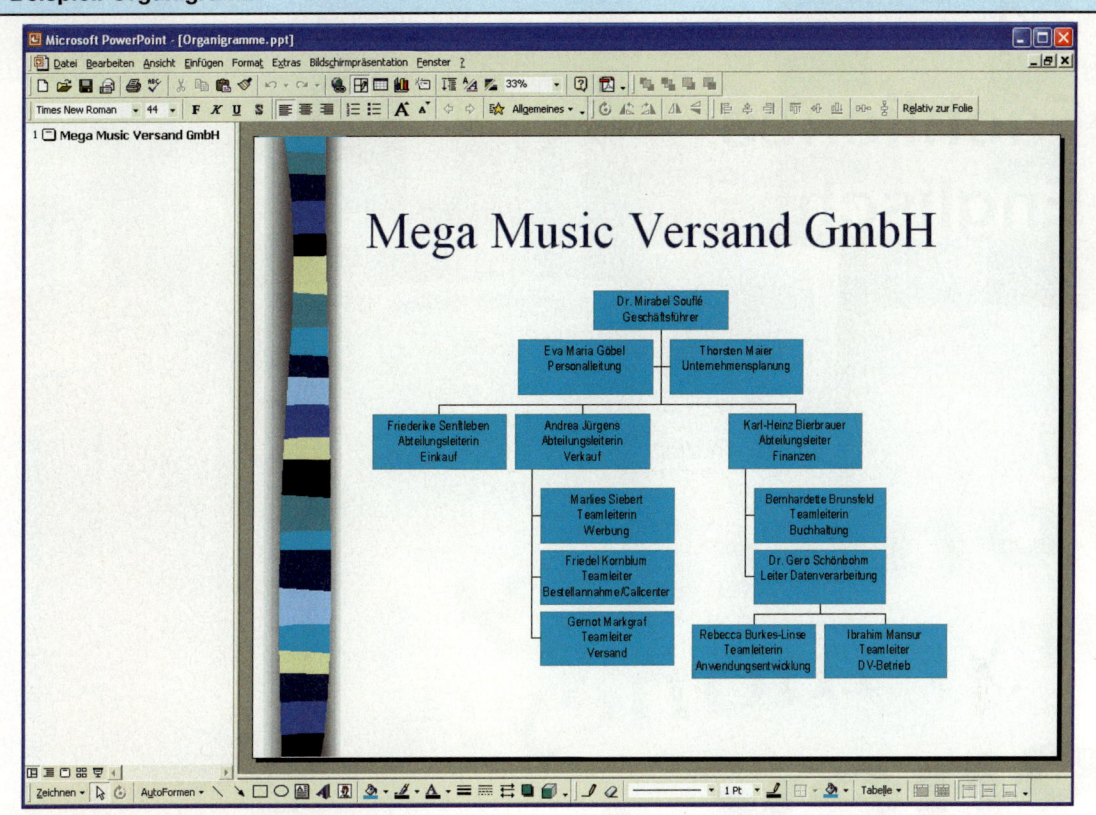

Beispiel: Verfahrensbeschreibung

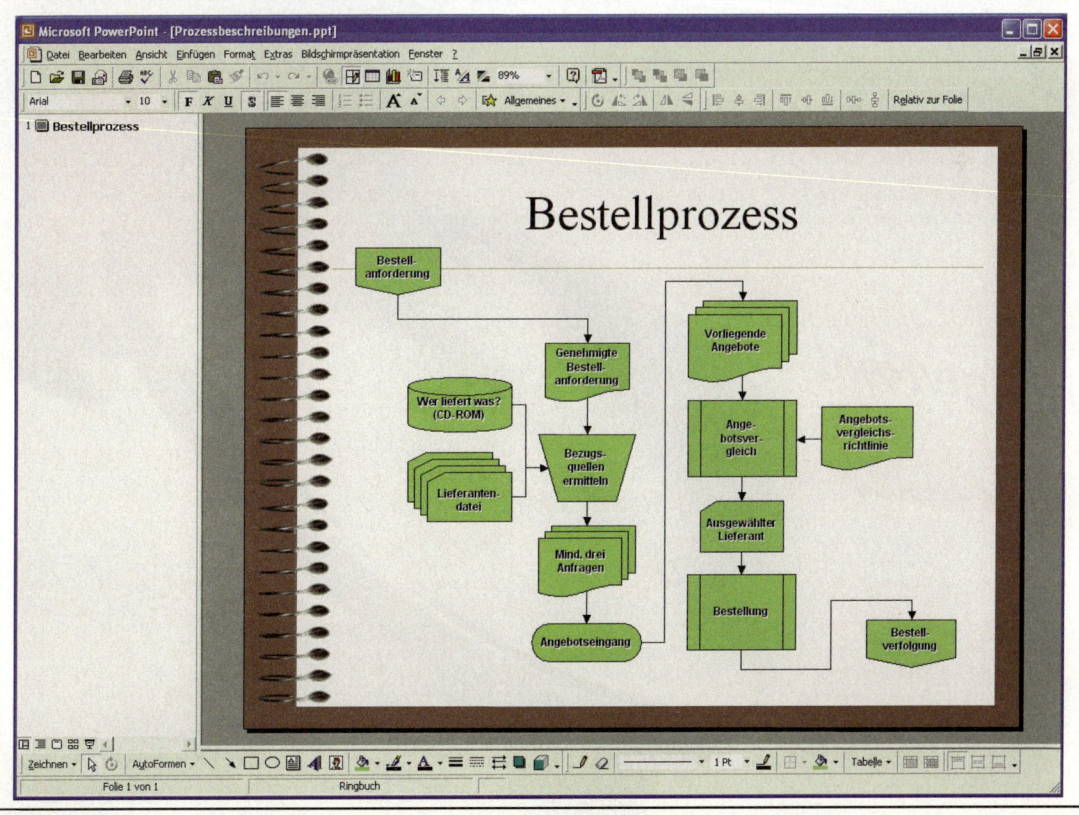

14
Fachliches
Englisch

①
HERSHAM PAPERS
32 Vaux Crescent
Walton-on-Thames
SURREY KT12 4HD

② Your ref.:   Our ref.: GG
③ 16 March 20-

④ Messrs Fell & Franklin (Builders)
12 Cottimore Avenue
Walton-on-Thames
SURREY
KT12 5FG

⑤ Dear Sirs,

⑥ Enquiry

⑦
```
xxxxxxxxxxxxxxxxxxxxxxxxxxxxxxxxxxxxxxxxxxxxxxxxxxxx
xxxxxxxxxxxxxxxxxxxxxxxxxxxxxxxxxxxxxxxxxxxxxxxxxxxx
xxxxxxxxxxxxxxxxxxxxxxxxxxxxxxxxxxxxxxxxxxxxxxxxxxxx
xxxxxxxxxxxxxxxxxxxxxxxxxxxxxxxxxxxxxxxxxxxxxxxxxxxx
xxxxxxxxxxxxxxxxxxxxxxxxxxxxxxxxxxxxxxxxxxxxxxxxxxxx
xxxxxxxxxxxxxxxxxxxxxxxxxxxxxxxxxxxxxxxxxxxxxxxxxxxx
xxxxxxxxxxxxxxxxxxxxxxxxxxxxxxxxxxxxxxxxxxxxxxxxxxxx
```

⑧ Yours faithfully,

⑨ *C. F. Green*

⑩ C. F. Green
Hersham Papers

⑪ Enc.

⑫ 2/4

14

Hersham Papers   32 Vaux Crescent   Telephone: 09 33 22 44 68   Registered in England
Registered Office   Walton-on-Thames   Fax: 09 33 26 55 67   No. 210 27 83
                       SURREY KT12 4HD

Vgl.: Hemmer-Hiltenkamp, M., Kavanagh, P., Bentin, M. u. a.: Purchasing.
Practical Business Studies, Braunschweig 1997, S. 21

Business letter – *Geschäftsbrief*

Layout of the letter[1]

① Letterhead: Briefkopf
② Reference line/code: Bezugszeichenzeile
③ Date of the letter: Briefdatum
④ Recipient's/addressee's name and address: Adresse des Empfängers
⑤ Salutation: Anrede
⑥ Subject line: Betreffzeile
⑦ Main body of the letter: Textteil
⑧ Complimentary close: Grußformel
⑨ Signature: Unterschrift
⑩ Sender's name: Name des Absenders
⑪ Enclosures line: Anlagen
⑫ Copies to …: Verteiler

Salutations[2]

Salutations	Complimentary closes
Dear Mr Miller	Yours sincerely
Dear Mrs Brown	Yours sincerely
Dear Sir	Yours faithfully
Dear Sirs	Yours faithfully
Dear Madam	Yours faithfully

Enquiry[3]

I. The commercial and legal importance of the enquiry

The purpose of an enquiry is to obtain information. It serves to begin a commercial relationship and is without obligation.

Informal enquiry: This is the most common form of enquiry and is used in the retail trade. A person enters a shop and asks about a certain article and its price.

General enquiry: A request for general information and perhaps also samples. You want to know what the company can supply and its prices.

Specific enquiry: In this form of enquiry you ask for detailed information about a specific product including samples.

II. The contents of an enquiry

1. reason for the enquiry
2. description of the goods
3. quantity
4. quality
5. price, discounts, etc.
6. kind of packing
7. time of delivery
8. terms of payment
9. terms of delivery

Offer[4]

I. The commercial and legal meaning of the offer

An offer can be submitted orally or in writing. When making an offer the seller expresses his intention to conclude a contract of sale provided that his offer is accepted by the buyer.

In Addition to the offer most British companies enclose their general terms of business and sale which become part of the contract when they are sent to the buyer together with the offer. Thus the seller can prove that the buyer has been informed about them and the companies have, for example, the possibility of excluding being made responsible for any kind of damage occuring.

Acceptance and cancellation

An offer has to be accepted within a certain time, otherwise it will expire. If there is no time mentioned the seller is bound to it for an appropriate period of time.

An offer can be cancelled at any time unless it is accepted.

The buyer can accept the offer until it expires by being cancelled. The seller has to make sure that the cancellation reaches the customer. On the contrary, the acceptance of the offer by the buyer (order) has only to be mailed to be valid and result in the conclusion of a contract of sale.

Exhibited articles

Window-displays or advertisements in newspapers and magazines are no offers; they are only exhibitions/displays addressed to the public, i.e. general information on the product or service.

II. Composition and contents of the offer

1. Reference to the enquiry (solicited offer) or presentation of the company (unsolicited offer)
2. Description of the range of products
3. Quotation of the terms of sale (prices, terms of delivery and payment, (legal) domicile, (cash) discount
4. Polite final sentence (expressing the hope that the customer will place an order)

---

[1] und [2] aus: Hübscher, Heinrich u. a.: IT-Kompendium. 1. Aufl., Braunschweig 2001, S. 326
[3] und [4] aus: Hemmer-Hiltenkamp, M., Kavanagh, P., Bentin, M. u. a.: Purchasing. Practical Business Studies, Braunschweig 1997, S. 20 und S. 32

14

3526494

Buying and selling – *Kaufen und Verkaufen*

Terms and Methods of Payment (on the home market)

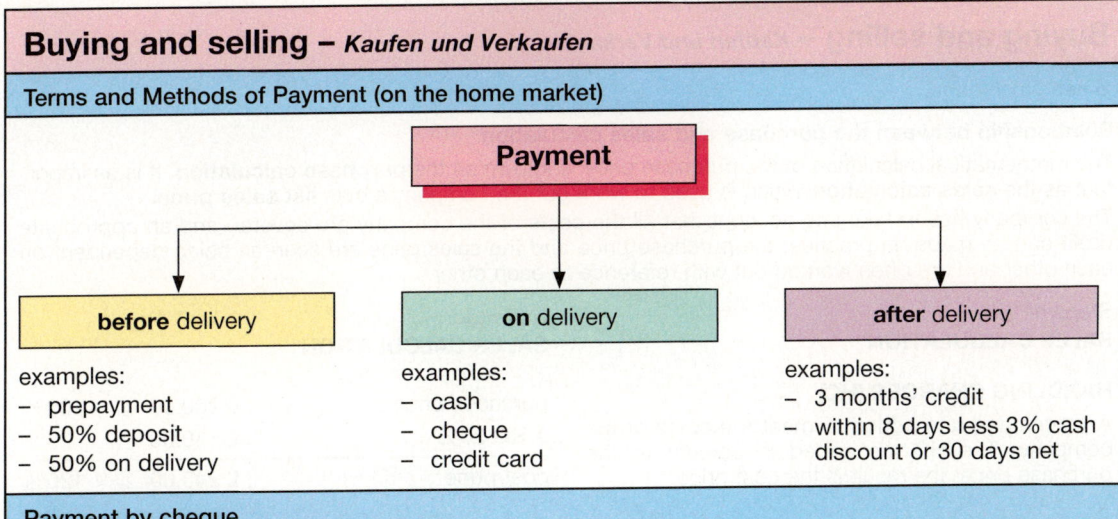

before delivery	**on** delivery	**after** delivery
examples: – prepayment – 50% deposit – 50% on delivery	examples: – cash – cheque – credit card	examples: – 3 months' credit – within 8 days less 3% cash discount or 30 days net

Payment by cheque

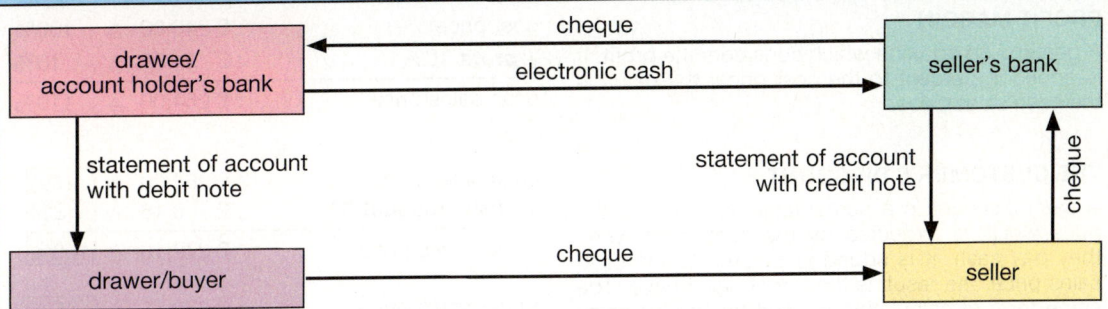

The Order

I. The legal aspect of the order

The order is the acceptance of the offer by the buyer. An order without a preceeding offer is not legally binding for the seller. It can be placed both in writing or orally. If an order is placed orally an immediate written confirmation is necessary in order to avoid misunderstandings.

In case of a written order the buyer only has to mail it in order to conclude a contract of sale. There needn't be any proof of the seller's receipt of it. The mere mailing of the order concludes the contract of sale.

An order based on an offer

A contract of sale is concluded. The company placing the order refers to the offer received. Both parties agree mutually.

An order without preceeding offer

The order must contain exact information. It is only binding for the buyer. The supplier can refuse/reject it. Only one party is bound to it, the other party can agree either through its confirmation or its delivery/supply of the goods.

Cancellation

The cancellation must be received not later than the receipt of the order, e.g. by telephone or fax. For the acceptance of the cancellation of the order, the buyer must prove that the seller has received it.

II. Composition and contents of the order

1. seller
2. buyer
3. reference to the offer
4. description of the goods
5. quantity
6. price
7. packing
8. despatch (form of transport)
9. terms of payment and delivery
10. date of delivery
11. marking
12. remarks
13. place of fulfilment
14. court of jurisdiction
15. inspection
16. despatch note
17. amicable arbitration
18. date
19. signatures of both parties

aus: Hemmer-Hiltenkamp, M., Kavanagh, P., Bentin, M. u.-a.: Purchasing. Practical Business Studies. Braunschweig 1997, S. 34, 43 u. 59

14

Buying and selling – *Kaufen und Verkaufen*

Sales calculation

Relationship between the purchase and sales calculation

The mathematical calculation of the purchase price is known as the **purchase calculation.** It is as important as the **sales calculation** which is used to work out the company's own **list sales price.**

The company has to take into account that all the costs of the company are covered and an appropriate profit can be made. In practice, the purchase price and the sales price are seen as being dependent on each other and are often worked out with reference to each other.

Steps of the
SALES CALCULATION

Example:
SALES CALCULATION

HANDLING CHARGES (HC)

A percentage rate added to meet the costs of the company. The HC are added in percent to the purchase price; the result is the cost price.

purchase price	: £ 200.00	≜	100%
+ **HC** 20%	: £ 40.00	≜	20%
cost price	: £ 240.00	≜	120%

PROFIT MARGIN

A percentage addition which considers the profit. It is added in percent to the cost price; the result is the cash sales price.

cost price	: £ 240.00	≜	100%
+ **profit** 10%	: £ 24.00	≜	10%
cash sales price	: £ 264.00	≜	110%

THE CUSTOMER'S DISCOUNT

A cash discount is a percentage reduction of the price which is expected by the customers when they pay cash. It is added in percent to the cash sales price; the result is the target sales price. The same form of calculation is used for the list sales price calculation when discount is granted.

cash sales price	: £ 264.00	≜	97%
+ **cash discount** 3%	: £ 8.16	≜	3%
target sales price	: £ 272.16	≜	100%
target sales price	: £ 272.16	≜	95%
+ **discount** 5%	: £ 14.32	≜	5%
list sales price	: £ 286.48	≜	100%

Percentage calculation for the
CUSTOMER'S CASH DISCOUNT:

97% ≜ £ 264.00
3% ≜ £ x

$$x = \frac{264 \cdot 3}{97} = 8.16$$

THE CUSTOMER'S
CASH DISCOUNT = £ 8.16

Percentage calculation for the
CUSTOMER'S DISCOUNT:

95% ≜ £ 272.16
5% ≜ £ x

$$x = \frac{272.16 \cdot 5}{95} = 14.32$$

THE CUSTOMER'S
DISCOUNT = £ 14.32

14

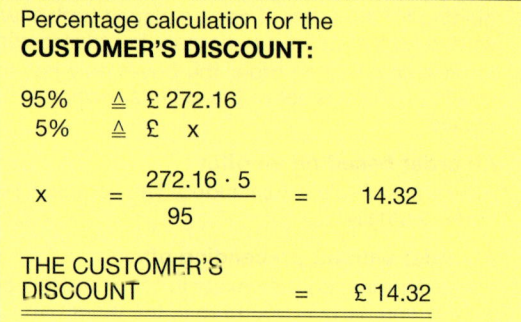

PAPER MILLS PLC 12 Kings Road   SURREY   Tel.: 0932 831578
Hersham   KT12 5FH   Fax: 0932 831590

MoDo Received:

MoDo Office Service Ltd
Rosemount Avenue
West Byfleet
SURREY KT12 6LE

for:
☐ Managing Director
✗ Purchasing Department
☐ Sales Department
☐ Warehouse Department
✗ Administration Department

Sales invoice

Customer's Order Number	Our Order No. 3710	Supplying Sales Office Hersham	Customer No. 19230	Invoice Date 20 May 20..	Invoice No. 178-006-9	Page 1

Quantity	Description	Size	Subs	Weight/Unit	Price £/Unit	Qty. Disc %	Value
100	Recycled copy paper -grey-	A4		2.8 kg	4.71	3	456.87

aus: Hemmer-Hiltenkamp, M., Kavanagh, P., Bentin, M. u.-a.: Purchasing. Practical Business Studies. Braunschweig 1997, S. 38 u. 58

Buying and selling – *Kaufen und Verkaufen*

Sales Contract

I. The legal side of a contract

- A sales contract is a bi- or multilateral agreement with legal status.
- The mutual agreements of the parties to a contract are called *OFFER and ORDER*.
- Under a contract both parties, seller and buyer, have rights and liabilities.
  The rights of one party are often the liabilities of the other, for example:

Punctual delivery
seller: It is his liability to deliver punctually.
buyer: He has the right to demand a punctual delivery.

Punctual payment
seller: He has the right to demand a punctual payment.
buyer: It is his liability to pay punctually.

The **conclusion of a contract** can be done in more than one way.
1. The seller makes a firm offer and the buyer accepts it unconditionally.
2. The buyer sends an order to the seller and the seller confirms it.
3. The seller sends unordered goods to the buyer and the buyer pays for them if he likes them.

The contract can be concluded verbally or in writing. It is general practice to make contracts in writing in order to avoid disputes between the two parties.

II. The liabilities of the transaction

a) The creation of a contract

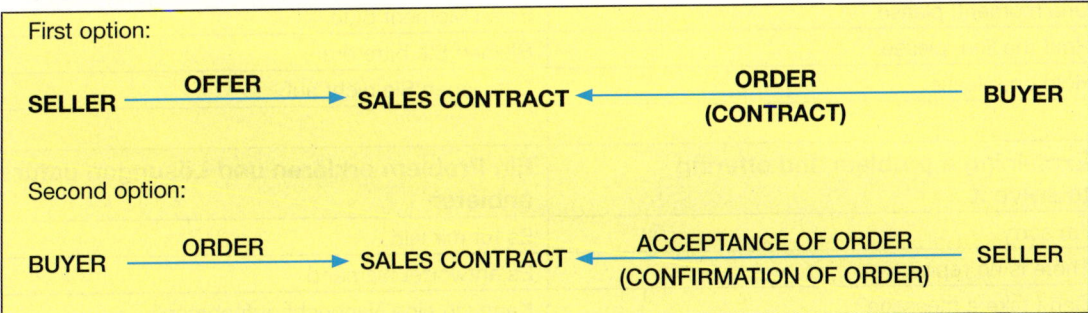

A contract is concluded when both parties come to a mutual agreement.

b) The liabilities of the seller and the buyer

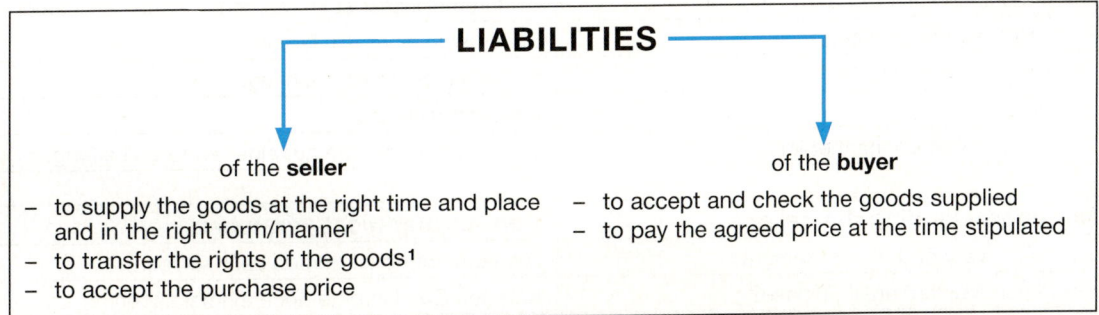

---

1 If the company's general terms of business do not include a clause referring to the ownership of the goods the property is automatically transferred on the conclusion of the contract.

aus: Hemmer-Hiltenkamp, M., Kavanagh, P., Bentin, M. u.-a.: Purchasing. Practical Business Studies. Braunschweig 1997, S. 47

14

Telephone communication – *Telefonkommunikation*

Terms and phrases

Answering the phone and offering help	Ein Gespräch entgegennehmen und seine Hilfe anbieten
Good morning, (name of the company). How can I help you?	Guten Morgen, (Name der Firma). Wie kann ich Ihnen helfen?
Good morning, (name of the company). Can I help you?	Guten Morgen, (Name der Firma). Kann ich Ihnen helfen?
Where are you calling from?	Von wo aus rufen Sie an?
Who would you like to speak to?	Mit wem möchten Sie sprechen?

Introducing oneself and giving the reason for the call	Sich vorstellen und den Grund des Anrufs nennen
My name is … . Could I speak to …?	Hier spricht … . Könnte ich mit … sprechen?
I'd like to … .	Ich möchte/würde gern …
I'm calling about our enquiry/order … of … .	Ich rufe wegen unserer Anfrage/Bestellung … vom … an.
Could you give me any information on … .	Könnten Sie mir Informationen über … geben?
Could you put me through to …	Könnten Sie mich an … durchstellen?
May I speak to … ? She/he is on extension No. … .	Kann ich mit … sprechen? Sie/er hat die Durchwahl … .
Could you tell me if … .	Könnten Sie mir sagen, ob … .

Connecting a caller	Einen Anrufer weiterverbinden
I'll put you through now.	Ich stelle Sie jetzt durch.
One moment, please.	Einen Moment bitte.
Hold the line, please.	Bleiben Sie bitte dran.
Hold on, please.	Bitte legen Sie nicht auf.

Explaining a problem and offering to solve it	Ein Problem erklären und Lösungen dafür anbieten
I'm sorry.	Es tut mir leid.
There is no reply.	Es antwortet niemand.
Can I take a message?	Kann ich eine Nachricht aufnehmen?
Would you like to leave a message?	Möchten Sie eine Nachricht hinterlassen?
The line is engaged. Would you like to hold?	Die Leitung ist besetzt. Möchten Sie dranbleiben?
Mr … is not in the office at the moment.	Herr … ist zurzeit nicht im Büro.
I'm afraid she/he is busy at the moment.	Ich fürchte, sie/er ist im Moment gerade beschäftigt.
She/he is in a conference.	Sie/er ist in einer Konferenz.
She/he is in a meeting.	Sie/er hat eine Besprechung.
She/he is not in.	Sie/er ist nicht da.
She/he is talking on another line.	Sie/er spricht gerade auf einer anderen Leitung.

Not understanding the caller	Den Anrufer nicht verstehen
The line is very bad at the moment.	Die Verbindung ist gerade sehr schlecht.
Could you say that again, please?	Könnten Sie das bitte noch einmal sagen?
Could you repeat that, please?	Könnten Sie das bitte wiederholen?
Could you speak more slowly, please?	Könnten Sie bitte langsamer sprechen?
Could you spell your name, please?	Könnten Sie Ihren Namen bitte buchstabieren?
Sorry, wrong number.	Entschuldigung, falsche Nummer.

14

3526498

Telephone communication – *Telefonkommunikation*

Terms and phrases

Correcting information	Informationen richtigstellen
No. That's not quite right.	Nein, das ist nicht ganz richtig.
No. That should be …	Nein, das sollte … sein.
No, I can't go along with that.	Nein, da kann ich nicht zustimmen.
I completely disagree.	Da bin ich ganz anderer Meinung.

Inviting somebody	Jemanden einladen
Can you join me for dinner tomorrow?	Können wir uns morgen zum Abendessen treffen?
Would you like to have lunch with me?	Möchten Sie gern mit mir zu Mittag essen?

Making an appointment	Einen Termin vereinbaren
Could I make an appointment with … this morning/afternoon, tomorrow morning/afternoon, on Thursday, on Friday morning/afternoon?	Könnte ich mit … heute Morgen/Nachmittag, morgen früh/morgen Nachmittag, am Donnerstag, am Freitagmorgen/-nachmittag einen Termin vereinbaren?
Can we meet on Monday morning?	Können wir uns am Montagmorgen treffen?

Calling somebody back	Jemanden zurückrufen
I'll call you back immediately/this afternoon.	Ich werde Sie sofort/heute Nachmittag zurückrufen.
I'll get back to you as soon as possible.	Ich werde Sie so bald wie möglich zurückrufen.

Recorded messages	Anrufbeantworteransagetexte
Hello, this is 0531 423675, … Ltd., We're not in the office at the moment. Our working hours are from 8.00 a.m. until 5.00 p.m. If you leave a message we'll call you back as soon as possible. Please speak after the tone.	Hallo, hier ist die … GmbH, Telefonnummer 0531 423675. Wir sind zurzeit nicht im Büro. Unsere Arbeitszeiten sind von 08:00 bis 17:00 Uhr. Wenn Sie eine Nachricht hinterlassen, werden wir Sie so bald wie möglich zurückrufen. Sprechen Sie bitte nach dem Signalton.
The first thing I do when I come into the office is to check if there are any messages on the telephone answering machine.	Wenn ich ins Büro komme, prüfe ich als Erstes, ob auf dem Anrufbeantworter aufgezeichnete Mitteilungen sind.
This is Miriam Brown from Morgan & Sons speaking. I'd like to have detailed information about the execution of our order. Therefore I'd be very glad if you call me back immediately.	Hier spricht Miriam Brown von Morgan und Söhne. Ich hätte gern nähere Informationen über die Bearbeitung unseres Auftrags. Daher würde ich mich freuen, wenn Sie mich umgehend zurückrufen könnten.

Complaints	Mängelrügen
The goods haven't arrived yet.	Die Waren sind noch nicht angekommen.
Our customer is already complaining.	Wir haben bereits eine Beschwerde unseres Kunden erhalten.
I'm afraid Friday is too late.	Ich befürchte, Freitag ist zu spät.
If the goods don't arrive at our customer's premises by Friday, they'll have to stop production.	Wenn die Waren nicht bis Freitag das Firmengelände unseres Kunden erreichen, werden sie die Produktion einstellen müssen.
I'm afraid in that case we'll have to hold you liable.	Ich befürchte, wir werden Sie in diesem Fall haftbar machen müssen.

14

abbreviation	Abkürzung	board of management	Vorstand
about	zirka	bookkeeping	Buchhaltung
above mentioned	oben genannt	branch	Filiale, Zweigstelle
abroad	im/ins Ausland	breach	Bruch
abuse	Missbrauch	British Consulate General	Britisches Generalkonsulat
acceptance	Akzeptierung	broadband integrated services digital network	Breitband ISDN
access	Zutritt, Zugang		
accountant	Buchhalter/-in	brochure	Broschüre, Prospekt
accounting	Buchhaltung	business	Geschäft, Firma
to acknowledge	bestätigen	business call	geschäftlicher Anruf
acknowledgement of order	Auftragsbestätigung	business process	Geschäftsprozess
act of God	höhere Gewalt	busy	besetzt
activity analysis	Prozessanalyse	button	Knopf
to add	hinzufügen	buyer	Käufer/-in
addition	Hinzufügung		
administration	Verwaltung	CAD = computer aided design	computergestütztes Design
to advertise for	werben für		
advertisement	Werbeanzeige	to calculate	kalkulieren, berechnen
advertising	Werbung	calculation	Berechnung
advice	Avis, Avisierung	calculator	Taschenrechner
advice of dispatch	Versandanzeige	to call back	zurückrufen
to advise	avisieren	caller	Anrufer/-in
affair	Geschäft	to cancel	annullieren
agency	Vertretung, Agentur, Firma	cancellation	Annullierung
agenda	Tagesordnung	capital letters	Großbuchstaben
agent	Vertreter/-in	carbon copy paper	Durchschlagpapier
to agree	zustimmen	cardboard	Pappe
agreement	Zustimmung	carriage	Beförderung
airline	Fluggesellschaft	carriage forward	unfrei
airport	Flughafen	carriage paid	frachtfrei
air waybill	Luftfrachtbrief	carrier	Frachtführer
amount	Summe, Betrag	in case of	im Fall
to apologize	sich entschuldigen	cash against documents	Kasse gegen Dokumente
applicable	anwendbar	cash discount	Skonto
application	Bewerbung	cash dispenser	Geldautomat
appointment	Termin	cash payment	Barzahlung
appropriate	angemessen	cash sales price	Barverkaufspreis
approximately	ungefähr	catalogue	Katalog
arbitration	Schlichtung	cause	Grund
to assure	versichern, zusichern	to cause	verursachen
at short notice	kurzfristig	CD Rom	compact disc read only memory (CD ROM)
to be attached to	beigefügt sein		
attention line	z. H. von … (Zeile, in der im Geschäftsbrief der Empfänger genannt wird)	certificate of origin	Ursprungszeugnis
		chairman	Vorsitzender
		Chamber of Commerce	Industrie- und Handelskammer
available	verfügbar, erhältlich		
average	Durchschnitt	to charge	aufladen, belasten
to avoid	vermeiden	cheap	billig
		to cheat	betrügen
balance	Saldo	to check	prüfen
bank statement	Kontoauszug	cheque	Scheck
bankrupt	Bankrott	choice	Auswahl
basic rate	Grundtarif	circular	Rundschreiben
bearer security	Inhaberpapier	to claim	fordern
beneficial	günstig, nützlich	to clear a cheque	einen Scheck einlösen
beneficiary	Begünstigter	colleague	Kollege/Kollegin
bilateral	bilateral, zweiseitig	to collect	sammeln, eintreiben
bill of exchange	Wechsel	collection	Inkasso
bill of lading	Konnossement	coloured	farbig
binding	verbindlich	commercial	wirtschaftlich
to blame	beschuldigen	commission	Provision

14

Business terms

communication	Kommunikation	delay	Verspätung
company	Firma	delay in delivery	Lieferungsverzug
comparison	Vergleich	to delete	löschen
competition	Konkurrenz	to deliver	liefern
to complain	sich beschweren	delivery	Lieferung
complaint	Reklamation, Beschwerde, Mängelrüge	demand	Nachfrage
		to demand	fordern
to complete	vervollständigen	department	Abteilung
completion	Vervollständigung	departure	Abflug
complimentary close	Schlussformel, Grußformel	dependent on	abhängig von
computer interface	Computerschnittstelle	derived from	abgeleitet von
computer aided	computerunterstützt	to describe	beschreiben
concerning	betreffend	description	Beschreibung
to conclude	ab-, beschließen	desk	Schreibtisch
conclusion	Abschluss, Beschluss	despatch note	Lieferschein
condition	Bedingung	destination	Ziel
conference	Konferenz	detail	Detail
to confirm	bestätigen	to develop	entwickeln
confirmation	Bestätigung	development	Entwicklung
to connect	verbinden	diagram	Diagramm
to consider	in Erwägung ziehen, nachdenken über	diary	Terminkalender
		direct debiting	Direktabbuchung
considerable	beträchtlich	direction	Richtung
consignee	Empfänger/-in	directly	direkt
consignment	Sendung	disadvantage	Nachteil
consignor	Absender	discount	Rabatt
consolidated	Sammel-	to discuss	diskutieren
consumer	Verbraucher	discussion	Diskussion
contact	Kontakt	disk drive	Diskettenlaufwerk
to contain	enthalten	dispatch	Versand
container	Container	to dispatch	versenden
contaminated	verschmutzt, verunreinigt	display	Anzeige
contract of sale	Kaufvertrag	distinction	Unterschied
conventional penalty	Konventionalstrafe	distribution	Vertrieb
copy	Kopie	document	Dokument
to correct	berichtigen	documentary credit	Akkreditiv
correct	richtig	documents against acceptance	Dokumente gegen Akzept
correction	Berichtigung		
country code	Landesvorwahl	documents against payment	Dokumente gegen Zahlung
to cover	decken	draft	Wechsel, Entwurf
coverage	Deckung	drawee	Bezogener
credit	Kredit	drawer	Aussteller (von Wechseln)
current account	Girokonto	drawer	Schublade
customer	Kunde/Kundin	drawing	Zeichnung
customized	kundenspezifisch	due	fällig
		duplicate	Duplikat
damage	Schaden	duty	Pflicht, Zoll
data	Daten		
data processing	Datenverarbeitung	economy	Wirtschaft
date of birth	Geburtsdatum	effect	Wirkung, Auswirkung
date of expiry	Ablauftermin	efficient	leistungsfähig
date of issue	Ausstellungsdatum	emergency	Notfall
dated	datiert	to employ	einstellen
debate	Debatte	employee	Angestellter
to debit an account	ein Konto belasten	to enclose	beifügen
debtor	Schuldner	enclosures	Anlagen
debts	Schulden	enquiry	Anfrage
to decide	beschließen	to ensure	sicherstellen
to decrease	abnehmen	enterprise	Unternehmen
to deduct	abziehen	envelope	Briefumschlag
deficit	Defizit	environmentally friendly	umweltfreundlich

14

Business terms

equipment	Ausstattung	to fulfil	erfüllen
equivalent	Gegenstück, Pendant	full container load	Komplettladung
essential	wesentlich	further	weitere(s, r)
establishment	Schaffung, Gründung	further education	Weiterbildung
to estimate	schätzen		
estimation	Schätzung	to **g**ain	gewinnen
European	europäisch	general	allgemein
evaluation	Einschätzung	to get rid off	loswerden
evidence	Beweis	goods	Waren, Güter
examination	Prüfung	goods received note	Warenempfangsbescheinigung
excess	Über-, Mehr-,		
exchange office	Wechselstube	government	Regierung
to exclude	ausschließen	to grant	bewilligen
to execute	ausführen	grateful	dankbar
execution	Ausführung	greeting	Gruß(-formel)
executive	leitender Angestellter	gross weight	Bruttogewicht
to exhibit	ausstellen	ground floor	Erdgeschoss
to expand	erweitern	groupage	Sammelfracht
to expect	erwarten, vermuten	to grow, grew, grown	wachsen
at somebody's expense	auf Kosten, zulasten von	guarantee	Aval, Garantie
expensive	teuer	to guess	glauben, annehmen
experience	Erfahrung	guilt	Schuld
to expire	auslaufen		
expiry	Ablauf	to **h**andle	handhaben, bewältigen, erledigen, umgehen mit
explanation	Erklärung		
exporter	Exporteur	handling fees	Abfertigungsgebühren
extension No.	Apparat Nr. …	to happen	passieren
exterior	äußere(s, r)	harbour	Hafen
external	extern	harm	Schaden
ex works	ab Werk	haulage company	Fuhrunternehmen
		haulier	Fuhrunternehmer/-in
facility	Einrichtung, Möglichkeit	hazardous	gefährlich
in fact	tatsächlich, eigentlich	headline	Titel
factory	Fabrik	headquarters	Zentrale
to fail	versagen	heavy haulage	Schwertransport
fair	Messe	heavy industry	Schwerindustrie
fax machine	Faxgerät	to hold (the line)	bleiben (am Apparat)
fax/data transmission	Fax-/Datenübertragung	hole punch	Locher
fee calculation	Gebührenberechnung	home market	Binnenmarkt
file	Aktenordner	home trade	Binnenhandel
file management	Dateiverwaltung		
filing	Ablage	**i**llustration	Abbildung, Zeichnung
finance department	Finanzabteilung	immediate(ly)	sofort
firm	Firma	to imply	einschließen
firm	fest	important	wichtig
flat rate	Pauschaltarif	importer	Importeur
flexitime	Gleitzeit	to improve	verbessern
flight	Flug	improvement	Verbesserung
flow chart	Ablaufdiagramm	to include	einschließen
to fly	fliegen	including	einschließlich
for the attention of	zu Händen von	incoming call	eingehender Anruf
foreign exchange	Devisen	incomplete	unvollständig
foreign trade	Außenhandel	inconvenience	Unannehmlichkeit
to forward	transportieren	to increase	erhöhen
forwarding agent	Spediteur	to indorse	indossieren
free border	frei Grenze	indorsement	Indossament
free of charge	gebührenfrei	industrial estate	Industriegebiet
freight	Fracht	influence	Einfluss
freight charges	Transportkosten	to influence	beeinflussen
freight forwarding agency	Spedition	to inform	informieren
frequency	Häufigkeit	initial value	Anfangswert

14

Business terms

inside address	Empfängeranschrift	map	Skizze, Karte, Stadtplan
instalment	Rate	to be marked with	gekennzeichnet sein mit
instead of	anstatt	marketing	Marketing
instruction	Anweisung	marking	Kennzeichnung
insurance	Versicherung	matter	Angelegenheit
interest rate	Zinssatz	maturity	Fälligkeit
to be interested in	interessiert sein an	to mean	bedeuten
interface	Schnittstelle	meaning	Bedeutung
international call	Auslandsgespräch	in the meantime	in der Zwischenzeit
interview	(Vorstellungs-)Gespräch	measure	Maß
to introduce somebody	jemanden vorstellen	to measure	messen
introduction	Vorstellung, Einführung, Einleitung	meeting	Besprechung, Sitzung
		member	Mitglied
invitation	Einladung	memo	Notiz, Merkzettel
to invite	einladen	to mention	erwähnen
invoice	Rechnung, Faktura	mere	bloß
irrevocable letter of credit	Akkreditiv	message	Nachricht
ISDN access	ISDN-Anschluss, -Zugang	method	Methode, Verfahren
to issue	ausstellen, herausgeben	missing	fehlend
item	Artikel	misunderstanding	Missverständnis
		monthly	monatlich
to join (a company)	beginnen, Arbeit aufnehmen	motorway	Autobahn
journey	Reise, Fahrt	multilateral	multilateral, mehrseitig
to judge	beurteilen	mutual	gegenseitig
jurisdiction	Rechtsprechung		
just-in-time delivery	Lieferung von Waren zu dem Zeitpunkt, an dem sie für die Produktion gebraucht werden	near	nahe, bei
		nearly	beinahe, fast
		necessary	notwendig
		next to	neben
kind	Art, Sorte	note	Notiz
knowledge	Wissen, Kenntnis	notepad	Notizblock
		to notify	bekannt machen
(un-)labelled	(un-)beschriftet	nowadays	heutzutage
legal	rechtlich		
letter of application	Bewerbungsbrief	obliged	verpflichtet
letterhead	Briefkopf	to obtain	erhalten
liability	Haftung, Verpflichtung	to occur	passieren, sich ereignen
to link	verbinden	of course	natürlich, selbstverständlich
link	Verbindung	offer	Angebot
list sales price	Listenverkaufspreis	office	Büro
to load	(be-)laden	office furniture	Büromöbel
loading date	Ladedatum	office information system	Büroinformationssystem
loading weight	Ladegewicht	on board	an Bord
local	örtlich	on board bill of lading	Bordkonnossement
local call	Ortsgespräch	online shopping	Direkteinkauf per Internet
local time	Ortszeit	on receipt	nach Erhalt
location	Ort	opposite	gegenüber
long distance call	Ferngespräch	orally	mündlich
to look forward to	sich freuen auf	order	Auftrag
lorry	Lastwagen, Lkw	organization chart	Organisationsübersicht
to lose, lost, lost	verlieren	to organize	organisieren
loss	Verlust	original	Original
Ltd. = priv. limited company	GmbH	outdoor service	Außendienst
		out-of-order	ausgefallen, außer Betrieb
mail	Post	outside	außerhalb
mail order house	Versandhaus	outstanding	ausstehend, hervorragend
main	Haupt-	overdraft	Überziehung
managing director	geschäftsführender Direktor	overdue	überfällig
manner	Art	overhead projector	Tageslicht-, Overheadprojektor
to manufacture	herstellen	oversight	Versehen
manufacturer	Hersteller	ownership	Eigentum

14

Business terms

to pack	packen	purchase price	Einkaufspreis
package	Paket	purchasing department	Einkaufsabteilung
packaging department	Verpackungsabteilung	to put a caller through	einen Anrufer durchstellen
paper clip	Büroklammer		
paragraph	Absatz, Abschnitt	quantity	Menge
parcel	Paket	quarter	Viertel
parent company	Muttergesellschaft	quotation	Kostenvoranschlag, Angebot
participant	Teilnehmer/-in	to quote	nennen, angeben
particularly	besonders	rail	Schiene
partner	Gesellschafter	railway	Bahn
partnership	OHG	rail waybill	Bahnfrachtbrief
to pass something on	etwas weiterleiten	random access network	Netz mit wahlfreiem Zugriff
passenger	Passagier, Fluggast	range	Sortiment, Verkaufsprogramm
passport	Reisepass	raw materials	Rohstoffe
pay	Lohn, Gehalt	to reach	erreichen
payable	zahlbar	reaction	Reaktion
payment	Bezahlung	really	wirklich
per cent	Prozent	reason	Grund
percentage	Prozentsatz	receipt	Erhalt
to permit	erlauben	to receive	erhalten, bekommen
personnel	Personal	recent	letzte(r, s)
personnel manager	Personalleiter/-in	recently	neulich, kürzlich
to persuade	überreden	reception	Empfang, Rezeption
phone call	Anruf	receptionist	Empfangsdame(-herr)
photocopier	Fotokopierer	to recommend	empfehlen
place of fulfilment	Erfüllungsort	recording	Aufnahme
plan	Plan	reference number	(Akten-)Zeichen, Kennziffer
popular	beliebt	to refuse	ablehnen
port	Hafen	to regard	betrachten
power cable	Stromkabel	with regard to	im Hinblick auf
power off	ausgeschaltet, außer Betrieb	relationship	Beziehung
to preceed	vorausgehen	reliable	zuverlässig
to prepare	vorbereiten	to remain	bleiben
prepayment	Vorauszahlung	remark	Bemerkung
to prevent	verhindern	reminder	Mahnung
price	Preis	to repair	reparieren
price list	Preisliste	repetition	Wiederholung
price reduction	Preisreduzierung	reply	Antwort
to print	drucken	report	Bericht
printer	Drucker	representative	Vertreter/-in
private limited company	GmbH	on request	auf Anfrage
procedure	Vorgang	to request	auffordern, bitten
to produce	produzieren	to require	benötigen
producer	Hersteller	to be responsible for	verantwortlich sein für
product	Produkt	responsibility	Verantwortung
production manager	Produktionsleiter/-in	result	Ergebnis
profit margin	Gewinnmarge	retail price	Einzelhandelspreis
progress	Fortschritt	retail trade	Einzelhandel
project	Projekt	retailer	Einzelhändler/-in
promise	Versprechen	rise in demand	Nachfragesteigerung
to promise	versprechen	risk	Risiko
proof	Beweis	to risk	riskieren
property	Eigentum	rule	Regel, Vorschrift
proposal	Vorschlag		
proprietor	Eigentümer/-in	salary	Gehalt
to prove	beweisen	sales	Verkauf(s-)
to provide	liefern	sales calculation	Handelskalkulation
public limited company (plc)	AG	sales department	Verkaufsabteilung
punctual	pünktlich	sales office	Verkaufsbüro
purchase	Kauf	salesperson	Verkäufer/-in
to purchase	kaufen	sales promotion	Verkaufsförderung

14

504

3526504

Business terms

salutation	Anrede	tour	Rundfahrt
sample	Muster	trade fair	Handelsmesse
satisfied	zufrieden	traffic	Verkehr
schedule	Zeitplan	traffic lights	Ampel
scope	Umfang, Rahmen	to train	ausbilden
secretary	Sekretär/-in	trainee	Auszubildende/r
section	Abteilung	training	Ausbildung
to seem	scheinen	to transfer	übertragen, überweisen
to select	auswählen	to transmit	übertragen, übergeben
to sell, sold, sold	verkaufen	transport	Transport
seller	Verkäufer/-in	trial order	Probeauftrag
separate	getrennt	truck	Lkw
serious	ernst	true	richtig
shareholder	Aktionär/-in	turnover	Probeauftrag
ship	Schiff	to type	tippen, eingeben
shipping documents	Frachtpapiere		
short message	Kurzmitteilung	**u**nconditionally	bedingungslos
shortly	in Kürze	undamaged	unbeschädigt
at sight	bei Sicht	undermentioned	unten genannt
signature	Unterschrift	unfortunately	leider
size	Größe	unit price	Stückpreis
sole proprietorship	Einzelunternehmung	to unload	entladen
to solve	lösen	until	bis
spare part	Ersatzteil	urgent	dringend
specialist	Spezialist	to use	benutzen
staff	Personal, Mitarbeiter (Pl.)	user	Anwender
to stagnate	stagnieren	user's handbook	Benutzerhandbuch
steamer	Dampfer	usual	gewöhnlich
to stipulate	vereinbaren, festlegen	usually	normalerweise
stock level	Warenbestand		
stock list	Warenliste	**v**alid	gültig
store	Lager	validity	Gültigkeit
to store	lagern	value	Wert
subcontractor	Subunternehmer	van	Lieferwagen, Transporter
subject	Thema, Fachgebiet	various	verschieden
subject line	Betreff	VAT (value added tax)	Mehrwertsteuer, Umsatzsteuer
subscription	Abonnement	vehicle	Fahrzeug
subsidiary	Tochtergesellschaft	via	durch, über
to succeed	Erfolg haben	video camera	Videokamera
successful	erfolgreich	video recorder	Videorekorder
to suggest	vorschlagen	view	Blick, Ausblick
suggestion	Vorschlag	virtually	praktisch, eigentlich
suitable	passend		
supervisory board	Aufsichtsrat	**w**arehouse	Lager
supplier	Anbieter/-in, Lieferer	wastepaper bin	Papierkorb
to supply	liefern	to weigh	wiegen
supply	Lieferung, Versorgung, Vorrat	weight	Gewicht
to suppose	glauben, annehmen	to welcome	begrüßen, empfangen
surprise	Überraschung	while	während
		wholesale company	Großhandelsfirma
to **t**ake into account	in Betracht ziehen	wholesaler	Großhändler/-in
to take/leave a message	eine Nachricht aufnehmen/	wordprocessing	Textverarbeitung
	hinterlassen	worried	besorgt, beunruhigt
target sales price	Zielverkaufspreis	worth	Wert
task	Aufgabe	to be worth	etwas wert sein
telephone answering machine	Anrufbeantworter		
terms	Bedingungen	**y**et	schon, bereits
terms of delivery	Lieferungsbedingungen	Yours faithfully	Mit freundlichen Grüßen
terms of payment	Zahlungsbedingungen	Yours sincerely	Mit freundlichen Grüßen
timetable	Fahrplan		
total	Endsumme, Gesamtpreis	**Z**IP code (AE)	Postleitzahl

14

Business terms

Abbildung	illustration	Art	kind, manner
abfahren, fliegen	to leave, to depart	Artikel	item
Abfertigungsgebühren	handling fees	auffordern	to request
Abflug	departure	Aufgabe	task
abgeben, abliefern	to hand over to	aufladen	to charge
abgeleitet von	derived from	Aufnahme	recording
abhängig von	dependent on	Aufsichtsrat	supervisory board
Ablage	filing	Auftrag	order
Ablaufdiagramm	flow chart	Auftragsbestätigung	acknowledgement of order
Ablauftermin	expiry date	ausbilden	to train
ablehnen	to refuse	Ausbildung	training
Absatz, Abschnitt	paragraph	ausführen	to execute
ab-, beschließen	to conclude	Ausführung	execution
Abschluss	conclusion	ausgefallen	out of order
Absender/-in	consignor	ausgeschaltet	power off
Abteilung	department, section	Auskunft	information
ab Werk	ex works	im/ins Ausland	abroad
abziehen	to deduct	Auslandsgespräch	international call
Agentur	agency	auslaufen (Kredit usw.)	to expire
Akkreditiv	letter of credit	auswählen	to choose, to select
Akquisitionsvorgang	acquisition	Außendienst	outdoor service
Aktenordner	file	Außenhandel	foreign trade
Aktenzeichen	reference number	außer Betrieb	out of order
Aktie	share	äußere(r, s)	exterior
Aktiengesellschaft	public limited company (plc)	außerhalb	outside
Aktionär/-in	shareholder	Ausstattung	equipment
Akzeptierung	acceptance	ausstehend	outstanding, due
allgemein	general	etwas ausstellen	to exhibit, to issue
allmählich	gradual	einen Wechsel ausstellen	to draw a draft
Ampel	traffic light	Aussteller/-in (eines Wechsels)	drawer
Amt	office		
Anbieter/-in	supplier	Ausstellungsdatum	date of issue
Anfangswert	initial value	Auswahl	choice
anfordern	to request	auswählen	to choose, to select
Anfrage	enquiry	Auswirkung	effect
auf Anfrage	on request	Auszubildende/r	trainee
angeben	to give, to indicate, to quote	Autobahn	motorway
Angebot	offer	Aval	guarantee
Angelegenheit	matter	Avis, Avisierung	advice
angemessen	appropriate	avisieren	to advise
Angestellte/r	employee		
ankommender Anruf	incoming call	**B**ahn	railway
Anlagen	enclosures	Bahnfrachtbrief	rail waybill
etwas annehmen	to suppose, to presume, to guess	Bankrott	bankruptcy
		Barverkaufspreis	cash sales price
annullieren	to cancel	Barzahlung	cash payment
Annullierung	cancellation	bedeuten	to mean
Anrede	salutation	Bedeutung	meaning
Anruf	phone call	Bedingung	term, condition
Anrufbeantworter	telephone answering machine	bedingungslos	unconditionally
		beeinflussen	to influence
Anrufer/-in	caller	Beförderung	carriage
einen Anrufer durchstellen	to put a caller through	begrüßen	to welcome
Ansehen	reputation	Begünstigte/r	beneficiary
anstatt	instead of	beifügen	to enclose
Antwort	reply	beigefügt sein	to be attached to
Anweisung	instruction	beinahe	nearly, almost
anwendbar	applicable	bekannt machen	to notify
Anwender	user	bekommen	to get, to receive, to obtain
Anzeige	display	(be-)laden	to load
Apparat Nr. …	extension No. …	belasten	to debit

14

506

3526506

Business terms

beliebt	popular	Buchhalter/-in	accountant
Bemerkung	remark	Buchhaltung	book-keeping
benötigen	to require	Büro	office
benutzen	to use	Büroinformationssystem	office information system
Benutzer	user	Büroklammer	paper clip
Benutzerhandbuch	user's manual	Büromöbel	office furniture
berechnen	to calculate		
Bericht	report	**Ch**ef	boss
berichtigen	to correct	computergestütztes	computer-aided design
Berichtigung	correction	Design	(CAD)
Beschädigung	damage	Computerschnittstelle	computer interface
beschließen	to decide	Computersprache	computer language
beschreiben	to describe	computergestützt	computer-aided
Beschreibung	description	Container	container
Beschriftung	labelling	Courtage	commission, brokerage
beschuldigen	to blame		
Beschwerde	complaint	**D**ampfer	steamship, steamer
sich beschweren	to complain	dankbar	grateful
besetzt	busy	darauf folgend	following
besorgt	worried	darstellen	to show
Besprechung	meeting	Dateiverwaltung	file management
bestätigen	to confirm/to acknowledge	Daten	data
Bestätigung	confirmation/ acknowledgement	Datenverarbeitung	data processing
		datiert	dated
Besteuerung	taxation	dauern	to last, to go on
bestreiten	to contest	Debatte	debate
beträchtlich	considerable	Debitor	debtor
in Betracht ziehen	to take into account	decken	to cover
Betrag	amount	Deckung	cover, coverage
Betreff	subject line	Defizit	deficit
betreffend	concerning	Detail	detail
betrügen	to cheat	Devisen	foreign currency
beurteilen	to judge	Diagramm	diagram
Bevölkerung	population	digitales dienstintegrierendes	integrated services digital
bevorzugen	to prefer	Netzwerk	network
Beweis	evidence, proof	Direktabbuchung	direct debiting
beweisen	to prove	Direkteinkauf per Internet	online shopping
Bewerbungsbrief	letter of application	Diskettenlaufwerk	disk drive
bewilligen	to grant	Diskussion	discussion
Bezahlung	payment	diskutieren	to discuss
bezeichnen	to describe	Dokumente gegen Akzept	documents against acceptance
Beziehung	relationship		
bilateral	bilateral	Dokumente gegen	documents against
Binnenhandel	home trade	Barzahlung	payment
Binnenmarkt	home market	dringend	urgent
bis	until	drucken	to print
Bitte	request	Drucker	printer
bitten	to request	Duplikat	duplicate
bleiben	to remain	durch	via
(am Apparat) bleiben	to hold the line	Durchschlagpapier	carbon copy paper
Blick	view	Durchschnitt	average
bloß	mere		
an Bord	on board	**E**igentum	property
Bordkonnossement	onboard bill of lading	Eigentümer	proprietor
Breitband-ISDN	broadband ISDN	Einfluss	influence
Briefkopf	letterhead	einführen	to import
Briefumschlag	envelope	Einführung	introduction
Britisches Generalkonsulat	British Consulate General	Einfuhrgenehmigung	import permit, licence
Broschüre	brochure	Einfuhrzoll	import duty
Bruch	breach	Eingangsbestätigung	acknowledgement of receipt
Bruttogewicht	gross weight	eingehender Anruf	incoming call

14

Business terms

einkaufen	to buy, to purchase	im Fall	in case of
Einkaufsabteilung	purchasing department	fällig	due
Einkaufspreis	purchase price	Fälligkeit	maturity
einladen	to invite	Faxgerät	fax machine
Einleitung	introduction	Fax-/Datenübertragung	fax/data transmission
Einrichtung	facility	Fehler	error
einschließen	to imply, to include	Ferngespräch	long-distance call
Einschreibebrief	registered delivery	fest	firm
einsortieren	to sort	Finanzabteilung	finance department
jdn. einstellen	to employ	Firma	firm, company
Einstellung	employment	fliegen	to fly
Einzelhandel	retail trade	Flug	flight
Einzelhändler/-in	retailer	Fluggast	passenger
Einzelhandelspreis	retail price	Fluggesellschaft	airline
Einzelunternehmung	sole proprietorship	Flughafen	airport
Empfang	reception	fordern	to claim, to demand
Empfänger/-in	consignee	fortentwickeln	to develop
Empfängeranschrift	inside address	Fortschritt	progress
Empfangsdame(-herr)	receptionist	Fotokopierer	photocopier
empfehlen	to recommend	Fracht	freight
Endsumme	total (amount)	frachtfrei	carriage paid
enthalten	to contain	Frachtführer/-in	carrier
entladen	to unload	Frachtkosten	carriage charges, freight charges
entwickeln	to develop		
Entwicklung	development	Frachtpapiere	shipping documents
Erdgeschoss	ground floor	frei Grenze	free border
sich ereignen	to occur	sich freuen auf	to look forward to
Erfahrung	experience	Fuhrunternehmen	haulage company
Erfolg	success	Fuhrunternehmer/-in	haulier
Erfolg haben	to succeed, to be successful		
erfolgreich	successful	Gebührenberechnung	fee calculation
erfüllen	to fulfil	gebührenfrei	free of charge
Erfüllungsort	place of fulfilment	Geburtsdatum	date of birth
Ergebnis	result	gefährlich	dangerous, hazardous
Erhalt	receipt	gegenseitig	mutual
nach Erhalt	on receipt	Gegenstück	equivalent
erhalten	to obtain, to receive	gegenüber	opposite
erhältlich	available	Gehalt	salary
erhöhen	to increase	gekennzeichnet mit	to be marked with
Erklärung	explanation	Geldautomat	cash dispenser
erlauben	to permit	Geschäft	business
Erlaubnis	permission	geschäftlicher Anruf	business call
ernst	serious	geschäftsführender Direktor	managing director
erreichen	to reach	Geschäftsprozess	business process
Ersatzteil	spare part	Gesellschaft mit beschränkter Haftung	private limited company (Ltd.)
in Erwägung ziehen	to consider		
erwähnen	to mention	Gesellschafter/-in	partner
erwarten	to expect	Gesprächsnotiz	memo(randum)
erweitern	to expand	getrennt	separate
Erweiterung	enlargement	Gewinn	profit
erwerben	to acquire	Gewinnbeteiligung	profit sharing
erwünscht	desired	gewinnen	to gain
Erzeugerland	country of origin	Gewinnspanne	profit margin
Etat	budget	gewöhnlich	usual
Exporteur/-in	exporter	glauben	to guess, to believe, to suppose
Exportgeschäft	export business		
extern	external	Gleitzeit	flexitime
		Großbuchstaben	capital letters
Fabrik	factory	Größe	size
Fahrkarte	ticket	Großhandel	wholesale trade
Fahrzeug	vehicle	Großhändler/-in	wholesaler

3526508

Business terms

Grund	cause, reason	Komplettladung	full container load
Grundtarif	basic rate	Konferenz	conference
Mit freundlichen Grüßen	Yours faithfully/Yours sincerely	Konkurrent	competitor
		Konkurrenz	competition
Grußformel	complimentary close	Konnossement	bill of lading
gültig	valid	Kontakt	contact
Gültigkeit	validity	Kopie	copy
günstig	beneficial	auf Kosten von	at somebody's expense
Güter	goods	Kostenvoranschlag	quotation
		Kredit	credit
Hafen	harbour, port	Kunde	customer
zu Händen von	for the attention of	kundenspezifisch	customized
Handelsabkommen	trade agreement	in Kürze	shortly
Handelsartikel	commodity	kurzfristig	at short notice
Handelskalkulation	sales calculation	kürzlich	recently
Handelskammer	Chamber of Commerce	Kurzmitteilung	short message
Handelsrecht	commercial law		
handhaben	to handle	**L**adedatum	loading date
Handwerk	trade	Ladegewicht	loading weight
Häufigkeit	frequency	Lager	warehouse
Haupt-	main	lagern	to store
Hauptversammlung	general meeting	Lagerung	storage
herausgeben	to issue	Landesvorwahl	country code
Herkunftsland	country of origin	Lastwagen	lorry
herstellen	to produce	leider	unfortunately
Hersteller/-in	producer	leistungsfähig	efficient
Herstellung	production	leitender Angestellter	executive
Herstellungskosten	production costs	letzte(r, s)	final, last, recent
heutzutage	nowadays	Lieferant/-in	supplier
im Hinblick auf	with regard to	liefern	to deliver, to supply, to provide
hinzufügen	to add		
Hinzufügung	addition	Lieferschein	despatch note
höhere Gewalt	Act of God	Lieferung	delivery, supply
Hypothek	mortgage	Lieferung von Waren zu dem Zeitpunkt, an dem sie für die Produktion benötigt werden	just-in-time delivery
Importeur/-in	importer		
Indossament	endorsement	Lieferungsbedingungen	terms of delivery
indossieren	to endorse	Lieferungsverzug	delay in delivery
Industriegebiet	industrial estate	Listenverkaufspreis	list sales price
Industrie- und Handels-kammer	Chamber of Commerce	Locher	hole punch
		Lohn	wage
Information	information	löschen	to delete
informieren	to inform	lösen	to solve
Inhaberpapier	document of title	loswerden	to get rid off
Inkasso	collection	Luftfrachtbrief	air waybill
interessiert sein an	to be interested in		
ISDN-Zugang	ISDN access	**M**ahnung	reminder
		Mängelrüge	complaint
kalkulieren	to calculate	Marketing	marketing
Karte (geogr.)	map	Maß	measure
Kasse gegen Dokumente	cash against documents	Mehrwertsteuer	value added tax (VAT)
Katalog	catalogue	Menge	quantity
Kauf	purchase	Messe	fair
kaufen	to buy, bought, bought	messen	to measure
Käufer/-in	buyer	Methode	method
Kaufvertrag	sales contract	Missverständnis	misunderstanding
Kenntnis	knowledge	Mitarbeiter (Pl.)	staff
Kennzeichnung	marking	Mitglied	member
Knopf	button	Möglichkeit	facility
Kollege/Kollegin	colleague	multilateral	multilateral
Kommunikation	communication	mündlich	orally

14

Business terms

Muster	sample	Reaktion	reaction
Muttergesellschaft	parent company	Rechnung	invoice
		rechtlich	legal
nachdenken über	to consider	Rechtsprechung	jurisdiction
Nachfragesteigerung	rise in demand	Regel	rule
eine Nachricht aufnehmen/ hinterlassen	to take/leave a message	Regierung	government
		Reise	journey, trip
Nachteil	disadvantage	Reisepass	passport
nahe	near	Reklamation	complaint
natürlich	of course	richtig	true, right
neben	next to	Richtung	direction
nennen	to give, to indicate, to quote	Risiko	risk
Netz mit wahlfreiem Zugriff	random access network	riskieren	to risk
neulich	recently	Rohstoffe	raw materials
normalerweise	normally	Rundfahrt	tour
Notfall	emergency	Rundschreiben	circular
Notiz	note		
Notizblock	notepad		
notwendig	necessary	**S**aldo	balance
nützlich	beneficial	Sammel-	consolidated
		Sammelfracht	groupage
oben erwähnt	above mentioned	sammeln	to collect
OHG	partnership	Schaden	damage, harm
Organisationsübersicht	organization chart	schätzen	to estimate
organisieren	to organize	Scheck	cheque
Original	original	einen Scheck einlösen	to clear a cheque
örtlich	local	scheinen	to seem
Ortsgespräch	local call	Schiene	rail
		Schiff	ship
packen	to pack	Schlichtung	arbitration
Paket	package, parcel	Schlussformel	complimentary close
Papierkorb	wastepaper bin	Schnittstelle	interface
Pappe	cardboard	schon	yet
Passagier	passenger	Schreibtisch	desk
passieren	to occur, to happen	Schublade	drawer
Pauschaltarif	flat rate	Schuld	guilt
Personal	personnel, staff	Schwerindustrie	heavy industry
Personalleiter/-in	personnel manager	Schwertransport	heavy haulage
Pflicht	duty	selbstverständlich	of course
Plan	plan	Sendung	consignment
Post	mail	sicherstellen	to ensure
Postleitzahl	ZIP code (AM), postcode (BRIT)	Skizze	map
		Skonto	cash discount
Preis	price	Sortiment	range
Preisliste	price list	Spedition	forwarding agency
Preisreduzierung	price reduction	Stadtplan	map
Probeauftrag	trial order	stagnieren	to stagnate
Produkt	product	Stromkabel	power cable
Produktionsleiter/-in	production manager	Stückpreis	unit price
produzieren	to produce	Subunternehmer	subcontractor
Projekt	project		
Prospekt	brochure	**T**ageslichtprojektor	overhead projector
Provision	commission	Tagesordnung	agenda
Prozent	per cent	Taschenrechner	calculator
Prozentsatz	percentage	tatsächlich	in fact
Prozessanalyse	activity analysis	Teilnehmer/-in	participant
prüfen	to check	Termin	appointment
pünktlich	punctual	teuer	expensive
		Textverarbeitung	wordprocessing
Rabatt	discount	Thema	subject
Rate	instalment	tippen	to type
reagieren	to react	Titel	headline

14

Business terms

Tochtergesellschaft	subsidiary	Vertreter/-in	agent, sales representative
Transporter	van	Vertretung	agency
transportieren	to transport	Vertrieb	distribution
		verursachen	to cause
überfällig	overdue	vervollständigen	to complete
Überraschung	surprise	Vervollständigung	completion
überreden	to persuade	Videokamera	video camera
übertragen	to transmit, to transfer	Videorekorder	video recorder
Übertragung	transmission	vorausgehen	to preceed
Überziehung	overdraft	Vorauszahlung	prepayment
Umfang	scope	vorbereiten	to prepare
Umsatz	turnover	Vorgang	procedure
Umsatzsteuer	value-added tax (VAT)	Vorschlag	proposal
umweltfreundlich	environmentally friendly	vorschlagen	to propose
Unannehmlichkeit	inconvenience	Vorsitzende/r	chairman
unbeschädigt	undamaged	Vorstand	board of management
(un-)beschriftet	(un-)labelled	jdn. vorstellen	to introduce somebody
unfrei	carriage forward	Vorstellung	introduction
ungefähr	approximately	Vorstellungsgespräch	job interview
unten genannt	undermentioned		
Unternehmen	company, enterprise	**w**achsen	to grow, grew, grown
unvollständig	incomplete	Warenbestand	stock level
Ursprungszeugnis	certificate of origin	Warenempfangsbescheini-gung	goods received note
verantwortlich sein für	to be responsible for	Warenliste	stock list
Verantwortung	responsibility	Wechsel	draft
verbessern	to improve	Weiterbildung	further education
Verbesserung	improvement	weitere(s, r)	further
verbinden	to connect, to link	weiterleiten	to pass on
verbindlich	binding	Werbeanzeige	advertisement
Verbindung	link	werben für	to advertise for
Verbraucher	consumer	Werbung	advertising
vereinbaren	to stipulate	Wert	worth, value
Verfahren	method	wert sein	to be worth
verfügbar	available	wesentlich	essential
Vergleich	comparison	wichtig	important
verhindern	to prevent	Wiederholung	repetition
verkaufen	to sell, sold, sold	wiegen	to weigh
Verkäufer/-in	seller, salesman	Wirkung	effect
Verkaufs-	sales	Wirtschaft	economy, commerce
Verkaufsabteilung	sales department	wirtschaftlich	commercial
Verkaufsförderung	sales promotion	Wissen	knowledge
Verkaufsprogramm	range		
Verkehr	traffic	**Z**ahlungsbedingungen	terms of payment
verlieren	to lose, lost, lost	Zeichnung	drawing, illustration
Verlust	loss	Zeitplan	schedule
vermeiden	to avoid	Zentrale	headquarters
Verpflichtung	liability	Zielverkaufspreis	target sales price
versagen	to fail	Zinssatz	interest rate
Versand	despatch/dispatch	zirka	about
Versandanzeige	advice of dispatch	zögern	to hesitate
Versandhaus	mail order house	Zoll	duty
verschieden	various	zufrieden	content, satisfied
verschmutzt, verunreinigt	contaminated	Zugang	access
Versehen	oversight	zurückrufen	to call back
versenden	to despatch/dispatch	zusichern	to assure
versichern	to assure	zustimmen	to agree
Versicherung	insurance	Zustimmung	agreement
Verspätung	delay	Zweigstelle	subsidiary, branch
versprechen	to promise	zweiseitig	bilateral
Versprechen	promise	in der Zwischenzeit	in the meantime

14

English tenses – *Zeitformen*

When talking we either speak about present, past or future events.
For each time the English language uses at least two tenses, depending on the kind of action performed.
Mostly it is either…

→ a repeated action or habit *or*
→ an action taking place at the moment of speaking.

The following tables give you examples of the formation and use of English tenses:

Simple Present	Present Continuous
Examples:	*Examples:*
a) Mr Smith works for Intercom.	He is writing a letter.
b) The sun rises in the east.	Look! The sun is rising.
c) He plays soccer very well.	He is playing soccer now.
Use for:	*Use for:*
a) habit/repeated action	an action that is in progress at the moment of speaking
b) a fact that is always true	
c) ability	
Signal words: always, sometimes, never, every day, week, …	*Signal words:* now, at this moment, …

Simple Past	Past Continuous
Examples:	*Examples:*
a) He usually finished work at 7 p.m.	While he was talking to a customer, the telephone rang.
b) He took a cigarette and lit it.	He was sitting in the room while he was listening.
Use for:	*Use for:*
a) habit in the past	an action in progress at some time in the past that was not yet finished
b) an action that began and finished in the past	

Present Perfect	Present Perfect Continuous
Examples:	*Examples:*
He has passed his exam.	Mary has been taking English lessons.
I have done my homework.	She has been living in GB.
Use for:	*Use for:*
an action begun in the past, the result of which can be seen in the present	stressing the continuity of an action begun in the past, the result of which can be seen in the present

14

3526512

English tenses – *Zeitformen*

Simple Past	Present Perfect
Examples:	**Examples:**
He founded the company in 1879.	He has lived in London since 1999.
Use for:	**Use for:**
an action that took place in the past	expressing the result of an activity that was begun in the past and extends to the present
Signal words: in 1999, yesterday, last week, month, …	**Signal words:** never, ever, already, yet, …

Past Perfect Simple	Past Perfect Continuous
Examples:	**Examples:**
She had typed nearly all the letters when her boss came in.	She had been trying to translate the letter when her boss came in.
Use for:	**Use for:**
stressing what happened before another action in the past	stressing what was in progress before another action took place in the past

Forms of the Future	
Examples:	**Use:**
I'**ll do** my best to send you the goods in time.	**Will-future** expresses willingness, promise or determination.
We'**re going to** open a new branch in Cologne.	**Going to-future** expresses a personal plan or intention.
My boss **is coming** here this evening.	**Present continuous** expresses an arrangement.
He **will be working** in his office until 4.30 p.m.	**Shall/will + continuous form** expresses what is expected to happen.
His train **leaves** at 5.30 p.m.	**Present simple** refers to timetable information.
He **will have left** his office by 1.30 p.m.	**The future perfect** expresses the completion of an action by a certain time in the future.

14

List of irregular verbs – *Unregelmäßige Verben*

Infinitive	Past	Past Participle	German
be	was, were	been	sein
bear	bore	born, borne	gebären, getragen
become	became	become	werden
begin	began	begun	anfangen
bend	bent	bent	biegen, beugen
bite	bit	bitten	beißen
blow	blew	blown	blasen
break	broke	broken	brechen
bring	brought	brought	bringen
broadcast	broadcast	broadcast	senden
build	built	built	bauen
burn	burnt	burnt	brennen
buy	bought	bought	kaufen
catch	caught	caught	fangen
choose	chose	chosen	auswählen
come	came	come	kommen
cost	cost	cost	kosten
cut	cut	cut	schneiden
do	did	done	tun
draw	drew	drawn	zeichnen
dream	dreamt/dreamed	dreamt/dreamed	träumen
drink	drank	drunk	trinken
drive	drove	driven	fahren
eat	ate	eaten	essen
fall	fell	fallen	fallen
feed	fed	fed	füttern
feel	felt	felt	fühlen
find	found	found	finden
fly	flew	flown	fliegen
forget	forgot	forgotten	vergessen
freeze	froze	frozen	frieren
get	got	got	bekommen
give	gave	given	geben
go	went	gone	gehen
grow	grew	grown	wachsen
hang	hung	hung	hängen
have	had	had	haben
hear	heard	heard	hören
hide	hid	hidden	verstecken
hit	hit	hit	schlagen, treffen
hold	held	held	halten
hurt	hurt	hurt	schmerzen
keep	kept	kept	halten
know	knew	known	wissen, kennen
lead	led	led	führen

14

List of irregular verbs – *Unregelmäßige Verben*

Infinitive	Past	Past Participle	German
learn	learnt, learned	learnt, learned	lernen
leave	left	left	verlassen
lie	lay	lain	liegen
light	lit	lit	anzünden
lose	lost	lost	verlieren
make	made	made	machen
mean	meant	meant	bedeuten
meet	met	met	treffen
pay	paid	paid	bezahlen
put	put	put	setzen, stellen, legen
read	read	read	lesen
ride	rode	ridden	reiten, fahren
ring	rang	rung	klingeln
run	ran	run	laufen
say	said	said	sagen
see	saw	seen	sehen
sell	sold	sold	verkaufen
send	sent	sent	schicken
set	set	set	setzen, stellen
shake	shook	shaken	schütteln
shine	shone	shone	scheinen
shoot	shot	shot	schießen
show	showed	shown	zeigen
shut	shut	shut	schließen
sing	sang	sung	singen
sit	sat	sat	sitzen
sleep	slept	slept	schlafen
smell	smelt	smelt	riechen
speak	spoke	spoken	sprechen
spell	spelt	spelt	buchstabieren
spend	spent	spent	verbringen
stand	stood	stood	stehen
swear	swore	sworn	schwören
swim	swam	swum	schwimmen
take	took	taken	nehmen
teach	taught	taught	unterrichten, lehren
tell	told	told	erzählen
think	thought	thought	denken
throw	threw	thrown	werfen
understand	unterstood	understood	verstehen
wake up	woke up	woken	aufwachen, aufwecken
wear	wore	worn	tragen
win	won	won	gewinnen
write	wrote	written	schreiben

14

Measures and weights – *Maße und Gewichte*

1 inch (in.)	2,54 cm	1 ounce (oz av.)	28,35 g
1 foot (ft) = 12 inches	30,48 cm	1 pound (lb av.)	0,453 kg
1 yard (yd) = 3 feet	91,44 cm	1 hundredweight (cwt)	1 Zentner
1 U.S. gallon	3,785 l	Br.: 112 pounds	50,800 kg
1 U.S. barrel	119,210 l	Am.: 100 pounds	45,360 kg

Temperature – *Temperatur*

$$°\text{Fahrenheit (F)} = \left(\frac{9}{5} \cdot °C\right) + 32 \qquad\qquad °\text{Celsius (C)} = (°F - 32) \cdot \frac{5}{9}$$

Fractions and other figures – *Bruchzahlen und andere Zahlenwerte*

$\frac{1}{2}$	a half	ein halb
$1\frac{1}{2}$	one and a half	anderthalb
$2\frac{1}{2}$	two and a half	zweieinhalb
$\frac{2}{3}$	two thirds	zwei Drittel
$\frac{1}{4}$	a quarter	ein Viertel
$\frac{3}{4}$	three quarters	drei Viertel
$\frac{1}{5}$	a fifth	ein Fünftel
$3\frac{4}{5}$	three and four fifths	drei vier Fünftel
0.45	nought point four five	null Komma vier fünf
2.5	two point five	Zwei Komma fünf
	once	einmal
	twice	zweimal
	three (four) times	drei-(vier-)mal
	twice as much (many) as	zweimal (doppelt) so viele wie
	firstly (secondly, thirdly)	erstens (zweitens, drittens)
7 + 8 = 15	seven plus eight is fifteen	sieben plus acht ist fünfzehn
9 − 4 = 5	nine minus four is five	neun minus vier ist fünf
2 x 3 = 6	twice three is six, two times three …	zweimal drei ist sechs
20 : 5 = 4	twenty divided by five is four	zwanzig geteilt durch fünf ist vier

British and American abbreviations – *Britische und amerikanische Abkürzungen*

a = acre	acre (4 046,80 m^2)	arr. = arrival	Ankunft
AA = anti-aircraft	Flugabwehr	art. = article	Artikel
a.a.r. = against all risks	gegen jede Gefahr	ASCII = American Standard Code for Information Interchange	standardisierter Code zum Informations-austausch
abbr. = abbreviated	Abk. = Abkürzung		
A.B.C. = American Broadcasting Company	amer. Rundfunkgesellschaft		
		A/S = account sales	Verkaufsabrechnung
A.C. = alternating current	Wechselstrom	ASA = American Standards Association	Amer. Normungs-kommission
acct = account	Konto		
A.D. = Anno Domini	im Jahre des Herrn	attn. = attention (of)	zu Händen (von)
add = address	Adresse	av. = average	Durchschnitt
AEC = Atomic Energy Commission	Atomenergiekommission	avdp. = avoirdupois	Handelsgewicht
		Ave = Avenue	Allee, Straße
aftn. = afternoon	Nachmittag	AWACS = Airborne Warning and Control System	luftgestütztes Frühwarnsystem
a.m. = ante meridiem	vorm., morgens		
amp. = ampere	Ampere		
approx. = approximately	ungefähr	B.A. = British Airways	Brit. Luftfahrtgesellschaft
A/P = account purchase	Einkaufsrechnung	b. = born	geboren
appx. = appendix	Anhang	B & B = bed and breakfast	Übernachtung mit Frühstück
apt. = apartment	Wohnung	BASIC = beginners' all-purpose symbolic instruction code	einfache Programmiersprache
A.R.C. = American Red Cross	Amerikanisches Rotes Kreuz		

14

3526516

British and American abbreviations – *Britische und amerikanische Abkürzungen*

BBC = British Broadcasting Corporation	Britische Rundfunkgesellschaft	**dec.** = deceased	gestorben
bbl. = barrel	Fass	**dep.** = departure	Abfahrt
BC = before Christ	vor Christus	**dept.** = department	Abt., Abteilung
B/E = bill of exchange	Wechsel	**dft** = draft	Tratte
b/f = brought forward	Übertrag	**dir.** = director	Direktor
BFBS = British Forces Broadcasting Service	Rundfunkanstalt der brit. Streitkräfte	**disc.** = discount	Rabatt
bk = book	Buch	**div.** = dividend	Dividende
B/L = bill of lading	Konnossement	**DJ** = disc jockey	Diskjockey
bls = bales	Ballen	**Dr** = doctor	Doktor
Blvd. = Boulevard	Boulevard	**dz.** = dozen	Dutzend
b.o. = branch office	Zweigstelle		
B.o.T. = Board of Trade	Handelsministerium	**E** = east	Osten
BR = British Rail	Brit. Eisenbahn	**E.&O.E.** = errors and omissions excepted	Irrtümer und Auslassungen vorbehalten
Bros. = Brothers	Gebrüder	**EU** = European Union	Europäische Union
BSI = British Standards Institution	Brit. Normungsorganisation	**ed.** = edited	herausgegeben
BTA = British Tourist Authority	Brit. Fremdenverkehrs-behörde	**EDP** = electronic data processing	EDV = elektronische Datenverarbeitung
bu. = bushel	Scheffel (Br.: 36,36 l, Am.: 35,24 l)	**EFTA** = European Free Trade Association	Europäische Freihandelszone
		e.g. = exempli gratia	z. B. = zum Beispiel
		Encl.: = enclosures	Anlagen
		esp. = especially	besonders
C = Celsius = centigrade	Celsius	**excl.** = excluding	ausschließlich
c = cent(s)	Cent	**ex int.** = ex interest	ohne Zinsen
C/A = current account	Girokonto	**ext.** = extension	(telef.) Apparat
cad = cash against documents	Kasse gegen Dokumente		
CAD = computer-aided design	computergestütztes Design	**f** = female	weiblich
CAM = computer-aided manufacture	computergestützte Fertigung	**F** = Fahrenheit	Fahrenheit
Can. = Canada	Kanada	**F.A.** = Football Association	Fußballverband
CC = city council	Stadtrat	**fas** = free alongside ship	frei Längsseite Schiff
cc = cubic centimetre(s) carbon copy	Kubikzentimeter Durchschlag	**FBI** = Federal Bureau of Investigation	Am.: Bundeskriminalamt
CD = compact disc	CD	**fed.** = federal	Bundes-
cert. = certificate	Zertifikat	**fig.** = figure(s)	Abb., Abbildung(en)
CET = Central European Time	MEZ, mitteleuropäische Zeit	**fl.** = floor	Etage
		fob = free on board	frei (Schiff)
cf. = confer	vgl., vergleiche	**foll.** = following	folgend
ch. = chapter	Kapitel	**for** = free on rail	frei Waggon
C/I = certificate of insurance	Versicherungspolice	**FORTRAN** = formula translation	Programmiersprache
CIA = Central Intelligence Agency	US-Geheimdienst	**ft** = foot/feet	Fuß = 30,48 cm
CID = Criminal Investigation Department	Kriminalpolizei		
		g = gram(s)	g., Gramm
cif = cost, insurance, freight	Kosten, Versicherung und Fracht inbegriffen	**gal(l).** = gallon(s)	Gallone(n), Br.: 4,546 l Am.: 3,785 l
Co. = company	Gesellschaft	**GATT** = General Agreement on Tariffs and Trade	Allgemeines Zoll- und Handelsabkommen
c/o = care of	wohnhaft bei	**GB** = Great Britain	Großbritannien
COBOL = common business oriented language	Programmiersprache	**GCE** = General Certificate of Education	(brit. Schulabschluss-prüfung)
COD = cash on delivery	gegen Nachnahme	**GCSE** = General Certificate of Secondary Education	(brit. Schulabschluss-prüfung)
corr. = corresponding	entsprechend	**GDP** = gross domestic product	BIP = Bruttoinlandsprodukt
CPU = central processing unit	Computerzentraleinheit	**gen.** = general	allgemein
		GMT = Greenwich Mean Time	WEZ = westeuropäische Zeit
Ct(s) = cent(s)	Cent		
CV = curriculum vitae	Lebenslauf	**GNP** = gross national product	BNE = Bruttonationalein-kommen (früher: Brutto-sozialprodukt)
cwo = cash with order	Barzahlung bei Bestellung		
cwt = hundredweight	(etwa 1) Zentner, Br.: 50,800 kg, Am.: 45,360 kg	**Gov.** = government	Regierung
		gr. = gross	Brutto …

14

14

British and American abbreviations – Britische und amerikanische Abkürzungen

gr. = grain(s)	Gewichtseinheit (0,0648 g)	**Lib Dem** = Liberal Democratic party	Liberal-Demokratische Partei
gr. wt. = gross weight	Bruttogewicht		
		ll. = lines	Z., Zeile(n)
h = hour	Stunde	**long.** = longitude	Länge
hf = half	halb		
HM = his/her majesty	Seine/Ihre Majestät	**M** = motorway	Autobahn
HP = horsepower	PS = Pferdestärke	**m** = metre(s)	Meter
HQ = headquarters	Hauptsitz, Hauptquartier	**MA** = Master of Arts	Magister
ht = height	Höhe	**masc.** = masculine	männlich
		MD = medicinae doctor	Dr. der Medizin
IATA = International Air Transport Association	Internationaler Luftverkehrsverband	**med.** = medical	medizinisch
id = ibidem	ebd., ebenda	**MEP** = Member of the European Parliament	Mitglied des Europaparlaments
IBRD = International Bank of Reconstruction and Development	Internationale Bank für Wiederaufbau und Entwicklung, Weltbank	**Messrs** = Messieurs	Herren
		mg = milligram(s)	Milligramm
IC = integrated circuit	integrierter Schaltkreis	**ml(s).** = mile(s)	Meilen, Am. 1 609,34 m
ID = identification	Identizierung, Ausweis	**mm** = millimeter(s)	Millimeter
i.e. = id est	id, idem, derselbe, dasselbe	**MP** = Member od Parliament	Brit. Unterhausabgeordneter
ill. = illustration, illustrated	Abbildung mit Bildern versehen	**MP** = military police	Militärpolizei
		mph = miles per hour	Meilen pro Stunde
IMF = International Monetary Fund	IWF = internationaler Währungsfonds	**Mr** = Mister	Herr
		Mrs = Mistress	Frau
inc. = incorporated	eingetragen	**Ms**	Anrede für verheiratete und unverheiratete Frauen
incl. = including, inclusive	einschließlich		
IOC = International Olympic Committee	IOK = Internationales Olympisches Komitee	**MSc** = Master of Science	Magister der Naturwissenschaften
IOU = I owe you	Schuldschein	**Mt** = Mount	Berg
IQ = intelligence quotient	Intelligenzquotient		
IRA = Irish Republican Army	Irisch-Republikanische Armee	**n** = north	Norden
IRC = International Red Cross	Internationales Rotes Kreuz	**NASA** = National Aeronautics and Space Administration	Nationale Luft- und Raumfahrtbehörde
ISBN = international standard book number	ISBN-Nummer	**NATO** = North Atlantic Treaty Organization	NATO
ISO = International Organization of Standardization	Internationale Organisation für Standardisierung, Internationale Normenorganisation	**NBC** = National Broadcasting Company	Amerikanische Rundfunkgesellschaft
		neg. = negative	negativ
		NHS = National Health Service	Staatlicher Gesundheitsdienst
IYHF = International Youth Hostel Federation	Internationaler Jugendherbergsverband	**No(s).** = number	Nummern
		NSB = National Savings Bank	Postsparkasse
J = joule(s)	Joule	**nt. wt.** = net weight	Nettogewicht
JC = Jesus Christ	Jesus Christus	**N.Y.** = New York	New York
jnr./jr./jun. = junior	jr., jun., junior		
		OECD = Organization for Economic Cooperation and Development	Organisation für wirtschaftliche Zusammenarbeit und Entwicklung
kg = kilogram(s)	Kilogramm		
km = kilometer(s)	Kilometer		
kn = knot(s)	Knoten	**OPEC** = Organization of Petrol Exporting Countries	Organisation Erdöl exportierender Länder
kph = kilometres per hour	Kilometer pro Stunde	**opp.** = opposite	gegenüber(liegend), entgegengesetzt
kV = kilovolt(s)	Kilovolt		
kW = kilowatt(s)	Kilowatt		
		oz = ounce	Unze (28,25 g)
L = learner	Plakette für Fahrschüler		
l. = left	links	**p** = pence	Währungseinheit
£ = pound sterling	Pfund Sterling	**p.** = page	Seite
Lab. = Labour	Labour Party	**p.a.** = per annum	pro Jahr
lat. = latitude	Breite	**par.** = paragraph	Abschnitt
lb(s). = pound(s)	brit. Pfund	**p.c.** = per cent	Prozent
L(C) = letter of credit	Akkreditiv	**pd** = paid	bezahlt
LCD = liquid crystal display	Flüssigkristallanzeige	**p.d.** = per diem	pro Tag

14

3526518

British and American abbreviations – *Britische und amerikanische Abkürzungen*

p.p. = per procurationem	pp., ppa., per Prokura	**UN** = United Nations	Vereinte Nationen
PIN = personal identification number	Geheimnummer	**UNESCO** = United Nations Educational, Scientific and Cultural Organization	Organisation der Vereinten Nationen für Erziehung, Wissenschaft und Kultur
pl = plural	Plural	**UNICEF** = United Nations Children's Fund	Kinderhilfswerk der Vereinten Nationen
plc = public limited company	AG	**UNO** = United Nations Organization	UNO
PM = Prime Minister	Premierminister		
p.m. = post meridiem	nachmittags	**UPI** = United Press International	am. Nachrichtenagentur
PO = postal order	Postanweisung		
post office	Postamt	**US** = United States	Vereinigte Staaten
POB = post office box	Postfach	**USA** = United States of America	Vereinigte Staaten von Amerika
POD = pay on delivery	per Nachnahme	**USAF** = United States Air Force	Luftwaffe der Vereinigten Staaten
pop. = population	Bevölkerung		
PR = public relations	Öffentlichkeitsarbeit		
Pres. = president	Präsident	**V** = volt(s)	Volt
Prof. = professor	Professor	**VAT** = value added tax	Mehrwertsteuer
PS = postscriptum	Postskriptum	**VCR** = video cassette recorder	Videorecorder
PTO = please turn over	bitte wenden	**VIP** = very important person	prominente Persönlichkeit
pvt. = private	Privat	**viz** = videlicet, namely	nämlich
		vol(s). = volume(s)	Bd., Band, Bände
qr = quarter	Viertel	**vs.** = versus	kontra, gegen
quot. = quotation	Kurs-, Preisnotierung	**VSOP** = very special old pale	Qualitätsbezeichnung für sehr alten Weinbrand (20 – 25 Jahre)
r = right	rechts		
RAF = Royal Air Force	Könglich-Britische Luftwaffe	**vv** = vice versa	umgekehrt
RAM = random access memory	Direktzugriffsspeicher		
Rd = road	Straße	**Wash.** = Washington	Washington
ref. = with reference to	mit Bezug auf	**WHO** = World Health Organization	Weltgesundheits-organisation
res. = research	Forschung		
ret. = retired	im Ruhestand	**wks** = weeks	Wochen
rm = room	Zimmer	**w/o** = without	ohne
RN = Royal Navy	Königlich-Britische Marine	**WP** = word processor	Textverarbeitungssystem
r.p.m. = revolutions per minute	Umdrehungen pro Minute	**w.p.m.** = words per minute	Wörter pro Minute
		wt. = weight	Gewicht
RR = railroad	Eisenbahn	**WWI** = World War I	1. Weltkrieg
		WWII = World War II	2. Weltkrieg
s(ec.) = second	Sekunde		
$ = dollar	Dollar	**XL** = extra large	extragroß
sen. = senior	der Ältere	**Xmas** = Christmas	Weihnachten
Sq. = square	Platz	**Xroads** = crossroads	Kreuzung
SS = steamship	Dampfer	**XS** = extra small	extraklein
STA = scheduled time of arrival	planmäßige Ankunftszeit		
		yd = yard	Yard, 91,44 cm
Sta. = station	Bahnhof	**YHA** = Youth Hostels Association	Jugendherbergsverband
suppl. = supplement	Nachtrag		
		YMCA = Young Men's Christian Association	CVJM, Christlicher Verein Junger Männer
t = ton(s)	Tonne, Br.: 1 016 kg, Am.: 907,180 kg		
tbsp(s) = tablespoon(s)	Teelöffel	**yr** = year	Jahr
tel. = telephone	Telefon	**YWCA** = Young Women's Christian Association	Christlicher Verein Junger Frauen
TM = trademark	Warenzeichen		
TU = trade union	Gewerkschaft		
TUC = Trades Union Congress	Gewerkschaftsverband		
UEFA = Union of European Football Assocations	UEFA		
UFO = unidentified flying object	Ufo		
UK = United Kingdom	Vereinigtes Königreich		

14

15
Arbeitsmethoden

http://www.

Protokoll – *Minutes*

Arten

Prinzipiell werden unterschieden:
- **Verlaufsprotokoll** (gibt den Verlauf eines Gesprächs oder Ablauf einer Handlung wieder)
- **Ergebnisprotokoll** (Festhalten der Gesprächsergebnisse bzw. der Handlungsergebnisse)

Aufbau/Inhalt

Protokollkopf

- Protokollanlass (Überschrift)
- Datum und Zeitangabe, in der Regel der Beginn (Uhrzeit)
- Ortsangabe
- Namen der anwesenden Personen (z. T. werden auch abwesende Personen genannt, eventuell unter Nennung des Fehlgrundes)
- Tagesordnungspunkte

Protokolltext

- Ereignisse bzw. Abläufe werden beim Verlaufsprotokoll in chronologischer Form schriftlich festgehalten
- Ergebnisse werden in chronologischer Form oder nach der Wichtigkeit geordnet schriftlich fixiert

Protokollfuß

- Ende des Gesprächs bzw. der Handlung
- eventuell Hinweis auf Anlagen
- Ort und Datum der Protokollabfassung
- Unterschrift des Protokollanten/der Protokollantin (links unten)
- Unterschrift des Gegenzeichnenden, z. B. Konferenzleiterin (rechts unten)
  Diese Unterschrift bestätigt die sachliche Richtigkeit des Protokollinhaltes.

Sprachliche Gestaltung

- Als Tempus (Zeitraum) wird das Präsens (die Gegenwart) benutzt.
- Die direkte Rede wird mittels des Konjunktivs (Möglichkeitsform) in die indirekte Rede übertragen; ein wörtliches Zitat kann als Ausnahme benutzt werden.

Beispiel:

Protokoll der Vorstandssitzung der OfficeCom AG

am:	15. Oktober 20..
um:	14:00 Uhr (Beginn)
Ort:	OfficeCom AG, Braunschweig, Konferenzsaal B/2
Anwesende:	Herr Herbert Hauser, Frau Frauke Schönau, Frau Dr. Carla Seltig
	Frau von Carolath (Protokollantin)

Tagesordnung:
1. Bericht des Vorstandes
2. Geschäftliche Entwicklung im 3. Quartal 20..
3. Zukünftige Geschäftspolitik
4. Verschiedenes

Zu TOP 1: Herr Hauser begrüßt die Anwesenden und weist darauf hin, dass er heute großen Termindruck habe, deshalb müssten alle Tagesordnungspunkte bis 16 Uhr besprochen sein.

⋮

Ende der Konferenz: 15:45 Uhr

von Carolath
Protokollantin

Hauser
Vorsitzender

15

Referat – *Paper*

In der schulischen und betrieblichen Aus- und Fortbildung nimmt das (Kurz-)Referat einen zentralen Stellenwert ein, um wichtige Inhalte in kurzer und prägnanter Form zu vermitteln. Als Gesprächsform zählt das Referat zu den Monologen. Im Anschluss an den Vortrag tritt häufig ein Wechsel in der Gesprächsform auf, der Referent/die Referentin tritt dann in einen Dialog mit seinen/ihren Zuhörern ein.

Vorbereitung des Referates

Damit ein Referent/eine Referentin bei der Vermittlung seiner/ihrer Aussagen einen optimalen Wirkungsgrad erreicht, sollte er/sie sich gut auf das Referat vorbereiten.

Die wichtigsten **Schritte bei der Vorbereitung** sind:

- Entsprechende Materialien zur Abfassung des Referates sind zu sammeln (z. B. Zeitungsausschnitte, Statistiken). Eine Internetrecherche (siehe S. 541) bietet sich in jedem Fall an.
- Die Inhalte der beschafften Materialien sind auf ihre Glaubwürdigkeit hin zu prüfen (vor allem wichtig bei einer Internetrecherche) und eine Gewichtung der beschafften Informationen ist vorzunehmen.
- Eine Grobgliederung ist zu erstellen, die später durch eine Feingliederung zu ergänzen ist.
- Abstrakte Inhalte sollten unter Zuhilfenahme von Beispielen verdeutlicht werden.
- Entlang der Feingliederung ist zu formulieren, auf eine adressatengemäße Ausdrucksweise ist zu achten.
- Die Länge des Referates ist angemessen zu wählen.
- Um Monotonie beim Vortragen zu verhindern, sind entsprechende Textpassagen zu markieren – damit kann die Betonung bzw. das Einlegen von Sprechpausen vorbereitet werden.
- Insbesondere die Einleitung des Schlussteiles ist durch eine entsprechende Formulierung anzukündigen.
- Benötigte Medien (z. B. Beamer oder Overheadprojektor) sind zu besorgen und vorher auszuprobieren.
- Der Vortragsraum muss für das Referat angemessen ausgewählt werden (z. B. Beachtung der Akustik und der Lichtverhältnisse).
- Es ist zu entscheiden, ob ein Thesenpapier zu erstellen ist.

Durchführung des Referates

- Ein eventuell angefertigtes Thesenpapier ist zu verteilen, unter Umständen sind dazu kurze Anmerkungen zu machen.
- Die Lautstärke ist entsprechend der Entfernung zu den Zuhören zu wählen; die Variierung der Lautstärke dient der Betonung.
- Das Referat ist keinesfalls monoton abzulesen, neben der Variierung durch Lautstärke, Betonung und Sprechgeschwindigkeit ist auf gelegentlichen Blickkontakt zu den Zuhörern zu achten. Sprechpausen sind gezielt einzusetzen.
- Es ist auf den gezielten Einsatz von Gestik (Körpersprache) und Mimik (Gesichtssprache) zu achten, um die Aufmerksamkeit der Zuhörer zu erhöhen.
- Der Einsatz der Medien muss störungsfrei verlaufen (z. B. durch Vermeidung von störenden Nebengeräuschen).

15

Diskussion – *Discussion*

Begriff und Zielsetzung

Eine besondere Form der Argumentation stellt die Diskussion dar, bei der sich die Diskussionsteilnehmer sprachlich über ein Thema auseinandersetzen, ein Streitgespräch führen. Da sich an dieser Gruppenkommunikationsform mehrere Personen beteiligen, wird bei größeren Gruppen ein/e Diskussionsleiter/-in benötigt.

Diskussionsleiter/-in

Seine/Ihre Aufgabe besteht vor allem darin, auf die Form der Diskussion Einfluss zu nehmen. Dementsprechend hat er/sie auf die richtige Reihenfolge der Redebeiträge zu achten, persönliche Beleidigungen hat er/sie zu unterbinden, die Diskussion wird von ihm/ihr eröffnet und meist mit einem Schlusswort beendet.

Diskussionsregeln

Von den Diskussionsteilnehmern untereinander kann erwartet werden, dass sie die Meinung des anderen achten und zumindest bereit sind, sich von anderen überzeugen zu lassen. Das bedeutet nicht, dass jede Diskussion mit einem Konsens oder einem Kompromiss enden muss.

Damit die Diskussion von allen Teilnehmern/Teilnehmerinnen als nützlich angesehen werden kann, sollten folgende Regeln eingehalten werden:

- Man muss bereit sein, allen Teilnehmern aufmerksam zuzuhören, auf jeden Fall sollte man den Gesprächspartner ausreden lassen.
- Bei längeren Ausführungen der anderen Diskussionsteilnehmer sollte man sich Notizen machen; eventuell ist der eigene Beitrag mithilfe von Stichwörtern vorzustrukturieren.
- Die gewichtigsten Argumente sollte man für die Schlussphase „aufsparen".
- Bei dem eigenen Redebeitrag sollte man sich auf die Aussagen des Vorgängers beziehen.
- Die Redebeiträge sind so kurz und anschaulich wie möglich zu halten.
- Es ist prinzipiell sachlich zu argumentieren, was nicht heißen soll, dass Gefühle ausgeklammert werden müssen; auf jeden Fall sind Kränkungen und Beleidigungen anderer zu unterlassen.

Vorbereitung einer Diskussion

- Sammlung umfangreichen Informationsmaterials, z. B. durch eine Internetrecherche oder durch Zusammentragen von Zeitungsausschnitten
- Gegenüberstellung von Pro- und Kontraargumenten aufgrund der beschafften Informationen
- Vorbereitung auf Gegenargumente, z. B. durch Emphathieübungen (sich hineinversetzen in die Gegenposition)
- Auswahl geeigneter Räume und sinnvolle Anordnung der Stühle und Tische
- Bestimmung eines/einer Diskussionsleiters/Diskussionsleiterin
- Festlegung der zur Verfügung stehenden Zeit
- Abstimmung mit Teilnehmern und/oder Beobachtern, wie mögliche Diskussionsergebnisse ausgewertet und weitergenutzt werden können

15

Rollenspiel – *Role play*

Begriff

Das Rollenspiel ist eine Variante der Simulationsspiele. Die Rollenspielenden probieren in vorgegebenen Situationen „spielend" ihr vorhandenes Handlungsrepertoire aus und erweitern es, ohne negative Folgen befürchten zu müssen. Dabei sollen Hemmungen, besonders vor schwierigen Situationen der Realität, durch Erfolgserlebnisse im Spiel abgebaut werden. Die Rollenspielenden übernehmen dabei vor allem auch ihnen noch ungewohnte Rollen, um die gespielten Personen verstehen zu lernen und für diese zu handeln und zu entscheiden. In der Nachbereitung (Reflexion) des Rollenspiels überdenken sie ihr im Spiel gezeigtes Verhalten und bewerten es im Hinblick auf zukünftiges eigenes Tun in der Realität. Den Beobachtern des Rollenspiels kommt eine besondere Bedeutung bei der Auswertung des durchgeführten Rollenspiels zu. Gegenstand der Beobachtung können insbesondere inhaltliche oder sprachliche Gesichtspunkte sein (siehe „Beobachtung und Auswertung").

Ziele

Das Rollenspiel dient dazu, dass Schülerinnen und Schüler…
- lernen ihre Interessen wirkungsvoll zu vertreten, indem sie ihre Meinung überzeugend darstellen,
- ihr Verhaltensrepertoire für kritische Situationen erweitern,
- ihr Selbstvertrauen steigern,
- Widersprüche eher aushalten,
- ihre Kommunikationstechniken verbessern,
- lernen sich in die Meinung anderer einzufühlen und
- damit Strategien für Konfliktlösungen entwickeln.

vgl. Steinmann, Bodo/Weber, Birgit (Hrsg.): Handlungsorientierte Methoden in der Ökonomie, Bildungsverlag EINS, Neusäß 1995, S. 30 ff.

Ablaufgestaltung

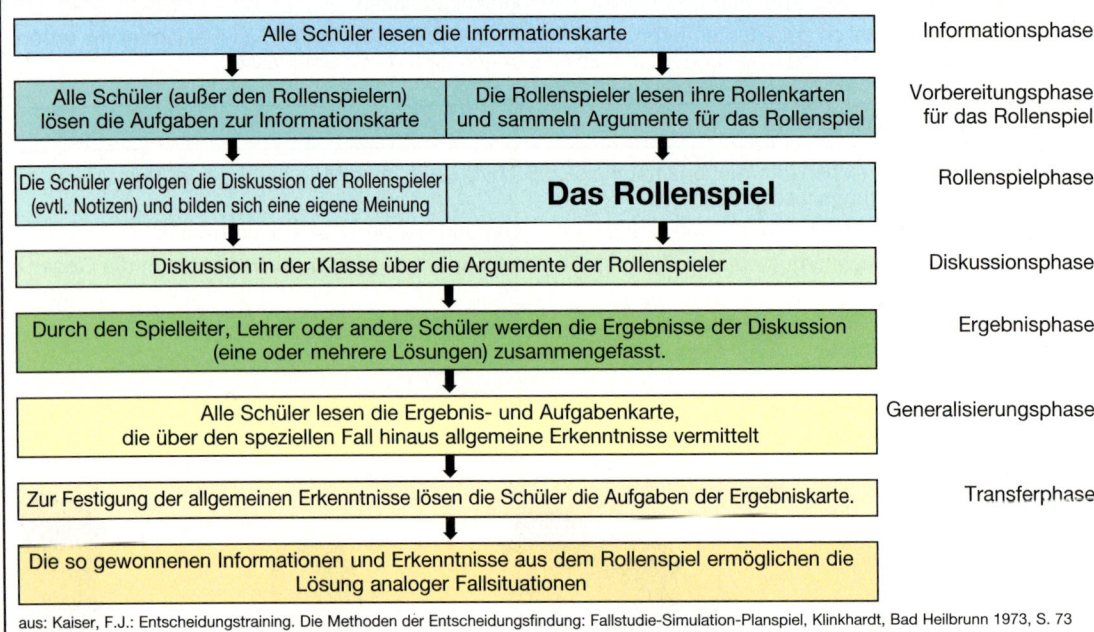

aus: Kaiser, F.J.: Entscheidungstraining. Die Methoden der Entscheidungsfindung: Fallstudie-Simulation-Planspiel, Klinkhardt, Bad Heilbrunn 1973, S. 73

Beobachtung und Auswertung

Wichtige Fragen für die Beobachter:
- Wer hat am meisten/wenigsten gesagt?
- Wann hat jemand unterbrochen, bevor die übrigen fertig waren?
- Welche Fragen/Argumente wurden überhaupt nicht beantwortet?
- Wie hat sich die allgemeine Atmosphäre während des Spiels verändert?
- Welche noch möglichen Lösungen wurden übersehen?
- Haben die Sprecher Augenkontakt behalten?
- Welche Anzeichen von Frustration, Langeweile, Enthusiasmus usw. nahmen sie wahr?
- Welche Teilnehmer hatten großen, welche geringen Einfluss?
- Wer hat die Diskussion am Thema gehalten? Wie?
- Welche Aktionen förderten die „Aufgabe" (das bearbeitete Problem), welche den „Prozess" (den Weg, wie es bearbeitet wurde)?
- Wie wurden schweigsame Zeiten aufgenommen?
- Wer hat mit wem/wer nicht mit wem gesprochen?

aus: Van Ments, Morry: Rollenspiel: effektiv. Ein Leitfaden für Lehrer, Erzieher, Ausbilder und Gruppenleiter, Ehrenwirth, München 1991

15

Moderationsmethode – *Method of hosting role-play*

Begriff und Zielsetzung

Die in den 60er-Jahren des 20. Jahrhunderts entstandene Methode hat das **Ziel,** zwischen Mitgliedern einer Gruppe eine Art **gleichberechtigter Kommunikation** zu ermöglichen, bei der ein Moderator darauf achtet, dass bestimmte Kommunikationsregeln eingehalten werden. Der **Moderator**/die **Moderatorin** lenkt die Gruppe nicht inhaltlich, er/sie unterstützt die Gruppenmitglieder nur darin, ihre eigenen Zielvorstellungen und Erkenntnisse zu aktivieren, zu visualisieren und eine Problemlösung oder Entscheidungsfindung zielgerichtet voranzutreiben. Bei der Moderationsmethode werden in starkem Maße sowohl **Visualisierungs-** als auch **Frage-** und **Antworttechniken** genutzt, um eine ausgesprochen interaktive Kommunikation zwischen den Gruppenmitgliedern zu ermöglichen.

Voraussetzungen

- Alle Gruppenmitglieder akzeptieren die Grundregeln der Moderationsmethode.
- Gruppe und Moderator(en) akzeptieren sich gegenseitig.
- Der Moderator/die Moderatorin hat so viel Vorwissen über das zu bearbeitende Thema, dass er/sie die Kommunikation effektiv gestalten kann.

- Der Moderator/die Moderatorin verfügt sowohl über grundlegende Visualisierungs- als auch über Frage- und Antworttechniken.
- Die emotionale Betroffenheit des Themas ist für den Moderator/die Moderatorin allenfalls in geringem Maße gegeben.
- Die Größe der Gruppe sollte beschränkt sein (optimale Gruppengröße: ca. 15 Personen).

Visualisierungshilfsmittel (Beispiele)

- Pinnwand
- Flipchart
- Wandzeitung
- Magnettafel
- Moderationskarten in unterschiedlichen Formen

(eckig, oval, rund), Größen und Farben
- Schreibgeräte (z. B. Filzstifte)
- Klebepunkte
- eventuell zusätzliche Piktogramme/Symbole, z. B. „Blitzpfeil"

Visualisierungstechniken

Diese Techniken verfolgen folgende **Ziele:**
- Ermöglichung einer gleichberechtigten Kommunikation durch Einbeziehung möglichst aller Gruppenmitglieder
- Erhöhung der Behaltensquote durch zusätzliche Nutzung von Schriftsprache und Grafik
- Permanente Rückverfolgung des Diskussionsstranges

- Trennung von Wichtigem und Unwichtigem bzw. Gewichtung ausgewählter Merkmale bzw. Aussagen
- Gezielte Ergebnissicherung (auch von Zwischenergebnissen)

Mithilfe der verschiedenen Visualisierungshilfsmittel (s. o.) können unterschiedliche **Visualisierungstechniken** angewandt werden:

- Gliederung von **Ober-** und **Unterbegriffen**/Erstellung von **Struktogrammen:**

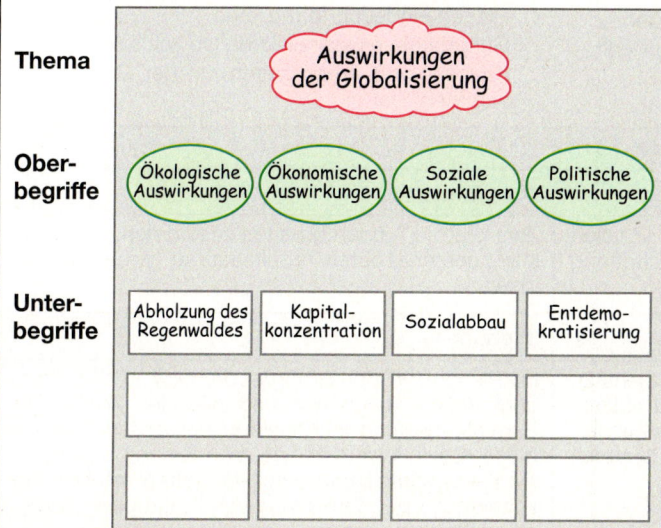
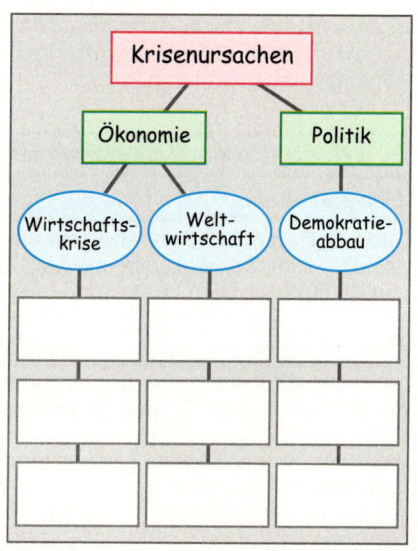

Moderationsmethode – *Method of hosting role-play*

Visualisierungstechniken

- Erstellung eines **Netzes**:

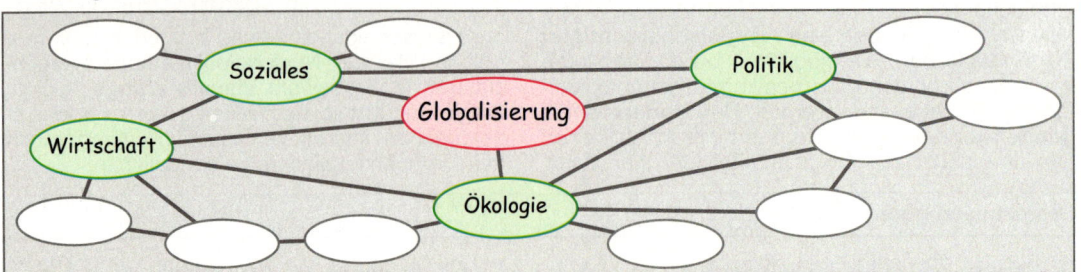

- Erstellung einer **Liste** (z. B. von Regeln oder zu bearbeitenden Aufgaben):

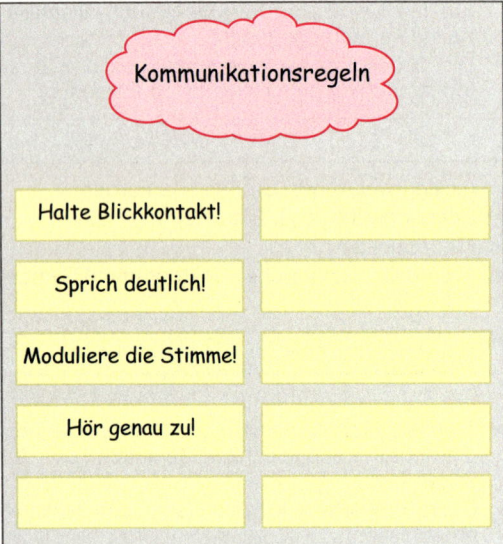

- Aufbau einer **Tabelle** oder **Matrix**:

Auswirkungen von Alter und Haushaltsgröße auf Lebenseinstellungen

Haushaltsgröße / Alter	Single-haushalt	Partner-haushalt	Wohn-gemein-schaft	Familien-haushalt
bis 25 J.				
25-50				
über 50				

Verhaltensregeln für Moderatoren/Moderatorinnen

Der Moderator/die Moderatorin sollte

… niemals inhaltlich Stellung beziehen

… alle Gruppenmitglieder einbeziehen

… allen Gruppenmitgliedern ausreichend zuhören

… Störungen im Gruppenprozess beachten („Störungen haben Vorrang!")

… flexibel bzw. situativ reagieren (z. B. in Schwächephasen motivieren)

… Fragen eindeutig formulieren

… Gesprochenes visualisieren (soweit sinnvoll)

… Pausen- und Arbeitszeiten mit der Gruppe abstimmen

Sozialformen in der Moderationsmethode

Einzelarbeit	Partnerarbeit
Diese Sozialform wird meist nur in kurzen Phasen genutzt, zum Beispiel während der Beschriftung von Karten oder beim Lesen von Materialien.	Zwei Partner/-innen arbeiten zusammen, um einen klar überschaubaren Arbeitsauftrag gemeinsam zu lösen.

Gruppenarbeit	Plenum
Diese Sozialform wird bei der Moderation benutzt, um die Vorteile von Gruppenprozessen zu nutzen. Erst in der Gruppe entstehen bestimmte Arbeitsergebnisse, da der Diskurs von mehreren Personen dafür Voraussetzung ist.	Im Plenum, in der Großgruppe, wird der Moderationsprozess begonnen und beendet. Auch viele Sammlungs- und Entscheidungsprozesse finden in dieser Sozialform statt, da die Meinung und Kreativität aller Beteiligten zeitgleich gefragt ist. Die Entscheidung über die Bildung von Teilgruppen obliegt ebenfalls dem Plenum.

15

Moderationsmethode – *Method of hosting role-play*

Frage- und Antworttechniken

Kartenabfrage

Der Moderator stellt eine Frage – meist schriftlich zusätzlich visualisiert – und lässt sie per Moderationskarten (in der Regel rechteckige Karten) schriftlich beantworten. Dies kann in Einzel- und Partnerarbeit, offen oder anonym geschehen. Anschließend werden die Karten gesammelt und vom Plenum nach Ober- und Unterbegriffen an der Pinnwand geordnet (geclustert). Für weitergehende Sortierungsphasen steht meistens eine zweite Pinnwand zur Verfügung. Oberbegriffe können vor oder auch erst nach der Sammlungsphase gebildet werden. Die Kartenabfrage ist meist Grundlage für eine weiterführende Gruppenarbeitsphase.

Zuruffrage

Der Moderator stellt eine Frage und notiert die mündlichen Antworten selbst (z. B. auf Karten) oder lässt sie von einem Zweitmoderator schriftlich fixieren. Die Zuruffrage kann mit der Methode des Mindmappings kombiniert werden (siehe hierzu S. 539).

+ Vorteile	– Nachteile
• Zeitersparnis (gegenüber der Kartenabfrage)	• fehlende Anonymität
• Nutzung des Gruppenprozesses bei Artikulierung der Zurufe	• geringe Zeit, um Antwort zu überlegen
	• Gehemmte Personen bringen sich nicht ein.

Einpunktfrage

Eine Frage wird schriftlich vom Moderator z. B. an Pinnwand oder Flipchart fixiert. Die Gruppenmitglieder erhalten für die Gestaltung der Antwort (der Skalierung) einen Klebepunkt. Das anonyme Abfragen von Meinungen oder Stimmungen steht bei der Einpunktfrage im Vordergrund.

Beispiele für die Einpunktfrage:

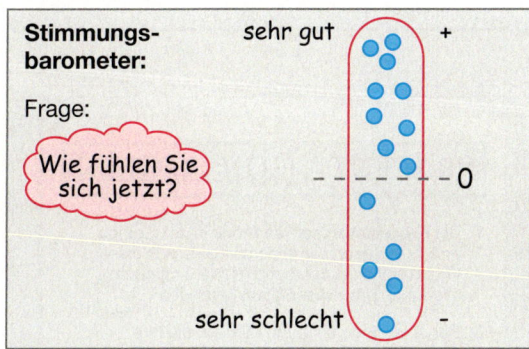

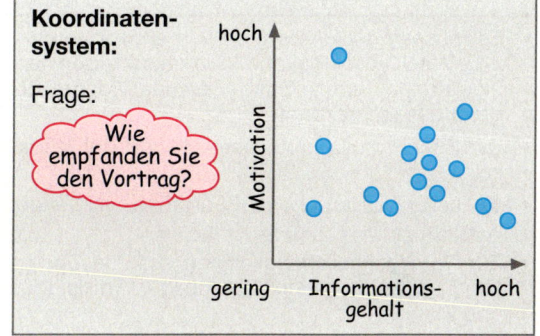

Mehrpunktfrage

Auf einer Pinnwand oder einer Wandzeitung wird ein Fragekomplex offen oder anonym bearbeitet, indem die Gruppenmitglieder schriftlich vorgegebene Antworten mithilfe von Klebepunkten gewichten. Eine beschränkte Anzahl von Klebepunkten (z. B. drei Klebepunkte für fünf mögliche Antworten) führt zu einer eindeutigen Entscheidungsfindung.

Beispiel:

Wozu sollten die Staatseinnahmen verwendet werden?

Antworten	Klebepunkte	Anzahl	Rang
Bildungsausgaben erhöhen		10	1
Subventionen für Unternehmen		4	4
Erhöhung der Verteidigungsausgaben		2	5
Forschungsinvestitionen		9	2
Straßenbauinvestitionen		5	3

15

Präsentation von Gruppenarbeitsergebnissen – *Presentation of group results*

Ziele

Sowohl bei Präsentierenden als auch bei Zuhörern sollen gefördert werden:

- Kommunikationskompetenz (z. B. Stellen und Beantworten von Verständnisfragen)
- Sozialkompetenz (z. B. diszipliniertes Zuhören und Abstimmung der Präsentationsergebnisse)
- Fachkompetenz (z. B. durch selbstständiges Formulieren von Sachverhalten)

Tipps/Empfehlungen zur Präsentation

- Jedes Mitglied der Arbeitsgruppe soll sich an der Präsentation beteiligen.
- Der Sprechanteil jedes Einzelnen sollte ungefähr gleich groß sein.
- Jedes Mitglied der Arbeitsgruppe sollte beim Vortrag der anderen konzentriert sein, um gegebenenfalls helfen zu können.

Inhaltliche Aspekte

Schon in der Erarbeitungsphase sollten folgende Gesichtspunkte für eine erfolgreiche Präsentation beachtet werden:

- Das Thema muss eindeutig strukturiert werden: Gliederung, Überschriften, Unterpunkte, Absätze.
- Die Problematik sollte umfassend bearbeitet worden sein, damit Hintergrundwissen vorhanden ist (Recherche, z. B. Bibliothek, Internet).
- Die Aussagen müssen eindeutig formuliert sein.
- Die schriftliche Ausarbeitung muss sprachlich korrekt sein.
- Beispiele können vor allem schwierige Sachverhalte veranschaulichen.
- Im Anschluss an die (oder während der) Präsentation sollte auf Fragen eingegangen werden.

Gestalterische Aspekte

- Es müssen geeignete Medien benutzt werden, z. B. Tafel, Folie, Plakat, Moderationskarten, farbige Kreide, farbige Stifte, Beamer, Videorekorder, Kassettenrekorder.
- Die Schrift muss groß, deutlich und gut lesbar sein.
- Es sollen ansprechende Farbtöne verwendet werden, z. B. bei farbigen Plakaten.
- Zur Veranschaulichung eignen sich besonders Grafiken, Abbildungen, Schaubilder, Fotos, Dias und Plakate.

Sprachliche Aspekte

- Die Stimme muss klar, laut und deutlich sein.
- Die Stimme sollte variiert werden, z. B. Betonung einzelner Wörter.
- Es sollte nicht zu schnell, aber auch nicht zu langsam gesprochen werden.
- Bei neuen Gliederungspunkten sollte eine kurze Sprechpause erfolgen.

Gestik/Mimik

- Man sollte die Zuhörer/-innen immer ansehen (freies Sprechen).
- Für den Vortrag sollte man sich hinstellen.
- Die Körperhaltung sollte aufrecht sein, man darf weder zu steif noch zu locker wirken.
- Die Mimik muss zu dem vorgetragenen Sachverhalt passen.
- Ein freundliches Lächeln kann die Spannung lösen.

PRÄSENTATIONSREGELN

1) Die Präsentation soll die Arbeit in der Gruppe und ihre Ergebnisse widerspiegeln. Aus diesem Grund sollten sich möglichst alle Gruppenmitglieder an der Präsentation beteiligen.

2) Benutzen Sie geeignete Medien, die Ihre Arbeitsergebnisse veranschaulichen.

3) Sprechen Sie laut und deutlich und heben Sie zentrale Aussagen durch Betonung hervor.

4) Achten Sie darauf, dass sich Ihre Präsentation an die gesamte Klasse und nicht nur an die Lehrkraft wendet – Blickrichtung und Körperhaltung beachten.

5) Geben Sie im Anschluss an die Präsentation Ihren Mitschülerinnen und Mitschülern Gelegenheit, Verständnis- und gegebenenfalls Vertiefungsfragen zu stellen.

aus: Bentin, Margit u.a.: Handlungsorientierte Materialien in Wirtschaft und Verwaltung. Beschaffungsprozess. 4. Aufl., Bildungshaus Schulbuchverlage Westermann Schroedel Diesterweg Schöningh Winklers GmbH, Darmstadt 2005

Kommunikationsregeln – *Rules of communication*

Kommunikationsanlässe

Die **Kommunikation,** d. h. die Verständigung, ist für das Lebewesen Mensch nahezu wesensbestimmend. In jedem Lebensalter und in allen Lebenssituationen – im Privat- wie im Berufsleben – gehört die zwischenmenschliche Verständigung zur menschlichen Existenz. Gezielte Kommunikation findet im beruflichen Alltag mit Kollegen und Vorgesetzten, mit Kunden und Lieferanten statt. Gerade im Berufsleben ist es wichtig, gewisse **Kommu-** **nikationsregeln** zu beachten, um eine **effektive Kommunikation,** z. B. beim Kunden- oder Vorstellungsgespräch, zu erzielen. Diese Regeln können aber auch in beruflichen **Konfliktsituationen,** z. B. bei Problemen zwischen Kollegen, dazu beitragen, diese Konflikte zu lösen. Wird im **Team** gearbeitet, z. B. im Rahmen eines Projektes, dienen Kommunikationsregeln vor allem dazu, den **Gruppenprozess** optimal zu gestalten.

Kommunikationsmodell

So genannte **Kommunikationsmodelle** versuchen das Beziehungsgeflecht des **Kommunikationsprozesses** umfassend abzubilden. Dabei wird zwischen eher kommunikationstechnischen oder kybernetischen und eher psychologischen Modellen unterschieden.

Kommunikationstechnisches Kommunikationsmodell:

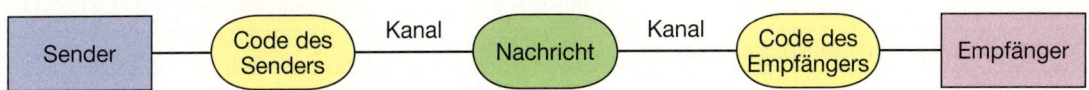

Mithilfe eines **Übertragungskanals** wird eine **Nachricht** zwischen **Sender** und **Empfänger** ausgetauscht. Damit sich beide Kommunikationspartner verstehen, müssen sie über ein Zeichensystem, einen **Code,** verfügen, der von beiden verstanden wird.

Psychologisches Kommunikationsmodell:

Friedemann Schulz von Thun unterscheidet in seinem Kommunikationsmodell **vier Seiten** einer **Nachricht:**

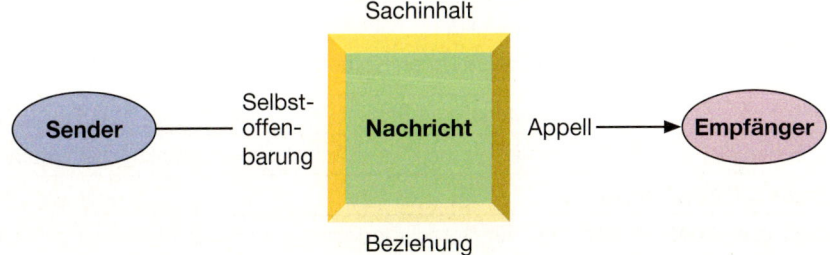

Die vier Seiten (Aspekte) einer Nachricht – ein psychologisches Modell der zwischenmenschlichen Kommunikation.

„**1. Sachinhalt (oder: Worüber ich informiere)**

Zunächst enthält die Nachricht eine Sachinformation. (…)

2. Selbstoffenbarung (oder: Was ich von mir selbst kundgebe)

In jeder Nachricht stecken nicht nur Informationen über die mitgeteilten Sachinhalte, sondern auch Informationen über die Person des Senders. (…)

3. Beziehung (oder: Was ich von dir halte und wie wir zueinander stehen)

Aus der Nachricht geht ferner hervor, wie der Sender zum Empfänger steht, was er von ihm hält. Oft zeigt sich dies in der gewählten Formulierung, im Tonfall und anderen nichtsprachlichen Begleitsignalen. Für diese Seite der Nachricht hat der Empfänger ein besonders empfindliches Ohr; denn hier fühlt er sich als Person in bestimmter Weise behandelt (oder misshandelt). (…)

4. Appell (oder: Wozu ich dich veranlassen möchte)

Kaum etwas wird ‚nur so‘ gesagt – fast alle Nachrichten haben die Funktion, auf den Empfänger Einfluss zu nehmen.“

aus: Friedemann Schulz von Thun: Miteinander reden. Band 1. Störungen und Klärungen. Allgemeine Psychologie der Kommunikation. Rowohlt, Reinbek bei Hamburg 1981, S. 26 ff.

15

Kommunikationsregeln – *Rules of communication*

Kommunikationsarten und -formen

Kommunikationsarten

- **Menschliche Kommunikation**
  Beispiel: Kundengespräch
- **Mensch-Maschine-Kommunikation**
  Beispiel: Datenbankabfrage durch Nutzer
- **Maschinelle Kommunikation**
  Beispiel: automatischer Datenabgleich

Kommunikationsformen

- **Akustische Kommunikation**
  Beispiel: Telefongespräch
- **Optische Kommunikation**
  Beispiel. Plakattext und -gestaltung
- **Taktile Kommunikation**
  Beispiel: menschliche Berührung

Verbale und nonverbale Kommunikation

Die **verbale Kommunikation** nutzt die gesprochene oder geschriebene Sprache als Kommunikationsmittel, die **nonverbale Kommunikation** bedient sich vor allem visueller Elemente, also zum Beispiel der Mimik (Gesichtssprache) und Gestik (Körpersprache). So kann die Sitzhaltung einer Person oder die Haltung der Hände hohen Aussagegehalt im Kommunikationsprozess aufweisen.

Regeln zur Gestaltung des Kommunikationsprozesses

Jeder Kommunikationsanlass, jede Kommunikationssituation wird andere Kommunikationsregeln erfordern. Optimal ist es, wenn von den Kommunikationspartnern für den speziellen Kommunikationszweck gemeinsam Kommunikationsregeln festgelegt werden können, zum Beispiel im Rahmen einer Weiterbildungsveranstaltung zum Kommunikationstraining.

Beispiel für Kommunikationsregeln bei der mündlichen Kommunikation:

❶ Dem/den Kommunikationspartner(n) intensiv zuhören

❷ Auf Gesprächsäußerungen genau eingehen, den Gesprächsfaden konstruktiv weiterspinnen

❸ Thesen (Behauptungen) begründen

❹ Verständlich sprechen, alle Facetten der Sprachmodulation nutzen (z. B. Sprechgeschwindigkeit, -lautstärke, Betonung)

❺ Nonverbale Gesprächselemente wahrnehmen und darauf angemessen reagieren

❻ Auf Störungen in der Kommunikation situativ reagieren

Methoden der Kommunikationsanalyse

Gesprächssoziogramm

Um das Gesprächs- oder Interaktionsverhalten von Mitgliedern einer Gruppe (z. B. Projektteam, Schulklasse) analysieren zu können, kann das **Gesprächssoziogramm** nützliche Dienste leisten. Dazu werden die in der Gruppe geführten Gespräche, z. B. im Rahmen einer Gruppendiskussion, grafisch aufgezeichnet.

Jeder Sprechakt wird von dem bzw. den Beobachter(n) in Form einer **Strichliste** festgehalten. Möchte man auch den Gesprächspartner kenntlich machen, so kann dies zusätzlich über **Richtungspfeile** grafisch verdeutlicht werden. Weitere Differenzierungen können durch zusätzliche Symbole vorgenommen werden.

Die Aufzeichnung kann anschließend dazu dienen, das Gesprächsverhalten in einer Gruppe auszuwerten (z. B. Hinweise auf Vielsager, Schweiger).

Beispiel:

Kommunikationsregeln – *Rules of communication*

Methoden der Kommunikationsanalyse

Fishbowl mit Beobachtungsbogen

Eine Gruppe wird in einen **Innenkreis** mit Gesprächspartnern und in einen **Außenkreis** mit Beobachtern eingeteilt. Die Beobachter analysieren mithilfe eines vorbereiteten **Beobachtungsbogens** das Gesprächsverhalten der Personen des Innenkreises. Anschließend wird das beobachtete Kommunikationsverhalten gemeinsam analysiert.

aus: Klippert, Heinz: Kommunikations-Training. Übungsbausteine für den Unterricht. 9., unveränderte Auflage, Beltz, Weinheim und Basel 2002, S. 153

Beispiel für einen Beobachtungsbogen:

Beobachtungsbogen

Gesprächsverhalten

☞ *Kreuze in den einzelnen Zeilen an, wie du den von dir zu beobachtenden Schüler während des Gesprächs erlebt hast. Je weiter links dein Kreuz, desto positiver, je weiter rechts, desto negativer. Versuche am Ende eine „Gesamtnote" zu finden und überlege dir eine Begründung. Anschließend kannst du deine Eindrücke mit einigen anderen Schülern besprechen, die ebenfalls deine „Bezugsperson" beobachtet haben.*

+		**−**
Beteiligt sich gut	·_·_·_·_·_·_·_·_·_·_·_·	Beteiligt sich kaum
Bleibt beim Thema	·_·_·_·_·_·_·_·_·_·_·_·	Schweift vom Thema ab
Spricht andere an	·_·_·_·_·_·_·_·_·_·_·_·	Kümmert sich nicht um andere
Redet deutlich	·_·_·_·_·_·_·_·_·_·_·_·	Redet undeutlich
Spricht freundlich	·_·_·_·_·_·_·_·_·_·_·_·	Spricht aggressiv
Leitet das Gespräch	·_·_·_·_·_·_·_·_·_·_·_·	Ist Mitläufer
Ist bei der Sache	·_·_·_·_·_·_·_·_·_·_·_·	Hört nicht zu
Geht auf Vorredner ein	·_·_·_·_·_·_·_·_·_·_·_·	Redet nur seinen Kram
Blickt Mitschüler an	·_·_·_·_·_·_·_·_·_·_·_·	Blickt zum Lehrer hin
Bringt eigene Gedanken	·_·_·_·_·_·_·_·_·_·_·_·	Plappert nur nach
Macht anderen Mut	·_·_·_·_·_·_·_·_·_·_·_·	Schreckt andere ab
Bringt das Gespräch voran	·_·_·_·_·_·_·_·_·_·_·_·	Ist eher ein Hemmschuh
Redet in ganzen Sätzen	·_·_·_·_·_·_·_·_·_·_·_·	Redet bruchstückhaft
Redet überzeugend	·_·_·_·_·_·_·_·_·_·_·_·	Schwafelt nur
Ist kompromissbereit	·_·_·_·_·_·_·_·_·_·_·_·	Ist rechthaberisch
Redet in Maßen	·_·_·_·_·_·_·_·_·_·_·_·	Redet zu viel
Bezieht andere ein	·_·_·_·_·_·_·_·_·_·_·_·	Denkt nur an sich selbst
Redet verständlich	·_·_·_·_·_·_·_·_·_·_·_·	Redet umständlich
Redet knapp und präzise	·_·_·_·_·_·_·_·_·_·_·_·	Redet ausschweifend
Redet lebendig	·_·_·_·_·_·_·_·_·_·_·_·	Redet langweilig
Lässt andere ausreden	·_·_·_·_·_·_·_·_·_·_·_·	Fällt anderen ins Wort

GESAMTNOTE „GESPRÄCHSVERHALTEN": ① ② ③ ④ ⑤ *(ankreuzen)*

aus: Klippert, Heinz: Kommunikations-Training. Übungsbausteine für den Unterricht. 9., unveränderte Aufl., Beltz, Weinheim und Basel 2002, S. 153

15

Kommunikationsregeln – *Rules of communication*

Kommunikationsprobleme – Konfliktbewältigung

Sowohl im Privat- als auch im Berufsleben treten immer wieder **Kommunikationsprobleme** auf, die sich zu regelrechten **Konflikten** „hochschaukeln" können. Erste **Anzeichen** für diesen Prozess können z. B. im Berufsalltag sein: mit einigen Arbeitskollegen wird nur das Allernötigste besprochen, anderen weicht man sogar völlig aus. Bei einigen Gesprächen, zum Beispiel mit Vorgesetzten, spielen Hemmungen oder Ängste eine große Rolle. In vielen Fällen sind die genauen Kommunikationsprobleme gar nicht bekannt, man spürt allenfalls eine innere Unzufriedenheit. Möchte man diese Probleme lösen, muss man sie zuerst genau erkennen, ihre **Ursachen** aufdecken.

Beispiel: Gesprächsführung – woran erkennt man Kommunikationsprobleme?

Erkennungszeichen von Problemen in der Gesprächsführung:

- Zwischen den Kommunikationspartnern tritt eine gereizte Stimmung auf.

- Ein Gespräch wird nur sehr oberflächlich geführt, so genannte Gesprächsfloskeln bestimmen einen Großteil der Unterhaltung.

- Man versucht, das Gespräch relativ schnell zu beenden, obwohl kein eigentlicher Zeitdruck besteht.

- Der Gesprächsverlauf ist stockend und gehemmt.

- Man hat während des Gesprächs das Gefühl, dass man „aneinander vorbeiredet".

- Man vermeidet bewusst oder unbewusst, dem Kommunikationspartner während des Gesprächs in die Augen zu sehen.

- Gefühle werden während des Gesprächs unterdrückt, man spürt gerade am Ende der Kommunikation eine innere Unzufriedenheit.

Noch schwieriger als das Erkennen von Kommunikationsproblemen ist deren Lösung. Allgemein lässt sich feststellen, dass diese Probleme nur gelöst werden können, wenn man die **Ursachen** beseitigt. Dazu gehört, dass die Kommunikationspartner ihre Schwierigkeiten in der zwischenmenschlichen Verständigung offen aussprechen mit dem Ziel, die Probleme im gegenseitigen Interesse zu lösen. Bei einer derartigen **Aussprache,** bei der eventuell eine dritte Person moderiert, sollten folgende Punkte beachtet werden:

- Beide Gesprächspartner müssen bereit sein, das **„Anderssein"** des jeweils anderen prinzipiell zu akzeptieren. Lösung von Kommunikationsproblemen kann nicht bedeuten, die Persönlichkeit, die Individualität eines Menschen beschneiden zu wollen.

- Die Lösung von Kommunikationsproblemen darf nicht mit dem Beseitigen von **betrieblichen Strukturen** oder **Abhängigkeiten** verwechselt werden. Zum Beispiel ist die offene Gesprächsbereitschaft eines Vorgesetzten nicht als die Aufgabe seiner Vorgesetztenrolle zu interpretieren.

- Es wird selten der Fall sein, dass bereits ein erstes Gespräch zur Lösung der Probleme führt. **Geduld** und **Toleranz** sind notwendige Voraussetzungen der Gesprächsführung.

- Bei dem Gespräch sollte nicht nur sachlogisch argumentiert werden. Genauso wichtig sind häufig **gefühlsbetonte Ausdrucksweisen.** Gerade so genannte nonverbale Kommunikationsmittel, Mimik und Gestik, können eine bedeutende Rolle spielen. Sie helfen in vielen Fällen, eventuell bestehende Hemmungen und Ängste abzubauen.

- **Schwächen des Kommunikationspartners,** egal welcher Art, dürfen nicht zur „Lösung" der Probleme ausgenutzt werden. Auch wenn es zunächst so aussehen sollte, als käme man mit dieser „Technik" eher an sein Ziel, führt dieses Vorgehen in der Regel nur zu neuen Schwierigkeiten.

- Der sprachliche Ausdruck ist **situations-** und **partnerbezogen** zu wählen. Es ist zum Beispiel sehr wichtig, sich an die jeweilige Aufnahmefähigkeit des Kommunikationspartners und dessen Ausdrucksweise anzupassen.

15

3526532

Kommunikationsregeln – *Rules of communication*

Argumentation

Begriff

Unter einem **Argument** versteht man die Begründung für eine Behauptung (These). Die **Argumentation** wird in einem Lexikon folgendermaßen definiert: „Beweisführung mit dem Ziel, die Zustimmung oder den Widerspruch wirklicher oder fiktiver Gesprächspartner zu einer Aussage oder Norm durch schrittweisen oder lückenlosen Rückgang auf bereits gemeinsam anerkannte Aussagen oder Normen zu erreichen."[1]

1 aus: Brockhaus Enzyklopädie in vierundzwanzig Bänden, 19., völlig neu bearbeitet Auflage, Mannheim 1987, Band 2, S. 103

Argumentationsstruktur

Eine **Argumentationsstruktur** kann in den folgenden vier Schritten bzw. Stufen beschrieben werden:

Zu Stufe 1: Vermeintlich allgemein anerkannte **Fakten** oder **Annahmen** bilden die Basis der Argumentation und sorgen häufig dafür, dass der Kommunikationspartner überhaupt bereit ist, die folgenden Argumentationsschritte nachzuvollziehen.

Zu Stufe 2: Die angeführten Fakten oder Annahmen sind die Grundlage für die aufzustellende **These,** die mit einem Argument begründet wird.

Zu Stufe 3: Um vom Kommunikationspartner akzeptiert zu werden, dienen **Rechtfertigungen,** z. B. der Hinweis auf Naturgesetze oder allgemeine gesellschaftliche Normen, der Untermauerung der These.

Zu Stufe 4: Zur argumentativen Ergänzung der Rechtfertigung können **Stützungen** (Absicherungen) behilflich sein. Das kann z. B. der Verweis auf wissenschaftliche Forschungsergebnisse oder auf ein Zitat einer anerkannten Persönlichkeit sein.

Feedbackregeln

Lernt man über ein **Feedback** eines Kommunikationspartners, dienen diese Rückmeldungen dazu, sein eigenes Verhalten, seine eigenen Überlegungen zu überdenken und eventuell zu verändern. Ist man selbst in der Verantwortung, ein Feedback zu geben, sollte man bei diesem Mitteilungsprozess die folgenden **Regeln** beachten um den Lernprozess effektiv zu gestalten:

❶ Hören Sie aufmerksam zu!
Bevor Kritik geäußert wird, sollte man die Meinung des anderen genau kennen. Dazu gehört, dass man dem Kommunikationspartner genau zuhört und ihn stets aussprechen lässt.

❷ Verstärken Sie Positives!
Ein Feedback sollte prinzipiell von Stärken des Kommunikationspartners ausgehen, bevor andere Bereiche angesprochen werden.

❸ Äußern Sie die Kritik sachgemäß!
Die geäußerte Kritik sollte sich auf die Sache, nicht auf die Person beziehen. Dabei ist prinzipiell zwischen objektiven Fakten und subjektiven Wahrnehmungen zu unterscheiden.

❹ Formulieren Sie Ich-Botschaften!
Urteile über andere Menschen wirken schnell verletzend und erschweren dadurch den Interaktionsprozess.
Wird Kritik an Einstellungen oder am Verhalten anderer Menschen geübt, sollte man Verallgemeinerungen verhindern (z. B.: *„Alle* sind der Meinung, dass du …"), stattdessen sollten Ich-Botschaften formuliert werden (z. B.: *„Ich* bin der Meinung, dass du …"), die das abgegebene Urteil als subjektiv kennzeichnen.

❺ Nutzen Sie die nonverbale Kommunikation!
Die Aussagen sind durch nonverbale Elemente zu unterstützen, z. B. durch eine bestimmte Mimik oder Gestik. Der Aussagehalt wird dadurch nicht nur gesteigert, sondern die Kommunikation wird unter Umständen auch vertrauenswürdiger (z. B. durch eine Mimik, die Verständnis oder Anteilnahme ausdrückt).

15

Verhandlungstechniken – *Techniques of negotiation*

Begriff

Es reicht nicht aus, gute Ideen zu haben und über viel Wissen zu verfügen, man muss auch in der Lage sein, bei Besprechungen oder **Verhandlungen** zu überzeugen. Dabei sollte man stets fair bleiben, denn die Zusammenarbeit soll kollegial, team- und kundenorientiert sein. Streit schadet dem guten Betriebsklima und der Teamorientierung, wodurch effektives Arbeiten gestört wird.

Daher ist es wichtig, Konflikte frühzeitig zu erkennen und mithilfe eines **Konfliktgespräches** (auch Kritikgespräch genannt) zu entschärfen. Ein konstruktives Konfliktgespräch kann allerdings nur erfolgreich sein, wenn jeder der Gesprächsteilnehmer bereit ist, seine Einstellung zu überdenken und ggf. zu ändern. Das Prinzip sollte sein, dass jeder ein wenig auf den anderen zugeht.[1]

Verhandeln nach der Harvard-Methode

Bei der an der Havard-Universität entwickelten Methode sollen **vier Grundsätze** dafür sorgen, dass ein Ausgleich der Interessen erreicht wird. Bedingung: Die Verhandlung leitet eine neutrale Person.

1. Menschen und Sachthemen sind getrennt zu behandeln.
Verhandlungen bedeuten Stress, sind emotional belastend und die Verhandlungspartner gehen selten tolerant miteinander um. Trotzdem muss das gemeinsame Ziel im Vordergrund stehen.

2. Die Interessen sind wichtig, nicht die Positionen.
Es geht nicht darum, eigene Ziele durchzusetzen, sondern beide Parteien legen ihre Interessen dar. Dann wird gemeinschaftlich versucht, den Interessen fast vollständig zu entsprechen.

3. Es sind Alternativen zu entwickeln und zu berücksichtigen.
Ein neutraler Dritter soll den Blickwinkel der Beteiligten erweitern, sodass neue Sichtweisen weitere Lösungsansätze ermöglichen.

4. Es müssen Kriterien zur Qualitätsmessung des Verhandlungsergebnisses definiert werden.
Werden Kriterien vereinbart, z. B. Corporate Identity stärken, kann ein kreativer Prozess beginnen, denn die Verhandlung wird zu einem gemeinsamen Projekt.[2]

Das Drei-Phasen-Modell zur Konfliktaussprache

Das Phasenmodell sollte in Rollenspielen geübt werden, bevor tatsächliche Konflikte aufgetreten sind.

1. Erkennen des Standpunktes der Gegenseite
Die erste Phase darf nicht durch ein Hin und Her von Behauptungen und Forderungen geprägt sein, denn diese Haltung würde aus der offenen Aussprache ein Wortgefecht werden lassen. Aufgabe der Gesprächspartner ist es, dem anderen zuzuhören und Fragen zu stellen, ruhig und sachlich zu bleiben.

2. Klare Vermittlung des eigenen Standpunktes
In der zweiten Phase kommt es darauf an, dem Gegenüber die eigene Position zu verdeutlichen. Hierbei ist es besonders wichtig, keine Beleidigungen oder Angriffe einfließen zu lassen.

3. Entwickeln einer gemeinsamen Lösung
Ideal wäre es, wenn sich die Gesprächspartner auf einen Kompromiss einigen könnten.[3]

Konfliktgespräch führen im Berufsalltag: Beispiel

⇒ **Konfliktgespräch**

1) <u>Gesprächseröffnung</u>
   - fachlich, sachlich

2) <u>Situationsanalyse</u>
   - sagen, was man festgestellt hat
   - Partner dazu Stellung nehmen lassen
   - gegenseitig befragen und zuhören

3) <u>Lösungssuche</u>
   - gemeinsam eine Lösung finden
   - konkrete Vereinbarungen schriftlich festhalten

4) <u>Abschluss</u>
   - positiven Gesprächsabschluss erzielen (wichtig für weitere Zusammenarbeit!)

1, 3 vgl.: Kellner, Hedwig: Konflikte verstehen, verhindern, lösen, Carl Hanser Verlag, München, Wien 2000, S. 1 u. S. 93 – 95
2 vgl.:   Kellner, Hedwig: Rhetorik, Carl Hanser Verlag, München, Wien 2000, S. 166 – 169

15

Teamarbeit – *Teamwork*

Begriff

Das Arbeiten in Teams ist heutzutage in allen gesellschaftlichen Bereichen zum Alltag geworden, in Unternehmen genauso wie in der Schule. Werden neue Mitarbeiter in Unternehmen eingestellt, wird nahezu überall Teamfähigkeit verlangt. Eine besondere Rolle hat die Teamarbeit im Rahmen des Projektmanagements (siehe S. 438 ff.) erhalten.

Merkmale der Teamarbeit:

- Eine **Gruppe** von Personen (meist 5 – 10) arbeitet für ein **gemeinsames Ziel** zusammen.

- Die Zusammenarbeit ist häufig **zeitlich befristet,** z. B. im Rahmen eines Projektes.

- Eine Person führt i. d. R. als **Teamleiter** die Gruppe, er definiert sich eher als „Primus inter Pares".

- Bei der Verfolgung des Gruppenziels kommt es auf die Ausprägung eines **Wir-Gefühls** an; es werden dabei hohe Anforderungen an die **Kommunikationsbeziehungen** des Teams gestellt (z. B. Offenheit, Gleichberechtigung).

- Die gestellten **Aufgaben** sind meist so **komplex** und/oder **innovativ,** dass diese Arbeitsform ihre besonderen Vorzüge nutzt: die Arbeitsleistung eines Teams ist mehr als die Summe der Einzelleistungen, man geht von **Synergieeffekten**[1] **(2 + 2 = 5)** aus.

- Die **Arbeitsverteilung** innerhalb des Teams sollte transparent und gerecht erfolgen, jedes Teammitglied hat sich aktiv am Gruppenprozess zu beteiligen.

- Die **Verantwortung** für das gemeinsame Ziel lastet auf allen Mitgliedern.

- **Konflikte** müssen deutlich angesprochen werden, sie werden in der Regel vom Team selbst gelöst (siehe zu Kommunikationsproblemen S. 532), allerdings können auch externe Personen (z. B. Berater) zur **Teamentwicklung** herangezogen werden.

- Die **Bewertung** der Teamleistung kann sowohl **intern** als auch **extern** (z. B. durch Unternehmensleitung) vorgenommen werden, so genannte Feedbackregeln (siehe dazu S. 533) können dabei unterstützend eingesetzt werden.

Vorteile (Chancen)	Nachteile (Probleme)
• höhere Arbeitsleistung durch Ausnutzen von Synergieeffekten	• geringe Arbeitsleistung und höherer Zeitaufwand durch die Notwendigkeit umfangreicher Maßnahmen zur Konfliktbewältigung
• hohe Arbeitsmotivation der Teammitglieder (z. B. durch Gleichberechtigung)	• Kompetenzstreitigkeiten bei schlechter Teamentwicklung
• Teammitarbeiter bilden sich gegenseitig fort (Kostenersparnis)	• Gefahr von „schlechten Kompromissen" durch Rücksicht auf Mehrheitsmeinung
• Entwicklung eines guten Betriebsklimas (z. B. durch Entwickeln eines Wir-Gefühls)	• Gruppendruck verschlechtert das Arbeitsklima
• Verbesserung von Kommunikationsbeziehungen durch Teamentwicklung	• Dominanz von „Vielrednern" und „Besserwissern"

15

---

1 Synergieeffekt: Wirkung oder Kraft, die aus dem Zusammenschluss oder der Zusammenarbeit mehrer Teilkomponenten hervorgeht

Lernstrategien – *Learning strategies*

Begriff

Um sich Wissen aneignen zu können, z. B. für eine Klassenarbeit oder eine Prüfung, geht es meist darum, aus schriftlich abgefassten Texten den Kerngehalt herauszufiltern und den Inhalt im Gedächtnis zu speichern. Soll das Wissen nicht nur kurzfristig abgespeichert werden, sondern möglichst **langfristig** zur Verfügung stehen, um es abrufen und in unterschiedlichen Lebenssituationen anwenden zu können, gilt es, **sich aktiv mit** den abzuspeichernden **Informationen** oder Daten **auseinanderzusetzen.** Bestimmte Lernprozesse finden auch erst in besonderen **Sozialformen,** z. B. in Partner- oder Gruppenarbeit, statt, wie zum Beispiel das Erlernen von Konfliktfähigkeit. Erst die Interaktion mit Kommunikationspartnern führt dann zu den angestrebten Lernergebnissen (siehe zu Kommunikationsregeln S. 529).

Lernatmosphäre

Um Textinhalte verstehen und abspeichern zu können, muss man sich eine geeignete **Lernatmosphäre** schaffen. Dazu gehört:

▶ **Einrichten** eines angemessenen **Arbeitsplatzes**
- geeignete Lese- oder Schreibfläche (z. B. Schreibtisch) schaffen
- richtige Körperhaltung wählen: stehen (z. B. Stehpult), liegen (z. B. Arbeitsliege) oder sitzen (z. B. Bürostuhl)
- gute Lichtverhältnisse schaffen
- ausreichende Sauerstoffzufuhr sichern (z. B. durch Öffnen des Fensters)
- eventuelle Störquellen (z. B. Lärm) beseitigen
- Arbeitsmaterialien sortieren
- Ergänzungsmaterialien bereithalten (z. B. Fremdwörterlexikon)

▶ **Wählen** der geeigneten **Tageszeit**
- optimale Lernzeit auswählen (individuell unterschiedlich)
- Ess- und Ruhephasen beachten
- Gesamtlernzeit einschätzen (eventuell Mehrtagesplan aufstellen)

▶ **Ernährungsphysiologische Erkenntnisse** nutzen
- Flüssigkeitszufuhr ermöglichen (z. B. Mineralwasser oder Obstsaft)
- „leichte Kost" verbrauchen (z. B. Jogurt, Obst)

Arbeitstechniken – *Working techniques*

Textbearbeitung

Um einen schriftlich abgefassten Text erfassen zu können, sind einige **Techniken der Textbearbeitung** anzuwenden:

- Kernbegriffe oder -sätze markieren (Wichtiges wird vom Unwichtigen getrennt)

- Randnotizen machen (z. B. auch durch Nutzen von geeigneten Piktogrammen)

- Textteile/Absätze durch Teilüberschriften gliedern

- längere Textpassagen durch eigene Formulierungen zusammenfassen (z. B. durch Nutzen von Klebezetteln oder Karteikarten)

- bildhafte Elemente (z. B. Abbildungen, Diagramme) erschließen und Textpassagen zuordnen

- Zusammenhänge visuell verdeutlichen (z. B. durch Bilden von Verweisen oder Nutzen von Pfeilsymbolen)

- Strukturen des Textes herausarbeiten, z. B. durch:
  - Erstellen einer Textgliederung
  - Herstellen einer Mindmap (siehe hierzu S. 539)
  - Anfertigen eines Ablaufdiagramms
  - Anlegen von Karteikarten mit Schlüsselbegriffen (einschließlich Erläuterungstext und Textverweis)

- offengebliebene Fragen herausschreiben und Ergänzungsliteratur suchen (z. B. mithilfe einer Internetrecherche)

3526536

Arbeitstechniken – *Working techniques*

Wissensspeicherung

Um sich zentrale Textinhalte aneignen, sie speichern zu können, genügt es nicht, bestimmte Schlüsselbegriffe auswendig zu lernen. Vielmehr gilt es, sich mit den Inhalten und **Strukturen** auseinanderzusetzen. Beispielsweise können schriftlich **Fragen** an den Textgehalt formuliert werden, die den Text strukturell erschließen. Diese Fragen können auf Karteikarten notiert oder per PC gesammelt werden. Um eine Struktur zu erfassen, müssen aus unterschiedlichen Blickrichtungen Fragen an den Textgehalt gestellt werden, es müssen unterschiedliche **Fragekriterien** herausgearbeitet werden.

Beispiel: Analyse eines Wirtschaftstextes

Mögliche **Fragekriterien:**

- Wie könnte der Textinhalt aus betriebswirtschaftlicher Sicht gesehen werden?
- Wie könnte der Textinhalt aus volkswirtschaftlicher Sicht gesehen werden?
- Wie könnte der Textinhalt aus ökologischer Sicht gesehen werden?
- Wie könnte der Textinhalt aus gesellschaftspolitischer Sicht gesehen werden?
- Wie könnte der Textinhalt aus historischer Sicht gesehen werden?

Das Formulieren von Fragen an den Textgehalt dient zum einen dazu, **Zusammenhänge** innerhalb des neu zu erwerbenden Wissens herzustellen, zum anderen hilft es, neues Wissen mit bereits vorhandenen Wissensbeständen zu verknüpfen.

Gesteigert wird der **Lernerfolg,** wenn Fragen an die Struktur des Textes von mehreren Personen formuliert werden und ein Gruppengespräch, eventuell sogar eine **Gruppendiskussion,** daraus entsteht.

Möglicherweise ergibt sich auch eine Änderung in der **Lernmotivation.**

In jedem Fall wird durch Verfolgung kooperativer Lernstrategien die so genannte **Behaltensquote** erhöht, das Verbinden von hören, sehen und sprechen (und eventuell auch handeln) wirkt leistungssteigernd gegenüber der Nutzung nur einzelner Elemente (z. B. nur hören oder nur sehen).

Brainstorming

Begriff

Beim Brainstorming („Gehirn- oder Gedankensturm") handelt es sich um eine **Kreativitätstechnik,** die zunächst in Unternehmen zur Findung von Produktideen eingesetzt wurde. Heute wird diese Technik in unterschiedlichsten Anwendungsbereichen genutzt, z. B. auch bei Problemlöseprozessen im Schulunterricht.

Zielsetzung

Als Kreativitätstechnik dient Brainstorming dazu, in **möglichst kurzer Zeit** eine **Vielzahl von Ideen,** Lösungsansätzen u. Ä. zu finden. Da es keine „unsinnigen" Einfälle bei dieser Technik gibt, werden auch unkonventionelle Lösungen entwickelt, **assoziatives Denken** wird dabei angewandt. Das aktive Einbeziehen aller Beteiligten kann als weiteres Ziel angesehen werden, deswegen wird diese Technik auch im Rahmen der Moderationsmethode (siehe hierzu S. 525 ff.) genutzt.

Regeln	Ablauf
- Alle Brainstormingteilnehmer beteiligen sich mündlich und/oder schriftlich an der Ideensammlung! - Alle Ideen, Lösungsansätze u. Ä. sind erlaubt – es gibt keine falschen Ideen! Quantität vor Qualität! - Negativkritik gegenüber einzelnen Vorschlägen ist verboten! - Vorgetragene Ideen dürfen aufgenommen und weiterentwickelt werden!	Festlegen der Frage- oder Problemstellung ↓ Vorgabe der zur Verfügung stehenden Zeit ↓ Bekanntgabe oder gemeinsame Festlegung der Regeln ↓ Sammlung aller geäußerten Ideen ↓ Sortierung und Bewertung der gesammelten Ideen (im Hinblick auf die Frage- oder Problemstellung) ↓ Auswahl „geeigneter" Ideen und Weiterbearbeitung der Lösungsansätze

15

Vernetztes Denken – *Network thinking*

Begriff und Zielsetzung

Um komplexe Zusammenhänge in Wirtschaft und Gesellschaft verstehen und beurteilen zu können, reicht das lineare Denken – zum Beispiel in Form einer Ablaufkette – nicht mehr aus. Stattdessen muss eine Vielzahl von wechselseitigen Abhängigkeiten und Verknüpfungen von einzelnen Elementen untersucht werden, man spricht von der **Methodik** **des vernetzten Denkens.** Die Komplexität eines Systems lässt sich mithilfe eines so genannten **Netzwerkes** veranschaulichen.

Die Netzwerktechnik hat das Ziel, die einzelnen Elemente (Faktoren) eines Systems und ihrer Beziehungen in Form eines **Modells** abzubilden.

Symbole der Netzwerktechnik

- Wirkungszusammenhänge einzelner Faktoren werden mithilfe von **Pfeilen** abgebildet, wobei die Stärke des Pfeils den Umfang oder Grad der Wirkung widerspiegelt.

- Eine **gleichgerichtete Wirkung** („je mehr … desto mehr …") wird durch ein **Pluszeichen,** eine **gegensätzliche Wirkung** („je mehr … desto weniger …" bzw. „je weniger … desto mehr …") durch ein **Minuszeichen** verdeutlicht.

Beispiel: Überlegungen zur Auswirkung einer Werbemaßnahme

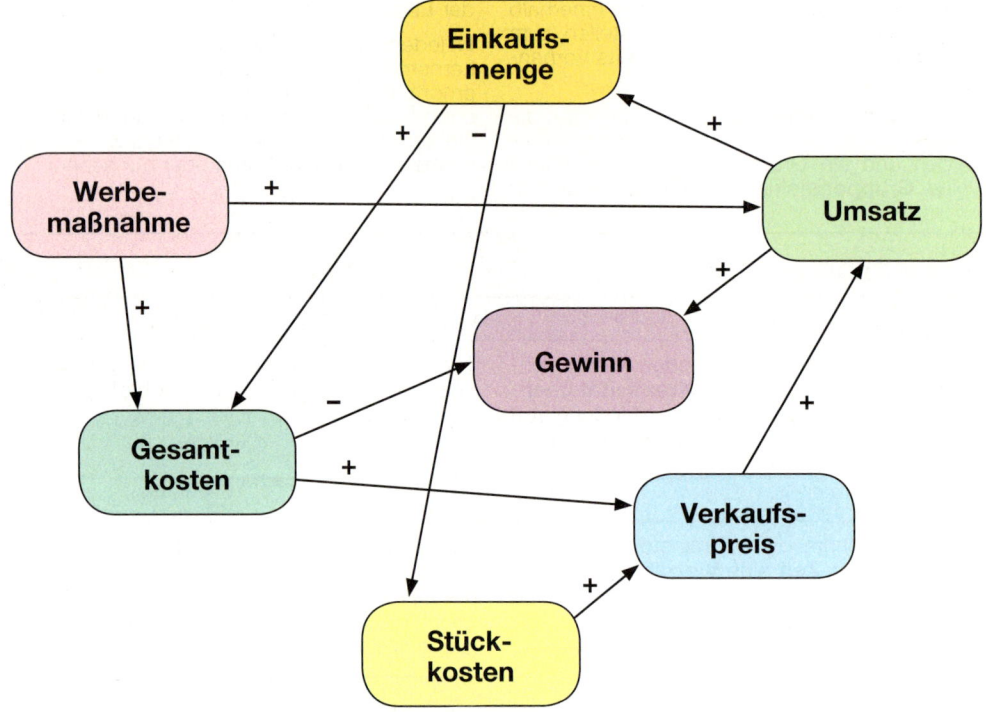

Vorteile der Netzwerktechnik

- Da komplexe Zusammenhänge mithilfe des Netzwerkes veranschaulicht werden, können zum Beispiel Langzeitwirkungen von bestimmten Maßnahmen nicht so leicht übersehen werden.

- Netzwerke ermöglichen eine Absicherung von Entscheidungsprozessen.

- Auch komplizierte Zusammenhänge können für Laien mithilfe von Netzwerken transparent gemacht werden. Die Netzwerktechnik unterstützt damit demokratische Entscheidungsprozesse.

Grenzen der Aussagekraft

- Je mehr Elemente in ein Netzwerk eingefügt werden, desto unübersichtlicher wird es. Es besteht die Gefahr, dass die Unübersichtlichkeit einen Entscheidungsprozess eher erschwert als erleichtert.

- Werden nur die vermeintlich wichtigsten Elemente in das Modell aufgenommen, entsteht eventuell ein falsches Abbild der Wirklichkeit. Die Summe der Wirkungen von vielen kleinen Faktoren kann unterschätzt werden, es werden unter Umständen falsche Schlussfolgerungen gezogen.

15

3526538

Mindmapping

Mindmapping ist eine Arbeitsmethode oder Lerntechnik, bei der Gedanken, Ideen oder Gesprächsinhalte in ihrer Originalfassung aufgenommen werden, ohne sie sofort in eine richtige Reihenfolge zu bringen.

Mindmaps sind Gedanken-Landkarten. Eine Gedanken-Landkarte besteht aus Haupt- und Nebenästen.

Beispiel:

Quelle: nach Ulrich Lipp, Pädagogik Heft 10, Oktober 1994

Ziele

- Bildhaftes Denken und durch Sprache initiiertes Denken werden sehr gut verbunden.
- Die Visualisierung erleichtert das Lernen von Inhalten und Strukturen und kommt bestimmten Lerntypen besonders entgegen (v. a. „Sehtyp").
- Die so genannte Behaltensquote erhöht sich durch die Verbindung von sehen, hören, sprechen und handeln.
- Kreativität und Kommunikationsfähigkeit werden durch das Ansprechen unterschiedlicher Sinne gefördert.

Anwendungsmöglichkeiten

Einsatzmöglichkeiten der Methode des Mindmappings in Schule und Ausbildung:

- Spontanes Zusammentragen von Gedanken zu einem bestimmten Thema
- Präsentation der Ergebnisse einer Gruppenarbeit
- Erarbeiten von Problemlösungen in der Klasse/im Team, z. B. Planen von Projekten

15

Mindmapping

Tipps/Empfehlungen zur Erstellung von Mindmaps

Material	• farbige Stifte bzw. farbige Kreide
	• Tapetenrolle oder große Blätter (A3)
	• Moderationskarten
	• Befestigungsmaterial, wie z. B. Pinnnadeln, Klebeband, Magnete
	• Wandtafel, Pinnwand oder Flipchart
	• PC mit entsprechender Software
Gestaltung	• groß und gut lesbar schreiben (z. B. Druckschrift)
	• Hauptäste nur mit Schlüsselwörtern (Normen) versehen
	• waagerecht schreiben
	• Groß- und Kleinbuchstaben verwenden

Mindmapping – Vorgehensweise

1. Das Thema, Problem oder die Fragestellung wird groß in die Mitte geschrieben.
2. Die Gedanken werden notiert, wie sie kommen (Brainstorming). Schlüsselwörter werden auf Hauptästen platziert, Ergänzungen auf Nebenästen.
3. Unwichtige Äste können gestrichen, zwischen den Ästen können Verknüpfungen hergestellt werden.
4. Die Äste (Linien) sollten so angeordnet werden, dass sie waagerecht beschrieben werden können.
5. Für die anschauliche Gestaltung können auch Bilder, Zeichen oder Symbole verwendet werden.

Mindmapping am PC

Die Technik des Mindmappings lässt sich auch am PC nutzen. Mithilfe einer Suchmaschine kann im Internet unter dem Suchbegriff „mindmapping" eine Vielzahl von Links zu WWW-Seiten gefunden werden.

Beispiel:

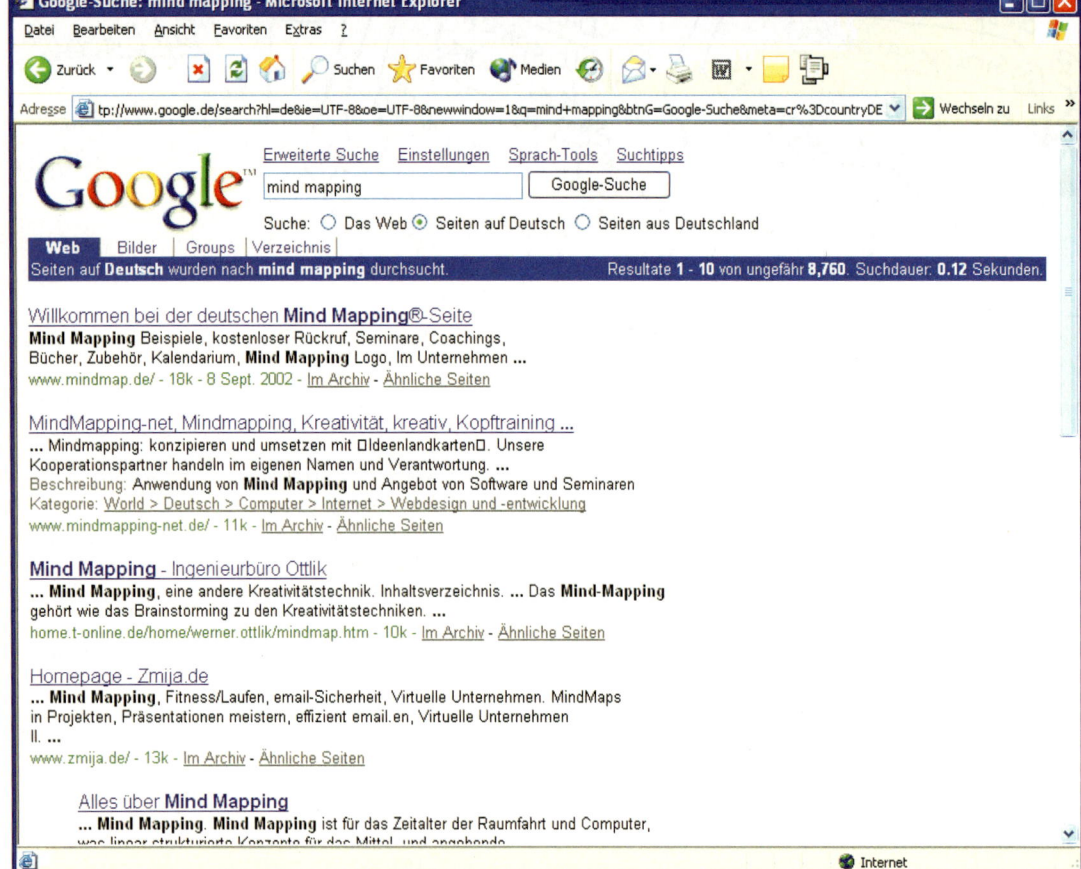

Internetrecherche – *Internet research*

Begriff

Umfassende Suche nach Informationen anhand von Stichworten mithilfe des elektronischen Mediums Internet

Ziele

- Schneller und unmittelbarer Zugriff auf Informationen
- Nutzen der Vielfalt des Informationsangebotes

- Einholen der Informationen direkt vom Arbeitsplatz aus oder von zu Hause und zu jeder Zeit

Beispiel:

Ein Industrieunternehmen plant einen neuen Standort in Dresden und möchte über die Stadt Informationen einholen.

Schritt 1:

- Aufruf der Suchmaschine, z. B. „www.google.de"
- Suchbegriff „Dresden" eingeben
- Schaltfläche „Google Suche" anklicken

Schritt 2:

- Es erscheint die Trefferliste. Der erste Treffer ist die Startseite der sächsischen Landeshauptstadt.

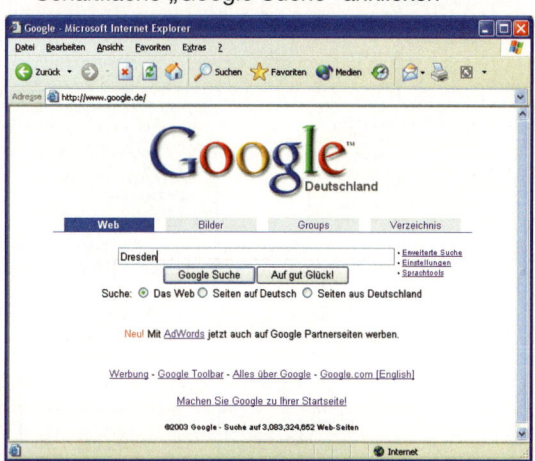

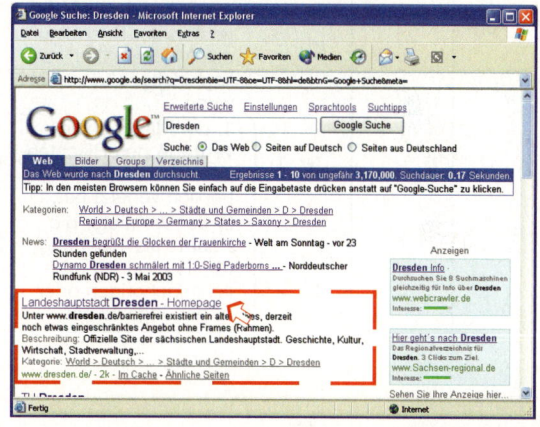

Schritt 3:

- Die Homepage der Landeshauptstadt Dresden erscheint.
- Die Zeile „Wirtschaft und Wissenschaft" anklicken

Schritt 4:

Es erscheint das Inhaltsverzeichnis der Informationen über Wirtschaft und Wissenschaft der Stadt Dresden.

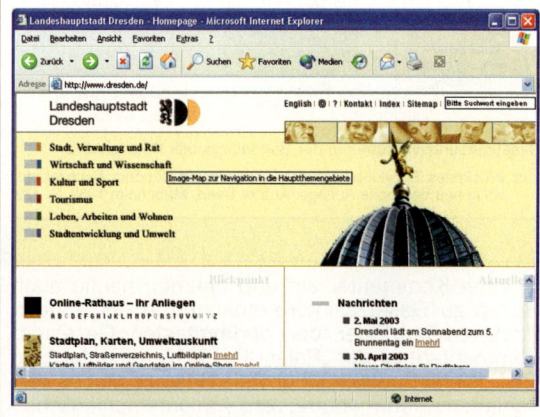

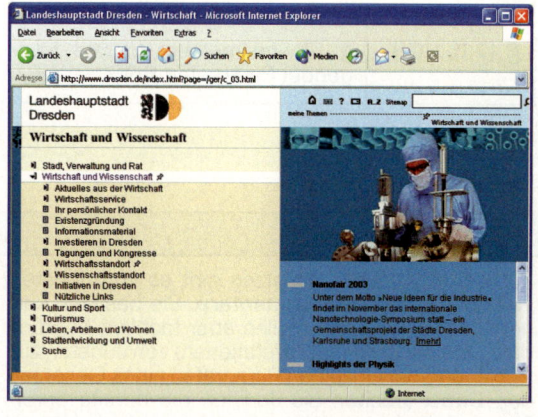

15

Aufbau

Die von der Legislativen, der gesetzgebenden Gewalt, beschlossenen Gesetze werden in einer juristischen Fachsprache abgefasst. Diese normierenden Sachtexte sind in ihrem Aufbau klar gegliedert: in Paragrafen, Absätze, Sätze und Nummern.

Beispiel:

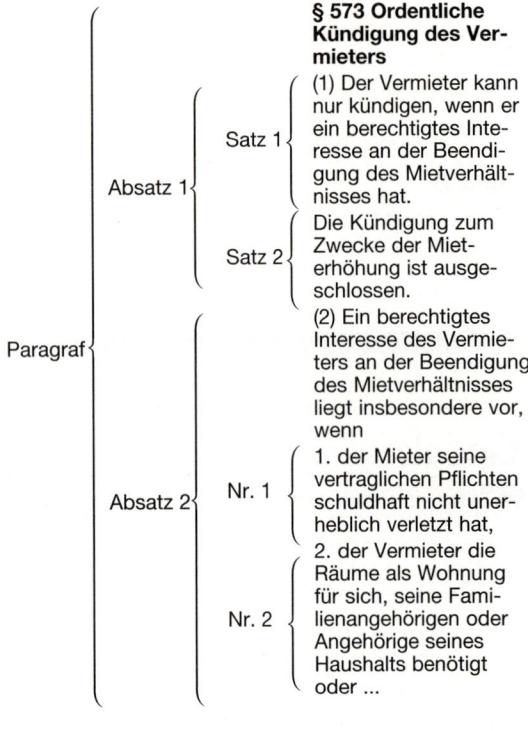

§ 573 Ordentliche Kündigung des Vermieters

Paragraf
- Absatz 1
  - Satz 1: (1) Der Vermieter kann nur kündigen, wenn er ein berechtigtes Interesse an der Beendigung des Mietverhältnisses hat.
  - Satz 2: Die Kündigung zum Zwecke der Mieterhöhung ist ausgeschlossen.
- Absatz 2
  - (2) Ein berechtigtes Interesse des Vermieters an der Beendigung des Mietverhältnisses liegt insbesondere vor, wenn
  - Nr. 1: 1. der Mieter seine vertraglichen Pflichten schuldhaft nicht unerheblich verletzt hat,
  - Nr. 2: 2. der Vermieter die Räume als Wohnung für sich, seine Familienangehörigen oder Angehörige seines Haushalts benötigt oder ...

Bezieht man sich auf Gesetzestexte, so sind die entsprechenden Gesetzesteile genau anzugeben, zum Beispiel: vergleiche § 573 Absatz 2 Nr. 1 BGB.

Bei einem Verweis auf mehrere Paragrafen gilt:

Beispiele:	Bedeutung:
§ 17 f. BGB	§ 17 und (der folgende) § 18 BGB
§ 17 ff. BGB	§ 17 und mehrere (darauf folgende) Paragrafen BGB

Gesetzgebungsverfahren

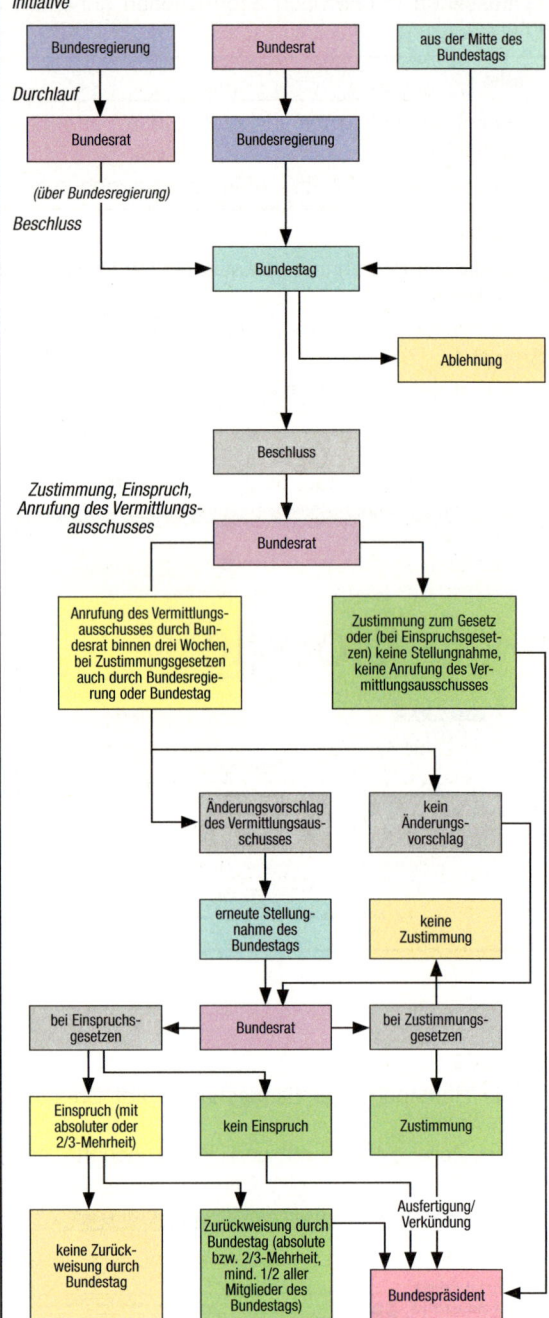

Gesetzgebungsverfahren in der Bundesrepublik Deutschland

aus: Brockhaus Enzyklopädie in vierundzwanzig Bänden. Neunzehnte, völlig neu bearbeite Auflage. Achter Band. Mannheim 1989, S. 429

Gesetzeskommentare

15

Zu den wichtigsten Gesetzen gibt es von Juristen verfasste **Gesetzeskommentare.** Sie besitzen keine Gesetzeskraft, sie stellen aber fachlich begründete „Meinungen" (Interpretationen) von Juristen zur Auslegung der einzelnen Paragrafen eines Gesetzes dar. Dabei arbeiten die Juristen die bereits durch Einzelurteile festgestellten Gerichtsentscheidungen in ihren Kommentar ein und nehmen häufig auch Bezug zu Gesetzesinterpretationen in der übrigen Fachliteratur. Einer der berühmtesten Gesetzeskommentare ist der „Palandt", ein Kommentar zum BGB (siehe S. 556 ff.). Für viele Gesetze gibt es verschiedene Kommentare, also von unterschiedlichen Juristen verfasste Texte.

3526542

DIN 5008: Erstellung von Geschäftsbriefen

Geschäftsbriefe sollten formgerecht nach den Vorgaben der DIN 5008 erstellt werden:

❶ Der **Briefkopf** enthält die Firma des Absenders, häufig wird zusätzlich ein werbewirksames Firmenlogo hinzugefügt.

❷ Oberhalb des Anschriftfeldes erscheint die **Postanschrift des Absenders.**

❸ Inhalte des neunzeiligen **Anschriftfeldes:**

– In den ersten 3 Zeilen, der so genannten **Zusatz-** und **Vermerkzone,** werden – soweit notwendig – postalische Vermerke, z. B. die Versendungsform („Einschreiben") genannt.

– Es folgt die sechszeilige **Anschriftzone,** in der mit der Empfängerbezeichnung begonnen wird.

– Unter der Empfängerbezeichnung folgen Postfach oder Straße und Hausnummer; die Postfachnummer ist von rechts beginnend zweistellig zu gliedern.

– Unmittelbar darunter werden Postleitzahl und Bestimmungsort genannt; bei Auslandsanschriften werden Bestimmungsort und -land in Großbuchstaben geschrieben.

❹ Inhalte der **Bezugszeichenzeile:**

– in Kurzform Zeichen (in der Regel Buchstaben), die zur Identifizierung des Schreibenden dienen („Ihr Zeichen" bzw. „Unser Zeichen");

– Daten des vorangegangenen Schriftverkehrs („Ihre Nachricht vom" bzw. „unsere Nachricht vom");

– Telefonnummer (funktionsbezogen gegliedert, z. B.: 0531 12345);

– Absendedatum in numerischer (z. B.: 2007-10-04) oder alphanumerischer Schreibung (z. B. 4. Oktober 2007).

Neben der Bezugszeichenzeile können weitere Kommunikationsangaben in einer **Kommunikationszeile rechts neben dem Anschriftfeld** genannt werden. Möglich ist auch ein eigenständiger **Informationsblock** rechts neben dem Anschriftfeld.

❺ Nach zwei Leerzeilen folgt der **Betreff,** der den Inhalt des Briefes in Kurzform nennt, um z. B. die Postverteilung in der Poststelle von Großunternehmen zu beschleunigen. Der Betreff wird in der Regel in Fettdruck geschrieben.

❻ Nach zwei Leerzeilen wird die **Anrede** formuliert, die in der Regel mit einem Komma schließt.

❼ Nach einer Leerzeile beginnt der eigentliche **Brieftext.** Längere Textteile sind sinnvoll durch Absätze zu untergliedern. Nach jedem Absatz ist eine Leerzeile einzuplanen.

❽ Nach einer Leerzeile erscheint die **Grußformel,** die stets mit einem Großbuchstaben beginnt.

❾ Nach einer Leerzeile wird die **Firma des Absenders** genannt. Darunter ist Platz für die handschriftliche Unterschrift des Unterzeichners zu lassen, eventuell erfolgt zusätzlich eine maschinenschriftliche Namenswiedergabe des Unterzeichners.

❿ In Fettdruck erscheinen in der Regel **Anlagen-** bzw. **Verteilervermerke.**

⓫ Der **Brieffuß** enthält in vorgedruckter Form **Geschäftsangaben** des Absenders (vgl. § 37 a bzw. § 125 a HGB).

❶

BELLHEIM-BüroService GmbH

Haberstraße
12075 Berlin

❷ BELLHEIM-BüroService GMBH • Postfach 13 31 • 12055 Berlin

❸
Einschreiben
OfficeCom AG
Frau Petra Glan
Hansestraße 120
38112 Braunschweig

❹
| Ihr Zeichen, Ihre Nachricht vom | Unser Zeichen, unsere Nachricht vom | ☎ 030 23537-
Apparat | Berlin |
| gl-bi 0.-09-11 | me-be | 3467 | 20..-10-03 |

❺ 2. Mahnung

❻ Sehr geehrte Frau Glan,

❼
xxxxxxxxxxxxxxxxxxxxxxxxxxxxxxxxxxxxxxxxxxxxxxxxxxxxxxxxxxxx
xxxxxxxxxxxxxxxxxxxxxxxxxxxxxxxxx.

xxxxxxxxxxxxxxxxxxxxxxxxxxxxxxxxxxxxxxxxxxxxxxxxxxxxxxxxxxxx
xxxxxxxxxxxxxxxxxxxxxxxxxxxxxxxxxxxxxxxxxxxxxxxxxxxxxxx
xxxxxxxxxxxxx.

          xxxxxxxxxxxxxxxxxxxxxxxxxxxxxxxxxxxxxxxxxxx
          xxxxxxxxxxxxxxxxxxxxxxxxxxxxxxxxxxxxxxxxxx

xxxxxxxxxxxxxxxxxxxxxxxxxxxxxxxxxxxxxxxxxxxxxxxxxx
xxxxxxxxxxxxxxxxxxxxxxxxxxxxxxxxxxxxx

❽ Mit freundlichen Grüßen

❾ Bellheim-BüroService GMBH

ppa.

Siegfried Merkel

❿ Anlage

⓫
| Bellheim-BüroService GmbH
Haberstraße 8
12057 Berlin | Telefon: 030 23537-0
Telefax: 030 23537-99
Internet: www.bellheim-wvd.de | BÄR-Bank Berlin
Konto-Nr. 1234 056
BLZ 100 347 11 | Geschäftsführerin: Ulrike Jürgens
Berlin HRB 56 894
Steuer-Nr. 15/610/27233
USt-IdNr. DE 811 918 273 |

15

Erkundung – *Investigation*

Begriff und Zielsetzung

Von der Erkundung wird sowohl die Betriebsbesichtigung als auch das Betriebspraktikum abgegrenzt.

Während die **Betriebsbesichtigung** einen ersten, eher oberflächlichen Eindruck von dem Unternehmen vermittelt, dient das **Betriebspraktikum** dazu, Arbeitsprozesse im Unternehmen über längere Zeit beobachten und „ausprobieren" zu können.

Bei der **Erkundung** spielt die genaue Vorbereitung, z. B. durch Erstellung eines detaillierten Fragebogens, eine große Rolle. Die beschafften Informationen schließen zum einen Wissenslücken, bieten zum anderen Hilfe bei Fragen nach Zusammenhängen und ermöglichen die Initiierung von Erkenntnisprozessen. Theoretische Vorstellungen bzw. Modelle werden mit Praxiserfahrungen konfrontiert und somit überprüft.

Phasen der Erkundung

```
        Vorbereitungsphase (Planungsphase)
                      ↓
      Durchführungsphase (Realisierungsphase)
                      ↓
       Auswertungsphase (Reflexionsphase)
```

Tipps zur Vorbereitungsphase

- Zu Beginn sollte die **Zielsetzung** der Erkundung genau festgelegt werden.
- Über das zu erkundende Unternehmen sind zunächst **Vorinformationen** einzuholen, z. B. über eine Internetrecherche (Homepage des Unternehmens) oder durch eine kurze Anfrage bei der zuständigen Kammer (z. B. IHK).
- **Organisatorische Vorbereitungen** sind zu treffen, z. B.:
  - Klärung der infrage kommenden Gesprächspartner (Experten)
  - Festlegung der vorbereitenden Einzelschritte (z. B. Einholen von Genehmigungen, Festlegung des Transportmittels) und ihre genaue zeitliche Planung
- Die bei der Erkundung zu stellenden Fragen sollten vorher zusammengetragen werden. Dabei muss überlegt werden, ob der **Fragenkatalog** in Einzel-, Partner- oder Gruppenarbeit erstellt werden soll.
- Der **Ablauf der Erkundung** muss **inhaltlich** und **zeitlich** genau geplant werden. Dazu ist vielleicht auch eine vorherige örtliche Begehung des Unternehmens notwendig.
- Es muss vorher überlegt werden, wie **Erkundungsergebnisse gesichert** werden (z. B. über einen vorbereiteten Fragebogen, Festlegung von Protokollanten).
- Eventuell sollen neben der Lehrkraft einige Schüler/-innen als **Ansprechpartner/Moderatoren** festgelegt werden.

Tipps zur Durchführung

- Das **pünktliche Erscheinen** ist in jedem Fall sicherzustellen.
- Die **Begrüßungs- und Vorstellungsphase** ist angemessen durchzuführen (z. B. Vorstellung der Klasse bei allen Gesprächspartnern, Äußerung erster Dankesworte).
- Der vorbereitete Fragenkatalog ist so „abzuarbeiten", dass auf die Schwerpunkte einzelner Gesprächspartner **situativ reagiert** werden kann.
- Zum Abschluss ist auf eine **angemessene Verabschiedung** zu achten (abschließende Dankesworte sind in jedem Fall zu äußern).

Tipps zur Auswertungsphase

- Die zusammengetragenen **Informationen** und **Eindrücke** müssen – soweit noch nicht geschehen – **gesichert** werden (z. B. über ein Gedächtnisprotokoll).
- Es muss entschieden werden, ob die gesammelten Informationen von allen **gemeinsam** oder **arbeitsteilig** (z. B. in Gruppenarbeit) **ausgewertet** werden.
- Auch die **Systematisierung** der Auswertungsergebnisse muss schriftlich **gesichert** werden.
- Die Ergebnisse sollen nicht nur inhaltlich kritisch gewürdigt werden. Es sollte auch überlegt werden, ob die Methode Erkundung angemessen eingesetzt war.
- Das Ergebnis der Auswertung kann eventuell **veröffentlicht** werden (z. B. über eine Schulhomepage), falls das besuchte Unternehmen keine Einwände vorbringt.
- Den Gesprächspartnern der Erkundung ist eventuell noch einmal **schriftlich zu danken,** gegebenenfalls sind Auswertungsergebnisse mitzusenden.

15

3526544

Projekt – *Projects*

Begriff

Das Projekt zählt zu den so genannten methodischen Großformen des Unterrichts. Ausgehend von den Interessen der Beteiligten wird ein Thema oder Problem umfassend bearbeitet, d. h. geplant, durchgeführt und ausgewertet. Die Lehrkraft sieht sich dabei eher als Lernberater oder Moderator. Ergebnis des Projektes ist in der Regel ein Handlungsprodukt, z. B. eine erstellte Schülerzeitung.

Ziele

- Förderung der Selbstorganisation und des Verantwortungsbewusstseins
- Herstellung von Problem- und Praxisbezug
- Realisierung fächerübergreifenden Unterrichts
- Förderung ganzheitlichen Denkens, Einbeziehen vieler Sinne
- Verstärkung von Interaktionsbeziehungen der Projektteilnehmer/-innen

Projektphasen

Projektinitiative

Ausgangspunkt ist in der Regel eine Problemstellung oder eine Projektidee.

↓

Projektskizze

Die Projektteilnehmer/-innen setzen sich mit der Projektinitiative auseinander. Ergebnis des Diskussionsprozesses ist eine gemeinsame Projektskizze, die die Absichten und Ideen kurz umreißt.

↓

Projektplan

Ausgehend von der Projektskizze wird ein genauer Projektplan erstellt, der neben den einzelnen geplanten Projektschritten auch die Zeitplanung aufweist. Schriftlich festgehalten werden außerdem die Personen, die bestimmte Aufgaben zu übernehmen haben.

↓

Projektdurchführung

Aufgrund des Projektplans werden die einzelnen Projektschritte durchgeführt; eventuell ergibt sich die Notwendigkeit, die Planung leicht zu verändern. In der Regel wird am Ende des Projektes ein Handlungsprodukt erstellt sein.

↓

Projektabschluss

In der Abschlussphase wird das Handlungsprodukt vor einem ausgewählten Personenkreis (z. B. Schulöffentlichkeit, Internetbenutzer) präsentiert. Am Ende wird sicherlich der Ablauf des gesamten Projektprozesses kritisch reflektiert, sowohl inhaltlich als auch methodisch. Möglicherweise mündet das Projekt in der Absicht, längerfristig zu einem bestimmten Problem zusammenzuarbeiten (z. B. Gründung einer Arbeitsgemeinschaft).

zum Projektmanagement siehe S. 433 ff.

15

Zukunftswerkstatt – *Forward planning workshop*

Ziele der Zukunftswerkstatt

Die Methode der Zukunftswerkstatt ist aus der kritischen Arbeit sozial engagierter Zukunftsforscher, z. B. Robert Jungk, entstanden und in die Bürgerinitiativenbewegung der 60er- und 70er-Jahre integriert worden. Ziel dieser Methode war es zunächst, die Demokratisierung der Gesellschaft voranzutreiben, indem die Bürger/-innen zur aktiven Mitarbeit an der Veränderung der Gesellschaft herangeführt wurden.

Mit der Übernahme dieser Methode in den pädagogischen Alltag des Schul- und Ausbildungswesens steht vor allem die Förderung von Analyse- und Kritikfähigkeit sowie von Kreativität im Vordergrund; die Beteiligten sollen eigene **Zukunftsentwürfe** entwickeln. Hohe Lernaktivität soll innerhalb dieses Prozesses zu selbstbestimmtem Lernen führen.

Ablauf der Methode

Charakteristisch für die Methode der Zukunftswerkstatt ist ihre Aufteilung in mehrere voneinander deutlich – auch zeitlich – getrennte **Phasen:**

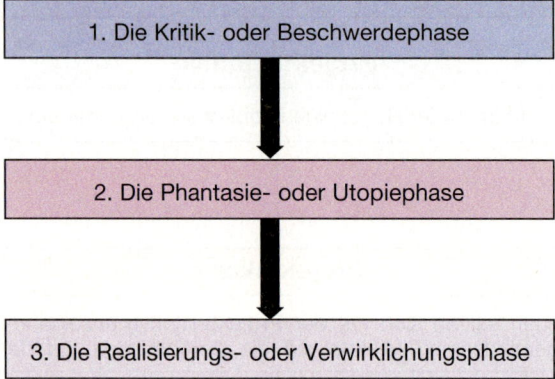

1. Die Kritik- oder Beschwerdephase

2. Die Phantasie- oder Utopiephase

3. Die Realisierungs- oder Verwirklichungsphase

Eine einleitende **Vorbereitungsphase** dient vor allem dazu, den Teilnehmenden die Methode zu erklären und benötigte Arbeitsmaterialien (z. B. Wandzeitungspapier, Schreibgeräte, Pinnwände, Moderationskarten) zu beschaffen.

Eine abschließende **Nachbereitungsphase** dient überwiegend der Auswertung, der Reflexion der Methode. Sinnvoll ist die vorherige Auswahl eines oder mehrerer Moderatoren bzw. Moderatorinnen, die möglichst bereits Erfahrungen mit der Methode gesammelt haben sollten. Ihre Aufgabe ist es, vor allem auf die Einhaltung der Spielregeln zu achten und u. U. Impulse (z. B. gezieltes Nachfragen) für den Gruppenprozess zu geben.

Kritikphase

In dieser Phase sollen die Beteiligten Kritik am ausgewählten Thema, z. B. an der bestehenden Wirtschaftsordnung und ihren gesellschaftlichen Folgen, offen äußern. Mögliche Fragen des Moderators bzw. der Moderatorin zum Einstieg könnten sein:

- Was stört dich an der bestehenden Wirtschaftsordnung?

- Was kritisierst du an den Folgen dieser Wirtschaftsordnung?

> *Die wichtigsten Regeln der Kritikphase*
>
> 1. Jeder Teilnehmer äußert seine Kritik, in der Regel mündlich oder schriftlich (stichwortartig z. B. auf Moderationskarten oder Wandzeitung), ohne dass andere diese Kritik kommentieren oder diskutieren. Es ist möglich, die Anzahl der Kritikpunkte pro Teilnehmer zu beschränken.
>
> 2. Die kritischen Äußerungen sollen noch keine Lösungsvorschläge enthalten.

aus: Böker, Jürgen u. a.: Wirtschaftspolitik/Wirtschaftsordnung, 3. Aufl., Bildungshaus Schulbuchverlage Westermann Schroedel Diesterweg Schöningh Winklers GmbH, Darmstadt 2005, S. 61

15

Zukunftswerkstatt – *Forward planning workshop*

Kritikphase

Am Ende der Kritikphase gilt es, die vorgebrachten Kritikpunkte zu ordnen und zu systematisieren. Am einfachsten lassen sich beschriebene Moderationskarten an der Pinnwand umstecken, für verschiedene Kritikbereiche können Oberbegriffe formuliert werden. Falls die Zeit für die Durchführung der Zukunftswerkstatt begrenzt ist, ist es sinnvoll, zunächst die wichtigsten Kritikpunkte herauszustellen (z. B. durch die Vergabe von Klebepunkten). Die Anzahl der zu vergebenden Punkte pro Teilnehmer sollte dabei beschränkt werden.

Als Sitzordnung für die Kritikphase hat sich der Stuhlhalbkreis bewährt:

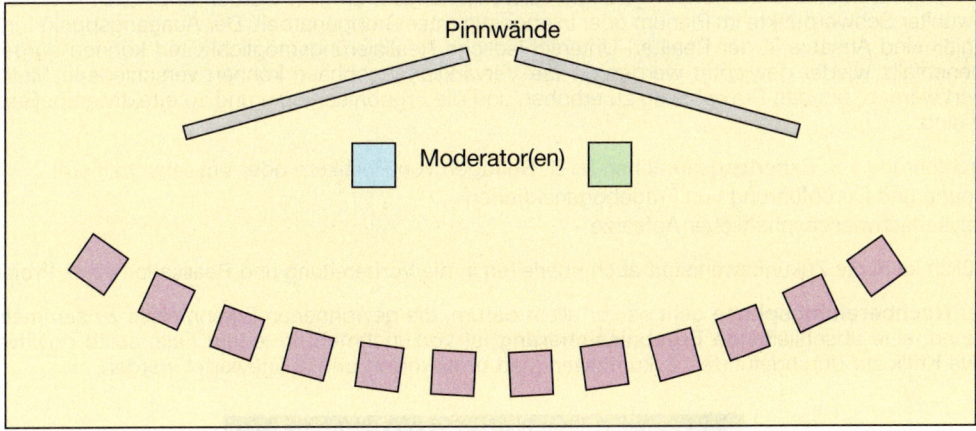

Pinnwände

Moderator(en)

Fantasie- oder Utopiephase

Das Ziel dieser Phase besteht darin, Ideen für wünschenswerte Zukunftsideen zu sammeln, wobei es unbedeutend ist, ob sie auch zu realisieren sind. Gesucht werden Idealvorstellungen von utopischen Entwürfen. Der Moderator bzw. die Moderatorin könnten z. B. einleitend fragen:

- Wie stellst du dir eine optimale Wirtschaftsordnung der Zukunft vor?
- Welche positiven Wesensmerkmale müsste deiner Meinung nach eine wünschenswerte Wirtschaftsordnung aufweisen?

Die Hauptregeln der Fantasie- oder Utopiephase

1. „Du hast alle Macht und alles Geld dieser Welt – alles geht.“
2. Unsinnige Ideen sind nicht nur zugelassen, sie sind sogar erwünscht.
3. Eine Kommentierung oder Diskussion einzelner Ideen ist nicht erlaubt.

Um es den Teilnehmern leichter zu machen, Utopien zu beschreiben, können von den Moderatoren und Moderatorinnen bestimmte Techniken angewendet werden, um eine „Fantasieathmosphäre" zu schaffen, z. B.:

- Bildung von Assoziationen (z. B. aus der Natur)
- Förderung von Übertreibungen durch Setzen von Impulsen
- Durchführung einer Fantasiereise
- Malen von Bildern
- Erstellen von Collagen
- Durchführung von Rollenspielen

Die Fantasiephase kann im Plenum, aber auch arbeitsteilig oder arbeitsgleich in Gruppenarbeit durchgeführt werden. Moderationskarten können hier dazu dienen, die Wunschvorstellungen sprachlich zu fixieren und sie anschließend zu ordnen. Falls es gewünscht wird, können die utopischen Entwürfe auch in nichtschriftlicher Form vor dem Plenum präsentiert werden (z. B. Videofilm, szenisches Spiel, Nachrichtensendung, Collage).

aus: Böker, Jürgen u. a.: Wirtschaftspolitik/Wirtschaftsordnung, 3. Aufl., Bildungshaus Schulbuchverlage Westermann Schroedel Diesterweg Schöningh Winklers GmbH, Darmstadt 2005, S. 62

15

Zukunftswerkstatt – *Forward planning workshop*

Fantasie- oder Utopiephase

Wenn in der anschließenden Realisierungsphase aus Zeitgründen nicht alle Zukunftsvorstellungen berücksichtigt werden können, muss am Ende der Fantasiephase wieder eine Gewichtung, eine Auswahl einzelner Zukunftsentwürfe – z. B. durch Punktekleben – vorgenommen werden.

Realisierungsphase

Ausgangspunkt der Realisierungsphase sind die Ergebnisse der Fantasiephase: die utopischen Entwürfe. Zum Vergleich können die Resultate der Kritikphase herangezogen werden. In der Realisierungsphase geht es darum, Wege zu finden, wie man von den gegenwärtigen – kritisierten – Zuständen zu den wünschenswerten Zukunftsvorstellungen gelangt. Verwirklichungsstrategien werden entwickelt – ob anhand ausgewählter Schwerpunkte im Plenum oder in abgestimmter Gruppenarbeit. Der Ausgangspunkt für diese Strategien sind Ansätze in der Realität. Unterschiedliche Realisierungsmöglichkeiten können dargestellt, gegebenenfalls wieder gewichtet werden. In die Verwirklichungsphase können verschiedene Methoden integriert werden, um den Praxisbezug zu erhöhen und die Ergebnisorientierung zu effektivieren. Beispiele hierfür sind:

- Durchführung von Expertengesprächen (z. B. Befragen von Politikern oder Wissenschaftlern)
- Planung und Durchführung von Fragebogenaktionen
- Analyse fachwissenschaftlicher Aufsätze

Schließlich kann die Zukunftswerkstatt auch überleiten in die Vorbereitung und Realisation eines Projektes.

In einer **Nachbereitungsphase** geht es vor allem darum, die gewonnenen Erkenntnisse zu sammeln und zu ordnen, eine abschließende **Ergebnissicherung** ist vorzunehmen. In jedem Falle sollte positive und negative Kritik zur durchgeführten Zukunftswerkstatt protokolliert und ausgewertet werden.

aus: Böker, Jürgen u. a.: Wirtschaftspolitik/Wirtschaftsordnung, 3. Aufl., Bildungshaus Schulbuchverlage Westermann Schroedel Diesterweg Schöningh Winklers GmbH, Darmstadt 2005, S. 63

15

Szenariotechnik – *Staging technique*

Begriff

Die Szenariotechnik ist eine Methode, mit der langfristige Entwicklungen und Vorstellungen über die Zukunft im Unterricht untersucht und aufbereitet werden können.

Ziele

- Erarbeitung von wahrscheinlichen Zukunftsentwicklungen in Wirtschaft und Gesellschaft
- Training von sachlich-analytischem Arbeiten
- Erstellung von fundierten Grundlagen, um sachlogische Entscheidungen zu ermöglichen
- Förderung ganzheitlichen Denkens, Einbeziehen vieler Sinne

Phasen

1. Phase: Problemanalyse

Ein wirtschaftliches oder gesellschaftliches Problem (z. B. die Entwicklung des Weltenergieverbrauchs) ist der Ausgangspunkt der Szenariomethode.

2. Phase: Bestimmung von Einflussbereichen und -faktoren

Unterschiedliche Einflussbereiche und -faktoren werden herausgearbeitet, die auf das ausgewählte Problem einwirken.

3. Phase: Entwicklung von alternativen Szenarien

Aufgrund der wahrscheinlichen Entwicklung der ausgewählten Einflussfaktoren können – je nach Gewichtung und Verknüpfung – unterschiedliche Szenarien entwickelt werden. Als drei **Grundtypen** von Szenarien werden prinzipiell unterschieden:

Der Szenariotrichter und die drei Grundtypen des Szenarios

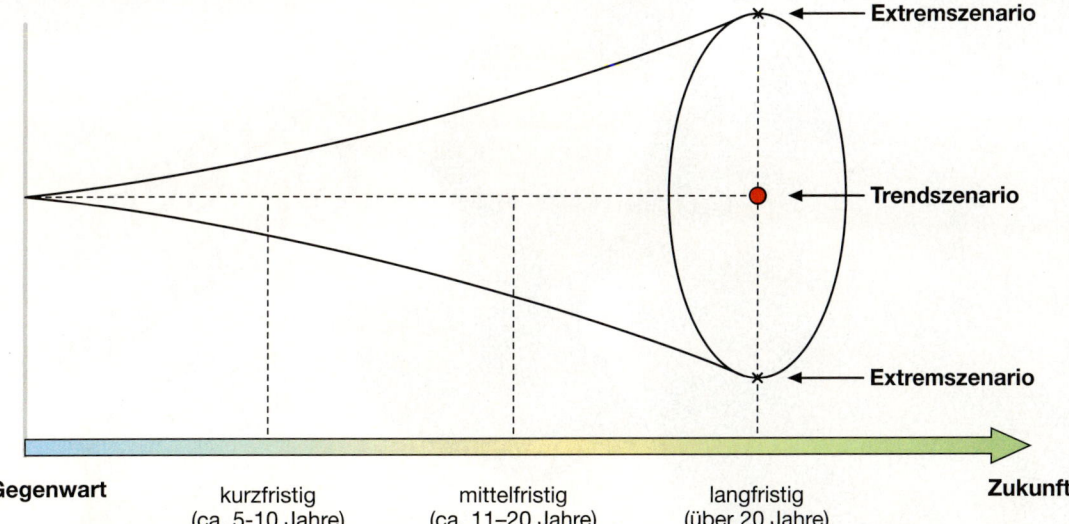

- ein positives Extremszenario: Es bezeichnet die *bestmögliche* Zukunftsentwicklung;
- ein negatives Extremszenario: Es bezeichnet den *schlechtestmöglichen* Entwicklungsverlauf;
- ein Trendszenario: Es beinhaltet die *Fortschreibung* der heutigen Situation in die Zukunft.

aus: Sander, Wolfgang (Hrsg.): Handbuch politische Bildung, Bundeszentrale für politische Bildung, Wochenschau Verlag, Schwalbach/Ts., 1997, S. 494

4. Phase: Entwicklung von Handlungsstrategien

Die in der 3. Phase erstellten Szenarien zeigen unterschiedliche Entwicklungsmöglichkeiten auf. In der 4. Phase geht es darum, Handlungsstrategien zu entwickeln, um unerwünschte Entwicklungen zu verhindern und positive Entwicklungsalternativen zu fördern. Am Ende der 4. Phase sollte die benutzte Methode in ihrer Gesamtheit kritisch reflektiert werden.

15

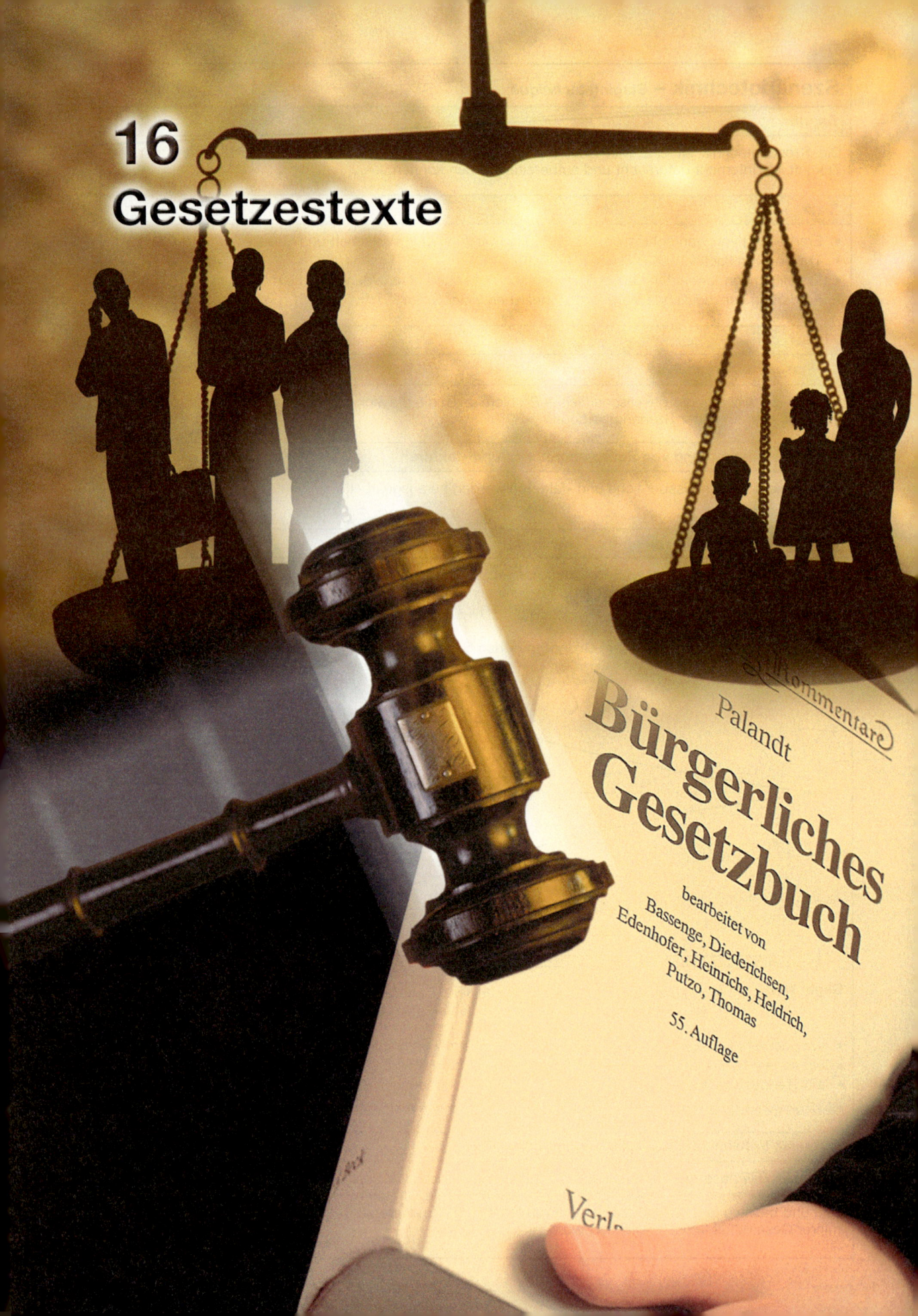

Berufsbildungsgesetz (BBiG) – *Auswahl*

Teil 1 Allgemeine Vorschriften

§ 1 Ziele und Begriffe der Berufsbildung

(1) Berufsbildung im Sinne dieses Gesetzes sind die Berufsausbildungsvorbereitung, die Berufsausbildung, die berufliche Fortbildung und die berufliche Umschulung.

(2) Die Berufsausbildungsvorbereitung dient dem Ziel, durch die Vermittlung von Grundlagen für den Erwerb beruflicher Handlungsfähigkeit an eine Berufsausbildung in einem anerkannten Ausbildungsberuf heranzuführen.

(3) Die Berufsausbildung hat die für die Ausübung einer qualifizierten beruflichen Tätigkeit in einer sich wandelnden Arbeitswelt notwendigen beruflichen Fertigkeiten, Kenntnisse und Fähigkeiten (berufliche Handlungsfähigkeit) in einem geordneten Ausbildungsgang zu vermitteln. Sie hat ferner den Erwerb der erforderlichen Berufserfahrungen zu ermöglichen.

(4) Die berufliche Fortbildung soll es ermöglichen, die berufliche Handlungsfähigkeit zu erhalten und anzupassen oder zu erweitern und beruflich aufzusteigen.

(5) Die berufliche Umschulung soll zu einer anderen beruflichen Tätigkeit befähigen.

(…)

Teil 2 Berufsbildung

Kapitel 1 Berufsausbildung

Abschnitt 1 Ordnung der Berufsausbildung; Anerkennung von Ausbildungsberufen

(…)

Abschnitt 2 Berufsausbildungsverhältnis

Unterabschnitt 1 Begründung des Ausbildungsverhältnisses

§ 10 Vertrag

(1) Wer andere Personen zur Berufsausbildung einstellt (Ausbildende), hat mit den Auszubildenden einen Berufsausbildungsvertrag zu schließen.

(2) Auf den Berufsausbildungsvertrag sind, soweit sich aus seinem Wesen und Zweck und aus diesem Gesetz nichts anderes ergibt, die für den Arbeitsvertrag geltenden Rechtsvorschriften und Rechtsgrundsätze anzuwenden.

(3) Schließen die gesetzlichen Vertreter oder Vertreterinnen mit ihrem Kind einen Berufsausbildungsvertrag, so sind sie von dem Verbot des § 181 des Bürgerlichen Gesetzbuchs befreit.

(4) Ein Mangel in der Berechtigung, Auszubildende einzustellen oder auszubilden, berührt die Wirksamkeit des Berufsausbildungsvertrages nicht.

(5) Zur Erfüllung der vertraglichen Verpflichtungen der Ausbildenden können mehrere natürliche oder juristische Personen in einem Ausbildungsverbund zusammenwirken, soweit die Verantwortlichkeit für die einzelnen Ausbildungsabschnitte sowie für die Ausbildungszeit insgesamt sichergestellt ist (Verbundausbildung).

§ 11 Vertragsniederschrift

(1) Ausbildende haben unverzüglich nach Abschluss des Berufsausbildungsvertrages, spätestens vor Beginn der Berufsausbildung, den wesentlichen Inhalt des Vertrages gemäß Satz 2 schriftlich niederzulegen; die elektronische Form ist ausgeschlossen. In die Niederschrift sind mindestens aufzunehmen

1. Art, sachliche und zeitliche Gliederung sowie Ziel der Berufsausbildung, insbesondere die Berufstätigkeit, für die ausgebildet werden soll,
2. Beginn und Dauer der Berufsausbildung,
3. Ausbildungsmaßnahmen außerhalb der Ausbildungsstätte,
4. Dauer der regelmäßigen täglichen Ausbildungszeit,
5. Dauer der Probezeit,
6. Zahlung und Höhe der Vergütung,
7. Dauer des Urlaubs,
8. Voraussetzungen, unter denen der Berufsausbildungsvertrag gekündigt werden kann,
9. ein in allgemeiner Form gehaltener Hinweis auf die Tarifverträge, Betriebs- oder Dienstvereinbarungen, die auf das Berufsausbildungsverhältnis anzuwenden sind.

(2) Die Niederschrift ist von den Ausbildenden, den Auszubildenden und deren gesetzlichen Vertretern und Vertreterinnen zu unterzeichnen.

(3) Ausbildende haben den Auszubildenden und deren gesetzlichen Vertretern und Vertreterinnen eine Ausfertigung der unterzeichneten Niederschrift unverzüglich auszuhändigen.

(4) Bei Änderungen des Berufsausbildungsvertrages gelten die Absätze 1 bis 3 entsprechend.

§ 12 Nichtige Vereinbarungen

(1) Eine Vereinbarung, die Auszubildende für die Zeit nach Beendigung des Berufsausbildungsverhältnisses in der Ausübung ihrer beruflichen Tätigkeit beschränkt, ist nichtig. Dies gilt nicht, wenn sich Auszubildende innerhalb der letzten sechs Monate des Berufsausbildungsverhältnisses dazu verpflichten, nach dessen Beendigung mit den Ausbildenden ein Arbeitsverhältnis einzugehen.

(2) Nichtig ist eine Vereinbarung über

1. die Verpflichtung Auszubildender, für die Berufsausbildung eine Entschädigung zu zahlen,
2. Vertragsstrafen,
3. den Ausschluss oder die Beschränkung von Schadensersatzansprüchen,
4. die Festsetzung der Höhe eines Schadensersatzes in Pauschbeträgen.

Unterabschnitt 2 Pflichten der Auszubildenden

§ 13 Verhalten während der Berufsausbildung

Auszubildende haben sich zu bemühen, die berufliche Handlungsfähigkeit zu erwerben, die zum Erreichen des Ausbildungsziels erforderlich ist. Sie sind insbesondere verpflichtet,

1. die ihnen im Rahmen ihrer Berufsausbildung aufgetragenen Aufgaben sorgfältig auszuführen,
2. an Ausbildungsmaßnahmen teilzunehmen, für die sie nach § 15 freigestellt werden,
3. den Weisungen zu folgen, die ihnen im Rahmen der Berufsausbildung von Ausbildenden, von Ausbildern oder Ausbilderinnen oder von anderen weisungsberechtigten Personen erteilt werden,
4. die für die Ausbildungsstätte geltende Ordnung zu beachten,
5. Werkzeug, Maschinen und sonstige Einrichtungen pfleglich zu behandeln,
6. über Betriebs- und Geschäftsgeheimnisse Stillschweigen zu wahren.

Unterabschnitt 3 Pflichten der Ausbildenden

§ 14 Berufsausbildung

(1) Ausbildende haben

1. dafür zu sorgen, dass den Auszubildenden die berufliche Handlungsfähigkeit vermittelt wird, die zum Erreichen des Ausbildungsziels erforderlich ist, und die Berufsausbildung in einer durch ihren Zweck gebotenen Form planmäßig, zeitlich und sachlich gegliedert so durchzuführen, dass das Ausbildungsziel in der vorgesehenen Ausbildungszeit erreicht werden kann,

16

2. selbst auszubilden oder einen Ausbilder oder eine Ausbilderin ausdrücklich damit zu beauftragen,

3. Auszubildenden kostenlos die Ausbildungsmittel, insbesondere Werkzeuge und Werkstoffe zur Verfügung zu stellen, die zur Berufsausbildung und zum Ablegen von Zwischen- und Abschlussprüfungen, auch soweit solche nach Beendigung des Berufsausbildungsverhältnisses stattfinden, erforderlich sind,

4. Auszubildende zum Besuch der Berufsschule sowie zum Führen von schriftlichen Ausbildungsnachweisen anzuhalten, soweit solche im Rahmen der Berufsausbildung verlangt werden, und diese durchzusehen,

5. dafür zu sorgen, dass Auszubildende charakterlich gefördert sowie sittlich und körperlich nicht gefährdet werden.

(2) Auszubildenden dürfen nur Aufgaben übertragen werden, die dem Ausbildungszweck dienen und ihren körperlichen Kräften angemessen sind.

§ 15 Freistellung
Ausbildende haben Auszubildende für die Teilnahme am Berufsschulunterricht und an Prüfungen freizustellen. Das Gleiche gilt, wenn Ausbildungsmaßnahmen außerhalb der Ausbildungsstätte durchzuführen sind.

§ 16 Zeugnis
(1) Ausbildende haben den Auszubildenden bei Beendigung des Berufsausbildungsverhältnisses ein schriftliches Zeugnis auszustellen. Die elektronische Form ist ausgeschlossen. Haben Ausbildende die Berufsausbildung nicht selbst durchgeführt, so soll auch der Ausbilder oder die Ausbilderin das Zeugnis unterschreiben.

(2) Das Zeugnis muss Angaben enthalten über Art, Dauer und Ziel der Berufsausbildung sowie über die erworbenen beruflichen Fertigkeiten, Kenntnisse und Fähigkeiten der Auszubildenden. Auf Verlangen Auszubildender sind auch Angaben über Verhalten und Leistung aufzunehmen.

Unterabschnitt 4 Vergütung
§ 17 Vergütungsanspruch
(1) Ausbildende haben Auszubildenden eine angemessene Vergütung zu gewähren. Sie ist nach dem Lebensalter der Auszubildenden so zu bemessen, dass sie mit fortschreitender Berufsausbildung, mindestens jährlich, ansteigt.

(2) Sachleistungen können in Höhe der nach § 17 Abs. 1 Satz 1 Nr. 4 des Vierten Buches Sozialgesetzbuch festgesetzten Sachbezugswerte angerechnet werden, jedoch nicht über 75 Prozent der Bruttovergütung hinaus.

(3) Eine über die vereinbarte regelmäßige tägliche Ausbildungszeit hinausgehende Beschäftigung ist besonders zu vergüten oder durch entsprechende Freizeit auszugleichen.

§ 18 Bemessung und Fälligkeit der Vergütung
(1) Die Vergütung bemisst sich nach Monaten. Bei Berechnung der Vergütung für einzelne Tage wird der Monat zu 30 Tagen gerechnet.

(2) Die Vergütung für den laufenden Kalendermonat ist spätestens am letzten Arbeitstag des Monats zu zahlen.

§ 19 Fortzahlung der Vergütung
(1) Auszubildenden ist die Vergütung auch zu zahlen
1. für die Zeit der Freistellung (§ 15),
2. bis zur Dauer von sechs Wochen, wenn sie
   a) sich für die Berufsausbildung bereithalten, diese aber ausfällt oder
   b) aus einem sonstigen, in ihrer Person liegenden Grund unverschuldet verhindert sind, ihre Pflich-

ten aus dem Berufsausbildungsverhältnis zu erfüllen.

(2) Können Auszubildende während der Zeit, für welche die Vergütung fortzuzahlen ist, aus berechtigtem Grund Sachleistungen nicht abnehmen, so sind diese nach den Sachbezugswerten (§ 17 Abs. 2) abzugelten.

Unterabschnitt 5 Beginn und Beendigung des Ausbildungsverhältnisses
§ 20 Probezeit
Das Berufsausbildungsverhältnis beginnt mit der Probezeit. Sie muss mindestens einen Monat und darf höchstens vier Monate betragen.

§ 21 Beendigung
(1) Das Berufsausbildungsverhältnis endet mit dem Ablauf der Ausbildungszeit. Im Falle der Stufenausbildung endet es mit Ablauf der letzten Stufe.

(2) Bestehen Auszubildende vor Ablauf der Ausbildungszeit die Abschlussprüfung, so endet das Berufsausbildungsverhältnis mit Bekanntgabe des Ergebnisses durch den Prüfungsausschuss.

(3) Bestehen Auszubildende die Abschlussprüfung nicht, so verlängert sich das Berufsausbildungsverhältnis auf ihr Verlangen bis zur nächstmöglichen Wiederholungsprüfung, höchstens um ein Jahr.

§ 22 Kündigung
(1) Während der Probezeit kann das Berufsausbildungsverhältnis jederzeit ohne Einhalten einer Kündigungsfrist gekündigt werden.

(2) Nach der Probezeit kann das Berufsausbildungsverhältnis nur gekündigt werden
1. aus einem wichtigen Grund ohne Einhalten einer Kündigungsfrist,
2. von Auszubildenden mit einer Kündigungsfrist von vier Wochen, wenn sie die Berufsausbildung aufgeben oder sich für eine andere Berufstätigkeit ausbilden lassen wollen.

(3) Die Kündigung muss schriftlich und in den Fällen des Absatzes 2 unter Angabe der Kündigungsgründe erfolgen.

(4) Eine Kündigung aus einem wichtigen Grund ist unwirksam, wenn die ihr zugrunde liegenden Tatsachen dem zur Kündigung Berechtigten länger als zwei Wochen bekannt sind. Ist ein vorgesehenes Güteverfahren vor einer außergerichtlichen Stelle eingeleitet, so wird bis zu dessen Beendigung der Lauf dieser Frist gehemmt.

§ 23 Schadensersatz bei vorzeitiger Beendigung
(1) Wird das Berufsausbildungsverhältnis nach der Probezeit vorzeitig gelöst, so können Ausbildende oder Auszubildende Ersatz des Schadens verlangen, wenn die andere Person den Grund für die Auflösung zu vertreten hat. Dies gilt nicht im Falle des § 22 Abs. 2 Nr. 2.

(2) Der Anspruch erlischt, wenn er nicht innerhalb von drei Monaten nach Beendigung des Berufsausbildungsverhältnisses geltend gemacht wird.

Unterabschnitt 6 Sonstige Vorschriften
§ 24 Weiterarbeit
Werden Auszubildende im Anschluss an das Berufsausbildungsverhältnis beschäftigt, ohne dass hierüber ausdrücklich etwas vereinbart worden ist, so gilt ein Arbeitsverhältnis auf unbestimmte Zeit als begründet.

Jugendarbeitsschutzgesetz (JArbSchG) – *Auswahl*

Erster Abschnitt – Allgemeine Vorschriften

§ 1 JArbSchG – Geltungsbereich

(1) Dieses Gesetz gilt für die Beschäftigung von Personen, die noch nicht 18 Jahre alt sind,

1. in der Berufsausbildung,
2. als Arbeitnehmer oder Heimarbeiter,
3. mit sonstigen Dienstleistungen, die der Arbeitsleistung von Arbeitnehmern oder Heimarbeitern ähnlich sind,
4. in einem der Berufsausbildung ähnlichen Ausbildungsverhältnis.

(2) Dieses Gesetz gilt nicht

1. für geringfügige Hilfeleistungen, soweit sie gelegentlich
   a) aus Gefälligkeit,
   b) aufgrund familienrechtlicher Vorschriften,
   c) in Einrichtungen der Jugendhilfe,
   d) in Einrichtungen zur Eingliederung Behinderter
   erbracht werden,
2. für die Beschäftigung durch die Personensorgeberechtigten im Familienhaushalt.

§ 2 JArbSchG – Kind, Jugendlicher

(1) Kind im Sinne dieses Gesetzes ist, wer noch nicht 15 Jahre alt ist.

(2) Jugendlicher im Sinne dieses Gesetzes ist, wer 15, aber noch nicht 18 Jahre alt ist.

(3) Auf Jugendliche, die der Vollzeitschulpflicht unterliegen, finden die für Kinder geltenden Vorschriften Anwendung.

§ 3 JArbSchG – Arbeitgeber

Arbeitgeber im Sinne dieses Gesetzes ist, wer ein Kind oder einen Jugendlichen gemäß § 1 beschäftigt.

§ 4 JArbSchG – Arbeitszeit

(1) Tägliche Arbeitszeit ist die Zeit vom Beginn bis zum Ende der täglichen Beschäftigung ohne die Ruhepausen (§ 11).

(2) Schichtzeit ist die tägliche Arbeitszeit unter Hinzurechnung der Ruhepausen (§ 11).

(3) Im Bergbau unter Tage gilt die Schichtzeit als Arbeitszeit. Sie wird gerechnet vom Betreten des Förderkorbes bei der Einfahrt bis zum Verlassen des Förderkorbes bei der Ausfahrt oder vom Eintritt des einzelnen Beschäftigten in das Stollenmundloch bis zu seinem Wiederaustritt.

(4) Für die Berechnung der wöchentlichen Arbeitszeit ist als Woche die Zeit von Montag bis einschließlich Sonntag zugrunde zu legen. Die Arbeitszeit, die an einem Werktag infolge eines gesetzlichen Feiertags ausfällt, wird auf die wöchentliche Arbeitszeit angerechnet.

(5) Wird ein Kind oder ein Jugendlicher von mehreren Arbeitgebern beschäftigt, so werden die Arbeits- und Schichtzeiten sowie die Arbeitstage zusammengerechnet.

Zweiter Abschnitt – Beschäftigung von Kindern

§ 5 JArbSchG – Verbot der Beschäftigung von Kindern

(1) Die Beschäftigung von Kindern (§ 2 Abs. 1) ist verboten.

(2) Das Verbot des Absatzes 1 gilt nicht für die Beschäftigung von Kindern

1. zum Zwecke der Beschäftigungs- und Arbeitstherapie,
2. im Rahmen des Betriebspraktikums während der Vollzeitschulpflicht,
3. in Erfüllung einer richterlichen Weisung.
   Auf die Beschäftigung finden § 7 Satz 1 Nr. 2 und die §§ 9 bis 46 entsprechende Anwendung.

(3) Das Verbot des Absatzes 1 gilt ferner nicht für die Beschäftigung von Kindern über 13 Jahre mit Einwilligung des Personensorgeberechtigten, soweit die Beschäftigung leicht und für Kinder geeignet ist. Die Beschäftigung ist leicht, wenn sie aufgrund ihrer Beschaffenheit und der besonderen Bedingungen, unter denen sie ausgeführt wird,

1. die Sicherheit, Gesundheit und Entwicklung der Kinder,
2. ihren Schulbesuch, ihre Beteiligung an Maßnahmen zur Berufswahlvorbereitung oder Berufsausbildung, die von der zuständigen Stelle anerkannt sind, und
3. ihre Fähigkeit, dem Unterricht mit Nutzen zu folgen,

nicht nachteilig beeinflusst. Die Kinder dürfen nicht mehr als zwei Stunden täglich, in landwirtschaftlichen Familienbetrieben nicht mehr als drei Stunden täglich, nicht zwischen 18 und 8 Uhr, nicht vor dem Schulunterricht und nicht während des Schulunterrichts beschäftigt werden. Auf die Beschäftigung finden die §§ 15 bis 31 entsprechende Anwendung.

(4) Das Verbot des Absatzes 1 gilt ferner nicht für die Beschäftigung von Jugendlichen (§ 2 Abs. 3) während der Schulferien für höchstens vier Wochen im Kalenderjahr. Auf die Beschäftigung finden die §§ 8 bis 31 entsprechende Anwendung.

(4 a) Die Bundesregierung hat durch Rechtsverordnung mit Zustimmung des Bundesrates die Beschäftigung nach Absatz 3 näher zu bestimmen.

(4 b) Der Arbeitgeber unterrichtet die Personensorgeberechtigten der von ihm beschäftigten Kinder über mögliche Gefahren sowie über alle zu ihrer Sicherheit und ihrem Gesundheitsschutz getroffenen Maßnahmen.

(5) Für Veranstaltungen kann die Aufsichtsbehörde Ausnahmen gemäß § 6 bewilligen.

§ 6 JArbSchG – Behördliche Ausnahmen für Veranstaltungen

(1) Die Aufsichtsbehörde kann auf Antrag bewilligen, dass

1. bei Theatervorstellungen Kinder über sechs Jahre bis zu vier Stunden täglich in der Zeit von 10 bis 23 Uhr,
2. bei Musikaufführungen und anderen Aufführungen, bei Werbeveranstaltungen sowie bei Aufnahmen im Rundfunk (Hörfunk und Fernsehen), auf Ton- und Bildträger sowie bei Film- und Fotoaufnahmen
   a) Kinder über drei bis sechs Jahre bis zu zwei Stunden täglich in der Zeit von 8 bis 17 Uhr,
   b) Kinder über sechs Jahre bis zu drei Stunden täglich in der Zeit von 8 bis 22 Uhr

gestaltend mitwirken und an den erforderlichen Proben teilnehmen. Eine Ausnahme darf nicht bewilligt werden für die Mitwirkung in Kabaretts, Tanzlokalen und ähnlichen Betrieben sowie auf Vergnügungsparks, Kirmessen, Jahrmärkten und bei ähnlichen Veranstaltungen, Schaustellungen oder Darbietungen.

(2) Die Aufsichtsbehörde darf nach Anhörung des zuständigen Jugendamtes die Beschäftigung nur bewilligen, wenn

1. die Personensorgeberechtigten in die Beschäftigung schriftlich eingewilligt haben,
2. der Aufsichtsbehörde eine nicht länger als vor drei Monaten ausgestellte ärztliche Bescheinigung vorgelegt wird, nach der gesundheitliche Bedenken gegen die Beschäftigung nicht bestehen,
3. die erforderlichen Vorkehrungen und Maßnahmen zum Schutze des Kindes gegen Gefahren für Leben und Gesundheit sowie zur Vermeidung einer Beeinträchtigung der körperlichen oder seelisch-geistigen Entwicklung getroffen sind,
4. Betreuung und Beaufsichtigung des Kindes bei der Beschäftigung sichergestellt sind,
5. nach Beendigung der Beschäftigung eine ununterbrochene Freizeit von mindestens 14 Stunden eingehalten wird,

16

6. das Fortkommen in der Schule nicht beeinträchtigt wird.

(3) Die Aufsichtsbehörde bestimmt,

1. wie lange, zu welcher Zeit und an welchem Tage das Kind beschäftigt werden darf,
2. Dauer und Lage der Ruhepausen,
3. die Höchstdauer des täglichen Aufenthalts an der Beschäftigungsstätte.

(4) Die Entscheidung der Aufsichtsbehörde ist dem Arbeitgeber schriftlich bekannt zu geben. Er darf das Kind erst nach Empfang des Bewilligungsbescheides beschäftigen.

§ 7 JArbSchG – Beschäftigung von nicht vollzeitschulpflichtigen Kindern

Kinder, die der Vollzeitschulpflicht nicht mehr unterliegen, dürfen

1. im Berufsausbildungsverhältnis,
2. außerhalb eines Berufsausbildungsverhältnisses nur mit leichten und für sie geeigneten Tätigkeiten bis zu sieben Stunden täglich und 35 Stunden wöchentlich

beschäftigt werden. Auf die Beschäftigung finden die §§ 8 bis 46 entsprechende Anwendung.

Dritter Abschnitt – Beschäftigung Jugendlicher

§ 8 JArbSchG – Dauer der Arbeitszeit

(1) Jugendliche dürfen nicht mehr als acht Stunden täglich und nicht mehr als 40 Stunden wöchentlich beschäftigt werden.

(2) Wenn in Verbindung mit Feiertagen an Werktagen nicht gearbeitet wird, damit die Beschäftigten eine längere zusammenhängende Freizeit haben, so darf die ausfallende Arbeitszeit auf die Werktage von fünf zusammenhängenden, die Ausfalltage einschließenden Wochen nur dergestalt verteilt werden, dass die Wochenarbeitszeit im Durchschnitt dieser fünf Wochen 40 Stunden nicht überschreitet. Die tägliche Arbeitszeit darf hierbei achteinhalb Stunden nicht überschreiten.

(2 a) Wenn an einzelnen Werktagen die Arbeitszeit auf weniger als acht Stunden verkürzt ist, können die Jugendlichen an den übrigen Werktagen derselben Woche achteinhalb Stunden beschäftigt werden.

(3) In der Landwirtschaft dürfen Jugendliche über 16 Jahre während der Erntezeit nicht mehr als neun Stunden täglich und nicht mehr als 85 Stunden in der Doppelwoche beschäftigt werden.

§ 9 JArbSchG – Berufsschule

(1) Der Arbeitgeber hat den Jugendlichen für die Teilnahme am Berufsschulunterricht freizustellen. Er darf den Jugendlichen nicht beschäftigen

1. vor einem vor 9 Uhr beginnenden Unterricht; dies gilt auch für Personen, die über 18 Jahre alt und noch berufsschulpflichtig sind,
2. an einem Berufsschultag mit mehr als fünf Unterrichtsstunden von mindestens je 45 Minuten, einmal in der Woche,
3. in Berufsschulwochen mit einem planmäßigen Blockunterricht von mindestens 25 Stunden an mindestens fünf Tagen; zusätzliche betriebliche Ausbildungsveranstaltungen bis zu zwei Stunden wöchentlich sind zulässig.

(2) Auf die Arbeitszeit werden angerechnet

1. Berufsschultage nach Absatz 1 Nr. 2 mit acht Stunden,
2. Berufsschulwochen nach Absatz 1 Nr. 3 mit 40 Stunden,
3. im Übrigen die Unterrichtszeit einschließlich der Pausen.

(3) Ein Entgeltausfall darf durch den Besuch der Berufsschule nicht eintreten.

§ 10 JArbSchG – Prüfungen und außerbetriebliche Ausbildungsmaßnahmen

(1) Der Arbeitgeber hat den Jugendlichen

1. für die Teilnahme an Prüfungen und Ausbildungsmaßnahmen, die aufgrund öffentlich-rechtlicher oder vertraglicher Bestimmungen außerhalb der Ausbildungsstätte durchzuführen sind,
2. an dem Arbeitstag, der der schriftlichen Abschlussprüfung unmittelbar vorangeht,

freizustellen.

(2) Auf die Arbeitszeit werden angerechnet

1. die Freistellung nach Absatz 1 Nr. 1 mit der Zeit der Teilnahme einschließlich der Pausen,
2. die Freistellung nach Absatz 1 Nr. 2 mit acht Stunden.

Ein Entgeltausfall darf nicht eintreten.

§ 11 JArbSchG – Ruhepausen, Aufenthaltsräume

(1) Jugendlichen müssen im Voraus feststehende Ruhepausen von angemessener Dauer gewährt werden. Die Ruhepausen müssen mindestens betragen

1. 30 Minuten bei einer Arbeitszeit von mehr als viereinhalb bis zu sechs Stunden,
2. 60 Minuten bei einer Arbeitszeit von mehr als sechs Stunden.

Als Ruhepause gilt nur eine Arbeitsunterbrechung von mindestens 15 Minuten.

(2) Die Ruhepausen müssen in angemessener zeitlicher Lage gewährt werden, frühestens eine Stunde nach Beginn und spätestens eine Stunde vor Ende der Arbeitszeit. Länger als viereinhalb Stunden hintereinander dürfen Jugendliche nicht ohne Ruhepause beschäftigt werden.

(3) Der Aufenthalt während der Ruhepausen in Arbeitsräumen darf den Jugendlichen nur gestattet werden, wenn die Arbeit in diesen Räumen während dieser Zeit eingestellt ist und auch sonst die notwendige Erholung nicht beeinträchtigt wird.

(4) Absatz 3 gilt nicht für den Bergbau unter Tage.

§ 12 JArbSchG – Schichtzeit

Bei der Beschäftigung Jugendlicher darf die Schichtzeit (§ 4 Abs. 2) 10 Stunden, im Bergbau unter Tage 8 Stunden, im Gaststättengewerbe, in der Landwirtschaft, in der Tierhaltung, auf Bau- und Montagestellen 11 Stunden nicht überschreiten.

§ 13 JArbSchG – Tägliche Freizeit

Nach Beendigung der täglichen Arbeitszeit dürfen Jugendliche nicht vor Ablauf einer ununterbrochenen Freizeit von mindestens 12 Stunden beschäftigt werden.

§ 14 JArbSchG – Nachtruhe

(1) Jugendliche dürfen nur in der Zeit von 6 bis 20 Uhr beschäftigt werden.

(2) Jugendliche über 16 Jahre dürfen

1. im Gaststätten- und Schaustellergewerbe bis 22 Uhr,
2. in mehrschichtigen Betrieben bis 23 Uhr,
3. in der Landwirtschaft ab 5 Uhr oder bis 21 Uhr,
4. in Bäckereien und Konditoreien ab 5 Uhr

beschäftigt werden.

(3) Jugendliche über 17 Jahre dürfen in Bäckereien ab 4 Uhr beschäftigt werden.

(4) An dem einem Berufsschultag unmittelbar vorangehenden Tag dürfen Jugendliche auch nach Absatz 2 Nr. 1 bis 3 nicht nach 20 Uhr beschäftigt werden, wenn der Berufsschulunterricht am Berufsschultag vor 9 Uhr beginnt.

(5) Nach vorheriger Anzeige an die Aufsichtsbehörde dürfen in Betrieben, in denen die übliche Arbeitszeit aus verkehrstechnischen Gründen nach 20 Uhr endet, Jugend-

liche bis 21 Uhr beschäftigt werden, soweit sie hierdurch unnötige Wartezeiten vermeiden können. Nach vorheriger Anzeige an die Aufsichtsbehörde dürfen ferner in mehrschichtigen Betrieben Jugendliche über 16 Jahre ab 05:30 Uhr oder bis 23:30 Uhr beschäftigt werden, soweit sie hierdurch unnötige Wartezeiten vermeiden können.

(6) Die Aufsichtsbehörde kann bewilligen, dass Jugendliche in Betrieben, in denen die Beschäftigten in außergewöhnlichem Grade der Einwirkung von Hitze ausgesetzt sind, in der warmen Jahreszeit ab 5 Uhr beschäftigt werden.

(7) Die Aufsichtsbehörde kann auf Antrag bewilligen, dass Jugendliche bei Musikaufführungen, Theatervorstellungen und anderen Aufführungen, bei Aufnahmen im Rundfunk (Hörfunk und Fernsehen), auf Ton- und Bildträger sowie bei Film- und Fotoaufnahmen bis 23 Uhr gestaltend mitwirken. Eine Ausnahme darf nicht bewilligt werden für Veranstaltungen, Schaustellungen oder Darbietungen, bei denen die Anwesenheit Jugendlicher nach den Vorschriften des Gesetzes zum Schutze der Jugend in der Öffentlichkeit nicht gestattet werden darf. Nach Beendigung der Tätigkeit dürfen Jugendliche nicht vor Ablauf einer ununterbrochenen Freizeit von mindestens 14 Stunden beschäftigt werden.

§ 15 JArbSchG – 5-Tage-Woche

Jugendliche dürfen nur an fünf Tagen in der Woche beschäftigt werden. Die beiden wöchentlichen Ruhetage sollen nach Möglichkeit aufeinander folgen.

§ 16 JArbSchG – Samstagsruhe

(1) An Samstagen dürfen Jugendliche nicht beschäftigt werden.

(2) Zulässig ist die Beschäftigung Jugendlicher an Samstagen nur

1. in Krankenanstalten sowie in Alten-, Pflege- und Kinderheimen,
2. in offenen Verkaufsstellen, in Betrieben mit offenen Verkaufsstellen, in Bäckereien und Konditoreien, im Friseurhandwerk und im Marktverkehr,
3. im Verkehrswesen,
4. in der Landwirtschaft und Tierhaltung,
5. im Familienhaushalt,
6. im Gaststätten- und Schaustellergewerbe,
7. bei Musikaufführungen, Theatervorstellungen und anderen Aufführungen, bei Aufnahmen im Rundfunk (Hörfunk und Fernsehen), auf Ton- und Bildträger sowie bei Film- und Fotoaufnahmen,
8. bei außerbetrieblichen Ausbildungsmaßnahmen,
9. beim Sport,
10. im ärztlichen Notdienst,
11. in Reparaturwerkstätten für Kraftfahrzeuge.

Mindestens zwei Samstage im Monat sollen beschäftigungsfrei bleiben.

(3) Werden Jugendliche am Samstag beschäftigt, ist ihnen die 5-Tage-Woche (§ 15) durch Freistellung an einem anderen berufsschulfreien Arbeitstag derselben Woche sicherzustellen. In Betrieben mit einem Betriebsruhetag in der Woche kann die Freistellung auch an diesem Tage erfolgen, wenn die Jugendlichen an diesem Tage keinen Berufsschulunterricht haben.

(4) Können Jugendliche in den Fällen des Absatzes 2 Nr. 2 am Samstag nicht acht Stunden beschäftigt werden, kann der Unterschied zwischen der tatsächlichen und der nach § 8 Abs. 1 höchstzulässigen Arbeitszeit an dem Tage bis 13 Uhr ausgeglichen werden, an dem die Jugendlichen nach Absatz 3 Satz 1 freizustellen sind.

§ 17 JArbSchG – Sonntagsruhe

(1) An Sonntagen dürfen Jugendliche nicht beschäftigt werden.

(2) Zulässig ist Beschäftigung Jugendlicher an Sonntagen nur

1. in Krankenanstalten sowie in Alten-, Pflege- und Kinderheimen,
2. in der Landwirtschaft und Tierhaltung mit Arbeiten, die auch an Sonn- und Feiertagen naturnotwendig vorgenommen werden müssen,
3. im Familienhaushalt, wenn der Jugendliche in die häusliche Gemeinschaft aufgenommen ist,
4. im Schaustellergewerbe,
5. bei Musikaufführungen, Theatervorstellungen und anderen Aufführungen sowie bei Direktsendungen im Rundfunk (Hörfunk und Fernsehen),
6. beim Sport,
7. im ärztlichen Notdienst,
8. im Gaststättengewerbe.

Jeder zweite Sonntag soll, mindestens zwei Sonntage im Monat müssen beschäftigungsfrei bleiben.

(3) Werden Jugendliche am Sonntag beschäftigt, ist ihnen die 5-Tage-Woche (§ 15) durch Freistellung an einem anderen berufsschulfreien Arbeitstag derselben Woche sicherzustellen. In Betrieben mit einem Betriebsruhetag in der Woche kann die Freistellung auch an diesem Tage erfolgen, wenn die Jugendlichen an diesem Tage keinen Berufsschulunterricht haben.

§ 18 JArbSchG – Feiertagsruhe

(1) Am 24. und 31. Dezember nach 14 Uhr und an gesetzlichen Feiertagen dürfen Jugendliche nicht beschäftigt werden.

(2) Zulässig ist die Beschäftigung Jugendlicher an gesetzlichen Feiertagen in den Fällen des § 17 Abs. 2, ausgenommen am 25. Dezember, am 1. Januar, am ersten Osterfeiertag und am 1. Mai.

(3) Für die Beschäftigung an einem gesetzlichen Feiertag, der auf einen Werktag fällt, ist der Jugendliche an einem anderen berufsschulfreien Arbeitstag oder der folgenden Woche freizustellen. In Betrieben mit einem Betriebsruhetag in der Woche kann die Freistellung auch an diesem Tage erfolgen, wenn die Jugendlichen an diesem Tage keinen Berufsschulunterricht haben.

§ 19 JArbSchG – Urlaub

(1) Der Arbeitgeber hat Jugendlichen für jedes Kalenderjahr einen bezahlten Erholungsurlaub zu gewähren.

(2) Der Urlaub beträgt jährlich

1. mindestens 30 Werktage, wenn der Jugendliche zu Beginn des Kalenderjahres noch nicht 16 Jahre alt ist,
2. mindestens 27 Werktage, wenn der Jugendliche zu Beginn des Kalenderjahres noch nicht 17 Jahre alt ist,
3. mindestens 25 Werktage, wenn der Jugendliche zu Beginn des Kalenderjahres noch nicht 18 Jahre alt ist.

Jugendliche, die im Bergbau unter Tage beschäftigt werden, erhalten in jeder Altersgruppe einen zusätzlichen Urlaub von drei Werktagen.

(3) Der Urlaub soll Berufsschülern in der Zeit der Berufsschulferien gegeben werden. Soweit er nicht in den Berufsschulferien gegeben wird, ist für jeden Berufsschultag, an dem die Berufsschule während des Urlaubs besucht wird, ein weiterer Urlaubstag zu gewähren.

(4) Im Übrigen gelten für den Urlaub der Jugendlichen § 3 Abs. 2, §§ 4 bis 12 und § 13 Abs. 3 des Bundesurlaubsgesetzes. Der Auftraggeber oder Zwischenmeister hat jedoch abweichend von § 12 Nr. 1 des Bundesurlaubsgesetzes den jugendlichen Heimarbeitern für jedes Kalenderjahr einen bezahlten Erholungsurlaub entsprechend Absatz 2 zu gewähren; das Urlaubsentgelt der jugendlichen Heimarbeiter beträgt bei einem Urlaub von 30 Werktagen 11,6 vom Hundert, bei einem Urlaub von 27 Werktagen 10,3 vom Hundert und bei einem Urlaub von 25 Werktagen 9,5 vom Hundert.

16

Jugendarbeitsschutzgesetz (JArbSchG) – *Auswahl*

§ 20 JArbSchG – Binnenschifffahrt

In der Binnenschifffahrt gelten folgende Abweichungen:

1. Abweichend von § 12 darf die Schichtzeit Jugendlicher über 16 Jahre während der Fahrt bis auf 14 Stunden täglich ausgedehnt werden, wenn ihre Arbeitszeit sechs Stunden täglich nicht überschreitet. Ihre tägliche Freizeit kann abweichend von § 13 der Ausdehnung der Schichtzeit entsprechend bis auf 10 Stunden verkürzt werden.
2. Abweichend von § 14 Abs. 1 dürfen Jugendliche über 16 Jahre während der Fahrt bis 22 Uhr beschäftigt werden.
3. Abweichend von § 15, 16 Abs. 1, § 17 Abs. 1 und 18 Abs. 1 dürfen Jugendliche an jedem Tag der Woche beschäftigt werden, jedoch nicht am 24. Dezember, an den Weihnachtsfeiertagen, am 31. Dezember, am 1. Januar, an den Osterfeiertagen und am 1. Mai. Für die Beschäftigung an einem Samstag ist ihnen je ein freier Tag zu gewähren. Diese freien Tage sind den Jugendlichen in Verbindung mit anderen freien Tagen zu gewähren, spätestens wenn ihnen 10 freie Tage zustehen.

§ 21 JArbSchG – Ausnahmen in besonderen Fällen

(1) Die §§ 8 und 11 bis 18 finden keine Anwendung auf die Beschäftigung Jugendlicher mit vorübergehenden und unaufschiebbaren Arbeiten in Notfällen, soweit erwachsene Beschäftigte nicht zur Verfügung stehen.

(2) Wird in den Fällen des Absatzes 1 über die Arbeitszeit des § 8 hinaus Mehrarbeit geleistet, so ist sie durch entsprechende Verkürzung der Arbeitszeit innerhalb der folgenden drei Wochen auszugleichen.

(3) (aufgehoben)

(…)

§ 22 JArbSchG – Gefährliche Arbeiten

(1) Jugendliche dürfen nicht beschäftigt werden

1. mit Arbeiten, die ihre Leistungsfähigkeit übersteigen,
2. mit Arbeiten, bei denen sie sittlichen Gefahren ausgesetzt sind,
3. mit Arbeiten, die mit Unfallgefahren verbunden sind, von denen anzunehmen ist, dass Jugendliche sie wegen mangelnden Sicherheitsbewusstseins oder mangelnder Erfahrung nicht erkennen oder nicht abwenden können,
4. mit Arbeiten, bei denen ihre Gesundheit durch außergewöhnliche Hitze oder Kälte oder starke Nässe gefährdet wird,
5. mit Arbeiten, bei denen sie schädlichen Einwirkungen von Lärm, Erschütterungen oder Strahlen ausgesetzt sind,
6. mit Arbeiten, bei denen sie schädlichen Einwirkungen von Gefahrstoffen im Sinne des Chemikaliengesetzes ausgesetzt sind,
7. mit Arbeiten, bei denen sie schädlichen Einwirkungen von biologischen Arbeitsstoffen im Sinne der Richtlinie 90/679/EWG des Rates vom 26. November 1990 zum Schutze der Arbeitnehmer gegen Gefährdung durch biologische Arbeitsstoffe bei der Arbeit ausgesetzt sind.

(2) Absatz 1 Nr. 3 bis 7 gilt nicht für die Beschäftigung Jugendlicher, soweit

1. dies zur Erreichung ihres Ausbildungszieles erforderlich ist,
2. ihr Schutz durch die Aufsicht eines Fachkundigen gewährleistet ist und
3. der Luftgrenzwert bei gefährlichen Stoffen (Absatz 1 Nr. 6) unterschritten ist.

Satz 1 findet keine Anwendung auf den absichtlichen Umgang mit biologischen Arbeitsstoffen der Gruppen 3 und 4 im Sinne der Richtlinie 90/679/EWG des Rates vom 26. November 1990 zum Schutze der Arbeitnehmer gegen Gefährdung durch biologische Arbeitsstoffe bei der Arbeit.

(3) Werden Jugendliche in einem Betrieb beschäftigt, für den ein Betriebsarzt oder eine Fachkraft für Arbeitssicherheit verpflichtet ist, muss ihre betriebsärztliche oder sicherheitstechnische Betreuung sichergestellt sein.

§ 23 JArbSchG – Akkordarbeit; tempoabhängige Arbeiten

(1) Jugendliche dürfen nicht beschäftigt werden

1. mit Akkordarbeit und sonstigen Arbeiten, bei denen durch ein gesteigertes Arbeitstempo ein höheres Entgelt erzielt werden kann,
2. in einer Arbeitsgruppe mit erwachsenen Arbeitnehmern, die mit Arbeiten nach Nummer 1 beschäftigt werden,
3. mit Arbeiten, bei denen ihr Arbeitstempo nicht nur gelegentlich vorgeschrieben, vorgegeben oder auf andere Weise erzwungen wird.

(2) Absatz 1 Nr. 2 gilt nicht für die Beschäftigung Jugendlicher,

1. soweit dies zur Erreichung ihres Ausbildungszieles erforderlich ist oder
2. wenn sie eine Berufsausbildung für diese Beschäftigung abgeschlossen haben

und ihr Schutz durch die Aufsicht eines Fachkundigen gewährleistet ist.

(…)

§ 32 JArbSchG – Erstuntersuchung

(1) Ein Jugendlicher, der in das Berufsleben eintritt, darf nur beschäftigt werden, wenn

1. er innerhalb der letzten vierzehn Monate von einem Arzt untersucht worden ist (Erstuntersuchung) und
2. dem Arbeitgeber eine von diesem Arzt ausgestellte Bescheinigung vorliegt.

(2) Absatz 1 gilt nicht für eine nur geringfügige oder eine nicht länger als zwei Monate dauernde Beschäftigung mit leichten Arbeiten, von denen keine gesundheitlichen Nachteile für den Jugendlichen zu befürchten sind.

(…)

Bürgerliches Gesetzbuch (BGB) – *Auswahl*

Buch 1 – Allgemeiner Teil

Abschnitt 1 – Personen

Titel 1 – Natürliche Personen, Verbraucher, Unternehmer

§ 1 BGB – Beginn der Rechtsfähigkeit

Die Rechtsfähigkeit des Menschen beginnt mit der Vollendung der Geburt.

§ 2 BGB – Eintritt der Volljährigkeit

Die Volljährigkeit tritt mit der Vollendung des 18. Lebensjahres ein.

(…)

§ 13 BGB – Verbraucher

Verbraucher ist jede natürliche Person, die ein Rechtsgeschäft zu einem Zwecke abschließt, der weder ihrer gewerblichen noch ihrer selbstständigen beruflichen Tätigkeit zugerechnet werden kann.

§ 14 BGB – Unternehmer

(1) Unternehmer ist eine natürliche oder juristische Person oder eine rechtsfähige Personengesellschaft, die bei Abschluss eines Rechtsgeschäfts in Ausübung ihrer gewerblichen oder selbstständigen beruflichen Tätigkeit handelt.

16

3526556

Bürgerliches Gesetzbuch (BGB) – *Auswahl*

(2) eine rechtsfähige Personengesellschaft ist eine Personengesellschaft, die mit der Fähigkeit ausgestattet ist, Rechte zu erwerben und Verbindlichkeiten einzugehen. (…)

Abschnitt 2 – Sachen und Tiere

§ 90 BGB – Begriff der Sache
Sachen im Sinne des Gesetzes sind nur körperliche Gegenstände.

§ 90 a BGB – Tiere
Tiere sind keine Sachen. Sie werden durch besondere Gesetze geschützt. Auf sie sind die für Sachen geltenden Vorschriften entsprechend anzuwenden, soweit nicht etwas anderes bestimmt ist.

§ 91 BGB – Vertretbare Sachen
Vertretbare Sachen im Sinne des Gesetzes sind bewegliche Sachen, die im Verkehre nach Zahl, Maß oder Gewicht bestimmt zu werden pflegen. (…)

Abschnitt 3 – Rechtsgeschäfte

Titel 1 – Geschäftsfähigkeit

§ 104 BGB – Geschäftsunfähigkeit
Geschäftsunfähig ist:
1. wer nicht das siebente Lebensjahr vollendet hat;
2. wer sich in einem die freie Willensbestimmung ausschließenden Zustande krankhafter Störung der Geistestätigkeit befindet, sofern nicht der Zustand seiner Natur nach ein vorübergehender ist.

§ 105 BGB – Nichtigkeit der Willenserklärung
(1) Die Willenserklärung eines Geschäftsunfähigen ist nichtig.
(2) Nichtig ist auch eine Willenserklärung, die im Zustande der Bewusstlosigkeit oder vorübergehender Störung der Geistestätigkeit abgegeben wird.

§ 106 BGB – Beschränkte Geschäftsfähigkeit Minderjähriger
Ein Minderjähriger, der das siebente Lebensjahr vollendet hat, ist nach Maßgabe der §§ 107 bis 113 in der Geschäftsfähigkeit beschränkt.

§ 107 BGB – Einwilligung des gesetzlichen Vertreters
Der Minderjährige bedarf zu einer Willenserklärung, durch die er nicht lediglich einen rechtlichen Vorteil erlangt, der Einwilligung seines gesetzlichen Vertreters.

§ 108 BGB – Vertragsschluss ohne Einwilligung
(1) Schließt der Minderjährige einen Vertrag ohne die erforderliche Einwilligung des gesetzlichen Vertreters, so hängt die Wirksamkeit des Vertrags von der Genehmigung des Vertreters ab.
(2) Fordert der andere Teil den Vertreter zur Erklärung über die Genehmigung auf, so kann die Erklärung nur ihm gegenüber erfolgen; eine vor der Aufforderung dem Minderjährigen gegenüber erklärte Genehmigung oder Verweigerung der Genehmigung wird unwirksam. Die Genehmigung kann nur bis zum Ablauf von zwei Wochen nach dem Empfang der Aufforderung erklärt werden; wird sie nicht erklärt, so gilt sie als verweigert.
(3) Ist der Minderjährige unbeschränkt geschäftsfähig geworden, so tritt seine Genehmigung an die Stelle der Genehmigung des Vertreters.

§ 109 BGB – Widerrufsrecht des anderen Teils
(1) Bis zur Genehmigung des Vertrags ist der andere Teil zum Widerruf berechtigt. Der Widerruf kann auch dem Minderjährigen gegenüber erklärt werden.
(2) Hat der andere Teil die Minderjährigkeit gekannt, so kann er nur widerrufen, wenn der Minderjährige der Wahrheit zuwider die Einwilligung des Vertreters behauptet hat; er kann auch in diesem Falle nicht widerrufen, wenn ihm das Fehlen der Einwilligung bei dem Abschlusse des Vertrags bekannt war.

§ 110 BGB – Bewirken der Leistung mit eigenen Mitteln
Ein von dem Minderjährigen ohne Zustimmung des gesetzlichen Vertreters geschlossener Vertrag gilt als von Anfang an wirksam, wenn der Minderjährige die vertragsmäßige Leistung mit Mitteln bewirkt, die ihm zu diesem Zwecke oder zu freier Verfügung von dem Vertreter oder mit dessen Zustimmung von einem Dritten überlassen worden sind.

§ 111 BGB – Einseitige Rechtsgeschäfte
Ein einseitiges Rechtsgeschäft, das der Minderjährige ohne die erforderliche Einwilligung des gesetzlichen Vertreters vornimmt, ist unwirksam. Nimmt der Minderjährige mit dieser Einwilligung ein solches Rechtsgeschäft einem anderen gegenüber vor, so ist das Rechtsgeschäft unwirksam, wenn der Minderjährige die Einwilligung nicht in schriftlicher Form vorlegt und der andere das Rechtsgeschäft aus diesem Grunde unverzüglich zurückweist. Die Zurückweisung ist ausgeschlossen, wenn der Vertreter den anderen von der Einwilligung in Kenntnis gesetzt hatte.

§ 112 BGB – Selbstständiger Betrieb eines Erwerbsgeschäfts
(1) Ermächtigt der gesetzliche Vertreter mit Genehmigung des Vormundschaftsgerichts den Minderjährigen zum selbstständigen Betrieb eines Erwerbsgeschäfts, so ist der Minderjährige für solche Rechtsgeschäfte unbeschränkt geschäftsfähig, welche der Geschäftsbetrieb mit sich bringt. Ausgenommen sind Rechtsgeschäfte, zu denen der Vertreter der Genehmigung des Vormundschaftsgerichts bedarf.
(2) Die Ermächtigung kann von dem Vertreter nur mit Genehmigung des Vormundschaftsgerichts zurückgenommen werden.

§ 113 BGB – Dienst- oder Arbeitsverhältnis
(1) Ermächtigt der gesetzliche Vertreter den Minderjährigen, in Dienst oder in Arbeit zu treten, so ist der Minderjährige für solche Rechtsgeschäfte unbeschränkt geschäftsfähig, welche die Eingehung oder Aufhebung eines Dienst- oder Arbeitsverhältnisses der gestatteten Art oder die Erfüllung der sich aus einem solchen Verhältnis ergebenden Verpflichtungen betreffen. Ausgenommen sind Verträge, zu denen der Vertreter der Genehmigung des Vormundschaftsgerichts bedarf.
(2) Die Ermächtigung kann von dem Vertreter zurückgenommen oder eingeschränkt werden.
(3) Ist der gesetzliche Vertreter ein Vormund, so kann die Ermächtigung, wenn sie von ihm verweigert wird, auf Antrag des Minderjährigen durch das Vormundschaftsgericht ersetzt werden. Das Vormundschaftsgericht hat die Ermächtigung zu ersetzen, wenn sie im Interesse des Mündels liegt.
(4) Die für einen einzelnen Fall erteilte Ermächtigung gilt im Zweifel als allgemeine Ermächtigung zur Eingehung von Verhältnissen derselben Art. (…)

16

Bürgerliches Gesetzbuch (BGB) – *Auswahl*

Titel 2 – Willenserklärung

§ 117 BGB – Scheingeschäft

(1) Wird eine Willenserklärung, die einem anderen gegenüber abzugeben ist, mit dessen Einverständnis nur zum Schein abgegeben, so ist sie nichtig.

(2) Wird durch ein Scheingeschäft ein anderes Rechtsgeschäft verdeckt, so finden die für das verdeckte Rechtsgeschäft geltenden Vorschriften Anwendung.

§ 118 BGB – Mangel der Ernstlichkeit

Eine nicht ernstlich gemeinte Willenserklärung, die in der Erwartung abgegeben wird, der Mangel der Ernstlichkeit werde nicht verkannt werden, ist nichtig.

§ 119 BGB – Anfechtbarkeit wegen Irrtums

(1) Wer bei der Abgabe einer Willenserklärung über deren Inhalt im Irrtum war oder eine Erklärung dieses Inhalts überhaupt nicht abgeben wollte, kann die Erklärung anfechten, wenn anzunehmen ist, dass er sie bei Kenntnis der Sachlage und bei verständiger Würdigung des Falles nicht abgegeben haben würde.

(2) Als Irrtum über den Inhalt der Erklärung gilt auch der Irrtum über solche Eigenschaften der Person oder der Sache, die im Verkehr als wesentlich angesehen werden.

§ 120 BGB – Anfechtbarkeit wegen falscher Übermittlung

Eine Willenserklärung, welche durch die zur Übermittlung verwendete Person oder Einrichtung unrichtig übermittelt worden ist, kann unter der gleichen Voraussetzung angefochten werden wie nach § 119 eine irrtümlich abgegebene Willenserklärung.

§ 121 BGB – Anfechtungsfrist

(1) Die Anfechtung muss in den Fällen der §§ 119, 120 ohne schuldhaftes Zögern (unverzüglich) erfolgen, nachdem der Anfechtungsberechtigte von dem Anfechtungsgrund Kenntnis erlangt hat. Die einem Abwesenden gegenüber erfolgte Anfechtung gilt als rechtzeitig erfolgt, wenn die Anfechtungserklärung unverzüglich abgesendet worden ist.

(2) Die Anfechtung ist ausgeschlossen, wenn seit der Abgabe der Willenserklärung zehn Jahre verstrichen sind.

§ 122 BGB – Schadensersatzpflicht des Anfechtenden

(1) Ist eine Willenserklärung nach § 118 nichtig oder aufgrund der §§ 119, 120 angefochten, so hat der Erklärende, wenn die Erklärung einem anderen gegenüber abzugeben war, diesem, andernfalls jedem Dritten den Schaden zu ersetzen, den der andere oder der Dritte dadurch erleidet, dass er auf die Gültigkeit der Erklärung vertraut, jedoch nicht über den Betrag des Interesses hinaus, welches der andere oder der Dritte an der Gültigkeit der Erklärung hat.

(2) Die Schadensersatzpflicht tritt nicht ein, wenn der Beschädigte den Grund der Nichtigkeit oder der Anfechtbarkeit kannte oder infolge von Fahrlässigkeit nicht kannte (kennen musste).

§ 123 BGB – Anfechtbarkeit wegen Täuschung oder Drohung

(1) Wer zur Abgabe einer Willenserklärung durch arglistige Täuschung oder widerrechtlich durch Drohung bestimmt worden ist, kann die Erklärung anfechten.

(2) Hat ein Dritter die Täuschung verübt, so ist eine Erklärung, die einem anderen gegenüber abzugeben war, nur dann anfechtbar, wenn dieser die Täuschung kannte oder kennen musste. Soweit ein anderer als derjenige, welchem gegenüber die Erklärung abzugeben war, aus der Erklärung unmittelbar ein Recht erworben hat, ist die Erklärung ihm gegenüber anfechtbar, wenn er die Täuschung kannte oder kennen musste.

§ 124 BGB – Anfechtungsfrist

(1) Die Anfechtung einer nach § 123 anfechtbaren Willenserklärung kann nur binnen Jahresfrist erfolgen.

(2) Die Frist beginnt im Falle der arglistigen Täuschung mit dem Zeitpunkt, in welchem der Anfechtungsberechtigte die Täuschung entdeckt, im Falle der Drohung mit dem Zeitpunkt, in welchem die Zwangslage aufhört. Auf den Lauf der Frist finden die für die Verjährung geltenden Vorschriften der §§ 206, 210 und 211 entsprechende Anwendung.

(3) Die Anfechtung ist ausgeschlossen, wenn seit der Abgabe der Willenserklärung zehn Jahre verstrichen sind.

§ 125 BGB – Nichtigkeit wegen Formmangels

Ein Rechtsgeschäft, welches der durch Gesetz vorgeschriebenen Form ermangelt, ist nichtig. Der Mangel der durch Rechtsgeschäft bestimmten Form hat im Zweifel gleichfalls Nichtigkeit zur Folge.

(…)

§ 128 BGB – Notarielle Beurkundung

Ist durch Gesetz notarielle Beurkundung eines Vertrags vorgeschrieben, so genügt es, wenn zunächst der Antrag und sodann die Annahme des Antrags von einem Notar beurkundet wird.

§ 129 BGB – Öffentliche Beglaubigung

(1) Ist durch Gesetz für eine Erklärung öffentliche Beglaubigung vorgeschrieben, so muss die Erklärung schriftlich abgefasst und die Unterschrift des Erklärenden von einem Notar beglaubigt werden. Wird die Erklärung von dem Aussteller mittels Handzeichens unterzeichnet, so ist die im § 126 Abs. 1 vorgeschriebene Beglaubigung des Handzeichens erforderlich und genügend.

(2) Die öffentliche Beglaubigung wird durch die notarielle Beurkundung der Erklärung ersetzt.

(…)

§ 134 BGB – Gesetzliches Verbot

Ein Rechtsgeschäft, das gegen ein gesetzliches Verbot verstößt, ist nichtig, wenn sich nicht aus dem Gesetz ein anderes ergibt.

(…)

§ 138 BGB – Sittenwidriges Rechtsgeschäft; Wucher

(1) Ein Rechtsgeschäft, das gegen die guten Sitten verstößt, ist nichtig.

(2) Nichtig ist insbesondere ein Rechtsgeschäft, durch das jemand unter Ausbeutung der Zwangslage, der Unerfahrenheit, des Mangels an Urteilsvermögen oder der erheblichen Willensschwäche eines anderen sich oder einem Dritten für eine Leistung Vermögensvorteile versprechen oder gewähren lässt, die in einem auffälligen Missverhältnis zu der Leistung stehen.

(…)

Titel 3 – Vertrag

§ 145 BGB – Bindung an den Antrag

Wer einem anderen die Schließung eines Vertrags anträgt, ist an den Antrag gebunden, es sei denn, dass er die Gebundenheit ausgeschlossen hat.

§ 146 BGB – Erlöschen des Antrags

Der Antrag erlischt, wenn er dem Antragenden gegenüber abgelehnt oder wenn er nicht diesem gegenüber nach den §§ 147 bis 149 rechtzeitig angenommen wird.

3526558

Bürgerliches Gesetzbuch (BGB) – *Auswahl*

§ 147 BGB – Annahmefrist

(1) Der einem Anwesenden gemachte Antrag kann nur sofort angenommen werden. Dies gilt auch von einem mittels Fernsprechers oder einer sonstigen technischen Einrichtung von Person zu Person gemachten Antrag.

(2) Der einem Abwesenden gemachte Antrag kann nur bis zu dem Zeitpunkt angenommen werden, in welchem der Antragende den Eingang der Antwort unter regelmäßigen Umständen erwarten darf.

§ 148 BGB – Bestimmung einer Annahmefrist

Hat der Antragende für die Annahme des Antrags eine Frist bestimmt, so kann die Annahme nur innerhalb der Frist erfolgen.

§ 149 BGB – Verspätet zugegangene Annahmeerklärung

Ist eine dem Antragenden verspätet zugegangene Annahmeerklärung dergestalt abgesendet worden, dass sie bei regelmäßiger Beförderung ihm rechtzeitig zugegangen sein würde, und musste der Antragende dies erkennen, so hat er die Verspätung dem Annehmenden unverzüglich nach dem Empfang der Erklärung anzuzeigen, sofern es nicht schon vorher geschehen ist. Verzögert er die Absendung der Anzeige, so gilt die Annahme als nicht verspätet.

§ 150 BGB – Verspätete und abändernde Annahme

(1) Die verspätete Annahme eines Antrags gilt als neuer Antrag.

(2) Eine Annahme unter Erweiterungen, Einschränkungen oder sonstigen Änderungen gilt als Ablehnung verbunden mit einem neuen Antrag.

§ 151 BGB – Annahme ohne Erklärung gegenüber dem Antragenden

Der Vertrag kommt durch die Annahme des Antrags zustande, ohne dass die Annahme dem Antragenden gegenüber erklärt zu werden braucht, wenn eine solche Erklärung nach der Verkehrssitte nicht zu erwarten ist oder der Antragende auf sie verzichtet hat. Der Zeitpunkt, in welchem der Antrag erlischt, bestimmt sich nach dem aus dem Antrag oder den Umständen zu entnehmenden Willen des Antragenden.

(…)

Abschnitt 5 – Verjährung

Titel 1 – Gegenstand und Dauer der Verjährung

§ 194 BGB – Gegenstand der Verjährung

(1) Das Recht, von einem anderen ein Tun oder ein Unterlassen zu verlangen (Anspruch), unterliegt der Verjährung.

(2) Ansprüche aus einem familienrechtlichen Verhältnis unterliegen der Verjährung nicht, soweit sie auf die Herstellung des dem Verhältnis entsprechenden Zustandes für die Zukunft gerichtet ist.

§ 195 BGB – Regelmäßige Verjährungsfrist

Die regelmäßige Verjährungsfrist beträgt drei Jahre.

§ 196 BGB – Verjährungsfrist bei Rechten an einem Grundstück

Ansprüche auf Übertragung des Eigentums an einem Grundstück sowie auf Begründung, Übertragung oder Aufhebung eines Rechts an einem Grundstück oder auf Änderung des Inhalts eines solchen Rechts sowie die Ansprüche auf die Gegenleistung verjähren in zehn Jahren.

§ 197 BGB – Dreißigjährige Verjährungsfrist

(1) In 30 Jahren verjähren, soweit nicht ein anderes bestimmt ist,

1. Herausgabeansprüche aus Eigentum und anderen dinglichen Rechten,
2. familien- und erbrechtliche Ansprüche,
3. rechtskräftig festgestellte Ansprüche,
4. Ansprüche aus vollstreckbaren Vergleichen oder vollstreckbaren Urkunden und
5. Ansprüche, die durch die im Insolvenzverfahren erfolgte Feststellung vollstreckbar geworden sind.

(2) Soweit Ansprüche nach Absatz 1 Nr. 2 regelmäßig wiederkehrende Leistungen oder Unterhaltsleistungen und Ansprüche nach Absatz 1 Nr. 3 bis 5 künftig fällig werdende regelmäßig wiederkehrende Leistungen zum Inhalt haben, tritt an die Stelle der Verjährungsfrist von 30 Jahren die regelmäßige Verjährungsfrist.

§ 198 BGB – Verjährung bei Rechtsnachfolge

Gelangt eine Sache, hinsichtlich derer ein dinglicher Anspruch besteht, durch Rechtsnachfolge in den Besitz eines Dritten, so kommt die während des Besitzes des Rechtsvorgängers verstrichene Verjährungszeit dem Rechtsnachfolger zugute.

§ 199 BGB – Beginn der regelmäßigen Verjährungsfrist und Höchstfristen

(1) Die regelmäßige Verjährungsfrist beginnt mit dem Schluss des Jahres, in dem

1. der Anspruch entstanden ist und
2. der Gläubiger von den den Anspruch begründenden Umständen und der Person des Schuldners Kenntnis erlangt oder ohne grobe Fahrlässigkeit erlangen müsste.

(2) Schadensersatzansprüche, die auf der Verletzung des Lebens, des Körpers, der Gesundheit oder der Freiheit beruhen, verjähren ohne Rücksicht auf ihre Entstehung und die Kenntnis oder grob fahrlässige Unkenntnis in 30 Jahren von der Begehung der Handlung, der Pflichtverletzung oder dem sonstigen, den Schaden auslösenden Ereignis an.

(3) Sonstige Schadensersatzansprüche verjähren

1. ohne Rücksicht auf die Kenntnis oder grob fahrlässige Unkenntnis in zehn Jahren von ihrer Entstehung an und
2. ohne Rücksicht auf ihre Entstehung und die Kenntnis oder grob fahrlässige Unkenntnis in 30 Jahren von der Begehung der Handlung, der Pflichtverletzung oder dem sonstigen, den Schaden auslösenden Ereignis an.

Maßgeblich ist die früher endende Frist.

(4) Andere Ansprüche als Schadensersatzansprüche verjähren ohne Rücksicht auf die Kenntnis oder grob fahrlässige Unkenntnis in zehn Jahren von ihrer Entstehung an.

(5) Geht der Anspruch auf ein Unterlassen, so tritt an die Stelle der Entstehung die Zuwiderhandlung.

§ 200 BGB – Beginn anderer Verjährungsfristen

Die Verjährungsfrist von Ansprüchen, die nicht der regelmäßigen Verjährungsfrist unterliegen, beginnt mit der Entstehung des Anspruchs, soweit nicht ein anderer Verjährungsbeginn bestimmt ist. § 199 Abs. 5 findet entsprechende Anwendung.

§ 201 BGB – Beginn der Verjährungsfrist von festgestellten Ansprüchen

Die Verjährung von Ansprüchen der in § 197 Abs. 1 Nr. 3 bis 5 bezeichneten Art beginnt mit der Rechtskraft der Entscheidung, der Errichtung des vollstreckbaren Titels oder der Feststellung im Insolvenzverfahren, nicht jedoch vor der Entstehung des Anspruchs. § 199 Abs. 5 findet entsprechende Anwendung.

16

Bürgerliches Gesetzbuch (BGB) – *Auswahl*

§ 202 BGB – Unzulässigkeit von Vereinbarungen über die Verjährung

(1) Die Verjährung kann bei Haftung wegen Vorsatzes nicht im Voraus durch Rechtsgeschäft erleichtert werden.

(2) Die Verjährung kann durch Rechtsgeschäft nicht über eine Verjährungsfrist von 30 Jahren ab dem gesetzlichen Verjährungsbeginn hinaus erschwert werden.

Titel 2 – Hemmung, Ablaufhemmung und Neubeginn der Verjährung

§ 203 BGB – Hemmung der Verjährung bei Verhandlungen

Schweben zwischen dem Schuldner und dem Gläubiger Verhandlungen über den Anspruch oder die den Anspruch begründenden Umstände, so ist die Verjährung gehemmt, bis der eine oder der andere Teil die Fortsetzung der Verhandlungen verweigert. Die Verjährung tritt frühestens drei Monate nach dem Ende der Hemmung ein.

§ 204 BGB – Hemmung der Verjährung durch Rechtsverfolgung

(1) Die Verjährung wird gehemmt durch

1. die Erhebung der Klage auf Leistung oder auf Feststellung des Anspruchs, auf Erteilung der Vollstreckungsklausel oder auf Erlass des Vollstreckungsurteils,
2. die Zustellung des Antrags im vereinfachten Verfahren über den Unterhalt Minderjähriger,
3. die Zustellung des Mahnbescheids im Mahnverfahren,
4. die Veranlassung der Bekanntgabe des Güteantrags, der bei einer durch die Landesjustizverwaltung eingerichteten oder anerkannten Gütestelle oder, wenn die Parteien den Einigungsversuch einvernehmlich unternehmen, bei einer sonstigen Gütestelle, die Streitbeilegungen betreibt, eingereicht ist; wird die Bekanntgabe demnächst nach der Einreichung des Antrags veranlasst, so tritt die Hemmung der Verjährung bereits mit der Einreichung ein,
5. die Geltendmachung der Aufrechnung des Anspruchs im Prozess,
6. die Zustellung der Streitverkündung,
7. die Zustellung des Antrags auf Durchführung eines selbstständigen Beweisverfahrens,
8. den Beginn eines vereinbarten Begutachtungsverfahrens oder die Beauftragung des Gutachters in dem Verfahren nach § 641 a,
9. die Zustellung des Antrags auf Erlass eines Arrests, einer einstweiligen Verfügung oder einer einstweiligen Anordnung, oder, wenn der Antrag nicht zugestellt wird, dessen Einreichung, wenn der Arrestbefehl, die einstweilige Verfügung oder die einstweilige Anordnung innerhalb eines Monats seit Verkündung oder Zustellung an den Gläubiger dem Schuldner zugestellt wird,
10. die Anmeldung des Anspruchs im Insolvenzverfahren oder im Schifffahrtsrechtlichen Verteilungsverfahren,
11. den Beginn des schiedsrichterlichen Verfahrens,
12. die Einreichung des Antrags bei einer Behörde, wenn die Zulässigkeit der Klage von der Vorentscheidung dieser Behörde abhängt und innerhalb von drei Monaten nach Erledigung des Gesuchs die Klage erhoben wird; dies gilt entsprechend für bei einem Gericht oder bei einer in Nummer 4 bezeichneten Gütestelle zu stellende Anträge, deren Zulässigkeit von der Vorentscheidung einer Behörde abhängt,
13. die Einreichung des Antrags bei dem höheren Gericht, wenn dieses das zuständige Gericht zu bestimmen hat und innerhalb von drei Monaten nach Erledigung des Gesuchs die Klage erhoben oder der Antrag, für den die Gerichtsstandsbestimmung zu erfolgen hat, gestellt wird, und
14. die Veranlassung der Bekanntgabe des erstmaligen Antrags auf Gewährung von Prozesskostenhilfe; wird die Bekanntgabe demnächst nach der Einreichung des Antrags veranlasst, so tritt die Hemmung der Verjährung bereits mit der Einreichung ein.

(2) Die Hemmung nach Absatz 1 endet sechs Monate nach der rechtskräftigen Entscheidung oder anderweitigen Beendigung des eingeleiteten Verfahrens. Gerät das Verfahren dadurch in Stillstand, dass die Parteien es nicht betreiben, so tritt an die Stelle der Beendigung des Verfahrens die letzte Verfahrenshandlung der Parteien, des Gerichts oder der sonst mit dem Verfahren befassten Stelle. Die Hemmung beginnt erneut, wenn eine der Parteien das Verfahren weiter betreibt.

(3) Auf die Frist nach Absatz 1 Nr. 9, 12 und 13 finden die §§ 206, 210 und 211 entsprechende Anwendung.

§ 205 BGB – Hemmung der Verjährung bei Leistungsverweigerungsrecht

Die Verjährung ist gehemmt, solange der Schuldner aufgrund einer Vereinbarung mit dem Gläubiger vorübergehend zur Verweigerung der Leistung berechtigt ist.

§ 206 BGB – Hemmung der Verjährung bei höherer Gewalt

Die Verjährung ist gehemmt, solange der Gläubiger innerhalb der letzten sechs Monate der Verjährungsfrist durch höhere Gewalt an der Rechtsverfolgung gehindert ist.
(…)

§ 209 BGB – Wirkung der Hemmung

Der Zeitraum, während dessen die Verjährung gehemmt ist, wird in die Verjährungsfrist nicht eingerechnet.
(…)

§ 212 BGB – Neubeginn der Verjährung

(1) Die Verjährung beginnt erneut, wenn

1. der Schuldner dem Gläubiger gegenüber den Anspruch durch Abschlagszahlung, Zinszahlung, Sicherheitsleistung oder in anderer Weise anerkennt oder
2. eine gerichtliche oder behördliche Vollstreckungshandlung vorgenommen oder beantragt wird.

(2) Der erneute Beginn der Verjährung infolge einer Vollstreckungshandlung gilt als nicht eingetreten, wenn die Vollstreckungshandlung auf Antrag des Gläubigers oder wegen Mangels der gesetzlichen Voraussetzungen aufgehoben wird.

(3) Der erneute Beginn der Verjährung durch den Antrag auf Vornahme einer Vollstreckungshandlung gilt als nicht eingetreten, wenn dem Antrag nicht stattgegeben oder der Antrag vor der Vollstreckungshandlung zurückgenommen oder die erwirkte Vollstreckungshandlung nach Absatz 2 aufgehoben wird.
(…)

Titel 3 – Rechtsfolgen der Verjährung

§ 214 BGB – Wirkung der Verjährung

(1) Nach Eintritt der Verjährung ist der Schuldner berechtigt die Leistung zu verweigern.

(2) Das zur Befriedigung eines verjährten Anspruchs Geleistete kann nicht zurückgefordert werden, auch wenn in Unkenntnis der Verjährung geleistet worden ist. Das Gleiche gilt von einem vertragsmäßigen Anerkenntnis sowie einer Sicherheitsleistung des Schuldners.
(…)

16

Buch 2 – Recht der Schuldverhältnisse

Abschnitt 1 – Inhalt der Schuldverhältnisse

Titel 1 Verpflichtung zur Leistung

§ 241 BGB – Pflichten aus dem Schuldverhältnis

(1) Kraft des Schuldverhältnisses ist der Gläubiger berechtigt von dem Schuldner eine Leistung zu fordern. Die Leistung kann auch in einem Unterlassen bestehen.

(2) Das Schuldverhältnis kann nach seinem Inhalt jeden Teil zur Rücksicht auf die Rechte, Rechtsgüter und Interessen des anderen Teils verpflichten.

§ 241 a BGB – Unbestellte Leistungen

(1) Durch die Lieferung unbestellter Sachen oder durch die Erbringung unbestellter sonstiger Leistungen durch einen Unternehmer an einen Verbraucher wird ein Anspruch gegen diesen nicht begründet.

(2) Gesetzliche Ansprüche sind nicht ausgeschlossen, wenn die Leistung nicht für den Empfänger bestimmt war oder in der irrigen Vorstellung einer Bestellung erfolgte und der Empfänger dies erkannt hat oder bei Anwendung der im Verkehr erforderlichen Sorgfalt hätte erkennen können.

(3) Eine unbestellte Leistung liegt nicht vor, wenn dem Verbraucher statt der bestellten eine nach Qualität und Preis gleichwertige Leistung angeboten und er darauf hingewiesen wird, dass er zur Annahme nicht verpflichtet ist und die Kosten der Rücksendung nicht zu tragen hat.

§ 242 BGB – Leistung nach Treu und Glauben

Der Schuldner ist verpflichtet die Leistung so zu bewirken, wie Treu und Glauben mit Rücksicht auf die Verkehrssitte es erfordern.

§ 243 BGB – Gattungsschuld

(1) Wer eine nur der Gattung nach bestimmte Sache schuldet, hat eine Sache von mittlerer Art und Güte zu leisten.

(2) Hat der Schuldner das zur Leistung einer solchen Sache seinerseits Erforderliche getan, so beschränkt sich das Schuldverhältnis auf diese Sache.

§ 244 BGB – Fremdwährungsschuld

(1) Ist eine in einer anderen Währung als Euro ausgedrückte Geldschuld im Inland zu zahlen, so kann die Zahlung in Euro erfolgen, es sei denn, dass Zahlung in der anderen Währung ausdrücklich vereinbart ist.

(2) Die Umrechnung erfolgt nach dem Kurswert, der zur Zeit der Zahlung für den Zahlungsort maßgebend ist.

§ 245 BGB – Geldsortenschuld

Ist eine Geldschuld in einer bestimmten Münzsorte zu zahlen, die sich zur Zeit der Zahlung nicht mehr im Umlauf befindet, so ist die Zahlung so zu leisten, wie wenn die Münzsorte nicht bestimmt wäre.

§ 246 BGB – Gesetzlicher Zinssatz

Ist eine Schuld nach Gesetz oder Rechtsgeschäft zu verzinsen, so sind vier vom Hundert für das Jahr zu entrichten, sofern nicht ein anderes bestimmt ist.

(…)

§ 249 BGB – Art und Umfang des Schadensersatzes

Wer zum Schadensersatz verpflichtet ist, hat den Zustand herzustellen, der bestehen würde, wenn der zum Ersatz verpflichtende Umstand nicht eingetreten wäre. Ist wegen Verletzung einer Person oder wegen Beschädigung einer Sache Schadensersatz zu leisten, so kann der Gläubiger statt der Herstellung den dazu erforderlichen Geldbetrag verlangen.

(…)

§ 252 BGB – Entgangener Gewinn

Der zu ersetzende Schaden umfasst auch den entgangenen Gewinn. Als entgangen gilt der Gewinn, welcher nach dem gewöhnlichen Lauf der Dinge oder nach den besonderen Umständen, insbesondere nach den getroffenen Anstalten und Vorkehrungen, mit Wahrscheinlichkeit erwartet werden konnte.

§ 253 BGB – Immaterieller Schaden

Wegen eines Schadens, der nicht Vermögensschaden ist, kann Entschädigung in Geld nur in den durch das Gesetz bestimmten Fällen gefordert werden.

(…)

§ 269 BGB – Leistungsort

(1) Ist ein Ort für die Leistung weder bestimmt noch aus den Umständen, insbesondere aus der Natur des Schuldverhältnisses, zu entnehmen, so hat die Leistung an dem Ort zu erfolgen, an welchem der Schuldner zur Zeit der Entstehung des Schuldverhältnisses seinen Wohnsitz hatte.

(2) Ist die Verbindlichkeit im Gewerbebetrieb des Schuldners entstanden, so tritt, wenn der Schuldner seine gewerbliche Niederlassung an einem anderen Ort hatte, der Ort der Niederlassung an die Stelle des Wohnsitzes.

(3) Aus dem Umstand allein, dass der Schuldner die Kosten der Versendung übernommen hat, ist nicht zu entnehmen, dass der Ort, nach welchem die Versendung zu erfolgen hat, der Leistungsort sein soll.

§ 270 BGB – Zahlungsort

(1) Geld hat der Schuldner im Zweifel auf seine Gefahr und seine Kosten dem Gläubiger an dessen Wohnsitz zu übermitteln.

(2) Ist die Forderung im Gewerbebetrieb des Gläubigers entstanden, so tritt, wenn der Gläubiger seine gewerbliche Niederlassung an einem anderen Ort hat, der Ort der Niederlassung an die Stelle des Wohnsitzes.

(3) Erhöhen sich infolge einer nach der Entstehung des Schuldverhältnisses eintretenden Änderung des Wohnsitzes oder der gewerblichen Niederlassung des Gläubigers die Kosten oder die Gefahr der Übermittlung, so hat der Gläubiger im ersteren Falle die Mehrkosten, im letzteren Falle die Gefahr zu tragen.

(4) Die Vorschriften über den Leistungsort bleiben unberührt.

§ 271 BGB – Leistungszeit

(1) Ist eine Zeit für die Leistung weder bestimmt noch aus den Umständen zu entnehmen, so kann der Gläubiger die Leistung sofort verlangen, der Schuldner sie sofort bewirken.

(2) Ist eine Zeit bestimmt, so ist im Zweifel anzunehmen, dass der Gläubiger die Leistung nicht vor dieser Zeit verlangen, der Schuldner aber sie vorher bewirken kann.

(…)

§ 286 BGB – Verzug des Schuldners

(1) Leistet der Schuldner auf eine Mahnung des Gläubigers nicht, die nach dem Eintritt der Fälligkeit erfolgt, so kommt er durch die Mahnung in Verzug. Der Mahnung stehen die Erhebung der Klage auf die Leistung sowie die Zustellung eines Mahnbescheids im Mahnverfahren gleich.

(2) Der Mahnung bedarf es nicht, wenn

1. für die Leistung eine Zeit nach dem Kalender bestimmt ist,

2. der Leistung ein Ereignis vorauszugehen hat und eine angemessene Zeit für die Leistung in der Weise bestimmt ist, dass sie sich von dem Ereignis an nach dem Kalender berechnen lässt,

16

Bürgerliches Gesetzbuch (BGB) – *Auswahl*

3. der Schuldner die Leistung ernsthaft und endgültig verweigert,

4. aus besonderen Gründen unter Abwägung der beiderseitigen Interessen der sofortige Eintritt des Verzugs gerechtfertigt ist.

(3) Der Schuldner einer Entgeltforderung kommt spätestens in Verzug, wenn er nicht innerhalb von 30 Tagen nach Fälligkeit und Zugang einer Rechnung oder gleichwertigen Zahlungsaufstellung leistet; dies gilt gegenüber einem Schuldner, der Verbraucher ist, nur, wenn auf diese Folgen in der Rechnung oder Zahlungsaufstellung besonders hingewiesen worden ist. Wenn der Zeitpunkt des Zugangs der Rechnung oder Zahlungsaufstellung unsicher ist, kommt der Schuldner, der nicht Verbraucher ist, spätestens 30 Tage nach Fälligkeit und Empfang der Gegenleistung in Verzug.

(4) Der Schuldner kommt nicht in Verzug, solange die Leistung infolge eines Umstands unterbleibt, den er nicht zu vertreten hat.

§ 287 BGB – Verantwortlichkeit während des Verzugs
Der Schuldner hat während des Verzugs jede Fahrlässigkeit zu vertreten. Er haftet wegen der Leistung auch für Zufall, es sei denn, dass der Schaden auch bei rechtzeitiger Leistung eingetreten sein würde.

§ 288 BGB – Verzugszinsen
(1) Eine Geldschuld ist während des Verzugs zu verzinsen. Der Verzugszinssatz beträgt für das Jahr fünf Prozentpunkte über dem Basiszinssatz.

(2) Bei Rechtsgeschäften, an denen ein Verbraucher nicht beteiligt ist, beträgt der Zinssatz für Entgeltforderungen acht Prozentpunkte über dem Basiszinssatz.

(3) Der Gläubiger kann aus einem anderen Rechtsgrund höhere Zinsen verlangen.

(4) Die Geltendmachung eines weiteren Schadens ist nicht ausgeschlossen.
(…)

Titel 2 – Verzug des Gläubigers

§ 293 BGB – Annahmeverzug
Der Gläubiger kommt in Verzug, wenn er die ihm angebotene Leistung nicht annimmt.
(…)

§ 300 BGB – Wirkungen des Gläubigerverzugs
(1) Der Schuldner hat während des Verzugs des Gläubigers nur Vorsatz und grobe Fahrlässigkeit zu vertreten.

(2) Wird eine nur der Gattung nach bestimmte Sache geschuldet, so geht die Gefahr mit dem Zeitpunkt auf den Gläubiger über, in welchem er dadurch in Verzug kommt, dass er die angebotene Sache nicht annimmt.
(…)

Abschnitt 2 – Gestaltung rechtsgeschäftlicher Schuldverhältnisse durch Allgemeine Geschäftsbedingungen

§ 305 BGB – Einbeziehung Allgemeiner Geschäftsbedingungen in den Vertrag
(1) Allgemeine Geschäftsbedingungen sind alle für eine Vielzahl von Verträgen vorformulierten Vertragsbedingungen, die eine Vertragspartei (Verwender) der anderen Vertragspartei bei Abschluss eines Vertrags stellt. Gleichgültig ist, ob die Bestimmungen einen äußerlich gesonderten Bestandteil des Vertrags bilden oder in die Vertragsurkunde selbst aufgenommen werden, welchen Umfang sie haben, in welcher Schriftart sie verfasst sind und welche Form der Vertrag hat. Allgemeine Geschäftsbedingungen liegen nicht vor, soweit die Vertragsbedingungen zwischen den Vertragsparteien im Einzelnen ausgehandelt sind.

(2) Allgemeine Geschäftsbedingungen werden nur dann Bestandteil eines Vertrags, wenn der Verwender bei Vertragsschluss

1. die andere Vertragspartei ausdrücklich oder, wenn ein ausdrücklicher Hinweis wegen der Art des Vertragsschlusses nur unter unverhältnismäßigen Schwierigkeiten möglich ist, durch deutlich sichtbaren Aushang am Ort des Vertragsschlusses auf sie hinweist und

2. der anderen Vertragspartei die Möglichkeit verschafft, in zumutbarer Weise, die auch eine für den Verwender erkennbare körperliche Behinderung der anderen Vertragspartei angemessen berücksichtigt, von ihrem Inhalt Kenntnis zu nehmen,

und wenn die andere Vertragspartei mit ihrer Geltung einverstanden ist.

(3) Die Vertragsparteien können für eine bestimmte Art von Rechtsgeschäften die Geltung bestimmter Allgemeiner Geschäftsbedingungen unter Beachtung der in Absatz 2 bezeichneten Erfordernisse im Voraus vereinbaren.
(…)

§ 305 b BGB – Vorgang der Individualabrede
Individuelle Vertragsabreden haben Vorrang vor Allgemeinen Geschäftsbedingungen.
(…)

Abschnitt 4 – Erlöschen der Schuldverhältnisse

Titel 2 – Hinterlegung

§ 372 BGB – Voraussetzungen
Geld, Wertpapiere und sonstige Urkunden sowie Kostbarkeiten kann der Schuldner bei einer dazu bestimmten öffentlichen Stelle für den Gläubiger hinterlegen, wenn der Gläubiger im Verzug der Annahme ist. Das Gleiche gilt, wenn der Schuldner aus einem anderen in der Person des Gläubigers liegenden Grund oder infolge einer nicht auf Fahrlässigkeit beruhenden Ungewissheit über die Person des Gläubigers seine Verbindlichkeit nicht oder nicht mit Sicherheit erfüllen kann.
(…)

§ 374 BGB – Hinterlegungsort; Anzeigepflicht
(1) Die Hinterlegung hat bei der Hinterlegungsstelle des Leistungsorts zu erfolgen; hinterlegt der Schuldner bei einer anderen Stelle, so hat er dem Gläubiger den daraus entstehenden Schaden zu ersetzen.

(2) Der Schuldner hat dem Gläubiger die Hinterlegung unverzüglich anzuzeigen; im Falle der Unterlassung ist er zum Schadensersatz verpflichtet. Die Anzeige darf unterbleiben, wenn sie untunlich ist.
(…)

§ 381 BGB – Kosten der Hinterlegung
Die Kosten der Hinterlegung fallen dem Gläubiger zur Last, sofern nicht der Schuldner die hinterlegte Sache zurücknimmt.
(…)

§ 383 BGB – Versteigerung hinterlegungsunfähiger Sachen
(1) Ist die geschuldete bewegliche Sache zur Hinterlegung nicht geeignet, so kann der Schuldner sie im Falle des Verzugs des Gläubigers am Leistungsort versteigern lassen und den Erlös hinterlegen. Das Gleiche gilt in den Fällen des § 372 Satz 2, wenn der Verderb der Sache zu besorgen oder die Aufbewahrung mit unverhältnismäßigen Kosten verbunden ist.

(2) Ist von der Versteigerung am Leistungsort ein angemessener Erfolg nicht zu erwarten, so ist die Sache an einem geeigneten anderen Ort zu versteigern.

16

Bürgerliches Gesetzbuch (BGB) – *Auswahl*

(3) Die Versteigerung hat durch einen für den Versteigerungsort bestellten Gerichtsvollzieher oder zu Versteigerungen befugten anderen Beamten oder öffentlich angestellten Versteigerer öffentlich zu erfolgen (öffentliche Versteigerung). Zeit und Ort der Versteigerung sind unter allgemeiner Bezeichnung der Sache öffentlich bekannt zu machen.

(4) Die Vorschriften der Absätze 1 bis 3 gelten nicht für eingetragene Schiffe und Schiffsbauwerke.

§ 384 BGB – Androhung der Versteigerung

(1) Die Versteigerung ist erst zulässig, nachdem sie dem Gläubiger angedroht worden ist; die Androhung darf unterbleiben, wenn die Sache dem Verderb ausgesetzt und mit dem Aufschub der Versteigerung Gefahr verbunden ist.

(2) Der Schuldner hat den Gläubiger von der Versteigerung unverzüglich zu benachrichtigen; im Falle der Unterlassung ist er zum Schadensersatz verpflichtet.

(3) Die Androhung und die Benachrichtigung dürfen unterbleiben, wenn sie untunlich sind.

§ 385 BGB – Freihändiger Verkauf

Hat die Sache einen Börsen- oder Marktpreis, so kann der Schuldner den Verkauf aus freier Hand durch einen zu solchen Verkäufen öffentlich ermächtigten Handelsmäkler oder durch eine zur öffentlichen Versteigerung befugte Person zum laufenden Preis bewirken.

§ 386 BGB – Kosten der Versteigerung

Die Kosten der Versteigerung oder des nach § 385 erfolgten Verkaufs fallen dem Gläubiger zur Last, sofern nicht der Schuldner den hinterlegten Erlös zurücknimmt.

(…)

Abschnitt 8 – Einzelne Schuldverhältnisse

Titel 1 – Kauf, Tausch

Untertitel 1 – Allgemeine Vorschriften

§ 433 BGB – Vertragstypische Pflichten beim Kaufvertrag

(1) Durch den Kaufvertrag wird der Verkäufer einer Sache verpflichtet, dem Käufer die Sache zu übergeben und das Eigentum an der Sache zu verschaffen. Der Verkäufer hat dem Käufer die Sache frei von Sach- und Rechtsmängeln zu verschaffen.

(2) Der Käufer ist verpflichtet dem Verkäufer den vereinbarten Kaufpreis zu zahlen und die gekaufte Sache abzunehmen.

§ 434 BGB – Sachmangel

(1) Die Sache ist frei von Sachmängeln, wenn sie bei Gefahrübergang die vereinbarte Beschaffenheit hat. Soweit die Beschaffenheit nicht vereinbart ist, ist die Sache frei von Sachmängeln,

1. wenn sie sich für die nach dem Vertrag vorausgesetzte Verwendung eignet,
2. wenn sie sich für die gewöhnliche Verwendung eignet und eine Beschaffenheit aufweist, die bei Sachen der gleichen Art üblich ist und die der Käufer nach der Art der Sache erwarten kann.

Zu der Beschaffenheit nach Satz 2 Nr. 2 gehören auch Eigenschaften, die der Käufer nach den öffentlichen Äußerungen des Verkäufers, des Herstellers (§ 4 Abs. 1 und 2 des Produkthaftungsgesetzes) oder seines Gehilfen insbesondere in der Werbung oder bei der Kennzeichnung über bestimmte Eigenschaften der Sache erwarten kann, es sei denn, dass der Verkäufer die Äußerung nicht kannte und auch nicht kennen musste, dass sie im Zeitpunkt des Vertragsschlusses in gleichwertiger Weise

berichtigt war oder dass sie die Kaufentscheidung nicht beeinflussen konnte.

(2) ein Sachmangel ist auch dann gegeben, wenn die vereinbarte Montage durch den Verkäufer oder dessen Erfüllungsgehilfen unsachgemäß durchgeführt worden ist. Ein Sachmangel liegt bei einer zur Montage bestimmten Sache ferner vor, wenn die Montageanleitung mangelhaft ist, es sei denn, die Sache ist fehlerfrei montiert worden.

(3) Einem Sachmangel steht es gleich, wenn der Verkäufer eine andere Sache oder eine zu geringe Menge liefert.

§ 435 BGB – Rechtsmangel

Die Sache ist frei von Rechtsmängeln, wenn Dritte in Bezug auf die Sache keine oder nur die im Kaufvertrag übernommenen Rechte gegen den Käufer geltend machen können. Einem Rechtsmangel steht es gleich, wenn im Grundbuch ein Recht eingetragen ist, das nicht besteht.

(…)

§ 437 BGB – Rechte des Käufers bei Mängeln

Ist die Sache mangelhaft, kann der Käufer, wenn die Voraussetzungen der folgenden Vorschriften vorliegen und soweit nicht ein anderes bestimmt ist,

1. nach § 439 Nacherfüllung verlangen,
2. nach den §§ 440, 323 und 326 Abs. 5 von dem Vertrag zurücktreten oder nach § 441 den Kaufpreis mindern und
3. nach den §§ 440, 280, 281, 283 und 311a Schadensersatz oder nach § 284 Ersatz vergeblicher Aufwendungen verlangen.

§ 438 BGB – Verjährung der Mängelansprüche

(1) Die in § 437 Nr. 1 und 3 bezeichneten Ansprüche verjähren

1. in 30 Jahren, wenn der Mangel
   a) in einem dinglichen Recht eines Dritten, aufgrund dessen Herausgabe der Kaufsache verlangt werden kann, oder
   b) in einem sonstigen Recht, das im Grundbuch eingetragen ist,
   besteht,
2. in fünf Jahren
   a) bei einem Bauwerk und
   b) bei einer Sache, die entsprechend ihrer üblichen Verwendungsweise für ein Bauwerk verwendet worden ist und dessen Mangelhaftigkeit verursacht hat, und
3. im Übrigen in zwei Jahren.

(2) Die Verjährung beginnt bei Grundstücken mit der Übergabe, im Übrigen mit der Ablieferung der Sache.

(3) Abweichend von Absatz 1 Nr. 2 und 3 und Absatz 2 verjähren die Ansprüche in der regelmäßigen Verjährungsfrist, wenn der Verkäufer den Mangel arglistig verschwiegen hat. Im Falle des Absatzes 1 Nr. 2 tritt die Verjährung jedoch nicht vor Ablauf der dort bestimmten Frist ein.

(4) Für das in § 437 bezeichnete Rücktrittsrecht gilt § 218. Der Käufer kann trotz einer Unwirksamkeit des Rücktritts nach § 218 Abs. 1 die Zahlung des Kaufpreises insoweit verweigern, als er aufgrund des Rücktritts dazu berechtigt sein würde. Macht er von diesem Recht Gebrauch, kann der Verkäufer vom Vertrag zurücktreten.

(5) Auf das in § 437 bezeichnete Minderungsrecht finden § 218 und Absatz 4 Satz 2 entsprechende Anwendung.

§ 439 BGB – Nacherfüllung

(1) Der Käufer kann als Nacherfüllung nach seiner Wahl die Beseitigung des Mangels oder die Lieferung einer mangelfreien Sache verlangen.

(2) Der Verkäufer hat die zum Zwecke der Nacherfüllung erforderlichen Aufwendungen, insbesondere Transport-,

16

Wege-, Arbeits- und Materialkosten zu tragen.

(3) Der Verkäufer kann die vom Käufer gewählte Art der Nacherfüllung unbeschadet des § 275 Abs. 2 und 3 verweigern, wenn sie nur mit unverhältnismäßigen Kosten möglich ist. Dabei sind insbesondere der Wert der Sache in mangelfreiem Zustand, die Bedeutung des Mangels und die Frage zu berücksichtigen, ob auf die andere Art der Nacherfüllung ohne erhebliche Nachteile für den Käufer zurückgegriffen werden könnte. Der Anspruch des Käufers beschränkt sich in diesem Fall auf die andere Art der Nacherfüllung; das Recht des Verkäufers, auch diese unter den Voraussetzungen des Satzes 1 zu verweigern, bleibt unberührt.

(4) Liefert der Verkäufer zum Zwecke der Nacherfüllung eine mangelfreie Sache, so kann er vom Käufer Rückgewähr der mangelhaften Sache nach Maßgabe der §§ 346 bis 348 verlangen.

§ 440 BGB – Besondere Bestimmungen für Rücktritt und Schadensersatz

Außer in den Fällen des § 281 Abs. 2 und des § 323 Abs. 2 bedarf es der Fristsetzung auch dann nicht, wenn der Verkäufer beide Arten der Nacherfüllung gemäß § 439 Abs. 3 verweigert oder wenn die dem Käufer zustehende Art der Nacherfüllung fehlgeschlagen oder ihm unzumutbar ist. Eine Nachbesserung gilt nach dem erfolglosen zweiten Versuch als fehlgeschlagen, wenn sich nicht insbesondere aus der Art der Sache oder des Mangels oder den sonstigen Umständen etwas anderes ergibt.

§ 441 BGB – Minderung

(1) Statt zurückzutreten, kann der Käufer den Kaufpreis durch Erklärung gegenüber dem Verkäufer mindern. Der Ausschlussgrund des § 323 Abs. 5 Satz 2 findet keine Anwendung.

(2) Sind auf der Seite des Käufers oder auf der Seite des Verkäufers mehrere beteiligt, so kann die Minderung nur von allen oder gegen alle erklärt werden.

(3) Bei der Minderung ist der Kaufpreis in dem Verhältnis herabzusetzen, in welchem zur Zeit des Vertragsschlusses der Wert der Sache in mangelfreiem Zustand zu dem wirklichen Wert gestanden haben würde. Die Minderung ist, soweit erforderlich, durch Schätzung zu ermitteln.

(4) Hat der Käufer mehr als den geminderten Kaufpreis gezahlt, so ist der Mehrbetrag vom Verkäufer zu erstatten. § 346 Abs 1 und § 347 Abs. 1 finden entsprechende Anwendung.

§ 442 BGB – Kenntnis des Käufers

(1) Die Rechte des Käufers wegen eines Mangels sind ausgeschlossen, wenn er bei Vertragsschluss den Mangel kennt. Ist dem Käufer ein Mangel infolge grober Fahrlässigkeit unbekannt geblieben, kann der Käufer Rechte wegen dieses Mangels nur geltend machen, wenn der Verkäufer den Mangel arglistig verschwiegen oder eine Garantie für die Beschaffenheit der Sache übernommen hat.

(2) Ein im Grundbuch eingetragenes Recht hat der Verkäufer zu beseitigen, auch wenn es der Käufer kennt.

§ 443 BGB – Beschaffenheits- und Haltbarkeitsgarantie

(1) Übernimmt der Verkäufer oder ein Dritter eine Garantie für die Beschaffenheit der Sache oder dafür, dass die Sache für eine bestimmte Dauer eine bestimmte Beschaffenheit behält (Haltbarkeitsgarantie), so stehen dem Käufer im Garantiefall unbeschadet der gesetzlichen Ansprüche die Rechte aus der Garantie zu den in der Garantieerklärung und der einschlägigen Werbung angegebenen Bedingungen gegenüber demjenigen zu, der die Garantie eingeräumt hat.

(2) Soweit eine Haltbarkeitsgarantie übernommen worden ist, wird vermutet, dass ein während ihrer Geltungsdauer auftretender Sachmangel die Rechte aus der Garantie begründet.

(…)

§ 446 BGB – Gefahr- und Lastenübergang

Mit der Übergabe der verkauften Sache geht die Gefahr des zufälligen Untergangs und der zufälligen Verschlechterung auf den Käufer über. Von der Übergabe an gebühren dem Käufer die Nutzungen und trägt er die Lasten der Sache. Der Übergabe steht es gleich, wenn der Käufer im Verzug der Annahme ist.

§ 447 BGB – Gefahrübergang beim Versendungskauf

(1) Versendet der Verkäufer auf Verlangen des Käufers die verkaufte Sache nach einem anderen Ort als dem Erfüllungsort, so geht die Gefahr auf den Käufer über, sobald der Verkäufer die Sache dem Spediteur, dem Frachtführer oder der sonst zur Ausführung der Versendung bestimmten Person oder Anstalt ausgeliefert hat.

(2) Hat der Käufer eine besondere Anweisung über die Art der Versendung erteilt und weicht der Verkäufer ohne dringenden Grund von der Anweisung ab, so ist der Verkäufer dem Käufer für den daraus entstehenden Schaden verantwortlich.

§ 448 BGB – Kosten der Übergabe und vergleichbare Kosten

(1) Der Verkäufer trägt die Kosten der Übergabe der Sache, der Käufer die Kosten der Abnahme und der Versendung der Sache nach einem anderen Ort als dem Erfüllungsort.

(2) Der Käufer eines Grundstücks trägt die Kosten der Beurkundung des Kaufvertrags und der Auflassung, der Eintragung ins Grundbuch und der zu der Eintragung erforderlichen Erklärungen.

§ 449 BGB – Eigentumsvorbehalt

(1) Hat sich der Verkäufer einer beweglichen Sache das Eigentum bis zur Zahlung des Kaufpreises vorbehalten, so ist im Zweifel anzunehmen, dass das Eigentum unter der aufschiebenden Bedingung vollständiger Zahlung des Kaufpreises übertragen wird (Eigentumsvorbehalt).

(2) Aufgrund des Eigentumsvorbehalts kann der Verkäufer die Sache nur herausverlangen, wenn er vom Vertrag zurückgetreten ist.

(3) Die Vereinbarung eines Eigentumsvorbehalts ist nichtig, soweit der Eigentumsübergang davon abhängig gemacht wird, dass der Käufer Forderungen eines Dritten, insbesondere eines mit dem Verkäufer verbundenen Unternehmens, erfüllt.

(…)

§ 453 BGB – Rechtskauf

(1) Die Vorschriften über den Kauf von Sachen finden auf den Kauf von Rechten und sonstigen Gegenständen entsprechende Anwendung.

(2) Der Verkäufer trägt die Kosten der Begründung und Übertragung des Rechts.

(3) Ist ein Recht verkauft, das zum Besitz einer Sache berechtigt, so ist der Verkäufer verpflichtet, dem Käufer die Sache frei von Sach- und Rechtsmängeln zu übergeben.

Untertitel 2 – Besondere Arten des Kaufs

Kapitel 1 – Kauf auf Probe

§ 454 BGB – Zustandekommen des Kaufvertrags

(1) Bei einem Kauf auf Probe oder auf Besichtigung steht die Billigung des gekauften Gegenstandes im Belieben des Käufers. Der Kauf ist im Zweifel unter der aufschie-

16

benden Bedingung der Billigung geschlossen.

(2) Der Verkäufer ist verpflichtet dem Käufer die Untersuchung des Gegenstandes zu gestatten.

(...)

Untertitel 3 – Verbrauchsgüterkauf

§ 474 BGB – Begriff des Verbrauchsgüterkaufs

(1) Kauft ein Verbraucher von einem Unternehmer eine bewegliche Sache (Verbrauchsgüterkauf), gelten ergänzend die folgenden Vorschriften. Dies gilt nicht für gebrauchte Sachen, die in einer öffentlichen Versteigerung verkauft werden, an der der Verbraucher persönlich teilnehmen kann.

(2) Die §§ 445 und 447 finden auf die in diesem Untertitel geregelten Kaufverträge keine Anwendung.

§ 475 BGB – Abweichende Vereinbarungen

(1) Auf eine vor Mitteilung eines Mangels an den Unternehmer getroffene Vereinbarung, die zum Nachteil des Verbrauchers von den §§ 433 bis 435, 437, 439 bis 443 sowie von den Vorschriften dieses Untertitels abweicht, kann der Unternehmer sich nicht berufen. Die in Satz 1 bezeichneten Vorschriften finden auch Anwendung, wenn sie durch anderweitige Gestaltungen umgangen werden.

(2) Die Verjährung der in § 437 bezeichneten Ansprüche kann vor Mitteilung eines Mangels an den Unternehmer nicht durch Rechtsgeschäft erleichtert werden, wenn die Vereinbarung zu einer Verjährungsfrist ab dem gesetzlichen Verjährungsbeginn von weniger als zwei Jahren, bei gebrauchten Sachen von weniger als einem Jahr führt.

(3) Die Absätze 1 und 2 gelten unbeschadet der §§ 307 bis 309 nicht für den Ausschluss oder die Beschränkung des Anspruchs auf Schadensersatz.

§ 476 BGB – Beweislastumkehr

Zeigt sich innerhalb von sechs Monaten seit Gefahrübergang ein Sachmangel, so wird vermutet, dass die Sache bereits bei Gefahrübergang mangelhaft war, es sei denn, diese Vermutung ist mit der Art der Sache oder des Mangels unvereinbar.

§ 477 BGB – Sonderbestimmungen für Garantien

(1) Eine Garantieerklärung (§ 443) muss einfach und verständlich abgefasst sein. Sie muss enthalten

1. den Hinweis auf die gesetzlichen Rechte des Verbrauchers sowie darauf, dass sie durch die Garantie nicht eingeschränkt werden und
2. den Inhalt der Garantie und alle wesentlichen Angaben, die für die Geltendmachung der Garantie erforderlich sind, insbesondere die Dauer und den räumlichen Geltungsbereich des Garantieschutzes sowie Namen und Anschrift des Garantiegebers.

(2) Der Verbraucher kann verlangen, dass ihm die Garantieerklärung in Textform mitgeteilt wird.

(3) Die Wirksamkeit der Garantieverpflichtung wird nicht dadurch berührt, dass eine der vorstehenden Anforderungen nicht erfüllt wird.

§ 478 BGB – Rückgriff des Unternehmers

(1) Wenn der Unternehmer die verkaufte neu hergestellte Sache als Folge ihrer Mangelhaftigkeit zurücknehmen musste oder der Verbraucher den Kaufpreis gemindert hat, bedarf es für die in § 437 bezeichneten Rechte des Unternehmers gegen den Unternehmer, der ihm die Sache verkauft hatte (Lieferant), wegen des vom Verbraucher geltend gemachten Mangels einer sonst erforderlichen Fristsetzung nicht.

(2) Der Unternehmer kann beim Verkauf einer neu hergestellten Sache von seinem Lieferanten Ersatz der Aufwendungen verlangen, die der Unternehmer im Verhältnis

zum Verbraucher nach § 439 Abs. 2 zu tragen hatte, wenn der vom Verbraucher geltend gemachte Mangel bereits beim Übergang der Gefahr auf den Unternehmer vorhanden war.

(3) In den Fällen der Absätze 1 und 2 findet § 476 mit der Maßgabe Anwendung, dass die Frist mit dem Übergang der Gefahr auf den Verbraucher beginnt.

(4) Auf eine vor Mitteilung eines Mangels an den Lieferanten getroffene Vereinbarung, die zum Nachteil des Unternehmers von den §§ 433 bis 435, 437, 439 bis 443 sowie von den Absätzen 1 bis 3 und von § 479 abweicht, kann sich der Lieferant nicht berufen, wenn dem Rückgriffsgläubiger kein gleichwertiger Ausgleich eingeräumt wird. Satz 1 gilt unbeschadet des § 307 nicht für den Ausschluss oder die Beschränkung des Anspruchs auf Schadensersatz. Die in Satz 1 bezeichneten Vorschriften finden auch Anwendung, wenn sie durch anderweitige Gestaltungen umgangen werden.

(5) Die Absätze 1 bis 4 finden auf die Ansprüche des Lieferanten und der übrigen Käufer in der Lieferkette gegen die jeweiligen Verkäufer entsprechende Anwendung, wenn die Schuldner Unternehmer sind.

(6) § 377 des Handelsgesetzbuchs bleibt unberührt.

§ 479 BGB – Verjährung von Rückgriffsansprüchen

(1) Die in § 478 Abs. 2 bestimmten Aufwendungsersatzansprüche verjähren in zwei Jahren ab Ablieferung der Sache.

(2) Die Verjährung der in den §§ 437 und 478 Abs. 2 bestimmten Ansprüche des Unternehmers gegen seinen Lieferanten wegen des Mangels einer an einen Verbraucher verkauften neu hergestellten Sache tritt frühestens zwei Monate nach dem Zeitpunkt ein, in dem der Unternehmer die Ansprüche des Verbrauchers erfüllt hat. Diese Ablaufhemmung endet spätestens fünf Jahre nach dem Zeitpunkt, in dem der Lieferant die Sache dem Unternehmer abgeliefert hat.

(3) Die vorstehenden Absätzen finden auf die Ansprüche des Lieferanten und der übrigen Käufer in der Lieferkette gegen die jeweiligen Verkäufer entsprechende Anwendung, wenn die Schuldner Unternehmer sind.

(...)

Titel 5 – Mietvertrag, Pachtvertrag

Untertitel 1 – Allgemeine Vorschriften für Mietverhältnisse

§ 535 BGB – Inhalt und Hauptpflichten des Mietvertrags

(1) Durch den Mietvertrag wird der Vermieter verpflichtet dem Mieter den Gebrauch der Mietsache während der Mietzeit zu gewähren. Der Vermieter hat die Mietsache dem Mieter in einem zum vertragsgemäßen Gebrauch geeigneten Zustand zu überlassen und sie während der Mietzeit in diesem Zustand zu erhalten. Er hat die auf der Mietsache ruhenden Lasten zu tragen.

(2) Der Mieter ist verpflichtet dem Vermieter die vereinbarte Miete zu entrichten.

(...)

§ 542 BGB – Ende des Mietverhältnisses

(1) Ist die Mietzeit nicht bestimmt, so kann jede Vertragspartei das Mietverhältnis nach den gesetzlichen Vorschriften kündigen.

(2) Ein Mietverhältnis, das auf bestimmte Zeit eingegangen ist, endet mit dem Ablauf dieser Zeit, sofern es nicht

1. in den gesetzlich zugelassenen Fällen außerordentlich gekündigt oder
2. verlängert wird.

(...)

Titel 6 – Leihe

§ 598 BGB – Vertragstypische Pflichten bei der Leihe

Durch den Leihvertrag wird der Verleiher einer Sache verpflichtet dem Entleiher den Gebrauch der Sache unentgeltlich zu gestatten.

§ 599 BGB – Haftung des Verleihers

Der Verleiher hat nur Vorsatz und grobe Fahrlässigkeit zu vertreten.
(…)

§ 604 BGB – Rückgabepflicht

(1) Der Entleiher ist verpflichtet die geliehene Sache nach dem Ablauf der für die Leihe bestimmten Zeit zurückzugeben.
(…)

Titel 7 – Sachdarlehensvertrag

§ 607 BGB – Vertragstypische Pflichten beim Sachdarlehensvertrag

(1) Durch den Sachdarlehensvertrag wird der Darlehensgeber verpflichtet, dem Darlehensnehmer eine vereinbarte vertretbare Sache zu überlassen. Der Darlehensnehmer ist zur Zahlung eines Darlehensentgelts und bei Fälligkeit zur Rückerstattung von Sachen gleicher Art, Güte und Menge verpflichtet.
(2) Die Vorschriften dieses Titels finden keine Anwendung auf die Überlassung von Geld.

§ 608 BGB – Kündigung

(1) Ist für die Rückerstattung der überlassenen Sache eine Zeit nicht bestimmt, hängt die Fälligkeit davon ab, dass der Darlehensgeber oder der Darlehensnehmer kündigt.
(2) Ein auf unbestimmte Zeit abgeschlossener Sachdarlehensvertrag kann, soweit nicht ein anderes vereinbart ist, jederzeit vom Darlehensgeber oder Darlehensnehmer ganz oder teilweise gekündigt werden.

§ 609 BGB – Entgelt

Ein Entgelt hat der Darlehensnehmer spätestens bei Rückerstattung der überlassenen Sache zu bezahlen.
(…)

Titel 8 – Dienstvertrag

§ 611 BGB – Vertragstypische Pflichten beim Dienstvertrag

(1) Durch den Dienstvertrag wird derjenige, welcher Dienste zusagt, zur Leistung der versprochenen Dienste, der andere Teil zur Gewährung der vereinbarten Vergütung verpflichtet.
(2) Gegenstand des Dienstvertrags können Dienste jeder Art sein.

§ 611 a BGB – Geschlechtsbezogene Benachteiligung

(1) Der Arbeitgeber darf einen Arbeitnehmer bei einer Vereinbarung oder einer Maßnahme, insbesondere bei der Begründung des Arbeitsverhältnisses, beim beruflichen Aufstieg, bei einer Weisung oder einer Kündigung, nicht wegen seines Geschlechts benachteiligen. Eine unterschiedliche Behandlung wegen des Geschlechts ist jedoch zulässig, soweit eine Vereinbarung oder eine Maßnahme die Art der vom Arbeitnehmer auszuübenden Tätigkeit zum Gegenstand hat und ein bestimmtes Geschlecht unverzichtbare Voraussetzung für diese Tätigkeit ist. Wenn im Streitfall der Arbeitnehmer Tatsachen glaubhaft macht, die eine Benachteiligung wegen des Geschlechts vermuten lassen, trägt der Arbeitgeber die Beweislast dafür, dass nicht auf das Geschlecht bezogene, sachliche Gründe eine unterschiedliche Behandlung rechtfertigen oder das Geschlecht unverzichtbare Voraussetzung für die auszuübende Tätigkeit ist.
(2) Verstößt der Arbeitgeber gegen das in Absatz 1 geregelte Benachteiligungsverbot bei der Begründung eines Arbeitsverhältnisses, so kann der hierdurch benachteiligte Bewerber eine angemessene Entschädigung in Geld verlangen; ein Anspruch auf Begründung eines Arbeitsverhältnisses besteht nicht.
(3) Wäre der Bewerber auch bei benachteiligungsfreier Auswahl nicht eingestellt worden, so hat der Arbeitgeber eine angemessene Entschädigung in Höhe von höchstens drei Monatsverdiensten zu leisten. Als Monatsverdienst gilt, was dem Bewerber bei regelmäßiger Arbeitszeit in dem Monat, in dem das Arbeitsverhältnis hätte begründet werden sollen, an Geld- und Sachbezügen zugestanden hätte.
(4) Ein Anspruch nach den Absätzen 2 und 3 muss innerhalb einer Frist, die mit Zugang der Ablehnung der Bewertung beginnt, schriftlich geltend gemacht werden. Die Länge der Frist bemisst sich nach einer für die Geltendmachung von Schadensersatzansprüchen im angestrebten Arbeitsverhältnis vorgesehenen Ausschlussfrist; sie beträgt mindestens zwei Monate. Ist eine solche Frist für das angestrebte Arbeitsverhältnis nicht bestimmt, so beträgt die Frist sechs Monate.
(5) Die Absätze 2 und 4 gelten beim beruflichen Aufstieg entsprechend, wenn auf den Aufstieg kein Anspruch besteht.

§ 611 b BGB – Arbeitsplatzausschreibung

Der Arbeitgeber darf einen Arbeitsplatz weder öffentlich noch innerhalb des Betriebs nur für Männer oder nur für Frauen ausschreiben, es sei denn, dass ein Fall des § 611 a Abs. 1 Satz 2 vorliegt.

§ 612 BGB – Vergütung

(1) Eine Vergütung gilt als stillschweigend vereinbart, wenn die Dienstleistung den Umständen nach nur gegen eine Vergütung zu erwarten ist.
(2) Ist die Höhe der Vergütung nicht bestimmt, so ist bei dem Bestehen einer Taxe die taxmäßige Vergütung, in Ermangelung einer Taxe die übliche Vergütung als vereinbart anzusehen.
(3) Bei einem Arbeitsverhältnis darf für gleiche oder für gleichwertige Arbeit nicht wegen des Geschlechts des Arbeitnehmers eine geringere Vergütung vereinbart werden als bei einem Arbeitnehmer des anderen Geschlechts. Die Vereinbarung einer geringeren Vergütung wird nicht dadurch gerechtfertigt, dass wegen des Geschlechts des Arbeitnehmers besondere Schutzvorschriften gelten. § 611 a Abs. 1 Satz 3 ist entsprechend anzuwenden.
(…)

§ 614 BGB – Fälligkeit der Vergütung

Die Vergütung ist nach der Leistung der Dienste zu entrichten. Ist die Vergütung nach Zeitabschnitten bemessen, so ist sie nach dem Ablauf der einzelnen Zeitabschnitte zu entrichten.
(…)

§ 623 BGB – Schriftform der Kündigung

Die Beendigung von Arbeitsverhältnissen durch Kündigung oder Auflösungsvertrag bedürfen zu ihrer Wirksamkeit der Schriftform; die elektronische Form ist ausgeschlossen.
(…)

16

Bürgerliches Gesetzbuch (BGB) – *Auswahl*

§ 630 BGB – Pflicht zur Zeugniserteilung

Bei der Beendigung eines dauernden Dienstverhältnisses kann der Verpflichtete von dem anderen Teil ein schriftliches Zeugnis über das Dienstverhältnis und dessen Dauer fordern. Das Zeugnis ist auf Verlangen auf die Leistungen und die Führung im Dienst zu erstrecken. Die Erteilung des Zeugnisses in elektronischer Form ist ausgeschlossen.

Titel 9 – Werkvertrag und ähnliche Verträge

Untertitel 1 – Werkvertrag

§ 631 BGB – Vertragstypische Pflichten beim Werkvertrag

(1) Durch den Werkvertrag wird der Unternehmer zur Herstellung des versprochenen Werkes, der Besteller zur Entrichtung der vereinbarten Vergütung verpflichtet.

(2) Gegenstand des Werkvertrags kann sowohl die Herstellung oder Veränderung einer Sache als auch ein anderer durch Arbeit oder Dienstleistung herbeizuführender Erfolg sein.

(…)

§ 632 a BGB – Abschlagszahlungen

Der Unternehmer kann von dem Besteller für in sich abgeschlossene Teile des Werkes Abschlagszahlungen für die erbrachten vertragsmäßigen Leistungen verlangen. Dies gilt auch für erforderliche Stoffe oder Bauteile, die eigens angefertigt oder angeliefert sind. Der Anspruch besteht nur, wenn dem Besteller Eigentum an den Teilen des Werkes, an den Stoffen oder Bauteilen übertragen oder Sicherheit hierfür geleistet wird.

§ 633 BGB – Sach- und Rechtsmangel

(1) Der Unternehmer hat dem Besteller das Werk frei von Sach- und Rechtsmängeln zu verschaffen.

(2) Das Werk ist frei von Sachmängeln, wenn es die vereinbarte Beschaffenheit hat. Soweit die Beschaffenheit nicht vereinbart ist, ist das Werk frei von Sachmängeln,

1. wenn es sich für die nach dem Vertrag vorausgesetzte, sonst
2. für die gewöhnliche Verwendung eignet und eine Beschaffenheit aufweist, die bei Werken der gleichen Art üblich ist und die der Besteller nach der Art des Werks erwarten kann.

Einem Sachmangel steht es gleich, wenn der Unternehmer ein anderes als das bestellte Werk oder das Werk in zu geringer Menge herstellt.

(3) Das Werk ist frei von Rechtsmängeln, wenn Dritte in Bezug auf das Werk keine oder nur die im Vertrag übernommenen Rechte gegen den Besteller geltend machen können.

§ 634 BGB – Rechte des Bestellers bei Mängeln

Ist das Werk mangelhaft, kann der Besteller, wenn die Voraussetzungen der folgenden Vorschriften vorliegen und soweit nicht ein anderes bestimmt ist,

1. nach § 635 Nacherfüllung verlangen,
2. nach § 637 den Mangel selbst beseitigen und Ersatz der erforderlichen Aufwendungen verlangen,
3. nach den §§ 636, 323 und 326 Abs. 5 von dem Vertrag zurücktreten oder nach § 638 die Vergütung mindern und
4. nach den §§ 636, 280, 281, 283 und 311 a Schadensersatz oder nach § 284 Ersatz vergeblicher Aufwendungen verlangen.

§ 634 a BGB – Verjährung der Mängelansprüche

(1) Die in § 634 Nr. 1, 2 und 4 bezeichneten Ansprüche verjähren

1. vorbehaltlich der Nummer 2 in zwei Jahren bei einem Werk, dessen Erfolg in der Herstellung, Wartung oder Veränderung einer Sache oder in der Erbringung von Planungs- oder Überwachungsleistungen hierfür besteht,
2. in fünf Jahren bei einem Bauwerk und einem Werk, dessen Erfolg in der Erbringung von Planungs- oder Überwachungsleistungen hierfür besteht, und
3. im Übrigen in der regelmäßigen Verjährungsfrist.

(2) Die Verjährung beginnt in den Fällen des Absatzes 1 Nr. 1 und 2 mit der Abnahme.

(3) Abweichend von Absatz 1 Nr. 1 und 2 und Absatz 2 verjähren die Ansprüche in der regelmäßigen Verjährungsfrist, wenn der Unternehmer den Mangel arglistig verschwiegen hat. Im Fall des Absatzes 1 Nr. 2 tritt die Verjährung jedoch nicht vor Ablauf der dort bestimmten Frist ein.

(4) Für das in § 634 bezeichnete Rücktrittsrecht gilt § 218. Der Besteller kann trotz einer Unwirksamkeit des Rücktritts nach § 218 Abs. 1 die Zahlung der Vergütung insoweit verweigern, als er aufgrund des Rücktritts dazu berechtigt sein würde. Macht er von diesem Recht Gebrauch, kann der Unternehmer vom Vertrag zurücktreten.

(5) Auf das in § 634 bezeichnete Minderungsrecht finden § 218 und Absatz 4 Satz 2 entsprechende Anwendung.

(…)

§ 651 BGB – Anwendung des Kaufrechts

Auf einen Vertrag, der die Lieferung herzustellender oder zu erzeugender beweglicher Sachen zum Gegenstand hat, finden die Vorschriften über den Kauf Anwendung. § 442 Abs. 1 Satz 1 findet bei diesen Verträgen auch Anwendung, wenn der Mangel auf den vom Besteller gelieferten Stoff zurückzuführen ist. Soweit es sich bei den herzustellenden oder zu erzeugenden beweglichen Sachen um nicht vertretbare Sachen handelt, sind auch die §§ 642, 643, 645, 649 und 650 mit der Maßgabe anzuwenden, dass an die Stelle der Abnahme der nach den §§ 446 und 447 maßgebliche Zeitpunkt tritt.

(…)

Buch 3 – Sachenrecht

Abschnitt 2 – Allgemeine Vorschriften über Rechte an Grundstücken

§ 873 BGB – Erwerb durch Einigung und Eintragung

(1) Zur Übertragung des Eigentums an einem Grundstück, zur Belastung eines Grundstücks mit einem Recht sowie zur Übertragung oder Belastung eines solchen Rechtes ist die Einigung des Berechtigten und des anderen Teiles über den Eintritt der Rechtsänderung und die Eintragung der Rechtsänderung in das Grundbuch erforderlich, soweit nicht das Gesetz ein anderes vorschreibt.

(2) Vor der Eintragung sind die Beteiligten an die Einigung nur gebunden, wenn die Erklärungen notariell beurkundet oder vor dem Grundbuchamt abgegeben oder bei diesem eingereicht sind oder wenn der Berechtigte dem anderen Teil eine den Vorschriften der Grundbuchordnung entsprechende Eintragungsbewilligung ausgehändigt hat.

(…)

Abschnitt 3 – Eigentum

Titel 2 – Erwerb und Verlust des Eigentums an Grundstücken

§ 925 BGB – Auflassung

(1) Die zur Übertragung des Eigentums an einem Grundstück nach § 873 erforderliche Einigung des Veräußerers und des Erwerbers (Auflassung) muss bei gleichzeitiger Anwesenheit beider Teile vor einer zuständigen Stelle erklärt werden. Zur Entgegennahme der Auflassung ist,

Bürgerliches Gesetzbuch (BGB) – *Auswahl*

unbeschadet der Zuständigkeit weiterer Stellen, jeder Notar zuständig. Eine Auflassung kann auch in einem gerichtlichen Vergleich erklärt werden.

(2) Eine Auflassung, die unter einer Bedingung oder einer Zeitbestimmung erfolgt, ist unwirksam.

(…)

Titel 3 – Erwerb und Verlust des Eigentums an beweglichen Sachen

Untertitel 1 – Übertragung

§ 929 BGB – Einigung und Übergabe

Zur Übertragung des Eigentums an einer beweglichen Sache ist erforderlich, dass der Eigentümer die Sache dem Erwerber übergibt und beide darüber einig sind, dass das Eigentum übergehen soll. Ist der Erwerber im Besitz der Sache, so genügt die Einigung über den Übergang des Eigentums.

(…)

§ 930 BGB – Besitzkonstitut

Ist der Eigentümer im Besitz der Sache, so kann die Übergabe dadurch ersetzt werden, dass zwischen ihm und dem Erwerber ein Rechtsverhältnis vereinbart wird, vermöge dessen der Erwerber den mittelbaren Besitz erlangt.

§ 931 BGB – Abtretung des Herausgabeanspruchs

Ist ein Dritter im Besitz der Sache, so kann die Übergabe dadurch ersetzt werden, dass der Eigentümer dem Erwerber den Anspruch auf Herausgabe der Sache abtritt.

§ 932 BGB – Gutgläubiger Erwerb vom Nichtberechtigten

(1) Durch eine nach § 929 erfolgte Veräußerung wird der Erwerber auch dann Eigentümer, wenn die Sache nicht dem Veräußerer gehört, es sei denn, dass er zu der Zeit, zu der er nach diesen Vorschriften das Eigentum erwerben würde, nicht in gutem Glauben ist. In dem Falle des § 929 Satz 2 gilt dies jedoch nur dann, wenn der Erwerber den Besitz von dem Veräußerer erlangt hatte.

(2) Der Erwerber ist nicht in gutem Glauben, wenn ihm bekannt oder infolge grober Fahrlässigkeit unbekannt ist, dass die Sache nicht dem Veräußerer gehört.

(…)

§ 935 BGB – Kein gutgläubiger Erwerb von abhandengekommenen Sachen

(1) Der Erwerb des Eigentums aufgrund der §§ 932 bis 934 tritt nicht ein, wenn die Sache dem Eigentümer gestohlen worden, verloren gegangen oder sonst abhandengekommen war. Das Gleiche gilt, falls der Eigentümer nur mittelbarer Besitzer war, dann, wenn die Sache dem Besitzer abhandengekommen war.

(2) Diese Vorschriften finden keine Anwendung auf Geld oder Inhaberpapiere sowie auf Sachen, die im Wege öffentlicher Versteigerung veräußert werden.

(…)

Handelsgesetzbuch (HGB) – *Auswahl*

Erstes Buch – Handelsstand

Erster Abschnitt – Kaufleute

§ 1 HGB

(1) Kaufmann im Sinne dieses Gesetzbuchs ist, wer ein Handelsgewerbe betreibt.

(2) Handelsgewerbe ist jeder Gewerbebetrieb, es sei denn, dass das Unternehmen nach Art oder Umfang einen in kaufmännischer Weise eingerichteten Geschäftsbetrieb nicht erfordert.

§ 2 HGB

Ein gewerbliches Unternehmen, dessen Gewerbebetrieb nicht schon nach § 1 Abs. 2 Handelsgewerbe ist, gilt als Handelsgewerbe im Sinne dieses Gesetzbuchs, wenn die Firma des Unternehmens in das Handelsregister eingetragen ist. Der Unternehmer ist berechtigt, aber nicht verpflichtet, die Eintragung nach den für die Eintragung kaufmännischer Firmen geltenden Vorschriften herbeizuführen. Ist die Eintragung erfolgt, so findet eine Löschung der Firma auch auf Antrag des Unternehmers statt, sofern nicht die Voraussetzung des § 1 Abs. 2 eingetreten ist.

(…)

Zweiter Abschnitt – Handelsregister

§ 8 HGB

Das Handelsregister wird von den Gerichten geführt.

§ 8 a HGB

(1) Die Landesregierungen können durch Rechtsverordnung bestimmen, dass und in welchem Umfang das Handelsregister einschließlich der zu seiner Führung erforderlichen Verzeichnisse in maschineller Form als automatisierte Datei geführt wird. Hierbei muss gewährleistet sein, dass

1. die Grundsätze einer ordnungsgemäßen Datenverarbeitung eingehalten, insbesondere Vorkehrungen gegen einen Datenverlust getroffen sowie die erforderlichen Kopien der Datenbestände mindestens tagesaktuell gehalten und die originären Datenbestände sowie deren Kopien sicher aufbewahrt werden,

2. die vorzunehmenden Eintragungen alsbald in einen Datenspeicher aufgenommen und auf Dauer inhaltlich unverändert in lesbarer Form wiedergegeben werden können,

3. die nach der Anlage zu § 126 Abs. 1 Satz 2 Nr. 3 der Grundbuchordnung erforderlichen Maßnahmen getroffen werden.

Die Landesregierungen können ferner durch Rechtsverordnung bestimmen, dass die Einreichung von Jahres- und Konzernabschlüssen, von Lageberichten sowie sonstiger einzureichender Schriftstücke in einer maschinell lesbaren und zugleich für die maschinelle Bearbeitung durch das Registergericht geeigneten Form zu erfolgen hat; die Bestimmung kann auch für einzelne Handelsregister getroffen werden. Die Landesregierungen können durch Rechtsverordnung die Ermächtigung nach den Sätzen 1 oder 3 auf die Landesjustizverwaltungen übertragen.

(2) Eine Eintragung wird wirksam, sobald sie in den für die Handelsregistereintragungen bestimmten Datenspeicher aufgenommen ist und auf Dauer inhaltlich unverändert in lesbarer Form wiedergegeben werden kann.

(3) Die zum Handelsregister eingereichten Schriftstücke können zur Ersetzung der Urschrift auch als Wiedergabe auf einem Bildträger oder auf anderen Datenträgern aufbewahrt werden, wenn sichergestellt ist, dass die Wiedergaben oder die Daten innerhalb angemessener Zeit lesbar gemacht werden können. Bei der Herstellung der Bild- oder Datenträger ist ein schriftlicher Nachweis über ihre inhaltliche Übereinstimmung mit der Urschrift anzufertigen.

16

3526568

(4) Das Gericht kann gestatten, dass die zum Handelsregister einzureichenden Jahresabschlüsse und Konzernabschlüsse und die dazugehörigen Unterlagen sowie sonstige einzureichende Schriftstücke in der in Absatz 3 Satz 1 bezeichneten Form eingereicht werden.

(5) Die näheren Anordnungen über die maschinelle Führung des Handelsregisters, die Aufbewahrung von Schriftstücken nach Absatz 3 und die Einreichung von Abschlüssen und Schriftstücken nach Absatz 1 Satz 3 und Absatz 4 sowie deren Aufbewahrung trifft die Landesjustizverwaltung, soweit nicht durch Rechtsverordnung nach § 125 Abs. 3 des Gesetzes über die Angelegenheiten der freiwilligen Gerichtsbarkeit Vorschriften erlassen werden.

§ 9 HGB

(1) Die Einsicht des Handelsregisters sowie der zum Handelsregister eingereichten Schriftstücke ist jedem gestattet.

(2) Von den Eintragungen und den zum Handelsregister eingereichten Schriftstücken kann eine Abschrift gefordert werden. Werden die Schriftstücke nach § 8 a Abs. 3 aufbewahrt, so kann eine Abschrift nur von der Wiedergabe gefordert werden. Die Abschrift ist von der Geschäftsstelle zu beglaubigen, sofern nicht auf die Beglaubigung verzichtet wird. Wird das Handelsregister in maschineller Form als automatisierte Datei geführt, so tritt an die Stelle der Abschrift der Ausdruck und an die Stelle der beglaubigten Abschrift der amtliche Ausdruck.

(3) Der Nachweis, wer der Inhaber einer in das Handelsregister eingetragenen Firma eines Einzelkaufmanns ist, kann Behörden gegenüber durch ein Zeugnis des Gerichts über die Eintragung geführt werden. Das Gleiche gilt von dem Nachweis der Befugnis zur Vertretung eines Einzelkaufmanns oder einer Handelsgesellschaft.

(4) Das Gericht hat auf Verlangen eine Bescheinigung darüber zu erteilen, dass bezüglich des Gegenstandes einer Eintragung weitere Eintragungen nicht vorhanden sind oder dass eine bestimmte Eintragung nicht erfolgt ist.

(…)

§ 10 HGB

(1) Das Gericht hat die Eintragungen in das Handelsregister durch den Bundesanzeiger und durch mindestens ein anderes Blatt bekannt zu machen. Soweit nicht das Gesetz ein anderes vorschreibt, werden die Eintragungen ihrem ganzen Inhalt nach veröffentlicht.

(2) Mit dem Ablauf des Tages, an welchem das letzte der die Bekanntmachung enthaltenden Blätter erschienen ist, gilt die Bekanntmachung als erfolgt.

Dritter Abschnitt – Handelsfirma

§ 17 HGB

(1) Die Firma eines Kaufmanns ist der Name, unter dem er seine Geschäfte betreibt und die Unterschrift abgibt.

(2) Ein Kaufmann kann unter seiner Firma klagen und verklagt werden.

§ 18 HGB

(1) Die Firma muss zur Kennzeichnung des Kaufmanns geeignet sein und Unterscheidungskraft besitzen.

(2) Die Firma darf keine Angaben enthalten, die geeignet sind, über geschäftliche Verhältnisse, die für die angesprochenen Verkehrskreise wesentlich sind, irrezuführen. Im Verfahren vor dem Registergericht wird die Eignung zur Irreführung nur berücksichtigt, wenn sie ersichtlich ist.

§ 19 HGB

(1) Die Firma muss, auch wenn sie nach den §§ 21, 22, 24 oder nach anderen gesetzlichen Vorschriften fortgeführt wird, enthalten:

1. bei Einzelkaufleuten die Bezeichnung „eingetragener Kaufmann", „eingetragene Kauffrau" oder eine allgemein verständliche Abkürzung dieser Bezeichnung, insbesondere „e. K.", „e. Kfm." oder „e. Kffr.";

2. bei einer offenen Handelsgesellschaft die Bezeichnung „offene Handelsgesellschaft" oder eine allgemein verständliche Abkürzung dieser Bezeichnung;

3. bei einer Kommanditgesellschaft die Bezeichnung „Kommanditgesellschaft" oder eine allgemein verständliche Abkürzung dieser Bezeichnung.

(2) Wenn in einer offenen Handelsgesellschaft oder Kommanditgesellschaft keine natürliche Person persönlich haftet, muss die Firma, auch wenn sie nach den §§ 21, 22, 24 oder nach anderen gesetzlichen Vorschriften fortgeführt wird, eine Bezeichnung enthalten, welche die Haftungsbeschränkung kennzeichnet.

(…)

§ 29 HGB

Jeder Kaufmann ist verpflichtet seine Firma und den Ort seiner Handelsniederlassung bei dem Gericht, in dessen Bezirke sich die Niederlassung befindet, zur Eintragung in das Handelsregister anzumelden; er hat seine Namensunterschrift unter Angabe der Firma zur Aufbewahrung bei dem Gericht zu zeichnen.

(…)

§ 37 a HGB

(1) Auf allen Geschäftsbriefen des Kaufmanns, die an einen bestimmten Empfänger gerichtet werden, müssen seine Firma, die Bezeichnung nach § 19 Abs. 1 Nr. 1, der Ort seiner Handelsniederlassung, das Registergericht und die Nummer, unter der die Firma in das Handelsregister eingetragen ist, angegeben werden.

(2) Der Angaben nach Absatz 1 bedarf es nicht bei Mitteilungen oder Berichten, die im Rahmen einer bestehenden Geschäftsverbindung ergehen und für die üblicherweise Vordrucke verwendet werden, in denen lediglich die im Einzelfall erforderlichen besonderen Angaben eingefügt zu werden brauchen.

(3) Bestellscheine gelten als Geschäftsbriefe im Sinne des Absatzes 1. Absatz 2 ist auf sie nicht anzuwenden.

(4) Wer seiner Pflicht nach Absatz 1 nicht nachkommt, ist hierzu von dem Registergericht durch Festsetzung von Zwangsgeld anzuhalten. § 14 Satz 2 gilt entsprechend.

(…)

Zweites Buch – Handelsgesellschaften und stille Gesellschaft

Erster Abschnitt – Offene Handelsgesellschaft

Erster Titel – Errichtung der Gesellschaft

§ 105 HGB

(1) Eine Gesellschaft, deren Zweck auf den Betrieb eines Handelsgewerbes unter gemeinschaftlicher Firma gerichtet ist, ist eine offene Handelsgesellschaft, wenn bei keinem der Gesellschafter die Haftung gegenüber den Gesellschaftsgläubigern beschränkt ist.

(…)

Dritter Titel – Rechtsverhältnis der Gesellschafter zu Dritten

§ 125 a HGB

(1) Auf allen Geschäftsbriefen der Gesellschaft, die an einen bestimmten Empfänger gerichtet werden, müssen die Rechtsform und der Sitz der Gesellschaft, das Registergericht und die Nummer, unter der die Gesellschaft in das Handelsregister eingetragen ist, angegeben werden. Bei einer Gesellschaft, bei der kein Gesellschafter eine natürliche Person ist, sind auf den Geschäftsbriefen der

16

Gesellschaft ferner die Firmen der Gesellschafter anzugeben, sowie für die Gesellschafter die nach § 35 a des Gesetzes betreffend die Gesellschaften mit beschränkter Haftung oder § 80 des Aktiengesetzes für Geschäftsbriefe vorgeschriebenen Angaben zu machen. Die Angaben nach Satz 2 sind nicht erforderlich, wenn zu den Gesellschaftern der Gesellschaft eine offene Handelsgesellschaft oder Kommanditgesellschaft gehört, bei der ein persönlich haftender Gesellschafter eine natürliche Person ist.

(2) Für Vordrucke und Bestellscheine ist § 37 a Abs. 2 und 3, für Zwangsgelder gegen die zur Vertretung der Gesellschaft ermächtigten Gesellschafter oder deren organschaftliche Vertreter und die Liquidatoren ist § 37 a Abs. 4 entsprechend anzuwenden.

(…)

Sechster Titel – Verjährung. Zeitliche Begrenzung der Haftung

Zweiter Abschnitt – Kommanditgesellschaft

§ 161 HGB

(1) Eine Gesellschaft, deren Zweck auf den Betrieb eines Handelsgewerbes unter gemeinschaftlicher Firma gerichtet ist, ist eine Kommanditgesellschaft, wenn bei einem oder bei einigen von den Gesellschaftern die Haftung gegenüber den Gesellschaftsgläubigern auf den Betrag einer bestimmten Vermögenseinlage beschränkt ist (Kommanditisten), während bei dem anderen Teil der Gesellschafter eine Beschränkung der Haftung nicht stattfindet (persönlich haftende Gesellschafter).

(2) Soweit nicht in diesem Abschnitt ein anderes vorgeschrieben ist, finden auf die Kommanditgesellschaft die für die offene Handelsgesellschaft geltenden Vorschriften Anwendung.

(…)

Drittes Buch – Handelsbücher

Vorschriften für alle Kaufleute

I. Buchführung, Inventar

§ 238 HGB – Buchführungspflicht

(1) [1]Jeder Kaufmann ist verpflichtet Bücher zu führen und in diesen seine Handelsgeschäfte und die Lage seines Vermögens nach den Grundsätzen ordnungsmäßiger Buchführung ersichtlich zu machen. [2]Die Buchführung muss so beschaffen sein, dass sie einem sachverständigen Dritten innerhalb angemessener Zeit einen Überblick über die Geschäftsvorfälle und über die Lage des Unternehmens vermitteln kann. [3]Die Geschäftsvorfälle müssen sich in ihrer Entstehung und Abwicklung verfolgen lassen.

(2) Der Kaufmann ist verpflichtet eine mit der Urschrift übereinstimmende Wiedergabe der abgesandten Handelsbriefe (Kopie, Abdruck, Abschrift oder sonstige Wiedergabe des Wortlauts auf einem Schrift-, Bild- oder anderen Datenträger) zurückzubehalten.

§ 239 HGB – Führung der Handelsbücher

(1) [1]Bei der Führung der Handelsbücher und bei den sonst erforderlichen Aufzeichnungen hat sich der Kaufmann einer lebenden Sprache zu bedienen. [2]Werden Abkürzungen, Ziffern, Buchstaben oder Symbole verwendet, muss im Einzelfall deren Bedeutung eindeutig festliegen.

(2) Die Eintragungen in Büchern und die sonst erforderlichen Aufzeichnungen müssen vollständig, richtig, zeitgerecht und geordnet vorgenommen werden.

(3) [1]Eine Eintragung oder eine Aufzeichnung darf nicht in einer Weise verändert werden, dass der ursprüngliche Inhalt nicht mehr feststellbar ist. [2]Auch solche Veränderungen dürfen nicht vorgenommen werden, deren Beschaffenheit es ungewiss lässt, ob sie ursprünglich oder erst später gemacht worden sind.

(4) [1]Die Handelsbücher und die sonst erforderlichen Aufzeichnungen können auch in der geordneten Ablage von Belegen bestehen oder auf Datenträgern geführt werden, soweit diese Formen der Buchführung einschließlich des dabei angewandten Verfahrens den Grundsätzen ordnungsmäßiger Buchführung entsprechen. [2]Bei der Führung der Handelsbücher und der sonst erforderlichen Aufzeichnungen auf Datenträgern muss insbesondere sichergestellt sein, dass die Daten während der Dauer der Aufbewahrungsfrist verfügbar sind und jederzeit innerhalb angemessener Frist lesbar gemacht werden können. [3]Absätze 1 bis 3 gelten sinngemäß.

§ 240 HGB – Inventar.

(1) Jeder Kaufmann hat zu Beginn seines Handelsgewerbes seine Grundstücke, seine Forderungen und Schulden, den Betrag seines baren Geldes sowie seine sonstigen Vermögensgegenstände genau zu verzeichnen und dabei den Wert der einzelnen Vermögensgegenstände und Schulden anzugeben.

(2) [1]Er hat demnächst für den Schluss eines jeden Geschäftsjahr ein solches Inventar aufzustellen. [2]Die Dauer des Geschäftsjahrs darf zwölf Monate nicht überschreiten. [3]Die Aufstellung des Inventars ist innerhalb der einem ordnungsmäßigen Geschäftsgang entsprechenden Zeit zu bewirken.

(3) [1]Vermögensgegenstände des Sachanlagevermögens sowie Roh-, Hilfs- und Betriebsstoffe können, wenn sie regelmäßig ersetzt werden und ihr Gesamtwert für das Unternehmen von nachrangiger Bedeutung ist, mit einer gleich bleibenden Menge und einem gleich bleibenden Wert angesetzt werden, sofern ihr Bestand in seiner Größe, seinem Wert und seiner Zusammensetzung nur geringen Veränderungen unterliegt. [2]Jedoch ist in der Regel alle drei Jahre eine körperliche Bestandsaufnahme durchzuführen.

(4) Gleichartige Vermögensgegenstände des Vorratsvermögens sowie andere gleichartige oder annähernd gleichwertige bewegliche Vermögensgegenstände und Schulden können jeweils zu einer Gruppe zusammengefasst und mit dem gewogenen Durchschnittswert angesetzt werden.

II. Eröffnungsbilanz – Jahresabschluss

§ 242 HGB – Pflicht zur Aufstellung der Bilanz

(1) [1]Der Kaufmann hat zu Beginn seines Handelsgewerbes und für den Schluss eines jeden Geschäftsjahrs einen das Verhältnis seines Vermögens und seiner Schulden darstellenden Abschluss (Eröffnungsbilanz, Bilanz) aufzustellen. [2]Auf die Eröffnungsbilanz sind die für den Jahresabschluss geltenden Vorschriften entsprechend anzuwenden, soweit sie sich auf die Bilanz beziehen.

(2) Er hat für den Schluss eines jeden Geschäftsjahrs eine Gegenüberstellung der Aufwendungen und Erträge des Geschäftsjahrs (Gewinn- und Verlustrechnung) aufzustellen.

(3) Die Bilanz und die Gewinn- und Verlustrechnung bilden den Jahresabschluss.

§ 243 HGB – Aufstellungsgrundsatz

(1) Der Jahresabschluss ist nach den Grundsätzen ordnungsmäßiger Buchführung aufzustellen.

(2) Er muss klar und übersichtlich sein.

(3) Der Jahresabschluss ist innerhalb der einem ordnungsmäßigen Geschäftsgang entsprechenden Zeit aufzustellen.

§ 244 HGB – Sprache, Währungseinheit

Der Jahresabschluss ist in deutscher Sprache und in Euro aufzustellen.

16

Handelsgesetzbuch (HGB) – *Auswahl*

§ 245 HGB – Unterzeichnung

[1]Der Jahresabschluss ist vom Kaufmann unter Angabe des Datums zu unterzeichnen. [2]Sind mehrere persönlich haftende Gesellschafter vorhanden, so haben sie alle zu unterzeichnen.

§ 246 HGB – Vollständigkeit, Verrechnungsverbot

(1) [1]Der Jahresabschluss hat sämtliche Vermögensgegenstände, Schulden, Rechnungsabgrenzungsposten, Aufwendungen und Erträge zu enthalten, soweit gesetzlich nichts anderes bestimmt ist. [2]Vermögensgegenstände, die unter Eigentumsvorbehalt erworben oder an Dritte für eigene oder fremde Verbindlichkeiten verpfändet oder in anderer Weise als Sicherheit übertragen worden sind, sind in die Bilanz des Sicherungsgebers aufzunehmen. [3]In die Bilanz des Sicherungsnehmers sind sie nur aufzunehmen, wenn es sich um Bareinlagen handelt.

(2) Posten der Aktivseite dürfen nicht mit Posten der Passivseite, Aufwendungen nicht mit Erträgen, Grundstücksrechte nicht mit Grundstückslasten verrechnet werden.

§ 247 HGB – Inhalt der Bilanz

(1) In der Bilanz sind das Anlage- und das Umlaufvermögen, das Eigenkapital, die Schulden sowie die Rechnungsabgrenzungsposten gesondert auszuweisen und hinreichend aufzugliedern.

(2) Beim Anlagevermögen sind nur die Gegenstände auszuweisen, die bestimmt sind, dauernd dem Geschäftsbetrieb zu dienen.

(3) [1]Passivposten, die für Zwecke der Steuern vom Einkommen und vom Ertrag zulässig sind, dürfen in der Bilanz gebildet werden. [2]Sie sind als Sonderposten mit Rücklageanteil auszuweisen und nach Maßgabe des Steuerrechts aufzulösen. Einer Rückstellung bedarf es insoweit nicht.

Viertes Buch – Handelsgeschäfte

Erster Abschnitt – Allgemeine Vorschriften

§ 343 HGB

(1) Handelsgeschäfte sind alle Geschäfte eines Kaufmanns, die zum Betrieb seines Handelsgewerbes gehören.

(…)

§ 345 HGB

Auf ein Rechtsgeschäft, das für einen der beiden Teile ein Handelsgeschäft ist, kommen die Vorschriften über Handelsgeschäfte für beide Teile gleichmäßig zur Anwendung, soweit nicht aus diesen Vorschriften sich ein anderes ergibt.

(…)

Zweiter Abschnitt – Handelskauf

§ 373 HGB

(1) Ist der Käufer mit der Annahme der Ware im Verzug, so kann der Verkäufer die Ware auf Gefahr und Kosten des Käufers in einem öffentlichen Lagerhaus oder sonst in sicherer Weise hinterlegen.

(2) Er ist ferner befugt, nach vorgängiger Androhung die Ware öffentlich versteigern zu lassen; er kann, wenn die Ware einen Börsen- oder Marktpreis hat, nach vorgängiger Androhung den Verkauf auch aus freier Hand durch einen zu solchen Verkäufen öffentlich ermächtigten Handelsmakler oder durch eine zur öffentlichen Versteigerung befugte Person zum laufenden Preise bewirken. Ist die Ware dem Verderb ausgesetzt und Gefahr im Verzuge, so bedarf es der vorgängigen Androhung nicht; dasselbe gilt, wenn die Androhung aus anderen Gründen untunlich ist.

(3) Der Selbsthilfeverkauf erfolgt für Rechnung des säumigen Käufers.

(4) Der Verkäufer und der Käufer können bei der öffentlichen Versteigerung mitbieten.

(5) Im Falle der öffentlichen Versteigerung hat der Verkäufer den Käufer von der Zeit und dem Ort der Versteigerung vorher zu benachrichtigen; von dem vollzogenen Verkauf hat er bei jeder Art des Verkaufs dem Käufer unverzüglich Nachricht zu geben. Im Falle der Unterlassung ist er zum Schadensersatz verpflichtet. Die Benachrichtigungen dürfen unterbleiben, wenn sie untunlich sind.

(…)

§ 376 HGB

(1) Ist bedungen, dass die Leistung des einen Teiles genau zu einer festbestimmten Zeit oder innerhalb einer festbestimmten Frist bewirkt werden soll, so kann der andere Teil, wenn die Leistung nicht zu der bestimmten Zeit oder nicht innerhalb der bestimmten Frist erfolgt, von dem Vertrag zurücktreten oder, falls der Schuldner im Verzug ist, statt der Erfüllung Schadensersatz wegen Nichterfüllung verlangen. Erfüllung kann er nur beanspruchen, wenn er sofort nach dem Ablauf der Zeit oder der Frist dem Gegner anzeigt, dass er auf Erfüllung bestehe.

(2) Wird Schadensersatz wegen Nichterfüllung verlangt und hat die Ware einen Börsen- oder Marktpreis, so kann der Unterschied des Kaufpreises und des Börsen- oder Marktpreises zur Zeit und am Orte der geschuldeten Leistung gefordert werden.

(3) Das Ergebnis eines anderweit vorgenommenen Verkaufs oder Kaufes kann, falls die Ware einen Börsen- oder Marktpreis hat, dem Ersatzanspruch nur zugrunde gelegt werden, wenn der Verkauf oder Kauf sofort nach dem Ablaufe der bedungenen Leistungszeit oder Leistungsfrist bewirkt ist. Der Verkauf oder Kauf muss, wenn er nicht in öffentlicher Versteigerung geschieht, durch einen zu solchen Verkäufen oder Käufen öffentlich ermächtigten Handelsmakler oder eine zur öffentlichen Versteigerung befugte Person zum laufenden Preise erfolgen.

(4) Auf den Verkauf mittels öffentlicher Versteigerung findet die Vorschrift des § 373 Abs. 4 Anwendung. Von dem Verkauf oder Kauf hat der Gläubiger den Schuldner unverzüglich zu benachrichtigen; im Falle der Unterlassung ist er zum Schadensersatz verpflichtet.

§ 377 HGB

(1) Ist der Kauf für beide Teile ein Handelsgeschäft, so hat der Käufer die Ware unverzüglich nach der Ablieferung durch den Verkäufer, soweit dies nach ordnungsmäßigem Geschäftsgange tunlich ist, zu untersuchen und, wenn sich ein Mangel zeigt, dem Verkäufer unverzüglich Anzeige zu machen.

(2) Unterlässt der Käufer die Anzeige, so gilt die Ware als genehmigt, es sei denn, dass es sich um einen Mangel handelt, der bei der Untersuchung nicht erkennbar war.

(3) Zeigt sich später ein solcher Mangel, so muss die Anzeige unverzüglich nach der Entdeckung gemacht werden; anderenfalls gilt die Ware auch in Ansehung dieses Mangels als genehmigt.

(4) Zur Erhaltung der Rechte des Käufers genügt die rechtzeitige Absendung der Anzeige.

(5) Hat der Verkäufer den Mangel arglistig verschwiegen, so kann er sich auf diese Vorschriften nicht berufen.

(…)

16

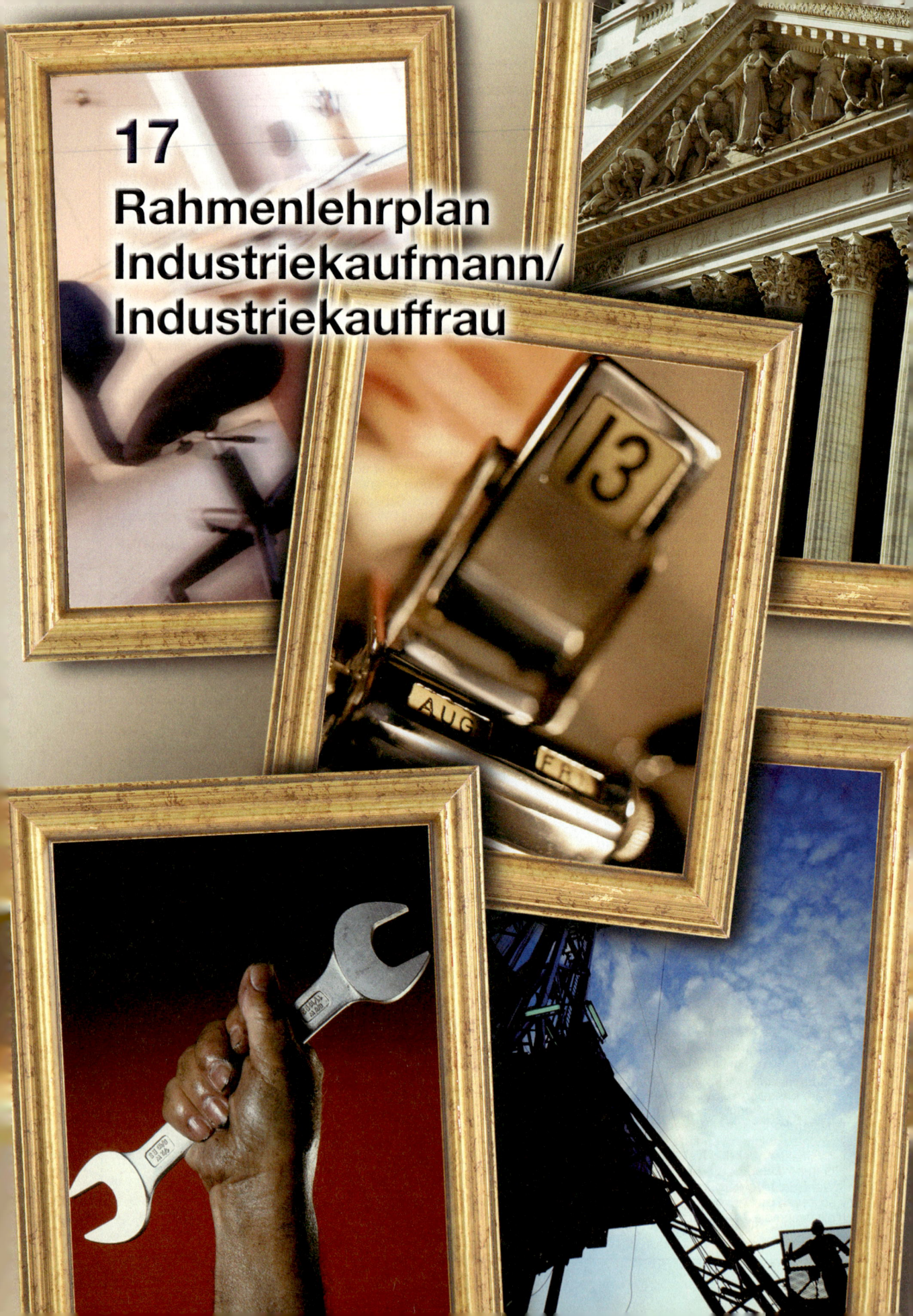

17

Rahmenlehrplan Industriekaufmann/ Industriekauffrau

Vorbemerkungen

Dieser Rahmenlehrplan für den berufsbezogenen Unterricht der Berufsschule ist durch die Ständige Konferenz der Kultusminister und -senatoren der Länder (KMK) beschlossen worden.

Der Rahmenlehrplan ist mit der entsprechenden Ausbildungsordnung des Bundes (erlassen vom Bundesministerium für Wirtschaft und Technologie oder dem sonst zuständigen Fachministerium im Einvernehmen mit dem Bundesministerium für Bildung und Forschung) abgestimmt. Das Abstimmungsverfahren ist durch das „Gemeinsame Ergebnisprotokoll vom 30.05.1972" geregelt. Der Rahmenlehrplan baut grundsätzlich auf dem Hauptschulabschluss auf und beschreibt Mindestanforderungen.

Der Rahmenlehrplan ist bei zugeordneten Berufen in eine berufsfeldbreite Grundbildung und eine darauf aufbauende Fachbildung gegliedert.

Auf der Grundlage der Ausbildungsordnung und des Rahmenlehrplans, die Ziele und Inhalte der Berufsausbildung regeln, werden die Abschlussqualifikation in einem anerkannten Ausbildungsberuf sowie – in Verbindung mit Unterricht in weiteren Fächern – der Abschluss der Berufsschule vermittelt. Damit werden wesentliche Voraussetzungen für eine qualifizierte Beschäftigung sowie für den Eintritt in schulische und berufliche Fort- und Weiterbildungsgänge geschaffen.

Der Rahmenlehrplan enthält keine methodischen Festlegungen für den Unterricht. Selbstständiges und verantwortungsbewusstes Denken und Handeln als übergreifendes Ziel der Ausbildung wird vorzugsweise in solchen Unterrichtsformen vermittelt, in denen es Teil des methodischen Gesamtkonzeptes ist. Dabei kann grundsätzlich jedes methodische Vorgehen zur Erreichung dieses Zieles beitragen; Methoden, die die Handlungskompetenz unmittelbar fördern, sind besonders geeignet und sollten deshalb in der Unterrichtsgestaltung angemessen berücksichtigt werden.

Die Länder übernehmen den Rahmenlehrplan unmittelbar oder setzen ihn in eigene Lehrpläne um. Im zweiten Fall achten sie darauf, dass das im Rahmenlehrplan berücksichtigte Ergebnis der fachlichen und zeitlichen Abstimmung mit der jeweiligen Ausbildungsordnung erhalten bleibt.

Bildungsauftrag der Berufsschule

Die Berufsschule und die Ausbildungsbetriebe erfüllen in der dualen Berufsausbildung einen gemeinsamen Bildungsauftrag.

Die Berufsschule ist dabei ein eigenständiger Lernort. Sie arbeitet als gleichberechtigter Partner mit den anderen an der Berufsausbildung Beteiligten zusammen. Sie hat die Aufgabe, den Schülerinnen und Schülern berufliche und allgemeine Lerninhalte unter besonderer Berücksichtigung der Anforderungen der Berufsausbildung zu vermitteln.

Die Berufsschule hat eine berufliche Grund- und Fachbildung zum Ziel und erweitert die vorher erworbene allgemeine Bildung. Damit will sie zur Erfüllung der Aufgaben im Beruf sowie zur Mitgestaltung der Arbeitswelt und Gesellschaft in sozialer und ökologischer Verantwortung befähigen. Sie richtet sich dabei nach den für diese Schulart geltenden Regelungen der Schulgesetze der Länder. Insbesondere der berufsbezogene Unterricht orientiert sich außerdem an den für jeden einzelnen staatlich anerkannten Ausbildungsberuf bundeseinheitlich erlassenen Berufsordnungsmitteln:

- Rahmenlehrplan der ständigen Konferenz der Kultusminister und -senatoren der Länder (KMK),
- Ausbildungsordnungen des Bundes für die betriebliche Ausbildung.

Nach der Rahmenvereinbarung über die Berufsschule (Beschluss der KMK vom 15. März 1991) hat die Berufsschule zum Ziel,

- „eine Berufsfähigkeit zu vermitteln, die Fachkompetenz mit allgemeinen Fähigkeiten humaner und sozialer Art verbindet;

- berufliche Flexibilität zur Bewältigung der sich wandelnden Anforderungen in Arbeitswelt und Gesellschaft auch im Hinblick auf das Zusammenwachsen Europas zu entwickeln,
- die Bereitschaft zur beruflichen Fort- und Weiterbildung zu wecken;
- die Fähigkeit und Bereitschaft zu fördern, bei der individuellen Lebensgestaltung und im öffentlichen Leben verantwortungsbewusst zu handeln."

Zur Erreichung dieser Ziele muss die Berufsschule

- den Unterricht an einer für ihre Aufgaben spezifischen Pädagogik ausrichten, die Handlungsorientierung betont;
- unter Berücksichtigung notwendiger beruflicher Spezialisierung berufs- und berufsfeldübergreifende Qualifikationen vermitteln;
- ein differenziertes und flexibles Bildungsangebot gewährleisten, um unterschiedlichen Fähigkeiten und Begabungen sowie den jeweiligen Erfordernissen der Arbeitswelt und Gesellschaft gerecht zu werden;
- im Rahmen ihrer Möglichkeiten Behinderte und Benachteiligte umfassend stützen und fördern;
- auf die mit Berufsausübung und privater Lebensführung verbundenen Umweltbedrohungen und Unfallgefahren hinweisen und Möglichkeiten zu ihrer Vermeidung bzw. Verminderung aufzeigen.

Die Berufsschule soll darüber hinaus im allgemeinen Unterricht und soweit es im Rahmen berufsbezogenen Unterrichts möglich ist auf Kernprobleme unserer Zeit wie z. B.

Bildungsauftrag der Berufsschule

- Arbeit und Arbeitslosigkeit,
- friedliches Zusammenleben von Menschen, Völkern und Kulturen in einer Welt unter Wahrung kultureller Identität,
- Erhaltung der natürlichen Lebensgrundlage, sowie
- Gewährleistung der Menschenrechte

eingehen.

Die aufgeführten Ziele sind auf die Entwicklung von Handlungskompetenz gerichtet. Diese wird hier verstanden als die Bereitschaft und Fähigkeit des Einzelnen, sich in gesellschaftlichen, beruflichen und privaten Situationen sachgerecht, durchdacht sowie individuell und sozial verantwortlich zu verhalten.

Handlungskompetenz entfaltet sich in den Dimensionen von Fachkompetenz, Personalkompetenz und Sozialkompetenz.

Fachkompetenz bezeichnet die Bereitschaft und Fähigkeit, auf der Grundlage fachlichen Wissens und Könnens Aufgaben und Probleme zielorientiert, sachgerecht, methodengeleitet und selbstständig zu lösen und das Ergebnis zu beurteilen.

Personalkompetenz bezeichnet die Bereitschaft und Fähigkeit, als individuelle Persönlichkeit die Entwicklungschancen, Anforderungen und Einschränkungen in Familie, Beruf und öffentlichem Leben zu klären, zu durchdenken und zu beurteilen,

eigene Begabungen zu entfalten sowie Lebenspläne zu fassen und fortzuentwickeln. Sie umfasst personale Eigenschaften wie Selbstständigkeit, Kritikfähigkeit, Selbstvertrauen, Zuverlässigkeit, Verantwortungs- und Pflichtbewusstsein. Zur ihr gehören insbesondere auch die Entwicklung durchdachter Wertvorstellungen und die selbstbestimmte Bindung an Werte.

Sozialkompetenz bezeichnet die Bereitschaft und Fähigkeit, soziale Beziehungen zu leben und zu gestalten, Zuwendungen und Spannungen zu erfassen, zu verstehen sowie sich mit anderen rational und verantwortungsbewusst auseinanderzusetzen und zu verständigen. Hierzu gehört insbesondere auch die Entwicklung sozialer Verantwortung und Solidarität.

Methoden- und Lernkompetenz erwachsen aus einer ausgewogenen Entwicklung dieser drei Dimensionen.

Kompetenz bezeichnet den Lernerfolg in Bezug auf den einzelnen Lernenden und seine Befähigung zu eigenverantwortlichem Handeln in privaten, beruflichen und gesellschaftlichen Situationen. Demgegenüber wird unter Qualifikation der Lernerfolg in Bezug auf die Verwertbarkeit, d. h. aus der Sicht der Nachfrage in privaten, beruflichen und gesellschaftlichen Situationen, verstanden (vgl. Deutscher Bildungsrat, Empfehlungen der Bildungskommission zur Neuordnung der Sekundarstufe II).

Didaktische Grundsätze

Die Zielsetzung der Berufsausbildung erfordert es, den Unterricht an einer auf die Aufgaben der Berufsschule zugeschnittenen Pädagogik auszurichten, die Handlungsorientierung betont und junge Menschen zu selbstständigem Planen, Durchführen und Beurteilen von Arbeitsaufgaben im Rahmen ihrer Berufstätigkeit befähigt.

Lernen in der Berufsschule vollzieht sich grundsätzlich in Beziehung auf konkretes berufliches Handeln sowie in vielfältigen gedanklichen Operationen, auch gedanklichem Nachvollziehen von Handlungen anderer. Dieses Lernen ist vor allem an die Reflexion der Vollzüge des Handelns (des Handlungsplans, des Ablaufs, der Ergebnisse) gebunden. Mit dieser gedanklichen Durchdringung beruflicher Arbeit werden die Voraussetzungen geschaffen für das Lernen in und aus der Arbeit. Dies bedeutet für den Rahmenlehrplan, dass die Beschreibung der Ziele und die Auswahl der Inhalte **berufsbezogen erfolgt.**

Auf der Grundlage lerntheoretischer und didaktischer Erkenntnisse werden in einem pragmatischen Ansatz für die Gestaltung handlungsorientierten Unterrichts folgende Orientierungspunkte genannt:
- Didaktische Bezugspunkte sind Situationen, die für die Berufsausübung bedeutsam sind (Lernen für Handeln).

- Den Ausgangspunkt des Lernens bilden Handlungen, möglichst selbst ausgeführt oder aber gedanklich nachvollzogen (Lernen durch Handeln).
- Handlungen müssen von den Lernenden möglichst selbstständig geplant, durchgeführt, überprüft, ggf. korrigiert und schließlich bewertet werden.
- Handlungen sollten ein ganzheitliches Erfassen der beruflichen Wirklichkeit fördern, z. B. technische, sicherheitstechnische, ökonomische, rechtliche, ökologische und soziale Aspekte einbeziehen.
- Handlungen müssen in die Erfahrungen der Lernenden integriert und in Bezug auf ihre gesellschaftlichen Auswirkungen reflektiert werden.
- Handlungen sollen auch soziale Prozesse, z. B. der Interessenerklärung oder der Konfliktbewältigung, einbeziehen.

Handlungsorientierter Unterricht ist ein didaktisches Konzept, das fach- und handlungssystematische Strukturen miteinander verschränkt. Es lässt sich durch unterschiedliche Unterrichtsmethoden verwirklichen.

Das Unterrichtsangebot der Berufsschule richtet sich an Jugendliche und Erwachsene, die sich nach Vorbildung, kulturellem Hintergrund und Erfahrun-

Didaktische Grundsätze

gen aus den Ausbildungsbetrieben unterscheiden. Die Berufsschule kann ihren Bildungsauftrag nur erfüllen, wenn sie diese Unterschiede beachtet und Schülerinnen und Schüler – auch benachteiligte oder besonders begabte – ihren individuellen Möglichkeiten entsprechend fördert.

Berufsbezogene Vorbemerkungen

Der vorliegende Rahmenlehrplan für die Berufsausbildung zum Industriekaufmann/zur Industriekauffrau ist mit der Verordnung über die Berufsausbildung vom 23. Juli 2002 (BGBl I S. 2764) abgestimmt.

Der Ausbildungsberuf ist nach der Berufsgrundbildungsjahr-Anrechnungs-Verordnung des Bundesministeriums für Wirtschaft und Technologie dem Berufsfeld Wirtschaft und Verwaltung, Schwerpunkt A: Absatzwirtschaft und Kundenberatung zugeordnet.
Der Rahmenlehrplan stimmt hinsichtlich des 1. Ausbildungsjahres mit dem berufsbezogenen fachtheoretischen Bereich des Rahmenlehrplans für das schulische Berufsgrundbildungsjahr überein. Soweit die Ausbildung im 1. Jahr in einem schulischen Berufsgrundbildungsjahr erfolgt, gilt der Rahmenlehrplan für den berufsbezogenen Lernbereich im Berufsgrundbildungsjahr.

Der Rahmenlehrplan für den Ausbildungsberuf Industriekaufmann/Industriekauffrau (Beschluss der KMK vom 9. Juni 1995) wird durch den vorliegenden Rahmenlehrplan aufgehoben.
Der Industriekaufmann/die Industriekauffrau ist in Unternehmen unterschiedlicher Branchen und Größen tätig, die zunehmend nicht nur Produkte herstellen, sondern auch ergänzende und eigenständige Dienst- und Serviceleistungen in zum Teil umfangreichen Projekten anbieten. Industriekaufleute verfügen über ein nicht nur auf die industrielle Fertigung bezogenes breites kaufmännisches Grundwissen, insbesondere auch im Bereich der Kundenberatung, Kundenbetreuung und der Projektabwicklung.

Das Berufsbild umfasst arbeitsfeldübergreifende Qualifikationen, Fachqualifikationen und profilgebende Einsatzbereiche, in denen branchen- bzw. betriebsbezogene Qualifikationen im Hinblick auf einen angestrebten Arbeitsplatz erworben werden. Kundenorientierung und geschäftsprozessbezogene Handlungskompetenz werden besonders herausgestellt.

Betriebliche und schulische Ausbildung ermöglichen den Zugang zu grundlegenden betriebswirtschaftlichen Problemstellungen und Begriffen aus einer geschäftsprozessorientierten Sicht. Die Förderung von Orientierungswissen, das Lösen komplexer und exemplarischer Aufgabenstellungen, systemorientiertes und vernetztes Denken und Handeln sind Bestandteil der Ausbildung.

Die Lernfelder dieses Rahmenlehrplanes orientieren sich an typischen Geschäftsprozessen eines Industrieunternehmens. Die Auftragsabwicklung wird als wesentlicher Kernprozess betrachtet, aus dem heraus sich unterstützende Prozesse mit Schnittstellen zu weiteren Kernprozessen ergeben. Die Abgrenzung der Lernfelder berücksichtigt die Unterscheidung von Kern- und unterstützenden Prozessen. Ihre Zielformulierungen ermöglichen didaktisch unterschiedliche Reihenfolgen der Lernfelder in einem Ausbildungsjahr. Insbesondere im Hinblick auf das erste Ausbildungsjahr ist hierzu eine Abstimmung vor Ort erforderlich. Neben anderen Lernfeldern greift vor allem Lernfeld 12 die zunehmende Projektarbeit in den Betrieben auf und leistet über die Entwicklung einer umfangreichen Eigenverantwortlichkeit im Hinblick auf die Einschätzung und Optimierung von Abläufen einen wesentlichen Beitrag zur beruflichen Qualifizierung.

Die Orientierung an Geschäftsprozessen wird ergänzt durch die Berücksichtigung der vielfältigen Systemverflechtungen zwischen Märkten, Gesamtwirtschaft und Gesellschaft. Die Zielformulierungen sind im Sinne des Grundsatzes der Nachhaltigkeit ökologischer, sozialer und ökonomischer Entwicklung zu interpretieren. Eine ganzheitliche Sichtweise auf komplexe Problemstellungen und die Erarbeitung zukunftsverträglicher Lösungen ist daher neben der Orientierung an Geschäftsprozessen als durchgängiges Unterrichtsprinzip zu berücksichtigen.

Umfassende Handlungskompetenz zu fördern ist Anliegen aller Lernfelder. Zur Betonung sind Personal-, Sozial-, Methoden- und Lernkompetenz in einigen Lernfeldern ausdrücklich verankert. Sie sind in den anderen Lernfeldern weiter aufzugreifen und zu festigen. Eine frühere Thematisierung oder eine spätere vertiefende Anwendung bleibt davon unberührt.

Die Informationsbeschaffung, -verarbeitung und -auswertung erfolgt integrativ über Medien und informationstechnische Systeme in allen Lernfeldern. Hierfür ist ein Gesamtumfang von mindestens 80 Stunden im Rahmenlehrplan berücksichtigt.

Die Vermittlung von fremdsprachlichen Qualifikationen gemäß der Ausbildungsordnung zur Entwicklung entsprechender Kommunikationsfähigkeit ist mit 40 Stunden in die Lernfelder integriert. Darüber hinaus können 80 Stunden berufsspezifische Fremdsprachenvermittlung als freiwillige Ergänzung der Länder angeboten werden. Die Lernfelder des zweiten und dritten Ausbildungsjahres bieten Anknüpfungen für fremdsprachliche Lernsituationen.

Lernfelder

Übersicht über die Lernfelder für den Ausbildungsberuf Industriekaufmann/Industriekauffrau

Lernfelder		Zeitrichtwerte		
Nr.		1. Jahr	2. Jahr	3. Jahr
1	In Ausbildung und Beruf orientieren	40		
2	Marktorientierte Geschäftsprozesse eines Industriebetriebes erfassen	60		
3	Werteströme und Werte erfassen und dokumentieren	60		
4	Wertschöpfungsprozesse analysieren und beurteilen	80		
5	Leistungserstellungsprozesse planen, steuern und kontrollieren	80		
6	Beschaffungsprozesse planen, steuern und kontrollieren		80	
7	Personalwirtschaftliche Aufgaben wahrnehmen		80	
8	Jahresabschluss analysieren und bewerten		80	
9	Das Unternehmen im gesamt- und weltwirtschaftlichen Zusammenhang einordnen		40	
10	Absatzprozesse planen, steuern und kontrollieren			160
11	Investitions- und Finanzierungsprozesse planen			40
12	Unternehmensstrategien, -projekte umsetzen			80
	Summe (insgesamt 880 Std.)	320	280	280

17 576

3526576

Lernfeld 1: In Ausbildung und Beruf orientieren

1. Ausbildungsjahr
Zeitrichtwert: 40 Stunden

Zielformulierung:

Die Schülerinnen und Schüler orientieren sich in der durch den Beginn ihrer beruflichen Erstausbildung veränderten Lebenssituation und gestalten ihre Berufsausbildung selbst- und verantwortungsbewusst im Spannungsfeld unterschiedlicher Rollenerwartungen und unter Beachtung wesentlicher Handlungsnormen und Rechtsvorschriften. Im Hinblick auf ihre beruflichen Tätigkeits- und Weiterentwicklungsmöglichkeiten stellen sie die Leistungsschwerpunkte und Arbeitsgebiete von Industrieunternehmen im Überblick dar.

Sie erläutern die Aufgaben der Beteiligten im dualen System der Berufsausbildung. Aus gesetzlichen und vertraglichen Bestimmungen leiten sie Rechte und Pflichten als Auszubildende ab. Dabei arbeiten sie mit Gesetzestexten.

Auf der Basis des Betriebsverfassungsgesetzes konkretisieren die Schülerinnen und Schüler die für sie relevanten Mitbestimmungsrechte am betrieblichen Geschehen. Sie beschreiben die Eingliederung ihres Unternehmens in die Gesamtwirtschaft und vergleichen ihre Ausbildungsbetriebe nach rechtlichen und betriebswirtschaftlichen Kriterien.

Die Schülerinnen und Schüler bearbeiten Aufgabenstellungen selbstständig in der Gruppe und wenden problemlösende Methoden an. Sie setzen sich reflexiv mit auftretenden Konflikten auseinander und regeln diese konstruktiv. Sie präsentieren und dokumentieren ihre Arbeitsergebnisse strukturiert unter Verwendung angemessener Medien. Zur Informationsgewinnung nutzen sie moderne Kommunikationsmedien.

Inhalte:

Berufliche Tätigkeitsfelder und Perspektiven
Funktion von Ausbildern
Berufsbildungsgesetz
Ausbildungsordnung und Ausbildungsvertrag
Jugendarbeitsschutz
Jugend- und Auszubildendenvertretung
Haftung, Kapitalaufbringung, Geschäftsführung
Intranet, Internet
Lernstrategien und Arbeitstechniken
Moderations- und Präsentationstechniken
Kommunikationsregeln

Lernfeld 2: Marktorientierte Geschäftsprozesse eines Industriebetriebes erfassen

1. Ausbildungsjahr
Zeitrichtwert: 60 Stunden

Zielformulierung:

Die Schülerinnen und Schüler erkunden den Material-, Informations-, Geld- und Wertefluss innerhalb eines Betriebes ausgehend von Lieferanten und Kunden. Auf der Grundlage von vorgegebenen Unternehmensleitbildern und eigener betrieblicher Anschauung beschreiben sie einzelne ökonomische, soziale und ökologische Ziele. Sie analysieren den Zusammenhang zwischen strategischen und operativen Zielen. Dabei berücksichtigen sie mögliche Zielkonflikte. Sie begründen, dass das Erreichen von Unternehmenszielen von Marktentwicklungen abhängt.

Die Schülerinnen und Schüler analysieren den logistischen Prozess der Kundenauftragsführung und zeigen Schnittstellen zwischen Kern- und unterstützenden Prozessen auf. Dabei stellen sie Formen der betrieblichen Aufbauorganisation dar und beurteilen sie im Hinblick auf die Elemente des Geschäftsprozesses. Sie erläutern die Bedeutung der Information und deren effektiver Nutzung als wesentliche Voraussetzung für die Erzielung von Wettbewerbsvorteilen und untersuchen das betriebliche Informationssystem in Bezug auf die Steuerung und Abwicklung des betrieblichen Leistungsprozesses. Sie ermitteln und analysieren Kosten des Informations- und Materialflusses sowie die Wertschöpfung im Prozess der Kundenauftragsführung.

Die Schülerinnen und Schüler identifizieren organisatorische Einheiten wie Stellen und Abteilungen als Kostenstellen und beschreiben deren Bedeutung für die Wertschöpfung. Sie stellen das Rechnungswesen als Mittel zur Erfassung, Steuerung und Überwachung der Wertschöpfung dar. Sie beschreiben den Zusammenhang betrieblicher Planungs- und Controllingprozesse zur Sicherung des Unternehmenserfolgs.

Sie entwickeln Kriterien zur Erstellung von Präsentationen, stellen Lösungsergebnisse vor und präzisieren Regeln für ein Feedback zu individuellen Arbeitsergebnissen.

Inhalte:

Unternehmensphilosophie und -strategie
Wertschöpfungsprozess – kosten- und nutzenorientiert
Auslöser für Orientierung an Geschäftsprozessen
– Käufermärkte
– Globalisierung
Elemente eines Geschäftsprozesses (Daten-, Organisations- und Funktionssicht)
Aufgaben des Controllings
Aufbau und informationstechnische Struktur der Datenbasis
Aufgaben des Rechnungswesens
Teamentwicklung
Präsentationsgrundsätze
Kommunikationsregeln

3526578

Lernfeld 3: Werteströme und Werte erfassen und dokumentieren

1. Ausbildungsjahr
Zeitrichtwert: 60 Stunden

Zielformulierung:

Die Schülerinnen und Schüler erfassen den Wertefluss einer Industrieunternehmung anhand von Belegen, die im Rahmen eines Geschäftsprozesses anfallen.

Auf der Grundlage der geltenden Rechtsvorschriften und unter Berücksichtigung des auf die unternehmensspezifischen Bedürfnisse abgestimmten Kontenplans stellen sie Werteströme in einer Industrieunternehmung buchhalterisch dar. Sie nehmen eine Abstimmung zwischen Inventurdaten und den Ergebnissen der laufenden Buchführung vor und leiten aus dem vorläufigen Abschluss Auswirkungen auf die Vermögens-, Finanz- und Ertragslage ab.

Sie nutzen das Rechnungswesen unter Anwendung einer geeigneten Software als Dokumentations- und Informationsinstrument.

Inhalte:

Aufgaben und Organisation der Finanzbuchhaltung
Inventur, Inventar und Bilanz
Bestands- und Erfolgsvorgänge (einschließlich Abschreibungen)
Umsatzsteuer
Bestandsveränderungen, Inventurdifferenzen
Kontenabschluss
Rechtsrahmen

Lernfeld 4: Wertschöpfungsprozesse analysieren und beurteilen

1. Ausbildungsjahr
Zeitrichtwert: 80 Stunden

Zielformulierung:

Die Schülerinnen und Schüler erfassen die beim betrieblichen Leistungserstellungsprozess entstehenden Kosten und Leistungen, berechnen und beurteilen den kostenrechnerischen Wertschöpfungsbeitrag einzelner Produkte und den Betriebserfolg. Sie erkennen den funktionalen Zusammenhang zwischen interner und externer Rechnungslegung und grenzen die Finanzbuchführung von der Kosten- und Leistungsrechnung ab.

Zur Vorbereitung betrieblicher Entscheidungen nutzen sie verschiedene Verfahren der Kostenrechnung in Kenntnis ihrer Vor- und Nachteile. Sie beurteilen die Auswirkungen getroffener Entscheidungen auf die Kostensituation des Betriebes und entwickeln ein differenziertes Kostenbewusstsein. Sie nehmen eine Abweichungsanalyse vor und unterbreiten geeignete Lösungsvorschläge. Zur Überwachung der Wirtschaftlichkeit setzen sie die Kostenrechnung ein und wenden geeignete informationstechnische Werkzeuge an.

Inhalte:

Kostenartenrechnung
Kostenstellenrechnung
Kostenträgerstückrechnung und Kostenträgerzeitrechnung
Vollkostenrechnung
Teilkostenrechnung als Deckungsbeitragsrechnung
Prozessorientierte Kostenbetrachtung
Verbrauchs- und Beschäftigungsabweichungen
Tabellenkalkulation
Diagramme

Lernfeld 5: Leistungserstellungsprozesse planen, steuern und kontrollieren

Zielformulierung:

Die Schülerinnen und Schüler beschreiben und begründen das Produktions- oder Dienstleistungsprogramm in Abhängigkeit vom Absatzmarkt und den Kernprozessen der Unternehmung, den Fertigungs- oder Leistungserstellungsverfahren und der Kostenstruktur. Bei der ressourcenschonenden Verwendung der Materialien und Energien berücksichtigen sie den Aspekt der Nachhaltigkeit. Sie beurteilen die Fertigungs- und Leistungserstellungsverfahren unter dem Aspekt des Gesundheitsschutzes.

Im Rahmen der Materialdisposition ermitteln sie für einen Kundenauftrag auf Basis vorgegebener Stücklisten bzw. Leistungsmerkmale nach Pflichtenheft den Bedarf. Für fremdbezogene Teile oder Leistungen erstellen sie Bestellvorschläge unter Berücksichtigung der Wiederbeschaffungszeiten und Verbrauchsschätzungen.

Für eigengefertigte Teile analysieren sie aufgrund technischer Vorgaben die Struktur eines Erzeugnisses und erstellen Stücklisten und Arbeitspläne. Sie disponieren daraus abgeleitete Fertigungsaufträge, nehmen in Abstimmung mit vorhandenen Kapazitäten und gegebenen Prioritäten eine Einlastung der Fertigungsaufträge vor und beschreiben die Möglichkeiten der Auftragsverfolgung und der Auftragskontrolle.

Im Rahmen des Qualitätsmanagements erläutern die Schülerinnen und Schüler Verfahren zur Prozessoptimierung, die in den Phasen der Produkt- oder Dienstleistungserstellung die Qualität des Produktes oder der Dienstleistung sichern und weiterentwickeln.

Bei der Umsetzung der verschiedenen Aufgaben setzen sie geeignete informationstechnische Systeme zur Überwachung und Pflege der erforderlichen Daten ein.

Die Schülerinnen und Schüler lösen problemorientierte Aufgabenstellungen in Teams. Sie dokumentieren und präsentieren ihre Ergebnisse. Sie reflektieren Lernfortschritte und entwickeln Lernstrategien.

Inhalte

Produktentstehung
Produktionsplanung und -steuerung – Rahmenbedingungen und Verfahren
Produktionscontrolling – Kosten, Qualität, Termintreue
Abfallvermeidung, Wiederverwertbarkeit

Lernfeld 6: Beschaffungsprozesse planen, steuern und kontrollieren

2. Ausbildungsjahr
Zeitrichtwert: 80 Stunden

Zielformulierung:

Die Schülerinnen und Schüler planen im Rahmen der Beschaffungslogistik den gesamten Beschaffungsprozess in Kenntnis der Beschaffungsstrategie als Teil der Unternehmensstrategie. Dabei nutzen sie vorhandene Informationsnetze. Sie bearbeiten Bedarfsanforderungen für die betriebliche Leistungserstellung unter Beachtung des Materialeinsatzes und der Materialverwertung und berücksichtigen dabei auch den Aspekt der Nachhaltigkeit. Mithilfe ausgewählter Instrumente und Methoden der Kommunikation bahnen sie Verträge an und schließen sie ab. Im Zusammenhang damit beachten sie die verschiedenen wirtschaftlichen Interessenlagen der Vertragspartner sowie rechtliche Handlungsspielräume. Sie beherrschen auch fremdsprachige kaufmännische Korrespondenz. In Konfliktsituationen sind sie sicher in der Gesprächsführung. Sie präsentieren Verhandlungsergebnisse mit geeigneten Mitteln und Methoden.

Die Schülerinnen und Schüler prüfen den Wareneingang anhand von Belegen. Sie reagieren bei Störungen der Erfüllung und leiten Maßnahmen zu deren Beseitigung ein. Sie beschreiben den Belegfluss, erfassen den Wareneingang buchhalterisch unter Nutzung eines informationstechnischen Systems und veranlassen den Zahlungsvorgang.

Sie ermitteln und analysieren Lagerkennziffern, führen Lagerbestandsrechnungen durch und prüfen Logistikkonzepte auf ihre Effektivität. Im Rahmen des Controllings zeigen sie Optimierungsmöglichkeiten auf und berücksichtigen dabei ökologische Aspekte.

Inhalte:

Beschaffungsstragie – Einflussfaktoren
Beschaffungsplanung – Zeit-Mengen-Planung, Kosten-Mengen-Planung
Materialauswahl – Kosten, Qualität, Umweltschutz, Marktentwicklung
Liefererauswahl – Bezugsquellenanalyse, Angebotsvergleich, Lieferantenbewertung, Finanzierung
Vertragsabschluss
Bestellabwicklung (Zertifizierung)
Bestandsplanung und -führung
Beschaffungscontrolling
Verhandlungstechniken
Fremdsprachige Kommunikation

17

Zielformulierung:

Im Rahmen der Bedarfsplanung werten die Schülerinnen und Schüler einfache Personalstatistiken aus. Dazu nutzen sie Daten aus vorhandenen informationstechnischen Systemen und beachten Datenschutz und Kapazitätsplanungen. Unter Berücksichtigung der betrieblichen Ziele und des Absatz- und Produktionsplanes planen sie den Personalbedarf.

Im Rahmen der internen und externen Personalbeschaffung treffen sie eine begründete Auswahl der einzusetzenden Beschaffungsinstrumente und stellen Kriterien zur Bewerberauswahl zusammen. Sie leiten die Aufnahme neuer Mitarbeiter in den Personalbestand ein. Zur Vorbereitung der notwendigen Entscheidungen beachten sie die Einbeziehung der betriebsverfassungsrechtlichen Organe des Unternehmens.

Unter Berücksichtigung personalrechtlicher Regelungen aus Arbeits- und Sozialrecht, Tarifrecht und Betriebsvereinbarungen bewerten sie Arbeitsverträge und Konsequenzen für Umsetzungen und Entlassungen. Sie entwickeln Konzepte zur Aus-, Weiter- und Fortbildung zur aktiven Gestaltung der Personalentwicklung und Verbesserung der Mitarbeitermotivation. Dabei erkennen sie auch die Bedeutung lebenslangen Lernens für die persönliche Entwicklung und die aktive Gestaltung der eigenen beruflichen Zukunft.

Sie beurteilen Kriterien der Arbeitsbewertung und der Entgeltsysteme, berechnen Entgelte und buchen sie.

Im Rahmen der Personalführung stellen die Schülerinnen und Schüler Auswirkungen von Unternehmenskulturen, Führungsstilen und -methoden auf die Zusammenarbeit im Betrieb dar. Sie bewältigen ausgewählte Konfliktsituationen u. a. mit Kenntnissen über Arbeitsschutz, Formen der Arbeitsplatzerhaltung und Mitbestimmungsmöglichkeiten.

Inhalte:

Personalbestands- und -bedarfsanalyse
Personalbeschaffung und -auswahl – Betriebsverfassungsgesetz
Personaleinsatz – Vollmachten
Personalführung und -entwicklung – Kommunikationsregeln, Konfliktregelung, Argumentation und Rhetorik
Personalentlohnung – Lohnnebenkosten
Personalfreisetzung – Kündigungsschutz
Personalcontrolling

3526582

Lernfeld 8: Jahresabschluss analysieren und bewerten

2. Ausbildungsjahr
Zeitrichtwert: 80 Stunden

Zielformulierung:

Die Schülerinnen und Schüler führen Jahresabschlussarbeiten durch und treffen Bewertungsentscheidungen unter Berücksichtigung betrieblicher Interessen und geltender Bewertungsvorschriften.

Sie bereiten den Jahresabschluss auf, ermitteln Kennzahlen zur Beurteilung des Unternehmens und ziehen Schlussfolgerungen für unternehmenspolitische Entscheidungen. Sie analysieren den Jahresabschluss auch aus Sicht des externen Betrachters.

Die Schüler und Schülerinnen wählen für die Bearbeitung ihrer Aufgabenstellungen geeignete Medien aus, präsentieren ihre Arbeitsergebnisse und begründen ihre Schlussfolgerungen.

Inhalte:

Wertansätze für Vermögen und Schulden nach Handels- und Steuerrecht – Anschaffungs- und Herstellkosten
Bewertungsprinzipien – Vorsichtsprinzip, Kapitaleignerprinzip
Offene und stille Rücklagen
Kennzahlen zur Vermögens- und Kapitalstruktur, Liquidität, Anlagedeckung, Rentabilität, Cashflow
Präsentationsmittel

Lernfeld 9: Das Unternehmen im gesamt- und weltwirtschaftlichen Zusammenhang einordnen

2. Ausbildungsjahr
Zeitrichtwert: 40 Stunden

Zielformulierung:

Die Schülerinnen und Schüler beschreiben die Beziehungen und Leistungen zwischen Unternehmen und staatlichen bzw. anderen administrativen Stellen im Kontext regionaler, gesamt- und weltwirtschaftlicher Zusammenhänge. Dabei analysieren sie die Rahmenbedingungen für Investitionen und Wirtschaftswachstum und prüfen Chancen und Grenzen der Strategien zur Wachstumsförderung.

Die Schülerinnen und Schüler erklären die wechselseitigen Beziehungen und Abhängigkeiten der Wirtschaftssubjekte im Modell des Wirtschaftskreislaufes und leiten daraus die Einkommensentstehung, -verwendung und -verteilung ab.

Sie beschreiben den ordnungspolitischen Rahmen für Unternehmen und stellen Ansprüche, Prinzipien sowie Maßnahmen staatlicher Ordnungspolitik dar. Im Kontext der europäischen Integration und der Globalisierung präzisieren sie Ziele und Zielkonflikte der Strukturpolitik, zeigen den Grad der Zielerreichung auf, begründen Abweichungen und schlagen mögliche Maßnahmen zur Zielerreichung vor.

Inhalte:

Standortfaktoren
Wirtschaftsförderung
Volkswirtschaftliche Gesamtrechnung
Soziale Marktwirtschaft
Wettbewerbspolitik
Argumentation

Zielformulierung:

Die Schülerinnen und Schüler wickeln Kundenaufträge im Spannungsfeld von Kunden- und Unternehmensinteressen unter Nutzung vorhandener Kommunikationsnetze erfolgsorientiert ab. Dabei setzen sie informationstechnische Systeme zur Sammlung und Auswertung von Markt- und Kundendaten ein. Sie entwickeln und begründen Vorschläge zur Umsetzung von Kundenwünschen, auch in Bezug auf Produktentwicklung.

Die Schülerinnen und Schüler werten Informationen der Produktforschung und Informationen über Märkte im In- und Ausland aus. Im Rahmen eines Marketingkonzeptes nutzen sie Marketinginstrumente zur Planung, Organisation, Durchführung und Kontrolle unternehmerischer Aktivitäten. Sie analysieren die absatzpolitischen Instrumente und entwickeln Konzepte zur Verfolgung bestehender Marketingziele und zur Kundenbindung unter Berücksichtigung wirtschaftlicher Rahmenbedingungen.

Die Schülerinnen und Schüler nutzen Instrumente und Methoden der Kommunikation für die Vertragsanbahnung und den Abschluss und beherrschen auch fremdsprachige kaufmännische Korrespondenz. In Konfliktsituationen sind sie sicher in der Gesprächsführung. Mit geeigneten Mitteln und Methoden präsentieren sie die Verhandlungsergebnisse.

Sie erledigen alle beim Absatz von Erzeugnissen und Leistungen anfallenden buchhalterischen Aufgaben.

Für die Auftragsbearbeitung, Vertragsanbahnungen und Marketingkonzepte entwickeln sie Zeit- und Arbeitspläne, legen Verantwortlichkeiten fest, dokumentieren die Projektfortschritte und untersuchen die Gründe für Abweichungen zwischen Projektplanung und -realisierung. Sie präsentieren und dokumentieren ihre Arbeitsergebnisse.

Inhalte:

Marketing als Führungsprozess – Preispolitik, Produktpolitik, Kommunikationspolitik, Distributionspolitik
Bestimmung des Leistungsangebotes – Sortimentspolitik, Finanzdienstleistungen
Kundenakquise
Vertragsabschluss
Leistungsvertrieb – Absatzlogistik, elektronischer Vertriebsweg (E-Commerce)
Kundenauftragsbearbeitung einschließlich Störungen
Kundendienst und Kundenpflege
Absatzcontrolling
Fremdsprachige Kommunikation
Projektplanung, -organisation, -dokumentation

Lernfeld 11: Investitions- und Finanzierungs-
prozesse planen

**3. Ausbildungsjahr
Zeitrichtwert: 40 Stunden**

Zielformulierung:

Die Schülerinnen und Schüler analysieren die Ziele und Aufgaben der Investitions- und Finanzierungspro-
zesse im Rahmen des Finanzierungsmanagements und -controllings. Für ein langfristiges Vorhaben führen
sie einfache Investitionsrechnungen durch, beurteilen Alternativen, treffen eine Finanzierungsentscheidung
und erstellen ein geeignetes Finanzierungskonzept, das die betriebliche Finanzsituation und Rahmendaten
der Kapitalmärkte berücksichtigt.

Sie prüfen die Investitionsentscheidung und das Finanzierungskonzept über die Entwicklung von Alternativ-
entscheidungen unter Abwägung von Kosten, Nutzen und Risiken und setzen dazu informationstechnische
Systeme ein. Sie stellen den Zusammenhang zwischen betrieblichen Einzelplänen und der Liquiditäts- und
Finanzplanung dar.

Inhalte:

Investitions- und Finanzierungsanlässe – Kapitalbedarfsplanung
Statische Investitionsrechnungen
Langfristige Finanzierungsarten
Liquiditätsplanung, Kreditsicherung

Lernfeld 12: Unternehmensstrategien, -projekte
umsetzen

**3. Ausbildungsjahr
Zeitrichtwert: 80 Stunden**

Zielformulierung:

Die Schülerinnen und Schüler planen, steuern und kontrollieren beruflich relevante Projekte und berücksichtigen dabei regionale Gegebenheiten und gesamtwirtschaftliche Prozesse. Im Rahmen des Projektmanagements definieren sie Ziele, treffen in Abwägung von Kosten, Nutzen und Risiken Entscheidungen
und organisieren den Ablauf. Dazu analysieren sie vorhandene Unternehmensressourcen und -strategien;
sie ordnen Ziele und Zielkonflikte staatlicher Konjunkturpolitik sowie Chancen und Grenzen staatlicher
Steuerung auch in Bezug auf den Umweltschutz und die Kapitalmärkte in den Kontext der europäischen
Integration und Globalisierung ein. Sie untersuchen europäische und internationale Initiativen zur Beschäf-
tigungsförderung und bestimmen individuelle Arbeitsmarktchancen und Entwicklungsperspektiven.

Vor diesem Hintergrund prüfen sie Chancen und Grenzen möglicher Strategien zur Erreichung der Projektziele. Sie entwickeln und vertreten eigenständige Positionen und Werthaltungen, diskutieren und tolerieren
davon abweichende Positionen auf der Basis ausgewiesener Kriterien und Indikatoren und wenden Techniken der Entscheidungsfindung an. Im Projektablauf übernehmen sie Verantwortung für die Einhaltung der
aufgestellten Regeln, dokumentieren den Projektfortschritt, analysieren und bewerten den Projektverlauf
und präsentieren das Ergebnis. Dabei kommunizieren sie in Teams und nutzen zur Information, Dokumentation und Präsentation auch begründet ausgewählte technische Systeme und Medien.

Inhalte:

Projektziel und -beschreibung
Projektrisiken und -bewertung
Projektausstattung und -ablauforganisation
Konjunkturprozesse und -indikatoren
Fiskal- und geldpolitische Instrumente
Arbeitsmarktsteuerung
Argumentation
Projektauswertung

Stichwortverzeichnis

3526592

3526598

Die 2-Euro-Münze und 18 Rückseiten

Während alle Münzwerte einheitliche Vorderseiten aufweisen, hat jedes Euro-Teilnehmerland seine Rückseiten mit eigenen Motiven ausgestattet; hier dargestellt am Beispiel der 2-Euro-Münze.

In **Deutschland** zeigt die 2-Euro-Münze den Bundesadler.

Die **Belgier** haben sich für das Porträt ihres Königs Albert II. entschieden.

Die **Griechen** wählten die Sage von Zeus, der in Gestalt eines weißen Stiers Europa entführt.

Die **Spanier** ehren ihren König Juan Carlos I. auf der 2-Euro-Münze.

In **Frankreich** hat man sich für einen Lebensbaum und den Schriftzug Liberté, Egalité, Fraternité entschieden.

Die **Iren** haben ihr nationales Symbol, die Harfe, auf die Münzrückseiten prägen lassen.

In **Italien** ist auf der 2-Euro-Münze Dante, einer der größten Dichter Italiens, abgebildet.

Auf den **luxemburgischen** Münzen ist das Konterfei des Großherzogs Henri abgebildet.

Das Malteserkreuz, ein schon in der Antike bekanntes Symbol, ist auf den 2-Euro-Münzen **Maltas** abgebildet.

Die **Niederländer** haben sich für das Bildnis ihrer Königin Beatrix entschieden.

Die **österreichischen** Münzen zeigen die Friedenskämpferin Bertha von Suttner.

Die **Portugiesen** bilden auf ihren Münzen historische Siegel von König Alfonso Henriques aus dem 12. Jahrhundert ab.

Die **Slowenen** bilden ihren größten Dichter France Prešeren auf der 2-Euro-Münze ab.

Finnland prägt auf die 2-Euro-Münze die dort weit verbreitete Moltebeere.

Als Indiz für die lange Zivilisationsgeschichte **Zyperns** zeigen die zyprischen Münzen ein kreuzförmiges Götzenbild aus der Kupfersteinzeit (3000 v. Chr.).

In **Monaco** ist auf der 2-Euro-Münze das Porträt von Fürst Rainier III abgebildet.

In **San Marino** ist der Regierungspalast abgebildet.

Auf einer von drei Münzserien zeigt der Vatikan das Porträt von Papst Benedikt XVI., dem Oberhaupt des Staats **Vatikanstadt**.

Quelle: www.bundesbank.de